SISTEMAS DE INFORMAÇÃO GERENCIAIS

L372s Laudon, Kenneth C.

Sistemas de informação gerenciais : administrando a empresa digital / Kenneth C. Laudon, Jane P. Laudon ; tradução: Rodrigo Dubal da Veiga; revisão técnica: Belmiro do Nascimento João. – 17. ed. – [São Paulo] : Pearson ; Porto Alegre : Bookman, 2023.

xxix, 617 p. : il. ; 28 cm.

ISBN 978-85-8260-602-5

1. Administração. 2. Sistemas de informação. 3. Gestão de empresas. I. Laudon, Jane P. II. Título.

CDU 658

Catalogação na publicação: Karin Lorien Menoncin – CRB 10/2147

Kenneth C. Laudon
New York University

Jane P. Laudon
Azimuth Information Systems

SISTEMAS DE INFORMAÇÃO GERENCIAIS

ADMINISTRANDO A EMPRESA DIGITAL

17ª EDIÇÃO

Tradução
Rodrigo Dubal da Veiga

Revisão técnica
Belmiro do Nascimento João
Professor Titular do Departamento de Administração da FEA PUC/SP
e vice-coordenador do PPGA PUC/SP.

bookman

Pearson

Porto Alegre
2023

Obra originalmente publicada sob o título
Management Information Systems: Managing the Digital Firm, 17th edition

ISBN 9780136971276

Gerente editorial: *Letícia Bispo de Lima*

Colaboraram nesta edição:

Consultora editorial: *Arysinha Jacques Affonso*

Editora Responsável: *Simone de Fraga*

Editor Colaborador: *Jean Xavier*

Preparação de Originais: *Karina Ono*

Leitura Final: *Jean Xavier*

Capa (arte sobre capa original): *Márcio Monticelli*

Editoração: *Clic Editoração Eletrônica Ltda.*

IMPRESSO NO BRASIL
PRINTED IN BRAZIL

OS AUTORES

Kenneth C. Laudon foi professor de Sistemas de Informação na Stern School of Business da New York University. Ele é bacharel em economia pela Stanford e é Ph.D. pela Columbia University. É autor de 12 livros sobre comércio eletrônico, sistemas de informação, organizações e sociedade. O professor Laudon também escreveu mais de 40 artigos relacionados aos impactos sociais, organizacionais e gerenciais de sistemas de informação, privacidade, ética e tecnologia multimídia.

A pesquisa do professor Laudon se concentrou no planejamento e gerenciamento de sistemas de informação de grande escala e tecnologia de informação multimídia. Ele recebeu subsídios da National Science Foundation para estudar a evolução dos sistemas nacionais de informação na Social Security Administration (Administração da Previdência Social dos Estados Unidos), no IRS (Serviço de Receita Federal dos Estados Unidos) e no FBI. A pesquisa de Ken se concentra na implementação de sistemas empresariais, mudanças organizacionais e ocupacionais relacionadas a computadores em grandes organizações, mudanças na ideologia de gestão, mudanças nas políticas públicas e no entendimento da mudança de produtividade no setor do conhecimento.

Ken Laudon atuou como consultor do Congresso dos Estados Unidos. Foi pesquisador e consultor do Office of Technology Assessment (Congresso dos Estados Unidos), do Departamento de Segurança Interna e do Gabinete do Presidente, de várias agências executivas e comitês do Congresso. O professor Laudon também atuou em várias empresas de consultoria e como consultor em planejamento e estratégia de sistemas para diferentes empresas da *Fortune 500*.

Na Stern School of Business da NYU, Ken Laudon ministrou cursos sobre gestão da empresa digital, tecnologia da informação e estratégia corporativa, responsabilidade profissional (ética) e comércio eletrônico e mercados digitais. O hobby de Ken Laudon é velejar.

Jane Price Laudon é consultora de gestão na área de sistemas de informação e autora de sete livros. Seus interesses especiais incluem análise de sistemas, gerenciamento de dados, auditoria de MIS, avaliação de *software*; ela também ensina profissionais de negócios a projetar e usar sistemas de informação.

Jane obteve seu Ph.D. na Columbia University, fez mestrado na Harvard University e bacharelado no Barnard College. Lecionou na Columbia University e na Stern School of Business da New York University. Tem grande interesse pelas línguas e civilizações do Leste Asiático.

Os Laudons têm duas filhas, Erica e Elisabeth, a quem este livro é dedicado.

PREFÁCIO

A 17ª edição de *Sistemas de informação gerenciais* foi completamente atualizada para abordar as mais recentes mudanças na indústria e na tecnologia que afetam o curso.

Tópicos novos e atualizados

A 17ª edição apresenta casos de abertura, fechamento e sessão interativa totalmente novos. Texto, figuras, tabelas e casos foram atualizados até julho de 2020 utilizando as fontes mais recentes da indústria e pesquisas sobre sistemas de informação gerenciais. Os novos temas e abordagens incluem:

- **Abordagem atualizada e expandida do tema da inteligência artificial (IA)**: o Capítulo 11 foi reescrito para incluir uma abordagem nova e expandida sobre aprendizagem automática, "aprendizagem profunda", sistemas de linguagem natural, sistemas de visão computacional e robótica, refletindo o crescente interesse nos usos comerciais da IA e de técnicas "inteligentes".
- **Explicação do caso de negócios de sistemas**: o Capítulo 14 foi reescrito para fornecer uma abordagem expandida sobre técnicas e critérios de tomada de decisão visando desenvolver um caso de negócios para a aquisição e implantação de sistemas de informação e tecnologias relacionadas. O capítulo mostra como avaliar e selecionar os projetos de sistemas e tecnologias que agregarão maior valor à empresa.
- **Impactos da pandemia de coronavírus sobre os sistemas**: abordagem atualizada a respeito do impacto da pandemia de coronavírus sobre os usos comerciais dos sistemas de informação. Duas sessões interativas e um estudo de caso no final do capítulo abordam temas como trabalho remoto, interrupções na cadeia de suprimentos e como repensar as cadeias de suprimentos globais.
- ***Big data* e a Internet das Coisas**: abordagem detalhada de *big data*, análise de *big data* e Internet das Coisas (IoT) nos Capítulos 1, 6, 7 e 12. Inclui análise de *big data*, análise de fluxos de dados de IoT, Hadoop, computação em memória, bancos de dados não relacionais, *data lakes* e plataformas analíticas.
- **Computação em nuvem**: abordagem atualizada e expandida sobre o tema da computação em nuvem no Capítulo 5 (infraestrutura de TI) com mais detalhes sobre tipos de serviços em nuvem, nuvens públicas e privadas, nuvens híbridas, gerenciamento de serviços em nuvem e uma nova Sessão Interativa sobre o uso de serviços em nuvem. A computação em nuvem também é abordada no Capítulo 6 (bancos de dados na nuvem), no Capítulo 8 (segurança em nuvem), no Capítulo 9 (CRM e ERP baseados em nuvem), no Capítulo 10 (comércio eletrônico) e no Capítulo 13 (desenvolvimento de sistemas baseados em nuvem).
  - Resiliência digital
  - Gerenciamento da experiência do cliente
  - Desenvolvimento com pouco código e sem código
  - Teste automatizado
  - Gestão de dados
  - *Dark web*

O texto dos Laudon fornece o panorama mais atualizado e abrangente dos sistemas de informação usados pelas empresas nos dias de hoje. Depois de ler este livro, esperamos que os alunos sejam capazes de participar, e até de mesmo liderar, discussões gerenciais sobre sistemas de informação para suas empresas e entender como usar a tecnologia da informação em seu trabalho para alcançar resultados de negócios. Seja a área dos estudantes contabilidade, finanças, gestão, gestão de operações, *marketing* ou sistemas de informação, o conhecimento e as informações encontrados neste livro serão valiosos ao longo de suas carreiras de negócios.

Resolução de desafios de ensino e aprendizagem

O pacote de aprendizado de Laudon é mais atual, prático e confiável do que a concorrência. A 17ª edição de *Sistemas de informação gerenciais* ajuda os alunos a entender os conceitos e problemas de sistema de informação gerenciais por meio de muitos exemplos de empresas do mundo real, uma ampla variedade de casos baseados em organizações do mundo real e de inúmeras ilustrações e projetos práticos de *software*.

Os Laudon são conhecidos por seus excelentes estudos de caso do mundo real, que descrevem como empresas de negócios famosas estão usando a TI para resolver problemas e alcançar objetivos. Os alunos são frequentemente estimulados a analisar o problema de negócios e propor soluções alternativas. Os autores também fornecem problemas práticos de *software* de sistemas de informação gerenciais e tomada de decisão gerencial em cada capítulo, todos eles baseados em empresas e cenários de negócios do mundo real.

O livro agora concentra-se fortemente na carreira, e isso incentiva a aprendizagem dos alunos ao mostrar exatamente como cada capítulo os ajudará a se preparar para futuros empregos.

O texto principal

O texto principal fornece uma visão geral dos conceitos fundamentais dos sistemas de informação gerenciais usando uma estrutura integrada para descrever e analisar sistemas de informação. Essa estrutura mostra sistemas de informação compostos por elementos de gestão, organização e tecnologia, e é reforçada em projetos de alunos e estudos de caso. O texto principal é composto por 15 capítulos com projetos práticos que abordagem os tópicos mais importantes em sistemas de informação gerenciais.

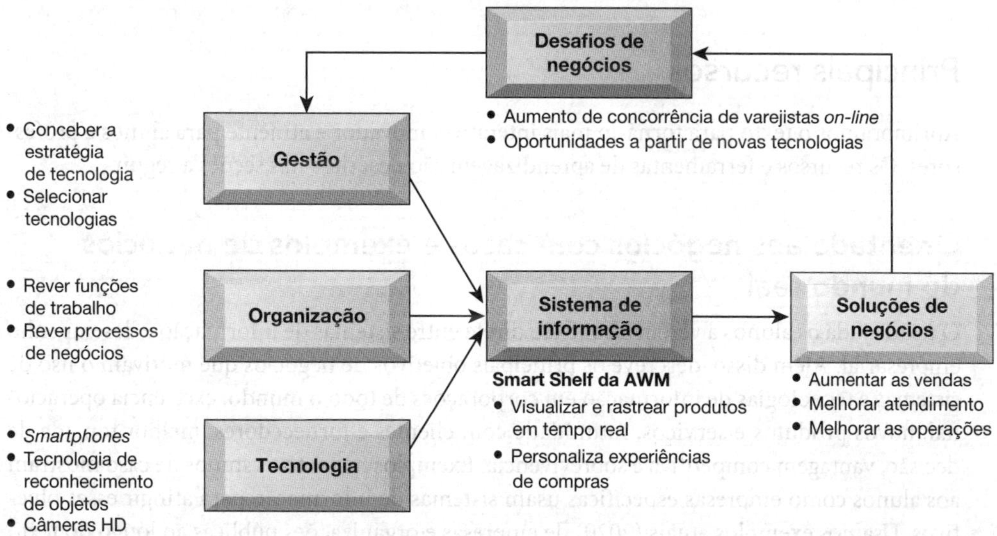

◀ Um diagrama que acompanha cada caso de abertura de capítulo ilustra graficamente como os elementos de gestão, organização e tecnologia se aliam para criar uma solução de sistema de informação para os desafios de negócios discutidos no caso.

Organização dos capítulos

Cada capítulo contém os seguintes elementos:

- As linhas gerais do capítulo, com base nos objetivos de aprendizagem.
- Listas de todos os estudos de caso para cada capítulo.
- Um caso de abertura de capítulo descrevendo uma organização do mundo real para estabelecer o tema e a importância do capítulo.
- Um diagrama analisando o caso de abertura em termos do modelo de gestão, organização e tecnologia usado ao longo do texto.
- Duas sessões interativas com perguntas sobre o estudo de caso.
- Uma seção de oportunidades de carreira mostrando aos alunos como usar o texto para procurar emprego e se preparar para a carreira.
- Uma revisão dos pontos vinculado aos objetivos de aprendizagem do aluno.
- Uma lista de palavras-chave que os alunos podem usar para revisar conceitos.
- Questões para revisão, para os alunos testarem sua compreensão do material do capítulo.
- Questões para discussão suscitadas pelos temas mais amplos do capítulo.
- Uma série de *Projetos práticos em SIG* que consistem em dois problemas de decisão de gestão, um projeto prático de *software* aplicativo e um projeto para desenvolver habilidades de internet.
- Um projeto de colaboração e trabalho em equipe para desenvolver habilidades de trabalho em equipe e apresentação com opções para usar ferramentas de colaboração de código aberto.
- Um estudo de caso de final de capítulo para os alunos aplicarem os conceitos estudados.
- Referências do capítulo.

Foco na aprendizagem do aluno

Os objetivos de aprendizagem do aluno são organizados em torno de um conjunto de questões de estudo em que a atenção dele deve se concentrar. Cada capítulo termina com um resumo de revisão e perguntas de revisão organizadas em torno dessas questões de estudo, e cada seção de capítulo principal é baseada em um objetivo de aprendizagem.

Principais recursos

Aprimoramos o texto para torná-lo mais interativo, inovador e atraente para alunos e professores. Os recursos e ferramentas de aprendizagem são descritos nas seções a seguir.

Orientado aos negócios com casos e exemplos de negócios do mundo real

O texto ajuda os alunos a verem a conexão direta entre sistemas de informação e desempenho empresarial. Além disso, descreve os principais objetivos de negócios que motivam o uso de sistemas e tecnologias de informação em corporações de todo o mundo: excelência operacional, novos produtos e serviços, intimidade com clientes e fornecedores, melhor tomada de decisão, vantagem competitiva e sobrevivência. Exemplos no texto e estudos de caso mostram aos alunos como empresas específicas usam sistemas de informação para atingir esses objetivos. Usamos exemplos atuais (2020) de empresas e organizações públicas ao longo do texto para ilustrar os conceitos mais importantes de cada capítulo. A maioria dos estudos de caso descreve empresas ou organizações conhecidas dos alunos, como Uber, Major League Baseball (MLB), Facebook, Walmart, Amazon, Google, Adidas e Zoom.

Atividades práticas de texto

Cenários e dados de negócios do mundo real para aprender na prática o que são os sistemas de informação gerenciais. Esses projetos aumentam o envolvimento dos alunos com este tema tão instigante.

- **Sessões interativas.** Dois casos curtos em cada capítulo foram redesenhados como sessões interativas que podem ser usadas para estimular o interesse e a aprendizagem ativa do aluno. Cada caso termina com perguntas, as quais fornecem tópicos para discussão ou trabalhos escritos.

Capítulo 1 Sistemas de informações nos negócios globais atuais **21**

SESSÃO INTERATIVA **TECNOLOGIA**

A UPS compete globalmente utilizando tecnologia da informação

A United Parcel Service (UPS) foi fundada em 1907 em um porão do tamanho de um closet. Jim Casey e Claude Ryan – dois adolescentes de Seattle com duas bicicletas e um telefone – prometeram "o melhor serviço e as tarifas mais baixas". A UPS tem usado essa fórmula com sucesso por mais de um século para se tornar a maior empresa de entrega de encomendas terrestres e aéreas do mundo. É uma empresa global com mais de 495 mil funcionários, 125 mil veículos de entrega e 572 aeronaves.

Hoje a UPS entrega 5,5 bilhões de encomendas anualmente em mais de 220 países e territórios. A empresa conseguiu manter a liderança em serviços de entrega de pequenas encomendas, apesar da forte concorrência da FedEx e do Serviço Postal dos Estados Unidos, investindo fortemente em tecnologia de informação avançada. A empresa gasta mais de US$ 1 bilhão por ano para proporcionar um alto nível de atendimento ao cliente, mantendo os custos baixos e simplificando suas operações gerais.

Tudo começa com a etiqueta com código de barras digitalizável anexada a um pacote, que contém informações detalhadas sobre o remetente, o destino e quando a encomenda deve chegar. Os clientes podem baixar e imprimir suas próprias etiquetas usando um *software* especial fornecido pela UPS ou acessando o *site* da empresa. Antes mesmo da coleta do pacote, as informações da etiqueta "inteligente" são transmitidas a um dos centros de computação da UPS em Mahwah, Nova Jersey, ou Alpharetta, na Geórgia, e enviada ao centro de distribuição mais próximo de seu destino final.

Os despachantes desse centro baixam os dados da etiqueta e usam um *software* de roteamento especial chamado ORION para criar a rota de entrega mais eficiente para cada motorista, considerando o tráfego, as condições climáticas e a localização de cada parada. Cada motorista da UPS faz uma média de 120 paradas por dia. Em uma rede com 55 mil rotas Acquistion Device (DIAD, ou *Dispositivo de Aquisição de Informações de Entrega*), que pode ser acessado por uma rede de telefonia celular sem fio. Assim que o motorista fizer *login*, a rota do dia será baixada no computador de mão. O DIAD também coleta automaticamente as assinaturas dos clientes juntamente com as informações de coleta e entrega. As informações de rastreamento da encomenda são então transmitidas para a rede de computadores da UPS para armazenamento e processamento. A partir daí, as informações podem ser acessadas em todo o mundo para fornecer comprovante de entrega ou para responder às dúvidas de clientes. Geralmente leva menos de 60 segundos a partir do momento em que um motorista pressiona "concluído" no DIAD para que as informações atualizadas estejam disponíveis na *Web*.

Por meio de seu sistema automatizado de rastreamento de pacotes, a UPS pode monitorar e até redirecionar as encomendas ao longo do processo de entrega. Em vários pontos da rota do remetente ao destinatário, os dispositivos de código de barras escaneiam as informações de remessa na etiqueta da embalagem e alimentam os dados sobre o andamento da entrega no computador central. Os representantes de atendimento ao cliente podem verificar o *status* de qualquer encomenda a partir de computadores de mesa conectados aos computadores centrais e responder imediatamente às perguntas dos clientes.

Os clientes da UPS os clientes também podem acessar essas informações no *site* da empresa usando seus próprios computadores ou telefones celulares. A empresa agora tem aplicativos móveis e um *site* móvel para usuários de *smartphones* com sistemas iOs e Android.

Qualquer pessoa com um pacote para entrega pode acessar o *site* da UPS para rastrear encomendas, verificar rotas de entrega, calcular taxas de envio, determinar o tem-

◀ Cada capítulo contém duas sessões interativas sobre gestão, organizações ou tecnologia usando empresas do mundo real para ilustrar conceitos e questões do capítulo.

PERGUNTAS DO ESTUDO DE CASO

1. Quais são as entradas, o processamento e as saídas do sistema de rastreamento de encomendas da UPS?
2. Quais tecnologias são usadas pela UPS? Como essas tecnologias estão relacionadas à estratégia de negócios da empresa?
3. Quais objetivos estratégicos de negócios que são visados pelos sistemas de informação da UPS?
4. O que aconteceria se os sistemas de informação da UPS estivessem fora do ar?

◀ As perguntas do estudo de caso incentivam os alunos a aplicarem os conceitos dos capítulos a empresas do mundo real em discussões em aula, apresentações de alunos ou trabalhos escritos.

- **Projetos práticos em SIG.** Cada capítulo termina com uma seção de Projeto práticos em SIG, que inclui três tipos de projetos: dois problemas de decisão de gestão; um exercício prático de *software* aplicativo usando o Microsoft Excel, Access ou ferramentas de criação de páginas da *web* e *blogs*; e um projeto que desenvolve habilidades de negócios na internet. Os arquivos desses projetos estão disponíveis no Material complementar.
- **Projeto de colaboração e trabalho em equipe.** Cada capítulo apresenta um projeto colaborativo que incentiva os alunos que trabalham em grupo a usar o Google Drive, o Google Docs ou outras ferramentas de colaboração de código aberto. O primeiro projeto de equipe no Capítulo 1 propõe que os alunos construam um *site* colaborativo do Google.

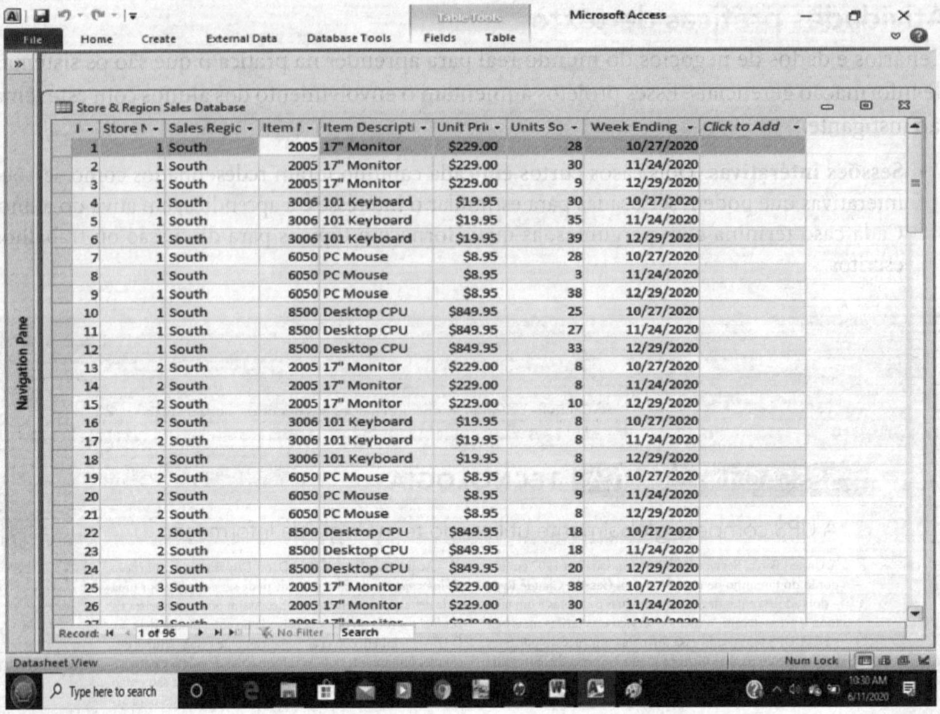

I	Store N	Sales Regic	Item I	Item Descripti	Unit Pri	Units So	Week Ending	Click to Add
1	1	South	2005	17" Monitor	$229.00	28	10/27/2020	
2	1	South	2005	17" Monitor	$229.00	30	11/24/2020	
3	1	South	2005	17" Monitor	$229.00	9	12/29/2020	
4	1	South	3006	101 Keyboard	$19.95	30	10/27/2020	
5	1	South	3006	101 Keyboard	$19.95	35	11/24/2020	
6	1	South	3006	101 Keyboard	$19.95	39	12/29/2020	
7	1	South	6050	PC Mouse	$8.95	28	10/27/2020	
8	1	South	6050	PC Mouse	$8.95	3	11/24/2020	
9	1	South	6050	PC Mouse	$8.95	38	12/29/2020	
10	1	South	8500	Desktop CPU	$849.95	25	10/27/2020	
11	1	South	8500	Desktop CPU	$849.95	27	11/24/2020	
12	1	South	8500	Desktop CPU	$849.95	33	12/29/2020	
13	2	South	2005	17" Monitor	$229.00	8	10/27/2020	
14	2	South	2005	17" Monitor	$229.00	8	11/24/2020	
15	2	South	2005	17" Monitor	$229.00	10	12/29/2020	
16	2	South	3006	101 Keyboard	$19.95	8	10/27/2020	
17	2	South	3006	101 Keyboard	$19.95	8	11/24/2020	
18	2	South	3006	101 Keyboard	$19.95	8	12/29/2020	
19	2	South	6050	PC Mouse	$8.95	9	10/27/2020	
20	2	South	6050	PC Mouse	$8.95	9	11/24/2020	
21	2	South	6050	PC Mouse	$8.95	8	12/29/2020	
22	2	South	8500	Desktop CPU	$849.95	18	10/27/2020	
23	2	South	8500	Desktop CPU	$849.95	18	11/24/2020	
24	2	South	8500	Desktop CPU	$849.95	20	12/29/2020	
25	3	South	2005	17" Monitor	$229.00	38	10/27/2020	
26	3	South	2005	17" Monitor	$229.00	30	11/24/2020	

▶ Os alunos praticam o uso de *software* em configurações do mundo real para alcançar a excelência operacional e aprimorar a tomada de decisões.

Melhor tomada de decisão: usando ferramentas da *web* para configurar e determinar o preço de um automóvel

Habilidades de *software: software* que funciona via internet
Habilidades de negócios: pesquisa de informações e preços de produtos

3.11 Neste exercício, você usará *software* de *sites* de carros para encontrar informações sobre um carro à sua escolha e tomar uma importante decisão de compra. Você também avaliará dois desses *sites* como ferramentas de venda.

▶ Cada capítulo apresenta um projeto para desenvolver habilidades de internet para acessar informações, fazer pesquisas e realizar cálculos e análises *on-line*.

Desenvolvimento de habilidades de carreira

Para que os alunos tenham sucesso em um mercado de trabalho dinâmico, eles precisam saber quais são suas opções de carreira e como desenvolver uma variedade de habilidades. Na 17ª edição de *Sistemas de informação gerenciais*, damos ênfase a essas habilidades da seguinte maneiras.

Oportunidades de carreira e recursos

Todo aluno que lê este texto quer saber: como este livro ajudará a minha carreira? O recurso "oportunidades de carreira" mostra como usar este livro como ferramentas para busca de emprego e construção de carreira. Os entrevistadores de emprego normalmente perguntam por que você quer o emprego, e também querem saber sobre suas capacidades de se comunicar, realizar várias tarefas, trabalhar em equipe, mostrar liderança, resolver problemas e atingir metas. Essas são as habilidades e os comportamentos gerais de que você precisará para ter sucesso em qualquer trabalho, e você deve estar preparado para dar exemplos de seus estudos e de experiências de trabalho que demonstrem essas habilidades. Mas também há conhecimentos de negócios e habilidades profissionais sobre os quais os empregadores irão perguntar. As oportunidades de carreira mostram como usar o que você aprendeu neste livro para demonstrar essas habilidades.

A seção **oportunidades de carreira**, identificada por este ícone, é a última grande seção de cada capítulo sob o título "Como os SIG ajudarão minha carreira?" Lá, você encontrará a descrição de um emprego de nível básico para um recém-formado na faculdade com base em uma descrição de emprego do mundo real encontrada num dos principais *sites* de empregos *on-line* relacionados aos tópicos abordados no capítulo. O nome da empresa que oferece o emprego e sua localização foram alterados. A oferta de emprego de cada capítulo descreve o grau de formação necessário e habilidades de trabalho específicas, e sugere também algumas das questões relacionadas a negócios que podem ser abordadas durante a entrevista de emprego. Os autores fornecem dicas para responder às perguntas e preparar-se para a entrevista. As oportunidades de carreira também mostram onde os alunos podem encontrar mais informações sobre os conhecimentos técnicos e de negócios necessários para o emprego neste livro, na *web* e nas mídias sociais.

A seguir, apresentamos as descrições de cargos usadas nesta edição com base em anúncios de grandes e pequenas empresas. Alguns desses empregos exigem especialização em SIG, outros solicitam ter cursado disciplinas sobre SIG, mas muitos cargos não são tão específicos. Alguns exigem algum estágio ou experiência de trabalho anterior, mas muitos são cargos de nível de entrada, adequados para recém-formados, e alguns desses cargos fornecem treinamento no emprego. No entanto, todos exigem conhecimento de sistemas e aplicativos de informações de negócios e capacidade de trabalhar em um ambiente digital.

CAPÍTULO	DESCRIÇÃO DA OPORTUNIDADE DE CARREIRA
Capítulo 1	Profissional de atendimento financeiro
Capítulo 2	Especialista em suporte de vendas júnior
Capítulo 3	Representante de desenvolvimento de negócios júnior
Capítulo 4	Analista de privacidade júnior
Capítulo 5	Consultor de TI de nível básico
Capítulo 6	Analista de dados júnior
Capítulo 7	Consultor digital automotivo
Capítulo 8	Especialista de suporte para gerenciamento e acesso à identidade
Capítulo 9	Estagiário de gestão da produção
Capítulo 10	Analista de dados de *e-commerce* júnior
Capítulo 11	Assistente de vendas
Capítulo 12	Analista de dados júnior
Capítulo 13	Analista de sistemas de negócios júnior
Capítulo 14	Assistente de gestão de projetos de TI
Capítulo 15	Estagiário de vendas e *marketing* de serviços de dados globais

Os alunos podem usar as oportunidades de carreira para moldar seus currículos e planos de carreira, bem como para se preparar para entrevistas. Já os professores podem utilizar esta seção para trabalhar projetos de pesquisa dos alunos e para discussão em sala de aula.

Agradecimentos

A produção de qualquer livro envolve contribuições valiosas de várias pessoas. Gostaríamos de agradecer a todos os nossos editores pelo incentivo, visão e forte apoio ao longo de muitos anos. Agradecemos aos nossos editores, Jenifer Niles e Stephanie Kiel, e ao produtor de conteúdo, Rudrani Mukherjee, por seu papel na gestão do projeto. Obrigado também a Gowthaman Sadhanandham e sua equipe da Integra pelo trabalho de produção. Gostaríamos de agradecer aos autores de nossos suplementos pelo trabalho realizado, incluindo os seguintes colaboradores de conteúdo do MyLab MIS: Robert J. Mills, Utah State University; Chris Parent, Rivier University, Maureen Steddin, Roberta Roth, University of Northern Iowa, e John Hupp, Columbus State University. Agradecemos a Carol Guercio Traver por sua ajuda com temas de comércio eletrônico, a Erica Laudon por suas contribuições para a seção de Oportunidades de Carreira e a Megan Miller por toda a ajuda durante a produção. Obrigado também a Diana Rihm Craig por sua ajuda com temas relacionados a banco de dados.

Agradecimentos especiais ao Professor Mark Gillenson, do Fogelman College of Business and Economics, University of Memphis, por suas contribuições para a discussão de desenvolvimento ágil e testes. Colegas da Stern School of Business da New York University; Professor Werner Schenk, da Simon School of Business, University of Rochester; Robert Kostrubanic, Indiana-Purdue University Fort Wayne; Professor Ethné Swartz, Departamento de Gestão da Informação e Análise de Negócios, Feliciano School of Business; Professor Detlef Schoder da University of Cologne; Professor Walter Brenner, da University of St. Gallen; Professor Lutz Kolbe, da University of Gottingen; e Professor Donald Marchand do International Institute for Management Development forneceram sugestões adicionais para aprimoramento do texto. Obrigado ao professor Ken Kraemer, da University of California at Irvine, e ao professor John King, da University of Michigan, por mais de uma década de debates sobre sistemas de informação e organizações. E um especial reconhecimento e dedicatória ao Professor Rob Kling, da University of Indiana, pelo coleguismo e amizade de tantos anos.

Também queremos agradecer muito especialmente a todos os nossos revisores cujas sugestões ajudaram a melhorar nossos textos. Entre os revisores das edições recentes estão:

Abdullah Albizri, *Montclair State University*
Amir Talaei-Khoei, *University of Nevada Reno*
Amita Chin, *Virginia Commonwealth University*
Anne Formalarie, *Plymouth State University*
Brett Cabradillia, *Coastal Carolina Community College*
Channa J. Kumarage, *Saint Cloud State University*
Dr. Michael Raisinghani, *Texas Woman's University*
Ethné Swartz, *Montclair State University*
Gordon Bloom, *Virginia Commonwealth University*
John Newman, *Coppin State University*
Jose Ng, *Montclair State University*
Liu Liu, *Old Dominion University*
Lynn Collen, *St. Cloud State University*
Mahmoud Elhussini, *Montclair State University*
Mercy Dae Youp Kang, *University of Memphis*
Patricia Ryan, *Southeast Missouri State University*
Paulus Van Vliet, *University of Nebraska at Omaha*
Qiyang Chen, *Montclair State University*
Rajkumar Kempaiah, *College of Mount Saint Vincent*
Reet Cronk, *Harding University*
Richard Peterson, *Montclair State University*

Robert M. Benavides, *Collin College*
Robert Morphew, *Texas Woman's University*
Robin Poston, *University of Memphis*
Scott Hamerink, *Oakland University*
Sue Furnas, *Collin College*
Susan Mahon, *Collin College*
Terry Howard, *University of Detroit*
Uldarico Rex Dumdum, *Marywood University*
Weiqi Li, *University of Michigan-Flint*

Material complementar

Para professores:

- Apresentações em PowerPoint.
- Manual do professor (em inglês).
- Galeria de imagens.
- Projetos práticos em SIG disponibilizados pela Dirt Bike USA (em inglês).
- Vídeo cases (em inglês).

O professor interessado em recursos pedagógicos complementares deve acessar o *site* do Grupo A (grupoa.com.br), fazer o seu cadastro, buscar pela página do livro e localizar a área de Material Complementar, para ter acesso a esse conteúdo.

Para estudantes:

- Planilhas e base de dados para exercícios (em inglês).

ESTUDOS DE CASO E SESSÕES INTERATIVAS

Aqui estão algumas das empresas descritas nos estudos de caso e nas sessões interativas deste livro.

Capítulo 1: Sistemas de informações nos negócios globais atuais

Lojas autônomas (*smart stores*) reinventam o espaço de varejo
A pandemia de coronavírus fará do *home office* o novo normal?
A UPS compete globalmente utilizando tecnologia da informação
Nova tecnologia na UPS entra em choque com formas de trabalho ultrapassadas

Capítulo 2: E-business global e colaboração

Redes sociais corporativas transformam a Sharp Corporation em uma organização conectada mais inovadora
A cidade de Mississauga adota o formato digital
Vídeoconferência de qualidade: opções para todos os orçamentos
Social business são bons negócios?

Capítulo 3: Sistemas de informação, organizações e estratégia

A estratégia do novo supercentro do Walmart
Guerra de envios
Gestão da experiência do cliente: uma nova arma estratégica
O tempo está se esgotando para a Bed Bath & Beyond?

Capítulo 4: Questões éticas e sociais em sistemas de informação

Seu *smartphone*: o melhor amigo do Grande Irmão
O acidente do Boeing 737 MAX: o que aconteceu e por quê?
Os *smartphones* prejudicam as crianças? Talvez sim, talvez não
Privacidade no Facebook: sua vida à venda

Capítulo 5: Infraestrutura de tecnologia da informação e tecnologias emergentes

A American Airlines rumo à nuvem
O que as empresas devem fazer sobre o BYOD?
Olhe para a nuvem
Projeto JEDI: uma nuvem de controvérsias

Capítulo 6: Fundamentos da inteligência de negócios (*business intelligence*): bancos de dados e gestão da informação

A Domino's Pizza domina os dados *pizza* a *pizza*
Novas ferramentas de banco de dados em nuvem ajudam a Vodafone Fiji a tomar melhores decisões
Beisebol e *big data*
O *big data* tem uma resposta?

Capítulo 7: Telecomunicações, internet e tecnologia sem fio

A National Hockey League marca pontos com a tecnologia sem fio
Monitoramento de funcionários nas redes: prática antiética ou bom negócio?
A Internet das Coisas ajuda na gestão de resíduos
Google, Apple e Meta disputam pela sua experiência na internet

Capítulo 8: Segurança em sistemas de informação

A rede de energia elétrica se torna um campo de batalha da guerra cibernética
Capital One: um grande assalto a banco pela nuvem
O PayPal aumenta sua resiliência digital
A violação de dados da Equifax é a pior de todos os tempos? Por quê?

Capítulo 9: Conquista da excelência operacional e da intimidade com o cliente: aplicações integradas

A Lenzing equilibra de forma sustentável oferta e demanda
CRM ajuda a Adidas a conhecer seus clientes um de cada vez
O ERP causa uma transformação na Versum
A pandemia de covid-19 interrompe o funcionamento de cadeias de suprimentos em todo o mundo

Capítulo 10: Comércio eletrônico: mercados digitais, mercadorias digitais

O comércio eletrônico no painel: a batalha pela "Quarta Tela"
Pequenas empresas pegam empréstimos de um aplicativo FinTech
Como se engajar "socialmente" com os clientes
A Uber pode ser o Uber de tudo?

Capítulo 11: Gestão do conhecimento e inteligência artificial

A inteligência artificial supera radiologistas na leitura de mamografias
Você sabe quem está usando seu rosto?
A automação roubará nossos empregos?
Os carros autônomos estão prontos para a estrada?

Capítulo 12: Melhorias na tomada de decisão

Big Data e a Internet das Coisas impulsionam a agricultura de precisão
Manutenção preditiva na indústria de petróleo e gás
Os sistemas de informações geográficas ajudam a Land O'Lakes a gerenciar ativos estrategicamente
Um algoritmo deve tomar nossas decisões?

Capítulo 13: Desenvolvimento de sistemas de informação

Vinci Energies cria um novo aplicativo móvel de folha de ponto para funcionários
Tommy Hilfiger transforma seu processo de vendas no atacado com *showrooms digitais*
McAfee adota testes automatizados de *software*
Textron transfere o ERP para a nuvem

Capítulo 14: Caso de negócios de sistemas de informação e gerenciamento de projetos

BDO Canadá seleciona um novo *software* de gerenciamento de projetos
Sauder Woodworking acerta na implementação do ERP
Arup coloca a gestão de projetos na nuvem
Sistema de modernização do auxílio-desemprego da Pensilvânia: negócios inacabados

Capítulo 15: Gerenciamento de sistemas globais

Novos sistemas ajudam a Eli Lilly a se tornar uma empresa global
Repensando as cadeias de suprimentos globais
Nacionalismo digital
E-commerce na China: oportunidades e obstáculos

SUMÁRIO

SUMÁRIO DETALHADO

PARTE I

Organizações, gestão e a empresa em rede

CAPÍTULO 1

Sistemas de informações nos negócios globais atuais

CAPÍTULO 2

E-business global e colaboração

CAPÍTULO 3

Sistemas de informação, organizações e estratégia

CAPÍTULO 4

Questões éticas e sociais em sistemas de informação

A **PARTE 1** apresenta os principais temas deste livro, levantando uma série de questões importantes, como o que é um sistema de informação e quais são suas dimensões em termos de gestão, organização e tecnologia? Por que os sistemas de informação são tão essenciais nas empresas hoje? Por que os sistemas de colaboração e *social business* são tão importantes? Como os sistemas de informação podem ajudar as empresas a se tornarem mais competitivas? Quais questões éticas e sociais mais amplas decorrem do uso generalizado dos sistemas de informação?

CAPÍTULO

1 Sistemas de informações nos negócios globais atuais

OBJETIVOS DE ESTUDO

Ao concluir este capítulo, você será capaz de responder às seguintes perguntas:

1.1 Como os sistemas de informação estão transformando as empresas e por que são tão importantes na administração e gestão dos negócios atualmente?

1.2 O que é um sistema de informação? Como funciona? Quais são seus componentes de gestão, organização e tecnologia? Por que os ativos complementares são essenciais para garantir que os sistemas de informação forneçam valor real para as organizações?

1.3 Quais disciplinas acadêmicas são usadas para estudar sistemas de informação e como cada uma delas contribui para a compreensão desses sistemas?

1.4 Como os sistemas de informação gerenciais ajudarão minha carreira?

CASOS DO CAPÍTULO

Lojas autônomas (*smart stores*) reinventam o espaço de varejo

A pandemia de coronavírus fará do *home office* o novo normal?

A UPS compete globalmente utilizando tecnologia da informação

Nova tecnologia na UPS entra em choque com formas de trabalho ultrapassadas

Lojas autônomas (*smart stores*) reinventam o espaço de varejo

Embora tenha havido um aumento nas compras *on-line*, o varejo tradicional continua por aqui. Alguns varejistas tradicionais estão reagindo por meio do uso da tecnologia da informação para encontrar novas maneiras de trazer as pessoas para a loja física ou de aprimorar suas experiências no estabelecimento, mesmo com os novos protocolos de distanciamento social estabelecidos pela Organização Mundial da Saúde (OMS).

A Acrelec, uma empresa francesa de sinalização digital, está testando tecnologia para ajudar os lojistas a gerenciar a retirada na frente da loja por clientes que fazem pedidos *on-line*. Os clientes podem usar o aplicativo de *smartphone* de um varejista para informar que estão a caminho para retirar um pedido, e o sistema da Acrelec calcula quando o cliente chegará a uma determinada loja. As câmeras de reconhecimento de objetos identificam exatamente quando o carro de um cliente chega e onde está estacionado. A Acrelec é especialmente útil para grandes varejistas, supermercados e lojas de construção e decoração.

© Eric Eric/123RF

As prateleiras tornaram-se mais do que apenas uma superfície para armazenar e exibir itens. Os novos sistemas para prateleiras "inteligentes" usam sensores de proximidade, câmeras 3D, microfones, leitores RFID e sensores de peso para permitir interações entre os compradores nas lojas físicas e as prateleiras em frente. Esses sistemas podem criar uma experiência de compra altamente personalizada que melhora significativamente a maneira como os compradores transitam nas lojas físicas.

Marcas e varejistas como Pepsi, Walmart e Albertsons estão começando a usar o Smart Shelf da AWM para replicar os benefícios da experiência *on-line* em ambientes físicos de varejo. Usando câmeras HD com lentes super wide e capazes de funcionar com pouca luz, os lojistas que implementam o Smart Shelf podem visualizar e rastrear seus produtos em tempo real. A solução melhora a eficiência operacional destacando prateleiras específicas que precisam de reposição de produtos e permite ações de *marketing* na prateleira em tempo real para os consumidores. Ao conectar o Smart Shelf aos seus aplicativos móveis, os varejistas podem ajudar os próprios compradores a localizar os produtos por meio de seus *smartphones* e *tablets*.

O Frictionless da AWM é uma solução que permite que os clientes façam as compras normalmente e finalizem o pagamento simplesmente saindo da loja. O sistema usa prateleiras digitais e câmeras de reconhecimento de objetos para acompanhar quais clientes saem com quais itens. Quando entram em uma loja, os clientes precisam passar por leitores de dispositivos móveis e reconhecimento facial, que permitem que o sistema faça cobranças de suas contas digitais – pelas quais é enviado um recibo por *e-mail* ou mensagem de texto – quando eles saem da loja com as compras.

Em março de 2020, a AWM abriu um minimercado sem caixas e com o mínimo de contato chamado QuickEats em um condomínio de apartamentos de luxo da Greenwood &

McKenzie em Santa Ana, na Califórnia. O QuickEats utiliza o Frictionless da AWM e oferece produtos para levar, como refrigerantes, água, sucos, sanduíches, tábuas de queijo, frutas e itens de limpeza doméstica.

O Smart Shelf da AWM é capaz de personalizar as experiências dos compradores quando eles estão nas lojas com base nos itens que eles pegam, mesmo que não os comprem. Por exemplo, se um cliente pegar uma caixa de biscoitos e depois colocá-la de volta, o varejista pode usar o sistema para oferecer um desconto na prateleira abaixo desse item na próxima vez que o comprador o encontrar na loja. O cofundador Kurtis Van Horn acredita que o Smart Shelf pode fornecer o mesmo nível de customização e personalização encontrado nas compras *on-line* para as lojas físicas.

A AWM também oferece um aplicativo anônimo de rastreamento de comportamento do consumidor que pode direcionar os clientes para outros setores de uma loja usando sinalização digital e apresentando propagandas e preços atualizados minuto a minuto. As soluções da AWM podem ser implementadas em uma ampla variedade de lojas com diferentes tamanhos e formatos, desde minimercados até em lojas de conveniência e varejistas de grande porte. A tecnologia está redefinindo o papel da prateleira no mercado de varejo.

Fontes: Jared Council, "Retailers Hope In-Store Tech Will Keep Shoppers in Stores," *Wall Street Journal*, 15 de janeiro de 2020; "Micromarket in Santa Ana's Nineteen01 Community," Businesswire, 24 de março de 2020; www.smartshelf.com, acessado em 29 de abril de 2020

As empresas e tecnologias aqui descritas mostram como os sistemas de informação são essenciais atualmente. Hoje, as lojas de varejo estão lutando para se manter vivas e relevantes à medida que mais compradores se voltam para as compras *on-line* e a internet. Uma solução é usar tecnologia de informação inovadora de ponta para fornecer novas maneiras de atrair compradores para as lojas físicas e tornar a experiência de compra na loja mais eficiente, segura e agradável. Os fluxos de informações que impulsionam esses negócios de varejo reinventados tornaram-se muito mais digitais, fazendo uso de ferramentas móveis e tecnologia de reconhecimento de objetos.

O diagrama de abertura do capítulo chama a atenção para pontos importantes levantados por este caso e este capítulo. Para concorrer de forma mais eficaz com os varejistas *on-line* e aproveitar as novas soluções de tecnologia, as lojas físicas estão usando sistemas inovadores baseados em tecnologia de reconhecimento de objetos, sensores e *smartphones*. O uso de tecnologias digitais de ponta para conduzir operações comerciais e tomar decisões de gerenciamento é um tópico chave hoje no mundo dos sistemas de informação gerencias e será discutido ao longo deste livro.

Também é importante notar que a implementação da tecnologia da informação mudou a forma como os clientes da Acrelec e do Smart Shelf da AWM administram seus negócios. Para usar efetivamente as novas ferramentas digitais, essas empresas tiveram de replanejar os trabalhos e procedimentos para coletar, inserir e acessar informações. Essas mudanças tiveram que ser cuidadosamente planejadas para garantir que aumentassem a eficiência, o atendimento. Algumas questões sobre as quais refletir: como os sistemas da Acrelec e da AWM alteram as operações do varejo? Como melhoram a experiência do cliente?

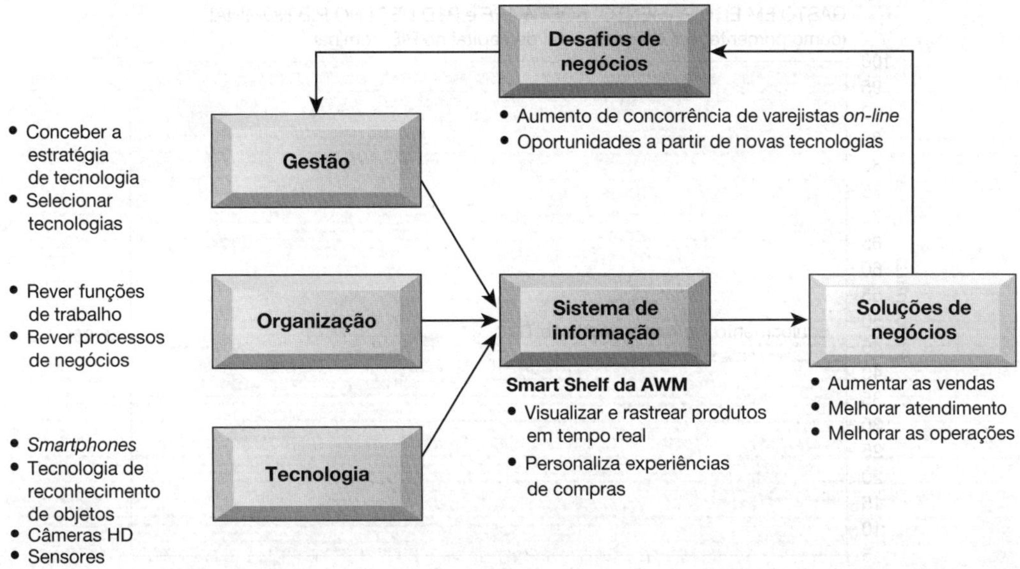

1.1 Como os sistemas de informação estão transformando as empresas e por que são tão importantes na administração e gestão dos negócios atualmente?

Os negócios não são mais os mesmos nos Estados Unidos ou no restante da economia global. Em 2019, os gastos globais em tecnologia da informação (TI) e serviços de TI foram de quase US$ 3,8 trilhões (Gartner, 2019). Além disso, as empresas gastaram mais US$ 160 bilhões em consultoria e serviços de gestão, muitos dos quais envolvem replanejar as operações de negócios das empresas para tirar proveito dessas novas tecnologias (Statista, 2020). De fato, a maior parte do valor comercial do investimento em TI deriva dessas mudanças organizacionais, gerenciais e culturais dentro das empresas (Saunders e Brynjolfsson, 2016). A Figura 1.1 mostra que, entre 1999 e 2019, o investimento de capital em tecnologia da informação – que consistia em equipamentos de TI, *software* e pesquisa e desenvolvimento (P&D) – representou mais de 40% do total de gastos de capital dos Estados Unidos.

Como gerentes, a maioria de vocês trabalhará para empresas que estão usando intensamente sistemas de informação e fazendo grandes investimentos em tecnologia da informação, e você certamente vai querer saber como investir esse dinheiro com sabedoria. Se fizer escolhas sábias, sua empresa poderá superar as concorrentes, porém, se fizer escolhas ruins, estará desperdiçando um capital valioso. Sendo assim, este livro é dedicado a ajudá-lo a tomar decisões inteligentes sobre tecnologia da informação e sistemas de informação.

O que há de novo no livro *Sistemas de informação gerenciais*?

Muita coisa. Na verdade, há um mundo totalmente novo de se fazer negócios usando novas tecnologias de gerenciamento da organização. O que torna o estudo dos sistemas de informação gerenciais a área de estudo mais empolgante nas faculdades de administração é a mudança contínua em tecnologia, gestão e processos de negócios. Cinco mudanças são de suma importância.

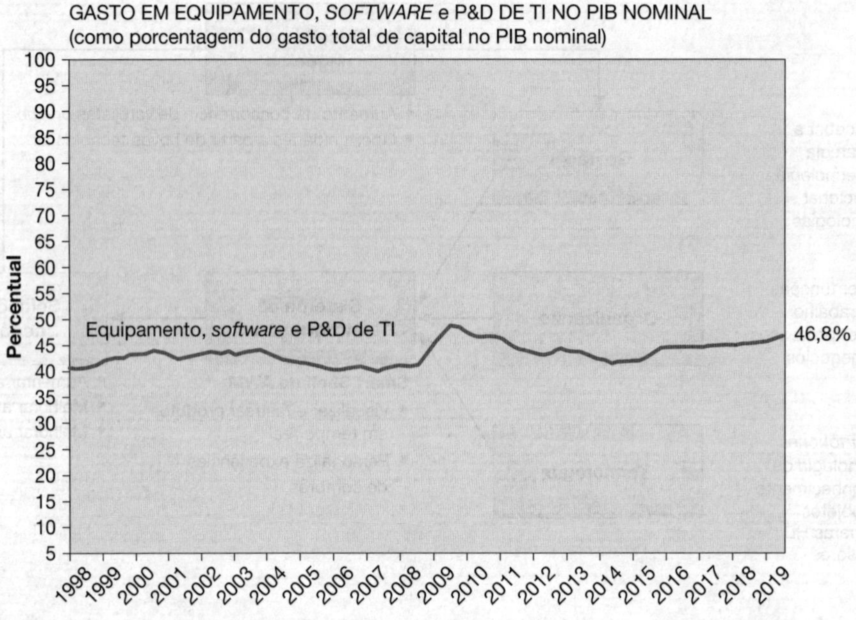

FIGURA 1.1 Investimento de capital em tecnologia da informação.
O investimento de capital em tecnologia da informação – definido como equipamentos de TI, *software* e gastos em pesquisa e desenvolvimento (P&D) – totalizou mais de 40% do total de gastos de capital dos Estados Unidos (em PIB nominal) entre 1999 e 2019.

Fonte: Bureau of Economic Analysis (BEA) dos Estados Unidos.

Inovações de TI Um fluxo contínuo de inovações em tecnologia da informação está transformando o mundo dos negócios tradicionais. Entre os exemplos, incluem-se o surgimento da computação em nuvem, o crescimento de uma plataforma móvel de negócios digitais baseada em *smartphones* e *tablets*, o *big data* e a Internet das Coisas (IoT, do inglês *Internet of Things*), a analítica de negócios (BA, do inglês *business analytics*), os sistemas de aprendizagem automática e o uso de redes sociais por gerentes para atingir os objetivos do negócio – a maioria dessas mudanças ocorreu nos últimos anos. Essas inovações estão permitindo que empreendedores e empresas tradicionais em processo de transformação digital criem produtos e serviços, desenvolvam novos modelos de negócios e transformem a conduta empresarial cotidiana. Nesse processo, alguns negócios antigos, até mesmo indústrias, estão desaparecendo, enquanto novas empresas surgem.

Novos modelos de negócios Por exemplo, o surgimento de serviços de vídeo *on-line* para *streaming* ou *download*, como Netflix, Apple TV e Amazon Prime Video, mudou para sempre a forma como o conteúdo de vídeo *premium* é distribuído e até mesmo criado. A Netflix, no início de 2020, atraiu mais de 167 milhões de assinantes em todo o mundo para o que chama de "revolução da TV via internet". A plataforma passou a produzir programas de TV exclusivos com quase 1.200 programas originais em 2019, como *La Casa de Papel, Stranger Things, The Crown, Dark, House of Cards* e *Orange Is the New Black*, desafiando os produtores de programas de TV por assinatura e aberta e, provavelmente, acabando com o domínio das grandes redes de TV por assinatura na produção de programas televisivos. A Apple fechou acordos com grandes estúdios de Hollywood para a produção de filmes e programas de TV recentes. Um crescente número de espectadores está abandonando a TV a cabo e usando apenas a internet para seu entretenimento.

Expansão do comércio eletrônico As vendas no comércio eletrônico em todo o mundo totalizaram quase US$ 3,6 trilhões em 2019 e devem se aproximar de US$ 5 trilhões até 2021 (Lipsman, 2019). O comércio eletrônico está mudando a forma como as empresas projetam, produzem e fornecem seus produtos e serviços. Esse tipo de comércio se reinventou novamente, rompendo com a indústria tradicional de *marketing* e publicidade e colocando grandes empresas de mídia e conteúdo em perigo. O Facebook (atualmente Meta) e outras redes sociais, como YouTube, Twitter e Tumblr, juntamente com Netflix, Apple Music e muitas outras empresas de mídia, exemplificam a nova face do comércio eletrônico no século XXI: eles vendem serviços. Quando pensamos em comércio eletrônico, tendemos a pensar na venda de produtos físicos. Embora essa visão estabelecida do comércio eletrônico ainda seja muito poderosa e a forma de varejo que mais cresce nos Estados Unidos, esse desenvolvimento paralelo é um novo fluxo de valor baseado na venda de serviços, não de mercadorias. É um modelo de serviços de comércio eletrônico. O crescimento do comércio social é estimulado pelo poderoso crescimento dos dispositivos móveis: 98% dos usuários do Facebook acessam o serviço a partir de celulares e *tablets*. Os sistemas e tecnologias de informação são a base desse novo comércio eletrônico orientado a serviços. O comércio eletrônico móvel de varejo chegou a US$ 300 bilhões em 2020 (e está crescendo mais de 20% ao ano) (Meola, 2019).

Mudanças de gestão A gestão das empresas mudou: com novos *smartphones*, *tablets* e redes sem fio de alta velocidade, os vendedores remotos em trânsito precisam de apenas alguns segundos para responder perguntas e atender à supervisão de seus gerentes. A gestão está se tornando móvel, e os gerentes em movimento mantêm contato direto e contínuo com seus funcionários. O crescimento de amplos sistemas de informação em toda a empresa com dados extraordinariamente ricos significa que os gerentes não operam mais em meio à confusão, em vez disso, têm acesso *on-line* quase instantâneo às informações realmente importantes de que precisam para tomar decisões certeiras e oportunas. Além de seus usos públicos na *web*, ferramentas as sociais, as wikis e os *blogs* estão se tornando importantes ferramentas corporativas para comunicação, colaboração e compartilhamento de informações.

Mudanças em empresas e organizações Em comparação com as organizações industriais do século anterior, as novas empresas de rápido crescimento do século XXI colocam menos ênfase na hierarquia e na estrutura, e mais ênfase nos funcionários que assumem várias funções e tarefas e colaboram com outros em uma equipe. Há maior foco na competência e nas habilidades em vez de posição na hierarquia. Essas empresas enfatizam a tomada de decisões mais rápida e precisa com base em dados e análises, e estão mais conscientes das mudanças na tecnologia, nas atitudes do consumidor e na cultura. Elas usam as mídias sociais para conversar com os consumidores e demonstrar maior disposição em ouvir os clientes – em parte porque não têm escolha. Tais empresas mostram uma melhor compreensão da importância da tecnologia da informação na criação e na gestão de empresas de negócios e outras organizações. À medida que organizações e empresas de negócios demonstram essas características, elas são reconhecidas como empresas digitais do século XXI.

Você pode ver algumas dessas tendências em ação na Sessão interativa sobre Organizações, que examina o impacto da pandemia de coronavírus no trabalho e na gestão, já que muitas empresas tiveram seus funcionários trabalhando remotamente durante esse período.

Desafios e oportunidades da globalização: um mundo plano

Antes de 1.500 d.C., não havia um sistema econômico de comércio verdadeiramente global que conectasse todos os continentes do planeta, embora houvesse mercados comerciais regionais ativos. Após o século XVI, um sistema de comércio global começou a surgir, com base nos avanços da navegação e na tecnologia das embarcações. O comércio mundial que se seguiu após esses desenvolvimentos aproximou muito os povos e as culturas do mundo. Posteriormente, a Revolução Industrial foi um fenômeno mundial alimentado pela expansão do comércio entre as nações, tornando-as concorrentes e colaboradoras nos negócios. A internet aumentou muito as tensões competitivas entre as nações à medida que o comércio

SESSÃO INTERATIVA **ORGANIZAÇÕES**

A pandemia de coronavírus fará do *home office* o novo normal?

Com a disseminação da covid-19 pelo mundo, grandes e pequenas empresas começaram a fazer mudanças na maneira como trabalham, fechando seus escritórios e exigindo que a maioria ou todos os seus funcionários trabalhassem remotamente de suas casas.

- Durante a pandemia, toda a equipe da ClearRisk – que oferece soluções de *software* integradas e baseadas em nuvem para gerenciamento de sinistros, frotas, incidentes e certificados de seguro – trabalhou em casa.
- Muitos escritórios de advocacia importantes, incluindo Reed Smith, Baker McKenzie e Nixon Peabody, fecharam e exigiram trabalho em casa durante a pandemia. Esses escritórios enfatizaram que poderiam continuar atendendo clientes apesar do fechamento das sedes e do trabalho remoto.
- A OpenText Corp., fornecedora canadense de produtos de gerenciamento de informações corporativas, planeja eliminar mais da metade de seus 120 escritórios em todo o mundo, com 2 mil pessoas de sua força de trabalho de 15 mil funcionários passando a trabalhar em casa permanentemente.
- Em meados de maio de 2020, o Twitter Inc., notificou os funcionários de que a maioria deles poderia trabalhar em casa por tempo indeterminado.

De acordo com um relatório recente do Massachusetts Institute of Technology (MIT), 34% estadunidenses que anteriormente trabalhavam fora afirmaram que estavam trabalhando em casa na primeira semana de abril de 2020 por conta do surto de coronavírus. Antes da pandemia, o número de pessoas que trabalhavam regularmente em casa permanecia em um dígito, com apenas cerca de 4% da força de trabalho dos Estados Unidos desempenhando as funções profissionais em casa pelo menos metade do tempo. No entanto, a tendência de trabalhar em casa vinha ganhando força gradativamente graças aos avanços da tecnologia da informação para o trabalho remoto e às mudanças na cultura de trabalho corporativa. Nesse sentido, a pandemia de coronavírus pode marcar um ponto de inflexão.

É provável que muitas pessoas que tiveram a primeira experiência com o *home office* durante a pandemia continuem do mesmo modo depois. Novas diretrizes de saúde sobre distanciamento exigirão que alguns locais de trabalho sejam ampliados para acomodar todos os seus funcionários ou que uma porcentagem significativa de funcionários trabalhe permanentemente em casa.

As tecnologias de informação que impulsionam essas mudanças incluem conexões de internet de banda larga de alta velocidade, computadores portáteis, *tablets*, *smartphones*, *e-mail*, e ferramentas de mensagens e de videoconferência. À medida que as empresas mudam seu trabalho presencial para remoto, a videoconferência está se tornando o novo normal para as reuniões. As pessoas estão tentando ter boas conversas, compartilhar informações importantes, gerar novas ideias, chegar a um consenso e tomar decisões rapidamente por essa plataforma.

Apesar de não ser o ideal para interações entre pessoas, a videoconferência está se tornando mais poderosa e acessível. Existem muitas opções, incluindo Skype, Zoom, Microsoft Teams, Amazon Chime, BlueJeans, Cisco WebEx, GoToMeeting e Google Meet. Alguns empresários estão usando as mesmas ferramentas que usam em suas comunicações pessoais, como FaceTime e Facebook Messenger. (O FaceTime agora suporta bate-papo por vídeo em grupo com até 32 pessoas.)

Softwares de videoconferência como WebEx e BlueJeans parecem projetado para usos mais corporativos. Outros, como o Skype, da Microsoft e o Zoom parecem mais adequado para o consumidor e mais fáceis de configurar, com versões gratuitas ou de baixo custo convenientes para empresas de menor porte. O Skype funciona para bate-papos por vídeo, chamadas de voz e mensagens instantâneas e pode atender até 50 pessoas em uma única videochamada. Ele permite que as chamadas sejam gravadas, caso alguém perca uma reunião, e também oferece recursos de compartilhamento de arquivos, identificador de chamadas, correio de voz, modo de exibição de tela para manter as conversas separadas e compartilhamento de tela em dispositivos móveis.

Até mil usuários podem participar de uma única chamada de vídeo pelo Zoom, e 49 vídeos podem aparecer na tela de uma só vez. O Zoom inclui ferramentas de colaboração, como compartilhamento de tela simultâneo e anotação compartilhadas, além da capacidade de gravar reuniões e gerar transcrições. Os usuários podem ajustar os horários das reuniões, selecionar vários *hosts* e se comunicar por bate-papo se os microfones e as câmeras estiverem desligados.

Existem diversos benefícios definidos para o trabalho remoto: menor sobrecarga, horários mais flexíveis, reduções no tempo de deslocamento e nas taxas de desgaste e funcionários, além de aumentos na produtividade. (Muitas empresas relataram que a produtividade não foi afetada quando os funcionários trabalharam em casa durante a pandemia.) De acordo com a Global Workplace Analytics, uma empresa comum economiza cerca de US$ 11 mil por trabalhador remoto em meio período por ano. Entretanto, trabalhar remotamente também apresenta desafios.

Nem todos os funcionários têm acesso à internet em casa e muitos trabalham em setores que exigem estar no local. Cerca de 80% dos adultos estadunidenses têm serviço de internet banda larga de alta velocidade em casa. No entanto, de acordo com um estudo do Pew Research Center, minorias raciais, idosos, residentes de áreas rurais e pessoas com níveis mais baixos de educação e renda são menos propensos a ter serviço de banda larga em casa. Além disso, um em cada cinco adultos estadunidenses acessa a internet apenas por *smartphones*. Funcionários com filhos pequenos ou domicílios pequenos acham mais difícil trabalhar em casa.

Os funcionários em tempo integral são quatro vezes mais propensos a ter opções de trabalho remoto do que funcionários de meio período. De acordo com a Global Workplace Analytics, um trabalhador remoto típico tem formação universitária, tem pelo menos 45 anos e ganha um salário anual de US$ 58 mil, além de trabalhar para uma empresa com mais de 100 funcionários.

Apesar de *e-mail* e mensagens de texto serem muito úteis, não são ferramentas eficazes de comunicação em comparação com a troca de informações e a conexão pessoal em conversas presenciais. O trabalho remoto também inibe a criatividade e o pensamento inovador que ocorre quando as pessoas interagem frente a frente, e a videoconferência é apenas uma solução parcial. Estudos descobriram que pessoas trabalhando juntas na mesma sala tendem a resolver problemas mais rapidamente do que colaboradores remotos, e que a coesão da equipe sofre quando os membros trabalham remotamente.

Fontes: Lindsey Jacobson, "As Coronavirus Forces Millions to Work Remotely, the US Economy May Have Reached a 'Tipping Point' in Favor of Working from Home", *CNBC*, 23 mar. 2020; Rita Zeidner, "Coronavirus Makes Work from Home the New Normal", *All Things Work*, 21 mar. 2020; Dana Mattioli e Konrad Putzier, "The End of the Office," *Wall Street Journal*, 16-17 maio 2020; Cate Pye, "Coronavirus: What Does the 'New Normal' Mean for How We Work?" *Computer Weekly*, 3 abr. 2020; Josh Lowy, "Overcoming Remote Work Challenges", *MIT Sloan Management Review*, 9 abr. 2020; Derek Thompson, "The Coronavirus Is Creating a Huge, Stressful Experiment in Working from Home", *The Atlantic*, 13 mar. 2020; Kevin Roose, "Sorry, but Working from Home Is Overrated", *New York Times*, 10 mar. 2020; Rani Molla, "This Is the End of the Office as We Know It", *Vox*, 14 abr. 2020.

PERGUNTAS DO ESTUDO DE CASO

1. Defina o problema descrito neste caso. Quais são as questões de gestão, organização e tecnologia levantadas por esse problema?
2. Identifique as tecnologias de informação utilizadas para fornecer uma solução para esse problema. Essa foi uma solução bem-sucedida? Por quê? Ou por que não?
3. Trabalhar em casa se tornará a principal maneira de se trabalhar no futuro? Por quê? Ou por que não?

global se expande e fortaleceu os benefícios decorrentes da prática comercial, além de ter criado deslocamentos significativos nos mercados de trabalho.

Em 2005, o jornalista Thomas Friedman escreveu um livro influente declarando que o mundo havia se tornado plano, ou seja, ele queria dizer que a internet e as comunicações globais expandiram muito as oportunidades para as pessoas se comunicarem umas com as outras e reduziram as vantagens econômicas e culturais dos países desenvolvidos. Os Estados Unidos e os países europeus estavam em uma luta vital por suas economias, de acordo com Friedman, competindo por empregos, mercados, recursos e até mesmo ideias com populações altamente educadas e motivadas em áreas de baixos salários no mundo menos desenvolvido (Friedman, 2007). Essa globalização apresenta a você e sua empresa desafios e oportunidades.

Uma porcentagem crescente da economia dos Estados Unidos e de outros países industrializados avançados na Europa e na Ásia depende de importações e exportações. Em 2019, estima-se que 30% da economia mundial resultou do comércio exterior de bens e serviços, tanto em importações quanto em exportações. Metade das empresas estadunidenses *Fortune* 500 obtêm quase 50% de sua receita de operações no estrangeiro. Por exemplo, mais de 50% das receitas da Intel em 2019 vieram das vendas externas de seus microprocessadores.

Não são apenas as mercadorias que atravessam fronteiras. O mesmo acontece com os empregos, alguns deles de alto nível, que pagam bem e exigem diploma universitário. Desde 2000, os Estados Unidos perderam cerca de 5 milhões de empregos no setor industrial para produtores *offshore* de baixos salários, de modo que a manufatura é agora uma pequena parte do emprego nos Estados Unidos (menos de 9%). Em um ano normal, cerca de 300 mil empregos no setor de serviços são transferidos para o exterior para países que pagam salários mais baixos, muitos deles em ocupações de sistemas de informação menos qualificados, mas também em empregos de serviços comerciais em arquitetura, serviços financeiros, centros de atendimento ao cliente, consultoria, engenharia e até radiologia.

No lado positivo, a economia dos Estados Unidos criou 2,6 milhões de novos empregos em 2018. O emprego em sistemas de informação e outras ocupações de serviços listadas anteriormente se expandiu rapidamente em números, salários, produtividade e qualidade de trabalho. A terceirização realmente acelerou o desenvolvimento de novos sistemas nos Estados Unidos e em todo o mundo, reduzindo seu custo de criação e manutenção. Em 2019, a oferta de vagas de emprego em sistemas e tecnologias de informação superaram em muito a oferta de candidatos.

O desafio para você como estudante de negócios é desenvolver habilidades de alto nível por meio da formação e da experiência no trabalho que não podem ser terceirizadas. O desafio para o seu negócio é evitar mercados para bens e serviços que podem ser produzidos no exterior de forma muito mais barata. As oportunidades são igualmente imensas. Ao longo deste livro, você encontrará exemplos de empresas e indivíduos que falharam ou foram bem-sucedidos em usar sistemas de informação para se adaptar a esse novo ambiente global.

Mas o que a globalização tem a ver com os sistemas de informação gerenciais? É simples: tudo. O surgimento da internet em um sistema de comunicação internacional completo reduziu drasticamente os custos de operação e transação em escala global. A comunicação entre um chão de fábrica em Xangai e um centro de distribuição em Rapid City, Dakota do Sul, agora é instantânea e virtualmente gratuita. Hoje os clientes podem fazer compras em um mercado global, obtendo informações sobre preço e qualidade de forma confiável 24 horas por dia. As empresas que produzem bens e serviços em escala global atingem extraordinárias reduções de investimentos ao encontrar fornecedores de baixo custo e gerenciar instalações de produção em outros países. Empresas de serviços de internet, como Google e eBay, são capazes de replicar seus modelos de negócios e serviços em vários países sem precisar replanejar sua onerosa infraestrutura de sistemas de informação de custo fixo. Resumidamente, os sistemas de informação permitem a globalização.

A empresa digital emergente

Todas as mudanças que acabamos de descrever, juntamente com o replanejamento – de igual importância organizacional –, criaram as condições para uma empresa totalmente digital. Uma **empresa digital** pode ser definida em várias dimensões, mas, principalmente, é aquela em que quase todos os *relacionamentos comerciais significativos* com clientes, fornecedores e funcionários são habilitados e mediados digitalmente. Além disso, os *principais processos de negócios* são realizados por meio de redes digitais abrangendo toda a organização ou ligando várias organizações.

Processos de negócios referem-se ao conjunto de tarefas e comportamentos logicamente relacionados que as organizações desenvolvem ao longo do tempo para produzir resultados de negócios específicos e a maneira única como essas atividades são organizadas e coordenadas. Desenvolver um novo produto, gerar e atender um pedido, criar um plano de *marketing* e contratar um funcionário são exemplos de processos de negócios, e as formas como as organizações realizam seus processos de negócios podem ser uma fonte de força competitiva. (Uma discussão detalhada dos processos de negócios pode ser encontrada no Capítulo 2.)

Os *principais ativos corporativos* – propriedade intelectual, competências essenciais e ativos financeiros e humanos – são gerenciados por meios digitais. Em uma empresa digital, qualquer informação necessária para apoiar as principais decisões de negócios está disponível a qualquer momento e em qualquer lugar da empresa.

As empresas digitais percebem e respondem aos seus ambientes muito mais rapidamente do que as empresas convencionais, o que lhes dá mais flexibilidade para sobreviver em tempos turbulentos. Além disso, elas também oferecem oportunidades extraordinárias para uma gestão e organização global mais flexível. Nas empresas digitais, tanto o tempo (*time shifting*) quanto o espaço (*space shifting*) são a norma. *Time shifting* refere-se a negócios sendo conduzidos continuamente, 24 horas por dia, 7 dias por semana, em vez de em faixas horárias estreitas de "dias úteis" das 9h às 17h, ao passo que *space shifting* significa que o trabalho ocorre em uma oficina global, bem como dentro das fronteiras nacionais. Em outras palavras, o trabalho é realizado fisicamente em qualquer lugar do mundo em que seja realizado da melhor maneira.

Muitas empresas, como Cisco Systems, 3M e GE, estão perto de se tornarem digitais usando a internet para conduzir todos os aspectos de seus negócios. A maioria das outras empresas não é totalmente digital, mas está caminhando para uma integração digital próxima de fornecedores, clientes e funcionários.

Objetivos estratégicos de negócios dos sistemas de informação

Por que os sistemas de informação são tão essenciais nas empresas atualmente? Por que elas estão investindo tanto em sistemas e tecnologias de informação? Nos Estados Unidos, mais de 25 milhões de gerentes de negócios e financeiros e 36 milhões de profissionais na força de trabalho dependem de sistemas de informação para realizar negócios. Além disso, os de informação são essenciais para conduzir os negócios cotidianos nos Estados Unidos e na maioria dos outros países desenvolvidos, bem como para alcançar objetivos estratégicos de negócios.

Setores substanciais em sistemas de informação. Empresas de comércio eletrônico como Amazon, eBay, Google e E*Trade simplesmente não existiriam. Os atuais setores de serviços – finanças, seguros e imóveis, bem como serviços pessoais, por exemplo, viagens, medicina e educação – não poderiam operar sem sistemas de informação. Da mesma forma, empresas de varejo como Walmart e Target e empresas de manufatura como General Motors e GE exigem sistemas de informação para sobreviver e crescer. Assim como escritórios, telefones, arquivos e prédios altos e eficientes com elevadores já foram os alicerces dos negócios no século XX, a tecnologia da informação é a base dos negócios no século XXI. Há uma interdependência crescente entre a capacidade de uma empresa de usar a tecnologia da informação e sua capacidade de implementar estratégias e atingir metas corporativas (veja a Figura 1.2). O que uma empresa gostaria de fazer em cinco anos geralmente depende do que seus sistemas serão capazes de fazer. Aumentar a participação de mercado, tornar-se um produtor de alta qualidade ou de baixo custo, desenvolver novos produtos e aumentar a produtividade dos funcionários dependem cada vez mais dos tipos e da qualidade dos sistemas de informação na organização. E quanto mais você entende essa relação, mais valioso você será como gerente.

Especificamente, as empresas de negócios investem pesado em sistemas de informação para atingir seis objetivos estratégicos de negócios: excelência operacional; novos produtos, serviços e modelos de negócios; intimidade com clientes e fornecedores; melhor tomada de decisão; vantagem competitiva; e sobrevivência.

Excelência operacional

As empresas buscam continuamente melhorar a eficiência de suas operações para obter maior rentabilidade. Nesse sentido, sistemas e tecnologias de informação são algumas das ferramentas mais importantes à disposição dos gestores para alcançar níveis mais altos de eficiência e

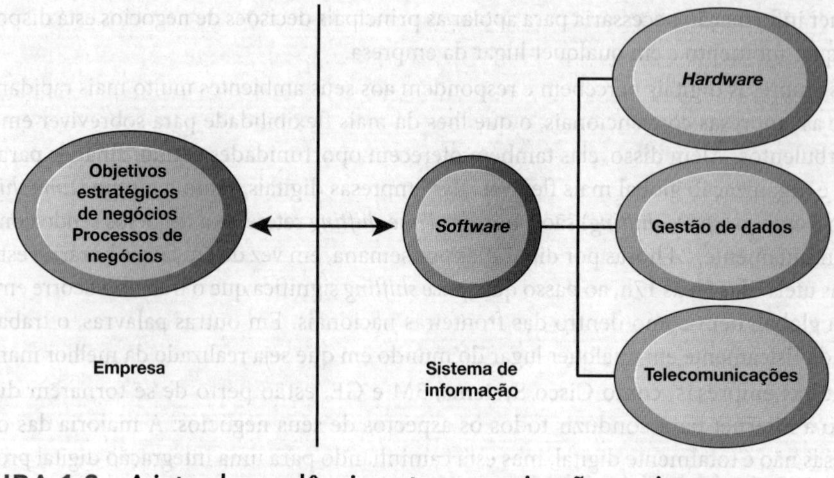

FIGURA 1.2 A interdependência entre organizações e sistemas de informação.

Nos sistemas contemporâneos, há uma crescente interdependência entre os sistemas de informação de uma empresa e suas capacidades de negócios. Mudanças em estratégias, regras e processos de negócios exigem cada vez mais mudanças em *hardware*, *software*, bancos de dados e telecomunicações. Muitas vezes, o que a organização gostaria de fazer depende do que seus sistemas permitirão que ela faça.

produtividade nas operações de negócios, especialmente quando aplicados em conjunto com mudanças nas práticas de negócios e no comportamento de gestão.

O Walmart, maior varejista do mundo, exemplifica o poder dos sistemas de informação combinados com práticas de negócios de última geração e gerenciamento de suporte para alcançar eficiência operacional de qualidade internacional. No ano fiscal de 2019, o Walmart obteve US$ 524 bilhões em vendas – quase um décimo das vendas no varejo nos Estados Unidos –, em grande parte por causa de seu sistema Retail Link, que conecta digitalmente seus fornecedores a todas as lojas do Walmart. Assim que um cliente compra um item, o fornecedor que monitora o item sabe que deve enviar um substituto para a prateleira. O Walmart é a loja de varejo mais eficiente do setor.

Novo produtos, serviços e modelos de negócios

Os sistemas e tecnologias de informação são ferramentas importantes para as empresas criarem não apenas novos produtos e serviços, mas também para criarem modelos de negócios inteiramente novos. Um **modelo de negócios** descreve como uma empresa produz, fornece e vende um produto ou serviço para criar riqueza.

A indústria da música de hoje, por exemplo, é muito diferente da indústria de uma década atrás. A Apple Inc., transformou um antigo modelo de negócios de distribuição de música fundamentado em discos de vinil, fitas e CDs em um modelo de distribuição *on-line* legal que tem como base sua própria plataforma de tecnologia. E a empresa da maçã obteve progressos com um fluxo contínuo de inovações, incluindo o serviço de música iTunes, o iPad e o iPhone.

Intimidade com clientes e fornecedores

Quando uma empresa realmente conhece seus clientes e os atende bem, estes geralmente respondem retornando e comprando mais dessa empresa. Isso aumenta as receitas e os lucros. O mesmo se dá com os fornecedores: quanto mais uma empresa engaja seus fornecedores, melhor os estes podem fornecer insumos essenciais, o que reduz os custos. Sabe-se que conhecer verdadeiramente seus clientes ou fornecedores é um problema central para empresas com milhões de clientes *offline* e *on-line*.

O Mandarin Oriental em Manhattan e outros hotéis sofisticados exemplificam o uso de sistemas e tecnologias de informação para alcançar a intimidade com o cliente. Esses hotéis usam computadores para acompanhar as preferências dos hóspedes, como temperatura do quarto, horário de *check-in*, números de telefone discados com mais frequência e programas de televisão, e armazenam essas informações em um grande repositório de dados. Os quartos individuais dos hotéis são conectados em rede a um computador servidor de rede central para que possam ser monitorados e controlados remotamente. Quando um cliente chega a um desses hotéis, o sistema altera automaticamente as condições do quarto, como diminuir as luzes, definir a temperatura do quarto ou selecionar a música apropriada, com base no perfil digital do cliente. Os hotéis também analisam os dados de seus clientes para identificar os mais fidelizados e desenvolver campanhas de *marketing* individualizadas com base nas preferências de cada um.

A JCPenney exemplifica os benefícios da intimidade com fornecedores obtida por meio dos sistemas de informação. Toda vez que uma camisa social é comprada em uma loja JCPenney nos Estados Unidos, o registro da venda aparece imediatamente em computadores em Hong Kong no fornecedor TAL Apparel Ltd., um fabricante contratado que produz uma em cada oito camisas sociais vendidas nos Estados Unidos. A TAL insere os números dessas vendas por meio de um modelo de computador que desenvolveu e decide quantas camisas de reposição fabricar e em quais modelos, cores e tamanhos. A TAL então envia as camisas para cada loja da JCPenney, evitando completamente os depósitos do varejista. Ou seja, o estoque de camisas da JCPenney está próximo de zero, assim como o custo de estocagem.

Melhor tomada de decisão

Muitos gerentes de negócios operam em um banco de informações nebuloso, sem jamais dispor da informação certa no momento certo para tomar uma decisão informada. Como alternativa, os gerentes confiam em previsões, palpites e sorte. O resultado é super ou subprodução de bens e serviços, má alocação de recursos e tempos de resposta insatisfatórios. Esses resultados ruins aumentam os custos e causam a perda de clientes. Na última década, os sistemas e tecnologias de informação tornaram possível que os gerentes usassem dados em tempo real do mercado ao tomar decisões.

Por exemplo, a Verizon Corporation, uma das maiores empresas de telecomunicações nos Estados Unidos, usa um painel digital conectado à *web* para fornecer aos gerentes informações precisas em tempo real sobre reclamações de clientes, desempenho de rede para cada localidade atendida e interrupções de linha ou linhas danificadas por tempestades. Usando essas informações, os gerentes podem alocar imediatamente recursos de reparo para as áreas afetadas, informar os consumidores sobre os esforços de reparo e restaurar o serviço rapidamente.

Vantagem competitiva

Quando as empresas atingem um ou mais desses objetivos de negócios – excelência operacional; novos produtos, serviços e modelos de negócios; intimidade com clientes e fornecedores; e tomada de decisão aprimorada – é provável que já tenham obtido uma vantagem competitiva. Fazer as coisas melhor do que seus concorrentes, cobrar menos por produtos com qualidade superior e responder a clientes e fornecedores em tempo real, tudo isso resulta em maiores volumes de venda e lucros mais altos que a concorrência não consegue igualar. Apple Inc., Walmart e UPS, descritos mais adiante neste capítulo, são líderes do setor porque sabem como usar os sistemas de informação para esse fim.

Sobrevivência

As empresas também investem em sistemas e tecnologias de informação porque são necessários para fazer negócios. Às vezes, essas "necessidades" são impulsionadas por mudanças de nível no setor. Por exemplo, depois que o Citibank adotou os primeiros caixas eletrônicos (ATMs, do inglês *automated teller machines*) na região de Nova York em 1977 para atrair clientes por meio de níveis de atendimento mais elevados, seus concorrentes correram para fornecer caixas eletrônicos para seus clientes para acompanhar o Citibank. Hoje, praticamente todos os bancos nos Estados Unidos têm caixas eletrônicos regionais e se conectam a redes de caixas eletrônicos nacionais e internacionais, como a Cirrus. A oferda de caixas eletrônicos para clientes de bancos de varejo é simplesmente um requisito para estar e sobreviver no setor bancário.

Existem muitos estatutos e regulamentos federais e estaduais que estabelecem para as empresas e seus funcionários deveres de manter registros, incluindo registros digitais. Por exemplo, a Lei de Controle de Substâncias Tóxicas (1976), que regulamenta a exposição de trabalhadores estadunidenses a mais de 75 mil produtos químicos tóxicos, exige que as empresas mantenham registros sobre a exposição dos funcionários por 30 anos. A Lei Sarbanes-Oxley (2002), criada para melhorar a prestação de contas das empresas de capital aberto e seus auditores, exige que as empresas de auditoria certificadas que auditam empresas de capital aberto mantenham os papéis e registros de trabalho de auditoria, incluindo todos os *e-mails*, por cinco anos. A Lei Dodd-Frank de Reforma de Wall Street e Proteção do Consumidor (2010), destinada a fortalecer a regulamentação do setor bancário, exige que as empresas mantenham todos os registros por 10 anos. Muitas outras leis federais e estaduais de saúde, serviços financeiros, educação e proteção da privacidade impõem requisitos significativos de retenção de informações e relatórios às empresas estadunidenses, e estas recorrem a sistemas e tecnologias de informação para ter a capacidade de responder a tais desafios.

1.2 O que é um sistema de informação? Como funciona? Quais são seus componentes de gestão, organização e tecnologia? Por que os ativos complementares são essenciais para garantir que os sistemas de informação forneçam valor real para as organizações?

Até agora usamos *sistemas* e *tecnologias de informação* informalmente, sem definir esses termos. **Tecnologia da informação (TI)** consiste em todo *hardware* e *software* que uma empresa precisa usar para atingir seus objetivos de negócios, e isso inclui não apenas computadores, dispositivos de armazenamento e dispositivos móveis, mas também *softwares*, como os sistemas operacionais Windows ou Linux, o pacote de produtividade Microsoft Office e os milhares de programas de computador que podem ser encontrados em uma grande empresa. Os "sistemas de informação" são mais complexos e podem ser mais bem compreendidos se olharmos para eles do ponto de vista tecnológico e de negócios.

O que é um sistema de informação?

Um **sistema de informação** pode ser definido tecnicamente como um conjunto de componentes interrelacionados que coletam (ou recuperam), processam, armazenam e distribuem informações para apoiar a tomada de decisões e o controle em uma organização. Além de apoiar a tomada de decisões, coordenação e controle, os sistemas de informação também podem ajudar gerentes e trabalhadores a analisar problemas, visualizar questões complexas e a criar novos produtos.

Os sistemas de informação contêm informações sobre pessoas, lugares e coisas importantes dentro da organização ou no ambiente que a cerca. Por **informação** queremos dizer dados que foram moldados de modo que sejam significativa e útil para os seres humanos. **Dados**, em contraste, são fluxos de fatos brutos que representam eventos que ocorrem nas organizações ou no ambiente físico antes de serem organizados e dispostos de uma forma que as pessoas possam entendê-los e usá-los como informação.

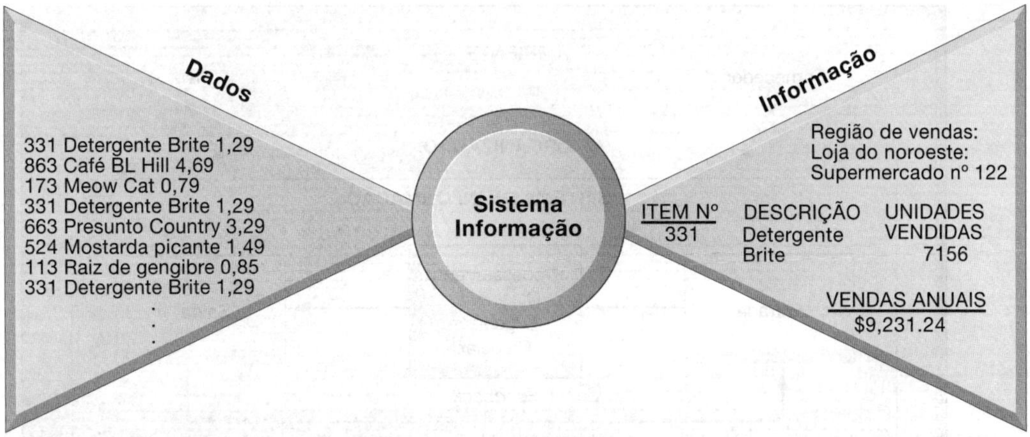

FIGURA 1.3 Dados e informação.

Os dados brutos de um caixa de supermercado podem ser processados e organizados para produzir informações significativas, como o total de vendas unitárias de detergente de louça ou a receita total de vendas de detergente de louça para uma loja ou território de vendas específico.

Um breve exemplo de informações e dados contrastantes pode ser útil. Os caixas de supermercados digitalizam milhões de dados de códigos de barras, que descrevem cada produto. Esses dados podem ser organizados e analisados para fornecer informações significativas, como o número total de garrafas de detergente para lavar louça vendidas em determinada loja, quais marcas de detergente foram vendidas mais rapidamente naquela loja ou território de vendas ou o total do valor gasto com aquela marca de detergente naquela loja ou região de vendas (veja a Figura 1.3).

Três atividades em um sistema de informação produzem a informação que as organizações precisam para tomar decisões, controlar operações, analisar problemas e criar novos produtos ou serviços. Essas atividades são entrada, processamento e saída (veja a Figura 1.4). A **entrada** captura ou coleta dados brutos de dentro da organização ou de seu ambiente externo. O **processamento** converte essa entrada bruta em um formato significativo. A **saída** transfere as informações processadas para as pessoas que as usarão ou para as atividades nas quais serão utilizadas. Os sistemas de informação também exigem ***feedback***, que é o retorno da saída aos membros apropriados da organização para ajudá-los a avaliar ou corrigir o estágio de entrada.

No sistema Smart Shelf da AWM, a entrada inclui os resultados da digitalização de produtos na prateleira e dos códigos de identificação das prateleiras da loja, juntamente com imagens digitalizadas de itens que os clientes selecionaram para compra. Os computadores armazenam e processam esses dados para acompanhar os itens em cada prateleira, os itens que cada cliente compra ou examina e um histórico das compras e dos interesses do cliente. O sistema em seguida determina quais itens em quais prateleiras precisam ser reabastecidos e quais outros devem ser recomendados a cada cliente. O sistema fornece informações significativas, como o total de itens vendidos em uma loja ou prateleira específica em determinado dia específico, quais itens foram comprados por um cliente específico e quais itens precisam ser reabastecidos.

Apesar de sistemas de informação que têm computadores como base usarem a tecnologia da computação para processar dados brutos em informações significativas, há uma distinção nítida entre um computador e um programa de computador, por um lado, e um sistema de informação, por outro. Computadores e programas de *software* relacionados são a base técnica, as ferramentas e os materiais dos sistemas de informação modernos. Os computadores fornecem o equipamento para armazenar e processar informações. Programas de computador, ou *software*, são conjuntos de instruções operacionais que direcionam e controlam o

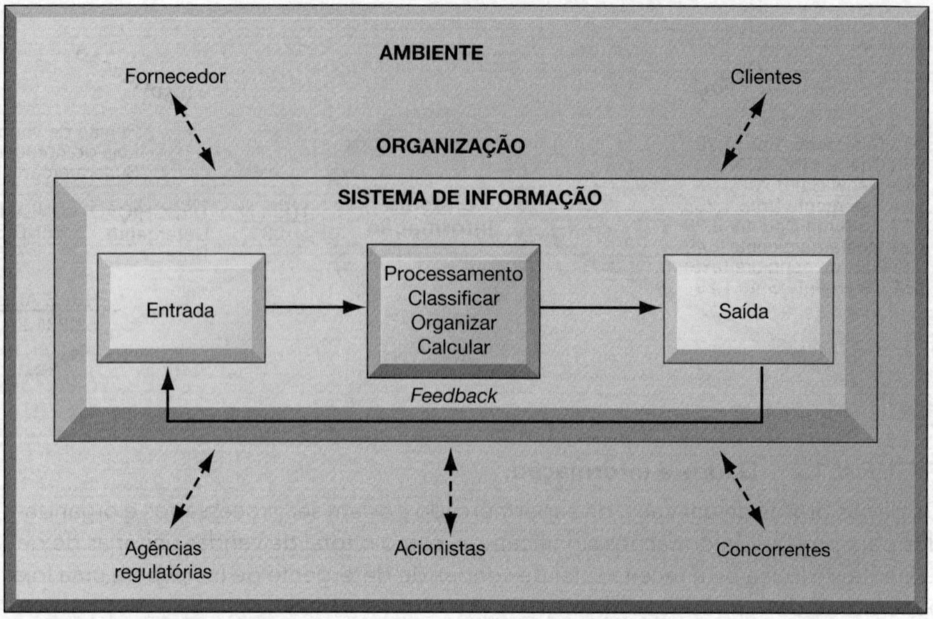

FIGURA 1.4 Funções de um sistema de informação.

Um sistema de informação contém informações sobre uma organização e seu entorno. Três atividades básicas – entrada, processamento e saída – produzem as informações de que as organizações precisam. O *feedback* é a saída devolvida às pessoas ou atividades apropriadas na organização para avaliar e refinar a entrada. Agentes ambientais, como clientes, fornecedores, concorrentes, acionistas e agências reguladoras, interagem com a organização e seus sistemas de informação.

processamento do computador. Saber como computadores e programas de computador funcionam é importante na concepção de soluções para problemas organizacionais, mas os computadores são apenas parte de um sistema de informação.

Uma casa é uma analogia apropriada. As casas são construídas com martelos, pregos e madeira, mas essas ferramentas não fazem uma casa. A arquitetura, o desenho, a ambientação, o paisagismo e todas as decisões que levam à criação desses recursos fazem parte da casa e são cruciais para resolver o desafio de colocar um teto sobre a cabeça. Computadores e programas são os martelos, pregos e madeira dos sistemas de informação que têm um computador, como base mas sozinhos eles não podem produzir as informações de que determinada organização necessita. Para entender os sistemas de informação, você deve entender os problemas para os quais eles foram projetados para resolver, seus elementos de arquitetura e *design* e os processos organizacionais que levam às soluções.

Dimensões dos sistemas de informação

Para entender completamente os sistemas de informação, você deve entender as dimensões mais amplas de organização, gestão e tecnologia da informação dos sistemas (veja a Figura 1.5) e sua capacidade de fornecer soluções para desafios e problemas no ambiente de negócios. Chamamos essa compreensão mais ampla de sistemas de informação, que engloba uma compreensão das dimensões gerenciais e organizacionais dos sistemas, bem como suas dimensões técnicas, de **capacitação em sistemas de informação**. A **capacitação em computadores**, entretanto, concentra-se principalmente no conhecimento da tecnologia da informação.

O campo dos **sistemas de informação gerenciais (SIG)** tenta proporcionar a capacitação mais ampla em sistemas de informação. Os SIG lidam com questões comportamentais, bem

FIGURA 1.5 Sistemas de informação são mais que computadores.
Usar sistemas de informação de forma eficaz requer uma compreensão da organização, da gestão e da tecnologia da informação que moldam os sistemas. Um sistema de informação agrega valor à empresa como solução organizacional e gerencial dos os desafios impostos pelo ambiente.

como questões técnicas relacionadas a desenvolvimento, uso e impacto dos sistemas de informação usados por gerentes e funcionários da empresa.

Vamos examinar cada uma das dimensões dos sistemas de informação – organizações, gestão e tecnologia da informação.

Organização

Sistemas de informação são parte integral das organizações. De fato, para algumas empresas, como as de informações de crédito, não haveria negócios sem um sistema de informações. Os elementos-chave de uma organização são: pessoal, estrutura, processos de negócios, política e cultura. Apresentamos esses componentes das organizações aqui e os descrevemos com mais detalhes nos Capítulos 2 e 3.

Organizações possuem uma estrutura composta por diferentes níveis e especialidades. Suas estruturas revelam uma clara divisão do trabalho. Autoridade e responsabilidade em uma empresa são organizadas hierarquicamente, ou seguindo uma estrutura piramidal. Os níveis superiores da hierarquia consistem em funcionários gerenciais, profissionais e técnicos, enquanto os níveis inferiores consistem em pessoal operacional. A **gerência sênior** toma decisões estratégicas de longo prazo relacionadas a produtos e serviços, bem como garante o desempenho financeiro da empresa. A **gerência média** realiza os programas e planos da alta administração, e a **gerência operacional** é responsável por monitorar as atividades diárias do negócio. Os **trabalhadores do conhecimento**, como engenheiros, cientistas ou arquitetos, projetam produtos ou serviços e criam novos conhecimentos para a empresa, enquanto **trabalhadores de dados**, como secretárias ou arquivistas, auxiliam na programação e na comunicação em todos os níveis da empresa. Os **trabalhadores de produção ou de serviços** são os que de fato fabricam o produto e fornecem o serviço (veja a Figura 1.6).

Especialistas são empregados e treinados para diferentes funções de negócios. As principais **funções empresariais**, ou tarefas especializadas executadas por organizações empresariais, consistem em vendas e *marketing*, manufatura e produção, finanças e contabilidade e recursos humanos (veja a Tabela 1.1). O Capítulo 2 traz mais detalhes sobre essas funções de negócios e as maneiras pelas quais elas recebem suporte dos sistemas de informação.

TABELA 1.1 Principal funções empresariais

FUNÇÃO	FINALIDADE
Vendas e *marketing*	Vender os produtos e serviços da organização
Manufatura e produção	Produzir e fornecer produtos e serviços
Finanças e contabilidade	Gerenciar ativos financeiros da organização e manter os registros financeiros da organização
Recursos humanos	Atrair, desenvolver e manter a força de trabalho da organização; manter registros de funcionários

Uma organização coordena o trabalho por meio de sua hierarquia e de seus *processos de negócios*. Os processos de negócios da maioria das organizações incluem regras formais que foram desenvolvidas ao longo de muito tempo para a realização de tarefas, as quais orientam os funcionários em vários procedimentos, desde criar uma fatura até responder a reclamações de clientes. Alguns desses processos de negócios foram anotados, mas outros são práticas informais de trabalho, como a exigência de retornar ligações telefônicas de colegas de trabalho ou clientes, que não estão formalmente documentadas. Os sistemas de informação automatizam muitos processos de negócios. Por exemplo, o modo como um cliente recebe crédito ou como é cobrado geralmente é determinado por um sistema de informação que incorpora um conjunto de processos formais de negócios. Cada organização tem uma **cultura** única, ou conjunto fundamental de premissas, valores e maneiras de fazer as coisas, que foi aceita pela maioria de seus membros. Você pode ver a cultura organizacional em ação olhando para a sua universidade ou faculdade. Algumas premissas fundamentais da vida universitária são que os professores sabem mais do que os alunos, a razão pela qual os alunos frequentam a faculdade é para aprender e que as aulas seguem um horário regular.

Partes da cultura de uma organização sempre podem ser encontradas embutidas em seus sistemas de informação. Por exemplo, a primeira prioridade da UPS é o atendimento ao

FIGURA 1.6 Níveis em uma empresa.

As organizações de negócios são hierarquias que consistem em três níveis principais: gerência sênior, gerência média e gerência operacional. Os sistemas de informação atendem a cada um desses níveis. Cientistas e trabalhadores do conhecimento geralmente atuam com a gerência intermediária.

cliente, que é um aspecto de sua cultura organizacional que pode ser encontrado nos sistemas de rastreamento de pacotes da empresa, que descrevemos nesta seção.

Diferente níveis e especialidades em uma organização criam diferentes interesses e pontos de vista. Essas visões muitas vezes entram em conflito sobre como a empresa deve ser administrada e como os recursos e recompensas devem ser distribuídos. O conflito é a base da política organizacional. Os sistemas de informação se originam desse caldeirão de diferentes perspectivas, conflitos, compromissos e acordos que são parte natural de todas as organizações. No Capítulo 3, examinamos mais detalhadamente essas características das organizações e seu papel no desenvolvimento dos sistemas de informação.

Gestão

A tarefa da gestão é compreender as muitas situações enfrentadas pelas organizações, tomar decisões e formular planos de ação para resolver problemas organizacionais. Os gerentes percebem os desafios do negócio no ambiente, definem a estratégia organizacional para responder a esses desafios e alocam os recursos humanos e financeiros para coordenar o trabalho e alcançar o sucesso. Do começo ao fim, eles devem exercer uma liderança responsável. Os sistemas de informação empresariais descritos neste livro refletem esperanças, sonhos e realidades dos gerentes do mundo real.

Mas os gerentes devem fazer mais do que gerenciar o que já existe. Devem também criar novos produtos e serviços e até recriar a organização de tempos em tempos. Uma parte substancial da responsabilidade gerencial é o trabalho criativo impulsionado por novos conhecimentos e informações. A tecnologia da informação pode desempenhar um papel poderoso para ajudar os gerentes a projetar e fornecer novos produtos e serviços e redirecionar e replanejar suas organizações. O Capítulo 12 trata detalhadamente da tomada de decisões gerenciais.

Tecnologia da informação

A tecnologia da informação é uma das muitas ferramentas que os gerentes usam para lidar com a mudança. O ***hardware* do computador** é o equipamento físico usado para atividades de entrada, processamento e saída em um sistema de informação. Consiste em computadores de diferentes tamanhos e formatos (incluindo dispositivos portáteis); vários dispositivos de entrada, saída e armazenamento; e dispositivos de telecomunicações que conectam computadores entre si.

O ***software* do computador** consiste nas instruções detalhadas e pré-programadas que controlam e coordenam os componentes de *hardware* em um sistema de informação. O Capítulo 5 descreve com mais detalhes as plataformas contemporâneas de *software* e *hardware* usadas pelas empresas hoje em dia.

A **tecnologia de gerenciamento de dados** corresponde ao *software* que rege a organização dos dados em mídias de armazenamento físico. Mais detalhes sobre organização de dados e métodos de acesso podem ser encontrados no Capítulo 6.

A **tecnologia de rede e de telecomunicações** refere-se a dispositivos físicos e *software* que conectam as várias peças de *hardware* e transferem dados de um local físico para outro. Computadores e equipamentos de comunicação podem ser conectados em redes para compartilhar voz, dados, imagens, som e vídeo. Uma **rede** vincula dois ou mais computadores para compartilhar dados ou recursos, como uma impressora.

A maior e mais utilizada rede do mundo é a **internet**, a "rede de redes" global que usa padrões universais (descritos no Capítulo 7) para conectar milhões de redes em mais de 230 países ao redor do mundo.

A internet criou uma nova plataforma de tecnologia "universal" para criar novos produtos, serviços, estratégias e modelos de negócios. Essa mesma plataforma de tecnologia tem usos internos, fornecendo conectividade entre diferentes sistemas e redes dentro da empresa. Redes corporativas internas baseadas na tecnologia de internet são chamadas **intranets**. As intranets estendidas a usuários autorizados fora da organização são chamadas de **extranets**, e as empresas usam essas redes para coordenar suas atividades com outras empresas para fazer compras, colaborar no projeto e outros trabalhos interorganizacionais. Para a maioria das empresas atuais, o uso da tecnologia da internet é uma necessidade comercial e uma vantagem competitiva.

A ***World Wide Web*** é um serviço fornecido pela internet que usa padrões universalmente aceitos para armazenar, recuperar, formatar e exibir informações em um formato de página na internet. As páginas da *web* contêm texto, imagens, animações, som e vídeo e estão vinculadas a outras páginas da *web*. Ao clicar em palavras ou botões destacados em uma página da *web*, você pode acessar páginas relacionadas para encontrar informações adicionais e *links* para outros locais na *web*. A *web* pode servir como base para novos tipos de sistemas de informação, como o sistema de rastreamento de pacotes baseado na *web* da UPS, descrito na Sessão Interativa sobre Tecnologia.

Todas essas tecnologias, juntamente com o pessoal necessários para executá-las e gerenciá-las, representam recursos que podem ser compartilhados por toda a organização e constituem a **infraestrutura de tecnologia da informação (TI)**. A infraestrutura de TI fornece a base, ou *plataforma*, sobre a qual a empresa pode criar seus sistemas de informação específicos. Cada organização deve projetar e gerenciar cuidadosamente sua infraestrutura de TI de modo que tenha o conjunto de serviços de tecnologia necessários para o trabalho que deseja realizar com os sistemas de informação. Os Capítulos 5 a 8 deste livro examinam cada um dos componente tecnológicos principais da infraestrutura de tecnologia da informação e mostram como todos eles funcionam juntos para criar uma plataforma tecnológica para a organização.

A Sessão Interativa sobre Tecnologia descreve algumas das tecnologias comuns usadas atualmente em sistemas de informação baseados em computador. A UPS investe fortemente em tecnologia de sistemas de informação para tornar seus negócios mais eficientes e orientados para o cliente. A empresa usa uma variedade de tecnologias de informação, incluindo sistemas de leitura de código de barras, redes sem fio, grandes computadores *mainframe*, computadores portáteis, internet e muitos *softwares* diferentes para rastrear pacotes, calcular taxas, manter contas de clientes e gerenciar logística.

Vamos identificar os elementos de organização, gerenciamento e tecnologia no sistema de rastreamento de pacotes UPS que descrevemos. O elemento organizacional vincula o sistema de rastreamento de encomendas às funções de vendas e produção da UPS (o principal produto da UPS é um serviço: a entrega de encomendas). Ele especifica os procedimentos necessários para identificar as encomendas com informações do remetente e do destinatário, fazer inventário, rastrear as encomendas em trânsito e fornecer relatórios de *status* das encomendas para clientes da UPS e representantes de atendimento ao cliente.

O sistema também deve fornecer informações para satisfazer as necessidades dos gerentes e funcionários. Os motoristas da UPS precisam ser treinados nos procedimentos de coleta e entrega de encomendas e em como usar o sistema de rastreamento para que possam trabalhar com eficiência e eficácia. Os clientes da UPS podem precisar de algum treinamento para usar o *software* interno de rastreamento de pacotes ou o *site* da UPS.

A gestão da UPS é responsável por monitorar os níveis de serviço e custos e, também, por promover a estratégia da empresa de combinar baixo custo e serviço de qualidade superior. A gestão decidiu usar sistemas de computador para aumentar a facilidade de envio de uma encomenda usando a UPS e verificação do *status* de entrega, reduzindo, assim, os custos e aumentando as receitas de vendas.

A tecnologia de apoio ao sistema consiste em computadores portáteis, scanners de código, computadores de mesa, redes de comunicação com e sem fio, data centers da UPS, tecnologia de armazenamento para os dados de entrega de encomendas, *software* interno de rastreamento de pacotes da UPS e *software* para acessar a *web*. O resultado é uma solução de sistema de informação para o desafio empresarial de fornecer um alto nível de serviço com preços baixos diante da crescente concorrência.

SESSÃO INTERATIVA **TECNOLOGIA**

A UPS compete globalmente utilizando tecnologia da informação

A United Parcel Service (UPS) foi fundada em 1907 em um porão do tamanho de um closet. Jim Casey e Claude Ryan – dois adolescentes de Seattle com duas bicicletas e um telefone – prometeram "o melhor serviço e as tarifas mais baixas". A UPS tem usado essa fórmula com sucesso por mais de um século para se tornar a maior empresa de entrega de encomendas terrestres e aéreas do mundo. É uma empresa global com mais de 495 mil funcionários, 125 mil veículos de entrega e 572 aeronaves.

Hoje a UPS entrega 5,5 bilhões de encomendas anualmente em mais de 220 países e territórios. A empresa conseguiu manter a liderança em serviços de entrega de pequenas encomendas, apesar da forte concorrência da FedEx e do Serviço Postal dos Estados Unidos, investindo fortemente em tecnologia de informação avançada. A empresa gasta mais de US$ 1 bilhão por ano para proporcionar um alto nível de atendimento ao cliente, mantendo os custos baixos e simplificando suas operações gerais.

Tudo começa com a etiqueta com código de barras digitalizável anexada a um pacote, que contém informações detalhadas sobre o remetente, o destino e quando a encomenda deve chegar. Os clientes podem baixar e imprimir suas próprias etiquetas usando um *software* especial fornecido pela UPS ou acessando o *site* da empresa. Antes mesmo da coleta do pacote, as informações da etiqueta "inteligente" são transmitidas a um dos centros de computação da UPS em Mahwah, Nova Jersey, ou Alpharetta, na Geórgia, e enviada ao centro de distribuição mais próximo de seu destino final.

Os despachantes desse centro baixam os dados da etiqueta e usam um *software* de roteamento especial chamado ORION para criar a rota de entrega mais eficiente para cada motorista, considerando o tráfego, as condições climáticas e a localização de cada parada. Cada motorista da UPS faz uma média de 120 paradas por dia. Em uma rede com 55 mil rotas apenas nos Estados Unidos, reduzir até uma milha da rota diária de cada motorista se traduz em grandes economias de tempo, consumo de combustível, quilômetros percorridos e emissões de carbono – até US$ 50 milhões por ano.

Essas economias são fundamentais, pois a UPS tenta aumentar o crescimento dos lucros à medida que a maioria de seus negócios muda para entregas de comércio eletrônico, que são menos lucrativas. Os motoristas da UPS que costumavam entregar vários pacotes pesados por dia em um varejista agora fazem várias paradas espalhadas por bairros residenciais, entregando uma pequena encomenda por residência. A mudança exige mais combustível e mais tempo, aumentando o custo de entrega de cada pacote. A primeira coisa que um motorista da UPS pega todos os dias é um computador portátil chamado Delivery Information Acquistion Device (DIAD, ou *Dispositivo de Aquisição de Informações de Entrega*), que pode ser acessado por uma rede de telefonia celular sem fio. Assim que o motorista fizer *login*, a rota do dia será baixada no computador de mão. O DIAD também coleta automaticamente as assinaturas dos clientes juntamente com as informações de coleta e entrega. As informações de rastreamento da encomenda são então transmitidas para a rede de computadores da UPS para armazenamento e processamento. A partir daí, as informações podem ser acessadas em todo o mundo para fornecer comprovante de entrega ou para responder às dúvidas de clientes. Geralmente leva menos de 60 segundos a partir do momento em que um motorista pressiona "concluído" no DIAD para que as informações atualizadas estejam disponíveis na *web*.

Por meio de seu sistema automatizado de rastreamento de pacotes, a UPS pode monitorar e até redirecionar as encomendas ao longo do processo de entrega. Em vários pontos da rota do remetente ao destinatário, os dispositivos de código de barras escaneiam as informações de remessa na etiqueta da embalagem e alimentam os dados sobre o andamento da entrega no computador central. Os representantes de atendimento ao cliente podem verificar o *status* de qualquer encomenda a partir de computadores de mesa conectados aos computadores centrais e responder imediatamente às perguntas dos clientes.

Os clientes da UPS os clientes também podem acessar essas informações no *site* da empresa usando seus próprios computadores ou telefones celulares. A empresa agora tem aplicativos móveis e um *site* móvel para usuários de *smartphones* com sistemas iOs e Android.

Qualquer pessoa com um pacote para entrega pode acessar o *site* da UPS para rastrear encomendas, verificar rotas de entrega, calcular taxas de envio, determinar o tempo em trânsito, imprimir etiquetas e agendar uma coleta. Os dados informados no *site* da UPS são transmitidos para o computador central da empresa e de volta ao cliente após o processamento. A UPS também oferece ferramentas que permitem aos clientes, como a Cisco Systems, incorporar funções da UPS, como rastreamento e cálculos de custos, em seus próprios *sites* para que possam rastrear remessas sem ter acessar o *site* da UPS.

A UPS está agora aproveitando suas décadas de experiência no gerenciamento da sua própria rede de entrega global para gerenciar a logística e as atividades da cadeia de suprimentos de outras empresas. Ela criou uma divisão – a UPS Supply Chain Solutions – que fornece um pacote completo de serviços padronizados para empresas assinantes por uma fração do que custaria criar seus próprios sistemas e sua própria infraestrutura. Esses serviços incluem concepção e gestão da cadeia de suprimentos, agenciamento de frete, despacho aduaneiro, serviços de correio, transporte multimodal e serviços financeiros, além de serviços de logística.

A tecnologia e os serviços empresariais da UPS são úteis para empresas de todos os tamanhos, incluindo pequenas *start-ups*. A Fondarific é uma empresa sediada em Savannah que fabrica e vende coberturas de *fondant* para decorar bolos de casamento e infantis. A UPS tornou possível para a Fondarific crescer rapidamente quando as vendas internacionais decolaram, criando um curso de exportação para ensinar a Fondarific como gerenciar vendas e logística internacionais e como usar seu *software* de remessa global WorldShip para pacotes e serviços de frete da UPS. A UPS também mostrou à empresa como integrar sistemas de remessa com *software* de contabilidade *Quickbooks* e *software* de estoque.

A UPS fornece consultoria financeira e de envio e serviços para a 4Moms, uma empresa sediada em Pittsburgh com 80 funcionários que fabrica produtos inovadores para bebês usando tecnologia de consumo. A 4Moms usa o Trade Direct, que permite que as empresas reduzam os custos de frete e de estoque ignorando os centros de distribuição e enviando seus produtos diretamente aos varejistas. O serviço Cargo Finance da UPS ajuda a 4Moms a gerenciar o custo do estoque à medida que envia seus produtos para todo o mundo.

Fontes: www.ups.com, acessado em 27 de abril de 2020; Sean Galea-Pace, "UPS Supply Chain Introduces Smart Warehouse Technology," *Supply Chain Digital*, 24 de abril de 2020; e Bloomberg, "UPS Sees Payoff From $20Bn Tech Bet," *SupplyChainBrain*, 24 de abril de 2019.

PERGUNTAS DO ESTUDO DE CASO

1. Quais são as entradas, o processamento e as saídas do sistema de rastreamento de encomendas da UPS?
2. Quais tecnologias são usadas pela UPS? Como essas tecnologias estão relacionadas à estratégia de negócios da empresa?
3. Quais objetivos estratégicos de negócios que são visados pelos sistemas de informação da UPS?
4. O que aconteceria se os sistemas de informação da UPS estivessem fora do ar?

Não é apenas tecnologia: uma perspectiva de negócios dos sistemas de informação

Gerentes e empresas investem em tecnologia e sistemas de informação porque fornecem valor econômico real ao negócio. A decisão de criar ou manter um sistema de informação pressupõe que os retornos desse investimento serão superiores a outros investimentos em prédios, máquinas ou outros ativos. Esses retornos superiores serão expressos como aumentos na produtividade, crescimento nas receitas (o que também aumentará o valor de mercado das ações da empresa), ou talvez como um posicionamento estratégico superior de longo prazo em determinados mercados (o que produzirá resultados superiores no futuro).

Podemos ver que, do ponto de vista do negócio, um sistema de informação é um instrumento importante para a criação de valor para a empresa. Os sistemas de informação permitem que a empresa aumente sua receita ou diminua seus custos, fornecendo informações que ajudam os gerentes a tomar melhores decisões ou que melhoram a execução dos processos de negócios. Por exemplo, o sistema de informação para analisar dados de pagamento no supermercado ilustrado na Figura 1.3 pode aumentar a lucratividade da empresa ajudando os gerentes a tomar melhores decisões sobre quais produtos estocar e promover nos supermercados.

Todo negócio tem uma cadeia de valor da informação, ilustrada na Figura 1.7, em que a informação bruta é sistematicamente adquirida e depois transformada por meio de vários estágios que agregam valor a essa informação. O valor de um sistema de informação para

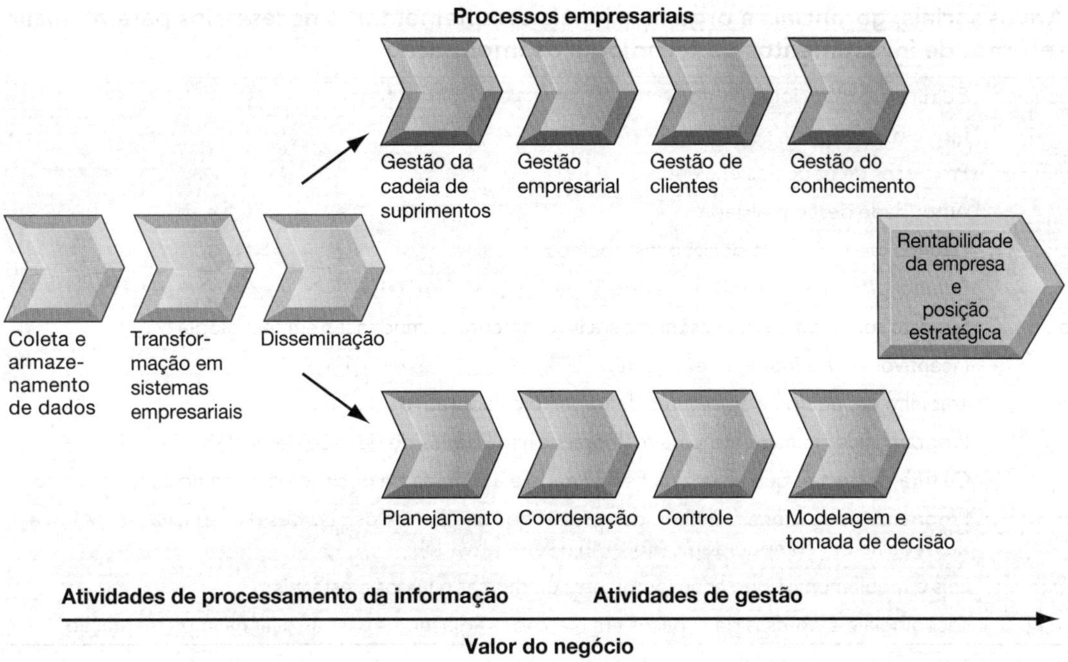

FIGURA 1.7 A cadeia de valor de informações empresariais.

Da perspectiva empresarial, os sistemas de informação são parte de uma série de atividades de agregação de valor para adquirir, transformar e distribuir informações que os gerentes podem usar para melhorar a tomada de decisões, aprimorar o desempenho organizacional e, em última análise, aumentar a lucratividade da empresa.

uma empresa, bem como a decisão de investir em qualquer novo sistema de informação, é, em grande parte, determinado pela medida em que o sistema levará a melhores decisões de gerenciamento, processos de negócios mais eficientes e lucratividade mais alta para a empresa. Embora existam outras razões pelas quais os sistemas são criados, seu objetivo principal é contribuir para o valor corporativo.

A perspectiva empresarial chama a atenção para a natureza organizacional e gerencial dos sistemas de informação. Um sistema de informação representa uma solução organizacional e gerencial, baseada em tecnologia da informação, para um desafio ou problema colocado pelo ambiente. Cada capítulo deste livro começa com um pequeno estudo de caso que ilustra esse conceito. Um diagrama no início de cada capítulo ilustra a relação entre um desafio para a empresa e as decisões gerenciais e organizacionais resultantes para usar a TI como solução para os desafios gerados pelo ambiente de negócios. Você pode usar esse diagrama como ponto de partida para analisar qualquer sistema de informação ou problema de sistema de informação que encontrar.

Revise o diagrama no início deste capítulo, que mostra como o sistema Smart Shelf da AWM ajuda a resolver o problema comercial de lojas físicas que perdem participação de mercado para varejistas *on-line*. Esse sistema oferece uma solução que aproveita as oportunidades oferecidas pela nova tecnologia digital sem fio e de reconhecimento de objetos.

O Smart Shelf da AWM habilita digitalmente os principais processos de negócios para gerenciamento de estoque, vendas e *marketing*, ajudando os varejistas a melhorar seu desempenho geral de negócios. Ele também ilustra como gestão, tecnologia e elementos organizacionais trabalham em conjunto para criar os sistemas.

TABELA 1.2 Ativos sociais, gerenciais e organizacionais complementares necessários para otimizar retornos de investimentos da tecnologia da informação

Ativos organizacionais	Cultura organizacional de apoio que valoriza a eficiência e eficácia Modelo de negócios adequado Processos de negócios eficientes Autoridade descentralizada Direitos de tomada de decisão distribuídos Equipe forte de desenvolvimento de SI
Ativos gerenciais	Suporte sólido da gerência sênior para investimentos e mudanças em tecnologia Incentivos para a inovação em gestão Trabalho em equipe e ambientes de trabalho colaborativo Programas de treinamento para melhorar as habilidades de decisão de gestão Cultura de gestão que valoriza a flexibilidade e a tomada de decisão baseada no conhecimento
Ativos sociais	Programas educacionais melhorados pela TI que aumentam os padrões de capacitação da força de trabalho em computadores (governo e setor privado) Leis e regulamentos que criam ambientes de mercado justos e estáveis Tecnologia e empresas de serviços em mercados adjacentes para auxiliar na implementação

Ativos complementares: capital organizacional e o modelo de negócios certo

A consciência das dimensões organizacionais e gerenciais dos sistemas de informação pode nos ajudar a entender por que algumas empresas obtêm melhores resultados de seus sistemas de informação do que outras. Estudos sobre os ganhos resultantes de investimentos em tecnologia mostram que há uma variação considerável nos retornos que as empresas recebem (veja a Figura 1.8). Algumas investem muito e recebem muito (quadrante 2); outras investem uma quantia igual e recebem poucos retornos (quadrante 4). Outras, ainda, empresas investem pouco e recebem muito (quadrante 1), enquanto outras investem pouco e recebem pouco (quadrante 3). Isso sugere que investir em tecnologia da informação por si só não garante bons retornos. Sendo assim, o que explica essa variação entre as empresas?

A resposta está no conceito de ativos complementares. Os investimentos em tecnologia da informação por si só não podem tornar organizações e gerentes mais eficazes, a menos que sejam acompanhados por valores, estruturas e padrões de comportamento de apoio na organização e outros ativos complementares. As empresas precisam mudar a forma como fazem negócios antes que possam realmente colher as vantagens das novas tecnologias da informação.

Ativos complementares são aqueles ativos necessários para se obter valor de um investimento original (Teece, 1998). Por exemplo, obter valor dos automóveis requer investimentos complementares substanciais em rodovias, estradas, postos de gasolina, oficinas mecânicas e uma estrutura regulatória legal para estabelecer padrões e fiscalizar os motoristas.

Pesquisas indicam que as empresas que apoiam seus investimentos em tecnologia com investimentos em ativos complementares – como novos modelos de negócios, novos processos de negócios, comportamento gerencial, cultura organizacional ou treinamento – auferem retornos superiores, enquanto as empresas que não fazem esses investimentos complementares recebem menos retornos – ou nenhum retorno – sobre seus investimentos em tecnologia da informação (Brynjolfsson, 2005; Brynjolfsson e Hitt, 2000; Laudon, 1974). Esses

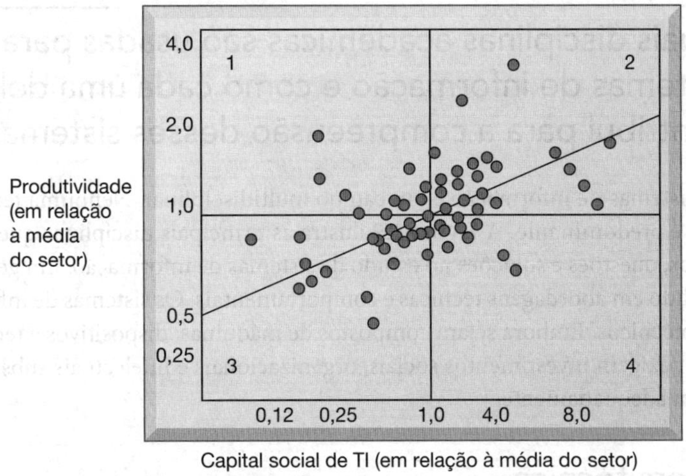

FIGURA 1.8 Variação em retornos de investimento em tecnologia da informação.

Apesar de, em média, os investimentos em tecnologia da informação produzirem retornos muito superiores aos de outros investimentos, há considerável variação entre as empresas.

Fontes: Brynjolfsson, Erik e Lorin M. Hitt. "Beyond Computation: Information Technology, Organizational Transformation, and Business Performance." Journal of Economic Perspectives 14, N° 4 (2000).

investimentos em organização e gestão também são conhecidos como **capital organizacional e de gestão**.

A Tabela 1.2 lista os principais investimentos complementares que as empresas precisam fazer para obter valor de suas aplicações em tecnologia da informação. Parte desse investimento envolve ativos tangíveis, como prédios, máquinas e ferramentas. No entanto, o valor dos investimentos em tecnologia da informação depende em grande parte de aplicações complementares em gestão e organização.

Investimentos-chave organizacionais complementares são uma cultura de negócios de apoio que valoriza a eficiência e a eficácia, um modelo de negócios apropriado, processos de negócios eficientes, descentralização de autoridade, direitos de decisão altamente distribuídos e uma forte equipe de desenvolvimento de sistemas de informação (SI).

Ativos complementares gerenciais importantes são um forte apoio da gestão sênior para mudanças, sistemas de incentivo que monitoram e recompensam a inovação individual, ênfase no trabalho em equipe e na colaboração, programas de treinamento e uma cultura de gestão que valoriza a flexibilidade e o conhecimento. Investimentos sociais importantes (não realizados pela empresa, mas pela sociedade em geral, por outras empresas, pelos governos e por outros atores-chave do mercado) são a internet e a cultura da internet de apoio, sistemas educacionais, padrões de rede e computação, regulamentos e leis, e a presença de empresas de tecnologia e de serviços.

Ao longo deste livro, enfatizamos uma estrutura de análise que considera tecnologia, gestão e ativos organizacionais e suas interações. Talvez o tema mais importante do livro, que aparece em estudos de caso e exercícios, seja que os gerentes precisam considerar as dimensões mais amplas de organização e de gerenciamento dos sistemas de informação para entender os problemas atuais, bem como obter retornos substanciais acima da média de seus investimentos em tecnologia da informação. Como você verá ao longo do livro, as empresas que conseguem abordar essas dimensões relacionadas do investimento em TI são, em média, muito bem recompensadas.

1.3 Quais disciplinas acadêmicas são usadas para estudar sistemas de informação e como cada uma delas contribui para a compreensão desses sistemas?

O estudo de sistemas de informação é um campo multidisciplinar. Nenhuma teoria ou perspectiva única é predominante. A Figura 1.9 ilustra as principais disciplinas que contribuem com problemas, questões e soluções no estudo de sistemas de informação. Em geral, o campo pode ser dividido em abordagens técnicas e comportamentais. Os sistemas de informação são sistemas sociotécnicos. Embora sejam compostos de máquinas, dispositivos e tecnologia física "dura", os SI exigem investimentos sociais, organizacionais e intelectuais substanciais para que funcionem adequadamente.

Abordagem técnica

A abordagem técnica dos sistemas de informação enfatiza modelos baseados em matemática para estudar os sistemas de informação, bem como a tecnologia física e as capacidades formais desses sistemas. As disciplinas que contribuem para a abordagem técnica são ciência da computação, ciência da administração e pesquisa operacional.

A ciência da computação está preocupada em estabelecer teorias de computação, métodos de computação e métodos de armazenamento eficiente de dados e acesso. A ciência da administração enfatiza o desenvolvimento de modelos para a tomada de decisões e práticas de gestão. E a pesquisa operacional concentra-se em técnicas matemáticas para otimizar parâmetros selecionados de organizações, como transporte, controle de estoque e custos de transação.

Abordagem comportamental

Uma parte importante do campo de sistemas de informação está preocupada com questões comportamentais que surgem no desenvolvimento e na manutenção de longo prazo de sistemas de informação. Questões como integração estratégica de negócios, *design*, implementação, utilização e gestão não podem ser exploradas de forma útil com os modelos usados na

FIGURA 1.9 Abordagens contemporâneas aos sistemas de informação.
O estudo de sistemas de informação lida com questões e insights provenientes de disciplinas técnicas e comportamentais.

abordagem técnica. Outras disciplinas comportamentais contribuem com conceitos e métodos importantes.

Por exemplo, os sociólogos estudam os sistemas de informação tendo em vista como grupos e organizações moldam o desenvolvimento de sistemas e como os sistemas afetam indivíduos, grupos e organizações. Os psicólogos estudam os sistemas de informação com interesse em como os responsáveis humanos pela tomada de decisão compreendem e usam a informação formal. Já os economistas estudam os sistemas de informação com interesse em compreender a produção de bens digitais, a dinâmica dos mercados digitais e como os novos sistemas de informação alteram as estruturas de controle e custos dentro da empresa.

A abordagem comportamental não ignora a tecnologia. Com efeito, a tecnologia de sistemas de informação é, muitas vezes, o estímulo para um problema ou questão comportamental. Mas o foco dessa abordagem não é em soluções técnicas. Em vez disso, concentra-se em mudanças de atitudes, gestão e política organizacional e comportamento.

Abordagem deste livro: sistemas sociotécnicos

Ao longo deste livro, você encontrará uma valiosa história com quatro atores principais: fornecedores de *hardware* e *software* (os tecnólogos); empresas que fazem investimentos e buscam obter valor da tecnologia; gerentes e funcionários que buscam obter o valor do negócio (e outros objetivos); e o contexto jurídico, social e cultural contemporâneo (ambiente da empresa). Juntos, esses atores produzem o que chamamos de *sistemas de informação gerenciais*.

O estudo dos sistemas de informação gerenciais (SIG) surgiu para focar no uso de sistemas de informação que têm computadores como base em empresas privadas e agências governamentais. Os SIG combinam o trabalho da ciência da computação, da ciência da administração e da pesquisa operacional com uma orientação prática para o desenvolvimento de soluções de sistema para problemas do mundo real e gerenciamento de recursos de tecnologia da informação. Também se preocupa com questões comportamentais relacionadas ao desenvolvimento, uso e impacto dos sistemas de informação, que são normalmente discutidos nos campos da sociologia, da economia e da psicologia.

Nossa experiência como acadêmicos e profissionais nos leva a acreditar que nenhuma abordagem única registra efetivamente a realidade dos sistemas de informação, uma vez que os sucessos e fracassos desses sistemas raramente são todos técnicos ou comportamentais. Nosso melhor conselho para os alunos é entender as perspectivas de muitas disciplinas. De fato, o desafio e o entusiasmo do campo de sistemas de informação são que ele exige uma apreciação e tolerância de muitas abordagens diferentes.

A visão que adotamos neste livro é mais bem caracterizada como **visão sociotécnica** de sistemas, no qual o desempenho organizacional ideal é alcançado pela otimização conjunta dos sistemas sociais e técnicos usados na produção. Adotar uma perspectiva de sistemas sociotécnicos ajuda a evitar uma abordagem puramente tecnológica dos sistemas de informação. Por exemplo, o fato de que o custo da tecnologia da informação está diminuindo rapidamente enquanto cresce em termos de capacidade não se traduz necessária ou facilmente em aumento de produtividade ou lucros finais. O fato de uma empresa ter instalado recentemente um sistema de relatórios financeiros completo não significa necessariamente que ele será utilizado ou usado de forma eficaz. Da mesma forma, o fato de uma empresa ter aderido recentemente a novos procedimentos e processos de negócios não significa necessariamente que os funcionários serão mais produtivos na ausência de investimentos em novos sistemas de informação para viabilizar esses processos.

Neste livro, enfatizamos a necessidade de otimizar o desempenho da empresa como um todo, por isso ambos os componentes técnicos e comportamentais precisam de atenção. Isso significa que a tecnologia deve ser alterada e projetada de forma a se adequar às necessidades organizacionais e individuais. Às vezes, ela pode ter que ser "desotimizada" para a realização

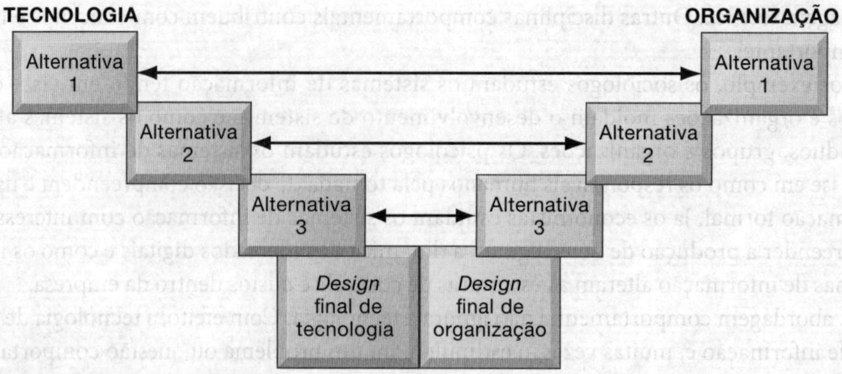

FIGURA 1.10 Uma perspectiva sociotécnica dos sistemas de informação.

Dentro uma perspectiva sociotécnica, o desempenho de um sistema é otimizado quando tanto a tecnologia quanto a organização se regulam mutuamente até que um ajuste satisfatório seja obtido.

desse ajuste. Por exemplo, os usuários de celulares adaptam essa tecnologia às suas necessidades pessoais e, como resultado, os fabricantes procuram rapidamente ajustar a tecnologia para atender às expectativas do usuário. Organizações e pessoas também devem mudar por meio de treinamento, aprendizado e mudança organizacional planejada para permitir que a tecnologia opere e prospere. A Figura 1.10 ilustra esse processo de ajuste mútuo em um sistema sociotécnico.

1.4 Como os sistemas de informação gerenciais ajudarão minha carreira?

Aqui, veremos como o Capítulo 1 e este livro podem ajudá-lo a encontrar um emprego básico no atendimento financeiro ao cliente e de assistente de vendas.

A empresa

A Power Financial Analytics Data Services, uma empresa de dados e *software* que atende o setor financeiro com escritórios em Nova York, Atlanta, Los Angeles e Chicago, está procurando preencher um cargo de nível básico para atendimento financeiro ao cliente e assistente de vendas. A empresa tem 1.600 funcionários, muitos dos quais são consultores que mostram aos clientes como trabalhar com o poderoso *software* de análise financeira e produtos de dados da empresa.

Descrição do cargo

O profissional de atendimento financeiro ao cliente e o assistente de vendas farão parte de uma equipe dos serviços de consultoria da empresa. As equipes de consultoria combinam uma compreensão completa de finanças e tecnologia com experiência específica no *software* Power Financial Analytics Data Services e auxiliam os clientes de várias maneiras. A empresa fornece formação no local de trabalho de seu *software* e métodos de consultoria. As responsabilidades do trabalho incluem:

- Suporte aos aplicativos de serviços de dados de análise financeira.
- Auxílio à equipe que cria modelos e telas personalizadas.
- Treinamento de clientes em seus escritórios e em seminários.
- Fornecimento de consultoria especializada a clientes por telefone e no local.

Requisitos do emprego

- Recém-formado ou profissional de investimentos com um a dois anos de experiência. Preferência para candidatos com formação em finanças, SIG, economia, contabilidade, administração de empresas e matemática
- Conhecimento ou interesse em aprender sobre os mercados financeiros
- Sólido conhecimento em planilhas
- Excelentes habilidades de comunicação e interpessoais
- Forte desejo de aprender em um ambiente em rápida mudança

Perguntas para a entrevista

1. Qual é a sua formação em finanças? Quais cursos você fez? Você já trabalhou no setor financeiro? O que você fez lá?
2. Qual é o seu nível de proficiência em *software* de planilha? Que trabalho você fez com planilhas do Excel? Você pode mostrar exemplos do seu trabalho?
3. Você é capaz de discutir as tendências atuais no setor financeiro e como elas impactam o modelo de negócios e a base de clientes da Power Financial?
4. Você já trabalhou com clientes? Você pode dar exemplos de como prestou atendimento ou suporte ao cliente?
5. Pode nos dar um exemplo de um problema relacionado a finanças ou outro problema de negócios que você ajudou a resolver? Você já fez redação e análise? Pode fornecer exemplos?

Dicas para o autor

1. Use a *web* para aprender sobre o mercados os setores financeiros.
2. Use a *web* para fazer uma pesquisa sobre a empresa, seus produtos financeiros e as ferramentas e serviços oferecidos aos clientes. Aprenda tudo o que puder sobre seus serviços de consultoria. Além disso, examine os canais de mídia social da empresa, como LinkedIn e Facebook, em busca de tendências e temas.
3. Averigue exatamente como você usaria planilhas nesse emprego. Dê exemplos de como você usou planilhas para resolver problemas em sala de aula ou para um trabalho. Mostre o trabalho de planilha que você fez em finanças.
4. Dê exemplos de sua redação demonstrando suas habilidades analíticas e experiência em projetos. Esteja preparado para explicar como ajudou os clientes a resolver um problema de negócios ou a solução de problemas de negócios que você trabalhou em cursos.

RESUMO

1.1 Como os sistemas de informação estão transformando os negócios e por que são tão importantes na administração e na gestão dos negócios atualmente?

As organizações estão tentando se tornar mais competitivas e eficientes por meio da habilitação digital de seus principais processos de negócios e evoluindo para se tornarem empresas digitais. A internet estimulou a globalização ao reduzir drasticamente os custos de produção, compra e venda de bens em escala global. Novas tendências de sistemas de informação incluem emergentes plataformas digitais móveis, *big data* (incluindo a Internet das Coisas), gerenciamento mais remoto, democratização da tomada de decisões, sistemas de aprendizagem automática e o uso crescente de mídias sociais nos negócios.

Os sistemas de informação são a base para a realização dos negócios hoje. Em muitos setores, a sobrevivência e a capacidade de atingir objetivos estratégicos de negócios são difíceis sem o uso extensivo da tecnologia da informação. As empresas atualmente usam os sistemas de informação para atingir seis objetivos principais: excelência operacional; novos produtos, serviços e modelos de negócios; intimidade com clientes e fornecedores; melhor tomada de decisão; vantagem competitiva; e sobrevivência diária.

1.2 O que é um sistema de informação? Como funciona? Quais são seus componentes de gestão, organização e tecnologia? Por que os ativos complementares são essenciais para garantir que os sistemas de informação forneçam valor real para as organizações?

Da perspectiva técnica, um sistema de informação coleta, armazena e dissemina informações do ambiente e das operações internas de uma organização para prestar suporte a funções organizacionais e tomada de decisões, comunicação, coordenação, controle, análise e visualização. Os sistemas de informação transformam dados brutos em informações úteis por meio de três atividades básicas: entrada, processamento e saída.

Da perspectiva empresarial, um sistema de informação fornece uma solução para um problema ou desafio enfrentado por uma empresa e representa uma combinação de elementos de gestão, organização e tecnologia. A dimensão gerencial dos sistemas de informação envolve questões como liderança, estratégia e comportamento gerencial. A dimensão tecnológica consiste em *hardware* de computador, *software*, tecnologia de gerenciamento de dados e tecnologia de rede/telecomunicações (incluindo a internet). A dimensão organizacional dos sistemas de informação envolve questões como hierarquia da organização, especialidades funcionais, processos de negócios, cultura e grupos de interesse político.

Para obter valor significativo dos sistemas de informação, as organizações devem apoiar seus investimentos em tecnologia com investimentos complementares apropriados em organizações e gestão. Esses ativos complementares incluem novos modelos de negócios e processos de negócios, cultura organizacional e comportamento de gerenciamento de apoio e padrões de tecnologia, regulamentos e leis apropriados. É improvável que novos investimentos em tecnologia da informação produzam grandes retornos, a menos que as empresas façam as mudanças gerenciais e organizacionais apropriadas para apoiar a tecnologia.

1.3 Quais disciplinas acadêmicas são usadas para estudar sistemas de informação e como cada uma delas contribui para a compreensão desses sistemas?

O estudo de sistemas de informação lida com questões e insights provenientes de disciplinas técnicas e comportamentais. As disciplinas que contribuem para a abordagem técnica com foco em modelos formais e nas capacidades dos sistemas são ciência da computação, ciência da administração e pesquisa operacional. As disciplinas que contribuem para a abordagem comportamental com foco no projeto, implementação, gerenciamento e impacto comercial de sistemas são psicologia, sociologia e economia. Uma visão sociotécnica considera as características técnicas e sociais dos sistemas e as soluções que representam o melhor ajuste entre eles.

Palavras-chave

Ativos complementares, 24
Capacitação em computadores, 16
Capacitação em sistemas de informação, 16
Capital organizacional e de gestão, 25
Cultura, 18
Dados, 14
Empresa digital, 10
Entradas, 15
Extranets, 20
Feedback, 15
Funções de negócios, 17
Gerência média, 17
Gerência operacional, 17
Gerência sênior, 17
Hardware do computador, 19
Informação, 14
Infraestrutura de tecnologia da informação (TI), 20
Internet, 19
Intranets, 20
Modelo de negócios, 12
Processamento, 15
Processos de negócios, 10
Rede, 19
Saída, 15
Sistema de informação, 14
Sistemas de informação gerenciais (SIG), 16
Software do computador, 19
Tecnologia da informação (TI), 14
Tecnologia de gerenciamento de dados, 19
Tecnologia de rede e de telecomunicação, 19
Trabalhadores de dados, 17
Trabalhadores de produção ou serviços, 17
Trabalhadores do conhecimento, 17
Visão sociotécnica, 27
World Wide Web, 20

Questões para revisão

1.1 Como os sistemas de informação estão transformando os negócios e por que são tão importantes na administração e gestão dos negócios atualmente?

- Identifique três novas tendências importantes dos sistemas de informação.
- Descreva as características de uma empresa digital.
- Descreva os desafios e as oportunidades da globalização em um mundo "plano".
- Lista e descreva seis razões pelas quais os sistemas de informação são tão importantes para os negócios atualmente.

1.2 O que é um sistema de informação? Como funciona? Quais são seus componentes de gestão, organização e tecnologia? Por que os ativos complementares são essenciais para garantir que os sistemas de informação forneçam valor real para as organizações?

- Defina o que é um sistema de informação e descreva as atividades que ele executa.
- Liste e descreva as dimensões organizacionais, gerenciais e tecnológicas dos sistemas de informação.
- Faça uma distinção entre dados e informações e entre capacitação em sistemas de informação e capacitação em computadores.
- Explique como a internet e a *World Wide Web* estão relacionadas aos demais componentes tecnológicos dos sistemas de informação.
- Defina o que são ativos complementares e descreva sua relação com a tecnologia da informação.
- Descreva os ativos complementares sociais, gerenciais e organizacionais necessários para otimizar os retornos dos investimentos em tecnologia da informação.

1.3 Quais disciplinas acadêmicas são usadas para estudar sistemas de informação e como cada uma delas contribui para a compreensão desses sistemas?

- Liste e descreva cada disciplina que contribui para uma abordagem técnica dos sistemas de informação.
- Liste e descreva cada disciplina que contribui para uma abordagem comportamental dos sistemas de informação.
- Descreva a perspectiva sociotécnica sobre sistemas de informação.

Para discutir

1.4 Sistemas de informação são muito importantes para serem concedidos a especialistas em informática. Você concorda? Por quê? Ou por que não?

1.5 Se você estivesse configurando o *site* para um time de beisebol da Major League Baseball, que problemas de gerenciamento, organização e tecnologia poderia encontrar?

1.6 Cite alguns dos ativos complementares organizacionais, gerencias e sociais que ajudam a tornar o sistema de informação da UPS tão bem-sucedido.

Projeto prático em SIG

Os projetos nesta seção oferecem experiência prática na análise de relatórios financeiros e problemas de gestão de estoque usando o *software* de gerenciamento de dados para melhorar a tomada de decisões gerenciais sobre o aumento de vendas e uso de *software* da internet para pesquisar requisitos de trabalho.

Problemas de decisão de gestão

1.7 A Snyder's of Hanover, que vende cerca de 80 milhões de embalagens de pretzels, salgadinhos e lanches orgânicos a cada ano, fez com que seu departamento financeiro usasse planilhas e processos manuais para grande parte de sua coleta de dados e relatórios. A analista financeira da Snyder's passava toda a última semana de cada mês coletando planilhas dos chefes de mais de 50 departamentos em todo o mundo. Em seguida, ela consolidava e reinseria todos os dados em outra planilha, que serviria como demonstração mensal de lucros e perdas da empresa. Se um departamento precisasse atualizar seus dados após enviar a planilha para a matriz, a analista tinha que devolver a planilha original, aguardar o departamento reenviar seus dados antes de finalmente enviar os dados atualizados no documento consolidado. Avalie o impacto dessa situação no desempenho do negócio e na tomada de decisões gerenciais.

1.8 A Dollar General Corporation opera lojas de grandes descontos que oferecem utensílios domésticos, material de limpeza, roupas, produtos de saúde e beleza e alimentos embalados, com a maioria dos itens sendo vendidos por US$ 1. Seu modelo de negócios exige manter os custos o mais baixo possível. A empresa não possui um método automatizado para controlar o estoque em cada loja. Os gerentes sabem aproximadamente quantas caixas de determinado produto a loja deve receber quando um caminhão de entrega chega, mas as lojas não têm tecnologia para escanear as caixas ou fazer a contagem de itens dentro das caixas. As perdas de mercadorias por roubo ou outros acidentes vêm aumentando e agora representam mais de 3% do total de vendas. Que decisões devem ser tomadas antes de se investir em uma solução de sistema de informação?

Melhor tomada de decisão: uso do bancos de dados para analisar tendências de vendas

Habilidades de *software*: consulta e relatório de banco de dados
Habilidades de negócios: análise de tendências de vendas

1.9 Neste projeto, você começará com dados brutos de vendas transacionais e usará o banco de dados do *software* Microsoft Access para desenvolver consultas e relatórios que ajudam os gerentes a tomar melhores decisões sobre preços de produtos, promoções de vendas e reposição de estoque. O banco de dados contém dados brutos sobre vendas semanais de equipamentos de informática nas lojas em várias regiões de vendas, e inclui campos para inserir o número de identificação da loja, a região de vendas, o número do item, descrição do item, o preço unitário, as unidades vendidas e o período semanal de vendas em que as vendas foram feitas. Use o Access para desenvolver alguns relatórios e consultas para tornar essas informações mais úteis para a gestão do negócio. Os gerentes de vendas e de produção querem respostas para as seguintes perguntas:

- Quais produtos devem ser reabastecidos?
- Quais lojas e regiões de vendas se beneficiariam de uma campanha promocional e de *marketing* adicional?
- Quando (em que época do ano) os produtos devem ser oferecidos pelo preço total e quando deve-se oferecer descontos?

Quando (em que época do ano) os produtos devem ser oferecidos pelo preço total e quando deve-se oferecer descontos? Você pode modificar facilmente a tabela do banco de dados para localizar e informar suas respostas.

Melhor tomada de decisão: usando a Internet para localizar trabalhos que exigem conhecimento dos sistemas de informação

Habilidades de *software*: *software* que funciona na internet Habilidades de negócios: pesquisa de emprego

1.10 Acesse *sites* de anúncios de emprego e passe algum tempo no *site* examinando empregos nas áreas de contabilidade, finanças, vendas, *marketing* e recursos humanos. Encontre duas ou três descrições de empregos que exijam algum conhecimento de sistemas de informação. Que conhecimento de sistemas de informação esses trabalhos exigem? O que você precisa fazer para se preparar para esses empregos? Escreva um relatório de uma a duas páginas resumindo suas descobertas.

Projeto de colaboração e trabalho em equipe

Seleção de ferramentas de colaboração em equipe

1.11 Forme um grupo com três ou quatro colegas e analise os recursos do Google Drive e do Google Sites para o seu trabalho de colaboração em equipe. Compare os recursos dessas duas ferramentas para armazenar documentos do grupo, anúncios de projeto, materiais de origem, tarefas de trabalho, ilustrações, apresentações eletrônicas e páginas da *web* de interesse. Saiba como cada um funciona com o Google Docs. Explique por que o Google Drive ou o Google Sites é mais apropriado para seu grupo. Se possível, use o Google Docs para fazer um *brainstorming* e desenvolver uma apresentação de suas descobertas para a turma. Organize e armazene sua apresentação usando a ferramenta do Google que seu grupo escolheu.

Nova tecnologia na UPS entra em choque com formas de trabalho ultrapassadas

ESTUDO DE CASO

Sessão Interativa sobre Tecnologia deste capítulo descreveu como os investimentos da UPS em tecnologia da informação estão ajudando a empresa a manter-se competitiva no mercado de entrega de encomendas. Infelizmente a UPS não tem sido tão competitiva quanto poderia ser, porque aspectos críticos de suas operações estão sobrecarregados com tecnologia ultrapassada e procedimentos manuais.

Embora boa parte da infraestrutura de TI da UPS seja de ponta, nem toda ela é. A UPS transporta milhões de encomendas todos os dias usando 80 mil motoristas. Até recentemente, cerca de metade era processada em instalações automatizadas, sendo o restante manejado com equipamentos com 30 anos e processos manuais.

Por exemplo, nas instalações de classificação de encomendas da UPS em Mesquite, Texas, um painel de controle analógico de 30 anos do tamanho de um freezer horizontal com fileiras de luzes vermelhas e verdes informa aos trabalhadores quando algo nas esteiras transportadoras do local dá errado. O processo de triagem começa com o descarregamento das caixas dos caminhões para as esteiras transportadoras. Um trabalhador deve alinhar cada caixa para que um scanner possa ler a etiqueta de entrega na frente, na parte superior ou na lateral. As encomendas seguem para dentro até uma fila com cerca de 50 funcionários. Há nove esteiras transportadoras, três ao longo do solo, três na altura da cintura e três logo acima da cabeça. Uma pessoa responsável pela classificação pega um pacote, examina rapidamente a etiqueta e, em seguida, o coloca na esteira correta. Um trabalhador perto da extremidade separa os pacotes em calhas, de onde os carregadores os recolhem para encher carretas dos caminhões. Em uma instalação automatizada, os scanners leriam o destino de uma encomenda e usariam equipamentos chamados *pucks* para enviar os pacotes pelo canal apropriado.

Em uma instalação mais antiga e menos automatizada, como a de Mesquite, uma embalagem de tamanho médio recebe quatro "toques", sendo que cada "toque" representa um ato de manuseio. Cada "toque" aumenta a chance de um erro de classificação ou dano ao pacote. A instalação Mesquite processa cerca de 40 mil peças por hora, então até mesmo erros humanos raros se somam. Encomendas mal selecionadas podem adicionar um dia extra a uma entrega da UPS, diminuindo a qualidade do atendimento ao cliente e aumentando os custos operacionais.

Todos os *hubs* terrestres da FedEx, como a instalação em Edison, Nova Jersey, são automatizados. Lá, os funcionários da empresa "tocam" na maioria dos pacotes apenas duas vezes, para descarregar e carregar. As operações da Amazon também são fortemente automatizadas, especialmente seus armazéns, que apresentam empilhadeiras autônomas e robôs que levam as prateleiras aos funcionários.

Distante cerca de cinquenta quilômetros de Mesquite, as instalações da UPS em Fort Worth ilustram os esforços da empresa para recuperar o atraso. Lá as caixas são escaneadas, classificadas por destino e enviadas aos veículos de saída por meio de máquinas. Com os scanners de seis lados, os funcionários da UPS não precisam se preocupar com qual lado está para cima; em uma sala de controle com ar-condicionado, eles observam uma parede de monitores de tela plana exibindo *feeds* de vídeo ao vivo. O computador detecta congestionamentos e outros problemas de funcionamento, e os trabalhadores podem redirecionar para onde as esteiras transportadoras enviam os pacotes.

Na instalação de Fort Worth não há elemento humano no redirecionamento das encomendas. Alguns funcionários caminham ao lado das esteiras para recolocar pacotes que caíram, o que raramente acontece. O direcionamento da rede de triagem é um *software* que ajuda a gerenciar os fluxos de pacotes, incluindo aqueles entre instalações automatizadas e antigas. A tecnologia pode desviar encomendas adicionais destinadas a áreas sobrecarregadas de pacotes. Essa instalação automatizada com 750 funcionários pode processar diariamente o mesmo número de embalagens que a de Mesquite com 1.170 funcionários. A automação aumentou a precisão da classificação e gera dados para ajudar a empresa a otimizar as rotas de entrega usando menos quilômetros, menos combustível e menos equipamentos, além de também fornecer melhores previsões de volume de embarque.

Em contraste, 96% das encomendas terrestres de concorrentes da FedEx seguem através de locais automatizados. A FedEx descartou equipamentos desatualizados e processos manuais anos atrás, e a nova rival Amazon.com nunca precisou lidar com sistemas desatualizados.

A UPS inicialmente aplicou uma abordagem de "band-aid" para lidar com remessas de comércio eletrônico cada vez maiores, o que acrescentou turnos extras, aumentou o horário de trabalho ou resultou na reforma de partes de prédios mais antigos com novos equipamentos. Mas a administração da UPS sabe que precisa corrigir essa situação para permanecer competitiva no século XXI e ser capaz de lidar com os novos requisitos de distribuição impostos pelo comércio eletrônico.

A empresa está investindo US$ 20 bilhões entre 2019 e 2022 para atender adequadamente às tendências de compras e remessas do século XXI. Grande parte desse investimento será direcionado para novas instalações de envio e armazenamento, incluindo sete "super hubs", que podem classificar pacotes com 30% mais eficiência do que as instalações padrão. No passado, a maioria das remessas feitas pela UPS ia para varejistas e corporações comerciais. Hoje, cada vez mais dessas remessas são destinadas a famílias que compraram um ou dois itens pela internet. A UPS agora entrega mais de 50% dos pacotes que processa para residências. Várias entregas para residências em subúrbios distantes são mais caras para a UPS do que entregar e retirar vários pacotes em grandes empresas ou escritórios.

Embora parte da gestão da UPS se preocupasse com tantas firmas de entregas com margens mais baixas, a empresa sabia que precisava adotar o comércio eletrônico. De acordo com Steve Gant, porta-voz da UPS, há uma "tremenda oportunidade" na entrega de pedidos de comércio eletrônico, mesmo em meio a concorrentes formidáveis, que no momento parecem estar mais avançados tecnológica e organizacionalmente. A UPS planeja processar todas as encomendas –, com exceção de alguns pacotes de grande porte que percorrem distâncias curtas –, por meio de *hubs* automatizados até 2022.

A tentativa de usar tecnologia de remessa e procedimentos desatualizados no novo ambiente do comércio eletrônico fez com que a UPS perdesse oportunidades. Os gargalos causados por eventuais sobrecargas de pedidos *on-line* causaram atrasos que levaram alguns clientes dos setores de assistência médica, indústria e corporativo a mudar para a FedEx. A Amazon está criando sua própria rede de entrega com caminhões, vans e aviões para a maioria de seus pedidos *on-line*, especialmente em cidades e subúrbios. Sendo assim, a UPS definitivamente será afetada.

Os funcionários da UPS são sindicalizados, enquanto os trabalhadores de operação em solo da FedEx não o são. Isso tem feito diferença? A International Brotherhood of Teamsters representa 260 mil motoristas, classificadores e outros trabalhadores da UPS, e quer que a empresa contrate mais trabalhadores em tempo integral para ajudar a lidar com as crescentes remessas de encomendas. O sindicato se opõe a tecnologias como drones e veículos autônomos e está preocupado com mudanças que indiquem a realização do mesmo trabalho com menos funcionários. Como apontou Sean O'Brien, líder da Boston Teamsters, a tecnologia simplifica e elimina empregos. Uma vez que os empregos são substituídos, "é muito difícil recuperá-los".

A FedEx não tem trabalhadores sindicalizados em sua rede de operações terrestres, então não tem que lidar tanto com a oposição de trabalhadores organizados. Além disso, a rede de entrega terrestre da FedEx é mais recente que a do UPS, empregando tecnologia e procedimentos operacionais mais modernos. A empresa não precisa lidar com a modernização da automação em instalações com formas de trabalho mais antigas.

De acordo com a UPS, a sindicalização não impediu os esforços da empresa para gastar mais em automação. O custo de novas máquinas para automatizar uma instalação mais antiga tornou-se baixo o suficiente para que a UPS modernizasse instalações mais antigas e construísse novas.

Em alguns casos, novos recursos automatizados de classificação de encomendas ajudaram a UPS a criar novos empregos. Por exemplo, um novo centro automatizado de entrega de encomendas da UPS no noroeste de Houston criou 575 empregos em período integral e meio período. O centro de 22 mil metros quadrados adicionou 300 caminhões à frota de entrega da empresa na área de Houston.

A FedEx, que gastou US$ 10 bilhões em sua rede de 37 *hubs* terrestres desde 2005, agora está tentando emagrecer. Alguns locais, como o *hub* em Indianápolis, de US$ 259 milhões, estão sendo fechados. A FedEx possui hubs terrestres, como o de Edison, em Nova Jersey, projetados para oferecer flexibilidade. Essa instalação usa apenas um terço do espaço de um edifício e tem possibilidade de expandir com equipamentos adicionais em curto prazo. Esse arranjo permite que a FedEx ajuste sua rede para acomodar fluxos mais voláteis de pedidos *on-line*.

A UPS também está implementando outras tecnologias para complementar a classificação automatizada de encomendas. Em 2017, começou a colocar receptores Bluetooth sem fio dentro de caminhões de entrega para reduzir a probabilidade de pacotes extraviados. Os sinais sem fio são transmitidos entre os sinalizadores Bluetooth e os dispositivos de varredura são fixados nas mãos e na cintura dos funcionários para a leitura das etiquetas de embalagens da UPS. Os sinalizadores emitem um sinal sonoro alto se um trabalhador coloca um pacote em um caminhão de entrega que não esteja indo para o destino do pacote. Um bipe diferente confirma quando os pacotes entram no caminhão correto. Antes de implantar essa tecnologia, a UPS não realizava varreduras finais para confirmar que todos os pacotes estavam no caminhão certo, e, então, motoristas tinham de sair do caminho para entregar esses pacotes ou encontrar um supervisor para transferi-los para o caminhão correto.

Além de reduzir atrasos, o sistema acionado por Bluetooth pode fornecer aos clientes mais detalhes sobre as encomendas que estão a caminho. Quando os pacotes são digitalizados pela manhã, a data é atualizada no serviço da UPS que envia *e-mails* aos clientes mostrando o *status* de suas remessas. Os clientes cadastrados nesse serviço recebem uma mensagem sobre a data de chegada da encomenda e o tempo estimado de entrega.

Outro aprimoramento do Bluetooth informa sazonalmente os funcionários sobre para onde direcionar as encomendas que os veículos da UPS recolhem durante o dia e trazem para as instalações de triagem da empresa. A UPS contrata cerca de 100 mil trabalhadores sazonais de novembro a janeiro. Anteriormente, esses trabalhadores teriam que memorizar centenas de códigos postais para saber onde colocar as encomendas. A UPS começou a equipar alguns deles com dispositivos de digitalização e fones de ouvido Bluetooth de baixo custo que emitem comandos de uma palavra para "Vermelho", "Verde" ou "Azul", designando esteiras transportadoras específicas para transportar pacotes aos locais de processamento adicional.

A nova tecnologia torna possível aos gerentes de instalações de processamento da UPS saber exatamente quantos pacotes não entregues devem processar a cada noite e quando eles chegarão, o que os ajuda a planejar turnos de trabalho para redirecionar as encomendas. As informações são exibidas em tempo real nos *smartphones* Samsung dos gerentes na forma de gráficos que mostram o número de encomendas recebidas, a rapidez com que estão sendo processadas e quais grupos de trabalhadores estão mais ocupados, para que a equipe possa ser alocada onde a demanda é maior. No passado, os gerentes da UPS precisavam se basear em dados históricos e conversas de rádio com os motoristas para estimar com quantos pacotes não entregues teriam que lidar a cada noite.

Todos esses investimentos em tecnologia estão começando a dar frutos. A UPS conseguiu lidar com o aumento das entregas durante as festas de fim de ano e a pandemia de coronavírus de 2020 com muito mais facilidade do que no passado.

Fontes: UPS,"UPS Kicks Off 2020 Capacity Expansion with Multi-Facility Announcement in Pennsylvania," 29 de janeiro de 2020; www.ups.com, acessado em 30 de abril de 2020; Katherine Feser, "UPS Package Delivery Facility in NW Houston Creates 575 Jobs," *Chron*, 17 de janeiro de 2019; Bloomberg, "UPS Sees Payoff from $20BN Tech Bet," *SupplyChainBrain*, 24 de abril de 2018; Paul Ziobro, "UPS's $20 Billion Problem: Operations Stuck in the Twentieth Century," *Wall Street Journal*, 15 de junho de 2018; e Elizabeth Woyke, "How UPS Delivers Faster Using $8 Headphones and Code That Decides When Dirty Trucks Get Cleaned," *MIT Technology Review*, 16 de fevereiro de 2018.

PERGUNTAS DO ESTUDO DE CASO

1.12 Identifique o problema enfrentado pela UPS. Foi um problema de tecnologia, um problema organizacional ou de gestão? Justifique sua resposta.

1.13 Descreva a solução buscada pela UPS para o problema enfrentado. É uma solução bem-sucedida? Por quê? Ou por que não?

1.14 Faça um diagrama do processo de triagem de pacotes na UPS antes e depois da automação.

1.15 Como a classificação automatizada de encomendas mudou as operações e a tomada de decisões na UPS?

Referências do Capítulo 1

Baldwin, Richard. *The Great Convergence: Information Technology and the New Globalization*. Cambridge, MA: Harvard University Press (2016).

Brynjolfsson, Erik. "VII Pillars of IT Productivity." *Optimize* (May 2005).

Brynjolffson, Erik, and Avinash Collis. "How Should We Measure the Digital Economy?" *Harvard Business Review* (November–December 2019).

Brynjolfsson, Erik, and Lorin M. Hitt. "Beyond Computation: Information Technology, Organizational Transformation, and Business Performance." *Journal of Economic Perspectives* 14, No. 4 (2000).

Bureau of Economic Analysis. *National Income and Product Accounts*. www.bea.gov, accessed April 19, 2020.

Chae, Ho-Chang, Chang E. Koh, and Victor Prybutok. "Information Technology Capability and Firm Performance: Contradictory Findings and Their Possible Causes." *MIS Quarterly* 38, No. 1 (March 2014).

Dedrick, Jason, Vijay Gurbaxani, and Kenneth L. Kraemer. "Information Technology and Economic Performance: A Critical Review of the Empirical Evidence." Center for Research on Information Technology and Organizations, University of California, Irvine (December 2001).

eMarketer. "Mobile Commerce Sales in 2020." Oberlo.com, accessed May 1, 2020.

Friedman, Thomas. *The World Is Flat*. New York: Picador (2007).

Gartner Inc. "Gartner Says Global IT Spending to Reach $3.8 Trillion in 2019." (January 28, 2019).

Hjartar, Klemens, Krish Krishnakanthan, Pablo Prieto-Muñoz, Gayatri Shenai. "The CEO's New Technology Agenda." McKinsey Digital (November 2019).

Hughes, Alan, and Michael S. Scott Morton. "The Transforming Power of Complementary Assets." *MIT Sloan Management Review* 47, No. 4 (Summer 2006).

Lamb, Roberta, Steve Sawyer, and Rob Kling. "A Social Informatics Perspective of Socio-Technical Networks." http://lamb.cba.hawaii.edu/pubs (2004).

Laudon, Kenneth C. *Computers and Bureaucratic Reform*. New York: Wiley (1974).

Lev, Baruch. "Intangibles: Management, Measurement, and Reporting." The Brookings Institution Press (2001).

Lipsman, Andrew. "Global E-Commerce 2019." eMarketer (June 27, 2019).

Meola, Andrew. "Rise of M-Commerce: Mobile Ecommerce Shopping Stats & Trends in 2020." *Business Insider* (December 17, 2019).

Mithas, Sunil, and Roland T. Rust. "How Information Technology Strategy and Investments Influence Firm Performance: Conjecture and Empirical Evidence." *MIS Quarterly* (March 2016).

Nevo, Saggi, and Michael R. Wade. "The Formation and Value of IT-Enabled Resources: Antecedents and Consequences of Synergistic Relationships." *MIS Quarterly* 34, No. 1 (March 2010).

Ross, Jeanne W., and Peter Weill. "Four Questions Every CEO Should Ask About IT." *Wall Street Journal* (April 25, 2011).

Sabherwal, Rajiv, and Anand Jeyaraj. "Information Technology Impacts on Firm Performance: An Extension of Kohli and Devaraj (2003)." *MIS Quarterly* (December 2015).

Saunders, Adam, and Erik Brynjolfsson. "Valuing Information Technology Related Intangible Assets." *MIS Quarterly* (March 2016).

Statista Research Department. "Size of the Global Management Consulting Market, from 2011 to 2020." Statista (April 9, 2020).

Teece, David. *Economic Performance and Theory of the Firm: The Selected Papers of David Teece.* London: Edward Elgar Publishing (1998).

US Bureau of Labor Statistics. *Occupational Outlook Handbook.* (April 10, 2020)

CAPÍTULO

2 *E-business* global e colaboração

OBJETIVOS DE ESTUDO

Ao concluir este capítulo, você será capaz de responder às seguintes perguntas:

2.1 O que são processos de negócios? Como eles se relacionam aos sistemas de informação?

2.2 Como os sistemas atendem aos diferentes grupos na gestão da empresa e como os sistemas que interligam a empresa melhoram o seu desempenho organizacional?

2.3 Por que os sistemas colaborativos e os *social business* são tão importantes? Quais tecnologias eles usam?

2.4 Qual é o papel dos sistemas de informação em uma empresa?

2.5 Como os sistemas de informação gerenciais ajudarão minha carreira?

CASOS DO CAPÍTULO

Redes sociais corporativas transformam a Sharp Corporation em uma organização conectada mais inovadora

A cidade de Mississauga adota o formato digital

Vídeoconferência de qualidade: opções para todos os orçamentos

Social business são bons negócios?

Redes sociais corporativas transformam a Sharp Corporation em uma organização conectada mais inovadora

A Sharp Corporation é uma multinacional japonesa que fabrica e vende equipamentos de telecomunicações, eletroeletrônicos e componentes eletrônicos, incluindo LCDs (telas de cristal líquido), impressoras multifuncionais, calculadoras, rádios, fornos de micro-ondas e sensores. A filosofia de negócios da Sharp enfatiza que a empresa não se esforça apenas para aumentar o volume de negócios, mas também se dedica ao uso de tecnologia inovadora exclusiva para contribuir com a cultura e o bem-estar das pessoas em todo o mundo. Desde 2016, a Sharp é uma subsidiária do Foxconn Group, com sede em Taiwan, e emprega mais de 52 mil pessoas em todo o mundo. A colaboração e o compartilhamento de informações são essenciais para a inovação contínua e o sucesso nos negócios da empresa.

Apesar de ter uma linha de produtos impressionante, a Sharp enfrentou problemas financeiros quando novos concorrentes asiáticos desafiaram seus negócios de eletrônicos de consumo. O principal ramo de fabricação de eletrônicos da empresa baseava-se em margens de lucro extremamente pequenas. A Foxconn tem trabalhado com a administração da Sharp para diversificar o portfólio de negócios da companhia e reorganizá-la para ser mais eficaz e lucrativa.

A administração da Sharp acreditava que, para fortalecer seus negócios globais, a empresa precisava mudar a forma como funcionava – tanto seus processos de negócios quanto sua cultura organizacional. No passado, os funcionários tinham de seguir decisões tomadas de cima para baixo – as orientações fluíam nesse sentido. A Sharp, então, precisava mudar para uma cultura organizacional baseada no diálogo bidirecional, em que os funcionários de nível inferior, bem como a alta administração, pudessem desempenhar papéis de liderança. Os funcionários mais jovens da empresa passaram a procurar sistemas em que pudessem compartilhar ideias e opiniões livremente entre si.

Para isso, a Sharp adotou o Microsoft Yammer, uma plataforma de rede social corporativa para uso interno de negócios, embora também possa criar redes externas que se conectam a fornecedores, clientes e outros fora da organização. O Yammer permite que os funcionários criem grupos para colaborar em projetos e compartilhar e editar documentos, além de incluir um *feed* de notícias para descobrir o que está acontecendo na empresa. Um diretório de pessoas fornece um banco de dados para pesquisa com informações de contato, habilidades e conhecimentos. O Yammer pode ser acessado pela *web*, por computadores e por

dispositivos móveis, e pode ser integrado a outras ferramentas da Microsoft, como SharePoint e Office 365, para tornar outros aplicativos mais "sociais". (O SharePoint é a plataforma da Microsoft para colaboração, compartilhamento e gerenciamento de documentos. O Office 365 é o serviço *on-line* da Microsoft com seus aplicativos de produtividade para computadores, como edição de texto, planilhas, apresentações gráficas digitais e gerenciamento de dados.)

A Sharp criou um programa piloto do Yammer em fevereiro de 2013, com adesão voluntária de funcionários, autorizados a escrever sobre passatempos e interesses, bem como tópicos relacionados ao trabalho. Em poucos meses, já havia 6 mil inscritos, e o número de usuários do Yammer na empresa passou de 10 mil. A Sharp quer implantar o Yammer para todos os funcionários no Japão e, eventualmente, nos escritórios do exterior.

O Yammer melhorou o fluxo de informações entre a alta administração e os funcionários de base. A comunicação entre os próprios funcionários aumentou significativamente, com algumas conversas ocorrendo entre diferentes departamentos e regiões. Por exemplo, os desenvolvedores de *smartphones* podem compartilhar opiniões sobre funções e facilidade de uso com toda a empresa, e também aprender, por meio de postagens no Yammer, sobre atividades em outros departamentos que normalmente não conheceriam.

Alguns líderes de departamento usam o Yammer para solicitar ideias da equipe sobre como usar a tecnologia mais recente no negócio. A Sharp é capaz de incorporar esse *feedback* no desenvolvimento de produtos e nas políticas da empresa, e essa capacidade de coletar informações dispersas por toda a empresa, fazendo com que os gerentes troquem ideias livremente e aprendam com os funcionários, representa uma grande mudança cultural para a empresa.

Fontes: "Sharp: A Culture Reborn Through Enterprise Social," www.microsoft.com, acessado em 12 de fevereiro de 2020; www.globalsharp.com, acessado em 21 de janeiro de 2020; e Sharp Corporation, "Sharp Is Back With Big Screens," Hexus, 5 de fevereiro de 2019.

A experiência da Sharp ilustra o quanto as organizações hoje dependem de sistemas de informação para melhorar seu desempenho e permanecer competitivas. Também mostra o quanto os sistemas que incentivam a colaboração e o trabalho em equipe fazem a diferença na capacidade de uma organização de inovar, executar, aumentar os lucros e permanecer competitiva.

O diagrama de abertura do capítulo chama a atenção para pontos importantes levantados por este caso e este capítulo. A Sharp Corporation é uma empresa de tecnologia intensiva em conhecimento que depende da inovação, mas foi prejudicada por processos hierárquicos de cima para baixo e uma cultura que impedia funcionários e gerentes de compartilhar informações livremente e inovar. Isso afetou a capacidade da empresa de criar e entregar novos produtos de ponta, manter as altas margens de lucro e evitar a crescente concorrência de outras empresas.

A gerência da Sharp descobriu que a melhor solução era implantar novas tecnologias para auxiliar a empresa a passar de um ambiente de conhecimento e trabalho corporativo hierárquico para um mais democratizado. A rede social corporativa engajou ativamente os funcionários, permitindo que obtivessem mais conhecimento de colegas e gerentes. A empresa aproveitou as ferramentas sociais do Microsoft Yammer para aumentar a colaboração e o envolvimento dos funcionários, e também para estabelecer diálogos com a gestão. Agora, há um compartilhamento mais eficaz do conhecimento, e a empresa se tornou mais inovadora e eficaz.

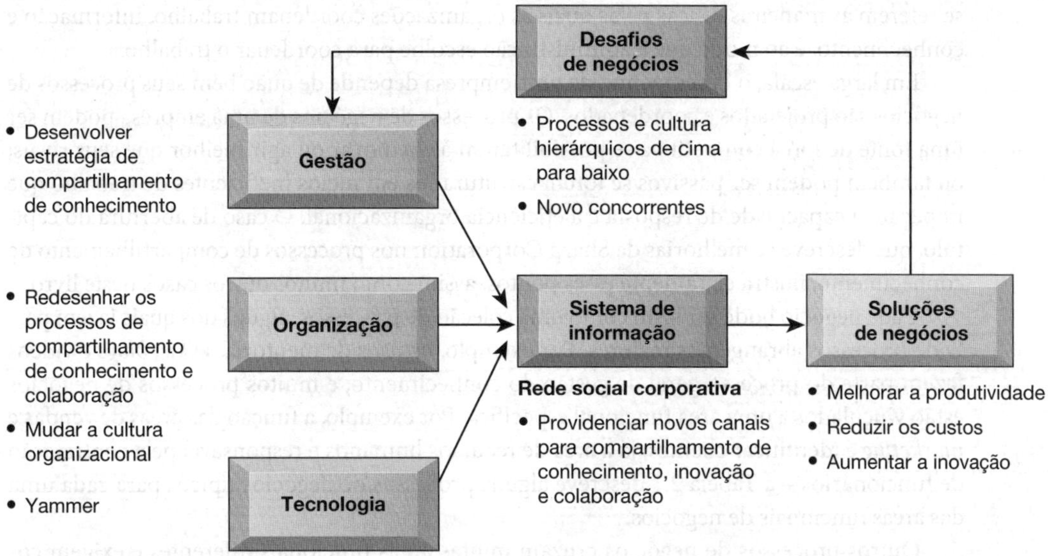

A nova tecnologia por si só não teria resolvido o problema da Sharp Corporation. Para tornar a solução eficaz, a empresa precisou mudar sua cultura organizacional e seus processos de negócios para disseminação de conhecimento e trabalho colaborativo; assim, a nova tecnologia possibilitou as mudanças.

Aqui, temos algumas questões sobre as quais refletir: como a colaboração e o engajamento dos funcionários estão ajudando a Sharp Corporation a ser mais competitiva? Como o uso do Yammer mudou a cultura corporativa e a forma como o trabalho era realizado na Sharp Corporation?

2.1 O que são processos de negócios? Como eles se relacionam aos sistemas de informação?

Para funcionar, as empresas devem lidar com muitas partes diferentes de informação sobre fornecedores, clientes, funcionários, faturas, pagamentos e, claro, seus produtos e serviços. Além disso, devem organizar as atividades de trabalho que usam essas informações para operar com eficiência e melhorar o desempenho geral da empresa. Nesse sentido, os sistemas de informação permitem que as empresas gerenciem todas as suas informações, tomem melhores decisões e melhorem a execução de seus processos de negócios.

Processos de negócios

Os processos de negócios, que apresentamos no Capítulo 1, referem-se à maneira pela qual o trabalho é organizado, coordenado e direcionado para fornecer o melhor produto ou serviço. Os processos de negócios são o conjunto de atividades necessárias para elaborar um produto ou serviço, e essas atividades são sustentadas por fluxos de materiais, informações e conhecimentos entre os participantes dos processos de negócios. Os processos de negócios também se referem às maneiras únicas pelas quais as organizações coordenam trabalho, informação e conhecimento, e ao modo que a administração escolhe para coordenar o trabalho.

Em larga escala, o desempenho de uma empresa depende de quão bem seus processos de negócios são projetados e coordenados. Os processos de negócios de uma empresa podem ser uma fonte de força competitiva se possibilitarem à ela inovar ou agir melhor que seus rivais; ou também podem ser passivos se forem estruturados em meios ineficientes de trabalho que impeçam a capacidade de resposta e a eficiência organizacional. O caso de abertura do capítulo, que descreve as melhorias da Sharp Corporation nos processos de compartilhamento de conhecimento, ilustra claramente esses pontos, assim como muitos outros casos neste livro.

Cada negócio pode ser visto como uma coleção de processos, alguns dos quais fazem parte de processos abrangentes maiores. Por exemplo, os usos de mentoria, *wikis*, *blogs* e vídeos fazem parte do processo geral de gestão do conhecimento, e muitos processos de negócios estão vinculados a uma área funcional específica. Por exemplo, a função das áreas de vendas e *marketing* é identificar clientes; já a área de recursos humanos é responsável pela contratação de funcionários – a Tabela 2.1 descreve alguns processos de negócios típicos para cada uma das áreas funcionais de negócios.

Outros processos de negócios cruzam muitas áreas funcionais diferentes e exigem coordenação entre os departamentos. Por exemplo, considere o processo de negócios aparentemente simples de atender um pedido de venda (veja a Figura 2.1). Inicialmente, o departamento de vendas recebe o pedido, que passa primeiro para a contabilidade, para garantir que o cliente possa pagar pelo pedido, por meio da verificação de crédito ou da solicitação de pagamento imediato antes do envio. Uma vez que o crédito do cliente é verificado, o departamento de produção retira o produto do estoque ou o produz. Em seguida, o pedido é enviado (e isso pode demandar o trabalho com uma empresa de logística, como UPS ou FedEx). Uma fatura é gerada pelo departamento de contabilidade e um aviso é enviado ao cliente indicando que o produto foi despachado. O departamento de vendas é notificado sobre o envio e se prepara para dar suporte ao cliente, atendendo chamadas ou recebendo reclamações de garantia.

O que a princípio parecia ser um processo simples – atender a um pedido de venda – acaba por ser uma série muito complicada de processos de negócios que exigem coordenação rigorosa dos principais grupos funcionais de uma empresa. Além disso, executar de forma eficiente todas essas etapas no processo de atendimento de pedidos requer uma grande

TABELA 2.1 Exemplos de processos de negócios funcionais

ÁREA FUNCIONAL	PROCESSO DE NEGÓCIOS
Fabricação e produção	Montagem do produto
	Controle de qualidade
	Produção de listas de materiais
Vendas e *marketing*	Identificação de clientes
	Divulgação do produto aos clientes
	Venda do produto
Finanças e contabilidade	Pagamento de credores
	Elaboração de demonstração financeira
	Gerenciamento do caixa
Recursos humanos	Contratação de funcionários
	Avaliação do desempenho do trabalho dos funcionários
	Inscrição de funcionários em planos de benefícios

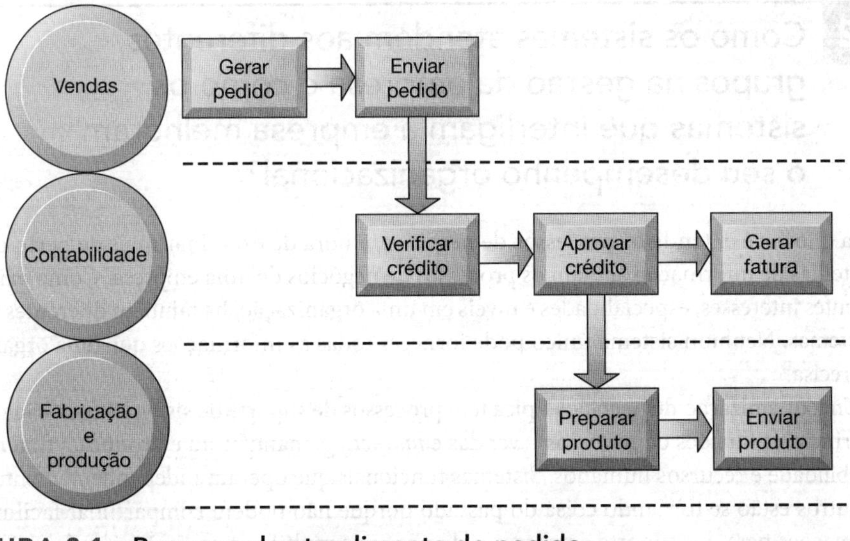

FIGURA 2.1 Processo de atendimento do pedido.
Atender a um pedido de cliente envolve um conjunto complexo de etapas que requer a coordenação estreita das funções de vendas, contabilidade e produção.

quantidade de informações. Por esse motivo, a informação necessária deve fluir rapidamente dentro da empresa de um tomador de decisão para outro, com os parceiros de negócios (como as empresas de entrega) e com o cliente, e os sistemas de informação baseados em computador tornam isso possível.

Como a tecnologia da informação melhora os processos de negócios

Como exatamente os sistemas de informação melhoram os processos de negócios? Os sistemas de informação automatizam muitas etapas nos processos de negócios que antes eram realizadas manualmente, como verificar o crédito de um cliente ou gerar uma fatura e um pedido de remessa. Mas hoje a tecnologia da informação pode fazer muito mais. A nova tecnologia pode realmente mudar o fluxo de informações, possibilitando que muito mais pessoas acessem e compartilhem informações, substituindo etapas em sequência por tarefas que podem ser executadas simultaneamente e eliminando atrasos na tomada de decisões. A nova tecnologia da informação frequentemente muda a forma como uma empresa funciona e serve como apoio a modelos de negócios inteiramente novos. Baixar um *e-book* no Kindle da Amazon, comprar *on-line* um computador na Best Buy e escutar uma música por *streaming* da Apple Music, por exemplo, são processos de negócios inteiramente novos baseados em novos modelos de negócios que seriam inconcebíveis sem a tecnologia da informação atual.

É por isso que é tão importante prestar atenção aos processos de negócios, tanto em seu curso de sistemas de informação quanto em sua futura carreira, uma vez que, ao analisar processos de negócios, você pode obter uma compreensão muito clara de como uma empresa realmente funciona. Além disso, ao realizar uma análise de processos de negócios, você também começará a entender como mudar o negócio, melhorando seus processos para torná-lo mais eficiente ou eficaz. Ao longo deste livro, examinamos os processos de negócios com o objetivo de entender como eles podem ser aprimorados usando a tecnologia da informação para obter maior eficiência, mais inovação e melhor atendimento ao cliente.

2.2 Como os sistemas atendem aos diferentes grupos na gestão da empresa e como os sistemas que interligam a empresa melhoram o seu desempenho organizacional?

Agora que você entende os processos de negócios, é hora de examinar mais de perto como os sistemas de informação apoiam os processos de negócios de uma empresa. Como existem diferentes interesses, especialidades e níveis em uma organização, há também diferentes tipos de sistemas. Nenhum sistema único pode fornecer todas as informações que uma organização precisa.

Uma organização de negócios típica tem processos de suporte de sistemas para cada uma das principais funções de negócios – vendas e *marketing*, manufatura e produção, finanças e contabilidade e recursos humanos. Sistemas funcionais que operam independentemente uns dos outros estão se tornando coisa do passado porque não podem compartilhar facilmente informações para dar suporte a processos de negócios multifuncionais. Muitos foram substituídos por sistemas multifuncionais de grande escala que integram as atividades de processos de negócios relacionados e as unidades organizacionais – descreveremos esses aplicativos multifuncionais integrados posteriormente nesta seção.

Uma empresa atual também tem diferentes sistemas de apoio à tomada de decisão de cada um dos principais grupos de gestão que descrevemos no Capítulo 1. As gerências operacional, média e sênior usam sistemas para apoiar as decisões tomadas para administrar a empresa. Vejamos esses sistemas e os tipos de decisões que eles suportam.

Sistemas para diferentes grupos de gestão

Uma empresa de negócios tem sistemas para apoiar diferentes grupos ou níveis de gestão. Esses sistemas incluem processamento de transações e *business intelligence*.

Sistemas de processamento de transações

Os gerentes operacionais precisam de sistemas que acompanhem as atividades e as transações básicas da organização, como vendas, recebimentos, depósitos em dinheiro, folha de pagamento, decisões de crédito e fluxo de materiais na fábrica. Os **sistemas de processamento de transações (SPTs)** fornecem esse tipo de informação. Um sistema de processamento de transações é um sistema computadorizado que executa e registra as transações diárias necessárias para realizar negócios, como entrada de pedidos de vendas, reservas de hotéis, folha de pagamento, manutenção de registros de funcionários e remessa.

O principal objetivo dos sistemas neste nível é responder a perguntas de rotina e acompanhar o fluxo de transações por toda a organização. Quantas peças estão em estoque? O que aconteceu com o pagamento do Sr. Smith? Para responder a perguntas desse tipo, as informações devem estar facilmente disponíveis, além de serem atuais e precisas.

No nível operacional, as tarefas, os recursos e os objetivos são predefinidos e altamente estruturados. A decisão de conceder crédito a um cliente, por exemplo, é tomada por um supervisor de nível inferior, de acordo com critérios preestabelecidos. Tudo o que deve ser feito no momento da decisão é ver se o cliente atende aos critérios.

A Figura 2.2 ilustra um SPT para processamento de folha de pagamento. Um sistema de folha de pagamento controla os montantes pagos aos funcionários. Uma folha de ponto do funcionário com seu nome, número da previdência social e número de horas trabalhadas por semana representa uma única transação para esse sistema. Uma vez que essa transação é inserida no sistema, ela atualiza o arquivo mestre (ou banco de dados – veja o Capítulo 6), que mantém permanentemente as informações dos funcionários para a organização. Os dados do

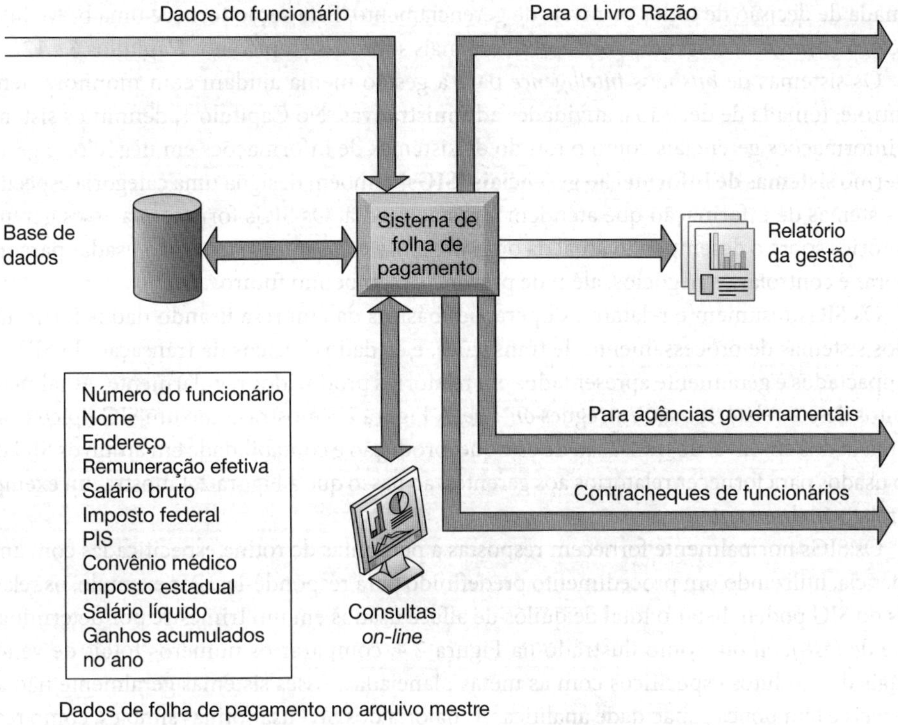

FIGURA 2.2 SPT para folha de pagamento.
Um SPT para processamento de folha de pagamento coleta dados de pagamentos dos funcionários (como a folha de ponto). A saída do sistema inclui relatórios *on-line* ou impressos para administração e emissão de contracheques dos funcionários.

sistema são combinados de diferentes formas para criar relatórios de interesse da administração e de órgãos governamentais e para enviar os contracheques aos funcionários.

Os gerentes precisam do SPT para monitorar o *status* das operações internas e as relações da empresa com o ambiente externo. Além disso, os SPTs também são grandes geradores de informações para outros sistemas e funções de negócios; por exemplo, o sistema de folha de pagamento ilustrado na Figura 2.2, juntamente com outros SPTs contábeis, fornecem dados ao sistema de contabilidade geral da empresa, que é responsável por manter registros de receitas e despesas, e por produzir relatórios como demonstrativos de resultados e balanços. Também fornece dados de histórico de pagamento de funcionários para cálculos de seguro, pensão e outros benefícios executados pela área de recursos humanos da empresa e dados de pagamento de funcionários para agências governamentais, como a Receita Federal e a Previdência Social.

Os sistemas de processamento de transações muitas vezes são tão importantes para os negócios que uma falha nesses sistemas por algumas horas pode levar ao desaparecimento de uma empresa e até mesmo de outras empresas ligadas a ela. Imagine o que aconteceria com a UPS se seu sistema de rastreamento de encomendas parasse de funcionar! E o que as companhias aéreas fariam sem seus sistemas informatizados de reservas?

Sistemas de *business intelligence*

As empresas também têm sistemas de *business intelligence* que se concentram em fornecer informações para apoiar a tomada de decisões gerenciais. ***Business Intelligence*** **(BI)**, ou inteligência de negócios, é um termo contemporâneo referente a dados e ferramentas de *software* para organizar, analisar e fornecer acesso a dados a fim de auxiliar gerentes e outros usuários da empresa a tomar decisões mais certeiras. A *business intelligence* atende às necessidades de tomada de decisão de todos os níveis de gerenciamento. Esta seção fornece uma breve introdução à *business intelligence*. Você aprenderá mais sobre esse tópico nos Capítulos 6 e 12.

Os sistemas de *business intelligence* para a gestão média ajudam com monitoramento, controle, tomada de decisão e atividades administrativas. No Capítulo 1, definimos sistemas de informações gerenciais como o estudo de sistemas de informações em negócios e gestão. O termo **sistemas de informação gerenciais (SIGs)** também designa uma categoria específica de sistemas de informação que atendem à gestão média. Os SIGs fornecem a esses gerentes relatórios sobre o desempenho atual da organização, e essas informações são usadas para monitorar e controlar os negócios, além de prever o desempenho futuro.

Os SIGs resumem e relatam as operações básicas da empresa usando dados fornecidos pelos sistemas de processamento de transações, e os dados básicos da transação do SPT são compactados e geralmente apresentados em relatórios produzidos regularmente. Atualmente, muitos desses relatórios são entregues *on-line*. A Figura 2.3 mostra como um SIG típico transforma dados em nível de transação de estoque, produção e contabilidade em arquivos SIG que são usados para fornecer relatórios aos gerentes, ao passo que a Figura 2.4 mostra um exemplo de relatório desse sistema.

Os SIGs normalmente fornecem respostas a perguntas de rotina especificadas com antecedência, utilizando um procedimento predefinido para respondê-las. Por exemplo, os relatórios do SIG podem listar o total de quilos de alface usados em um trimestre por determinada rede de *fast-food* ou, como ilustrado na Figura 2.4, comparar os números totais de vendas anuais de produtos específicos com as metas planejadas. Esses sistemas geralmente não são flexíveis e têm pouca capacidade analítica. A maioria dos SIG usa rotinas simples, como resumos e comparações, em oposição a modelos matemáticos sofisticados ou técnicas estatísticas.

Outros tipos de sistemas de *business intelligence* prestam suporte a ações menos rotineiras de tomada de decisão. **Sistemas de apoio à decisão (SADs)** concentram-se em problemas que são únicos e mudam rapidamente, para os quais o procedimento para chegar a uma solução pode não ser totalmente predefinido com antecedência. Eles tentam responder a perguntas como estas: qual seria o impacto nos cronogramas de produção se dobrássemos as vendas no

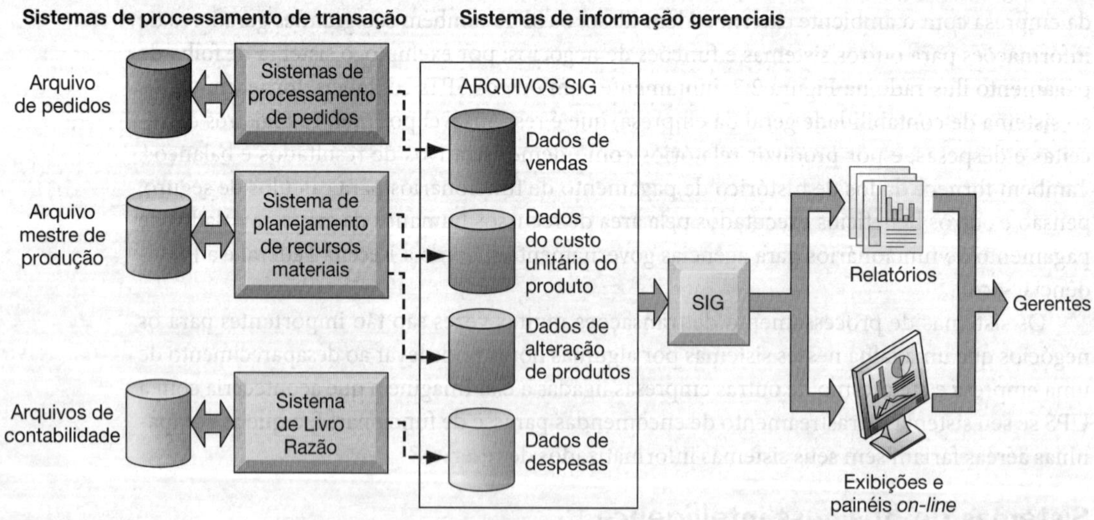

FIGURA 2.3 Como os sistemas de informação gerenciais obtêm seus dados do SPT da organização.

No sistema ilustrado por este diagrama, três SPTs fornecem dados de transação resumidos para o sistema de relatórios do SIG no final do período. Os gerentes obtêm acesso aos dados organizacionais por meio do SIG, que fornece os relatórios apropriados.

Vendas empresariais consolidadas de produtos ao consumidor
separadas por produto e por região de vendas: 2020

CÓDIGO DO PRODUTO	DESCRIÇÃO DO PRODUTO	REGIÃO DE VENDAS	VENDAS REAIS	PLANEJADO	REAL *vs.* PLANEJADO
4469	Limpador de tapete	Nordeste	4.066.700	4.800.000	0,85
		Sul	3.778.112	3.750.000	1,01
		Centro-Oeste	4.867.001	4.600.000	1,06
		Oeste	4.003.440	4.400.000	0,91
	TOTAL		16.715.253	17.550.000	0,95
5674	Aromatizante de ambientes	Nordeste	3.676.700	3.900.000	0,94
		Sul	5.608.112	4.700.000	1,19
		Centro-Oeste	4.711.001	4.200.000	1,12
		Oeste	4.563.440	4.900.000	0,93
	TOTAL		18,559,253	17,700,000	1,05

FIGURA 2.4 Exemplo de relatório de SIG.
Esse relatório, que apresenta dados de vendas anuais resumidos, foi produzido por um SIG como o da Figura 2.3.

mês de dezembro? O que aconteceria com nosso retorno sobre o investimento se o cronograma da fábrica sofresse um atraso de seis meses?

Apesar de os SADs usarem informações internas do SPT e do SIG, geralmente eles trazem informações de fontes externas, como preços atuais de ações ou de produtos de concorrentes. Esses sistemas são empregados por gerentes e analistas de negócios considerados "superusuários", que querem usar análises e modelos sofisticados para averiguar os dados.

Um SAD interessante e pequeno, mas potente, é o sistema de estimativa de transporte de uma grande empresa de navegação global que transporta cargas a granel de carvão, petróleo, minérios e produtos acabados. A empresa é proprietária de algumas embarcações, freta outras e faz licitações de contratos de navegação no mercado aberto para transporte de carga em geral. Um sistema de estimativa de transporte calcula os detalhes financeiros e técnicos da viagem. Os cálculos financeiros incluem custos de navio/tempo (combustível, mão de obra, capital), tarifas de frete para vários tipos de carga e despesas portuárias, ao passo que os detalhes técnicos incluem inúmeros fatores, como capacidade de carga do navio, velocidade, distâncias portuárias, consumo de combustível e água e padrões de carregamento (localização da carga para diferentes portos).

O sistema pode responder a perguntas como: Dadas a programação de entrega de um cliente e a tarifa de frete oferecida, qual navio deve ser designado e que tarifa deve ser usada para maximizar os lucros? Qual seria a velocidade mais adequada de determinada embarcação para otimizar seu lucro e, ao mesmo tempo, cumprir o cronograma de entrega? Qual é o melhor esquema de montagem de carga para um navio que parte da Malásia com destino à costa oeste dos Estados Unidos? A Figura 2.5 ilustra o SAD criado para essa empresa. O sistema é executado em um computador pessoal de grande capacidade e oferece um sistema de menus que facilita a entrada de dados e a obtenção de informações.

Esse SAD de estimativa de transporte faz grande uso de modelos. Diferente de outros sistemas de *business intelligence* que são mais orientados a dados, concentrando-se em extrair informações úteis de grandes quantidades de dados. Por exemplo, as grandes empresas de resorts de esqui, como Intrawest e Vail Resorts, coletam e armazenam grandes quantidades de dados de clientes obtidos por *call centers*, reservas de hospedagem e restaurantes, escolas de esqui e lojas de aluguel de equipamentos de esqui. Eles usam um *software* especial para analisar esses dados

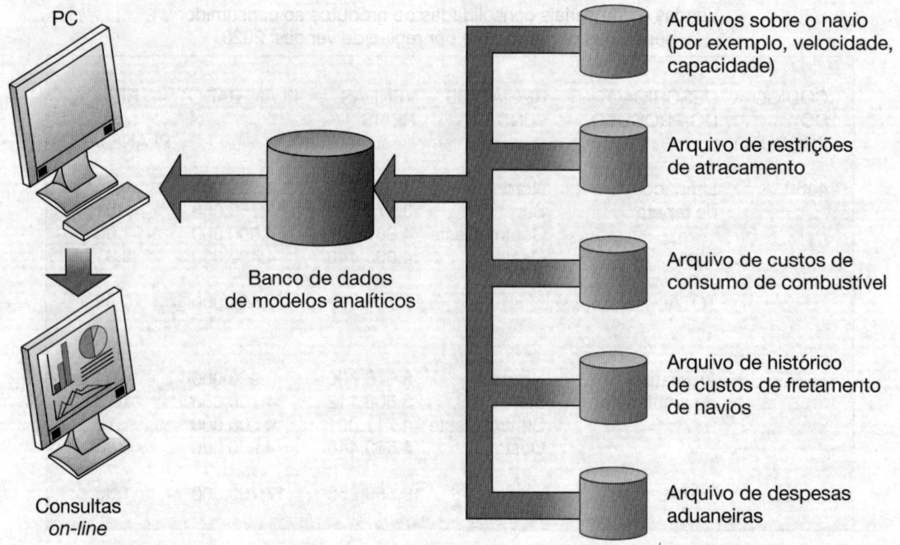

FIGURA 2.5 Sistema de apoio à decisão para cálculo de transporte. Este SAD é executado em um computador de grande capacidade. É utilizado diariamente pelos gerentes incumbidos de desenvolver licitações de contratos de transporte.

e determinar o valor, o potencial de receita e a fidelidade de cada cliente para ajudar os gerentes a tomar melhores decisões sobre como direcionar seus programas de *marketing*.

Os sistemas de *business intelligence* também atendem às necessidades de tomada de decisão da alta administração, uma vez que os gerentes de nível sênior precisam de sistemas que se concentrem em questões estratégicas e tendências de longo prazo, tanto na empresa quanto no ambiente externo. Eles se preocupam com perguntas como: quais serão os níveis de emprego daqui a cinco anos? Quais são as tendências de custos do setor a longo prazo? Que produtos deveremos fabricar em cinco anos?

Os **sistemas de apoio ao executivo (SAE)** ajudam a gerência sênior a tomar essas decisões e abordam decisões não rotineiras que exigem bom senso, avaliação e percepção, porque não há um procedimento previamente estabelecido para chegar a uma solução. O SAE apresenta gráficos e dados de várias fontes por meio de uma interface fácil de usar pelos gerentes seniores. Muitas vezes, as informações são enviadas à gerência sênior por meio de um **portal**, que usa uma interface *web* para apresentar conteúdo de negócios personalizado e integrado.

Os SAE são projetados para incorporar dados sobre eventos externos, como leis fiscais ou concorrentes, mas também podem extrair informações resumidas de SIG e SAD internos. Eles filtram, compactam e monitoram dados críticos, exibindo os de maior importância para os gerentes seniores. Cada vez mais esses sistemas incluem ferramentas analíticas de *business intelligence* para realizar análise de tendências, previsão e "detalhamento" de dados em níveis maiores.

Por exemplo, o diretor de operações (COO) e os gerentes de fábrica da Valero, a maior refinaria de petróleo independente do mundo, usam um Painel de Depuração para exibir dados em tempo real relacionados à confiabilidade da fábrica e do equipamento, gestão do estoque, segurança e consumo de energia. Com as informações exibidas, o COO e sua equipe podem analisar o desempenho de cada refinaria da Valero nos Estados Unidos e no Canadá em termos de atuação de cada fábrica em comparação com o planejamento de produção da empresa. O grupo da matriz pode detalhar amostras de desempenho que vão do nível executivo até o da refinaria e do operador individual. O Painel de Depuração da Valero é um exemplo de **painel digital**, que exibe em uma única tela gráficos e tabelas dos principais indicadores de desempenho para a gestão de uma empresa. Painéis digitais estão se tornando ferramentas cada vez mais populares para os responsáveis pela tomada de decisões gerenciais.

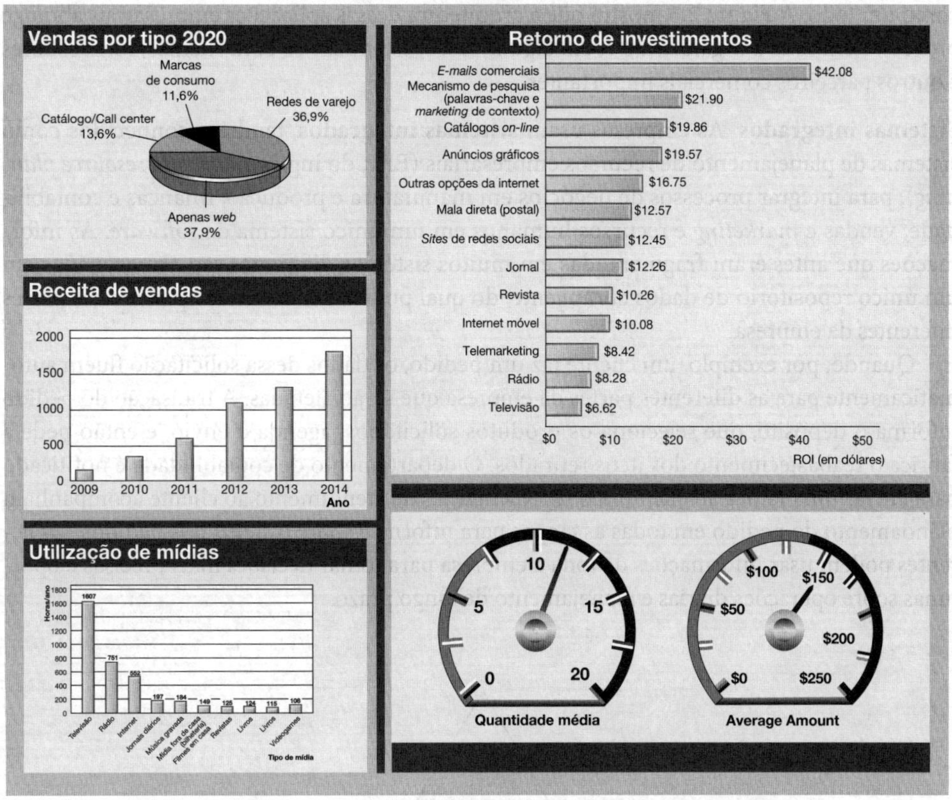

Um painel digital fornece informações abrangentes e precisas para a tomada de decisões, muitas vezes usando uma única tela. A visão geral gráfica dos principais indicadores de desempenho ajuda os gerentes a identificar rapidamente as áreas que precisam de atenção.

Sistemas para a conexão da empresa

Ao analisar todos os diferentes tipos de sistemas que acabamos de descrever, você pode se perguntar como uma empresa pode gerenciar todas as informações neles. Também pode se perguntar se custa caro manter tantos sistemas diferentes. Outras dúvidas que podem surgir é como todos esses sistemas diferentes podem compartilhar informações e como gerentes e funcionários são capazes de coordenar seu trabalho conjunto. De fato, todas essas são questões importantes para as empresas hoje.

Aplicações empresariais

Fazer com que todos os diferentes tipos de sistemas da empresa funcionem juntos provou ser um grande desafio. Em geral, as corporações são formadas tanto pelo crescimento "orgânico" normal quanto pela aquisição de empresas menores. Com o passar do tempo, elas acabam com uma coleção de sistemas, a maioria deles mais antigos, e enfrentam o desafio de fazer com que todos "conversem" entre si e funcionem juntos como um grande sistema corporativo. Existem várias soluções para esse problema.

Uma solução é implementar **aplicações empresariais**, que são sistemas que abrangem áreas funcionais, concentram-se na execução de processos de negócios em toda a empresa e incluem todos os níveis de gerenciamento. Essas aplicações ajudam as empresas a se tornarem mais flexíveis e produtivas, coordenando seus processos de negócios mais de perto e integrando grupos de processos para que possam priorizar o gerenciamento eficiente de recursos e o atendimento ao cliente.

Existem quatro aplicações empresariais principais: sistemas integrados, sistemas de gestão da cadeia de abastecimento, sistemas de gestão do relacionamento com clientes e sistemas de gestão do conhecimento. Cada uma dessas aplicações empresariais integra um conjunto relacionado de funções e processos de negócios para melhorar o desempenho da organização como um todo. A Figura 2.6 mostra que a arquitetura dessas aplicações empresariais abrange processos em toda a organização e, em alguns casos, estendem-se para clientes, fornecedores e outros parceiros comerciais importantes.

Sistemas integrados As empresas usam **sistemas integrados**, também conhecidos como sistemas de planejamento de recursos empresariais (ERP, do inglês *enterprise resource planning*), para integrar processos de negócios em manufatura e produção, finanças e contabilidade, vendas e *marketing* e recursos humanos em um único sistema de *software*. As informações que antes eram fragmentadas em muitos sistemas diferentes são armazenadas em um único repositório de dados abrangente, do qual podem ser acessadas por muitas partes diferentes da empresa.

Quando, por exemplo, um cliente faz um pedido, os dados dessa solicitação fluem automaticamente para as diferentes partes da empresa que serão afetadas. A transação do pedido informa o depósito, que seleciona os produtos solicitados, agenda o envio, e então pede à fábrica o reabastecimento dos itens retirados. O departamento de contabilidade é notificado para enviar uma fatura ao cliente. Os representantes de atendimento ao cliente acompanham o andamento do pedido em todas as etapas para informar sobre o *status* dos pedidos. Os gerentes podem usar informações de toda a empresa para tomar decisões mais precisas e oportunas sobre operações diárias e planejamento de longo prazo.

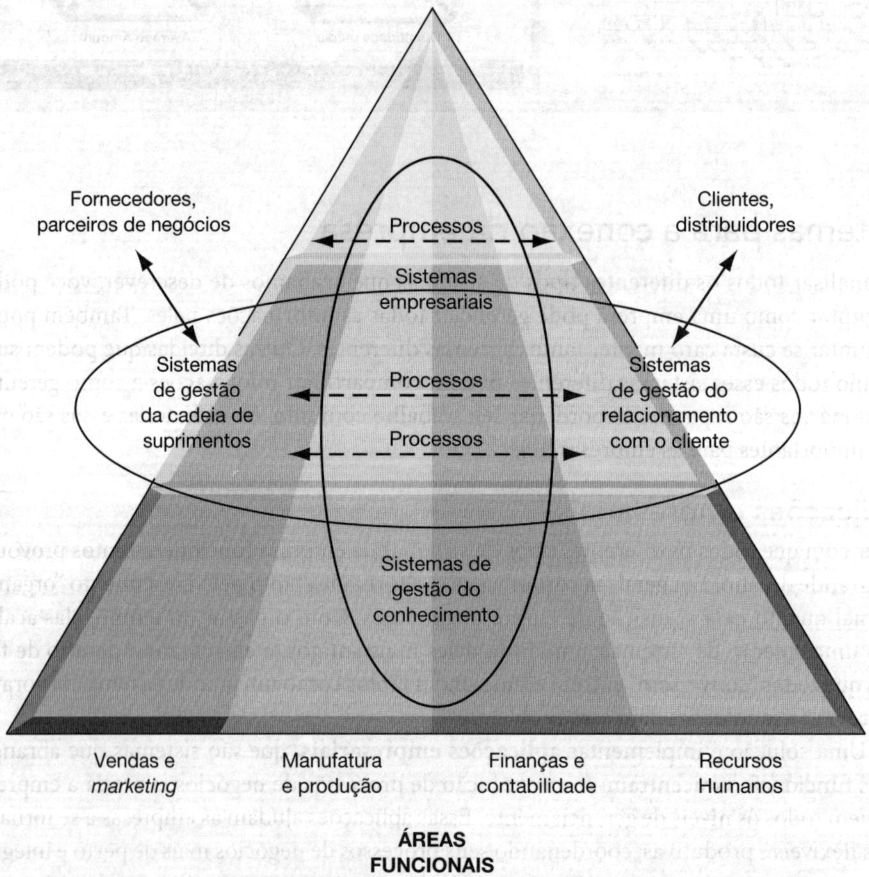

FIGURA 2.6 Arquitetura de aplicações empresariais.

As aplicações empresariais automatizam processos que abrangem várias funções de negócios e níveis organizacionais e podem se estender para fora da organização.

Sistemas de gerenciamento da cadeia de suprimentos As empresas usam **sistemas de gerenciamento da cadeia de suprimentos** (**SCM**, do inglês *supply chain management*) para ajudar a gerenciar o relacionamento com seus fornecedores. Esses sistemas ajudam fornecedores, empresas de compras, distribuidores e empresas de logística a compartilhar informações sobre pedidos, produção, níveis de estoque e fornecimento de produtos e serviços, para que possam adquirir, produzir e entregar bens e serviços com eficiência. O objetivo final é levar a quantidade certa de seus produtos da fonte ao ponto de consumo no menor tempo e com o menor custo. Esses sistemas aumentam a lucratividade da empresa ao reduzir os custos de movimentação e fabricação de produtos e ao permitir que os gerentes tomem melhores decisões sobre como organizar e programar o fornecimento, a produção e a distribuição.

Os sistemas de gerenciamento da cadeia de suprimentos são um tipo de **sistema interorganizacional** porque automatizam o fluxo de informações através das fronteiras organizacionais. Você encontrará exemplos de outros tipos de sistemas de informações interorganizacionais ao longo do livro, pois esses sistemas possibilitam que as empresas se conectem digitalmente aos clientes e terceirizem seu trabalho para outras empresas.

Sistemas de gestão do relacionamento com o cliente As empresas usam **sistemas de gestão do relacionamento com o cliente** (**CRM**, do inglês *customer relationship management*) para ajudar a gerenciar o relacionamento com seus fornecedores. Os sistemas de CRM fornecem informações para coordenar todos os processos de negócios que lidam com clientes nas áreas de vendas, *marketing* e serviços, a fim de otimizar a receita, a satisfação e a retenção de clientes. Essas informações ajudam as empresas a identificar, atrair e reter os clientes mais lucrativos; fornecer melhor serviço aos clientes existentes; e aumentar as vendas.

Sistemas de gestão do conhecimento Algumas empresas têm melhor desempenho do que outras porque conhecem mais sobre como criar, produzir e fornecer produtos e serviços. Esse conhecimento da empresa é único, difícil de reproduzir e pode trazer benefícios estratégicos de longo prazo. Os **sistemas de gestão do conhecimento** (**KMS**, do inglês *knowledge management systems*) permitem que as organizações gerenciem melhor os processos para registrar e aplicar conhecimento e experiência. Esses sistemas coletam todo o conhecimento e experiência relevantes da empresa e os disponibilizam onde e quando necessário para melhorar os processos de negócios e as decisões da gestão, além de ligar a empresa a fontes externas de conhecimento. Examinamos os sistemas empresariais e os sistemas para gestão da cadeia de suprimentos e de gestão do relacionamento com o cliente com mais detalhes no Capítulo 9. Discutimos os sistemas colaborativos que apoiam a gestão do conhecimento neste capítulo, e no Capítulo 11 abordaremos outros tipos de aplicações de gestão do conhecimento.

Intranets e extranets

As aplicações empresariais criam mudanças profundas na forma como a empresa realiza seus negócios, oferecendo muitas oportunidades para integrar importantes dados de negócios em um único sistema. Elas frequentemente são dispendiosas e difíceis de implementar, por isso as intranets e extranets merecem destaque aqui como ferramentas alternativas para aumentar a integração e agilizar o fluxo de informações no âmbito da empresa e com clientes e fornecedores.

Intranets são, simplesmente, *sites* internos da empresa acessíveis apenas para os funcionários. Em contraste com a internet – que é uma rede pública que liga organizações e outras redes externas –, o termo *intranet* refere-se a uma rede interna. As intranets usam as mesmas tecnologias e técnicas que a internet e geralmente são uma área de acesso privado no *site* completo da empresa. Do mesmo modo funcionam as extranets, que são *sites* da empresa acessíveis a vendedores e fornecedores autorizados e frequentemente usados para coordenar a movimentação de suprimentos para a produção da empresa.

A Six Flags, por exemplo, que opera 18 parques temáticos na América do Norte, mantém uma intranet para seus 1.900 funcionários em tempo integral que fornece notícias e informações relacionadas à empresa sobre as operações diárias de cada parque, incluindo previsões meteorológicas, cronograma de tarefas e detalhes sobre grupos e celebridades que visitam os parques. A empresa também usa uma extranet para transmitir informações sobre mudanças de horários e eventos do parque para seus 30 mil funcionários sazonais – descrevemos a tecnologia de intranets e extranets com mais detalhes no Capítulo 7.

E-business, e-commerce e e-government

Os sistemas e tecnologias que acabamos de descrever estão transformando os relacionamentos das empresas com clientes, funcionários, fornecedores e parceiros logísticos em relacionamentos digitais por meio do uso de redes e da internet. Há tantos negócios agora viabilizados ou estruturados em redes digitais que usaremos os termos *negócios eletrônicos* e *comércio eletrônico* com frequência ao longo deste livro.

Negócios eletrônicos, ou ***e-business***, é um termo que se refere ao uso de tecnologia digital e da internet para executar os principais processos de negócios da empresa. O *e-business* inclui atividades de gestão interna da empresa e de coordenação com fornecedores e outros parceiros de negócios. Também inclui o **comércio eletrônico**, ou ***e-commerce***.

O *e-commerce* é a parte do *e-business* que lida com a compra e venda de bens e serviços pela internet. Também abrange atividades que apoiam essas transações comerciais, como publicidade, *marketing*, suporte ao cliente, segurança, entrega e pagamento.

As tecnologias associadas ao *e-business* também trouxeram mudanças semelhantes no setor público, de modo que governos em todos os níveis estão usando a tecnologia da internet para fornecer informações e serviços aos cidadãos, funcionários e empresas com as quais trabalham. O conceito de ***e-government*** refere-se à aplicação da internet e das tecnologias de rede para digitalizar o relacionamento das agências governamentais e do setor público com cidadãos, empresas e outros ramos do governo.

Além de melhorar a prestação de serviços governamentais, o *e-government* torna as operações mais eficientes e também facilita o acesso dos cidadãos às informações, conferindo-lhes a capacidade de se conectar eletronicamente com outros cidadãos. Por exemplo, em alguns estados, os cidadãos podem renovar suas carteiras de motorista ou solicitar benefícios de seguro-desemprego *on-line*; e a internet tornou-se uma ferramenta poderosa para mobilizar instantaneamente grupos de interesse para ação política e arrecadação de fundos. A Sessão interativa sobre Organizações descreve o programa de *e-government* da cidade canadense de Mississauga.

SESSÃO INTERATIVA ORGANIZAÇÕES

A cidade de Mississauga adota o formato digital

A cidade de Mississauga, nos arredores de Toronto, é a sexta maior cidade do Canadá e uma das principais a adotar tecnologia digital para melhorar suas operações e serviços. A cidade busca integrar a tecnologia em suas operações e em seus planejamentos estratégico e de negócios, com *roadmaps* tecnológicos para cada serviço municipal definidos em planos de negócios e orçamentos.

Mississauga tem uma forte população multicultural e um próspero distrito comercial central, com muitas corporações canadenses e multinacionais sediadas lá. Desde 1970, no entanto, a área metropolitana de Toronto, incluindo Mississauga, experimentou um aumento notável no número de famílias de baixa renda e uma diminuição semelhante nas famílias de renda média. Mississauga desenvolveu um Plano Diretor Municipal Inteligente para fornecer uma visão e estrutura para orientar a adoção da tecnologia digital por parte da cidade. Os líderes municipais acreditam que a tecnologia digital deve estar disponível para todos e oferecer oportunidades para *startups*, escolas e famílias em risco.

Mississauga tem sido líder em iniciativas de tecnologia, como mídias sociais e "traga seu próprio dispositivo" (BYOD, do inglês "*bring your own device*"), que permite que os funcionários usem seus próprios dispositivos móveis no emprego. O *site* e os serviços municipais *on-line* de Mississauga estão hospedados em centros remotos de computação em nuvem acessíveis pela internet. (O Capítulo 5 deste livro apresenta uma discussão detalhada sobre essas tecnologias.) Ao implantar essas tecnologias, a cidade tenta se concentrar na usabilidade, em uma experiência de alta qualidade para o cliente e na disponibilização de tecnologia da informação e serviços de tecnologia para moradores de todos os níveis de renda e escolaridade.

Mississauga está tentando o máximo possível eliminar o uso de papel, com reuniões e colaboração via videoconferência, em que os participantes podem "comparecer" às reuniões e compartilhar documentos remotamente. Esses esforços reduziram significativamente o uso de papel e a necessidade de transporte de carro ou avião para as reuniões.

Ferramentas móveis tornaram possível aos funcionários municipais – incluindo operadores de trânsito e pessoal de operações de trabalho em campo, que antes não tinham computadores – acessassem informações de funcionários e dados operacionais para auxiliar as operações em tempo real e a tomada de decisões. Trabalhando com o provedor de celular Rogers Wireless, Mississauga conectou mais de 600 ônibus que coletam informações sobre operações e rotas, para que o público tenha informações em tempo real sobre a localização de veículos dessa frota. Os dados de ônibus coletados também são usados para rotinas de manutenção em tempo hábil, garantia e controle de quilometragem, para que os ônibus possam ser retirados de serviço no período ideal, minimizando, assim, a interrupção do serviço.

Mississauga também conectou 700 veículos urbanos – como caminhões de bombeiros e veículos para operações na neve, em obras públicas e em parques – com o departamento de manutenção de instalações, para fornecer informações baseadas em localização em tempo real. Os veículos para operações na neve conectados, por exemplo, fornecem informações em tempo real ao público sobre limpeza da neve, bem como o nível esperado de serviço para remoção de neve. Os sensores a bordo rastreiam quando as lâminas de neve estão ativas e onde, quando e em que medida o sal ou a areia são aplicados. Mississauga implementou recentemente um Sistema Avançado de Gerenciamento de Tráfego (ATMS, do inglês *Advanced Traffic Management System*), que conectou mais de 700 interseções de tráfego usando sua própria fibra óptica de alta capacidade e redes wi-fi (veja o Capítulo 7) junto com a rede de celular da Rogers.

Um projeto piloto da Prefeitura criou espaços de trabalho individuais e unidades de colaboração no quinto andar, para que os funcionários possam escolher onde querem se sentar e trabalhar. Mais de 90% da equipe naquele andar não tem mesa ou telefone fixo, mas dispõe de tecnologia móvel para se conectar em qualquer lugar. Um ambiente de trabalho móvel ajudou a cidade a atrair funcionários mais jovens, além de transformar a maneira como a alta administração trabalha. O prefeito, os secretários e os diretores estão trocando *desktops* por dispositivos móveis.

Em parceria com outros três municípios, Mississauga construiu sua própria rede de fibra óptica de alta velocidade conhecida como Public Sector Network (PSN), que é a maior rede de fibra óptica de propriedade municipal no Canadá. Ela suporta uma rede de fibra de alta velocidade em toda a cidade para transmitir grandes quantidades de dados e uma rede wi-fi que fornece conectividade sem fio à população para muitos serviços da cidade. A gigante de redes corporativas Cisco Canada ajudou a cidade a construir uma extensa rede wi-fi para todos os seus centros comunitários, bibliotecas, arenas e muitos locais ao ar livre, como parques e áreas de pequenas empresas. Essa rede wi-fi gratuita está disponível como um "campus virtual" para estudantes de faculdades e universidades em todo o mundo. Em 2018, mais de 8 milhões de horas de acesso público gratuito wi-fi foram usados em toda a cidade. Conceder ao público acesso wi-fi em muitos locais da cidade é uma maneira de Mississauga nivelar a "exclusão digital" entre os moradores que são "dotados" de tecnologia e aqueles que são "desprovidos" de tecnologia.

Mississauga está trabalhando com a United Way, a Municipalidade Regional de Peel, a Universidade de Toronto em Mississauga, o Sheridan College e com suas Áreas de Melhoria de Negócios (BIAs, do inglês *Business Improvement Areas*) para construir um ecossistema compatível com dispositivos móveis por toda a cidade que possa fornecer serviços e tecnologia digital para toda a comunidade. O plano divide Mississauga em 23 comunidades definidas, com um centro de *hubs* e 500 kits de mobilidade para moradores inscritos em programas de apoio social por comunidade – cada kit de mobilidade consiste em um *laptop* conectado.

Os *hubs* serão desenvolvidos em conjunto com várias das grandes empresas de tecnologia com sede em Mississauga e fornecerão espaços de *coworking* onde seus funcionários possam trabalhar. A cidade deverá ter 100 *hubs*. Além disso, Mississauga planeja construir 500 "Connects" em suas 23 comunidades, que fornecerão, em espaços internos e externos, telas digitais com comando de voz e acesso wi-fi gratuito. Um "Connect" pode ser em um parque, ao lado de um ponto de ônibus ou dentro de um shopping; nesses lugares, os cidadãos encontrarão Wi-Fi gratuito, um lugar para se sentar e acesso a serviços e programas.

Fontes: "SMRTCTY Master Plan," smartcity.mississauga.ca, acessado em 9 de fevereiro de 2020; Sophie Chapman, "Inside the City of Mississauga's Technology Transformation Journey," *Gigabit*, 18 de fevereiro de 2019; e Eric Emin Wood, "How the City of Mississauga Uses Mobile Technology to Engage Workers and Citizens Alike," *IT World Canada*, 7 de maio de 2018.

PERGUNTAS DO ESTUDO DE CASO

1. Descreva os problemas que a cidade de Mississauga esperava resolver usando a tecnologia digital.
2. Quais tecnologias Mississauga empregou em busca da solução? Descreva cada uma dessas tecnologias e o papel que elas desempenham na solução.
3. Que problemas de gestão, organização e tecnologia a cidade de Mississauga teve de abordar no desenvolvimento da solução?
4. Como as tecnologias neste caso melhoraram as operações e a tomada de decisões na cidade de Mississauga?

2.3 Por que os sistemas colaborativos e os *social business* são tão importantes? Quais tecnologias eles usam?

Com todos esses sistemas e informações, você pode se perguntar: como é possível entendê-los. Como as pessoas que trabalham nas empresas reúnem tudo isso, trabalham em direção a objetivos comuns e coordenam planos e ações? Além dos tipos de sistemas que acabamos de descrever, as empresas precisam de sistemas especiais para apoiar a colaboração e o trabalho em equipe.

O que é colaboração?

Colaboração é o trabalho com outras pessoas para alcançar objetivos compartilhados e claros. Concentra-se na realização de tarefas ou missões, e geralmente ocorre dentro de uma empresa ou outra organização e entre empresas. Você colabora com um colega em Tóquio que tem experiência em um assunto sobre o qual você não sabe nada, mas também pode colaborar com muitos colegas na publicação de um *blog* da empresa. Se está em um escritório de advocacia, você colabora com contadores em uma firma de contabilidade para atender às necessidades de um cliente com problemas fiscais.

A colaboração pode ser de curta duração, levando apenas alguns minutos, ou de longo prazo, dependendo da natureza da tarefa e do relacionamento entre os participantes, e pode ocorrer entre duas pessoas ou várias.

Funcionários podem colaborar em grupos informais que não são parte convencional da estrutura organizacional da empresa ou podem ser dispostos em equipes formais. As **equipes** têm uma missão específica que alguém da empresa lhes atribuiu. Os membros da equipe precisam colaborar na realização de tarefas específicas e, coletivamente, cumprir a missão atribuída a eles – que pode ser "ganhar o jogo" ou "aumentar as vendas online em 10%". Essa missões, geralmente, são de curta duração, dependendo dos problemas que enfrentam e do tempo necessário para encontrar uma solução e cumprir a missão.

Por diversos motivos, a colaboração e o trabalho em equipe são mais importantes hoje do que nunca.

- *Mudança na natureza do trabalho.* A natureza do trabalho mudou da manufatura fabril e do trabalho de escritório antes do advento do computador, em que cada estágio do processo de produção ocorria independentemente um do outro e era coordenado por supervisores. O trabalho era organizado em silos. Dentro de um silo, as tarefas passavam de uma área de trabalho para outra, de uma mesa para a outra, até que o produto acabado fosse concluído. Hoje, os trabalhos exigem muito mais coordenação e interação entre as partes envolvidas na produção do serviço ou produto. Um relatório da empresa de consultoria McKinsey & Company estimou que 41% da força de trabalho dos Estados Unidos agora é composta por empregos em que a interação (conversar, enviar *e-mails*, apresentar e persuadir) é a principal atividade de agregação de valor (McKinsey, 2012). Mesmo nas fábricas, os trabalhadores de hoje muitas vezes trabalham em grupos de produção ou cápsulas.
- *Crescimento do trabalho profissional.* Os trabalhos de "interação" tendem a ser trabalhos profissionais no setor de serviços que exigem estreita coordenação e colaboração. Trabalhos profissionais exigem formação indispensável e o compartilhamento de informações e opiniões para realização das tarefas. Cada agente no trabalho traz conhecimento especializado para o problema, e todos os precisam levar em consideração uns aos outros para realizar o trabalho.
- *Mudança na organização da empresa.* Durante a maior parte da era industrial, os gerentes organizavam o trabalho de maneira hierárquica. As ordens percorriam um caminho de cima para baixo na hierarquia, e as respostas faziam o percurso inverso. Hoje, o trabalho é organizado em grupos e equipes, e com isso, espera-se que os membros desenvolvam seus próprios métodos para realizar a tarefa. Os gerentes seniores observam e medem os resultados, mas são muito menos propensos a dar ordens detalhadas ou solicitar procedimentos operacionais. Em parte, isso ocorre porque a influência da experiência e da tomada de decisão foi reduzido nas organizações.
- *Mudança no escopo da empresa.* O trabalho da empresa mudou de um único local para vários locais – escritórios ou fábricas espalhados em uma região, um país ou mesmo ao redor do globo. Henry Ford, por exemplo, desenvolveu a primeira fábrica de produção em massa de automóveis em uma única instalação em Dearborn, Michigan. Em 2020, a Ford empregava 199 mil pessoas em 61 fábricas em todo o mundo. Com esse tipo de presença global, a necessidade de uma coordenação estreita em questões de *design*, produção, *marketing*, distribuição e serviço obviamente assume nova importância e dimensão. Grandes empresas globais precisam ter equipes trabalhando globalmente.
- Ênfase na inovação. Apesar de sermos propensos a atribuir inovações nos negócios e na ciência a indivíduos excepcionais, esses indivíduos provavelmente estão trabalhando com uma equipe de colegas brilhantes. Pense em Bill Gates e Steve Jobs (fundadores da Microsoft e da Apple, respectivamente), ambos inovadores altamente conceituados que criaram fortes equipes colaborativas para estimular e apoiar a inovação em suas empresas. Suas inovações iniciais derivaram de uma estreita colaboração com colegas e parceiros. A inovação, em outras palavras, é um processo grupal e social, e a maioria das inovações deriva da colaboração entre indivíduos em um laboratório, uma empresa ou em agências governamentais. Acredita-se que práticas e tecnologias colaborativas sólidas aumentam a taxa e a qualidade da inovação.
- *Mudança na cultura de trabalho e nos negócios.* A maioria das pesquisas sobre colaboração sustenta a noção de que equipes diversificadas produzem melhores resultados mais rapidamente do que indivíduos trabalhando por conta própria. As noções populares de multidão ("*crowdsourcing*" e a "sabedoria das multidões") também fornecem suporte cultural para colaboração e trabalho em equipe.

O que é *social business*?

Muitas empresas hoje aprimoram a colaboração adotando o ***social business*** (negócios sociais) – o uso de plataformas de redes sociais, incluindo Facebook, Twitter e ferramentas sociais corporativas internas – para engajar seus funcionários, clientes e fornecedores. Essas ferramentas permitem que os funcionários configurem perfis, formem grupos e "sigam" as atualizações de *status* uns dos outros. O objetivo é aprofundar as interações com grupos dentro e fora da empresa para agilizar e aprimorar o compartilhamento de informações, a inovação e a tomada de decisões.

Uma palavra-chave no *social business* é *conversas*. Clientes, fornecedores, funcionários, gerentes e até mesmo agências de supervisão conversam continuamente sobre empresas, muitas vezes sem o conhecimento da empresa ou de seus principais agentes (funcionários e gerentes).

Os defensores dos *social business* argumentam que, se as empresas puderem entrar em sintonia com essas conversas, fortaleceriam seus vínculos com consumidores, fornecedores e funcionários, aumentando o envolvimento emocional deles com a empresa.

Tudo disso requer muita transparência da informação. As pessoas precisam compartilhar opiniões e fatos umas com as outras sem intermediários, ou seja, sem a intervenção de executivos ou outros: os funcionários podem saber diretamente o que os clientes e outros funcionários pensam; os fornecedores recebem as opiniões diretamente dos parceiros da cadeia de suprimentos; e até mesmo os gerentes têm a possibilidade de aprender mais ouvindo diretamente de seus funcionários como estão se saindo. Quase todos os envolvidos na criação de valor saberão muito mais sobre todos os demais.

Se esse ambiente puder ser criado, é provável que impulsione a eficiência operacional, estimule a inovação e acelere a tomada de decisões. Se os designers de produtos puderem aprender sobre como seus produtos estão se saindo no mercado em tempo real, com base no *feedback* direto do consumidor, poderão acelerar o processo de redesenho. Se os funcionários puderem usar as conexões sociais dentro e fora da empresa para registrar novos conhecimentos e percepções, poderão trabalhar com mais eficiência e resolver mais problemas de negócios.

A Tabela 2.2 descreve aplicações importantes de *social business* dentro e fora da empresa. Este capítulo se concentra nos *social business corporativo* – seus usos corporativos internos. Os Capítulos 7 e 10 descrevem aplicações de *social business* relacionada a clientes e fornecedores fora da empresa.

Benefícios da colaboração e dos *social business* para a empresa

Grande parte da pesquisa sobre colaboração tem sido realizada de forma informal, mas há uma crença entre as comunidades empresariais e acadêmicas de que quanto mais uma empresa é "colaborativa", mais bem-sucedida ela será, e que a colaboração dentro e entre empresas é mais

TABELA 2.2 Aplicações de *social business*

APLICAÇÃO DE *SOCIAL BUSINESS*	DESCRIÇÃO
Redes sociais	Conexão por meio de perfis pessoais e comerciais
Crowdsourcing	Aproveitamento do conhecimento coletivo para gerar novas ideias e soluções
Espaços de trabalho compartilhados	Coordenação de projetos e tarefas e criação conjunta de conteúdo
Blogs e *wikis*	Publicação e rápido acesso a conhecimento; discussão de opiniões e experiências
Comércio social	Compartilhamento de opiniões sobre compras em plataformas sociais
Compartilhamento de arquivos	Upload, compartilhamento e comentários em fotos, vídeos, áudios e documentos de texto
Marketing social	Uso das mídias sociais para interagir com clientes; receber comentários dos consumidores
Comunidades	Discussão de tópicos em fóruns abertos; compartilhamento de experiências

essencial agora do que no passado. Uma pesquisa da revista *MIT Sloan Management Review* descobriu que o foco na colaboração é fundamental para o modo como as empresas digitais avançadas criam valor de negócios e estabelecem vantagem competitiva (Kiron, 2017). Uma pesquisa global com gerentes de negócios e de sistemas de informação descobriu que os investimentos em tecnologia de colaboração produziram melhorias organizacionais cujos resultados chegaram a mais de quatro vezes o valor do investimento, com os maiores benefícios em vendas, *marketing* e pesquisa e desenvolvimento (Frost e Sullivan, 2009). Os consultores da McKinsey & Company preveem que as tecnologias sociais usadas dentro e entre as empresas podem aumentar a produtividade dos trabalhadores de interação em 20% a 25% (McKinsey Global Institute, 2012).

A Tabela 2.3 resume alguns dos benefícios da colaboração e dos *social business* que foram identificados. A Figura 2.7 ilustra como se acredita que a colaboração afeta o desempenho dos negócios.

Criação de uma cultura colaborativa e de processos de negócios

A colaboração não ocorrerá espontaneamente em uma empresa, especialmente na ausência de uma cultura de apoio ou de processos de negócios. As empresas, especialmente as de grande porte, tinham no passado a reputação de serem organizações de "comando e controle", em que os principais líderes pensavam em todos os assuntos que realmente importavam e depois davam ordens aos funcionários de nível inferior para executar os planos da gerência sênior. O trabalho da gerência média era, supostamente, enviar mensagens de um lado para o outro, de cima para baixo na hierarquia.

Empresas de comando e controle exigiam que funcionários de nível inferior executassem ordens sem fazer muitas perguntas, sem responsabilidade de melhorar processos e sem recompensas pelo trabalho em equipe ou pelo desempenho do time. Se o seu grupo de trabalho precisava da ajuda de outro grupo, isso era algo para os chefes descobrirem. Você nunca se comunicava horizontalmente, sempre verticalmente, para que a gerência pudesse controlar o processo. Juntos, as expectativas da gestão e os funcionários formavam uma cultura, um conjunto de suposições sobre objetivos comuns e como as pessoas deveriam se comportar. Muitas empresas ainda operam dessa maneira.

Uma cultura empresarial colaborativa e processos de negócios são muito diferentes do que foi mencionado anteriormente. Os gerentes seniores são responsáveis por alcançar resultados, mas contam com equipes de funcionários para obter esses resultados e implementá-los.

TABELA 2.3 Benefícios da colaboração e dos *social business* para a empresa

BENEFÍCIO	JUSTIFICATIVA
Produtividade	Pessoas interagindo e trabalhando em conjunto podem adquirir conhecimento especializado e resolver problemas mais rapidamente do que o mesmo número de pessoas trabalhando isoladas umas das outras. Haverá menos erros.
Qualidade	Pessoas que trabalham de forma colaborativa podem informar erros e ações corretivas mais rapidamente do que se trabalhassem isoladamente. As tecnologias colaborativas e sociais ajudam a reduzir os atrasos no projeto e na produção.
Inovação	Pessoas que trabalham de forma colaborativa podem ter ideias mais inovadoras para produtos, serviços e administração do que o mesmo número de pessoas trabalhando isoladamente. Há vantagens na diversidade e na "sabedoria das multidões".
Atendimento ao cliente	Pessoas que trabalham juntas de forma colaborativa e utilizando as ferramentas sociais podem resolver reclamações e dúvidas dos consumidores mais rapidamente e de maneira mais eficaz do que se estivessem trabalhando isoladamente umas das outras.
Desempenho financeiro (lucratividade, vendas e crescimento de vendas)	Como resultado de todos os itens anteriores, as empresas colaborativas têm vendas, crescimento de vendas e desempenho financeiro superiores.

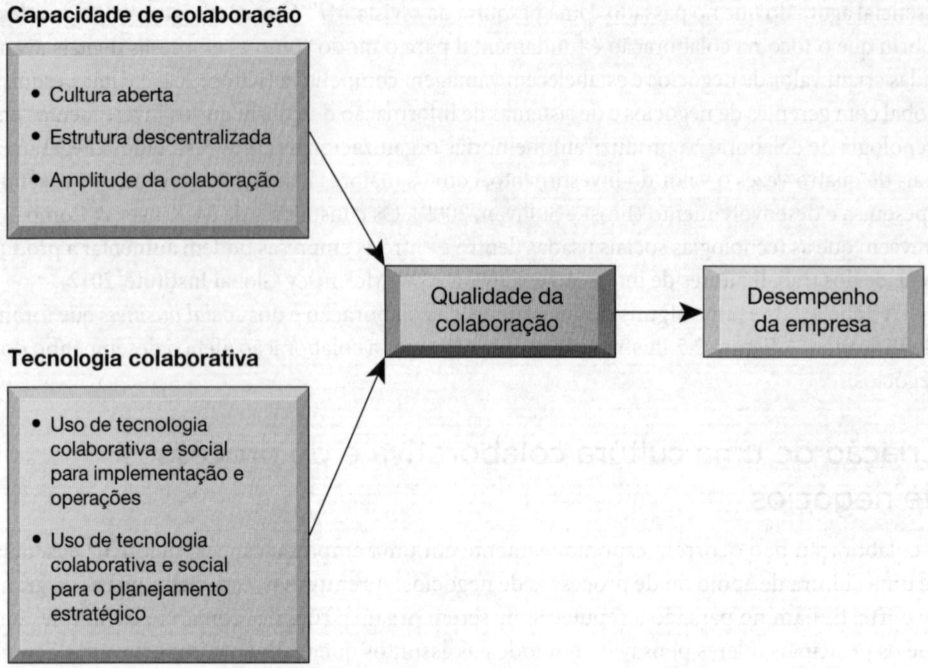

FIGURA 2.7 Requisitos para colaboração.
A colaboração bem-sucedida requer estrutura e cultura organizacionais apropriadas, juntamente com tecnologia de colaboração adequada.

A concepção, a criação e a construção de políticas, produtos, projetos, processos e sistemas são muito mais dependentes de equipes em todos os níveis da organização. As equipes são recompensadas por seu desempenho; e os indivíduos, por seu desempenho na equipe. A função da gerência média é formar as equipes, coordenar seu trabalho e monitorar seu desempenho. A cultura empresarial e os processos de negócios são mais "sociais". Em uma cultura colaborativa, a gerência sênior define a colaboração e o trabalho em equipe como vitais para a organização e, na verdade, também aplica a colaboração nos altos escalões da empresa.

Ferramentas e tecnologias para colaboração e *social business*

Uma cultura colaborativa e orientada para o trabalho em equipe não terá benefícios sem sistemas de informação que permitam a colaboração, possibilitem a tomada de decisão em grupo e ensejem os *social business*. Atualmente, existem centenas de ferramentas projetadas para lidar com o fato de que, para ter sucesso em nossos trabalhos, somos todos muito mais dependentes uns dos outros – de nossos colegas de trabalho, clientes, fornecedores e gerentes. Algumas dessas ferramentas são caras, mas outras estão disponíveis *on-line* gratuitamente (ou com versões *premium* por um preço acessível). Vejamos mais de perto algumas dessas ferramentas.

E-mail e mensageiros

E-mail e mensagens instantâneas (incluindo mensagens de texto) têm sido as principais ferramentas de comunicação e colaboração para trabalhos de interação. Seus programas funcionam em computadores, telefones celulares, *tablets* e outros dispositivos sem fio e incluem recursos para compartilhamento de arquivos e transmissão de mensagens. Muitos sistemas de mensageiros permitem que os usuários participem de conversas em tempo real com vários participantes simultaneamente. Nos últimos anos, o uso do *e-mail* diminuiu, uma vez que o envio de mensagens e as mídias sociais se tornaram os canais de comunicação preferidos dos usuários.

Wikis

Wiki é um tipo de *site* que facilita a contribuição e edição de conteúdo de texto e gráficos por parte dos usuários sem qualquer conhecimento de desenvolvimento de páginas da *web* ou técnicas de programação. A wiki mais conhecida é a Wikipédia, o maior projeto de referência editado colaborativamente no mundo. Ela funciona por meio de trabalho voluntário, não tem fins lucrativos e não aceita publicidade.

Wikis são ferramentas muito úteis para armazenar e compartilhar conhecimento e percepções corporativos. A empresa SAP AG, que fornece *software* empresarial, tem um wiki que funciona como base de informações para pessoas de fora da empresa, como clientes e desenvolvedores de *software* que criam programas que interagem com o *software* da SAP. Anteriormente, essas pessoas perguntavam e, às vezes, respondiam questões de maneira informal nos fóruns *on-line* da SAP, mas era um sistema ineficiente, com pessoas perguntando e respondendo às mesmas dúvidas repetidamente.

Mundos virtuais

Os mundos virtuais, como Metaverso, são ambientes 3D *on-line* povoados por "residentes", pessoas que construíram representações gráficas de si mesmos – os avatares. Empresas como IBM, Cisco e Intel Corporation usam o mundo *on-line* para reuniões, entrevistas, eventos de palestrantes convidados e treinamento de funcionários. Pessoas do mundo real representadas por seus avatares se encontram, interagem e trocam ideias nesses locais virtuais usando gestos, conversas de bate-papo e comunicação por voz.

Plataformas para colaboração e *social business*

Atualmente, existem conjuntos de produtos de *software* que fornecem plataformas multifuncionais para colaboração e *social business* entre equipes de funcionários que trabalham juntos em vários locais diferentes. Os mais usados são sistemas de audioconferência e videoconferência via internet; serviços de colaboração em nuvem, como os serviços e as ferramentas *on-line* do Google; sistemas colaborativos corporativos, como o Microsoft SharePoint e o IBM Notes; e ferramentas de redes sociais corporativas, como o Salesforce Chatter, o Microsoft Yammer, o Facebook Workplace e o IBM Connections.

Sistemas de reunião virtual Com o intuito de reduzir despesas de viagens e permitir que pessoas em diferentes locais se encontrem e colaborem, muitas empresas, de grande e de pequeno portes, passaram a adotar tecnologias de videoconferência e de webconferência. Cada vez mais empresas estão usando esses sistemas para permitir que seus funcionários trabalhem tanto remotamente quanto no escritório.

Uma videoconferência permite que pessoas em dois ou mais locais se comuniquem simultaneamente por meio de transmissões de vídeo e áudio bidirecionais. Sistemas de videoconferência de ponta contam com a tecnologia de **telepresença**, um ambiente audiovisual integrado que permite a uma pessoa dar a impressão de estar presente em um local diferente de sua localização física real. Sistemas gratuitos ou de baixo custo que funcionam na internet, como o Microsoft Teams, o Google Meet e o Amazon Chime, são de qualidade inferior, mas estão melhorando, e demonstram muita utilidade para empresas menores. O FaceTime, da Apple, é útil para videoconferências individuais ou em pequenos grupos. O Zoom surgiu como uma poderosa ferramenta de videoconferência com muitos recursos de sistemas de ponta e ainda muito mais barata e fácil de usar. Algumas dessas ferramentas estão disponíveis em dispositivos móveis (veja a Sessão Interativa sobre Tecnologia).

Serviços de colaboração em nuvem O Google oferece muitas ferramentas e serviços *on-line*, e alguns são adequados para colaboração. Dentre esses, incluem-se o Google Drive, o Google Docs, o Google Workspace e o Google Sites. A maioria deles é gratuita.

O Google Drive é um serviço de armazenamento e sincronização de arquivos para armazenamento em nuvem, compartilhamento de arquivos e edição colaborativa. Esses serviços de

SESSÃO INTERATIVA **TECNOLOGIA**

Vídeoconferência de qualidade: opções para todos os orçamentos

Quando se trata de colaboração, a videoconferência está se tornando a ferramenta preferida para organizações de todos os portes. No passado, a videoconferência era limitada às empresas maiores que podiam proporcionar salas de videoconferência dedicadas e redes e *softwares* caros para essa finalidade. Hoje, a videoconferência foi democratizada, e há opções para todos.

O custo da tecnologia caiu radicalmente, e a transmissão global de dados de vídeo e áudio pela internet e por computador ficou acessível. Existem ferramentas baratas, tanto móveis quanto de *desktop*, bem como sistemas de videoconferência e telepresença de última geração para gerenciar processos de negócios e permitir a conexão e a colaboração com outras pessoas – até mesmo clientes – em todo o mundo. A geração atual de plataformas de telepresença oferece muito mais do que colaboração de vídeo: com a capacidade de coordenar vários fluxos de dados avançados que integram informações digitais de dispositivos móveis, *desktop* e vídeo; criar ambientes colaborativos; e transferir informações para onde os gerentes e outros profissionais estão tomando decisões.

O Zoom tornou-se a ferramenta de reunião *on-line* preferida para salas de aula e escritórios em todo o mundo. Esses ambientes tiveram de funcionar remotamente nas casas das pessoas durante o isolamento social provocado pela pandemia do coronavírus em 2020. Trata-se de uma plataforma em nuvem para áudio e videoconferência *on-line*, colaboração, bate-papo, compartilhamento de tela e *webinars* em sistemas de dispositivos móveis, *desktops*, telefones e ambientes físicos. O Zoom permite que você realize uma videoconferência ou *webinar* diretamente do seu computador, dispositivo móvel ou sala de conferência configurada para o programa. O *software* está disponível em diferentes preços e modelos de configurações. Há uma versão básica gratuita para reuniões pessoais breves com no máximo 100 participantes e versões empresariais mais completas que variam de US$ 14,99 a US$ 19,99 por mês (para cada organizador da reunião *on-line*). O Zoom permite a presença de até mil participantes de vídeo, 10 mil espectadores e até 49 vídeos em HD na tela simultaneamente.

As duas partes principais da tecnologia do Zoom são o Zoom Meetings e o Zoom Rooms. O primeiro oferece suporte a reuniões *on-line* hospedadas por vídeo que são gratuitas para usuários com o *software* instalado no computador ou no dispositivo móvel. Os participantes podem ingressar nas reuniões do Zoom de diferentes locais, independentemente de estarem participando da reunião em casa, em uma sala de conferência no escritório ou no celular. Já o Zoom Rooms consiste em tecnologia de *hardware* e *software* para capacitar salas de conferências físicas. Neste caso, o Zoom Meetings pode ser ativado com apenas um toque no botão de um *tablet*. Todo o vídeo e áudio é integrado ao equipamento da sala de conferência e aos sistemas de calendário.

A Nepris, empresa com sede em Austin, no Texas, fornece um serviço com base na *web* que conecta professores a especialistas do setor para tornar os tópicos do currículo mais relevantes para os alunos e utiliza o Zoom para essa finalidade. Os funcionários de grandes corporações normalmente não têm tempo para visitar pessoalmente muitas salas de aula diferentes. O *software* de videoconferência do Zoom é fácil de usar e de instalar para os professores e pode funcionar em praticamente qualquer dispositivo, incluindo *tablets, smartphones* ou computadores. Especialistas do setor podem usar o Zoom para compartilhar o que está em suas telas, como apresentações ou demonstrações de determinados processos.

O Zoom pode fornecer *streaming* de vídeo de alta qualidade, mas também pode usar resoluções de vídeo inferiores se as salas de aula não tiverem a capacidade ideal para a transmissão. A Nepris também considera a ferramenta útil para conectar professores, alunos e especialistas de forma a compensar suas agendas lotadas. O Zoom permite que até 25 fontes de vídeo por *streaming* participem de uma mesma reunião; desse modo, várias salas de aula podem interagir com um especialista do setor simultaneamente. Os usuários também podem gravar a reunião no Zoom para uso posterior; assim, os especialistas do setor não precisam estar presentes o dia todo ou viajar para diferentes escolas para fazer as apresentações.

A FCTI é um dos principais fornecedores de rede e serviços de caixas eletrônicos dos Estados Unidos, com sede em Los Angeles e escritório em Las Vegas. A empresa também colabora com profissionais em Guadalajara, México. A FCTI foi recentemente adquirida pelo Seven Bank no Japão, aumentando ainda mais a necessidade de comunicação e colaboração de longa distância. A empresa acreditava que a videoconferência ajudaria os funcionários a colaborar de forma mais eficaz do que por *e-mail*, mensagens de texto ou telefonemas. Ela havia tentado hospedar videoconferências com um serviço de videochamada pela internet, mas eram necessárias muitas configurações para usar o produto; além disso, havia constantes quedas de conexões e a qualidade do vídeo era bastante baixa.

A FCTI adotou então o Zoom para tornar a videoconferência um processo mais simplificado, fácil e acessível, e a gerência gosta especialmente da alta qualidade de vídeo que o Zoom oferece. A FCTI agora organiza reuniões da diretoria no Zoom todos os meses a partir de salas de conferência construídas por uma fração do custo de salas de telepresença de qualidade empresarial de ponta. Além disso, a compatibilidade do Zoom com *tablet* e *smartphone* permite aos participantes assistir às conferências de locais remotos.

Por exemplo, alguns funcionários da FCTI estavam em aeroportos movimentados, mas conseguiram se juntar às conferências via Zoom usando *tablets* e puderam colaborar com vídeos de alta qualidade e de alta definição. As reuniões da diretoria podem ocorrer mesmo se os voos de alguns participantes estiverem atrasados ou forem cancelados.

Fontes: Ed Bott, "Best Video Conferencing Services for Business: Zoom, WebEx, AnyMeeting, Slack, and More." *ZDNet*, 5 de fevereiro de 2020; "Leading ATM Provider Builds Employee Relationships Through Video" e "Nepris Inspires Students Through Zoom," www.zoom.us.com acessadoe em 11 de fevereiro de 2020.

PERGUNTAS DO ESTUDO DE CASO

1. Como as ferramentas de videoconferência descritas neste caso promovem a colaboração e a inovação?
2. Como a videoconferência está relacionada aos modelos de negócios e às estratégias de negócios das organizações descritas neste caso?
3. Descreva as maneiras específicas pelas quais a tecnologia de videoconferência ajudou cada uma das organizações deste caso a melhorar suas operações e tomada de decisão.
4. Se você fosse uma empresa de pequeno ou médio porte, quais critérios usaria para determinar se deve usar a ferramenta de videoconferência do Zoom?

compartilhamento de arquivos *on-line* com base na *web* permitem que os usuários carreguem arquivos para *sites* de armazenamento *on-line* seguros, a partir dos quais os arquivos podem ser compartilhados com outras pessoas. O Microsoft OneDrive e o Dropbox são outros serviços líderes de armazenamento em nuvem. Eles contam com serviços gratuitos e pagos, dependendo da quantidade de espaço de armazenamento e da administração necessários. Os usuários podem sincronizar seus arquivos armazenados *on-line* com seus PCs locais e outros tipos de dispositivos, com opções para tornar os arquivos privados ou públicos e compartilhá-los com contatos designados.

O Google Drive e o Microsoft OneDrive são integrados com ferramentas para criação e compartilhamento de documentos. O OneDrive fornece armazenamento *on-line* para documentos do Microsoft Office e outros arquivos, e funciona com aplicativos do Microsoft Office instalados no computador ou pela *web*, além de ter a função de compartilhamento no Facebook também. O Google Drive é integrado ao Google Docs, Sheets e *Slides* (geralmente chamados de Google Docs), um conjunto de aplicativos de produtividade que oferece edição colaborativa em documentos, planilhas e apresentações. O pacote de produtividade baseado em nuvem do Google para empresas, chamado Google Workspace, também funciona com o Google Drive. O Google Sites permite que os usuários criem rapidamente *sites on-line* destinados a equipes, nos quais várias pessoas podem colaborar e compartilhar arquivos.

Microsoft SharePoint e IBM Notes O Microsoft SharePoint é uma plataforma de colaboração e gerenciamento de documentos com base em navegador, combinada com um poderoso mecanismo de pesquisa, instalado em servidores corporativos. O SharePoint tem uma interface com base na *web* e integração estreita com ferramentas de produtividade como o Microsoft Office. O *software* do SharePoint possibilita que os funcionários compartilhem documentos e colaborem em projetos usando os documentos do Office como base.

O SharePoint pode ser usado para hospedar *sites* internos que organizam e armazenam informações em um espaço de trabalho central, o que permite que as equipes coordenem atividades de trabalho, colaborem e publiquem documentos, mantenham listas de tarefas, implementem fluxos de trabalho e compartilhem informações por meio de *wikis* e *blogs*. Os usuários podem controlar versões de documentos e a segurança de documentos. Como o SharePoint armazena e organiza informações em um só lugar, os usuários podem encontrar informações relevantes com rapidez e eficiência enquanto trabalham juntos em tarefas, projetos e

TABELA 2.4 Recursos de *software* de redes sociais corporativas

RECURSO DO *SOFTWARE* SOCIAL	DESCRIÇÃO
Perfis	Capacidade de configurar perfis de membros descrevendo quem são os indivíduos, sua escolaridade e interesses. Inclui associações e conhecimentos relacionados ao trabalho (habilidades, projetos, equipes).
Compartilhamento de conteúdo	Compartilhamento, armazenamento e gerenciamento de conteúdo, incluindo documentos, apresentações, imagens e vídeos.
Feeds e notificações	Fluxos de informações em tempo real, atualizações de *status* e anúncios de indivíduos e grupos designados.
Áreas de trabalho de grupos e equipes	Organização de grupos para compartilhar informações, colaborar em documentos e trabalhar em projetos com a capacidade de configurar grupos privados e públicos e arquivar conversas para preservar o conhecimento da equipe.
Marcação e *social bookmarking*	Indicação de preferências para partes específicas de conteúdo, semelhante ao botão "Curtir" do Facebook. A marcação permite que as pessoas adicionem palavras-chave para identificar o conteúdo de que gostam.
Permissões e privacidade	Capacidade de garantir que as informações privadas permaneçam nos círculos certos, conforme determinado pela natureza dos relacionamentos. Nas redes sociais corporativas, é necessário determinar quem na empresa tem permissão para ver determinadas informações.

documentos. As ferramentas de pesquisa corporativa ajudam a localizar pessoas, conhecimentos e conteúdo. Além disso, o SharePoint agora conta também com ferramentas sociais.

O IBM Notes (antigo Lotus Notes) é um sistema de *software* colaborativo com recursos para compartilhamento de calendários, *e-mail*, mensagens, escrita e edição coletiva, acesso a banco de dados compartilhado e reuniões *on-line*. O *software* Notes instalado em computadores *desktop* ou *laptop* acessa aplicativos armazenados em um servidor IBM Domino. O Notes funciona via *web* e oferece um ambiente de desenvolvimento de aplicativos para que os usuários possam criar aplicativos personalizados para atender às suas necessidades exclusivas. Além disso, também adicionou recursos para *blogs*, microblogs, *wikis*, agregadores de conteúdo *on-line*, sistemas de suporte técnico, conferência de voz e vídeo e reuniões *on-line*. O IBM Notes promete altos níveis de segurança e confiabilidade e a capacidade de manter o controle sobre informações corporativas confidenciais.

Ferramentas para redes sociais corporativas As ferramentas que acabamos de descrever incluem recursos para dar suporte a *social business*, mas também existem ferramentas mais especializadas para essa finalidade, como Salesforce Chatter, Microsoft Yammer, Facebook Workplace e IBM Connections. As ferramentas para redes sociais corporativas agregam valor aos negócios ao conectar os membros da organização por meio de perfis, atualizações e notificações semelhantes aos recursos do Facebook, mas adaptados para usos corporativos internos. A Tabela 2.4 tem mais detalhes sobre esses recursos sociais internos.

Embora as empresas tenham se beneficiado das redes sociais corporativas, as redes sociais internas nem sempre foram fáceis de implementar. O estudo de caso no final deste capítulo aborda esse tema.

Lista de controle para gerentes: avaliação e seleção de ferramentas de *software* sociais e de colaboração

Com tantas ferramentas e serviços de colaboração e de *social business* disponíveis, como você escolhe a tecnologia certa para a sua empresa? Para responder a essa pergunta, você precisa de uma estrutura para entender exatamente quais problemas essas ferramentas foram projetadas para resolver. Uma estrutura que tem sido útil é a matriz de ferramenta social e de colaboração

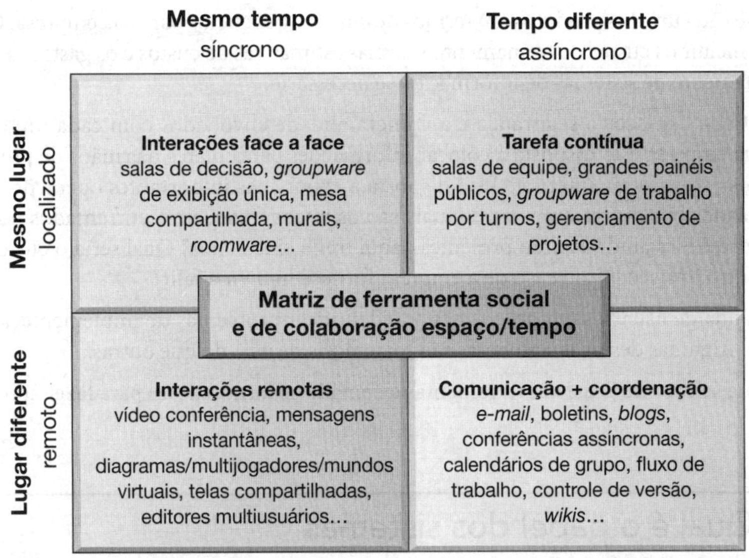

FIGURA 2.8 Matriz de ferramenta social e de colaboração tempo/espaço.
As tecnologias sociais e de colaboração podem ser classificadas de acordo com o suporte a interações realizadas no mesmo horário e lugar ou horários e locais diferentes, e se essas interações são remotas ou localizadas.

tempo/espaço desenvolvida por um grupo de especialistas em trabalho colaborativo no início da década de 1990 (Figura 2.8).

A matriz tempo/espaço concentra-se em duas dimensões do problema da colaboração: tempo e espaço. Se, por exemplo, você precisa colaborar com pessoas em fusos horários diferentes e não é possível que todos se encontrem ao mesmo tempo – meia-noite em Nova York é meio-dia em Mumbai –, então isso dificulta a realização de uma videoconferência (as pessoas em Nova York estão muito cansadas). O tempo é claramente um obstáculo para a colaboração em escala global.

O lugar (localização) também inibe a colaboração em grandes organizações globais ou mesmo em nacionais e regionais. Fica mais difícil reunir pessoas para uma reunião por conta da dispersão física das empresas (organizações com várias sedes), custo das viagens e limitações de tempo dos gerentes.

As tecnologias sociais e de colaboração que acabamos de descrever são formas de superar as limitações de tempo e espaço. O uso dessa estrutura de tempo/espaço o ajudará a escolher as ferramentas de colaboração e trabalho em equipe mais apropriadas para sua empresa. Observe que algumas ferramentas podem ser utilizadas em mais de um cenário de tempo/espaço: por exemplo, as ferramentas de colaboração que funcionam via internet, como o IBM Notes, têm recursos para interações síncronas (mensagens instantâneas, ferramentas de reunião) e assíncronas (*e-mail*, *wikis*, edição de documentos).

Aqui está uma lista de "tarefas" para começar. Se seguir esses seis passos, você deve conseguir investir no *software* de colaboração correto para sua empresa a um preço acessível e dentro de sua tolerância ao risco.

1. Quais são os desafios de colaboração que a empresa enfrenta em termos de tempo e espaço? Localize sua empresa na matriz tempo/espaço, ela pode ocupar mais de uma célula na matriz. Serão necessárias diferentes ferramentas de colaboração para cada situação.
2. Para cada célula da matriz em que sua empresa enfrenta desafios, exatamente quais tipos de soluções estão disponíveis? Faça uma lista de produtos do fornecedor.

3. Analise cada um dos produtos em termos de custos e benefícios para sua empresa. Certifique-se de incluir os custos de treinamento em suas estimativas de custos e os gastos de envolver o departamento de sistemas de informação, se necessário.
4. Identifique os riscos à segurança e a vulnerabilidade envolvidos com cada um dos produtos. Sua empresa está disposta a colocar informações particulares nas mãos de provedores de serviços externos via internet? Está disposta a expor suas importantes operações a sistemas controlados por outras empresas? Quais são os riscos financeiros enfrentados por seus fornecedores? Eles ainda estarão presentes daqui três a cinco anos? Qual seria o custo de mudar para outro fornecedor no caso de a empresa fornecedora vir a falir?
5. Peça ajuda de usuários em potencial para identificar problemas de implementação e treinamento. Algumas dessas ferramentas são mais fáceis de usar do que outras.
6. Faça sua seleção de possíveis ferramentas e convide os fornecedores para fazer apresentações.

2.4 Qual é o papel dos sistemas de informação em uma empresa?

Vimos que as empresas precisam de sistemas de informação para funcionar hoje em dia e que usam muitos tipos diferentes de sistemas. Mas quem é responsável por fazer esses sistemas funcionarem? Quem é responsável por garantir que o *hardware*, o *software* e outras tecnologias usadas por esses sistemas estejam funcionando corretamente e atualizados? Os usuários finais gerenciam seus sistemas do ponto de vista comercial, mas o gerenciamento da tecnologia requer uma função especial de sistemas de informação.

O departamento de sistemas de informação

Em todas as empresas, o **departamento de sistemas de informação** é a unidade organizacional formal responsável pelos serviços de tecnologia da informação. O departamento de sistemas de informação é responsável pela manutenção do *hardware*, do *software*, do armazenamento de dados e das redes que compõem a infraestrutura de TI da empresa – escrevemos a infraestrutura de TI com mais detalhes no Capítulo 5.

O departamento de sistemas de informação é composto por especialistas, como programadores, analistas de sistemas, líderes de projeto e gerentes de sistemas de informação. **Programadores** são especialistas técnicos altamente treinados que elaboram as instruções de *software* para computadores. **Analistas de sistemas** são os elos principais entre os grupos de sistemas de informação e o restante da organização. Compete ao analista de sistemas traduzir problemas e requisitos da empresa para requisitos e sistemas de informações. **Gerentes de sistemas de informação** são líderes de equipes de programadores e analistas, gerentes de projeto, gerentes de instalações físicas, gerentes de telecomunicações ou especialistas em banco de dados. Eles também gerenciam o pessoal de operações de computador e de entrada de dados. Além disso, especialistas externos, como fornecedores e fabricantes de *hardware*, empresas de *software* e consultores, frequentemente participam das operações diárias e do planejamento de longo prazo dos sistemas de informação.

Em muitas empresas, o departamento de sistemas de informação é chefiado por um **executivo-chefe de TI** (**CIO**, do inglês *chief information officer*). O CIO é um gerente sênior que supervisiona o uso da tecnologia da informação na empresa. Espera-se que os CIOs de hoje tenham sólida experiência em negócios e em sistemas de informação, e ainda desempenhem um papel de liderança na exploração de novas tecnologias e na integração da tecnologia na estratégia de negócios da empresa. As grandes empresas também têm cargos de diretor de segurança, diretor de conhecimento, diretor de dados e diretor de privacidade, todos trabalhando em estreita colaboração com o CIO.

O **executivo-chefe de segurança** (**CSO**, do inglês *chief security officer*) é responsável pela segurança dos sistemas de informação e também por fazer cumprir a política de segurança da informação da empresa (veja o Capítulo 8). (Às vezes, esse cargo é chamado de diretor de segurança da informação [CISO], em que a segurança dos sistemas de informação é separada da segurança física.) O CSO é responsável por instruir e treinar usuários e especialistas em sistemas de informação sobre questões de segurança, manter a gerência ciente das ameaças e falhas de segurança, e vistoriar as ferramentas e políticas escolhidas para implementar a segurança.

A segurança dos sistemas de informação e a necessidade de salvaguardar os dados pessoais tornaram-se tão importantes que as corporações que coletam grandes quantidades de dados pessoais criaram o cargo de **executivo-chefe de privacidade** (**CPO**, do inglês *chief privacy officer*), que é responsável por garantir que a empresa cumpra as leis de privacidade de dados existentes.

O **executivo-chefe de conhecimento** (**CKO**, do inglês *chief knowledge officer*) é responsável pelo programa de gestão do conhecimento da empresa e ajuda a projetar programas e sistemas para encontrar novas fontes de conhecimento ou fazer melhor uso do conhecimento existente em processos organizacionais e de gestão.

O **executivo-chefe de dados** (**CDO**, do inglês *chief data officer*) é responsável pela governança corporativa e pela utilização das informações para maximizar o valor que a organização pode obter de seus dados. O CDO assegura que a empresa esteja coletando os dados apropriados para atender às suas necessidades, implementando tecnologias apropriadas para analisá-los e usando os resultados para apoiar as decisões de negócios. Esse cargo surgiu para lidar com as grandes quantidades de dados que as organizações estão gerando e coletando (veja o Capítulo 6).

Os **usuários finais** são representantes de departamentos fora do grupo de sistemas de informação para os quais os aplicativos são desenvolvidos. Esses usuários desempenham um papel cada vez maior no projeto e desenvolvimento de sistemas de informação.

Nos primeiros anos da computação, o grupo de sistemas de informação era composto principalmente por programadores que desempenhavam funções técnicas altamente especializadas, mas limitadas. Hoje, uma proporção cada vez maior de membros da equipe são analistas de sistemas e especialistas em rede, sendo o departamento de sistemas de informação um poderoso agente de mudança na organização. Esse departamento sugere novas estratégias de negócios e novos produtos e serviços com base em informação, e coordena tanto o desenvolvimento da tecnologia quanto as mudanças planejadas na organização.

As vagas em tecnologia da informação devem crescer 12% de 2018 a 2028, adicionando 546.200 novos empregos (Bureau of Labor Statistics, 2020). Embora todas as ocupações em TI/SI mostrem um crescimento acima da média, os profissionais mais procurados são analistas de segurança da informação, cientistas de dados, analistas de rede, engenheiros de aprendizagem automática, engenheiros de nuvem, desenvolvedores de aplicativos, desenvolvedores *web* e analistas de *business intelligence*. A demanda por programadores de computador vem diminuindo, em parte porque o processo de criação de programas de computador está se tornando cada vez mais eficiente com o crescimento de serviços de *software on-line*, computação em nuvem e terceirização de codificação para países em que os salários são mais baixos.

Organização da função dos Sistemas de Informação

Existem muitos tipos de empresas, e há muitas maneiras pelas quais a função de TI é organizada dentro da empresa. Uma empresa muito pequena não terá um grupo formal de sistemas de informação. Pode ter um funcionário que é responsável por manter suas redes e aplicativos funcionando, ou pode usar consultores para esses serviços. As empresas maiores terão um departamento de sistemas de informação separado, que pode ser organizado em várias linhas diferentes, dependendo da natureza e dos interesses da empresa.

A questão de como o departamento de sistemas de informação deve ser organizado faz parte da questão maior da **governança de TI**, que inclui a estratégia e as políticas para o uso da tecnologia da informação dentro de uma organização. Essa governança especifica os direitos de decisão e a estrutura de prestação de contas para garantir que o uso da tecnologia da informação apoie as estratégias e os objetivos da organização. Mas até que ponto a função dos sistemas de informação deve ser centralizada? Que decisões devem ser tomadas para garantir o gerenciamento e o uso efetivos da tecnologia da informação, incluindo o retorno dos investimentos em TI? Quem deve tomar essas decisões? Como essas decisões serão tomadas e monitoradas? As empresas com governança de TI superior terão elaborado claramente as respostas a essas perguntas.

2.5 Como os sistemas de informação gerenciais ajudarão minha carreira?

Aqui veremos como o Capítulo 2 e este livro podem ajudá-lo a encontrar um emprego como especialista de suporte de vendas.

A empresa

A Comprehensive Supplemental Insurance USA é uma fornecedora líder do setor de produtos suplementares individuais para acidentes, invalidez, saúde e seguro de vida. Sua sede fica em Mineápolis, e há uma vaga para especialista em suporte de vendas de nível básico. A empresa oferece seguro suplementar para complementar os programas atuais de benefícios de empregadores, mantendo uma força de vendas de campo e uma equipe corporativa com mais de 5 mil pessoas em todo o mundo. É uma empresa conhecida por investir em seus colaboradores e no desenvolvimento de suas carreiras.

Descrição do cargo

O profissional para essa vaga fornecerá apoio de sistemas gerais, administrativo e de gerenciamento de dados à organização nacional de vendas para a divisão da empresa que faz negócios com pequenas empresas. As responsabilidades do trabalho incluem:

- Administração e apoio diário do sistema de gerenciamento de relacionamento com o cliente a administração e o apoio diário do CRM da Salesforce da empresa, incluindo gerenciamento de configuração de usuários, perfis e funções, além de validação de dados.
- Auxílio ao gerenciamento de dados, oferecimento de treinamento do sistema e suporte contínuo para o campo.
- Preparação de rotina semanal, mensal e trimestral de vendas e de relatórios dos indicadores-chave de desempenho para a gerência de vendas.
- Preparação de relatórios de comissão do agente e criação de novos relatórios conforme solicitado.
- Apoio a diversos projetos relacionados ao licenciamento e à remuneração de agentes.

Requisitos do emprego

- Habilidades fortes com Excel e algum conhecimento em gerenciamento de dados.
- Habilidades fortes com atendimento ao cliente.
- Habilidades fortes de análise, pensamento crítico e comunicação.
- Capacidade em exercer multitarefas em ambiente acelerado.
- Graduação completa ou dois anos de experiência em função equivalente.

Perguntas para a entrevista

1. O que você sabe sobre gestão de relacionamento com o cliente? Você já trabalhou com a Salesforce.com? Em caso afirmativo, para que você usou o sistema?
2. O que você sabe sobre gerenciamento de dados? Já trabalhou com algum *software* de gerenciamento de dados? Em caso afirmativo, o que exatamente você fazia nele?
3. Diga o que você é capaz de fazer com o Excel. Você usou o Excel para resolver que tipos de problemas? Você fez cursos de Excel?
4. Já trabalhou no atendimento de clientes? O que exatamente você fez? O que você acha que é necessário para assumir um papel orientado ao cliente bem-sucedido para os agentes e clientes dessa empresa?
5. Pode dar um exemplo de um desafio de atendimento ao cliente que você teve de enfrentar? Como você encarou esse desafio?

Dicas do autor

1. Revise a seção deste capítulo sobre aplicações empresariais, a discussão do Capítulo 9 sobre gerenciamento de relacionamento com o cliente e a do Capítulo 6 sobre gerenciamento de dados.
2. Use a *web* e o *site* de relacionamento profissional LinkedIn para saber mais sobre a empresa, seus produtos e serviços de seguros, e também a forma como ela opera. Pense no que ela precisa fazer para dar suporte a seus agentes e clientes e por que o gerenciamento de relacionamento com o cliente e o gerenciamento de dados são tão importantes. Você pode perguntar quais serão suas responsabilidades de gerenciamento de dados no cargo.
3. Aprenda o que puder sobre o Salesforce.com, especialmente como configurar perfis e funções do usuário e validar dados. Indique que deseja saber mais sobre o Salesforce e trabalhar com essa ferramenta.
4. Pesquise de que modo você usaria o Excel – por exemplo, para calcular as comissões dos agentes. Se nunca fez isso antes, mostre alguns dos trabalhos em Excel que você fez (e, se possível, leve exemplos para a entrevista). Mostre que estaria ansioso para aprender o que não sabe no Excel para cumprir suas atribuições de trabalho.

RESUMO

2.1 O que são processos de negócios? Como eles se relacionam aos sistemas de informação?

Um processo de negócios é um conjunto de atividades logicamente relacionado que define como tarefas organizacionais específicas são executadas e representa uma maneira única pela qual uma organização coordena trabalho, informações e conhecimento. Os gerentes precisam prestar atenção aos processos de negócios porque eles determinam como a organização pode realizar suas atividades e podem ser uma fonte de vantagem estratégica. Existem processos de negócios específicos para cada uma das principais funções de negócios, mas muitos desses processos são multifuncionais. Os sistemas de informação automatizam partes dos processos de negócios e podem ajudar as organizações a redesenhá-los e simplificá-los.

2.2 Como os sistemas atendem aos diferentes grupos na gestão da empresa e como os sistemas que interligam a empresa melhoram o seu desempenho organizacional?

Sistemas que atuam para a gestão operacional são os sistemas de processamento de transações (SPT), como folha de pagamento ou processamento de pedidos, que rastreiam o fluxo das transações de rotina diária necessárias para realizar as atividades. Os sistemas de informação gerenciais (SIG) produzem relatórios que atendem à gerência intermediária, condensando informações do SPT, e não são altamente analíticos. Os sistemas de apoio à decisão (SAD) auxiliam as decisões de gerenciamento que são únicas e mudam rapidamente usando modelos analíticos avançados. Todos esses tipos de sistemas fornecem *business intelligence* que ajuda os gerentes e os funcionários da empresa a tomar decisões mais informadas. Esses sistemas de *business intelligence* atendem a vários níveis de gerenciamento e incluem sistemas de apoio ao executivo (SAE) para gerência sênior que fornecem dados na forma de gráficos, tabelas e painéis fornecidos por meio de portais que usam muitas fontes de informações internas e externas.

As aplicações empresariais são projetadas para coordenar várias funções e processos de negócios. Os sistemas empresariais integram os principais processos internos de negócios de uma empresa em um único sistema de *software* para melhorar a coordenação e a tomada de decisões. Os sistemas de gerenciamento da cadeia de suprimentos ajudam a empresa a gerenciar seu relacionamento com fornecedores a fim de otimizar o planejamento, o fornecimento, a fabricação e a entrega de produtos e serviços. Os sistemas de gestão do relacionamento com o cliente (CRM) coordenam os processos de negócios em torno dos clientes da empresa. Os sistemas de gestão do conhecimento permitem que as empresas otimizem a criação, o compartilhamento e a distribuição do conhecimento. Intranets e extranets são redes corporativas privadas baseadas na tecnologia da internet que reúnem informações de sistemas diferentes. As extranets disponibilizam partes de intranets corporativas privadas para pessoas de fora da empresa.

2.3 Por que os sistemas colaborativos e os *social business* são tão importantes? Quais tecnologias eles usam?

Colaboração é o trabalho com outras pessoas para alcançar objetivos compartilhados e explícitos. O *social business* é o uso de plataformas de redes sociais internas e externas para engajar funcionários, clientes e fornecedores, e assim poder melhorar o trabalho colaborativo. A colaboração e os *social business* tornaram-se cada vez mais importantes no meio corporativo por causa da globalização, da descentralização da tomada de decisões e do crescimento de vagas de emprego em que a interação é a principal atividade de agregação de valor. A colaboração e os *social business* aumentam a inovação, a produtividade, a qualidade e o atendimento ao cliente. As ferramentas para colaboração e *social business* incluem *e-mail* e mensagens instantâneas, *wikis*, sistemas de reuniões virtuais, mundos virtuais, serviços de compartilhamento de arquivos com base em nuvem, sistemas colaborativos corporativa, como Microsoft SharePoint e IBM Notes, e ferramentas de redes sociais corporativas, como Chatter, Yammer e IBM Connections.

2.4 Qual é o papel dos sistemas de informação em uma empresa?

O departamento de sistemas de informação é a unidade organizacional formal responsável pelos serviços de tecnologia da informação, isso inclui a manutenção do *hardware*, do *software*, do armazenamento de dados e das redes que compõem a infraestrutura de TI da empresa. O departamento é composto por especialistas, como programadores, analistas de sistemas, líderes de projeto e gerentes de sistemas de informação, e geralmente é chefiado por um CIO.

Palavras-chave

Analistas de sistemas, 64
Aplicações empresariais, 49
Business Intelligence (Inteligência de negócios), 45
Colaboração, 54
Comércio eletrônico (e-commerce), 52
Departamento de sistemas de informação, 64
E-government, 52
Equipes, 55
Executivo-chefe de conhecimento (CKO), 65
Executivo-chefe de dados (CDO), 65
Executivo-chefe de privacidade (CPO), 65
Executivo-chefe de segurança (CSO), 65
Executivo-chefe de TI (CIO), 64
Gerentes de sistemas de informação, 64
Governança de TI, 66
Negócios eletrônicos (e-business), 52
Painel digital, 48
Portal, 48
Programadores, 64
Sistema interorganizacional, 51
Sistemas de apoio à decisão (SAD), 46
Sistemas de apoio ao executivo (SAE), 48
Sistemas de gestão da cadeia de suprimentos (SCM), 51
Sistemas de gestão do conhecimento (KMS), 51
Sistemas de gestão do relacionamento com o cliente (CRM), 51
Sistemas de informação gerenciais (SIG), 46
Sistemas de processamento de transações (SPT), 44
Sistemas integrados, 50
Social business, 56
Telepresença, 59
Usuários finais, 65

Questões para revisão

2.1 O que são processos de negócios? Como eles se relacionam aos sistemas de informação?

- Defina processos de negócios e descreva o papel que eles desempenham nas organizações.
- Descreva a relação entre sistemas de informação e processos de negócios.

2.2 Como os sistemas atendem aos diferentes grupos de gestão na empresa e como os sistemas que interligam a empresa melhoram o seu desempenho organizacional?

- Descreva as características dos sistemas de processamento de transação (SPT) e os papéis que eles desempenham na empresa.
- Descreva as características dos sistemas de informação gerencias (SIG) e explique como esses sistemas se diferem do SPT e do SAD.
- Descreva as características dos sistemas de apoio à decisão (SAD) e como eles beneficiam as empresas.
- Descreva as características dos sistemas de apoio ao executivo (SAE) e explique como esses sistemas se diferem do SAD.
- Explique como as aplicações empresariais melhoram o desempenho organizacional.
- Defina sistemas empresariais, sistemas de gestão da cadeia de suprimentos, sistemas de gestão do relacionamento com o cliente e sistemas de gestão do conhecimento e descreva seus benefícios para a empresa.
- Explique como as intranets e as extranets ajudam as empresas a integrar informações e processos de negócios.

2.3 Por que os sistemas colaborativos e os *social business* são tão importantes? Quais tecnologias eles usam?

- Defina colaboração e *social business* e explique por que eles se tornaram tão importantes nos negócios de hoje.
- Liste e descreva os benefícios comerciais da colaboração e dos *social business.*
- Descreva uma cultura organizacional de apoio e processos de negócios para colaboração.
- Liste e descreva os vários tipos de ferramentas de colaboração e de *social business.*

2.4 Qual é o papel dos sistemas de informação em uma empresa?

- Descreva como a função dos sistemas de informação auxilia a empresa.
- Compare as funções desempenhadas por programadores, analistas de sistemas, gerentes de sistemas de informação, executivo-chefe de TI (CIO) executivo-chefe de segurança (CSO), executivo-chefe de dados (CDO) e executivo-chefe de conhecimento (CKO).

Para discutir

2.5 Como os sistemas de informação podem ser usados para auxiliar o processo de atendimento de pedidos ilustrado na Figura 2.1? Quais são as informações mais importantes que esses sistemas devem capturar? Justifique sua resposta.

2.6 Identifique as etapas realizadas no processo de escolha e retirada de um livro da biblioteca da sua faculdade e as informações utilizadas entre essas atividades. Faça um diagrama do processo. De que maneira esse processo poderia ser alterado para melhorar o desempenho da sua biblioteca ou da sua faculdade? Faça um diagrama do processo melhorado.

2.7 Use a matriz de ferramenta social e de colaboração tempo/espaço para classificar as tecnologias sociais e de colaboração usadas pela Sharp Corporation.

Projeto práticos em SIG

Os projetos desta seção oferecem experiência prática na análise de oportunidades para melhorar os processos de negócios com novas aplicações de sistemas de informação, usar uma planilha para melhorar a tomada de decisões sobre fornecedores e utilizar *software* da internet para planejar rotas de transporte eficientes

Problemas de decisão da gestão

2.8 A Don's Lumber Company, no rio Hudson, apresenta uma grande variedade de materiais para pisos, decks, molduras, janelas, tapumes e telhados. Os preços da madeira e de outros materiais de construção estão mudando constantemente. Quando um cliente pergunta sobre o preço do piso de madeira pré-acabado, os representantes de vendas consultam uma tabela manual de preços e, em seguida, ligam para o fornecedor para obter o preço atualizado. O fornecedor, por sua vez, usa uma planilha manual de preços, que é atualizada a cada dia. Muitas vezes, o fornecedor precisa ligar de volta para os representantes de vendas da Don's, porque a empresa não tem as informações de preços mais recentes imediatamente à mão. Avalie o impacto comercial dessa situação, descreva como esse processo pode ser aprimorado com a tecnologia da informação e identifique as decisões que teriam de ser tomadas para implementar uma solução.

2.9 A Henry's *Hardware* é uma pequena empresa familiar em Sacramento, Califórnia. Os proprietários, Henry e Kathleen, precisam usar cada metro quadrado do espaço da loja da maneira mais lucrativa possível. Eles nunca mantiveram um inventário detalhado ou registros de vendas. Assim que uma remessa de mercadorias chega, os itens são imediatamente colocados nas prateleiras da loja. As faturas dos fornecedores são mantidas apenas para fins fiscais. Quando um item é vendido, o número do item e o preço são registrados na caixa registradora. Os proprietários que identificam os itens que precisam ser reabastecidos. Qual é o impacto comercial dessa situação? Como os sistemas de informação poderiam ajudar Henry e Kathleen a administrar seus negócios? Quais dados esses sistemas devem registrar? Que decisões os sistemas poderiam melhorar?

Melhor tomada de decisão: como usar uma planilha para selecionar fornecedores

Habilidades de *software*: funções de data em planilha, filtragem de dados, função BDMÉDIA
Habilidades de negócios: análise de desempenho e de preços dos fornecedores

2.10 Neste exercício, você aprenderá a usar o *software* de planilhas para melhorar as decisões gerenciais sobre a seleção de fornecedores. Você filtrará dados transacionais de fornecedores com base em vários critérios diferentes para selecionar os melhores deles para sua empresa.

Você administra uma empresa que fabrica componentes de aeronaves. Muitos concorrentes estão tentando oferecer preços mais baixos e melhores serviços aos clientes, e você está tentando determinar se pode se beneficiar de um melhor gerenciamento da cadeia de suprimentos. Os campos na planilha incluem nome do fornecedor, número de identificação do fornecedor, número do pedido do comprador, número de identificação do item e descrição do item (para cada item pedido ao fornecedor), custo por item, número de unidades do item pedido (quantidade), custo total de cada pedido, prazos de contas a pagar do fornecedor, data do pedido e data de chegada real de cada pedido.

Sendo assim, prepare uma recomendação de como você pode usar os dados desse banco de dados em planilhas para melhorar suas decisões sobre a seleção de fornecedores. Alguns critérios a serem considerados para identificar fornecedores preferenciais incluem histórico de entregas no prazo, melhores condições de contas a pagar e preços mais baixos quando o mesmo item pode ser oferecido por vários fornecedores. Use seu *software* de planilha para preparar relatórios que sustentem suas recomendações.

Alcançando a excelência operacional: uso de *software* de internet para planejar rotas de transporte eficientes

Habilidades de *software*: *software* com base na internet
Habilidades de negócios: planejamento de transporte

2.11 este exercício, você usará o Google Maps para mapear rotas de transporte para uma empresa e selecionar a rota mais eficiente.

Você acaba de começar a trabalhar como despachante para o Cross-Country Transport, um novo serviço de transporte e entrega sediado em Cleveland, Ohio. Sua primeira tarefa é planejar a entrega de equipamentos e móveis de escritório de Elkhart, Indiana (na esquina ente a E. Indiana Ave. e a Prairie Street), para Hagerstown, Maryland (na esquina da Eastern Blvd. N. com a Potomac Ave.). Para orientar seu motorista, você precisa conhecer o trajeto mais eficiente entre as duas cidades. Use o Google Maps para encontrar a rota que representa a distância mais curta entre as duas cidades, e depois utilize novamente para encontrar a rota que leva menos tempo. Compare os resultados. Qual rota a Cross-Country deve usar?

Projeto de colaboração e trabalho em equipe

Identificando decisões de gerenciamento e sistemas

2.12 Com uma equipe de três ou quatro alunos, encontre a descrição de um gerente de corporação na *BusinessWeek*, *Forbes*, *Fortune*, *Wall Street Journal* ou outra publicação de negócios, ou faça sua pesquisa na *web*. Reúna informações sobre o que o gerente faz e o papel que desempenha na empresa. Identifique o nível organizacional e a função de negócios em que esse gerente trabalha. Faça uma lista dos tipos de decisões que ele precisa tomar e o tipo de informação necessária para essas decisões. Sugira como os sistemas de informação podem fornecer essas informações. Se possível, use o Google Docs e o Google Drive ou Google Sites para debater, organizar e desenvolver uma apresentação de suas descobertas para a turma.

Social business são bons negócios?

ESTUDO DE CASO

À medida que as organizações se tornam mais dispersas no mercado global, as empresas estão se voltando cada vez mais para a tecnologia de colaboração no local de trabalho, incluindo ferramentas para redes sociais internas. Essas ferramentas podem promover a colaboração dos funcionários e o compartilhamento de conhecimento, além de ajudar o pessoal a tomar decisões mais rápidas, desenvolver ideias mais inovadoras para produtos e serviços e se envolver mais em seu trabalho e em suas empresas.

A adoção das redes sociais corporativas internas também está sendo impulsionada pela enxurrada de *e-mails* que os funcionários normalmente recebem todos os dias e com a qual são cada vez mais incapazes de lidar. Centenas de mensagens de *e-mail* devem ser abertas, lidas, respondidas, encaminhadas ou excluídas. O Duha Group de Winnipeg, Manitoba, por exemplo, produz amostras de tintas coloridas e sistemas de cores para empresas de tintas em todo o mundo e conseguiu eliminar 125 mil *e-mails* excedentes por ano por meio da adoção da ferramenta de colaboração social Salesforce Chatter. O diretor administrativo, Emeric Duha, que costumava receber 50 *e-mails* todas as manhãs da Ásia, da Europa e da Austrália, agora tem um *feed* no Chatter de tudo o que está acontecendo na empresa.

Outro impulsionador das redes sociais corporativas é a "fadiga do aplicativo". Para colaborar, muitos funcionários precisam fazer *login* em vários aplicativos, o que dá mais trabalho. Os sistemas de redes sociais empresariais contemporâneos geralmente integram vários recursos em um só lugar.

Recentes estudos descobriram que as ferramentas de colaboração podem ser eficazes para aumentar a eficiência e a produtividade, ao mesmo tempo em que permitem que os usuários tomem melhores decisões de negócios. O potencial de inovação dos produtos também se ampliou. Nem todas as empresas, no entanto, usam isso com sucesso. A implementação e a adoção de redes sociais corporativas dependem não apenas de recursos tecnológicos, mas da cultura da organização e da compatibilidade das ferramentas com os processos de negócios da empresa. As tecnologias não fornecerão benefícios se forem aplicadas a processos de negócios e comportamentos organizacionais falhos.

Ferramentas de colaboração digital, como Microsoft Teams, Chatter, Yammer, Zoom e WebEx acrescidas a *e-mails*, mensagens de texto e mensagens instantâneas podem envolver os funcionários em muitas interações, deixando ainda menos tempo para o pensamento individual aprofundado e a solução de problemas.

Quando as empresas aderem a novas tecnologias de mídia social (assim como outras tecnologias), um número considerável de funcionários resiste às novas ferramentas, apegando-se a velhas formas de trabalho, incluindo o *e-mail*, porque são mais familiares e confortáveis. Há empresas em que os funcionários acabaram por duplicar a comunicação nas mídias sociais e no *e-mail*, aumentando o tempo e o custo de execução de seus trabalhos. A BASF, maior produtora química do mundo e com subsidiárias e *joint ventures* em mais de 80 países, proibiu algumas equipes de projeto de usar o *e-mail* para incentivá-las a usar as novas ferramentas de mídia social.

O *social business* requer uma mudança de pensamento, incluindo a capacidade de ver a organização mais democraticamente de maneira mais plana e horizontal. Um *social business* é muito mais aberto às ideias de todos. Uma secretária, um trabalhador de linha de montagem ou um vendedor pode ser a fonte da próxima grande ideia. Como resultado, fazer com que as pessoas adotem ferramentas de *social business* requer uma abordagem mais "atrativa", que envolva os trabalhadores e ofereça a eles uma maneira significativamente melhor de trabalhar. Na maioria dos casos, eles não podem ser forçados a usar aplicativos sociais.

Recursos empresariais para gerenciar redes sociais e compartilhar conteúdo digital podem ajudar ou prejudicar uma organização. As redes sociais podem fornecer fontes ricas e diversificadas de informações que aumentam a produtividade, a eficiência e a inovação organizacional, ou podem ser usadas para apoiar grupos preexistentes de pessoas com ideias semelhantes que relutam em se comunicar e trocar conhecimento com pessoas de fora. A produtividade e o moral cairão se os funcionários usarem as redes sociais internas para criticar os outros ou para defender plataformas pessoais.

Aplicativos de *social business* modelados em plataformas voltadas para o consumidor, como Facebook e Twitter, não funcionarão necessariamente bem em uma organização ou departamento organizacional que tenha objetivos incompatíveis. A empresa usará os *social business* para operações, recursos humanos ou inovação? A plataforma de mídia social que funcionará melhor depende de sua finalidade comercial específica.

Além disso, os funcionários que usaram ativamente Facebook e Twitter em suas vidas pessoais, muitas vezes, hesitam em usar ferramentas sociais semelhantes para o trabalho porque consideram essas redes sociais principalmente como um meio informal e pessoal de se expressar e de se comunicar com amigos e familiares. A maioria dos gerentes quer que os funcionários usem ferramentas sociais internas para se comunicar informalmente sobre o trabalho, mas não para discutir assuntos pessoais. Nesse sentido, funcionários acostumados ao Facebook e ao Twitter podem ter problemas para imaginar como poderiam usar ferramentas sociais sem tornar isso algo pessoal.

Isso significa que, em vez de focar na tecnologia, as empresas devem primeiro identificar como as iniciativas sociais realmente melhorarão as práticas de trabalho para funcionários e gerentes. Ou seja, elas precisam de uma compreensão detalhada das redes sociais, levando em consideração como as pessoas estão trabalhando atualmente, com quem estão trabalhando, quais são suas necessidades e medidas para superar os preconceitos e a resistência dos funcionários.

Uma estratégia de *social business* bem-sucedida requer liderança e mudanças comportamentais. Apenas patrocinar um projeto social não é suficiente: os gestores precisam demonstrar seu compromisso com um estilo de trabalho mais aberto e transparente. Os funcionários que estão acostumados a colaborar e a fazer negócios de maneiras mais tradicionais precisam de um incentivo para usar o *software* social. Mudar uma organização para trabalhar de modo diferente requer o recrutamento dos mais engajados e interessados em ajudar, além de projetar e criar o ambiente de trabalho certo para o uso de tecnologias sociais.

A gestão precisa garantir que os esforços de relacionamento social internos e externos da empresa agregam valor genuíno ao negócio. O conteúdo das redes precisa ser relevante, atualizado e de fácil acesso; os usuários precisam ser capazes de se conectar com pessoas que têm as informações de que precisam e que de outra forma estariam fora de alcance ou seriam difíceis de obter. As ferramentas de *social business* devem ser apropriadas para as tarefas em mãos e para os processos de negócios da organização, e os usuários precisam entender como e por que usá-las.

Por exemplo, o Goddard Space Flight Center da NASA teve de abandonar uma rede social corporativa personalizada chamada Spacebook porque ninguém sabia como suas ferramentas sociais ajudariam as pessoas a realizar seu trabalho. O Spacebook foi projetado e desenvolvido sem levar em consideração a cultura e a política da organização, e esse não é um fenômeno isolado. A Dimension Data descobriu que um quarto das 900 empresas pesquisadas se concentrava mais na implementação bem-sucedida da tecnologia de colaboração em vez de em como ela é usada e adotada.

Apesar dos desafios associados ao lançamento de uma rede social interna, existem empresas que utilizam essas redes com sucesso. Uma empresa que fez os *social business* funcionarem é o Standard Bank, o maior provedor de serviços financeiros da África, presente em 33 países (19 deles no continente africano). O Standard Bank adotou os *social business* para acompanhar o ritmo dos negócios do século XXI. O banco está usando o Microsoft Yammer para ajudá-lo a se tornar uma organização mais dinâmica.

O uso do Yammer no Standard Bank começou a decolar em 2013, quando o banco organizou uma importante conferência para seus executivos em todo o mundo procurando por uma plataforma colaborativa para comunicar a logística da conferência e postar conteúdos como apresentações em PowerPoint. Muitas agências e consultores que trabalhavam para o banco usavam o Yammer e gostavam da ferramenta. Depois que os participantes da conferência viram como o Yammer era intuitivo e útil, quiseram usá-lo em suas próprias operações. O uso explodiu, e a rede social Yammer cresceu para mais de 20 mil usuários apenas seis meses depois que o Standard Bank adotou a versão Enterprise. Belinda Carreira, executiva-chefe de *marketing* interativo do Standard Bank, também está alcançando os departamentos com maior probabilidade de se beneficiarem das redes sociais corporativas.

O Standard Bank tem mais de 400 grupos sociais no Yammer, e muitos são organizados em torno de projetos e resolução de problemas, como encontrar soluções de cartão de crédito que funcionem bem em países africanos. O Yammer tornou-se uma plataforma de atenção, em que os funcionários podem facilmente compartilhar suas preocupações e percepções. O Yammer também é usado para aprendizagem interna, pois permite que os orientadores apresentem mais material visual e variado do que no passado, incluindo vídeos da internet. Em alguns locais, a internet pode ficar inativa por metade do dia, mas os funcionários da Standard ainda podem acessar o Yammer pelo celular.

Carreira observa que a adoção e o uso bem-sucedidos de uma ferramenta social como o Yammer enfrentarão obstáculos por falta de planejamento adequado e adesão organizacional. Muitos fatores devem ser considerados. Ela recomenda que os implementadores do Yammer trabalhem em estreita colaboração com os departamentos de TI, risco e conformidade, recursos humanos e comunicação da organização, além da sua liderança executiva. Mais do que recursos internos, o Standard Bank contou ainda com a experiência fornecida pelo Yammer e pela Microsoft.

A Northwards Housing, uma organização sem fins lucrativos de prestação de serviços de habitação a preços acessíveis em Manchester, Inglaterra, tem uma cultura organizacional aberta que incentiva a comunicação de duas vias e transparência das informações. Ela tem 340 funcionários que fazem de tudo, desde cobrança de aluguel até agendamento de reparos e manutenção de limpeza. A organização queria um modo de troca de informações interna e com seus clientes que fosse fácil de usar e não exigisse muito tempo para atualizações técnicas. Então, a

Northwards começou a utilizar o Yammer em 2012, e agora tem 85% dos funcionários engajados na rede.

Steve Finegan, chefe de Eficácia e Comunicação Empresarial da Northward, acredita que o suporte executivo foi fundamental para o crescimento da rede. O CEO da Northwards participa regularmente de discussões, posta *links* de notícias de interesse e publica um *blog*. Os diretores executivos da organização, que inicialmente estavam céticos em relação aos benefícios do Yammer, agora publicam conteúdo ativamente na rede e respondem a perguntas.

Fontes: "Standard Bank," media.featuredcustomers.com, acessado em 12 de fevereiro de 2020"; "Building a Better Enterprise with Yammer," Microsoft.com, acessado em 12 de fevereiro de 2020; "Duha Group Innovates by Inviting Their Customers into the Manufacturing Process Using Salesforce," www.salesforce.com, acessado em 26 de março de 2020; Ethan Bernstein, Jesse Shore e David Lazer, "Improving the Rhythm of Your Collaboration," *MIT Sloan Management Review*, outono de 2019; Margaret Jones Cordelia Kroob, "The Growth of an Enterprise Social Network at BASF," www. simply-communicate.com, acessado em 12 de março de 2018; Paul Leonardi e Tsedal Neeley, "What Managers Need to Know About Social Tools," *Harvard Business Review*, novembro-dezembro de 2017; e Dimension Data, "2016 Connected Enterprise Report," 2016.

PERGUNTAS DO ESTUDO DE CASO

2.13 Identifique os fatores gerenciais, organizacionais e tecnológicos que afetam a adoção de redes sociais corporativas internas.

2.14 Compare as experiências de implementação de redes sociais internas das organizações descritas neste caso. Por que o Standard Bank foi bem-sucedido? Qual o papel da gestão nesse processo?

2.15 Todas as empresas deveriam implementar redes sociais corporativas internas? Por quê? Ou por que não?

Referências do Capítulo 2

Aral, Sinan, Erik Brynjolfsson e Marshall Van Alstyne. "Productivity Effects of Information Diffusion in Networks." MIT Center for Digital Business (julho de 2007).

Arena, Michael, Rob Cross, Jonathan Sims e Mary Uhl-Bie. "How to Catalyze Innovation in Your Organization." *MIT Sloan Management Review* (verão de 2017).

Banker, Rajiv D., Nan Hu, Paul A. Pavlou e Jerry Luftman. "CIO Reporting Structure, Strategic Positioning, and Firm Performance." *MIS Quarterly* 35, Nº 2 (junho de 2011).

Bernstein, Ethan, Jesse Shore e David Lazer." Improving the Rhythm of Your Collaboration." *MIT Sloan Management Review* (outono de 2019).

Bughin, Jacques, Michael Chui e Martin Harrysson. "How Social Tools Can Reshape the Organization." McKinsey Global Institute (maio de 2016).

Bureau of Labor Statistics. "Computer and Information Technology Occupations." *Occupational Outlook Handbook*. bls.gov, acessado em 12 de fevereiro de 2020.

Colony, George F. "CIOs and the Future of IT." *MIT Sloan Management Review* (primavera de 2018).

Cruz, Rob, Thomas H. Davenport e Peter Gray. "Collaborate Smarter, Not Harder." *MIT Sloan Management Review* (outono de 2019).

Cummings, Jeff e Alan Dennis. "Virtual First Impressions Matter: The Effect of Enterprise Social Networking on Impression Formation in Virtual Teams." *MIS Quarterly* 42, Nº 3 (setembro de 2018).

Forrester Research. "Social Business: Delivering Critical Business Value." (abril de 2012).

Frost & Sullivan. "Meetings Around the World II: Charting the Course of Advanced Collaboration." (14 de outubro de 2009).

Gino, Francesca. "Cracking the Code of Sustained Collaboration."
Harvard Business Review (novembro-dezembro de 2019). Harvard Business Review Analytic Services. "Collaboration
Technology Boosts Organizations." Insight Enterprises Inc. (13 de fevereiro de 2017).

Kane, Gerald C. "Enterprise Social Media: Current Capabilities and Future Possibilities." *MIS Quarterly* 14, Nº 1 (2015).

Kane, Gerald C., Doug Palmer, Anh Nguyen Phillips e David Kiron. "Finding the Value in Social Business." *MIT Sloan Management Review* 55, Nº 3 (primavera de 2014).

Kiron, Davi. "Why Your Company Needs More Collaboration,"
MIT Sloan Management Review (outono de 2017).

Leonardo, Paul e Tsedal Neeley. "What Managers Need to Know About Social Tools." *Harvard Business Review* (novembro a dezembro de 2017).

Li, Charlene. "Making the Business Case for Enterprise Social Networks." Altimeter Group (22 de fevereiro de 2012).

Maruping, Likoebe M. e Massimo Magni. "Motivating Employees to Explore Collaboration Technology in Team Contexts." *MIS Quarterly* 39, Nº 1 (março de 2015).

McKinsey & Company. "Transforming the Business Through Social Tools." (2015).

McKinsey Global Institute. "The Social Economy: Unlocking Value and Productivity Through Social Technologies." McKinsey & Company (julho de 2012).

Mortensen, Mark. "Technology Alone Won't Solve Our Collaboration Problems." *Harvard Business Review* (26 de março de 2015).

Ross, Jeanne. "Architect Your Company for Agility." *MIT Sloan Management Review* (10 de janeiro de 2018).

Srivastava, Shirish e Shalini Chandra. "Social Presence in Virtual World Collaboration: An Uncertainty Reduction Perspective Using a Mixed Methods Approach." *MIS Quarterly* 42, Nº 3 (setembro de 2018).

Stackpole, Beth. "The New CIO Charter." *CIO* (primavera de 2020). Weill, Peter e Jeanne W. Ross. *IT Governance*. Boston: Harvard Business School Press (2004).

CAPÍTULO

3 Sistemas de informação, organizações e estratégia

OBJETIVOS DE ESTUDO

Ao concluir este capítulo, você será capaz de responder às seguintes perguntas:

3.1 Quais características das organizações os gerentes precisam conhecer para criar e usar sistemas de informação com sucesso?

3.2 Qual é o impacto dos sistemas de informação nas organizações?

3.3 Como o modelo de forças competitivas de Porter, o modelo de cadeia de valor, as sinergias, as competências essenciais e a economia de rede ajudam as empresas a desenvolver estratégias competitivas usando sistemas de informação?

3.4 Quais são os desafios colocados pelos sistemas de informações estratégicas e como eles devem ser abordados?

3.5 Como os sistemas de informação gerenciais ajudarão minha carreira?

CASOS DO CAPÍTULO

A estratégia do novo supercentro do Walmart

Guerra de envios

Gestão da experiência do cliente: uma nova arma estratégica

O tempo está se esgotando para a Bed Bath & Beyond?

A estratégia do novo supercentro do Walmart

Nos últimos anos, o Walmart tem lutado para criar uma presença lucrativa no comércio eletrônico. Embora o comércio eletrônico e as vendas nas lojas tenham crescido, esses ganhos têm sido onerosos. O Walmart gastou muito para melhorar as lojas e crescer no ambiente *on-line*, tentando ultrapassar a Amazon.com, mas as perdas se acumularam em meio aos altos custos. As operações *on-line* do Walmart nos Estados Unidos causaram prejuízo de US$ 2 bilhões em 2019. No final de 2018, o CEO Doug McMillon orientou a unidade de *e-commerce* do Walmart a cortar agressivamente os gastos.

Em dezembro de 2019, McMillon apontou que o Walmart não iria ser bem-sucedido ao criar uma operação de comércio eletrônico não lucrativa ou outros empreendimentos independentes. Em vez disso, a empresa usaria supercentros gigantes – redes de empresas trabalhando juntas para atrair compradores e gerar lucros. Mais da metade do crescimento de 40% do Walmart nas vendas de comércio eletrônico nos Estados Unidos veio da expansão da coleta de supermercado *on-line* ou do serviço de entrega fora das lojas. Os supercentros são uma forma de monetizar ainda mais a presença geográfica do Walmart.

Na previsão da empresa, os supercentros terão lojas amplas de 16 mil metros quadrados oferecendo 100 mil produtos, incluindo mantimentos, roupas e televisores. Esses espaços também contarão com estabelecimentos onde os clientes poderão obter receitas médicas, transferir dinheiro, cortar o cabelo ou fazer óculos. Muitos estarão abertos 24 horas por dia, 7 dias por semana e servirão como locais de encontro comunitário, para os adolescentes poderem se encontrar ou os idosos poderem passear no tempo frio. As lojas também poderão servir para coleta e entrega no mesmo dia, entretenimento digital, clínicas de saúde e serviços financeiros. O Walmart também poderia usar os supercentros para fornecer serviços de armazenamento e remessa para terceiros que vendem por meio da empresa, permitindo que mais parceiros vendam facilmente seus produtos no Walmart.com.

Todas as partes do negócio deverão interagir para impulsionar o crescimento lucrativo. O Walmart usará os dados que acumulou de centenas de milhões de clientes para vender publicidade *on-line* para marcas como Tide e Kellogg's. A empresa espera criar uma rede de publicidade que possa ajudar as marcas a segmentar anúncios *on-line* com base nos dados dos compradores do Walmart, que não venderia os dados dos compradores individuais, mas usaria dados anônimos para ajudar as empresas a direcionar anúncios com mais precisão.

O Walmart também planeja construir centros de centros de *edge computing* (computação de borda), em que os dados são processados fisicamente perto de onde estão sendo coletados, o que permitiria que fossem processados mais rapidamente pela computação em nuvem. O sistema de *edge computing* seria difundido entre os estabelecimentos de varejo do Walmart para uso em veículos autônomos e outros sistemas que precisam processar grandes quantidades de dados rapidamente. O Walmart poderia alugar o poder de processamento de dados para clientes locais, ignorando os tradicionais provedores remotos de computação em nuvem.

Alguns especialistas alertam, no entanto, que a estratégia de supercentro do Walmart pode ser difícil de implementar com sucesso. Alguns recursos desses supercentros podem exigir um trabalho caro e complexo, sem garantia de retorno substancial. E mesmo que as iniciativas dos supercentros do Walmart sejam bem-sucedidas, elas correm o risco de distrair a empresa de suas principais operações de varejo que são muito mais importantes.

Fontes: James Brumle, "Walmart's Supercenter Plans Are a Double-Edged Sword," *The Motley Fool*, 1º de janeiro de 2020; Sarah Nassauer, "Walmart's Secret Weapon to Fight Off Amazon: The Supercenter," *Wall Street Journal*, 21 de dezembro de 2019; Nica Osorio, "Walmart Secret Weapon in Fighting Amazon Includes Edge Computing, Supercenter, and 5G," *International Business Times*, 22 de dezembro de 2019.

A nova estratégia de supercentro do Walmart ilustra algumas das maneiras pelas quais sistemas de formação ajudam as empresas a competir, bem como os desafios de encontrar a estratégia de negócios certa e como usar a tecnologia nessa estratégia. O varejo hoje é uma área extremamente concorrida e competitiva, tanto *on-line* quanto em lojas físicas. Embora o Walmart seja o maior varejista do mundo, tem concorrentes poderosos, como a Amazon, e está buscando maneiras de continuar a fazer seus negócios crescerem. Os clientes estão fazendo cada vez mais compras *on-line* no varejo, mas a recente incursão do Walmart no comércio eletrônico se mostrou muito cara. A empresa precisa de uma nova estratégia de negócios que ainda inclua o comércio eletrônico, mas que faça melhor uso de seus pontos fortes competitivos – sua ampla presença de lojas físicas.

O diagrama de abertura do capítulo chama a atenção para pontos importantes levantados por este caso e este capítulo. O modelo de negócios do Walmart é baseado em uma estratégia de liderança de baixo custo, mas a administração agora quer ampliar sua estratégia para incluir mais foco no nicho de clientes (publicidade direcionada), mais ênfase na criação de espaços de compras com mais conveniências para o cliente e novos serviços, como centros de *edge computing*. O Walmart está usando a tecnologia da informação para dar suporte às operações de seus novos supercentros e também como serviço de venda (*edge computing*).

Aqui algumas questões sobre as quais refletir: Quais são os componentes da estratégia de negócios de supercentros do Walmart? Em que medida a tecnologia auxilia essa estratégia? Justifique sua resposta.

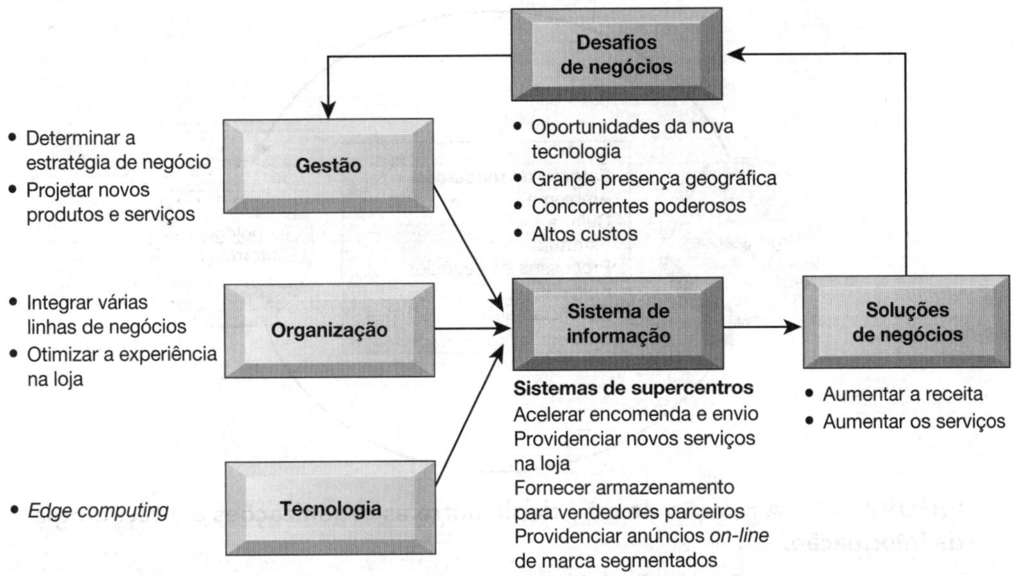

3.1 Quais características das organizações os gerentes precisam conhecer para criar e usar sistemas de informação com sucesso?

Os sistemas de informação e as organizações influenciam uns aos outros. Os sistemas de informação são criados pelos gerentes para atender aos interesses da empresa. Ao mesmo tempo, a organização deve estar atenta e aberta às influências dos sistemas de informação para se beneficiar das novas tecnologias.

A interação entre a tecnologia da informação e as organizações é complexa e influenciada por diversos fatores mediadores, incluindo a estrutura da organização, os processos de negócios, a política, a cultura, o ambiente circundante e as decisões de gerenciamento (veja a Figura 3.1). Você precisará entender como os sistemas de informação podem mudar a vida social e profissional em sua empresa, pois não é possível projetar novos sistemas com sucesso ou entender os sistemas existentes sem compreender sua própria organização de negócios.

Como gerente, você decidirá quais sistemas serão criados, o que farão e como serão implementados. Talvez você não seja capaz de prever todas as consequências dessas decisões. Algumas das mudanças que ocorrem nas organizações por conta de novos investimentos em tecnologia da informação (TI) não podem ser previstas e têm resultados que atendem ou não às suas expectativas. Quem teria imaginado 15 anos atrás, por exemplo, que o *e-mail* e as mensagens instantâneas se tornariam uma forma dominante de comunicação empresarial e que muitos gerentes seriam inundados com mais de 200 mensagens de *e-mail* por dia?

O que é uma organização?

A **organização** é uma estrutura social formal e estável que retira recursos do ambiente e os processa para produzir algo. Essa definição técnica concentra-se em três elementos de uma organização: o capital e o trabalho, que são os principais fatores de produção fornecidos pelo meio ambiente; a organização (a firma), que transforma esses insumos em produtos e serviços em uma função de produção; os produtos e serviços, que são consumidos pelos ambientes em troca de insumos de fornecimento (veja a Figura 3.2).

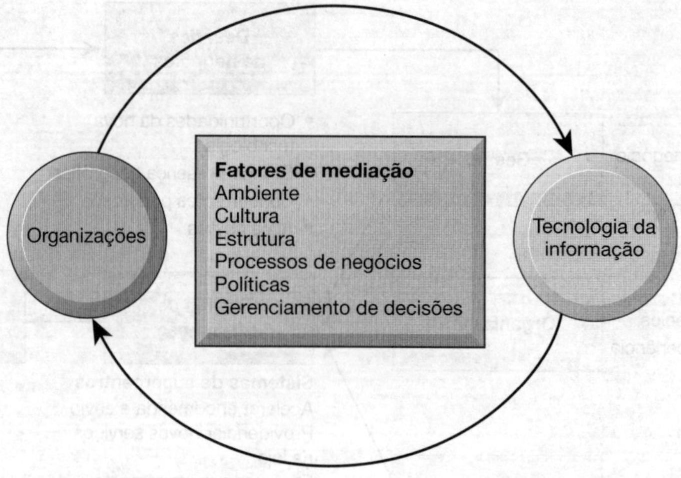

FIGURA 3.1 A relação de mão dupla entre as organizações e a tecnologia da informação.

Essa complexa relação de mão dupla é mediada por muitos fatores, entre os quais as decisões tomadas – ou não tomadas – pelos gerentes. Outros fatores mediadores dessa relação incluem a cultura organizacional, a estrutura, a política, os processos de negócios e o ambiente.

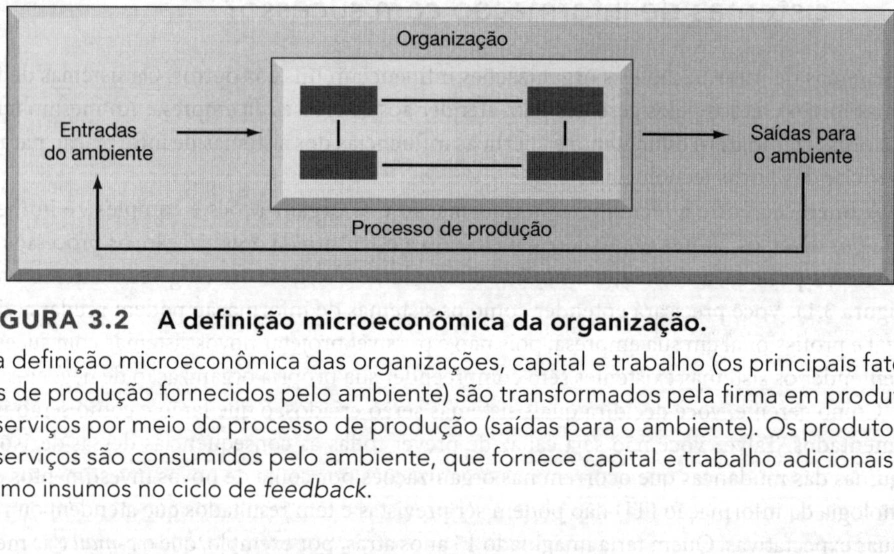

FIGURA 3.2 A definição microeconômica da organização.

Na definição microeconômica das organizações, capital e trabalho (os principais fatores de produção fornecidos pelo ambiente) são transformados pela firma em produtos e serviços por meio do processo de produção (saídas para o ambiente). Os produtos e serviços são consumidos pelo ambiente, que fornece capital e trabalho adicionais como insumos no ciclo de *feedback*.

Uma organização é mais estável do que um grupo informal (como um grupo de amigos que se reúne todas às sextas-feiras para almoçar) em termos de longevidade e rotina. As organizações são pessoas jurídicas formais com regras e procedimentos internos que devem obedecer às leis. Além disso, são estruturas sociais, pois reúnem elementos sociais – assim como uma máquina tem uma estrutura com uma combinação particular de válvulas, cames, eixos e outras peças.

Essa definição de organizações é eficaz e simples, mas não é muito fiel às organizações do mundo real nem ajuda a prever suas ações. Uma definição comportamental mais realista de uma organização é: uma coleção de direitos, privilégios, obrigações e responsabilidades delicadamente equilibradas ao longo de um período de tempo por meio de conflitos e resolução de conflitos (veja a Figura 3.3).

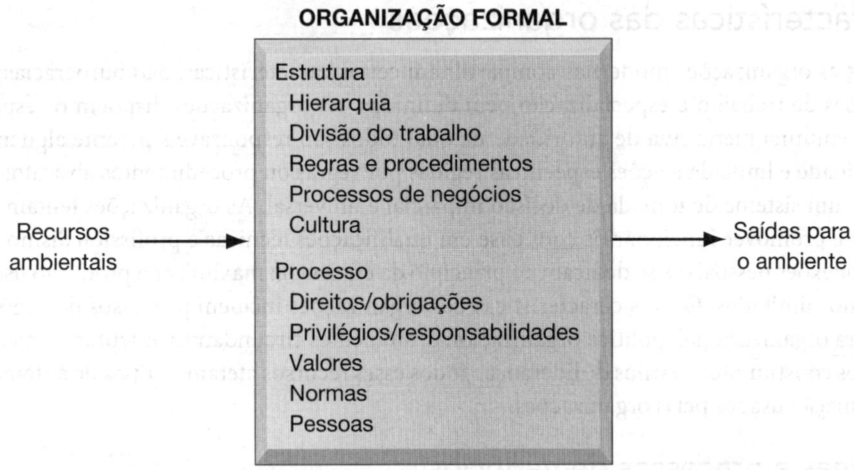

FIGURA 3.3 A visão comportamental das organizações.
A visão comportamental das organizações enfatiza as relações, os valores e as estruturas do grupo.

Nessa visão comportamental da empresa, as pessoas que trabalham nas organizações desenvolvem formas habituais de trabalho; se apegam aos relacionamentos existentes; e fazem acordos com subordinados e superiores sobre como o trabalho será feito, a quantidade de trabalho que será realizada e em que condições o trabalho será executado. A maioria desses arranjos e sentimentos não é discutida em nenhum livro de regras formal.

Como essas definições de organizações se relacionam com a tecnologia de sistemas de informação? Uma visão técnica das organizações nos incentiva a olhar principalmente para o modo como as entradas são combinadas para criar as saídas quando as mudanças tecnológicas são introduzidas na empresa. A empresa é tida como infinitamente maleável, com capital e trabalho substituindo-se com bastante facilidade. Mas a definição comportamental mais realista de uma organização sugere que criar novos sistemas de informação, ou recriar os antigos, envolve muito mais do que uma readaptação técnica de máquinas ou trabalhadores – alguns sistemas de informação mudam o equilíbrio organizacional de direitos, os privilégios, as obrigações, as responsabilidades e os sentimentos que foram estabelecidos por um longo período de tempo.

Mudar esses elementos pode levar muito tempo, ser muito disruptivo e exigir mais recursos para apoiar a formação e a aprendizagem. Por exemplo, o tempo necessário para implementar um novo sistema de informação de forma eficaz é muito maior do que o normalmente previsto, simplesmente porque há um atraso entre a implementação de um sistema técnico e o treinamento de funcionários e gerentes para usar o sistema.

A mudança tecnológica requer modificações em quem possui e controla a informação, quem tem o direito de acessar e atualizar essas informações e quem toma as decisões sobre quem, quando e como. Essa visão mais complexa nos obriga a olhar para o modo como o trabalho é projetado e os procedimentos usados para a obtenção dos resultados.

As definições técnica e comportamental das organizações não são contraditórias. Na verdade, elas se complementam: a definição técnica nos diz como milhares de empresas em mercados competitivos combinam capital, trabalho e tecnologia da informação; enquanto o modelo comportamental nos leva para dentro da empresa individual para ver como essa tecnologia afeta o funcionamento interno da organização. A Seção 3.2 descreve como cada uma dessas definições de organizações pode ajudar a explicar as relações entre os sistemas de informação e as organizações.

Características das organizações

Todas as organizações modernas compartilham certas características. São burocracias com divisões de trabalho e especialização bem definidas. As organizações dispõem os especialistas em uma hierarquia de autoridade na qual todos são responsáveis perante alguém e a autoridade é limitada a ações específicas regidas por regras ou procedimentos abstratos, que criam um sistema de tomada de decisão imparcial e universal. As organizações tentam contratar e promover funcionários com base em qualificações técnicas e profissionalismo (não em conexões pessoais) e se dedicam ao princípio da eficiência: maximizar a produção usando insumos limitados. Outras características das organizações incluem processos de negócios, cultura organizacional, política organizacional, ambientes circundantes, estrutura, objetivos, grupos constituintes e estilos de liderança. Todos esses recursos afetam os tipos de sistemas de informação usados pelas organizações.

Rotinas e processos de negócios

Todas as organizações, incluindo empresas, tornam-se muito eficientes ao longo do tempo porque os indivíduos da empresa desenvolvem **rotinas** para a produção de bens e serviços. Rotinas – às vezes chamadas de *procedimentos operacionais padrão* – são regras, procedimentos e práticas precisas que foram desenvolvidas para lidar com praticamente todas as situações esperadas. À medida que os funcionários aprendem essas rotinas, eles se tornam altamente produtivos e eficientes, e a empresa é capaz de reduzir seus custos ao longo do tempo conforme a eficiência aumenta. Por exemplo, quando você visita um consultório médico, as recepcionistas têm um conjunto bem desenvolvido de rotinas para coletar suas informações básicas, as enfermeiras têm um conjunto diferente de rotinas para prepará-lo para uma entrevista com um médico e o médico tem um conjunto bem desenvolvido de rotinas para diagnosticar você. *Processos de negócios*, que apresentamos nos Capítulos 1 e 2, são conjuntos dessas rotinas. Uma empresa, por sua vez, é um conjunto de processos de negócios (Figura 3.4).

Política organizacional

As pessoas nas organizações ocupam diferentes posições com diferentes especialidades, preocupações e perspectivas. Como resultado, naturalmente, elas têm pontos de vista divergentes sobre como os recursos, as recompensas e as punições devem ser distribuídos. Essas diferenças são importantes tanto para os gerentes quanto para os funcionários e resultam em embates políticos por recursos, competição e conflito dentro de cada organização. A resistência política é uma das grandes dificuldades ao provocar mudanças organizacionais – especialmente em relação ao desenvolvimento de novos sistemas de informação. Praticamente todos os grandes investimentos em sistemas de informação por uma empresa que trazem mudanças significativas em estratégia, objetivos de negócios, processos de negócios e procedimentos tornam-se eventos politicamente preocupantes. Na implementação de novos sistemas de informação, os gerentes que sabem trabalhar com a política de uma organização terão mais sucesso do que os gerentes menos qualificados.

Cultura organizacional

Todas as organizações têm premissas fundamentais, inatacáveis e inquestionáveis (pelos membros) que definem seus objetivos e produtos. A cultura organizacional engloba esse conjunto de premissas sobre quais produtos a organização deve produzir, como deve produzi-los, onde e para quem. Geralmente, essas premissas culturais são totalmente aceitas e raramente são anunciadas ou discutidas publicamente. Os processos de negócios – a maneira real como as empresas produzem valor – geralmente estão enraizados na cultura da organização.

Você pode ver a cultura organizacional em ação olhando para a sua universidade ou faculdade. Algumas premissas fundamentais da vida universitária são: os professores sabem mais do que os alunos, a razão pela qual os alunos frequentam a faculdade é para aprender e as

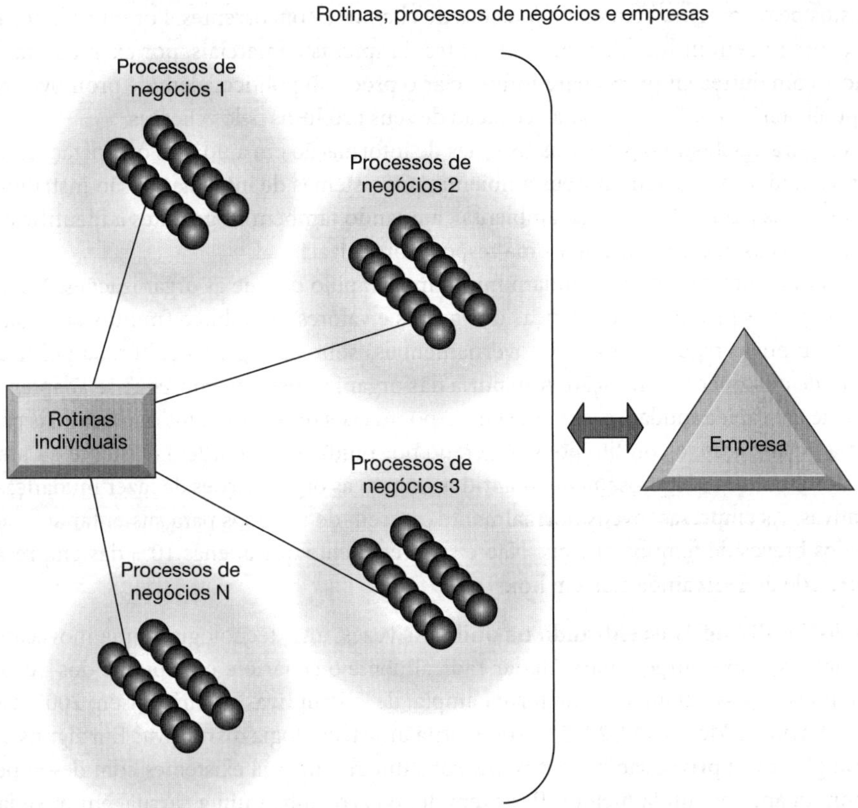

FIGURA 3.4 Rotinas, processos de negócios e empresas.

Todas as organizações são compostas por rotinas e comportamentos individuais, conjuntos que compõem um processo de negócio. Um conjunto de processos de negócios compõe a empresa. Novas aplicações de sistemas de informação requerem que rotinas individuais e processos de negócios mudem para alcançar altos níveis de desempenho organizacional.

aulas acontecem segundo um cronograma regular. A cultura organizacional é uma poderosa força unificadora que restringe o conflito político e promove entendimento comum, acordo sobre procedimentos e práticas comuns. Se todos compartilhamos as mesmas premissas culturais básicas, é mais provável que haja acordo em outros assuntos.

Ao mesmo tempo, a cultura organizacional é uma forte restrição à mudança, especialmente a mudança tecnológica. A maioria das organizações fará quase tudo para evitar mudanças nas premissas básicas. Qualquer mudança tecnológica que ameace os pressupostos culturais comuns, geralmente, encontrará muita resistência. No entanto, há momentos em que a única maneira sensata de uma empresa avançar é empregar uma nova tecnologia que se opõe diretamente a uma cultura organizacional existente. Quando isso ocorre, a tecnologia geralmente fica pausada enquanto a cultura se ajusta lentamente.

Ambientes organizacionais

As organizações se estabelecem em ambientes dos quais extraem recursos e aos quais fornecem bens e serviços. Organizações e ambientes têm uma relação recíproca. Por um lado, as organizações estão abertas ao ambiente social e físico que as cerca e são dependentes dele. Sem recursos financeiros e humanos – ou seja, sem pessoas dispostas a trabalhar de forma confiável e consistente por determinado salário ou sem receita dos clientes –, as organizações não poderiam existir. As organizações devem responder aos requisitos legislativos e outros impostos pelo governo, bem como às ações de clientes e concorrentes. Por outro lado, as organizações podem influenciar seus ambientes. Empresas comerciais, por exemplo, formam alianças com outras empresas para influenciar o processo político, além de promover anúncios publicitários para incentivar a aceitação de seus produtos pelos clientes.

A Figura 3.5 ilustra o papel dos sistemas de informação em ajudar as organizações a perceber as mudanças e a agir em seus ambientes. Os sistemas de informação são instrumentos fundamentais para o diagnóstico ambiental, ajudando também os gerentes a identificar mudanças externas que podem exigir uma resposta organizacional.

Os ambientes geralmente mudam muito mais rápido do que as organizações. Nova tecnologias, novos produtos e mudanças nos gostos e valores do público (muitos dos quais resultam em novas regulamentações governamentais) sobrecarregam a cultura, a política e as pessoas de qualquer organização. A maioria das organizações não consegue se adaptar a um ambiente em rápida mudança. A inércia incorporada aos procedimentos operacionais padrão de uma organização, o conflito político gerado por mudanças na ordem existente e a ameaça aos valores culturais rigorosamente mantidos inibem as organizações de fazer mudanças significativas. As empresas jovens normalmente carecem de recursos para sustentar até mesmo períodos breves de tempos difíceis. Não é surpreendente que apenas 10% das empresas da *Fortune 500* de 1919 ainda existem hoje.

Tecnologias disruptivas: entrando na onda Às vezes, uma tecnologia e uma inovação empresarial resultante surgem para mudar radicalmente o cenário e o ambiente dos negócios. Essas inovações são chamadas, de forma ampla, de "disruptivas" (Christensen, 2003; Christensen, Raynor e McDonald, 2015). O que torna uma tecnologia disruptiva? Em alguns casos, **tecnologias disruptivas** são produtos que substituem outros já existentes com desempenho tão bom quanto ou ainda melhor. Por exemplo: o carro substituiu a carruagem puxada por cavalos; o processador de texto, as máquinas de escrever; os serviços de *streaming*, a música dos CD players portáteis; e a fotografia digital, a fotografia analógica. A Tabela 3.1 descreve algumas tecnologias disruptivas do passado.

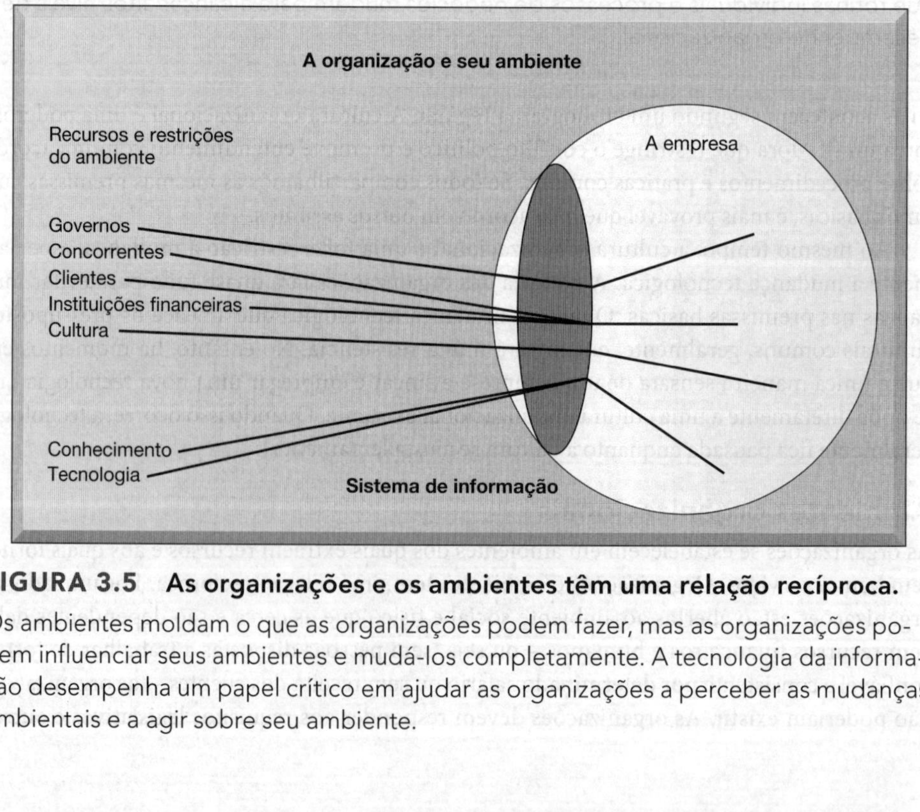

FIGURA 3.5 As organizações e os ambientes têm uma relação recíproca.
Os ambientes moldam o que as organizações podem fazer, mas as organizações podem influenciar seus ambientes e mudá-los completamente. A tecnologia da informação desempenha um papel crítico em ajudar as organizações a perceber as mudanças ambientais e a agir sobre seu ambiente.

TABELA 3.1 Tecnologias disruptivas: vencedores e perdedores

TECNOLOGIA	DESCRIÇÃO	QUEM GANHA E QUEM PERDE
Microprocessadores (1971)	Milhares, e eventualmente milhões, de transistores em um circuito integrado de silício	Empresas de microprocessadores ganham (Intel, Texas Instruments), enquanto empresas de transistores (GE) decaem.
Computadores pessoais (1975)	Computadores *desktop* pequenos, baratos e totalmente funcionais	Fabricantes de PC (HP, Apple, IBM) e de *chips* (Intel) ganham, enquanto empresas de computação de grande (IBM) e de médio porte (DEC, hoje HP) perdem.
World Wide Web (1989)	Uma base de dados global de arquivos e "páginas" digitais disponíveis instantaneamente	Proprietários de conteúdo e notícias *on-line* são beneficiados, enquanto editoras tradicionais (jornais, revistas e televisão) perdem.
Serviços de música, vídeo e TV pela internet	Repositórios de música, vídeo e programas de TV que podem ser baixados da *web*	Proprietários de plataformas da internet, provedores de telecomunicações que possuem infraestrutura básica de internet (AT&T, Verizon) e provedores locais de serviços de internet ganham, enquanto proprietários de conteúdo e lojas de varejo físicas (Tower Records, Blockbuster) perdem.
Software como serviço da *web*	Utilizar a internet para prover acesso remoto a *software on-line*	Empresas de serviço de *software on-line* (Salesforce.com) ganham, enquanto empresas tradicionais de pacotes de *software* (Microsoft, SAP, Oracle) perdem.

Nesses casos, indústrias inteiras foram à falência. Em outros casos, as tecnologias disruptivas simplesmente ampliaram o mercado, geralmente com menos funcionalidade e custos inferiores que os dos produtos existentes. Eventualmente, eles se transformam em concorrentes de baixo custo dos produtos que eram vendidos antes. As unidades de disco rígido são um exemplo: unidades de disco pequenas usadas em PCs ampliaram o mercado da categoria ao oferecer armazenamento digital barato para arquivos pequenos.

Algumas empresas são capazes de criar essas tecnologias e aproveitar a onda para lucrar; outras aprendem rapidamente e adaptam seus negócios; outras, porém, são extintas, porque seus produtos, serviços e modelos de negócios se tornam obsoletos. Elas podem ser muito eficientes em fazer o que não precisa mais ser feito! Há também casos em que nenhuma empresa se beneficia e todos os ganhos vão para os consumidores (as empresas não conseguem ter lucro). Além disso, nem toda mudança ou tecnologia é disruptiva (King e Baatartogtokh, 2015). Gerentes de empresas mais antigas geralmente tomam decisões certas e encontram maneiras de continuar competindo. As tecnologias disruptivas são complicadas; e as empresas "pioneiras" que as inventam nem sempre se beneficiam, se não tiverem os recursos para explorar a tecnologia ou não enxergarem a oportunidade. O MITS Altair 8800 é amplamente considerado o primeiro PC, mas seus inventores não tiraram vantagem desse pioneirismo; empresas do tipo *second mover*, chamadas *fast followers*, como IBM e Microsoft, que colheram os frutos. Os caixas eletrônicos do Citibank revolucionaram o banco de varejo, mas foram copiados por outros bancos. Agora todos os bancos usam caixas eletrônicos, e o benefício vai principalmente para os consumidores.

Estrutura organizacional

Todas as organizações têm uma estrutura ou formato. A classificação de Mintzberg, descrita na Tabela 3.2, identifica cinco tipos básicos de estrutura organizacional (Mintzberg, 1971).

O tipo de sistema de informação que você encontra em uma empresa – e a natureza dos problemas com esses sistemas – geralmente reflete o tipo de estrutura organizacional. Por exemplo, em uma organização burocrática profissional como um hospital, não é difícil encontrar sistemas paralelos de registro de pacientes – um operado pela administração, outro por médicos e outro pelos demais profissionais, como enfermeiros e assistentes sociais.

TABELA 3.2 Estruturas organizacionais

TIPOS DE ORGANIZAÇÃO	DESCRIÇÃO	EXEMPLOS
Organização empreendedora	Empresa jovem e pequena em um ambiente de rápidas mudanças. Tem uma estrutura simples e é administrada por um empresário que atua como seu único CEO.	Pequenas startups
Organização mecânica	Grande burocracia existente em um ambiente de mudanças lentas, produzindo produtos padronizados. É dominada por uma equipe de gestão centralizada e tem uma tomada de decisão também centralizada.	Fábricas de porte médio
Organização profissional	Combinação de múltiplas burocracias de máquina, cada uma produzindo um produto ou serviço diferente, e com uma sede central.	Empresas da *Fortune 500*, como a General Motors
Organização diversificada (ou divisionada)	Organização baseada no conhecimento em que bens e serviços dependem da experiência e conhecimento dos profissionais. Dominada por chefes de departamento com fraca autoridade centralizada.	Escritórios de advocacia, franquias escolares, hospitais
Adhocracia (ou organização inovadora)	Organização de força-tarefa que deve responder a mudanças rápidas no ambiente. Consiste em grandes grupos de especialistas organizados em equipes multidisciplinares de curta duração e possui uma gestão central fraca.	Empresas de consultoria, como a Rand Corporation

Em pequenas firmas empreendedoras, muitas vezes, você encontrará sistemas projetados e desenvolvidos com urgência que superam rapidamente sua utilidade. Em grandes empresas multidivisionais, que operam em centenas de locais, você perceberá que, muitas vezes, não há um único sistema de informação integrador, mas, em vez disso, cada local ou cada divisão tem seu próprio conjunto de sistemas de informação.

Outros recursos organizacionais

Cada organizações têm seus objetivos e usam diferentes meios para alcançá-los. Algumas organizações têm objetivos coercitivos (por exemplo, prisões); outras têm objetivos utilitários (por exemplo, negócios). Outras, ainda, têm objetivos normativos (universidades, grupos religiosos). As organizações também atendem a diferentes grupos ou têm diferentes apoiadores – algumas beneficiando principalmente seus membros, outras beneficiando clientes, acionistas ou o público. A natureza da liderança difere muito de uma organização para outra – algumas podem ser mais democráticas ou autoritárias do que outras. Outra maneira pela qual as organizações se diferem é pelas tarefas que realizam e pela tecnologia que usam: algumas organizações executam principalmente tarefas rotineiras que podem ser reduzidas a regras formais que exigem pouco julgamento (como fabricação de autopeças), enquanto outras (como empresas de consultoria) lidam principalmente com tarefas não rotineiras.

3.2 Qual é o impacto dos sistemas de informação nas organizações?

Os sistemas de informação tornaram-se ferramentas integrais, *on-line* e interativas profundamente enraizadas nas operações minuto a minuto e na tomada de decisões de grandes organizações. Ao longo da última década, os sistemas de informação alteraram fundamentalmente a economia das empresas e aumentaram muito as possibilidades de organização do trabalho. Teorias e conceitos da economia e da sociologia nos ajudam a entender as mudanças trazidas pela TI.

Impactos econômicos

Do ponto de vista da economia, a TI muda tanto os custos relativos de capital quanto os custos da informação. A tecnologia de sistemas de informação pode ser vista como um fator de produção que pode ser substituído pelo capital tradicional e pelo trabalho. À medida que o custo da tecnologia da informação diminui, ela é substituída pela mão de obra, que historicamente tem sido um custo que cresce cada vez mais. Portanto, a tecnologia da informação deve resultar em um declínio no número de gerentes de nível médio e de funcionários administrativos já que a tecnologia da informação substitui o trabalho que fazem.

Como o custo da tecnologia da informação diminui, ela também substitui outras formas de capital, como prédios e maquinário, que permanecem relativamente caros. Assim, ao longo do tempo, devemos esperar que os gerentes aumentem seus investimentos em TI por conta de seu custo decrescente em relação a outros investimentos de capital.

A TI também afeta o custo e a qualidade da informação e muda a economia da informação. A tecnologia da informação ajuda as empresas a lidar com seus contratos, porque pode reduzir os custos de transação – que são os custos incorridos quando uma empresa compra no mercado o que ela não pode fabricar. De acordo com a **teoria dos custos de transação**, as empresas e os indivíduos procuram economizar nos custos de transação tanto quanto economizam nos custos de produção. O uso de mercados é caro por causa de custos como localização e comunicação com fornecedores distantes, monitoramento do cumprimento de contratos, compra de seguros, obtenção de informações sobre produtos e assim por diante (Coase, 1937; Williamson, 1985). Tradicionalmente, as empresas tentam reduzir os custos de transação por meio da integração vertical, ficando maiores, contratando mais funcionários e adquirindo seus próprios fornecedores e distribuidores, como a General Motors e a Ford costumavam fazer.

A tecnologia da informação, especialmente o uso de redes, pode ajudar as empresas a reduzir o custo de participação no mercado (custos de transação), fazendo com que valha a pena contratar fornecedores externos em vez de usar fontes internas. Como resultado, as empresas podem encolher em tamanho (número de funcionários), porque é muito menos caro terceirizar o trabalho para um mercado competitivo em vez de contratar funcionários. Por exemplo, ao conectar os computadores com fornecedores externos, montadoras como Ford, Toyota e Honda podem obter economias ao adquirir mais de 70% de suas peças de fora. Os sistemas de informação possibilitam que empresas como a Apple terceirizem a montagem de iPhones para fabricantes contratados como a Foxconn, em vez de fabricar seus próprios produtos.

Como os custos de transação diminuem, o tamanho da empresa (número de funcionários) deve diminuir, pois se torna mais fácil e barato fazer a compra de bens e serviços no mercado, em vez de fabricar o produto ou oferecer o serviço em si. O tamanho da empresa pode permanecer constante ou diminuir mesmo que ela aumente suas receitas. Quando a Eastman Chemical Company, por exemplo, se separou da Kodak, em 1994, ela tinha uma receita de US$ 3,3 bilhões e 24 mil funcionários em tempo integral. Em 2019, a mesma empresa gerou US$ 9,3 bilhões em receita, dessa vez com apenas 14.500 funcionários.

A tecnologia da informação também pode reduzir os custos de gerenciamento interno. De acordo com a **teoria da agência**, a empresa é vista como um "nexo de contratos" entre indivíduos com seus próprios interesses, e não uma entidade unificada que maximiza o lucro (Jensen e Meckling, 1976). Um principal (proprietário) contrata "agentes" (funcionários) para realizar o trabalho em seu nome. No entanto, os agentes precisam de supervisão e gerenciamento constantes; caso contrário, tenderão a perseguir seus próprios interesses e não os dos proprietários. À medida que as empresas crescem em tamanho e escopo, os custos de agência ou de coordenação aumentam, porque os proprietários precisam se esforçar cada vez mais para supervisionar e gerenciar funcionários.

A tecnologia da informação, ao reduzir os custos de aquisição e de análise de informações, permite às organizações reduzir os custos de agência, porque fica mais fácil para os gerentes supervisionarem um número maior de funcionários. Ao reduzir os custos gerais de gerenciamento, a tecnologia da informação permite que as empresas aumentem as receitas enquanto reduzem o número de gerentes de nível médio e funcionários administrativos. Vimos exemplos em capítulos anteriores em que a tecnologia da informação expandiu o poder e o escopo de pequenas organizações, permitindo-lhes realizar atividades coordenadas, como processar pedidos ou acompanhar o estoque com bem poucos funcionários e gerentes.

Impactos organizacionais e comportamentais

As teorias baseadas na sociologia de organizações complexas também fornecem alguma compreensão sobre como e por que as empresas mudam com a implementação de novos aplicativos de TI.

A TI torna as organizações planas

As organizações burocráticas de grande porte, que se desenvolveram principalmente antes da era do computador, são, muitas vezes, ineficientes, de lenta mudança e menos competitivas do que as organizações recém-criadas. Algumas dessas grandes organizações foram reduzidas, diminuindo o número de funcionários e de níveis em suas hierarquias organizacionais.

Segundo pesquisadores comportamentais, a tecnologia da informação facilita o aplanamento das hierarquias ao ampliar a distribuição de informações para capacitar os funcionários de nível inferior e aumentar a eficiência do gerenciamento (veja a Figura 3.6). A TI reduz os direitos de tomada de decisão na organização porque os funcionários de nível inferior recebem as informações de que precisam para tomar decisões sem supervisão. (Essa capacitação também é possível por conta dos níveis de escolaridade mais elevados da força de trabalho, o que confere aos funcionários mais recursos para tomar decisões inteligentes.) Como os gerentes agora recebem informações muito mais precisas prontamente, tornam-se muito mais rápidos na tomada de decisões, de modo que são necessários menos gerentes. Os custos de gestão diminuem como porcentagem das receitas, e a hierarquia se torna muito mais eficiente.

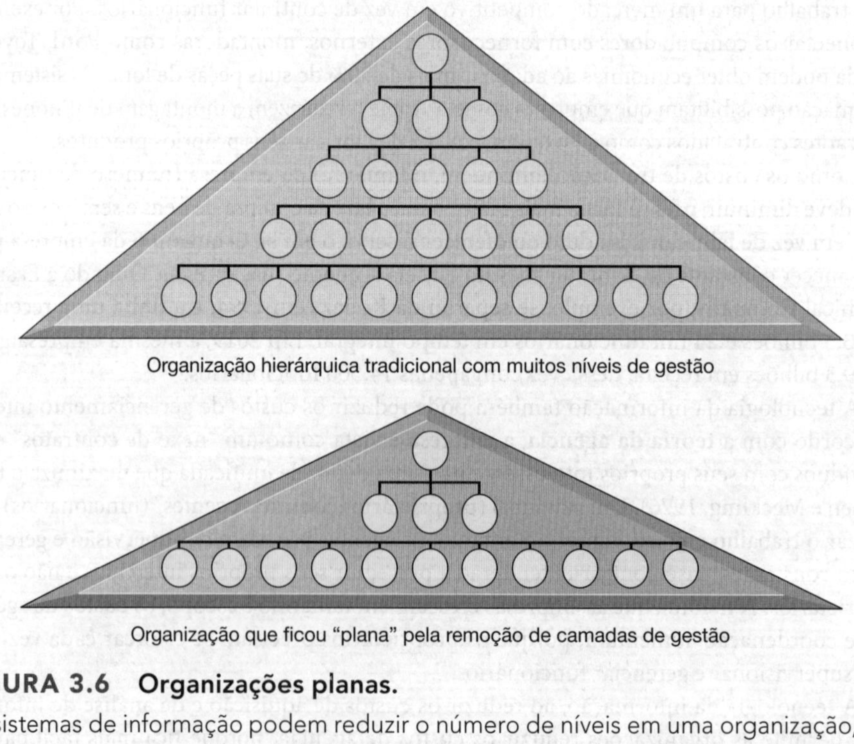

FIGURA 3.6 Organizações planas.
Os sistemas de informação podem reduzir o número de níveis em uma organização, fornecendo aos gerentes informações para supervisionar um número maior de trabalhadores e dando aos funcionários de nível inferior mais autoridade para tomar decisões.

Essas mudanças significam que a amplitude de controle gerencial também aumentou, permitindo que gerentes de alto nível gerenciem e controlem mais trabalhadores localizados em distâncias maiores. Muitas empresas eliminaram milhares de gerentes de nível médio como resultado dessas mudanças.

Organizações pós-industriais

Teorias pós-industriais baseadas mais em história e sociologia do que em economia também apoiam a noção de que a TI deve nivelar as hierarquias. Nas sociedades pós-industriais, a autoridade depende cada vez mais do conhecimento e da competência do que apenas de cargos formais. Assim, o formato das organizações fica "plano" porque os trabalhadores profissionais tendem a ser autogerenciáveis, e a tomada de decisões deve se tornar mais descentralizada à medida que o conhecimento e as informações se tornam mais difundidos por toda a empresa.

A tecnologia da informação pode encorajar organizações em rede de força-tarefa, nas quais grupos de profissionais se reúnem – presencial ou remotamente – por curtos períodos de tempo para realizar uma tarefa específica (por exemplo, projetar um novo automóvel). Uma vez que a tarefa é cumprida, os indivíduos ingressam em outras forças-tarefas. O serviço de consultoria global Accenture é um exemplo. Muitos de seus 492 mil funcionários mudam de local para local para trabalhar em projetos nos estabelecimentos dos clientes em mais de 50 países diferentes.

Quem pode garantir que as equipes autogerenciadas não sigam na direção errada? Quem decide qual pessoa trabalha em qual equipe e por quanto tempo? Como os gerentes podem avaliar o desempenho de alguém que está constantemente mudando de equipe para equipe? Como as pessoas sabem o rumo que suas carreiras estão tomando? São necessárias novas abordagens para avaliar, organizar e informar os trabalhadores, e nem todas as empresas podem tornar o trabalho virtual eficaz.

Entendendo a resistência organizacional à mudança

Os sistemas de informação inevitavelmente ficam vinculados à política organizacional, porque influenciam o acesso a um recurso-chave – a saber, a informação. Os sistemas de informação podem afetar quem faz o quê, para quem, quando, onde e como em uma organização. Muitos dos novos sistemas de informação exigem mudanças nas rotinas pessoais e individuais que podem ser dolorosas para os envolvidos, exigindo um novo treinamento e esforço adicional que pode ou não ser compensado. Como os sistemas de informação mudam potencialmente a estrutura, a cultura, os processos de negócios e a estratégia de uma organização, geralmente há uma resistência considerável quando são introduzidos.

Há várias maneiras de visualizar a resistência organizacional à inovação. Pesquisas sugerem que quatro fatores são primordiais: a natureza da inovação de TI, a estrutura da organização, a cultura das pessoas na organização e as tarefas afetadas pela inovação (veja a Figura 3.7). Nesse caso, as mudanças na tecnologia são absorvidas, interpretadas, evitadas e derrotadas por arranjos de tarefas organizacionais, estruturas e pessoas. Nesse modelo, a única maneira de provocar as mudanças é transformar a tecnologia, as tarefas, a estrutura e as pessoas simultaneamente. Outros autores falaram sobre a necessidade de "descongelar" as organizações antes de introduzir uma inovação, implementá-la rapidamente e "recongelar" ou institucionalizar a mudança (Kolb e Frohman, 1970).

Como a resistência organizacional à mudança é tão forte, muitos investimentos em tecnologia da informação fracassam e a produtividade não aumenta. De fato, pesquisas sobre falhas de implementação de projetos demonstram que a razão mais comum para o fracasso de grandes projetos não é a falha da tecnologia, mas a resistência organizacional e política à mudança. O Capítulo 14 trata detalhadamente dessa questão. Portanto, como gerente envolvido em futuros investimentos em TI, sua capacidade de trabalhar com pessoas e organizações é tão importante quanto sua consciência e conhecimento técnicos.

FIGURA 3.7 Resistência organizacional às inovações do sistema de informação.

A implementação dos sistemas de informação tem consequências para arranjos de tarefas, estruturas e pessoas. De acordo com o modelo a seguir, para implementar a mudança, todos os quatro componentes devem ser alterados simultaneamente.

A internet e as organizações

A internet, especialmente a *World Wide Web*, tem um impacto importante nas relações entre muitas empresas e entidades externas e até mesmo na organização dos processos de negócios internos de uma empresa. A internet aumenta a acessibilidade, o armazenamento e a distribuição de informações e o conhecimento para as organizações. Em essência, ela é capaz de reduzir drasticamente os custos de transação e de agência enfrentados pela maioria das empresas. Por exemplo, uma força de vendas global pode receber informações sobre atualizações de preços de produtos quase instantaneamente, usando a *web* ou instruções da gerência enviadas por *e-mail* ou mensagens de texto via *smartphones* ou computadores móveis. Os fornecedores podem acessar diretamente os *sites* internos de alguns grandes varejistas que comprem deles para encontrar informações de vendas atualizadas e iniciar pedidos de reabastecimento imediatamente.

As empresas estão reinventando rapidamente alguns de seus principais processos de negócios com base na tecnologia da internet e tornando essa tecnologia um componente-chave de suas infraestruturas de TI. Se a atividade de rede anterior servir de guia, resultará em processos de negócios mais simples, menos funcionários e organizações mais "planas" do que no passado.

Implicações para concepção e compreensão dos sistemas de informação

Para resultar em benefícios genuínos, os sistemas de informação devem ser criados com uma compreensão clara da organização na qual serão inseridos. Em nossa experiência, os fatores organizacionais centrais a serem considerados ao planejar um novo sistema são os seguintes:

- O ambiente em que a organização deve funcionar.
- A estrutura da organização: hierarquia, especialização, rotinas e processos de negócios.
- A cultura e a política da organização.
- O tipo de organização e seu estilo de liderança.

- Os principais grupos de interesse afetados pelo sistema e o comportamento dos funcionários que usarão esse sistema.
- Os tipos de tarefas, decisões e processos de negócios que o sistema de informação é projetado para auxiliar.

3.3 Como o modelo de forças competitivas de Porter, o modelo de cadeia de valor, as sinergias, as competências essenciais e a economia de rede ajudam as empresas a desenvolver estratégias competitivas usando sistemas de informação?

Em quase todos os setores que examinar, você perceberá que algumas empresas se saem melhor que a maioria das outras. Quase sempre há uma empresa de destaque. Na indústria automotiva, a Toyota é considerada uma empresa de desempenho superior. No varejo *on-line* puro, a Amazon é a líder; no varejo físico, o Walmart, maior varejista do mundo, é o líder. Em pesquisa na *web*, o Google é considerado o líder.

Empresas que "se saem melhor" do que outras têm uma vantagem competitiva sobre as demais: elas têm acesso a recursos especiais que as outras não têm ou são capazes de usar os recursos gerais disponíveis com mais eficiência – por conta de seu conhecimento superior e dos ativos de informação. De qualquer modo, elas se saem melhor em termos de crescimento de receita, lucratividade ou crescimento de produtividade (eficiência), o que, no final das contas, se traduz em avaliações de mercado de ações mais altas do que seus concorrentes.

Mas por que algumas empresas se saem melhor do que outras e como elas obtêm a vantagem competitiva? Como analisar um negócio e identificar suas vantagens estratégicas? Como você pode desenvolver uma vantagem estratégica para o seu próprio negócio? E como os sistemas de informação contribuem para as vantagens estratégicas? Uma resposta a essas perguntas é o modelo de forças competitivas de Michael Porter.

Modelo de forças competitivas de Porter

Pode-se afirmar que o modelo mais utilizado para entender a vantagem competitiva é o **modelo de forças competitivas** de Michael Porter (veja a Figura 3.8). Esse modelo fornece uma visão geral da empresa, de seus concorrentes e do ambiente corporativo. Anteriormente neste capítulo, descrevemos a importância dos ambientes e como as empresas dependem deles. O modelo de Porter baseia-se especialmente no ambiente geral de negócios da empresa. Nesse modelo, cinco forças competitivas moldam o destino da empresa.

Concorrentes tradicionais

Todas as empresas dividem o mercado com concorrentes que estão continuamente desenvolvendo novas e mais eficientes maneiras de produzir, seja lançando novos produtos e serviços e tentando atrair novos clientes, seja desenvolvendo suas marcas e impondo os custos de troca sobre seus clientes.

Novos entrantes no mercado

Em uma economia livre com mobilidade de recursos financeiros e de mão de obra, novas empresas estão sempre entrando no mercado. Em alguns setores, as barreiras à entrada são muito baixas, enquanto em outros, é realmente difícil entrar. É razoavelmente fácil, por exemplo, abrir uma pizzaria ou uma lojinha de varejo, mas é muito mais caro e difícil entrar no

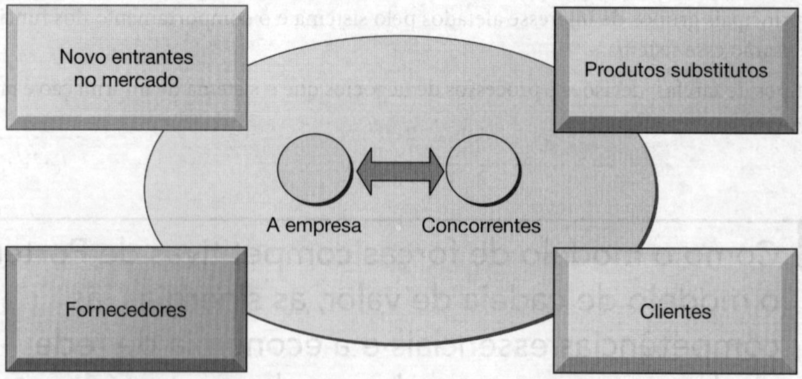

FIGURA 3.8 Modelo de forças competitivas de Porter.
No modelo de forças competitivas de Porter, a posição estratégica da empresa e suas estratégias são determinadas não apenas pela disputa contra concorrentes diretos tradicionais, mas também por quatro outras forças no ambiente da indústria: novos entrantes no mercado, produtos substitutos, clientes e fornecedores.

mercado de *chips* para computador, com custos de capital elevadíssimos e que exige *know-how* e conhecimentos difíceis de obter. Novas empresas têm diversas vantagens possíveis: não estão "amarradas" a instalações e equipamentos antigos; geralmente empregam profissionais mais jovens que ganham menos e, às vezes, são mais inovadores; não estão presas a marcas antigas e desgastadas; e têm mais "apetite" (motivação) que os ocupantes tradicionais do setor. Essas vantagens também podem ser seus pontos fracos, pois dependem de financiamento externo para novas instalações e equipamentos, o que pode ser caro; têm uma força de trabalho menos experiente; e sua marca ainda é pouco reconhecida.

Produtos e serviços substitutos

Em praticamente todos os setores existem substitutos que os clientes podem usar caso o preço de seus produtos favoritos suba muito. Novas tecnologias criam substitutos o tempo todo. O etanol pode substituir a gasolina nos carros; o óleo vegetal substitui o óleo diesel nos caminhões; e as energias eólica, solar e hídrica pela geração de eletricidade industrial. Da mesma forma, o serviço de internet e a telefonia sem fio podem substituir o serviço de telefonia tradicional. E, é claro, um serviço de música na internet que permite o *streaming* de faixas de música diretamente em um *smartphone* é um substituto para as lojas de CDs. Quanto mais produtos e serviços substitutos em seu setor, menos você poderá controlar os preços e menores serão suas margens de lucro.

Clientes

Uma empresa lucrativa depende em grande parte de sua capacidade de atrair e reter clientes (afastando-os, ao mesmo tempo, da concorrência) e de cobrar preços altos. O poder dos clientes cresce se eles puderem mudar facilmente para produtos e serviços de um concorrente ou forçar uma empresa e seus concorrentes a competir apenas pelo preço em um mercado transparente em que há pouca **diferenciação de produtos** e todos os preços são conhecidos instantaneamente (como na internet). No mercado virtual de livros universitários usados, por exemplo, os alunos (clientes) podem encontrar vários fornecedores de praticamente qualquer obra atual. Nesse caso, os clientes *on-line* têm um poder extraordinário sobre os vendedores de livros usados.

Fornecedores

O poder de mercado dos fornecedores pode ter um impacto significativo nos lucros da empresa, especialmente quando esta não puder aumentar os preços na mesma velocidade que os fornecedores. Quanto mais fornecedores diferentes uma empresa tiver, maior controle ela

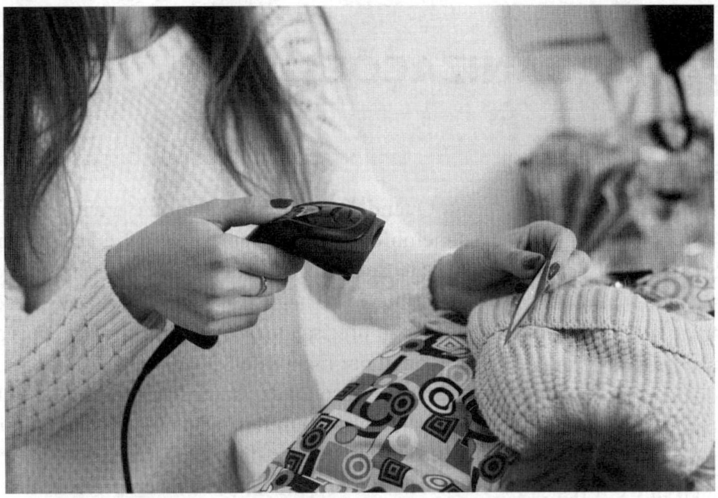

© Oksix/123RF

Supermercados e grandes lojas de varejo, como o Walmart, utilizam informações de vendas registradas no caixa para determinar os itens vendidos que precisam ser repostos. O sistema de reabastecimento contínuo do Walmart transmite os pedidos diretamente aos fornecedores. Esse sistema permite que o Walmart mantenha custos baixos, ajustando suas mercadorias às demandas dos clientes.

poderá exercer sobre eles em termos de preço, qualidade e prazos de entrega. Os fabricantes dos *laptops*, por exemplo, quase sempre têm vários fornecedores concorrentes de componentes-chave, como teclados, discos rígidos e telas.

Estratégias de sistemas de informação para lidar com forças competitivas

O que uma empresa deve fazer quando se depara com todas essas forças competitivas? E como a empresa pode usar sistemas de informação para neutralizar algumas dessas forças? Como evitar o surgimento de substitutos e inibir novos entrantes no mercado? Existem quatro estratégias genéricas, que geralmente se valem do uso de tecnologia e de sistemas de informação: liderança em custos baixos, diferenciação de produto, foco em nicho de mercado e fortalecimento da intimidade com clientes e fornecedores.

Liderança em custos baixos

Refere-se ao uso de sistemas de informação para obter os menores custos operacionais e os menores preços. O exemplo clássico é o Walmart. Ao manter os preços baixos e as prateleiras sempre abastecidas usando seu famoso sistema de reposição de estoque, o Walmart se tornou referência no varejo dos Estados Unidos. O sistema de reabastecimento contínuo da empresa envia pedidos de novas mercadorias diretamente aos fornecedores assim que os consumidores pagam no caixa. Os terminais dos pontos de venda registram o código de barras de cada item que passa pelo caixa e enviam uma transação de compra diretamente para um computador central na sede do Walmart. O computador coleta os pedidos de todas as lojas do Walmart e os transmite aos fornecedores. Os fornecedores também podem acessar os dados de vendas e de estoque do Walmart usando tecnologia da *web*.

Como o sistema é capaz de repor o estoque à velocidade da luz, o Walmart não precisa gastar muito para manter grandes quantidades de mercadorias em seus próprios depósitos. O sistema também permite que o Walmart ajuste as compras de itens das lojas para atender às demandas dos clientes. Concorrentes, como a Sears, estão gastando 24,9% das vendas em custos indiretos. Mas ao usar sistemas para manter os custos operacionais baixos, o Walmart gasta apenas 16,6% da receita de vendas para isso. (Os custos operacionais são em média 20,7% das vendas no setor de varejo.)

O sistema de reabastecimento contínuo do Walmart também é um exemplo de **sistema de resposta eficiente ao cliente**. Um sistema de resposta eficiente associa o comportamento do

SESSÃO INTERATIVA ORGANIZAÇÕES

Guerra de envios

Envios e entregas foram vitais para o sucesso de *e-commerce*, tanto para os varejistas quanto para as próprias empresas de transporte. FedEx, UPS e United States Postal Service (USPS, ou Serviço Postal dos Estados Unidos) ganharam muitos bilhões de dólares com a enorme quantidade de produtos comprados na Amazon e em outros *sites* de comércio eletrônico. Processos de pedidos e envios *on-line* convenientes e contínuos, juntamente com entrega gratuita e acessível, ou entrega em dois dias, constituem uma vantagem competitiva para os comerciantes *on-line* em relação aos tradicionais.

De especial importância na logística é a "última milha", que se refere à última etapa da entrega da encomenda ao cliente. Em vez de usar a USPS, FedEx ou UPS para a última milha, a Amazon está construindo uma frota de vans de entrega e expandindo sua frota de aviões Boeing 737 e 767 para esse fim. A Amazon Air é uma companhia aérea de carga que opera exclusivamente para o transporte de pacotes da Amazon. Até 2021, a Amazon Air terá pelo menos 96 aeronaves de carga operando em mais de 35 gateways aéreos nos Estados Unidos. Além disso, a Amazon expandiu suas operações de hub aeroportuário, construindo um hub de US$ 1,5 bilhão no Aeroporto Internacional de Cincinnati/Norte Kentucky. A empresa também utiliza o Aeroporto Fort Worth Alliance e o Aeroporto Internacional Chicago Rockford.

Ao assumir a "última milha", a empresa retirará bilhões de dólares em negócios do Serviço Postal dos Estados Unidos (que processa 62% dos pacotes da Amazon), da UPS (21%) e da FedEx (8%). A Amazon não está tentando substituir esses entregadores, mas deseja controlar em certa medida a logística, para garantir que os membros do Amazon Prime recebam seus envios no prazo de até dois dias, além de ter capacidade para lidar com volumes de vendas muito grandes durante os feriados ou períodos de mau tempo. A Amazon também economizará nos custos. De acordo com o Morgan Stanley, a empresa economiza de US$ 2 a US$ 4 por pacote quando usa sua própria frota, totalizando US$ 2 bilhões anualmente. Além disso, ter controle total sobre todo o processo de envio permite que a Amazon forneça uma melhor experiência ao cliente. É mais fácil rastrear pacotes perdidos e responder imediatamente às perguntas dos clientes se a Amazon não precisar trabalhar por intermédio de outra empresa de logística. As políticas de envio da Amazon têm sido um dos principais impulsionadores de seu rápido crescimento no varejo.

Quando a Amazon anunciou o envio em um dia para os membros Prime, em abril de 2019, a FedEx cancelou seu contrato de entrega expressa com a Amazon, redefinindo sua estratégia de negócios. A administração acredita que a FedEx não precisa que a Amazon prospere, pois a empresa respondeu por menos de 1,3% dos US$ 70 bilhões em receitas anuais consolidadas da FedEx e foi um de seus clientes menos lucrativos em termos de margem. A administração da FedEx também acredita que trabalhar com a Amazon era canibalizar o próprio negócio da empresa. A direção escolhida pela FedEx exige focar em seu serviço de entrega em terra e estabelecer novas parcerias com outros varejistas e marcas para atender ao mercado de comércio eletrônico mais amplo.

Em junho de 2019, por exemplo, a FedEx e a Dollar General anunciaram uma aliança estratégica para oferecer acesso novo e conveniente aos serviços de entrega e retirada da FedEx em milhares de lojas Dollar General. O esforço deve aumentar o acesso à FedEx para todos os clientes, particularmente aqueles que vivem em comunidades rurais onde a Dollar General tem grande presença. A FedEx e a Dollar General começaram a implementar o serviço em mais de 1.500 lojas no final do verão de 2019 e estarão em mais de 8 mil lojas até o final de 2020. A aliança com a Dollar General expandirá a FedEx Retail Convenience Network para mais de 62 mil estabelecimentos de varejo. Essa medida colocará mais de 90% dos estadunidenses a 8 km de um local de varejo da FedEx. Os clientes serão capazes de deixar os pacotes pré-embalados e pré-etiquetados a serem enviados pela FedEx Express ou FedEx Ground nas lojas Dollar General e retirar encomendas enviadas para as lojas Dollar General de sua vizinhança.

A FedEx acredita que pode ultrapassar a Amazon e se tornar o serviço de entrega de comércio eletrônico mais rápido e econômico. Em dezembro de 2018, anunciou suas opções de entrega de horas extras para clientes de varejo, que fornecerão remessas no dia seguinte e durante a noite para clientes de comércio eletrônico. A FedEx também está iniciando a entrega de pacotes sete dias por semana para competir ainda mais com a Amazon.

Como a United Parcel Service (UPS) se situa nessa arena competitiva? Ao contrário da FedEx, a UPS está aprofundando seus laços com a Amazon. Ela quer permanecer neutra, enquanto a FedEx rompeu com a Amazon em favor de cortejar os varejistas físicos. A UPS também conta mais com o USPS, especialmente para entregas aos domingos. A FedEx agora está entregando por conta própria cerca de

2 milhões de pacotes por dia que anteriormente entregava ao USPS para a última milha. Ao operar por conta própria com um volume maior de pacotes, a FedEx acredita que pode fazer melhor uso de suas mais de 600 instalações de triagem e entrega nos Estados Unidos para ajudar os varejistas com remessas de lojas para residências. No entanto, analistas como Ravi Shanker, do Morgan Stanley, não têm certeza de que o aumento do volume de entregas de curta distância irá gerar o tipo de retorno que a FedEx está buscando.

Que empresa vai ganhar a guerra de envios? O resultado pode determinar a direção futura de todo o setor de varejo de comércio eletrônico.

Fontes: Bloomberg, "FedEx Has a Plan to Battle Amazon Shipping, CEO Says," 30 de janeiro de 2020; Greg Petro, "Amazon Versus FedEx: The Retail Shipping Wars," *Forbes*, 28 de junho de 2019; e Shep Hyken, "Look Out FedEx and UPS–Is Amazon Going to Disrupt the Shipping Industry? *Forbes*, 17 de janeiro de 2019.

PERGUNTAS DO ESTUDO DE CASO

1. Por que o envio é tão importante para o comércio eletrônico? Justifique sua resposta.
2. Compare as estratégias de envio da Amazon, FedEx e UPS. Como elas estão relacionadas ao modelo de negócios de cada empresa?
3. A FedEx terá sucesso em sua iniciativa de transporte terrestre? Por quê? Ou por que não

consumidor diretamente às cadeias de distribuição, produção e suprimentos. O sistema de reposição contínua do Walmart proporciona ao consumidor essa resposta eficiente.

A Sessão Interativa sobre Organizações apresenta outro exemplo de estratégia de liderança de custos baixos – a disputa entre as principais empresas de envios, como FedEx, UPS e, agora, Amazon pelo domínio do setor de remessa e entrega de pacotes do comércio eletrônico.

Diferenciação de produtos

Refere-se ao uso dos sistemas de informação para oferecer novos produtos e serviços ou mudar significativamente a conveniência para o cliente no uso de produtos e serviços existentes. Grandes empresas de tecnologia, como Google, Facebook, Amazon, Apple e outras, estão investindo bilhões de dólares em pesquisa e implementação de novos serviços e melhorias em seus serviços e produtos mais valiosos para diferenciá-los de concorrentes em potencial. O Google atualizou o Google Assistant para permitir conversas contínuas mais naturais e telas inteligentes que podem exibir o Assistant nas telas. O Google adicionou o suporte do Assistant ao Google Maps para tornar a interação mais natural e lançou um kit de linguagem de máquina para desenvolvedores compatível com reconhecimento de texto, detecção facial, rotulagem de imagens e reconhecimento de pontos de referência. O fluxo contínuo de inovações das grandes empresas de tecnologia garante que seus produtos sejam únicos e difíceis de copiar.

Fabricantes e varejistas estão usando sistemas de informação para criar produtos e serviços personalizados para atender às especificações precisas de clientes individuais. A Nike, por exemplo, vende tênis personalizados por meio do programa NIKE BY YOU, disponível no *site* da empresa. Os clientes podem selecionar o tipo, as cores, o material e escolher um texto personalizado para o calçado. A Nike transmite os pedidos por meio de computadores para instalações especialmente equipadas na China e na Coreia. Os tênis levam cerca de três semanas para chegar ao cliente. Essa capacidade de oferecer produtos e serviços personalizados usando os mesmos recursos de fabricação da produção em massa é chamado de **customização em massa**.

Cada vez mais empresas estão diferenciando seus produtos não apenas pelas características dos próprios produtos, mas também por toda a experiência de compra e uso

SESSÃO INTERATIVA **GESTÃO**

Gestão da experiência do cliente: uma nova arma estratégica

Cada vez mais empresas se atentam para as novas oportunidades estratégicas ao observar como os clientes interagem com seus produtos. Elas estão descobrindo que os clientes não querem uma transação direta e sem emoção: eles querem também uma boa experiência. A experiência do cliente está emergindo como um importante diferencial de marca e um impulsionador cada vez mais poderoso do sucesso dos negócios. A publicidade tradicional está se tornando mais difícil, a TI oferece novas maneiras de atender aos clientes e as mídias sociais podem amplificar experiências ruins.

A experiência do cliente se distingue do atendimento ao cliente, pois abrange toda a jornada do cliente – todas as interações entre um cliente e uma empresa ao longo de todo o relacionamento comercial, incluindo aprendizado (ou conscientização), descoberta, consideração da solução, decisão de compra e fidelização.

As empresas estão descobrindo que a experiência do produto vai além do mero produto. É tudo que o acompanha. Como é o produto? Como funciona? De acordo com Donald Chestnut, diretor de experiência da Mastercard, a experiência do produto é mais importante do que o próprio produto.

O cargo de executivo-chefe de experiência (CXO, de *Chief Experience Officer*) é uma novidade que muitas empresas criaram para gerenciar suas experiências de clientes. Entre as quase 400 grandes empresas nos Estados Unidos, Canadá e Reino Unido que consultores da Gartner Inc. ouviram em uma pesquisa, 89% empregaram um diretor de experiência ou cargo equivalente em 2019. A cadeia de restaurantes TGI Fridays, o Citizens Financial Group, o TripAdvisor e a Under Armour estão entre as empresas que agora têm um CXO.

As empresas que implementaram com sucesso a estratégia de experiência do cliente obtiveram maior satisfação do público, aumentando as receitas e reduzindo a rotatividade dos clientes – que estão dispostos a pagar preços mais altos em até 13%. Se o rating da empresa for mais alto, pagariam 140% a mais e permaneceriam fiéis por até seis anos. Uma pesquisa da *Bloomberg Businessweek* descobriu que oferecer uma ótima experiência ao cliente se tornou um dos principais objetivos estratégicos.

As melhores experiências resultam quando a empresa é capaz de criar uma conexão emocional com um cliente. Por exemplo, quando uma cliente atrasou a devolução de um par de sapatos para a varejista *on-line* Zappos porque sua mãe havia falecido, a Zappos, que é conhecida pelo excelente serviço e entusiasta da mudança, pagou o frete de retorno e enviou um mensageiro para pegar os sapatos devolvidos sem nenhum custo. No dia seguinte, a cliente recebeu um buquê de flores com uma nota de condolências da equipe de atendimento ao cliente da Zappos.

A Amazon é líder em gestão da experiência do cliente, e sua estratégia de negócios se concentra em melhorar todos os aspectos da interação dos clientes com a empresa em termos de preços, pagamento, *check-out* e envio. Os processos de negócios focam em maneiras de tornar a experiência do cliente mais agradável. Um exemplo é o Prime da Amazon, um serviço de assinatura paga que dá aos usuários acesso a serviços que de outra forma estariam indisponíveis ou teriam custo extra, como entrega gratuita em dois dias e *streaming* de música e vídeo. Os prazos de envio da Amazon eram muito longos, então a empresa criou sua própria rede de envio Prime. O *check-out* era muito difícil, então a Amazon introduziu o pedido de um clique para clientes Prime. Os clientes não eram leais à marca Amazon – procuravam o melhor preço onde quer que estivesse disponível. O Amazon Prime é um serviço de assinatura pelo qual você paga uma taxa mensal ou anual, isso diminui a sensibilidade ao preço, porque os clientes acham que estarão em desvantagem se não aproveitarem o frete rápido pelo qual já pagaram.

Os assinantes da Netflix indicaram que queriam um serviço que destacasse as próximas atrações, então a empresa testou uma grande unidade de visualização na parte superior da tela. No entanto, embora os clientes tenham solicitado esse recurso, não o usavam, e a unidade estava dificultando o acesso dos usuários aos programas que desejavam visualizar imediatamente. A Netflix resolveu o problema ao mover as próximas atrações para uma seção na qual os espectadores pudessem navegar se estivessem interessados.

A empresa fez outra mudança para permitir que os clientes compulsivos pulassem os créditos de abertura das séries. As longas sequências de créditos de abertura tinham sua razão de ser quando os episódios dos programas de TV eram semanais e as pessoas assistiam a outros programas nesse intervalo. Assistir séries de forma compulsiva tornou-se mais popular, fazendo com que a Netflix reexaminasse a experiência do cliente para esse tipo de espectador. A companhia descobriu que o antigo formato de crédito de abertura degradava a experiência das pessoas que assistiam a vários episódios seguidos do mesmo programa. Então a empresa testou um botão de pular com alguns de seus membros, e eles adoraram.

O serviço de *streaming* de música Spotify tem um vasto acervo de música, com milhões de canções para todos os gostos. A empresa fez de suas playlists personalizadas um papel fundamental de sua estratégia de experiência do cliente. A estratégia de experiência do cliente do Spotify reconhece que os usuários têm preferências por músicas profundamente individuais. O serviço tenta oferecer as músicas favoritas de cada ouvinte, junto com novas músicas de que ele possa gostar, diariamente. Ao integrar os favoritos estabelecidos pelos usuários com recomendações personalizadas, é provável que os ouvintes se sintam menos entediados e continuem voltando para ouvir mais.

O McDonalds ajudou a elevar a experiência do cliente com a introdução de quiosques digitais de autoatendimento e serviço de mesa no final de 2016. Seus restaurantes vinham recebendo um grande público na hora do almoço e do jantar, o que desanimava alguns clientes de realizar seus pedidos no caixa. Depois que o McDonalds implementou esse novo sistema de pedidos, o crescimento das vendas em uma mesma loja foi previsto para crescer de 5 a 6% até o início de 2018.

Melhorar a experiência do cliente ajudou o McDonalds a lidar melhor com os desafios impostos pela rápida mudança na febre dos restaurantes de *fast-food* e na habilidade de concorrentes em implantar ofertas similares.

Fontes: "You're Not Just Binge Watching Netflix. You're Having an 'Experience,'" *Wall Street Journal*, 21 de fevereiro de 2020; Steven MacDonald, "7 Ways to Create a Great Customer Experience Strategy," SuperOffice.com, 4 de fevereiro de 2020; e Melissa Chue, "5 Winning Customer Experience Examples to Inspire Your Brand's Strategy," Digimind.com, 27 de abril de 2018.

PERGUNTAS DO ESTUDO DE CASO

1. O que é a gestão da experiência do cliente? Como ela pode contribuir para a vantagem competitiva?
2. Como a tecnologia da informação apoia a gestão da experiência do cliente? Dê exemplos.
3. Como a tecnologia da informação e a gestão da experiência do cliente mudaram as operações e a tomada de decisões nas organizações descritas neste caso?

TABELA 3.3 Novos produtos e serviços capacitados pela TI que proporcionam vantagens competitivas

Amazon: Compras com um clique	A Amazon detém uma patente sobre compras com um clique que é licenciada para outros varejistas *on-line*.
Música *on-line*: Apple iTunes	A Apple vende músicas por uma biblioteca *on-line* com mais de 50 milhões de músicas.
Customização de tacos de golfe: Ping	Clientes podem customizar e personalizar tacos de golfe conforme suas preferências individuais.
Pagamento de pessoa para pessoa *on-line*: PayPal	O PayPal permite a transferência de dinheiro entre contas bancárias individuais e entre contas bancárias e contas de cartões de crédito.

da mercadoria. Isso é chamado de "experiência do cliente", e a **gestão da experiência do cliente** como estratégia competitiva é descrita mais detalhadamente na Sessão Interativa sobre Gestão.

A Tabela 3.3 lista várias empresas que desenvolveram produtos e serviços baseados em TI que outras empresas acharam difícil de copiar – ou pelo menos levaram muito tempo para isso.

Foco no nicho de mercado

Refere-se ao uso de sistemas de informação para possibilitar um foco específico no mercado e atender a esse mercado-alvo disputado melhor do que os concorrentes. Os sistemas de informação apoiam essa estratégia produzindo e analisando dados para técnicas de vendas e *marketing* afinadas. Os sistemas de informação permitem que as empresas analisem de perto os padrões de compra, gostos e preferências dos clientes, para que possam lançar campanhas publicitárias e de *marketing* com eficiência para mercados-alvo cada vez menores.

Os dados vêm de uma variedade de fontes – transações com cartão de crédito, dados demográficos, dados de compra de scanners de caixas em supermercados e lojas de varejo e dados coletados quando as pessoas acessam e interagem com *sites*. Ferramentas de *software* sofisticadas encontram padrões nesses grandes conjuntos de dados e inferem regras a partir deles para orientar a tomada de decisões. A análise desses dados impulsiona o *marketing* individualizado, que cria mensagens pessoais com base em preferências pessoais. Por exemplo, o sistema OnQ da rede de hotéis Hilton analisa dados detalhados coletados de hóspedes ativos em todas as suas propriedades para determinar as preferências de cada hóspede e a rentabilidade que ele proporciona. A Hilton usa essas informações para dar privilégios adicionais a seus clientes mais lucrativos, como *check-out* tardio. Os sistemas contemporâneos de gerenciamento de relacionamento com o cliente (CRM) apresentam recursos analíticos para esse tipo de análise intensiva de dados (veja os Capítulos 2 e 9).

As companhias de cartão de crédito podem usar essa estratégia para prever os titulares de cartão que serão mais lucrativos. As empresas coletam grandes quantidades de dados sobre compras de consumidores e outros comportamentos e extraem esses dados para criar perfis detalhados que identificam os titulares cujos riscos de crédito podem ser bons ou ruins. Vamos discutir as ferramentas e tecnologias para análise de dados nos Capítulos 6 e 12.

Fortalecer a intimidade com o cliente e o fornecedor

Refere-se ao uso de sistemas de informação para estreitar vínculos com fornecedores e desenvolver intimidade com os clientes. Toyota, Ford e outros fabricantes de automóveis usam sistemas de informação para facilitar o acesso direto dos fornecedores aos cronogramas de produção e até mesmo permitir-lhes decidir como e quando enviar suprimentos para as fábricas. Isso permite que os fornecedores tenham mais tempo de aprovisionamento na produção de mercadorias. Do lado do cliente, a Amazon acompanha as preferências do usuário para a compra de livros e pode recomendar a seus clientes títulos comprados por outros. Fortes vínculos com clientes e fornecedores aumentam os **custos de troca** (o custo em mudar de um produto para outro concorrente) e a lealdade à sua empresa.

A Tabela 3.4 resume as estratégias competitivas que acabamos de descrever. Algumas empresas se concentram em apenas uma dessas estratégias, mas muitas vezes você verá empresas buscando várias delas simultaneamente. O Walmart é um exemplo: o caso de abertura do capítulo mostra que a empresa tem tradicionalmente buscado uma estratégia de liderança em custos baixos, mas que também oferecerá novos serviços exclusivos por meio de seus supercentros e de *marketing* mais direcionado.

O impacto da internet na vantagem competitiva

Por causa da internet, as forças competitivas tradicionais ainda estão em ação, mas a rivalidade competitiva tornou-se muito mais intensa (Porter, 2001). A tecnologia da internet é baseada em padrões universais que qualquer empresa pode usar, tornando mais fácil para os rivais competirem apenas pelo preço e para os novos concorrentes entrarem no mercado. Como a informação está disponível para todos, a internet aumenta o poder de barganha dos clientes, que podem encontrar rapidamente o provedor de menor custo na *web*. Os lucros diminuíram. A Tabela 3.5 resume alguns dos impactos potencialmente negativos da internet nas empresas, segundo Porter.

TABELA 3.4 Quatro estratégias competitivas básicas

ESTRATÉGIA	DESCRIÇÃO	EXEMPLO
Liderança em custos baixos	Usar sistemas de informação para oferecer produtos e serviços a um preço mais baixo do que os concorrentes, melhorando a qualidade e o nível de serviço	Walmart
Diferenciação de produtos	Usar sistemas de informação para diferenciar produtos e possibilitar o surgimento de novos serviços e produtos	Uber, Nike, Apple
Foco no nicho de mercado	Usar sistemas de informação para permitir uma estratégia focada em um único nicho de mercado; especializar-se	Hilton Hotels, Harrah's
Intimidade com clientes e fornecedores	Usar sistemas de informação para desenvolver laços fortes e fidelização com clientes e fornecedores	Toyota Corporation, Amazon

TABELA 3.5 Impacto da internet sobre forças competitivas e estrutura setorial

FORÇA COMPETITIVA	IMPACTO DA INTERNET
Produtos ou serviços substitutos	Permite que substitutos surjam com novas abordagens para atender às necessidades e desempenhar funções
Poder de barganha dos clientes	A disponibilidade de informações globais sobre preços e produtos transfere o poder de barganha para os clientes
Poder de barganha dos fornecedores	As compras pela internet tendem a aumentar o poder de barganha sobre os fornecedores; os fornecedores também podem se beneficiar de barreiras reduzidas à entrada e da eliminação de distribuidores e outros intermediários entre eles e seus usuários
Ameaça de novos entrantes	Reduz as barreiras à entrada, como a necessidade de força de vendas, acesso a canais e ativos físicos; fornece uma tecnologia para conduzir processos de negócios que torna outras coisas mais fáceis de fazer na internet.
Posicionamento e rivalidade entre concorrentes	Alarga o mercado geográfico, aumentando o número de concorrentes e reduzindo as diferenças existentes entre eles; torna mais difícil sustentar vantagens operacionais; coloca pressão para competir no preço

A internet quase destruiu alguns setores e ameaçou severamente outros. O setor de enciclopédias impressas e o de agências de viagens foi quase dizimado pela disponibilidade de substitutos *on-line*. Da mesma forma, a internet teve um impacto significativo nos setores de varejo, música, livros, corretagem de seguros no varejo, *software*, telecomunicações e jornais.

No entanto, a internet também criou mercados inteiramente novos; formou a base para milhares de novos produtos, serviços e modelos de negócios; e proporcionou novas oportunidades para a criação de marcas com bases de clientes muito grandes e leais. Amazon, eBay, YouTube, Facebook, Travelocity e Google são exemplos. Nesse sentido, a internet está "transformando" setores inteiros e forçando as empresas a mudar a forma como fazem negócios.

Produtos inteligentes e a Internet das Coisas

O crescente uso de sensores em produtos industriais e de consumo, muitas vezes chamados de a Internet das Coisas (IoT), é um excelente exemplo de como a internet está mudando a concorrência no âmbito dos setores e criando novos produtos e serviços. A Under Armour e outras empresas de esportes e fitness estão investindo dinheiro em rastreadores de saúde vestíveis e equipamentos fitness que usam sensores para relatar as atividades dos usuários a centros de computação corporativos remotos, nos quais os dados podem ser analisados. Os tratores John Deere são equipados com radar de campo, transceptores de GPS e centenas de sensores que monitoram a máquina, conforme descrito no caso de abertura do Capítulo 12. A GE está criando um novo negócio, ajudando seus clientes de aeronaves e turbinas eólicas a melhorar as operações por meio de exames dos dados gerados pelos milhares de sensores no equipamento. O resultado são os chamados "produtos inteligentes" – que fazem parte de um conjunto maior de serviços intensivos em informação vendidos pelas empresas (Gandhi e Gervet, 2016; Porter e Heppelmann, 2014; Iansiti e Lakhani, 2014).

O impacto de produtos inteligentes conectados à internet está sendo entendido apenas agora. Os produtos inteligentes oferecem novas funcionalidades, maior confiabilidade e uso mais intenso dos produtos, ao mesmo tempo em que fornecem informações detalhadas que podem ser usadas para melhorar tanto os produtos quanto a experiência do cliente. Eles expandem as oportunidades de diferenciação de produtos e serviços. Quando você compra um produto de saúde digital e vestível, você não apenas obtém o produto em si, mas também uma série de serviços disponíveis nos servidores em nuvem do fabricante. Produtos inteligentes aumentam a rivalidade entre as empresas, que irão inovar ou perder clientes para os concorrentes. Eles geralmente aumentam os custos de mudança e inibem novos entrantes em um mercado, porque os clientes existentes estão presos no ambiente de *software* da empresa dominante. Finalmente, os produtos inteligentes podem diminuir o poder dos fornecedores de componentes industriais se, como muitos acreditam, o produto físico se tornar menos importante do que o *software* e o *hardware* que o fazem funcionar.

O modelo de cadeia de valores empresarial

Embora o modelo de Porter seja muito útil para identificar forças competitivas e sugerir estratégias genéricas, não é muito específico sobre o que exatamente fazer e não fornece uma metodologia a ser seguida para obter vantagens competitivas. Se o seu objetivo é alcançar a excelência operacional, por onde você começa? É neste ponto que o modelo de cadeia de valores empresarial é útil.

O **modelo de cadeia de valores** destaca atividades específicas no negócio em que estratégias competitivas podem ser mais bem aplicadas (Porter, 1985) e em que os sistemas de informação têm maior probabilidade de causar um impacto estratégico. Esse modelo identifica pontos de alavancagem específicos e críticos onde uma empresa pode usar a tecnologia da informação de forma mais eficaz para melhorar sua posição competitiva. O modelo de cadeia de valores vê a empresa como uma série ou cadeia de atividades básicas que agregam uma margem de valor aos seus produtos ou serviços. Essas atividades podem ser categorizadas como atividades primárias ou atividades de apoio (veja a Figura 3.9).

Atividades primárias estão mais diretamente relacionadas com a produção e distribuição dos produtos e serviços da empresa, que criam valor para o cliente. As atividades primárias incluem logística de entrada, operações, logística de saída, vendas e *marketing* e serviço. A logística de entrada inclui o recebimento e o armazenamento de materiais para distribuição à produção. As operações transformam insumos em produtos acabados. A logística de saída

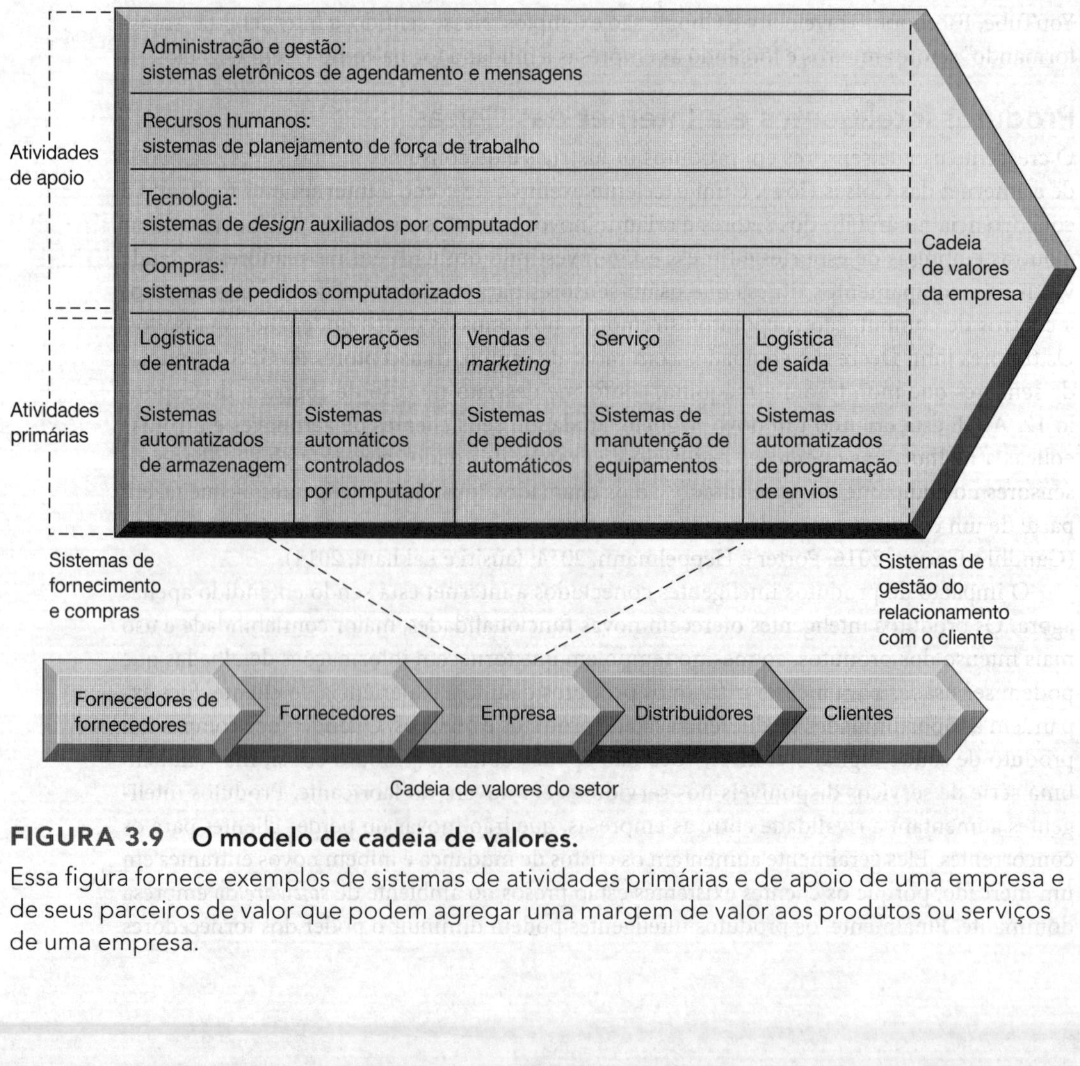

FIGURA 3.9 O modelo de cadeia de valores.

Essa figura fornece exemplos de sistemas de atividades primárias e de apoio de uma empresa e de seus parceiros de valor que podem agregar uma margem de valor aos produtos ou serviços de uma empresa.

envolve o armazenamento e a distribuição de produtos acabados. Vendas e *marketing* incluem a promoção e a venda dos produtos da empresa. E a atividade de serviço inclui a manutenção e a reparação dos bens e serviços da empresa.

Atividades de apoio possibilitam a realização das atividades primárias e consistem em infraestrutura organizacional (administração e gestão), recursos humanos (recrutamento, contratação e treinamento de funcionários), tecnologia (melhoria de produtos e do processo produtivo) e compras (insumos de compra).

Agora você pode perguntar em cada estágio da cadeia de valor: "Como podemos usar sistemas de informação para melhorar a eficiência operacional e a intimidade com clientes e fornecedores?" Isso o forçará a examinar criticamente como você realiza as atividades de agregação de valor em cada estágio e como os processos de negócios podem ser melhorados. Você também pode começar a perguntar como os sistemas de informação podem ser usados para melhorar o relacionamento com clientes e fornecedores que estão fora da cadeia de valores empresarial, mas que pertencem à cadeia de valores estendida da empresa, onde são absolutamente essenciais para o seu sucesso. Nesse caso, os sistemas de gerenciamento da cadeia de suprimentos, que coordenam o fluxo de recursos em sua empresa, e os sistemas de gestão do relacionamento com o cliente, que coordenam suas vendas e dão suporte aos funcionários com os clientes, são duas das aplicações de sistema mais comuns que resultam de uma análise da cadeia de valores empresarial. Discutiremos essas aplicações empresariais em detalhes posteriormente no Capítulo 9.

Usar o modelo de cadeia de valores empresarial também fará com que você considere assinalar seus processos de negócios em relação aos de seus concorrentes ou outros em setores relacionados e identificar as práticas recomendadas do setor. O ***benchmarking*** envolve comparar a eficiência e efetividade de seus processos de negócios com padrões rígidos e, em seguida, medir o desempenho em relação a esses padrões. As **melhores práticas** são geralmente identificadas por empresas de consultoria, organizações de pesquisa, agências governamentais e associações do setor como as soluções ou métodos de resolução de problemas mais bem-sucedidos para alcançar um objetivo de negócios de forma consistente e eficaz.

Depois de analisar os vários estágios da cadeia de valores em sua empresa, você pode conceber aplicações empresariais possíveis dos sistemas de informação. Então, depois de ter uma lista das aplicações, você pode decidir qual desenvolver primeiro. Ao fazer melhorias na sua cadeia de valores empresarial que seus concorrentes podem negligenciar, é possível obter vantagem competitiva ao atingir excelência operacional, reduzir custos, melhorar as margens de lucro e estabelecer um relacionamento mais próximo com clientes e fornecedores. Se seus concorrentes estão fazendo melhorias semelhantes, pelo menos você não estará em desvantagem competitiva – que é o pior de todos os casos!

Ampliação da cadeia de valor: a rede de valor

A Figura 3.9 mostra que a cadeia de valores de uma empresa está ligada às cadeias de valor de seus fornecedores, distribuidores e clientes. Afinal, o desempenho da maioria das empresas depende não apenas do que acontece em seu âmbito interno, mas também de como a empresa lida com fornecedores diretos e indiretos, empresas de entrega (parceiros logísticos, como FedEx ou UPS) e, claro, clientes.

Como os sistemas de informação podem ser usados para obter vantagem estratégica a nível de setor? Trabalhando com outras empresas é possível usar a tecnologia da informação para desenvolver padrões comuns a todo o setor para trocar informações ou fazer transações comerciais eletronicamente, o que força todos os participantes do mercado a adotar padrões semelhantes. Esses esforços aumentam a eficiência, tornando a substituição de produtos menos provável e, talvez, aumentando os custos de entrada – desencorajando, assim, novos entrantes. Além disso, os membros podem construir consórcios, simpósios e redes de comunicações em todo o setor com suporte de TI para coordenar atividades relacionadas a agências governamentais, concorrência estrangeira e setores concorrentes.

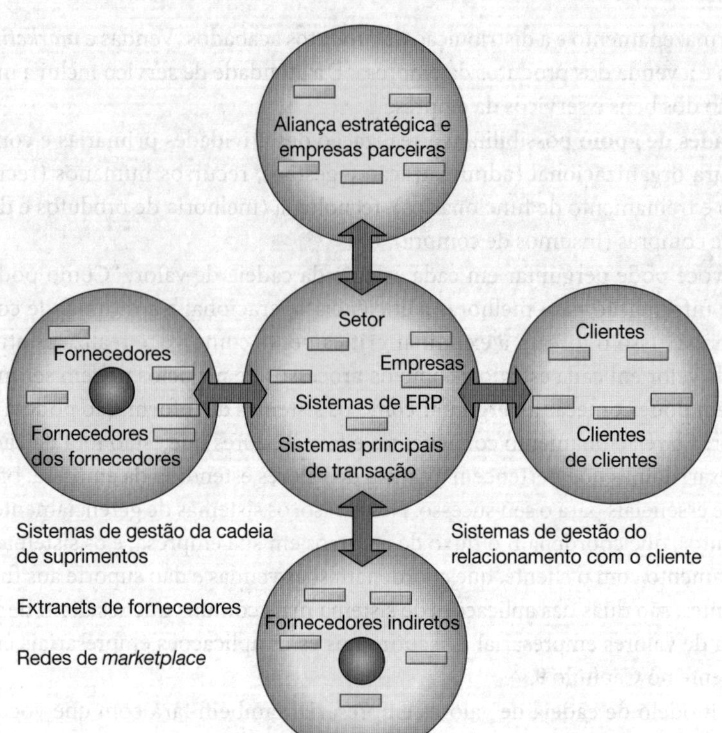

FIGURA 3.10 A rede de valor.
A rede de valor é um sistema em rede que pode sincronizar as cadeias de valor dos parceiros de negócios dentro de um setor para responder rapidamente às mudanças na oferta e na demanda.

Ao observar a cadeia de valores de seu setor, é provável pensar em como usar os sistemas de informação para interagir de maneira mais eficiente com fornecedores, parceiros estratégicos e clientes. A vantagem estratégica virá de sua capacidade de relacionar sua cadeia de valor às cadeias de valor de outros parceiros no processo. Por exemplo, se você fosse a Amazon.com, desejaria pensar em criar sistemas para:

- facilitar aos fornecedores o anúncio de mercadorias e a abertura de lojas no *site* da Amazon;
- facilitar aos clientes o pagamento pelas mercadorias;
- desenvolver sistemas que coordenassem o envio das mercadorias aos clientes;
- desenvolver sistemas de rastreamento de remessas para os clientes.

A tecnologia da internet tornou possível criar cadeias de valor do setor altamente sincronizadas, que chamamos de redes de valor. Uma **rede de valor** é um conjunto de empresas independentes que utilizam a tecnologia da informação para coordenar suas cadeias de valores e fabricar um produto ou prestar um serviço coletivamente para um mercado. É mais orientada para o cliente e opera de forma menos linear do que a cadeia de valor tradicional.

A Figura 3.10 mostra que essa rede de valor sincroniza os processos de negócios de clientes, fornecedores e parceiros comerciais entre diferentes empresas em um setor ou em setores relacionados. Essas redes de valor são flexíveis e adaptáveis às mudanças na oferta e na demanda. Os relacionamentos podem ser agrupados ou desagregados em resposta às mudanças nas condições do mercado. As empresas podem diminuir o tempo para chegar ao mercado e aos clientes, otimizando seus relacionamentos de rede de valor para poder tomar decisões rápidas sobre quem pode entregar os produtos ou serviços requisitados no local certo pelo preço justo.

Sinergias, competências essenciais e estratégias baseadas em rede

Uma grande corporação é tipicamente um conjunto de empresas. Muitas vezes, a empresa é organizada, do ponto de vista financeiro, como um conjunto de unidades estratégicas de negócios, e os retornos para a empresa estão diretamente ligados ao desempenho de todas essas unidades estratégicas de negócios. Os sistemas de informação podem melhorar o desempenho geral dessas unidades de negócios, promovendo sinergias e competências essenciais.

Sinergias

O conceito de sinergia é o seguinte: quando as saídas de algumas unidades podem ser usadas como entradas para outras, ou quando duas organizações podem compartilhar mercados e conhecimentos específicos – e essas relações reduzem custos e geram lucros. As fusões de bancos e empresas financeiras, como a fusão do JPMorgan Chase e do Bank of New York, bem como do Bank of America e da Countrywide Financial Corporation, ocorreram precisamente para tal fim.

Um dos usos da tecnologia da informação nas situações de sinergia é interligar as operações das unidades de negócio díspares, de modo que possam agir como um todo. Por exemplo, a aquisição da Countrywide Financial permitiu que o Bank of America expandisse sua carteira de empréstimos hipotecários e alcançasse um grande grupo de novos clientes que podem se interessar por seus serviços de cartão de crédito, banco de varejo e outros produtos financeiros. Os sistemas de informação ajudam as empresas incorporadas a consolidar as operações, reduzir os custos de varejo e aumentar o *marketing* cruzado de produtos financeiros.

Aprimorando as competências essenciais

Outra forma de usar sistemas de informação para vantagem competitiva é pensar em maneiras pelas quais esses sistemas podem realçar as competências essenciais. Argumenta-se que o desempenho de todas as unidades de negócios pode aumentar na proporção em que essas unidades de negócio desenvolvem ou criam um núcleo central de competências. Uma **competência essencial** é uma atividade para a qual uma empresa é líder de classe internacional. Pode implicar ser o melhor projetista de peças em miniatura, oferecer o melhor serviço de entrega de encomendas ou ser o melhor fabricante de película fina do mundo. Em geral, uma competência essencial depende do conhecimento adquirido ao longo de muitos anos de experiência prática de campo com o uso de determinada tecnologia. Esse conhecimento prático é normalmente complementado com um esforço de pesquisa de longo prazo e funcionários comprometidos.

Qualquer sistema de informação que estimule o compartilhamento do conhecimento por intermédio das unidades de negócio aprimora a competência. Além de estimular ou aprimorar as competências existentes, esses sistemas podem ajudar os funcionários a se conscientizarem de novos conhecimentos externos. Também podem ajudar uma empresa a alavancar as competências existentes para mercados relacionados. A Procter & Gamble, por exemplo, que é líder mundial em gerenciamento de marcas e inovação de produtos de consumo, usa uma série de sistemas para aprimorar suas competências essenciais, ajudando pessoas que lidam com problemas semelhantes a compartilhar ideias e conhecimentos. Os funcionários que trabalham em pesquisa e desenvolvimento (P&D), engenharia, compras, *marketing*, assuntos jurídicos e sistemas de informações comerciais em todo o mundo podem compartilhar documentos, relatórios, gráficos, vídeos e outros dados de várias fontes *on-line* e localizar funcionários com conhecimento especializado. Os sistemas da P&G também podem se conectar a pesquisadores e empreendedores de fora da empresa que estão procurando produtos novos e inovadores em todo o mundo.

Estratégias baseadas em rede

A internet e a tecnologia de rede vêm inspirando estratégias que tiram vantagem da capacidade das empresas para criar redes ou para interagir em rede umas com as outras. Entre as estratégias baseadas em rede estão o uso da economia de rede, um modelo de empresa virtual e um ecossistema de negócios.

A **economia de rede** refere-se a situações de mercado em que o valor econômico que está sendo produzido depende do número de pessoas que utilizam um produto. Para certos produtos e mercados, o valor econômico real vem do fato de outras pessoas usarem o produto. Nessas situações, os "efeitos de rede" estão em ação. Por exemplo, qual é o valor de um telefone se não estiver conectado a milhões de outros? O *e-mail* tem valor porque nos permite comunicar com milhões de outras pessoas. Modelos de negócios baseados em efeitos de rede tiveram grande sucesso na internet, incluindo as redes sociais, *softwares*, aplicativos de mensagens e empresas sob demanda, como Uber e Airbnb.

Na economia tradicional – fabril e agrícola – a produção sofre rendimentos decrescentes. Quanto mais determinado recurso for aplicado à produção, menor será o ganho marginal na saída, até atingir um ponto em que recursos adicionais não resultam em saída adicional. Essa é a lei dos rendimentos decrescentes, em que é fundamentada a maior parte da economia moderna.

Em algumas situações, a lei dos rendimentos decrescentes não funciona. No caso da rede, por exemplo, os custos marginais de adição de outro participante são cerca de zero, enquanto o ganho marginal é muito maior. Quanto maior o número de assinantes de um sistema de telefonia ou de internet, maior o valor para todos os participantes, pois cada usuário pode interagir com mais pessoas. Não custa muito mais caro operar uma estação de televisão com mil assinantes do que com 10 milhões. O valor de uma comunidade de pessoas cresce com o tamanho, enquanto que o custo de adicionar novos membros é irrelevante. O valor do Facebook para os usuários aumenta muito à medida que mais pessoas usam a rede social.

Da perspectiva dessa economia de rede, a tecnologia de informação pode ser estrategicamente útil. Os *sites* da internet podem ser usados pelas empresas para criar comunidades de usuários – clientes com ideias semelhantes que desejam compartilhar suas experiências. Isso gera fidelidade e diversão, além de criar laços exclusivos com os clientes. O eBay, gigante *site* de leilões *on-line*, é um exemplo. Essa empresa é baseada em uma rede de milhões de usuários e criou uma comunidade *on-line* usando a internet. Quanto mais pessoas oferecem produtos no eBay, mais valioso o *site* do eBay é para todos, porque mais produtos são anunciados e a crescente concorrência entre os fornecedores reduz os preços. A economia de rede também oferece benefícios estratégicos para fornecedores de *software* comercial. O valor de seus *softwares* e produtos de *software* complementares aumenta à medida que mais pessoas os utilizam, e há uma base instalada maior para justificar o uso contínuo do produto e o suporte do fornecedor.

Modelo de empresa virtual Outra estratégia baseada em rede usa o modelo de uma empresa virtual para criar um negócio competitivo. Uma **empresa virtual**, também conhecida como organização virtual, utiliza as redes para conectar pessoas, ativos e ideias, podendo aliar-se a outras empresas para criar e distribuir produtos e serviços sem estar limitada por fronteiras organizacionais tradicionais ou estabelecimentos físicos. Uma empresa pode usar os recursos de outra sem estar fisicamente ligada a ela. O modelo de empresa virtual é útil quando sai mais barato adquirir produtos e serviços ou recursos de um vendedor externo, ou quando a empresa precisa agir rapidamente para explorar novas oportunidades de mercado, mas lhe faltam tempo e recursos para reagir sozinha.

Empresas de moda, como GUESS, Ann Taylor, Levi Strauss e Reebok, recrutaram a Li & Fung, com sede em Hong Kong, para gerenciar a produção e o envio de suas roupas. A Li & Fung lida com desenvolvimento de produtos, fornecimento de matéria-prima, planejamento de produção, garantia de qualidade e transporte. Ela não possui tecidos, fábricas ou máquinas; terceiriza todo o trabalho para uma rede de mais de 15 mil fornecedores de 40 países em todo o mundo. Os clientes fazem pedidos à Li & Fung na extranet privada da empresa. A Li & Fung, então, envia instruções aos fornecedores de matéria-prima e às fábricas em que a roupa é produzida. A extranet da Li & Fung acompanha todo o processo de produção de cada pedido. Como empresa virtual, a Li & Fung permanece tão flexível e adaptável que pode desenhar e produzir as mercadorias solicitadas pelos clientes em regime de urgência e, assim, acompanhar as tendências da moda, sempre em rápida mutação.

Ecossistemas e plataformas de negócios A internet e o surgimento de empresas digitais exigem certas modificações do modelo de forças competitivas do setor. O modelo tradicional de Porter pressupõe um ambiente industrial relativamente estático; fronteiras do setor relativamente claras; e um conjunto relativamente estável de fornecedores, substitutos e clientes. Em vez de participar de um único setor, algumas das empresas atuais participam de conjuntos de setores - grupos de setores que fornecem serviços e produtos relacionados que agregam valor ao cliente (veja a Figura 3.11). **Ecossistema de negócios** é outro termo para essas redes fracamente acopladas, mas interdependentes, de fornecedores, distribuidores, empresas de terceirização, empresas de serviços de transporte e fabricantes de tecnologia (Iansiti e Levien, 2004).

Um exemplo de ecossistema de negócios é a plataforma de internet móvel. Nesse ecossistema existem quatro setores: fabricantes de dispositivos (Apple iPhone, Samsung, LG e outros), operadoras de telecomunicações sem fio (como Claro, Tim e Vivo), fornecedores independentes de aplicativos de *software* (geralmente pequenas empresas que vendem jogos, aplicativos e ringtones) e provedores de serviços de internet (que participam como provedores de serviços de internet para a plataforma móvel). Cada um desses setores tem sua própria história, interesses e forças motrizes. Mas esses elementos se unem em um novo ecossistema de plataforma digital móvel, às vezes cooperativo e outras competitivo, criando tal valor para os consumidores que nenhum deles poderia alcançar se agisse sozinho.

Ecossistemas de negócios normalmente têm uma ou apenas algumas empresas-chave que dominam o ecossistema e criam as **plataformas** usadas por outras empresas de nicho. Por exemplo, tanto a Microsoft quanto o Facebook fornecem plataformas compostas por sistemas

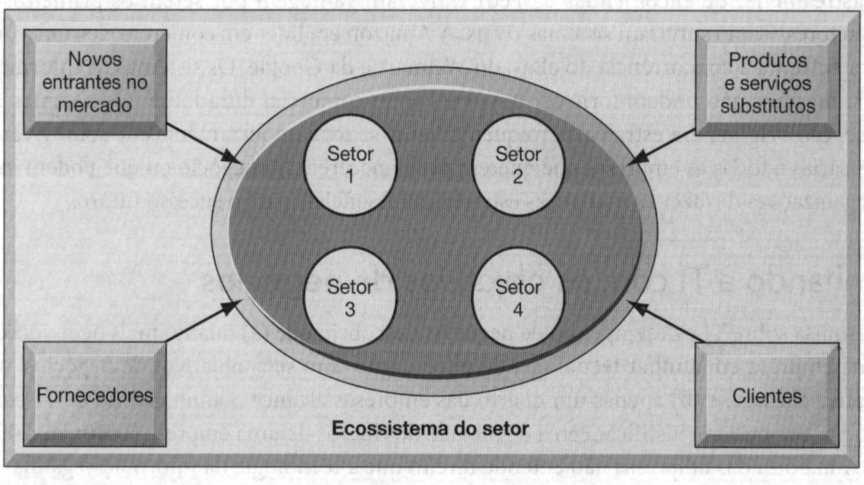

FIGURA 3.11 Um modelo estratégico do ecossistema.
A era da empresa digital exige uma visão mais dinâmica das fronteiras entre setores, empresas, clientes e fornecedores, com a competição ocorrendo entre os conjuntos da indústria em um ecossistema empresarial. No modelo de ecossistema, vários setores trabalham juntos para entregar valor ao cliente. A TI desempenha um papel importante ao permitir uma densa rede de interações entre as empresas participantes.

de informação, tecnologias e serviços que milhares de outras empresas em diferentes setores usam para aprimorar suas próprias capacidades (Van Alstyne *et al.*, 2016). O Facebook é uma plataforma usada por bilhões de pessoas e milhões de empresas para interagir e compartilhar informações, bem como para comprar, comercializar e vender inúmeros produtos e serviços. Ao criar plataformas baseadas em TI que outras empresas podem usar, cada vez mais empresas estão tentando usar sistemas de informação para se tornarem empresas-chave. Por outro lado, as empresas devem considerar como seus sistemas de informação permitirão que elas se tornem players de nicho lucrativos nos ecossistemas maiores criados por empresas-chave.

3.4 Quais são os desafios colocados pelos sistemas de informações estratégicas e como eles devem ser abordados?

Os sistemas de informações estratégicas muitas vezes mudam a organização, bem como seus produtos, serviços e procedimentos operacionais, levando-a a adotar novos padrões de comportamento. O uso bem-sucedido de sistemas de informação para obter uma vantagem competitiva é um desafio e requer uma coordenação precisa de tecnologia, organizações e gerenciamento.

Sustentando a vantagem competitiva

As vantagens competitivas proporcionadas pelos sistemas estratégicos não duram, necessariamente, tempo suficiente para garantir a rentabilidade a longo prazo. Os concorrentes podem reagir e copiar sistemas estratégicos, por isso a vantagem competitiva nem sempre é sustentável. Mercados, expectativas dos clientes e mudanças tecnológicas; a globalização tornou essas mudanças ainda mais rápidas e imprevisíveis. A internet pode fazer com que as vantagens competitivas desapareçam muito rapidamente, porque praticamente todas as empresas podem usar essa tecnologia. Sistemas estratégicos clássicos, como o sistema computadorizado de reservas SABRE da American Airlines, o sistema de caixas eletrônicos do Citibank e o sistema de rastreamento de encomendas da FedEx, tiveram vantagem por serem os primeiros em seus setores. Então surgiram sistemas rivais. A Amazon era líder em comércio eletrônico, mas agora enfrenta a concorrência do eBay, do Walmart e da Google. Os sistemas de informação por si mesmos não podem fornecer uma vantagem comercial duradoura. Os sistemas cuja concepção original era estratégica frequentemente se tornam ferramentas de sobrevivência, necessárias a todas as empresas que querem permanecerem no negócio ou que podem inibir as organizações de fazer as mudanças estratégicas essenciais para o sucesso futuro.

Alinhando a TI com os objetivos de negócios

A pesquisa sobre TI e desempenho de negócios descobriu que (a) quanto mais bem-sucedida é uma empresa em alinhar tecnologia da informação com seus objetivos de negócios, mais lucrativa ela será; e (b) apenas um quarto das empresas alcança o alinhamento de TI com o negócio, que poderia justificar cerca de metade dos lucros de uma empresa (Luftman, 2003).

A maioria das empresas não entende direito que a tecnologia da informação ganha vida própria e não atende muito bem aos interesses da administração e dos acionistas. Em vez de os empresários assumirem um papel ativo em moldar a TI para a empresa, eles a ignoram, alegam não a entender e toleram falhas na área de TI como apenas um incômodo a superar. Essas empresas pagam um alto preço pelo mau desempenho. Empresas e gerentes bem-sucedidos entendem o que a TI pode fazer e como ela funciona, desempenham um papel ativo na definição de seu uso e calculam o impacto que ela causa nas receitas e nos lucros.

Checklist do gerenciamento: como realizar uma análise de sistemas estratégicos

Para alinhar a TI com o negócio e usar os sistemas de informação de forma eficaz para adquirir vantagem competitiva, os gerentes precisam realizar uma análise dos sistemas estratégicos. Para identificar os tipos de sistemas que fornecem uma vantagem estratégica para suas empresas, os gerentes devem fazer as seguintes perguntas:

1. Qual é a estrutura do setor em que a empresa está localizada?
   - Quais são algumas das forças competitivas em ação no setor? Há novos entrantes? Qual é o poder relativo de fornecedores, clientes e produtos e serviços substitutos sobre os preços?
   - A concorrência se baseia em qualidade, preço ou marca?
   - Quais são a direção e a natureza da mudança dentro do setor? De onde vem o impulso e a mudança?
   - Como o setor está usando atualmente a tecnologia da informação? A organização está atrás ou à frente do setor em sua aplicação de sistemas de informação?
2. Quais são as cadeias de valor do negócio, da empresa e do setor para essa organização em particular?
   - Como a empresa está criando valor para o cliente: por meio de menores preços e custos de transação ou maior qualidade? Existem lugares na cadeia de valor em que o negócio poderia criar mais valor para o cliente e lucro adicional para a empresa?
   - A empresa entende e gerencia seus processos de negócios usando as práticas recomendadas disponíveis? Está aproveitando ao máximo o gerenciamento da cadeia de suprimentos, o gerenciamento do relacionamento com o cliente e os sistemas empresariais?
   - A empresa aproveita suas competências essenciais?
   - A cadeia de suprimentos do setor e a base de clientes estão mudando de maneira que beneficiem ou prejudiquem a empresa?
   - A empresa se beneficia de parcerias estratégicas, redes de valor, ecossistemas ou plataformas?
   - Em que lugar na cadeia de valor os sistemas de informação fornecerão o maior valor para a empresa?
3. Alinhamos a TI com nossa estratégia e metas de negócios?
   - Articulamos corretamente nossa estratégia e nossos objetivos de negócios?
   - A TI está melhorando os processos e atividades de negócios corretos para promover essa estratégia?
   - Estamos usando as métricas certas para medir o progresso em direção a essas metas?

3.5 Como os sistemas de informação gerenciais ajudarão minha carreira?

Aqui está como o Capítulo 3 e este livro podem ajudá-lo a encontrar um emprego como representante de desenvolvimento de negócios de nível básico.

A empresa

A Superior Data Quality, uma empresa de rápido crescimento com sede em Los Angeles que fornece *software* e serviços para ajudar grandes empresas a gerenciar seus dados e qualidade de dados, está procurando um representante de desenvolvimento de negócios de nível básico. As ferramentas e serviços de qualidade e gerenciamento de dados oferecidos pela SDQ ajudam as empresas a corrigir, padronizar e aprimorar dados de clientes, registrando informações precisas de endereço, *e-mail* e telefone; excluindo dados duplicados em sistemas corporativos; analisando dados para descobrir relacionamentos; reestruturando e padronizando dados; e monitorando dados para garantir controle de qualidade e padronização contínuos.

A empresa tem 12 mil clientes em todo o mundo e 450 funcionários, além de escritórios nos Estados Unidos, na Europa e na Ásia.

Descrição do cargo

O representante de desenvolvimento de negócios ajudará a equipe de vendas da empresa a atingir metas de crescimento agressivas. A empresa oferece treinamento em sala de aula e no local de trabalho sobre como se comunicar com clientes em potencial e atuais, como identificar mercados apropriados para suas soluções, como redigir um plano de vendas e como usar ferramentas como o Salesforce.com. As responsabilidades do trabalho incluem:

- Pesquisar contas direcionadas para gerar oportunidades de negócios em potencial.
- Prestar suporte a estratégias de aquisição de clientes e de vendas.
- Implementar táticas para a execução bem-sucedida de campanhas de *marketing*.
- Criar e gerenciar um *pipeline* de *leads* de vendas por meio da prospecção e qualificação de *leads* gerados pelo *marketing*.
- Informar o sucesso de campanhas e de atividades de geração de *leads*.

Requisitos do emprego

- Superior completo
- Forte interesse em uma carreira de vendas
- Excepcionais habilidades de comunicação, interpessoais, analíticas e de resolução de problemas
- Capacidade multitarefa em um ambiente de ritmo acelerado

Perguntas para a entrevista

1. O que você sabe sobre qualidade de dados e gerenciamento de dados? Você tem alguma experiência de trabalho nessas áreas? Já se deparou com um problema de qualidade de dados? Em caso afirmativo, pode descrever como o problema foi resolvido?
2. Você já trabalhou com o Salesforce.com? O que você sabe sobre ele? Como você tem usado esse *software*?
3. Pode nos dar um exemplo de um problema relacionado a *marketing* ou vendas ou outro problema de negócios que você ajudou a resolver? Você tem algum exemplo de seu trabalho em redação e análise?
4. Teve bastante contato frente a frente com os clientes? Pode descrever o trabalho que você fez com eles?

Dicas do autor

1. Analise a discussão de estratégias de TI e de negócios no Capítulo 3 e também a seção sobre gerenciamento de dados, incluindo qualidade de dados, no Capítulo 6.
2. Use a *web* para saber mais sobre ferramentas e serviços para realizar o gerenciamento de dados e da qualidade de dados e pesquise as ofertas específicas da empresa nesta área.
3. Revise o perfil e as postagens no LinkedIn da empresa, além de outros canais de mídia social. Existem temas consistentes nesses canais nos quais a empresa parece se concentrar? Esteja preparado para mostrar que você entende os tipos de desafios de negócios que essa empresa enfrenta.
4. Aprenda o que puder sobre o Salesforce.com relacionado às responsabilidades descritas para essa vaga de emprego. Pergunte como você usaria exatamente o Salesforce.com no trabalho.
5. Considere perguntar que tipos de problemas com a qualidade dos dados dos clientes você teria maior probabilidade de encontrar no trabalho.

RESUMO

3.1 Que características das organizações os gerentes precisam conhecer para criar e usar os sistemas de informação com sucesso?

Todas as organizações modernas são hierárquicas, especializadas e imparciais, usando rotinas explícitas para maximizar a eficiência. Todas as organizações têm suas próprias culturas e políticas decorrentes de diferenças de grupos de interesse e são afetadas pelo ambiente ao seu redor. As organizações diferem em objetivos, grupos atendidos, papéis sociais, estilos de liderança, incentivos, tipos de tarefas executadas e tipo de estrutura. Esses recursos ajudam a explicar as diferenças no uso que fazem dos sistemas de informação. Os sistemas de informação e as organizações em que são usados interagem e influenciam uns aos outros.

3.2 Qual é o impacto dos sistemas de informação nas organizações?

A introdução de um novo sistema de informação afetará a estrutura organizacional, os objetivos, o projeto de trabalho, os valores, a competição entre grupos de interesse, a tomada de decisão e o comportamento do dia a dia. Ao mesmo tempo, os sistemas de informação devem ser projetados para atender às necessidades de grupos organizacionais importantes e serão moldados de acordo com a estrutura, os processos de negócios, os objetivos, a cultura, a política e o gerenciamento da organização. A tecnologia da informação pode reduzir os custos de transação e de agência – essas mudanças têm se acentuado nas organizações que utilizam a internet. Novos sistemas rompem com padrões estabelecidos de trabalho e de relações de poder, de modo que, muitas vezes, enfrentam uma resistência considerável quando são introduzidos.

3.3 Como o modelo de forças competitivas de Porter, o modelo de cadeia de valor, as sinergias, as competências essenciais e a economia de rede ajudam as empresas a desenvolver estratégias competitivas usando sistemas de informação?

No modelo de forças competitivas de Porter, a posição estratégica da empresa e suas estratégias são determinadas pela disputa contra concorrentes diretos tradicionais, mas também são afetadas de forma significativa por novos entrantes no mercado, produtos e serviços substitutos, fornecedores e clientes. Os sistemas de informação, ao manter baixos custos, promover a diferenciação de produtos ou serviços, focar em nichos de mercado, fortalecer laços com clientes e fornecedores e aumentar as barreiras de entrada no mercado com altos níveis de excelência operacional, ajudam as empresas a competir.

O modelo de cadeia de valor destaca atividades específicas no negócio em que as estratégias competitivas e os sistemas de informação terão maior impacto. O modelo vê a empresa como uma série de atividades básicas e de apoio que agregam uma margem de valor aos seus produtos ou serviços. As atividades primárias estão diretamente relacionadas à produção e à distribuição, enquanto as atividades de apoio possibilitam o fornecimento das atividades primárias. A cadeia de valores de uma empresa está ligada às cadeias de valor de seus fornecedores, distribuidores e clientes. Uma rede de valor consiste em sistemas de informação que aumentam a competitividade no nível do setor, promovendo o uso de padrões e consórcios de todo o setor e permitindo que as empresas trabalhem de forma mais eficiente com seus parceiros de valor.

As empresas consistem em várias unidades de negócios, por esse motivo os sistemas de informação obtêm eficiências adicionais ou aprimoram os serviços vinculando as operações de diferentes unidades de negócios. Os sistemas de informação ajudam as empresas a alavancar suas competências essenciais, promovendo o compartilhamento de conhecimento entre as unidades de negócios. Eles facilitam os modelos de negócios com base em grandes redes de usuários ou assinantes que aproveitam a economia da rede. Uma estratégia de empresa virtual usa redes para se conectar a outras empresas para que uma delas possa usar os recursos das outras para criar, comercializar e distribuir produtos e serviços. Nos ecossistemas de negócios, vários setores trabalham juntos para fornecer valor ao cliente. Os sistemas de informação apoiam uma densa rede de interações entre as empresas participantes.

3.4 Quais são os desafios colocados pelos sistemas de informações estratégicas e como eles devem ser abordados?

A implementação de sistemas estratégicos muitas vezes exige uma mudança organizacional ampla e a transição de um nível sociotécnico para outro. Essas mudanças, muitas vezes, são difíceis e dolorosas de alcançar. Além disso, nem todos os sistemas estratégicos são lucrativos e sua construção pode ser cara. Muitos sistemas de informações estratégicas são facilmente copiados por outras empresas, de modo que a vantagem estratégica nem sempre é sustentável.

Palavras-chave

Atividades de apoio, 101
Atividades primárias, 100
Benchmarking, 101
Competência essencial, 103
Customização em massa, 95
Custos de troca, 98
Diferenciação de produtos, 92
Economia de rede, 104
Ecossistema de negócios, 105
Empresa virtual, 104
Gestão da experiência do cliente, 97
Melhores práticas, 101
Modelo de cadeia de valores, 100
Modelo de forças competitivas, 91
Organização, 79
Plataformas, 105
Rede de valor, 102
Rotinas, 82
Sistema de resposta eficiente ao cliente, 93
Tecnologias disruptivas, 84
Teoria da agência, 87
Teoria dos custos de transação, 87

Questões para revisão

3.1 Que características das organizações os gerentes precisam conhecer para criar e usar os sistemas de informação com sucesso?

- Defina uma organização e compare a definição técnica de organizações com a definição comportamental.
- Identifique e descreva as características das organizações que ajudam a explicar as diferenças no uso que fazem dos sistemas de informação.

3.2 Qual é o impacto dos sistemas de informação nas organizações?

- Descreva as principais teorias econômicas que ajudam a explicar como os sistemas de informação afetam as organizações.
- Descreva as principais teorias comportamentais que ajudam a explicar como os sistemas de informação afetam as organizações.
- Explique por que há considerável resistência nas organizações à introdução de sistemas de informação.
- Descreva o impacto da internet e das tecnologias disruptivas nas organizações.

3.3 Como o modelo de forças competitivas de Porter, o modelo de cadeia de valor, as sinergias, as competências essenciais e a economia de rede ajudam as empresas a desenvolver estratégias competitivas usando sistemas de informação?

- Defina o modelo de forças competitivas de Porter e explique como ele funciona.
- Descreva o que o modelo de forças competitivas explica sobre vantagem competitiva.
- Liste e descreva quatro estratégias competitivas capacitadas pelos sistemas de informação que as empresas podem seguir.
- Descreva como os sistemas de informação podem apoiar cada uma dessas estratégias competitivas e dê exemplos.
- Explique por que alinhar a TI com os objetivos de negócios é essencial para o uso estratégico dos sistemas.
- Defina e descreva o modelo de cadeia de valor.
- Explique como o modelo de cadeia de valor pode ser usado para identificar oportunidades para os sistemas de informação.
- Defina a rede de valor e mostre como ela se relaciona com a cadeia de valor.
- Explique como a rede de valor ajuda as empresas a identificar oportunidades para sistemas de informações estratégicas.
- Descreva como a internet mudou as forças competitivas e a vantagem competitiva.
- Explique como os sistemas de informação promovem sinergias e competências essenciais.
- Descreva como promover sinergias e competências essenciais aumenta a vantagem competitiva.
- Explique como as empresas se beneficiam usando economia de rede e ecossistemas.
- Defina e descreva uma empresa virtual e os benefícios de buscar uma estratégia de empresa virtual.

3.4 Quais são os desafios colocados pelos sistemas de informações estratégicas e como eles devem ser abordados?

- Liste e descreva os desafios de gestão colocados pelos sistemas de informações estratégicas.
- Explique como realizar uma análise dos sistemas estratégicos.

Para discutir

3.5 Já disseram que a vantagem estratégica sustentável não existe. Você concorda? Por quê?

3.6 Já disseram que a vantagem que varejistas de ponta, como a Dell e o Walmart, têm sobre a concorrência não é tecnológica, mas gerencial. Você concorda? Por quê?

3.7 Quais são algumas das questões a serem consideradas para determinar se a internet é capaz de fornecer uma vantagem competitiva à sua empresa?

Projeto prático em SIG

Os projetos desta seção fornecem experiência prática na identificação de sistemas de informação para apoiar uma estratégia de negócios e resolver um problema de retenção de clientes, usando um banco de dados para melhorar a tomada de decisões sobre a estratégia de negócios e usando as ferramentas da *web* para configurar e determinar o preço de um automóvel.

Problemas de decisão de gestão

3.8 A Macy's, Inc., por meio de suas subsidiárias, administra cerca de 600 lojas de departamentos nos Estados Unidos. Suas lojas de varejo vendem diversas mercadorias, incluindo roupas, móveis e utensílios domésticos. A gerência sênior decidiu que a Macy's precisa adaptar as mercadorias mais aos gostos locais e que cores, tamanhos, marcas e estilos de roupas e outras mercadorias devem se basear nos padrões de vendas de cada loja da Macy's. Como os sistemas de informação podem ajudar a administração da Macy's a implementar essa nova estratégia? Quais dados esses sistemas devem coletar para ajudar a administração a tomar decisões de *merchandising* que apoiem essa estratégia?

3.9 A T-Mobile lançou campanhas agressivas para atrair clientes com os preços mais baixos do setor de telefonia móvel e, com isso, aumentou sua base de clientes. No entanto, a administração quer saber se existem outras maneiras de atrair e manter os clientes. Os clientes estão preocupados com o nível de atendimento ao cliente, a cobertura de rede irregular ou os planos de dados? Como a empresa pode usar os sistemas de informação para ajudar a encontrar essa resposta? Que decisões poderiam ser tomadas por parte da gestão usando as informações desses sistemas?

Melhor tomada de decisão: usando um banco de dados para esclarecer a estratégia de negócios

Habilidades de *software*: consulta de banco de dados e relatórios; *design* de banco de dados
Habilidades de negócios: sistemas de reservas; análise do cliente

3.10 Neste exercício, você usará o *software* de banco de dados para analisar as transações de reserva de um hotel e usará essas informações para ajustar a estratégia de negócios e as atividades de *marketing* desse hotel.
No *site* de apoio do livro, você encontrará um banco de dados de transações de reservas de hotéis desenvolvido no Microsoft Access, com informações sobre o President's Inn em Cape May, Nova Jersey. Nesse estabelecimento, 10 quartos têm vista para as ruas laterais, 10 quartos têm janelas panorâmicas que oferecem vistas limitadas para o oceano e os outros 10 quartos na frente do hotel estão voltados para o oceano. As tarifas são baseadas na escolha do quarto, duração da estadia e número de hóspedes por quarto. As tarifas são as mesmas para um a quatro hóspedes. O quinto e o sexto hóspedes devem pagar uma taxa adicional de US$ 20 cada, por pessoa, por dia. Os hóspedes com estadias de sete dias ou mais recebem um desconto de 10% nas diárias.

Os proprietários utilizam atualmente um sistema manual de reserva e escrituração, o que tem causado muitos problemas. Use o banco de dados para desenvolver relatórios sobre a duração média da estadia, visitantes médios por quarto, receita básica por quarto (ou seja, duração da visita multiplicada pela taxa diária) e base de clientes mais forte. Após responder a essas perguntas, escreva um breve relatório sobre a situação atual dos negócios do President's Inn e sugira estratégias futuras.

Melhor tomada de decisão: usando ferramentas da *web* para configurar e determinar o preço de um automóvel

Habilidades de *software*: *software* que funciona via internet
Habilidades de negócios: pesquisa de informações e preços de produtos

3.11 Neste exercício, você usará *software* de *sites* de carros para encontrar informações sobre um carro à sua escolha e tomar uma importante decisão de compra. Você também avaliará dois desses *sites* como ferramentas de venda.

Você está interessado em comprar um novo Ford Escape (ou outro carro à sua escolha). Acesse o *site* da CarsDirect (www.carsdirect.com) e comece sua análise. Localize o Ford Escape e seus diferentes modelos e escolha um de sua preferência em termos de preço, recursos e classificações de segurança. Localize e leia pelo menos dois comentários. Navegue pelo *site* do fabricante, neste caso a Ford (www.ford.com). Compare as informações disponíveis para o Ford Escape no *site* da Ford com as do CarsDirect. Tente localizar o menor preço do carro que você quer nos anúncios de um revendedor local. Sugira melhorias para a CarsDirect.com e para a Ford.com.

Projeto de colaboração e trabalho em equipe

Identificando oportunidades para sistemas de informações estratégicas

3.12 Com sua equipe de três ou quatro outros alunos, selecione uma empresa descrita no *Wall Street Journal*, na *Fortune*, na *Forbes* ou em outra publicação de negócios ou faça sua pesquisa na *web*. Acesse o *site* da empresa para encontrar informações adicionais e saber como ela está usando a *web*. Com base nessas informações, faça uma análise do negócio. Inclua uma descrição das características da organização, como processos de negócios importantes, cultura, estrutura e ambiente, bem como sua estratégia de negócios. Sugira sistemas de informações estratégicas apropriados para aquele negócio em particular, incluindo aqueles baseados em tecnologia da internet, se apropriado. Se possível, use o Google Docs e o Google Drive ou o Google Sites para debater, organizar e desenvolver uma apresentação de suas descobertas para a turma.

O tempo está se esgotando para a Bed Bath & Beyond?

ESTUDO DE CASO

Bed Bath & Beyond, juntamente com suas subsidiárias, foi considerada a principal varejista de superlojas domésticas dos Estados Unidos. Suas lojas contavam com produtos de Marcas renomadas e marca própria da melhor qualidade, como lençóis de linho, itens de banheiro e de cozinha e pequenos eletrodomésticos. Em 2 de março de 2019, a empresa tinha um total de 1.533 lojas, incluindo 994 lojas Bed Bath & Beyond em todos os 50 estados, no Distrito de Columbia, em Porto Rico e no Canadá; 277 lojas sob os nomes de World Market, Cost Plus World Market ou Cost Plus; 124 lojas buybuy BABY; 81 lojas sob os nomes Christmas Tree Shops ou Christmas Tree Shops and That!; e 55 lojas sob o nome Harmon Face Values. Entre suas outras subsidiárias incluem-se a Of a Kind, um *site* de comércio eletrônico com itens de edição limitada especialmente encomendados de designers emergentes de moda e decoração; One Kings Lane, que oferece uma coleção de artigos domésticos selecionados e itens de grife e vintage; PersonalizationMall.com, uma loja *on-line* de produtos personalizados; Chef Central, loja *on-line* de utensílios de cozinha e artigos para o lar destinada a entusiastas de culinária e panificação; e Decorist, uma plataforma *on-line* de *design* de interiores. A empresa foi fundada por Warren Eisenberg e Leonard Feinstein, em 1971, e sua sede fica em Union, Nova Jersey.

Durante décadas, a Bed Bath and Beyond foi líder em seu campo, mas ficou para trás com sua abordagem de vendas e *marketing*, perdendo participação de mercado para varejistas estabelecidos e emergentes com métodos mais inovadores (e capacitadas em termos digitais) de vender e desenvolver relacionamentos com os clientes. A Bed Bath & Beyond está sendo superada por varejistas tradicionais que expandiram sua presença em artigos para o lar, bem como por novos *e-commerces* que vendem *on-line* diretamente aos consumidores. Amazon, Walmart e Target lançaram marcas mais baratas de produtos domésticos de marca própria, e a Wayfair também está se fortalecendo, com campanhas publicitárias agressivas. Os distribuidores de descontos TJ Maxx e sua marca HomeGoods representam fontes adicionais de concorrência.

Cerca de 70% das mercadorias da Bed Bath & Beyond foram selecionadas pelos gerentes das lojas em vez de uma equipe de compras centralizada, permitindo que a Bed Bath & Beyond personalize a seleção de estoque por local. Os cofundadores administraram o negócio por décadas e acabaram por nomear Steve Temares como CEO, permanecendo como copresidentes. Temares adaptou o tamanho das lojas dependendo da localização, variando-as de 325 metros quadrados a 10 mil metros quadrados. (A concorrente mais próxima da Bed Bath & Beyond, a Linens 'n Things tinha lojas cujo tamanho médio era de 2.800 metros quadrados.) Durante a crise econômica de 2008, as grandes lojas de varejo perderam dinheiro mais rapidamente do que as pequenas. As lojas Linens n' Things fecharam em 2008 e a Bed Bath & Beyond conseguiu ganhar grande parte de sua participação de mercado.

Em 2018, a receita da Bed Bath & Beyond diminuiu. A empresa registrou seu primeiro prejuízo anual desde que tornou-se uma empresa pública, em 1992, e suas ações caíram mais de 80% desde 2015. A crise estava em gestação havia décadas: a Bed Bath and Beyond era uma superloja de utilidades domésticas, repleta de tanta mercadoria que os produtos pendiam do teto. Mas a empresa estava mal equipada para fazer a transição para um mundo onde os consumidores podem acessar milhares de produtos tocando na tela de um *smartphone*.

A Bed Bath & Beyond estava muito imersa no passado, contando com cupons para atrair compradores e uma mentalidade de "empilhar até o alto" que sobrecarregava as lojas, tornando-as lugares difíceis para se fazer compras. De acordo com Amy Laskin, ex-executiva de *Marketing* da Bed Bath and Beyond, a administração não entendia como competir em um novo ambiente digital.

A empresa adotou uma cultura muito sóbria, em que funcionários e gerentes não podiam usar post-it porque eram considerados muito caros. (tinham de usar papel de rascunho). Até recentemente, muitos funcionários não tinham *laptops* da empresa ou os que tinham estavam desatualizados. Essa mentalidade, juntamente com a falta de senso de urgência, pode ter ajudado a empresa em épocas anteriores, mas desencorajou a administração a investir pesadamente em tecnologia ou assumir riscos. (Os investimentos em tecnologia totalizaram cerca de US$ 200 milhões em 2018, muito menos do que muitos rivais da Bed Bath & Beyond.) "Não temos pressa de errar" era um dos dizeres favoritos. A Bed Bath & Beyond levou três anos para fazer uma atualização no *site* e dois anos para lançar um novo programa de fidelização de clientes. A empresa testava novos conceitos de loja, mas raramente os lançava para toda a rede. Os gerentes muitas vezes se preocupavam com pequenos detalhes.

O *site* da Bed Bath & Beyond foi lançado em 1999, mas acredita-se que represente apenas 20% de suas vendas totais. A concorrente Williams-Sonoma obtém mais de 50% de suas vendas pelo meio *on-line*. Mesmo depois que a Bed Bath & Beyond atualizou seu *site*, há 6 anos, muitas funções de comércio eletrônico permaneceram desajeitadas e antiquadas. Por exemplo, nos armazéns que atendem pedidos *on-line*, os produtos eram separados e embalados manualmente. Os funcionários tinham de inserir manualmente as descrições e fotos dos produtos em vez de carregá-los automaticamente.

Nem toda as aquisições da Bed Bath & Beyond, tanto de comércio eletrônico quanto de lojas físicas, deram certo. One Kings Lane, And That!, Of a Kind, Decorist, PersonalizationMall.com e Chef Central não são consideradas lucrativas porque têm plataformas de *e-commerce* modestas e ofertas muito especializadas que não vão fazer muita diferença para a empresa como um todo. A Bed Bath & Beyond parece ter atraído fornecedores de nicho de baixo desempenho por causa dos preços baratos.

Seu perfil é aquele em que muitos clientes gostam de fazer compras nas lojas, mas as compras na loja por si só não podem mais impulsionar o negócio. O que a empresa precisa desesperadamente é de uma aquisição mais transformacional que altere a percepção do cliente sobre a marca e a diferencie em um mercado cada vez mais lotado e focado no digital. Ela precisa criar variedade de produtos únicos e memoráveis, tanto na loja física quanto *on-line*, e uma orientação mais omnicanal e digital.

A Bed Bath & Beyond fez algumas melhorias nos canais digitais, como tornar o conteúdo mais inspirador, aumentar a variedade de produtos *on-line*, aprimorar as capacidades de busca e navegação (incluindo o uso de imagens para encontrar itens no *site*) e introduzir um fluxo mais simplificado de *check-out*. Foram criados aplicativos móveis para a Bed Bath & Beyond e a buybuy BABY. Uma nova carteira virtual de cupons chamada My Offers organiza e armazena cupons impressos e digitais para acesso *on-line* ou nas lojas. A empresa também está começando a usar suas lojas físicas para envio de pedidos *on-line*, agilizando o serviço de entrega.

Os investimentos em tecnologia da Bed Bath & Beyond concentram-se em quatro áreas principais: *merchandising*, precificação, serviço e experiência digital. A empresa aumentou seu grupo de TI em quase 500 pessoas, muitas das quais foram designadas para a parte digital do negócio. A Bed Bath & Beyond se concentrará em uma melhor integração de seus sistemas para obter uma visão mais abrangente dos clientes à medida que eles interagem com a empresa em vários canais. A empresa tentará conectar e consolidar todos os seus dados em uma plataforma central, usando ferramentas de modelagem mais preditivas (veja o Capítulo 12) para otimização de preços, descontos e campanhas de mala direta. Um novo sistema de ponto de venda (PDV) automatizará muitos processos manuais, com recursos para ofertas de cupons personalizados.

Um novo recurso importante é o uso de preços dinâmicos (definindo preços flexíveis para produtos e serviços com base nas demandas atuais do mercado) para otimizar as decisões de preços em tempo real. Uma grande parte da atual gama de produtos da Bed Bath & Beyond é transportada por seus concorrentes. Enquanto a empresa está criando um sortimento de produtos mais diferenciado, ela pode usar preços competitivos e dinâmicos para se destacar da multidão.

A Bed Bath & Beyond está fazendo a transição para uma abordagem "mostre mais, carregue menos" em suas lojas. Ela pretende ter uma ampla variedade de produtos em exposição, mas grande parte não estará disponível para compras nas lojas. Os clientes terão que encomendar esses itens *on-line* na loja ou de casa. A ideia é que a Bed Bath & Beyond não tenha todo seu estoque em todas as lojas, mas que possa exibir os itens para os clientes, que poderão aproveitar seu inventário *on-line*. Especialistas apontam que essa abordagem é difícil de executar com sucesso, pois forçar os clientes a adiar as compras não é uma boa prática de vendas. A Home Depot conseguiu melhorar sua lucratividade sem adicionar mais lojas, adicionando mais eficiência *on-line*, mas isso não significa que a Bed Bath & Beyond possa replicar sua experiência.

Cerca de 40 lojas da Bed Bath & Beyond serão transformados em laboratórios de trabalho para estimular a inovação no varejo. Nessas lojas, a Bed Bath & Beyond experimentará sortimentos, *merchandising* visual e a experiência na loja. A administração espera aplicar o que for aprendido dessas lojas sobre estimular o interesse do cliente em um maior número de lojas. Não há duas lojas de teste iguais. A empresa está avaliando sua experiência na loja de laboratório usando métricas como comportamento do cliente, produtividade do espaço, transações, vendas e lucratividade, estoque e clientes novos, existentes e reativados.

A Bed Bath & Beyond está introduzindo seis marcas de móveis decorativos. A primeira a ser lançada se chama Bee & Willow. A empresa planeja gastar US$ 50 milhões em armazéns para distribuição de comércio eletrônico e produtos personalizados. No outono de 2016, abriu uma instalação de distribuição de 75 mil metros quadrados em Lewisville, Texas, para atender pedidos *on-line* e melhorar as entregas.

Após uma extensa pesquisa, a Bed Bath & Beyond contratou Mark Tritton, diretor de *merchandising* da Target, como executivo-chefe, cargo que assumiu em 4 de novembro de 2019. Tritton foi fundamental para tornar as compras na Target perfeitas para os clientes, quer eles comprassem na loja ou *on-line*. Ele também desempenhou um papel na introdução de produtos de marca própria para a Target, juntamente com marcas de renome, como Vineyard Vines e Hunter Boots.

Em 17 de dezembro de 2019, Tritton anunciou que cinco executivos deixariam a Bed Bath & Beyond, incluindo os chefes de *merchandising*, *marketing*, digital e jurídico. O diretor de marca da empresa havia se demitido na semana anterior. Três desses altos executivos estavam na empresa havia mais de vinte anos.

A marca Bed Bath & Beyond ainda é dominante entre os consumidores, e seus novos diretores têm a experiência de comércio eletrônico e varejo que faltava a seus antecessores. Embora a Bed Bath and Beyond tenha feito investimentos significativos em tecnologia, mais trabalho precisa ser feito para simplificar o estoque, reduzir os custos, oferecer produtos mais diferenciados e modernizar as lojas e o *marketing*. Culpar concorrentes formidáveis como a Amazon encobre as estratégias e decisões das pessoas que dirigiram a Bed Bath & Beyond por muitos anos.

Fontes: Suzanne Kaper e Nathaniel Meyersohn, "Bed Bath and Beyond Is in Deep Trouble. And It Could Get Worse," CNN Business, 9 de janeiro de 2020; "Bed Bath & Beyond Is 'Running Out of Time,'" *CNN Business*, 22 de janeiro de 2019 e "Bed Bath & Beyond's New CEO Just Laid Off Nearly His Entire C-Suite," *CNN Business*, 17 de dezembro de 2019; "Amazon Didn't Cripple Bed Bath & Beyond. Its Own Leaders Did." *Wall Street Journal*, 2 de junho de 2019; "Bed Bath & Beyond: A Look at the Potential Turnaround," *Seeking Alpha*, 10 de dezembro de 2019; Jamie Grill-Goodman, "Bed Bath & Beyond Banks on Store of the Future," *Retail Info Systems*, 14 de janeiro de 2019; Time Denman, "Bed Bath & Beyond's Plan to Reinvent Itself by 2020," *Retail Info Systems*, 16 de abril de 2018; Rich Duprey, "Bed Bath & Beyond's Acquisition Strategy Doesn't Make Sense," *The Motley Fool*, 29 de janeiro de 2018 e "Bed Bath & Beyond's New Store Strategy Carries Risk," *The Motley Fool*, 31 de dezembro de 2017.

PERGUNTAS DO ESTUDO DE CASO

3.13 Analise a Bed Bath & Beyond usando os modelos de forças competitivas e de cadeia de valor.

3.14 Defina o problema enfrentado pela Bed Bath & Beyond. Que fatores de gestão, organização e tecnologia contribuíram para o problema?

3.15 Avalie a solução que a Bed Bath & Beyond está tentando implementar. Será eficaz? Por quê? Ou por que não?

Referências do Capítulo 3

Bresnahan, Timothy F., Erik Brynjolfsson e Lorin M. Hitt, "Information Technology, Workplace Organization, and the Demand for Skilled Labor." *Quarterly Journal of Economics* 117 (fevereiro de 2002).

Christensen, Clayton M. *The Innovator's Dilemma: The Revolutionary Book That Will Change the Way You Do Business*. New York: HarperCollins (2003).

. "The Past and Future of Competitive Advantage." *Sloan Management Review* 42, Nº 2 (inverno de 2001).

Christensen, Clayton M., Michael E. Raynor e Rory McDonald. "What Is Disruptive Innovation?" *Harvard Business Review* (dezembro de 2015).

Coase, Ronald H. "The Nature of the Firm." (1937). In Putterman, Louis e Randall Kroszner. *The Economic Nature of the Firm: A Reader*. Cambridge University Press, 1995.

Cusumano, Michael J., David B. Yoffie e Annabelle Gower. "The Future of Platforms." *MIT Sloan Management Review* 61 Nº 3 (primavera de 2020).

Davenport, Thomas H. e Stephan Kudyba. "Designing and Developing Analytics-Based Data Products." *MIT Sloan Management Review* 58 Nº 1 (inverno de 2016).

Drucker, Peter. "The Coming of the New Organization." *Harvard Business Review* (janeiro-fevereirode 1988).

Gandhi, Suketo e Eric Gervet. "Now That Your Products Can Talk, What Will They Tell You?" *MIT Sloan Management Review* (primavera de 2016).

Gurbaxani, V. e S. Whang, "The Impact of Information Systems on Organizations and Markets." *Communications of the ACM* 34, Nº 1 (janeiro de 1991).

Hagiu, Andrei e Julian Wright. "When Data Creates Competitive Advantage." *Harvard Business Review* (janeiro-fevereiro de 2020).

Hit, Lorin M. e Erik Brynjolfsson. "Information Technology and Internal Firm Organization: An Exploratory Analysis." *Journal of Management Information Systems* 14, Nº 2 (outono de 1997).

Iansiti, Marco e Karim R. Lakhani. "Digital Ubiquity: How Connections, Sensors, and Data Are Revolutionizing Business." *Harvard Business Review* (novembro de 2014).

. "From Disruption to Collision: The New Competitive Dynamics." *MIT Sloan Management Review* 61 Nº 3 (primavera de 2020).

Iansiti, Marco e Roy Levien. "Strategy as Ecology." *Harvard Business Review* (março de 2004).

Ibarra, Herminia. "Take a Wrecking Ball to Your Companiy's Iconic Practices." *MIT Sloan Management Review* 61 Nº 2 (inverno de 2020).

Jacobides, Michael G. "In the Ecosystem Economy, What's Your Strategy?" *Harvard Business Review* (setembro-outubro de 2019).

Jensen, M. C., and W. H. Meckling. "Specific and General Knowledge and Organizational Science." Em *Contract Economics*, editado por L. Wetin e J. Wijkander. Oxford: Basil Blackwell (1992).

. "Theory of the Firm: Managerial Behavior, Agency Costs, and Ownership Structure." *Journal of Financial Economics* 3 (1976).

Kauffman, Robert J. e Yu-Ming Wang. "The Network Externalities Hypothesis and Competitive Network Growth." *Journal of Organizational Computing and Electronic Commerce* 12, Nº 1 (2002).

King, Andrew A. e Baljir Baatartogtokh. "How Useful Is the Theory of Disruptive Innovation?" *MIT Sloan Management Review* (outono de 2015).

King, J. L., V. Gurbaxani, K. L. Kraemer, F. W. McFarlan, K. S. Raman e C. S. Yap. "Institutional Factors in Information Technology Innovation." *Information Systems Research* 5, Nº 2 (junho de 1994).

Kling, Rob. "Social Analyses of Computing: Theoretical Perspectives in Recent Empirical Research." *Computing Survey* 12, Nº 1 (março de 1980).

Kolb, D. A. e A. L. Frohman. "An Organization Development Approach to Consulting." *Sloan Management Review* 12, Nº 1 (outono de 1970).

Laudon, Kenneth C. "A General Model of the Relationship Between Information Technology and Organizations." Center for Research on Information Systems, New York University. Working paper, National Science Foundation (1989).

. "Environmental and Institutional Models of Systems Development." *Communications of the ACM* 28, Nº 7 (julho de 1985).

. *Dossier Society: Value Choices in the Design of National Information Systems*. New York: Columbia University Press (1986).

Laudon, Kenneth C. e Kenneth L. Marr. "Information Technology and Occupational Structure." (abril de 1995).

Leavitt, Harold J. e Thomas L. Whisler. "Management in the 1980s." *Harvard Business Review* (novembro-dezembro de 1958).

Leonardi, Paul. "You're Going Digital. Now What?" *MIT Sloan Management Review* 61 Nº 2 (inverno de 2020).

Luftman, Jerry. *Competing in the Information Age: Align in the Sand*
(2nd ed.). Oxford University Press USA (6 de agosto de 2003).

March, James G. e Herbert A. Simon. *Organizations*. New York: Wiley (1958).

McDonald, Rory e Kathleen M. Eisenhardt. "The New-Market Conundrum." *Harvard Business Review* (maio-junho de 2020).

McGrath, Rita Gunther. "The New Disruptors." *MIT Sloan Management Review* 61 Nº 3 (primavera de 2020).

Mintzberg, Henry. "Managerial Work: Analysis from Observation."
Management Science 18 (outubro de 1971).

Parker, Geoffrey, Marshall Van Alstyne e Xiaoyue Jiang. "Platform Ecosystems: How Developers Invert the Firm," *MIS Quarterly* 41, Nº 1 (março de 2017).

Porter, Michael E. *Competitive Advantage*. New York: Free Press (1985).

. *Competitive Strategy*. New York: Free Press (1980).

. "Strategy and the Internet." *Harvard Business Review* (março de 2001).

. "The Five Competitive Forces That Shape Strategy." *Harvard Business Review* (janeiro de 2008).

Porter, Michael E. e James E. Heppelmann. "How Smart, Connected Products Are Transforming Competition." *Harvard Business Review* (novembro de 2014).

Porter, Michael E. e Scott Stern. "Location Matters." *Sloan Management Review* 42, Nº 4 (verão de 2001).

Ross, Jeanne W., Cynthia M. Beath e Martin Mocker. "Creating Digital Offerings Customers Will Buy." *MIT Sloan Management Review* 61 Nº 1 (outono de 2019).

Sabherwal, Rajiv, Sanjiv Sabherwal, Taha Havakhor e Zach Steelman," How Does Strategic Alignment Affect Firm Performance? The Roles of Information Technology
Investment and Environmental Uncertainty." *MIS Quarterly*
43 Nº 2 (junho de 2019).

Shapiro, Carl e Hal R. Varian. *Information Rules*. Boston, MA: Harvard Business School Press (1999).

Siggelkow, Nicolai e Christian Terwiesch. "The Age of Continuous Connection." Harvard Business Review (maio-junho de 2019).

Song, Peijian, Ling Xue, Arun Rai e Cheng Zhang. "The Ecosystem of Software Platform: A Study of Asymmetric Cross-Side Network Effects and Platform Governance." *MIS Quarterly* 42 Nº 1 (março de 2018).

Suarez, Fernando Fl, James Utterback, Paul Von Gruben e Hye Young Kang. "The Hybrid Trap: Why Most Efforts to Bridge Old and New Technology Miss the Mark." *MIT Sloan Management Review* 59, Nº 3 (primavera de 2018).

Taneja, Hemant e Kevin Maney. "The End of Scale." *MIT Sloan Management Review* (primavera de 2018).

Tushman, Michael L. e Philip Anderson. "Technological Discontinuities and Organizational Environments." *Administrative Science Quarterly* 31 (setembro de 1986).

Van Alstyne, Marshall W., Geoffrey G. Parer e Sangeet Paul Choudary. "Pipelines, Platforms, and the New Rules of Strategy." *Harvard Business Review* (abril de 2016).

Weber, Max. *The Theory of Social and Economic Organization.* Traduzido por Talcott Parsons. New York: Free Press (1947). Williamson, Oliver E. *The Economic Institutions of Capitalism.* New York: Free Press, (1985).

Wixom, Barbara H. e Jeanne W. Ross. "How to Monetize Your Data." *MIT Sloan Management Review* 58, Nº 3 (primavera de 2017).

Zhu, Feng e Nathan Furr. "Products to Platforms: Making the Leap." *Harvard Business Review* (abril de 2016).

Zhu, Feng e Marco Iansiti. "Why Some Platforms Thrive and Others Don't." Harvard Business Review (janeiro–fevereiro de 2019).

CAPÍTULO

4 Questões éticas e sociais em sistemas de informação

OBJETIVOS DE ESTUDO

Ao concluir este capítulo, você será capaz de responder às seguintes perguntas:

4.1 Quais questões éticas, sociais e políticas são levantadas pelos sistemas de informação?

4.2 Quais princípios específicos de conduta podem ser usados para orientar as decisões éticas?

4.3 Por que a tecnologia dos sistemas de informação contemporânea e a internet representam desafios para a proteção da privacidade individual e da propriedade intelectual?

4.4 Como os sistemas de informação afetaram a legislação para o estabelecimento de prestação de contas e responsabilidade e da qualidade da vida cotidiana?

4.5 Como os sistemas de informação gerenciais ajudarão minha carreira?

CASOS DO CAPÍTULO

Seu *smartphone*: o melhor amigo do Grande Irmão

O acidente do Boeing 737 MAX: o que aconteceu e por quê?

Os *smartphones* prejudicam as crianças? Talvez sim, talvez não

Privacidade no Facebook: sua vida à venda

Seu *smartphone*: o melhor amigo do Grande Irmão

A cada minuto de cada dia, em todo o mundo, diversas empresas estão rastreando a localização precisa de dezenas de milhões de pessoas que usam telefones celulares e armazenando os dados em repositórios de dados gigantescos. Um dos que estão sendo rastreados pode ser você. Qualquer um que tenha acessado esses dados pode ver com quem você se encontrou, onde passou a noite, onde foi rezar ou se foi a um consultório psiquiátrico ou a uma casa de massagem.

O Google Maps, com mais de um bilhão de usuários, é talvez o aplicativo de localização mais popular do mundo. Ele rastreia a localização da maioria de seus usuários. Google, Facebook e outras grandes empresas de tecnologia são mais propensas a manter os dados de localização que coletam para uso interno. Mas muitas empresas menores, como a Reveal Mobile, que opera nos bastidores em aplicativos móveis, também coletam dados de localização dos sensores do seu telefone – com ou sem consentimento.

Os dados de localização têm muitos usos, como fornecer mapas e instruções de rotas, facilitar pagamentos, analisar padrões de tráfego urbano e identificar onde os estadunidenses praticaram – e não praticaram – distanciamento social durante a pandemia do coronavírus. No entanto, os dados de localização são frequentemente enviados para empresas de *marketing* para criar publicidade direcionada. As empresas obtêm legalmente os dados de localização, desse modo há poucas restrições legais sobre o que podem fazer com eles, incluindo a venda desses dados com fins lucrativos. Cada aplicativo é capaz de transmitir dados para cinco ou dez outros aplicativos. Os dados que coletam de você estão sendo combinados com outros dados para saber mais sobre suas atividades. É difícil saber quais aplicativos estão compartilhando e lucrando com os dados de localização das pessoas.

Mas em que medida isso é permitido? Ao fazer o *download* de um aplicativo, o usuário do telefone celular "consentiu", clicando em "concordo" na tela em que são apresentados os termos de serviço para usar o aplicativo. Baixar o app e concordar com os termos de serviço é permitir que as informações confidenciais do usuário sejam expostas a redes de anúncios, corretores de dados e outras empresas de tecnologia. Alguns aplicativos que usam localização fazem isso com informações claras, mas muitos não. Algumas empresas até coletam os dados para um propósito enquanto os usam para outro.

Por lei, as empresas de rastreamento de localização são obrigadas a descrever suas práticas apenas em suas políticas de privacidade, que tendem a ser documentos legais densos e de difícil entendimento para a maioria das pessoas. Se uma empresa privada está coletando legalmente informações de localização, ela tem permissão para distribuir ou compartilhar os dados como quiser. As empresas de rastreamento de localização

© James Heyworth/123RF

afirmam que os dados de localização com os quais trabalham são anônimos, mas registros abrangentes de tempo e lugar ainda são capazes de identificar pessoas reais.

Muitas vezes, é quase impossível saber quais empresas recebem as suas informações de localização e o que fazem com elas. Como a coleta de dados de localização, em grande parte, não é regulamentada, algumas dessas empresas podem obter legalmente acesso a sensores de localização de telefones e, em seguida, comprar e vender as informações. Empresas menores de rastreamento de localização podem inserir seus programas de rastreamento em determinados aplicativos de desenvolvedores de aplicativos maiores usando kits de desenvolvimento de *software* (SDKs, do inglês *software development kits*) – pequenos programas que podem ser usados para criar recursos em um aplicativo, incluindo recursos de rastreamento de localização. Os SDKs são incorporados em milhares de aplicativos. As categorias de aplicativos que geralmente mais funcionam com SDKs incluem viagens, entretenimento, mapas e navegação, redes sociais, compras, jogos e esportes.

Em uma pesquisa de opinião do New York Times, o aplicativo de música iHeartRadio pediu aos usuários que permitissem que os serviços de localização "localizassem seu DJ favorito". O aplicativo iHeart então enviava a geolocalização precisa do telefone do usuário para a empresa de dados Cuebiq, que fazia análises, como verificar se as pessoas visitaram uma loja depois de ver um anúncio *on-line*. O iHeartRadio afirmou que o seu uso dos dados de localização está em conformidade com "todas as leis aplicáveis" e que sua política de privacidade inclui "divulgação completa sobre o uso de localização". O iHeartRadio atualizou então a tela de consentimento para uma versão com mais detalhes.

Fontes: New York Times Editorial Board, "The Government Uses 'Near Perfect Surveillance Data' on Americans," New York Times, 7 de fevereiro de 2020; Stuart A. Thompson e Charlie Warzel, "Smartphones Are Spies. Here's Whom They Report To," New York Times, 20 de dezembro de 2019; e "Twelve Million Phones, One Dataset, Zero Privacy," New York Times, December 19, 2019.

Os desafios que o rastreamento de localização de telefones celulares impõe à privacidade, descritos no caso de abertura do capítulo, mostram que a tecnologia pode ser uma faca de dois gumes. Pode ser a fonte de muitos benefícios, incluindo a capacidade de usar *smartphones* para acessar mapas *on-line* e obter instruções de rota ou para saber sobre o clima local e ver notícias de negócios. Ao mesmo tempo, a tecnologia digital cria novas oportunidades para a invasão de privacidade e uso de informações que possam causar danos.

O diagrama de abertura do capítulo chama a atenção para pontos importantes levantados por este caso e este capítulo. Os avanços no gerenciamento e análise de dados, nas comunicações móveis e na Internet das Coisas (IoT) criaram oportunidades para as organizações rastrearem a localização de muitos indivíduos usando *smartphones* a qualquer momento. As organizações aqui descritas estão se beneficiando da coleta e usando os dados de localização para monitorar o comportamento do usuário de telefones celulares, para que essas informações possam ser vendidas para *marketing* e outros fins. O uso de dados de localização de usuários de telefones celulares também está prejudicando as pessoas, pois pode invadir sua privacidade. Os indivíduos podem estar sujeitos a discriminação no trabalho ou escrutínio específico com base em padrões de comportamento revelados pelo rastreamento de localização. Existem muito poucas proteções de privacidade para rastreamento de localização móvel.

Este caso ilustra um dilema ético porque mostra dois tipos de interesses no trabalho: os interesses das organizações que obtiveram lucros ou mesmo ajudaram muitas pessoas com o rastreamento de localização móvel e daquelas que acreditam fervorosamente que empresas e organizações públicas não devem usar dados pessoais para invadir a privacidade ou prejudicar os indivíduos. Como gerente, você precisará ser sensível a ambos os impactos, positivo e negativo, dos sistemas de informação para sua empresa, funcionários e clientes. Precisará aprender a resolver dilemas éticos envolvendo sistemas de informação.

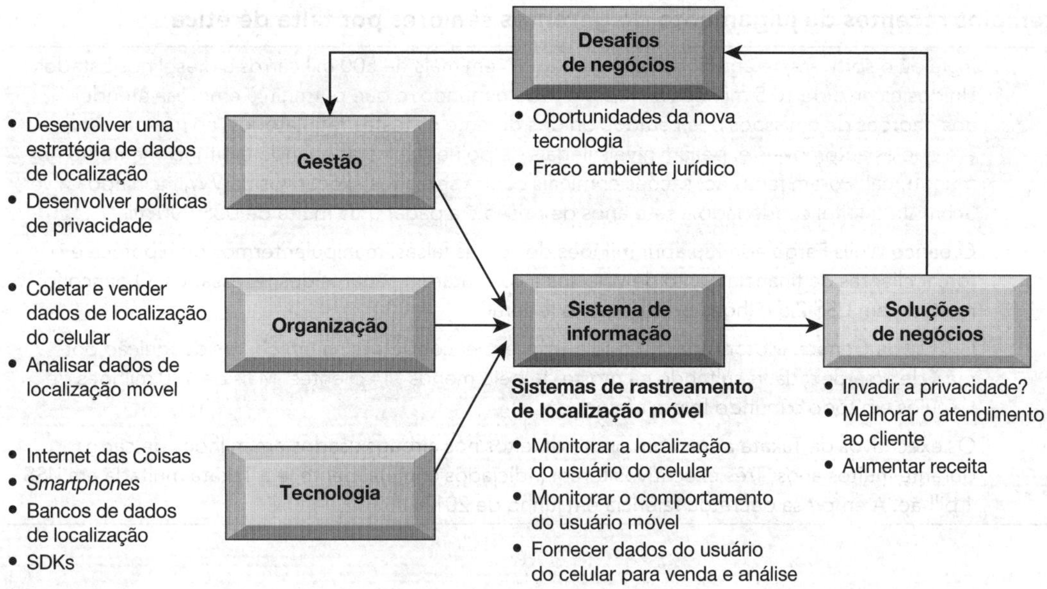

Aqui temos algumas questões sobre as quais refletir: a análise dos dados de localização do telefone celular cria um dilema ético? Por quê? Ou por que não? Deve haver novas leis de privacidade para proteger os dados pessoais coletados de usuários de telefones celulares? Por quê? Ou por que não?

4.1 Quais questões éticas, sociais e políticas são levantadas pelos sistemas de informação?

Nos últimos 20 anos, testemunhamos, sem dúvida, um dos períodos mais desafiadores em termos de ética para os negócios dos Estados Unidos e globais. A Tabela 4.1 fornece uma pequena amostra de casos recentes demonstrando falha no julgamento ético por parte de gerentes seniores e intermediários. Esses lapsos de julgamento ético e comercial ocorreram em um amplo espectro de setores.

No novo ambiente legal, os gerentes que violarem a lei e forem condenados provavelmente passarão algum tempo na prisão. As diretrizes federais de condenação dos Estados Unidos adotadas em 1987 determinam que os juízes federais imponham sentenças duras ao executivos de negócios com base no valor monetário do crime, na presença de uma conspiração para impedir a descoberta do crime, no uso de transações financeiras estruturadas para ocultar o crime e na falta de cooperação com os promotores (US Sentencing Commission, 2004).

Embora as empresas, no passado, muitas vezes pagassem pela defesa legal de seus funcionários envolvidos em acusações civis e investigações criminais, agora elas são incentivadas a cooperar com os promotores para reduzir as acusações contra toda a organização por obstruir as investigações. Mais do que nunca, como gerente ou funcionário, você terá que decidir por si mesmo o que constitui uma conduta legal e ética adequada.

Esses grandes casos de falha de julgamento ético e legal não foram concebidos pelos departamentos de sistemas de informação, mas os sistemas de informação foram fundamentais em muitas dessas fraudes. Em muitos casos, os perpetradores desses crimes usaram, de forma engenhosa, os sistemas de informação de relatórios financeiros para ocultar do escrutínio público as decisões que tomaram.

TABELA 4.1 Exemplos recentes de julgamento de gerentes sêniores por falta de ética

Volswagen AG	Instalou o *software* de emissões "*defeat-device*" em mais de 500 mil carros a diesel nos Estados Unidos e cerca de 10,5 milhões a mais em todo o mundo, o que permitiu à empresa atender aos padrões de emissões dos Estados Unidos durante os testes regulatórios, ao mesmo tempo em que os automóveis expeliam níveis ilegais de poluentes no ar quando em funcionamento no mundo real. Foram feitas acusações criminais contra seis altos executivos da VW, incluindo Oliver Schmidt, que foi condenado a sete anos de prisão e a pagar uma multa de US$ 400 mil.
Wells Fargo (2018)	O banco Wells Fargo admitiu abrir milhões de contas falsas, manipular termos de hipoteca e forçar clientes de financiamento de veículos a contratarem seguros desnecessários. O banco foi multado em US$ 2,5 bilhões pelo governo federal.
General Motors, Inc. (2015)	O CEO da General Motors admitiu que a empresa encobriu a falha em chaves de ignição por mais de uma década, resultando na morte de pelo menos 114 clientes. Mais de 100 milhões de veículos em todo o mundo foram afetados.
Takata Corporation (2015)	Os executivos da Takata admitiram omitir defeitos nos airbags usados em milhões de carros durante muitos anos. Três executivos foram indiciados criminalmente, e a Takata multada em US$ 1 bilhão. A empresa decretou falência em junho de 2017.

Lidamos com a questão do controle nos sistemas de informação no Capítulo 8, em que falaremos sobre as dimensões éticas dessas e de outras ações baseadas no uso de sistemas de informação.

Ética refere-se aos princípios de certo e errado que os indivíduos, ao atuar como agentes morais livres, usam para fazer escolhas que guiam seu comportamento. Os sistemas de informação suscitam novas questões éticas para os indivíduos e a sociedade, porque criam oportunidades para uma intensa mudança social e, assim, ameaçam os padrões existentes de distribuição de poder, dinheiro, direitos e obrigações. De maneira semelhante a outras tecnologias, como as de motores a vapor, eletricidade e telefone, a tecnologia da informação pode ser usada para alcançar progresso social, mas também para cometer crimes e ameaçar valores sociais que apreciamos. O desenvolvimento da tecnologia da informação produzirá benefícios para muitos e custos para outros.

A ascensão da internet e do comércio eletrônico deu uma nova relevância às questões éticas nos sistemas de informação. A internet e as tecnologias digitais tornam mais fácil do que nunca reunir, integrar e distribuir informações, causando novas preocupações sobre o uso adequado das informações do cliente, a proteção da privacidade pessoal e a proteção da propriedade intelectual.

Outras questões éticas urgentes que os sistemas de informação levantam incluem o estabelecimento de responsabilidades pelas consequências dos sistemas de informação, a definição de padrões para salvaguardar a qualidade do sistema que protege a segurança dos indivíduos e da sociedade, e a preservação de valores e instituições considerados essenciais para a qualidade de vida em uma sociedade da informação. Ao utilizar sistemas de informação, é essencial fazer a pergunta: "qual é a atitude ética e socialmente responsável a ser tomada?".

Um modelo de raciocínio para questões éticas, sociais e políticas

As questões éticas, sociais e políticas estão intimamente ligadas. O dilema ético que você pode vir a enfrentar como administrador de sistemas de informação é reproduzido no debate social e político. Uma maneira de pensar sobre essas relações é dada na Figura 4.1. Imagine a

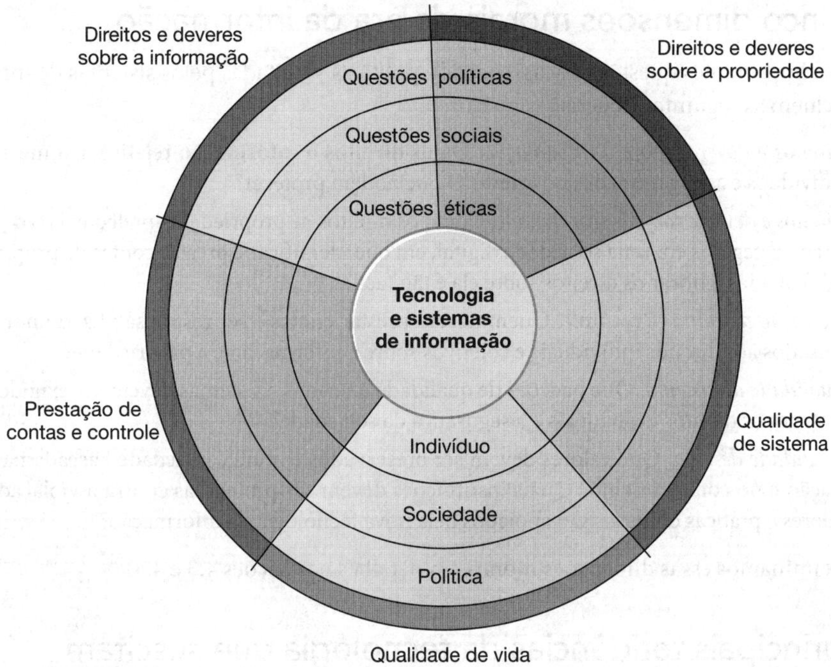

FIGURA 4.1 A relação entre questões éticas, sociais e políticas na sociedade da informação.
A introdução de nova tecnologia da informação tem um efeito de ondas concêntricas que suscitam novas questões éticas, sociais e políticas, as quais precisam ser tratadas nos níveis individual, social e político. Essas questões têm cinco dimensões morais: direitos e deveres sobre a informação, direitos e deveres sobre a propriedade, qualidade do sistema, qualidade de vida e prestação de contas e controle.

sociedade como um lago mais ou menos calmo em um dia de verão, um delicado ecossistema em equilíbrio parcial entre indivíduos e instituições sociais e políticas. As pessoas sabem o que fazer nesse ambiente, porque as instituições sociais (família, educação, organizações) desenvolveram regras de comportamento claras – apoiadas por leis desenvolvidas no setor político que determinam os comportamentos apropriados e prometem sanções para violações. Agora jogue uma pedra no centro do lago. O que acontece? Ondulações, é claro.

Imagine que, em lugar da pedra, a força perturbadora é um poderoso choque de novas tecnologias da informação e sistemas de comunicação que atingem uma sociedade mais ou menos em repouso. De repente, agentes individuais são confrontados com novas situações, e nem todas elas são abrangidas pelas antigas regras. As instituições sociais não podem responder a essas ondas concêntricas da noite para o dia – pode levar anos para estabelecer modos adequados de se comportar, expectativas, responsabilidades sociais, atitudes politicamente corretas ou regras aprovadas. As instituições políticas também precisam de tempo antes de desenvolver novas leis e, muitas vezes, agem apenas à vista de danos reais. Enquanto isso, você talvez precise agir. E pode ser forçado a agir em uma área legal cinzenta.

Podemos usar esse modelo para ilustrar a dinâmica que conecta questões éticas, sociais e políticas. Tal modelo também é útil para identificar as principais dimensões morais da sociedade da informação, que atravessam vários níveis de ação – individual, social e político.

As cinco dimensões morais da era da informação

As mais importantes questões éticas, sociais e políticas suscitadas pelos sistemas de informação incluem as seguintes dimensões morais:

- *Direitos e deveres sobre a informação.* Quais **direitos à informação** relativa a si mesmos os indivíduos e as organizações possuem? O que podem proteger?
- *Direitos e deveres sobre a propriedade.* Como os direitos de propriedade intelectual tradicionais serão protegidos em uma sociedade digital, em que identificar e prestar contas da propriedade é difícil, mas ignorar os direitos sobre ela é tão fácil?
- *Prestação de contas e controle.* Quem deverá prestar contas e ser responsabilizado por danos causados aos direitos individuais e coletivos sobre a informação e a propriedade?
- *Qualidade do sistema.* Que padrões de qualidade de dados e sistemas devem ser exigidos para proteger os direitos individuais e a segurança da sociedade?
- *Qualidade de vida.* Que valores devem ser preservados em uma sociedade baseada na informação e no conhecimento? Quais instituições devem ser protegidas contra a violação? Que valores e práticas culturais são apoiados pela nova tecnologia da informação?

Examinamos essas dimensões morais em detalhes nas Seções 4.3 e 4.4.

As principais tendências da tecnologia que suscitam questões éticas

As questões éticas precederam em muito a tecnologia da informação. Mesmo assim, a tecnologia da informação aumentou as preocupações éticas, aplicou imposto sobre os arranjos sociais existentes e tornou algumas leis obsoletas ou as prejudicou severamente. Cinco principais tendências tecnológicas são responsáveis por essas tensões éticas, resumidas na Tabela 4.2.

A duplicação da capacidade de computação a cada 18 meses tornou possível para a maioria das organizações usar sistemas de informação para os principais processos de produção. Consequentemente, nossa dependência dos sistemas e vulnerabilidade a seus erros aumentaram, bem como a baixa qualidade de dados. As regras e leis sociais ainda não se ajustaram a essa dependência. Padrões para garantir a precisão e a confiabilidade dos sistemas de informação (veja o Capítulo 8) não são universalmente aceitos ou aplicados.

Os avanços das técnicas de armazenamento de dados e o rápido declínio dos custos de armazenamento são responsáveis pela multiplicação de banco de dados sobre os indivíduos – funcionários, clientes existentes e clientes potenciais – mantidos por organizações públicas ou privadas. Esses avanços no armazenamento de dados transformaram a violação rotineira de privacidade individual em algo ao mesmo tempo barato e eficaz. Sistemas massivos de

TABELA 4.2 Tendências de tecnologia que suscitam questões éticas

TENDÊNCIA	IMPACTO
Capacidade de computação dobra a cada 18 meses	Mais organizações dependem de sistemas de computação para operações críticas e se tornam mais vulneráveis a falhas de sistema.
Custos de armazenamento	As organizações podem facilmente manter bancos de dados detalhados sobre indivíduos. Não há limites para os dados coletados sobre você.
Avanço da análise de dados	As empresas podem analisar uma grande quantidade de dados coletados para desenvolver perfis de comportamento individual detalhados. A vigilância da população em larga escala é habilitada.
Avanço das redes	O custo de transferir dados e torná-los acessíveis de qualquer lugar diminui exponencialmente. É mais difícil controlar o acesso a dados
Crescimento de dispositivos móveis	Celulares individuais podem ser monitorados sem o consentimento ou conhecimento do usuário. O dispositivo sempre ligado torna-se uma amarra.

© Antonio Guillem/123RF

Compras com cartão de crédito podem disponibilizar informações pessoais a pesquisadores de mercado, operadores de telemarketing e empresas de mala direta. Avanços na tecnologia de informação facilitam a invasão de privacidade.

armazenamento com capacidade para terabytes e petabytes de dados já estão disponíveis no local ou como serviços *on-line* para que empresas de qualquer tamanho utilizem na identificação de clientes.

Os progressos nas técnicas de análise para grandes conjuntos de dados são outra tendência tecnológica que agrava as preocupações éticas, porque essas técnicas habilitam as empresas e as agências governamentais a descobrir informações pessoais extremamente detalhadas sobre os indivíduos. As ferramentas contemporâneas de gerenciamento de dados (veja o Capítulo 6) capacitam as empresas a reunir e combinar inúmeras informações sobre o indivíduo armazenadas em computadores com muito mais facilidade do que no passado.

Pense em todas as maneiras por meio das quais você gera informações digitais sobre si mesmo: compras com cartões de crédito, chamadas telefônicas, assinaturas de revistas, serviços de *streaming*, compras por mala direta, registros bancários, registros do governo municipal, estadual e federal (inclusive históricos judiciários e policiais) e acessos a *sites*. Se reunidas e extraídas convenientemente, essas informações podem revelar não apenas suas informações de crédito, mas também o tipo de motorista que você é, seus gostos, suas companhias, o que você lê e assiste e seus interesses políticos.

As empresas compram informações relevantes dessas fontes para poder determinar o alvo de suas campanhas de *marketing* com maior precisão. Os Capítulos 6 e 12 descrevem como as empresas são capazes de analisar grandes conjuntos de dados de diferentes fontes para identificar rapidamente os padrões de compra dos clientes e fazer recomendações individualizadas. O uso de computadores para combinar dados de diferentes fontes e criar dossiês digitais de informações detalhadas sobre indivíduos é chamado de ***profiling***.

Por exemplo, milhares de *sites* dentre os mais populares permitem que a Google Marketing Platform (anteriormente DoubleClick), que faz publicidade na internet, rastreie as atividades de seus visitantes em troca de receita de anúncios com base nas informações coletadas. A Google Marketing Platform usa essas informações para criar um perfil de cada visitante *on-line*, agregando mais detalhes ao perfil à medida que o visitante acessa um *site* associado à empresa. Com o tempo, a Google Marketing Platform consegue criar um dossiê detalhado contendo os hábitos de consumo e de computação na *web* de uma pessoa. Esse dossiê poderá ser vendido a empresas para que determinem o alvo de seus anúncios na *web* com maior precisão. Os anunciantes podem combinar informações *on-line* do consumidor com informações *offline*, como compras com cartão de crédito em lojas.

A LexisNexis Risk Solutions (anteriormente ChoicePoint) coleta dados de registros policiais, criminais e de trânsito, históricos de crédito e emprego, endereços atuais e anteriores, licenças profissionais e solicitações de seguro para montar e manter dossiês de quase todos os adultos nos Estados Unidos. A empresa vende essas informações pessoais para empresas e agências governamentais. A demanda por dados pessoais é tão grande que as empresas de corretagem de dados, como Risk Solutions, Acxiom, Nielsen, Experian, Equifax e CoreLogic, não param de crescer. As duas maiores redes de cartão de crédito, Visa Inc. e Mastercard Inc., concordaram em vincular informações de compras no cartão de crédito à rede social do consumidor e outras informações para criar perfis de clientes que possam ser vendidos a empresas de publicidade.

Uma tecnologia de análise de dados chamada **detecção de relações não óbvias** (**NORA,** do inglês *nonobvious relationship awareness*) deu ao governo e ao setor privado capacidades de criação de perfis ainda mais poderosas. A NORA pode recolher informações sobre as pessoas em muitas fontes diferentes, como candidaturas a vagas de emprego, registros telefônicos, listas de clientes e listas de procurados pela polícia, e correlacionar essas informações para encontrar conexões ocultas que possam ajudar a identificar criminosos ou terroristas (veja a Figura 4.2).

A tecnologia NORA examina os dados e extrai informações à medida que os dados estão sendo gerados – por isso é possível, por exemplo, descobrir instantaneamente um homem, no balcão de compra de passagens aéreas, cujo número de telefone seja igual ao de um terrorista conhecido, antes que ele embarque no avião. A tecnologia é considerada uma ferramenta valiosa para a segurança interna, mas tem implicações de privacidade, por sua capacidade de retratar tão detalhadamente as atividades e as associações dos indivíduos.

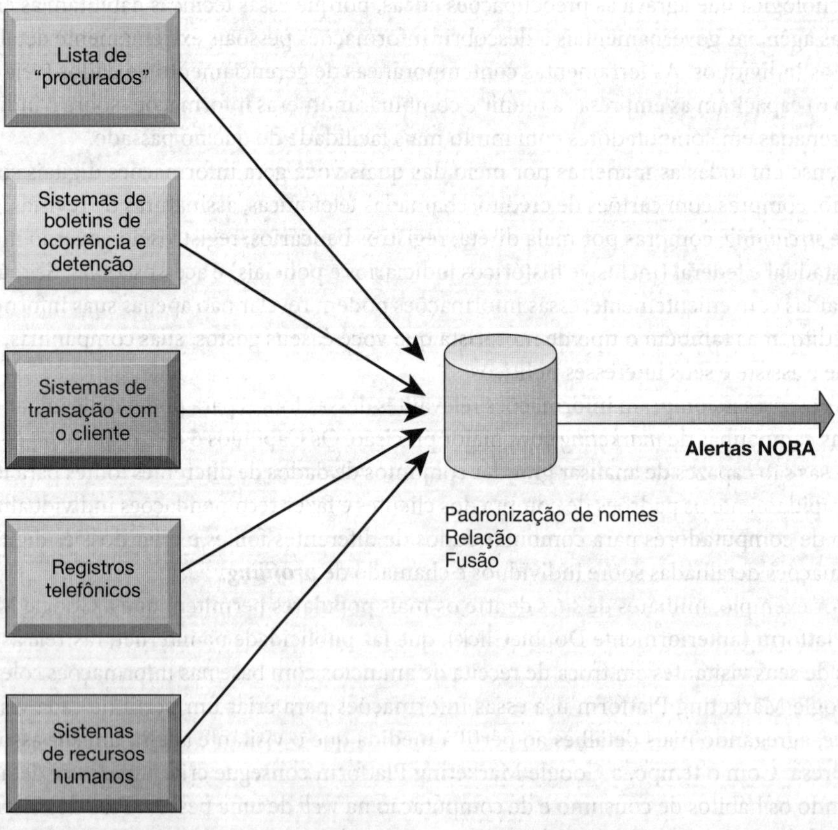

FIGURA 4.2 Detecção de relações não óbvias (NORA).
A tecnologia NORA pode obter informações sobre pessoas de fontes díspares e encontrar relações obscuras e não óbvias entre elas. Pode descobrir, por exemplo, que um candidato a emprego em um cassino tem o número de telefone igual ao de um criminoso conhecido e emitir um alerta ao gerente de contratação.

Por fim, os avanços nas tecnologias de redes, incluindo a internet, prometem reduzir significativamente os custos de acesso e movimentação de grandes quantidades de dados, além de abrir a possibilidade de prospectar grandes conjuntos de dados a distância, utilizando pequenos computadores *desktop*, dispositivos móveis e servidores em nuvem, o que permite uma invasão de privacidade em larga escala com precisão até o momento inimaginável.

4.2 Quais princípios específicos de conduta podem ser usados para orientar as decisões éticas?

A ética é uma preocupação dos seres humanos que têm liberdade de escolha. Trata-se da escolha individual: ao nos depararmos com cursos alternativos de ação, qual é a escolha moral correta? Quais são as principais características da escolha ética?

Conceitos básicos: responsabilidade, prestação de contas e obrigação de indenizar

Escolhas éticas são decisões tomadas por indivíduos que são responsáveis pelas consequências de seus atos. **Responsabilidade** é um elemento-chave da ação ética; significa que você aceita os possíveis custos, deveres e obrigações pelas decisões que toma. **Prestação de contas (*accountability*)** é uma característica dos sistemas e instituições sociais; significa que existem mecanismos para determinar quem agiu e quem é responsável. Sistemas e instituições nos quais é impossível descobrir quem fez qual ação são inerentemente incapazes de fazer análises éticas ou realizar ações éticas. A **obrigação de indenizar (*liability*)** amplia o conceito de responsabilidade para a área das leis. É uma característica dos sistemas políticos em que existe um corpo de leis que permite que os indivíduos que sofreram danos causados por outros atores, sistemas ou organizações obtenham uma reparação. **Devido processo legal** é uma característica relacionada a sociedades governadas por leis e um processo no qual as leis são conhecidas e compreendidas; existe ainda a possibilidade de apelar às autoridades superiores para garantir que as leis sejam aplicadas corretamente.

Esses conceitos básicos formam a base de uma análise ética dos sistemas de informação e daqueles que os administram. Primeiro, as tecnologias da informação são filtradas por meio de instituições sociais, organizações e indivíduos. Os sistemas não causam impactos por si só. Quaisquer que sejam os efeitos do sistema de informação, são resultados de ações e comportamentos institucionais, organizacionais e individuais. Em segundo lugar, a responsabilidade pelas consequências da tecnologia recai, claramente, sobre as instituições, organizações e gerentes que optam por usar a tecnologia. Usar a tecnologia da informação de maneira socialmente responsável significa que você pode e será responsabilizado pelas consequências de suas ações. Terceiro, em uma sociedade ética e política, as pessoas e as instituições podem ressarcir-se dos danos a eles causados por meio de um conjunto de leis caracterizadas pelo devido processo legal.

Análise ética

Quando confrontado com uma situação que parece apresentar questões éticas, como você deve analisá-la? O processo de cinco etapas a seguir deve ajudar:

1. *Identifique e descreva os fatos claramente.* Descubra quem fez o quê a quem e onde, quando e como. Em muitos casos, você ficará surpreso com os erros identificados nos fatos relatados inicialmente e, frequentemente, descobrirá que basta entender os fatos para definir a solução. Isso também ajuda a fazer com que os antagonistas envolvidos em um dilema ético entrem em acordo com os fatos.

2. *Defina o conflito ou dilema e identifique os valores de ordem mais elevada envolvidos.* As questões éticas, sociais e políticas sempre se referem a valores mais elevados. Todas as partes de uma disputa alegam defender valores mais elevados (por exemplo, liberdade, privacidade, proteção da propriedade ou o sistema de livre iniciativa). Geralmente, uma questão ética envolve um dilema: dois cursos de ação diametralmente opostos que apoiam valores importantes. Por exemplo, o estudo de caso da abertura do capítulo ilustra dois valores concorrentes: a necessidade de tornar as organizações mais eficientes e econômicas e a necessidade de respeitar a privacidade individual.
3. *Identifique as partes interessadas.* Toda questão ética, social e política tem partes interessadas: participantes do jogo que têm interesse no desfecho, que investiram na situação e que, geralmente, expressam suas opiniões. Descubra a identidade desses grupos e o que eles querem. Mais tarde isso será útil para conceber uma solução.
4. *Identifique as opções razoáveis à sua disposição.* Você pode descobrir que nenhuma das opções satisfaz todos os interesses envolvidos, mas que algumas delas funcionam melhor do que outras. Às vezes, chegar a uma solução boa ou ética pode nem sempre "equilibrar" as consequências para as partes interessadas.
5. *Identifique as possíveis consequências de suas opções.* Algumas opções podem ser eticamente corretas, mas desastrosas de outros pontos de vista. Outras opções podem funcionar em uma única circunstância, mas não em outras semelhantes. Sempre pergunte a si mesmo: "E se eu escolhesse essa opção ao longo do tempo?"

Princípios éticos eletivos

Ao concluir a análise, que princípios éticos ou regras você deve usar para tomar uma decisão? Quais valores de ordem superior devem orientar seu julgamento? Embora você seja a única pessoa que pode decidir quais, dentre os muitos princípios éticos, seguirá e como os priorizará, é útil considerar alguns princípios éticos profundamente enraizados em muitas culturas que sobreviveram ao longo da história.

1. Faça aos outros o que gostaria que fizessem a você (a **regra de ouro**). Colocar-se no lugar dos outros e pensar em si mesmo como o objeto da decisão pode ajudá-lo a pensar na justiça do processo de decisão.
2. Se uma ação não é correta para todos, não é correta para ninguém (**imperativo categórico de Immanuel Kant**). Pergunte-se: "Se todos fizessem isso, a organização ou a sociedade poderia sobreviver?"
3. Se uma ação não puder ser realizada repetidamente, então não deve ser realizada nunca. É a **regra da ladeira escorregadia**: uma ação pode trazer uma pequena mudança agora que é aceitável, mas se for repetida, traria mudanças inaceitáveis a longo prazo. Pode-se dizer que "uma vez que você começa a descer uma ladeira escorregadia, provavelmente não conseguirá parar".
4. Realize a ação que produza o valor mais alto ou maior (**princípio utilitário**). Esta regra presume que você possa classificar valores por prioridade e entender as consequências de vários cursos de ação.
5. Realize a ação que cause o menor dano ou que tenha o menor custo potencial (**princípio de aversão ao risco**). O custo do fracasso de algumas ações é muito alto, mas a probabilidade do fracasso é muito baixa (por exemplo, a construção de uma usina nuclear em uma área urbana); ou o custo do fracasso é alto, mas a probabilidade é moderada (dirigir em alta velocidade e envolver-se em acidentes de trânsito). Evite as ações que, se fracassarem, implicam alto custo; e concentre-se em reduzir a probabilidade de acidentes.
6. Pressuponha que praticamente todos os objetos tangíveis e intangíveis pertençam a alguém, salvo declaração ao contrário. (É a **regra ética "não existe almoço grátis"**.) Se algo que alguém criou é útil para você, isso tem valor e você deve pressupor que seu criador queira uma compensação pelo trabalho dele.

Ações que não passam facilmente por essas regras merecem atenção redobrada e muita cautela. O comportamento antiético apenas aparente pode causar tanto dano a você e à sua empresa quanto o comportamento antiético real.

Códigos de conduta profissional

Quando grupos de pessoas se definem como profissionais, eles assumem direitos e obrigações especiais por seu conhecimento, sabedoria e respeito. Os códigos de conduta profissional são promulgados por associações de profissionais como a Associação Americana de Medicina (AMA, do inglês American Medical Association), a Associação dos Advogados dos Estados Unidos da América (ABA, do inglês American Bar Association), a Associação dos Profissionais de Tecnologia de Informação (AITP, do inglês Association of Information Technology Professionals) e a Associação de Máquinas de Computação ACM, do inglês Association of Computing Machinery). Esses grupos profissionais assumem a responsabilidade pela regulação parcial de suas profissões, determinando as qualificações e competências exigidas para fazer parte de seus quadros. Códigos de ética são promessas de autorregulação feitas por profissionais tendo em vista o interesse geral da sociedade. Por exemplo, evitar danos a terceiros, honrar os direitos de propriedade (incluindo propriedade intelectual) e respeitar a privacidade estão entre os Imperativos Morais Gerais do Código de Ética e Conduta Profissional da ACM.

Alguns dilemas éticos do mundo real

Os sistemas de informação criaram dilemas éticos nos quais um conjunto de interesses se opõem a outro. Muitas empresas, por exemplo, usam *software* de reconhecimento de voz para reduzir o tamanho de sua equipe de suporte ao cliente, ao permitir que os computadores reconheçam as respostas de um cliente a uma série de perguntas computadorizadas. Outras empresas monitoram o que seus funcionários estão fazendo na internet para evitar que desperdicem recursos em atividades fora do escopo comercial (veja a Sessão Interativa sobre Gerenciamento do Capítulo 7).

Nessas situações, você pode encontrar valores concorrentes no trabalho, com grupos alinhados em ambos os lados de um debate. Uma empresa pode argumentar, por exemplo, que tem o direito de usar sistemas de informação para aumentar a produtividade e reduzir o tamanho de sua força de trabalho, assim diminuindo os custos e permanecendo no ramo. Os funcionários desalojados pelos sistemas de informação podem argumentar que os empregadores têm responsabilidade por seu bem-estar. Os donos de empresas podem se sentir obrigados a monitorar o *e-mail* dos funcionários e o uso da internet para minimizar a perda de produtividade. Os funcionários podem achar que deveria ser permitido usar a internet, em vez do telefone, para realizar pequenas tarefas pessoais. Uma análise cuidadosa dos fatos, às vezes, pode resultar em soluções que atendam parte das reivindicações de cada lado. Tente aplicar alguns dos princípios de análise ética descritos em cada um desses casos. Qual é a coisa certa a fazer?

4.3 Por que a tecnologia dos sistemas de informação contemporânea e a internet representam desafios para a proteção da privacidade individual e da propriedade intelectual?

Nesta seção, examinamos mais de perto as cinco dimensões morais dos sistemas de informação, descritas primeiramente na Figura 4.1. Em cada dimensão, identificamos os níveis ético, social e político de análise e usamos exemplos do mundo real para mostrar os valores envolvidos, as partes interessadas e as opções escolhidas.

TABELA 4.3 Leis federais de privacidade nos Estados Unidos

LEIS FEDERAIS GERAIS DE PRIVACIDADE	LEIS DE PRIVACIDADE QUE AFETAM INSTITUIÇÕES PRIVADAS
Lei da Liberdade de Informação de 1966 e suas emendas (5 USC 552)	Lei do Relatório de Crédito Justo de 1970
Lei da Privacidade de 1974 e suas emendas (5 USC 552a)	Lei dos Direitos Educacionais e da Privacidade da Família de 1974
Lei da Privacidade das Comunicações Eletrônicas de 1986	Lei do Direito à Privacidade Financeira de 1980
Lei da Segurança de Computadores de 1987	Lei da Política das Comunicações a Cabo de 1984
Lei da Integridade Financeira dos Administradores Federais de 1982	Lei da Privacidade das Comunicações Eletrônicas de 1986
Lei de Proteção à Privacidade do Condutor de 1994	Lei da Proteção da Privacidade de Vídeo de 1988
Lei de *E-Government* de 2002	Lei de Responsabilidade e Portabilidade dos Seguros-Saúde de 1996 Lei da Proteção da Privacidade *On-line* das Crianças de 1998 Lei de Modernização Financeira (Lei Gramm-Leach-Bliley) de 1999

Direitos sobre a informação: privacidade e liberdade na era da internet

Privacidade é o direito dos indivíduos de não serem incomodados, de ficarem livres da vigilância ou interferência de outros indivíduos ou organizações, inclusive do Estado. Os direitos à privacidade também são válidos no local de trabalho: milhões de profissionais estão sujeitos à vigilância eletrônica e a outros tipos de fiscalização de alta tecnologia. A tecnologia e os sistemas da informação ameaçam os direitos individuais de privacidade, pois tornam a invasão de privacidade barata, lucrativa e efetiva.

O direito à privacidade é protegido pelas constituições dos Estados Unidos, Canadá e Alemanha de diversas maneiras, e em outros países por meio de vários estatutos. Nos Estados Unidos, o direito à privacidade é protegido primordialmente pelas garantias de livre manifestação e associação previstas na Primeira Emenda, pelas proteções previstas na Quarta Emenda contra a busca e a apreensão de documentos pessoais ou nas casas das pessoas sem causa definida e razoável, e pela garantia de devido processo legal.

A Tabela 4.3 descreve os principais estatutos federais dos Estados Unidos que estabelecem as condições para o manuseio de informações sobre indivíduos em áreas como histórico de crédito, educação, históricos financeiros, históricos de jornais e comunicações eletrônicas. A Lei de Privacidade de 1974 é a mais importante dessas leis e regulamenta a coleta, o uso e a divulgação de informações pelo governo federal. Atualmente, a maioria das leis federais estadunidenses sobre privacidade se aplica apenas ao governo federal e regulamenta poucas áreas do setor privado.

A maior parte das leis de privacidade dos Estados Unidos e da Europa tem como base um regime chamado de **Práticas para a Informação Justa** (**FIP**, do inglês *Fair Information Practices*), que foi, primeiramente, estabelecido em um relatório elaborado em 1973 por um comitê consultivo do governo federal e atualizado em 2010 para levar em consideração novas tecnologias invasoras de privacidade; U.S. Department of Health, Education, and Welfare, 1973). O FIP é um conjunto de princípios que regem a coleta e o uso de informações sobre os indivíduos. Os princípios do FIP baseiam-se na noção de reciprocidade de interesses entre o agente que coleta os registros e o indivíduo cujos registros são coletados. O indivíduo tem interesse em participar de uma transação, e quem mantém o registro – geralmente um agente empresarial ou governamental – exige informações sobre ele para apoiar a transação. Depois que as informações são coletadas, o indivíduo mantém uma participação no registro, que não poderá ser usado para apoiar outras atividades sem o seu consentimento. Em 1998, a Comissão Federal de Comércio (FTC, do inglês *Federal Trade Commission*) reafirmou e ampliou o

TABELA 4.4 Princípios de práticas para a informação justa da Federal Trade Comission

Notificação/ciência (princípio básico). Os *sites* devem divulgar suas práticas de informação antes de proceder à coleta de dados. Isso inclui identificação do coletor; usos de dados; outros destinatários de dados; natureza da cobrança (ativa/inativa); *status* voluntário ou obrigatório; consequências da recusa; e medidas tomadas para proteger a confidencialidade, a integridade e a qualidade dos dados.
Escolha/consentimento (princípio básico). Deve haver um sistema que permita aos clientes escolher como suas informações serão usadas para propósitos secundários, que não aqueles de apoio à transação, incluindo o uso interno e a transferência para terceiros.
Acesso/participação. Os consumidores devem poder rever e contestar a exatidão e integridade dos dados coletados sobre eles em um processo rápido e barato.
Segurança. Os coletores de dados devem tomar medidas responsáveis para garantir que as informações do consumidor permaneçam corretas e sejam protegidas contra uso não autorizado.
Fiscalização. Deve haver um mecanismo para fazer cumprir os princípios FIP. Isso pode envolver autorregulação, legislação que dê aos consumidores recursos legais em caso de violações ou estatutos e regulamentações federais.

FIP original para fornecer diretrizes para proteger a privacidade *on-line*. A Tabela 4.4 descreve os princípios das Práticas para a Informação Justa da FTC.

Os princípios FIP da FTC estão sendo usados como diretrizes para orientar mudanças na legislação sobre privacidade. Em julho de 1998, o Congresso dos Estados Unidos aprovou a Lei de Proteção à Privacidade *On-line* das Crianças (COPPA, do inglês *Childrens's Online Privacy Protection Act*), que exige que os *sites* obtenham permissão dos pais antes de coletar informações sobre crianças menores de 13 anos de idade. A FTC recomendou mais leis para proteger a privacidade do consumidor na internet em redes de publicidade que coletam registros da atividade na *web* para desenvolver perfis detalhados, que outras empresas usam para direcionar anúncios *on-line*. A FTC também adicionou três práticas à sua estrutura de privacidade em que as empresas devem: adotar "privacidade no projeto", ou seja, desenvolver produtos e serviços que protejam a privacidade; aumentar a transparência de suas práticas de dados; e obter o consentimento do consumidor e fornecer opções claras para quem quiser optar em não ter seus dados coletados. Outra proposta de legislação de privacidade na internet se concentra na proteção do uso *on-line* de números de identificação pessoal, como os da previdência social; proteção das informações pessoais coletadas na internet de indivíduos não cobertos pela COPPA; e limite do uso de mineração de dados por órgãos de segurança nacional. A FTC ampliou suas políticas de privacidade para abordar os temas de segmentação comportamental, rastreamento de *smartphones*, Internet das Coisas (IoT) e aplicativos móveis de saúde (Federal Trade Commission, 2019; 2015). Em 2018, a FTC chegou a acordos com o Venmo, um aplicativo de pagamento P2P, a Uber e a RealPage para resolver problemas de privacidade e segurança de dados em sistemas operados por essas empresas.

As pesquisas de opinião pública mostram uma desconfiança contínua em relação aos profissionais de *marketing on-line*. Embora haja muitos estudos sobre questões de privacidade em nível federal, nenhuma lei importante foi criada nos últimos anos. Uma pesquisa de 2016 do Pew Research Center descobriu que 91% dos estadunidenses sentem que os consumidores perderam o controle de suas informações pessoais *on-line* e 86% tomaram medidas para proteger suas informações na rede.

A proteção à privacidade também foi acrescentada às leis que desregulamentam os serviços financeiros e protegem a manutenção e transmissão de informações sobre a saúde das pessoas. A Lei Gramm-Leach-Bliley, de 1999, que suspende as restrições anteriores quanto às associações entre bancos, empresas gestoras de investimentos e seguradoras, inclui, em alguma medida, proteção à privacidade dos consumidores de serviços financeiros. Todas as instituições financeiras são obrigadas a divulgar suas políticas e práticas para proteger a privacidade de informações pessoais não públicas, bem como são obrigadas a permitir que os clientes optem por não compartilhar informações com terceiros não associados.

A Lei de Responsabilidade e Portabilidade dos Seguros de Saúde (HIPAA, do inglês *Health Insurance Portability and Accountability Act*), de 1996, que passou a vigorar em 14 de abril de 2003, inclui proteção à privacidade de registros médicos. Ela concede aos pacientes acesso a seus registros médicos pessoais mantidos por provedores de assistência médica, hospitais e seguradoras, além do direito de autorizar de que modo as informações confidenciais sobre eles serão usadas ou divulgadas. Médicos, hospitais e outros profissionais de assistência médica devem limitar a divulgação de informações pessoais sobre pacientes ao mínimo necessário para atingir determinado propósito.

Diretriz europeia sobre proteção de dados

Em 2018, a Comissão Europeia implementou seu **Regulamento Geral de Proteção de Dados** (**GDPR**, do inglês *General Data Protection Regulation*), que é sem dúvida a legislação de privacidade mais importante nos últimos 20 anos desde os Princípios de Práticas para a Informação Justa da FTC. Aplica-se a todas as empresas e organizações que coletam, armazenam ou processam informações pessoais de cidadãos da União Europeia – essas proteções se aplicam em todo o mundo, independentemente de onde o processamento ocorre (Comissão Europeia, 2018; Satariano, 2018).

O GDPR é uma estrutura atualizada para proteger dados pessoais identificáveis (PII, do inglês *personally identifiable information*) e substitui uma Diretiva de Proteção de Dados anterior, de 1998. Na Europa, a proteção da privacidade é historicamente muito mais forte do que nos Estados Unidos, onde não há nenhuma agência federal encarregada de fazer cumprir as leis de privacidade e não há um estatuto único de privacidade que governe o uso de dados pessoais identificáveis por empresas privadas. Em vez disso, as leis de privacidade são fragmentadas, setor por setor (por exemplo, privacidade de registros médicos, privacidade de registros escolares e leis de privacidade financeira). Essas leis entraram em vigor por ação da FTC, pela autorregulação por parte das empresas e por indivíduos que precisam processar agências ou empresas para recuperar danos sofridos. Isso é caro e realizado apenas raramente.

Na União Europeia, as leis de proteção de dados são abrangentes, aplicando-se a todas as organizações por agências de proteção de dados em cada país disposto a ouvir as queixas dos cidadãos e fazer cumprir ativamente a legislação de privacidade. O GDPR protege uma ampla variedade de dados pessoais identificáveis: informações básicas de identidade, como nome, endereço e números de documentos; dados da *web*, como localização, endereço IP, dados de *cookies* e marcadores RFID; informações médicas e genéticas; número de telefone celular; número da carteira de motorista e do passaporte; dados biométricos e faciais; dados raciais e étnicos; opiniões políticas; e orientação sexual.

O principal objetivo desse novo marco é fortalecer os direitos dos cidadãos às suas próprias informações pessoais e fortalecer a supervisão das empresas para garantir que implementem esses direitos individuais. Um segundo impulso foi harmonizar os padrões conflitantes de proteção de dados entre os 28 países do bloco europeu e criar uma única agência da União Europeia para implementar e fazer cumprir a regulamentação. E, terceiro, fazer cumprir essas condições em todo o mundo para todas as organizações que processam dados pertencentes a cidadãos da União Europeia ou que operam no bloco, independentemente de onde a organização esteja localizada.

No caso dos indivíduos, o GDPR exige que as organizações permitam aos consumidores acessar todas as suas informações pessoais gratuitamente no prazo de um mês; apagar dados pessoais (direito ao esquecimento); garantir a portabilidade dos dados para que os consumidores não fiquem presos a determinado serviço; e garantir o direito de processar fornecedores por danos ou abuso de dados pessoais identificáveis, inclusive ações judiciais coletivas.

Foram reforçados os requisitos organizacionais para incluir: a exigência de que as organizações tenham um responsável pela proteção de dados que se reporte à alta administração; a exigência do consentimento explícito antes de coletar dados (*opt-in*) e eliminar processos de *opt-in* padrão; a publicação da justificativa para a coleta de dados e o tempo de retenção; a emissão de relatórios de violações e *hacks* dentro de 72 horas; as obrigações referentes a dados que compartilham com parceiros ou outras empresas, e uma lista de todas as empresas com as quais compartilham dados; a criação de proteções de privacidade em todos os novos sistemas (privacidade no projeto); a limitação da segmentação e o redirecionamento de indivíduos a dados anônimos no nível do público, em vez de segmentar com base em perfis pessoais e íntimos; a limitação da coleta de dados pessoais apenas ao necessário para dar suporte a uma tarefa ou transação e excluí-los logo em seguida. O abuso dos dados pessoais identificáveis pode render multas de até US$ 20 milhões ou 4% da receita global da organização, o que for maior. Por fim, a União Europeia aplicará os requisitos do GDPR a países não pertencentes ao bloco, como os Estados Unidos, usando acordos de proteção de privacidade intergovernamentais que garantem que os dados da União Europeia processados em países não pertencentes a ela atendam aos padrões do GDPR. Os acordos de proteção de privacidade são uma versão mais aplicável dos acordos do tipo **porto seguro** anteriores. Um porto seguro é uma política de autorregulação privada e um mecanismo de imposição que atende aos objetivos dos órgãos reguladores governamentais e da legislação, mas não envolve regulamentação ou fiscalização do governo (Lomas, 2018).

O GDPR é claramente direcionado ao Facebook, Google, Twitter e outras empresas de anúncios na *web* que criam coleções de dados pessoais ao monitorar indivíduos na rede, mesclando esses dados com outros dados de empresas e corretores de dados, a fim de criar imagens digitais abrangentes (perfis) e segmentar essas pessoas com anúncios. Google e Facebook são extremamente populares na Europa e dominam seus mercados, mas ao mesmo tempo são amplamente criticados por invadir privacidade e não proteger dados pessoais identificáveis.

Desafios da internet para a privacidade

A tecnologia da internet apresentou novos desafios para a proteção de privacidade. Os *sites* registram as pesquisas que foram realizadas, os *sites* e páginas da *web* visitadas, o conteúdo *on-line* que uma pessoa acessou e quais itens essa pessoa viu ou comprou na *web*. Esse monitoramento e rastreamento dos visitantes de *sites* ocorre nos bastidores, sem o conhecimento do visitante. Ele é realizado não apenas por *sites* individuais, mas por redes de publicidade, como o Microsoft Advertising, o Yahoo e o Marketing Platform do Google, capazes de monitorar o comportamento de navegação das pessoas em milhares de *sites*. Tanto os editores de *sites* quanto o setor de publicidade defendem o rastreamento de indivíduos na *web* porque isso permite que anúncios mais relevantes sejam direcionados aos usuários – o que paga o custo de publicação de *sites*. A demanda comercial por essas informações pessoais é praticamente insaciável. No entanto, essas práticas também afetam a privacidade individual.

Cookies são arquivos de textos minúsculos depositados no disco rígido de um computador quando um usuário visita determinados *sites*. Os *cookies* identificam o *software* do navegador da *web* do visitante e rastreiam as visitas ao *site*. Quando o visitante retorna a um *site* que armazenou um *cookie*, o *software* do *site* faz uma busca no computador do visitante, encontra o *cookie* e sabe o que essa pessoa fez no passado – o que também pode atualizar o *cookie*, dependendo da atividade durante a visita. Dessa forma, o *site* pode personalizar seu conteúdo para os interesses de cada visitante. Por exemplo, se você comprar um livro na Amazon.com e retornar mais tarde usando o mesmo navegador, o *site* o identificará pelo nome e recomendará outros livros de seu interesse com base nas compras anteriores. O Google Marketing Platform, descrito anteriormente neste capítulo, usa *cookies* para criar seus dossiês com informações detalhadas das compras *on-line* e examinar o comportamento dos visitantes do *site*. A Figura 4.3 ilustra como os *cookies* funcionam.

Os *sites* que usam a tecnologia de *cookies* não podem obter diretamente os nomes e endereços dos visitantes. No entanto, se uma pessoa se registrou em um *site*, essas informações podem ser combinadas com dados de *cookies* para identificar o visitante. Os proprietários de *sites* também podem combinar os dados que coletaram de *cookies* e outras ferramentas de monitoramentos de *sites* com dados pessoais de outras fontes, como dados *offline* coletados

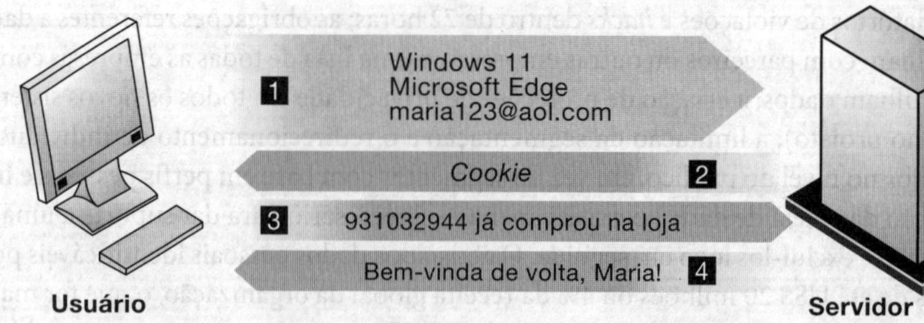

1. O servidor *web* examina o navegador do usuário e identifica o sistema operacional, o nome do navegador, o número da versão, o endereço na internet e outras informações.
2. O servidor transmite um pequeno arquivo de texto, denominado *cookie*, com informações sobre a identificação do usuário. O navegador recebe e armazena esse arquivo no disco rígido do computador do usuário.
3. Quando o usuário volta ao *site*, o servidor acessa o conteúdo de todos os *cookies* depositados anteriormente no computador do usuário.
4. O servidor *web* lê o *cookie*, identifica o visitante e recupera os dados sobre ele.

FIGURA 4.3 Como os *cookies* identificam os visitantes da *web*.

Os *cookies* são implantados por um *site* no computador do visitante. Quando o visitante volta àquele *site*, o servidor *web* requisita o número de identificação daquele *cookie* e o utiliza para acessar os dados armazenados pelo servidor no computador daquele visitante. O *site* pode então usar esses dados para exibir informações personalizadas.

de pesquisas ou compras de catálogos impressos, para desenvolver perfis muito detalhados de seus visitantes.

Existem ferramentas ainda mais sutis e fraudulentas para vigiar os usuários da internet. ***Web beacons***, também chamados de *web bugs* (ou, simplesmente, arquivos de rastreamento), são pequenos programas de *software* que mantêm um registro dos fluxos de cliques *on-line* dos usuários. Eles relatam esses dados de volta para quem possui o arquivo de rastreamento, que é invisivelmente embutido nas mensagens de *e-mail* e páginas *web* para monitorar o comportamento do usuário quando ele está visitando um *site* ou enviando um *e-mail*. Os *web beacons* são colocados em *sites* populares por empresas de terceiros que pagam a esses *sites* uma taxa para atingir o seu público. Então, quão comum é o rastreamento na *web*? Em uma série pioneira de artigos publicados no *Wall Street Journal*, pesquisadores examinaram arquivos de rastreamento em 50 dos *sites* mais populares dos Estados Unidos. O que encontraram revelou um sistema de vigilância muito difundido. Nos 50 *sites*, eles descobriram 3.180 arquivos de rastreamento instalados nos computadores dos visitantes. Apenas um *site*, a Wikipédia, não tinha arquivos de rastreamento. Dois terços dos arquivos de rastreamento são provenientes de 131 empresas, cujo principal negócio é a identificação e o rastreamento de usuários da internet para criar perfis de consumidores que podem ser vendidos a empresas de publicidade interessadas em encontrar tipos específicos de clientes. Os maiores rastreadores foram Google, Microsoft e Quantcast, os quais estão no negócio de venda de anúncios para empresas de publicidade e profissionais de *marketing*. Um estudo de acompanhamento descobriu que o monitoramento sobre os 50 *sites* mais populares aumentou, aproximadamente, cinco vezes por conta do crescimento dos leilões de anúncios *on-line*, nos quais os anunciantes compram os dados de comportamento de navegação dos usuários na *web*.

Um ***spyware*** pode instalar-se secretamente no computador de um usuário da internet pegando carona em aplicativos maiores. Uma vez instalado, o *spyware* avisa determinados *sites* para enviar banners e outros materiais não solicitados ao usuário, o que pode ainda relatar os movimentos do usuário da internet a outros computadores. Mais informações sobre *spyware* e outros *softwares* invasivos estão disponíveis no Capítulo 8.

Cerca de 80% dos usuários globais da internet usam a ferramenta de busca e outros serviços do Google, fazendo dele o maior coletor de dados de usuários *on-line* do mundo. O que quer que o Google faça com seus dados tem um enorme impacto na privacidade *on-line*.

A maioria dos especialistas acredita que o Google possui a maior coleção de informações pessoais do mundo – mais dados sobre mais pessoas do que qualquer agência governamental. O concorrente mais próximo é o Facebook.

Após o Google ter adquirido a empresa de propaganda em rede DoubleClick (atualmente, Google Marketing Platform), em 2007, ele tem usado o alvo comportamental para ajudá-lo a exibir anúncios mais relevantes com base nas atividades de pesquisa dos usuários e mirar indivíduos que alternam de um *site* para outro, a fim de lhes exibir anúncios em painel ou banner. O Google habilita o funcionamento do *software* de rastreamento em suas páginas de pesquisa e, usando o Marketing Platform, pode rastrear usuários na internet. Um de seus programas permite que os anunciantes direcionem as propagandas com base nos históricos de pesquisa dos usuários do Google, juntamente com quaisquer outras informações que o usuário envia para o Google, como idade, dados demográficos, dados da região e de outras atividades da *web* (como *blogs*). O programa AdSense do Google permite que ele ajude os anunciantes a selecionar palavras-chave e projetar anúncios para vários segmentos de mercado baseados nos históricos de busca, por exemplo, ajudar um *site* de roupas a criar e testar anúncios voltados para adolescentes do sexo feminino. O Google atualmente exibe anúncios direcionados nos seus aplicativos para dispositivos móveis e no YouTube, e sua rede de anúncios Marketing Platform exibe anúncios de banner direcionados.

Os Estados Unidos têm permitido que as empresas coletem informações de transações geradas no mercado e as utilizem para outras finalidades de *marketing* sem o **consentimento informado** dos indivíduos cuja informação está sendo usada. Essas empresas alegam que quando os usuários concordam com os termos de serviço dos *sites*, eles também concordam em permitir a coleta de informações de suas atividades *on-line*. Um modelo de **opção de retirada** de consentimento informado permite a coleta de informações pessoais até que o consumidor determine, especificamente, que esses dados não devem ser coletados. Os defensores da privacidade gostariam que fosse mais amplamente utilizado o modelo de ***opt-in*** do consentimento informado, por meio do qual uma empresa fica proibida de coletar quaisquer informações pessoais até que o consumidor resolva aprovar especificamente sua coleta e utilização. Nesse caso, a opção padrão é a de não coletar informações do usuário.

A indústria *on-line* tem preferido a autorregulação à legislação de privacidade para proteger os consumidores. Os membros da indústria da propaganda em rede, inclusive o Marketing Platform do Google, criaram mais uma associação setorial chamada Iniciativa da Propaganda em Rede (NAI, do inglês *Network Advertising Initiative*) para desenvolver as próprias políticas de privacidade com o propósito de ajudar os consumidores a optar pela retirada de programas em rede e proporcionar aos clientes indenização pelos abusos.

Empresas individuais, como Microsoft, Mozilla Foundation, Yahoo e Google, têm instituído, recentemente, políticas por conta própria, em um esforço para lidar com a preocupação pública sobre o rastreamento de pessoas *on-line*. O navegador da *web* Internet Explorer 11 da Microsoft foi lançado em 2015 com a opção de retirada como padrão, mas isso foi alterado para a adesão voluntária por padrão porque a maioria dos *sites* ignorou a solicitação de desativação. Outros navegadores têm opções de retirada, mas os usuários precisam ativá-las, e a grande maioria não consegue fazer isso. A AOL estabeleceu uma política de opção de retirada que permite aos usuários de seu *site* escolher não serem rastreados. A Yahoo segue as diretrizes da NAI e permite a opção de retirada para rastreamento e *web beacons* (*web bugs*). O Google reduziu o tempo de retenção dos dados de rastreamento.

Em geral, a maioria das empresas de internet faz pouco para proteger a privacidade de seus clientes, e os consumidores não fazem tanto quanto deveriam para se proteger. No caso de *sites* comerciais que dependem de publicidade para se sustentar, a maior parte da receita provém da venda de informações do cliente. Entre as empresas que publicam as políticas de privacidade em seus *sites*, cerca da metade não os monitora para assegurar que tais políticas estejam sendo cumpridas. A grande maioria dos clientes *on-line* afirma estar preocupada com a privacidade, mas menos da metade lê as declarações de privacidade dos *sites* que utiliza. No geral, políticas de privacidade exigem certo conhecimento sobre legislação para serem compreendidas e são ambíguas com relação aos termos-chave (Laudon e Traver, 2020). Hoje, o que empresas como Facebook e Google chamam de política de privacidade é, na verdade, uma política de uso de dados. O conceito de privacidade está associado aos direitos do consumidor, algo que as empresas não desejam reconhecer. Uma política de uso de dados simplesmente informa aos clientes como as informações serão usadas, sem fazer qualquer menção a direitos.

Soluções técnicas

Além da legislação, existem algumas tecnologias que podem proteger a privacidade do usuário durante suas interações com *sites*. Muitas dessas ferramentas são usadas para criptografar *e-mails*, fazer com que as atividades de *e-mail* ou navegação pareçam anônimas, impedir que computadores clientes aceitem *cookies* ou para detectar e eliminar *spyware*. Os dispositivos com iOS da Apple têm configurações para limitar o rastreamento de anúncios. Na maioria das vezes, no entanto, as soluções técnicas não conseguem proteger os usuários de serem rastreados ao acessarem um *site* e seguirem para outro.

Muitos navegadores têm opções "Não rastrear". Quando os usuários selecionam essa opção, o navegador envia uma solicitação aos *sites* para que o comportamento do usuário não seja rastreado – no entanto, os *sites* não são obrigados a cumprir essas solicitações. Não há nenhum acordo do setor de publicidade *on-line* sobre como responder a solicitações "Não rastrear" nem, atualmente, nenhuma legislação exigindo que os *sites* interrompam o rastreamento. O *software* de criptografia dos navegadores privados ou os aplicativos em dispositivos móveis oferecem aos consumidores uma ótima chance de, pelo menos, manter a privacidade de suas mensagens.

Direitos sobre a propriedade: propriedade intelectual

Os sistemas de informação contemporâneos têm desafiado implacavelmente leis e práticas sociais que protegem a **propriedade intelectual**. Considera-se propriedade intelectual os produtos tangíveis e intangíveis da mente criados por indivíduos ou corporações. A tecnologia da informação tem dificultado a proteção desse tipo de propriedade, porque a informação computadorizada pode ser copiada ou distribuída pelas redes com muita facilidade. A propriedade intelectual está sujeita a uma variedade de proteções sob quatro tradições legais: direitos autorais, patentes, marcas registradas e segredos comerciais.

Direito autoral

Direito autoral é uma concessão regida por lei que protege os criadores de propriedade intelectual contra a cópia de seu trabalho por outros, para qualquer finalidade, durante a vida do autor e por mais 70 anos após a sua morte. No caso de obras cuja propriedade é de uma corporação, a proteção de direitos autorais dura 95 anos após a criação. O Congresso dos Estados Unidos vem ampliando a proteção dos direitos autorais a livros, periódicos, conferências, espetáculos teatrais, composições musicais, mapas, desenhos, obras de arte de qualquer espécie e filmes. A intenção por trás das leis de direitos autorais tem sido incentivar a criatividade e a autoria, garantindo que as pessoas responsáveis pela criação recebam os benefícios, financeiros e outros, de seu trabalho. A maioria das nações industrializadas tem suas próprias leis de direitos autorais, e existem várias convenções internacionais e acordos bilaterais por meio dos quais as nações coordenam e fazem cumprir suas leis.

Em meados da década de 1960, o Copyright Office começou a registrar *softwares* de programas e, em 1980, o Congresso dos Estados Unidos aprovou a Lei de Direitos Autorais de *Software* de Computador, que prevê claramente a proteção ao código do programa de *software* e às cópias do original vendidas no comércio, e estabelece os direitos do comprador de utilizar o *software* preservando a titularidade legal do criador. No Brasil, temos o Registro de Programas de Computador do Instituto Nacional de Propriedade Industrial (INPI).

O direito autoral protege contra a cópia de programas inteiros ou de partes de programas. Indenizações por danos são obtidas rapidamente quando essa lei é infringida. A desvantagem da proteção ao direito autoral é que as ideias subjacentes ao trabalho não são protegidas, apenas as suas manifestações. Um concorrente pode usar seu *software*, entender como funciona e construir um novo *software* que siga os mesmos conceitos sem infringir direitos autorais.

Os processos judiciários de infração ao direito autoral do tipo "*look-and-feel*" versam precisamente sobre a distinção entre uma ideia e sua expressão. Por exemplo, no início da década de 1990, a Apple Computer processou a Microsoft Corporation e a Hewlett-Packard por violar a expressão da ideia presente na interface do Macintosh da Apple, alegando que os réus copiaram a expressão das janelas sobrepostas. Os acusados contra-argumentaram que a ideia de janelas superpostas só pode ser expressa de uma única maneira e, portanto, não estava sob a proteção da doutrina "da fusão" prescrita pela lei dos direitos autorais. Quando o conceito e suas expressões se fundem, a expressão não pode ser protegida pelo direito autoral.

Em geral, os tribunais parecem estar seguindo o raciocínio de um caso de 1989 – o *Brown Bag Software vs. Symantec Corp* – no qual o tribunal examinou a fundo os elementos do *software* supostamente infrator e, então, decidiu que conceito, função, características funcionais gerais (por exemplo, menus suspensos) e cores não são protegidos pela lei dos direitos autorais (Brown Bag Software vs. Symantec Corp., 1992).

Patentes

Uma **patente** concede, por 20 anos, ao proprietário o monopólio exclusivo das ideias por trás de uma invenção. A intenção do Congresso dos Estados Unidos com a lei da patente era garantir que os inventores de novas máquinas, dispositivos ou métodos recebessem compensação total, financeira e outras, pelo seu trabalho; ao mesmo tempo, possibilitava que fizessem amplo uso de sua invenção fornecendo diagramas detalhados a quem quisesse utilizar a ideia sob licença do proprietário da patente. A concessão de uma patente é determinada pelo Gabinete de Marcas e Patentes (*Patent and Trademark Office*) dos Estados Unidos e depende de normas processuais.

Os conceitos-chave da lei de patente são a originalidade, a inovação e a invenção. O Patent Office não costumava aceitar pedidos de patentes para *software* até que uma decisão tomada pela Suprema Corte em 1981 declarou que os programas de computador podiam ser parte de um processo de patente. Desde então, centenas de patentes foram concedidas e milhares aguardam apreciação.

A força da proteção da patente é que ela concede um monopólio sobre os conceitos e ideias subjacentes do *software*. A parte difícil é vencer os critérios limitativos de não obviedade (isto é, o trabalho deve refletir algum entendimento e contribuição especiais), originalidade e inovação, bem como os anos de espera até receber a proteção.

Em 2011, ocorreu o caso que alguns chamam de julgamento de patentes do século: a Apple processou a Samsung por violar suas patentes para iPhones, iPads e iPods. Em 24 de agosto de 2012, um júri da Califórnia, no tribunal distrital federal, determinou uma vitória decisiva para a Apple, que foi indenizada com um US$ 1 bilhão, e proibiu a Samsung de vender seu novo *tablet* Galaxy 10 no país. A decisão estabeleceu critérios para determinar o quão perto um concorrente pode chegar de um produto líder do setor, e que estabelece padrões como o iPhone da Apple, antes que ele viole as patentes de *design* e utilidade da empresa líder. Mais tarde, a Samsung ganhou um caso de violação de patente contra a Apple, vitória que garantiu a exclusão de vários dispositivos iPhone e iPad mais antigos. Em 2014, a Apple processou a Samsung novamente, alegando violação de cinco patentes que abrangem técnicas de *hardware* e *software* para manuseio de fotos, vídeos e listas usadas no Samsung Galaxy 5. Em 2015, o Tribunal de Apelações dos Estados Unidos reafirmou que a Samsung havia copiado patentes de projeto específicas, mas reduziu a indenização solicitada pela Apple de US$ 2 bilhões para US$ 930 milhões. Esse processo voltou ao tribunal em maio de 2018, para realização dos cálculos dos danos causados pela violação da Samsung.

Para tornar as coisas mais complicadas, a Apple tem sido uma das maiores clientes da Samsung no que se refere a processadores de memória flash, *chips* gráficos, unidades de estado sólido e peças de tela que são usados em iPhones, iPads, iPods Touch e MacBooks da Apple. Os processos de patentes entre a Samsung e a Apple são indicativos das relações complexas entre as empresas líderes em computação.

Marcas registradas

Marcas registradas são as marcas, símbolos e imagens usados para distinguir produtos no mercado. As leis de marcas registradas protegem os consumidores, garantindo que recebam pelo que pagaram, e os investimentos que as empresas fizeram para levar produtos ao mercado. As violações comuns de marca registrada ocorrem quando uma empresa se apropria ou pirateia as marcas de uma empresa concorrente ou quando as empresas diluem o valor das marcas de outra empresa, enfraquecendo a conexão entre uma marca e o produto. Por exemplo, se uma empresa de mecanismos de busca copiar o ícone, as cores e as imagens da marca registrada do Google, estará infringindo as marcas registradas do Google – o que também enfraqueceria a conexão entre o serviço de busca do Google e suas marcas, criando, assim, uma possível confusão no mercado.

Segredos comerciais

Qualquer produto do trabalho intelectual – uma fórmula, um dispositivo, um modelo ou uma compilação de dados – utilizado para finalidade empresarial pode ser classificado como um **segredo comercial**, contanto que não seja baseado em informações de domínio público. Nos Estados Unidos, as proteções para o segredo comercial variam dependendo do estado. Em geral, as leis de segredo comercial concedem o monopólio das ideias nas quais um produto se baseia, mas esse monopólio pode ser muito tênue.

Softwares que contêm elementos, procedimentos ou compilações novos ou exclusivos podem ser consideradas um segredo comercial. A lei do segredo comercial protege as ideias propriamente ditas do produto do trabalho, e não somente a sua manifestação. Para reivindicar esse *status*, o criador ou proprietário deve ter o cuidado de manter funcionários e clientes sob contratos que proíbam a divulgação e deve evitar que o segredo caia no domínio público.

Entretanto, a proteção ao segredo comercial é limitada, pois, embora praticamente todos os programas de *software* de certa complexidade contenham algum tipo de elemento exclusivo, é difícil evitar que as ideias por trás do trabalho caiam no domínio público quando o *software* é amplamente distribuído.

Desafios para os direitos sobre a propriedade intelectual

As tecnologias contemporâneas de informação, especialmente o *software*, colocam sérios desafios aos regimes vigentes de propriedade intelectual e, portanto, levantam significativas questões éticas, sociais e políticas. O meio digital difere dos livros, periódicos e outros meios em termos de facilidade de duplicação, transmissão e alteração; qualidade de compactação, o que facilita o roubo; e dificuldades para estabelecer a singularidade.

A proliferação de redes digitais, incluindo a internet, tornou ainda mais difícil proteger a propriedade intelectual. Antes do uso generalizado de redes, as cópias de *software*, livros, artigos de revistas ou filmes tinham de ser armazenadas em mídias físicas, como papel, discos de computador ou fitas de vídeo, o que cria alguns obstáculos à distribuição. Por meio do uso das redes, a informação pode ser reproduzida e distribuída mais amplamente. A pesquisa BSA Global Software realizada pela International Data Corporation e pela Software Alliance (também conhecida como BSA) informou que, em 2018, 37% dos *softwares* instalados em computadores pessoais não estava licenciado (The Software Alliance, 2018).

A Internet foi projetada para transmitir informação livremente pelo mundo inteiro, incluindo aquela protegida por direitos autorais. É possível copiar praticamente qualquer conteúdo e distribuir para milhões de pessoas em todo o mundo, mesmo que estejam usando diferentes tipos de sistemas de computador. A informação pode ser copiada ilicitamente de um local e distribuída para outros sistemas e redes, mesmo que as partes não participem voluntariamente da infração.

Há décadas as pessoas vêm copiando e distribuindo ilegalmente, pela internet, arquivos de música digitalizados. Serviços de compartilhamento de arquivos como Napster e, mais recentemente, Grokster, Kazaa, Morpheus, Megaupload e The Pirate Bay surgiram para ajudar os usuários a localizar e trocar arquivos digitais de música e vídeo, incluindo aqueles protegidos por direitos autorais. O compartilhamento ilegal de arquivos se tornou tão comum que passou a ameaçar a viabilidade da indústria fonográfica e, em dado momento, consumia 20% da largura de banda da internet. A indústria fonográfica venceu várias batalhas legais para encerrar esses serviços, mas não conseguiu interromper completamente o compartilhamento ilegal de arquivos. As indústrias do cinema e da televisão a cabo estão envolvidas em batalhas semelhantes. Vários países europeus vêm colaborando com autoridades dos Estados Unidos para fechar *sites* de compartilhamento ilegal, com resultados variados.

À medida que lojas legítimas de música *on-line*, como o iTunes Store, e serviços de *streaming* legais, como o Pandora, se ampliaram, algumas formas de compartilhamento ilegal de arquivos diminuíram. O iTunes Store da Apple legitimou o pagamento por música e entretenimento e criou um ambiente fechado no qual a música e os vídeos não podem ser facilmente copiados e amplamente distribuídos, a menos que seja reproduzido em dispositivos Apple. O Kindle da Amazon também protege os direitos de editores e escritores, porque seus livros não podem ser copiados para a internet e distribuídos. O *streaming* de rádio (em serviços como Pandora e Spotify) e de filmes de Hollywood (em *sites* como Hulu e Netflix) pela internet também inibe a pirataria, porque os materiais transmitidos não podem ser facilmente gravados em dispositivos separados. Apesar desses ganhos em plataformas de música *on-line* legítimas, artistas e gravadoras sofreram um declínio de 50% em suas receitas, e o setor vem registrando a perda de milhares de empregos desde 2000.

A **Lei dos Direitos Autorais do Milênio Digital** (**DMCA**, do inglês *Digital Millennium Copyright Act*) de 1998 também fornece, em alguma medida, proteção aos direitos autorais. A DMCA implementou um tratado da Organização Mundial da Propriedade Intelectual (*World Intellectual Property Organization*) que determina ser ilegal fraudar as proteções baseadas na tecnologia de materiais que tenham os direitos autorais assegurados. Exige-se que as Provedoras de Serviços de Internet (ISP, do inglês *Internet Service Provider*) retirem os *sites* de infratores de direitos autorais que porventura estiverem hospedando assim que notificadas do problema. A Microsoft e outras grandes empresas de *software* e conteúdo de informações são representadas pela Associação da Indústria de Informação e *Software* (SIIA, do inglês *Software and Information Industry Association*), que faz lobby por novas leis e aplicação de leis existentes para proteger a propriedade intelectual em todo o mundo. A SIIA mantém um disque-denúncia de pirataria e programas educativos para ajudar as organizações a combater a pirataria de *software*; além disso, tem publicado diretrizes para o uso de *software* por funcionários.

4.4 Como os sistemas de informação afetaram a legislação para o estabelecimento de prestação de contas e responsabilidade e da qualidade da vida cotidiana?

Juntamente com as leis de privacidade e propriedade, as novas tecnologias de informação estão desafiando a obrigação de indenizar e as práticas sociais existentes que determinam a responsabilidade civil de indivíduos e instituições. Se uma pessoa for ferida por uma máquina controlada, parcialmente, por um *software*, quem deve ser apontado como responsável e, portanto, passível de pagar a indenização? Um *site* de rede social, como Facebook ou Twitter, deve ser obrigado a pagar indenização e prestar contas pela publicação de material pornográfico ou insultos raciais, ou deve ser considerado isento de qualquer responsabilidade pelo que os usuários publicam (o que é válido para os sistemas de transmissão comuns, como o telefônico)? E a internet? Se você terceirizar o seu processamento de informações para a nuvem e o provedor de serviço de nuvem não fornecer o serviço adequado, o que você pode fazer? Os provedores de serviço de nuvem, muitas vezes, afirmam que o *software* que você está usando é o problema, não os servidores em nuvem.

Problemas sobre a obrigação de indenizar relativos à informática

Em 2018, a Under Armour, fabricante de roupas esportivas, informou que *hackers* invadiram o MyFitnessPal, seu aplicativo de fitness, e roubaram dados de mais de 150 milhões de contas de usuários. Os dados incluíam endereços de *e-mail*, senhas e nomes de usuário, além de outras informações não divulgadas. Depois do anúncio, as ações da empresa caíram 2%, e provavelmente diminuiu também a confiança dos usuários no aplicativo (Shaban, 2018). Não houve roubo das informações de cartão de crédito, mas os 2 milhões de usuários do MyFitnessPal também inserem no aplicativo suas informações detalhadas sobre exercícios e dieta. Quem é responsável por qualquer dano econômico ou pessoal causado a indivíduos ou empresas cujos dados pessoais e comerciais são roubados de empresas com as quais interagem, muitas vezes, diariamente? Os gerentes de sistemas de informação são responsáveis pelos danos que os sistemas corporativos podem causar? Além dos gerentes de TI, quando é possível considerar que o *software* de computador é parte de uma máquina, se essa máquina prejudica alguém, física ou economicamente, o produtor do *software* e o operador podem ser considerados responsáveis pelos danos causados. Quando é possível considerar que o *software* age mais como um livro, armazenando e apresentando informações, os tribunais têm se mostrado relutantes em responsabilizar autores, editores e vendedores de livros pelos conteúdos (a exceção seriam as ocorrências de fraude e difamação); portanto, também têm sido cautelosos em responsabilizar os autores pela indenização de danos causados por *softwares*.

Em geral, é muito difícil (se não impossível) responsabilizar os fabricantes de *software* a pagar indenização por seus produtos se estes forem considerados como livros, a despeito dos danos físicos ou econômicos que deles resultem. Historicamente, editores de livros e periódicos não têm sido considerados responsáveis por indenizações, por conta do receio de que fazê-lo interfira nos direitos de liberdade de expressão garantidos pela Primeira Emenda da Constituição dos Estados Unidos. No entanto, se o *software* controlar uma máquina que envolva pessoas, o fabricante da máquina pode ser responsabilizado por danos, como no caso do avião Boeing 737 MAX, no qual houve falha ou erro de projeto do *software* e dos sensores.

E o *software* como serviço? Os caixas eletrônicos são um serviço prestado aos clientes bancários. Se houver falha desse serviço, os clientes sofrerão incômodos e talvez sejam prejudicados economicamente se não puderem acessar seus fundos em tempo hábil. A proteção com relação à responsabilidade de indenizar deveria estender-se aos editores e operadores de *softwares* defeituosos de sistemas financeiros, contábeis, de simulação ou de *marketing*?

Softwares são muito diferentes de livros. Os usuários podem ter expectativas de que eles sejam infalíveis; são mais fáceis de inspecionar do que um livro e mais difíceis de comparar com outros produtos de *software* para determinar sua qualidade; alegam realizar uma tarefa, ao contrário dos livros, que apenas descrevem uma tarefa; e mais: as pessoas passam a depender de serviços baseados essencialmente em *softwares*. Dado o papel central do *software* na vida cotidiana, há grandes chances de que o alcance da lei de responsabilidade seja ampliado para incluí-lo, mesmo quando o produto fornecer apenas um serviço de informação.

SESSÃO INTERATIVA GESTÃO

O acidente do Boeing 737 MAX: o que aconteceu e por quê?

Logo após a decolagem de Jacarta, Indonésia, em 29 de outubro de 2018, o voo 610 da Lion Air caiu no mar de Java. Todos os 189 passageiros e tripulantes do voo morreram. Em 10 de março de 2019, o voo 302 da Ethiopian Airlines caiu em circunstâncias semelhantes, matando todas as 157 pessoas a bordo. Ambos os voos utilizaram o mesmo modelo de aeronave, um Boeing 737 MAX 8, e os dois acidentes tiveram como causa uma falha no mesmo sistema automatizado no 737 MAX, que foi projetado para evitar o estolamento do motor do avião.

Embora existam muitos modelos de aeronaves Boeing 737, o Sistema de Aumento de Características de Manobra (MCAS, do inglês Maneuvering Characteristics Augmentation System) aparece apenas no Boeing 737 MAX, criado havia uma década e entrado em operação pela primeira vez em 2017. O MCAS foi projetado para corrigir uma falha de projeto no 737 MAX: a Boeing queria usar um avião mais econômico em sua frota de fuselagem estreita para competir com o Airbus A320neo – o que levaria anos para ser elaborado –; então, em vez de projetar um avião completamente novo, a Boeing optou por tornar seus 737 existentes mais competitivos adicionando um motor mais econômico, porém maior, à estrutura do 737. O novo motor era grande demais para ser colocado no meio da asa, como no modelo 737 padrão; por esse motivo, a Boeing posicionou o motor mais alto na asa. A nova posição do motor podia fazer o nariz do avião apontar para cima em pleno voo, causando a interrupção do funcionamento do motor e a queda da aeronave. A finalidade do MCAS era evitar que o nariz do avião ficasse muito alto.

Um sensor externo ativava automaticamente o MCAS e endireitava o avião sempre que detectava uma subida do nariz. O MCAS podia ser ativado mesmo quando o avião não estava no piloto automático – e o procedimento podia se repetir quantas vezes fosse necessário, mesmo que os pilotos o ignorassem. No acidente da Lion Air, o sensor errou o cálculo e considerou que o nariz do avião havia apontado para cima, quando, na verdade, estava reto. Essas falsas leituras foram transmitidas ao MCAS, que repetidamente tentou endireitar o avião, apontando-o para o solo. O MCAS acabou por apontar o nariz do avião para baixo com tanta força que os pilotos não conseguiram endireitá-lo, e o avião mergulhou de nariz no oceano.

A Boeing estava tão empenhada em economizar tempo e dinheiro com o 737 MAX que a segurança ficou em segundo plano. A empresa pressionou a Administração Federal de Aviação (FAA, do inglês *Federal Aviation Administration*) para permitir a autocertificação de grande parte do desenvolvimento do 737 MAX. Com pouca supervisão, a Boeing concentrou-se em melhorar a economia de combustível o máximo possível em tempo recorde. De acordo com um funcionário da FAA, em 2018, a Boeing foi autorizada a certificar 96% de seu próprio trabalho.

A FAA permite que todos os fabricantes de aeronaves dos Estados Unidos autocertifiquem parte do desenvolvimento de um novo avião. Isso ocorre porque a agência precisaria de mais 10 mil funcionários e US$ 1,8 bilhão extra para assumir a tarefa por completo. A Boeing foi autorizada a autocertificar o novo *software* MCAS e assim o fez, atestando sua segurança. A FAA passou o controle quase completo para a Boeing, designando dois engenheiros relativamente inexperientes de sua equipe para supervisionar o trabalho inicial da empresa no sistema. Quando os engenheiros da FAA começaram a investigar o primeiro acidente do Boeing 737 MAX, dispunham de pouquíssima informação sobre o sistema MCAS e não o entendiam completamente. Seus arquivos sobre a aeronave não continham uma revisão completa de segurança.

A versão original do MCAS usava dados de pelo menos dois tipos de sensores, mas a versão final da Boeing usava apenas um. Nos acidentes da Lion Air e da Ethiopian Airlines, foi um único sensor danificado que causou a queda irreversível dos aviões. De acordo com três funcionários da FAA, a Boeing nunca divulgou essa mudança no MCAS para a equipe da FAA envolvida na determinação das necessidades de treinamento de pilotos. Quando a Boeing pediu para excluir a descrição do sistema do manual do piloto, a FAA concordou. Consequentemente, a maioria dos pilotos do MAX não conhecia o *software* até depois do primeiro acidente. A Boeing não forneceu aos pilotos de teste do 737 MAX instruções detalhadas sobre como o MCAS poderia mover o nariz do avião de forma rápida ou repentina e que o sistema dependia de um único sensor – em vez de dois – para verificar a precisão dos dados recebidos sobre o ângulo do nariz do avião.

Os responsáveis determinaram que os pilotos poderiam conduzir os novos 737 MAX sem retreinamento extensivo, argumentando que eram essencialmente os mesmos aviões das gerações anteriores, o que economizaria mais dinheiro para a Boeing. Todos os pilotos de aviões 737 MAX jamais passaram por treinamento em simuladores de voo. Em vez disso, a Boeing realizou aulas de duas horas sobre o novo avião usando iPads e deu aos pilotos um manual de 13 páginas explicando as diferenças entre o 737 MAX e os modelos anteriores do 737. A Boeing nunca treinou pilotos para usar o novo *software* MCAS, e muitos deles não estavam cientes do novo recurso. A empresa mais tarde alegou que não queria sobrecarregar os pilotos com informações, mas a produção do 737 MAX foi tão apressada que, à época da conclusão do 737 MAX, nenhum simulador de voo ainda havia sido terminado.

A Boeing evitou caros recursos de segurança adicionais que poderiam impedir os dois acidentes. O primeiro eram os dois sensores externos para informar os pilotos de seu ângulo de ataque (como estão voando contra o vento). O segundo foi um alerta de desacordo, acionado sempre que o sensor envia leituras falsas. A Lion Air e a Ethiopian Airlines usavam modelos 737 MAX padrão que não tinham esses recursos de segurança, porque a gerência os considerava caros demais. (A Boeing agora inclui um desses recursos em seu pacote padrão do 737 MAX e recomenda treinamento completo em simulador de voo para todos os pilotos dos jatos MAX.)

Um dia após o acidente na Etiópia, a China proibiu a decolagem de todos os seus aviões 737 MAX. Outras nações seguiram o exemplo. A FAA inicialmente defendeu o 737 MAX, mas finalmente sucumbiu à intensa pressão para imobilizar o avião em 13 de março de 2019. A Boeing interrompeu a entrega de todos os jatos MAX para seus clientes, com pedidos não atendidos no valor de meio trilhão de dólares em receita. O 737 MAX deveria ser um grande gerador de dinheiro para a Boeing, representando cerca de dois terços das encomendas futuras e 40% de seu lucro anual. Em março de 2020, a Boeing havia perdido metade de seu valor de mercado na bolsa.

Enquanto os reguladores aguardavam uma série de correções da Boeing, os aviões 737 MAX permaneceram imobilizados. As famílias das vítimas dos acidentes entraram com mais de cem ações judiciais contra a empresa. O futuro do 737 MAX e da própria Boeing acabaram ficando nebuloso. Contudo, eles voltaram a voar em novembro de 2020, quando a FAA suspendeu a proibição do 737 MAX, permitindo que o avião retornasse aos céus depois de ficar parado por mais de 20 meses após os acidentes na Etiópia e na Indonésia.

Fontes: David Slotnick, "Nearly a Year After It Began, the Boeing 737 Max Crisis Still Drags On. Here's The Complete History of the Plane That's Been Grounded Since 2 Crashes Killed 346 People 5 Months Apart," *Business Insider*, 5 de março de 2020; Al Root, "Boeing Stock Is Down 50% Since the 737 MAX Was Grounded 1 Year Ago. Is It Cheap Enough?" *Barrons*, 12 de março de 2020; Niraj Chokshi, "Boeing Said to Add Another Fix to 737 MAX to Appease Regulators," *New York Times*, 11 de março de 2020; Oliver Taylor, "10 Facts about the Boeing 737 MAX Air Crashes," *ListVerse*, 8 de abril de 2019; Natalie Kitroeff, Daid Gelles e Jack Nicas, "The Roots of Boeing's 737 MAX Crisis: A Regulator Relaxes Its Oversight," *New York Times*, 27 de julho de 2019; Jack Nicas, Natalie Kitroeff, David Gelles e James Glanz, "Boeing Built Deadly Assumptions into 737 Max, Blind to a Late Design Change," *New York Times*, 1º de junho de 2019; Andrew Tangel e Andy Pasztor, "Boeing's Own Test Pilots Lacked Key Details of 737 MAX Flight-Control System," *Wall Street Journal*, 3 de maio de 2019; Robert Wall e Andrew Tangel, "Safety Fears Put Boeing on the Defensive," *Wall Street Journal*, 11 de março de 2019; e Andrew J. Hawkins, "Everything You Need to Know About the Boeing 737 MAX Airplane Crashes," *The Verge*, 22 de março de 2019.

PERGUNTAS DO ESTUDO DE CASO

1. Defina o problema descrito neste caso. Você consideraria isso um dilema ético? Por quê? Ou por que não?
2. Descreva o papel dos fatores de gerenciamento, organização e tecnologia nos problemas de segurança do Boeing 737 MAX. Até que ponto a administração era responsável?
3. A solução fornecida pela Boeing é adequada? Justifique sua resposta.
4. Que medidas a Boeing e a FAA poderiam ter tomado para evitar que o problema ocorresse?

Os sistemas de telefonia não têm sido considerados responsáveis pelas mensagens por eles transmitidas porque são regulamentados como empresas operadoras comuns. Em troca de seu direito de fornecer serviço telefônico, devem fornecer acesso a todos, a preços razoáveis, e alcançar um índice aceitável de confiabilidade. Da mesma forma, as redes de tv a cabo são consideradas redes privadas não sujeitas a regulamentação, mas as emissoras que usam as ondas públicas estão sujeitas a inúmeras restrições federais e locais que versam sobre conteúdo e instalações. Nos Estados Unidos, com poucas exceções, os *sites* não são considerados responsáveis por conteúdo publicado em suas plataformas, independentemente se ele foi colocado pelos proprietários ou pelos usuários.

Qualidade do sistema: qualidade dos dados e erros do sistema

Em 2018, ocorreram interrupções importantes que causaram a indisponibilidade de *sites* e serviços de boa parte dos maiores provedores de nuvem nos Estados Unidos e na Europa. O Google Cloud sofreu uma interrupção que derrubou plataformas inteiras, como Snapchat, Spotify e Pokemon GO. A Amazon Web Services (AWS) sofreu uma interrupção que derrubou o sistema próprio da Alexa e vários serviços corporativos, como Atlassian, Slack e Twilio. O serviço Azure da Microsoft teve uma interrupção que afetou seu serviço de armazenamento e de rede no norte da Europa.

As interrupções nos serviços de computação em nuvem ainda são raras. Quanto mais as empresas confiam em provedores de nuvem e centralizam seus dados e operações com um pequeno grupo de empresas desse tipo, mais essas interrupções colocam em questão a confiabilidade e a qualidade dos serviços de nuvem. Essas interrupções são aceitáveis?

O debate sobre responsabilidade de indenizar e indenização por consequências não intencionais da utilização do sistema provoca uma dimensão moral relacionada, mas independente: o que é um nível de qualidade de sistema tecnicamente factível? Em que ponto os gerentes de sistema devem dizer: "Parem os testes. Já fizemos todo o possível para aperfeiçoar esse *software*. Podem despachá-lo!" Os indivíduos e as organizações podem ser responsabilizados por consequências evitáveis e previsíveis que tinham o dever de perceber e corrigir. No entanto, resta um problema: às vezes, prever e corrigir alguns erros de sistema implica grandes despesas, tão grandes que perseguir esse nível de perfeição é economicamente inviável e ninguém poderia arcar com o preço do produto.

Por exemplo, embora as empresas de *software* tentem aperfeiçoar seus produtos antes de liberá-los para o mercado, elas conscientemente ainda lançam produtos não totalmente aprimorados, porque o tempo e o custo envolvidos no ajuste de todos os minúsculos erros impediriam o lançamento. E se o produto não fosse oferecido no mercado? O bem-estar social, como um todo, sofreria uma estagnação e, talvez, um abalo? Indo mais adiante com esse raciocínio, qual é exatamente a responsabilidade de um produtor de serviços de computador: ele deve retirar do mercado um produto que jamais chegará a ser perfeito, avisar o usuário ou esquecer o risco (o comprador que fique alerta)?

Três das principais fontes do mau desempenho de um sistema são (1) os *bugs* e erros de *software*, (2) as falhas de equipamentos e instalações provocadas por causas naturais ou outras e (3) a baixa qualidade da entrada de dados. Por conseguinte, há uma barreira tecnológica ao *software* perfeito, e os usuários devem estar cientes do potencial de falhas catastróficas. A indústria do *software* ainda nem mesmo alcançou padrões de teste que permitam produzir um *software* de desempenho aceitável, quanto mais um perfeito.

Embora *bugs* de *software* e catástrofes nas instalações provavelmente sejam as causas mais alardeadas pela imprensa, a fonte mais comum de falha nos sistemas empresariais é a qualidade dos dados (veja o Capítulo 6). Poucas empresas aferem rotineiramente a qualidade de seus dados, mas estudos realizados por organizações individuais constatam uma taxa de erros de dados que varia de 0,5 a 30%.

Qualidade de vida: equidade, acesso e fronteiras

Os custos sociais negativos da introdução de tecnologias e sistemas de informação estão começando a se acumular, acompanhando a poderosa evolução da tecnologia. Muitas dessas consequências sociais negativas não são violações de direitos individuais ou crimes contra a propriedade. No entanto, podem ser extremamente prejudiciais para indivíduos, sociedades e instituições políticas. Os computadores e as tecnologias da informação têm o potencial de destruir elementos valiosos de nossa cultura e sociedade, mesmo quando nos trazem benefícios. Se existe um equilíbrio entre as boas e as más consequências da utilização dos sistemas de informação, a quem devemos responsabilizar pelas más consequências? A seguir, examinamos brevemente algumas das consequências sociais negativas dos sistemas, considerando as reações individuais, sociais e políticas.

Big Tech: concentrando o poder econômico e político

Em 2019, a Amazon foi responsável por mais da metade de todas as vendas no varejo de comércio eletrônico, além de contabilizar 75% de todas as vendas de livros; a Google responde por 87% das pesquisas *on-line*; o Facebook (incluindo o Instagram) responde por mais de 86% de todos os usuários de redes sociais e tem 60% do público total da internet; 90% do investimento em novos anúncios *on-line* foi para a Google ou o Facebook; 75% dos *streamers* de vídeo usam a Netflix; 53% usam o YouTube e 33% usam a Amazon. Nos escritórios, a Microsoft é dominante: cerca de 80% dos PCs do mundo usam o Windows e outros *softwares* da empresa. A Apple responde por 48% do mercado americano de *smartphones* (o Google responde pelos 52% restantes). Os milhões de aplicativos da Apple rodam apenas em telefones da empresa; da mesma forma, os aplicativos Android são executados apenas em telefones Android. No novo mundo dessas empresas chamadas de Big Tech, oligopólios e monopólios dominam a *web* e as plataformas móveis. A riqueza criada por essas empresas inevitavelmente se traduz em influência política: essas mesmas empresas reúnem um exército de lobistas em Washington e nas capitais estaduais para garantir que a legislação ou as investigações legislativas que possam afetar suas preocupações de mercado e fiscais reflitam seus interesses. As grandes empresas de tecnologia aumentaram seus esforços de *lobby* em Washington, destinando mais de US$ 30 bilhões por ano para essa prática, o que as deixa atrás apenas do *lobby* de empresas financeiras (Lohr, Isaac e Popper, 2019).

Concentrações de poder de mercado não são novidade nos Estados Unidos ou na Europa. Desde 1890, com a Lei Sherman Antitruste nos Estados Unidos, e seguindo até a década de 1960, os monopólios têm sido considerados ameaças à concorrência e às pequenas empresas iniciantes, geralmente por conta da restrição imposta ao livre comércio. Os monopólios normalmente crescem adquirindo concorrentes menores, esmagando-os ao desenvolver produtos semelhantes ou praticar preços predatórios, que ficam muito baixos por curtos períodos para forçar as empresas menores a sair do mercado. As grandes empresas de tecnologia têm um histórico bem documentado desses comportamentos. Mas a concepção antitruste mudou na década de 1970 e concentrou-se em um padrão diferente de danos: o bem-estar do consumidor. Segundo essa visão, a grandeza em si não era um perigo, nem o comportamento anticompetitivo. Em vez disso, o preço e o bem-estar do consumidor tornaram-se primordiais. Enquanto os consumidores não fossem obrigados a pagar preços mais altos, o poder de mercado não era importante, nem configurava dano social ou econômico. Nessa visão, como os produtos do Facebook, do Google e da Amazon são gratuitos ou de custo muito baixo, não pode haver danos.

Os críticos apontam que o bem-estar do consumidor é prejudicado de outras maneiras além do preço, ou seja, impedindo que empresas novas e inovadoras tenham acesso ao mercado ou sobrevivam o suficiente para prosperar como empresas independentes. Reclamações e ações judiciais de pequenas empresas iniciantes alegando práticas anticompetitivas e desleais, além de preocupações sobre o abuso de privacidade pessoal por empresas de grande tecnologia, levaram a uma torrente de artigos críticos e várias investigações do Congresso. As grandes empresas de tecnologia são hoje alvos de críticas do público, investigações legislativas e ações regulatórias. Muitos comentaristas sugerem a divisão das grandes empresas de tecnologia em negócios separados, assim como a Lei Sherman Antitruste separou a Standard Oil em 1911, bem como outros monopólios dos ramos de fotografia, tabaco, aço, ferrovias, frigoríficos, telecomunicações e computadores (Kang, Streitfeld e Karni, 2019).

Velocidade da mudança: redução do tempo de resposta à concorrência

Os sistemas de informação ajudaram a criar mercados nacionais e internacionais muito mais eficientes. O mercado global mais eficiente que existe agora tem reduzido os amortecedores de

© Jozef Polc/123RF

Embora algumas pessoas desfrutem da conveniência de trabalhar em casa, o ambiente "faça qualquer coisa em qualquer lugar" proporcionado pela informática pode obscurecer as tradicionais fronteiras entre tempo dedicado ao trabalho e tempo dedicado à família.

choques sociais que proporcionavam às empresas muitos anos para se adaptar à concorrência. A "concorrência de resposta rápida" tem um lado pouco agradável: a empresa para a qual você trabalha pode não ter tempo suficiente para reagir aos concorrentes globais e poderá ser tirada do mercado em um ano, juntamente com o seu emprego. Corremos o risco de desenvolver uma sociedade *just-in-time*, com empregos *just-in-time* e locais de trabalho, famílias e férias *just-in-time*. Um impacto da Uber (veja o Capítulo 10) e de outras empresas de serviços sob demanda é a criação de empregos *just-in-time*, sem benefícios ou seguro para os funcionários.

Manutenção das fronteiras: família, trabalho e lazer

O perigo da computação onipresente, da telecomutação, da computação nômade, da computação móvel e do ambiente "faça qualquer coisa em qualquer lugar" é que isso pode tornar-se realidade. As fronteiras tradicionais que separam o trabalho da família e do lazer estão borradas.

Embora seja comum que escritores trabalhem praticamente em qualquer lugar, o advento dos sistemas de informação, aliado ao crescimento das ocupações profissionais de conhecimento, significa que mais e mais pessoas estarão trabalhando quando, em outras épocas, estariam se divertindo ou passando horas com a família e os amigos. O "guarda-chuva" do trabalho agora se estende muito além das oito horas diárias, abrangendo o tempo de deslocamento, o período de férias e as horas de lazer. O crescimento e o uso generalizado de *smartphones* apenas aumentaram a sensação de muitos profissionais de que nunca estão longe do trabalho.

Mesmo o tempo de lazer gasto no computador ameaça esses relacionamentos sociais íntimos. A utilização intensiva da internet e do celular, mesmo para fins de entretenimento ou recreação, afasta as pessoas de seus familiares e amigos. Entre adolescentes, isso pode levar a comportamentos antissociais prejudiciais, como o recente surto de *cyberbullying*.

O enfraquecimento dessas instituições apresenta riscos claros. Família e amigos historicamente têm proporcionado poderosos mecanismos de apoio aos indivíduos, atuando como pontos de equilíbrio na sociedade, por preservarem a vida privada, e oferecendo a possibilidade de ordenar melhor os pensamentos, pensar de maneira diferente do empregador e sonhar.

Dependência e vulnerabilidade

Hoje, as empresas, os governos, as escolas e as associações privadas, como as igrejas, são inacreditavelmente dependentes dos sistemas de informação e estão, portanto, altamente vulneráveis a eventuais falhas desses sistemas. Pense no que aconteceria se a rede elétrica do país entrasse em colapso, não haveria nenhuma estrutura educacional ou conteúdo de *backup* que poderia compensar a perda do sistema. Como esses sistemas agora são tão disseminados quanto os sistemas telefônicos, é surpreendente pensar que não existem forças que regulamentem ou estabeleçam padrões semelhantes aos que existem em tecnologias como as de telefone, eletricidade, rádio, televisão ou outras de serviços públicos. A ausência de padrões e a importância crítica de algumas aplicações do sistema provavelmente provocarão demandas por padrões nacionais e, talvez, supervisão regulatória.

Crime e abuso digital

Novas tecnologias, inclusive a de computador, criam oportunidades para cometer crimes, pois geram itens valiosos para roubar, bem como novas maneiras de roubá-los e de prejudicar as pessoas. **Crime virtual** é a prática de atos ilegais usando um computador ou realizados contra um sistema de computadores. O simples acesso a um sistema de computador sem autorização ou com intenção de causar danos, mesmo que por acidente, já configura crime federal nos Estados Unidos. Os tipos mais frequentes de incidentes formam uma lista dos maiores crimes cibernéticos: *malware*, *phishing*, interrupção de rede, *spyware* e ataques de negação de serviço. O verdadeiro custo de todos os crimes virtuais é desconhecido, mas estima-se que esteja na casa dos bilhões de dólares. Você pode encontrar uma discussão mais detalhada sobre crimes virtuais no Capítulo 8.

Abusos digitais são atos envolvendo um computador que, embora não sejam ilegais, são considerados antiéticos. A popularidade da internet, do *e-mail* e dos celulares vem transformando uma forma de abuso digital – o *spam* – em um sério problema para pessoas e empresas. Originalmente, ***spam*** é o *e-mail* inútil enviado por uma pessoa ou organização a um público indistinto, formado por usuários da internet que jamais expressaram interesse no produto ou serviço em oferta. Os propagadores do *spam* – os *spammers* – tendem a oferecer pornografia, serviços e acordos fraudulentos, golpes inescrupulosos e produtos malvistos na maior parte das sociedades civilizadas. Alguns países têm leis aprovadas para proibir o *spam* ou restringir seu uso. Nos Estados Unidos, ele ainda é legal, desde que não envolva fraudes e que o remetente e o assunto do *e-mail* estejam apropriadamente identificados.

O *spam* vem crescendo porque custa apenas alguns centavos de dólar enviar milhares de mensagens de propaganda para usuários da internet. A porcentagem de todas as mensagens de *e-mail* que são *spam* foi estimada em cerca de 55% em 2019 (Statista, 2020). A maioria das mensagens de *spam* se origina de redes de *bots*, que consistem em milhares de PCs capturados que podem iniciar e transmitir mensagens de *spam*. Os custos do *spam* para as empresas são muito altos (estimado em US$ 50 bilhões por ano) por causa dos recursos computacionais e de rede consumidos por bilhões de mensagens indesejadas de *e-mail* e do tempo necessário para lidar com eles.

Os criminosos cibernéticos autores de roubos de identidade e financeiros se concentram agora nos *smartphones*, pois seus usuários verificam *e-mails*, fazem transações bancárias *on-line*, pagam contas e revelam informações pessoais nesses dispositivos. O *spam* de telefone celular geralmente vem na forma de mensagens de texto SMS, mas cada vez mais os usuários estão recebendo *spam* em seu *feed* de notícias e no serviço de mensagens do Facebook.

Provedores de serviços de internet e indivíduos podem combater o *spam* usando *software* de filtragem de *spam* para bloquear mensagens suspeitas de *e-mail* antes que elas sejam transferidas para a caixa de entrada do destinatário. No entanto, os filtros contra *spam* podem bloquear mensagens legítimas. Os *spammers* sabem como contornar os filtros, mudando continuamente as suas contas de *e-mail*, incorporando mensagens de *spam* em imagens, embutindo *spam* em anexos de *e-mails* e em cartões de saudação eletrônicos e utilizando computadores de outras pessoas que foram sequestrados por *botnets* (veja o Capítulo 8). Muitas mensagens de *spam* são enviadas de um país, enquanto outro país hospeda o *site* de *spam*.

O *spam* está sujeito a regras mais rígidas na Europa do que nos Estados Unidos. Em 2002, o Parlamento Europeu aprovou a proibição do envio não solicitado de mensagens comerciais. O *marketing* eletrônico pode ser enviado somente a pessoas que deram seu consentimento prévio.

A Lei CAN-SPAM de 2003, dos Estados Unidos, que entrou em vigor em 2004, não proíbe o envio de *spam*, mas sim as práticas de *e-mail* fraudulentas, exigindo que as mensagens comerciais exibam as linhas de assunto de forma precisa, identifiquem os verdadeiros remetentes e ofereçam aos destinatários uma maneira fácil de remover seus nomes das listas de *e-mail*. A lei também proíbe o uso de endereços de retorno falsos. Algumas pessoas foram processadas sob essa lei, mas ela teve um impacto insignificante sobre o envio de *spam*, em grande parte por causa da falta de segurança da internet e da utilização de servidores e *botnets* localizados fora do país. A maior parte do envio em larga escala de *spam* passou a ser gerado na Rússia e na Europa Oriental, onde os *hackers* controlam *botnets* globais capazes de gerar bilhões de mensagens de *spam*. Uma das maiores redes de *spam* dos últimos anos foi a russa Festi, com sede em São Petersburgo. A Festi é mais conhecida como o gerador de *spam* por trás da indústria global de *spam* de Viagra.

Emprego: perda do emprego pela exclusão tecnológica e pela reengenharia

O trabalho de reengenharia normalmente é reconhecido pela comunidade de sistemas de informação como um importantíssimo benefício da nova tecnologia de informação. Já o fato de os processos de reengenharia empresarial poderem resultar na perda do emprego para milhões de gerentes de médio escalão e de trabalhadores burocráticos é bem menos comentado. Alguns economistas soaram novos alarmes de que a tecnologia da informação e da informática está ameaçando os empregos da classe média e os de colarinho branco (além dos empregos nas fábricas). Erik Brynjolfsson e Andrew P. McAfee argumentam que o ritmo de automação aumentou nos últimos anos por uma combinação de tecnologias, incluindo robótica, máquinas CNC, controle de estoque informatizado, reconhecimento de padrões, reconhecimento de voz e comércio *on-line*. Um resultado é que as máquinas podem agora realizar muitas tarefas associadas a vários serviços que até então eram realizados por seres humanos, incluindo o suporte técnico, o trabalho de *call center*, as operações de equipamentos radiológicos e até mesmo a revisão de documentos legais (Brynjolfsson e McAfee, 2011).

Essas visões contrastam com as avaliações de outros economistas de que as novas tecnologias criaram tantas ou mais ocupações novas quanto as que elas mesmas destruíram. Em alguns casos, o emprego cresceu ou permaneceu inalterado em setores como o financeiro, em que o investimento em capital de TI é mais alto. Por exemplo, o crescimento do comércio eletrônico levou a um declínio nos empregos de vendas no varejo, mas a um aumento nos empregos para trabalhadores de armazém, supervisores e entregadores. Esses economistas também acreditam que trabalhadores inteligentes e treinados afetados pela tecnologia vão ocupar empregos melhores em indústrias de rápido crescimento. Quem fica fora dessa equação são os operários e os gerentes de médio escalão mais velhos e com menor nível de instrução. Não fica bem claro se esses grupos podem ser facilmente treinados para ocupar cargos de alto nível (e de alto salário). (Veja a Sessão Interativa sobre Organizações do Capítulo 11.)

Equidade e acesso: ampliação das lacunas raciais e de classe

Será que todos têm a mesma oportunidade de participar da era digital? Será que as lacunas sociais, econômicas e culturais que existem nos Estados Unidos e em outras sociedades serão reduzidas pela tecnologia de sistemas de informação? Ou as diferenças aumentarão, permitindo que os mais abastados se tornem ainda mais abastados em relação aos demais?

Essas perguntas ainda não foram respondidas de forma satisfatória porque o impacto da tecnologia dos sistemas em vários grupos da sociedade não foi estudado a contento. O que se sabe é que informação, conhecimento, computadores e acesso a esses recursos por intermédio de instituições educacionais e bibliotecas públicas não são distribuídos igualmente entre diferentes grupos e classes sociais e étnicas, como acontece com muitos outros recursos de informação. Diversos estudos descobriram que a probabilidade de grupos de baixa renda dos Estados Unidos terem computadores ou acesso à internet é muito menor, mesmo que o número de proprietários de computadores e de acesso à internet tenha chegado às alturas nos últimos cinco anos. Embora o abismo esteja diminuindo, a probabilidade de que famílias de renda mais alta de cada grupo étnico tenham computadores e acesso à internet em casa é muito maior em comparação com famílias de renda mais baixa do mesmo grupo. Além disso, os filhos das famílias de renda mais alta são muito mais propensos a aproveitar o acesso à internet para alcançar objetivos educacionais, enquanto os de baixa renda têm maior propensão a passar o tempo com entretenimento e jogos. Isso é chamado de lacuna de "perda de tempo".

Não corrigida, essa **exclusão digital** poderá levar a uma sociedade dividida entre os "com" e os "sem" informação, conhecimento e capacitação em computadores, sendo o "grupo dos sem" maior. Os grupos de defesa do interesse público querem diminuir essa exclusão digital disponibilizando os serviços de informação digital – inclusive a internet – a praticamente todos, da mesma maneira que acontece hoje com os serviços telefônicos básicos.

Riscos para a saúde: LER, STC e declínio cognitivo

Uma doença ocupacional comum hoje é a **lesão por esforço repetitivo (LER)**. Ela ocorre quando grupos de músculos sofrem esforço decorrente de ações repetitivas, frequentemente com cargas de alto impacto (como jogar tênis), ou a dezenas de milhares de repetições com cargas de baixo impacto (como trabalhar ao teclado de um computador). Estima-se que a incidência de LER afete um terço da mão de obra e seja responsável por um terço de todos os casos de deficiência.

A maior fonte de LER é o teclado do computador. O tipo mais comum dessa doença relacionado ao uso do computador é a **síndrome do túnel do carpo (STC)**, na qual a pressão sobre o nervo mediano, causada pela estrutura óssea do pulso, chamada de "túnel do carpo", produz dor. A pressão é causada pela repetição constante de batidas nas teclas: durante um único turno, um editor de textos pode bater em 23 mil teclas. Os sintomas da síndrome do carpo incluem amortecimento, dor aguda, incapacidade de segurar objetos e formigamento. Milhões de profissionais já foram diagnosticados com a síndrome do túnel do carpo. Ela afeta cerca de 3 a 6% da força de trabalho (LeBlanc e Cestia, 2011).

As LER podem ser evitadas. Projetar estações de trabalho com uma posição neutra do pulso (por meio do uso de um apoio), suportes de monitor adequados e apoios para os pés

Lesão por esforço repetitivo (LER) é a principal doença ocupacional hoje. A única e maior causa de LER é o trabalho com o teclado do computador.

© Ian Allenden/123RF

SESSÃO INTERATIVA **TECNOLOGIA**

Os *smartphones* prejudicam as crianças? Talvez sim, talvez não

Muitos de nós consideram os *smartphones* indispensáveis, mas reconhecemos o impacto que causam na maneira como pensamos e nos comportamos, especialmente entre as crianças. Há uma desconfiança crescente entre pais, educadores, psicólogos e até mesmo gênios do Vale do Silício quanto à real dimensão dos benefícios das telas, mesmo como ferramentas de aprendizado – e os riscos de dependência e atraso no desenvolvimento parecem altos.

O adolescente estadunidense médio que usa um *smartphone* ganhou seu primeiro telefone aos 10 anos e passa mais de 4,5 horas por dia nele (sem contar as mensagens de texto e conversas). Setenta e oito por cento dos adolescentes verificam os telefones pelo menos de hora em hora e 50% relatam sentir-se "viciados" nos aparelhos. Realizou-se uma série de estudos sobre os efeitos negativos do uso de *smartphones* e mídias sociais na saúde mental e física de crianças cujos cérebros ainda estão em desenvolvimento, esses efeitos variam de distrações na sala de aula a um maior risco de suicídio e depressão.

Uma pesquisa recente com mais de 2.300 professores do Centro de Mídia e Saúde Infantil e da Universidade de Alberta descobriu que 67% dos docentes relataram que o número de alunos que se distraem negativamente com tecnologias digitais na sala de aula está crescendo; 75% desses professores acham que a capacidade dos alunos de se concentrar em tarefas educacionais diminuiu. Uma pesquisa do professor de psicologia Jean Twenge, da San Diego State University, descobriu que adolescentes estadunidenses que passam 3 horas por dia ou mais em dispositivos eletrônicos são 35% mais propensos – e aqueles que passam 5 horas ou mais são 71% mais propensos – a ter um fator de risco para suicídio do que aqueles que gastam menos de 1 hora. Essa pesquisa também mostrou que alunos da oitava série que são usuários assíduos de mídias sociais têm um risco 27% maior de depressão. Aqueles que passam mais tempo do que a média praticando esportes, saindo com amigos pessoalmente ou fazendo a lição de casa têm um risco significativamente menor. Além disso, os adolescentes que passam 5 ou mais horas por dia em dispositivos eletrônicos são 51% mais propensos a dormir menos de 7 horas por noite (contra as 9 horas recomendadas).

Essas descobertas agora vêm sendo contestadas por outros pesquisadores acadêmicos. Um artigo publicado no *Journal of Child Psychology and Psychiatry* pelas professoras de psicologia Candice L. Odgers, da Universidade da Califórnia, em Irvine, e Madeleine R. Jensen, da Universidade da Carolina do Norte, em Greensboro, examinou cerca de 40 estudos sobre a ligação do uso de mídia social e a depressão e ansiedade em adolescentes. Elas descobriram que a mencionada conexão era tênue e inconsistente. Uma análise de Amy Orben, da Universidade de Cambridge, e um trabalho semelhante de Jeff Hancock, fundador do Stanford Social Media Lab, chegaram a conclusões semelhantes. A análise de Hancock, de 226 estudos sobre o bem-estar de usuários de celular, concluiu que, se você comparar os efeitos de seu telefone com dormir, fumar ou comer adequadamente, o efeito líquido é praticamente nenhum.

Os críticos de Twenge apontam que, embora seu trabalho tenha encontrado uma correlação entre o aparecimento de *smartphones* e um aumento nos relatos de problemas de saúde mental, a pesquisa não provou que os telefones eram a causa. Adolescentes com maior depressão passam mais tempo no celular? Ou os adolescentes estão ficando deprimidos porque passam mais tempo em seus telefones? Pode ser que o aumento da depressão tenha levado os adolescentes a usar o celular em excesso e que houvesse outras explicações possíveis para a depressão e a ansiedade. Além disso, as taxas de ansiedade e suicídio parecem não ter aumentado em grandes partes da Europa, onde os *smartphones* são bastante difundidos. Os estudos atuais sobre o uso de *smartphones* não mostram dados causais, portanto, não há prova definitiva de que a tecnologia digital altere para pior o raciocínio.

Esses pesquisadores não estão argumentando que o uso intensivo de *smartphones* não importa. As crianças que usam muito o telefone podem deixar de lado outras atividades valiosas, como os exercícios físicos. Pesquisas mostram que o uso excessivo do telefone pode agravar os problemas de certos grupos vulneráveis, como crianças com distúrbios de saúde mental. Mas eles não acreditam que as telas sejam responsáveis por problemas sociais amplos, como o aumento das taxas de ansiedade dos adolescentes e problemas de privação do sono. Na maioria dos casos, o telefone funciona como um espelho que revela os problemas que uma criança teria, mesmo sem o aparelho.

Fontes: Nathaniel Popper, "Panicking About Your Kids' Phones? New Research Says Don't," *New York Times*, 17 de janeiro de 2020; Brian Resnick, "Have Smartphones Really Destroyed a Generation? We Don't Know," *Vox*, 16 de maio de 2019; Jack Nicas, "Apple Cracks Down on Apps That Fight iPhone Addiction," *New York Times*, 27 de abril de 2019; Nellie Bowles, "Human Contact Is Now a Luxury Good," *New York Times*, 23 de março de 2019 e "A Dark Consensus Emerges About Screens and Kids Begins to Emerge in Silicon Valley," *New York Times*, 26 de outubro de 2018.

PERGUNTAS DO ESTUDO DE CASO

1. Defina o problema descrito neste caso. Em que sentido se trata de um dilema ético?
2. Compare os resultados da pesquisa que aprovam ou desaprovam o uso de *smartphones* entre crianças e adolescentes.
3. Devem ser impostas restrições ao uso de *smartphones* por adolescentes? Por quê? Ou por que não?

contribui para a postura correta e redução da LER. Teclados cuja ergonomia leva o problema em consideração também são uma opção. Essas medidas devem ser apoiadas por pausas frequentes para descanso e rotação de funcionários para diferentes funções.

LER não é a única doença ocupacional que os computadores causam. Dores nas costas e no pescoço, estresse nas pernas e nos pés também resultam de estações de trabalho com ergonomia inadequada. A **síndrome de tela de computador** (**STC**) refere-se a qualquer condição de estresse ocular relacionada à utilização da tela do monitor de computadores, *laptops*, e-readers, *smartphones* e dispositivos manuais de videogames. A STC afeta cerca de 90% das pessoas que passam três horas ou mais por dia no computador. Seus sintomas, geralmente temporários, incluem dores de cabeça, visão turva e olhos secos e irritados.

Além desses males, a tecnologia do computador pode estar prejudicando nossas funções cognitivas ou pelo menos mudando a forma como pensamos e resolvemos problemas. Embora a internet tenha tornado muito mais fácil para as pessoas acessar, criar e usar informações, alguns especialistas acreditam que ela também está impedindo que as pessoas se concentrem e pensem claramente por conta própria. Argumentam que o uso excessivo de computadores (e *smartphones* – veja a Sessão Interativa sobre Tecnologia) reduz a inteligência. Um estudioso do MIT acredita que a exposição a computadores encoraja a busca de respostas em vez de se envolver na resolução de problemas reais. Os alunos, segundo essa hipótese, não aprendem muito navegando na *web* ou respondendo *e-mails*, na comparação com ouvir, desenhar, discutir, olhar e explorar (Henry, 2011).

O computador tornou-se parte de nossas vidas, dos pontos de vista pessoal, social, cultural e político. É pouco provável que as questões e as opções fiquem mais fáceis à medida que a tecnologia de informação continuar a transformar nosso mundo. O crescimento da internet e da economia da informação sugere que todas as questões éticas e sociais que descrevemos serão ainda mais agravadas à medida que entramos no primeiro século digital.

4.5 Como os sistemas de informação gerenciais ajudarão minha carreira?

Aqui veremos como o Capítulo 4 e este livro podem ajudá-lo a encontrar um emprego como analista de privacidade júnior.

A empresa

A Base da Força Aérea da Pinnacle, no Texas, tem um cargo de nível iniciante em aberto para analista de privacidade júnior no departamento de Recursos Humanos. O departamento mantém registros detalhados de pessoal, incluindo histórico de trabalho, remuneração, assistência médica e benefícios de aposentadoria, de mais de 6.800 militares e suas famílias e de 1.250 funcionários civis.

Descrição do cargo

O analista de privacidade júnior auxiliará na manutenção de registros dos funcionários e ajudará a garantir a conformidade com todos os regulamentos de privacidade federais e estaduais. As responsabilidades do cargo incluem:

- Analise e desenvolvimento de políticas e procedimentos relacionados às funções do departamento de privacidade.
- Registro e rastreamento de solicitações da Lei de Privacidade, assistência com revisão, redação e preparação de registros necessários e controle de toda a correspondência do departamento de privacidade.
- Monitoramento e resposta a correspondências e consultas por escrito, verbais e eletrônicas direcionadas ao departamento de privacidade do governo, inclusive correspondência sigilosa de beneficiário/pessoal.
- Coordenação de reuniões do departamento de privacidade.
- Revisão e análise de dados e documentos e avaliação de opções, questões e posições para uma variedade de atividades de planejamento, relatórios e execução de programas.

Requisitos do emprego

- Graduação multidisciplinar ou administração
- Sólidas habilidades de comunicação e organização
- Experiência desejável com manutenção de registros e sistemas de arquivos

Perguntas para a entrevista

1. Que histórico ou experiência profissional você tem no campo da proteção da privacidade?
2. O que você sabe sobre a Lei de Privacidade?
3. O que você sabe sobre práticas de proteção de privacidade para correspondência escrita e eletrônica?
4. Se solicitado a melhorar a proteção de privacidade para nossa organização, como você procederia?
5. Já lidou com um problema envolvendo proteção de privacidade? Qual foi o seu papel nesse processo?

Dicas do autor

1. Analise este capítulo, com atenção especial para as seções que tratam de sistemas de informação e privacidade.
2. Use a *web* para saber mais sobre a Lei de Privacidade e os procedimentos e políticas de proteção de privacidade para registros pessoais.
3. Tente saber mais sobre manutenção de registros de pacientes e sua proteção de privacidade por estabelecimentos de saúde ou outras organizações.
4. Se você não tem nenhuma experiência prática na área de privacidade, explique o que sabe sobre privacidade e por que é tão importante proteger dados pessoais confidenciais; além disso, informe que você está muito interessado em aprender mais e fazer trabalhos relacionados à privacidade.

RESUMO

4.1 Quais questões éticas, sociais e políticas são levantadas pelos sistemas de informação?

A tecnologia de informação está introduzindo mudanças para as quais ainda não foram desenvolvidas leis e regras de conduta aceitável. O aumento da capacidade de processamento, da capacidade de armazenamento e dos recursos de rede – incluindo a internet – expande o alcance das ações individuais e organizacionais e ampliam seu impacto. A facilidade e o anonimato com os quais a informação pode ser comunicada, copiada e manipulada em ambientes *on-line* colocam novos desafios para a proteção da privacidade e da propriedade intelectual. As principais questões éticas, sociais e políticas suscitadas pelos sistemas de informação giram em torno dos direitos e deveres sobre a informação e sobre a propriedade, da prestação de contas e controle, da qualidade do sistema e da qualidade de vida.

4.2 Quais princípios específicos de conduta podem ser usados para orientar as decisões éticas?

Seis princípios éticos para julgar a conduta incluem a Regra de Ouro, o imperativo categórico de Immanuel Kant, a regra da ladeira escorregadia, o princípio utilitário, o princípio de aversão ao risco e a regra ética "não existe almoço grátis". Esses princípios devem ser usados em conjunto com uma análise ética.

4.3 Por que a tecnologia dos sistemas de informação contemporânea e a internet representam desafios para a proteção da privacidade individual e da propriedade intelectual?

A tecnologia contemporânea de armazenamento e de análise de dados permite que as empresas reúnam facilmente dados pessoais sobre indivíduos a partir de muitas fontes diferentes e analisem esses dados para criar perfis eletrônicos detalhados sobre os indivíduos e seus comportamentos. Os dados que fluem pela internet podem ser monitorados em muitos pontos. *Cookies* e outras ferramentas de monitoramento da *web* acompanham de perto as atividades dos visitantes dos *sites*. Nem todos os *sites* têm políticas fortes de proteção à privacidade e nem sempre permitem o consentimento informado quanto à utilização de informações pessoais. As leis tradicionais de direitos autorais são insuficientes para proteger contra a pirataria de *software*, porque o material digital pode ser copiado com muita facilidade e transmitido para vários locais simultaneamente pela internet.

4.4 Como os sistemas de informação afetaram a legislação para o estabelecimento de prestação de contas e responsabilidade e da qualidade da vida cotidiana?

As novas tecnologias da informação são um desafio às leis de responsabilidade e às práticas sociais existentes para responsabilizar indivíduos e instituições por danos causados a outros. Embora os sistemas de computadores sejam fontes de eficiência e riqueza, às vezes, causam impactos negativos. Erros em sistemas de computadores podem causar sérios prejuízos a indivíduos e organizações. A baixa qualidade de dados também é responsável por causar rupturas e perdas para as empresas. Empregos podem ser perdidos quando trabalhadores são substituídos por computadores ou quando certas tarefas se tornam desnecessárias após a reengenharia dos processos de negócios. A capacidade de ter e usar um computador pode estar exacerbando as disparidades socioeconômicas existentes entre diferentes grupos étnicos e classes sociais. O uso generalizado de computadores aumenta as oportunidades de crimes e abusos relacionados. Os computadores também podem ser fonte de problemas de saúde e cognitivos, como lesões por esforço repetitivo, síndrome da tela de computador e a incapacidade de pensar com clareza e realizar tarefas complexas.

Termos-chave

Abusos digitais, 146
Consentimento informado, 135
Cookies, 133
Crime virtual, 146
Detecção de relações não óbvias (NORA), 126
Devido processo legal, 127
Direito autoral, 136
Direitos à informação, 124
Ética, 122
Exclusão digital, 148
Imperativo categórico de Immanuel Kant, 128
Lei dos Direitos Autorais do Milênio Digital (DMCA), 139
Lesão por esforço repetitivo (LER), 148
Marcas registradas, 138

Obrigação de indenizar, 127
Opção de retirada, 135
opt-in, 135
Patente, 137
Porto seguro, 133
Práticas para a Informação Justa (FIP), 130
Prestação de contas, 127
Princípio de aversão ao risco, 128
Princípio utilitário, 128
Privacidade, 130
Profiling, 125
Propriedade intelectual, 136
Regra da ladeira escorregadia, 128
Regra de Ouro, 128
Regra ética "não existe almoço grátis", 128
Regulamento Geral de Proteção de Dados (GDPR), 132
Responsabilidade, 127
Segredo comercial, 138
Síndrome de tela de computador (STC), 150
Síndrome do túnel do carpo (STC), 148
Spam, 146
Spyware, 134
Web beacons, 134

Questões para revisão

4.1 Quais questões éticas, sociais e políticas são levantadas pelos sistemas de informação?

- Explique como as questões éticas, sociais e políticas estão relacionadas e dê alguns exemplos.
- Liste e descreva as principais tendências tecnológicas que agravam as preocupações éticas.
- Diferencie responsabilidade, prestação de contas e obrigação de indenizar.

4.2 Quais princípios específicos de conduta podem ser usados para orientar as decisões éticas?

- Liste e descreva os cinco estágios em uma análise ética.
- Identifique e descreva os seis princípios éticos.

4.3 Por que a tecnologia dos sistemas de informação contemporânea e a internet representam desafios para a proteção da privacidade individual e da propriedade intelectual?

- Defina privacidade e práticas de informação justas.
- Explique como a internet desafia a proteção da privacidade individual e da propriedade intelectual.
- Explique como o consentimento informado, a legislação, a autorregulação da indústria e as ferramentas de tecnologia ajudam a proteger a privacidade individual de usuários da internet.
- Liste e defina os três regimes que protegem os direitos de propriedade intelectual.

4.4 Como os sistemas de informação afetaram a legislação para o estabelecimento de prestação de contas e responsabilidade e da qualidade da vida cotidiana?

- Explique por que é tão difícil responsabilizar serviços de *software* pela indenização por falhas ou danos.
- Liste e descreva as principais causas de problemas de qualidade do sistema.
- Nomeie e descreva quatro impactos sobre a qualidade de vida causados por computadores e sistemas de informação.
- Defina e descreva a síndrome de tela de computador e a lesão por esforço repetitivo (LER) e explique sua relação com a tecnologia da informação.

Para discutir

4.5 Os fabricantes de serviços baseados em *software*, como os caixas eletrônicos, devem ser responsáveis por danos econômicos sofridos em caso de falhas no sistema?

4.6 As empresas devem ser responsáveis por desemprego causado por seus sistemas de informação? Por quê? Ou por que não?

4.7 Discuta os prós e contras de permitir que as empresas acumulem dados pessoais para segmentação comportamental.

Projeto prático em SIG

Os projetos desta seção oferecem uma experiência prática na análise das implicações de privacidade do uso de empresas de corretagem de dados *on-line*, do desenvolvimento de uma política corporativa para o uso da *web* pelos funcionários, do uso de ferramentas de criação de *blog* para criar um *blog* simples e da análise da privacidade do navegador *web*.

Problemas de decisão de gestão

4.8 O *site* do InfoFree está vinculado a grandes bancos de dados que consolidam dados pessoais de milhões de pessoas. Os usuários podem comprar listas de *marketing* de consumidores divididas por localização, idade, sexo, nível de renda, valor da casa e interesses. É possível usar esse recurso para obter uma lista, por exemplo, de todas as pessoas em Peekskill, Nova York, que ganham US$ 150 mil ou mais por ano. As empresas de corretagem de dados, como a InfoFree, suscitam questões de privacidade? Por quê? Ou por que não? Se o seu nome e outras informações pessoais suas estivessem nesse banco de dados, quais limitações de acesso você gostaria de ver em vigor para preservar a sua privacidade? Considere os seguintes usuários de dados: agências governamentais, seu empregador, empresas privadas, outros indivíduos.

4.9 Como o chefe de uma pequena companhia de seguros com seis funcionários, você está preocupado com a eficácia com que sua empresa está usando sua rede e seus recursos humanos. O orçamento é limitado e você está lutando para não extrapolar a folha de pagamento, porque os funcionários estão fazendo muitas horas extras. Você não acredita que os funcionários tenham uma carga de trabalho suficientemente pesada para justificar trabalhar mais horas e está analisando a quantidade de tempo que eles passam na internet.

Cada funcionário usa um computador com acesso à internet no trabalho. Calcule a quantidade total de tempo que cada funcionário passou na *web* durante a semana e a quantidade total de tempo que os computadores da empresa foram usados para essa finalidade. Classifique os funcionários na ordem da quantidade de tempo que cada um passou *on-line*.

- As descobertas que você fez e o conteúdo do relatório indicam algum problema ético que os funcionários estão criando? A empresa está criando um problema ético ao monitorar o uso da internet pelos funcionários?
- Use as diretrizes para análise ética apresentadas neste capítulo a fim de desenvolver uma solução para os problemas que você identificou.

Alcançando a excelência operacional: como criar um *blog* simples

Habilidades de *software*: criação de *blogs*
Habilidades de negócios: criação de *blogs* e páginas da *web*

4.10 Neste projeto, você aprenderá a criar um *blog* simples com seu próprio *design* e usando o *software* de criação de *blog on-line* disponível no Blogger.com. Escolha um esporte, hobby ou tópico de interesse como tema do seu *blog*. Dê um nome ao *blog*, dê um título e escolha um modelo para ele. Publique pelo menos quatro entradas no *blog*, adicionando um rótulo para cada postagem. Edite suas postagens, se for necessário. Carregue uma imagem, como uma foto do seu computador ou da *web*, para o *blog*. Adicione recursos para que outros usuários registrados, como membros da equipe, comentem no seu *blog*.

Descreva brevemente como o seu *blog* pode ser útil para uma empresa que vende produtos ou serviços relacionados ao tema do *blog*. Liste as ferramentas disponíveis no Blogger que tornariam sua página mais útil para os negócios e descreva os usos comerciais de cada uma delas. Salve seu *blog* e mostre-o ao seu instrutor.

Melhor tomada de decisão: analisando a privacidade do navegador da *web*

Habilidades de *software*: *software* de navegador
Habilidades de negócios: analisar os recursos de proteção de privacidade do navegador da *web*

4.11 Este projeto ajudará a desenvolver suas habilidades na internet para usar os recursos de proteção de privacidade dos principais *softwares* de navegação da *web*.

Examine os recursos e configurações de proteção de privacidade para dois navegadores da *web* líderes, como Microsoft Edge, Mozilla Firefox ou Google Chrome. Faça uma tabela comparando os recursos de dois desses navegadores em termos de funções fornecidas e facilidade de uso.

- Como esses recursos de proteção de privacidade protegem os indivíduos?
- Como esses recursos de proteção de privacidade afetam o que as empresas podem fazer na internet?
- Que navegador é o melhor em termos de proteção da privacidade? Por quê?

Projeto de colaboração e trabalho em equipe

Desenvolvimento de um código de ética corporativo

4.12 Com três ou quatro de seus colegas, desenvolva um código de ética corporativo sobre privacidade que aborde tanto a privacidade dos funcionários quanto a dos clientes e usuários do *site* corporativo. Certifique-se de levar em conta a privacidade de *e-mail* e o monitoramento do empregador dos locais de trabalho, bem como o uso corporativo de informações sobre os funcionários em relação ao seu comportamento fora do trabalho (por exemplo, estilo de vida, situação conjugal e assim por diante). Se possível, use o Google Docs e o Google Drive ou Google Sites para debater, organizar e desenvolver uma apresentação de suas descobertas para a turma.

Privacidade no Facebook: sua vida à venda

ESTUDO DE CASO

O Facebook diz que sua missão corporativa é dar às pessoas o poder de criar comunidades e aproximar o mundo. Em 2017 e 2018 esses objetivos grandiosos sofreram um duro golpe quando se soube que o Facebook havia perdido o controle das informações pessoais que os usuários compartilhavam no *site*. O Facebook permitiu que sua plataforma fosse explorada pelo órgão de inteligência da Rússia e por consultores políticos, com a intenção de intensificar as diferenças políticas existentes e assim contribuir para o afastamento das pessoas da comunidade e umas das outras, durante a eleição presidencial dos Estados Unidos em 2016.

Em janeiro de 2018, um fundador e ex-funcionário de uma empresa de consultoria política e de determinação de perfil de eleitores chamada Cambridge Analytica revelou que sua empresa havia coletado as informações pessoais de cerca de 87 milhões de usuários do Facebook, e que as usou em um esforço para influenciar a eleição presidencial dos Estados Unidos de 2016. O Facebook não vende as informações pessoais de seus usuários, mas permitiu que aplicativos de terceiros obtivessem essas informações. Nesse caso, um pesquisador do Reino Unido teve acesso a 50 mil usuários do Facebook para fins de pesquisa. Ele desenvolveu um questionário por aplicativo cuja finalidade alegada era medir traços da personalidade dos usuários. O *design* do Facebook permitiu que esse aplicativo coletasse não apenas as informações pessoais das pessoas que concordaram em participar da pesquisa, mas também as informações pessoais de todas as pessoas conectadas ao perfil desses usuários. O pesquisador vendeu os dados para a Cambridge Analytica, que por sua vez os usou para enviar anúncios políticos direcionados na eleição presidencial.

Em uma audiência no Senado, em outubro de 2017, o Facebook testemunhou que agentes russos haviam explorado a rede social para tentar influenciar a eleição presidencial de 2016. Mais de 130 mil mensagens e histórias falsas foram enviadas para usuários do Facebook nos Estados Unidos por meio de um exército de *bots* de *software* automatizados, criados e operados por vários milhares de *hackers* russos que trabalham para uma agência de inteligência russa, a Internet Research Agency. (Um *bot* é um programa de *software* que executa uma tarefa automatizada e geralmente age de forma maliciosa na internet – veja o Capítulo 8.) Usando 75 mil contas falsas do Facebook e 230 mil *bots*, *hackers* russos enviaram mensagens para cerca de 146 milhões de pessoas nessa rede social. As mensagens visavam usuários com base em suas informações pessoais coletadas pelo Facebook no curso normal dos negócios, incluindo religião, raça, etnia, interesses pessoais e opiniões políticas. Os anúncios se direcionavam a grupos que tinham visões políticas opostas, com a intenção de intensificar o conflito social entre eles.

Como tudo isso pôde acontecer? Como se vê, foi bastante fácil e barato, dado o projeto e o modo de gerenciamento do Facebook. Uma vez que o Facebook concede acesso a anunciantes, desenvolvedores de aplicativos ou pesquisadores, ele tem uma capacidade muito limitada de controlar como essas informações são usadas. Acordos e políticas de terceiros raramente são revisados pelo Facebook para fins de conformidade. Os executivos do Facebook alegaram que ficaram tão chocados quanto os outros que 87 milhões de usuários da rede tiveram suas informações pessoais coletadas por agências de inteligência russas e usados pela Cambridge Analytica para direcionar anúncios políticos.

E a história fica pior: no início de junho de 2018, vários meses depois que o Facebook foi forçado a explicar suas medidas de privacidade e prometer reformas após o escândalo da Cambridge Analytica, o *New York Times* informou que a empresa tinha parcerias de compartilhamento de dados com pelo menos 60 fabricantes de dispositivos, bem como com determinados desenvolvedores de aplicativos. O Facebook permitiu que Apple, Samsung, Amazon e outras empresas que vendem telefones celulares, *tablets*, TVs e consoles de videogame tivessem acesso não apenas a dados sobre usuários do Facebook mas também aos dados pessoais de seus amigos – sem seu consentimento explícito. Todas essas práticas violavam um acordo de privacidade de 2012 com a FTC (Federal Trade Commission) por meio do qual o Facebook concordou em parar de enganar os usuários sobre sua capacidade de controlar seus dados pessoais e parar de compartilhar dados com terceiros sem informar os usuários.

O Facebook de fato não mudou seu comportamento e, em vez disso, enganou seus usuários alegando que poderia controlar suas questões de privacidade. Os gerentes seniores do Facebook, incluindo o fundador e CEO Mark Zuckerberg, aparentemente estavam cientes desse engano, de acordo com *e-mails* da empresa. Em 2019, os problemas de privacidade do Facebook finalmente resultaram em uma multa recorde da FTC no valor de US$ 5 bilhões, por violar óbvia e intencionalmente o acordo de 2012. O Facebook também concordou com uma nova supervisão dos reguladores em questões de privacidade e para desenvolver novas práticas e políticas para lidar com informações pessoais. Embora US$ 5 bilhões seja uma grande soma de dinheiro, para uma empresa com US$ 56 bilhões em receita anual, a multa pode não ser suficiente para mudar seu comportamento real. A multa foi, nas palavras dos críticos, apenas um impacto na receita do Facebook. Não há restrições específicas à vigilância em massa de usuários, e as novas políticas de privacidade serão criadas pelo Facebook e não pela FTC. O acordo também forneceu imunidade aos executivos e diretores do Facebook de qualquer responsabilidade pessoal pelas violações do acordo de 2012 e da privacidade dos usuários, e protegeu a empresa de quaisquer reclamações de violações passadas. Em outras palavras, o passado foi apagado.

O Facebook tem uma gama diversificada de recursos atraentes e úteis: ajuda famílias a encontrar animais de estimação perdidos; permite que soldados da ativa mantenham contato com suas famílias; e dá às empresas menores a chance de ampliar seus esforços de comércio eletrônico e às empresas maiores a chance de solidificar suas marcas. O Facebook torna mais fácil para você manter contato com seus amigos, parentes, restaurantes locais e, em suma, quase tudo em que você está interessado. Esses são os motivos pelos quais tantas pessoas usam o Facebook – ele fornece valor real aos usuários. Mas não de graça. O custo de participar da plataforma do Facebook é que suas informações pessoais sejam compartilhadas com anunciantes e com outras pessoas que você talvez não conheça.

O passado conturbado de violações de privacidade e erros do Facebook levanta dúvidas a respeito da confiabilidade da empresa em relação aos dados pessoais de bilhões de usuários. Ao contrário dos países europeus, não há leis nos Estados Unidos que deem aos consumidores o direito de saber quais dados empresas como o Facebook compilaram. Você pode contestar informações em relatórios de crédito por causa da Lei do Relatório de Crédito Justo, mas até recentemente não era possível obter os dados que o Facebook coletava sobre você.

Você acha que é dono do próprio nariz? Não no Facebook, graças ao *software* de reconhecimento facial da empresa para marcação de fotos de usuários. Esse recurso de "sugestões de tags" é ativado automaticamente quando você se inscreve e não há consentimento do usuário. Um tribunal federal em 2016 permitiu o prosseguimento de uma ação que contestava o direito do Facebook de marcar uma foto sem o consentimento do usuário. Esse recurso viola várias leis estaduais que buscam proteger a privacidade dos dados biométricos.

Um estudo do *Consumer Reports* descobriu que entre os 150 milhões de estadunidenses no Facebook todos os dias, pelo menos 4,8 milhões estavam voluntariamente compartilhando informações que poderiam ser usadas contra eles de alguma forma. Isso inclui planos para viajar em um dia específico, que os ladrões poderiam usar para determinar quando roubar, ou curtir uma página sobre uma condição de saúde ou tratamento específico, o que pode levar as seguradoras a negar a cobertura. Empresas de cartão de crédito e organizações semelhantes começaram a se envolver em *weblining*, que vem do termo *redlining* (marcação), alterando o tratamento dado a você com base nas ações de outras pessoas com perfis semelhantes ao seu. Os empregadores podem avaliar sua personalidade e comportamento usando suas curtidas no Facebook.

Milhões de usuários da rede social nunca ajustaram os controles de privacidade, que permitem que amigos que usam aplicativos do Facebook transfiram seus dados involuntariamente para terceiros sem o conhecimento deles.

Por que, então, tantas pessoas compartilham detalhes sigilosos de suas vidas no Facebook? Muitas vezes, é porque os usuários não percebem que seus dados estão sendo coletados e transmitidos dessa maneira. Os amigos de um usuário do Facebook não são notificados se as informações sobre eles forem coletadas pelos aplicativos desse usuário. Muitos dos recursos e serviços do Facebook são ativados por padrão quando são lançados sem notificação aos usuários, e um estudo de Siegel + Gale descobriu que a política de privacidade da plataforma é mais difícil de entender do que avisos governamentais ou acordos típicos de cartão de crédito bancário, que são, notoriamente, densos. Você sabia que sempre que acessa um *site* usando o Facebook, a plataforma compartilha algumas informações pessoais com esse *site* e pode rastrear seus movimentos nele? Na próxima vez que acessar o Facebook, clique nas configurações de privacidade e veja se consegue entender as opções.

No entanto, há alguns sinais de que o Facebook pode se tornar mais responsável com seus processos de coleta de dados, seja por vontade própria ou porque é forçado a fazê-lo. Como empresa de capital aberto, o Facebook agora tende a sofrer mais escrutínio de investidores e reguladores. Em 2018, em resposta a um turbilhão de críticas nos Estados Unidos e ao novo Regulamento Geral de Proteção de Dados (GDPR) da Europa, o Facebook mudou sua política de privacidade para facilitar aos usuários a seleção de suas preferências de privacidade; saber exatamente com o que eles estão consentindo; baixar os arquivos pessoais dos usuários e as informações que o Facebook coleta e compartilha, incluindo imagens faciais; restringir *clickbait* e *spam* em *feeds* de notícias; monitorar mais de perto o uso de informações pessoais pelos desenvolvedores de aplicativos; e aumentar os esforços para eliminar milhões de contas falsas. O Facebook contratou 10 mil novos funcionários e várias centenas de empresas de checagem para identificar e eliminar notícias falsas. Pela primeira vez em sua história, o Facebook está sendo obrigado a aplicar controles editoriais ao conteúdo postado pelos usuários e, nesse sentido, tornar-se mais parecido a uma editora tradicional e um meio de comunicação que assume a responsabilidade pelo conteúdo que publica. Infelizmente, como os pesquisadores sabem há muito tempo e os executivos do Facebook também entendem, pouquíssimos usuários – cerca de menos de 12% – dedicam tempo para entender e ajustar suas preferências de privacidade. Na realidade, a escolha do usuário não é algo importante em relação ao uso de informações pessoais pelo Facebook.

Embora os usuários nos Estados Unidos tenham poucos recursos para acessar os dados que o Facebook coletou sobre eles, os usuários de outros países se saíram melhor. Na Europa, mais de 100 mil usuários do Facebook já solicitaram seus dados, e a lei europeia exige que a empresa responda a essas solicitações em 40 dias. Departamentos de privacidade governamentais da França, Espanha, Itália, Alemanha, Bélgica e Holanda têm investigado ativamente os controles de privacidade do Facebook, e a União Europeia busca uma legislação de proteção de privacidade mais rigorosa.

O CEO Mark Zuckerberg afirmou em janeiro de 2020 que um dos principais objetivos do Facebook na próxima década é desenvolver proteções de privacidade muito mais fortes para todos na plataforma. Por exemplo, o Facebook disponibilizou uma ferramenta chamada "Atividade fora do Facebook" para todos os seus membros. Essa ferramenta permite que as pessoas vejam e controlem os dados que outros aplicativos e *sites* compartilham com o Facebook. No entanto, embora a rede social tenha encerrado vários de seus recursos mais notórios de invasão de privacidade e aprimorado seu processo de consentimento, as políticas de uso de dados da empresa deixam muito claro que, como condição de uso do serviço, os usuários concedem à empresa ampla latitude no uso de suas informações pessoais em publicidade. A opção padrão para usuários é "*opt-in*" (adesão voluntária), e a maioria dos usuários não sabe como controlar o uso de suas informações eles não podem usar a "opção de retirada" de todos os compartilhamentos se quiserem usar o Facebook. Isso é chamado de "paradoxo do controle" pelos pesquisadores: mesmo quando os usuários recebem controles sobre o uso de suas informações pessoais, eles normalmente optam por não usar esses controles. Embora os usuários possam limitar alguns usos de suas informações, é necessário um amplo conhecimento dos recursos de dados do Facebook – que mostra anúncios não apenas na própria plataforma, mas em toda a *web*, por meio de sua Facebook Audience Network, que acompanha o que seus usuários fazem em outros *sites* e, em seguida, segmenta anúncios para esses usuários nesses *sites*.

Alguns críticos perguntaram ao Facebook por que ele não oferece um serviço sem anúncios – como *sites* de *streaming* de música – por uma taxa mensal. Outros querem saber por que o Facebook não permite que os usuários simplesmente desativem o rastreamento. Mas esse tipo de mudança seria muito difícil para a empresa porque seu modelo de negócios depende inteiramente do uso irrestrito das informações pessoais de seus usuários, conforme descrito na sua política de uso de dados. Essa política afirma muito abertamente que se você usa o Facebook, está de acordo com seus termos de serviço, que permitem compartilhar suas informações com terceiros cuja escolha é feita pela empresa. Como observou o CEO da Apple, Tim Cook, no Facebook, o produto que eles vendem é você.

Fontes: Mark Zuckerberg, "Starting the New Decade by Giving You More Control. You're Your Privacy," abut.fb.com, 28 de janeiro de 2020; Geoffrey A. Fowler, "Facebook Will Now Show You Exactly How It Stalks You–Even When You're Not Using Facebook," Washington Post, 28 de janeiro de 2020; Mike Isaac e Natasha Singer, "On Wednesday, the Federal Trade Commission Placed New Conditions on Facebook for Privacy Violations," New York Times, 24 de julho de 2019; "A $5 Billion Fine for Facebook Won't Fix Privacy," New York Times, 25 de julho de 2019; Devin Coldewey e Natasha Lomas, "Facebook Settles with FTC: $5 Billion and New Privacy Guarantees," Techcrunch, 24 de julho de 2019; John D. McKinnon, Emily Glazer, Deepa Seetharaman e Jeff Horwitz, "Facebook Worries Emails Could Show Zuckerberg Knew of Questionable Privacy Practices," New York Times, 12 de junho de 2019; Federal Trade Commission, "In the Matter of Facebook, a Corporation," FTC, 24 de julho de 2019; Deepa Seetharaman e Kirsten Grind, "Facebook Gave Some Companies Access to Additional Data About Users' Friends," Wall Street Journal, 8 de junho de 2018; Cecilia Kang e Sheera Frenkel, "Facebook Says Cambridge Analytica Harvested Data of Up to 87 Million Users," New York Times, 24 de abril de 2018; Eduardo Porter, "The Facebook Fallacy: Privacy Is Up to You," New York Times, 24 de abril de 2018; e David Mayer, "Facebook Is Giving You New Privacy Options, But It's Clear What It Wants You to Choose," Fortune, 19 de março de 2018.

PERGUNTAS DO ESTUDO DE CASO

4.13 Faça uma análise ética do Facebook. Qual é o dilema ético apresentado por este caso?

4.14 Qual é a relação da privacidade com o modelo de negócios do Facebook?

4.15 Descreva os pontos fracos das políticas e dos recursos de privacidade do Facebook. Que fatores de gestão, organização e tecnologia contribuíram para essas fraquezas?

4.16 O Facebook conseguiria ter um modelo de negócios de sucesso sem invadir a privacidade de seus usuários? Justifique sua resposta. O Facebook poderia tomar alguma medida para tornar isso possível?

Referências do Capítulo 4

Adjerid, Idris, Eyal Peer e Alessandro Acquisti. "Beyond the Privacy Paradox: Objective Versus Relative Risk in Privacy Decision Making." *MIS Quarterly* 42, Nº 2 (junho de 2018).

Anderson, Chad, Richard L. Baskerville e Mala Kaul. "Information Security Control Theory: Achieving a Sustainable Reconciliation Between Sharing and Protecting the Privacy of Information." *Journal of Management Information Systems* 34, Nº 4 (2017).

Bilski v. Kappos, 561 US (2010).

Brown Bag Software vs. Symantec Corp. 960 F2D 1465 (Ninth Circuit, 1992).

Brynjolfsson, Erik e Andrew McAfee. *Race Against the Machine*. (Digital Frontier Press, 2011).

Davenport, Thomas H. e Julia Kirby. "Beyond Automation." *Harvard Business Review* (junho de 2015).

Comissão Europeia. "2018 Reform of EU Data Protection Rules," https://ec.europa.eu (2018).

Parlamento Europeu. "Directive 2009/136/EC of the European Parliament and of the Council of November 25, 2009." Parlamento Europeu (2009).

Federal Trade Commission. "FTC Releases 2018 Privacy and Data Security Update." (março de 2019).

Gopal, Ram D., Hooman Hidaji, Raymond A. Patterson, Erik Rolland e Dmitry Zhdanov. "How Much to Share with Third Parties? User Privacy Concerns and Website Dilemmas." *MIS Quarterly* 42, Nº 1 (março de 2018).

Henry, Patrick. "Why Computers Make Us Stupid." *Slice of MIT* (6 de março de 2011).

Kan, Cecelia, David Streitfeld e Annie Karni. "Antitrust Troubles Snowball for Tech Giants as Lawmakers Join In." *New York Times* (3 de junho de 2019).

Kang, Cecelia e Kenneth P. Vogel. "Tech Giants Amass a Lobbying Army for an Epic Washington Battle." *New York Times* (5 de junho de 2019).

Kim, Antino, Atanu Lahiri, Debabrata Dey e Gerald C. Kane, "'Just Enough' Piracy Can Be a Good Thing." *MIT Sloan Management Review* 61 Nº 1 (outono de 2019).

Laudon, Kenneth C. *Dossier Society: Value Choices in the Design of National Information Systems*. (New York: Columbia University Press, 1986).

Laudon, Kenneth C. e Carol Guercio Traver. *E-Commerce 2019: Business, Technology, Society*, 15th ed. (Upper Saddle River, NJ: Prentice-Hall, 2020).

LeBlanc, K. E. e W. Cestia. "Carpal Tunnel Syndrome." *American Family Physician* 83, Nº 8 (2011).

Lohr, Steve, Mike Isaac, and Nathaniel Popper. "Tech Hearings: Congress Unites to Take Aim at Amazon, Apple, Facebook and Google." *New York Times* (July 16, 2019).

Lomas, Natasha. "EU Parliament Calls for Privacy Shield to Be Pulled Until US Complies." *TechCrunch* (July 5, 2018).

Manyika, James, and Michael Spence. "The False Choice Between Automation and Jobs." *Harvard Business Review* (February 5, 2018).

Pew Research Center. "The State of Privacy in America." (January 20, 2016).

RIAA. "RIAA Releases 2019 Year-End Music Industry Revenue Report." (2020).

Satariano, Adam. "The European Union on Friday Enacts the World's Toughest Rules to Protect People's Online Data." *New York Times* (May 24, 2018).

Shaban, Hamza, "Under Armour Announces Data Breach, Affecting 150 Million Myfitnesspal App Accounts." *Washington Post* (March 29, 2018).

Sivan, Liron, Michael D. Smith, and Rahul Telang. "Do Search Engines Influence Media Piracy? Evidence from a Randomized Study." *MIS Quarterly* 43 No. 4 (December 2019).

The Software Alliance. "BSA Global Software Survey 2018." (June 2018).

Statista. "Global Spam Volume as Percentage of Total Email Traffic from January 2014 to September 2019, By Month." statista.com, accessed March 15, 2020.

U.S. Department of Health, Education, and Welfare. *Records, Computers, and the Rights of Citizens* (Cambridge: MIT Press, 1973).

U.S. Senate. "Do-Not-Track Online Act of 2011." Senate 913 (May 9, 2011).

U.S. Sentencing Commission. "Sentencing Commission Toughens Requirements for Corporate Compliance Programs." (April 13, 2004).

Venkatesh, Viswath, Tracy Ann Sykes, Frank K. Y. Chan, James Y. L. Thong, and Paul Jen-Hwa Hu. "Children's Internet Addiction, Family-to-Work Conflict, and Job Outcomes: A Study of Parent–Child Dyads." *MIS Quarterly* 43 No. 3 (September 2019).

Wessel, Max, and Nicole Holmer. "A Crisis of Ethics in Technology Innovation." *MIT Sloan Management Review* 61 No. 3 (Spring 2020).

Wolcott, Robert C. "How Automation Will Change Work, Purpose, and Meaning." *Harvard Business Review* (January 11, 2018).

PARTE II

Infraestrutura de tecnologia da informação

CAPÍTULO 5

Infraestrutura de tecnologia da informação e tecnologias emergentes

CAPÍTULO 6

Fundamentos da inteligência de negócios (*business intelligence*): bancos de dados e gestão da informação

CAPÍTULO 7

Telecomunicações, internet e tecnologia sem fio

CAPÍTULO 8

Segurança em sistemas de informação

A **PARTE DOIS** proporciona os fundamentos técnicos para o entendimento dos sistemas de informação examinando *hardware*, *software*, bancos de dados, tecnologias de rede, ferramentas e técnicas para segurança e controle. Esta parte responde a perguntas como: de quais tecnologias as empresas precisam, atualmente, para realizar seu trabalho? O que é necessário saber sobre essas tecnologias para garantir que melhorem o desempenho da empresa? Como essas tecnologias podem mudar no futuro? Quais tecnologias e procedimentos são necessários para garantir que os sistemas sejam confiáveis e seguros?

CAPÍTULO

5 Infraestrutura de tecnologia da informação e tecnologias emergentes

OBJETIVOS DE ESTUDO

Ao concluir este capítulo, você será capaz de responder às seguintes perguntas:

5.1 O que é a infraestrutura de TI e quais são seus estágios e fatores de evolução?

5.2 Quais são os componentes da infraestrutura de TI?

5.3 Quais são as tendências atuais em plataformas de *hardware* de computador?

5.4 Quais são as plataformas e as tendências atuais de *software* de computador?

5.5 Quais são os desafios de gerenciar a infraestrutura de TI e as soluções de gerenciamento?

5.6 Como os sistemas de informação gerenciais ajudarão minha carreira?

CASOS DO CAPÍTULO

A American Airlines rumo à nuvem

O que as empresas devem fazer sobre o BYOD?

Olhe para a nuvem

Projeto JEDI: uma nuvem de controvérsias

A American Airlines rumo à nuvem

A Airlines Group Inc., é uma importante companhia aérea dos Estados Unidos e a maior companhia aérea do mundo. Conta com mais de 128 mil funcionários e transporta cerca de 200 milhões de passageiros por ano. A American Airlines e a American Eagle oferecem uma média de quase 6.700 voos por dia para cerca de 350 destinos em mais de 50 países.

O setor aéreo continua altamente competitivo, e uma área-chave de diferenciação competitiva é a qualidade da experiência do cliente. A capacidade de uma companhia aérea de se comunicar com clientes, fazer reservas, marcar assentos, emitir passagens, fazer remarcações e outros serviços ao cliente depende cada vez mais dos canais digitais. Os clientes querem mais ferramentas para interagir com as companhias aéreas via internet e receber respostas mais integradas às suas necessidades.

A American desejava, especialmente, fornecer aos clientes melhores recursos de autoatendimento caso os passageiros fossem forçados a remarcar voos por causa de más condições climáticas. Embora os sistemas de informação da American fossem capazes de fazer a remarcação para os passageiros, reservando-lhes lugares no próximo voo mais adequado, os clientes tinham que ligar para o balcão de reservas ou falar com um agente no aeroporto se quisessem consultar outras opções. A empresa queria que os clientes pudessem ver outras opções e atualizar sua seleção de voos imediatamente no *site*, aplicativo móvel ou quiosques de autoatendimento.

Infelizmente, a infraestrutura da tecnologia da informação (TI) da American a impedia de fornecer serviços tão importantes aos clientes e fazer tudo o que desejava como uma empresa. A American usava seus próprios centros de computação e grandes computadores *mainframes* para lidar com as milhões de transações que processava diariamente. Seus aplicativos existentes disponibilizados ao público estavam em silos, nos quais todos os dados necessários para atender aos clientes não podiam ser facilmente montados e integrados. Cada mudança exigia o mesmo trabalho em até três locais, sendo cada um gerenciado por equipes diferentes.

© lpopba/123RF

Para responder melhor e mais rapidamente às necessidades dos clientes, a American Airlines transferiu importantes partes do trabalho de seus centros de computação para o IBM Cloud. O pacote IBM Cloud de serviços de computação em nuvem fornece *hardware* de computador, *software*, armazenamento, rede e outros serviços para operar os sistemas de uma empresa, como serviços sob demanda em centros de computação remotos gerenciados pela IBM e acessados via internet.

A IBM e a American trabalharam juntas para desenvolver novos aplicativos que foram projetados especificamente para tirar proveito da tecnologia em nuvem. A American conseguiu desenvolver um novo aplicativo, o Dynamic Rebooking, em apenas quatro meses e meio – menos da metade do tempo que seria necessário para o desenvolvimento usando a infraestrutura de TI desatualizada da IBM. O aplicativo fornece informações vitais e controle aos clientes quando ocorrem problemas com os planos de viagem, identificando a melhor solução para cada um. Ele orienta os clientes durante o processo de remarcação, lida com a reemissão do bilhete, fornece o cartão de embarque e envia uma mensagem para redirecionar a bagagem do passageiro. O *feedback* dos clientes tem sido muito positivo.

Enquanto o Dynamic Rebooking estava em desenvolvimento, a IBM e a American também trabalharam na migração do *site* aa.com, da plataforma móvel do cliente e dos aplicativos de quiosque – todas as interfaces voltadas para o cliente da IBM – para o IBM Cloud. Isso permite que os clientes quitem antecipadamente as taxas de bagagem e despachem malas usando telefones ou computadores. Os consumidores já podiam fazer isso em muitas outras companhias aéreas, mas não na American até agora.

A mudança para o IBM Cloud também permitiu à American evitar grandes gastos para atualizar o *hardware* existente, melhorar significativamente o desempenho e a confiabilidade do servidor e reduzir o tempo de resposta do usuário final. A IBM fornece à American suporte e gerenciamento de aplicativos 24 horas por dia para o trabalho de computação realizado com os serviços em nuvem da IBM. O tempo anteriormente dedicado à manutenção de tecnologia ineficiente e desatualizada agora está disponível para atender aos novos requisitos de negócios, ajudando a American a inovar para seus clientes e superar os concorrentes.

Fontes: "IBM Cloud Flies with American Airlines," www.ibm.com, acessado em 27 de janeiro de 2020; www.aa.com, acessado em 28 de janeiro de 2020; Chris Preimesberger "American Airlines Heads for a New Cloud with IBM," *eWeek*, 29 de junho de 2017; e Becky Peterson, "American Airlines Looks to the IBM Cloud to End Travel Hell," *Business Insider*, 27 de janeiro de 2017.

A experiência da American Airlines ilustra a importância da infraestrutura de tecnologia da informação na gestão de um negócio atualmente. A tecnologia certa pelo preço certo melhorará o desempenho organizacional. A American Airlines estava sobrecarregada com uma plataforma de *hardware* e *software* desatualizada que era muito cara e difícil de manejar para adicionar novos serviços ao cliente, como o Dynamic Rebooking. Isso impedia a empresa de operar com a eficiência necessária para atrair e reter clientes.

O diagrama de abertura do capítulo chama a atenção para pontos importantes levantados por este caso e este capítulo. O uso da computação em nuvem na infraestrutura de TI permite que a American Airlines desenvolva aplicativos essenciais para atender seus clientes com mais rapidez e delegar a operação e o gerenciamento de seus sistemas de TI a especialistas externos do provedor de serviços em nuvem da IBM. A empresa paga apenas pela capacidade de computação que usa conforme a necessidade e não precisa fazer grandes e dispendiosos investimentos iniciais em TI. A American Airlines está seguindo uma estratégia em nuvem híbrida, em que uma organização mantém parte de sua infraestrutura de TI e usa, na outra parte, serviços de computação em nuvem.

Aqui temos algumas questões sobre as quais refletir: Como usar a computação em nuvem ajuda a American Airlines a se tornar mais competitiva? Quais foram os benefícios comerciais para a American Airlines de usar uma infraestrutura de computação em nuvem?

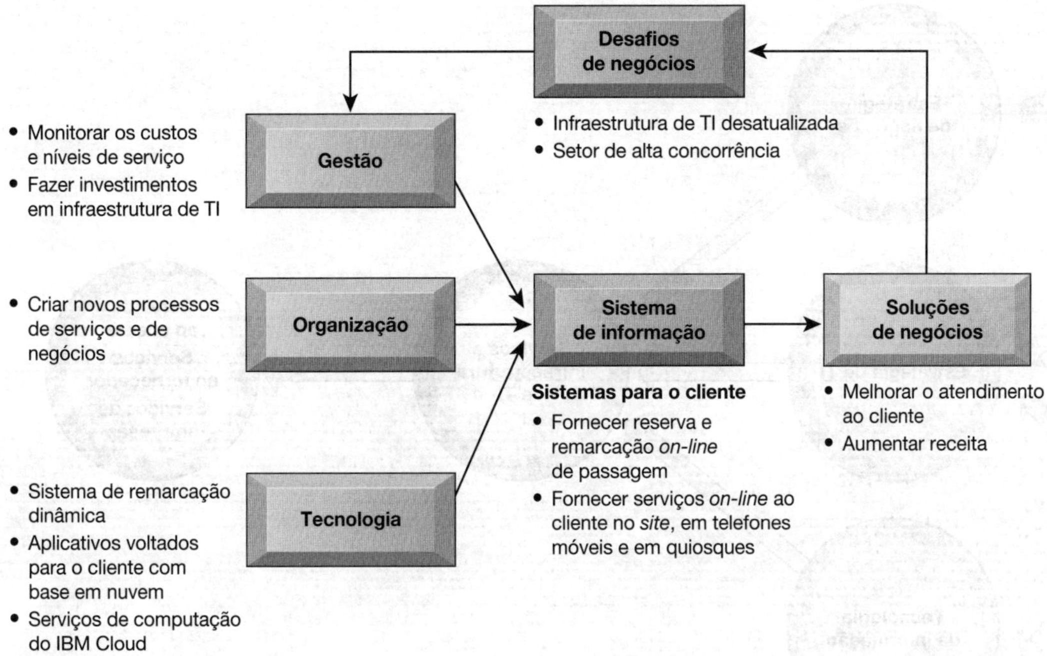

5.1 O que é a infraestrutura de TI e quais são seus estágios e fatores de evolução?

No Capítulo 1, definimos *infraestrutura de tecnologia da informação (TI)* como os recursos tecnológicos compartilhados que fornecem a plataforma para as aplicações específicas do sistema de informação da empresa. Uma infraestrutura de TI inclui investimentos em *hardware*, *software* e serviços - como consultoria, educação e treinamento - que são compartilhados por toda a empresa ou por todas as unidades de negócios da empresa. A infraestrutura de TI de uma empresa fornece a base para atender clientes, trabalhar com fornecedores e gerenciar processos internos de negócios (veja a Figura 5.1).

O fornecimento de infraestruturas de TI (*hardware*, *software*, rede de trabalho e serviços de TI) às empresas do mundo todo foi estimado em US$ 3,9 trilhões em 2020 (Gartner, 2020). Os investimentos em infraestrutura representam entre 25 e 50% dos gastos com tecnologia da informação em grandes empresas, lideradas por companhias de serviços financeiros, nas quais o investimento em TI é bem mais da metade de todo o investimento de capital.

Definição da infraestrutura de TI

Uma infraestrutura de TI consiste em um conjunto de dispositivos físicos e aplicativos de *software* necessários para o funcionamento de toda a empresa. Mas a infraestrutura de TI também inclui um conjunto de serviços em toda a empresa – cujo orçamento é feito pela administração –, composto por recursos humanos e técnicos. Esses serviços incluem:

- Plataformas digitais usadas para fornecer serviços de computação que conectam funcionários, clientes e fornecedores em um ambiente digital coerente, incluindo grandes *mainframes*, computadores de médio porte, computadores *desktop* e *laptop* e serviços de computação em nuvem remotos e portáteis.

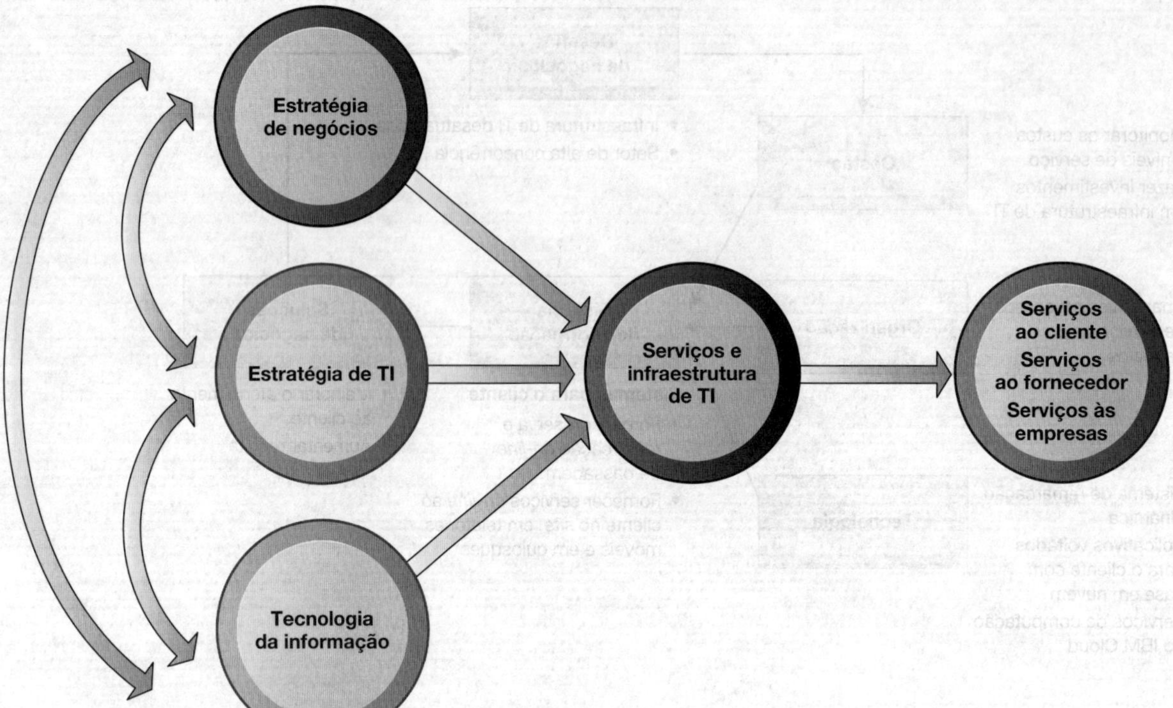

FIGURA 5.1 Conexão entre a empresa, a infraestrutura de TI e as capacidades de negócios. Os serviços que uma empresa é capaz de oferecer a seus clientes, fornecedores e funcionários são uma função direta de sua infraestrutura de TI. Idealmente, essa infraestrutura deve apoiar a estratégia de negócios e de sistemas de informação da empresa. As novas tecnologias da informação têm um impacto poderoso nas estratégias de negócios e de TI, bem como nos serviços que podem ser fornecidos aos clientes.

- Serviços de telecomunicações, que fornecem conectividade de dados, voz e vídeo para funcionários, clientes e fornecedores.
- Serviços de gerenciamento de dados, que armazenam e gerenciam dados corporativos e fornecem recursos para analisá-los.
- Serviços de *software* de aplicativo, incluindo serviços de *software on-line*, que fornecem recursos em toda a empresa, como planejamento de recursos empresariais, gerenciamento de relacionamento com o cliente, gerenciamento da cadeia de suprimentos e sistemas de gerenciamento de conhecimento que são compartilhados por todas as unidades de negócios.
- Serviços de gerenciamento de instalações físicas, que desenvolvem e gerenciam as instalações físicas necessárias para serviços de computação, telecomunicações e gerenciamento de dados.
- Serviços de gerenciamento de TI, que planejam e desenvolvem a infraestrutura, coordenam com as unidades de negócios para serviços de TI, gerenciam a contabilidade dos gastos de TI e fornecem serviços de gerenciamento de projetos.
- Serviços de padrões de TI, que fornecem à empresa e suas unidades de negócios políticas que determinam qual tecnologia da informação será usada, quando e como.
- Serviços de capacitação em TI, que fornecem treinamento sobre o uso do sistema para os funcionários e sobre como planejar e administrar investimentos em TI para os gerentes.
- Serviços de pesquisa e desenvolvimento de TI, que fornecem à empresa pesquisas sobre potenciais futuros projetos de TI e investimentos que podem ajudá-la a se diferenciar no mercado.

Essa perspectiva de "plataforma de serviço" facilita a compreensão do valor de negócio proporcionado pelos investimentos em infraestrutura. Por exemplo, o real valor de negócio de um computador pessoal totalmente equipado de 3,5 gigahertz que custa cerca de US$ 1.000 e de uma conexão de internet de alta velocidade é difícil de entender sem saber quem os usará e como serão usados. Quando olhamos para os serviços fornecidos por essas ferramentas, no entanto, seu valor se torna mais aparente: o novo PC possibilita que um funcionário de alto custo, que ganha US$ 100 mil por ano, se conecte a todos os principais sistemas da empresa e à internet pública. O serviço de internet de alta velocidade economiza cerca de uma hora por dia desse funcionário, ao reduzir o tempo de espera para obter informações. Sem esse PC e essa conexão de internet, a produtividade desse funcionário para a empresa pode cair pela metade.

Evolução da infraestrutura de TI

A infraestrutura de TI nas organizações hoje é uma consequência de mais de 50 anos de evolução em plataformas de computação. Há cinco estágios nessa evolução, cada um representando uma configuração diferente de capacidade de computação e elementos de infraestrutura (veja a Figura 5.2). As cinco eras são: *mainframe* de uso geral e computação de minicomputador, computadores pessoais, redes cliente/servidor, computação corporativa e computação móvel e em nuvem.

As tecnologias que caracterizam uma época também podem ser usadas em outro período para outros fins. Por exemplo, algumas empresas ainda rodam sistemas *mainframe* tradicionais ou usam computadores *mainframe* como servidores que suportam grandes *sites* e aplicativos comerciais corporativos.

Era do *mainframe* de uso geral e do minicomputador (1959 até o presente)

A introdução das máquinas equipadas com transistores IBM 1401 e 7090, em 1959, marcou o início do uso comercial generalizado dos computadores ***mainframe***. Em 1965, o computador *mainframe* realmente se destacou com a introdução da série IBM 360 – o primeiro computador comercial capaz de fornecer programação de tempo compartilhada, multitarefa e memória virtual em modelos mais avançados. A IBM dominou a computação de *mainframe* a partir de então. Os computadores *mainframe* tornaram-se poderosos o suficiente para suportar milhares de terminais remotos *on-line* conectados ao *mainframe* central usando protocolos de comunicação proprietários e linhas de dados exclusivas.

A era do *mainframe* foi um período de computação altamente centralizada sob o controle de programadores e operadores de sistemas profissionais (geralmente em um *data center* corporativo), com a maioria dos elementos de infraestrutura oferecidos por um único fornecedor: o fabricante do *hardware* e do *software*.

Esse padrão começou a mudar com a introdução dos **minicomputadores**, produzidos pela Digital Equipment Corporation (DEC) em 1965. Os minicomputadores DEC (PDP-11 e, mais tarde, as máquinas VAX) ofereciam máquinas poderosas a preços muito mais baixos do que os *mainframes* da IBM, possibilitando a computação descentralizada, customizada para as necessidades específicas de departamentos ou unidades de negócios individuais, em vez de compartilhamento de tempo em um único grande *mainframe*. Nos últimos anos, o minicomputador evoluiu para um computador de médio porte ou servidor de médio porte e faz parte de uma rede.

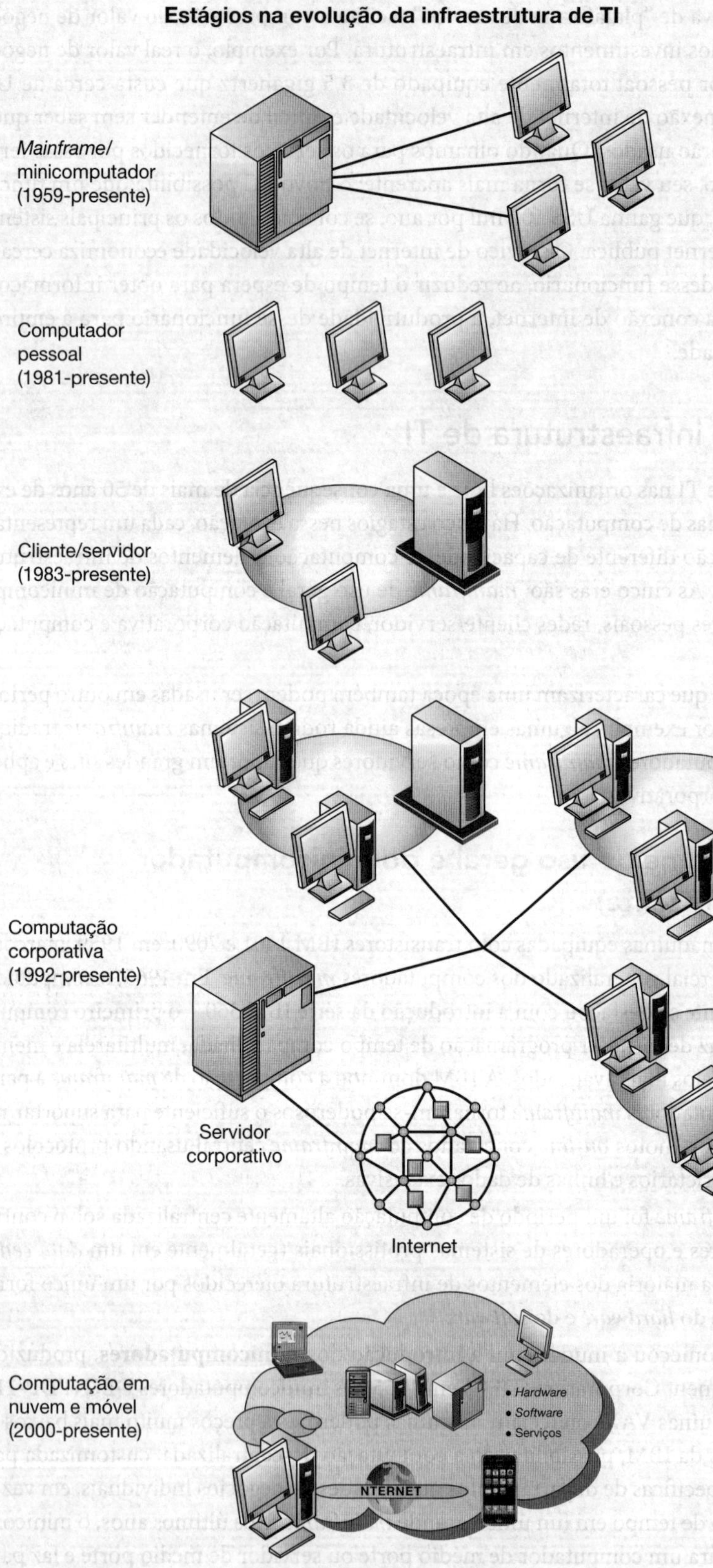

FIGURA 5.2 Eras na evolução da infraestrutura de TI.

Aqui estão as configurações de computação típicas que caracterizam cada uma das cinco eras da evolução da infraestrutura de TI.

Era do computador pessoal (1981-presente)

Embora os primeiros computadores pessoais (PCs) de fato tenham surgido na década de 1970 (o Xerox Alto, o MITS Altair 8800, o Apple I e II, entre outros), essas máquinas tinham distribuição limitada apenas para os entusiastas da informática. O surgimento do primeiro PC da IBM, em 1981, é geralmente considerado o início da era do PC, porque essa máquina foi a primeira a ser amplamente adotada pelas empresas. Inicialmente usando o sistema operacional DOS – uma linguagem de comando baseada em texto – e, mais tarde, o sistema operacional Windows da Microsoft, o computador **Wintel PC** (*software* do sistema operacional Windows em um computador com microprocessador Intel) tornou-se o computador pessoal *desktop* padrão. Atualmente, as vendas mundiais de PCs caíram por causa da popularidade dos *tablets* e *smartphones*, mas o PC ainda é uma ferramenta popular para os negócios. Acredita-se que aproximadamente 88% dos PCs *desktop* estão equipados com uma versão do Windows e cerca de 8% executam uma versão do MacOS. O domínio da Wintel como plataforma de computação está diminuindo à medida que as vendas de dispositivos iPhone e Android aumentam.

A proliferação de PCs na década de 1980 e início da de 1990 despertou uma onda de ferramentas de *software* de produtividade para *desktop* – processadores de texto, planilhas, *software* para apresentação eletrônica e pequenos programas de gerenciamento de dados – muito valiosos para usuários domésticos e corporativos. Os PCs dessa época eram sistemas autônomos até que o *software* de sistema operacional de PC da década de 1990 tornou possível conectá-los em redes.

Era do cliente/servidor (1983-presente)

Na **computação cliente/servidor**, os computadores *desktop* ou *laptop*, chamados **clientes**, estão conectados em rede a poderosos computadores do tipo **servidor**, que fornecem aos computadores clientes uma variedade de serviços e recursos. A tarefa de processamento do computador é dividida entre esses dois tipos de máquinas: o cliente é o ponto de entrada do usuário; enquanto o servidor normalmente processa e armazena dados compartilhados, fornece páginas da *web* ou gerencia atividades de rede. O termo *servidor* refere-se tanto ao aplicativo de *software* quanto ao computador físico no qual o *software* de rede é executado. O servidor pode ser um *mainframe*, mas, atualmente, os computadores servidores normalmente são versões mais poderosas de computadores pessoais, que utilizam *chips* baratos e, geralmente, vários processadores em uma única caixa de computador ou em *racks* de servidor.

A rede cliente/servidor mais simples consiste em um computador cliente conectado em rede a um computador servidor, com processamento dividido entre os dois tipos de máquinas. Isso é chamado de *arquitetura cliente/servidor de duas camadas*. Enquanto redes cliente/servidor simples podem ser encontradas em pequenas empresas, a maioria das corporações tem **arquiteturas cliente/servidor multicamadas** (muitas vezes chamadas *arquiteturas cliente/servidor de N camadas*) mais complexas, em que o trabalho de toda a rede é distribuído em vários níveis diferentes de servidores, dependendo do tipo de serviço que está sendo solicitado (veja a Figura 5.3).

Por exemplo, no primeiro nível, um **servidor *web*** servirá uma página da *web* para um cliente em resposta a uma solicitação desse serviço. O *software* do servidor *web* é responsável por localizar e gerenciar as páginas da *web* armazenadas. Se o cliente solicita acesso a um sistema corporativo (uma lista de produtos ou informações de preços, por exemplo), a solicitação é repassada a um **servidor de aplicativos**. O *software* do servidor de aplicativos lida com todas as operações de aplicativos entre um usuário e os sistemas de negócios *back-end* de uma organização. O servidor de aplicativos pode residir no mesmo computador que o servidor *web* ou em seu próprio computador dedicado. Os Capítulos 6 e 7 fornecem mais detalhes sobre outros *softwares* que são usados em arquiteturas cliente/servidor multicamadas para *e-commerce* e *e-business*.

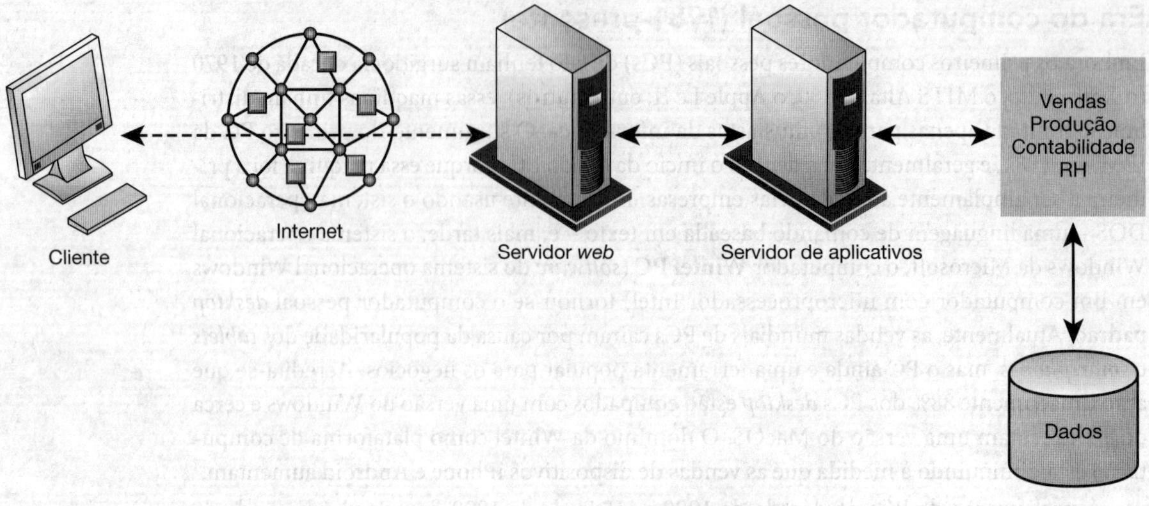

FIGURA 5.3 Uma rede cliente/servidor multicamadas (N camadas).
Em uma rede cliente/servidor multicamadas, as solicitações de clientes por serviços são tratadas por diferentes níveis de servidores.

A computação cliente/servidor permite que as empresas distribuam o trabalho de computação em uma série de máquinas menores e baratas que custam muito menos do que os sistemas de *mainframe* centralizados. O resultado é uma explosão na capacidade da computação e nos aplicativos em toda a empresa.

A Novell NetWare era a tecnologia líder para esse tipo de rede no início da era cliente/servidor. Hoje, a Microsoft é líder de mercado com seus sistemas operacionais **Windows** (Windows Server e Windows 11).

Era da computação corporativa (1992-presente)

No início da década de 1990, as empresas adotaram padrões de rede e ferramentas de *software* capazes de integrar redes e aplicativos distintos em uma infraestrutura de toda a empresa. À medida que a internet se tornou um ambiente de comunicação confiável, após 1995, as empresas começaram a usar efetivamente o padrão de rede *Protocolo de Controle de Transmissão/Protocolo de Internet* (*TCP/IP*, do inglês *Transmission Control Protocol/Internet Protocol*) para unir suas diferentes redes. Descrevemos o TCP/IP com mais detalhes no Capítulo 7.

A infraestrutura de TI resultante conecta diferentes peças de *hardware* de computador e redes menores em uma rede de toda a empresa para que as informações possam fluir livremente pela organização e entre a empresa e outras organizações. Ela pode conectar diferentes tipos de *hardware* de computador, incluindo *mainframes*, servidores, PCs e dispositivos móveis, e inclui infraestruturas públicas, como o sistema telefônico, a internet e serviços de rede pública. A infraestrutura da empresa também requer *software* para vincular aplicativos diferentes e permitir que os dados fluam livremente entre as diferentes partes do negócio, como aplicativos corporativos (veja os Capítulos 2 e 9) e serviços *web* (discutidos na Seção 5.4).

Era da computação em nuvem e móvel (2000-presente)

A crescente capacidade de largura de banda da internet levou o modelo cliente/servidor um passo adiante, em direção ao que é chamado de "modelo de computação em nuvem". **Computação em nuvem** refere-se a um modelo de computação que fornece acesso a um conjunto compartilhado de recursos de computação (computadores, armazenamento, aplicativos e serviços) via rede, geralmente pela internet. Essas "nuvens" de recursos de computação podem ser acessadas conforme a necessidade a partir de qualquer dispositivo conectado e localização.

A computação em nuvem se tornou o modelo de computação que mais cresce: os gastos mundiais em nuvem pública atingirão US$ 350 bilhões até 2022 (Gartner, 2019). Milhares ou até centenas de milhares de servidores estão localizados em *data centers* na nuvem, onde podem ser acessados por computadores *desktop*, *laptops*, *tablets*, centrais de entretenimento, *smartphones* e outras máquinas clientes conectadas à internet. Amazon, Google, IBM, Oracle e Microsoft operam grandes centros de computação em nuvem escaláveis que fornecem capacidade de computação, armazenamento de dados, ferramentas de desenvolvimento de aplicativos e conexões à internet de alta velocidade para empresas que desejam manter suas infraestruturas de TI remotamente. Empresas como Google, Microsoft, SAP, Oracle e Salesforce.com vendem aplicativos de *software* como serviços fornecidos pela internet. Discutimos a computação em nuvem e móvel com mais detalhes na Seção 5.3.

Fatores de tecnologia na evolução da infraestrutura

As mudanças na infraestrutura de TI que acabamos de descrever resultaram de desenvolvimentos no processamento de computadores, *chips* de memória, dispositivos de armazenamento, *hardware* e *software* de rede e *design* de *software* que aumentaram exponencialmente a capacidade de computação ao mesmo tempo que reduziram os custos. Vejamos os desenvolvimentos mais importantes.

Lei de Moore e capacidade de microprocessamento

Em 1965, Gordon Moore, diretor dos Laboratórios de Pesquisa e Desenvolvimento da Fairchild Semiconductor, escreveu na revista *Electronics* que desde que o primeiro *chip* microprocessador surgiu, em 1959, o número de componentes em um *chip* com os menores custos de fabricação por componente (geralmente, transistores) dobrou a cada ano. Essa afirmação se tornou a base da **Lei de Moore**. Mais tarde, Moore revisou a taxa de crescimento e determinou que seria o dobro a cada dois anos.

Existem pelo menos três variações da Lei de Moore, nenhuma de autoria do próprio Moore: (1) a capacidade dos microprocessadores dobra a cada 18 meses; (2) a capacidade da computação dobra a cada 18 meses; e (3) o preço da computação cai pela metade a cada 18 meses.

A Figura 5.4 ilustra a relação entre o número de transistores em um microprocessador e milhões de instruções por segundo (MIPS), uma medida comum da capacidade do processador. A Figura 5.5 mostra o declínio exponencial no custo dos transistores e o aumento na capacidade de computação. Por exemplo, em 2018, você poderia comprar um *chip* processador Intel i7 com 2,5 bilhões de transistores por cerca de um décimo de milionésimo de dólar por transistor.

O crescimento exponencial no número de transistores e a capacidade dos processadores, juntamente com um declínio exponencial nos custos de computação, podem não continuar por muito mais tempo. Nos últimos cinco anos, a taxa de melhoria dos custos caiu, dos originais 30% ao ano, para números com apenas um dígito. Os fabricantes de *chips* continuam a miniaturizar componentes. O tamanho dos transistores de hoje é 14 nanômetros (bilionésimos de metro). Nos próximos cinco anos, os fabricantes de *chips* podem atingir os limites físicos do tamanho dos semicondutores. Nesse momento, eles podem precisar usar alternativas à fabricação de *chips* de silício ou encontrar outras maneiras de aumentar a capacidade dos computadores.

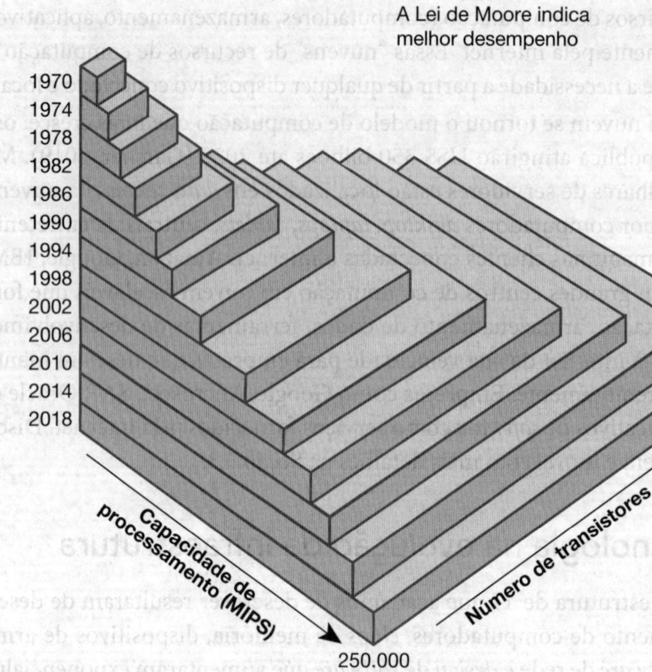

FIGURA 5.4 A Lei de Moore e o desempenho do microprocessamento.

Colocar 5 bilhões de transistores em um minúsculo microprocessador aumentou exponencialmente a capacidade de processamento para mais de 250 mil MIPS (cerca de 2,6 bilhões de instruções por segundo).

Fontes: estimativa dos autores.

FIGURA 5.5 O custo decrescente dos *chips*.

Mudanças na tecnologia de produção e nas produções em grande escala levaram a quedas significativas no custo dos *chips* e dos produtos que os utilizam.

Fontes: estimativa dos autores.

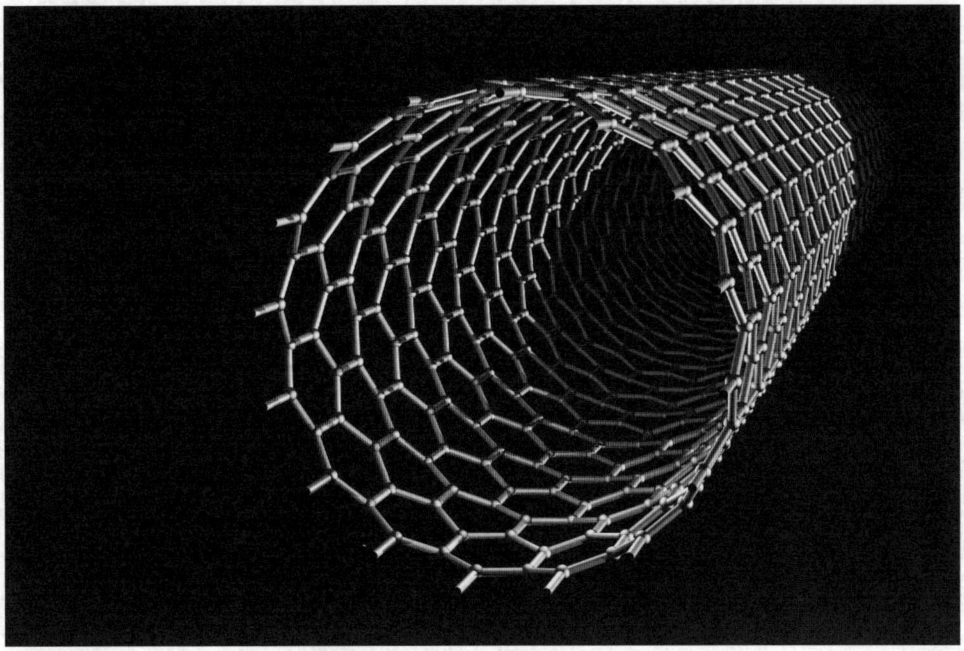

© Forance/123RF

Os nanotubos são tubos minúsculos, cerca de 10 mil vezes mais finos do que um fio de cabelo humano. Eles consistem em folhas de carbono em forma de hexágonos enroladas; podem potencialmente ser utilizados como fios minúsculos ou em dispositivos eletrônicos ultrapequenos, sendo poderosos condutores de corrente elétrica.

Os fabricantes de *chips* podem reduzir o tamanho dos transistores até a largura de alguns átomos usando a **nanotecnologia**, que utiliza átomos e moléculas individuais para criar *chips* de processadores e outros dispositivos milhares de vezes menores do que os tamanhos obtidos pela tecnologia geral. Os fabricantes de *chips* estão tentando desenvolver um processo que seja econômico para a fabricação de processadores de nanotubos. Os cientistas da Universidade de Stanford já construíram um computador de nanotubos.

A Lei do Armazenamento Digital Massivo

Um segundo fator de tecnologia na mudança da infraestrutura de TI é a Lei do Armazenamento Digital Massivo. A quantidade de informação digital está praticamente dobrando a cada ano (Lyman e Varian, 2003). Felizmente, o custo de armazenamento de informações digitais está caindo a uma taxa exponencial de 100% ao ano. A Figura 5.6 mostra que a quantidade de megabytes que podem ser armazenados em mídia magnética por US$ 1, de 1950 até a data atual, praticamente dobrou a cada 15 meses. Em 2020, uma unidade de disco rígido de 1 terabyte custava, no varejo, cerca de US$ 50.

Lei de Metcalfe e economia de redes

A Lei de Moore e a Lei do Armazenamento Digital massivo nos ajudam a entender por que os recursos de computação estão tão prontamente disponíveis agora. Mas por que as pessoas querem cada vez mais poder de computação e armazenamento? A economia das redes e o crescimento da internet fornecem algumas respostas.

Robert Metcalfe, o inventor da tecnologia de rede local Ethernet, afirmou em 1970 que o valor, ou a capacidade, de uma rede cresce exponencialmente em função do número de membros que ela possui. Metcalfe e outros apontam para os *rendimentos crescentes de escala* que os membros da rede recebem à medida que mais e mais pessoas se juntam à ela. À medida que o número de membros em uma rede cresce linearmente, o valor de todo o sistema cresce exponencialmente e continua a crescer à medida que aumenta a quantidade dos membros. A demanda por tecnologia da informação tem sido impulsionada pelo valor

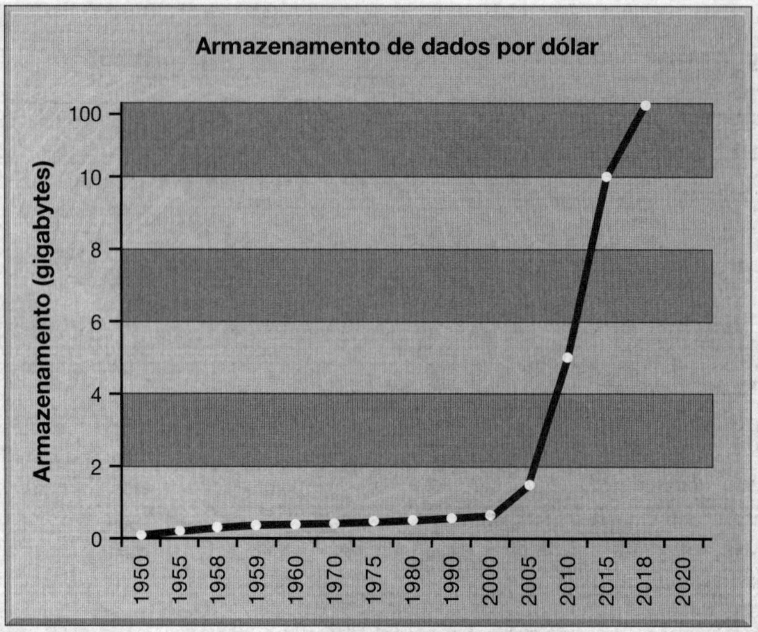

FIGURA 5.6 Aumento exponencial da quantidade de armazenamento por dólar, 1950-2018.

Serviços de armazenamento em nuvem, como o Google Drive, fornecem 100 gigabytes de armazenamento por US$ 1,99 por mês.

Fontes: estimativa dos autores.

social e empresarial das redes digitais, que multiplicam rapidamente o número de ligações reais e potenciais entre os membros da rede.

Custos decrescentes de comunicação e a internet

Um quarto fator de tecnologia que transforma a infraestrutura de TI é o rápido declínio nos custos de comunicação e o crescimento exponencial do tamanho da internet. Hoje, existem mais de 8 bilhões de usuários da internet em todo o mundo (Internetworldstats.com, 2020). A Figura 5.7 ilustra o custo exponencialmente decrescente da comunicação, tanto pela internet quanto pelas redes telefônicas (que cada vez mais têm a internet como base). À medida que os custos de comunicação caem bastante e se aproximam de zero, a utilização de recursos de comunicação e computação avançam. Em 2008, os consumidores pagavam cerca de US$ 9,01 por Mbps no acesso à internet. Dez anos depois, em 2018, esse preço havia diminuído para US$ 0,76 por Mbps (NCTA, 2019).

Para aproveitar o valor comercial associado à internet, as empresas precisam expandir muito suas conexões com a internet, incluindo a conectividade sem fio, e expandir consideravelmente o poder de suas redes cliente/servidor, *desktop* e dispositivos de computação móvel. Há inúmeras razões para acreditar que essas tendências continuarão.

Padrões e efeitos de rede

infraestrutura empresarial e computação da internet de hoje seriam impossíveis – agora e no futuro – sem acordos entre os fabricantes e a ampla aceitação, por parte do consumidor, dos **padrões de tecnologia** – especificações que estabelecem a compatibilidade de produtos e a capacidade da comunicação em rede.

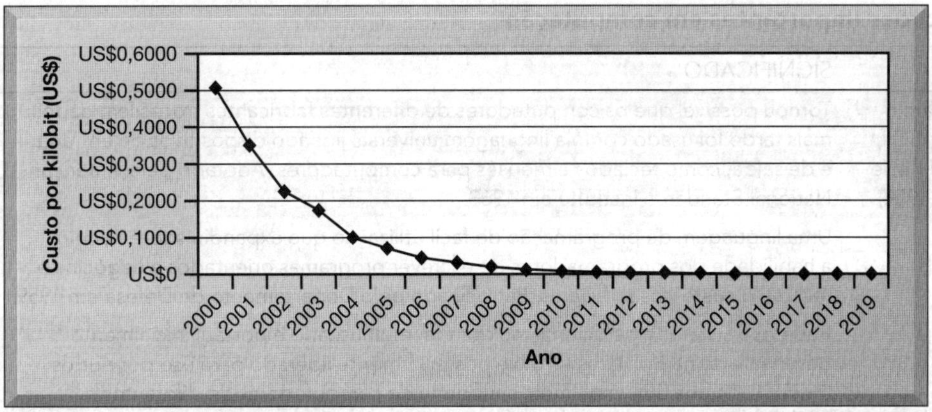

FIGURA 5.7 Queda exponencial nos custos de comunicações na internet (US$/MBPS).

O custo da comunicação pela internet e pelas redes telefônicas caiu exponencialmente, alimentando o crescimento explosivo da comunicação e da computação em todo o mundo.

Fontes: "Average Internet Connection Speed in the United States from 2007 to 2017 (in Mbps), by Quarter," Statista, 2018; "Home Broadband Adoption 2006," de John B. Horrigan, Pew Research, 2007; "Internet Speeds: How Fast Does Internet Speed Grow?" de Xah Lee. Data: 30 de dezembro de 2006. Última atualização: 22 de janeiro de 2017, http://xahlee.info/comp/bandwidth.html.

Os padrões de tecnologia desencadeiam poderosas economias de escala e resultam no declínio dos preços à medida que os fabricantes se concentram nos produtos criados para um único padrão. Sem essas economias de escala, qualquer tipo de computação seria muito mais caro do que é atualmente. A Tabela 5.1 descreve padrões importantes que moldaram a infraestrutura de TI.

Na década de 1990, as corporações começaram a se concentrar em plataformas padrão de computação e de comunicação. O PC Wintel com o sistema operacional Windows e os aplicativos de produtividade Microsoft Office tornaram-se a plataforma padrão de computação de cliente *desktop* e móvel. (Ele agora divide a cena com outros padrões, como os sistemas operacionais iOS e Macintosh da Apple e o sistema operacional Android.) A adoção generalizada do Unix-Linux como sistemas operacionais favorito dos servidores corporativos possibilitou a substituição de infraestruturas de *mainframe* proprietárias e caras. Na rede, o padrão Ethernet permitiu que os PCs se conectassem em pequenas redes locais (LANs; veja o Capítulo 7), e o padrão TCP/IP permitiu que essas LANs fossem conectadas em redes por toda a empresa e, em última análise, à internet.

5.2 Quais são os componentes da infraestrutura de TI?

Hoje a infraestrutura de TI tem sete componentes principais. A Figura 5.8 ilustra esses componentes de infraestrutura e os principais fornecedores em cada categoria de componentes. Esses componentes constituem investimentos que devem ser coordenados entre si para fornecer à empresa uma infraestrutura coerente

No passado, os fornecedores de tecnologia desses componentes ofereciam às empresas compradoras uma mistura de soluções parciais, proprietárias e incompatíveis incapazes de

TABELA 5.1 Algum padrões importantes em computação

PADRÃO	SIGNIFICADO
Código Padrão Americano para o Intercâmbio de Informação (ASCII, do inglês *American Standard Code for Information Interchange*) (1958)	Tornou possível que os computadores de diferentes fabricantes trocassem dados; mais tarde foi usado como a linguagem universal ligando dispositivos de entrada e de saída, como teclados e mouses para computadores. Adotado pelo American National Standards Institute em 1963.
Common Business Oriented Language (COBOL) (1959)	Uma linguagem de programação de fácil utilização que expandiu sobremaneira a habilidade dos programadores de escrever programas orientados a negócios e reduziu o custo dos *softwares*. Patrocinado pelo Departamento de Defesa em 1959.
Unix (1969-1975)	Poderoso sistema operacional multitarefa, multiusuário e portátil inicialmente desenvolvido na Bell Labs (1969) e posteriormente liberado para uso por outros (1975). Funciona em uma ampla variedade de computadores de diferentes fabricantes. Adotado pela Sun, IBM, HP e outros na década de 1980, tornou-se o sistema operacional de nível empresarial mais utilizado.
Ethernet (1973)	Um padrão de redes para conectar *desktops* em redes locais que permitiu a ampla adoção de computação cliente/servidor e redes locais, e também estimulou a adoção de computadores pessoais.
Protocolo de Controle de Transmissão/Protocolo de Internet (TCP/IP) (1974)	Conjunto de protocolos de comunicação e um esquema de endereçamento comum que permite que milhões de computadores se conectem em uma rede global gigante (a internet). Mais tarde, foi usado como o conjunto de protocolos de rede padrão para redes locais e intranets. Desenvolvido no início dos anos 1970 para o Departamento de Defesa dos Estados Unidos.
Computador pessoal IBM/Microsoft/Intel (1981)	O projeto padrão Wintel para computação de *desktop* pessoal com base em processadores Intel e outros dispositivos padrão, Microsoft DOS e depois o Windows. O surgimento desse produto padrão e de baixo custo lançou as bases para um período de 25 anos de crescimento explosivo da computação em todas as organizações ao redor do mundo. Hoje, mais de 1 bilhão de PCs realizam atividades empresariais e governamentais todos os dias.
World Wide Web (1989-1993)	Padrões para armazenar, recuperar, formatar e exibir informações como uma rede mundial de páginas eletrônicas que incorporam texto, gráficos, áudio e vídeo, permitindo a criação de um repositório global de bilhões de páginas da *web*.

funcionar com produtos de outros fornecedores. Cada vez mais, as empresas fornecedoras têm sido forçadas a cooperar em parcerias estratégicas umas com as outras, a fim de manter seus clientes. Por exemplo, um provedor de *hardware* e de serviços como a IBM coopera com todos os principais provedores de *software* corporativo, tem relações estratégicas com integradores de sistemas e promete funcionar com quaisquer produtos de gerenciamento de dados que suas empresas clientes desejem usar (mesmo que venda seu próprio *software* de banco de dados de gerenciamento chamado DB2).

Outra grande mudança é que as empresas estão migrando mais de sua infraestrutura de TI para a nuvem ou para serviços externos, retendo e gerenciando muito menos em suas instalações. A infraestrutura de TI das empresas será cada vez mais um amálgama de componentes e serviços de propriedade fracionária, em parte alugados ou licenciados, parcialmente estabelecidos no local e parcialmente oferecidos por fornecedores externos ou serviços em nuvem.

Plataformas de *hardware* de computador

Era esperado que as empresas em todo o mundo gastassem US$ 705,4 bilhões em dispositivos de *hardware* de computador em 2021, incluindo *mainframes*, servidores, PCs, *tablets* e *smartphones*. Todos esses dispositivos constituem a plataforma de *hardware* para computação corporativa (e pessoal) em todo o mundo.

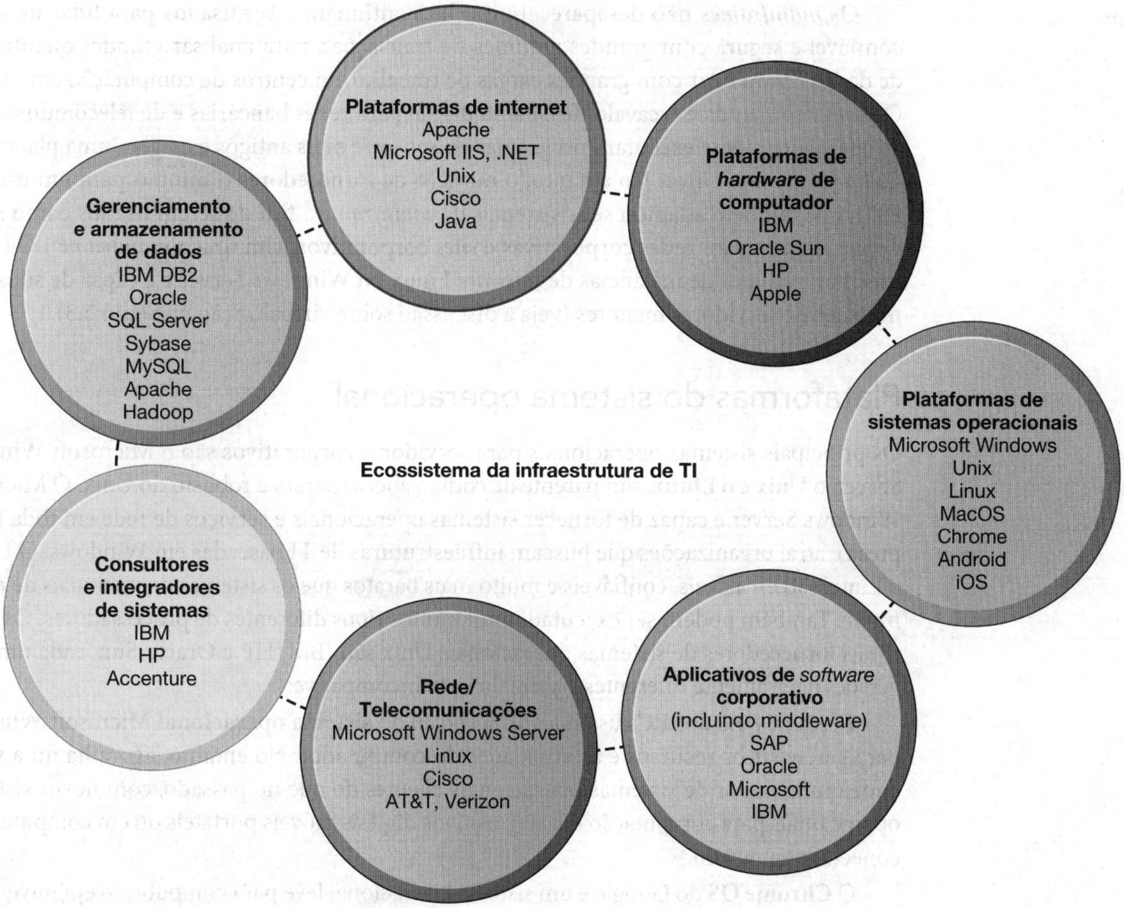

FIGURA 5.8 O ecossistema da infraestrutura de TI.
Existem sete componentes principais que devem ser coordenados para fornecer à empresa uma infraestrutura de TI coerente. Aqui estão listados as principais tecnologias e os fornecedores para cada componente.

A maioria das atividades de computação das empresas ocorre em máquinas que usam *chips* de microprocessador fabricados ou projetados pela Intel Corporation e, em menor grau, pela AMD Corporation. Os processadores Intel e AMD são frequentemente chamados de processadores "i86". Isso se dá porque os PCs originais da IBM usavam um processador Intel 8086, e todos os *chips* Intel (e AMD) posteriores são compatíveis com esse processador. (Por exemplo, você deve ser capaz de executar um aplicativo de *software* desenvolvido há 10 anos em um novo PC que comprou ontem.)

A plataforma de computador mudou drasticamente com a introdução de dispositivos de computação móvel – do iPod em 2001 ao iPhone em 2007 e, então, ao iPad em 2010. Em todo o mundo, mais de 3,5 bilhões de pessoas usam *smartphones*. Você pode pensar nesses dispositivos como uma segunda plataforma de *hardware* de computador – um dispositivo voltado para o consumidor.

Os dispositivos móveis não são obrigados a realizar tantas tarefas quanto os computadores na primeira plataforma de *hardware*, de modo que consomem menos energia e geram menos calor. Os processadores para dispositivos móveis são fabricados por uma ampla gama de empresas, incluindo Apple, Samsung e Qualcomm, usando uma arquitetura projetada pela ARM Holdings.

Os *mainframes* não desapareceram. Eles continuam a ser usados para lidar de forma confiável e segura com grandes volumes de transações, para analisar grandes quantidades de dados e para lidar com grandes cargas de trabalho em centros de computação em nuvem. O *mainframe* ainda é o cavalo de batalha digital para redes bancárias e de telecomunicações, as quais geralmente executam programas de *software* mais antigos e exigem uma plataforma de *hardware* específica. No entanto, o número de fornecedores diminuiu para um único: a IBM, que também adaptou seus sistemas de *mainframe* a fim de serem usados como servidores gigantes para redes corporativas e *sites* corporativos. Um único *mainframe* IBM pode executar milhares de instâncias de *software* Linux ou Windows Server e é capaz de substituir milhares de servidores menores (veja a discussão sobre virtualização na Seção 5.3).

Plataformas do sistema operacional

Os principais sistemas operacionais para servidores corporativos são o Microsoft Windows Server, o **Unix** e o **Linux**, um parente de código aberto barato e robusto do Unix. O Microsoft Windows Server é capaz de fornecer sistemas operacionais e serviços de rede em toda a empresa e atrai organizações que buscam infraestruturas de TI baseadas em Windows. O Unix e o Linux são escaláveis, confiáveis e muito mais baratos que os sistemas operacionais de *mainframe*. Também podem ser executados em muitos tipos diferentes de processadores. Os principais fornecedores de sistemas operacionais Unix são IBM, HP e Oracle-Sun, cada um com versões ligeiramente diferentes e parcialmente incompatíveis.

Cerca de 80% dos PCs usam alguma versão do **sistema operacional** Microsoft Windows para gerenciar os recursos e as atividades do computador. No entanto, agora há uma variedade muito maior de sistemas operacionais clientes do que no passado, com novos sistemas operacionais para computação em dispositivos digitais móveis portáteis ou em computadores conectados à nuvem.

O **Chrome OS** do Google é um sistema operacional leve para computação em nuvem que usa um computador conectado à *web*. Os programas não são armazenados no computador do usuário, mas são usados via internet e acessados por meio do navegador Chrome. Os dados do usuário residem em servidores na internet.

O **Android** é um sistema operacional de código aberto para dispositivos móveis, como *smartphones* e *tablets*, desenvolvido pela Open Handset Alliance, liderada pelo Google. Tornou-se a plataforma de *smartphone* mais popular do mundo, competindo com o iOS, sistema operacional móvel da Apple para iPhone e iPad.

O *software* de sistema operacional cliente convencional é projetado levando em consideração o mouse e o teclado, mas, cada vez mais, está se tornando mais natural e intuitivo o uso da tecnologia de toque. O **iOS**, sistema operacional dos incrivelmente populares iPad e iPhone da Apple, apresenta uma interface **multitoque**, em que os usuários empregam um ou mais dedos para manipular objetos na tela, sem mouse ou teclado. O **Windows 11** e o Windows 8 da Microsoft, que rodam tanto em *tablets* quanto em PCs, também possuem recursos multitoque, assim como muitos dispositivos Android.

Sistemas de informações empresariais

Era esperado que empresas do mundo inteiro gastassem cerca de US$ 491 bilhões em 2020 com sistemas integrados de gestão, que são tratados como componentes da infraestrutura de TI. Apresentamos os vários tipos de sistemas integrados no Capítulo 2, e o Capítulo 9 fornece uma discussão mais detalhada sobre cada um.

Os maiores fornecedores de *software* de sistemas integrados são a SAP e a Oracle. Também nesta categoria está incluído o *software* de middleware de fornecedores como IBM e

Oracle, para obter integração em toda a organização, por meio da vinculação de sistemas de aplicativos existentes da empresa. A Microsoft está tentando conquistar as bordas desse mercado, concentrando-se em pequenas e médias empresas.

Gerenciamento e armazenamento de dados

O *software* de gerenciamento de banco de dados corporativo é responsável por organizar e gerenciar os dados da empresa, de modo que possam ser acessados e usados com eficiência. O Capítulo 6 trata detalhadamente desse *software*. Os principais fornecedores de *software* de banco de dados são IBM (DB2), Oracle, Microsoft (SQL Server) e SAP Sybase (Adaptive Server Enterprise). O MySQL é um produto de banco de dados relacional de código aberto da Linux cuja propriedade atual é da Oracle Corporation; já o Apache Hadoop é uma estrutura de *software* de código aberto para gerenciar conjuntos de dados muito grandes (veja o Capítulo 6).

Plataformas de redes/telecomunicações

Era esperado que as empresas em todo o mundo gastassem US$ 1,5 trilhão em telecomunicações em 2020 (Gartner, Inc., 2020). O Windows Server é usado principalmente como um sistema operacional de rede local, seguido pelo Linux e pelo Unix. Grandes redes corporativas usam alguma variante do Unix. A maioria das redes locais, bem como as redes corporativas de longa distância, usam o conjunto de protocolos TCP/IP como padrão (veja o Capítulo 7).

A Cisco e a Juniper Networks são as principais fornecedoras de *hardware* de rede para os Estados Unidos. A chinesa Huawei é a segunda em participação do mercado global. As plataformas de telecomunicações são fornecidas geralmente por empresas de serviços de telecomunicações/telefone que oferecem conectividade de voz e de dados, redes de longa distância, serviços sem fio e acesso à internet. Entre os principais fornecedores de serviços de telecomunicações, temos a AT&T e a Verizon. Esse mercado está expandindo-se cada vez mais com novos provedores de serviços de telefonia celular sem fio, internet de alta velocidade e telefonia pela internet.

Plataformas de internet

As plataformas de internet incluem *hardware*, *software* e serviços de gerenciamento para dar suporte ao *site* de uma empresa, incluindo serviços de hospedagem na *web*, roteadores e cabeamento ou equipamento sem fio. Um **serviço de hospedagem de *site*** mantém um grande servidor *web*, ou uma série de servidores, e fornece aos assinantes pagantes espaço para manter seus *sites* na *web*.

A revolução da internet criou uma verdadeira explosão nos computadores servidores, com muitas empresas reunindo milhares de pequenos servidores para executar suas operações na internet. Houve um esforço constante para reduzir o número de computadores servidores, aumentando o tamanho e a capacidade de cada um e usando ferramentas de *software* que possibilitam a execução de mais aplicativos em um único servidor. O uso de computadores servidores autônomos está diminuindo à medida que as organizações fazem a transição para serviços de computação em nuvem. O mercado de servidores de *hardware* da internet tornou-se cada vez mais concentrado nas mãos da IBM, da Dell, da Oracle e da HP, pois os preços caíram drasticamente.

As principais ferramentas e pacotes de desenvolvimento de aplicativos de *software* da *web* são administrados pela Microsoft (Microsoft Visual Studio e a plataforma de desenvolvimento Microsoft .NET), pela Oracle-Sun e por uma série de desenvolvedores de *software* independentes, incluindo a Adobe. O Capítulo 7 descreve os componentes de plataformas de internet da empresa com mais detalhes.

Consultoria e serviços de integração de sistemas

Atualmente, mesmo uma grande empresa não tem a equipe, os recursos, o orçamento ou a experiência necessários para implementar e manter toda a sua infraestrutura de TI. A implementação de uma nova infraestrutura requer (como observado nos Capítulos 13 e 14) mudanças significativas nos processos e procedimentos de negócios, treinamento e aprendizagem e integração de *software*. As principais empresas de consultoria que fornecem essa experiência incluem Accenture, IBM Services, HP, Infosys e Wipro.

Integração de *software* significa garantir que a nova infraestrutura funcione com os sistemas mais antigos da empresa, os chamados sistemas legados, e garantir que os novos elementos da infraestrutura funcionem uns com os outros. **Sistemas legados** geralmente são sistemas de processamento de transações mais antigos criados para computadores *mainframe* que continuam a ser usados para evitar o alto custo de substituí-los ou reprojetá-los. Substituir esses sistemas tem um custo muito elevado e geralmente não se faz necessário, caso seja possível integrá-los a uma infraestrutura contemporânea.

5.3 Quais são as tendências atuais em plataformas de *hardware* de computador?

A capacidade crescente do *hardware* de computador e da tecnologia de rede mudou drasticamente a forma como as empresas organizam sua capacidade de computação, colocando mais dessa capacidade em redes e dispositivos portáteis móveis, obtendo mais recursos de computação na forma de serviços. Analisamos oito tendências de *hardware*: plataforma móvel digital, consumerização de TI e BYOD, computação quântica, virtualização, computação em nuvem, *edge computing*, computação verde e processadores de alto desempenho/baixo consumo.

A plataforma móvel digital

As novas plataformas computacionais móveis digitais surgiram como alternativa aos PCs e aos grandes computadores. Os *smartphones* iPhone e Android assumiram muitas funções dos PCs, incluindo transmissão de dados, navegação na *web*, transmissão de mensagens instantâneas e por *e-mail*, exibição de conteúdo digital e troca de dados com sistemas internos corporativos. A plataforma móvel também inclui netbooks pequenos e leves, otimizados para comunicação sem fio e acesso à internet, ***tablets*** como o iPad e novos leitores de livros digitais, com alguns recursos de acesso à *web*, como o Kindle, da Amazon.

Smartphones e *tablets* estão se tornando o principal meio de acesso à internet e sendo cada vez mais usados para fins empresariais, assim como por usuários comuns. Por exemplo, executivos seniores da General Motors estão usando aplicativos de *smartphone* que fornecem informações sobre vendas de veículos, desempenho financeiro, métricas de fabricação e *status* de gerenciamento de projetos.

Os dispositivos vestíveis de computação são uma novidade da plataforma móvel digital. Incluem *smartwatches*, óculos inteligentes, crachás de identificação inteligentes e rastreadores de atividades. A tecnologia de computação vestível tem muitos usos comerciais, especialmente para fornecer informações aos funcionários nos depósitos ou em campo sem exigir que eles interrompam suas tarefas.

Consumerização de TI e BYOD

A popularidade, a facilidade de uso e a rica variedade de aplicativos úteis para *smartphones* e *tablets* criaram uma onda de interesse em permitir que os funcionários usem seus dispositivos móveis pessoais no ambiente de trabalho, um fenômeno popularmente chamado de “traga

SESSÃO INTERATIVA GESTÃO

O que as empresas devem fazer sobre o BYOD?

Todo mundo que tem um *smartphone* quer poder levá-lo para o trabalho e usá-lo no serviço ou para trabalhar em casa, e muitos empregadores gostariam que os trabalhadores fizessem isso. Uma pesquisa de tendências de BYOD da MarketsandMarkets revelou que as taxas de adoção entre empresas estadunidenses se aproximavam de 50% no início de 2018. O uso de dispositivos portáteis para tarefas profissionais economiza 58 minutos por dia dos funcionários e aumenta a produtividade em 34%. No entanto, o BYOD também pode causar problemas se não for gerenciado adequadamente.

Quando cada funcionário traz seu próprio dispositivo para usar no trabalho ou para trabalhar remotamente, os departamentos de TI correm o risco de perder o controle sobre o *hardware*. Sem políticas ou ferramentas para gerenciar dispositivos móveis, a organização não pode controlar quais aplicativos ou programas são instalados, como os dispositivos são protegidos ou quais arquivos são baixados. No passado, a empresa era capaz de controlar a tecnologia que os funcionários usavam para evitar violações de privacidade, *hackers* e acesso não autorizado a informações corporativas. A incapacidade de controlar o *hardware* significa para a empresa estar mais propensa a vulnerabilidades. Essa é a grande desvantagem do BYOD: oferecer aos funcionários maior flexibilidade e, ao mesmo tempo, expor a empresa a mais riscos.

Quando os funcionários trazem seus próprios dispositivos para o trabalho, podem ficar tentados a usá-los para entretenimento ou para conversar com amigos. É muito fácil para os funcionários serem sugados para um buraco negro interminável de mensagens de texto, vídeos do YouTube e checagem de atualizações do Facebook. Nesse cenário, a produtividade sofre.

O BYOD requer que parte significativa de recursos da TI corporativa seja dedicada ao gerenciamento e à manutenção de um grande número de dispositivos dentro da organização. O cenário móvel digital é complicado, com uma variedade de dispositivos e sistemas operacionais no mercado. O iOS é considerado um sistema fechado e roda apenas em um número limitado de diferentes dispositivos móveis da Apple. O Android domina o mercado mundial de *smartphones*, mas existem milhares de modelos diferentes de dispositivos baseados nesse sistema operacional disponíveis em todo o mundo.

Se os funcionários forem autorizados a trabalhar com mais de um tipo de dispositivo móvel e sistema operacional, as empresas precisarão de uma maneira eficaz de acompanhar todos os dispositivos em uso. Para o acesso a informações, as redes da empresa devem ser configuradas para receber conexões desse dispositivo. Quando os funcionários fazem alterações em seus telefones pessoais, como mudar de operadora de celular, alterar o número de telefone ou comprar um novo aparelho, as empresas precisam garantir, de forma rápida e flexível, que eles continuem produtivos. As organizações precisam de um sistema que rastreie quais dispositivos os funcionários estão usando, onde está localizado, se está sendo usado e com qual *software* está equipado. Para empresas despreparadas, acompanhar quem tem acesso a determinados dados pode ser um pesadelo.

Há preocupações importantes com a segurança das informações da empresa que são acessadas por meio de dispositivos móveis. Se um dispositivo é roubado ou comprometido, as empresas precisam garantir que informações confidenciais ou sigilosas não se tornem disponíveis livremente para ninguém. A mobilidade coloca ativos e dados em maior risco do que se estivessem localizados apenas na sede da empresa e em suas máquinas. As empresas costumam usar tecnologias que permitem limpar dados remotamente ou criptografar dados para que, em caso de roubo, o dispositivo não possa ser usado.

Por causa da forte ênfase em segurança na Brother Industries, a incursão inicial da empresa no BYOD foi bastante restritiva. A Brother é uma fabricante global de dispositivos de impressão, com sede no Japão. A empresa adotou iPhones e iPads como seus dispositivos móveis padrão em 2012. No entanto, seu programa BYOD inicial não permitia acesso à App Store da Apple. Os funcionários que desejavam fazer *download* de aplicativos de negócios diretamente da Apple precisavam pedir permissão à gerência. A Brother afrouxou essas restrições rígidas adotando uma plataforma de gerenciamento móvel que permitia aos funcionários instalar os aplicativos de que precisavam mantendo ainda a segurança da rede corporativa e dos servidores. Os usuários continuavam insatisfeitos, pois ainda não conseguiam ler arquivos protegidos por senha anexados a *e-mails*, e os *e-mails* e calendários não eram exibidos corretamente. Os funcionários em campo eram forçados a retornar ao escritório para ver os anexos dos arquivos.

Esses problemas foram amenizados quando a Brother adotou o MobileIron para gerenciamento de mobilidade empresarial para a empresa e suas subsidiárias. Tornou-se possível visualizar arquivos protegidos por senha anexados a *e-mails* e ampliar o uso de aplicativos que atendiam às regras da empresa. O gerenciamento pode monitorar quais aplicativos estão sendo usados e como. A empresa ainda não padronizou uma única solução de gerenciamento de dispositivos móveis para toda a organização: suas subsidiárias japonesas e estadunidenses e suas fábricas na Ásia estão usando o MobileIron, mas outras empresas de vendas asiáticas e subsidiárias europeias estão usando soluções diferentes. Essa variação foi permitida por conta de diferentes preferências e formas de uso dos dispositivos móveis nesses outros locais.

A Arup Group Limited, uma multinacional de serviços profissionais com sede em Londres, usa o MobileIron para gerenciar uma ampla gama de dispositivos baseados nos sistemas operacionais móveis iOs e Android. A Arup fornece serviços de engenharia, planejamento, gerenciamento de projetos e consultoria para edifícios e outros ambientes artificiais, com mais de 14 mil funcionários em 34 países. Muitos de seus funcionários usam dispositivos móveis e aplicativos nas atividades profissionais, que geralmente são em campo, e a mobilidade aumentou a produtividade desses trabalhadores. A empresa incentivou os funcionários a inscreverem seus dispositivos em seu programa BYOD, destacando uma lista de aplicativos de produtividade e a capacidade da empresa de suportar o programa. As políticas para dispositivos móveis da Arup variam de acordo com a região. Nas Américas e na Europa, muitos funcionários estão equipados com dispositivos móveis de propriedade da empresa, mas ainda podem registrar seus dispositivos pessoais por meio de um portal de autoatendimento. Os funcionários na Ásia, no entanto, selecionam dispositivos móveis de uma lista aprovada pela empresa. O programa BYOD da Arup abrange milhares de dispositivos móveis, 2/3 em iOS e 1/3 em Android.

Fontes: "Brother Industries Switches to MobileIron for Optimal Mobile Business Technology" e "Arup Builds a Mobile-First Future with MobileIron," www.mobileiron.com, acessado em 6 de março de 2020; Lilach Bullock, "The Future of BYOD: Statistics, Predictions and Best Practices to Prep for the Future," *Forbes*, 21 de janeiro de 2019; e Stasmayer Incorporated, "The 'Bring Your Own Device' Trend: Is It Worth It?" www.stasmayer.com, acessado em 10 de março de 2018.

PERGUNTAS DO ESTUDO DE CASO

1. Quais são as vantagens e as desvantagens de permitir que os funcionários usem seus dispositivos móveis pessoais para o trabalho?
2. Que fatores de gestão, organização e tecnologia precisam ser considerados ao decidir se os funcionários devem usar seus dispositivos móveis pessoais para o trabalho?
3. Compare e avalie como as empresas descritas nesse estudo de caso lidaram com as dificuldades do BYOD.
4. Permitir que os funcionários utilizassem seus próprios *smartphones* para trabalhar trará economia para a empresa. Você concorda? Por que sim ou por que não?

seu próprio dispositivo" (BYOD, do inglês *bring your own device*). **BYOD** é um aspecto da **consumerização de TI**, em que novas tecnologias da informação, que surgem inicialmente no mercado de consumo, acabam por serem adotadas nas empresas. A consumerização de TI inclui não apenas dispositivos pessoais móveis, mas também usos comerciais de serviços de *software* que se originaram no mercado de consumo, como as ferramentas de busca Google e Yahoo, o Gmail, o Google Apps, o Dropbox e até mesmo o Facebook e o Twitter.

A consumerização de TI está forçando as empresas a repensar o modo como obtêm e gerenciam equipamentos e serviços de tecnologia da informação. Historicamente, pelo menos nas grandes empresas, o departamento de TI controlava a escolha e a gestão da tecnologia da informação e dos aplicativos usados na empresa e por seus funcionários. Fornecia aos funcionários *desktops* ou *laptops* que podiam acessar os sistemas corporativos com segurança. O departamento de TI mantinha o controle sobre o *hardware* e o *software* da empresa para garantir que as atividades estivessem protegidas e que os sistemas de informação servissem aos propósitos da empresa e de sua administração. Hoje, os funcionários e as diferentes áreas de negócio estão desempenhando um papel muito maior na seleção de tecnologias, em muitos casos propondo que os empregados usem seus próprios computadores, *smartphones* e *tablets* para acessar a rede corporativa. É mais difícil para a empresa gerenciar e controlar essas tecnologias de consumo e certificar-se de que atendem às necessidades do negócio. A Sessão Interativa sobre Gestão explora alguns desses desafios administrativos criados pelo BYOD e pela consumerização de TI.

Computação quântica

A **computação quântica** usa os princípios da física quântica para representar dados e realizar operações nesses dados. Enquanto os computadores convencionais lidam com *bits* de dados como 0 ou 1, mas não ambos, a computação quântica pode processar unidades de dados como 0, 1 ou ambos simultaneamente. Um computador quântico ganharia um enorme poder de processamento por meio dessa capacidade de estar em vários estados ao mesmo tempo, o que o faria resolver alguns problemas científicos e de negócios milhões de vezes mais rápido do que pode ser feito hoje. A IBM disponibilizou a computação quântica para o público geral por meio do IBM Cloud. O Alphabet, do Google, a Microsoft, a Intel e a NASA também estão trabalhando em plataformas de computação quântica. A computação quântica ainda é uma tecnologia emergente, mas suas aplicações no mundo real estão crescendo.

Virtualização

Virtualização é o processo de apresentar um conjunto de recursos computacionais (como capacidade de processamento ou armazenamento de dados) de forma que todos eles possam ser acessados independentemente de sua configuração física ou localização geográfica. A virtualização permite que um único recurso físico (como um servidor ou um dispositivo de armazenamento) se comporte para o usuário como múltiplos recursos lógicos. Por exemplo, um servidor ou *mainframe* pode ser configurado para executar várias instâncias de um sistema operacional (ou sistemas operacionais diferentes), de modo que atue como muitas máquinas diferentes. Cada servidor virtual "se parece" com um servidor físico real para programas de *software*, e vários servidores virtuais podem ser executados em paralelo em uma única máquina. A VMware é o fornecedor de *software* de virtualização líder para servidores Windows e Linux.

A virtualização de servidores é um método comum de redução de custos de tecnologia, possibilitando hospedar vários sistemas em uma única máquina física. A maioria dos servidores utiliza normalmente apenas de 15% a 20% de sua capacidade, e a virtualização pode aumentar as taxas de utilização dos servidores para 70% ou mais. Taxas de utilização mais altas representam menos computadores necessários para processar a mesma quantidade de trabalho, menor uso de espaço no *data center* para abrigar máquinas e menor consumo de energia. A virtualização também facilita a centralização e a consolidação da administração dos recursos de *hardware*.

A virtualização também permite que vários recursos físicos (como dispositivos de armazenamento ou servidores) apareçam como um único recurso lógico, como em **armazenamento definido por *software*** (**SDS**, do inglês *software-defined storage*), que separa o *software* de gerenciamento de armazenamento de dados do *hardware* de armazenamento. Ao usar o *software*, as empresas podem agrupar e organizar vários recursos de infraestrutura de armazenamento e alocá-los com eficiência para atender às necessidades de aplicações específicas. O SDS permite que as empresas substituam um *hardware* de armazenamento caro por um *hardware* padrão de custo mais baixo e um *hardware* de armazenamento em nuvem; assim, há menos subutilização ou superutilização dos recursos de armazenamento.

Computação em nuvem

Agora é possível que empresas e indivíduos realizem todas as suas tarefas de computação usando uma infraestrutura de TI virtualizada em um local remoto, como é o caso da computação em nuvem. A computação em nuvem é um modelo computacional no qual capacidade de processamento, armazenamento, *software* e outros serviços são obtidos de um agrupamento de recursos virtualizados por meio de uma rede, geralmente a internet. Essas "nuvens" de

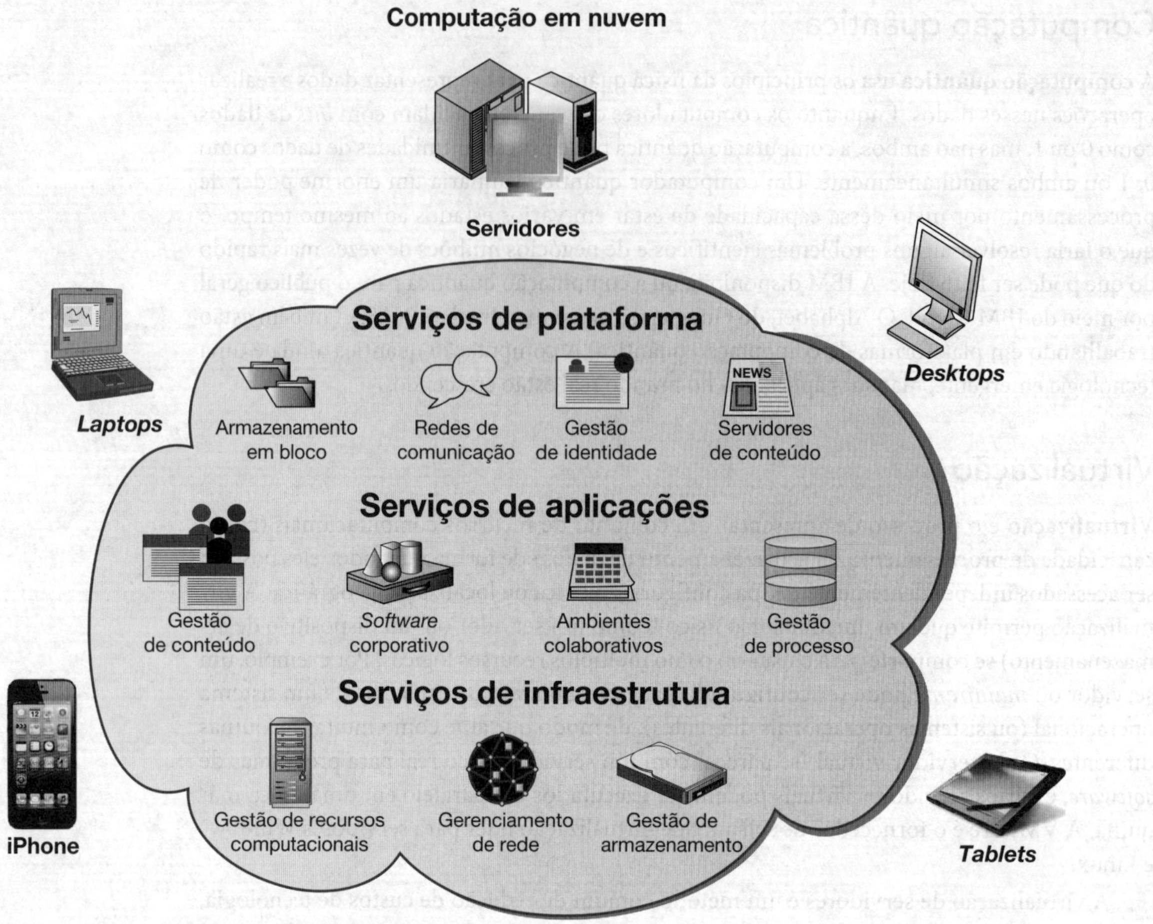

FIGURA 5.9 Plataforma de computação em nuvem.
Na computação em nuvem, *hardware* e *software* formam um agrupamento de recursos virtualizados fornecidos em uma rede, geralmente a internet. Empresas e funcionários têm acesso às aplicações e à infraestrutura de TI em qualquer lugar e a qualquer hora.

recursos de computação podem ser acessadas conforme a necessidade a partir de qualquer dispositivo e de qualquer local. A Figura 5.9 ilustra o conceito da computação em nuvem.

O Instituto Nacional de Padrões e Tecnologia (NIST, do inglês *National Institute of Standards and Technology*) dos Estados Unidos define a computação em nuvem como tendo as seguintes características essenciais (Mell e Grance, 2009):

- **Autosserviço sob demanda:** os usuários podem obter recursos computacionais, como tempo de servidor ou armazenamento em rede, conforme suas necessidades, de forma automática por conta própria.
- **Acesso ubíquo à rede:** os recursos da nuvem podem ser acessados usando dispositivos padronizados de rede e de internet, incluindo plataformas móveis.
- **Agrupamento de recursos independentes de localização:** os recursos computacionais são agrupados para servir múltiplos usuários, com diferentes recursos virtuais atribuídos dinamicamente de acordo com a demanda de cada usuário, que não sabe onde estão localizados os recursos computacionais.
- **Rápida elasticidade:** os recursos computacionais podem ser rapidamente provisionados, aumentados ou diminuídos para satisfazer às alterações na demanda do usuário.
- **Serviço mensurado:** as tarifas pelos serviços em nuvem são baseadas na quantidade de recursos usados efetivamente.

A computação em nuvem consiste em três tipos diferentes de serviços:

- **Infraestrutura como serviço (IaaS**, do inglês *infrastructure as a service*): os clientes utilizam processamento, armazenamento, redes e outros recursos computacionais fornecidos por provedores de serviço em nuvem para executar seus sistemas de informação. A Amazon, por exemplo, utiliza a capacidade excedente de sua infraestrutura de TI para oferecer um ambiente amplamente baseado em nuvem para vender serviços de infraestrutura de TI. Isso inclui o serviço Simple Storage Service (S3), para armazenamento de dados de clientes, e o serviço Elastic Compute Cloud (EC2), para execução de seus aplicativos. Os usuários pagam somente pelo montante de processamento e de armazenamento que efetivamente utilizam. (Veja a Sessão Interativa sobre Organizações.) A Figura 5.10 mostra a gama de serviços que a Amazon Web Services oferece.
- ***Software* como serviço (SaaS**, do inglês *software as a service*): os clientes utilizam *software* hospedado na infraestrutura em nuvem do fornecedor e entregue como serviço pela rede. Os principais exemplos de *software* como serviço (SaaS) são o G Suite do Google, que fornece aplicativos de negócios *on-line* comuns, e o Salesforce.com, que concede serviços de gerenciamento do relacionamento com o cliente e de *softwares* equivalentes pela internet. Ambos cobram dos usuários uma taxa de assinatura anual, embora o Google tenha uma versão gratuita equivalente. Os usuários acessam essas aplicações a partir de um navegador da *web*, sendo os dados e o *software* mantidos nos servidores remotos dos provedores.
- **Plataforma como serviço (PaaS, do inglês** *platform as a service*): os clientes utilizam a infraestrutura e as ferramentas de programação suportadas pelo provedor de serviços em nuvem para desenvolver suas próprias aplicações. Por exemplo, a Microsoft oferece ferramentas e serviços de PaaS para desenvolvimento e teste de *software* entre seus serviços em nuvem do Azure. Outro exemplo é a Salesforce Platform, do Salesforce.com.

O Capítulo 2 examinou o Google Docs, o Microsoft Office 365 e serviços de *software* equivalentes para produtividade e colaboração de *desktop*. Eles estão entre os mais populares serviços de *software* para consumidores público geral, embora sejam cada vez mais usados nas empresas. O Salesforce.com é um serviço de *software* líder para negócios que fornece

FIGURA 5.10 Amazon web services.

A Amazon Web Services (AWS) é uma coleção de serviços *web* que a Amazon fornece para usuários de sua plataforma em nuvem. A AWS é o maior provedor de serviços de computação em nuvem nos Estados Unidos.

SESSÃO INTERATIVA ORGANIZAÇÕES

Olhe para a nuvem

Se você quer ver onde estão usando a computação, olhe para a nuvem. O modelo em nuvem é agora o tipo de computação que mais cresce. De acordo com o "Relatório de Infraestrutura em Nuvem 2020", do provedor global de serviços em nuvem AllCloud, 85% das empresas pesquisadas disseram que esperam ter a maioria de suas cargas de trabalho na nuvem até o final de 2020 e 24% planejam depender somente da nuvem.

A computação em nuvem tornou-se uma solução acessível e uma opção sensata para empresas de todos os tamanhos, desde pequenas startups da internet até empresas estabelecidas como Netflix e FedEx. Por exemplo, a Amazon Web Services (AWS) fornece às empresas assinantes capacidade de computação e armazenamento de dados flexíveis, bem como gerenciamento de dados, envio de mensagens, pagamento e outros serviços que podem ser usados em conjunto ou individualmente, conforme as necessidades da empresa. Qualquer pessoa com conexão à internet e alguns recursos financeiros pode aproveitar os mesmos sistemas de computação que a própria Amazon usa para administrar seu negócio de varejo. Se os clientes fornecerem especificações sobre a quantidade de espaço no servidor, largura de banda, armazenamento e outros serviços de que necessitem, a AWS poderá alocar esses recursos automaticamente. Você não paga taxas mensais ou anuais para usar os recursos de computação da Amazon. Em vez disso, paga exatamente pelo que consome. As economias de escala mantêm os custos baixos.

A computação em nuvem também atrai muitas empresas porque o provedor de serviços em nuvem cuidará de toda a manutenção das infraestruturas de TI, permitindo que essas empresas reservem mais tempo para tarefas de maior valor. Startups e empresas de menor porte estão descobrindo que não precisam mais ter o próprio *data center*. Com infraestruturas em nuvem como a da Amazon prontamente disponíveis, elas dispõem de acesso à capacidade técnica que antes era possível apenas para empresas muito maiores.

A 99designs, com sede em São Francisco, administra um mercado que conecta as empresas ou os indivíduos que precisam de serviços de *design* para logotipos, folhetos, roupas e embalagens com os designers que podem fornecer esses serviços. Possui mais de 1,6 milhão de usuários registrados e recebe duas novas solicitações de *design* a cada segundo. Os designers concorrem pelos trabalhos enviando respostas às solicitações de dos clientes publicadas no *site*. Para hospedar seus sistemas de informação, a empresa usa a AWS, que é capaz de acomodar facilmente as necessidades de computação da empresa impostas pelo rápido crescimento ano a ano no tráfego e usuários sem condições de fazer altos investimentos iniciais em novas tecnologias da informação. A 99designs usa a AWS para gerenciamento de dados, hospedagem de aplicativos e armazenamento de um volume muito alto de dados de projeto (mais de 100 terabytes). A AWS ajudou a 99designs a reduzir a quantidade de infraestrutura de TI necessária para gerenciar diretamente, gerando economias contínuas de custos operacionais.

Embora a computação em nuvem tenha sido apontada como uma alternativa mais barata, porém mais flexível, para compra e propriedade da tecnologia da informação, nem sempre é assim. No caso de grandes empresas, pagar a um provedor em nuvem pública uma taxa de serviço mensal referente a 10 mil funcionários ou mais pode ser mais caro do que fazer com que a empresa mantenha a própria infraestrutura e equipe de TI. As empresas também se preocupam com "custos descontrolados" inesperados ao usar um modelo de pagamento por uso. A integração de serviços em nuvem com infraestruturas de TI existentes, erros, má gestão ou volumes excepcionalmente altos de tráfego da *web* aumentarão a conta dos usuários dos serviços em nuvem. Quando uma organização decide transformar sua infraestrutura de TI interna para uma com base em nuvem, as aplicações podem exigir uma grande atualização ou ser aposentadas e substituídas.

A Densify, uma empresa de otimização em nuvem que atende grandes empresas, recentemente entrevistou 70 empresas globais e 200 profissionais do setor em nuvem e descobriu que empresas de todos os setores podem estar gastando até 42% mais em serviços em nuvem. Essas empresas reservam orçamento para mais capacidade de computação em nuvem do que realmente precisam ou compram antecipadamente capacidade de reserva que nunca usam. Isso pode resultar em centenas de milhares ou mesmo milhões de dólares desperdiçados em orçamentos de TI por ano.

Uma grande barreira para a adoção generalizada da nuvem são as preocupações com a sua confiabilidade e segurança. As interrupções de serviços de *hardware* por conta de condições climáticas severas em setembro de 2018 causaram uma interrupção na nuvem do Microsoft Azure que impactou inúmeros serviços. Alguns demoraram até dois dias para restabelecer as operações. Um problema de congestionamento de rede em 2 de junho de 2019 derrubou muitos serviços do Google Cloud, aplicativos GSuite e YouTube por aproximadamente quatro horas. Um grande número de marcas que usam os serviços do Google Cloud, como Target, The National Institutes of Health, eBay, Paypal e Snapchat, foi potencialmente afetado pela interrupção. A AWS sofreu uma interrupção em um de seus *data centers* no norte da Virgínia em 31 de agosto de 2019, por causa de uma falha de energia da concessionária, e outras interrupções significativas na nuvem ao longo dos cinco anos anteriores. À medida que a computação em nuvem continua a amadurecer e os principais provedores de infraestrutura em nuvem ganham mais experiência, o serviço e a confiabilidade desse tipo de computação têm melhorado constantemente. Os especialistas recomendam às empresas para as quais uma interrupção seria um grande risco para considerar outro serviço de computação como *backup*.

Em fevereiro de 2016, a Netflix concluiu um projeto de dez anos cujo propósito era aposentar seus próprios *data centers* e usar exclusivamente a nuvem da Amazon para seus negócios. A administração apreciou o fato de não ter que adivinhar com meses de antecedência as necessidades de *hardware*, armazenamento e rede da empresa ou limitar seus recursos protegendo e mantendo o *hardware*. A AWS deveria fornecer o *hardware* que a Netflix precisasse no momento, embora a Netflix fosse dona do próprio *software*, o que é mais importante para um negócio cujo centro é o conteúdo.

Embora Netflix, Intuit e Juniper Networks estejam entre as empresas a adotar uma estratégia "*cloud first*", na qual todo o trabalho de computação ocorre em nuvem, outras estão diminuindo seus investimentos nesse tipo de computação. Essas empresas descobriram que não tinham experiência interna para gerenciar efetivamente a mudança para serviços em nuvem pública, como Amazon Web Services e Microsoft Azure. Os custos subiriam exponencialmente se elas tivessem de restaurar, transferir ou acessar suas informações. A nuvem introduz uma nova complexidade.

A empresa de hospedagem *on-line* de arquivos Dropbox teve uma das primeiras histórias de sucesso da AWS, mas nunca rodou todos os seus sistemas na AWS. A estratégia do Dropbox para desenvolver um dos maiores processos de armazenamento de dados do mundo dependia da posse de seus recursos de computação. A empresa removeu a maioria dos sistemas que executava com a AWS para criar sistemas mais adequados às suas necessidades, economizando quase US$ 75 milhões em custos de infraestrutura ao longo de três anos. No entanto, essa transição foi onerosa. A empresa gastou mais de US$ 53 milhões em arquiteturas personalizadas em três instalações de colocação para acomodar exabytes de armazenamento. A Dropbox armazena os 10% restantes dos dados do usuário na AWS, em parte para localizar dados nos Estados Unidos e na Europa.

Muitas empresas de grande porte que migram a maior parte de suas atividades de computação para a nuvem não conseguem fazer isso completamente. Os sistemas legados são os mais difíceis de mudar. A maioria das empresas de médio e grande porte irá gravitar em direção a uma abordagem híbrida. Os próprios principais provedores em nuvem – Amazon, Google, Microsoft e IBM – usam seus próprios serviços em nuvem pública para alguns propósitos, mas continuam mantendo certas funções em servidores privados. Preocupações com confiabilidade, segurança e riscos de mudança dificultam a migração de tarefas cruciais de computação para a nuvem pública.

Fontes: "AllCloud Reveals Current and Emerging Trends in Cloud Infrastructure," https://allcloud.io/press_releases/allcloud-reveals-current-and-emerging-trends-in-cloud-infrastructure, 15 de janeiro de 2020, acessado em 11 de maio de 2020; "Top IT Outages of 2019," StatusCast, janeiro de 2020; "AWS Case Study: 99Designs," https://aws.amazon.com, acessado em 7 de março de 2020; Chris Preimesberger, "How Cloud Environments Will Evolve Over the Next Few Years," *eWeek*, 12 de março de 2019; Angus Loten, "Rush to the Cloud Creates Risk of Overspending," *Wall Street Journal*, 25 de julho de 2018; Trevor Jones, "Dropbox Is Likely an Outlier with Its Successful Cloud Data Migration off AWS," searchaws.com, 28 de fevereiro de 2018; Andy Patrizio e Tom Krazit, "Widespread Outage at Amazon Web Services' U.S. East Region Takes Down Alexa, Atlassian Developer Tools," *GeekWire*, 2 de março de 2018.

PERGUNTAS DO ESTUDO DE CASO

1. Quais benefícios comerciais os serviços de computação em nuvem oferecem? Que problemas eles resolvem?
2. Quais são as desvantagens da computação em nuvem?
3. Que tipos de negócios são mais propensos a se beneficiar do uso da computação em nuvem? Por quê?

gerenciamento de relacionamento com o cliente (CRM) e outras soluções de *software* aplicativo, como serviços de *software* alugados pela internet. Suas nuvens de vendas e de serviços oferecem aplicativos para aprimorar as vendas e o atendimento ao cliente. Uma nuvem de *marketing* permite que as empresas se envolvam em interações de *marketing* digital com os clientes por meio de *e-mail*, dispositivos móveis, redes sociais, *web* e produtos conectados. O Salesforce.com também oferece uma plataforma em nuvem comunitária para colaboração e engajamento *on-line* e uma plataforma em nuvem analítica para implementar aplicativos de vendas, serviços, *marketing* e análises personalizadas.

O Salesforce.com também é um exemplo relevante de plataforma como serviço (PaaS). Sua Salesforce Platform oferece aos usuários a capacidade de desenvolver, lançar e gerenciar aplicativos sem ter de lidar com a infraestrutura necessária para criar um novo *software*. A Salesforce Platform oferece um conjunto de ferramentas de desenvolvimento e serviços de TI que permitem aos usuários criar aplicativos e executá-los na nuvem na infraestrutura de *data center* da própria Salesforce.com. A empresa também anuncia *softwares* de outros desenvolvedores independentes no AppExchange, um mercado *on-line* para aplicativos de terceiros disponível na Salesforce Platform.

Uma nuvem pode ser privada ou pública. Uma **nuvem pública** pertence e é mantida por um provedor de serviços em nuvem, como a Amazon Web Services, e disponibilizada ao público geral ou a grupos setoriais. Os serviços em nuvem pública geralmente são usados por *sites* com informações públicas e descrições de produtos, grandes projetos de computação exclusivos, desenvolvimento e teste de novos aplicativos e serviços ao consumidor, como armazenamento *on-line* de dados, músicas e fotos. Google Drive, Dropbox e Apple iCloud são os principais exemplos desses serviços em nuvem pública para consumidores.

Uma **nuvem privada** é operada exclusivamente por uma organização. Pode ser gerenciada pela própria organização ou por terceiros e pode ser hospedada dentro ou fora de suas dependências. Como as nuvens públicas, as nuvens privadas são capazes de prover armazenamento, capacidade de processamento e outros recursos de modo integrado, fornecendo recursos computacionais sob demanda. As empresas que desejam recursos de TI flexíveis e um modelo de serviço em nuvem e querem continuar mantendo o controle sobre sua própria infraestrutura de TI tendem a adotar as nuvens privadas.

Como as organizações que utilizam nuvens públicas geralmente não possuem infraestrutura própria, elas não precisam fazer grandes investimentos em *hardware* e *software* próprios. Em vez disso, elas adquirem seus serviços computacionais junto a provedores remotos e pagam somente pelo montante da capacidade de processamento que realmente utilizam (computação de utilidade) ou são cobradas mensal ou anualmente, conforme o plano de assinatura. O termo **computação sob demanda** também tem sido usado para descrever esses serviços.

A computação em nuvem tem algumas desvantagens. A menos que os usuários tenham planos de armazenar seus dados localmente, a responsabilidade pelo seu armazenamento e controle fica nas mãos do provedor. Algumas empresas se preocupam com os riscos de segurança ao confiar seus dados e sistemas essenciais a um fornecedor externo que também trabalha com outras empresas. As empresas esperam que seus sistemas estejam disponíveis 24 horas por dia durante os sete dias da semana e não querem deixar de realizar negócios se a infraestrutura em nuvem funcionar mal. Independentemente disso, a tendência é que as empresas migrem cada vez mais sua capacidade de processamento e de armazenamento para algum tipo de serviço de infraestrutura em nuvem. Startups e pequenas empresas com recursos e orçamentos de TI limitados tendem a considerar os serviços em nuvem pública muito úteis.

Grandes empresas são mais propensas a adotar o modelo de computação em **nuvem híbrida**, em que usam sua própria infraestrutura para as atividades mais essenciais e adotam a computação em nuvem pública para sistemas menos cruciais ou para dispor de capacidade de processamento adicional durante os períodos de pico das atividades. A Tabela 5.2 compara os três modelos de computação em nuvem. A computação em nuvem mudará gradualmente as empresas, que passarão de uma capacidade de infraestrutura fixa para uma infraestrutura mais flexível, parte dela de propriedade da empresa e parte alugada de gigantescos *data centers* pertencentes a fornecedores de *hardware* de computador.

Computação de borda (*edge computing*)

Ter todos os *laptops*, *smartphones*, *tablets*, redes de sensores sem fio e servidores locais usados em sistemas de computação em nuvem que interagem com um único *data center* em nuvem pública central para processar todos os seus dados pode ser ineficiente e caro. A ***Edge computing*** é um método para otimizar a computação em nuvem por meio do processamento de parte dos dados em um conjunto de servidores vinculados na borda da rede, próximo à fonte dos dados. Isso reduz a quantidade de dados fluindo entre computadores locais e outros dispositivos e o *data center* da nuvem central.

TABELA 5.2 Comparação dos modelos de computação em nuvem

TIPO DE NUVEM	DESCRIÇÃO	GERENCIADO POR	USOS
Nuvem pública	Serviço de terceiros que oferece computação, armazenamento e serviços de *software* para clientes de vários provedores e que está disponível para o público	Provedores terceirizados	Empresas sem grandes preocupações de privacidade. Empresas que buscam serviços de TI com pagamento conforme o uso. Empresas com falta de recursos e conhecimentos de TI.
Nuvem privada	Infraestrutura em nuvem operada exclusivamente para uma única organização e que pode ser hospedada interna ou externamente	Departamento interno de TI ou host terceirizado privado	Empresas com rigorosos requisitos de privacidade e segurança Empresas que deve ter controle sobre a soberania dos dados
Nuvem híbrida	Combinação de serviços em nuvem privada e pública que permanecem entidades separadas	Departamento interno de TI, host privado, provedores terceirizados	Empresas que exigem, ao menos em parte, controle interno da TI e que também desejam que parte de suas infraestruturas de TI fiquem na nuvem pública

As implementações de *edge computing* são úteis quando os sensores ou outros dispositivos da IoT não precisam estar constantemente conectados a uma nuvem central. Por exemplo, uma plataforma de petróleo no oceano pode ter milhares de sensores produzindo grandes quantidades de dados, talvez para confirmar que os sistemas estão funcionando corretamente. Os dados não precisam necessariamente ser enviados por uma rede assim que são produzidos, portanto, o sistema de *edge computing* local pode compilar os dados e enviar relatórios diários para um *data center* ou nuvem central, com a finalidade de armazenamento de longo prazo. Ao enviar apenas dados importantes, o sistema de *edge computing* reduz a quantidade de dados que atravessam a rede.

A *edge computing* também reduz os atrasos na transmissão e no processamento de dados porque os dados não precisam viajar por uma rede até um *data center* remoto ou nuvem para serem processados. É a situação ideal quando ocorrem atrasos de milissegundos que podem ser insustentáveis, como no caso dos serviços financeiros, de manufatura ou de veículos autônomos.

Computação verde

Ao reduzir a proliferação de *hardware* e o consumo de energia, a virtualização tornou-se uma das principais tecnologias a promover a computação verde. **Computação verde** ou **TI verde** refere-se a práticas e tecnologias voltadas a concepção, fabricação, utilização e descarte de computadores, servidores e dispositivos associados, como monitores, impressoras, dispositivos de armazenamento e sistemas de rede e comunicação, visando minimizar impactos sobre o meio ambiente.

De acordo com a Green House Data, os data centers do mundo usam tanta energia quanto a produção de 30 usinas nucleares, o que equivale a 1,5% de todo o uso de energia no mundo. Um data center corporativo pode facilmente consumir 100 vezes mais energia do que um prédio de escritórios padrão. Todo esse consumo de energia adicional tem um impacto negativo no meio ambiente e nos custos operacionais da empresa. Os *data centers* agora estão sendo projetados com a eficiência energética em mente, usando técnicas de refrigeração a ar de última geração, equipamentos com eficiência energética, virtualização e outras práticas de economia de energia. Grandes empresas como Microsoft, Google, Facebook e Apple estão começando a reduzir sua pegada de carbono com *data centers* que usam energia limpa com equipamentos de economia de energia e uso extensivo de energia eólica e hidrelétrica.

Processadores econômicos e de alto desempenho

Outra forma de reduzir os requisitos de consumo de energia e a proliferação de *hardware* é a utilização de processadores mais eficientes e com maior economia de energia. Os microprocessadores atuais apresentam múltiplos núcleos de processamento (que realizam a leitura e a execução de instruções de computador) em um único *chip*. Um **processador multinúcleos** (*multicore*) é um circuito integrado em que dois ou mais núcleos de processamento foram anexados com o objetivo de conseguir melhor desempenho, menor consumo de energia e processamento simultâneo mais eficiente de múltiplas tarefas. Essa tecnologia permite que dois ou mais mecanismos de processamento, que possuem requisitos de energia e de dissipação de calor reduzidos, executem tarefas mais rapidamente do que um único *chip* com maior consumo de recursos e um único núcleo de processamento. Hoje em dia, existem processadores *dual-core* (dois núcleos), *quad-core* (quatro núcleos), *six-core* (seis núcleos) e *eight-core* (oito núcleos) em PCs, além de processadores *16-core* (16 núcleos) em servidores. Os da Apple possuem 8, 12, 16, 24 e 28 núcleos (num Mac Pro, por exemplo).

A Intel e outros fabricantes de *chips* estão trabalhando em microprocessadores que minimizam o consumo de energia, o que é essencial para prolongar a vida útil da bateria em pequenos dispositivos digitais móveis. Microprocessadores de alta eficiência energética, como os processadores A10 ao A15 Bionic usados no iPhone e no iPad da Apple e no processador Atom da Intel, são empregados em *smartphones* e *tablets*, carros inteligentes e dispositivos de saúde.

5.4 Quais são as plataformas e as tendências atuais de *software* de computador?

Existem quatro temas principais na evolução contemporânea das plataformas de *software*:

- Linux e *software* de código aberto;
- Java, HTML e HTML5;
- serviços *web* e arquitetura orientada a serviços;
- terceirização de *software* e serviços em nuvem.

Linux e *software* de código aberto

***Software* de código aberto** é aquele produzido por uma comunidade de centenas de milhares de programadores em todo o mundo. De acordo com a principal associação profissional de código aberto, a OpenSource.org, o *software* de código aberto é gratuito e pode ser modificado pelos usuários. Os resultados derivados do código original também devem ser gratuitos. O *software* de código aberto, por definição, não está restrito a nenhum sistema operacional ou tecnologia de *hardware* específicos.

São ferramentas de *software* de código aberto conhecidas: o sistema operacional Linux, o servidor *web* Apache HTTP, o navegador *web* Mozilla Firefox e o pacote de produtividade de *desktop* Apache OpenOffice. O sistema operacional para dispositivos móveis Android, do Google, e o navegador *web* Chrome são baseados em ferramentas de código aberto.

Linux

Talvez o *software* de código aberto mais conhecido seja o Linux, um sistema operacional relacionado ao Unix. O Linux foi criado pelo programador finlandês Linus Torvalds e publicado pela primeira vez na internet em agosto de 1991. Os aplicativos Linux são incorporados em telefones celulares, *smartphones*, *tablets* e eletrônicos. Esse sistema operacional está disponível em versões gratuitas para *download* na internet ou em versões comerciais de baixo custo que incluem ferramentas e suporte de fornecedores como a Red Hat.

Embora o Linux não seja usado em muitos sistemas de *desktop*, é um sistema operacional líder para servidores, computadores *mainframe* e supercomputadores. IBM, HP, Intel, Dell e Oracle tornaram esse sistema parte central de seus produtos corporativos. O Linux tem implicações profundas para as plataformas de *software* corporativo – redução de custos, confiabilidade e resiliência – porque pode funcionar em todas as principais plataformas de *hardware*.

Software para a *web*: Java, HTML e HTML5

Java é uma linguagem de programação orientada a objetos, independente de sistemas operacionais e de processadores, criada pela Sun Microsystems, que se tornou a plataforma líder de programação interativa para a *web*. A plataforma Java migrou para telefones celulares, *smartphones*, automóveis, players de música, máquinas de jogo e, finalmente, sistemas de televisão a cabo que oferecem conteúdo interativo e pay-per-view. O *software* Java foi projetado para rodar em qualquer computador ou dispositivo de computação, independentemente de microprocessadores específicos ou do sistema operacional usado. Para cada um dos ambientes de computação em que o Java é usado, uma Java Virtual Machine interpreta o código de programação para essa máquina. Dessa forma, o código é escrito uma vez e pode ser usado em qualquer máquina para a qual exista uma Java Virtual Machine.

Os desenvolvedores de Java podem criar pequenos programas de miniaplicativos para serem incorporados em páginas da *web* e baixados para rodar em navegadores da *web*. Um **navegador da *web*** é uma ferramenta de *software* fácil de usar com uma interface gráfica de usuário para exibir páginas da *web* e acessar a rede e outros recursos da internet. Os navegadores Microsoft Internet Explorer, Microsoft Edge, Mozilla Firefox, Google Chrome e Apple Safari são exemplos. No nível corporativo, o Java está sendo usado para aplicativos de comércio eletrônico e negócios eletrônicos mais complexos, que exigem comunicação com os sistemas de processamento de transações de *back-end* de uma organização.

HTML e HTML5

A ***Hypertext Markup Language*** **(HTML)** é uma linguagem de descrição de página que especifica como textos, gráficos, vídeos e sons serão organizados em uma página da *web* para criar *links* dinâmicos com outras páginas e objetos. Utilizando esses *links*, basta que o usuário aponte para uma palavra-chave ou gráfico em destaque e clique sobre eles para ser transportado imediatamente a outro documento.

A HTML foi originalmente concebida para criar e vincular documentos estáticos compostos em sua maior parte por textos. Hoje, entretanto, a rede é muito mais social e interativa, e muitas páginas da *web* possuem elementos multimídia – imagens, áudio e vídeo. Aplicações desenvolvidas por terceiros sob a forma de módulos de extensão (*plug-in*), como Flash, Silverlight e Java, são necessárias para integrar esse conteúdo rico com imagens ou vídeos (*rich media*) às páginas da *web*. No entanto, esses complementos (*add-ons*) exigem capacidade adicional de programação e sobrecarregam o processamento do computador. A versão mais recente do HTML, chamada **HTML5**, resolve esse problema ao possibilitar a incorporação de imagens, áudio, vídeo e outros elementos diretamente a um documento, sem os *add-ons* que tanto consomem processamento. HTML5 também torna mais fácil o funcionamento de páginas da *web* em diferentes dispositivos de visualização, desde dispositivos móveis até *desktops*, e suporta o armazenamento de dados *offline* para aplicativos executados na *web*.

Entre outras ferramentas de programação populares para aplicações *web*, há as linguagens Ruby e Python. Ruby é uma linguagem de programação orientada a objetos conhecida pela velocidade e facilidade de uso na criação de aplicativos da *web*; já a Python (de grande clareza) está sendo usada para a criação de aplicativos de computação em nuvem.

Serviços *web* e arquitetura orientada a serviços

Por **serviços *web*** (*web services*) entende-se um conjunto de componentes de *software* fracamente acoplados, que trocam informações entre si usando linguagens e padrões de comunicação universais da *web*. Eles permitem a troca de informações entre dois sistemas, independentemente dos sistemas operacionais ou das linguagens de programação em que esses sistemas estiverem baseados. Os serviços *web* podem ser usados para desenvolver aplicativos de padrão aberto que conectam os sistemas de duas organizações diferentes e, também, para criar aplicativos que integram sistemas diferentes dentro de uma mesma empresa. Diferentes aplicativos podem usá-los para se comunicar de maneira padronizada, sem a necessidade de gastar tempo com codificações.

A tecnologia básica para os serviços *web* é a **XML**, sigla de Extensible Markup Language. Essa linguagem foi desenvolvida em 1996 pelo *World Wide Web* Consortium (W3C, órgão internacional que supervisiona o desenvolvimento da *web*) para ser uma linguagem de marcação mais flexível e poderosa que a HTML para páginas da *web*. Enquanto a HTML limita-se a descrever como os dados devem ser apresentados na forma de páginas da *web*, a XML pode realizar a apresentação, a comunicação e o armazenamento de dados. Na XML, um número não é simplesmente um número; a tag do XML especifica se esse número representa um preço, uma data ou até um código de endereçamento postal (CEP). A Tabela 5.3 mostra alguns exemplos de instruções da XML.

Ao classificar elementos do conteúdo dos documentos de acordo com seus significados, a XML permite que os computadores manipulem e interpretem automaticamente seus dados e executem operações com eles sem intervenção humana. Navegadores da *web* e programas de computador, como processamento de pedidos ou *software* de planejamento de recursos empresariais (ERP), podem seguir regras programadas para aplicar e exibir os dados. A XML fornece um formato-padrão para troca de dados, permitindo que os serviços *web* transmitam dados de um processo para outro.

Os serviços *web* comunicam-se por meio de mensagens XML codificadas em protocolos-padrão. As empresas descobrem e localizam esses serviços por meio de um diretório. Usando protocolos *web*, uma aplicação pode se conectar livremente com outras sem programação customizada para cada uma das aplicações diferentes com a qual deseja comunicar-se. Todas compartilham os mesmos padrões.

O conjunto de serviços *web* usados para desenvolver os sistemas de *software* de uma empresa constitui a chamada arquitetura orientada a serviços. Uma **arquitetura orientada a serviços (SOA**, do inglês *service-oriented architecture*) é um conjunto de serviços independentes que se comunicam entre si para criar um aplicativo de *software* funcional. As tarefas de negócios são realizadas por meio da execução de uma série desses serviços. Os desenvolvedores de *software* podem reutilizar esses serviços em outras combinações para montar outros aplicativos, quando necessário.

Praticamente todos os principais fornecedores de *software* oferecem ferramentas e plataformas inteiras para construção e integração de aplicativos de *software* usando serviços *web*. A Microsoft incorporou ferramentas de serviços *web* na plataforma Microsoft .NET.

TABELA 5.3 Exemplos de XML

EM PORTUGUÊS	XML
Subcompacto	<AUTOMOBILETYPE="Subcompact">
4 passageiros	<PASSENGERUNIT="PASS">4</PASSENGER>
US$ 16.800	<PRICE CURRENCY="USD">$16,800</PRICE>

Os sistemas da locadora de veículos Dollar Rent A Car usam serviços *web* para conectar seu sistema de reservas *on-line* ao *site* da Southwest Airlines. Embora os sistemas de ambas as empresas sejam baseados em diferentes plataformas de tecnologia, uma pessoa que reserva um voo no Southwest.com pode reservar um carro da Dollar sem sair do *site* da companhia aérea. Em vez de lutar para que o sistema de reservas da Dollar compartilhasse dados com os sistemas de informação da Southwest, a Dollar usou a tecnologia de serviços *web* do Microsoft .NET para fazer a intermediação. As reservas da Southwest são traduzidas em protocolos de serviços *web*, que, por sua vez, são passados para um formato que os computadores da Dollar conseguem entender.

Outras locadoras de veículos já haviam conectado seus sistemas de informação a *sites* de companhias aéreas; porém, sem os serviços *web*, essas conexões precisavam ser desenvolvidas uma a uma. Os serviços *web* oferecem um modo padronizado pelo qual os computadores da Dollar podem "conversar" com os sistemas de informação das outras empresas, sem a necessidade de criar *links* especiais para cada um. A Dollar está expandindo seu uso dos serviços *web* para conectar-se diretamente aos sistemas de um pequeno operador turístico e a um grande sistema de reservas de viagem, assim como a um *site* da *web* sem fio para celulares e *smartphones*. Para isso, não é necessário escrever novos códigos de *software* para o sistema de informação de cada novo parceiro nem para cada novo dispositivo sem fio (veja a Figura 5.11).

Terceirização de *software* e serviços em nuvem

Hoje, muitas empresas continuam a operar sistemas legados que que cumprem a mesma necessidade de negócios e cuja substituição seria extremamente cara. Mas as empresas comprarão ou alugarão a maioria de seus novos aplicativos de *software* de fontes externas. A Figura 5.12 mostra o rápido crescimento de fontes externas de *software* para empresas dos Estados Unidos.

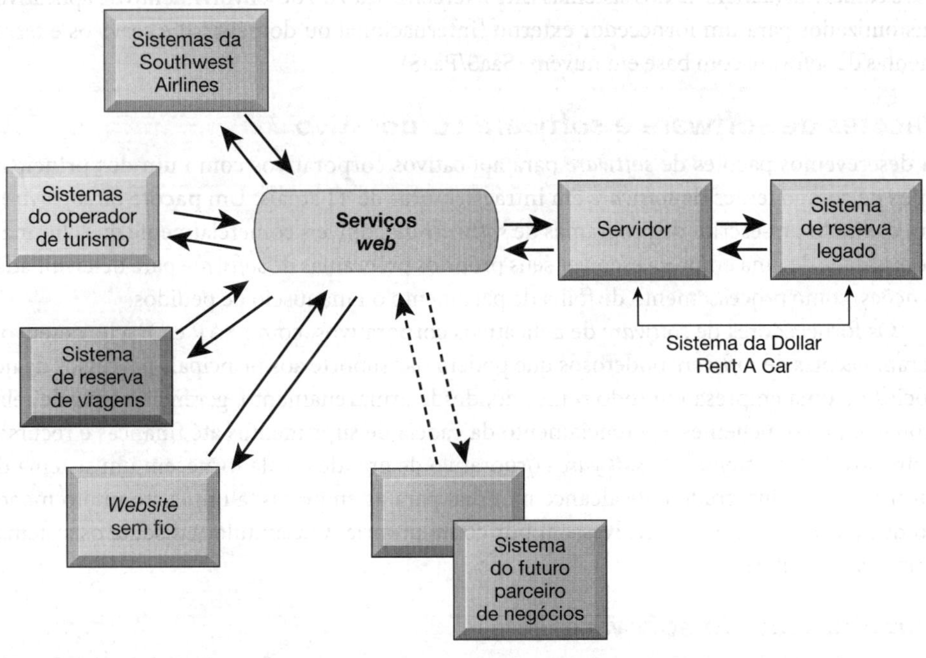

FIGURA 5.11 Como a Dollar Rent A Car usa serviços *web*.
A Dollar Rent-A-Car usa serviços *web* para prover uma camada intermediária de *software* padrão para "conversar" com sistemas de informação de outras empresas, isso sem precisar estabelecer um *link* separado para cada uma delas.

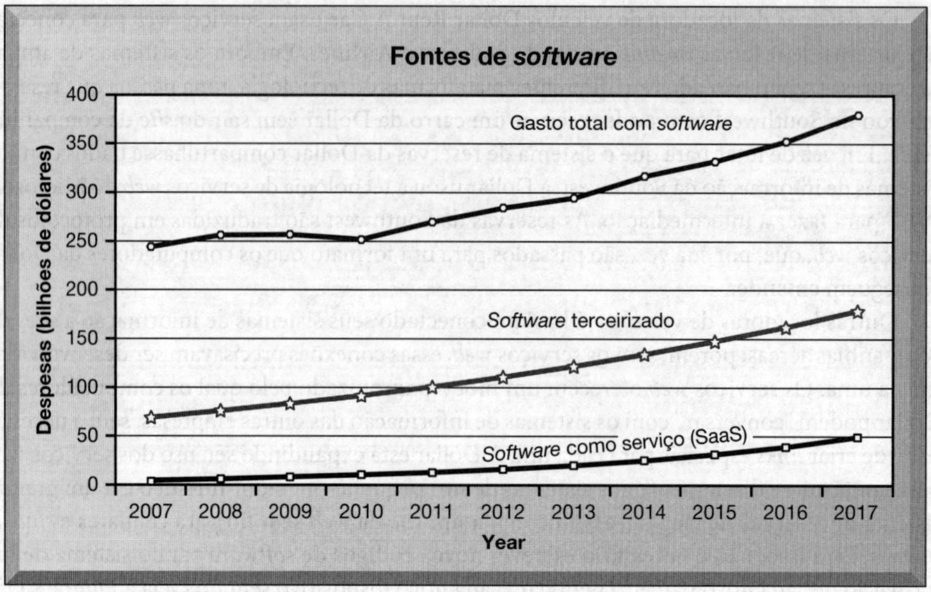

FIGURA 5.12 Mudança das fontes de *software* das empresas.

Gastos com *software* originados fora da empresa, de vários fornecedores, vêm crescendo de forma constante.

Fontes: BEA National Income and Product Accounts, 2018.

Existem três fontes externas de *software*: pacotes de *software* de um fornecedor de *software* comercial (a maioria dos sistemas ERP), terceirização do desenvolvimento de aplicativos customizados para um fornecedor externo (internacional ou doméstico) e serviços e ferramentas de *software* com base em nuvem (SaaS/PaaS).

Pacotes de *software* e *software* corporativo

Já descrevemos pacotes de *software* para aplicativos corporativos como um dos principais tipos de componentes de *software* em infraestruturas de TI atuais. Um **pacote de *software*** é um conjunto pré-escrito de programas de *software* disponíveis comercialmente que elimina a necessidade de uma empresa escrever seus próprios programas de *software* para determinadas funções, como processamento de folha de pagamento ou manuseio de pedidos.

Os fornecedores de *software* de aplicativos corporativos, como SAP e Oracle, desenvolveram pacotes de *software* poderosos que podem dar suporte aos principais processos de negócios de uma empresa em todo o mundo, desde armazenamento, gerenciamento de relacionamento com clientes e gerenciamento da cadeia de suprimentos até finanças e recursos humanos. Esses sistemas de *software* corporativo de grande escala fornecem um sistema de *software* único, integrado e de alcance mundial para as empresas, a um custo muito menor do que pagariam se o desenvolvessem por conta própria. O Capítulo 9 discute os sistemas empresariais em detalhes.

Terceirização de *software*

A **terceirização** de *software* permite que uma empresa contrate fontes externas para prestarem serviços personalizados de desenvolvimento de *software* ou de manutenção de programas legados existentes. Essas empresas contratadas geralmente operam no estrangeiro, em regiões nas quais os salários são mais baixos. Em 2013, a IKEA, por exemplo, anunciou um acordo de terceirização de TI internacional de seis anos com a empresa alemã de soluções de infraestrutura Wincor Nixdorf. A Wincor Nixdorf instalou 12 mil sistemas de ponto de venda (PDV) em 300 lojas IKEA em 25 países. A empresa fornece à IKEA serviços que incluem operação e personalização de sistemas, bem como atualização de *software* e dos aplicativos executados. Ter um único fornecedor de *software offshore* ajudou a IKEA a reduzir as tarefas de administração das lojas (Existek, 2017). As empresas de terceirização de *software offshore* fornecem principalmente manutenção de nível inferior, entrada de dados e operações de *call center*, embora empresas *offshore* mais sofisticadas e experientes, particularmente na Índia, sejam contratadas para o desenvolvimento de novos programas. No entanto, à medida que os salários no exterior aumentam e os custos de gerenciamento de projetos *offshore* são contabilizados (veja o Capítulo 13), algumas tarefas que normalmente teriam sido enviadas para o exterior estão retornando às empresas domésticas.

Serviços e ferramentas de *software* baseados em nuvem

Anteriormente, *softwares* como Microsoft Word ou Adobe Illustrator vinham em uma caixa e eram projetados para funcionar em uma única máquina. Hoje, é mais provável que você baixe o *software* do *site* do fornecedor ou o use como um serviço em nuvem fornecido pela internet, pagando, para isso, uma taxa de assinatura.

O *software* com base em nuvem e os dados que ele usa são hospedados em potentes servidores em *data centers* e podem ser acessados via internet e por um navegador da *web* padrão. Além das ferramentas gratuitas ou de baixo custo para indivíduos e pequenas empresas fornecidas pelo Google ou Yahoo, *software* corporativo e outras funções empresariais complexas estão disponíveis como serviços dos principais fornecedores de *software* comercial. Em vez de comprar e instalar programas de *software*, as empresas assinantes alugam as mesmas funções desses serviços; nessa modalidade os usuários pagam pela assinatura ou por transação. Um exemplo importante de *software* como serviço (SaaS) é o Salesforce.com, descrito anteriormente neste capítulo, que fornece serviços de *software* sob demanda para gerenciamento do relacionamento com o cliente. Para gerir o relacionamento com um terceirizado ou provedor de serviços de tecnologia, as empresas precisam de um contrato que inclua um **acordo de nível de serviço** (**SLA**, do inglês *service level agreement*), que é um contrato formal entre os clientes e seus prestadores de serviços e que define as responsabilidades específicas do prestador de serviços e o nível de serviço esperado pelo cliente. Os SLAs normalmente especificam a natureza e o nível dos serviços fornecidos, critérios para medição de desempenho, opções de suporte, provisões para segurança e recuperação de desastres, propriedade e atualizações de *hardware* e *software*, suporte ao cliente, cobrança e condições de encerramento do acordo.

Mashups e aplicativos

O *software* que você usa para tarefas pessoais e profissionais hoje pode ser composto por componentes intercambiáveis que se integram livremente com outros aplicativos na internet. Usuários individuais e empresas inteiras combinam e adaptam esses componentes de *software* para criar suas próprias aplicações customizadas e compartilhar informações com os outros. As aplicações de *software* resultantes são chamadas ***mashups***. A ideia é partir de diferentes fontes e produzir um trabalho novo, superior à soma das partes. Você já executou um *mashup* se configurou seu perfil no Facebook ou seu *blog* com o recurso de exibição de vídeos ou apresentações.

Os mashups *web* combinam os recursos de dois ou mais aplicativos *on-line* para criar uma espécie de híbrido, que oferece mais valor ao cliente do que as fontes originais sozinhas Por exemplo, o ZipRealty usa o Google Maps e os dados fornecidos por um banco de dados imobiliário. Aplicativos são pequenos programas de *software* que rodam em computadores, celulares ou *tablets* e que geralmente são disponibilizados pela internet. O Google se refere a seus serviços *on-line* como **aplicativos** (apps). Mas quando falamos de aplicativos hoje, a maior parte da atenção vai para os que foram desenvolvidos para a plataforma digital móvel.

São esses que transformam *smartphones* e *tablets* em ferramentas de computação de uso geral. Existem atualmente milhões de aplicativos para os sistemas operacionais iOS e Android.

Alguns aplicativos baixados não acessam a *web*, mas muitos fazem isso, fornecendo acesso mais rápido ao conteúdo da *web* do que os navegadores tradicionais. Os aplicativos fornecem um caminho simplificado sem navegador, para que os usuários realizem várias tarefas, desde ler o jornal até fazer compras, pesquisar, monitorar a saúde pessoal, jogar e comprar. São cada vez mais usados pelos gerentes como portas de entrada para os sistemas corporativos de suas empresas. Como muitas pessoas agora acessam a internet a partir de dispositivos móveis, alguns dizem que os aplicativos são "os novos navegadores". Os aplicativos também estão começando a influenciar o *design* e a função dos *sites* tradicionais, pois os consumidores são atraídos pela aparência dos aplicativos e sua velocidade de operação.

Muitos aplicativos são gratuitos ou adquiridos por uma pequena taxa, muito menos do que *softwares* convencionais, o que aumenta ainda mais o seu apelo. O sucesso dessas plataformas móveis depende em grande parte da quantidade e da qualidade dos aplicativos que elas oferecem. Os aplicativos vinculam o cliente a uma plataforma de *hardware* específica: à medida que o usuário adiciona mais e mais aplicativos ao celular, o custo de mudar para uma plataforma móvel concorrente aumenta.

No momento, os aplicativos mais baixados são geralmente relacionados a jogos, música, redes sociais, notícias, tempo, mapas/navegação e vídeos/filmes. No entanto, também existem aplicativos para usuários de negócio que permitem criar e editar documentos, conectar-se a sistemas corporativos, agendar e participar de reuniões e rastrear envios, e também ditar mensagens de voz. A maioria dos grandes varejistas *on-line* tem aplicativos para os consumidores pesquisar e comprar bens e serviços *on-line*.

5.5 Quais são os desafios de gerenciar a infraestrutura de TI e as soluções de gerenciamento?

Criar e gerenciar uma infraestrutura de TI coerente impõe vários desafios: lidar com mudanças de plataforma e tecnologia (incluindo computação em nuvem e móvel), gerenciamento e governança e fazer investimentos inteligentes em infraestrutura.

Mudança de plataformas e de infraestrutura

À medida que as empresas crescem, muitas vezes sua infraestrutura fica defasada rapidamente. Por outro lado, quando as empresas encolhem, podem ficar presas à infraestrutura excessiva adquirida em épocas melhores. Como uma empresa pode permanecer flexível se os investimentos em infraestrutura de TI são compras e licenças de custo fixo? Como a infraestrutura é dimensionada? **Escalabilidade** refere-se à capacidade que um computador, produto ou sistema tem de expandir-se para atender um número maior de usuários sem sofrer pane. Novas aplicações, fusões e aquisições e mudanças no volume de negócios afetam a carga de trabalho dos computadores e devem ser consideradas durante o planejamento da capacidade do *hardware*.

As empresas que usam plataformas de computação móvel e computação em nuvem exigirão novas políticas, procedimentos e ferramentas para gerenciar essas plataformas. Precisarão inventariar todos os dispositivos móveis em uso comercial e desenvolver políticas e ferramentas para monitorá-los, atualizá-los e protegê-los, além de controlar os dados e os aplicativos neles executados. As empresas recorrem frequentemente a *softwares* de **gestão de dispositivos móveis** (**MDM**, do inglês *mobile device management*), que monitora, gerencia e protege dispositivos móveis implementados nos diversos provedores e nos múltiplos sistemas operacionais móveis que estão sendo usados na organização. As ferramentas de MDM permitem que o departamento de TI possa monitorar o uso, instalar ou atualizar o *software* móvel, fazer *backup*, restaurar dispositivos móveis e remover *software* e dados de dispositivos que foram roubados ou perdidos.

As empresas que usam computação em nuvem e SaaS precisarão criar contratos com fornecedores remotos, para garantir que o *hardware* e o *software* de aplicativos críticos estejam sempre disponíveis quando necessário e que atendam aos padrões corporativos de segurança da informação. Cabe à gestão de negócios determinar níveis aceitáveis de tempo de resposta e disponibilidade dos computadores para que os sistemas de missão crítica da empresa mantenham o nível de desempenho comercial esperado.

Gerenciamento e governança

Uma questão de longa data entre gerentes de sistemas de informação e CEOs tem sido a questão de quem deve controlar e gerenciar a infraestrutura de TI da empresa. O Capítulo 2 apresentou o conceito de governança de TI e descreveu alguns problemas que ele aborda. Outras questões importantes sobre governança de TI são: os departamentos e as divisões devem ter a responsabilidade de tomar suas próprias decisões de tecnologia da informação ou a infraestrutura de TI deve ser controlada e gerenciada por um órgão central? Qual é a relação entre o gerenciamento dos sistemas de informação central e o gerenciamento dos sistemas de informação da unidade de negócios? Como os custos de infraestrutura serão alocados entre as unidades de negócios? Cada organização precisará chegar a essas respostas com base em suas próprias necessidades.

Fazer investimentos inteligentes em infraestrutura de TI

A infraestrutura de TI é um grande investimento para a empresa. Se o gasto em infraestrutura é excessivo, os recursos ficam ociosos e constituem um empecilho para o desempenho financeiro da empresa. Se muito pouco for gasto, serviços de negócios importantes não podem ser prestados e os concorrentes da empresa (que gastaram a quantia certa) terão desempenho superior ao da empresa que investe pouco. Quanto a empresa deve gastar em infraestrutura? Esta pergunta não é fácil de responder.

Uma questão relacionada é se uma empresa deve comprar e manter seus próprios componentes de infraestrutura de TI ou alugá-los de fornecedores externos – inclusive daqueles que oferecem serviços em nuvem. A decisão de comprar seus próprios ativos de TI ou alugá-los de fornecedores externos é geralmente chamada de decisão de *alugar* versus *comprar*.

A computação em nuvem é uma modalidade de baixo custo para aumentar a escalabilidade e a flexibilidade, mas as empresas devem avaliar essa opção com cuidado, à luz dos requisitos de segurança e do impacto nos processos e fluxos de trabalho de negócios. Em alguns casos, o custo de aluguel de *software* vai além da compra e manutenção de um aplicativo para uso interno, ou as empresas podem gastar demais em serviços em nuvem (Loten, 2018). No entanto, há muitos benefícios em usar serviços em nuvem, incluindo reduções significativas em *hardware*, *software*, recursos humanos e custos de manutenção. A migração para a computação em nuvem permite que as empresas se concentrem em seus negócios principais, em vez de em questões de tecnologia.

Custo total de propriedade de ativos de tecnologia

O custo real de possuir recursos tecnológicos inclui o custo original de aquisição e a instalação de *hardware* e *software*, bem como custos contínuos de administrar atualizações, manutenção, suporte técnico, treinamento e, até mesmo, custos indiretos (luz, água, refrigeração, aluguel, manutenção predial) que incorrem para operar e abrigar os recursos de tecnologia. O modelo de **custo total de propriedade** (**TCO**, do inglês *total cost of ownership*) pode ser

TABELA 5.4 Componentes do custo total de propriedade (TCO)

COMPONENTE DA INFRAESTRUTURA	COMPONENTES DO CUSTO
Aquisição de *hardware*	Preço de compra de equipamentos de *hardware* de computador, incluindo computadores, terminais, armazenamento e impressoras
Aquisição de *software*	Compra ou licença de *software* para cada usuário
Instalação	Custo de instalação de computadores e *softwares*
Treinamento	Custo para fornecer treinamento para especialistas em sistemas de informação e usuários finais
Suporte	Custo para fornecer suporte técnico contínuo, *help desks* e demais recursos
Manutenção	Custo para atualizar *hardware* e *software*
Infraestrutura	Custo de adquirir, manter e dar suporte à infraestrutura relacionada, como redes e equipamentos especializados (incluindo unidades de *backup* de armazenamento)
Downtime (tempo em que o sistema fica indisponível, seja por manutenção ou por falhas)	Perda de produtividade caso falhas no *hardware* ou *software* tornem o sistema indisponível para processamento e tarefas solicitadas pelos usuários
Espaço e energia	Custos imobiliários e de serviços públicos para habitação e fornecimento de energia para a tecnologia

usado para analisar esses custos diretos e indiretos, auxiliando as empresas a determinar o custo real de implantação de tecnologias específicas. A Tabela 5.4 descreve os componentes mais importantes a serem considerados em uma análise de TCO.

Quando todos esses componentes de custo são considerados, o TCO de um PC pode chegar a três vezes o preço original de compra do equipamento. Os ganhos de produtividade e eficiência ao equipar os funcionários com dispositivos de computação móvel devem ser equilibrados com o aumento dos custos da integração desses mesmos dispositivos à infraestrutura de TI da empresa e do fornecimento de suporte técnico. Outros componentes de custo incluem custos de subutilização de antena sem fio, treinamento de usuário final, suporte de *help desk* e *software* para aplicações especiais. Os custos são maiores se os dispositivos móveis executam muitos aplicativos diferentes ou precisam ser integrados a sistemas de *back-end*, como aplicativos corporativos.

Os custos de aquisição de *hardware* e *software* representam apenas cerca de 20% do TCO, de modo que os gerentes devem prestar muita atenção aos custos administrativos para entender o custo total de *hardware* e *software* da empresa. É possível reduzir alguns desses custos administrativos por meio de uma gestão mais equilibrada. Muitas empresas de grande porte estão sobrecarregadas com recursos redundantes e incompatíveis de *hardware* e *software* em virtude de seus departamentos e divisões realizarem as próprias compras de equipamento tecnológico.

Além de mudar para serviços em nuvem, essas empresas podem reduzir seu TCO por meio de maior centralização e padronização desses recursos. Elas poderiam reduzir o tamanho da equipe de sistemas de informação necessária para prestar suporte à infraestrutura, se diminuírem o número de diferentes modelos de computador e peças de *software* para uso dos funcionários. Em uma infraestrutura centralizada, os sistemas podem ser administrados a partir de um local central e a solução de problemas pode ser realizada a partir desse mesmo local.

Modelo das forças competitivas para investimento em infraestrutura de TI

A Figura 5.13 ilustra um modelo de forças competitivas que você pode usar para resolver a questão de quanto sua empresa deve gastar em infraestrutura de TI.

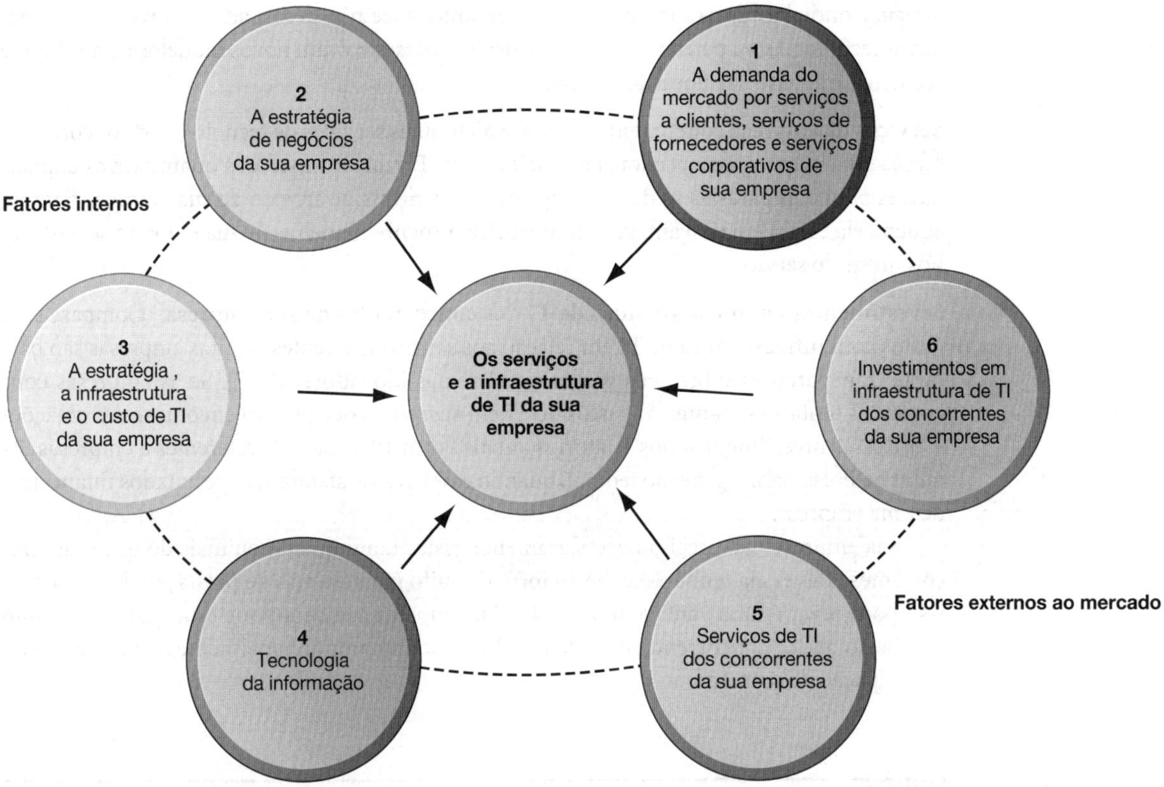

FIGURA 5.13 Modelo das forças competitivas para a infraestrutura de TI.
Existem seis fatores que você pode usar para responder à pergunta "Quanto nossa empresa deve gastar em infraestrutura de TI?"

A demanda do mercado pelos serviços da sua empresa. Faça um inventário dos serviços que você presta atualmente a clientes, fornecedores e funcionários. Pesquise cada grupo ou organize grupos de discussão para descobrir se os serviços que você oferece atualmente atendem às necessidades de cada grupo. Por exemplo, os clientes estão reclamando de respostas lentas às perguntas que fazem sobre preço e disponibilidade? Os funcionários estão reclamando da dificuldade de encontrar as informações certas para as tarefas que executam? Os fornecedores estão reclamando das dificuldades de descobrir as necessidades de produção que você tem?

A estratégia de negócios da sua empresa. Analise a estratégia de negócios de cinco anos da sua empresa e tente avaliar quais novos serviços e recursos serão necessários para atingir as metas estratégicas.

A estratégia, a infraestrutura e o custo de TI da sua empresa. Examine os planos relativos à tecnologia da informação da sua empresa para os próximos cinco anos e avalie se estão alinhados com os planos de negócios da empresa. Determine os custos totais da infraestrutura de TI. Você desejará realizar uma análise de TCO. Se sua empresa não tiver uma estratégia de TI, você precisará elaborar uma que leve em consideração o plano estratégico de cinco anos da empresa.

Avaliação da tecnologia da informação. Sua empresa está atrás da curva tecnológica ou na vanguarda da tecnologia da informação? Ambas as situações devem ser evitadas. Geralmente não é desejável gastar recursos com tecnologias avançadas que ainda são experimentais, muitas vezes caras e não confiáveis. É preferível gastar em tecnologias para as quais os padrões foram estabelecidos; os fornecedores de TI estão concorrendo em termos de custos, não *design*; e onde há vários fornecedores. No entanto, você não deseja adiar o investimento em novas tecnologias ou permitir que os concorrentes desenvolvam novos modelos de negócios e recursos com base nas novas tecnologias.

Serviços da empresa concorrente. Tente avaliar quais serviços de tecnologia os concorrentes oferecem a clientes, fornecedores e funcionários. Estabeleça medidas quantitativas e qualitativas para compará-las às de sua empresa. Se os níveis de serviço de sua empresa ficarem aquém, ela estará em desvantagem competitiva. Procure maneiras de sua empresa se destacar nos níveis de serviço.

Investimentos em infraestrutura de TI dos concorrentes da sua empresa. Compare seus gastos com infraestrutura de TI em relação aos seus concorrentes. Muitas empresas são bastante transparentes sobre seus gastos em sistemas inovadores de TI. Se as empresas concorrentes tentarem manter os gastos de TI em segredo, você poderá encontrar informações sobre esses investimentos nos relatórios anuais Form 10-K da SEC referentes a empresas listadas na bolsa para o governo federal, quando esses gastos afetarem os resultados financeiros de uma empresa.

Sua empresa não precisa necessariamente gastar tanto quanto ou mais do que seus concorrentes. Talvez ela tenha descoberto formas muito mais baratas de prestação de serviços, e isso pode levar a uma vantagem de custo. Sua empresa também pode estar gastando muito menos do que os concorrentes e tendo um desempenho proporcionalmente ruim e perdendo participação de mercado.

5.6 Como os sistemas de informação gerenciais ajudarão minha carreira?

Aqui está como o Capítulo 5 e este livro podem ajudá-lo a encontrar um emprego como consultor de TI de nível básico.

A empresa

A A1 Tech IT Consulting, empresa nacional de consultoria em tecnologia sediada em Atlanta, está procurando um consultor de TI de nível básico. A empresa faz parceria com fornecedores de tecnologia para criar e vender soluções tecnológicas de ponta com base em nuvem, rede e serviços de TI gerenciados para empresas de pequeno, médio e grande porte. A empresa tem 65 funcionários e é conhecida pelo excelente atendimento ao cliente.

Descrição do cargo

O consultor de TI de nível básico trabalhará com os gerentes de contas da empresa para manter um bom relacionamento com os clientes existentes e ajudar seus consultores de tecnologia a criar soluções e propostas para clientes em potencial. A empresa fornecerá treinamento prático sobre o setor de tecnologia e seu processo de consultoria em tecnologia. As responsabilidades do trabalho incluem:

- Realizar pesquisas sobre clientes potenciais e existentes e o cenário de concorrência.
- Gerenciar campanhas de *marketing* digital.
- Auxiliar na identificação de potenciais oportunidades de negócios.
- Preparar relatórios periódicos sobre triagem, rastreamento e monitoramento de clientes e possíveis clientes.

Requisitos do emprego

- Superior completo ou equivalente
- Habilidade de comunicar-se bem com os clientes por telefone, por *e-mail* e pessoalmente
- Habilidade de trabalhar em um ambiente de ritmo acelerado e colaborar efetivamente como membro da equipe.
- Proficiência em Microsoft Office (Word, Excel e PowerPoint).
- Forte habilidades organizacionais, de apresentação e de redação e vontade de aprender.

Perguntas para a entrevista

1. O que você sabe sobre computação em nuvem e serviços de TI gerenciados? Então você está familiarizado com sistemas operacionais comuns, segurança e plataformas de gerenciamento de dados? Você já usou esses serviços no trabalho? O que você fez com eles?
2. Teve bastante contato frente a frente com os clientes? Pode descrever o trabalho que você fez com os clientes? Você já ajudou clientes com um problema de tecnologia?
3. Você tem alguma experiência em *marketing* digital?
4. Pode nos dar um exemplo de um problema relacionado a vendas ou outro problema de negócios que você ajudou a resolver? Você já fez redação e análise? Pode fornecer exemplos?
5. Qual é o seu nível de proficiência com o Microsoft Office? Que trabalho você fez com planilhas do Excel?

Dicas do autor

1. Analise este capítulo e também os Capítulos 6 a 8 do livro, prestando atenção especial à computação em nuvem, à tecnologia de rede e aos serviços de tecnologia gerenciada.
2. Use a *web* para pesquisar a empresa e como ela trabalha com outras empresas de tecnologia para fornecer seus serviços de TI. Reúna o que puder sobre essas empresas parceiras e as ferramentas e serviços que elas oferecem.
3. Pergunte exatamente como você usaria o Microsoft Office e, se possível, forneça exemplos de como você usou essas ferramentas para resolver problemas em sala de aula ou para um trabalho. Traga exemplos de sua escrita demonstrando suas habilidades analíticas e experiência em projetos.
4. Indique que você está muito interessado em aprender mais sobre o setor tecnológico e tecnologias e serviços utilizados pela empresa.
5. Analise os perfis da empresa no LinkedIn, Facebook e Twitter para conhecer as tendências estratégicas e questões importantes.

RESUMO

5.1 O que é a infraestrutura de TI e quais são seus estágios e fatores de evolução?

A infraestrutura de tecnologia da informação (TI) é o conjunto de recursos tecnológicos compartilhados que fornecem a plataforma para as aplicações específicas do sistema de informação da empresa. A infraestrutura de TI inclui *hardware*, *software* e serviços que são compartilhados por toda a empresa.

Os cinco estágios da evolução da infraestrutura de TI são a era do *mainframe*, a era do computador pessoal, a era do cliente/servidor, a era da computação corporativa e a era da computação móvel e em nuvem. A Lei de Moore trata do aumento exponencial da capacidade de processamento e do declínio do custo da tecnologia dos computadores, afirmando que a cada 18 meses a capacidade dos microprocessadores dobra e o preço dos recursos da computação cai pela metade. A Lei do Armazenamento Digital massivo trata da diminuição exponencial do custo de armazenamento de dados, afirmando que o número de kilobytes de dados que podem ser armazenados em mídia magnética a cada US$ 1 praticamente dobra a cada 15 meses. A Lei de Metcalfe afirma que o valor de uma rede para os participantes cresce exponencialmente à medida que a rede adquire mais membros. A rápida diminuição nos custos de comunicação e o crescente acordo no setor de tecnologia para usar padrões de computação e comunicação também estão impulsionando uma explosão do uso de computadores.

5.2 Quais são os componentes da infraestrutura de TI?

Os principais componentes da infraestrutura de TI incluem plataformas de *hardware* de computador, plataformas de sistema operacional, plataformas de *software* corporativo, plataformas de rede e telecomunicações, *software* de gerenciamento de dados, plataformas de internet e serviços de consultoria e integradores de sistemas.

5.3 Quais são as tendências atuais em plataformas de *hardware* de computador?

Cada vez mais, a computação está ocorrendo na plataforma móvel digital. A computação quântica é uma tecnologia emergente que poderia aumentar drasticamente o potencial de processamento por meio da capacidade de estar em mais de um estado ao mesmo tempo. Consumerização de TI é o uso empresarial da tecnologia da informação que se originou no mercado de consumidores. A virtualização organiza os recursos de computação para que seu uso não seja restrito por configuração física ou localização geográfica. Na computação em nuvem, empresas e indivíduos obtêm capacidade de computação e de *software* como serviços em uma rede, inclusive a internet, em vez de comprar e instalar o *hardware* e o *software* em seus próprios computadores. A *edge computing* ajuda na otimização de sistemas de computação em nuvem por meio do processamento de parte dos dados em um conjunto de servidores vinculados na borda da rede, próximo à fonte dos dados. Um processador multicore é um microprocessador ao qual dois ou mais núcleos de processamento foram conectados para melhorar o desempenho. A computação verde inclui práticas e tecnologias para produzir, usar e descartar *hardware* de tecnologia da informação e, assim, minimizar o impacto negativo no meio ambiente.

5.4 Quais são as plataformas e as tendências atuais de *software* de computador?

O *software* de código aberto é produzido e mantido por uma comunidade global de programadores e é, muitas vezes, gratuito para baixar. O Linux é um sistema operacional de código aberto potente e resiliente capaz de rodar em várias plataformas de *hardware* e amplamente usado para executar servidores da *web*. Java é uma linguagem de programação independente de sistema operacional (e de *hardware*), que é o principal ambiente de programação interativa para a *web*. A HTML5 possibilita incorporar imagens, áudios e vídeos diretamente em um documento da *web* sem programas complementares. Os serviços *web* são componentes de *software* fracamente acoplados com base em padrões abertos da *web* que funcionam com qualquer *software* de aplicação e sistema operacional. Podem ser usados como componentes de aplicativos com base na *web* que conectam os sistemas de duas organizações diferentes ou para vincular sistemas distintos de uma única empresa. As empresas estão comprando seus novos aplicativos de *software* de fontes externas, incluindo pacotes de *software*, terceirizando o desenvolvimento de aplicativos personalizados para um fornecedor externo (que pode ser *offshore*) ou alugando serviços de *software on-line* (SaaS). Os *mashups* combinam dois serviços de *software* diferentes para criar aplicativos e serviços de *software*. Aplicativos são *softwares* executados em dispositivos móveis e entregues via internet.

5.5 Quais são os desafios de gerenciar a infraestrutura de TI e as soluções de gerenciamento?

Os principais desafios incluem lidar com mudanças de plataforma e de infraestrutura, gerenciamento de infraestrutura e governança, e fazer investimentos inteligentes em infraestrutura. As diretrizes da solução incluem o uso de um modelo de forças competitivas para determinar quanto gastar em infraestrutura de TI e onde fazer investimentos em infraestrutura estratégica e estabelecer o custo total de propriedade (TCO) dos ativos de tecnologia da informação. O custo total de possuir recursos tecnológicos inclui não apenas o custo original de *hardware* e *software* de computador, mas também custos de atualizações de *hardware* e de *software*, manutenção, suporte técnico e treinamento. Muitas empresas estão recorrendo à computação em nuvem em um esforço para reduzir os custos de suas plataformas de TI. As empresas usam ferramentas para gestão de dispositivos móveis (MDM) para monitorar, gerenciar e proteger dispositivos móveis implementados em toda a empresa.

Palavras-chave

Acordo de nível de serviço (SLA), 195
Android, 178
Aplicativos, 195
Armazenamento definido por software (SDS), 183
Arquitetura orientada a serviços (SOA), 192
Arquiteturas cliente/servidor multicamadas, 169
BYOD, 182
Chrome OS, 178
Clientes, 169
Computação cliente/servidor, 169
Computação de borda, 189
Computação em nuvem, 170
Computação quântica, 183
Computação sob demanda, 188
Computação verde (TI verde), 189
Consumerização de TI, 182
Custo total de propriedade (TCO), 198
Escalabilidade, 196
Gestão de dispositivos móveis (MDM), 196
HTML5, 191
Hypertext Markup Language (HTML), 191
Infraestrutura como serviço (IaaS), 185
iOS, 178
Java, 191
Lei de Moore, 171
Linux, 178
Mainframe, 167
Mashups, 195
Minicomputadores, 167
Multitoque, 178
Nanotecnologia, 173
Navegador da web, 191
Nuvem híbrida, 188
Nuvem privada, 188
Nuvem pública, 188
Pacote de software, 194
Padrões de tecnologia, 174
Plataforma como serviço (PaaS), 185
Processador multinúcleos (multicore), 190
Serviços web, 192
Servidor de aplicativos, 169
Servidor web, 169
Servidor, 169
Sistema operacional, 178
Sistemas legados, 180
Serviço de hospedagem de site, 179
Software como serviço (SaaS), 185
Software de código aberto, 190
tablet, 180
Terceirização, 194
Unix, 178
Virtualização, 183
Windows 11, 178
Windows, 170
Wintel PC, 169
XML, 192

Questões para revisão

5.1 O que é a infraestrutura de TI e quais são seus estágios e fatores de evolução?

- Defina a infraestrutura de TI da perspectiva de tecnologia e serviços.
- Liste cada uma das eras na evolução da infraestrutura de TI e descreva suas características distintivas.
- Defina e descreva o seguinte: servidor *web*, servidor de aplicativos, arquitetura cliente/servidor multicamada.
- Descreva a Lei de Moore e a Lei de Armazenamento Digital Massivo.
- Descreva como a economia de rede, a diminuição dos custos de comunicação e os padrões de tecnologia afetam a infraestrutura de TI.

5.2 Quais são os componentes da infraestrutura de TI?

- Liste e descreva os componentes da infraestrutura de TI que as empresas precisam gerenciar.

5.3 Quais são as tendências atuais em plataformas de *hardware* de computador?

- Descreva a plataforma móvel em evolução, a consumerização de TI e a computação em nuvem.
- Explique como as empresas podem se beneficiar da virtualização, da computação verde e de processadores multicore.

5.4 Quais são as plataformas e as tendências atuais de *software* de computador?

- Defina e descreva *software* de código aberto e Linux e explique seus benefícios comerciais.
- Defina Java e HTML5 e explique por que são importantes.
- Defina e descreva os serviços *web* e o papel desempenhado pela XML.
- Nomeie e descreva as três fontes externas de *software*.
- Defina e descreva *mashups* de *software* e aplicativos.

5.5 Quais são os desafios de gerenciar a infraestrutura de TI e as soluções de gerenciamento?

- Nomeie e descreva os desafios de gerenciamento apresentados pela infraestrutura de TI.
- Explique como usar o modelo de forças competitivas e fazer o cálculo do TCO dos ativos de tecnologia ajuda as empresas a fazer bons investimentos em infraestrutura.

Para discutir

5.6 Por que selecionar o *hardware* e o *software* dos computadores para a organização é uma importante decisão de gestão? Quais questões de gestão, organização e tecnologia devem ser consideradas ao selecionar o *hardware* e o *software* do computador?

5.7 As organizações devem usar provedores de serviços de *software* para todas as suas necessidades de *software*? Por quê? Ou por que não? Quais fatores de gestão, organização e tecnologia devem ser considerado ao tomar essa decisão?

5.8 O que são as vantagens e desvantagens da computação em nuvem?

Projeto práticos em SIG

Os projetos nesta seção oferecem experiência prática no desenvolvimento de soluções para gerenciamento de infraestruturas de TI e terceirização de TI, usando *software* de criação de planilha para avaliar sistemas de *desktop* alternativos e pesquisa na *web* para fazer orçamentos de uma conferência de vendas.

Problemas de decisão de gestão

5.9 O Centro Médico da Universidade de Pittsburgh (UPMC) conta com sistemas de informação para operar 19 hospitais, uma rede de outros locais de atendimento e empreendimentos internacionais e comerciais. A demanda por servidores adicionais e tecnologia de armazenamento estava crescendo 20% ao ano. O UPMC estava configurando um servidor separado para cada aplicação, e seus servidores e outros computadores estavam executando vários sistemas operacionais diferentes, incluindo várias versões do Unix e do Windows. A UPMC teve de gerir tecnologias de muitos fornecedores diferentes, incluindo Hewlett-Packard (HP), Sun Microsystems, Microsoft e IBM. Avalie o impacto dessa situação no desempenho do negócio. Que fatores e decisões de gestão devem ser considerados no desenvolvimento de uma solução para este problema?

5.10 A Qantas Airways, principal companhia aérea da Austrália, enfrenta pressões de custos por causa dos altos preços dos combustíveis e níveis mais baixos de tráfego aéreo global. Para se manter competitiva, a companhia aérea deve encontrar maneiras de manter os custos baixos e, ao mesmo tempo, fornecer um alto nível de atendimento ao cliente. A Qantas tinha um *data center* de 30 anos. A administração teve que decidir se substituiria sua infraestrutura de TI por uma tecnologia mais nova ou a terceirizaria. Quais fatores devem ser considerados pela administração da Qantas ao decidir terceirizar? Se a Qantas decidir terceirizar, liste e descreva os pontos que devem ser abordados em um acordo de nível de serviço.

Melhor tomada de decisão: como usar uma planilha para avaliar opções de *hardware* e *software*

Habilidades de *software*: Fórmulas de planilha
Habilidades de negócios: Precificação de tecnologia

5.11 Neste exercício, você usará um *software* de planilha para calcular o custo de sistemas de *desktop*, impressoras e *software*.

Na internet, obtenha informações sobre preços de *hardware* e de *software* para um escritório com 30 pessoas. Você precisará definir o preço de 30 sistemas de *desktop* para PC (monitores, computadores e teclados) fabricados pela Lenovo, Dell e HP. (Para os propósitos deste exercício, ignore o fato de que os sistemas de *desktop* geralmente vêm com pacotes de *software* pré-carregados.) Obtenha também os preços de 15 impressoras de mesa fabricadas pela HP, Canon e Brother.

Também obtenha os preços de 30 licenças ou cópias das versões mais recentes do Microsoft Office 365 Business e Apache Open Office (anteriormente Oracle Open Office) e 30 cópias do Microsoft Windows 11 Pro.

Cada solução de produtividade de *desktop* deve conter *software* para processamento de texto, planilhas, banco de dados e apresentações. Prepare uma planilha mostrando os resultados da pesquisa para a combinação de sistema de *desktop*, impressora e *software* que oferece o melhor desempenho e preço por trabalhador durante um período de dois anos. Dois funcionários vão compartilhar cada impressora (15 impressoras/30 sistemas), por isso os cálculos que você fizer devem levar em conta apenas metade do custo da impressora por funcionário.

Melhor tomada de decisão: como usar a pesquisa na *web* para fazer o orçamento de uma conferência de vendas

Habilidades de *software*: *Software* que funciona via internet
Habilidades de negócios: Pesquisa de custos de transporte e hospedagem

5.12 A Foremost Composite Materials Company está planejando uma conferência de vendas de dois dias para 19 e 20 de outubro, começando com uma recepção na noite de 18 de outubro. A conferência consiste em reuniões de um dia inteiro das quais toda a força de vendas, composta por 120 representantes de vendas e seus 16 gerentes, deve participar. Cada representante de vendas precisa de seu próprio quarto, e a empresa precisa de duas salas de reuniões comuns, uma grande o suficiente para acomodar toda a força de vendas mais alguns visitantes (200) e a outra capaz de comportar metade do pessoal. A administração estabeleceu um orçamento de US$ 215 mil para o aluguel dos quartos dos representantes. A empresa gostaria de realizar a conferência em Miami ou Marco Island, na Flórida, em um hotel Hilton ou Marriott.

Use os *sites* das redes Hilton e Marriott para selecionar um hotel em qualquer uma dessas cidades que possibilite à empresa realizar sua conferência de vendas respeitando o orçamento e atender aos requisitos desse evento. Em seguida, localize os voos que chegam na tarde anterior à conferência. Os participantes virão de Los Angeles (51), São Francisco (30), Seattle (22), Chicago (19) e Pittsburgh (14). Determine os custos de cada passagem aérea dessas cidades. Quando terminar, crie um orçamento para a conferência. O orçamento incluirá o custo de cada passagem aérea, o custo do quarto e US$ 70 por participante por dia para alimentação..

Projeto de colaboração e trabalho em equipe

Avaliando servidor e sistemas operacionais móveis

5.13 Forme um grupo com três ou quatro colegas. Escolha servidores ou sistemas operacionais móveis para avaliar. Você pode pesquisar e comparar os recursos e custos do Linux em relação ao Unix ou a versão mais recente do sistema operacional Windows para servidores. Como alternativa, pode comparar os recursos do sistema operacional móvel Android com o iOS para o iPhone. Se possível, use o Google Docs e o Google Drive ou Google Sites para debater, organizar e desenvolver uma apresentação de suas descobertas para a turma.

Projeto JEDI: uma nuvem de controvérsias

ESTUDO DE CASO

A maioria das grandes empresas mudou algumas de suas operações de computação para a nuvem, agora as forças armadas dos Estados Unidos querem seguir o exemplo. A unificação de informações na nuvem é mais necessária do que nunca, pois as forças armadas usam um grande número de sensores remotos, armas semiautônomas e aplicativos de inteligência artificial. Todos esses recursos exigem acesso imediato e instantâneo a grandes quantidades de dados coletados de muitos locais diferentes. Isso é ainda mais crucial agora que o Comando Cibernético dos Estados Unidos foi elevado a um nível equivalente ao do Comando Central, que executa operações no Oriente Médio, ou do Comando do Norte, que defende o território continental do país.

O Projeto JEDI é o plano do Departamento de Defesa dos Estados Unidos para modernizar sua infraestrutura de TI, de modo que funcionários, oficiais e soldados na linha de frente possam acessar e manipular dados na velocidade das empresas modernas. O Projeto JEDI visa criar uma infraestrutura em nuvem unificada em todo o Departamento de Defesa (DoD) que agilizará o fluxo de dados e as análises para as tropas de combate. O novo plano faz parte de um movimento maior para substituir os sistemas e redes específicos de ramos militares por um modelo empresarial mais eficiente e gerenciável.

Em 26 de julho de 2018, o DoD emitiu uma Solicitação de Proposta (RFP) para um Programa em Nuvem de Infraestrutura de Defesa Empresarial Conjunta (JEDI, do inglês *Joint Enterprise Defense Infrastructure*), que solicita uma solução de serviços em nuvem capaz de oferecer suporte a requisitos não secretos, secretos e ultrasecretos, com foco no uso de serviços disponíveis comercialmente. O programa JEDI exige um contrato governamental de US$ 10 bilhões por dez anos para um único fornecedor de computação em nuvem, que servirá como provedor exclusivo de computação em nuvem para o Departamento de Defesa dos Estados Unidos, que mantém mais de 500 infraestruturas em nuvem pública e privada prestando suporte a requisitos não secretos e secretos. Os atuais serviços em nuvem do DoD são descentralizados, criando um nível adicional de complexidade para gerenciar dados e serviços em nível empresarial. Os sistemas atuais do DoD são fragmentados, retardando o processo de tomada de decisão no âmbito do departamento, tanto domesticamente quanto no exterior. Grande parte das forças armadas dos Estados Unidos opera em sistemas de computador desatualizados construídos durante as décadas de 1980 e 1990. O Departamento de Defesa gastou bilhões de dólares tentando fazer esses sistemas conversarem uns com os outros. O que o DoD quer e precisa é de uma nuvem corporativa que suporte a tomada de decisões rápida e orientada por dados e forneça suporte mundial para as operações do departamento. O contrato JEDI é fundamental para os esforços de modernização de tecnologia do Pentágono.

Esse contrato de 10 anos desencadeou um confronto entre Amazon, Microsoft, Oracle, IBM e Google pela tarefa de transformar os sistemas de computação em nuvem dos militares. (O Google anunciou sua desistência em outubro de 2018, sem apresentar uma oferta formal, alegando que o trabalho militar conflitava com os princípios corporativos que proíbem o uso de inteligência artificial em armamentos.)

Oracle, IBM e Microsoft declararam que o DoD não deve usar um único fornecedor em nuvem para o JEDI. Alguns especialistas apoiaram essa declaração das empresas. Justin Cappos, professor associado de ciência da computação e engenharia da Universidade de Nova York, disse que uma única solução em nuvem não obedece às normas. Muitas empresas usam vários fornecedores em nuvem porque é mais seguro. Leigh Madden, gerente geral de segurança nacional da Microsoft, afirmou que sua empresa quer ganhar o contrato, mas 80% das empresas usam vários fornecedores em nuvem. Outros especialistas apontaram que a implementação de uma única nuvem entra em conflito com as melhores práticas estabelecidas e com as tendências do setor no mercado comercial. Eles acreditam que um contrato tão grande não deve ser concedido a uma única empresa. Aqueles que se posicionam a favor de um único fornecedor para o JEDI observam que o uso de um único provedor reduziria a complexidade dos sistemas militares de TI e agilizaria as comunicações.

A Oracle America e a IBM protestaram formalmente contra as exigências de tecnologia em nuvem do contrato JEDI, alegando que favorecia à Amazon e à Microsoft. Essas alegações não foram admitidas pelo Gabinete de

Contabilidade Geral (GAO) no final de 2018. Por fim, a Amazon e a Microsoft, que possuem vários *data centers* em todo o mundo, se tornaram as duas finalistas, e a Microsoft ganhou o contrato em outubro de 2019.

O Cloud Executive Steering Group do Pentágono relatou o processo de aquisição para a migração massiva para a nuvem que se estenderá por toda a infraestrutura de TI do DoD, concentrando-se principalmente em infraestrutura como serviço (IaaS) e plataforma como serviço (PaaS). Em vez de construir e manter seus próprios *datacenters* e sistemas, o DoD quer tirar proveito dos pontos fortes existentes das tecnologias em nuvem comercialmente disponíveis e não limitá-los com personalizações muito complicadas. O DoD quer seguir o ritmo do setor e ser capaz de tirar proveito das novas soluções de *software* comercial. Os regulamentos de aquisição do Pentágono serviram, no passado, como barreiras à inovação. As políticas internas de aquisição precisam ser revisadas para aproveitar ao máximo a plataforma em nuvem comercial.

A IaaS prevista deve ser mais do que um *data center*. Outros requisitos incluem monitoramento de fornecedores, identidade, *failover*, escalabilidade e até mesmo inteligência artificial (IA). O DoD quer poder aproveitar imediatamente as inovações comerciais nessas áreas. Se o DoD usar soluções em nuvem comercialmente disponíveis, terá a tecnologia básica para fornecer um *software* melhor aos combatentes, com melhor segurança, menor custo e facilidade de manutenção.

Em 13 de fevereiro de 2020, um juiz federal ordenou que o Pentágono parasse de trabalhar no contrato JEDI, que havia sido concedido à Microsoft. A Amazon há muito era considerada a favorita para ganhar o contrato JEDI, por causa de seu domínio da computação em nuvem (detém 45% do mercado) e sua experiência na criação de serviços em nuvem para a Agência Central de Inteligência (CIA). No entanto, sua oferta foi ofuscada por alegações de conflito de interesses. A Amazon entrou com uma ação em dezembro de 2019 para bloquear a concessão do contrato à Microsoft, alegando que a seleção da Microsoft havia sido indevidamente influenciada pelas reclamações públicas do presidente Trump sobre a Amazon. O CEO da Amazon, Jeff Bezos, é dono do *Washington Post*, que é um crítico frequente de Trump e de suas políticas.

A Oracle, importante contratante do governo conhecida pelo *software* para lidar com grandes bancos de dados, agiu fortemente no Congresso para encontrar oponentes à Amazon com influência no Pentágono e na Casa Branca. A empresa foi ao tribunal para contestar o que considerava conflitos de interesse da Amazon, mas não teve sucesso. Especialistas do setor apontam que a Oracle está se atualizando na computação em nuvem e mantém muitos contratos federais que podem ser substituídos, no caso de uma mudança para a nuvem. A obstrução da implementação do JEDI poderia ajudar a Oracle a preservar seus negócios atuais por mais tempo. Embora a Oracle provavelmente não tivesse chance de ganhar o contrato JEDI, poderia ter conseguido parte do negócio se o contrato fosse dividido em partes menores.

A Microsoft, detentora de 25% do mercado de computação em nuvem, só recentemente abriu instalações de servidores sigilosos suficientes para lidar com dados em uma escala exigida pelo contrato JEDI. Especialistas inicialmente pensaram que a Microsoft ficaria com apenas uma parte do negócio JEDI e que o Pentágono usaria vários fornecedores de serviços em nuvem, assim como muitas empresas privadas. A Microsoft havia sido considerada a favorita para outros programas em nuvem do governo, incluindo um contrato de inteligência.

Apesar da controvérsia, o projeto JEDI terá um enorme efeito cascata como impulsionador da inovação em nuvem dentro do governo dos Estados Unidos e em todo o setor privado. Hoje, a computação em nuvem amadureceu e se tornou a pedra angular da transformação digital nos setores público e privado e uma engrenagem para tecnologias emergentes, como inteligência artificial, *big data* e Internet das Coisas (IoT).

Em 2010, Vivek Kundra, então CIO da administração federal dos Estados Unidos, anunciou uma política *Cloud First* para agências federais. Desde então, os gastos federais com a nuvem aumentaram 500%. No entanto, uma pesquisa de 2019 do Center for Digital Government descobriu que a migração para a nuvem das agências governamentais continua enfrentando obstáculos, incluindo mobilidade de dados, segurança, conformidade e garantia de treinamento e habilidades corretos. Espera-se que o Projeto JEDI tenha um enorme impacto em todas essas frentes.

Embora todas as agências federais devam certificar-se de não comprometer a segurança à medida que mudam para a nuvem, a barreira é ainda maior para o Pentágono, pela razão óbvia de que a segurança nacional está em jogo. O JEDI deve ser um catalisador para o desenvolvimento de avanços de segurança de ponta e melhores práticas, cujos benefícios acabarão se espalhando para todos os usuários em nuvem no governo e no setor privado. Uma nuvem corporativa melhor também apoiará os planos do Pentágono de expandir o uso de sistemas de IA em todo o exército. Grandes projetos governamentais podem ter consequências positivas além de seu escopo original.

Fontes: Sydney J. Freedberg Jr."Experts Debate: Should JEDI Cloud Be Saved?" Breaking Defense, 4 de maio de 2020; Joao-Pierre S. Ruth, "Amazon Gets Temporary Injunction to Halt $10B JEDI Project," *Information Week*, 14 de fevereiro de 2020; Stephan Fabel, "What Everyone Is Missing about the Controversial JEDI Project: Positive Ripple Effects," *Venture Beat*, 14 de dezembro de 2019; Daniel Howley, "What Is Project JEDI? The $10 Billion Pentagon Project Trump Is Holding Up," *Yahoo Finance*, 2 de agosto de 2019; Kate Conger, David E. Sanger e Scott Shane, "Microsoft Wins Pentagon's $10 Billion JEDI Contract, Thwarting Amazon," *New York Times*, 25 de outubro de 2019; e Heidi M. Peters, "The DOD's JEDI Cloud Program," *CRS Insight* 12 de dezembro de 2018.

PERGUNTAS DO ESTUDO DE CASO

5.14 Descreva o Projeto JEDI. Por que esse projeto é tão importante? Que problemas pretende resolver?

5.15 Quais são as questões de gestão, organização e tecnologia suscitadas pelo projeto?

5.16 O contrato JEDI deve ser concedido a um único fornecedor? Por quê? Ou por que não?

Referências do Capítulo 5

Amazon Web Services. "Overview of Amazon Web Services." (janeiro de 2020).

Benitez, Jose, Gautam Ray e Jörg Henseler. "Impact of Information Technology Infrastructure Flexibility on Mergers and Acquisitions." *MIS Quarterly* 42 Nº 1 (março de 2018).

Carr, Nicholas. *The Big Switch*. New York: Norton (2008).

David, Julie Smith, David Schuff e Robert St. Louis. "Managing Your IT Total Cost of Ownership." *Communications of the ACM* 45, Nº 1 (janeiro de 2002).

Existek. "Offshore Outsourcing: 3 Examples of Successful IT Outsourcing." (22 de junho de 2017).

Flamm, Kenneth. "Measuring Moore's Law: Evidence from Price, Cost, and Quality Indexes." University of Texas at Austin Preliminary Draft (2017).

Gartner, Inc. "Gartner Forecasts Worldwide Public Cloud Revenue to Grow 17 Percent in 2020." (13 de novembro de 2019).

Gartner Says Global IT Spending to Reach $3.9 Trillion in 2020." (15 de janeiro de 2020).

Guerin, Roch, Kartik Hosanagar, Xinxin Li e Soumya Sen. "Shared or Dedicated Infrastructures: On the Impact of Reprovisioning Ability." *MIS Quarterly* Nº 4 (dezembro de 2019).

Guo, Zhiling e Dan Ma. "A Model of Competition Between Perpetual Software and Software as a Service." *MIS Quarterly* 42 Nº 1 (março de 2018).

Internet World Stats. "World Internet Usage and Population Statistics." www.stasmayer.com, acesso em: 15 de março de 2020.

King, Charles. "IBM Demonstrates the Enduring Value of Mainframe Computing." *eWeek* (15 de abril de 2020).

Loten, Angus. "Rush to the Cloud Creates Risk of Overspending." *Wall Street Journal* (25 de julho de 2018).

Lyman, Peter e Hal R. Varian. "How Much Information 2003?" University of California at Berkeley School of Information Management and Systems (2003).

Mattioli, Dana e Aaron Tilley."Amazon Has Long Ruled the Cloud. Now It Must Fend Off Rivals." *Wall Street Journal* (4 de janeiro de 2020).

Mell, Peter e Tim Grance. "The NIST Definition of Cloud Computing." Version 15. *NIST* (17 de outubro de 2009).

Moore, Gordon. "Cramming More Components Onto Integrated Circuits," *Electronics* 38, Nº 8 (19 de abril de 1965).

NCTA Research. "The Shrinking Cost of a Megabit." (28 de março de 2019).

Netmarketshare. "Desktop Operating System Market Share." www. netmarketshare.com, acessado em 10 de março de 2020.

Preimesberger, Chris. "At a High Level: AWS vs. Azure vs. Google Cloud." *eWeek* (1º de agosto de 2019).

Retana, German F., Chris Forman, Sridhar Narasimhan, Marius Florin Niculescu e D. J. Wu. "Technology Support and Post-Adoption IT Service Use: Evidence from the Cloud." *MIS Quarterly* 42, Nº 3 (setembro de 2018).

Schuff, David e Robert St. Louis. "Centralization vs. Decentralization of Application Software." *Communications of the ACM* 44, Nº 6 (junho de 2001).

Song, Peijian, Ling Xue, Arun Rai e Cheng Zha. "The Ecosystem of Software Platform: A Study of Asymmetric Cross-Side Network Effects and Platform Governance." *MIS Quarterly* 42 Nº 1 (março de 2018).

Stango, Victor. "The Economics of Standards Wars." *Review of Network Economics* 3, 1º volume (março de 2004).

Tucci, Linda. "The Shift to Edge Computing Is Happening Fast: Here's Why." SearchCIO.com (abril de 2019).

Uotila, Juha, Thomas Keil e Markku Maula. "Supply-Side Network Effects and the Development of Information Technology Standards." *MIS Quarterly* 41 Nº 4 (dezembro de 2017).

CAPÍTULO

6 Fundamentos da inteligência de negócios (*business intelligence*): bancos de dados e gestão da informação

OBJETIVOS DE ESTUDO

Ao concluir este capítulo, você será capaz de responder às seguintes perguntas:

6.1 Quais são os problemas de gerenciar recursos de dados em um ambiente de arquivos tradicional?

6.2 Quais são os principais recursos dos sistemas de gerenciamento de banco de dados (DBMS)? E por que um DBMS relacional é tão poderoso?

6.3 Quais são as principais ferramentas e tecnologias para acessar informações a partir de bancos de dados a fim de melhorar o desempenho da empresa e a tomada de decisões?

6.4 Por que a governança e a garantia de qualidade de dados são essenciais para gerenciar os recursos de dados da empresa?

6.5 Como os sistemas de informação gerenciais ajudarão minha carreira?

CASOS DO CAPÍTULO

A Domino's Pizza domina os dados pizza a pizza

Novas ferramentas de banco de dados em nuvem ajudam a Vodafone Fiji a tomar melhores decisões

Beisebol e *big data*

O *big data* tem uma resposta?

A Domino's Pizza domina os dados pizza a pizza

Domino's Pizza é a maior rede de entrega de pizza do mundo, com quase 15 mil pontos de venda em 70 países, servindo milhões de pizzas a cada ano. Mais de 50% das vendas no varejo da Domino's Pizza vêm de canais digitais.

Você pode pedir uma pizza da Domino's usando o Twitter, o Facebook, *smartwatches*, TVs, sistemas de entretenimento automotivo, como o Synch da Ford, o Amazon Echo, mensagens de texto e o *site* da empresa, bem como por telefone ou indo diretamente até uma loja.

A Domino's Pizza estava inundada por 17 terabytes de dados de clientes estruturados e não estruturados, oriundos de 85 mil fontes internas e externas diferentes. Todos esses dados valiosos apresentavam uma vantagem competitiva em potencial, mas a empresa não conseguia analisá-los com facilidade para entender detalhadamente os clientes e seus padrões de compra. Havia várias ferramentas e processos para a captura de dados, criando problemas de qualidade. A Domino's Pizza tinha mais de 11 mil usuários corporativos que, juntamente com agências de *marketing*, queriam criar e usar seus próprios repositórios de dados. Esses problemas de gerenciamento de dados também impediam a empresa de responder rapidamente aos *leads* de seu *site*.

A Domino's Pizza optou por uma solução baseada no Talend, que fornece ferramentas e serviços de *software* para integração e gerenciamento de dados, integração de aplicativos corporativos, qualidade de dados, armazenamento em nuvem e manipulação de *big data*. Essa solução serve para que as organizações possam gerenciar todos os dados corporativos em um único ambiente. O Talend pode limpar dados de diferentes, a fim de torná-los mais precisos e consistentes para uso por vários grupos em toda a empresa. Os dados de todos os sistemas de ponto de venda de lojas físicas, centros de cadeia de suprimentos e canais de vendas da Domino's Pizza são alimentados em uma estrutura de gerenciamento empresarial, na qual são enriquecidos com dados de fontes de terceiros, como o serviço postal dos Estados Unidos e dados de concorrentes. Usando o Talend com *software* de gerenciamento de dados mestre (MDM, do inglês *master data management*) e o Apache Hadoop para gerenciar grandes conjuntos de dados estruturados e não estruturados, a Domino's Pizza pode identificar facilmente clientes únicos em meio a milhões de transações de pedidos.

© Rafaelbenari/123RF

Com sua nova plataforma de gestão de dados, a empresa agora tem uma fonte única e consistente para melhorar o desempenho dos campos de finanças e logística e para criar experiências de compra individuais em vários pontos de interação com os clientes. A empresa já pode avaliar os padrões de compra de cada cliente individualmente e examinar vários clientes que residem na mesma casa, determinando qual membro é o comprador dominante, que tende a reagir melhor ao recebimento de cupons da Domino's Pizza, e como cada um reage ao canal empregado para se conectar com a Domino's Pizza. A empresa pode apresentar a clientes particulares ou a famílias cupons e ofertas de produtos diferentes com base na modelagem estatística de clientes adequada ao perfil de cada um.

Os dados também ajudam a Domino's Pizza a avaliar o desempenho de cada loja ou grupo de franquias para impulsionar seu crescimento. A Domino's pode personalizar cupons e ofertas especiais, que terão maior probabilidade de funcionar junto à base de clientes de uma loja específica, além de informar o que está e não está funcionando para essas lojas, considerando seu mercado, comparações com outros mercados e o cenário da concorrência. A Domino's Pizza tornou-se muito mais orientada a dados, e todas essas informações dão à administração da empresa mais certeza de que estão levando o melhor produto aos clientes o mais rápido possível.

Fontes: "Big Data & Predictive Analytics Solutions, Domino's Case Study,"www.newmar- ketsanalytics.wordpress.com, acessado em 4 de fevereiro de 2020; "Domino's: Mastering Data–One Pizza at a Time," www.talend.com, acessado em 4 de fevereiro de 2020; e Bernard Marr, "Big Data- Driven Decision--Making at Domino's Pizza," *Forbes*, 6 de abril de 2018.

A experiência da Domino's Pizza ilustra a importância da gestão de dados. O desempenho dos negócios depende do que uma empresa pode ou não fazer com seus dados. A Domino's Pizza já era próspera, mas tanto a eficiência operacional quanto a tomada de decisões gerenciais estavam prejudicadas pela grande quantidade de dado de clientes não integrados – provenientes de muitas fontes diferentes e difíceis de acessar e analisar. O modo como as empresas armazenam, organizam e gerenciam seus dados tem um impacto enorme na eficácia organizacional.

O diagrama de abertura do capítulo chama a atenção para pontos importantes levantados por este caso. A Domino's Pizza acumulou enormes quantidades de dados de clientes oriundos de muitas fontes diferentes, incluindo lojas físicas, *website* e vários canais de mídia social. As campanhas de *marketing* e as ofertas personalizadas aos fãs não foram tão eficazes quanto poderiam ser, porque era muito difícil reunir e analisar os dados necessários para obter um entendimento detalhado de cada cliente. A solução foi integrar os dados de cliente disponíveis em todos os canais e criar uma única fonte de dados para relatórios e análises, utilizando o *software* Talend para integrar diferentes dados, de modo que a empresa pudesse criar um único perfil para cada cliente. A solução melhorou o *marketing* do cliente e o desempenho das lojas; ao mesmo tempo que reduziu os custos.

Para fazer a solução funcionar, a Domino's Pizza teve de reorganizar seus dados em um formato padrão para toda a empresa; estabelecer regras, responsabilidades e procedimentos para acesso e uso dos dados; além de fornecer ferramentas a fim de tornar os dados acessíveis aos usuários para consultas e relatórios.

A nova estrutura de gestão empresarial aumentou a eficiência operacional e melhorou a tomada de decisões ao disponibilizar dados de cliente mais abrangentes e precisos e ao facilitar o acesso a todos os dados de negócios de cada cliente. Ao ajudar a Domino's Pizza a entender seus próprios clientes com mais detalhes, a solução aumentou as oportunidades de venda, bem como a eficácia das campanhas de *marketing* e vendas.

Aqui temos algumas questões sobre as quais refletir: Qual foi o impacto comercial dos problemas de gestão de dados da Domino's Pizza? Como o melhor uso dos dados de clientes da Domino's Pizza melhorou a eficiência operacional e a tomada de decisões gerenciais?

6.1 Quais são os problemas de gerenciar recursos de dados em um ambiente de arquivos tradicional?

Um sistema de informação eficaz fornece aos usuários informações precisas, adequadas e relevantes. Informações precisas são isentas de erros. A informação é oportuna quando está disponível para os tomadores de decisão sempre que necessária. A informação é relevante quando é útil e apropriada para os tipos de trabalho e decisões que a requerem.

Você pode se surpreender ao saber que muitas empresas não têm informações adequadas, precisas ou relevantes porque os dados em seus sistemas de informação foram mal organizados e mantidos de forma inapropriada. É por isso que a gestão de dados é tão essencial. Para entender o problema, vejamos como os sistemas de informação organizam os dados em arquivos de computador e os métodos tradicionais de gerenciamento de arquivos.

Termos e conceitos da organização de arquivos

Um sistema de computador organiza os dados em uma hierarquia que começa com *bits* e *bytes* e progride para campos, registros, arquivos e bancos de dados (veja a Figura 6.1). Um ***bit*** representa a menor unidade de dados que um computador pode manipular. Um grupo de *bits*, chamado de ***byte***, representa um único caractere, que pode ser uma letra, um número ou outro símbolo. Um agrupamento de caracteres em uma palavra, um grupo de palavras ou um número completo (como o nome ou a idade de uma pessoa) é chamado de **campo**. Um grupo de campos relacionados, como o nome do aluno, o curso, a data e a nota, compreende um **registro**; um grupo de registros do mesmo tipo é chamado de **arquivo**.

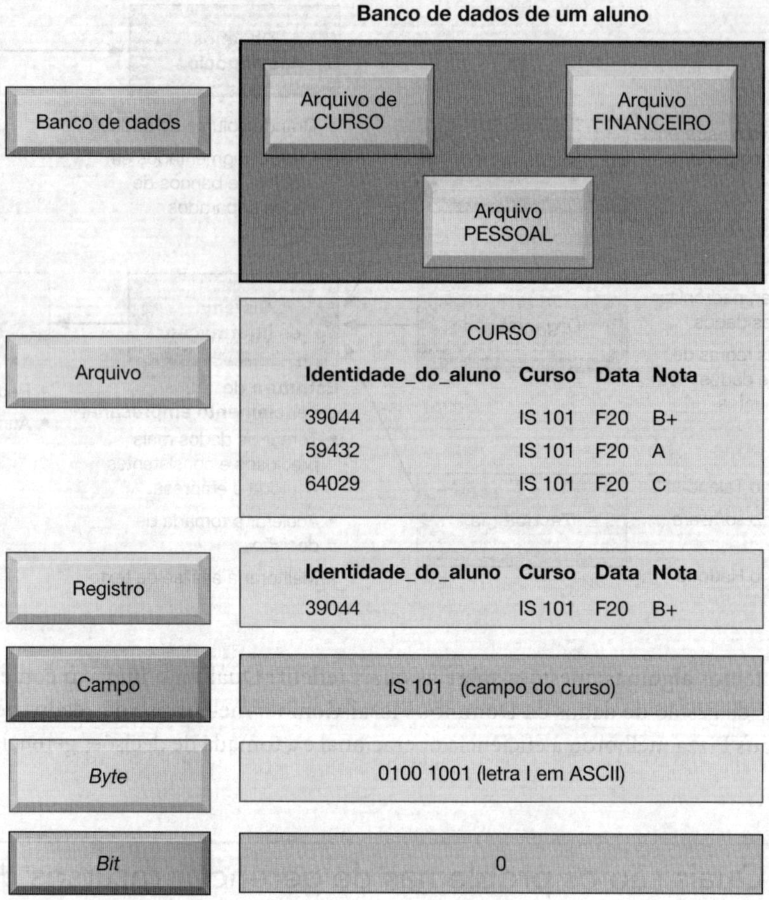

FIGURA 6.1 A hierarquia de dados.

Um sistema de computador organiza os dados em uma hierarquia que começa com o *bit*, que representa um 0 ou um 1. Os *bits* podem ser agrupados para formar um *byte* para representar um caractere, número ou símbolo. Os *bytes* podem ser agrupados para formar um campo, e campos relacionados podem ser agrupados para formar um registro. Registros relacionados podem ser coletados para formar um arquivo, e arquivos relacionados podem ser organizados em um banco de dados.

Por exemplo, os registros na Figura 6.1 podem constituir um arquivo de curso do aluno. Um grupo de arquivos relacionados compõe um banco de dados. O arquivo do curso do aluno na Figura 6.1 pode ser agrupado com arquivos sobre histórico pessoal e os antecedentes financeiros dos alunos, para criar um banco de dados do aluno.

Um registro descreve uma entidade. A **entidade** pode ser uma pessoa, um lugar, uma coisa ou um evento sobre o qual armazenamos e mantemos informações. Cada característica ou qualidade que descreve uma entidade particular é chamada de **atributo**. Por exemplo, Identidade_do_aluno, Curso, Data e Nota são atributos da entidade CURSO. Os valores específicos que esses atributos podem ter encontram-se nos campos do registro que descrevem a entidade CURSO.

Problemas com o ambiente de arquivos tradicional

Na maioria das organizações, os sistemas tendiam a crescer de modo independente, sem que houvesse um plano para toda a empresa. Contabilidade, finanças, manufatura, recursos humanos e vendas e *marketing* desenvolviam seus próprios sistemas e arquivos de dados. A Figura 6.2 ilustra a abordagem tradicional de processamento de informações.

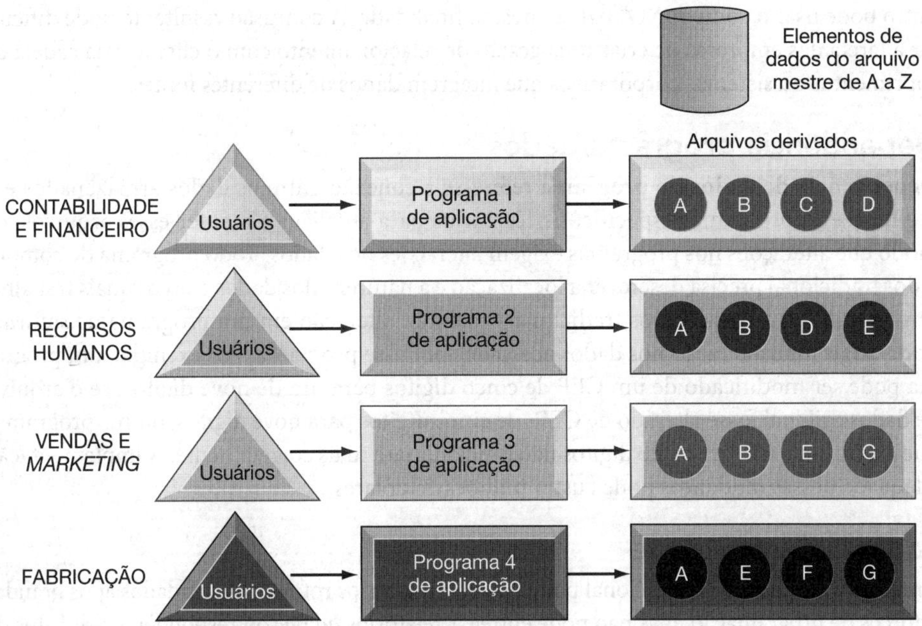

FIGURA 6.2 Processamento de arquivos tradicional.
O uso de uma abordagem tradicional de processamento de arquivos estimula cada área funcional de uma corporação a desenvolver aplicações especializadas. Cada aplicação requer um arquivo de dados exclusivo que provavelmente será um subconjunto do arquivo mestre, levando à redundância e inconsistência de dados, inflexibilidade de processamento e desperdício de recursos de armazenamento.

Cada aplicação, é claro, exigia seus próprios arquivos e seu próprio programa de computador para funcionar. Por exemplo, a área funcional de recursos humanos pode ter um arquivo mestre de pessoal, um arquivo de folha de pagamento, um arquivo de convênio médico, um arquivo de aposentadoria, um arquivo de lista de discussão e assim por diante, até haver dezenas, talvez centenas, de arquivos e programas. Na empresa como um todo, esse processo levava a criação, manutenção e operação de vários arquivos mestres por divisões ou departamentos separados. Como esse processo continua por 5 ou 10 anos, a organização fica sobrecarregada com centenas de programas e aplicações que são muito difíceis de manter e de gerenciar. Entre os problemas resultantes, temos redundância e inconsistência de dados, dependência programa/dados, inflexibilidade, baixa segurança e incapacidade de compartilhar dados entre aplicações.

Redundância e inconsistência de dados

Redundância de dados é a presença de dados duplicados em vários arquivos de dados, de modo que os mesmos dados estão armazenados em mais de um lugar ou local. A redundância de dados ocorre quando diferentes grupos em uma organização coletam e armazenam os mesmos dados independentemente. A redundância de dados desperdiça recursos de armazenamento e leva à **inconsistência de dados**, em que o mesmo atributo pode ter valores diferentes. Por exemplo, nas instâncias da entidade CURSO na Figura 6.1, a Data pode ser atualizada em alguns sistemas, mas não em outros. O mesmo atributo – Identidade_do_aluno, por exemplo – também pode ter nomes diferentes em sistemas diferentes em toda a organização – alguns sistemas podem usar Identidade_do_aluno e outros podem usar apenas Identidade.

Pode haver ainda mais confusão pelo uso de diferentes sistemas de codificação para representar valores para um mesmo atributo. Por exemplo, os sistemas de vendas, estoque e fabricação de um varejista de roupas podem usar códigos diferentes para informar o tamanho das roupas. Um sistema pode representar o tamanho da roupa como "extragrande", enquanto outro pode usar o código "XG" para a mesma finalidade. A confusão resultante pode dificultar a tarefa das empresas de criar uma gestão de relacionamento com o cliente e da cadeia de suprimentos ou sistemas corporativos que integrem dados de diferentes fontes.

Dependência programa/dados

Dependência de dados do programa refere-se à conexão entre os dados armazenados em arquivos e os programas específicos necessários para atualizar e manter esses arquivos, de modo que alterações nos programas exigem alterações nos dados. Todo programa de computador tradicional precisa descrever a localização e a natureza dos dados com os quais trabalha. Em um ambiente de arquivos tradicional, qualquer alteração em um programa de *software* pode exigir uma alteração nos dados acessados por esse programa. Por exemplo, um programa pode ser modificado de um CEP de cinco dígitos para um de nove dígitos; se o arquivo de dados original fosse alterado de CEPs de cinco dígitos para nove dígitos, outros programas que exigissem o CEP de cinco dígitos não funcionariam mais corretamente. A implementação adequada dessas mudanças pode custar milhões de dólares.

Falta de flexibilidade

Um sistema de arquivos tradicional pode entregar relatórios rotineiros agendados após grandes esforços de programação, mas não pode entregar relatórios *ad hoc* ou responder a requisitos de informação imprevistos em tempo hábil. As informações exigidas por solicitações *ad hoc* estão em algum lugar do sistema, mas pode ser muito caro recuperá-las. Vários programadores podem ter que trabalhar por semanas para reunir os itens de dados necessários em um novo arquivo.

Segurança deficiente

Como há pouco controle ou gerenciamento de dados, o acesso e a disseminação de informações podem ficar fora de controle. A administração pode não ter como saber quem está acessando ou mesmo fazendo alterações nos dados da organização.

Falta de compartilhamento e disponibilidade de dados

Os fragmentos de informação em diferentes arquivos e diferentes partes da organização não podem ser relacionados entre si, por isso é virtualmente impossível que as informações sejam compartilhadas ou acessadas em tempo hábil. As informações não podem fluir livremente entre diferentes áreas funcionais ou partes da organização. Se os usuários encontrarem valores diferentes para a mesma informação em dois sistemas distintos, eles podem não querer usar esses sistemas por não confiarem na precisão de seus dados.

6.2 Quais são os principais recursos dos sistemas de gerenciamento de banco de dados (DBMS)? E por que um DBMS relacional é tão poderoso?

A tecnologia de banco de dados elimina muitos dos problemas da organização de arquivos tradicional. Uma definição mais rigorosa de **banco de dados** se trata de uma coleção de dados organizados para atender a muitas aplicações com eficiência, centralizando os dados e controlando dados redundantes. Em vez de armazenar dados em arquivos separados para cada aplicação, os dados aparecem para os usuários como armazenados em apenas um local. Um único banco de dados atende a várias aplicações. Por exemplo, em vez de uma corporação armazenar dados de funcionários em sistemas de informação separados e arquivos separados por pessoal, folha de pagamento e benefícios, a corporação poderia criar um único banco de dados comum de recursos humanos (veja a Figura 6.3).

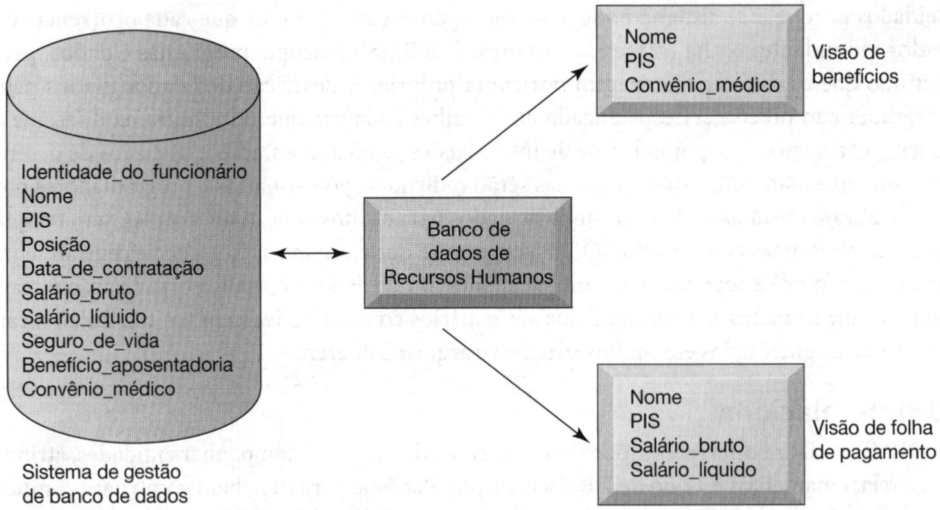

FIGURA 6.3 Banco de dados de recursos humanos com diversas visões.

Um único banco de dados de recursos humanos fornece muitas visões diferentes de dados, dependendo dos requisitos de informação do usuário. Ilustramos aqui duas visões possíveis: uma de interesse de um especialista em benefícios e outra de um membro do departamento de folha de pagamento da empresa.

Sistemas de gestão de banco de dados

Um **sistema de gestão de banco de dados** (**DBMS**, do inglês *database management system*) é um *software* que permite a uma organização centralizar os dados, gerenciá-los com eficiência e fornecer acesso aos dados armazenados por programas de aplicações. O DBMS atua como uma interface entre os programas de aplicações e os arquivos de dados físicos. Quando o programa de aplicação solicita um item de dados, como salário bruto, o DBMS encontra esse item no banco de dados e o apresenta. Usando arquivos de dados tradicionais, o programador teria que especificar o tamanho e o formato de cada elemento de dados utilizado no programa e então informar ao computador onde eles estavam localizados.

O DBMS poupa o programador ou usuário final da tarefa de entender onde e como os dados estão realmente armazenados, separando as visualizações lógica e física dos dados. A *visão lógica* apresenta os dados como seriam percebidos por usuários finais ou especialistas de negócios; enquanto a *visão física* mostra como os dados estão realmente organizados e estruturados na mídia de armazenamento físico.

O *software* de gestão de banco de dados disponibiliza o banco de dados físico para diferentes visões lógicas exigidas pelos usuários. Por exemplo, para o banco de dados de recursos humanos ilustrado na Figura 6.3, um especialista em benefícios pode exigir uma visão que contenha o nome do funcionário, o número da previdência social e a cobertura de seguro de saúde. Um membro do departamento de folha de pagamento pode precisar de dados como o nome do funcionário, o número do seguro social, o salário bruto e o salário líquido. Os dados de todas essas visões são armazenados em um único banco de dados, no qual podem ser gerenciados com mais facilidade pela organização.

Como o DBMS resolve os problemas do ambiente de arquivos tradicional

Para reduzir a redundância e a inconsistência de dados, o DBMS minimiza os arquivos isolados nos quais os mesmos dados são repetidos. O DBMS pode não fazer com que a organização elimine totalmente a redundância de dados, mas pode ajudar a controlá-la. Mesmo que a organização mantenha alguns dados redundantes, o uso de um DBMS elimina a inconsistência de dados porque esse sistema pode ajudar a organização a garantir que cada ocorrência de dados redundantes tenha os mesmos valores. O DBMS desacopla programas e dados, permitindo que os dados permaneçam por conta própria. A descrição dos dados usados pelo programa não precisa ser especificada em detalhes cada vez que um programa diferente é escrito. O acesso e a disponibilidade de informações serão aumentados e os custos de desenvolvimento e manutenção de programas serão reduzidos, pois usuários e programadores podem realizar consultas *ad hoc* do banco de dados para muitos aplicativos simples, sem ter que escrever programas complicados. O DBMS permite que a organização gerencie centralmente os dados, seu uso e segurança. O compartilhamento de dados em toda a organização é mais fácil porque os dados são apresentados aos usuários como se estivessem em um único local, em vez de fragmentados em muitos sistemas e arquivos diferentes.

DBMS relacional

O DBMS atual usa diferentes modelos de banco de dados para acompanhar entidades, atributos e relacionamentos. O tipo de DBMS mais popular hoje para PCs, bem como para computadores maiores e *mainframes*, é o **DBMS relacional**. Bancos de dados relacionais representam dados como tabelas bidimensionais (chamadas relações). As tabelas podem ser chamadas de arquivos. Cada tabela contém dados sobre uma entidade e seus atributos. O Microsoft Access é um DBMS relacional para sistemas *desktop*, enquanto DB2, Oracle Database e Microsoft SQL Server são DBMS relacionais para grandes *mainframes* e computadores de médio porte. O MySQL é um conhecido DBMS de código aberto.

Vejamos como um banco de dados relacional de um varejista organiza dados sobre fornecedores e peças (veja a Figura 6.4). O banco de dados possui uma tabela separada para a entidade FORNECEDOR e uma tabela para a entidade PEÇA. Cada tabela consiste em uma grade com colunas e linhas de dados. Cada elemento individual de dados para cada entidade é armazenado como um campo separado, e cada campo representa um atributo para essa entidade. Os campos em um banco de dados relacional também são chamados de colunas. Para a entidade FORNECEDOR, o número de identificação, o nome, a rua, a cidade, o estado e o CEP do fornecedor são armazenados como campos separados dentro da tabela FORNECEDOR, e cada campo representa um atributo para a entidade FORNECEDOR.

As informações reais sobre um único fornecedor que reside em uma tabela são chamadas de linha. As linhas são geralmente chamadas de registros, ou, em termos estritamente técnicos, como **tuplas**. Os dados da entidade PEÇA têm sua própria tabela separada.

O campo para Número_do_fornecedor na tabela FORNECEDOR identifica de modo exclusivo cada registro, para que este possa ser recuperado, atualizado ou classificado. Trata-se de um **campo-chave**. Cada tabela em um banco de dados relacional tem um campo que é designado como sua **chave primária**. Este campo-chave é o identificador exclusivo de todas as informações em qualquer linha da tabela, e essa chave primária não pode ser duplicada. Número_do_fornecedor é a chave primária para a tabela FORNECEDOR, e Número_da_peça é a chave primária para a tabela PEÇA. Observe que Número_do_fornecedor aparece tanto na tabelas FORNECEDOR quanto na tabela PEÇA. Enquanto na tabela FORNECEDOR, Número_do_fornecedor é a chave primária; quando esse campo a parece na tabela PEÇA, é chamado de **chave estrangeira** e é essencialmente um campo de pesquisa de dados sobre o fornecedor de uma peça específica.

Operações de um DBMS relacional

As tabelas de banco de dados relacionais podem ser combinadas facilmente, para fornecer os dados exigidos por usuários, desde que quaisquer duas tabelas compartilhem um elemento de dados comum. Suponha que quiséssemos encontrar nesse banco de dados os nomes dos fornecedores da peça número 137 ou da peça número 150. Precisaríamos de informações de duas tabelas: da tabela FORNECEDOR e da tabela PEÇA. Observe que esses dois arquivos têm um elemento de dados compartilhado: Número_do_fornecedor.

FORNECEDOR **Colunas (atributos, campos)**

Número_do_fornecedor	Nome_do_fornecedor	Rua_do_fornecedor	Cidade_do_fornecedor	Estado_do_fornecedor	CEP_do_fornecedor
8259	CBM Inc.	74 5th Avenue	Dayton	OH	45220
8261	B. R. Molds	1277 Gandolly Street	Cleveland	OH	49345
8263	Jackson Composites	8233 Micklin Street	Lexington	KY	56723
8444	Bryant Corporation	4315 Mill Drive	Rochester	NY	11344

Linhas (registros, tuplas)

Campo-chave (chave primária)

PEÇA

Número_da_peça	Nome_da_peça	Preço_unitário	Número_do_fornecedor
137	Trinco da porta	22,00	8259
145	Retrovisor externo	12,00	8444
150	Vedação da porta	6,00	8263
152	Trava da porta	31,00	8259
155	Compressor	54,00	8261
178	Maçaneta da porta	10,00	8259

Chave primária **Chave estrangeira**

FIGURA 6.4 Tabelas de banco de dados relacionais.

Um banco de dados relacional organiza os dados na forma de tabelas bidimensionais. Ilustramos aqui as tabelas para as entidades FORNECEDOR e PEÇA, mostrando como representam cada entidade e seus atributos. Número_do_fornecedor é a chave primária para a tabela FORNECEDOR e a chave estrangeira para a tabela PEÇA.

Em um banco de dados relacional, três operações básicas, conforme mostrado na Figura 6.5, são usadas para desenvolver conjuntos úteis de dados: Select, Project e Join. A operação Select cria um subconjunto com todos os registros no arquivo que atendem aos critérios. Select cria, em outras palavras, um subconjunto de linhas que atendem a determinados critérios. No exemplo, queremos selecionar registros (linhas) da tabela PEÇA em que Número_da_peça é igual a 137 ou 150. A operação Join combina tabelas relacionais para fornecer ao usuário mais informações do que as disponíveis nas tabelas individuais. Em nosso caso, queremos vincular a tabela PEÇA agora abreviada (somente as partes 137 ou 150 serão apresentadas) e a tabela FORNECEDOR em uma única nova tabela.

A operação Project cria um subconjunto de colunas em uma tabela, permitindo ao usuário criar novas tabelas contendo apenas as informações necessárias. Em nosso exemplo, queremos extrair da nova tabela apenas as seguintes colunas: Número_da_peça, Nome_da_peça, Número_do_fornecedor e Nome_do_fornecedor.

Capacidades dos sistemas de gestão de banco de dados

Um DBMS inclui recursos e ferramentas para organizar, gerenciar e acessar os dados no banco de dados. Os mais importantes são sua linguagem de definição de dados, dicionário de dados e linguagem de manipulação de dados.

PEÇA

Número_da_peça	Nome_da_peça	Preço_unitário	Número_do_fornecedor
137	Trinco da porta	22,00	8259
147	Retrovisor externo	12,00	8444
150	Vedação da porta	6,00	8263
152	Trava da porta	31,00	8259
155	Compressor	54,00	8261
178	Maçaneta da porta	10,00	8259

SELECT Número_da_peça = 137 ou 150

FORNECEDOR

Número_do_fornecedor	Nome_do_fornecedor	Rua_do_fornecedor	Cidade_do_fornecedor	Estado_do_fornecedor	CEP_do_fornecedor
8259	CBM Inc.	74 5th Avenue	Dayton	OH	45220
8261	B. R. Molds	1277 Gandolly Street	Cleveland	OH	49345
8263	Jackson Components	8233 Micklin Street	Lexington	KY	56723
8444	Bryant Corporation	4315 Mill Drive	Rochester	NY	11344

JOIN BY Número_do_fornecedor

Número_da_peça	Nome_da_peça	Número_do_fornecedor	Nome_do_fornecedor
137	Trinco da porta	8259	CBM Inc.
150	Vedação da porta	8263	Jackson Components

PROJECT colunas_selecionadas

FIGURA 6.5 As três operações básicas de um DBMS relacional.

As operações Select, Join e Project permitem que dados de duas tabelas diferentes sejam combinados e apenas atributos selecionados sejam exibidos.

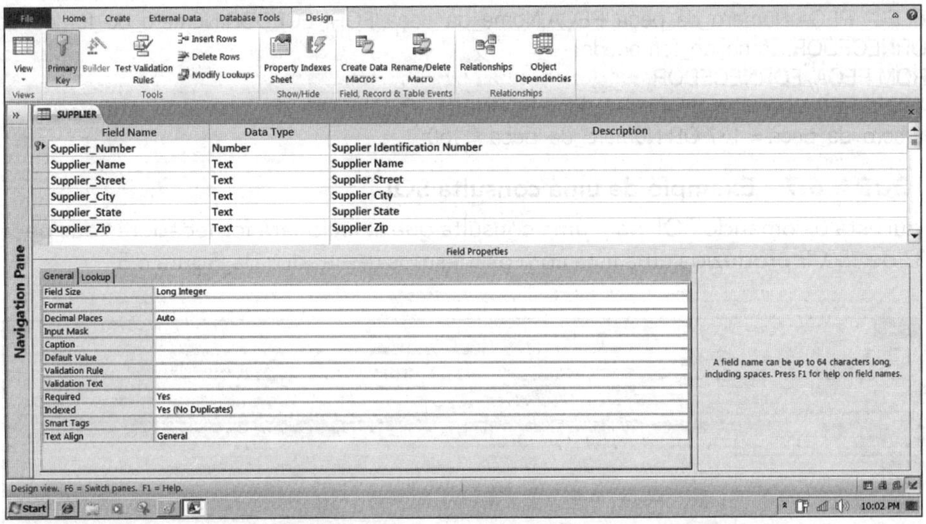

FIGURA 6.6 Acesso aos recursos do dicionário de dados.

O Microsoft Access tem um recurso de dicionário de dados rudimentar que exibe informações sobre tamanho, formato e outras características de cada campo em um banco de dados. Aqui são exibidas as informações mantidas na tabela FORNECEDOR. O pequeno ícone de uma chave à esquerda de Número_do_fornecedor indica que é um campo-chave.

Cortesia da Microsoft Corporation

Os DBMS têm um recurso de **definição de dados** para especificar a estrutura do conteúdo do banco de dados. Esse recurso pode ser usado para criar tabelas de banco de dados e para definir as características dos campos em cada tabela. Essas informações sobre o banco de dados geralmente são documentadas no dicionário de dados. Um **dicionário de dados** é um arquivo, manual ou automatizado, que armazena as definições dos elementos de dados e suas características.

O Microsoft Access oferece um recurso rudimentar de dicionário de dados que apresenta informações sobre nome, descrição, tamanho, tipo, formato e outras propriedades de cada campo em uma tabela (veja a Figura 6.6) Em bancos de dados de grandes corporações, os dicionários de dados podem registrar outras informações, como uso; proprietário (quem, dentro da organização, é responsável pela manutenção dos dados); autorização; segurança; e os indivíduos, as funções empresariais, os programas e os relatórios que usam cada elemento de dado.

Consultas e relatórios

Os DBMS trazem ferramentas para acesso e manipulação de informações em bancos de dados. A maioria dos DBMS possui uma linguagem especializada, a **linguagem de manipulação de dados**, usada para acrescentar, alterar, apagar e recuperar os dados do banco. Essa linguagem contém comandos que permitem aos usuários finais e especialistas em programação extrair dados do banco de dados para satisfazer requisições de informações e desenvolver aplicações. A linguagem de manipulação de dados mais usada atualmente é a **linguagem de consulta estruturada** ou **SQL** (*Structured Query Language*). Uma **consulta** é uma requisição de dados de um banco de dados. A Figura 6.7 ilustra a consulta SQL que produziria a nova tabela resultante da Figura 6.5.

Os usuários de DBMS para computadores de grande e médio porte, como DB2, Oracle ou SQL Server, costumam usar SQL para recuperar as informações necessárias do banco de dados. O Microsoft Access também usa SQL, mas fornece seu próprio conjunto de ferramentas fáceis de usar para consultar bancos de dados e para organizar dados de bancos de dados em relatórios mais sofisticados.

```
SELECT PEÇA.Número_da_peça, PEÇA.Nome_da_peça, FORNECEDOR.Número_do_fornecedor,
FORNECEDOR.Nome_do_fornecedor
FROM PEÇA, FORNECEDOR
WHERE PEÇA.Número_do_fornecedor = FORNECEDOR.Número_do_fornecedor AND
Número_da_peça = 137 OR Número_da_peça = 150;
```

FIGURA 6.7 Exemplo de uma consulta SQL.
Aqui está o comando SQL para uma consulta que selecionará fornecedores das peças 137 ou 150. É produzida uma lista com os mesmos resultados da Figura 6.5.

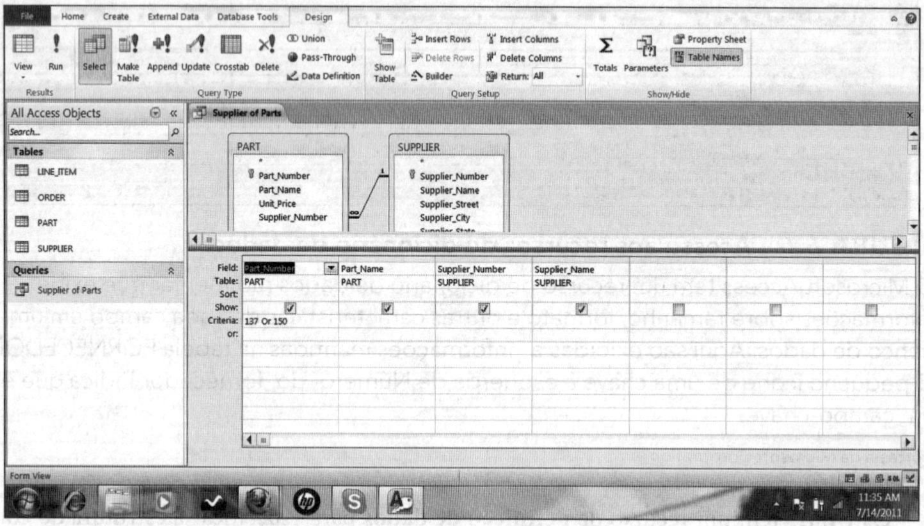

FIGURA 6.8 Uma consulta no Access.
Vejamos aqui como a consulta na Figura 6.7 seria criada usando as ferramentas do Microsoft Access. A tela mostra as tabelas, os campos e os critérios de seleção usados para a consulta.

Cortesia da Microsoft Corporation

No Microsoft Access, você encontrará recursos que permitem aos usuários criar consultas identificando as tabelas e campos e os resultados e, em seguida, selecionando as linhas do banco de dados que atendem a critérios específicos. Essas ações são, então, traduzidas em comandos SQL. A Figura 6.8 mostra como uma consulta igual à consulta em SQL para selecionar peças e fornecedores seria construída usando o Microsoft Access.

O Microsoft Access e outros DBMS incluem recursos para geração de relatórios, de maneira que os dados de interesse possam ser mostrados em um formato mais refinado e estruturado do que uma consulta simples. O SAP Crystal Reports é um popular gerador de relatórios para grandes DBMS corporativos, embora também possa ser usado com o Access. O Access também possui recursos para desenvolver aplicativos de sistema de *desktop*. Entre eles, ferramentas para criar telas de entrada de dados, relatórios e para desenvolver a lógica aplicada no processamento de transações.

Projetos de bancos de dados

Para criar um banco de dados, você deve entender as relações entre os dados, o tipo de dados que será mantido no banco de dados, como esses dados serão usados e como a organização precisará mudar para gerenciar os dados de uma perspectiva que leve em conta toda a empresa. O banco de dados requer um projeto lógico e um projeto físico. O projeto conceitual, ou lógico, de um banco de dados é um modelo abstrato criado da perspectiva de negócios;

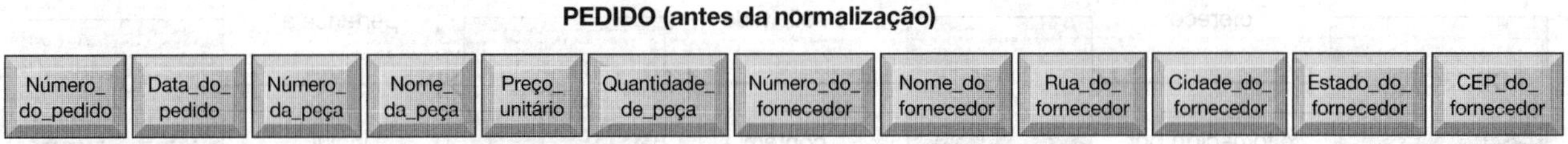

FIGURA 6.9 Relação não normalizada de pedidos.
Uma relação não normalizada contém grupos repetidos. Por exemplo, pode haver muitas peças para cada pedido. Existe apenas uma correspondência um-para-um entre Número_do_pedido e Data_do_pedido.

enquanto o projeto físico mostra como o banco de dados está realmente organizado em dispositivos de armazenamento de acesso direto.

Normalização e diagramas de entidade-relacionamento

O projeto de banco de dados lógico descreve como os elementos de dados devem ser agrupados no banco de dados. O processo do projeto identifica relacionamentos entre os elementos de dados e a maneira mais eficiente de agrupar esses elementos para atender aos requisitos de informações de negócios. O processo também identifica elementos de dados redundantes e os agrupamentos de elementos de dados necessários para programas de aplicação específicos. Os grupos de dados são organizados, refinados e simplificados até que surja uma visão lógica geral dos relacionamentos entre todos os dados no banco de dados.

Para usar um modelo de banco de dados relacional de forma eficaz, agrupamentos complexos de dados devem ser simplificados, a fim de minimizar elementos de dados redundantes e relacionamentos muitos-para-muitos complicados. O processo de criação de estruturas de dados pequenas, estáveis, porém flexíveis e adaptáveis, a partir de grupos complexos de dados é chamado de **normalização**. As Figuras 6.9 e 6.10 ilustram esse processo.

No negócio específico modelado aqui, um pedido pode ter mais de uma peça, mas cada peça é oferecida por apenas um fornecedor. Se construirmos uma relação chamada PEDIDO com todos os campos incluídos aqui, teríamos que repetir o nome e o endereço do fornecedor para cada peça do pedido, mesmo que o pedido seja de peças de um único fornecedor. Esse relacionamento contém o que chamamos de grupos de dados repetidos, porque pode haver muitas peças em um único pedido de um determinado fornecedor. Uma maneira mais eficiente de organizar os dados é dividir PEDIDO em relações menores, cada uma descrevendo uma única entidade. Se formos passo a passo e normalizarmos a relação PEDIDO, sairemos com as relações ilustradas na Figura 6.10. Você pode descobrir mais sobre normalização, diagramação de entidade-relacionamento e projeto de banco de dados nas Trilhas de Aprendizagem deste capítulo.

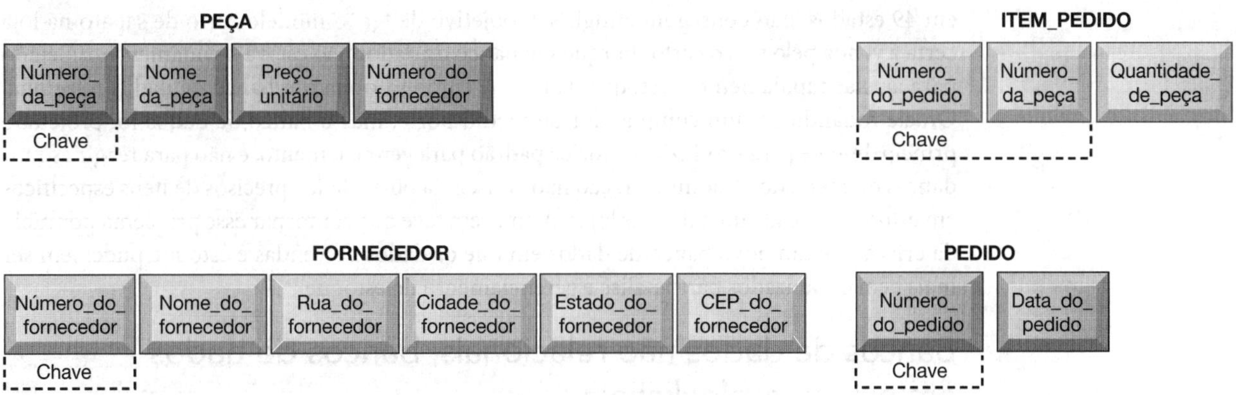

FIGURA 6.10 Tabelas normalizadas criadas para pedido.
Depois da normalização, a relação original PEDIDO foi dividida em quatro relações menores. A relação PEDIDO fica com apenas dois atributos, e a relação ITEM_DE_LINHA tem uma chave combinada ou concatenada que consiste em Número_do_pedido e Número_da_peça.

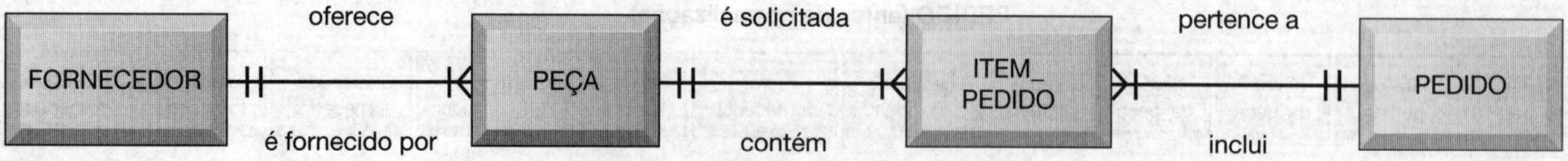

FIGURA 6.11 Diagrama entidade-relacionamento (DER).
Esse diagrama mostra a relação entre as entidades FORNECEDOR, PEÇA, ITEM_DE_LINHA e PEDIDO que pode ser usada como modelo para o banco de dados da Figura 6.10.

Os sistemas de bancos de dados relacionais tentam impor regras de **integridade referencial** para garantir que os relacionamentos entre as tabelas permaneçam consistentes. Quando uma tabela possui uma chave estrangeira que aponta para outra tabela, você só consegue incluir um registro na tabela com a chave estrangeira se houver um correspondente na tabela relacionada. No banco de dados que examinamos anteriormente neste capítulo, a chave estrangeira Número_do_Fornecedor relaciona a tabela PEÇA à tabela FORNECEDOR. Não podemos adicionar um novo registro à tabela PEÇA para uma peça com Número_do_Fornecedor 8266, a menos que haja um registro correspondente na tabela FORNECEDOR para Número_do_Fornecedor 8266. E se excluirmos o registro Número_do_fornecedor 8266 na tabela FORNECEDOR, também deveremos excluir o registro correspondente na tabela PEÇA. Ou seja, não devemos ter peças de fornecedores inexistentes!

Os projetistas de banco de dados documentam seu modelo de dados com um **diagrama entidade-relacionamento (DER)**, ilustrado na Figura 6.11. Esse diagrama ilustra o relacionamento entre as entidades FORNECEDOR, PEÇA, ITEM_PEDIDO e PEDIDO. As caixas representam entidades. As linhas que conectam as caixas representam relacionamentos. Uma linha conectando duas entidades que termina em duas marcas curtas designa um relacionamento um-para-um. Uma linha conectando duas entidades que termina com um pé de galinha e uma marca curta por cima indica um relacionamento um-para-muitos. A Figura 6.11 mostra que um PEDIDO pode conter muitos ITENS_PEDIDO. (Uma PEÇA pode ser encomendada várias vezes e aparecer diversas vezes como um item em um único pedido.) Cada PEÇA pode ter apenas um FORNECEDOR, mas muitas PEÇAS podem ser fornecidas pelo mesmo FORNECEDOR.

Nunca é demais repetir: se a empresa não acertar seu modelo de dados, o sistema não será capaz de atender bem à empresa. Os sistemas da empresa não serão tão eficazes quanto poderiam ser, porque terão de trabalhar com dados que podem ser imprecisos, incompletos ou difíceis de recuperar. Compreender os dados da organização e como eles devem ser representados em um banco de dados é uma importante lição que você pode aprender com este curso.

A Famous Footwear, por exemplo, uma rede de lojas de calçados com mais de 800 lojas em 49 estados, não conseguiu atingir seu objetivo de ter "o modelo certo de sapato na loja certa à venda pelo preço certo" porque seu banco de dados não estava devidamente projetado para ajustar rapidamente o estoque da loja. A empresa tinha um banco de dados relacional Oracle rodando em um computador de médio porte, mas o banco de dados foi projetado principalmente para produzir relatórios padrão para gerenciamento, e não para reagir às mudanças do mercado. A administração não conseguia obter dados precisos de itens específicos em estoque em cada uma de suas lojas. A empresa teve que contornar esse problema por meio da criação de um novo banco de dados em que os dados de vendas e estoque pudessem ser mais bem organizados para análise e gerenciamento do estoque.

Bancos de dados não relacionais, bancos de dados em nuvem e *blockchain*

Por mais de 30 anos, a tecnologia de banco de dados relacional tem sido o padrão-ouro. A computação em nuvem, os volumes sem precedentes de dados, as pesadas cargas de trabalho para serviços *web* e a necessidade de se armazenar novos tipos de dados requerem tecnologias alternativas de banco de dados em relação ao modelo relacional tradicional de organizar os dados na forma de tabelas, colunas e linhas. Para essa finalidade, as empresas estão se voltando para tecnologias de banco de dados não relacional ("NoSQL"). Os **sistemas de gestão de banco de dados não relacionais** usam um modelo de dados mais flexível e são projetados para gerenciar grandes conjuntos de dados em vários computadores distribuídos e para permitir que se aumente ou reduza facilmente o número de máquinas e o volume de dados. Eles são úteis para acelerar consultas simples a grandes volumes de dados estruturados e não estruturados, incluindo dados da *web*, de mídias sociais, gráficos e outras formas difíceis de analisar com ferramentas tradicionais baseadas em SQL.

Existem vários tipos diferentes de bancos de dados NoSQL, cada um com seu próprio comportamento e suas próprias características técnicas. O Oracle NoSQL Database é um exemplo, assim como o SimpleDB da Amazon que rodam na nuvem. O SimpleDB fornece uma interface simples para acessar serviços *web* que permitem criar e armazenar diversos conjuntos de dados, consultar dados facilmente e retornar os resultados. Não há necessidade de pré-definir uma estrutura formal de banco de dados ou alterar essa definição se novos conjuntos de dados forem adicionados posteriormente.

O banco de dados NoSQL de código aberto MongoDB, da MetLife, reúne dados de mais de 70 sistemas diferentes, incluindo sistemas administrativos, sistemas de sinistros e outras fontes de dados, abrangendo dados não estruturados e semiestruturados, como imagens de registros de saúde e de atestados de óbito. O banco de dados NoSQL é capaz de receber informações estruturadas, semiestruturadas e não estruturadas, sem a necessidade do processo tedioso, caro e demorado de mapeamento do banco para normalizar os dados em um esquema rígido, conforme exigido pelos bancos de dados relacionais.

Bancos de dados em nuvem e bancos de dados distribuídos

Entre os serviços oferecidos pela Amazon e por outros prestadores de serviços de computação em nuvem estão os mecanismos de banco de dados relacionais. O Serviço de Banco de Dados Relacional da Amazon (Amazon RDS, do inglês *Relational Database Service*) oferece MySQL, Microsoft SQL Server, Oracle Database, PostgreSQL, MariaDB ou Amazon Aurora como mecanismos de banco de dados. O preço é baseado no uso. A Oracle tem o seu próprio serviço de banco de dados em nuvem, o Database Cloud Services, que utiliza seu banco de dados relacional Oracle Database; e o Microsoft Windows Azure SQL Database é um serviço de banco de dados relacional baseado em nuvem que utiliza o SQL Server DBMS da própria Microsoft. Os serviços de gestão de dados baseados em nuvem têm um atrativo especial para empresas iniciantes baseadas na *web* ou para empresas de pequeno ou médio porte que procuram recursos de banco de dados a um preço mais acessível do que os produtos de banco de dados de uso interno. (Veja a Sessão Interativa sobre tecnologia.)

O Google agora oferece o Spanner, sua tecnologia de banco de dados distribuído, como um serviço em nuvem. Um **banco de dados distribuído** é aquele que é armazenado em vários locais físicos. Partes ou cópias do banco de dados são armazenadas fisicamente em um local e outras partes ou cópias são mantidas em outros locais. O Spanner possibilita armazenar informações em milhões de máquinas em centenas de *data centers* em todo o mundo, sincronizar os dados com precisão em todos os seus locais e garantir que os dados sejam sempre consistentes. O Google usa o Spanner para dar suporte a seus vários serviços em nuvem e agora está disponibilizando a tecnologia para outras empresas que possam precisar desses recursos para administrar um negócio global.

Blockchain

Blockchain é uma tecnologia de banco de dados distribuído que permite que empresas e organizações criem e verifiquem transações em uma rede quase instantaneamente, sem uma autoridade central. O sistema armazena as transações como um Livro Razão distribuído entre uma rede de computadores. As informações mantidas no banco de dados são reconciliadas continuamente pelos computadores da rede.

SESSÃO INTERATIVA **TECNOLOGIA**

Novas ferramentas de banco de dados em nuvem ajudam a Vodafone Fiji a tomar melhores decisões

A Vodafone Fiji Limited é uma provedora de serviços de telecomunicações sem fio 100% nacional, com mais de 760 mil assinantes em sua rede, 260 funcionários e receita de US$ 185 milhões.

A Vodafone Fiji trabalha em estreita colaboração com o Vodafone Group – um conglomerado de telecomunicações multinacional britânico, que atende predominantemente Ásia, África, Europa e Oceania – e com outras empresas operacionais para fornecer tecnologia de ponta à população de Fiji. A empresa possui 85% do mercado de serviços de telecomunicações do país.

Os clientes de planos pré-pagos representam 96% do mercado de comunicações móveis de Fiji. (Menos de 25% dos clientes móveis dos Estados Unidos usam serviços pré-pagos.) Os clientes pré-pagos não estão vinculados a contratos de serviços móveis e, portanto, estão sempre procurando melhores maneiras de economizar. Consequentemente, a Vodafone Fiji precisa encontrar melhores ofertas para seus clientes, a fim de convencê-los a continuar com os serviços da empresa. Infelizmente os sistemas da Vodafone Fiji não eram capazes de fornecer as informações para essa iniciativa.

A empresa não tinha a capacidade de computação, o armazenamento e as ferramentas de gestão para analisar dados rapidamente e tomar decisões informadas sobre quais negócios oferecer a quais clientes e os momentos certos para isso. Os dados eram armazenados *in loco* em vários bancos de dados. Para piorar a situação, a Amalgamated Telecom Holdings (principal acionista da Vodafone Fiji) havia adquirido recentemente várias outras empresas de telecomunicações que atendem a mercados próximos, em Samoa, Samoa Americana, Vanuatu, Ilhas Cook e Kiribati. Os dados a serem gerenciados e extraídos para *insights* passaram a ser três vezes maiores. Todos esses negócios tinham diferentes tipos de dados em diferentes sistemas e formatos diversos.

Ronald Prasad, diretor comercial da Vodafone Fiji, e sua equipe calcularam que custaria à empresa cerca de US$ 2,5 milhões para atualizar os sistemas locais. Eles escolheram os serviços Oracle Autonomous Data Warehouse e Oracle Analytics Cloud como a solução mais adequada e econômica. O Oracle Autonomous Data Warehouse Cloud (ADWC) é um serviço de nuvem elástica de alto desempenho totalmente gerenciado que fornece capacidade analítica sobre dados armazenados em um banco de dados Oracle. O ambiente é otimizado para cargas de trabalho de *data warehouse* e oferece suporte a todas as ferramentas padrão de SQL e inteligência de negócios (BI, do inglês *business intelligence*). O Oracle Autonomous Data Warehouse fornece um banco de dados totalmente autônomo e fácil de usar que se dimensiona de forma elástica à medida que as cargas de trabalho aumentam, oferece desempenho de consulta rápida e não requer administração de banco de dados. A Vodafone Fiji seria capaz de extrair, transferir e transformar dados de fontes díspares na nuvem, onde poderiam ser analisados muito mais rapidamente.

Ao automatizar muitas das tarefas de rotina necessárias para gerenciar bancos de dados Oracle, o Oracle Autonomous Database pode liberar administradores de banco de dados (DBAs) para fazer um trabalho mais importante e mais estratégico. O sistema de warehouse lida com uma grande quantidade de trabalho técnico tedioso por conta própria. A Vodafone Fiji não precisa contratar pessoas com habilidades específicas de gestão de banco de dados, o que seria um desafio em um mercado de trabalho pequeno como o de Fiji. Um *data warehouse* local levaria dois meses para ser implementado pela empresa, enquanto a configuração do Oracle Autonomous Data Warehouse Cloud ocorreu em 30 minutos e para obter a funcionalidade de relatórios demorou uma semana. A Vodafone Fiji paga apenas pelos recursos de computação consumidos.

O Oracle Analytics Cloud é uma plataforma baseada em nuvem que pode receber dados em praticamente qualquer formato ou tamanho de praticamente qualquer fonte (*desktop*, empresa, *data center*), com recursos para coletar, consolidar e transformar dados e criar relatórios e painéis transacionais e analíticos. Ele fornece recursos de autoatendimento para que os usuários executem modelagem e análise what-if. Os usuários têm o poder de visualizar e descobrir dados, incluindo trabalhar com *big data*.

A Vodafone Fiji agora pode facilmente obter insights dos dados coletados e ajustar suas promoções para mudar a dinâmica do mercado. A empresa é capaz de contatar clientes que estão em vias de cancelar os serviços da Vodafone, bem como aqueles com maior probabilidade de responder a uma oferta especial. O sistema de *warehouse* pode produzir relatórios sobre padrões de chamadas para garantir que os clientes estejam inscritos no conjunto ideal de serviços, ou se direcionar a clientes com ofertas de 4G de avaliação gratuita, para incentivá-los a assinar um plano de dados. Campanhas promocionais personalizadas para *sites* de celular específicos podem incentivar os clientes a ficarem *on-line* durante períodos de baixa utilização.

Mais de 50 relatórios detalhados ficam disponíveis para os responsáveis pela tomada de decisão em poucos minutos. As consultas podem ser concluídas 5 vezes mais rápido do que antes. Um procedimento de mineração de dados que costumava levar 125 minutos leva apenas 25 minutos com o Oracle Autonomous Data Warehouse e, com a mesma plataforma, uma consulta de agregação, que costumava levar 294 segundos com o antigo sistema local, leva apenas 5 segundos. Examinando os dados de chamadas de atendimento ao cliente, as ferramentas analíticas do *warehouse* foram capazes de identificar consultas triviais e repetitivas onde são possíveis respostas automatizadas, reduzindo as chamadas recebidas em 8% a 10% e liberando agentes de atendimento ao cliente, para se concentrarem em vendas adicionais e vendas cruzadas com base em perfis específicos de clientes. A mesma equipe de três membros de Prasad conseguiu lidar com o quádruplo da carga de trabalho de pré-aquisição de forma muito eficaz.

Fontes: www.vodafone.com.fj, acessado em 12 de janeiro de 2020; Tara Swords, "Call to Action," *Profit Magazine*, outono de 2019; e www.oracle.com, acessado em 12 de janeiro de 2020.

PERGUNTAS DO ESTUDO DE CASO

1. Defina o problema enfrentado pela Vodafone Fiji. Quais fatores de gestão, organização e tecnologia contribuíram para o problema?
2. Avalie o Oracle Autonomous Data Warehouse e o Oracle Analytics Cloud como solução para a Vodafone Fiji.
3. Como as novas ferramentas da Oracle mudaram as tomadas de decisão na Vodafone Fiji?
4. Foi vantajoso para a Vodafone Fiji usar serviços em nuvem? Justifique sua resposta.

O *blockchain* mantém uma lista crescente de registros chamados blocos. Cada bloco contém um *timestamp* e um *link* para um bloco anterior. Uma vez que um bloco de dados é registrado no Livro Razão do *blockchain*, ele não pode ser alterado retroativamente. Quando alguém deseja adicionar uma transação, os participantes da rede (todos com cópias do *blockchain* existente) executam algoritmos para avaliar e verificar a transação proposta. Alterações legítimas no Livro Razão são registradas no *blockchain* em questão de segundos ou minutos, e os registros são protegidos por criptografia. O que torna um sistema *blockchain* possível e atraente para as empresas é a criptografia e a autenticação dos integrantes e das empresas participantes, o que garante que apenas agentes legítimos possam fornecer informações e apenas

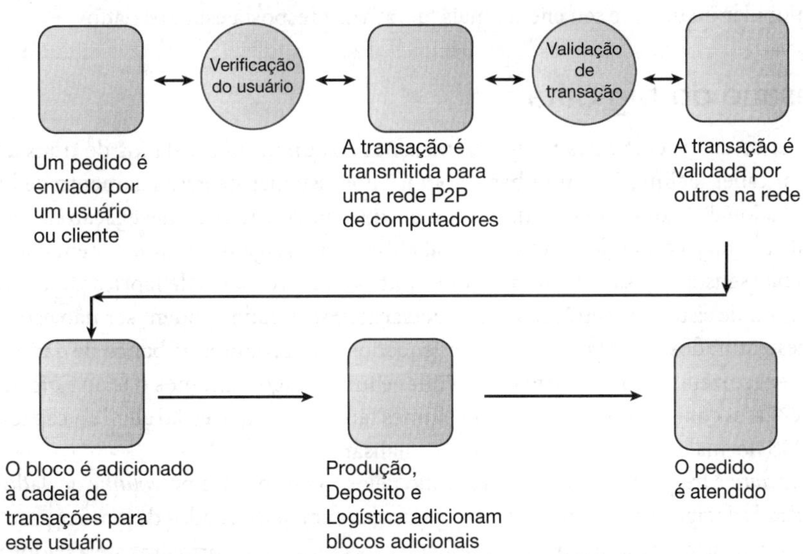

FIGURA 6.12 Como o *blockchain* funciona.
Um sistema *blockchain* é um banco de dados distribuído que registra transações em uma rede *peer-to-peer* de computadores.

transações validadas são aceitas. Uma vez registrada, a transação não pode ser alterada. A Figura 6.12 ilustra como o *blockchain* funciona para atender um pedido.

Há muitos benefícios para as empresas que usam bancos de dados *blockchain*. As redes *blockchain* reduzem radicalmente o custo de verificação de usuários, validação de transações e os riscos de armazenamento e processamento de informações de transações em milhares de empresas. Em vez de milhares de empresas criarem seus próprios sistemas de transações privadas e integrá-los a fornecedores, transportadores e sistemas de instituições financeiras, o *blockchain* pode fornecer um sistema de transações único, simples e de baixo custo para as empresas participantes. A padronização das transações de registro é auxiliada pelo uso de *contratos inteligentes*, que são programas de computador que implementam as regras que regem as transações entre empresas – por exemplo, qual é o preço dos produtos, como eles serão enviados, quando a transação será concluída, quem financiará a transação, quais são os termos de financiamento, entre outros.

A simplicidade e segurança que o *blockchain* oferece o tornou atraente para armazenar e proteger transações financeiras, transações da cadeia de suprimentos, registros médicos e outros tipos de dados. *Blockchain* é uma tecnologia de base para Bitcoin, Ethereum e outras criptomoedas. O Capítulo 8 fornece mais detalhes sobre como proteger transações com *blockchain*.

6.3 Quais são as principais ferramentas e tecnologias para acessar informações a partir de bancos de dados a fim de melhorar o desempenho da empresa e a tomada de decisões?

As empresas usam seus bancos de dados para acompanhar transações básicas, como pagamento de fornecedores, processamento de pedidos, acompanhamento de clientes e pagamento de funcionários. Mas também precisam de bancos de dados para fornecer informações que ajudarão a empresa a administrar os negócios com mais eficiência, além de auxiliar os gerentes e funcionários a tomar melhores decisões. Se uma empresa quer saber qual produto é o mais popular ou quem é seu cliente mais lucrativo, a resposta está nos dados.

O desafio do *big data*

A maioria os dados coletados pelas organizações costumavam ser dados de transações que poderiam caber facilmente em linhas e colunas dos sistemas de gerenciamento de banco de dados relacional. Agora testemunhamos uma explosão de dados de navegação na *web*, mensagens de *e-mail* e conteúdo de mídia social (*tweets*, mensagens de *status*), bem como dados gerados por sensores (usados em medidores inteligentes, sensores de fabricação e medidores elétricos) ou de sistemas eletrônicos de negociação. Esses dados podem ser não estruturados ou semiestruturados e, portanto, não são adequados para produtos de banco de dados relacionais que organizam dados na forma de colunas e linhas. Agora usamos o termo ***big data*** para descrever esses conjuntos de dados com volumes tão grandes que estão além da capacidade de um DBMS normal de capturar, armazenar e analisar.

O *big data* é frequentemente caracterizado pelos "3Vs": o extremo *volume* de dados, a ampla *variedade* de tipos e fontes de dados, e a *velocidade* em que os dados devem ser processados. O *big data* não se refere a qualquer quantidade específica, mas normalmente a dados na faixa dos petabytes e exabytes – em outras palavras, bilhões a trilhões de registros, todos oriundos de fontes diversas. O *big data* é produzido em quantidades muito maiores e mais rapidamente do que os dados tradicionais. Por exemplo, um único motor a jato é capaz de gerar 10 terabytes de dados em apenas 30 minutos, sendo que existem mais de 100 mil voos por dia. O Twitter

SESSÃO INTERATIVA GESTÃO

Beisebol e *big data*

O *big data* e a analítica estão virando o mundo dos negócios de cabeça para baixo, e a indústria do esporte profissional não é exceção. Beisebol, futebol americano, futebol, hóquei, tênis e até regatas de veleiro estão encontrando maneiras de analisar dados sobre jogadores e equipes concorrentes para melhorar o desempenho. O uso de análises e *big data* revolucionou o jogo de beisebol como o conhecemos, incluindo mudanças defensivas, mudanças de trajetória de *swing* e como as equipes contratam e desenvolvem jogadores.

Dadas as enormes disparidades nos orçamentos das equipes da Major League Baseball (MLB), as equipes mais ricas normalmente têm a vantagem de recrutar os melhores jogadores. O livro de Michael Lewis *Moneyball*, publicado em 2003, descreve como o gerente do Oakland Athletics, Billy Beane, foi capaz de transformar os azarões em uma equipe vencedora por meio do uso de análises de *big data*, para orientar as decisões sobre quais jogadores recrutar e desenvolver.

A análise estatística rigorosa demonstrou que a porcentagem na base e a porcentagem de *slugging* eram melhores indicadores de sucesso ofensivo (e mais barato de obter no mercado aberto) do que qualidades mais valorizadas historicamente, como velocidade e contato. Essas observações contradiziam a sabedoria convencional do beisebol e as crenças de muitos olheiros e treinadores do esporte. Beane reconstruiu o Oakland Athletics com base nessas descobertas, produzindo uma equipe capaz de vencer por vários anos por meio do uso de análises avançadas para obter insights sobre o valor e a contribuição de cada jogador para o sucesso da equipe – informações que as equipes mais ricas haviam ignorado.

Credita-se ao *big data* a ajuda que o Boston Red Sox teve para vencer a World Series em 2004; e o mesmo aconteceu com o St. Louis Cardinals em 2006 e 2011. Em graus variados, todos os times da Major League Baseball atualmente usam *big data* e analítica detalhados para apoiar decisões sobre muitos aspectos do jogo. No entanto, algumas equipes, como Pittsburgh Pirates, Chicago Cubs e Houston Astros, foram mais lentas para fazer isso do que outras e sofreram com desempenhos medíocres até adotarem o *big data* de forma mais completa.

Descobertas da análise de *big data* mudaram a importância que as equipes de beisebol atribuem às habilidades específicas dos jogadores. Habilidades que antes não podiam ser quantificadas agora estão recebendo mais atenção, incluindo habilidade de campo, corrida de base e roubo de bola. A habilidade de campo é especialmente valorizada hoje. Mike Trout, *center fielder* do Los Angeles Angels, por exemplo, tem muita fama entre os donos de equipes, porque é um defensor e corredor de base extraordinário, além de um jogador de basebol excepcionalmente inteligente, embora não tenha estatísticas de encher os olhos em *home runs*. Hoje, o maior desafio não é usar *big data* no beisebol, mas como usá-lo de forma eficaz. Nem sempre é possível interpretar os dados e separar o que é "ruído" e o que é realmente informação útil. A quantidade de dados com que jogadores e arremessadores precisam lidar pode ser esmagadora – arremessos, planos de *swing*, taxas de rotação etc. Quando um jogador entra na base, cada rebatedor é diferente em termos de quanta informação essa pessoa pode absorver antes de ficar atolada nela. Alguns querem saber o que um arremessador fará em certas situações – quais arremessos usará e com que frequência os usa –, enquanto outros querem apenas manter a atenção e tentar rebater bola. Há dados em demasia que uma pessoa pode usar sem dissecar demais e se distrair demais da tarefa em mãos.

Muitos especialistas em beisebol ainda acreditam que os métodos tradicionais de avaliação de jogadores, juntamente com instinto, dinheiro e sorte, ainda são ingredientes determinantes para formar equipes vencedoras. Por exemplo, o San Francisco Giants usa *big data* e estatísticas, mas também baseia suas decisões de recrutamento de jogadores nas opiniões de olheiros e treinadores. De acordo com Ron Wotus, técnico dos Giants, os números realmente não podem contar toda a história da qualidade do jogador; então os Giants integram dados estatísticos com olheiros, treinadores e a experiência do jogador, especialmente ao lidar com adversários fora da Liga Nacional, que os Giants não conhecem bem. Ser capaz de explorar os pontos fortes de um jogador individual é mais sobre conhecer o jogador e sua habilidade do que as estatísticas, acredita Wotus. Interbases com bons braços podem jogar mais longe do *home plate* do que o normal, às vezes, enquanto corredores rápidos podem jogar mais perto do *home plate* do que se pensa. Existem nuances na defesa da oposição que não são estatisticamente relacionadas, mas as estatísticas ajudam quando você não conhece os jogadores o suficiente para saber o que esperar deles.

Fontes: www.statsperform.com, acessado em 25 de janeiro de 2020; www. aroundthefoghorn.com, acessado em 4 de fevereiro de 2020; Richard Justice, "MLB Clubs Stay Focused on Future of Analytics," www. mlb.com, ac- mlb.com, acessado em 25 de janeiro de 2020; "Sports Analytics Market Size, acessado em 14 de março de 2019; "Changing the Game: How Data Analytics Is Shares 2020 By Top Key Players: IBM, SAP, SAS, Tableau Software, Upending Baseball," *Knowledge @ Wharton*, 21 de fevereiro de 2019; e "A Oracle, STATS, Prozone," *MarketWatch*, 30 de janeiro de 2020; "Nick San View from the Front Lines of Baseball's Data-Analytics Revolution," Miguel, 'San Francisco Giants: Analytics Are Not the Answer,"www. *McKinsey Quarterly*, julho de 2018.

PERGUNTAS DO ESTUDO DE CASO

1. Como a tecnologia da informação mudou o jogo de beisebol? Explique.
2. Como a tecnologia da informação afetou a tomada de decisões nas equipes da MLB? Que tipos de decisões mudaram como resultado do uso de *big data*?
3. Quanto o beisebol deve depender de *big data* e de análise? Justifique sua resposta.

gera mais de 12 terabytes de dados diariamente. De acordo com a empresa de pesquisa em tecnologia International Data Center (IDC), os dados mais que dobram a cada dois anos, então a quantidade de dados disponíveis para as organizações está subindo rapidamente.

As empresas se interessam pelo *big data* porque ele pode revelar mais padrões e relações interessantes do que conjuntos de dados menores, com o potencial de fornecer novos insights sobre o comportamento do cliente, padrões climáticos, atividade do mercado financeiro ou outros fenômenos. Por exemplo, a Shutterstock, mercado global de imagens *on-line*, armazena 24 milhões de imagens, sendo que mais 10 mil são adicionadas a cada dia. Para encontrar maneiras de otimizar a experiência de compra, a Shutterstock analisa seu *big data* para descobrir onde os visitantes do *site* colocam o cursor e por quanto tempo passam o mouse sobre uma imagem antes de fazer uma compra. O *big data* também está encontrando muitos usos no setor público. Por exemplo, os governos municipais têm usado o *big data* para gerenciar os fluxos de tráfego e combater o crime. A Sessão Interativa sobre Gestão ilustra como a Major League Baseball está usando *big data* para melhorar o desempenho de jogadores e equipes.

No entanto, para obter valor comercial desses dados, as organizações precisam de novas tecnologias e ferramentas capazes de gerenciar e analisar dados não tradicionais junto com seus dados corporativos tradicionais. Também precisam saber quais perguntas fazer sobre os dados e as limitações do *big data*. Capturar, armazenar e analisar esse tipo de dados pode ser caro, e as informações do *big data* podem não necessariamente ajudar na tomada de decisões. É importante ter uma compreensão clara do problema que o *big data* resolverá nos negócios. O caso de encerramento do capítulo explora essas questões.

Infraestrutura de *business intelligence*

Considere a hipótese de precisar de informações concisas e confiáveis sobre as operações atuais, tendências e mudanças em toda a empresa. Se trabalhou em uma grande empresa, os dados de que você precisa podem ter que ser reunidos a partir de sistemas separados – como vendas, manufatura e contabilidade – e até mesmo de fontes externas – como dados demográficos ou de concorrentes. Cada vez mais, você pode precisar usar o *big data*. A infraestrutura contemporânea de *business intelligence* dispõe de uma série de ferramentas para obter informações úteis de todos os diferentes tipos de dados usados pelas empresas hoje, incluindo *big data* semiestruturado e não estruturado em grandes quantidades. Esses recursos incluem *data warehouses* e *data marts*, Hadoop, computação em memória e plataformas analíticas. Alguns desses recursos encontram-se disponíveis como serviços em nuvem.

Data warehouses e *data marts*

A ferramenta tradicional de análise de dados corporativos tem sido o ***data warehouse***, um banco de dados que armazena dados correntes e históricos de potencial interesse para os tomadores de decisão de toda a empresa. Os dados originam-se de muitos sistemas transacionais centrais em operação, como sistemas de vendas, de contas de clientes e de manufatura, podendo incluir ainda dados advindos de transações em *sites*. O *data warehouse* extrai dados correntes e históricos a partir de múltiplos sistemas em operação dentro da organização. Esses dados são combinados com outros oriundos de fontes externas e transformados, corrigindo os dados imprecisos e incompletos e reestruturando-os para elaboração de relatórios de gestão e análise antes de serem armazenados no *data warehouse*.

Os dados do *data warehouse* estão disponíveis a todos para acesso conforme a necessidade, mas não podem ser alterados. Um sistema de *data warehouse* também oferece uma gama de ferramentas de consulta *ad hoc* e padronizadas, ferramentas analíticas e recursos para relatórios gráficos.

Empresas podem montar *data warehouses* organizacionais, nos quais um depósito central de dados atende à organização inteira, ou podem criar depósitos menores, descentralizados, denominados *data marts*. Um ***data mart*** é um subconjunto de um *data warehouse*, no qual uma porção resumida ou altamente focalizada dos dados da organização é colocada em um banco separado destinado a uma população específica de usuários. Por exemplo, uma empresa pode desenvolver *data marts* de vendas e *marketing* para tratar informações de clientes. A livraria Barnes & Noble costumava manter uma série de *data marts* – um para os dados dos pontos de vendas em lojas de varejo, outro para vendas das livrarias em faculdades e um terceiro para as vendas *on-line*.

Hadoop

Os produtos de DBMS relacional e de *data warehouse* não são muito adequados para organizar e analisar o *big data* ou os dados que não se encaixam facilmente em colunas e linhas usadas em seus modelos de dados. Para tratar dados não estruturados e semiestruturados em grandes quantidades, bem como os estruturados, as organizações estão começando a usar o **Hadoop**, que é uma estrutura de *software* de código aberto, gerenciado pela Apache *Software* Foundation, que permite o processamento paralelo distribuído de grandes quantidades de dados por meio de computadores de baixo custo. Ele fragmenta um problema de *big data* em subproblemas, os distribui entre milhares de nós de processamento computacional de baixo custo e depois combina o resultado em um conjunto de dados menor e mais fácil de analisar. Você provavelmente já deve ter usado o Hadoop para encontrar a melhor passagem aérea na internet, obter instruções para chegar a um restaurante, fazer uma pesquisa no Google ou conectar-se com um amigo no Facebook.

O Hadoop é composto por vários serviços básicos: o Sistema de arquivo distribuído Hadoop (HDFS, do inglês *Hadoop Distributed File System*), para o armazenamento de dados, e o MapReduce, para processamento de alto desempenho de dados em paralelo. O HDFS conecta os sistemas de arquivos de inúmeros nós em um *cluster* Hadoop para transformá-los em um único grande sistema de arquivos. O MapReduce do Hadoop foi inspirado pelo sistema MapReduce do Google para fragmentar o processamento de grandes conjuntos de dados e atribuir o trabalho para vários nós em um *cluster*. O HBase, banco de dados não relacional do Hadoop, fornece acesso rápido aos dados armazenados no HDFS e uma plataforma transacional para a execução de aplicações em tempo real e altamente escaláveis.

O Hadoop pode processar grandes quantidades de qualquer tipo de dados, incluindo os transacionais estruturados; os fracamente estruturados, como as atualizações de *status* do Facebook e do Twitter; os complexos, como os arquivos de log de servidor *web*; e os de áudio e vídeo não estruturados. O Hadoop é executado em um cluster de servidores baratos e processadores podem ser adicionados ou removidos conforme a necessidade. As empresas usam o Hadoop para analisar grandes volumes de dados e como uma área de armazenamento intermediário (staging area) para dados não estruturados e semiestruturados antes deles serem armazenados em um *data warehouse*. O Yahoo utiliza o Hadoop para monitorar o comportamento do usuário visando modificar a sua página inicial para satisfazer os interesses dele. A NextBio, empresa de pesquisa sobre biociência, utiliza o Hadoop e o HBase para processar dados para empresas farmacêuticas que conduzem pesquisa genômica. Os fornecedores dos produtos de banco de dados líderes de mercado, como IBM, Hewlett-Packard, Oracle e Microsoft, têm as suas próprias distribuições de *software* Hadoop. Outros fornecedores oferecem ferramentas para mover dados para dentro e para fora do Hadoop ou para analisá-los no Hadoop.

Computação em memória

Outra forma de facilitar a análise de *big data* é utilizar a **computação em memória (*in-memory computing*)**, que se baseia sobretudo na memória principal de um computador (RAM) para armazenamento de dados. (O DBMS convencional utiliza sistemas de armazenamento em disco.) Os usuários acessam os dados armazenados na memória principal do sistema, eliminando assim os gargalos de recuperação e leitura em um banco de dados tradicional baseado em disco e reduzindo consideravelmente os tempos na resposta da consulta. O processamento em memória possibilita que grandes conjuntos de dados, de tamanho equivalente ao de um *data mart* ou de um pequeno *data warehouse*, sejam totalmente armazenados na memória. Cálculos empresariais complexos, que costumavam levar horas ou dias para serem executados, podem ser concluídos em segundos, e isso pode ser feito até mesmo usando dispositivos portáteis.

O capítulo anterior descreve alguns dos avanços na tecnologia contemporânea de *hardware* de computador que possibilitam o processamento em memória; entre esses avanços, podemos citar poderosos processadores de alta velocidade, processamento *multicore* e a queda nos preços de memória de computador. Essas tecnologias ajudam as empresas a otimizar o uso da memória e a acelerar o desempenho do processamento, ao mesmo tempo que reduzem os custos. Os principais produtos de banco de dados em memória incluem SAP HANA, Oracle Database In-Memory, Microsoft SQL Server e Teradata Intelligent Memory.

Plataformas analíticas

Os fornecedores de banco de dados comerciais desenvolveram **plataformas analíticas** que usam tecnologia relacional e não relacional otimizadas para análise de grandes conjuntos de dados. As plataformas analíticas apresentam sistemas pré-configurados de *hardware* e de *software* projetados especificamente para processamento e análise de consultas. Por exemplo, a IBM PureData System for Analytics apresenta componentes de banco de dados, servidor e armazenamento totalmente integrados que lidam com consultas analíticas complexas em uma velocidade de 10 a 100 vezes mais rápida do que os sistemas tradicionais. As plataformas analíticas também incluem sistemas em memória e sistemas de gerenciamento de banco de dados NoSQL não relacional e agora estão disponíveis como serviços em nuvem.

A Figura 6.13 ilustra uma infraestrutura contemporânea de inteligência empresarial que utiliza as tecnologias que acabamos de descrever. São extraídos dados atuais e históricos de vários sistemas operacionais juntamente com dados da *web*, dados de mídia social, dados gerados por máquina da Internet das Coisas (IoT), dados audiovisuais não estruturados e outros dados de fontes externas. Algumas empresas estão começando a depositar todos esses tipos de dados em um ***data lake***, um repositório de dados brutos não estruturados ou estruturados que, em sua maioria, ainda não foram analisados. E esses dados podem ser acessados de várias maneiras. O *data lake* armazena esses dados em seu formato nativo até que sejam necessários. O Sistema de arquivo distribuído HDFS (do inglês, *Hadoop Distributed File System*) é frequentemente usado para armazenar o conteúdo do *data lake* em um conjunto de nós de computador em *cluster*, e os clusters do Hadoop podem ser usados para pré-processar alguns desses dados para uso em *data warehouses*, *data marts* ou plataforma analítica, ou, também, para consultas diretas realizadas por usuários avançados. As saídas incluem relatórios e painéis, bem como resultados de consultas. O Capítulo 12 discute os vários tipos de usuários de BI e relatórios de BI com mais detalhes.

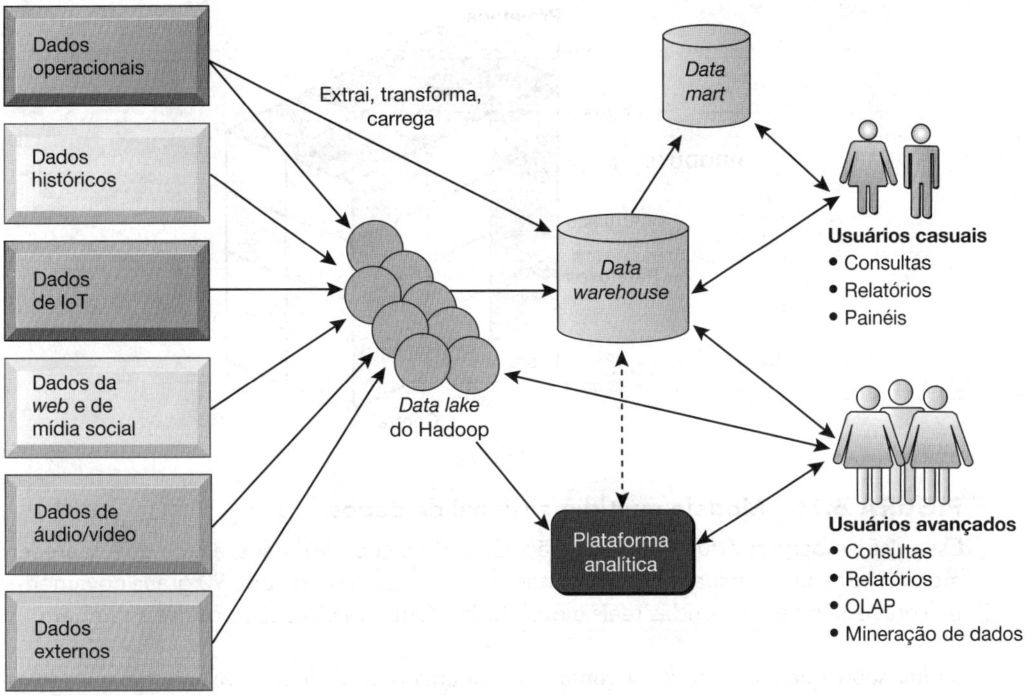

FIGURA 6.13 Infraestrutura de *business intelligence* contemporânea.
Uma infraestrutura de *business intelligence* contemporânea apresenta recursos e ferramentas para gerenciar e analisar grandes quantidades e diferentes tipos de dados oriundos de várias fontes. Estão incluídas ferramentas de consulta e de geração de relatórios fáceis de usar para usuários de negócios casuais e conjuntos de ferramentas analíticas mais sofisticadas para usuários avançados.

Ferramentas analíticas: relacionamentos, padrões, tendências

Uma vez capturados e organizados utilizando as tecnologias de inteligência empresarial que acabamos de descrever, os dados ficam disponíveis para análises posteriores usando o *software* para consultas e relatórios de bancos de dados, as ferramentas para análise multidimensional de dados (processamento analítico *on-line* – OLAP) e a mineração de dados (*data mining*). Esta seção apresentará essas ferramentas, e o Capítulo 12 tratará com mais detalhes os tópicos referentes a dados analíticos e a aplicações da *business intelligence*.

Processamento analítico *on-line* (OLAP)

Imagine que sua empresa venda quatro produtos diferentes – porcas, pinos, arruelas e parafusos – nas regiões Leste, Oeste e Central. Se quisesse fazer uma pergunta bem direta, como "Quantas arruelas foram vendidas durante o último trimestre?", você poderia facilmente achar a resposta consultando seu banco de dados de vendas. Mas e se você quisesse saber quantas arruelas foram vendidas em cada região e também comparar os resultados reais com a projeção de vendas?

Para obter a resposta, você precisaria do **processamento analítico *on-line*** (**OLAP**, do inglês *online analytical processing*). O OLAP permite a análise multidimensional de dados, de forma que os usuários vejam os mesmos dados de diferentes maneiras, pois usa múltiplas dimensões. Cada aspecto da informação – produto, preço, custo, região ou período – representa uma dimensão diferente. Dessa forma, um gerente de produto poderia utilizar uma ferramenta de análise multidimensional de dados para saber quantas arruelas foram vendidas na região Leste em junho, comparar essas informações com as do mês anterior e também de junho do ano anterior e ainda confrontá-las com a previsão de vendas. O OLAP permite que os usuários obtenham respostas

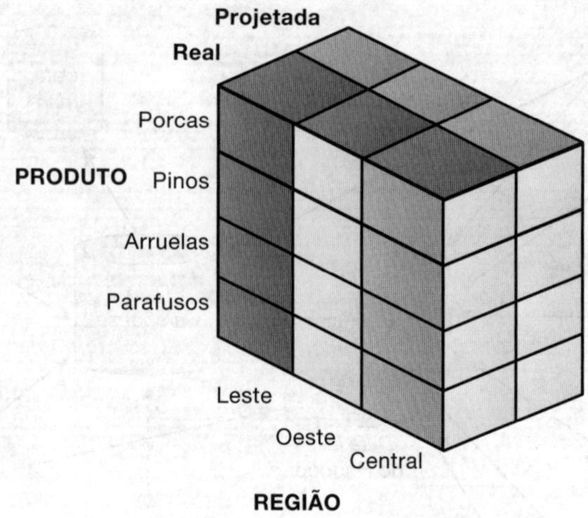

FIGURA 6.14 Modelo multidimensional de dados.
Essa visão mostra produto *versus* região. Girando o cubo 90 graus, a face que aparecer mostrará produto *versus* vendas projetadas e reais. Se girar o cubo 90 graus novamente, verá região *versus* vendas reais e projetadas. Outras visões são possíveis também.

on-line sobre questões específicas como estas em uma velocidade razoável, mesmo quando os dados estão armazenados em bancos gigantescos, como números de vendas de vários anos.

A Figura 6.14 mostra um modelo multidimensional que poderia ser criado para representar produtos, regiões, volume real de vendas e projeção de vendas. Uma matriz de vendas reais pode ser empilhada sobre uma matriz de projeção de vendas formando um cubo com seis faces. Girando o cubo 90 graus em uma direção, a face que aparece mostrará produtos *versus* vendas reais e projetadas. Se girar o cubo 90 graus novamente, verá região *versus* vendas reais e projetadas. A 180 graus a partir da visão original podem-se visualizar vendas projetadas e produtos *versus* região. Os cubos podem ser aninhados dentro de outros cubos para construir visões complexas dos dados. Uma empresa pode usar um banco de dados multidimensional especializado ou uma ferramenta que crie visões multidimensionais em bancos de dados relacionais.

Mineração de dados

Consultas tradicionais a bancos de dados respondem a perguntas como: "Quantas unidades do produto número 403 foram expedidas em fevereiro de 2020?". O OLAP, ou a análise multidimensional, dá apoio a requisições de informação muito mais complexas, como: "Compare as vendas do produto 403 com o planejado, por trimestre e por região de vendas, nos dois últimos anos". Para utilizar o OLAP e a análise de dados orientada por consulta, os usuários precisam ter uma boa ideia da informação que estão procurando.

A **mineração de dados (*data mining*)** é mais orientada para a descoberta. A mineração de dados fornece percepções dos dados corporativos que não podem ser obtidas com o OLAP, descobrindo padrões e relacionamentos ocultos em grandes bancos de dados e inferindo regras a partir deles para prever comportamentos futuros. Os padrões e regras são usados para orientar a tomada de decisões e prever o efeito dessas decisões. Os tipos de informações obtidas da mineração de dados incluem associações, sequências, classificações, clusterização e prognósticos.

- *Associações* são ocorrências ligadas a um único evento. Por exemplo, um estudo de padrões de compra em supermercados pode revelar que, na compra de salgadinhos de milho, compra-se também um refrigerante em 65% das vezes; mas, quando há uma promoção, o refrigerante é comprado em 85% das vezes. Com essa informação, os gerentes podem tomar decisões mais acertadas, pois aprenderam a respeito da rentabilidade de uma promoção.
- Em sequências, os eventos estão ligados ao longo do tempo. Pode-se descobrir, por exemplo, que, quando se compra uma casa, em 65% das vezes se adquire também uma nova geladeira

em até duas semanas; e que, em 45% das vezes, um forno também é comprado em até um mês após a compra da residência.

- A *classificação* reconhece padrões que descrevem o grupo ao qual um item pertence, por meio do exame dos itens já classificados e pela inferência de um conjunto de regras. Empresas operadoras de cartões de crédito e companhias telefônicas preocupam-se com a perda de clientes regulares. A classificação pode ajudar a descobrir as características de clientes propensos a abandoná-las e oferecer um modelo para ajudar os gerentes a prever quem são esses clientes, de modo que se elabore antecipadamente campanhas especiais para retê-los.
- A *clusterização* funciona de maneira semelhante à classificação quando ainda não há grupos definidos. Uma ferramenta de mineração de dados descobrirá diferentes agrupamentos dentro da massa de dados; por exemplo, ao encontrar grupos de afinidade para cartões bancários ou ao dividir o banco de dados em categorias de clientes com base em dados demográficos e em investimentos pessoais.
- Embora essas aplicações envolvam previsões, os *prognósticos* as utilizam de maneira diferente. Partem de uma série de valores existentes para prever quais serão os outros valores. Por exemplo, um prognóstico pode descobrir padrões nos dados que ajudam os gerentes a estimar o valor futuro de variáveis como números de vendas.

Esses sistemas realizam uma análise de alto nível quanto a padrões ou tendências, mas também podem esmiuçar os dados para revelar mais detalhes, se necessário. Existem aplicações de mineração de dados para todas as áreas funcionais da empresa, bem como para o trabalho científico ou governamental. Um uso popular da mineração de dados é a análise detalhada de padrões sobre consumidores para, a partir disso, montar campanhas de *marketing* personalizado ou identificar clientes lucrativos.

A Caesars Entertainment, anteriormente conhecida como Harrah's Entertainment, é a maior empresa no setor de jogos do mundo. Ela analisa continuamente dados sobre os clientes, coletados enquanto as pessoas jogam nos caça-níqueis da empresa ou frequentam cassinos e hotéis da rede. O departamento de *marketing* corporativo utiliza essas informações para desenvolver um perfil detalhado do jogador, com base no valor de um cliente particular à empresa ao longo do tempo. Por exemplo, a mineração de dados permite à Caesars conhecer a experiência de jogo favorita de um cliente regular em um dos seus cassinos, juntamente com suas preferências de acomodações, restaurantes e entretenimento. Essa informação orienta as decisões administrativas sobre como angariar e preservar os clientes mais lucrativos, estimulá-los a gastar mais e atrair mais clientes com alto potencial de geração de receita. A *business intelligence* elevou tanto os lucros da Caesars que se tornou peça central de sua estratégia empresarial.

Mineração de textos e mineração na *web*

Acredita-se que os dados não estruturados, em sua maioria na forma de arquivos de texto, representam mais de 80% das informações úteis de uma empresa e constituem uma das principais fontes de *big data* que as empresas desejam analisar. Mensagens de *e-mails*, memorandos, transcrições de chamadas à central de atendimento ao cliente, respostas para pesquisas, casos judiciais, descrições de patentes e relatórios de serviços – tudo isso é valioso na identificação de padrões e de tendências capazes de ajudar os funcionários a tomar decisões de negócios mais acertadas. Ferramentas para **mineração de textos** (*text mining*) agora estão disponíveis para auxiliar as empresas na análise desses dados. Essas ferramentas são capazes de extrair elementos-chave de textos em linguagem natural não estruturada, descobrir padrões e relacionamentos e resumir informações.

As empresas podem recorrer à mineração de textos para analisar transcrições de ligações às centrais de atendimento ao cliente a fim de identificar os principais problemas relacionados a serviços e reparos ou para avaliar o sentimento do cliente em relação à empresa. Um *software* de **análise de sentimento** é capaz de "garimpar" comentários de texto em uma mensagem de *e-mail*, *blog*, conversa de mídia social ou formulário de pesquisa para detectar opiniões favoráveis e desfavoráveis sobre assuntos específicos. A Kraft Foods, entre outras empresas, usa um Portal de Inteligência da Comunidade e análise de sentimentos para analisar em profundidade as conversas dos consumidores sobre os produtos da empresa em várias redes sociais, *blogs* e outros *sites*. A Kraft tenta interpretar comentários relevantes em vez de apenas rastrear menções à marca e pode identificar emoções e sentimentos dos clientes quando eles falam sobre como fazem churrasco e quais molhos e temperos usam.

A *web* é outra fonte rica em *big data* não estruturado para revelar padrões, tendências e percepções sobre o comportamento do consumidor. A descoberta e a análise de padrões e informações úteis na *World Wide Web* são chamadas de **mineração na *web*** (*web mining*). As empresas podem recorrer à mineração na *web* para ajudá-las a compreender o comportamento do consumidor, avaliar a eficiência de um *site* em particular ou quantificar o sucesso de uma campanha de *marketing*. Os profissionais de *marketing* usam os serviços Google Trends, por exemplo, que rastreiam a popularidade de diversas palavras e frases usadas nas consultas feitas pelo Google, para descobrir no que as pessoas estão interessadas e o que desejam.

A mineração na *web* busca padrões em dados por meio da mineração de conteúdo, de estrutura e de uso. A mineração de conteúdo é o processo de extração de conhecimento a partir do conteúdo de páginas da *web*, que pode incluir dados nos formatos de texto, imagem, áudio e vídeo. A mineração de estrutura examina os dados relacionados à estrutura de um *site* em particular. Por exemplo, *links* direcionando a um documento indicam a popularidade daquele documento, enquanto *links* saindo de um documento representam a riqueza, ou talvez, a variedade, de tópicos abordados no documento. A mineração de uso analisa os dados de interação do usuário registrados por um servidor *web* sempre que este recebe solicitações de recursos de um *site*. Os dados sobre o uso registram o comportamento do usuário quando ele consulta ou realiza transações no *site* e grava esses dados em um log no servidor. A análise desses dados permite que as empresas avaliem o valor de determinados clientes, as estratégias cruzadas de *marketing* entre os produtos e a eficiência de campanhas promocionais.

O estudo de caso de encerramento do capítulo descreve as experiências de organizações à medida que elas utilizam as ferramentas analíticas e as tecnologias de inteligência empresarial que descrevemos para lidar com os desafios do "*big data*".

Bancos de dados e a *web*

Você já tentou usar a *web* para fazer um pedido ou ver um catálogo de produtos? Em caso afirmativo, você estava usando um *site* vinculado a um banco de dados corporativo interno. Muitas empresas começaram a usar a *web* para disponibilizar algumas das informações em seus bancos de dados internos para clientes e parceiros de negócios.

Imagine, por exemplo, que um cliente com um navegador *web* queira pesquisar um banco de dados do varejista *on-line* para obter informações sobre preços. A Figura 6.15 ilustra como esse cliente pode acessar o banco de dados interno do varejista pela *web*. O usuário acessa o *site* do varejista pela internet usando um navegador *web* do seu computador ou dispositivo móvel. O *software* de navegação na *web* do usuário solicitaria informações do banco de dados

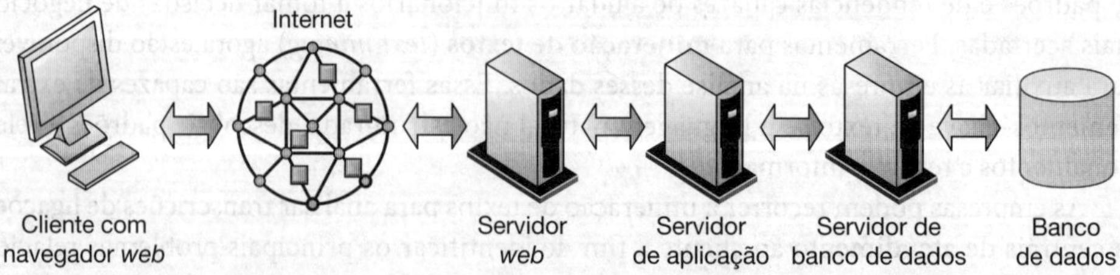

FIGURA 6.15 Ligando bancos de dados internos à *web*.

Os usuários acessam o banco de dados interno de uma organização por meio da *web* usando seus navegadores de computador ou aplicativos móveis.

da organização, usando comandos HTML para se comunicar com o servidor *web*. Os aplicativos fornecem acesso ainda mais rápido aos bancos de dados corporativos.

Como muitos bancos de dados *back-end* não conseguem interpretar comandos escritos em HTML, o servidor *web* repassaria essas solicitações para o *software* que traduz comandos HTML em SQL, de maneira que elas pudessem ser processadas pelo DBMS que trabalha com o banco de dados. Em um ambiente cliente/servidor, o DBMS muitas vezes reside em um computador dedicado chamado **servidor de banco de dados**. O DBMS recebe os comandos SQL e fornece os dados requisitados. O *middleware* transfere as informações do banco de dados interno da organização de volta ao servidor *web*, que as entrega na forma de uma página *web* ao usuário.

A Figura 6.15 mostra que o *middleware* que trabalha entre o servidor *web* e o DBMS é um servidor de aplicação rodando em seu próprio computador dedicado (veja o Capítulo 5). O *software* do servidor de aplicação lida com todas as operações de aplicativos, incluindo processamento de transações e acesso a dados, entre computadores baseados em navegador e aplicativos de negócios ou bancos de dados *back-end* da empresa. O servidor de aplicação recebe as requisições do servidor *web*, executa a lógica de negócio das transações tendo como base essas requisições e provê conectividade aos sistemas de suporte ou bancos de dados da organização. Além disso, o *software* para lidar com essas operações pode ser um programa personalizado ou um *script*.

Há uma série de vantagens em utilizar a rede para acessar os bancos de dados internos de uma organização. Em primeiro lugar, o *software* do navegador *web* é muito mais fácil de usar do que as ferramentas de consulta proprietárias. Em segundo lugar, a interface da *web* requer poucas - ou nenhuma - alterações no banco de dados interno. Custa muito menos adicionar uma interface *web* na frente de um sistema legado do que replanejar e reconstruir o sistema para melhorar o acesso do usuário.

Acessar bancos de dados corporativos pela *web* está criando novas eficiências, oportunidades e modelos de negócios. A ThomasNet.com, por exemplo, oferece um diretório *on-line* com informações atualizadas referentes a mais de 500 mil fornecedores de produtos industriais, como produtos químicos, metais, plásticos, produtos de borracha e equipamentos automotivos. Antes chamada Thomas Register, a empresa costumava enviar imensos catálogos impressos com essas informações. Atualmente, disponibiliza os dados *on-line* em seu *site*, tendo se tornado uma organização mais enxuta.

Outras empresas criaram negócios totalmente novos com base no acesso a grandes bancos de dados pela *web*. Um exemplo é o serviço de rede social Facebook, que ajuda os usuários a se manterem conectados uns aos outros e a conhecerem novas pessoas. O Facebook apresenta "perfis" com informações fornecidas por mais de 2,6 bilhões de usuários ativos sobre eles mesmos, incluindo interesses, amigos, fotos e grupos de que participam. O Facebook mantém um enorme banco de dados para armazenar e gerenciar todo esse conteúdo. Há também muitos bancos de dados habilitados para a *web* no setor público, para ajudar consumidores e cidadãos a acessar informações úteis.

6.4 Por que a governança e a garantia de qualidade de dados são essenciais para gerenciar os recursos de dados da empresa?

Configurar o banco de dados é apenas um começo. Para certificar-se de que os dados para o seu negócio permanecem precisos, confiáveis e prontamente disponíveis para os que deles necessitam, sua empresa necessitará de políticas e procedimentos especiais para a governança de dados. A **governança de dados** engloba políticas e procedimentos por meio dos quais os dados podem ser gerenciados como recurso organizacional. Estabelece as regras da organização para compartilhar, disseminar, adquirir, padronizar, classificar e inventariar informações. Isso inclui identificar quais usuários e unidades organizacionais podem compartilhar informações, onde as informações podem ser distribuídas, quem é responsável por atualizar e manter as informações e como os recursos de dados devem ser protegidos (veja o Capítulo 8). A política de informações de uma empresa pode especificar, por exemplo, que apenas determinados membros dos departamentos de folha de pagamento e de recursos humanos teriam o direito de alterar ou visualizar dados confidenciais de funcionários – como salário ou número da previdência social – e que esses departamentos são responsáveis por garantir que esses dados de funcionários sejam precisos.

Assegurando a qualidade de dados

As organizações de hoje dependem muito dos dados para realizar as operações e a tomada de decisões, por esse motivo, a garantia da qualidade dos dados é especialmente importante. O que aconteceria se o número de telefone ou o saldo da conta de um cliente estivesse incorreto? Qual seria o impacto se o banco de dados informasse o preço errado do produto que você vendeu? Informações incorretas, desatualizadas ou inconsistentes com outras fontes de informação criam sérios problemas operacionais e financeiros para as empresas, mesmo com um banco de dados e uma política de informações bem concebidas. Quando dados errôneos passam despercebidos, muitas vezes, levam a decisões incorretas, *recall* de produtos e até prejuízos financeiros.

A Gartner Inc. informou que mais de 25% dos dados críticos nos bancos de dados das mil maiores empresas do *ranking* da *Fortune* estão incorretos ou incompletos; isso inclui erros em descrições e códigos de produtos, em descrições de estoque, em dados financeiros e em informações sobre fornecedores e funcionários. Alguns desses problemas de qualidade dos dados são causados por dados inconsistentes e redundantes produzidos por múltiplos sistemas. Por exemplo, tanto o sistema de pedidos de vendas quanto o de gestão de estoques podem manter informações sobre os produtos da organização. No entanto, o sistema de pedidos de vendas pode usar o termo *Número de item* e o sistema de estoques pode chamar o mesmo atributo de *Número de produto*. Os sistemas de vendas, estoque e manufatura de uma loja de roupas podem usar diferentes códigos para representar os valores de um mesmo atributo. Retomando o exemplo já mencionado, um sistema pode representar o tamanho da roupa como extragrande, enquanto o outro sistema pode usar o código "XG" para a mesma finalidade. Durante o processo de projeto do banco de dados, aqueles que descrevem as entidades, como um cliente, um produto ou um pedido, devem ser nomeados e definidos de maneira consistente para todas as áreas da empresa que usarão o banco de dados.

Pense em todas as vezes que recebeu a mesma mala direta publicitária no mesmo dia. Muito provavelmente, isso ocorreu porque seu nome foi armazenado várias vezes no mesmo banco de dados. Seu nome pode ter sido grafado incorretamente, ou você pode ter usado a inicial do seu nome do meio em determinada ocasião e não em outra, ou a informação pode ter sido inicialmente inserida em um formulário impresso e escaneada de forma inadequada para o sistema. Em virtude dessas inconsistências, o banco de dados o trata como se você fosse várias pessoas! Muitas vezes nós, como pessoas físicas, recebemos *e-mails* redundantes endereçados a Laudon, Lavdon, Lauden ou Landon.

Se um banco de dados for projetado adequadamente e os padrões de dados corporativos forem estabelecidos, o problema de dados duplicados ou inconsistentes deve ser mínimo. A maioria dos problemas de qualidade de dados, no entanto, como nomes com erros ortográficos, números transpostos ou códigos incorretos ou ausentes, resultam de erros durante a entrada de dados. A incidência desses erros está aumentando à medida que as empresas transferem seus negócios para a *web* e permitem que clientes e fornecedores insiram dados em seus *sites*, os quais atualizam diretamente os sistemas internos.

Antes que um novo banco de dados seja implementado, as organizações precisam identificar e corrigir seus dados defeituosos e estabelecer melhores rotinas para edição de dados assim que o banco de dados estiver em operação. A análise da qualidade dos dados normalmente começa com uma **auditoria de qualidade de dados**, que consiste em um levantamento estruturado da precisão e do nível de integridade dos dados em um sistema de informação. Auditorias desse gênero podem ser executadas com um levantamento completo dos arquivos de dados, de amostras desses arquivos ou da percepção dos usuários finais quanto à qualidade dos dados.

O ***data cleansing*** (limpeza e padronização de dados), também conhecido como *data scrubbing*, consiste em atividades para detectar e corrigir, dentro do banco de dados, informações incorretas, incompletas, formatadas inadequadamente ou redundantes. O data cleansing não apenas corrige os dados, mas também reforça a consistência entre diferentes conjuntos oriundos de sistemas de informação independentes. *Softwares* especializados em *data cleansing*, disponíveis comercialmente, podem, de maneira automática, pesquisar arquivos de dados, corrigir erros e integrá-los em formato consistente para toda a empresa.

Os problemas de qualidade de dados não são apenas problemas comerciais. Também representam sérios problemas para as pessoas, afetando sua condição financeira e até mesmo seus empregos. Por exemplo, dados imprecisos ou desatualizados sobre o histórico de crédito de consumidores mantidos por agências de crédito podem impedir que indivíduos habilitados obtenham empréstimos, ou podem reduzir as chances que eles têm de encontrar ou manter um emprego.

6.5 Como os sistemas de informação gerenciais ajudarão minha carreira?

Aqui está como o Capítulo 6 e este livro podem ajudá-lo a encontrar um emprego como analista de dados de nível básico.

A empresa

A Mega Midwest Power, uma grande empresa de energia diversificada com sede em Cleveland, Ohio, tem uma vaga aberta para analista de dados de nível básico. A empresa está envolvida na distribuição, transmissão e geração de eletricidade, bem como no gerenciamento de energia e outros serviços relacionados para 5 milhões de clientes nas regiões Centro-Oeste e Médio Atlântico.

Descrição do cargo

As responsabilidades do trabalho incluem:

- Manutenção a integridade dos equipamentos da subestação e dos dados relacionados em vários bancos de dados, incluindo SAP.
- Consulta a bancos de dados em vários sistemas.
- Modificação de sistemas para gestão adequada de dados e controles processuais.
- Recomendação e implementação de mudanças de processo com base em problemas de dados identificados.
- Realização de pesquisas empresariais específicas, coleta de dados e compilação de relatórios e resumos.
- Expansão do conhecimento de políticas, práticas e procedimentos.

Requisitos do emprego

- Graduação/especialização em administração, finanças, contabilidade, economia, engenharia ou disciplina relacionada
- Desejável experiência profissional de um a dois anosConhecimento das ferramentas do Microsoft Office (Excel, PowerPoint, Access e Word)
- Sólidas capacidades analíticas, incluindo atenção aos detalhes, resolução de problemas e tomada de decisão
- Sólidas habilidades de comunicação oral e escrita e de trabalho em equipe
- Desejável familiaridade com equipamento de subestação de transmissão

Perguntas para a entrevista

1. O que você sabe sobre equipamentos de subestação? Você já trabalhou com o SAP for Utilities?
2. O que você sabe sobre gestão de dados e banco de dados? Você já trabalhou com *software* de gerenciamento de dados? Em caso afirmativo, o que exatamente você fazia?
3. Diga o que você é capaz de fazer com o Access e o Excel. Você já usou essas ferramentas para resolver que tipos de problemas? Você fez cursos de Access e de Excel?
4. Que experiência você tem na análise de problemas e no desenvolvimento de soluções específicas? Pode dar um exemplo de um problema que você ajudou a resolver?

Dicas do autor

1. Pesquise sobre manutenção de equipamentos no setor de concessionárias de energia elétrica e sobre *softwares* para gerenciamento de ativos de concessionárias de energia elétrica e manutenção preditiva. Leia *blogs* da IBM, Deloitte e Intel sobre manutenção preditiva e assista a vídeos nos canais da GE e da IBM no YouTube sobre esse tópico.
2. Revise o Capítulo 6 deste livro sobre gestão de dados e bancos de dados, juntamente com a discussão do Capítulo 12 sobre inteligência operacional. Pergunte o que você deverá fazer com bancos de dados no cargo.
3. Pesquise sobre os recursos do SAP for Utilities e pergunte à empresa exatamente como você usaria esse *software* e quais habilidades seriam necessárias. Assista ao vídeo da SAP no YouTube sobre o SAP for Utilities.

RESUMO

6.1 Quais são os problemas de gerenciar recursos de dados em um ambiente de arquivos tradicional?

As técnicas tradicionais de gestão de arquivos tornam difícil para as organizações acompanhar todos os dados que elas usam de maneira sistemática e organizar esses dados para que possam ser acessados facilmente. Diferentes áreas funcionais e grupos são autorizados a desenvolver seus próprios arquivos de forma independente. Com o tempo, esse ambiente tradicional de gestão de arquivos cria problemas como redundância e inconsistência de dados, dependência de dados de programa, inflexibilidade, segurança precária e falta de compartilhamento e disponibilidade de dados. Um sistema de gestão de banco de dados (DBMS) resolve esses problemas com um *software* que permite a centralização de dados e sua gestão, para que as empresas tenham uma única fonte consistente para todas as suas necessidades. O uso de um DBMS minimiza a ocorrência de arquivos redundantes e inconsistentes.

6.2 Quais são os principais recursos dos sistemas de gerenciamento de banco de dados (DBMS). E por que um DBMS relacional é tão poderoso?

Os principais recursos de um DBMS incluem definição de dados, dicionário de dados e linguagem de manipulação de dados. O recurso de definição especifica a estrutura e o conteúdo do banco de dados. O dicionário é um arquivo, automatizado ou manual, que armazena informações sobre os dados no banco de dados, incluindo nomes, definições, formatos e descrições de elementos de dados. A linguagem de manipulação de dados, como SQL, é uma linguagem especializada para acessar e manipular os dados no banco de dados.

O banco de dados relacional tem sido o principal método para organizar e manter dados em sistemas de informação, por conta de sua grande flexibilidade e acessibilidade. Ele organiza os dados em tabelas bidimensionais, chamadas relações, com linhas e colunas. Cada tabela contém dados sobre uma entidade e seus atributos. Cada linha representa um registro e cada coluna representa um atributo ou campo. A tabela também contém um campo-chave para identificar exclusivamente cada registro, para fins de recuperação ou manipulação. As tabelas de banco de dados relacionais podem ser combinadas facilmente, para fornecer os dados exigidos por usuários, desde que quaisquer duas tabelas compartilhem um elemento de dados comum. Os bancos de dados não relacionais estão se tornando populares para gerenciar tipos de dados que não podem ser manipulados facilmente pelo modelo de dados relacionais. Ambos os produtos de banco de dados relacionais e não relacionais estão disponíveis como serviços de computação em nuvem. Um banco de dados distribuído é aquele armazenado em vários locais físicos, incluindo centros remotos de computação em nuvem.

O banco de dados requer um projeto lógico e um projeto físico. O projeto lógico concebe o banco de dados de uma perspectiva de negócios. O modelo de dados da organização deve refletir seus principais processos de negócios e requisitos de tomada de decisão. O processo de criação de estruturas de dados pequenas, estáveis, porém flexíveis e adaptáveis, a partir de grupos complexos de dados durante a concepção do banco de dados relacional é chamado de normalização. Um banco de dados relacional bem projetado não terá relacionamentos muitos-para-muitos, e todos os atributos de uma entidade específica serão aplicados apenas a essa entidade. Tentará impor regras de integridade referencial para garantir que os relacionamentos entre as tabelas permaneçam consistentes. Um diagrama entidade-relacionamento descreve graficamente o relacionamento entre entidades (tabelas) em um banco de dados relacional.

6.3 Quais são as principais ferramentas e tecnologias para acessar informações a partir de bancos de dados a fim de melhorar o desempenho da empresa e a tomada de decisões?

A tecnologia atual de gestão de dados dispõe de uma série de ferramentas para obter informações úteis de todos os diferentes tipos de dados usados pelas empresas hoje, incluindo *big data* semiestruturado e não estruturado em grandes quantidades. Esses recursos incluem *data warehouses* e *data marts*, Hadoop, computação em memória e plataformas analíticas. O OLAP representa as relações entre os dados como uma estrutura multidimensional, que pode ser visualizada como cubos de dados e cubos dentro de cubos de dados, permitindo uma análise mais sofisticada. A mineração de dados analisa grandes conjuntos de dados, incluindo o conteúdo de *data warehouses*, para encontrar padrões e regras que podem ser usados para prever o comportamento futuro e orientar a tomada de decisões. As ferramentas de mineração de texto ajudam as empresas a analisar grandes conjuntos de dados não estruturados no formato de texto. As ferramentas de mineração na *web* concentram-se na análise de padrões e informações úteis da *web*, examinando a estrutura dos *sites* e as atividades de seus usuários, bem como o conteúdo das páginas da *web*. Bancos de dados convencionais podem ser vinculados via *middleware* à *web* ou a uma interface *web*; isso facilita o acesso do usuário aos dados internos de uma organização.

6.4 Por que a governança e a garantia de qualidade de dados são essenciais para gerenciar os recursos de dados da empresa?

O desenvolvimento de um ambiente de banco de dados requer políticas e procedimentos para gerenciar dados, bem como um bom modelo de dados e uma boa tecnologia de banco de dados. A governança de dados abrange políticas e procedimentos organizacionais para a manutenção, distribuição e uso de informações na organização. Dados imprecisos, incompletos ou inconsistentes criam sérios problemas operacionais e financeiros para as empresas, porque podem gerar imprecisões em preços de produtos, contas de clientes e dados de estoque, assim resultando em decisões imprecisas sobre as ações que devem ser tomadas pela empresa. As empresas devem tomar medidas especiais para garantir um alto nível de qualidade de dados. Isso inclui o uso de padrões de dados corporativos, bancos de dados projetados para minimizar dados inconsistentes e redundantes, auditorias de qualidade de dados e *software* de limpeza de dados.

Termos-chave

Análise de sentimento, 235
Arquivo, 213
Atributo, 214
Auditoria de qualidade de dados, 239
Banco de dados distribuído, 225
Banco de dados, 216
Big data, 228
Bit, 213
Blockchain, 225
Byte, 213
Campo, 213
Campo-chave, 218
Chave estrangeira, 218
Chave primária, 218
Computação em memória (in-memory computing), 232
Consulta, 221
Data cleansing (limpeza e padronização de dados), 239
Data lake, 232
Data mart, 231
Data warehouse, 231
DBMS relacional, 218
Definição de dados, 221
Dependência de dados de programa, 216
Diagrama entidade-relacionamento, 224
Dicionário de dados, 221
Entidade, 214
Governança de dados, 237
Hadoop, 231
Inconsistência de dados, 215
Integridade referencial, 224
Linguagem de consulta estruturada (SQL), 221
Linguagem de manipulação de dados, 221
Mineração de dados (data mining), 234
Mineração de texto, 235
Mineração na web (web mining), 236
Normalização, 223
Plataformas analíticas, 232
Processamento analítico on-line (OLAP), 233
Redundância de dados, 215
Registro, 213
Servidor de banco de dados, 237
Sistema de gestão de banco de dados (DBMS), 217
Sistemas de gestão de banco de dados não relacionais, 225
Tuplas, 218

Questões para revisão

6.1 Quais são os problemas de gerenciar recursos de dados em um ambiente de arquivos tradicional?

- Liste e descreva cada um dos componentes na hierarquia de dados.
- Defina e explique o significado de entidades, atributos e campos-chave.
- Liste e descreva os problemas do ambiente de arquivos tradicional.

6.2 Quais são os principais recursos dos sistemas de gerenciamento de banco de dados (DBMS). E por que um DBMS relacional é tão poderoso?

- Defina o que é um banco de dados e um sistema de gestão de banco de dados.
- Nomeie e descreva brevemente os recursos de um DBMS.
- Defina o que é um DBMS relacional e explique o modo como ele organiza os dados.
- Liste e descreva as três operações de um DBMS relacional.
- Explique por que os bancos de dados não relacionais são úteis.
- Defina e descreva a normalização e a integridade referencial e explique como contribuem para um banco de dados relacional bem projetado.
- Defina e descreva um diagrama entidade-relacionamento e explique sua função no projeto de banco de dados.

6.3 Quais são as principais ferramentas e tecnologias para acessar informações a partir de bancos de dados a fim de melhorar o desempenho da empresa e a tomada de decisões?

- Defina *big data* e descreva as tecnologias para gerenciá-lo e analisá-lo.
- Liste e descreva os componentes de uma infraestrutura temporária de tecnologia de *business intelligence*.
- Descreva os recursos de processamento analítico *on-line* (OLAP).
- Defina mineração de dados, descrevendo as diferenças em relação ao OLAP e os tipos de informações que fornece.
- Explique como a mineração de texto e a mineração na *web* diferem da mineração de dados convencional.
- Descreva como os usuários podem acessar informações dos bancos de dados internos de uma empresa por meio da *web*.

6.4 Por que a governança e a garantia de qualidade de dados são essenciais para gerenciar os recursos de dados da empresa?

- Defina o que é governança de dados e explique como ela ajuda as organizações a gerenciar seus dados.
- Liste e descreva os problemas de qualidade de dados mais importantes.
- Liste e descreva as ferramentas e técnicas mais importantes para garantir a qualidade dos dados.

Para discutir

6.5 Já disseram que não existem dados ruins, apenas gestão ruim. Discuta as implicações dessa afirmação.

6.6 Até que ponto os usuários finais devem estar envolvidos na seleção do sistema de gestão de banco de dados e no projeto de banco de dados?

6.7 Quais são as consequências de uma organização não ter uma política de informações?

Projeto práticos em SIG

Os projetos desta seção oferecem experiências práticas na análise de problemas de qualidade de dados, no estabelecimento de padrões de dados em toda a empresa, na criação de um banco de dados para gerenciamento de estoque e no uso da *web* para pesquisar recursos de negócios no exterior em bancos de dados *on-line*.

Problemas de decisão de gestão

6.8 A Emerson Process Management, uma empresa internacional de instrumentos e serviços de medição, análise e monitoramento com sede em Austin, Texas, tinha um novo *data warehouse* projetado para analisar a atividade de clientes e, assim, melhorar o atendimento e o *marketing*. No entanto, o *data warehouse* estava cheio de dados imprecisos e redundantes.
Os dados nesse *warehouse* vinham de vários sistemas de processamento de transações na Europa, na Ásia e em outros locais ao redor do mundo. A equipe que o projetou imaginara que os grupos de vendas em todas essas áreas inseririam os nomes e endereços dos clientes da mesma maneira. Na verdade, empresas em diferentes países estavam usando várias maneiras de inserir informações de cotações, cobranças, remessas e outros dados. Avalie o possível impacto comercial desses problemas de qualidade de dados. Que decisões devem ser tomadas e que etapas devem ser seguidas para se obter uma solução?

6.9 Sua empresa de suprimentos industriais deseja criar um *data warehouse* em que a gestão possa obter uma visão corporativa única de informações críticas de vendas, para identificar os produtos mais vendidos, os principais clientes e as tendências de vendas. Suas informações de vendas e de produtos são armazenadas em dois sistemas diferentes: um sistema de vendas divisional executado em um servidor Unix e um sistema de vendas corporativo executado em um *mainframe* IBM. Você gostaria de criar um único formato padrão que consolide esses dados de ambos os sistemas. Que problemas de negócios são criados por não ter esses dados em um único formato padrão?

- Seria fácil criar um banco de dados com um único formato padrão que pudesse armazenar os dados de ambos os sistemas? Identifique os problemas que teriam de ser resolvidos.
- Os problemas podem ser resolvidos por especialistas em banco de dados ou gerentes gerais de negócios? Justifique.
- Quem deve ter autoridade para finalizar um formato único dessas informações no *data warehouse* em toda a empresa?

Alcançando a excelência operacional: construindo um banco de dados relacional para gerenciamento de estoque

Habilidades de *software*: Projeto de banco de dados, realização de consultas e emissão de relatórios

Habilidades de negócios: Gestão de estoque

6.10 Neste exercício, você usará o *software* de banco de dados para projetar um banco de dados a fim de gerenciar o estoque de uma pequena empresa. A Sylvester's Bike Shop, localizada em San Francisco, Califórnia, vende bicicletas de corrida, mountain bikes, híbridas, de lazer e infantis. Atualmente, a Sylvester's compra bicicletas de três fornecedores, mas planeja adicionar novos fornecedores em um futuro próximo. Construa um banco de dados relacional simples para gerenciar informações sobre os fornecedores e os produtos da Sylvester's. Depois de criar o banco de dados, realize as atividades a seguir.

- Prepare um relatório que identifique as cinco bicicletas mais caras. O relatório deve listar as bicicletas em ordem decrescente, da mais cara para a mais barata, a quantidade disponível de cada uma e a margem de lucro de cada uma.
- Prepare um relatório que liste cada fornecedor, seus produtos, as quantidades disponíveis e os níveis de pedidos de reposição associados. O relatório deve ser classificado em ordem alfabética por fornecedor. Para cada fornecedor, os produtos devem ser classificados em ordem alfabética.
- Prepare um relatório listando apenas as bicicletas com pouco estoque e que precisam ser repostas. O relatório deve fornecer informações do fornecedor para os itens identificados.
- Escreva uma breve descrição de como o banco de dados pode ser aprimorado para melhorar ainda mais o gerenciamento da empresa. Quais tabelas ou campos devem ser adicionados? Que relatórios adicionais seriam úteis?

Melhor tomada de decisão: pesquisando em bancos de dados *on-line* para recursos de negócios no exterior

Habilidades de *software*: Bancos de dados *on-line*

Habilidades de negócios: Serviços de pesquisa para operações no exterior

6.11 Esse projeto desenvolve habilidades na busca de bancos de dados habilitados para *web* com informações sobre produtos e serviços em locais distantes.

Sua empresa está localizada em Greensboro, Carolina do Norte, e fabrica móveis de escritório de vários tipos. Seu plano é abrir uma unidade para fabricar e vender seus produtos na Austrália. Você gostaria de entrar em contato com organizações que oferecem muitos serviços necessários para abrir o escritório e a fábrica na Austrália, incluindo advogados, contadores, especialistas em importação e exportação e equipamentos de telecomunicações e empresas de suporte. Acesse os seguintes bancos de dados *on-line* para localizar empresas que gostaria de visitar durante sua próxima viagem: Australian Business Directory Online, AustraliaTrade Now e o Nationwide Business Directory of Australia. Se necessário, use mecanismos de busca como Yahoo e Google.

- Liste as empresas com as quais você entraria em contato na viagem para determinar se elas podem ajudá-lo com essas e outras funções que você considera vitais para abrir o escritório.
- Avalie os bancos de dados que você usou em termos de precisão do nome, integridade, facilidade de uso e utilidade geral.

Projeto de colaboração e trabalho em equipe

Identificação de entidades e atributos em um banco de dados *on-line*

6.12 Com seu grupo de três ou quatro outros alunos, selecione um banco de dados *on-line* para explorar, como AOL Music, iGo.com ou o Internet Movie Database. Pesquise um desses *sites* para ver quais informações ele fornece. Em seguida, liste as entidades e atributos que a empresa que administra o *site* deve acompanhar em seus bancos de dados. Faça um diagrama do relacionamento entre as entidades que você identificou. Se possível, use o Google Docs e o Google Drive ou Google Sites para debater, organizar e desenvolver uma apresentação de suas descobertas para a turma.

O *big data* tem uma resposta?

ESTUDO DE CASO

As empresas atuais estão lidando com uma avalanche de dados de mídias sociais, buscas e sensores, além das fontes tradicionais. De acordo com uma estimativa, são gerados 2,5 quintilhões de *bytes* de dados por dia em todo o mundo. Entender o "*big data*" para melhorar a tomada de decisões e o desempenho dos negócios tornou-se uma das principais oportunidades para organizações de todos os tamanhos e formatos, mas também representa grandes desafios.

Empresas como Amazon, YouTube e Spotify cresceram analisando o *big data* que coletam sobre os interesses e compras dos clientes, para assim gerar milhões de recomendações personalizadas de livros, filmes e músicas. Vários serviços *on-line* analisam *big data* para auxiliar os consumidores. Entre estes serviços, incluem-se encontrar o menor preço de automóveis, computadores, planos de telefonia móvel, roupas, passagens aéreas, quartos de hotel e muitos outros tipos de bens e serviços. O *big data* também está proporcionando benefícios nos esportes (veja a Sessão Interativa sobre Gestão), na educação, na ciência, na saúde e na aplicação da lei.

Empresas de assistência médica estão atualmente analisando *big data* para determinar os tratamentos mais eficazes e econômicos para doenças crônicas e doenças comuns, além de fornecer recomendações de cuidados personalizados aos pacientes. Por exemplo, o Estado de Rhode Island tem usado a ferramenta HealthShare Active Analytics, da InterSystems, para coletar e analisar dados de pacientes em âmbito estadual. O Instituto de Qualidade do estado descobriu que cerca de 10% dos principais testes de laboratório realizados em mais de 25% da população do estado eram desnecessários do ponto de vista médico – uma descoberta que, desde então, ajudou Rhode Island a reduzir os gastos, bem como a melhorar a qualidade do atendimento. Os dados analíticos do *big data* estão ajudando os pesquisadores a identificar como as variações entre pacientes e tratamentos influenciam os resultados de saúde. Por exemplo, a granularidade do *big data* pode ajudar os especialistas a detectar e diagnosticar diversas variantes da asma, indicando aos médicos o plano de tratamento preciso exigido pelo caso único de cada paciente.

Há limites para o uso de *big data*. Várias empresas correram para iniciar projetos de *big data* sem antes estabelecer uma meta de negócios para essas novas informações ou métricas-chave de desempenho para medir o sucesso. Números em abundância não significam necessariamente que as informações corretas estão sendo coletadas ou que as pessoas tomarão decisões mais inteligentes. Especialistas em análise acreditam que muitas empresas, seduzidas pela promessa desses dados, entram em projetos de *big data* sem nada para mostrar por seus esforços. Elas começam a acumular montanhas de dados sem um objetivo claro ou sem a compreensão de como exatamente a análise de *big data* atingirá o objetivo da empresa ou quais perguntas estão tentando responder. As organizações também não se beneficiarão do *big data* que não foi devidamente limpo, organizado e gerenciado – pense na qualidade dos dados.

Big data nem sempre reflete emoções ou sentimentos intuitivos. Por exemplo, quando a LEGO entrou em processo de falência, entre 2002 e 2003, a empresa usou *big data* para determinar que as pessoas da Geração Y têm períodos curtos de atenção e ficam entediados facilmente. A mensagem dos dados levou a LEGO a não enfatizar seus pequenos blocos famosos; em vez disso, favoreceu grandes blocos de construção simples. Essa mudança apenas acelerou o declínio da LEGO, então a empresa decidiu entrar nas casas dos consumidores para tentar se reconectar com clientes outrora fiéis. Depois de se encontrar com um menino alemão de 11 anos, a LEGO descobriu que, para as crianças, brincar e mostrar maestria em algo era mais valioso do que receber gratificação instantânea. A LEGO mudou novamente para então emergir, após seu filme de sucesso de 2014, como o maior fabricante de brinquedos do mundo. Padrões e tendências às vezes podem ser enganosos.

Grandes volumes de dados não fornecem necessariamente percepções mais confiáveis. Às vezes, os dados que estão sendo analisados não são uma amostra verdadeiramente representativa dos dados necessários. Por exemplo, as pesquisas eleitorais nos Estados Unidos têm lutado para obter amostras representativas da população, porque a maioria das pessoas não tem telefones fixos. É mais demorado e caro para os pesquisadores contatar usuários de telefones celulares, que agora constituem 75% de algumas amostras. Uma lei dos Estados Unidos proíbe a discagem automática de telefones celulares, de modo que os pesquisadores precisam discar os números manualmente e fazer mais ligações, já que os usuários de celular tendem a filtrar ligações desconhecidas. As opiniões no Twitter não refletem as opiniões da população dos Estados Unidos como um todo. As pessoas idosas, pobres ou introvertidas, que tendem a não usar as mídias sociais – ou mesmo computadores – geralmente são excluídas.

Embora o *big data* seja muito bom para detectar correlações – especialmente correlações sutis que uma análise de conjuntos de dados menores pode perder –, a análise desses dados não mostra necessariamente a causalidade ou quais correlações são significativas. Por exemplo, examinar *big data* pode mostrar que o declínio na taxa de criminalidade nos Estados Unidos foi altamente correlacionado com o declínio da participação de mercado de locadoras de vídeo como a Blockbuster. Mas isso não significa necessariamente que haja alguma conexão significativa entre os dois fenômenos. Os analistas de dados precisam de algum conhecimento comercial do problema que estão tentando resolver com *big data*.

Só porque algo pode ser medido não significa que deve ser medido. Suponha, por exemplo, que uma grande empresa queira medir o tráfego de seu *site* em relação ao número de menções no Twitter. A empresa cria um painel digital para exibir os resultados continuamente. No passado, a empresa havia gerado a maior parte de seus *leads* de vendas e de vendas eventuais em feiras e conferências. Mudar para menções no Twitter como a principal métrica para medir muda o foco do departamento de vendas. O departamento despeja sua energia e seus recursos no monitoramento de cliques no *site* e no tráfego da mídia social, que produzem muitos *leads* não qualificados que nunca resultam em vendas.

Todos os conjuntos de dados e modelos de previsão baseados em dados refletem os vieses das pessoas que selecionam os dados e realizam a análise. O Google desenvolveu o que pensava ser um algoritmo de ponta, usando dados coletados de pesquisas na *web* para determinar exatamente quantas pessoas tinham gripe e como a doença estava se espalhando. O algoritmo tentou calcular o número de pessoas com gripe nos Estados Unidos relacionando a localização das pessoas a consultas de pesquisa relativas à gripe no Google. O Google superestimou consistentemente as taxas de gripe, quando comparadas aos dados convencionais coletados posteriormente pelos Centros de Controle de Doenças dos Estados Unidos (CDC). Vários cientistas sugeriram que o Google foi "enganado" pela ampla cobertura da mídia sobre a grave temporada de gripe daquele ano no país, que foi ampliada ainda mais pela cobertura da mídia social. O modelo desenvolvido para prever as tendências da gripe baseou-se em uma hipótese equivocada – que a incidência de pesquisas relacionadas à gripe no Google era um indicador preciso do número de pessoas que realmente a contraíram. O algoritmo do Google olhou apenas para números, não para o contexto dos resultados da pesquisa.

O Departamento de Polícia de Nova York (NYPD) desenvolveu uma ferramenta chamada Patternizr, que usa reconhecimento de padrões para identificar criminosos em potencial. O *software* pesquisa centenas de milhares de registros criminais em 77 delegacias no banco de dados do NYPD para encontrar uma série de crimes que provavelmente foram cometidos pelo mesmo indivíduo ou indivíduos, com base em um conjunto de características de identificação. No passado, os analistas tinham que revisar manualmente os relatórios para identificar padrões, um processo muito demorado e ineficiente. Alguns especialistas temem que o Patternizr inadvertidamente perpetue o preconceito. O NYPD usou 10 anos de dados de padrões identificados manualmente para orientar o Patternizr, removendo atributos como sexo, raça e localização específica dos dados. No entanto, esses esforços podem não eliminar o preconceito racial e de gênero no *software*, se raça e gênero tiverem desempenhado algum papel nas ações policiais anteriores usadas para modelar as previsões. De acordo com Darin Stewart, analista da Gartner Inc., o Patternizr examinará os indivíduos que se encaixam em um perfil inferido pelo sistema. Na melhor das hipóteses, diz Stewart, algumas pessoas identificadas pelo Patternizr serão incomodadas e ofendidas. Na pior das hipóteses, pessoas inocentes irão para a cadeia.

As empresas agora estão coletando e explorando de forma agressiva conjuntos de dados maciços sobre hábitos de compras, renda, *hobbies*, residências e movimentos das pessoas (via dispositivos móveis) de um lugar para outro. Estão usando esse *big data* para descobrir novos fatos sobre as pessoas, classificá-los com base em padrões sutis, sinalizá-los como "riscos" (por exemplo, riscos de inadimplência ou riscos à saúde), prever seu comportamento e manipulá-los para obter o lucro máximo. Especialistas em privacidade temem que as pessoas sejam marcadas e sofram consequências adversas sem o devido processo, sem a chance de se defender ou mesmo sem o conhecimento de que foram discriminadas.

Empresas de seguro como a Progressive oferecem um pequeno dispositivo para instalar no carro e analisar seus hábitos de condução, para oferecer, claramente, um melhor preço de seguro. No entanto, alguns dos critérios para taxas mais baixas de seguro automotivo são considerados discriminatórios. As companhias de seguros, por exemplo, gostam de pessoas que não dirigem tarde da noite e não passam muito tempo no carro. No entanto, as pessoas mais pobres são mais propensas a trabalhar em turnos tardios e a ter deslocamentos mais longos para o trabalho, o que pode aumentar suas tarifas de seguro.

Cada vez mais empresas estão se voltando para sistemas computadorizados para filtrar e contratar candidatos a emprego, especialmente para empregos de baixa remuneração no setor de serviços. Os algoritmos que esses sistemas usam para avaliação podem estar impedindo candidatos qualificados de obter esses empregos. Por exemplo, alguns desses algoritmos determinaram que, estatisticamente, as pessoas com deslocamentos mais curtos são mais propensas a permanecer no emprego por mais tempo do que aquelas com deslocamentos mais longos ou com meios de transporte menos confiáveis, ou aqueles que não se mantiveram no mesmo endereço por muito tempo. Se perguntado: "Quanto tempo dura o seu trajeto?" candidatos com longos tempos de deslocamento receberão menos pontos para obter o emprego. Embora essas considerações possam ser estatisticamente precisas, é justo selecionar candidatos a emprego dessa maneira?

Fontes: Grant Wernick, "Big Data, Small Returns," *Data-Driven Investor*, 13 de janeiro de 2020; "Big Data 2020: The Future, Growth and Challenges of the Big Data Industry," www.i-scoop.com, acessado em 25 de janeiro de 2020; Brian Holak, "NYPD's Patternizr Crime Analysis Tool Raises AI Bias Concerns," searchbusinessanalytics. com, 14 de março de 2019; Lisa Hedges, "What Is Big Data in Healthcare and How Is It Already Being Used?" 25 de outubro de 2019; Alex Bekker, "Big Data: A Highway to Hell or a Stairway to Heaven? Exploring Big Data Problems," *ScienceSoft*, 19 de maio de 2018; e Gary Marcus

PERGUNTAS DO ESTUDO DE CASO

6.13 Que benefícios comerciais as organizações descritas neste caso obtêm por meio da análise e do uso de *big data*?

6.14 Identifique duas decisões nas organizações descritas neste caso que foram melhoradas por meio do uso de *big data* e duas decisões que o *big data* não melhorou.

6.15 Descreva as limitações do uso de *big data*.

6.16 Todas as organizações deveriam tentar coletar e analisar *big data*? Por quê? Ou por que não? Quais questões de gerenciamento, organização e tecnologia devem ser abordadas antes que uma empresa decida trabalhar com *big data*?

Referências do Capítulo 6

Aiken, Peter, Mark Gillenson, Xihui Zhang e David Rafner. "Data Management and Data Administration: Assessing 25 Years of Practice." *Journal of Database Management* (julho a setembro de 2011).

Beath, Cynthia, Irma Becerra-Fernandez, Jeanne Ross e James Short. "Finding Value in the Information Explosion." *MIT Sloan Management Review* 53, Nº 4 (verão de 2012).

Bessen, Bart. "Improving Data Quality Using Data Governance."

Big Data Quarterly (primavera de 2018).

Buff, Anne. "The Conundrum of Data Governance." *Big Data Quarterly* (primavera de 2019).

Clifford, James, Albert Croker e Alex Tuzhilin. "On Data Representation and Use in a Temporal Relational DBMS." *Information Systems Research* 7, Nº 3 (setembro de 1996).

DalleMule, Leandro e Thomas H. Davenport. "What's Your Data Strategy?" *Harvard Business Review* (maio-junho de 2017).

Davenport, Thomas H. *Big Data at Work: Dispelling the Myths, Uncovering the Opportunities.* (Boston, MA: Harvard Business School, 2014.)

Duncan, Alan D., Mei Yang Selvage e Saul Judah. "How a Chief Data Officer Should Drive a Data Quality Program." Gartner Inc. (14 de outubro de 2016).

Eckerson, Wayne W. "Analytics in the Era of Big Data: Exploring a Vast New Ecosystem." Tech Target (2012).

Experian Information Solutions. "The 2018 Global Data Management Benchmark Report." (2018).

Felin, Teppo e Karim Lakhani. "What Problems Will You Solve with Blockchain?" *MIT Sloan Management Review* 60 Nº 1 (outono de 2018).

Henschen, Doug. "MetLife Uses NoSQL for Customer Service Breakthrough." *Information Week* (13 de maio de 2013).

Hoffer, Jeffrey A., Ramesh Venkataraman e Heikki Toppi.

Modern Database Management, 13ª ed. (Upper Saddle River, NJ: Prentice-Hall, 2019).

E Ernest Davis, "Eight (No, Nine!) Problems With Big Data," *New York Times*, 6 de abril de 2014.

Kroenke, David M., David J. Auer, Robert C. Yoder e Scott L. Vandenberg. *Database Processing: Fundamentals, Design, and Implementation*, 15ª ed. (Upper Saddle River, NJ: Prentice- Hall, 2019).

Lukyanenko, Roman, Jeffrey Parsons, Yolanda F. Wiersma e Mahed Maddah. "Expecting the Unexpected: Effects of Data Collection Design Choices on the Quality of Crowdsourced User-Generated Content." *MIS Quarterly* 43, Nº 2 (junho de 2019).

Madnick, Stuart. "Blockchain Isn't as Unbreakable as You Think."

MIT Sloan Management Review (inverno de 2020).

Marcus, Gary e Ernest Davis. "Eight (No, Nine!) Problems With Big Data." *New York Times* (6 de abril de 2014).

McKendrick, Joe. "Building a Data Lake for the Enterprise." *Big Data Quarterly* (primavera de 2018).

"Data Governance in the Era of Heightened Regulation."

Big Data Quarterly (verão de 2019).

"Seven Trends Shaping Big Data Into 'All Data,'" *Big Data Quarterly* (outono de 2019).

O'Keefe, Kate. "Real Prize in Caesars Fight: Data on Players." *Wall Street Journal* (19 de março de 2015).

Qu, Xinxue (Shawn) e Zhengrui Jiang. "A Time-Based Dynamic Synchronization Policy for Consolidated Database Systems." *MIS Quarterly* 43 Nº 4 (dezembro de 2019).

Redman, Thomas C. "Data's Credibility Problem." *Harvard Business Review* (dezembro de 2013).

Richardson, John. "This Is the Decade of Clean Data Management." *Supply Chain Brain* (7 de fevereiro de 2020).

Ross, Jeanne W., Cynthia M. Beath e Anne Quaadgras. "You May Not Need Big Data After All." *Harvard Business Review* (dezembro de 2013).

Wallace, David J. "How Caesar's Entertainment Sustains a Data- Driven Culture." *DataInformed* (14 de dezembro de 2012).

CAPÍTULO

7 Telecomunicações, internet e tecnologia sem fio

OBJETIVOS DE ESTUDO

Ao concluir este capítulo, você será capaz de responder às seguintes perguntas:

7.1 Quais são os principais componentes das redes de telecomunicações e as principais tecnologias de rede?

7.2 Quais são os diferentes tipos de redes?

7.3 Como a internet e sua tecnologia funcionam e como facilitam a comunicação e o *e-business*?

7.4 Quais são as principais tecnologias e padrões para redes sem fio, comunicação e acesso à internet?

7.5 Como os sistemas de informação gerenciais ajudarão minha carreira?

CASOS DO CAPÍTULO

A National Hockey League marca pontos com a tecnologia sem fio

Monitoramento de funcionários nas redes: prática antiética ou bom negócio?

A Internet das Coisas ajuda na gestão de resíduos

Google, Apple e Meta disputam pela sua experiência na internet

A National Hockey League marca pontos com a tecnologia sem fio

Esportes como beisebol, basquete e futebol americano têm usado intensamente a tecnologia da informação para melhorar o desempenho de jogadores e equipes, além de aprimorar a experiência de quem assiste as partidas (veja a Sessão Interativa sobre Gestão do Capítulo 6). Os torcedores de hoje não querem apenas assistir a um esporte; querem se envolver com ele e esperam mais informações e interação – visualização aprimorada de dados, transmissão ao vivo, vídeo sob demanda, aplicativos móveis, mídia social. A tecnologia digital tornou-se essencial para atrair torcedores, patrocinadores e emissoras.

Pode-se dizer, no entanto, que o hóquei está atrás no placar. A National Hockey League (NHL), composta por 31 times (24 dos Estados Unidos e 7 do Canadá), demorou a usar dados gerados pelas partidas e métricas avançadas, por isso não tinha os números reais para embasar muitas opiniões subjetivas que as pessoas tinham sobre o desempenho de jogadores e equipes nos jogos. Agora isso está prestes a mudar. A NHL se prepara para implementar o sistema Puck and Player Tracking para jogos em todas as 31 arenas. Esse sistema rastreia todos os movimentos do disco e dos jogadores de cada equipe durante um jogo. Ele é capaz de rastrear os discos e os jogadores em jogo 2 mil vezes por segundo, com precisão em nível de polegada. O sistema é capaz de detectar os passes, tacadas, posicionamento, velocidade e tempo na pista de gelo dos jogadores de forma precisa e instantânea. Qual a velocidade exata de um jogador patinando? Por quanto tempo ele controlou o disco? Quanto tempo ele passou na zona de pontuação? Agora essas perguntas podem ser respondidas.

A tecnologia Puck and Player Tracking da NHL inclui de 14 a 16 antenas instaladas nas vigas das arenas; quatro câmeras para as funções de rastreamento; um sensor sem fio colocado nas ombreiras de cada jogador; e 40 discos com sensores infravermelhos e de radiofrequência embutidos para cada partida. Os dispositivos colocados nas vigas e na camada superior de cada arena registram as coordenadas *x,y,z* de cada sensor nos jogadores e discos centenas de vezes por segundo. A Sports-Media Technology desenvolveu esse sistema, incluindo *software* em um sistema OASIS que agrupa os milhões de pontos de dados de coordenadas para gerar estatísticas, como a velocidade máxima de um jogador ou o tempo total de posse de bola.

A enxurrada de dados sobre a velocidade e o desempenho do jogador está mudando a forma como treinadores, emissoras e torcedores interagem com o jogo. Todos os novos dados e métricas serão, obviamente, usados por treinadores e diretores para melhorar o desempenho da equipe, além de melhorar a experiência do torcedor dentro da arena e daqueles que assistem na televisão ou em dispositivos móveis – especialmente espectadores mais jovens. Em alguns casos, os dois tipos de experiência de visualização podem até incluir uma transmissão de fluxo digital dedicada que exibirá os dados do disco e do jogador.

De acordo com Gary Bettman, comissário da NHL, o rastreamento de jogadores e discos foi projetado inicialmente para dar às pessoas mais informações sobre o jogo, mostrar a elas como o jogo é especial e ajudá-las a entender um pouco melhor o hóquei. Mas as oportunidades de negócios para usar esses dados se expandiram. Os torcedores de hóquei podem se envolver mais profundamente com o esporte, seja por meio de jogos, *fantasy games* ou enriquecendo seu próprio conhecimento do jogo; esse nível mais alto de envolvimento produzirá mais receita para a NHL e seus clubes. O *big data* esportivo coletado por meio de tecnologia sem fio realmente se tornou um "divisor de águas".

Fontes: Tom Gulitti, "NHL Plans to Deploy Puck and Player Tracking Technology Next Season," NHL.com, 25 de janeiro de 2019; Brian Horwath, "Technology Gets a Second Chance to Make the NHL More Broadcast-Friendly, Vegas Inc., 9 de dezembro de 2019; e Laine Higgins, "*Big Data* Is Coming to the National Hockey League," *Wall Street Journal*, 10 de outubro de 2019.

A experiência da NHL ilustra algumas das poderosas capacidades e oportunidades oferecidas pela tecnologia de rede contemporânea. Os jogos da NHL agora usam rede sem fio e tecnologia de sensor sem fio para rastrear de perto a velocidade e a posição dos jogadores, bem como do disco de hóquei, juntamente com outras variáveis que afetam o resultado do jogo, para fornecer informações instantâneas aos torcedores e às emissoras.

O diagrama de abertura do capítulo chama a atenção para pontos importantes levantados por este caso e este capítulo. O hóquei da NHL tem muitos torcedores, que, no entanto, estão se voltando cada vez mais para as mídias digitais e querendo usá-las para aprimorar sua experiência com o esporte. A administração percebeu que poderia expandir a base de torcedores da NHL e aumentar sua participação aproveitando as oportunidades apresentadas pela tecnologia de rede sem fio e pela Internet das Coisas (IoT). A NHL é, portanto, capaz de

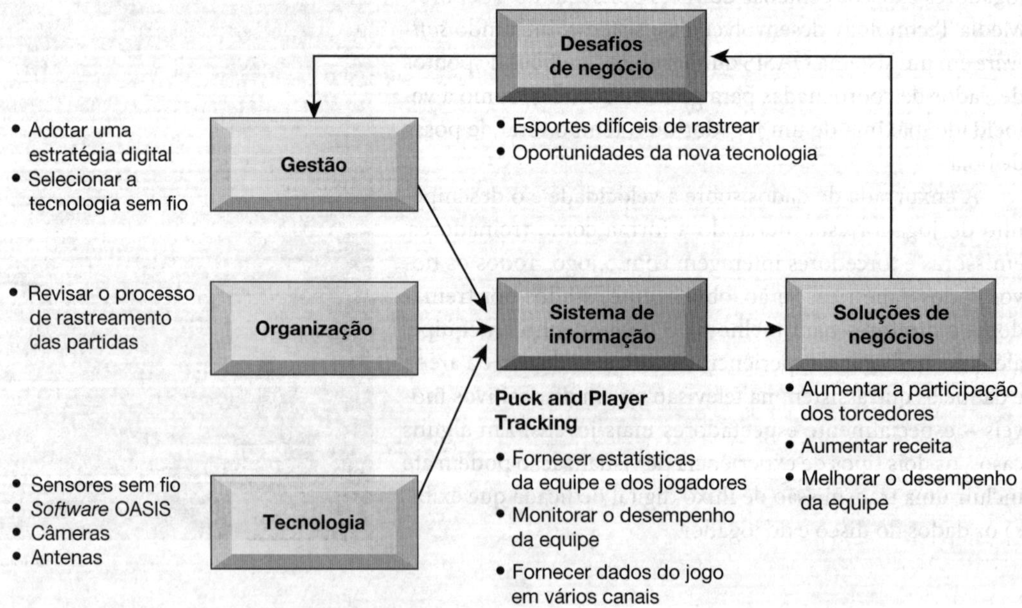

fornecer estatísticas de jogos em tempo real, conteúdo para transmissões de TV e *streaming* para dispositivos móveis, aumentando a popularidade do esporte, o interesse dos torcedores e a receita.

Aqui algumas questões sobre as quais refletir: Por que a tecnologia sem fio desempenhou um papel tão importante na NHL? Descreva como a tecnologia mudou a forma como a NHL fornecia e usava dados de seus jogos.

7.1 Quais são os principais componentes das redes de telecomunicações e as principais tecnologias de rede?

Se você é gerente ou funcionário de uma empresa, você não consegue trabalhar sem redes; pois precisa se comunicar rapidamente com seus clientes, fornecedores e funcionários. Até 1990, a comunicação das empresas utilizava o sistema postal ou o telefônico por voz ou fax. Hoje, no entanto, você e seus funcionários usam computadores, *e-mail*, mensagens de texto, internet, celulares e computadores móveis conectados a redes sem fio para essa finalidade. Redes e internet agora são praticamente sinônimos de fazer negócios.

Tendências em redes e comunicações

No passado, as empresas usavam dois tipos fundamentalmente diferentes de redes: as redes telefônicas e as redes de computadores. Historicamente, as redes telefônicas lidavam com a comunicação de voz e as redes de computadores lidavam com o tráfego de dados. As redes telefônicas foram construídas pelas companhias telefônicas ao longo do século XX usando tecnologias de transmissão de voz (*hardware* e *software*); em todo o mundo, essas empresas quase sempre operavam como monopólios regulamentados. As redes de computadores, por sua vez, foram originalmente construídas por empresas de computadores que procuravam transmitir dados entre equipamentos localizados em lugares diferentes.

Graças à contínua desregulamentação das telecomunicações e à inovação das tecnologias de informação, as redes de telefonia e de computadores foram paulatinamente se fundindo em uma única rede digital, que usa as mesmas tecnologias e padrões da internet. Empresas de telecomunicações como a Claro NET e a Vivo TV oferecem, atualmente, transmissão de dados, acesso à internet, serviço de telefonia móvel e programas de televisão, além de serviço de voz. Empresas de comunicação a cabo, como a Cablevision e a Comcast, disponibilizam serviços de voz e acesso à internet. As redes de computadores expandiram-se a ponto de incluir serviços de telefonia e vídeo via internet.

Além disso, as redes de comunicação de voz e dados se tornaram mais poderosas (mais rápidas), mais portáteis (menores e móveis) e mais baratas. Por exemplo, em 2000, a velocidade comum de conexão à internet era de 56 quilobits por segundo, enquanto hoje a grande maioria dos lares nos Estados Unidos tem conexões de **banda larga** de alta velocidade, proporcionadas por companhias telefônicas e de TV a cabo que executam de 5 a 900 megabits por segundo. O custo desse serviço tem caído exponencialmente, de US$ 0,50 por quilobit em 2000 para uma pequena fração de US$ 0,01 atualmente.

Cada vez mais, a comunicação de voz e dados, assim como o acesso à internet, ocorre em plataformas sem fio de banda larga, como telefones celulares, dispositivos portáteis móveis e PCs em rede sem fio. Mais de 70% dos usuários da internet (232 milhões de pessoas) nos Estados Unidos usa *smartphones* e *tablets* para acessar a rede, bem como computadores *desktop*.

O que é uma rede de computadores?

Se precisar conectar os computadores de dois ou mais funcionários no mesmo escritório, você necessitará de uma rede de computadores. Na sua forma mais simples, uma rede consiste em dois ou mais computadores conectados. A Figura 7.1 ilustra os principais componentes de *hardware*, *software* e transmissão usados em uma rede simples: um computador cliente e um computador servidor dedicado, interfaces de rede, um meio de conexão, um *software* de sistema operacional de rede, um *hub* (concentrador) ou um *switch* (comutador).

Cada computador contém um dispositivo de interface para conectá-lo à rede. O meio de conexão para interligar os componentes em rede pode ser um fio telefônico, um cabo coaxial ou sinais de rádio, no caso de telefone celular e redes locais sem fio (redes wi-fi).

O **sistema operacional de rede** (**NOS**, do inglês *network operating system*) encaminha e administra comunicações e coordena os recursos de rede. Esse sistema pode residir em todos os computadores da rede ou em um único servidor designado para todas as aplicações dessa rede. Um servidor é um computador que executa funções de rede importantes para os computadores clientes, como exibir páginas da *web*, armazenar dados e manter o sistema operacional da rede (ou seja, controlar a rede). Microsoft Windows Server e Linux são os sistemas operacionais de rede mais usados.

A maioria das redes também conta com um *switch* ou um *hub* que atua como ponto de conexão entre os computadores. Os ***hubs*** são dispositivos simples que conectam componentes de rede, enviando um pacote de dados para todos os outros dispositivos conectados. O ***switch*** (comutador) tem mais capacidade do que um *hub* e pode filtrar e encaminhar dados para um destino especificado na rede.

E para se comunicar com outra rede, como a internet? Para isso, é preciso de um **roteador**, que é um processador de comunicações usado para encaminhar pacotes de dados por diferentes redes, assegurando que a mensagem enviada chegue ao endereço correto.

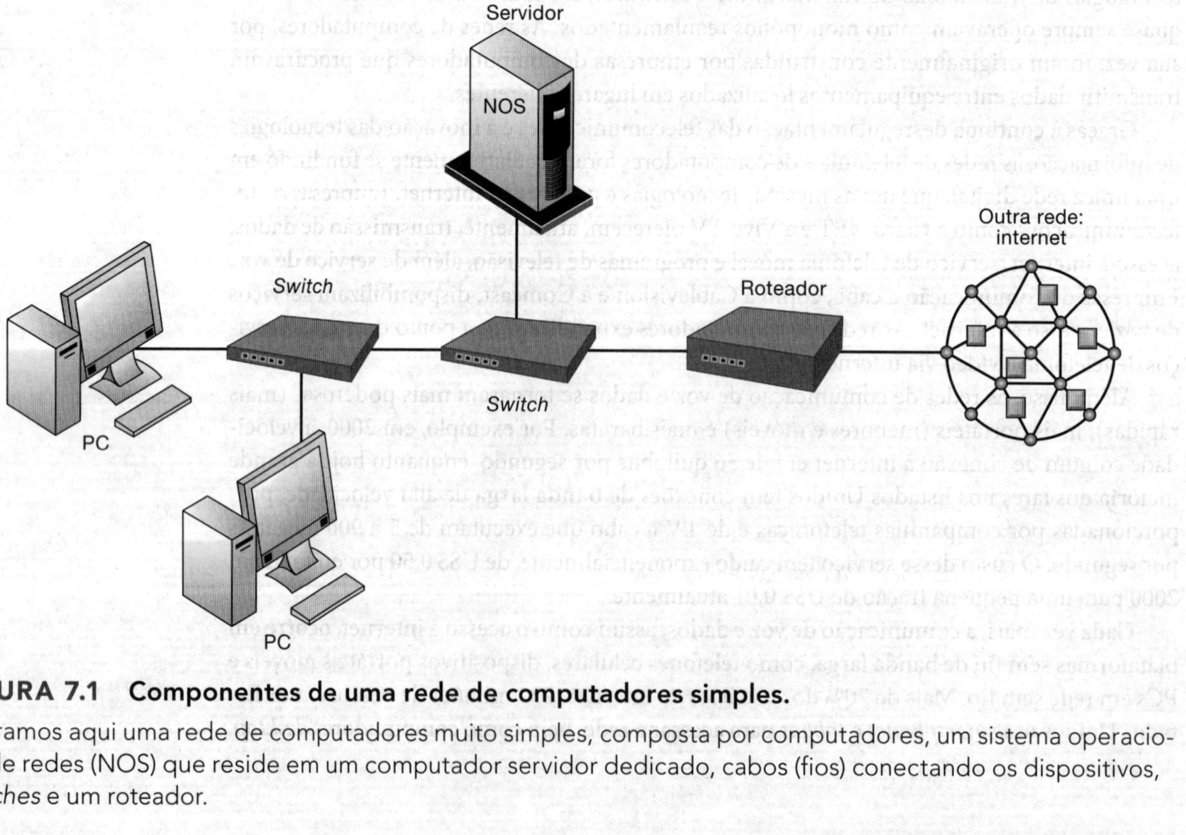

FIGURA 7.1 Componentes de uma rede de computadores simples.

Ilustramos aqui uma rede de computadores muito simples, composta por computadores, um sistema operacional de redes (NOS) que reside em um computador servidor dedicado, cabos (fios) conectando os dispositivos, *switches* e um roteador.

Os *switches* e roteadores possuem *software* proprietário embutido em seu *hardware* para direcionar a movimentação dos dados pela rede. Isso pode criar gargalos e tornar o processo de configuração de uma rede mais complicado e demorado. Uma **rede definida por *software*** (**SDN**, do inglês *software-defined networking*) é uma nova abordagem em que muitas dessas funções de controle são gerenciadas por um programa central, que pode ser executado em servidores básicos de baixo custo separados dos próprios dispositivos de rede. Isso é especialmente útil em um ambiente de computação em nuvem com muitos componentes diferentes de *hardware*, pois permite que um administrador gerencie as cargas de tráfego de forma flexível e mais eficiente.

Redes em grandes empresas

A rede que acabamos de descrever pode ser adequada para uma pequena empresa, mas como ficam as grandes corporações, com inúmeras filiais e milhares de funcionários? À medida que uma empresa cresce, vai aglutinando centenas de pequenas redes locais que podem ser unidas facilmente em uma infraestrutura de rede corporativa. A infraestrutura de rede para uma grande organização consiste em um número grande de pequenas redes locais conectadas a outras redes locais e a redes corporativas que abrangem toda a empresa. Uma série de servidores potentes é utilizada para comportar um *site* corporativo, uma intranet corporativa e, às vezes, uma extranet. Alguns desses servidores podem estar conectados a outros computadores de grande porte a fim de atender aos sistemas de *back-end*.

A Figura 7.2 oferece um exemplo dessas redes corporativas de maior escala e complexidade. Na figura, a infraestrutura de rede corporativa comporta uma força de vendas móvel que

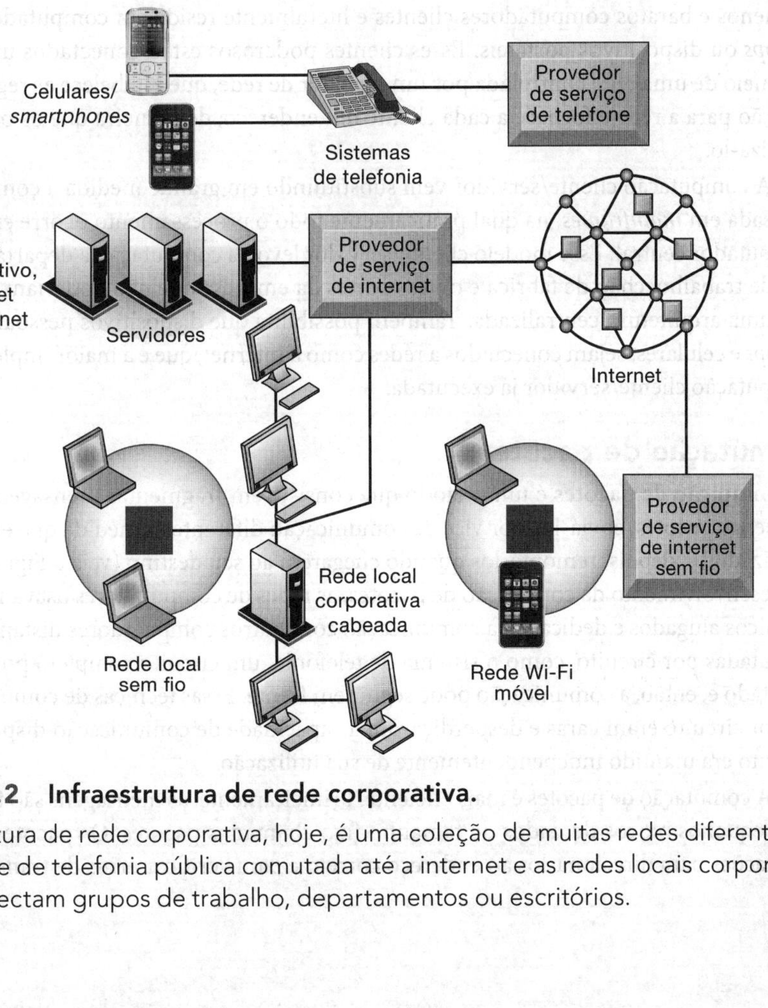

FIGURA 7.2 Infraestrutura de rede corporativa.

A infraestrutura de rede corporativa, hoje, é uma coleção de muitas redes diferentes: desde a rede de telefonia pública comutada até a internet e as redes locais corporativas que conectam grupos de trabalho, departamentos ou escritórios.

usa celulares e *smartphones*, funcionários fora da empresa conectados ao *site* corporativo e redes corporativas internas que usam redes locais móveis sem fio (wi-fi). Além dessas redes de computadores, a infraestrutura da empresa pode incluir uma rede telefônica separada que lida com a maior parte dos dados de voz. Muitas empresas estão abandonando suas redes telefônicas tradicionais e usando telefonia por internet que funciona na rede de dados preexistentes (descritos mais adiante).

Como é possível perceber na figura, essa infraestrutura de rede corporativa de grande porte usa uma ampla variedade de tecnologias – desde serviço de telefonia tradicional e redes de dados corporativas até serviço de internet, internet sem fio e celulares. Um dos principais problemas que as empresas enfrentam hoje é saber como integrar todos esses canais e redes de comunicação diferentes em um sistema coerente, que permita o fluxo de informação de uma parte da empresa a outra e de um sistema a outro.

Principais tecnologias de rede digital

As redes digitais contemporâneas e a internet se baseiam em três principais tecnologias: a computação cliente/servidor, o uso de comutação de pacotes e o desenvolvimento de padrões de comunicação amplamente utilizados (o mais importante deles é o Protocolo de Controle de Transmissão/Protocolo de Internet, ou TCP/IP) para conectar redes e computadores diferentes.

Computação cliente/servidor

A computação cliente/servidor, apresentada no Capítulo 5, é um modelo de computação distribuída em que uma parcela da capacidade de processamento está localizada dentro de pequenos e baratos computadores clientes e literalmente reside em computadores de mesa, *laptops* ou dispositivos portáteis. Esses clientes poderosos estão conectados uns aos outros por meio de uma rede controlada por um servidor de rede, que estabelece as regras de comunicação para a rede e fornece a cada cliente um endereço, de maneira que os outros possam localizá-lo.

A computação cliente/servidor vem substituindo em grande medida a computação centralizada em *mainframes*, na qual praticamente todo o processamento ocorre em um grande computador central. Esse modelo cliente/servidor levou a computação a departamentos, grupos de trabalho, chão de fábrica e outras partes da empresa que não poderiam ser atendidas por uma arquitetura centralizada. Também possibilita que dispositivos pessoais, como PCs, *laptops* e celulares, sejam conectados a redes como a internet, que é a maior implementação de computação cliente/servidor já executada.

Comutação de pacotes

A **comutação de pacotes** é um método que consiste em fragmentar mensagens digitais em pequenos pacotes, enviá-los por vias de comunicação diferentes à medida que eles são disponibilizados e, depois, remontá-los quando chegarem ao seu destino (veja a Figura 7.3). Antes do desenvolvimento da comutação de pacotes, as redes de computadores usavam circuitos telefônicos alugados e dedicados à comunicação com outros computadores distantes. Em redes comutadas por circuito, como o sistema de telefonia, um circuito completo ponto a ponto é montado e, então, a comunicação pode seguir em frente. Essas técnicas de comutação dedicada por circuito eram caras e desperdiçavam a capacidade de comunicação disponível, pois o circuito era mantido independentemente de sua utilização.

A comutação de pacotes é mais eficiente. Primeiramente, as mensagens são fragmentadas em pequenos blocos de dados de tamanho fixo chamados pacotes. Os pacotes incluem informações para direcioná-los ao endereço correto e para verificar erros de transmissão junto

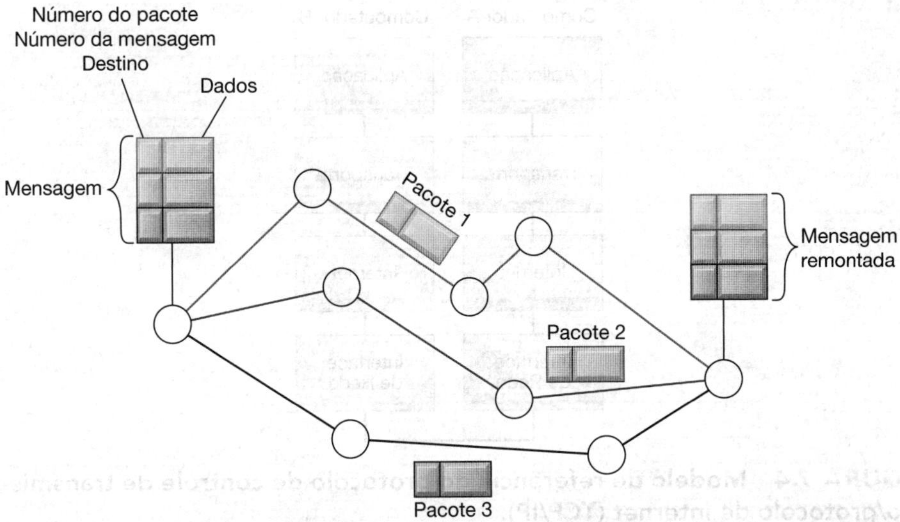

FIGURA 7.3 Redes de comutação e comunicação de pacotes.

Os dados são agrupados em pequenos pacotes transmitidos de modo independente por meio de vários canais de comunicação e remontados no destino final.

com os dados. Eles são transmitidos por vários canais de comunicação por meio de roteadores, cada pacote viaja independentemente. Os pacotes de dados originários de uma fonte podem ser roteados por trajetos diferentes da rede antes de serem remontados como a mensagem original ao chegarem ao seu destino.

TCP/IP e conectividade

Em uma rede de telecomunicações típica, diversos componentes de *hardware* e *software* precisam trabalhar juntos para transmitir informações. Para se comunicar, os diferentes componentes da rede aderem a um **protocolo** – conjunto de regras e procedimentos que regem a transmissão de informações entre dois pontos em uma rede.

No passado, a existência de muitos protocolos proprietários e incompatíveis, muitas vezes, forçava as empresas a adquirir equipamentos de comunicação e informática de um único fornecedor. Hoje, no entanto, as redes corporativas cada vez mais usam um único padrão mundial comum chamado **Protocolo de controle de transmissão/Protocolo de internet** (**TCP/IP**, do inglês *Transmission Control Protocol/Internet Protocol*), que foi desenvolvido no início da década de 1970 a fim de apoiar os esforços da Agência de Projetos de Pesquisa Avançada do Departamento de Defesa dos Estados Unidos (DARPA) para ajudar os cientistas a transmitir dados entre diferentes tipos de computadores em longas distâncias.

O TCP/IP usa um conjunto de protocolos, sendo os principais o TCP e o IP. TCP se refere ao Protocolo de controle de transmissão (*Transmission Control Protocol*, em inglês), que lida com a movimentação de dados entre computadores. O TCP estabelece uma conexão entre os computadores, sequencia a transferência de pacotes e reconhece os pacotes enviados. IP se refere ao Protocolo de internet (*Internet Protocol*), responsável pela entrega de pacotes e pela desmontagem e remontagem de pacotes durante a transmissão.

A Figura 7.4 ilustra o modelo de referência do Departamento de Defesa para o TCP/IP com quatro camadas, definidas em:

1. Camada de aplicação. Permite aos programas aplicativos clientes acessar as outras camadas e define os protocolos utilizados para intercambiar dados. Um desses protocolos de aplicação é o Hypertext Transfer Protocol (HTTP), usado para transferir arquivos de páginas da *web*.

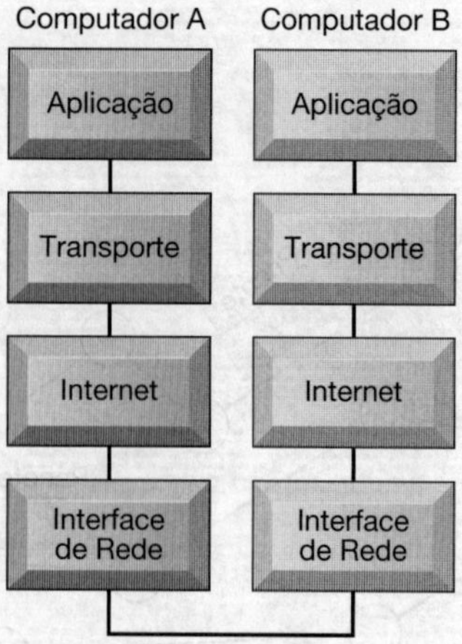

FIGURA 7.4 Modelo de referência do protocolo de controle de transmissão/protocolo de internet (TCP/IP).

A figura ilustra as quatro camadas do modelo de referência TCP/IP para comunicações.

2. Camada de transporte. É responsável por fornecer à camada de aplicação serviços de empacotamento e comunicação. Essa camada inclui o TCP e outros protocolos.
3. Camada de Internet. É responsável por endereçar, rotear e empacotar os pacotes de dados chamados datagramas IP. O Protocolo de internet é um dos protocolos usados nessa camada.
4. Camada de interface de rede. Situada na base do modelo de referência, essa camada é responsável por colocar pacotes e recebê-los pelo meio físico de rede, que poderia corresponder a qualquer tecnologia de rede.

Dois computadores usando TCP/IP podem comunicar-se, mesmo que estejam baseados em plataformas de *hardware* e *software* diferentes. Os dados enviados de um computador para outro seguem para baixo e atravessam todas as quatro camadas, começando pela aplicação do computador remetente até a interface de rede. Após os dados alcançarem o computador hospedeiro receptor, eles viajam para cima pelas camadas e são remontados em um formato que o computador receptor possa usar. Se este encontrar um pacote danificado, solicitará ao computador remetente que o retransmita. Esse processo será revertido quando o computador receptor emitir uma resposta.

7.2 Quais são os diferentes tipos de redes?

Vamos ver mais de perto as tecnologias de rede alternativas disponíveis para as empresas.

Sinais: digital *versus* analógico

Existem duas maneiras de enviar uma mensagem em uma rede: por meio de um sinal analógico ou de um sinal digital. Um *sinal analógico* é representado por uma onda contínua que passa por um meio de comunicação e tem sido usada para comunicação de áudio. Os dispositivos analógicos mais comuns são o aparelho de telefone, o alto-falante do computador ou o fone de ouvido, que criam formas de onda analógicas que seu ouvido pode ouvir.

Um *sinal digital* é uma forma de onda binária discreta, em vez de uma onda contínua. Transmite dados codificados em dois estados discretos: *bit* 1 e *bit* 0, que são representados como pulsos elétricos ativos e inativos. Os computadores se comunicam por sinais digitais

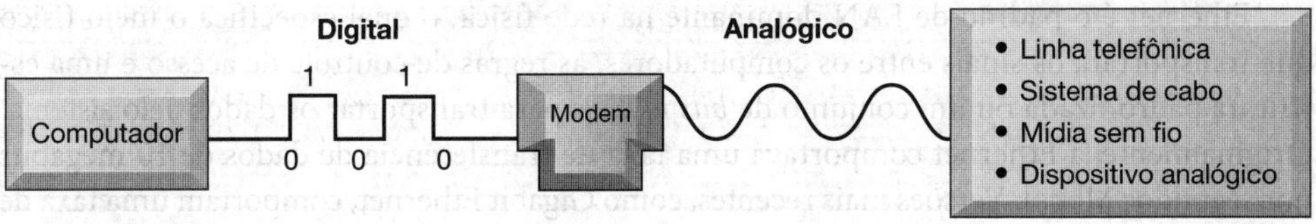

FIGURA 7.5 Funções do modem.
Modem é um dispositivo que converte os sinais digitais para a forma analógica (e *vice--versa*), de modo que os computadores possam transmiti-los por meio de redes analógicas, como as de telefonia e de cabo.

e requerem um dispositivo chamado modem para converter esses sinais digitais em sinais analógicos que possam ser enviados (ou recebidos) por meio de linhas telefônicas, linhas de cabo ou mídia sem fio que usam sinais analógicos (veja a Figura 7.5). **Modem** é a abreviatura de modulador-demodulador. Os modems a cabo conectam seu computador à internet usando uma rede de cabo. Os modems DSL conectam seu computador à internet usando a rede fixa de uma companhia telefônica. Os modems sem fio realizam a mesma função que um tradicional, conectando seu computador a uma rede sem fio que pode ser a de seu celular ou uma rede Wi-Fi.

Tipos de redes

Há muitos tipos de rede e várias maneiras de classificá-los. Podemos, por exemplo, analisar as redes em termos de seu alcance geográfico (veja a Tabela 7.1).

Redes locais

Se você trabalha em uma empresa que utiliza redes, provavelmente está conectado a outros funcionários e grupos por meio de redes locais. Uma **rede local** (**LAN**, do inglês *Local AREA NETwork*) é projetada para conectar computadores pessoais e outros dispositivos digitais em um raio de 500 metros. As LANs normalmente conectam alguns computadores em um pequeno escritório, todos os computadores de um lugar ou todos os computadores em vários lugares próximos. Elas também são usadas para se conectar a redes de longa distância (WANs) – descritas posteriormente nesta seção – e a outras redes ao redor do mundo, usando a internet.

Observe novamente a Figura 7.1, que pode servir de modelo para uma pequena LAN usada em um escritório. Um dos computadores é um servidor de arquivos de rede dedicado, que dá aos usuários acesso aos recursos computacionais compartilhados da rede, incluindo programas de *software* e arquivos de dados.

O servidor determina quem tem acesso a quê e em qual sequência. O roteador conecta a LAN a outras redes, que podem ser a internet ou outra rede corporativa, de maneira que a LAN possa trocar informações com redes externas a ela. Os sistemas operacionais de LAN mais comuns são Windows e Linux.

TABELA 7.1 Tipos de redes

TIPO	ÁREA
Rede local (LAN)	Até 500 metros; um escritório ou andar de um edifício
Rede de campus (CAN)	Até 1 quilômetro; um campus universitário ou um escritório corporativo
Rede metropolitana (MAN)	Uma cidade ou área metropolitana
Rede de longa distância (WAN)	Área regional, transcontinental ou global

Ethernet é o padrão de LAN dominante na rede física, o qual especifica o meio físico que transportará os sinais entre os computadores, as regras de controle de acesso e uma estrutura padronizada ou um conjunto de *bits* usados para transportar os dados pelo sistema. Originalmente, a Ethernet comportava uma taxa de transferência de dados de 10 megabits por segundo (Mbps). Versões mais recentes, como Gigabit Ethernet, comportam uma taxa de transferência de dados de 1 gigabit por segundo (Gbps).

A LAN ilustrada na Figura 7.1 usa uma arquitetura cliente/servidor na qual o sistema operacional de rede reside principalmente em um único servidor, que fornece grande parte do controle e dos recursos da rede. Alternativamente, as LAN podem usar uma arquitetura ***peer-to-peer*** (ponto a ponto). Uma rede *peer-to-peer* trata todos os processadores da mesma maneira e é usada principalmente em redes pequenas com no máximo dez usuários. Os vários computadores da rede podem trocar dados por acesso direto, assim como compartilhar dispositivos periféricos, sem ter de passar por um servidor independente.

LANs maiores têm muitos clientes e inúmeros servidores, com servidores independentes para serviços específicos, tais como armazenamento e gestão de arquivos e bancos de dados (servidores de arquivos ou servidores de bancos de dados), gestão de impressoras (servidores de impressoras), armazenamento e gestão de *e-mail* (servidores de *e-mail*), ou armazenamento e gestão de páginas *web* (servidores *web*).

Redes remotas e metropolitanas

Redes de longa distância (**WAN**, do inglês *Wide Area Networks*) abrangem grandes distâncias geográficas – regiões, estados, continentes ou até o planeta todo. A WAN mais universal e poderosa é a internet. Os computadores conectam-se a uma WAN por meio de redes públicas, como o sistema telefônico, sistemas de cabos privados ou por linhas e satélites alugados. Uma **rede metropolitana** (**MAN**, do inglês *metropolitan area network*) é uma rede que abrange uma área metropolitana, geralmente uma cidade e seus principais subúrbios. Seu alcance geográfico fica entre o de uma WAN e o de uma LAN.

Meios e velocidade de transmissão

As redes usam diferentes tipos de meios de transmissão física, incluindo cabo de par trançado, cabo coaxial, fibra óptica e meios de transmissão sem fio. Cada um deles tem suas vantagens e limitações. Cada meio permite ampla gama de velocidades, conforme a configuração de *software* e *hardware* utilizada. A Tabela 7.2 compara esses meios de transmissão.

TABELA 7.2 Meios de transmissão física

MEIO DE TRANSMISSÃO	DESCRIÇÃO	VELOCIDADE
Par trançado	Fios de cobre de par trançado para comunicação de voz e dados. Inclui cabeamento CAT5 e CAT6, com CAT6 capaz de velocidades de gigabits.	CAT5: 10 Mbps a 100 Mbps CAT6: Até 10 Gbps
Cabo coaxial	Fio de cobre isolado e de grande espessura capaz de transmitir dados a alta velocidade sujeito a menos ruído e interferências que o par trançado. Atualmente, usado para TV a cabo e para redes de maior extensão (mais de 100 metros).	Até 1 Gbps
Cabo de fibra óptica	Filamentos de fibra de vidro transparente, transmitindo dados como pulsos de luz gerados por lasers. Útil para transmissão a alta velocidade de grandes quantidades de dados. Mais caro do que outros meios físicos de transmissão e mais difícil de instalar; utilizado para fornecimento de última milha aos clientes e backbone da internet.	15 Mbps a 6+ Tbps
Transmissão sem fio	Baseado em sinais de rádio de várias frequências, inclui sistemas de micro-ondas, tanto terrestres quanto por satélites e redes de celulares. Usado para comunicação de longas distâncias, comunicação sem fio e acesso à internet sem fio.	Até 600+ Mbps

Largura de banda: velocidade de transmissão

A quantidade de informações que pode ser transmitida por qualquer canal de telecomunicações é medida em *bits* por segundo (bps). É necessária uma mudança de sinal, ou ciclo, para transmitir um ou vários *bits* por segundo; portanto, a capacidade de transmissão de cada tipo de meio de telecomunicação depende de sua frequência. O número de ciclos por segundo que pode ser enviado é medido em **hertz** – um hertz é igual a um ciclo do meio de transmissão.

A faixa de frequências que pode ser acondicionada em determinado canal de comunicação chama-se **largura de banda**. A largura de banda é a diferença entre as frequências mais baixa e mais alta que podem ser acondicionadas em um único canal. Quanto maior a faixa de frequências, maior a largura de banda e a capacidade de transmissão do meio.

7.3 Como a internet e sua tecnologia funcionam e como facilitam a comunicação e o *e-business*?

A internet se tornou uma ferramenta pessoal e empresarial indispensável, mas o que exatamente é a internet? Como funciona e o que a tecnologia da internet tem a oferecer para as empresas? Vamos analisar os seus recursos mais importantes.

O que é internet?

A internet é o sistema de comunicação pública mais abrangente do mundo. É também a maior implementação de redes interconectadas e de computação cliente/servidor no mundo, conectando milhões de redes individuais em todo o planeta. Essa rede global de redes teve início na década de 1970 como um projeto do Departamento de Defesa dos Estados Unidos para conectar cientistas e professores universitários de todo o mundo.

A maioria das residências e empresas de pequeno porte se conecta à internet por meio de um provedor de serviços, ao qual pagam uma assinatura. Um **provedor de serviços de internet** (**ISP**, do inglês *Internet Service Provider*) é uma organização comercial com conexão permanente com a rede que vende conexões temporárias a assinantes. Claro, Vivo, Algar e Sercontel são provedores de serviços de internet. As pessoas também podem conectar-se à internet por meio de suas empresas, universidades ou centros de pesquisa com domínios próprios.

Existe uma variedade de serviços para conexões de internet. A conexão que usa a linha telefônica tradicional e um modem, a uma velocidade de 56,6 kilobits por segundo (Kbps), costumava ser a forma mais comum de conexão em todo o mundo, mas as conexões de banda larga de alta velocidade a substituíram em grande parte. Conexões via linha de assinante digital (DSL), cabo e satélite e linhas T oferecem esses serviços de banda larga.

As tecnologias de **linha de assinante digital** (**DSL**, do inglês *Digital Subscriber Line*) operam por linhas telefônicas preexistentes, transportando voz, dados e vídeo, com capacidade de transmissão que varia de 385 Kbps a 100 Mbps, dependendo dos padrões de uso e da distância. A Fios (serviço de cabo de fibra óptica da Verizon) pode fornecer mais de 900 Mbps, embora a maioria dos serviços domésticos forneça 100 Mbps. Ofertadas por fornecedores de televisão a cabo, as **conexões de internet a cabo** usam linhas de cabos coaxiais digitais para prover acesso à internet de alta velocidade a residências e empresas. O acesso pode chegar à alta velocidade entre 20 e 100 Mbps, e a velocidade de *download* chega a 1 Gbps. Nas áreas em que os serviços DSL e a cabo não estão disponíveis, é possível acessar a internet via satélite, embora algumas dessas conexões apresentem velocidades de upload inferiores às dos serviços de banda larga.

T1 e T3 são padrões internacionais de telefonia para comunicação digital. São linhas concedidas dedicadas ideais para empresas e agências governamentais que requerem níveis garantidos de alta velocidade. As **linhas T1** oferecem uma taxa de transmissão garantida de 1,54 Mbps, enquanto as linhas T3 proporcionam 45 Mbps. A internet não oferece níveis de serviço garantidos semelhantes, mas apenas o "melhor esforço".

Arquitetura e endereçamento da internet

A internet está baseada no pacote de protocolo de rede TCP/IP descrito anteriormente neste capítulo. Cada dispositivo conectado à internet (ou outra rede TCP/IP) recebe um **endereço de protocolo de internet** (endereço IP) que consiste em uma sequência de números.

Quando um usuário envia uma mensagem para outro usuário da internet ou para outra rede TCP/IP, a mensagem é inicialmente decomposta em pacotes. Cada pacote contém seu endereço de destino. Eles são então enviados do cliente para o servidor de rede e, de lá, para quantos servidores forem necessários até chegar a um computador específico com um endereço conhecido. No endereço de destino, os pacotes são remontados, de modo a formar a mensagem original.

O sistema de nomes de domínio

Por ser absurdamente difícil para os usuários da internet lembrar longas sequências de números, um endereço IP pode ser convertido em uma linguagem natural tornando-se um **nome de domínio**. O **sistema de nomes de domínio** (**DNS**, do inglês *Domain Name System*) converte nomes de domínio em endereços IP. Os servidores DNS mantêm o banco de dados com os endereços IP mapeados para seus nomes de domínio correspondentes. Para acessar um computador na internet, os usuários precisam apenas especificar seu nome de domínio, como Expedia.com.

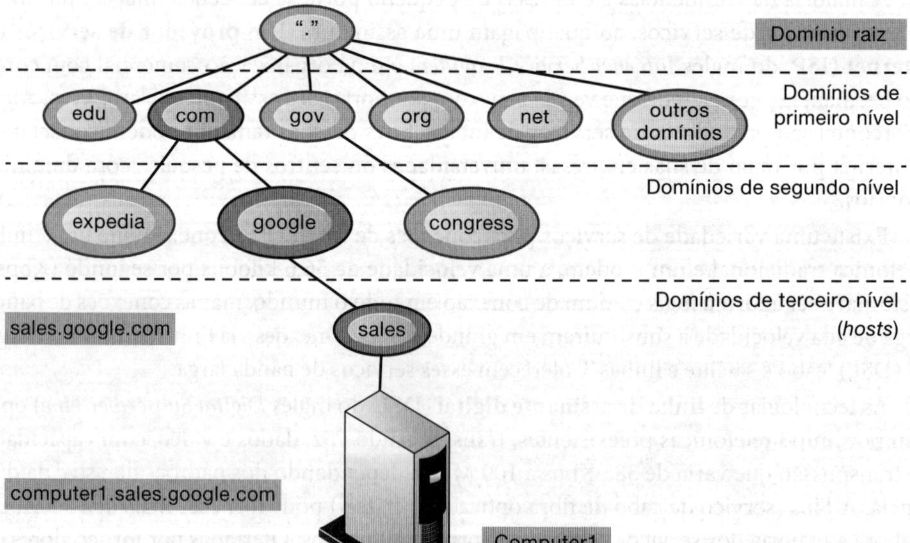

FIGURA 7.6 O sistema de nomes de domínio.

O sistema de nome de domínio é um sistema hierárquico com domínio-raiz, domínios de primeiro nível, domínios de segundo nível e computadores hospedeiros (*hosts*) no terceiro nível.

O DNS tem uma estrutura hierárquica (veja a Figura 7.6). No topo da hierarquia DNS está o domínio-raiz. O domínio seguinte é chamado de domínio de primeiro nível, e abaixo dele vem o domínio de segundo nível. Domínios de primeiro nível são nomes com dois ou três caracteres com os quais você está familiarizado por navegar na internet - por exemplo, .com, .edu, .gov, e os diversos códigos de país, como .ca para o Canadá ou .it para a Itália. Domínios de segundo nível possuem duas partes, designando o nome de primeiro nível e o de segundo nível, como buy.com, nyu.edu ou amazon.ca. Um nome de hospedeiro na base da hierarquia designa um computador específico, seja na internet ou em uma rede privada.

Na lista a seguir vemos as extensões de domínio mais comuns atualmente disponíveis e oficialmente aprovadas. Países também têm nomes de domínio, como .uk, .au e .fr (Reino Unido, Austrália e França, respectivamente), e há uma nova classe de domínios de primeiro nível "internacionalizados" que usam caracteres além dos usados no idioma inglês. No futuro, esta lista incluirá muitos outros tipos de organizações e setores, como segue:

.com - Empresas/organizações comerciais

.edu - Instituições educacionais

.gov - Órgãos públicos

.mil - Órgãos militares

.net - Computadores em rede

.org - Fundações e organizações sem fins lucrativos

.biz - Empresas

.info - Provedores de informações

Governança e arquitetura da internet

O tráfego de dados da internet flui por meio de redes *backbone* transcontinentais de alta velocidade, que geralmente operam na faixa de gigabits (veja a Figura 7.7). Essas linhas-tronco geralmente pertencem a companhias telefônicas de longa distância (chamadas *provedores de rede*) ou a governos nacionais. Nos Estados Unidos e em outros países que conectam usuários residenciais e empresariais à internet, as linhas de conexão local pertencem a empresas regionais de telefonia e de televisão a cabo. As redes regionais alugam acesso a ISPs, empresas privadas e instituições governamentais.

Cada empresa paga por suas próprias redes e seus próprios serviços de conexão local à internet, sendo uma parte paga aos proprietários das linhas-tronco de longa distância. Usuários individuais pagam a ISPs para utilização de seus serviços e normalmente pagam uma taxa de assinatura que não varia em função do uso que fazem do acesso à internet. Ninguém é "dono" da internet, e ela não tem uma administração formal. No entanto, políticas universais são estabelecidas por uma série de organizações profissionais e órgãos governamentais, como o Internet Architecture Board (IAB), que ajuda a definir a estrutura geral da Internet; o Internet Corporation for Assigned Names and Numbers (ICANN), que atribui endereços IP; e o *World Wide Web* Consortium (W3C), que estabelece a Hypertext Markup Language (HTML) e outros padrões de programação para a *web*.

Essas organizações influenciam agências governamentais, proprietários de redes, ISPs e desenvolvedores de *software* com o objetivo de manter a internet operando da forma mais eficiente possível. A internet também precisa conformar-se às leis soberanas dos Estados-nações nos quais opera, assim como à infraestrutura técnica existente nesses locais. Embora nos primeiros anos da internet e da *web* houvesse pouca interferência dos poderes Executivo ou Legislativo, essa situação está mudando à medida que a internet assume papel cada vez maior na distribuição de informação e conhecimento e passa a incluir conteúdos que alguns consideram discutíveis.

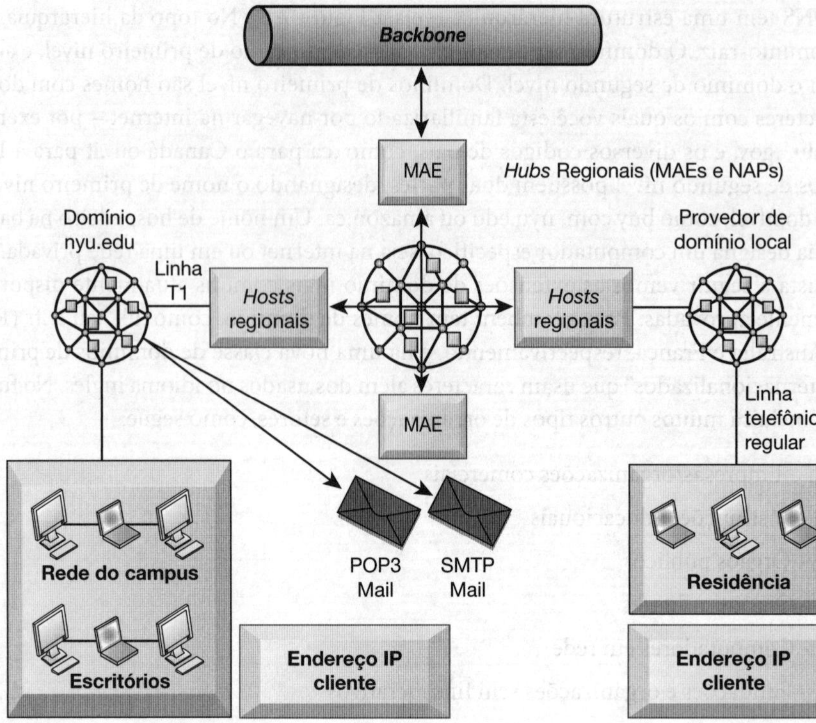

FIGURA 7.7 Arquitetura de rede da internet.

O *backbone* da internet se conecta a redes regionais, as quais, por sua vez, dão acesso a provedores de serviços de internet, grandes empresas e instituições públicas. Os pontos de acesso a redes (NAP, do inglês *network access point*) e as áreas metropolitanas de trocas de Internet (MAE, do inglês *metropolitan area exchanges*) são *hubs* em que o *backbone* intercepta redes regionais e locais e onde os proprietários do *backbone* se conectam uns com os outros

A internet do futuro: IPv6 e Internet2

A internet não foi originalmente projetada para lidar com bilhões de usuários e com a transmissão de gigantescas quantidades de dados. Em virtude do crescimento absoluto da população da internet, o mundo está prestes a ficar sem endereços IP disponíveis, dentro da convenção de endereçamentos atual. O antigo sistema de 32 *bits* está sendo substituído por uma nova versão do esquema de endereçamento IP chamada **IPv6** (*Internet Protocol* versão 6), que contém endereços de 128 *bits* (2 elevado à potência 128), ou mais de 1 quatrilhão de endereços exclusivos possíveis. O IPv6 é compatível com a maioria dos modems e roteadores disponíveis no mercado atualmente, de modo que retornará ao antigo sistema de endereçamento se o novo protocolo não estiver disponível nas redes locais. A transição para o IPv6 levará anos, período durante o qual o equipamento antigo será substituído.

A **Internet2** é um consórcio de rede avançado que atende 317 universidades dos Estados Unidos, 60 agências governamentais, 43 redes regionais e estaduais de educação, 59 corporações líderes e 70 parceiros de redes nacionais de pesquisa e educação de mais de 100 países. Para conectar essas comunidades, a Internet2 desenvolveu uma rede de alta capacidade de 100 Gbps que serve como banco de testes de tecnologias de ponta que podem eventualmente migrar para a internet pública, incluindo medição de desempenho de rede em larga escala e ferramentas de gerenciamento, ferramentas seguras de gerenciamento de identidade e acesso, e recursos como programação de circuitos de alta largura de banda e alto desempenho.

Serviços de internet e ferramentas de comunicação

A internet é baseada na tecnologia cliente/servidor. Indivíduos que a utilizam controlam o que fazem por meio de aplicativos clientes em seus computadores, como o *software* de navegação *web*. Todos os dados, entre eles as mensagens de *e-mail* e as páginas *web*, são armazenados em servidores. Um cliente utiliza a internet para requisitar informações de um servidor *web* particular localizado em um computador distante, e este servidor envia a informação requisitada de volta ao cliente. As plataformas clientes atuais incluem não somente PCs e outros computadores, mas também *smartphones* e *tablets*.

Serviços de internet

Um computador cliente conectado à internet tem acesso a diversos serviços. Esses serviços incluem *e-mail*, bate-papo e mensagens instantâneas, grupos de discussão eletrônica, **Telnet**, **protocolo de transferência de arquivos** (**FTP**, do inglês *File Transfer Protocol*) e a *web*. A Tabela 7.3 oferece uma breve descrição desses serviços.

Cada serviço de internet é implementado por um ou mais programas de *software*. Todos os serviços podem ser executados em um único computador servidor. Diferentes serviços também podem ser alocados a máquinas diferentes. A Figura 7.8 mostra um dos modos possíveis de organização desses serviços em uma arquitetura cliente/servidor multinível.

O ***e-mail*** permite a troca de mensagens entre computadores, com recursos para direcioná-las a vários destinatários, encaminhá-las e anexar documentos de texto ou arquivos de multimídia. A maioria dos *e-mails* é enviada pela internet hoje em dia. Os custos são muito inferiores aos equivalentes para entrega por voz, correio ou serviço de entrega, e as mensagens de *e-mail* chegam a qualquer parte do mundo em questão de segundos.

O **bate-papo** permite que duas ou mais pessoas conectadas simultaneamente à internet possam manter conversas interativas ao vivo. Os sistemas de bate-papo atuais são compatíveis com recursos de voz e vídeo, bem como conversas escritas. Muitas empresas de varejo *on-line* oferecem serviços de bate-papo em seus *sites* para atrair visitantes, incentivar novas compras regulares e aprimorar o atendimento ao cliente.

A **mensagem instantânea** é um tipo de serviço que permite aos participantes criar seus próprios canais de bate-papo. O sistema de mensagem instantânea alerta o usuário sempre que alguém de sua lista particular está *on-line*, de modo que possa iniciar uma conversação com outras pessoas. Sistemas de mensagem instantânea para uso pessoal incluem Google Meet, e Facebook Messenger, WhatsApp e Telegram. Empresas preocupadas com segurança utilizam sistemas proprietários de comunicações e de mensagens instantâneas, como o IBM Sametime.

Grupos de notícias (*newsgroups*) são grupos mundiais de discussão publicados em painéis eletrônicos de aviso na internet, nos quais as pessoas compartilham informações e ideias sobre um tópico definido, como radiologia ou bandas de rock. Qualquer pessoa pode publicar mensagens nesses painéis de avisos para que outras pessoas leiam.

TABELA 7.3 Principais serviços da internet

RECURSO	FUNÇÕES SUPORTADAS
E-mail	Mensagem pessoa a pessoa; compartilhamento de documentos
Bate papo e mensagens instantâneas	Conversas interativas
Grupos de notícias	Grupos de discussão em painéis eletrônicos de avisos
Telnet	Fazer *login* em um sistema de computador e trabalhar em outro
Protocolo de transferências de arquivos (FTP)	Transferir arquivos de um computador para outro
World Wide Web	Extrair, formatar e apresentar informações (incluindo texto, áudio, elementos gráficos e vídeo) usando *links* de hipertexto

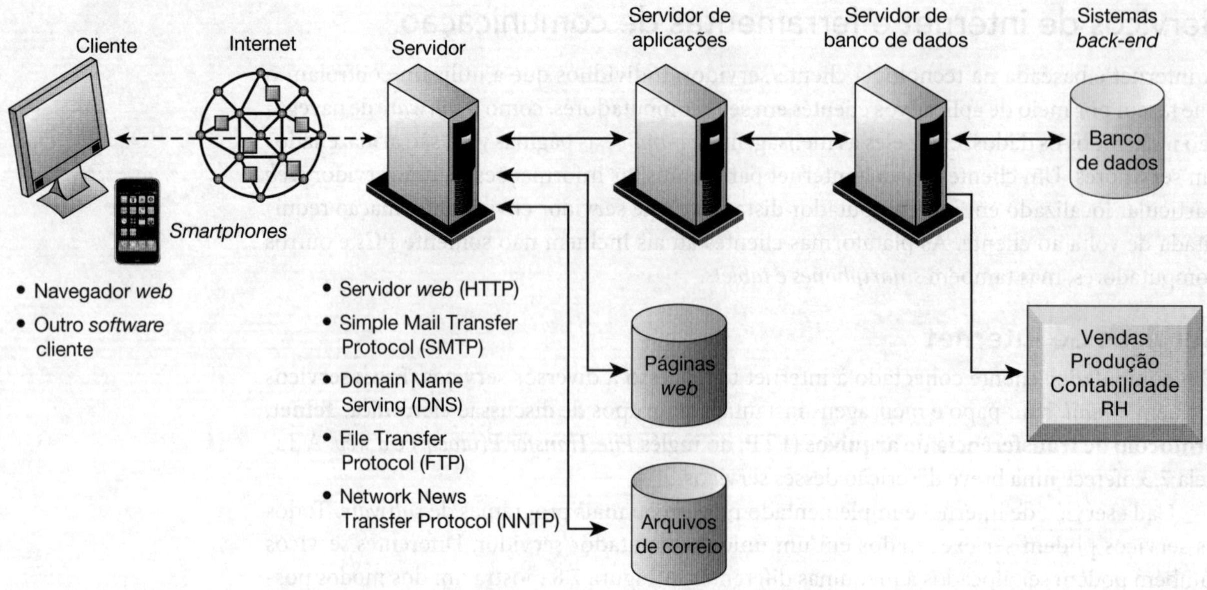

FIGURA 7.8 Computação cliente/servidor na internet.
Computadores clientes que executam um navegador *web* e outros *softwares* podem acessar serviços disponíveis em servidores por meio da internet. Esses serviços podem ser executados todos em um único servidor ou em múltiplos servidores especializados.

O uso de *e-mail*, mensagens instantâneas e da internet por parte dos funcionários supostamente aumentaria sua produtividade, mas a Seção Interativa sobre Gestão a seguir mostra que isso nem sempre é verdade. Atualmente, muitos gerentes de empresas acreditam que precisam monitorar e até regular a atividade *on-line* de seus funcionários, mas isso é ético? Embora existam algumas boas razões empresariais que justifiquem que as empresas monitorem o *e-mail* e as atividades na *web* de seus funcionários, o que isso representa em termos da privacidade do funcionário?

Voz sobre IP

A internet também se tornou uma plataforma popular para transmissão de voz e redes corporativas. A tecnologia de **voz sobre IP (VoIP**, do inglês *voice over* IP) transmite informações de voz no formato digital, por meio da comutação de pacotes, evitando assim a tarifa cobrada pelas redes de telefonia locais ou de longa distância (veja a Figura 7.9). Chamadas telefônicas que normalmente seriam transmitidas por redes telefônicas públicas passam a transitar pela rede corporativa, baseada no protocolo de internet, ou pela internet pública. Chamadas de voz podem ser feitas e recebidas por um computador equipado com microfone e alto-falantes, ou por um telefone habilitado para VoIP.

Empresas de transmissão a cabo como Time Warner e CableVision oferecem serviço de VoIP no mesmo pacote de suas ofertas de acesso à internet e transmissão a cabo de alta velocidade. O Skype oferece VoIP gratuito em todo o mundo por meio de uma rede *peer-to-peer*, e o Google possui seu próprio serviço gratuito de VoIP.

Embora sejam necessários investimentos iniciais para um sistema de telefonia IP, o VoIP pode reduzir os custos de comunicação e gerenciamento de rede em 20 a 30%. Essa tecnologia permite, por exemplo, que a Virgin Entertainment Group economize US$ 700 mil por ano em chamadas de longa distância. Além de diminuir os custos das chamadas e eliminar as tarifas mensais das linhas privadas, uma rede IP oferece uma infraestrutura única para voz e dados para ambos os serviços de telecomunicações e de informática. As empresas não precisam mais manter redes separadas, nem providenciar suporte e pessoal para cada tipo de rede.

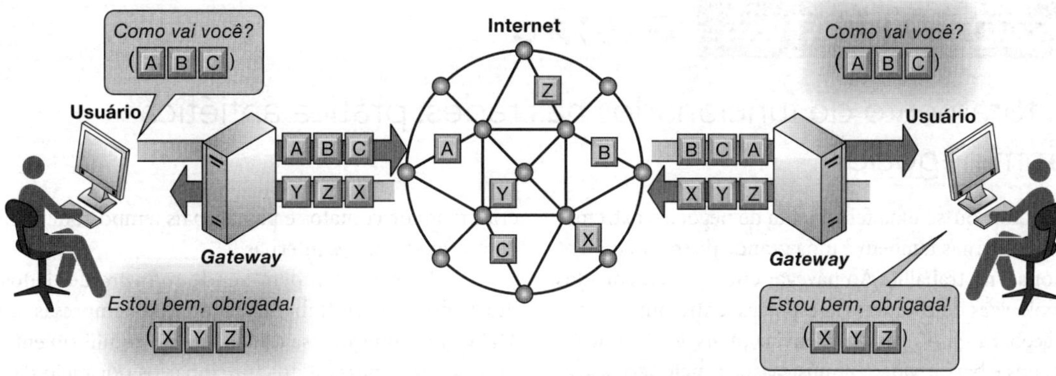

FIGURA 7.9 Funcionamento da tecnologia de voz sobre IP.

Uma chamada telefônica sobre IP digitaliza e fragmenta uma mensagem de voz em pacotes de dados que podem transitar por diferentes rotas antes de serem remontados em seu destino final. O processador mais próximo do destino da chamada, denominado *gateway*, organiza os pacotes na ordem correta e os direciona ao número de telefone do recebedor ou do endereço IP do computador de destino.

Comunicações unificadas

No passado, cada uma das redes de uma empresa para dados cabeados e sem fio, comunicações por voz e videoconferência operava de forma independente e tinha de ser separadamente gerenciada pelo departamento de sistemas de informação. Hoje em dia, entretanto, as empresas conseguem fundir modos díspares de comunicação em um serviço único universalmente acessível utilizando a tecnologia de comunicação unificada. As **comunicações unificadas** integram canais distintos para incluir comunicação por voz, comunicação de dados, mensagens instantâneas, *e-mails* e conferência eletrônica em uma experiência única na qual o usuário pode perfeitamente alternar entre modos diferentes de comunicação. A tecnologia de presença mostra se uma pessoa está disponível para receber uma chamada.

A CenterPoint Properties, imobiliária de uma importante área industrial de Chicago, recorreu à tecnologia de comunicação unificada para criar *sites* colaborativos para cada uma de suas agências. Cada *site* oferece um ponto de acesso único a dados estruturados e não estruturados. A tecnologia de presença integrada permite que os integrantes das equipes enviem *e-mail* e mensagens instantâneas e realizem chamadas e videoconferências com um único clique.

Rede virtual privada

Imagine que você tenha um grupo de *marketing* encarregado do desenvolvimento de novos produtos e serviços para sua empresa, com membros espalhados por todo o país. O ideal seria que pudessem mandar *e-mails* uns aos outros e se comunicar com o escritório central sem nenhuma chance de intrusos interceptarem as comunicações. Grandes empresas de redes privadas oferecem redes seguras, privadas e dedicadas aos clientes, mas isso custa caro. Uma solução mais barata é criar uma rede virtual privada dentro da internet pública.

Uma **rede privada virtual** (**VPN**, do inglês *virtual private network*) é criptografada e segura, configurada dentro de uma rede pública para tirar proveito das economias de escala e da infraestrutura de gestão das grandes redes, como a internet (veja a Figura 7.10). A VPN oferece à sua empresa comunicações criptografadas e seguras a um custo muito mais baixo que o dos mesmos recursos oferecidos pelos provedores tradicionais, que usam redes privadas para proporcionar comunicações seguras. As VPNs também oferecem infraestrutura de rede para que sejam combinadas redes de dados e voz.

SESSÃO INTERATIVA GESTÃO

Monitoramento de funcionários nas redes: prática antiética ou bom negócio?

A internet tornou-se uma ferramenta de negócios extremamente valiosa, mas também é uma grande distração para os profissionais no trabalho. Ao navegar em *sites* inadequados (Facebook, *sites* de compras ou esportes, entre outros), enviar e receber *e-mails* pessoais, enviar mensagens de texto para amigos e baixar vídeos e músicas, os funcionários acabam desperdiçando tempo valioso da empresa. De acordo com uma pesquisa da International Data Corp (IDC), de 30% a 40% do acesso à internet se dá em navegação não relacionada ao trabalho, e impressionantes 60% de todas as compras *on-line* são feitas durante o horário comercial. O *site* de empregos MyJobGroup.co.uk, com sede no Reino Unido, entrevistou mil trabalhadores britânicos e descobriu que quase 6% deles passavam mais de uma hora por dia usando algum tipo de mídia social no trabalho, incluindo o *Facebook*. Isso equivale a aproximadamente um oitavo do dia de trabalho dos entrevistados. Por extensão, cerca de 2 milhões de profissionais dos 34 milhões que compõem a força de trabalho na Grã-Bretanha provavelmente costumam fazer o mesmo – uma perda de produtividade que custa à economia britânica cerca de 14 bilhões de libras.

Muitas empresas começaram a monitorar o uso do *e-mail* e da internet, às vezes sem o conhecimento dos funcionários. Há diversas ferramentas disponíveis para este propósito atualmente, como Veriato OsMonitor, Work Examiner, Mobistealth e Spytech. Esses produtos permitem que as empresas gravem pesquisas *on-line*, monitorem *downloads* e uploads de arquivos, registrem pressionamentos de tecla, mantenham o controle de *e-mails*, criem transcrições de bate-papos ou façam determinadas capturas de tela de imagens exibidas no computador. O acompanhamento de mensagens instantâneas, mensagens de texto e mídia social também está aumentando.

A Microsoft Corporation, usando seus próprios serviços do Office 365, coleta e analisa dados sobre a frequência de bate-papos, *e-mails* e reuniões entre sua equipe e clientes, com o propósito de medir a produtividade dos funcionários, a eficácia do gerenciamento e o equilíbrio entre vida profissional e pessoal. O rastreamento de *e-mails*, bate-papos e compromissos do calendário pode mostrar como os funcionários dispendem uma média de 20 horas de seu tempo de trabalho por semana. Apenas os gerentes da empresa têm permissão de acompanhar grupos de cinco ou mais trabalhadores.

Os membros da equipe de vendas da Microsoft receberam painéis personalizados que mostram como eles gastam seu tempo, mas essas informações não são divulgadas aos gerentes. Os painéis oferecem recomendações sobre como criar redes de contatos e passar mais tempo com os clientes do que em reuniões internas.

A Microsoft também vende *software* de dados analíticos do local de trabalho para outras empresas, como a Macy's Inc., que analisa dados sobre o equilíbrio entre vida profissional e pessoal dos funcionários por meio da medição das horas que os funcionários passam enviando *e-mails* e conectados *on-line* fora do horário comercial. A Freddie Mac, gigante do ramo das hipotecas, usou as ferramentas da Microsoft para avaliar quanto tempo os funcionários passavam em reuniões e, assim, tentar determinar se algumas dessas reuniões eram redundantes.

Embora as empresas estadunidenses tenham o direito legal de monitorar a atividade de internet e o *e-mail* dos funcionários enquanto eles estão no trabalho, esse monitoramento é antiético ou é simplesmente um bom negócio? Os gerentes ficam preocupados quando os funcionários perdem tempo e diminuem sua produtividade ao se concentrar em negócios pessoais em vez de nas atividades profissionais. Muito tempo em negócios pessoais se traduz em perda de receita. Alguns funcionários podem até mesmo cobrar dos clientes o tempo que gastam em atividades *on-line* de interesse pessoal, o que gera um custo extra.

Se o tráfego relativo a assuntos pessoais nas redes da empresa for muito alto, também pode obstruir a rede corporativa e impedir a realização do trabalho comercial legítimo. A GMI Insurance Services, que atende ao setor de transporte dos Estados Unidos, descobriu que os funcionários estavam baixando uma grande quantidade de música e vídeos em *streaming* e armazenando os arquivos nos servidores da empresa. Isso estava acabando com o espaço disponível para *backup* no servidor da GMI.

Quando os funcionários usam *e-mail* ou a *web* (incluindo redes sociais) nas instalações do empregador ou com o equipamento do empregador, tudo o que eles fazem, incluindo qualquer coisa ilegal, leva o nome da empresa. Portanto, o empregador pode ser rastreado e responsabilizado. A administração de muitas empresas teme que material racista, sexualmente explícito ou outro material potencialmente ofensivo acessado ou compartilhado por seus funcionários possa resultar em publicidade adversa e até mesmo em ações judiciais. Mesmo que a empresa não seja considerada responsável, somente por responder a ações judiciais poderia gerar enormes custos legais. As empresas também temem o vazamento de informações confidenciais e segredos comerciais por *e-mail* ou redes sociais. As companhias estadunidenses têm o direito legal de monitorar o que os funcionários estão fazendo com os equipamentos da empresa durante o horário comercial. A questão é se a vigilância eletrônica é uma ferramenta adequada para manter a eficiência e a confiança do local de trabalho. Algumas empresas tentam banir todas as atividades pessoais em redes corporativas – tolerância zero. Outras preferem impedir o acesso de funcionários a *sites* ou redes sociais específicas, monitorar de perto as mensagens de *e-mail* ou limitar o tempo na *web* que não seja para o trabalho.

Mas será que todos os funcionários devem ser monitorados no trabalho? Não necessariamente. A vigilância eletrônica não se destina a todos os funcionários, locais de trabalho ou culturas e ambientes profissionais. A decisão depende da empresa e do ambiente de trabalho que um empregador deseja criar. Uma grande preocupação de alguns empregadores é o possível dano a uma cultura de trabalho que promove a confiança, o comprometimento dos funcionários e a motivação. A vigilância eletrônica de funcionários poderia revelar-se altamente contraproducente em tal ambiente.

Nenhuma solução está isenta de problemas, mas muitos consultores acreditam que as empresas devem redigir políticas corporativas que abordem o uso do *e-mail*, das mídias sociais e da internet por parte dos funcionários. Muitos trabalhadores não sabem que os empregadores têm o direito de monitorar e coletar dados sobre eles. As políticas devem incluir regras básicas explícitas que declarem, de acordo com o cargo ou o nível, em que circunstâncias os funcionários podem usar as instalações da empresa para enviar *e-mail*, ler ou publicar *blogs* ou navegar na *web*. As políticas também devem informar aos funcionários se essas atividades são monitoradas e explicar o porquê.

As regras devem ser adaptadas às necessidades específicas da empresa e às culturas organizacionais. Por exemplo, as empresas de investimento precisarão permitir que muitos de seus funcionários tenham acesso a outros *sites* de investimento. Uma empresa dependente do amplo compartilhamento de informações, inovação e independência pode muito bem descobrir que o monitoramento cria mais problemas do que resolve.

Fontes: "How Do Employers Monitor Internet Usage at Work?" wisegeek.com, acessado em 1º de março de 2020; Sarah Krouse, "The New Ways Your Boss Is Spying on You," *Wall Street Journal*, 19 de julho de 2019; www.privacyrights.org, acessado em 15 de fevereiro de 2020; e Susan M. Heathfield, "Surfing the Web at Work," thebalanecareers.com, 25 de novembro de 2019.

PERGUNTAS DO ESTUDO DE CASO

1. Os gerentes devem monitorar o *e-mail* e o uso da internet por parte dos funcionários? Por quê? Ou por que não?
2. Descreva uma política eficaz de uso de *e-mail* e da *web* para uma empresa.
3. Os gerentes devem informar aos funcionários que seu comportamento na *web* está sendo monitorado? Ou devem fazer isso secretamente? Por quê? Ou por que não?

Vários protocolos são utilizados para proteger os dados transmitidos pela internet pública, inclusive o protocolo de tunelamento ponto a ponto (PPTP, do inglês *point-to-point tunneling protocol*). Por meio do processo chamado *tunelamento*, os pacotes de dados são criptografados e acondicionados dentro de pacotes IP. Ao adicionar esse "invólucro" ao redor da mensagem de rede para ocultar seu conteúdo, as empresas criam uma conexão privada que trafega pela internet pública.

A *web*

A *web* é o serviço de internet mais popular. Trata-se de um sistema com padrões universalmente aceitos para armazenar, recuperar, formatar e apresentar informações utilizando uma arquitetura cliente/servidor. Páginas *web* são formatadas por meio de hipertexto, com *links* embutidos que vinculam os documentos uns aos outros, assim como vinculam páginas a outros objetos, como som, vídeo ou arquivos de animação. Quando você clica em um elemento gráfico e um videoclipe começa a ser exibido, isso significa que você clicou em um hyperlink. Um ***website*** típico é uma coleção de páginas vinculadas a uma página inicial.

Hipertexto

As páginas *web* são baseadas em linguagem-padrão de hipertexto chamada HTML (*Hypertext Markup Language*), que formata documentos e incorpora *links* dinâmicos para outros documentos e imagens armazenados no mesmo computador ou em computadores remotos (veja o

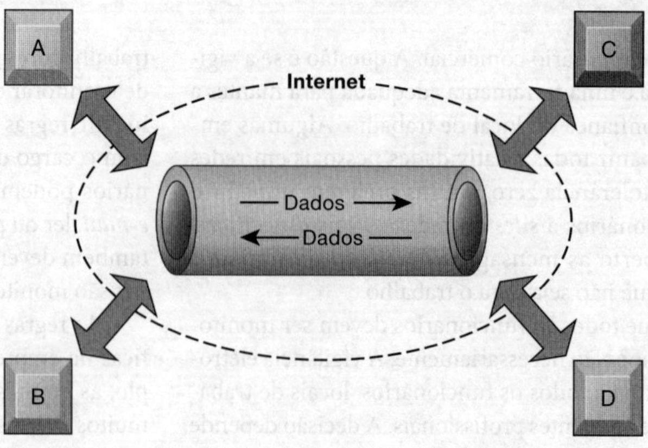

FIGURA 7.10 Uma rede virtual privada, que usa a internet.
Essa VPN é uma rede privada de computadores unidos por uma conexão por "túneis" segura, que transita pela internet. Ela protege os dados transmitidos pela internet pública codificando-os e acondicionando-os dentro do protocolo de internet (IP). Adicionando esse "invólucro" ao redor da mensagem de rede para ocultar seu conteúdo, as organizações podem criar uma conexão privada que trafega pela internet pública.

Capítulo 5). Essas páginas são acessíveis via internet porque o *software* de um navegador *web* em uso no seu computador pode requisitar as páginas armazenadas em um servidor hospedeiro de internet por meio do **protocolo de transferência de hipertexto** (**HTTP**, do inglês *Hypertext Transfer Protocol*), o padrão de comunicações utilizado para transferir páginas na *web*. Por exemplo, quando você digita um endereço da *web* em seu navegador, como http://www.sec.gov, seu navegador envia uma solicitação HTTP ao servidor sec.gov solicitando a página inicial desse *website*.

HTTP é o primeiro conjunto de letras no início de qualquer endereço da *web*; é seguido pelo nome de domínio, que especifica o computador servidor da organização que armazena o documento. A maioria das empresas tem um nome do domínio igual ou muito parecido com o seu nome corporativo oficial. O caminho do diretório e o nome do documento são as duas outras informações dentro do endereço da *web* que ajudam o navegador a localizar a página requisitada. Como um todo, o endereço é denominado **localizador uniforme de recursos** (**URL**, do inglês *uniform resource locator*). Quando digitado em um navegador, um URL diz ao *software* exatamente onde procurar a informação. Na URL http://panix.com/netserv/t1.html, por exemplo, *http* representa o protocolo usado para exibir páginas *web*; *panix.com* é o nome de domínio; *netserv* é o caminho do diretório que identifica onde a página está armazenada dentro do servidor do domínio; e *t1.html* é o nome do documento e do formato no qual ele se encontra (trata-se de uma página HTML).

Servidores *web*

Um servidor *web* é um *software* que localiza e administra páginas *web* armazenadas. Ele localiza as páginas solicitadas por um usuário no computador onde estão armazenadas e as envia ao computador do solicitante. Servidores de aplicativo normalmente são executados em computadores dedicados, embora, em pequenas organizações, possam residir todos em um único computador.

Os principais servidores *web* em uso hoje são o Microsoft Internet Information Services (IIS) e o Apache HTTP Server. O Apache é um produto de código aberto e gratuito que pode ser baixado da *web*.

Procurando informações na *web*

Ninguém sabe exatamente quantas páginas existem na *web*. A superfície da *web* é a parte que os mecanismos de busca acessam e sobre a qual as informações são registradas. Por exemplo, o Google visitou cerca de 5 bilhões de páginas em 2019, e isso reflete uma grande parcela do total de páginas *web* acessíveis publicamente. Mas existe uma "*web* profunda" (*deep web*) que contém aproximadamente 1 trilhão de páginas adicionais, muitas delas proprietárias (tais como as páginas do *Wall Street Journal on-line*, que não podem ser visitadas sem assinatura ou um código de acesso) ou armazenadas em bancos de dados corporativos protegidos. O Facebook, que tem mais de dois bilhões de membros, com páginas de texto, fotos e mídia, é um universo *web* fechado, e suas páginas não estão completamente disponíveis aos mecanismos de pesquisa do Google ou outros. A ***dark web*** é uma pequena porção da *deep web* ocultada propositalmente dos mecanismos de pesquisa. Usa endereços IP mascarados e é acessível apenas com um navegador especial, para preservar o anonimato. A *dark web* tornou-se um paraíso para os criminosos porque permite a compra e venda de bens ilícitos, incluindo números de cartão de crédito e CPF, com total anonimato.

Mecanismos de busca. Obviamente, com tantas páginas *web*, encontrar instantaneamente páginas específicas que possam ajudar você ou a sua empresa é um grande desafio. A questão é: como você pode encontrar uma ou duas páginas que você realmente quer e precisa entre bilhões de páginas da *web* indexadas? Os **mecanismos de busca** tentam resolver o problema de achar informações úteis na *web* de maneira quase instantânea e são, ao que tudo indica, o "*killer app*" ("aplicativo matador") da era da internet. Os mecanismos de busca atuais conseguem pesquisar arquivos HTML, arquivos de aplicativos Microsoft Office, arquivos em PDF e arquivos de áudio, vídeo e imagem. Existem centenas de mecanismos de busca diferentes no mundo, mas a ampla maioria dos resultados é fornecida por Google, Baidu, Yahoo e Bing, da Microsoft (veja a Figura 7.11). Embora normalmente consideremos a Amazon apenas uma loja *on-line*, também se trata de um poderoso mecanismo de busca de produtos.

Os mecanismos de busca da *web* surgiram no início da década de 1990 como programas de *software* relativamente simples que vagavam pela nascente da rede, visitando páginas e reunindo informações sobre o conteúdo de cada uma delas. Os primeiros mecanismos de busca eram simplesmente índices de palavras-chave oriundas de todas as páginas que visitavam, fornecendo ao usuário listas de páginas que podiam não ser relevantes à sua pesquisa.

Em 1994, David Filo e Jerry Yang, alunos de ciência da computação da Universidade Stanford, criaram uma lista, selecionada à mão, de suas páginas *web* favoritas e a denominaram "Yet Another Hierarchical Officious Oracle" (algo como "Mais um Oráculo Hierárquico

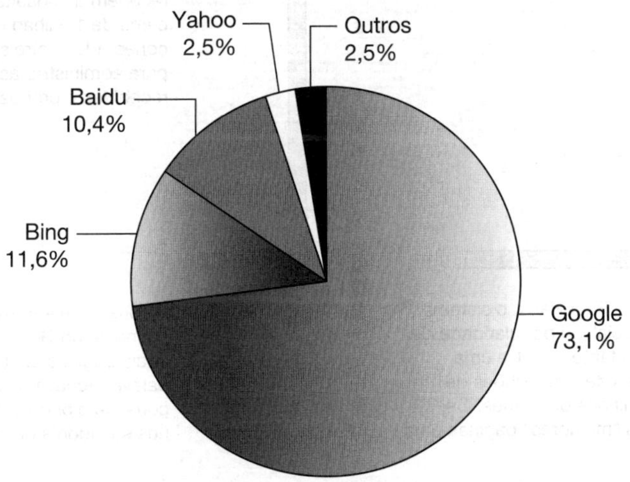

FIGURA 7.11 Principais mecanismos de busca na *web* para *desktop/laptop* em todo o mundo.

O Google é o mecanismo de busca mais popular do mundo.

Fonte: com base nos dados do Net Market Share, fevereiro de 2020.

Invasivo"), ou Yahoo. O Yahoo não era inicialmente um mecanismo de busca, mas uma seleção editada de *sites* organizados por categorias que os editores consideravam úteis. Atualmente, os resultados de busca do Yahoo são baseados no Bing da Microsoft.

Em 1998, Larry Page e Sergey Brin, dois outros alunos de ciência da computação de Stanford, lançaram a primeira versão do Google. Esse mecanismo de busca era diferente: não apenas indexava as palavras de cada página *web*, como montava um *ranking* desses resultados de busca com base na relevância de cada página. Page patenteou a ideia de um sistema de *ranking* de páginas (*PageRank System*), que, em essência, mede a popularidade de uma página *web* calculando quais outros *sites* possuem *links* para aquela página. A premissa era: o que realmente importava para os usuários. A contribuição de Brin foi criar um programa *crawler* da *web* exclusivo, que indexava não apenas palavras-chave em uma página, mas também combinações de palavras (como autores e os títulos de seus artigos). Essas duas ideias tornaram-se a base para o mecanismo de busca do Google. A Figura 7.12 ilustra como o Google funciona.

Busca móvel. A busca móvel a partir de *smartphones* e *tablets* representa mais de 50% de todas as pesquisas, e esse número aumentará rapidamente nos próximos anos. Google, Amazon e Yahoo desenvolveram novas interfaces de busca para tornar a pesquisa e as compras a partir de *smartphones* mais convenientes. O Google revisou seu algoritmo de busca para favorecer *sites* que ficam bem nas telas dos *smartphones*. Embora os *smartphones* sejam bastante usados para fazer compras, as compras reais geralmente ocorrem em *laptops* ou *desktops*, seguidos por *tablets*.

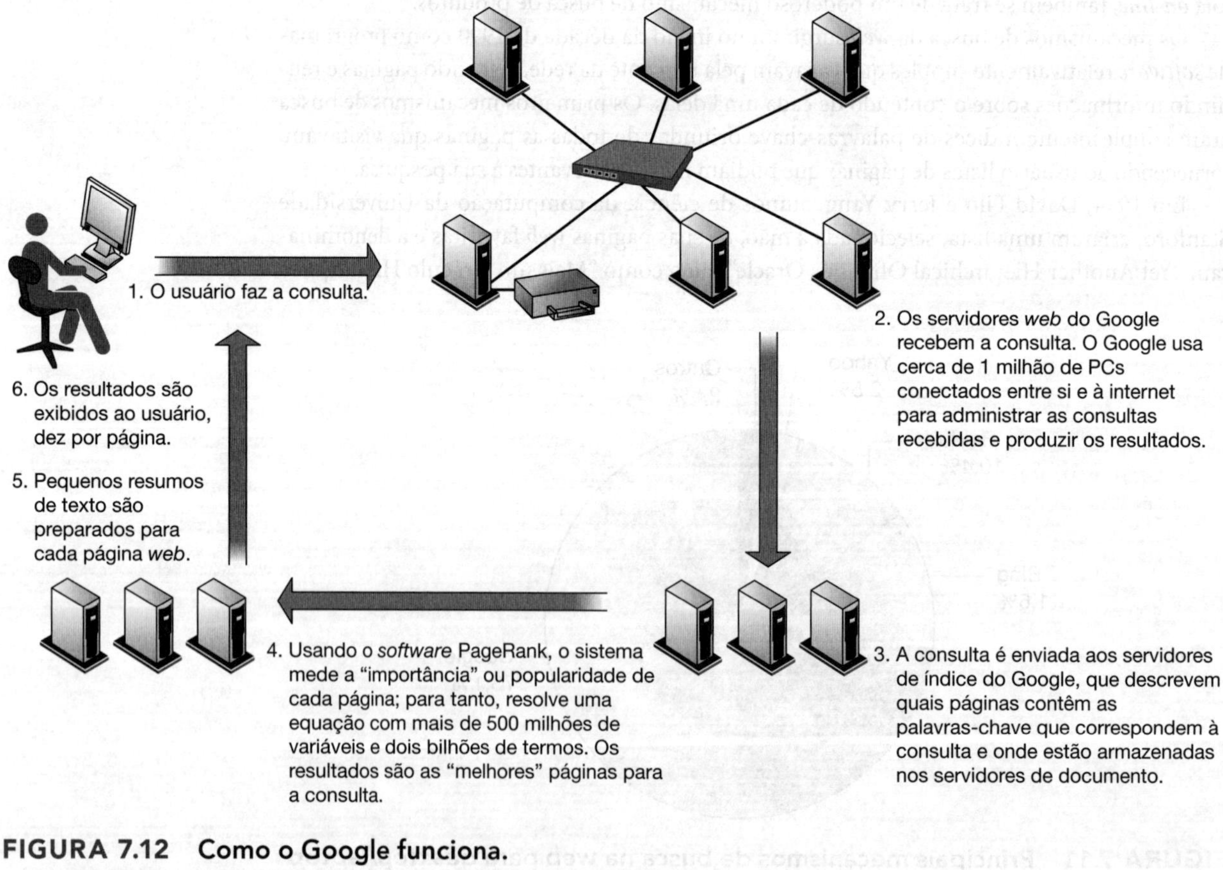

FIGURA 7.12 Como o Google funciona.

O mecanismo de busca Google está continuamente vasculhando a *web*, indexando o conteúdo de cada página, calculando sua popularidade e armazenando as páginas de maneira que possa responder rapidamente às solicitações do usuário a determinada página. Todo o processo leva cerca de meio segundo.

Busca semântica. Outro modo que pode tornar os mecanismos de busca mais seletivos e úteis é fazendo-os entender o que estamos realmente procurando. O objetivo da **busca semântica** é a construção de um mecanismo de busca que poderia realmente entender a linguagem e o comportamento humano. O Google e outras empresas de mecanismos de busca estão tentando refinar os algoritmos para capturar mais do que o usuário queria dizer e o significado de uma busca. Em vez de avaliar cada palavra separadamente em uma pesquisa, o algoritmo de busca Hummingbird do Google tenta avaliar uma frase inteira, concentrando-se no significado por trás das palavras. Por exemplo, se sua busca for uma frase longa como "Dados financeiros selecionados do relatório anual do Google de 2020", o Hummingbird deve ser capaz de descobrir que o que você realmente deseja é o relatório SEC Form 10K da Alphabet, a empresa controladora do Google, arquivado na Securities and Exchange Commission em fevereiro de 2020.

As buscas do Google também aproveitam o Knowledge Graph, um algoritmo de pesquisa cujo propósito é antecipar o que você pode querer saber mais ao pesquisar um tópico. Os resultados do Knowledge Graph aparecem à direita da tela em muitas páginas de resultados de pesquisa e contêm mais informações sobre o tópico ou a pessoa que você está pesquisando. Por exemplo, faça uma pesquisa sobre "Lake Tahoe" e o mecanismo de busca retornará informações básicas sobre Tahoe (altitude, temperatura média e um peixe local), um mapa e acomodações de hotel. O Google incorporou a **pesquisa preditiva** na maioria dos resultados de busca. Essa parte do algoritmo de pesquisa pressupõe o que você está procurando e sugere termos de pesquisa à medida que as palavras da busca são digitadas. O Google continua a refinar seus algoritmos de pesquisa usando modelagem matemática e aprendizagem automática de máquina de inteligência artificial (veja o Capítulo 11) para tornar suas respostas às consultas ainda mais precisas e inteligentes (Copeland, 2019).

Busca visual e web visual. Embora os mecanismos de busca tenham sido originalmente projetados para pesquisar documentos de texto, a explosão de fotos e vídeos na internet criou uma demanda por pesquisar e classificar objetos visuais. O *software* de reconhecimento facial pode criar uma versão digital de um rosto humano. Você também pode pesquisar pessoas no Facebook usando a imagem digital para encontrá-las e identificá-las. Há algum tempo, o Facebook utilizou a tecnologia de inteligência artificial para tornar seus recursos de reconhecimento facial mais precisos.

A busca por fotos, imagens e vídeos vem tornando-se cada vez mais importante à medida que a *web* se torna mais visual. ***Web* visual** refere-se a *sites* como o Pinterest, em que imagens substituem documentos de texto, usuários pesquisam imagens e imagens de produtos substituem anúncios gráficos de produtos. O Pinterest é uma rede social que fornece aos usuários (assim como a marcas) um painel *on-line* no qual eles podem "afixar" fotos interessantes. O Pinterest tinha 433 milhões de usuários ativos em todo o mundo em 2022. O Instagram é outro exemplo da *web* visual: um *site* de compartilhamento de fotos e vídeos que permite aos usuários capturar fotos, melhorá-las e compartilhá-las com amigos em outras redes sociais, como Facebook e Twitter. Em 2021, o Instagram tinha 1,2 bilhões de usuários ativos.

Robôs de compras e agentes inteligentes. O Capítulo 11 descreve os recursos dos agentes de *software* com inteligência embutida que podem reunir ou filtrar informações e realizar outras tarefas para auxiliar os usuários. Munidos de agentes inteligentes, os **robôs de compras** pesquisam na internet em busca de informações de compras. Robôs como o MySimon ou o PriceGrabber, e ferramentas de pesquisas de viagem como Trivago, podem ajudar as pessoas interessadas em fazer uma compra ou em sair de férias a filtrar e recuperar informações sobre produtos de seu interesse; em alguns casos, até a negociar as condições de entrega e o preço com os vendedores ou fornecedores.

***Marketing* de mecanismo de busca.** Os mecanismos de busca tornaram-se as plataformas mais importantes de publicidade e ferramentas de compras ao oferecerem o que agora é chamado ***marketing* de mecanismo de busca**. A busca de informações é uma das atividades mais populares da *web*. Mais de 90% do tráfego na *web* se inicia nos mecanismos de busca, e o *marketing* de mecanismos de busca responde por mais de 44% dos gastos com anúncios digitais (eMarketer, 2019). Com esse enorme público, os mecanismos de busca são a base para a forma mais lucrativa de *marketing* e publicidade *on-line*. Quando os usuários inserem um termo de busca no Google, no Bing, no Yahoo ou em qualquer outro *site* que utilize tais serviços de busca, recebem dois tipos de listas: os *links* patrocinados, pelos quais os anunciantes pagaram para serem listados (normalmente no topo da página de resultados de busca), e os resultados de busca "orgânicos" não patrocinados. Além disso, os anunciantes podem comprar pequenas caixas de texto no lado direito da página de resultados de busca. Os anúncios pagos ou patrocinados são a forma de publicidade na internet com o crescimento mais rápido; são também novas poderosas ferramentas de *marketing* que combinam, com precisão e no momento exato, os interesses do consumidor e as mensagens publicitárias. O *marketing* de mecanismo de busca monetiza o processo de pesquisa.

Como o *marketing* de mecanismo de busca é tão eficaz (tem a maior taxa de cliques e o maior retorno sobre investimento de anúncio), as empresas estão se esforçando para otimizar seus *sites* da *web* para reconhecimento pelos mecanismos de busca. Quanto mais bem otimizada for a página, mais alta será sua classificação nas listagens de resultados dos mecanismos de busca. A **otimização de mecanismos de busca** (**SEO**, do inglês *search engine optimization*) é o processo de melhoria de qualidade e volume do tráfego na *web* para um *site* por meio do emprego de uma série de técnicas que ajudam a alcançar melhor classificação nos principais mecanismos de busca quando determinadas palavras-chave e expressões são digitadas no campo de pesquisa. Uma técnica é garantir que as palavras-chave utilizadas na descrição do *site* correspondam àquelas que possivelmente serão usadas nas buscas pelos clientes potenciais. O seu *site*, por exemplo, está mais propenso a estar entre os resultados no topo da lista se utilizar *iluminação* no lugar de *lâmpadas*, caso a maioria dos clientes potenciais esteja procurando por *iluminação*. Também é vantajoso vincular seu *site* ao maior número possível de outros *sites*, pois os mecanismos de busca avaliam esses vínculos (*links*) para determinar a popularidade de uma página *web* e como ela está ligada a outros conteúdos na rede.

Os mecanismos de busca podem ser usados por golpistas, que criam milhares de páginas falsas para nterliga-las ou criar vínculos com o *site* de um varejista na tentativa de enganar o mecanismo de busca do Google. As empresas também podem pagar os chamados *link farms* (manipulação dos resultados de busca) para vincular ao seu *site*. O Google mudou seu algoritmo de busca para lidar com esse problema. Com a alteração, analisa-se a qualidade dos *links*, tomando o cuidado com a intenção de *sites* de baixo *ranking* que têm um padrão suspeito de *sites* com *links* direcionando a eles.

Em geral, os mecanismos de busca têm sido muito úteis para as pequenas empresas que não dispõem de recursos para pagar grandes campanhas de *marketing*. Como os clientes estão à procura de um produto ou serviço específico quando usam os mecanismos de busca, eles são o que os comerciantes chamam de "prospects quentes" – pessoas que estão à procura de informações e muitas vezes com a intenção de comprar. Além disso, os mecanismos de busca cobram apenas pelos cliques efetuados para um *site*. Os comerciantes não têm que pagar por anúncios que não funcionam, apenas pelos que rendem cliques. Os consumidores se beneficiam do *marketing* de mecanismo de busca porque os anúncios só aparecem quando os consumidores estão à procura de um produto específico. Assim, esse tipo de *marketing* economiza a energia cognitiva dos consumidores e reduz custos de pesquisa (incluindo o custo necessário do transporte para ir até a loja física saber sobre o produto). Em um estudo recente, o valor global de pesquisa para os comerciantes e consumidores foi estimado em mais de US$ 800 bilhões, com cerca de 65% dos benefícios sendo ganhos pelos consumidores na forma de redução dos custos de pesquisa e redução dos preços (McKinsey & Company, 2011).

Compartilhamento de informações na *web*

Os *sites* atuais não contêm apenas conteúdo estático, mas também permitem que as pessoas colaborem, compartilhem informações e criem serviços e conteúdos *on-line*. A *web* de hoje é compatível com interatividade, controle de usuário em tempo real, participação social (compartilhamento) e conteúdo gerado pelo usuário. As tecnologias e os serviços por trás desses recursos incluem computação em nuvem, *mashups* e aplicativos, *blogs*, RSS, *wikis* e redes sociais. Já descrevemos a computação em nuvem, os *mashups* e os aplicativos no Capítulo 5, enquanto as redes sociais foram apresentadas no Capítulo 2.

Um ***blog***, termo popular para weblog, é um *site* pessoal com uma série de postagens cronológicas (da mais nova para a mais velha) escritas por seu autor com *links* a páginas relacionadas. O *blog* pode incluir uma *blogroll* (coleção de *links* para outros *blogs*) e *trackbacks* (lista de postagens em outros *blogs* que fazem referência a uma postagem no *blog* em questão). A maioria dos *blogs* também permite que os leitores façam comentários sobre as postagens realizadas. O ato de criar um *blog* é muitas vezes referido como "*blogging*". Os *blogs* podem ser hospedados em um *site* terceirizado, como Blogger.com ou TypePad.com, e as características de *blogs* foram incorporadas pelas redes sociais como Facebook e plataformas de colaboração, como o IBM Notes. O WordPress lidera o setor de ferramentas de código aberto para criação de *blogs* e sistema de gestão de conteúdo. O **microblog**, usado no Twitter e em plataformas com restrições de espaço ou tamanho de postagem, é um tipo de *blog* que apresenta conteúdo muito pequenos, como frases curtas, imagens individuais ou *links* de vídeos.

As páginas de *blog*, geralmente, são baseadas em modelos fornecidos pelo serviço ou *software* de *blog*. Por isso, milhões de pessoas sem qualquer tipo de habilidade com HTML podem publicar suas próprias páginas e compartilhar conteúdo com outras pessoas. Embora os *blogs* tenham se tornado ferramentas populares de publicação pessoal, eles também têm usos empresariais (veja os Capítulos 2 e 10).

Se você é um ávido leitor de *blogs*, pode usar o RSS para manter-se atualizado sobre seus *blogs* favoritos sem que precise verificar constantemente as atualizações. O **RSS**, abreviatura de *Rich Site Summary* ou *Really Simple Syndication*, extrai conteúdos específicos de *sites* e os transmite automaticamente para o computador dos usuários. O *software* leitor de RSS reúne material de *sites* ou *blogs* que você pede para ele verificar e traz novas informações desses *sites* para você. Os leitores RSS estão disponíveis em *sites* como Google e Yahoo, e têm sido incorporados nos principais navegadores *web* e programas de *e-mail*.

Os *blogs* permitem que os visitantes adicionem comentários ao conteúdo original, mas não deixam que eles alterem o material originalmente postado. Os ***wikis***, em contrapartida, são *sites* colaborativos em que os visitantes podem incluir, excluir ou modificar o conteúdo, inclusive o trabalho de autores prévios. O termo *wiki* vem da palavra havaiana para "rápido". O *software* de *wiki* normalmente oferece modelos que definem *layouts* e elementos comuns a todas as páginas, exibe código de programa editável pelo usuário e transforma o conteúdo em uma página baseada em HTML para exibição em navegador. Alguns programas de *wikis* permitem somente a formatação básica de textos, enquanto outras ferramentas permitem o uso de tabelas, imagens e até elementos interativos, como enquetes e jogos. A maioria dos *wikis* oferece recursos para monitoração do trabalho de outros usuários e correção de erros.

Como os *wikis* facilitam o compartilhamento de informações, eles têm muitos usos empresariais. O Centro Nacional de Segurança Virtual do Departamento de Segurança Interna dos Estados Unidos (NCSC) lançou um *wiki* para facilitar a colaboração entre as agências federais com relação a ameaças, ataques e respostas, além de utilizá-lo como repositório de informações técnicas e de padrões. A Pixar Wiki é um *wiki* comunitário colaborativo para divulgar o trabalho da Pixar Animation Studios. O formato *wiki* permite que qualquer pessoa crie ou edite um artigo sobre um filme da Pixar.

As **redes sociais** permitem que os usuários criem comunidades de amigos e colegas profissionais. Os membros costumam criar um "perfil" – uma página particular na qual publicam fotos, vídeos, arquivos MP3 e texto – e então compartilham esses perfis com outros membros que identificam como amigos, seguidores ou contatos. *Sites* de redes sociais são altamente interativos, oferecem ao usuário controle em tempo real e baseiam-se em conteúdo por ele gerado, além de serem largamente fundamentados na participação social e no compartilhamento de conteúdo e opiniões. Os principais *sites* de redes sociais incluem Facebook e Twitter, além do LinkedIn (para contatos profissionais).

As redes sociais mudaram radicalmente a forma como as pessoas passam o tempo conectadas; como elas se comunicam e com quem; como os empresários mantêm contato com clientes, fornecedores e funcionários; como os fornecedores de bens e serviços aprendem sobre seus clientes; e como os anunciantes alcançam clientes em potencial. Os grandes *sites* de redes sociais também estão se transformando em plataformas de desenvolvimento de aplicativos nos quais os membros podem criar e vender aplicativos para outros membros da comunidade. Só o Facebook tem milhões de aplicativos e *sites* integrados em sua plataforma, incluindo para jogos, compartilhamento de vídeos e comunicação com amigos e familiares. Falamos mais sobre aplicativos empresariais das redes sociais nos Capítulos 2 e 10, mas você também pode encontrar discussões sobre esse tema em vários outros capítulos do livro.

A *web* do futuro

A internet do futuro está tornando-se visível. Suas principais características são mais ferramentas, para as pessoas compreenderem as trilhões de páginas ou os milhões de aplicativos disponíveis para *smartphones*, e uma *web* visual, até tridimensional (3D), em que é possível percorrer páginas em um ambiente 3D. (Reveja a discussão sobre busca semântica e busca visual anteriormente neste capítulo.)

Antes, porém, acredita-se na possibilidade de uma *web* universal que controla tudo, dos semáforos e o uso da água da cidade às luzes da sua sala, passando pelo retrovisor do seu carro –sem falar no gerenciamento de sua agenda e compromissos. É a **Internet das Coisas (IoT)**, baseada em bilhões de sensores conectados à internet em todo o nosso mundo físico. Objetos, animais ou pessoas recebem identificadores exclusivos e a capacidade de transferir dados por uma rede sem exigir interação entre pessoas ou entre pessoas e o computador.

General Electric, IBM, HP, Oracle e centenas de startups menores estão construindo máquinas, fábricas e cidades inteligentes por meio do uso extensivo de sensores remotos e computação em nuvem rápida. Até 2025, mais de 75 bilhões de dispositivos IoT estarão conectados à *web* (Maayan, 2020). Com o tempo, cada vez mais objetos físicos do cotidiano estarão conectados à internet e poderão se identificar com outros dispositivos, criando redes que podem detectar e responder às mudanças de dados. O sistema Puck and Player Tracking da NHL, descrito no caso de abertura do capítulo, é um aplicativo de IoT, assim como os sistemas de gerenciamento de resíduos orientados por dados discutidos na Sessão Interativa sobre Tecnologia mais adiante. Você encontra mais exemplos da Internet das Coisas nos Capítulos 2 e 12.

O App Internet é outro elemento da *web* do futuro. O crescimento de aplicativos dentro da plataforma móvel é surpreendente. Mais de 80% dos minutos gastos em dispositivos móveis nos Estados Unidos são gerados por meio de aplicativos, em oposição aos navegadores. Os aplicativos dão aos usuários acesso direto ao conteúdo e são muito mais rápidos do que carregar um navegador e pesquisar conteúdo.

Outras tendências complementares que levam a uma *web* do futuro incluem mais uso generalizado de computação em nuvem e modelos de negócios de *software* como serviço (SaaS), conectividade ubíqua entre plataformas móveis e dispositivos de acesso à internet e a transformação da *web*, que passará de uma rede de aplicativos e conteúdos separados em silos para um todo interoperável.

SESSÃO INTERATIVA TECNOLOGIA

A Internet das Coisas ajuda na gestão de resíduos

Em 2003, a cidade de San Francisco estabeleceu uma meta muito ambiciosa: lixo zero, o que significa que 100% dos resíduos gerados pela cidade seriam reciclados e compostados, em vez de despejados em aterros sanitários. Hoje, San Francisco está perto de atingir esse objetivo. Graças a um grande programa político, econômico e educacional, 80% dos resíduos da cidade não são mais enviados aos aterros sanitários - índice superior ao de qualquer outra grande cidade dos Estados Unidos. A tecnologia da informação também desempenhou um papel importante ao fornecer métodos mais eficientes de triagem de resíduos e melhorar os serviços de coleta em toda a cidade.

San Francisco formou uma parceria com a Recology, uma empresa de gestão de resíduos que tem uma visão ambiciosa de sua própria missão: "um mundo sem desperdício". Essa empresa centenária orgulhosamente se autodenomina "líder em recuperação de recursos", promove pesquisas e realiza implementações contínuas de novas tecnologias para o processamento de resíduos. Incluem-se aí triagem óptica, que classifica automaticamente os plásticos com um sensor infravermelho com base em seu tamanho, forma e estrutura, e um sistema de captura de gás de aterro que transforma o gás metano gerado em energia elétrica.

Boa parte da atividade de gestão de resíduos da Recology acontece nos 2 mil caminhões da empresa. A Recology atualizou seu sistema ERP JD Edwards EnterpriseOne para oferecer suporte à manutenção de frota sem necessidade de material impresso. Atualmente, os mecânicos podem usar o sistema para visualizar e preencher *on-line* suas ordens de serviço imediatamente, enquanto os gerentes são capazes de visualizar os pedidos também de maneira *on-line*, em vez de recolher pedidos impressos nos veículos.

Os motoristas de caminhão da empresa costumavam informar os níveis de combustível usando formulários manuais cujos números precisavam ser digitados no sistema manualmente pelo pessoal administrativo. Agora, um sensor IoT conectado ao sistema de abastecimento de cada caminhão detecta e envia automaticamente os dados diretamente para o módulo de gerenciamento de frota JD Edwards. Nenhum esforço humano é necessário. Os novos caminhões serão equipados com dispositivos IoT ligados ao seu barramento Controller Area Network (CAN), um protocolo que permite que os dispositivos se comuniquem entre si em aplicativos sem um computador *host*. Os dispositivos IoT deverão coletar mais de 1 milhão de pontos de dados por dia de cada veículo, incluindo posição do câmbio, velocidade, movimento do atuador hidráulico e quantidade de combustível utilizado. Mike McLaughlin, diretor de TI da Recology, e sua equipe poderão decidir quais dados enviar ao sistema ERP para gerenciar a frota de caminhões com mais eficiência.

Os gerentes da empresa também podem usar o recurso Enterprise One Orchestrator para executar ações a partir dos dados. Se, por exemplo, o nível de combustível de um caminhão estiver baixo, o Orchestrator poderá enviar um *e-mail* ao motorista do caminhão avisando-o para reabastecer o tanque. Se uma mensagem de erro de um componente do caminhão for exibida, o Orchestrator poderá agendar o reparo do caminhão. Reduzir o esforço humano libera tempo de gerentes e funcionários para se concentrar em mais maneiras de criar valor, como a realização de auditorias de resíduos, que servem para identificar mais oportunidades de reciclagem e compostagem para empresas.

Todas essas melhorias tecnológicas têm resultado em benefícios significativos, mas a Recology quer fazer mais para gerenciar o crescente volume de materiais compostáveis e recicláveis sob sua responsabilidade. Uma possibilidade é instalar sensores IoT em vários pontos do fluxo de resíduos para monitorar a geração de resíduos, a reciclagem e a compostagem. A Compology, uma startup de San Francisco, desenvolveu uma tecnologia para monitorar e analisar dados de sensores IoT afixados em lixeiras. Os motoristas dos caminhões de coleta de lixo geralmente seguem uma rota específica todos os dias, parando para coletar o lixo em todos os contêineres, vazios ou cheios, do trajeto. Eles não estão cientes de quão cheia está a lixeira antes de encontrá-la, e a quantidade de lixo em cada recipiente pode variar de acordo com o dia, a semana e a estação. Os sensores da Compology tiram fotos de alta resolução do interior dos recipientes de resíduos várias vezes ao dia, enviando as imagens para a nuvem. A partir daí, os transportadores de resíduos podem monitorar a lotação dos contêineres e otimizar as rotas e os horários de recolhimento, para que os caminhões não percam tempo coletando lixo em contêineres vazios ou não tão cheios. Essa tecnologia também pode ser usada para estimar a porcentagem de itens não recicláveis no lixo. De posse dessas informações, cidades como San Francisco podem mirar residências ou empresas responsáveis por muitos resíduos que vão para aterros sanitários.

Além do processamento de resíduos, a Recology oferece serviços de extensão e educação, trabalhando ativamente com a comunidade para promover seu projeto de meta de zero resíduos. Eliminar os 20% restantes do lixo da cidade será muito mais difícil do que os primeiros 80%, e isso não pode ser feito apenas com novas tecnologias. Os moradores de San Francisco continuam enviando cerca de 600 mil toneladas de resíduos para aterros a cada ano. Para reduzir esse número significativamente, os habitantes precisarão se tornar ainda mais vigilantes do uso que fazem de produtos recicláveis e reduzir hábitos de desperdício. As pessoas não costumam ter uma ideia precisa do quanto desperdiçam pessoalmente e da pouca quantidade de resíduos que reciclam ou de que fazem compostagem. Estudos sobre a conduta do consumidor descobriram que o comportamento pode ser influenciado pelo nível de conhecimento que uma pessoa possui. Espera-se que os dados coletados em San Francisco sobre a geração de resíduos e o impacto da reciclagem e da compostagem tornem os moradores mais cientes de seu comportamento perdulário e os incentive a mudar de atitude.

Fontes: www.recology.com, acesso em: 2 de março de 2020; Monica Mehta, "Zero-Waste Innovation," *Profit Magazine*, Primavera 2019; Neil Sequeira, "IoT Applications in Waste Management," IoT for All, 22 de janeiro de 2019; www.compology.com, acesso em: 18 de junho de 2019; and Anne Poirot, "How IoT Technology Could Solve San Francisco's Waste Problem," Medium.com, 15 de maio de 2017.

PERGUNTAS DO ESTUDO DE CASO

1. Defina o problema descrito neste caso. É um problema organizacional, de tecnologia, ou de gestão? Justifique sua resposta.
2. Qual o papel da tecnologia da informação e da IoT ao ajudar as cidades a lidar com seus problemas de gestão de resíduos? Descreva os aplicativos de TI que estão sendo usados para esse fim.
3. Essas aplicações de TI são uma solução bem-sucedida? Justifique sua resposta.

7.4 Quais são as principais tecnologias e padrões para redes sem fio, comunicação e acesso à internet?

Bem-vindo à revolução sem fio! Celulares, *smartphones*, *tablets* e computadores pessoais habilitados para comunicação sem fio se transformaram em mídias portáteis e plataformas de computação que permitem realizar muitas das tarefas que você costumava fazer em seu PC – e muito mais. Apresentamos os *smartphones* em nossas discussões sobre a plataforma digital móvel nos Capítulos 1 e 5. ***Smartphones*** como iPhone, celulares Android e BlackBerry combinam a funcionalidade de um telefone celular com a de um *laptop* móvel com recurso wi-fi. Isso torna possível combinar música, vídeo, acesso à internet e serviços de telefonia em um único dispositivo. Uma grande parte da internet está se tornando móvel, com acesso a partir de qualquer lugar, serviços de banda larga para entrega de vídeo, música e pesquisa na *web*.

Sistemas celulares

Hoje, 96% dos adultos estadunidenses possuem telefones celulares, sendo 81%, *smartphones*. Atualmente, o celular é a plataforma digital líder, e a atividade total em *smartphones* e *tablets* representa dois terços do tempo gasto em mídia digital (Anderson, 2019).

O serviço de telefonia celular digital utiliza muitos padrões concorrentes. Na Europa e em grande parte do mundo, exceto nos Estados Unidos, o padrão é o Global System for Mobile Communications (GSM). O grande trunfo do GSM é sua capacidade de roaming internacional. Nos Estados Unidos, entre os sistemas de celular GSM existentes estão o T-Mobile e o AT&T.

O padrão concorrente nos Estados Unidos é o Code Division Multiple Access (CDMA), que é o sistema usado pela Verizon e pela Sprint. O CDMA foi desenvolvido pelos militares durante a Segunda Guerra Mundial. Ele transmite em várias frequências, ocupa o espectro inteiro e distribui os usuários aleatoriamente por uma série de frequências ao longo do tempo, tornando-o mais eficiente que o GSM.

As gerações mais antigas de celulares foram projetadas para transmissões por voz e transmissões limitadas de dados em forma de mensagens de texto. As operadoras sem fio de hoje oferecem redes celulares 3G e 4G. As **redes 3G**, com velocidades de transmissão que variam de 144 Kbps para usuários móveis em movimento, como em um carro, a mais de 2 Mbps para usuários parados – velocidade de transmissão apropriada para recebimento e envio de *e-mails* e navegação na *web*, mas muito lentas para vídeos. As **redes 4G** têm velocidades muito mais elevadas: 100 megabits/segundo para *download* e 50 megabits/segundo para upload, com capacidade mais que suficiente para assistir a um vídeo em alta definição em seu *smartphone*. A Long Term Evolution (LTE) e a Worldwide Interoperability for Microwave Access (WiMax – veja a seção a seguir) são os atuais padrões de 4G.

A próxima geração de tecnologia sem fio, chamada **5G**, foi projetada para transmissão de grandes quantidades de dados na faixa de gigabits, com menos atrasos de transmissão e capacidade de conectar muito mais dispositivos (como sensores e dispositivos inteligentes) de uma só vez do que os sistemas celulares existentes. A tecnologia 5G será necessária para veículos autônomos, cidades inteligentes e uso extensivo da Internet das Coisas (IoT). AT&T, Verizon e outras operadoras estão começando a lançar redes 5G, que também melhorarão a velocidade e o uso intensivo de dados dos *smartphones*. Os usuários de internet móvel poderão baixar filmes inteiros em segundos.*

Redes de computação sem fio e acesso à internet

Uma gama de tecnologias proporciona acesso sem fio de alta velocidade à internet a partir de PCs e dispositivos móveis. Esses novos serviços de alta velocidade têm levado o acesso à internet a inúmeros lugares que não são cobertos pelos serviços de internet cabeados tradicionais, tornando a computação ubíqua uma realidade, em qualquer lugar, a qualquer momento.

Bluetooth

Bluetooth é o nome popular do padrão de rede sem fio 802.15, utilizado para criar pequenas **redes pessoais** (**PANs**, do inglês *personal area networks*). Ele conecta até oito dispositivos em um raio de dez metros usando comunicação baseada em rádio de baixa potência, e pode transmitir até 722 Kbps na faixa de 2,4 GHz.

Telefones sem fio, *pagers*, computadores, impressoras e dispositivos de computação que usam o Bluetooth se comunicam uns com os outros e até mesmo operam uns aos outros sem a intervenção direta do usuário (veja a Figura 7.13). Por exemplo, uma pessoa pode instruir o notebook a enviar um documento a uma impressora sem usar fios. O Bluetooth conecta teclados e mouses sem fio a PCs ou telefones celulares a fones de ouvido sem fios. Consome pouca energia e é adequado para dispositivos que funcionam com bateria, como computadores de mão ou telefones celulares.

Embora o Bluetooth preste-se à rede pessoal, também pode ser usado em grandes corporações. Os motoristas da FedEx, por exemplo, usam Bluetooth para transmitir dados das entregas coletados com seus computadores de mão para transmissores celulares, que repassam os dados aos computadores da empresa. Os motoristas não precisam mais perder tempo conectando fisicamente seus computadores de mão aos transmissores; além disso, o Bluetooth trouxe uma economia de US$ 20 milhões por ano para a FedEx.

Wi-fi e acesso à internet sem fio

O conjunto de padrões 802.11 para LAN sem fio e acesso sem fio à internet também é conhecido como **wi-fi** (abreviatura de *Wireless Fidelity*, ou fidelidade sem fio). O primeiro desses padrões a ser amplamente adotado foi o 802.11b, que pode transmitir até 11 Mbps na banda não licenciada de 2,4 GHz e cobre uma distância efetiva de 30 a 50 metros. O padrão 802.11g

*N. de R.T. No momento da produção deste livro, a expectativa é que Brasília, por exemplo, receba o 5G "puro" em julho de 2022 Mas é possível vermos antenas 5G (em formato de caixa de sapatos) e também do 4G (em formato de caixa alongada (charuto)). É questão de tempo para os grandes centros estarem operando, visto que foi assim que ocorreu com a Internet.

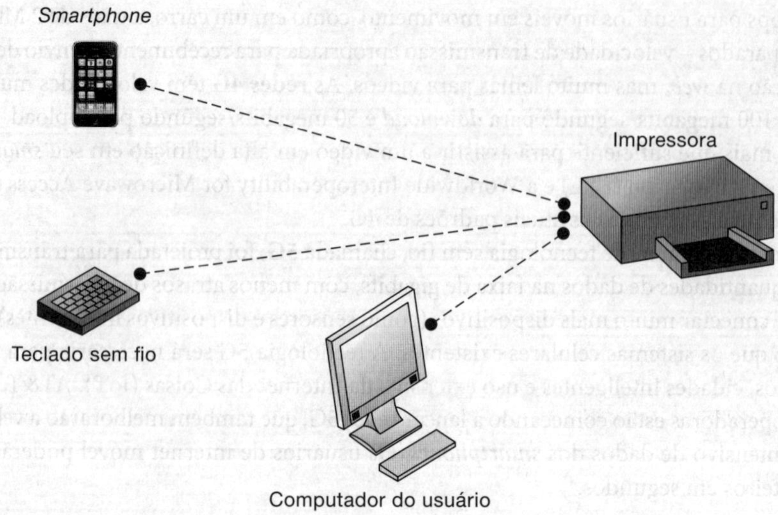

FIGURA 7.13 Rede Bluetooth (PAN).
O Bluetooth permite que diversos dispositivos, incluindo celulares, *smartphones*, mouses e teclados sem fio, PCs e impressoras interajam entre si sem a necessidade de fios, dentro de uma área de dez metros. Além das conexões mostradas aqui, o Bluetooth pode ser usado para colocar dispositivos similares em rede, permitindo que sejam enviados dados de um PC a outro, por exemplo.

pode transmitir até 54 Mbps na faixa de 2,4 GHz. O padrão 802.11n é capaz de transmitir mais de 100 Mbps, e o 802.11ac, até 1 Gbps. Os PCs e *tablets* de hoje já têm instalado o suporte para wi-fi, assim como o iPhone, o iPad e outros dispositivos móveis.

Na maioria das comunicações Wi-Fi, os dispositivos sem fio se comunicam com uma LAN cabeada por meio de pontos de acesso. Um ponto de acesso é uma caixa composta por um transmissor/receptor de rádio e por antenas conectadas a uma rede cabeada, um roteador ou *hub*.

A Figura 7.14 mostra uma LAN sem fio 802.11 que conecta um pequeno número de dispositivos móveis a uma LAN cabeada maior e à internet. A maioria dos dispositivos sem fio são máquinas clientes. Os servidores que as estações clientes móveis precisam usar estão na LAN cabeada. O ponto de acesso controla as estações sem fio e atua como uma ponte entre a LAN principal cabeada e a LAN sem fios (uma ponte interliga duas LANs baseadas em tecnologias diferentes). O ponto de acesso também controla as estações sem fio.

O uso mais popular do wi-fi hoje é para o serviço de internet de alta velocidade sem fio. Nesse caso, um ponto de acesso se liga a uma conexão à internet, que pode vir de uma linha de TV a cabo ou de um serviço telefônico DSL. Os computadores dentro do alcance de um ponto de acesso podem utilizá-lo para conexão sem fio à internet.

Hotspots normalmente consistem em um ou mais pontos de acesso que proveem acesso sem fio à internet em lugares públicos. Alguns *hotspots* são gratuitos ou não exigem *softwares* adicionais para serem usados; outros podem exigir a ativação e a abertura de uma conta de usuário, mediante o fornecimento de um número de cartão de crédito.

Empresas de todos os portes estão usando redes Wi-Fi para oferecer acesso de baixo custo a internet e LANs sem fio. *Hotspots* de wi-fi podem ser encontrados em hotéis, salas de espera de aeroportos, bibliotecas, cafeterias e *campi* universitários, proporcionando acesso móvel à internet. O Dartmouth College é um dos muitos *campi* onde os alunos atualmente podem usar wi-fi para pesquisa, estudo e entretenimento.

Entretanto, a tecnologia wi-fi apresenta vários desafios. Um deles está relacionado aos recursos de segurança do wi-fi, que torna as redes sem fio vulneráveis a invasores. Fornecemos mais detalhes sobre questões de segurança do wi-fi no Capítulo 8.

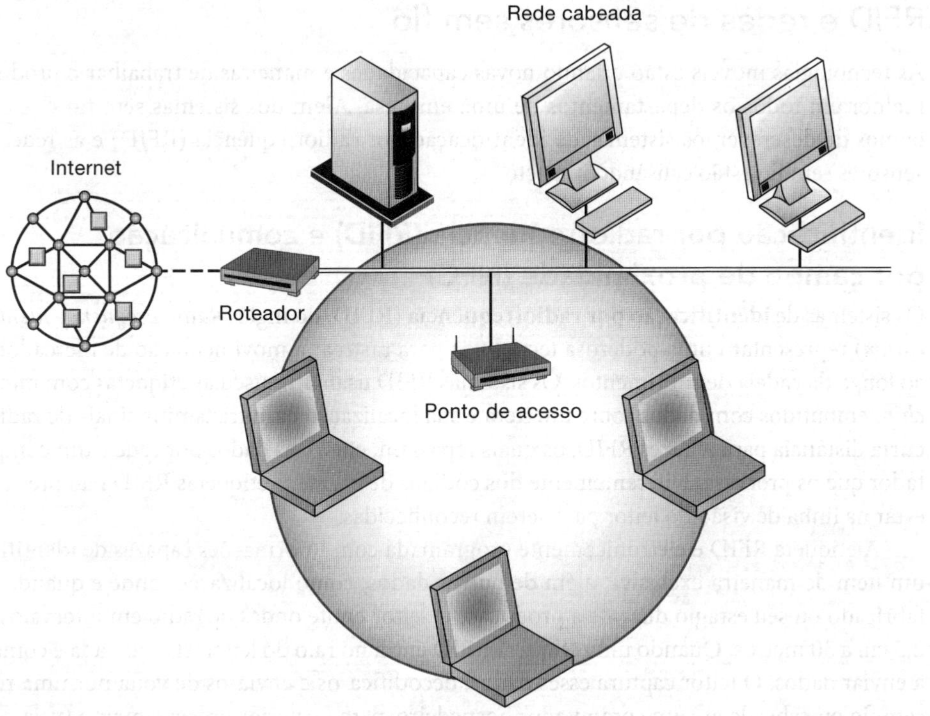

FIGURA 7.14 Uma LAN sem fio 802.11.

Laptops equipados com placas de interface de rede conectam-se a uma LAN cabeada por meio do ponto de acesso, o qual usa ondas de rádio para transmitir sinais da rede cabeada aos adaptadores clientes, que convertem esses sinais em dados que os dispositivos portáteis possam entender. O adaptador cliente transmite, então, os dados do dispositivo portátil de volta ao ponto de acesso, que os encaminha à rede cabeada.

Outra desvantagem das redes wi-fi é a suscetibilidade à interferência de sistemas próximos que operem no mesmo espectro, como telefones sem fio, fornos de micro-ondas e outras LANs sem fio. Entretanto, redes sem fio baseadas na especificação 802.11n são capazes de resolver esse problema, pois usam várias antenas em conjunto para transmitir e receber dados sem fio, além da tecnologia denominada MIMO (*Multiple Input Multiple Output*, ou múltipla saída, múltipla entrada) para coordenar os vários sinais de rádio simultâneos.

WiMax

Nos Estados Unidos e em todo o mundo, um número surpreendentemente grande de regiões não tem acesso à conectividade de banda larga, fixa ou wi-fi. Como o alcance dos sistemas wi-fi não passa de 90 metros da estação base, é difícil para comunidades rurais que não contam com serviço a cabo ou DSL conseguir acesso sem fio à internet.

Para lidar com esses problemas, o IEEE (*Institute of Electrical and Electronics Engineers*) desenvolveu uma nova família de padrões conhecida como **WiMax**, abreviatura de *Worldwide Interoperability for Microwave Access* (Interoperabilidade Mundial para Acesso por Micro-ondas), termo popular para o padrão IEEE 802.16. O WiMax tem uma cobertura de acesso sem fio que chega a quase 50 quilômetros e uma taxa de transferência de dados de 30 a 40 Mbps (chegando a 1 Gbps em estações fixas).

As antenas WiMax são potentes o bastante para transmitir conexões de internet de alta velocidade a antenas instaladas no telhado de residências e empresas a quilômetros de distância. Celulares e *laptops* equipados com recursos de WiMax estão começando a surgir no mercado. O WiMax móvel é uma das tecnologias de rede 4G que discutimos anteriormente neste capítulo.

RFID e redes de sensores sem fio

As tecnologias móveis estão criando novas capacidades e maneiras de trabalhar e produzir melhor em todos os departamentos de uma empresa. Além dos sistemas sem fio que acabamos de descrever, os sistemas de identificação por radiofrequência (RFID) e as redes de sensores sem fio estão causando impacto.

Identificação por radiofrequência (RFID) e comunicação por campo de proximidade (NFC)

Os sistemas de **identificação por radiofrequência** (**RFID**, do inglês *Radio Frequency Identification*) representam uma poderosa tecnologia para rastrear a movimentação de mercadorias ao longo da cadeia de suprimentos. Os sistemas RFID usam minúsculas etiquetas com microchips embutidos com dados sobre um item e sua localização para transmitir sinais de rádio a curta distância para leitores RFID, os quais repassam, então, os dados por rede a um computador que os processa. Diferentemente dos códigos de barra, as etiquetas RFID não precisam estar na linha de visão do leitor para serem reconhecidas.

A etiqueta RFID é eletronicamente programada com informações capazes de identificar um item de maneira exclusiva, além de outros dados, como localização, onde e quando foi fabricado ou seu estágio durante a produção. O leitor emite ondas de rádio em intervalos de 2,5 cm a 30 metros. Quando uma etiqueta RFID entra no raio do leitor, ela é ativada e começa a enviar dados. O leitor captura esses dados, decodifica-os e envia-os de volta por uma rede sem fio ou cabeada até um computador hospedeiro, para posterior processamento (veja a Figura 7.15). Tanto as antenas quanto as etiquetas RFID podem ter vários formatos e tamanhos.

Na gestão da cadeia de suprimento e no controle de estoques, os sistemas RFID capturam e gerenciam informações mais detalhadas que os sistemas de código de barras a respeito de itens em armazéns ou na produção. Se um grande número de itens for expedido de uma vez, os sistemas RFID rastreiam cada palete, lote ou até mesmo itens unitários do carregamento. Essa tecnologia pode ajudar empresas como o Walmart a aprimorar as operações de recebimento e armazenamento, ao melhorar a habilidade de "enxergar" exatamente o estoque dos armazéns ou das prateleiras das lojas de varejo.

O Walmart instalou leitores RFID nas docas de recebimento das lojas para registrar a chegada de paletes e caixas de mercadorias embarcadas com etiquetas RFID. O leitor lê a etiqueta

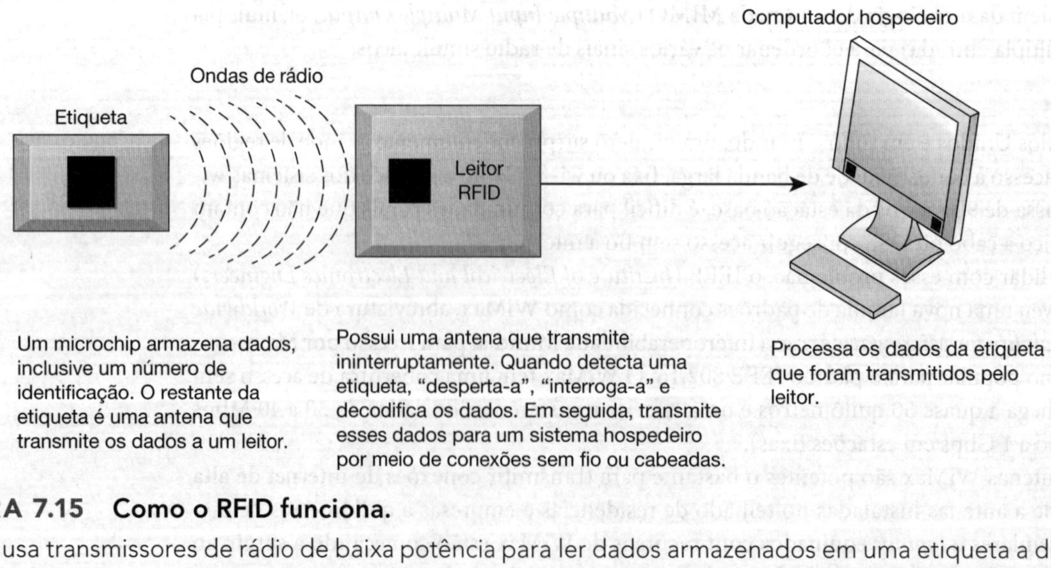

FIGURA 7.15 Como o RFID funciona.

O RFID usa transmissores de rádio de baixa potência para ler dados armazenados em uma etiqueta a distâncias que variam de 2,5 cm a 30 metros. O leitor captura os dados da etiqueta e os envia por rede a um computador hospedeiro, onde serão processados.

uma segunda vez à medida que as caixas são levadas das áreas de armazenamento para o andar de vendas. Um *software* combina os dados dos sistemas de ponto de venda do Walmart com os dados RFID relacionados ao número de caixas levadas para o andar de vendas. O programa determina os itens que logo estarão esgotados e gera automaticamente uma lista de produtos a serem trazidos do armazém para reabastecer as prateleiras das lojas antes que se esvaziem. Essa informação ajuda o Walmart a reduzir os itens com estoque zerado, aumentar as vendas e reduzir os custos.

O custo das etiquetas RFID costumava ser muito alto para que se fizesse amplo uso delas, mas agora o custo da etiqueta começa a partir de aproximadamente US$ 0,07 centavo nos Estados Unidos. À medida que o preço cai, a tecnologia RFID começa a ter um custo compensador para várias aplicações.

Além de instalar leitores RFID e sistemas de etiquetagem, as empresas talvez precisem atualizar seu *hardware* e *software* para processar as gigantescas quantidades de dados produzidos pelos sistemas RFID – transações que podem totalizar dezenas ou centenas de terabytes.

Um *software* é utilizado para filtrar e agregar os dados RFID e evitar que sobrecarreguem as redes da empresa e os aplicativos do sistema. Com frequência, os aplicativos precisam ser reprojetados para aceitar os grandes volumes de dados gerados pelo RFID e compartilhar esses dados com outros aplicativos. Os principais fornecedores de *software* integrado já oferecem versões prontas para RFID de seus aplicativos de gestão da cadeia de suprimentos.

Serviços *tap-and-go*, como Apple Pay ou Google Wallet, usam uma tecnologia relacionada à RFID chamada **comunicação por campo de proximidade** (**NFC**, do inglês *Near Field Communication*). NFC é um padrão de conectividade sem fio de curto alcance que usa campos de rádio eletromagnéticos para permitir que dois dispositivos compatíveis troquem dados quando colocados a poucos centímetros um do outro. Um *smartphone* ou outro dispositivo compatível com NFC envia sinais por radiofrequência que interagem com uma etiqueta NFC presente em leitores de cartões ou cartazes inteligentes compatíveis. Os sinais criam uma corrente que flui através da etiqueta NFC, permitindo que o dispositivo e a etiqueta se comuniquem entre si. Na maioria dos casos, a etiqueta é passiva e só envia informações, enquanto o outro dispositivo (como um *smartphone*) está ativo e pode enviar e receber informações. (Existem sistemas NFC onde ambos os componentes estão ativos.)

O NFC é usado em serviços de pagamento sem fio, para recuperar informações e até mesmo para trocar vídeos ou informações com amigos durante deslocamentos. Para compartilhar o *link* de um *site*, basta você passar seu telefone sobre o telefone de seu amigo; e acenar com o telefone na frente de um pôster ou tela contendo uma etiqueta NFC pode mostrar informações sobre o que você está vendo em um museu ou exposição.

Redes de sensores sem fio

Se sua empresa quisesse tecnologia de última geração para monitorar a segurança de edifícios ou detectar substâncias perigosas, poderia lançar mão de uma rede de sensores sem fio. **Redes de sensores sem fio** (**WSNs**, do inglês *Wireless Sensor Networks*) são redes de dispositivos sem fio interconectados e introduzidos no ambiente físico para fornecer medições de vários pontos em grandes espaços. Esses dispositivos possuem sensores e antenas de radiofrequência, armazenamento e processamento embutidos. Eles estão ligados em uma rede interconectada que direciona os dados capturados para um computador que fará a análise. Essas redes possuem desde centenas até milhares de nós. A Figura 7.16 ilustra um tipo de rede de sensores sem fio, com dados oriundos dos nós individuais e fluindo pela rede em direção a um servidor com maior poder de processamento. O servidor atua como uma porta (*gateway*) para uma rede baseada em tecnologia da internet. As redes de sensores sem fio são muito úteis em áreas como monitoramento de mudanças ambientais; monitoramento de tráfego ou atividade militar; proteção de propriedade; operação e gestão eficiente de máquinas e veículos; estabelecimento de perímetros de segurança; monitoramento da gestão da cadeia de suprimento; e detecção de materiais radioativos, biológicos ou químicos.

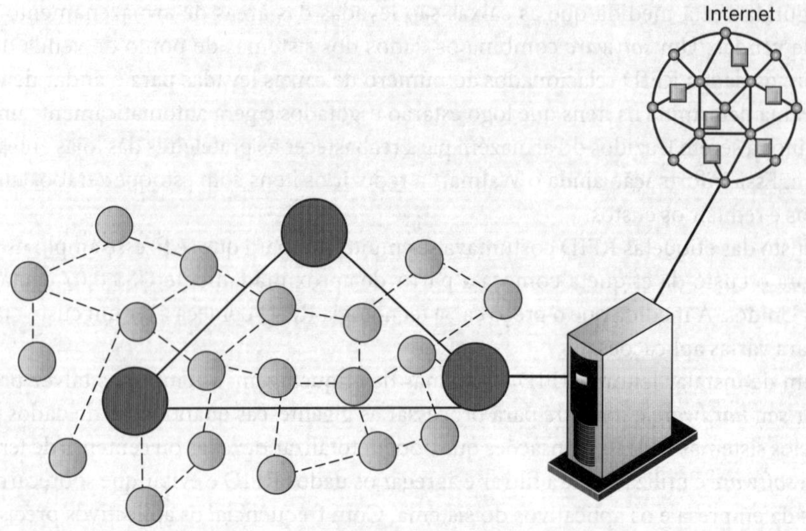

FIGURA 7.16 Uma rede de sensores sem fio.
Os pequenos círculos representam os nós de nível mais baixo, enquanto os círculos maiores representam os nós do topo. Os nós de nível mais baixo repassam os dados uns para os outros ou para os nós de nível mais alto, que transmitem os dados mais rapidamente e aumentam o desempenho da rede.

Informações de sistemas RFID e redes sem fio estão alimentando a Internet das Coisas (IoT), apresentada anteriormente neste capítulo, na qual as máquinas, como motores a jato, turbinas para usinas ou sensores agrícolas, coletam dados constantemente e enviam esses dados via internet para análise. O sistema da NHL, descrito no caso de abertura deste capítulo, é um exemplo de aplicação de Internet das Coisas. Você encontrará mais exemplos de IoT nos Capítulos 2 e 12.

7.5 Como os sistemas de informação gerenciais ajudarão minha carreira?

Aqui está como o Capítulo 7 e este livro podem ajudá-lo a encontrar um emprego como consultor digital automotivo.

A empresa

A A1 Western Car Dealers, uma concessionária de automóveis de grande porte e em rápido crescimento do sul da Califórnia, está procurando um consultor digital automotivo para administrar seu programa de *marketing* digital. A empresa tem mais de 500 veículos à venda, 170 funcionários e três estabelecimentos para venda e manutenção de veículos novos e usados.

Descrição do cargo

O consultor digital automotivo fará parte de uma equipe de assistência à concessionária com *marketing on-line*, incluindo otimização de mecanismos de busca (SEO) e *marketing* de mecanismo de busca (SEM), mídia social e gerenciamento de reputação e de *sites*.

As responsabilidades do trabalho incluem a coordenação de esforços para o proprietário da concessionária, os gerentes da concessionária e o gerente de *marketing* nas seguintes áreas:

- Publicidade *on-line*, SEO e SEM.
- Gerenciamento de mídia social, incluindo o gerenciamento da agenda geral de mídia social e de conteúdo da concessionária e o desenvolvimento de novos conteúdos.
- Gerenciamento de reputação *on-line*.
- Gerenciamento de *site*.
- Manutenção do *blog* da concessionária.

Requisitos do emprego

- Graduação em *Marketing*
- Conhecimento de *marketing* digital e mídias sociais
- Conhecimento do Microsoft Office
- Conhecimento desejável de vendas automotivas e sistemas de gerenciamento de conteúdo

Perguntas para a entrevista

1. Você já fez algum curso de *marketing* digital?
2. Tem alguma experiência em realizar uma campanha de *marketing* digital? Já usou SEO e SEM? Como você mediu a eficácia de sua campanha de mídia social e o crescimento do público?
3. Você tem alguma experiência com *software* de gerenciamento de mídia social?
4. Tem alguma experiência com gerenciamento de reputação *on-line* ou gestão de inventário?
5. Já cuidou de algum *blog*?
6. Qual é o seu nível de proficiência com o Microsoft Office?

Dicas do autor

1. Analise as discussões sobre busca, *marketing* de mecanismos de busca e *blogs* neste capítulo e também as discussões sobre *marketing* de comércio eletrônico e a criação de uma presença de comércio eletrônico no Capítulo 10.
2. Use a *web* para saber mais sobre SEO, SEM, gerenciamento de mídia social e gerenciamento de reputação *on-line* e as ferramentas de *software* usadas para esse trabalho. Veja como gerar relatórios de métricas usando ferramentas padronizadas e como reunir análises e recomendações com base nos dados de mídia social.
3. Veja como as principais concessionárias de automóveis nas grandes áreas metropolitanas estão usando os canais de mídia social. Elas estão criando conteúdo no YouTube, Instagram, Facebook e Twitter? Quais canais estão gerando níveis mais altos de engajamento do público?
4. Pesquise sobre exatamente o que você teria de fazer no gerenciamento de *sites* e que conhecimentos de *software* seriam necessários.
5. Descubra quais recursos do Microsoft Office você precisaria para esse trabalho. Traga exemplos do trabalho que você fez com tais *softwares*.

RESUMO

7.1 Quais são os principais componentes das redes de telecomunicações e as principais tecnologias de rede?

Na sua forma mais simples, uma rede consiste em dois ou mais computadores conectados. Componentes básicos de rede incluem computadores, interfaces de rede, um meio de conexão, *software* de sistema operacional e um *hub* ou *switch*. A infraestrutura de rede de grandes empresas inclui o sistema de telefonia tradicional, comunicação via celular móvel, redes locais sem fio, sistemas de videoconferência, um *site* corporativo, intranets, extranets e uma variedade de redes locais e de longa distância, incluindo a internet.

As redes contemporâneas foram moldadas pelo surgimento da computação cliente/servidor, o uso de comutação de pacotes e a adoção do Protocolo de Controle de Transmissão/Protocolo da Internet (TCP/IP) como padrão de comunicação universal para conectar redes e computadores díspares, incluindo a internet. Os protocolos fornecem um conjunto comum de regras que permitem a comunicação entre diversos componentes em uma rede de telecomunicações.

7.2 Quais são os diferentes tipos de redes?

Os principais meios físicos de transmissão são cabos de fio trançado, cabo coaxial, cabo de fibra óptica e transmissão sem fio.

As redes locais (LANs) conectam PCs e outros dispositivos digitais em um raio de 500 metros e são usadas hoje para muitas tarefas de computação corporativa. As redes de longa distância (WANs) abrangem grandes distâncias geográficas, variando de vários quilômetros a continentes inteiros e geralmente são redes privadas gerenciadas de forma independente. As redes de área metropolitana (MANs) abrangem uma única área urbana.

Tecnologias de linha de assinante digital (DSL), conexões de internet a cabo e linhas T1 geralmente são usadas para conexões de internet de alta capacidade.

7.3 Como a internet e sua tecnologia funcionam e como facilitam a comunicação e o *e-business*?

A internet é uma rede mundial de redes que usa o modelo de computação cliente/servidor e o modelo de referência de rede TCP/IP. Cada computador na internet recebe um endereço IP numérico exclusivo. O sistema de nomes de domínio (DNS) converte endereços IP em nomes de domínio mais amigáveis. As políticas mundiais da internet são estabelecidas por organizações e órgãos governamentais, como o Internet Architecture Board (IAB) e o *World Wide Web* Consortium (W3C).

Os principais serviços de internet incluem *e-mail*, fóruns, bate-papo, mensagens instantâneas, Telnet, FTP e a *web*. As páginas *web* são baseadas em Hypertext Markup Language (HTML) e podem exibir texto, gráficos, vídeo e áudio. Diretórios de *sites*, mecanismos de busca e tecnologia RSS ajudam os usuários a localizar as informações de que precisam na *web*. RSS, *blogs*, redes sociais e *wikis* são recursos atuais de compartilhamento de informações da *web*. A *web* do futuro contará com mais busca semântica, busca visual, prevalência de aplicativos e interconectividade de muitos dispositivos diferentes (Internet das Coisas).

As empresas também estão começando a economizar usando a tecnologia VoIP para transmissão de voz e redes privadas virtuais (VPNs) como alternativas de baixo custo para WANs privadas.

7.4 Quais são as principais tecnologias e padrões para redes sem fio, comunicação e acesso à internet?

As redes celulares estão evoluindo para fornecer transmissão digital comutada por pacotes de alta velocidade e largura de banda. As redes 3G são capazes de transmitir dados em velocidades que variam de 144 Kbps a mais de 2 Mbps. As redes 4G são capazes de transmitir a velocidades de 100 Mbps; e as redes 5G capazes de transmitir na faixa de gigabits, entre muitos dispositivos que começam a surgir.

Os principais padrões de rede celular incluem o Code Division Multiple Access (CDMA), que é usado principalmente nos Estados Unidos, e o Global System for Mobile Communications (GSM), que é o padrão na Europa e em grande parte do resto do mundo.

Padrões para redes de computadores sem fio incluem Bluetooth (802.15) para pequenas redes pessoais (PANs), wi-fi (802.11) para redes locais (LANs) e WiMax (802.16) para redes de área metropolitana (MANs).

Os sistemas de identificação por radiofrequência (RFID) fornecem uma tecnologia potente para rastrear a movimentação de mercadorias usando pequenas etiquetas com dados incorporados sobre um item e sua localização. Os leitores RFID leem os sinais de rádio transmitidos por essas etiquetas e passam esses dados por uma rede para um computador que irá processá-los. Redes de sensores sem fio (WSN) são redes de dispositivos sem fio interconectados e introduzidos no ambiente físico para fornecer medições de vários pontos em grandes espaços.

Palavras-chave

5G, 277
Banda larga, 251
Bate-papo, 263
Blog, 273
Bluetooth, 277
Pesquisa preditiva, 271
Busca semântica, 270
Comunicação por campo de proximidade (NFC), 281
Comunicações unificadas, 265
Comutação de pacotes, 254
Conexões de internet a cabo, 259
Dark web, 269
E-mail, 263
endereço de Protocolo de Internet (endereço IP), 260
Hertz, 259
Hotspots, 278
Hubs, 252
Identificação por radiofrequência (RFID), 280
Internet das Coisas (IoT), 274
Internet2, 262
IPv6, 262
Largura de banda, 259
Linha de assinante digital (DSL), 259
Linhas T1, 260
Localizador uniforme de recursos (URL), 268
Marketing de mecanismo de busca, 272
Mecanismos de busca, 269
mensagem instantânea, 263
Microblog, 273
Modem, 257
Nome de domínio, 260
Otimização de mecanismos de busca (SEO), 272
Peer-to-peer, 258
Protocolo de Controle de Transmissão/Protocolo de Internet (TCP/IP), 255
Protocolo de transferência de arquivos (FTP), 263
Protocolo de Transferência de Hipertexto (HTTP), 268
Protocolo, 255
Provedor de serviços de internet (ISP), 259
Rede definida por software (SDN), 253
Rede local (LAN), 257
Rede metropolitana (MAN), 258
Rede virtual privada (VPN), 265
Redes 3G, 277
Redes 4G, 277
Redes de longa distância (WANs), 258
Wi-Fi, 277
Redes de sensores sem fio (WSNs), 281
Redes pessoais (PANs), 277
Redes sociais, 274
Robôs de compras, 271
Roteador, 252
RSS, 273
Sistema de nomes de domínio (DNS), 260
Sistema operacional de rede (NOS), 252
Smartphones, 276
Switch, 252
Telnet, 263
Voz sobre IP (VoIP), 264 Site, 264
Web visual, 271
Wikis, 273
WiMax, 279

Questões para revisão

7.1 Quais são os principais componentes das redes de telecomunicações e as principais tecnologias de rede?

- Descreva os recursos de uma rede simples e a infraestrutura de rede de uma grande empresa.
- Diga o nome e descreva as principais tecnologias e tendências que moldaram os sistemas de telecomunicações contemporâneos.

7.2 Quais são os diferentes tipos de redes?

- Defina um sinal analógico e um digital.
- Explique a diferença entre LAN, MAN e WAN.

7.3 Como a internet e sua tecnologia funcionam e como facilitam a comunicação e o *e-business*?

- Defina a internet, descreva como ela funciona e explique como ela agrega valor às empresas.
- Explique como o sistema de nomes de domínio (DNS) e o sistema de endereçamento IP funcionam.
- Liste e descreva os principais serviços de internet.
- Defina e descreva o VoIP e as redes privadas virtuais e explique como agregam valor à empresa.

- Liste e descreva formas alternativas de localizar informações na *web*.
- Descreva como as tecnologias de busca *on-line* são usadas para *marketing*.

7.4 Quais são as principais tecnologias e padrões para redes sem fio, comunicação e acesso à internet?

- Explique o que é Bluetooth, wi-fi, WiMax e redes 3G, 4G e 5G.
- Descreva os recursos de cada um e para quais tipos de aplicações cada um é mais adequado.
- Diga o que é RFID, explique como funciona e descreva como agrega valor às empresas.
- Defina comunicações por campo de proximidade (NFC) e explique como funcionam.
- Defina WSNs, explique como funcionam e descreva os tipos de aplicações que as utilizam.

Para discutir

7.5 Espera-se que nos próximos anos, os *smartphones* se tornarão o dispositivo digital mais importante que possuímos. Discuta as implicações dessa afirmação.

7.6 Todos os grandes varejistas e fabricantes devem mudar para RFID? Por quê? Ou por que não?

7.7 Quais são algumas das questões a serem consideradas para determinar se a internet proporcionaria uma vantagem competitiva à sua empresa?

Projeto práticos em SIG

Os projetos desta seção oferecem experiência prática na avaliação e seleção de tecnologia de comunicação, no uso de *software* de planilha para melhorar a seleção de serviços de telecomunicações e no uso de mecanismos de busca na *web* para pesquisa de negócios.

Problemas de decisão de gestão

7.8 Sua empresa fornece pisos cerâmicos para Home Depot, Lowe's e outras lojas de materiais de construção. Você deve começar a usar etiquetas de identificação por radiofrequência em cada caixa de azulejos enviada, para ajudar seus clientes a melhorar o gerenciamento dos produtos e os de outros fornecedores nos depósitos. Use a *web* para identificar o custo dos componentes de *hardware*, *software* e rede para um sistema RFID para sua empresa. Que fatores devem ser considerados? Quais são as principais decisões que precisam ser tomadas para determinar se sua empresa deve adotar essa tecnologia?

7.9 A BestMed Medical Supplies Corporation vende produtos e equipamentos médicos e cirúrgicos de mais de 700 fabricantes para hospitais, clínicas de saúde e consultórios médicos. A empresa tem 500 funcionários em sete estabelecimentos nos estados do Oeste e Centro-Oeste, incluindo gerentes de contas, representantes de atendimento e suporte ao cliente e funcionários do depósito. Os funcionários comunicam-se usando serviços tradicionais de telefonia, *e-mail*, mensagens instantâneas e celulares. A administração está imaginando se a empresa deve adotar um sistema de comunicações unificadas. Que fatores devem ser considerados? Quais são as principais decisões que precisam ser tomadas para determinar se a empresa deve adotar essa tecnologia? Use a *web*, se necessário, para saber mais sobre comunicações unificadas e seus custos.

Melhor tomada de decisão: como usar um *software* de planilha para avaliar serviços sem fio

Habilidades de *software*: Fórmulas de planilha, formatação
Habilidades de negócios: Análise de serviços e custos de telecomunicações

7.10 Neste projeto, você usará a *web* para pesquisar serviços sem fio alternativos e usará um *software* de planilha para calcular os custos dos serviços sem fio para a equipe de vendas.

Você pretende equipar a equipe de 35 vendedores, que está em St. Louis, Missouri, com celulares habilitados para transmissão de voz, mensagens de texto, acesso à internet e recurso para tirar e enviar fotos. Use a *web* para selecionar dois provedores sem fio que oferecem serviços de voz e dados em todo o país, bem como um bom serviço em sua área de residência. Examine os recursos dos telefones celulares e dos planos sem fio oferecidos por cada um desses fornecedores. Suponha que cada um dos 35 vendedores precise de serviços ilimitados de voz, texto e dados nos Estados Unidos e do recurso para tirar e enviar fotos. Use seu *software* de planilha para determinar o serviço sem fio e o aparelho que oferecerá o melhor preço por usuário ao longo de dois anos. Para este exercício, não é necessário considerar os descontos corporativos.

Alcançando a excelência operacional: como usar mecanismos de pesquisa da *web* para pesquisa de negócios

Habilidades de *software*: Ferramentas de pesquisa na *web*
Habilidades de negócios: Pesquisar novas tecnologias

7.11 Esse projeto ajudará a desenvolver suas habilidades de internet no uso de mecanismos de busca na *web* para pesquisa de negócios.
Use o Google e o Bing para obter informações sobre o etanol como combustível alternativo para veículos automotores. Se desejar, experimente também outros mecanismos de busca. Compare o volume e a qualidade das informações que você encontra com cada ferramenta de pesquisa. Qual ferramenta é a mais fácil de usar? Qual forneceu os melhores resultados para sua pesquisa? Por quê?

Projeto de colaboração e trabalho em equipe

Avaliando *smartphones*

7.12 Forme um grupo com três ou quatro de seus colegas. Compare os recursos do iPhone da Apple com um *smartphone* de outro fornecedor com recursos semelhantes. Sua análise deve considerar o custo de compra, as redes sem fio em que cada dispositivo pode operar, os custos do plano e do aparelho e os serviços disponíveis para cada dispositivo. Você também deve considerar outros recursos de cada dispositivo, incluindo *software* disponível, recursos de segurança e a capacidade de integração com aplicações corporativas ou de PC existentes. Qual dispositivo você selecionaria? Em quais critérios você basearia sua seleção? Se possível, use o Google Docs e o Google Drive ou Google Sites para debater, organizar e desenvolver uma apresentação de suas descobertas para a turma.

Google, Apple e Meta disputam pela sua experiência na internet

ESTUDO DE CASO

Três titãs da internet – Google, Apple e Meta – estão em uma luta épica para dominar a sua experiência na rede e, na linha de fogo cruzado, estão os serviços de busca, música, vídeo e outras mídias, juntamente com os dispositivos que você usa para acessar todos esses itens. Os dispositivos móveis com funcionalidades avançadas e acesso ubíquo à internet estão rapidamente ultrapassando os PCs tradicionais como a forma mais popular de computação. Hoje, as pessoas passam mais da metade do tempo *on-line* usando dispositivos móveis que aproveitam a crescente capacidade de computação em nuvem. Portanto, não é nenhuma surpresa que, atualmente, os titãs da tecnologia estejam disputando tão agressivamente pelo controle desse bravo novo mundo *on-line*.

A Apple, que começou como uma empresa de computadores pessoais, rapidamente se expandiu para *software* e eletrônica de consumo. Desde a derrubada da indústria de música com o seu MP3 player, o iPod, e o serviço de música digital iTunes, a Apple assumiu a computação móvel como um furacão, com o iPhone, o iPod Touch e o iPad. Agora, a Apple quer ser a plataforma de computação preferida para acesso à internet.

A força competitiva da Apple é baseada não apenas em sua plataforma de *hardware*, mas em sua interface de usuário superior e aplicativos de *software* móvel, nos quais é líder. A sua App Store oferece mais de dois milhões de aplicativos para dispositivos móveis e *tablets*. Os aplicativos enriquecem muito a experiência de usar um dispositivo móvel, e quem criar o conjunto de dispositivos e aplicativos mais atraente obterá uma vantagem competitiva significativa sobre os rivais. Os aplicativos são a novidade equivalente ao navegador tradicional.

A Apple aproveita o seu legado de inovação. Em 2011, lançou a Siri (termo para *Speech Interpretation and Recognition Interface*, ou Interface de Interpretação e Reconhecimento de Fala), uma ferramenta que combina recursos de busca/navegação e assistente pessoal. A Siri promete recomendações personalizadas que melhoram à medida que ganha familiaridade como o usuário – tudo a partir de um comando de voz. O Google reagiu lançando rapidamente suas próprias ferramentas de assistente inteligente, o Google Now e, em seguida, o Google Assistant.

Os telefones e *tablets* da Apple enfrentam forte concorrência, tanto nos Estados Unidos quanto em mercados em desenvolvimento como a China, de *smartphones* chineses baratos e de telefones Android com recursos sofisticados da Samsung. As vendas do iPhone começaram a desacelerar, mas a Apple não está contando apenas com dispositivos de *hardware* para o crescimento futuro. Os serviços sempre desempenharam um papel importante no ecossistema da Apple e têm emergido como principal fonte de receita. A empresa tem mais de um bilhão de dispositivos ativos em circulação em todo o mundo, criando uma enorme base instalada de usuários dispostos a adquirir serviços e uma fonte de novos fluxos de receita. O ramo de serviços da Apple, que inclui músicas (*downloads* e assinaturas), vendas e aluguel de vídeos, livros, aplicativos (incluindo compras no aplicativo, assinaturas e publicidade), armazenamento do iCloud e pagamentos, vem crescendo 18% ao ano.

À medida que a Apple lança mais *gadgets*, como o Watch e o HomePod, sua receita de serviços continuará a se expandir e diversificar, aprofundando os laços com seus usuários. Segundo o CEO, Tim Cook, a Apple se tornou uma das maiores empresas de serviços do mundo. Essa estratégia orientada a serviços não deixa de ser preocupante, pois tanto o Google quanto o Facebook oferecem forte concorrência na área de serviços, e a empresa precisará oferecer alguns de seus serviços em dispositivos que não são da Apple para permanecer neste mercado. O Google continua a ser o principal mecanismo de busca do mundo, respondendo por cerca de 75% das pesquisas na *web* realizadas em *laptops* e *desktops* e mais de 90% das pesquisas no mercado de busca móvel. Cerca de 84% da receita da Alphabet, empresa controladora do Google, vem de anúncios, a maioria deles no mecanismo de busca. O Google domina a publicidade *on-line*; no entanto, não está tão firme em sua posição como porta de entrada para a internet. Novas startups de busca focam em ações e aplicativos ao invés da *web*. O Facebook também se tornou uma importante porta de entrada para a *web*.

Em 2005, o Google comprou o sistema operacional móvel de código aberto Android, para competir na computação móvel. O Google oferece o Android sem custo para fabricantes de *smartphones*, gerando receita indiretamente por meio de compras de aplicativos e publicidade. Muitos fabricantes diferentes adotaram o Android como padrão. Por outro lado, a Apple permite que apenas seus próprios dispositivos usem seu sistema operacional proprietário, e todos os aplicativos que a empresa vende podem ser executados apenas em produtos da Apple. O Android está presente em mais de 85% dos *smartphones* do mundo inteiro; é o sistema operacional mais comum para *tablets*; e funciona em relógios, painéis de carros e Smart TVs – milhares de dispositivos distintos. O Google quer ampliar a presença do Android para o maior número possível de dispositivos.

O Android do Google pode ganhar ainda mais mercado nos próximos anos, o que pode ser problemático para a Apple, que tenta manter a fidelidade do cliente e manter os desenvolvedores de *software* focados na plataforma iOS. Quem tiver o sistema operacional dominante dos *smartphones* terá controle sobre os aplicativos em que os usuários passam a maior parte do tempo, além de canais integrados para veicular anúncios em dispositivos móveis. O Google está começando a monitorar o conteúdo de aplicativos móveis Android e fornecer *links* que levam a esse conteúdo nos resultados de pesquisas do Google nos *smartphones*. O Google não pode monitorar ou rastrear o uso de aplicativos do iPhone. Como mais da metade das consultas de pesquisa globais vêm de dispositivos móveis, a empresa revisou seus algoritmos de busca para adicionar o parâmetro "amigável a dispositivos móveis" aos cerca de 200 fatores que usa para classificar *sites* em seu mecanismo de busca. Isso favorece *sites* que ficam bem nas telas dos *smartphones*. O custo por clique pago por anúncios para celular ficou atrás dos anúncios para computador, mas a diferença entre as taxas de anúncios para computador e celular está diminuindo. O Google instituiu uma mudança de *design* para apresentar uma página de busca móvel mais limpa.

Sete produtos e serviços do Google, incluindo Busca, YouTube e Maps, têm mais de um bilhão de usuários cada. O objetivo final do Google é unir seus serviços e dispositivos para que seus usuários interajam com a empresa perfeitamente durante todo o dia e todos queiram usar o Google. Grande parte dos esforços da empresa para tornar sua busca e seus serviços relacionados mais capacitados e fáceis de usar nos próximos anos se baseia nos investimentos da empresa em inteligência artificial e aprendizagem automática (veja o Capítulo 11). O objetivo é evoluir a pesquisa para um recurso de assistência mais inteligente, em que os computadores possam entender o que as pessoas estão dizendo e responder de forma conversacional, com as informações certas no momento certo. O Google Assistant destina-se a fornecer um diálogo contínuo e conversacional entre os usuários e o mecanismo de pesquisa.

O Facebook é o maior serviço de rede social do mundo, com 2,6 bilhões de usuários ativos mensais. As pessoas usam o Facebook para se manterem conectadas com seus amigos e familiares e para expressar o que é mais importante para elas. A plataforma permite que os desenvolvedores criem aplicativos e *sites* que se integram ao Facebook para alcançar sua rede global de usuários e criar produtos personalizados e sociais. O Facebook é tão difundido e atraente que se tornou a principal porta de entrada dos usuários para a internet. Para muitas pessoas, o Facebook é a internet. Tudo o que fazem na internet é por meio do Facebook.

A Meta tem buscado persistentemente maneiras de converter sua popularidade e seus dados de usuários em dólares advindos de publicidade, com a expectativa de que esses dólares venham cada vez mais de *smartphones* e *tablets* móveis. No início de 2020, 98% das contas de usuários ativos em todo o mundo acessavam a rede social via *smartphone* e *tablet*. Os anúncios da Meta permitem que as empresas direcionem seus usuários com base em suas identidades reais e interesses expressos, em vez de suposições baseadas em hábitos de navegação na *web* e outros comportamentos *on-line*.

No início de 2019, mais de 98% da receita global do Facebook veio de publicidade e 92% dessa receita foi de publicidade móvel. Muitos desses anúncios são altamente segmentados por idade, gênero e outros dados demográficos. A Meta agora é um sério concorrente do Google no mercado de anúncios para celular e está tentando competir com plataformas móveis emergentes. Juntos, Meta e Google dominam a indústria de anúncios digitais e são responsáveis por quase todo seu crescimento. A Meta reformulou sua página inicial para dar aos anunciantes mais oportunidades e mais informações para segmentar os mercados. A empresa está expandindo a publicidade em produtos como o *feed* do Instagram, os stories, o WhatsApp, os serviços de vídeo sob demanda do Facebook Watch e o Messenger, embora a maior parte da receita de anúncios ainda venha de seu *feed* de notícias. A Meta tem sua própria ferramenta de busca personalizada para desafiar o domínio do Google na busca. Mark Zuckerberg, CEO da Meta, está convencido de que as redes sociais são a maneira ideal de usar a *web* e consumir todos os outros conteúdos que as pessoas possam desejar, incluindo notícias e vídeos. Isso torna o *site* na plataforma de *marketing* ideal para empresas. Mas ele também sabe que a Meta não pode alcançar crescimento e prosperidade a longo prazo com base apenas nas redes sociais. No decorrer nos últimos anos, a Meta mudou para realidade virtual, mensagens, vídeos e muito mais.

A Meta está desafiando o YouTube como o principal destino de vídeos pessoais, desenvolvendo sua própria programação de TV e tornando suas mensagens "mais inteligentes" com a implantação de chatbots. Os chatbots são agentes de *software* simplificados que entendem o que você digita ou diz e reagem respondendo a perguntas ou executando tarefas, e são executados em segundo plano no serviço Messenger do Facebook (veja o Capítulo 11). No Facebook Messenger, você pode conversar com amigos ou uma empresa, enviar dinheiro com segurança e compartilhar fotos e vídeos. Zuckerberg informou que pretende ajudar a tornar o próximo bilhão de pessoas *on-line*, atraindo usuários em países em desenvolvimento com conectividade *web* acessível. O Facebook lançou vários serviços em países emergentes com mercados projetados para colocar mais pessoas *on-line* a fim de que possam explorar aplicativos da *web*, incluindo sua rede social. A empresa quer transmitir a internet para áreas carentes por meio do uso de drones e satélites, além de outras tecnologias. Zuckerberg acha que a Meta poderia eventualmente ser um provedor de serviços de internet para áreas carentes.

A monetização de dados pessoais impulsiona os modelos de negócios da Meta e do Google. No entanto, essa prática também ameaça a privacidade individual. A vigilância do consumidor subjacente aos serviços gratuitos da Meta e do Google está na mira de usuários, reguladores e legisladores em ambos os lados do Atlântico. Os pedidos para restringir a coleta e o uso de dados pessoais do Facebook e do Google ganharam força, especialmente após revelações recentes sobre agentes russos que tentavam usar o Facebook para influenciar os eleitores estadunidenses e o compartilhamento descontrolado de dados de usuários do Facebook com empresas terceirizadas (veja o estudo de caso final do Capítulo 4). Ambas as empresas terão de se conformar com a nova lei de privacidade da União Europeia, o Regulamento Geral de Proteção de Dados (GDPR), que exige que as empresas obtenham o consentimento dos usuários antes de processar seus dados e que pode inspirar leis de privacidade mais rígidas nos Estados Unidos. Modelos de negócios que dependem menos de anúncios e mais de assinaturas foram propostos, embora qualquer esforço para coibir o uso de dados do consumidor colocaria em risco o modelo de negócios da internet que depende de anúncios – incluindo, possivelmente, da Meta e do Google. Também pressionando os modelos de negócios direcionados a anúncios da Meta e do Google estão os recursos de proteção de privacidade da Apple, que permitem aos usuários de seus dispositivos optar por não receber publicidade direcionada.

Esses gigantes da tecnologia também estão sob investigação por conta de seu comportamento monopolista. Nos Estados Unidos, o Google realiza 89% das buscas na internet; 95% dos jovens adultos na internet usam um produto da Meta; e Google e Apple fornecem 99% dos sistemas operacionais de celulares. Os críticos pediram o desmembramento dessas megaempresas ou sua regulamentação, como aconteceu com a Standard Oil e a AT&T. Em julho de 2018, reguladores da União Europeia (UE) multaram a empresa controladora do Google em US$ 5 bilhões por forçar fabricantes de celulares que usam o sistema operacional Android da empresa a instalar aplicativos de busca e o navegador do Google. Menos de um ano depois, os reguladores antitruste da UE multaram a Alphabet em mais US$ 1,7 bilhão por práticas restritivas de publicidade no Adsense, sua unidade de negócios. Essas empresas se tornaram tão grandes que estão pressionando os consumidores e estreitando a inovação? A forma como os governos respondem a essa pergunta também afetará como a Apple, o Google e a Meta se sairão e que tipo de experiência na internet poderão oferecer.

Fontes: Brent Kendall e John D. McKinnon, "DOJ, States Plan Suits Against Google," *Wall Street Journal*, 16–17 de março de 2020; Tripp Mickle, "Apple Posts Record Reveue on Strong iPhone, App Sales," *Wall Street Journal*, 28 de janeiro de 2020 e "With the iPhone Sputtering, Apple Bets Its Future on TV and News," *Wall Street Journal*, 25 de março de 2019; Daisuke Wakabayashi, "Google Reaches 41 Trillion in Value, Even as It Faces New Tests," *New York Times*, 16 de janeiro de 2020; "Wayne Rush, "How Google, Facebook Actions Could Bring Big Tech Under Attack in US," *eWeek*, 22 de março de 2019; Tripp Mickle and Joe Flint, "Apple Launches TV App, Credit Card, Subscription Services," *Wall Street Journal*, 25 de março de 2019; Associated Press, "EU Fines Google a Record $5 Million over Mobile Practices," 18 de julho de 2018; "Search Engine Market Share," www.netmarketshare.com, acessado em 16 de março de 2020; "Device Usage of Facebook Users Worldwide as of January 2020," statista. com, acessado em 17 de março de 2020; David Streitfeld, Natasha Singer e Steven Erlanger, "How Calls for Privacy May Upend Business for Facebook and Google," *New York Times*, 24 de março de 2018.

PERGUNTAS DO ESTUDO DE CASO

7.13 Compare os modelos de negócios e as principais competências do Google, da Apple e da Meta.

7.14 Por que a computação móvel é tão importante para essas três empresas? Avalie as estratégias móveis de cada uma delas.

7.15 Qual empresa e modelo de negócios você acredita que tem maior chance de dominar a internet? Por quê?

7.16 Que diferença faria para uma empresa ou para um consumidor individual se a Apple, o Google ou a Meta dominassem a experiência na internet? Justifique sua resposta.

Referências do Capítulo 7

Alphabet, Inc. "Form 10K for the Fiscal Year Ending December 31, 2019." Securities and Exchange Commission, 3 de fevereiro de 2020.

Anderson, Monica. "Mobile Technology and Home Broadband, 2019," Pew Research Center (12 de junho de 2019).

Bera, Ana. "80 Mind-Blowing IoT Statistics (Infographic)," *safeatlast* (25 de fevereiro de 2019).

Chen, Brian X. "What You Need to Know about 5G in 2020." *New York Times* (8 de janeiro de 2020).

Chiang, I. Robert e Jhih-Hua Jhang-Li. "Delivery Consolidation and Service Competition Among Internet Service Providers." *Journal of Management Information Systems* 34, Nº 3 (inverno de 2014).

Comscore. "The Global State of Mobiles." (2019).

Copeland, Rob. "Google Lifts Veil, a Little, into Secretive Search Algorithm Changes." *Wall Street Journal* (25 de outubro de 2019).

eMarketer. "Digital Ad Spending March 2019." (2019). "Facebook by the Numbers: Stats, Demographics & Fun Facts."

Omnicore (10 de fevereiro de 2020).

FitzGerald, Drew e Sarah Krouse. "How 5G Will Change So Much More Than Your Phone," *Wall Street Journal* (26 de fevereiro de 2019).

Frick, Walter. "Fixing the Internet." *Harvard Business Review* (julho-agosto 2019).

Gong, Jing, Vibhanshu Abhisek e Beibei Li. "Examining the Impact of Keyword Ambiguity on Search Advertising Performance: A Topic Model Approach." *MIS Quarterly* 42, Nº 3 (setembro de 2018).

He, Amy. "Average U.S. Time Spent with Mobile in 2019 Has Increased U.S. Adults Spend More Time on Mobile than They Do Watching TV." *eMarketer* (4 de junho de 2019).

Herrman, John. "Big Tech Isn't Going Anywhere." *New York Times* (17 de novembro de 2019).

Huang, Keman, Michael Siegel, Keri Pearlson e Stuart Madnick. "Casting the Dark Web in a New Light." *MIT Sloan Management Review* 61 Nº 1 (outono de 2019).

Maayan, Gilad David. "The IoT Rundown for 2020: Stats, Risks, and Solutions." *Security Today* (13 de janeiro de 2020).

McKinsey & Company. "The Impact of Internet Technologies: Search." (julho de 2011).

McKinsey Global Institute. "Connected World." (fevereiro de 2020). National Telecommunications and Information Agency. "NTIA Announces Intent to Transition Key Internet Domain Name Functions." (14 de março de 2014).

Panko, Raymond R. e Julia L. Panko. *Business Data Networks and Security*, 11ª ed. (Upper Saddle River, NJ: Prentice-Hall, 2019).

Pew Research Center. "Mobile Fact Sheet." (12 de junho de 2019). "Search Engine Market Share." Netmarketshare.com, acessado em 2 de março de 2011.

CAPÍTULO

8 Segurança em sistemas de informação

OBJETIVOS DE ESTUDO

Ao concluir este capítulo, você será capaz de responder às seguintes perguntas:

8.1 Por que os sistemas de informação são vulneráveis a destruição, erro e uso indevido?

8.2 Qual é o valor empresarial da segurança e do controle?

8.3 Quais são os componentes de uma estrutura organizacional para segurança e controle?

8.4 Quais são as ferramentas e tecnologias mais importantes para proteger os recursos de informação?

8.5 Como os sistemas de informação gerenciais ajudarão minha carreira?

CASOS DO CAPÍTULO

A rede de energia elétrica se torna um campo de batalha da guerra cibernética

Capital One: um grande assalto a banco pela nuvem

O PayPal aumenta sua resiliência digital

A violação de dados da Equifax é a pior de todos os tempos? Por quê?

A rede de energia elétrica se torna um campo de batalha da guerra cibernética

A rede elétrica dos Estados Unidos é um sistema físico e digital complexo, mas fundamental para o comércio e a vida cotidiana. Consiste em mais de 7 mil usinas de energia, 55 mil subestações elétricas, 260 mil quilômetros de linhas de transmissão de alta tensão e 9 milhões de quilômetros de linhas de distribuição de baixa tensão. Essa rede de geradores, subestações e linhas de energia está organizada em três interconexões principais operadas por 66 autoridades competentes e 5 mil concessionárias diferentes. A rede tem muitos pontos de vulnerabilidade, que podem ser convenientes para *hackers* que invadem os sistemas de computadores. Investidas contra a rede elétrica dos Estados Unidos acontecem desde pelo menos 2013.

Esses ataques de *hackers* são capazes de derrubar todo o serviço de eletricidade dos Estados Unidos. Um ataque cibernético pode lançar uma grande região do país na escuridão por semanas ou até meses, resultando em perda de sistemas de suporte à vida em hospitais, interrupção do abastecimento de água potável e dos serviços de saneamento, além de causar falhas maciças nos sistemas financeiros e de transporte. Um estudo do Lloyds of London de 2015 descobriu que um ataque cibernético a 50 geradores na região nordeste do país poderia deixar 93 milhões de pessoas sem energia e custar à economia mais de US$ 234 bilhões.

Nos últimos anos, *hackers* russos têm como alvo uma concessionária de Vermont, redes elétricas na Ucrânia e na Irlanda, uma usina nuclear dos Estados Unidos e empresas de energia estadunidenses. A atividade desses *hackers* russos contra os Estados Unidos tem aumentado à medida que a relação geral entre os países piora de maneira incomum, situação evidenciada de forma mais significativa pela interferência deles nas eleições presidenciais de 2016. De acordo com o Departamento de Segurança Interna (DHS) e o FBI, a Rússia agora parece estar lançando as bases para um ataque cibernético em larga escala à infraestrutura dos Estados Unidos. O DHS identificou os *hackers* da rede elétrica como um grupo ligado ao governo russo conhecido como Dragonfly ou Energetic Bear.

© Igor Stevanovic/123RF

A North American Electric Reliability Corporation, que supervisiona a rede elétrica nos Estados Unidos e no Canadá, emitiu padrões e diretrizes sobre como as empresas elétricas devem proteger a rede elétrica nas modalidades física e digital. Esses padrões e diretrizes ajudaram usinas de energia e redes de transmissão de alta tensão a se tornarem mais protegidas, mas a segurança ainda fica para trás nas redes de distribuição de baixa tensão que fornecem energia diretamente para residências e locais de trabalho.

Especialmente vulneráveis são os sistemas usados por empreiteiros e subempreiteiros para atender a rede elétrica, que estão menos preparados para invasões de *hackers*. Os *hackers* russos foram capazes de acessar esses sistemas menores como uma backdoor que dá acesso à rede elétrica dos Estados Unidos. Para obter nomes de usuário e senhas e acessar as redes dos serviços de energia, os *hackers* implementaram um *software* malicioso em *sites* que atendem a engenheiros de serviços públicos e enviaram *e-mails* com anexos corrompidos. Em alguns casos, os *hackers* conseguiram invadir sistemas que monitoram e controlam os fluxos de eletricidade. Alguns grandes sistemas de serviços públicos, como a Bonneville Power Administration e a PacifiCorp, foram atingidos, assim como várias empresas de energia responsáveis por sistemas de fornecimento de energia de emergência para as bases do Exército.

Os Estados Unidos e outros países podem ser vulneráveis, mas não estão inertes. Desde 2012, o país vem colocando sondas de reconhecimento dentro dos sistemas de controle da rede elétrica russa. Em junho de 2019, os Estados Unidos aumentaram suas incursões na rede elétrica digital para sinalizar a disposição do governo Trump de implantar ferramentas cibernéticas de forma mais agressiva. Os Estados Unidos inseriram um *malware* potencialmente paralisante dentro da rede da Rússia e de outros alvos, além de realizar mais ações públicas direcionadas à desinformação e atividades de *hackers* daquele país durante as eleições estadunidenses. Essas novas incursões cibernéticas servem, em parte, como aviso, mas também como preparação para futuros ataques cibernéticos se um grande conflito entre Estados Unidos e Rússia irromper. Além de aumentarem as chances de um confronto cibernético ainda maior.

Fontes: Matthew J. Schwartz, "Hackers Increasingly Probe North American Power Grid," *Bank Info Security*, 10 de janeiro de 2020; Rebecca Smith e Bob Barry, "America's Electric Grid Has a Vulnerable Back Door–and Russia Walked Through It," *Wall Street Journal*, 10 de janeiro de 2019; David E. Sanger e Nicole Perlroth, "U.S. Escalates Online Attacks on Russia's Power Grid," *New York Times*, 15 de junho de 2019; Shelby Lin Erdman, "How Vulnerable Is the U.S. Power Grid to a Cyberattack? 5 Things to Know," *AJC*, 19 de março de 2018; e Melanie Kenderdine and David Jermain, "U.S. Power Grid Needs Defense against Looming Cyberattacks," *The Hill*, 23 de março de 2018

Os esforços de *hackers* estrangeiros para invadir e paralisar a rede elétrica dos Estados Unidos ilustram algumas das razões pelas quais as organizações precisam dar atenção especial à segurança dos sistemas de informação. As brechas na segurança de TI que permitiram aos *hackers* russos invadir os sistemas de informação usados na rede elétrica dos Estados Unidos poderiam causar o desligamento da infraestrutura crítica em todo o país, paralisando os negócios, o governo e a vida cotidiana. A fraca segurança de TI tem sido responsável por muitos bilhões de dólares em perdas corporativas e de consumidores em outras áreas também.

O diagrama de abertura do capítulo chama a atenção para pontos importantes levantados por este caso e este capítulo. A rede elétrica dos Estados Unidos é grande e complexa, com muitos pontos de entrada desprotegidos para intrusos nocivos. As organizações de menor porte que usam a rede elétrica carecem de conscientização, recursos e ferramentas para evitar que funcionários respondam ingenuamente a manobras de *hackers* em busca de informações de autenticação para acessar os sistemas da rede elétrica.

Os Estados Unidos tomaram contramedidas para invadir os sistemas da rede russa, mas precisam de melhores tecnologias, conhecimentos e procedimentos para porções desprotegidas da sua própria rede. O que aconteceu até agora é sério e, provavelmente, representa uma prévia de futuras incursões em sistemas críticos. Igualmente preocupantes, as vulnerabilidades de segurança que facilitaram as violações da rede elétrica dos Estados Unidos são comuns em empresas e outras organizações também.

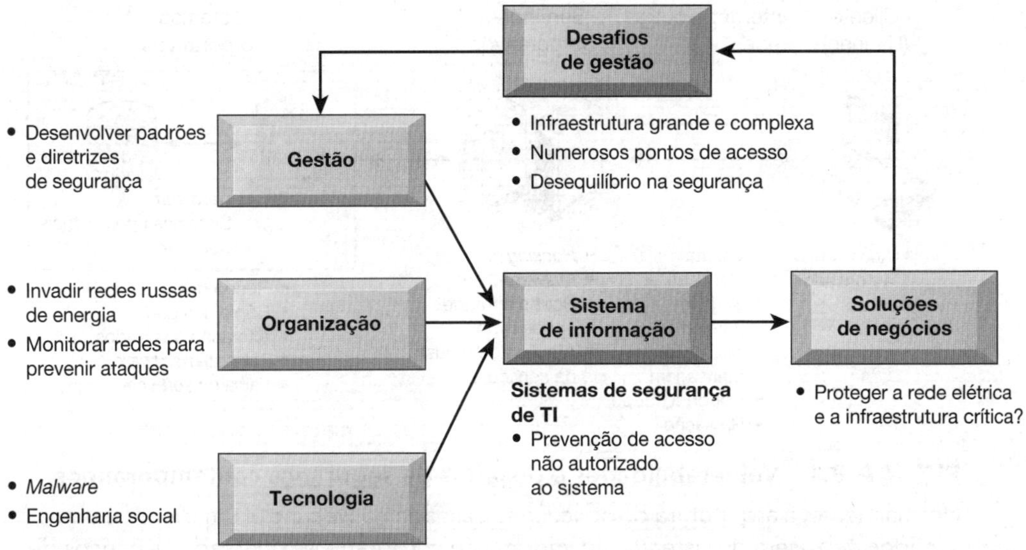

Aqui temos algumas questões sobre as quais refletir: Quais foram as vulnerabilidades de segurança exploradas pelos *hackers*? Que fatores de gestão, organização e tecnologia contribuíram para esses pontos fracos na segurança? Qual é o impacto comercial desses problemas? A violação da rede elétrica dos Estados Unidos poderia ter sido evitada?

8.1 Por que os sistemas de informação são vulneráveis a destruição, erro e uso indevido?

Você consegue imaginar o que aconteceria se tentasse se conectar à internet sem um *firewall* ou *software* antivírus? Em segundos, o seu computador seria danificado, e poderia levar dias para recuperá-lo. Se esse computador fosse usado para administrar sua empresa, talvez você não conseguisse atender os clientes nem fazer pedidos aos fornecedores enquanto estivesse sem o computador. E, no fim, talvez descobrisse que, nesse intervalo, o sistema do seu computador foi dominado por invasores que roubaram ou destruíram arquivos valiosos, incluindo dados confidenciais de pagamento de clientes. Se grande quantidade de dados tivesse sido destruída ou divulgada, sua empresa talvez nunca mais conseguisse se recuperar!

Em resumo, se você opera uma empresa hoje, precisa ter a segurança e o controle como prioridades. O termo **segurança** abarca as políticas, os procedimentos e as medidas técnicas usadas para impedir acesso não autorizado, alteração, roubo ou danos físicos a sistemas de informação. Os **controles**, por sua vez, consistem em todos os métodos, as políticas e os procedimentos organizacionais que garantem a segurança dos ativos da organização, a precisão e a confiabilidade de seus registros contábeis e a adesão operacional aos padrões administrativos

Por que os sistemas são vulneráveis?

Quando grandes quantidades de dados são armazenadas no formato eletrônico, ficam vulneráveis a um número muito maior de ameaças. Sistemas de informação em diferentes localidades podem estar interconectados por meio de redes de telecomunicação. Logo, o potencial para acesso não autorizado ou perdas não fica limitado a um único lugar, mas pode ocorrer em qualquer ponto de acesso à rede. A Figura 8.1 ilustra as ameaças mais comuns contra sistemas de informação contemporâneos. Elas podem originar-se de fatores técnicos, organizacionais

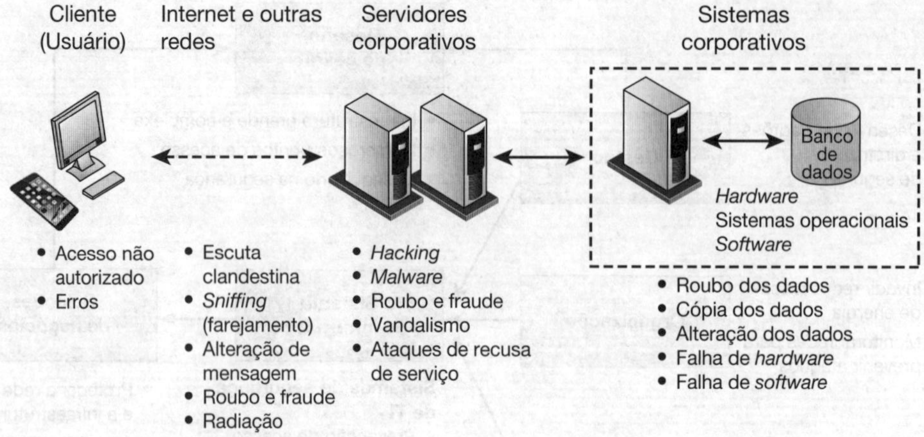

FIGURA 8.1 Vulnerabilidades e desafios de segurança contemporâneos.
Normalmente, a arquitetura de aplicações baseada na *web* inclui um cliente e um servidor *web*, além de sistemas de informação corporativos conectados a bancos de dados. Cada um desses componentes apresenta vulnerabilidades e desafios de segurança. Enchentes, incêndios, quedas de energia e outros problemas técnicos podem causar interrupções em qualquer ponto da rede.

e ambientais, agravados por decisões administrativas equivocadas. No ambiente de computação cliente/servidor multicamadas ilustrado, existem vulnerabilidades em cada camada e nas comunicações entre as camadas. Os usuários da camada cliente podem causar danos ao introduzir erros ou acessar sistemas sem autorização. É possível acessar os dados enquanto vagam pela rede, roubar dados valiosos durante a transmissão ou alterar mensagens sem autorização. A radiação também pode interromper a rede em vários pontos. Intrusos podem deflagrar ataques de recusa de serviço ou inserir *softwares* mal-intencionados para interromper a operação de *sites*. Aqueles capazes de invadir sistemas corporativos podem destruir ou alterar os dados armazenados em bancos de dados ou em arquivos.

Quando o *hardware* do computador quebra, não está configurado apropriadamente ou é danificado por uso impróprio ou atividades criminosas, os sistemas não funcionam como deveriam. Já as causas de falha em *softwares* são erros de programação, instalação inadequada ou alterações não autorizadas. Além disso, quedas de energia, enchentes, incêndios ou outros desastres naturais podem prejudicar sistemas de computador.

As parcerias com outras empresas, no âmbito nacional ou internacional, aumentam a vulnerabilidade do sistema, pois informações valiosas podem residir em redes e computadores fora do controle da organização. Sem uma boa estrutura, dados relevantes podem ser perdidos, destruídos ou cair em mãos erradas, revelando importantes segredos comerciais ou informações que violem a privacidade pessoal.

Os *smartphones* compartilham as mesmas fraquezas de segurança que outros dispositivos da internet e são vulneráveis a *softwares* maliciosos e invasão. Os *smartphones* que os funcionários de uma empresa usam geralmente contêm dados confidenciais, como informações de vendas, nomes de clientes, números de telefone e endereços de *e-mail*. Os invasores também podem acessar sistemas corporativos internos por meio desses dispositivos. Além disso, a portabilidade é um fator que facilita a perda ou o roubo de celulares, *smartphones* e *tablets*.

Vulnerabilidades da internet

Grandes redes públicas, incluindo a internet, são mais vulneráveis do que as redes internas, porque estão virtualmente abertas a qualquer um. A internet é tão imensa que, quando usos indevidos ocorrem, eles podem causar um impacto de enormes proporções. Quando a internet se torna parte da rede corporativa, os sistemas de informação da organização podem ficar vulneráveis a ações de estranhos.

A vulnerabilidade também aumentou com o uso disseminado de *e-mail*, mensagens instantâneas e programas de compartilhamento de arquivos *peer-to-peer* (ponto a ponto – P2P). O *e-mail* pode conter anexos que servem como trampolim para *softwares* mal-intencionados ou acesso não autorizado a *sites* corporativos internos. Os funcionários podem usar mensagens de *e-mail* para transmitir segredos comerciais, dados financeiros ou informações confidenciais dos clientes a destinatários não autorizados. O recurso de mensagens instantâneas pela internet pode, em alguns casos, ser usado como passagem secreta para uma rede até então segura. Compartilhar arquivos via redes *peer-to-peer* (P2P), como as utilizadas no compartilhamento ilegal de músicas, também pode transmitir *software* malicioso ou expor a estranhos as informações de computadores individuais ou corporativos.

Desafios da segurança sem fio

Tanto o bluetooth quanto o wi-fi são suscetíveis a escutas. As redes locais (LAN) que usam o padrão 802.11 podem ser facilmente invadida por estranhos munidos de *laptops*, cartões de rede wi-fi, antenas externas e *softwares* de *hacking* (*softwares* projetados para facilitar as atividades dos *hackers*). Os *hackers* podem usar essas ferramentas para encontrar redes desprotegidas, monitorar o tráfego da rede e, em alguns casos, obter acesso à internet ou a redes corporativas.

A tecnologia de transmissão wi-fi foi projetada para que diferentes estações se encontrassem e ouvissem umas às outras com facilidade. Os identificadores de conjunto de serviços (SSID, do inglês *service set identifiers*) que identificam os pontos de acesso em uma rede wi-fi são transmitidos várias vezes e podem ser captados muito facilmente por programas *sniffers* (farejadores) de intrusos (veja a Figura 8.2). Em muitos lugares, as redes sem fio não contam com proteções básicas contra ***war driving***, ou seja, quando um espião dirige um carro entre edifícios ou estaciona do lado de fora e tenta interceptar o tráfego de redes sem fio.

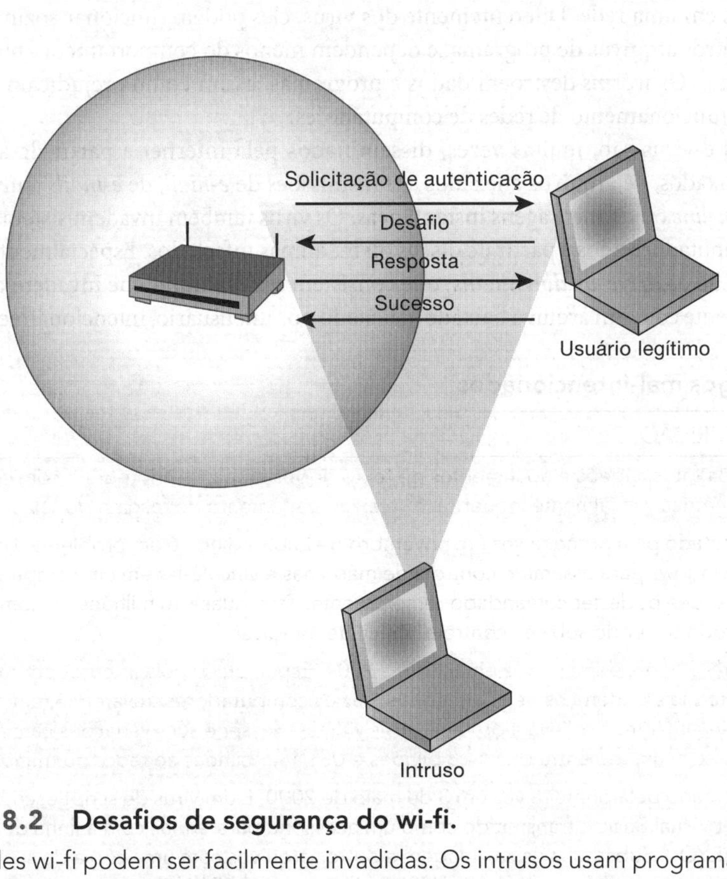

FIGURA 8.2 Desafios de segurança do wi-fi.

Muitas redes wi-fi podem ser facilmente invadidas. Os intrusos usam programas *sniffers* para obter um endereço e, assim, acessar os recursos de uma rede sem autorização.

Um intruso que tenha se associado ao ponto de acesso usando o SSID correto pode obter outros recursos na rede; por exemplo, utilizar o sistema operacional Windows para identificar outros usuários conectados à rede, acessar os discos rígidos dos seus computadores e abrir ou copiar seus arquivos.

Os invasores também podem usar as informações que colheram e criar pontos de acesso ilícitos em um canal de rádio diferente, em lugares físicos próximos aos usuários, a fim de forçar o controlador da interface de rede de rádio (NIC, do inglês *network interface controller*) do usuário a se associar com o ponto de acesso não autorizado. Uma vez tendo ocorrido essa conexão, os *hackers* usam o ponto de acesso ilícito para capturar os nomes e as senhas dos usuários antes de qualquer suspeita.

Software mal-intencionado: vírus, *worms*, cavalos de Troia e *spyware*

Programas de *software* mal-intencionados são designados ***malware*** e incluem inúmeras ameaças, como vírus de computador, *worms* e cavalos de Troia. (Veja a Tabela 8.1.) **Vírus de computador** é um programa de *software* espúrio que se anexa a outros programas de *software* ou arquivos de dados a fim de ser executado, geralmente sem conhecimento nem permissão do usuário. A maioria dos vírus de computador transporta uma "carga". A carga pode ser relativamente benigna, como instruções para exibir uma mensagem ou imagem, ou altamente destrutiva – com o objetivo de destruir programas ou dados, entupir a memória do computador, reformatar o disco rígido ou fazer programas funcionarem de maneira imprópria. Normalmente, os vírus passam de um computador para outro quando se executa determinada ação, como enviar um *e-mail* com anexo ou copiar um arquivo infectado.

Worms são programas de computador independentes que se copiam de um computador para outros em uma rede. Diferentemente dos vírus, eles podem funcionar sozinhos, sem se anexar a outros arquivos de programa, e dependem menos do comportamento humano para se disseminar. Os *worms* destroem dados e programas, assim como prejudicam e até interrompem o funcionamento de redes de computadores.

Worms e vírus são, muitas vezes, disseminados pela internet a partir de arquivos de *software* baixados, de arquivos anexados a transmissões de *e-mail*, de *e-mails* danificados, de anúncios *on-line* ou de mensagens instantâneas. Os vírus também invadem sistemas de informação computadorizados a partir de discos ou máquinas infectados. Especialmente predominante hoje, há os ***drive-by downloads***, que consistem em *malwares* que invadem o computador juntamente com um arquivo baixado solicitado por um usuário, intencionalmente ou não.

TABELA 8.1 Exemplos de códigos mal-intencionados

NOME	TIPO	DESCRIÇÃO
Cryptolocker	*Ransomware*/ Cavalo de Troia	Rouba fotos, vídeos e documentos de texto dos usuários; os criptografa com criptografia assimétrica virtualmente inquebrável; e exige pagamento de resgate por eles.
Conficker	Worm	Detectado pela primeira vez em novembro de 2008 e ainda é um problema. Usa falhas no Windows para assumir o controle de máquinas e vinculá-las em um computador virtual que pode ser comandado remotamente. Teve quase 10 milhões de computadores em todo o mundo sob seu controle. Difícil de erradicar.
Sasser.ftp	Worm	Apareceu pela primeira vez em maio de 2004. Espalhou-se pela Internet por meio do ataque a endereços de IP aleatórios. Faz os computadores travarem e reiniciarem continuamente, e os leva a procurar mais vítimas. Sasser e suas variações causaram um prejuízo estimado entre US$ 14,8 bilhões e US$ 18,6 bilhões ao redor do mundo.
ILOVEYOU	Vírus	Detectado pela primeira vez em 3 de maio de 2000. É um vírus de script escrito em script Visual Basic e transmitido como um acessório para *e-mail* com a linha de assunto ILOVEYOU. Substitui música, imagem e outros arquivos com uma cópia de si mesmo e causou um prejuízo estimado de US$ 10 bilhões a US$ 15 bilhões.

Hackers conseguem realizar com um *smartphone* praticamente qualquer coisa que realizariam com qualquer dispositivo que acessa a internet: solicitar arquivos maliciosos sem a intervenção do usuário, apagar e transmitir arquivos, instalar programas que rodam em segundo plano para monitorar as ações do usuário e, potencialmente, converter o *smartphone* em um robô pertencente a uma *botnet* (rede de robôs) para enviar *e-mails* e mensagens de texto para qualquer pessoa. De acordo com especialistas em segurança de TI, os dispositivos móveis agora representam os maiores riscos de segurança, superando os de computadores maiores. A Kaspersky Lab informou que houve 116,5 milhões de ataques de *software* mal-intencionados de dispositivos móveis em 2018, o dobro do ocorrido no ano anterior (Kaspersky Lab, 2019).

O Android, sistema operacional móvel líder mundial, é a plataforma móvel mais visada pela maioria dos *hackers*. Os vírus de dispositivos móveis representam graves ameaças para a computação empresarial, pois há agora dispositivos sem fio conectados aos sistemas de informação empresariais.

Sites de *blogs*, *wikis* e redes sociais como Facebook, Twitter e LinkedIn surgiram como novos caminhos para o *malware* e o *spyware*. Os membros são mais propensos a confiar nas mensagens que recebem de amigos, mesmo que essa comunicação não seja legítima. Por exemplo, o vírus do Facebook Messenger é causado por mensagens de *phishing* enviadas de uma conta do Facebook invadida. Mensagens maliciosas de *spam* são enviadas para todos na lista de contatos do Facebook da vítima (2-*Spyware*, 2020).

A Internet das Coisas (IoT) apresenta outros desafios de segurança, oriundos dos próprios dispositivos conectados à internet, suas plataformas e sistemas operacionais, suas comunicações e até mesmo os sistemas aos quais estão conectados. Novas ferramentas de segurança serão necessárias para proteger dispositivos e plataformas de IoT contra ataques a informações e adulteração física, para criptografar suas comunicações e enfrentar novos desafios, como ataques que esgotam as baterias. Muitos dispositivos de IoT, como sensores, possuem processadores e sistemas operacionais simples que podem não suportar abordagens de segurança sofisticadas.

Muitos ataques por *malware* são causados por **cavalos de Troia**. O cavalo de Troia é um *software* que parece benigno, mas depois faz algo diferente do esperado. Em si, não é um vírus, porque não se replica, mas, em geral, é uma porta para que vírus ou outros códigos mal-intencionados entrem no sistema do computador. O termo cavalo de Troia refere-se ao gigantesco cavalo de madeira usado pelos gregos durante a Guerra de Troia para enganar os troianos, que abriram para eles os portões de sua cidade fortificada.

Um exemplo de um cavalo de Troia dos tempos modernos é o ZeuS (Zbot), que infectou mais de 3,6 milhões de computadores em 2009 e ainda é considerado uma ameaça. Tem sido usado para roubar credenciais de *login* usadas em bancos, registrando furtivamente as teclas digitadas pelas pessoas enquanto elas usam seus computadores. O Zeus é disseminado principalmente por meio de *drive-by downloads* e do *phishing*, e as variantes recentes têm sido difíceis de erradicar.

Os **ataques por *SQL injection*** tiram proveito das vulnerabilidades nas aplicações da *web* mal codificadas para introduzir código de programa malicioso nos sistemas e redes corporativos. Essas vulnerabilidades ocorrem quando uma aplicação *web* falha na autenticação ou filtro dos dados digitados por um usuário em uma página *web*, o que pode acontecer quando se compra algum produto na internet. O atacante usa o erro de validação de dados de entrada para enviar uma consulta SQL perigosa ao banco de dados, plantar código malicioso ou acessar outros sistemas na rede. O *malware* conhecido como ***ransomware*** está se proliferando tanto em *desktops* quanto em dispositivos móveis. O *ransomware* tenta extorquir dinheiro dos usuários; para isso, assume o controle de computadores, bloqueando o acesso a arquivos ou exibindo mensagens pop-up irritantes. Por exemplo, em 2019, vinte e duas cidades do Texas viraram reféns em troca de milhões de dólares depois de um *ransomware* chamado Sodinokibi se infiltrar nos sistemas de computador municipais e criptografar seus dados

(Fruhlinger 2020). O *ransomware* pode entrar na sua máquina por meio de um anexo infectado, ao clicar em um *link* enviado em um *e-mail* ou ao acessar o *site* errado.

Alguns tipos de ***spyware*** também atuam como *software* mal-intencionado. Esses pequenos programas se instalam furtivamente em computadores para monitorar a atividade de navegação na *web* do usuário e veicular publicidade. Milhares de formas de *spyware* foram registradas. Muitos usuários acham os *spywares* irritantes e os consideram uma violação de sua privacidade. Algumas formas de *spyware*, porém, são muito mais perversas. Os ***keyloggers*** (ou, em tradução literal, registradores de tecla) registram cada tecla pressionada em um computador para roubar números de série de *software*, deflagrar ataques na internet, obter acesso a contas de *e-mail*, descobrir senhas para sistemas de computador protegidos ou coletar informações pessoais como números de cartão de crédito. O cavalo de Troia Zeus, por exemplo, usava essa tática. Outros programas de *spyware* redefinem as páginas iniciais do navegador *web*, redirecionam solicitações de pesquisa ou diminuem o desempenho ao ocuparem memória demais.

Hackers e crimes cibernéticos

Hacker é um indivíduo que pretende obter acesso não autorizado a um sistema de computador. Na comunidade *hacking*, o termo *cracker* normalmente é usado para designar o *hacker* com intenções criminosas, embora na imprensa em geral os termos *hacker* e *cracker* sejam usados indiscriminadamente. Os *hackers* obtêm acesso não autorizado após encontrar fragilidades nas medidas de segurança empregadas pelos *sites* e sistemas de computador. As atividades dos *hackers* deixaram de ser meras invasões a sistemas e se expandiram, a ponto de incluir roubo de mercadorias e informações, danos em sistemas e **cibervandalismo**, isto é, interrupção, alteração da aparência ou, até mesmo, destruição de um *site* ou sistema de informação corporativo de forma intencional.

Spoofing e *sniffing*

Na tentativa de ocultar sua verdadeira identidade, os *hackers*, muitas vezes, se disfarçam usando endereços de *e-mail* falsos ou fingindo ser outra pessoa. O ***spoofing*** (disfarce) também pode envolver o redirecionamento de um *link* para um endereço diferente do desejado, estando o *site* espúrio "disfarçado" como o destino pretendido. Por exemplo, se os *hackers* redirecionam os clientes para um *site* falso cuja aparência é quase exatamente a mesma do verdadeiro, podem então receber e processar pedidos, literalmente, roubando o negócio ou pegando informações confidenciais do cliente. Mais detalhes sobre outras formas de *spoofing* são fornecidos na seção sobre crimes cibernéticos.

Sniffer (farejador) é um tipo de programa espião que monitora as informações transmitidas por uma rede. Quando usados de maneira legítima, os *sniffers* podem ajudar a identificar pontos frágeis ou atividades criminosas na rede, mas quando usados para fins ilícitos, podem ser danosos e muito difíceis de detectar. Os *sniffers* permitem que os *hackers* roubem informações proprietárias de qualquer parte da rede, inclusive mensagens de *e-mail*, arquivos da empresa e relatórios confidenciais.

Ataques de negação de serviço

No **ataque de negação de serviço** (**ataque DoS**, do inglês *denial-of-service*), *hackers* sobrecarregam um servidor de rede ou servidor *web* com milhares de falsas comunicações ou requisições de serviço, a fim de inutilizar a rede. A rede recebe tantas consultas que não consegue lidar com elas e, assim, fica indisponível para solicitações de serviço legítimas. Um **ataque distribuído de negação de serviço** (**ataque DDoS**, do inglês *distributed denial-of-service*) usa inúmeros computadores para sobrecarregar a rede a partir de diferentes pontos.

Embora não destruam informações nem acessem áreas restritas dos sistemas de informação da empresa, os ataques DoS muitas vezes tiram um *site* do ar, impedindo que usuários legítimos o acessem. Para *sites* de *e-commerce* muito procurados, esses ataques custam caro;

enquanto o *site* está fora do ar, os clientes não conseguem realizar compras. As pequenas e médias empresas estão especialmente vulneráveis, pois suas redes tendem a ser menos protegidas do que as das grandes empresas.

Os responsáveis por ataques DDoS geralmente usam milhares de PCs infectados com *softwares* mal-intencionados sem o conhecimento dos proprietários e os organizam em uma ***botnet*** (ou "rede de robôs"). Os *hackers* criam essas *botnets* infectando computadores alheios com um *malware* robô que abre uma "backdoor", pela qual o atacante pode dar as instruções. Quando o *hacker* já infectou computadores em número suficiente, pode usar os recursos conjuntos da *botnet* para deflagrar ataques distribuídos de negação de serviço, campanhas de *phishing* ou *e-mails spam* não solicitados.

Noventa por cento do *spam* e 80% do *malware* do mundo são transmitidos via *botnets*. Um exemplo recente é a *botnet* Mirai, que infectou vários dispositivos IoT (como câmeras de vigilância conectadas à internet) em outubro de 2016 e os usou para lançar um ataque DDoS contra a Dyn Inc., cujos servidores monitoram e redirecionam o tráfego da internet. A Mirai sobrecarregou os servidores da Dyn, derrubando os *sites* da Etsy, da GitHub, da Netflix, do Shopify, do SoundCloud, do Spotify, do Twitter e vários outros *sites* importantes. Uma variante da *botnet* Mirai atacou empresas financeiras em janeiro de 2018, e outras variantes do Mirai ainda estão ativas.

Crimes cibernéticos

A maioria das atividades realizadas pelos *hackers* é composta por atos criminosos, e a vulnerabilidade dos sistemas que acabamos de descrever faz deles alvos para outros tipos de **crimes cibernéticos**, que são definidos pelo Departamento de Justiça dos Estados Unidos como "quaisquer violações da legislação criminal que envolvem conhecimento de tecnologia da informática em sua perpetração, investigação ou instauração de processo". A Tabela 8.2 fornece exemplos do computador tanto como um alvo quanto como um instrumento de crime.

Ninguém sabe a magnitude dos crimes cibernéticos – quantos sistemas são invadidos, quantas pessoas são responsáveis ou o prejuízo econômico total. De acordo com a Accenture e o Ninth Annual Cost of Cyber Crime Study do Ponemon Institute, o custo médio da segurança contra crimes cibernéticos anual para organizações de referência foi de US$ 13 milhões em 2018 (Accenture, 2019).

TABELA 8.2 Exemplos de cibernéticos

COMPUTADORES COMO ALVOS DO CRIME
Violar a confidencialidade de dados computadorizados protegidos
Acessar um sistema de computador sem autorização
Acessar conscientemente um computador protegido para cometer fraude
Acessar intencionalmente e infligir danos a um computador protegido, de maneira negligente ou deliberada
Transmitir conscientemente um programa, código de programa ou comando que deliberadamente danifique um computador protegido
Ameaçar causar danos a um computador protegido
COMPUTADORES COMO INSTRUMENTOS DO CRIME
Roubo de segredos comerciais
Cópia não autorizada de *software* ou de material com propriedade intelectual registrada, como artigos, livros, músicas e vídeos
Esquemas para defraudação
Usar *e-mail* ou mensagens instantâneas para ameaças ou assédio
Tentar interceptar comunicações eletrônicas intencionalmente
Acessar ilegalmente comunicações eletrônicas armazenadas, inclusive *e-mail* e caixa postal de voz
Possuir material de pedofilia armazenado em um computador ou transmiti-lo eletronicamente

Muitas empresas relutam em informar esse tipo de crime, seja porque pode haver funcionários envolvidos ou porque a organização teme que, ao tornar pública a sua vulnerabilidade, sua reputação fique manchada. Os tipos de crime de informática mais danosos do ponto de vista financeiro são os ataques DoS, as atividades de códigos mal-intencionados e os ataques baseados na *web*.

Roubo de identidade

Com o crescimento do comércio eletrônico e da internet, o **roubo de identidade** tem se tornado um grave problema. Nesse crime, um impostor obtém informações pessoais importantes, como número de identificação da Previdência Social, número da carteira de motorista ou número do cartão de crédito, para se passar por outra pessoa. As informações podem ser usadas para obter crédito, mercadorias ou serviços em nome da vítima, ou para dar falsas credenciais ao ladrão. O roubo de identidade floresceu na internet, sendo os arquivos de cartão de crédito um dos alvos principais dos *hackers* de *sites* (veja o estudo de caso no final do capítulo). De acordo com o Relatório de Fraude de Identidade da Javelin Strategy & Research, as perdas causadas pelo roubo de identidade totalizaram US$ 16,9 bilhões em 2019 (Javelin, 2020).

Uma prática cada vez mais popular é uma forma de *spoofing* chamada ***phishing***, que envolve montar *sites* falsos ou enviar mensagens de *e-mail* parecidas com as enviadas por empresas legítimas, a fim de pedir aos usuários dados pessoais e confidenciais. As mensagens de *e-mail* instruem o destinatário a atualizar ou confirmar cadastros, fornecendo números da Previdência Social, informações bancárias ou de cartões de crédito e outras informações confidenciais, respondendo ao próprio *e-mail*, inserindo os dados no *site* falso ou contatando um número de telefone. eBay, PayPal, Amazon.com, Walmart e uma variedade de bancos estão entre as principais empresas falsificadas. Em uma forma mais direcionada de *phishing*, chamada *spear phishing*, as mensagens parecem vir de uma fonte confiável, como um indivíduo dentro da própria empresa ou um amigo do destinatário.

Técnicas de *phishing* denominadas *evil twins* e *pharming* são ainda mais difíceis de detectar. Os ***evil twins*** (gêmeos do mal, em tradução literal) são redes sem fio que fingem oferecer conexões wi-fi confiáveis, como aquelas encontradas em saguões de aeroportos, hotéis ou cafeterias. Com a rede falsa, que parece idêntica a uma rede pública legítima, os fraudadores tentam capturar senhas ou números de cartão de crédito dos ingênuos usuários que se conectam a ela.

O ***pharming***, por sua vez, redireciona os usuários a uma página *web* falsa, mesmo quando a pessoa digita o endereço correto da página no navegador. Isso é possível porque quem aplica o *pharming* consegue acessar as informações sobre endereços que os provedores de serviços de internet armazenam para acelerar a navegação; caso esses ISPs usem *softwares* com brechas de segurança em seus servidores *web*, os fraudadores conseguem hackear e alterar esses endereços.

De acordo com o Relatório de Custo de Violação de Dados do Ponemon Institute e da IBM de 2019, o custo médio total de uma violação de dados entre as 507 empresas pesquisadas globalmente foi de US$ 3,92 milhões (Ponemon, 2019). Além disso, os danos à marca podem ser significativos, embora difíceis de quantificar. Além das violações de dados descritas nos estudos de caso deste capítulo, a Tabela 8.3 apresenta outros grandes incidentes da violação de dados.

O Congresso estadunidense reagiu à ameaça dos crimes cibernéticos, em 1986, com a Lei de Uso Indevido e Fraude de Informática, que torna ilegal o acesso a um sistema de computador sem autorização. A maior parte dos estados norte-americanos possui leis similares, e os países europeus dispõem de legislação no mesmo sentido. O Congresso estadunidense também aprovou, em 1996, a Lei Nacional de Proteção à Infraestrutura de Informação, transformando a distribuição de vírus e ataques de *hackers* contra *sites* em crimes federais.

Algumas leis dos Estados Unidos, como a Lei de Privacidade de Comunicações Eletrônicas, a Lei da Fraude Eletrônica, a Lei da Espionagem Econômica, a Lei de Privacidade de Comunicações Eletrônicas, a Lei CAN-SPAM e a Lei de Proteção de 2003, abrangem crimes de computador envolvendo interceptação de comunicação, uso da comunicação eletrônica para

TABELA 8.3 Principais violações de dados

VIOLAÇÃO DE DADOS	DESCRIÇÃO
Marriot	Em novembro de 2018, a maior empresa hoteleira do mundo revelou que uma violação no banco de dados de reservas de suas propriedades Starwood pode ter exposto as informações pessoais de até 500 milhões de hóspedes. Os dados expostos incluíam nomes, números de telefone, endereços de *e-mail*, números de passaporte, data de nascimento e números de cartão de crédito. *Hackers* sob a proteção do governo da China copiaram e criptografaram dados e agiram para removê-los. Em março de 2020, o Marriott foi novamente alvo de ataque *hacker*, depois que as credenciais de *login* de dois funcionários foi utilizada
Yahoo	Em setembro e dezembro de 2016, o Yahoo divulgou que havia sido alvo de duas das maiores violações de dados de todos os tempos, com o roubo das informações confidenciais de 1 bilhão de contas de usuários em 2013 e 500 milhões em 2014. *Hackers* sob ordens de governos estrangeiros encontraram uma maneira de forjar credenciais para fazer *login* nas contas de alguns usuários sem usar senhas. Essas violações de dados forçaram o Yahoo a reduzir seu preço de venda em US$ 300 milhões quando a empresa foi adquirida pela Verizon em junho de 2017. Em outubro de 2017, a Verizon informou que todas as contas do Yahoo foram hackeadas – 3 bilhões de contas, incluindo *e-mail*, Tumblr, Flickr e *Fantasy*.
Sony	Em novembro de 2014, *hackers* roubaram mais de 100 terabytes de dados corporativos, incluindo segredos comerciais, *e-mail*, registros pessoais e cópias de filmes ainda não lançados. O *malware* apagou dados dos sistemas corporativos da Sony, resultando em centenas de milhões de dólares em perdas, bem como a danos à imagem da marca. A Sony foi hackeada no início de abril de 2011, quando invasores obtiveram informações pessoais, incluindo números de cartões de crédito e de débito e de contas bancárias, de mais de 100 milhões de usuários da PlayStation Network e da Sony Online Entertainment.
Home Depot	A empresa sofreu um ataque *hacker* em 2014 com um programa de *software* mal-intencionado que roubava os registros da loja enquanto se disfarçava de *software* antivírus. Cinquenta e seis milhões de contas de cartão de crédito foram comprometidas e 53 milhões de endereços de *e-mail* de clientes foram roubados.

fraudar, roubar segredos comerciais, acessar ilegalmente comunicações eletrônicas armazenadas, usar *e-mail* para ameaças ou assédio e transmitir ou estar em posse de pornografia infantil. Todos os 50 estados, o Distrito de Colúmbia, Guam, Porto Rico e as Ilhas Virgens promulgaram leis que exigem das entidades privadas ou governamentais a notificação de indivíduos quanto a violações de segurança envolvendo informações de identificação pessoal.

Fraude do clique

Quando você clica em um anúncio exibido por um mecanismo de busca, o anunciante em geral paga uma taxa por cada clique, que supostamente direcionará clientes potenciais a seus produtos. A **fraude do clique** ocorre quando um indivíduo ou programa de computador clica fraudulentamente em um anúncio *on-line* sem qualquer intenção de descobrir mais sobre o anunciante ou realizar uma compra. A fraude do clique tornou-se um problema sério no Google e em outros *sites* que oferecem propaganda *on-line* paga por clique.

Algumas empresas contratam empresas terceirizadas (geralmente, de países de baixa renda) para clicar fraudulentamente em anúncios dos concorrentes a fim de enfraquecê-los por meio do aumento nos custos de *marketing*. A fraude do clique também pode ser deflagrada por programas de computador que realizam o clique, normalmente utilizando *botnets* para esse fim. Mecanismos de busca como os do Google tentam monitorar a fraude do clique e já promoveram mudanças para refreá-lo.

Ameaças globais: ciberterrorismo e guerra cibernética

As atividades cibercriminais que descrevemos até aqui – distribuição de *malware*, ataques de negação de serviço e golpes por *phishing* – não têm fronteiras. Os servidores usados para ataque com *malware* estão hospedados em mais de 200 países e territórios atualmente. As principais fontes de ataques de *malware* incluem Estados Unidos, China, Brasil, Índia, Alemanha e Rússia. A natureza global da internet possibilita que os cibercriminosos operem – e causem danos – em qualquer lugar do mundo.

As vulnerabilidades da internet também tornaram indivíduos, e até mesmo estados-nações inteiros, alvos fáceis para os *hackers* com motivações políticas a realizar sabotagem e espionagem. A **guerra cibernética** é uma atividade patrocinada pelo Estado e projetada para mutilar e derrotar outro Estado ou nação por meio da invasão de seus computadores ou redes a fim de causar danos e panes. Entre os exemplos, podemos citar os esforços de *hackers* russos para atrapalhar as eleições presidenciais dos Estados Unidos em 2016 e penetrar na rede elétrica do país, conforme descrevemos no caso de abertura do capítulo. Essa modalidade de conflito também inclui a defesa contra esses tipos de ataques.

A guerra cibernética é mais complexa do que a guerra convencional. Embora muitos alvos potenciais sejam militares, as redes elétricas nacionais, as barragens, os sistemas financeiros, as redes de comunicações e os sistemas de votação também podem ser prejudicados. Agentes não estatais, como terroristas ou grupos criminosos, podem organizar ataques, e muitas vezes é difícil dizer quem é o responsável. As nações precisam estar sempre alertas para novos *malwares* e outras tecnologias que possam ser usadas contra elas, e algumas dessas tecnologias desenvolvidas por grupos de *hackers* qualificados estão abertamente à disposição para governos interessados.

Os ataques da guerra cibernética tornaram-se muito mais difundidos, sofisticados e potencialmente devastadores. *Hackers* estrangeiros roubaram o código-fonte e projetos de oleodutos, redes de distribuição de água e rede elétrica dos Estados Unidos e se infiltraram nas redes do Departamento de Energia centenas de vezes. Ao longo dos anos, os *hackers* roubaram planos de sistemas de rastreamento de mísseis, dispositivos de navegação por satélite, drones de vigilância e caças a jato de ponta.

De acordo com a inteligência dos Estados Unidos, mais de 30 países estão desenvolvendo capacidades ofensivas de ciberataque, incluindo Rússia, China, Irã e Coreia do Norte. Seus arsenais cibernéticos incluem coleções de *malware* para penetração de controladores industriais, militares e as estruturas civis mais cruciais; listas de *e-mail* e texto para ataques de *phishing* em alvos importantes; e algoritmos para ataques DoS. Os esforços da guerra cibernética por parte dos Estados Unidos estão concentrados no Comando Cibernético do país, que coordena e dirige as operações e defesa das redes de informação do Departamento de Defesa e prepara as operações militares do ciberespaço. A guerra cibernética é uma séria ameaça à infraestrutura das sociedades modernas, uma vez que suas principais instituições industriais, governamentais, médicas e financeiras dependem da internet para as operações diárias

Ameaças internas: funcionários

Quando pensamos em ameaças à segurança de uma empresa, tendemos a pensar em algo que se origina fora da organização. Na verdade, os próprios funcionários representam problemas sérios de segurança. Pesquisas concluíram que a falta de conhecimento dos usuários é a maior causa isolada de falhas na segurança de redes. Muitos funcionários esquecem a senha para acessar o sistema de computadores ou permitem que colegas a utilizem, o que compromete o sistema todo. Intrusos mal-intencionados em busca de acesso ao sistema podem enganar os funcionários fingindo ser membros legítimos da empresa e assim conseguem fazê-los revelar sua senha. Essa prática é denominada **engenharia social**.

Funcionários empenhados em causar prejuízo também aproveitaram seu conhecimento para invadir sistemas corporativos, incluindo aqueles executados na nuvem. A Sessão Interativa sobre Tecnologia mostra como uma ex-funcionária da Amazon Web Services usou seu conhecimento sobre a segurança de nuvem da Amazon para roubar milhões de registros de clientes da Capital One Financial que eram armazenados pelo serviço de computação em nuvem da Amazon.

SESSÃO INTERATIVA **TECNOLOGIA**

Capital One: um grande assalto a banco pela nuvem

A Capital One Financial Corporation é uma holding bancária estadunidense especializada em cartões de crédito, empréstimos para automóveis, bancos e contas de poupança. Trata-se do 11º maior banco dos Estados Unidos em termos de ativos e um usuário competitivo de tecnologia da informação para impulsionar os negócios. A Capital One foi uma das primeiras a adotar a computação em nuvem e a se tornar um grande cliente da Amazon Web Services (AWS). A empresa vem tentando transferir partes mais críticas de sua infraestrutura de TI para a infraestrutura em nuvem da Amazon a fim de concentrar esforços na criação de aplicativos de consumo e outras necessidades.

Em 29 de julho de 2019, a Capital One e seus clientes receberam uma notícia muito ruim. Havia ocorrido uma violação expondo mais de 140 mil números da Previdência Social, 80 mil números de contas bancárias, dezenas de milhões de solicitações de cartão de crédito e um milhão de números da previdência social canadense (equivalente aos números de Previdência Social nos Estados Unidos). Foi um dos maiores roubos de dados de um banco.

A culpada acabou sendo Paige Thompson, uma ex-funcionária da Amazon Web Services, que hospedava o banco de dados violado da Capital One. Thompson foi presa em Seattle e acusada de fraude de informática e violação. Ela havia trabalhado para a mesma empresa de servidores que os documentos do tribunal diziam que a Capital One estava usando. Thompson podia pegar até cinco anos de prisão e ser condenada a pagar uma multa de US$ 250 mil.

O banco não achava provável que Thompson tivesse divulgado as informações ou as usado para cometer fraude. Mesmo assim, o caso custaria ao banco até US$ 150 milhões, incluindo o pagamento pelo monitoramento de crédito dos clientes afetados.

A Amazon Web Services hospeda servidores remotos que as organizações usam para armazenar seus dados. Grandes empresas como a Capital One criam seus próprios aplicativos *web* usando servidores em nuvem da Amazon e serviços de armazenamento de dados, para que possam usar as informações para suas necessidades específicas.

O agente do FBI que investigava a violação relatou que Thompson obteve acesso aos dados confidenciais da Capital One por meio de uma "configuração incorreta" de um *firewall* em um aplicativo *web*. (Um *firewall* monitora o tráfego de entrada e saída da rede e bloqueia o acesso não autorizado.) Isso permitiu que ela se comunicasse com o servidor em que a Capital Onde armazenava seus dados e arquivos de clientes. A Capital One afirmou que corrigiu imediatamente a vulnerabilidade de configuração assim que a detectou. A Amazon disse que seus clientes controlam totalmente os aplicativos que criam e que não encontrou evidências de que seus serviços de nuvem envolvidos tenham sido comprometidos.

Thompson só conseguiu acessar e roubar essas informações confidenciais porque a Capital One havia configurado incorretamente seu servidor da Amazon. Thompson foi capaz, então, de enganar um sistema na nuvem para descobrir as credenciais necessárias e acessar os registros de clientes da Capital One. O crime dela foi considerado uma ameaça interna, já que Thompson havia trabalhado na Amazon anos antes. No entanto, pessoas de fora também tentam procurar e explorar esse tipo de configuração incorreta, que são bastante comuns. As configurações incorretas também são facilmente corrigidas, por isso muitos não as consideram uma violação. Às vezes é difícil determinar se mexer em configurações incorretas representa uma atividade criminosa ou uma pesquisa de segurança.

Thompson conseguiu acessar o serviço de metadados da Amazon, que possui as credenciais e outros dados necessários para gerenciar servidores na nuvem. Ela promoveu uma varredura na internet para identificar computadores vulneráveis que poderiam fornecer acesso às redes internas de uma empresa. Acabou encontrando um computador que administrava as comunicações entre a nuvem da Capital One e a internet pública que estava mal configurada, com configurações de segurança fracas. Por meio dessa abertura, Thompson foi capaz de solicitar as credenciais necessárias para encontrar e ler os dados da Capital One armazenados na nuvem do serviço de metadados. Após localizar os dados da Capital One, ela conseguiu baixá-los sem acionar alertas. Thompson também se gabou na internet de ter usado as mesmas técnicas para acessar grandes quantidades de dados *on-line* de outras organizações.

A Amazon declarou que nenhum de seus serviços, incluindo o serviço de metadados, foi a causa da invasão e que a AWS oferece ferramentas de monitoramento para detectar esse tipo de incidente. Não está claro por que nenhuma dessas ferramentas de alerta disparou um alarme quando Thompson estava invadindo a Capital One. Ela começou a hackear o Capital One em 12 de março de 2019, mas suas atividades passaram despercebidas até que um pesquisador externo avisou a Capital One 127 dias depois. De acordo com C. J. Moses, vice-diretor de Segurança da Informação da AWS, a Amazon não permite o acesso à infraestrutura interna mais ampla para a maioria de seus funcionários, para se proteger contra violações de dados "intencionais ou involuntárias".

Profissionais de segurança estão cientes dos problemas de configuração incorreta e da capacidade de roubar credenciais do serviço de metadados desde, pelo menos, 2014. A Amazon acredita que é responsabilidade do cliente resolvê-los, mas alguns clientes não conseguiram fazer isso. Quando o pesquisador de segurança Brenton Thomas realizou uma varredura na internet em fevereiro de 2019, encontrou mais de 800 contas da Amazon que permitiam acesso semelhante ao serviço de metadados. (O serviço de computação em nuvem da Amazon tem mais de um milhão de usuários.) Mas Thomas também encontrou outras empresas de computação em nuvem com serviços mal configurados, incluindo a Azure da Microsoft.

Seja qual for o serviço em nuvem, o conjunto de talentos capaz de lançar ataques semelhantes está se expandindo. Dada a natureza dos serviços em nuvem, qualquer pessoa que tenha trabalhado no desenvolvimento de tecnologia em qualquer uma das principais empresas de computação em nuvem podem aprender como esses sistemas funcionam na prática.

A Capital One tinha uma reputação de alto nível de segurança. O banco realizou uma extensa diligência antes de decidir migrar para a computação em nuvem em 2015. No entanto, antes da gigantesca violação de dados, seus funcionários levantaram preocupações internamente sobre a alta rotatividade na unidade de segurança cibernética da empresa e o atraso na instalação de alguns *softwares* para ajudar a detectar e se defender contra *hacks*. A unidade de segurança cibernética é responsável por garantir que os *firewalls* da Capital One estejam configurados corretamente e por varrer a internet em busca de evidências de violação de dados. Nos últimos anos, houve muitas mudanças entre os líderes seniores e os funcionários. Cerca de um terço dos funcionários de segurança cibernética da Capital One deixou a empresa em 2018.

Fontes: Robert McMillan, "How the Accused Capital One Hacker Stole Reams of Data from the Cloud," *Wall Street* Journal, 4 de agosto de 2019; Emily Flitter e Karen Weiser, "Capital One Data Breach Compromises Data of Over 100 Million," *New York Times*, 29 de julho de 2019; James Randle e Catherine Stupp, "Capital One Breach Highlights Dangers of Insider Threats," *Wall Street Journal*, 31 de julho de 2019. Peter Rudegeair, AnnaMaria Andriotis e David Benoit, "Capital One Hack Hits the Reputation of a Tech-Savvy Bank," *Wall Street Journal*, 31 de julho de 2019

PERGUNTAS DO ESTUDO DE CASO

1. Quais fatores de gestão, organização e tecnologia foram responsáveis pela violação sofrida pela Capital One?
2. Foi uma violação interna? Justifique sua resposta.
3. Quais medidas poderiam ter sido tomadas para evitar o ataque *hacker* da Capital One?
4. As empresas que lidam com dados confidenciais devem usar serviços de computação em nuvem? Justifique sua resposta.

Vulnerabilidade de *software*

Erros de *software* representam uma constante ameaça aos sistemas de informação, causando perdas incalculáveis na produtividade e, às vezes, colocando em risco as pessoas que utilizam ou dependem dos sistemas. A crescente complexidade e o tamanho de programas de *software*, juntamente com as demandas para entrega rápida ao mercado, têm contribuído para um aumento de falhas ou vulnerabilidades de *software*.

Um problema sério com o *software* é a presença de ***bugs*** escondidos ou defeitos no código do programa. Estudos demonstram que é praticamente impossível eliminar todos os *bugs* dos grandes programas. A principal fonte é a complexidade do código de tomada de decisões. Um programa relativamente pequeno com algumas centenas de linhas incluirá dezenas de decisões que levarão a centenas ou mesmo milhares de caminhos diferentes. Programas importantes dentro da maioria das empresas costumam ser muito maiores, com dezenas de milhares ou mesmo milhões de linhas de código, cada uma com um número ainda maior de alternativas e caminhos se comparados aos programas menores.

A taxa zero de defeitos não pode ser alcançada nos grandes programas. O teste completo simplesmente não é possível. Seriam necessários milhares de anos para testar completamente os programas que contêm milhares de alternativas e milhões de caminhos. E mesmo com testes rigorosos, somente seria possível saber se determinado programa é confiável após um longo tempo de uso operacional.

Os *softwares* comerciais, muitas vezes, contêm falhas que geram não apenas problemas de desempenho, mas também vulnerabilidades de segurança que expõem as redes a invasores.

Anualmente, as empresas de segurança identificam milhares de vulnerabilidades de *software* na internet e em programas para PC. Em maio de 2019, por exemplo, o Facebook precisou corrigir uma falha no WhatsApp, seu aplicativo de mensagens criptografadas, que permitia que invasores instalassem *spyware* em telefones celulares (McMillan, 2019). As **vulnerabilidades de dia zero** – lacunas no *software* desconhecidas de seu criador – são especialmente problemáticas. Os *hackers* exploram essa falha de segurança antes que o fornecedor tome conhecimento do problema e se apresse a corrigi-lo. Esse tipo de vulnerabilidade é chamado dia zero porque o autor do *software* tem zero dias depois de tomar ciência do problema para corrigir o código antes que ele possa ser explorado em um ataque. Às vezes, os pesquisadores de segurança identificam as falhas do *software*, mas, com mais frequência, elas permanecem indetectáveis até a ocorrência de um ataque.

Para corrigir as falhas de *software*, uma vez que são identificadas, os fornecedores criam *softwares* denominados ***patches***, que servem para consertar as falhas sem prejudicar o bom funcionamento do *software*. É tarefa dos usuários do *software* rastrear essas vulnerabilidades, testar e aplicar todos os *patches*. Esse processo é chamado *gestão de patches*.

Como a infraestrutura de TI de uma empresa normalmente possui uma infinidade de aplicativos empresariais, instalações de sistemas operacionais e outros serviços de sistema, a manutenção de *patches* em todos os dispositivos e serviços usados pela empresa pode ser um procedimento dispendioso e demorado. Além disso, os *malwares* são criados tão rapidamente que as empresas têm pouco tempo para agir entre o momento em que uma vulnerabilidade e um *patch* são anunciados e o momento em que o *software* mal-intencionado aparece para explorar aquela vulnerabilidade.

Vulnerabilidades descobertas recentemente no projeto de microprocessadores

Vulnerabilidades descobertas recentemente, como Spectre e Meltdown, resultam de falhas no projeto de *chips* de microprocessadores de computador que permitem que *hackers*, usando programas de *software* mal-intencionados, obtenham acesso a dados cuja segurança era tida como certa. Essas vulnerabilidades afetam quase todos os *chips* de computador fabricados nos últimos 20 anos. Os principais fornecedores de *software* lançaram *patches* de solução alternativa, mas a única maneira de realmente corrigir o Meltdown e o Spectre é substituir os processadores afetados.

8.2 Qual é o valor empresarial da segurança e do controle?

As empresas possuem ativos de informação valiosíssimos a proteger. Sistemas, muitas vezes, abrigam informações confidenciais sobre impostos, ativos financeiros, registros médicos e desempenho profissional das pessoas. Também podem conter informações sobre operações corporativas, incluindo segredos comerciais, planos de desenvolvimento de novos produtos e estratégias de *marketing*. Os sistemas governamentais podem armazenar informações sobre armamentos, operações de inteligência e alvos militares. Esses ativos de informação têm valor incalculável, e a repercussão pode ser devastadora se forem perdidos, destruídos ou colocados em mãos erradas. Os sistemas incapazes de funcionar por causa de falhas na segurança, desastres ou mau funcionamento podem afetar permanentemente a saúde financeira de uma empresa. Alguns especialistas acreditam que 40% de todas as empresas não seriam capazes de se recuperar de perdas de aplicativos ou dados que não fossem reparados no prazo de três dias.

Segurança e controle inadequados podem resultar em sérias responsabilidades legais. As empresas precisam proteger não apenas seus próprios ativos de informação, mas também os de seus clientes, funcionários e parceiros de negócios. Caso não consigam fazê-lo, podem ter de gastar muito em um litígio por exposição ou roubo de dados. Uma organização pode ser responsabilizada pelo risco e pelo dano desnecessários gerados caso não tenha tomado as medidas preventivas apropriadas para evitar a perda de informações confidenciais, corrupção de dados ou violação de privacidade. Por exemplo, a Target foi forçada a pagar US$ 39 milhões a vários bancos estadunidenses que prestam serviço à Mastercard, pois essas instituições foram forçadas a reembolsar milhões de dólares aos clientes da Target quando estes perderam dinheiro por conta de uma invasão maciça, ocorrida em 2013, aos sistemas de pagamento da Target, que afetou 40 milhões de pessoas. A Target também pagou US$ 67 milhões à Visa pela violação de dados e US$ 10 milhões para resolver uma ação coletiva movida por clientes da Target. Desenvolver uma estrutura sólida de segurança e controle que proteja os ativos de informações de negócios é de fundamental importância para toda a empresa, incluindo a alta administração, não se limitando apenas ao departamento de TI (Rothrock et al., 2018).

Requisitos legais e regulatórios para gestão de registros eletrônicos

As regulamentações do governo dos Estados Unidos estão forçando as empresas a tomar medidas de segurança e controle mais sérias, uma vez que exigem a proteção de dados contra uso indevido, exposição e acesso não autorizado. Com isso, as empresas enfrentam novas obrigações legais no que diz respeito a retenção e armazenamento de registros eletrônicos, bem como à proteção da privacidade.

Se você trabalhar no setor de assistência médica dos Estados Unidos, sua empresa deverá obedecer à Lei Americana de Responsabilidade e Portabilidade dos Seguros-Saúde (HIPAA, do inglês *Health Insurance Portability and Accountability Act*), de 1996. A **HIPAA** estabelece regras e procedimentos quanto à privacidade e à segurança médicas para simplificar a administração do faturamento de assistência médica e automatizar a transferência de dados entre prestadores desse tipo de serviço, beneficiários e operadores de planos de saúde. Para tanto, os membros do setor precisam reter informações dos pacientes por seis anos e garantir a confidencialidade desses registros. A lei especifica padrões de privacidade, segurança e de transação eletrônica para os prestadores de assistência médica na administração das informações dos pacientes, prevendo penalidades para violações da privacidade médica, *disclosure* (transparência) de registros de pacientes por *e-mail* ou acesso não autorizado à rede.

Se você trabalhar em uma empresa que presta serviços financeiros nos Estado Unidos, ela deverá cumprir a Lei de Modernização dos Serviços Financeiros, de 1999, mais conhecida como **Lei Gramm-Leach-Bliley**, em homenagem aos congressistas que a propuseram. Essa lei exige que as instituições financeiras assegurem a segurança e a confidencialidade dos dados do cliente. As informações precisam ser armazenadas em um meio seguro e medidas especiais de segurança precisam ser tomadas para proteger esses dados, tanto no meio de armazenagem quanto durante a transmissão.

Se você trabalhar em uma empresa com ações negociadas na bolsa de valores dos Estados Unidos, sua empresa deverá obedecer à Lei de Proteção ao Investidor e de Reforma Contábil das Empresas de Capital Aberto, promulgada em 2002, mais conhecida como **Lei Sarbanes-Oxley**, em homenagem a seus formuladores, o senador Paul Sarbanes, de Maryland, e o deputado federal Michael Oxley, de Ohio. Essa lei foi elaborada para proteger investidores após os escândalos financeiros envolvendo a Enron, a WorldCom e outras empresas de capital aberto. Segundo essa lei, cabe às empresas e a seus administradores salvaguardar a precisão e a integridade das informações financeiras utilizadas internamente e publicadas externamente.

A Lei Sarbanes-Oxley trata, fundamentalmente, da garantia de que existam controles internos para governar a criação e a documentação de informações nos demonstrativos financeiros. São usados sistemas de informação para gerar, armazenar e transportar esses dados, razão pela qual a legislação exige que as empresas levem em conta a segurança dos sistemas de informação e outros controles necessários para garantir a integridade, a confidencialidade e a precisão dos dados. Cada aplicativo de sistema que lida com dados de relatórios financeiros críticos exige controles para garantir a exatidão desses dados. Da mesma maneira, são essenciais controles para proteger a rede corporativa, evitar acesso não autorizado aos sistemas e dados e garantir a disponibilidade e a integridade das informações, na eventualidade de um desastre ou de uma interrupção qualquer nos serviços.

Evidência eletrônica e perícia forense computacional

Segurança, controle e gestão de registros eletrônicos se tornaram essenciais para lidar com ações legais. Atualmente, grande parte das provas em casos envolvendo fraude acionária, desvio de dinheiro, roubo de segredos empresariais, crimes cibernéticos e muitos casos civis encontra-se no formato digital. Além das informações impressas ou digitadas, as ações jurídicas atuais dependem cada vez mais de provas apresentadas na forma de dados digitais armazenados em dispositivos portáteis para essa finalidade e discos rígidos, assim como em *e-mails*, mensagens de textos e transações de *e-commerce* pela internet.

Em uma ação legal, uma empresa pode receber um pedido de produção de provas, sendo obrigada a fornecer acesso às informações que podem ser usadas como evidências. O custo de apresentar esses dados pode ser enorme se a empresa tiver problemas para reuni-los, ou se os dados estiverem corrompidos ou destruídos. Atualmente, os tribunais impõem severas penalidades financeiras e até mesmo criminais no caso de destruição indevida de documentos eletrônicos.

Uma política de retenção de documentos eletrônicos eficiente assegura que documentos eletrônicos, *e-mails* e outros registros estejam bem-organizados e acessíveis, e que nunca sejam mantidos por tempo demais nem descartados cedo demais. Essa política também reflete uma preocupação em preservar provas potenciais para a perícia forense computacional. A **perícia forense computacional** executa os procedimentos científicos de coleta, exame, autenticação, preservação e análise de dados mantidos em, ou recuperados por, meios de armazenamento digital, de modo que as informações possam ser usadas como prova em juízo. Essa perícia lida com os seguintes problemas:

- Recuperar dados de computadores sem prejudicar seu valor probatório.
- Armazenar e administrar com segurança os dados eletrônicos recuperados.
- Encontrar informações significativas em um grande volume de dados eletrônicos.
- Apresentar as informações em juízo.

As provas eletrônicas podem estar em um meio de armazenamento digital, na forma de arquivos de computador ou como *dados ambientes*, não visíveis ao usuário comum. Exemplo disso é um arquivo que tenha sido apagado do disco rígido do PC. Os dados que um usuário tenha apagado em um ambiente de armazenamento digital podem ser recuperados por meio de várias técnicas. Os peritos forenses computacionais tentam recuperar esses dados ocultos para que possam ser apresentados como prova.

A preocupação com as necessidades da perícia digital deve ser incorporada ao processo de planejamento de contingência da empresa. O CIO, os especialistas em segurança, a equipe de sistemas de informação e o conselho jurídico da empresa devem, todos juntos, trabalhar em prol de um plano que possa ser colocado em ação caso surja uma necessidade legal.

8.3 Quais são os componentes de uma estrutura organizacional para segurança e controle?

Mesmo com as principais ferramentas de segurança, seus sistemas de informação somente serão confiáveis e seguros se souber como e onde utilizá-los. Será necessário saber onde sua empresa corre riscos e de quais controles precisa para proteger seus sistemas de informação.

Também será preciso desenvolver uma política de segurança e planos para manter seu negócio em funcionamento se seus sistemas de informação não estiverem operando.

Controles de sistemas de informação

Controles de sistemas de informação podem ser manuais ou automatizados e são compostos tanto por controles gerais quanto por controles de aplicações. **Controles gerais** controlam projeto, segurança e uso de programas de computadores, além da segurança de arquivos de dados em toda a infraestrutura de TI da empresa. De modo geral, os controles gerais são utilizados em todas as aplicações computadorizadas e consistem em uma combinação de *hardware, software* e procedimentos manuais que criam um ambiente global de controle. Em geral, incluem controles de *software, hardware,* operações de computador e segurança de dados, além de controles administrativos e sobre a implantação de processos do sistema. A Tabela 8.4 descreve as funções de cada um desses controles.

Controles de aplicação são controles específicos exclusivos a cada aplicação computadorizada, como processamento de folha de pagamento ou processamento de pedidos. Incluem tanto procedimentos manuais quanto automatizados que garantem que somente dados autorizados sejam completa e precisamente processados pelas aplicações. Os controles de aplicação podem ser classificados como controles (1) de entrada, (2) de processamento e (3) de saída.

Controles de entrada verificam a precisão e integridade dos dados quando entram no sistema. Existem controles de entrada específicos para autorização de entrada, conversão de dados, edição de dados e tratamento de erros. *Controles de processamento* verificam se os dados estão completos e precisos durante a atualização. E *controles de saída* garantem que os resultados do processamento computacional sejam precisos, completos e distribuídos de maneira apropriada.

Os controles dos sistemas de informação não devem ser um assunto para reflexão tardia. Eles precisam ser incorporados ao projeto do sistema e devem considerar não apenas como o sistema funcionará sob todas as condições possíveis, mas também o comportamento das organizações e das pessoas que o utilizam.

TABELA 8.4 Controles gerais

TIPOS DE CONTROLE GERAL	DESCRIÇÃO
Controles de *software*	Monitoram o uso do *software* de sistema e impedem o acesso e o uso não autorizado de programas de *software, software* de sistema e programas de computador.
Controles de *hardware*	Garantem que o *hardware* do computador esteja fisicamente seguro e verificam o mau funcionamento do equipamento. Organizações criticamente dependentes de seus computadores precisam prever a criação de cópias de segurança dos dados ou operações contínuas de manutenção de serviços constantes.
Controles de operações de computador	Supervisionam o trabalho do departamento de informática para garantir que os procedimentos programados sejam consistentes e corretamente aplicados ao armazenamento e processamento de dados. Incluem controles sobre as tarefas de processamento e dos procedimentos de recuperação do computador para processamentos que terminam de maneira anormal.
Controles de segurança de dados	Garantem que os valiosos arquivos de dados do sistema, mantidos internamente ou por um serviço externo de hospedagem, não estejam sujeitos a acesso não autorizado, a modificações ou a destruição enquanto estão em uso ou armazenados.
Controles de implementação	Auditam o processo de desenvolvimento de sistemas em diversos pontos para garantir que ele seja devidamente controlado e gerenciado.
Controles administrativos	Formalizam padrões, regras, procedimentos e controlam disciplinas de modo a garantir que os controles gerais e de aplicação da empresa sejam propriamente executados e cumpridos.

TABELA 8.5 Avaliação do risco no processamento de pedidos *on-line*

EXPOSIÇÃO	PROBABILIDADE DE OCORRÊNCIA (%)	FAIXA DE PREJUÍZO/MÉDIA (US$)	PREJUÍZO ANUAL ESPERADO (US$)
Falta de energia	30%	US$ 5.000-US$ 200.000 (US$ 102.500)	US$ 30.750
Apropriação indébita	5%	US$ 1.000-US$ 50.000 (US$ 25.500)	US$ 1.275
Erro do usuário	98%	US$ 200-US$ 40.000 (US$ 20.100)	US$ 19.698

Avaliação de risco

Antes que a sua empresa comprometa recursos com segurança e controles de sistemas de informação, ela precisa saber quais ativos exigem proteção e em que medida eles são vulneráveis. Uma avaliação de risco ajuda a responder a essas questões e a determinar o conjunto de controles com melhor custo-benefício para proteger os ativos.

Uma **avaliação de risco** determina o nível de risco para a empresa caso uma atividade ou um processo específico não seja controlado adequadamente. Nem todos os riscos podem ser antecipados ou mensurados, mas a maioria das empresas será capaz de adquirir algum entendimento dos riscos que enfrenta. Os administradores da empresa, em cooperação com os especialistas em sistemas de informação, podem determinar o valor dos ativos de informação, os pontos de vulnerabilidade, a frequência provável de um problema e seu prejuízo potencial. Por exemplo: se a probabilidade de um evento ocorrer não for maior que uma vez por ano, com limite máximo de mil dólares de prejuízo para a organização, não seria viável gastar US$ 20 mil no projeto e na manutenção de um controle para evitar esse evento. No entanto, se esse mesmo evento pudesse ocorrer, no mínimo, uma vez por dia, com um prejuízo potencial de mais de US$ 300 mil por ano, gastar US$ 100 mil em um controle seria totalmente apropriado.

A Tabela 8.5 traz amostras dos resultados de uma avaliação de risco para um sistema de processamento de pedidos *on-line* que processa 30 mil pedidos por dia. A probabilidade de cada exposição de risco ocorrer no período de um ano está expressa na forma de porcentagem. A coluna seguinte mostra o maior e o menor prejuízo possíveis esperados a cada ocorrência e, entre parênteses, o prejuízo médio, calculado somando-se os números mais alto e mais baixo e dividindo-os por dois. O prejuízo anual esperado para cada exposição de risco pode ser determinado multiplicando-se o prejuízo médio por sua probabilidade de ocorrência.

A avaliação de risco mostra que a probabilidade de faltar energia elétrica no período de um ano é de 30%. O prejuízo nas transações de pedidos durante o período em que houver falta de energia pode variar entre US$ 5 mil e US$ 200 mil (média de US$ 102.500) para cada ocorrência, dependendo de quanto tempo o processamento permanecer paralisado. A probabilidade de ocorrer apropriação indébita durante o período de um ano é de cerca de 5%, com prejuízos potenciais na faixa de mil a US$ 50 mil (média de US$ 25.500) para cada ocorrência. A probabilidade de ocorrerem erros de usuários durante o período de um ano é de 98%, com prejuízos entre US$ 200 e US$ 40 mil (média de US$ 20.100) a cada ocorrência.

Após a avaliação dos riscos, os desenvolvedores de sistemas podem concentrar-se nos pontos de controle cuja vulnerabilidade e prejuízo potencial são maiores. No caso aqui descrito, os controles devem se voltar para maneiras de minimizar os riscos de falta de energia elétrica e erros de usuários, pois os prejuízos anuais esperados são maiores nessas áreas.

Política de segurança

Uma vez que identificou os principais riscos para seus sistemas, sua empresa precisará desenvolver uma política de segurança para proteger esses ativos. Uma **política de segurança** é uma declaração que estabelece hierarquia aos riscos de informação e identifica metas de segurança aceitáveis, assim como mecanismos para atingi-las. Quais são os ativos de informação mais importantes da empresa? Quem produz e controla essa informação? Quais políticas de segurança já estão em vigor para proteger essa informação? Qual nível de risco a administração está disposta a aceitar para cada um dos ativos? Está disposta, por exemplo, a perder dados de crédito dos clientes uma vez a cada dez anos? Ou desenvolverá um sistema de segurança para dados de cartão de crédito capaz de enfrentar um desastre que só ocorre a cada cem anos? A administração precisa estimar ainda quanto custará atingir esse nível de risco aceitável.

A política de segurança dá origem a outras políticas que determinam o uso aceitável dos recursos de informação da empresa e quais membros terão acesso a esses ativos. Uma **política de uso aceitável** (**AUP**, do inglês *acceptable use policy*) define os usos aceitáveis dos recursos de informação e do equipamento de informática da empresa, incluindo computadores de mesa e *laptops*, dispositivos sem fio, telefones e internet. Uma boa política de uso aceitável define as ações que cada usuário pode ou não executar, especificando as consequências do não cumprimento às normas.

A Figura 8.3 mostra um exemplo de como uma organização pode classificar as regras de acesso para diferentes níveis de usuários na função de recursos humanos. Nela são especificadas quais partes de um banco de dados de recursos humanos cada usuário tem permissão para acessar, com base nas informações necessárias para realizar o trabalho dessa pessoa. O banco de dados contém informações pessoais confidenciais, como salários, benefícios e históricos médicos dos funcionários.

As regras de acesso ali exibidas servem para dois tipos de usuários. Um conjunto que é composto por todos os funcionários que desempenham funções administrativas, como inserir dados de funcionários no sistema; assim, todos com esse tipo de perfil podem atualizar o sistema, mas não podem ler nem atualizar campos confidenciais, como informações de salário, histórico médico ou proventos. Outro perfil se aplica a um gerente de divisão, que não pode atualizar o sistema, mas pode ler todos os campos de dados de funcionários de sua

PERFIL DE SEGURANÇA 1

Usuário: funcionário do Departamento Pessoal
Localização: Divisão 1
Identificação do empregado
Códigos com este perfil: 00753, 27834, 37665, 44116

Restrições ao campo de dados	Tipo de acesso
Todos os dados de funcionários para a Divisão 1 somente	Leitura e atualização
• Dado do histórico médico	Nenhum
• Salário	Nenhum
• Ganhos pessoais	Nenhum

PERFIL DE SEGURANÇA 2

Usuário: gerente da Divisão de Pessoal
Localização: Divisão 1
Identificação do empregado
Códigos com este perfil: 27321

Restrições ao campo de dados	Tipo de acesso
Todos os dados de funcionários para a Divisão 1 somente	Somente leitura

FIGURA 8.3 Regras de acesso para um sistema de pessoal.
Esses dois exemplos representam dois perfis de segurança ou modelos de segurança de dados que podem ser encontrados em um sistema de pessoal. Dependendo do perfil de segurança, um usuário teria certas restrições de acesso a vários sistemas, localizações ou dados da organização.

divisão, incluindo histórico médico e salário. Fornecemos mais detalhes sobre as tecnologias de autenticação de usuário posteriormente neste capítulo.

Plano de recuperação de desastres e plano de continuidade dos negócios

Se você gerencia uma empresa, precisa se planejar para eventos como blecautes, enchentes, terremotos ou ataques terroristas que poderão impedir que seus sistemas de informação e sua empresa funcionem. O **plano de recuperação de desastres** inclui estratégias para restaurar os serviços de computação e comunicação depois de terem sofrido uma interrupção. Os planos de recuperação de desastres concentram-se primordialmente em questões técnicas relacionadas à preservação do funcionamento dos sistemas, como os arquivos que devem ter uma cópia de segurança e a manutenção de sistemas de computador reservas (*backup*) ou de serviços de recuperação de desastres.

A Mastercard, por exemplo, possui um centro de informática duplicado em Kansas City, Missouri, que pode servir como reserva de emergência para seu centro de informática principal, localizado em St. Louis. Em vez de construir sua própria infraestrutura de reserva, muitas empresas contratam companhias especializadas em recuperação de desastres, como a SunGard Availability Services, que oferecem centros que abrigam computadores sobressalentes em vários pontos do território dos Estados Unidos, onde as empresas assinantes do serviço podem executar os seus principais aplicativos em caso de emergência.

O **plano de continuidade de negócios** concentra-se em como a empresa pode restaurar suas operações após um desastre. Esse plano identifica os processos de negócios críticos e determina planos de ação para lidar com funções essenciais caso os sistemas saiam do ar. No caso da Healthways, uma companhia de melhoria do bem-estar com sede em Franklin, Tennessee, a empresa implementou um plano de continuidade de negócios que identificava os processos de negócios de quase 70 departamentos e o impacto do tempo de inatividade do sistema nesses processos. A Healthways identificou seus processos mais críticos e trabalhou com cada departamento para elaborar um plano de ação.

Os administradores do negócio e os especialistas em tecnologia da informação precisam trabalhar juntos nesses dois tipos de plano, para determinar quais sistemas e processos de negócio são cruciais para a empresa. Eles precisam realizar uma análise de impacto nos negócios, a fim de identificar os sistemas mais importantes da empresa e o impacto que uma suspensão em seu funcionamento teria nos negócios. A administração precisa determinar o período máximo que a empresa pode sobreviver sem seus sistemas e quais partes dela precisam ser restauradas primeiro.

O papel da auditoria

Como a administração sabe que os controles e a segurança de seus sistemas de informação são eficientes? Para responder a essa pergunta, a empresa deve realizar auditorias abrangentes e sistemáticas. Uma **auditoria de sistemas** avalia o sistema geral de segurança da empresa e identifica todos os controles que governam sistemas individuais de informação. O auditor deve monitorar o fluxo de uma amostra de transações por meio do sistema e, caso necessário, realizar testes usando *software* de auditoria automatizada. A auditoria de sistemas de informação também pode avaliar a qualidade dos dados.

As auditorias de segurança devem rever tecnologias, procedimentos, documentação, treinamento e recursos humanos. Uma auditoria completa pode até mesmo simular um ataque ou desastre, para verificar como os recursos tecnológicos, a equipe de sistemas de informação e os funcionários da empresa reagem.

A auditoria lista e classifica todos os pontos fracos do controle e estima a probabilidade de ocorrerem erros nesses pontos; em seguida, avalia o impacto financeiro e organizacional de cada ameaça. A Figura 8.4, um exemplo da listagem feita por um auditor, mostra as deficiências verificadas no controle de um sistema de empréstimo. O documento inclui uma seção para

Função: Empréstimos Localização: Peoria, IL		Preparado por: J. Ericson Data: 16 de junho de 2020.	Recebido por: T. Benson Data de revisão: 28 de junho de 2020	
Natureza das deficiências e impacto	Chance de erro/uso indevido		Notificação à administração	
	Sim/ Não	Justificativa	Data do relatório	Resposta da administração
Contas do usuário sem senhas	Sim	Deixa o sistema aberto para pessoas externas não autorizadas ou *hackers*	5/10/20	Eliminar contas sem senhas
Rede configurada para permitir compartilhamento de arquivos do sistema	Sim	Expõe arquivos de sistema críticos para partes hostis conectadas à rede	5/10/20	Garantir que apenas diretórios necessários sejam compartilhados e que sejam protegidos por senhas fortes
Patches de *software* podem atualizar programas de produção sem aprovação final do grupo de Padrões e Controles	Não	Todos os programas de produção exigem autorização da administração; o grupo de Padrões e Controles determina, para esses casos, um *status* de produção temporária		

FIGURA 8.4 Exemplo de listagem de deficiências de controle feita por um auditor.

Esse diagrama representa uma página da lista de deficiências de controle que um auditor poderia encontrar em um sistema de empréstimos de um banco comercial. Além de ajudar o auditor a registrar e avaliar as deficiências de controle, o formulário mostra os resultados das discussões dessas deficiências com a administração, bem como quaisquer medidas corretivas tomadas por ela.

notificar a administração sobre essas deficiências e para a sua devida resposta. Espera-se que a administração elabore um plano para combater os problemas mais significativos.

8.4 Quais são as ferramentas e tecnologias mais importantes para proteger os recursos de informação?

As empresas contam com uma gama de ferramentas e tecnologias para proteger seus recursos de informação. Entre elas, estão ferramentas e tecnologias para gestão das identidades dos usuários, controle do acesso não autorizado a sistemas e dados, garantia de disponibilidade de sistemas e garantia da qualidade de *software*.

Gestão de identidade e autenticação

Empresas de médio e grande porte têm infraestruturas complexas de TI e muitos sistemas diferentes, cada um com seu próprio conjunto de usuários. O *software* de **gestão de identidade** automatiza o processo de manter o controle de todos esses usuários e seus privilégios de sistema, atribuindo a cada um deles uma única identidade digital para acessar cada sistema. Também inclui ferramentas para a autenticação de usuários, proteção das identidades e controle de acesso aos recursos do sistema.

Para obter acesso a um sistema, o usuário precisa ser autorizado e autenticado. **Autenticação** refere-se à capacidade de saber se uma pessoa é quem declara ser. A autenticação geralmente é estabelecida por meio do uso de **senhas** conhecidas por usuários autorizados.

O usuário final usa uma senha para efetuar o *login* ao sistema de computador e também para acessar sistemas ou arquivos específicos. Muitas vezes, porém, os usuários esquecem senhas, compartilham-nas com outras pessoas ou escolhem senhas inadequadas, fáceis de adivinhar, o que compromete a segurança. Sistemas de senha excessivamente rigorosos atrapalham a produtividade do funcionário. Quando os funcionários precisam alterar senhas complexas com muita frequência, acabam utilizando atalhos, como escolher senhas fáceis de adivinhar ou escrever a senha em suas estações de trabalho, à vista de todos. Senhas também podem ser "*sniffed*" (farejadas) quando transmitidas por rede, ou roubadas por meio da *engenharia* social.

Novas tecnologias de autenticação, como *tokens*, cartões inteligentes e autenticação biométrica, resolvem alguns desses problemas. ***Token*** é um dispositivo físico, que funciona como um cartão de identificação, projetado para provar a identidade do usuário. Os *tokens* são pequenos dispositivos geralmente carregados em chaveiros e exibem senhas que mudam a toda hora. Já um **cartão inteligente** (*smart card*) é um dispositivo com tamanho aproximado de um cartão de crédito, que contém um *chip* formatado com a permissão de acesso e outros dados. (Os cartões inteligentes também são utilizados em sistemas de pagamento eletrônico.) Após interpretar os dados do cartão, o dispositivo leitor permite ou nega o acesso.

A **autenticação biométrica** usa sistemas que leem e interpretam traços humanos individuais, como impressões digitais, íris e vozes, para conceder ou negar acesso. A autenticação biométrica fundamenta-se na medição de um traço físico ou comportamental que torna cada indivíduo único. Ela compara as características exclusivas de uma pessoa, como as impressões digitais, o rosto ou a imagem da retina, com um conjunto de perfis armazenados, determinando se existe alguma diferença entre elas e o perfil armazenado. Se os dois perfis forem compatíveis, o acesso será concedido. As tecnologias de impressão digital e reconhecimento facial estão apenas começando a ser usadas para aplicações de segurança. Atualmente, muitos *laptops* (e alguns *smartphones*) vêm equipados com dispositivos de identificação de impressão digital e alguns modelos com webcams integradas e *software* de reconhecimento facial. Empresas de serviços financeiros, como Vanguard e Fidelity, já implementaram sistemas de autenticação de voz para seus clientes.

O fluxo constante de incidentes em que os *hackers* conseguiram invadir os tradicionais sistemas de senha destaca a necessidade de meios de autenticação mais seguros. A **autenticação**

Este *smartphone* possui um leitor biométrico de impressão digital para garantir acesso rápido e seguro a arquivos e redes. Novos modelos de computadores pessoais e *smartphones* usam a identificação biométrica para autenticar usuários.

de dois fatores aumenta a segurança validando usuários por meio de um processo de várias etapas. Para ser autenticado, o usuário deve fornecer dois meios de identificação, um dos quais geralmente é um *token* físico, como um cartão inteligente ou cartão bancário habilitado para *chip*, e o outro normalmente é um dado, como uma senha ou número de identificação pessoal (PIN). Dados biométricos, como impressões digitais, impressões de íris ou impressões de voz, também podem ser usados como um dos mecanismos de autenticação. Um exemplo comum de autenticação de dois fatores é o presente nos cartões de banco: o cartão em si é o item físico e o PIN é o outro dado que o acompanha.

Firewalls, sistemas de detecção de intrusão e *software* antimalware

Sem proteção contra *malware* e intrusos, a conexão com a internet seria muito perigosa. *Firewalls*, sistemas de detecção de intrusão e *softwares antimalware* se tornaram ferramentas empresariais essenciais.

Firewalls

Firewalls impedem que usuários não autorizados acessem redes privadas. É uma combinação de *hardware* e *software* que controla o fluxo de tráfego que entra na rede ou sai dela. Geralmente é instalado entre as redes internas privadas da empresa e as redes externas não confiáveis, como a internet, embora possa também ser usado para proteger parte de uma rede da empresa do resto dela (veja a Figura 8.5).

O *firewall* age como um porteiro que examina as credenciais de cada usuário antes que ele possa acessar a rede. O *firewall* identifica nomes, endereços IP, aplicativos e outras

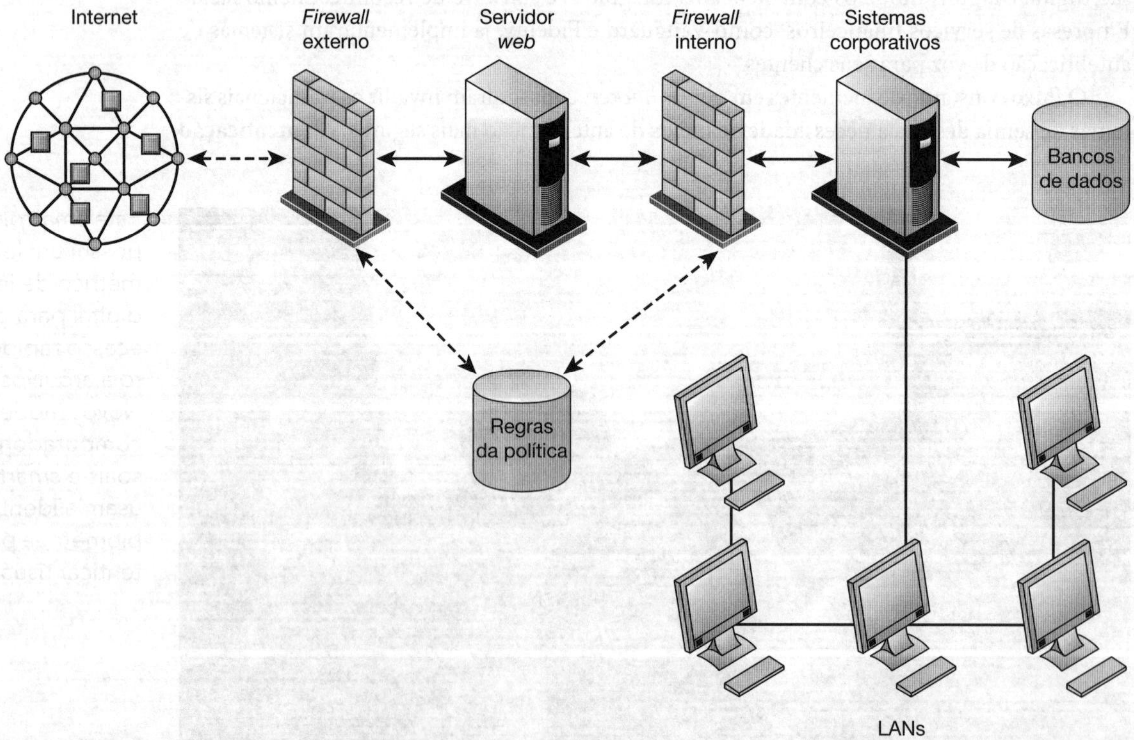

FIGURA 8.5 Um *firewall* corporativo.

O *firewall* é colocado entre a rede privada da empresa e a internet pública ou outra rede não confiável, para proteger contra o tráfego não autorizado.

características no tráfego de entrada. Em seguida, compara essas informações com as regras de acesso que foram programadas no sistema pelo administrador da rede. Assim, impede que comunicações não autorizadas entrem na rede ou saiam dela.

Em grandes organizações, o *firewall* muitas vezes reside em um computador reservado especialmente para ele, separado do resto da rede, de maneira que nenhuma solicitação possa entrar e acessar diretamente os recursos da rede privada. Os *firewalls* usam diferentes tecnologias de inspeção, incluindo a filtragem de pacotes estáticos, a inspeção de pacotes SPI (*stateful packet inspection*), a *Network Address Translation* (tradução de endereços IP) e a filtragem de aplicação proxy. Essas técnicas são frequentemente usadas em conjunto para fornecer a proteção de *firewall*.

A *filtragem de pacotes* examina os campos selecionados nos cabeçalhos dos pacotes de dados que fluem de um lado para outro entre a rede confiável e a internet, examinando isoladamente pacotes individuais. No entanto, essa tecnologia de filtragem pode deixar passar muitos tipos de ataque.

A *inspeção de pacotes* SPI oferece mais segurança, à medida em que determina se os pacotes fazem parte de um diálogo corrente entre um emissor e um receptor. Ela monta tabelas de *status* para monitorar as informações de múltiplos pacotes. Esses pacotes serão aceitos caso façam parte de um diálogo aprovado ou estejam tentando estabelecer uma conexão legítima.

A *Network Address Translation (NAT)* pode oferecer uma camada extra de proteção quando a filtragem de pacotes estáticos e a inspeção de pacotes SPI estiverem em uso. A NAT pode ocultar os endereços IP dos computadores hospedeiros internos da organização, evitando assim que programas *sniffer* fora do *firewall* os descubram e usem essa informação para penetrar nos sistemas internos.

A *filtragem de aplicação proxy* examina o conteúdo de aplicação dos pacotes. Um servidor proxy detém os pacotes de dados que se originam fora da organização, inspeciona-os e, em seguida, passa um proxy (que significa "procurador", "representante") para o outro lado do *firewall*. Quando um usuário externo quer comunicar-se com um usuário da empresa, faz um primeiro contato com a aplicação proxy, e esta se comunica com o computador interno. Da mesma maneira, um usuário de computador interno passa pelo proxy para comunicar-se com computadores fora da organização.

A fim de criar um bom *firewall*, alguém tem de escrever e manter as regras internas para identificar pessoas, aplicações ou endereços permitidos ou rejeitados, com os mínimos detalhes. Como podem inibir, embora não impeçam completamente, a invasão da rede por estranhos, os *firewalls* devem ser vistos como um dos elementos do plano geral de segurança.

Sistemas de detecção de intrusão

Além de *firewalls*, empresas de segurança comercial agora oferecem ferramentas e serviços de detecção de intrusos que protegem as organizações contra o tráfego de rede suspeito e tentativas de acesso a arquivos e bancos de dados. **Sistemas de detecção de intrusão** são ferramentas de monitoramento contínuo instaladas nos pontos mais vulneráveis de redes corporativas, a fim de detectar e inibir invasores. O sistema emite um alarme quando encontra um evento suspeito ou anômalo. Um *software* de varredura procura padrões indicativos de métodos de ataque conhecidos, como senhas erradas, verifica se arquivos importantes foram removidos ou modificados e envia alertas de vandalismo ou de erros de administração de sistema. A ferramenta de detecção de intrusão também pode ser personalizada para isolar uma parte sensível de uma rede, caso receba tráfego não autorizado.

Software antimalware

Planos de tecnologia defensiva, sejam residenciais ou empresariais, precisam incluir proteção contra *malware* para todos os computadores. O ***software antimalware*** previne, detecta e remove *malware*, incluindo vírus, *worms*, cavalos de Troia, *spyware* e *adware*. Todavia, a maioria dos *softwares antimalware* somente é efetiva contra espécies que já eram conhecidas quando foram programados. Por isso, para permanecer eficiente, o *software* deve ser continuamente atualizado e, mesmo assim, nem sempre é eficaz, pois o *malware* pode passar despercebido. As organizações precisam usar ferramentas adicionais de detecção de *malware* para obter uma melhor proteção.

Sistemas unificados de gestão de ameaças

Para ajudar as empresas a reduzir os custos e melhorar sua administração, fornecedores de produtos de segurança combinaram diversas ferramentas em uma única aplicação que inclui *firewalls*, redes virtuais privadas, sistemas de detecção de intrusão, filtragem de conteúdo da *web* e *software* antispam. Esses abrangentes produtos para gestão da segurança são chamados de **sistemas unificados de gestão de ameaças** (**UTM**, do inglês *unified threat management*). Os produtos UTM estão disponíveis para redes de todos os tamanhos. Entre os principais fornecedores de sistemas UTM estão Fortinent, Sophos e Check Point, e fornecedores de produtos de redes como a Cisco Systems e a Juniper Networks oferecem alguns recursos UTM em seus equipamentos.

Segurança em redes sem fio

O padrão de segurança inicial desenvolvido para wi-fi, chamado Wired Equivalent Privacy (WEP), não é muito eficaz, pois suas chaves de criptografia são relativamente fáceis de decifrar. O WEP fornece alguma margem de segurança, no entanto, se os usuários se lembrarem de ativá-lo. As empresas podem aumentar a segurança wi-fi utilizando-o em conjunto com a tecnologia de rede privada virtual (VPN) ao acessar dados corporativos internos.

Em junho de 2004, o grupo setorial Wi-Fi Alliance finalizou a especificação 802.11i (também conhecida como Wi-Fi Protected Access 2 ou WPA2), que substituiu o WEP por padrões de segurança mais sólidos. Em vez das chaves de criptografia estáticas utilizadas no WEP, o novo padrão utiliza chaves bem mais longas que se modificam continuamente e, assim, dificultam sua descoberta. A especificação mais recente é a WPA3, lançada em 2018.

Criptografia e infraestrutura de chave pública

Muitas organizações usam a criptografia para proteger as informações digitais que armazenam, transferem fisicamente ou enviam pela internet. **Criptografia** é o processo de transformar textos comuns ou dados em um texto cifrado que não possa ser lido por ninguém, a não ser o remetente e o destinatário desejado. Os dados são criptografados por meio de um código numérico secreto, denominado chave criptográfica, que transforma dados comuns em texto cifrado. Para ser lida, a mensagem deve ser descriptografada pelo destinatário.

Podemos citar dois métodos para criptografar o tráfego de rede: o SSL e o S-HTTP. O **Secure Sockets Layer (SSL)** e o seu sucessor, o Transport Layer Security (TLS), permitem que computadores clientes e servidores administrem as atividades de criptografia e descriptografia à medida que se comunicam entre si durante uma sessão segura na *web*. O **Secure Hypertext Transfer Protocol (S-HTTP)** é outro protocolo usado para criptografar os dados que fluem pela internet, mas ele só consegue lidar com mensagens individuais, enquanto o SSL e o TLS são projetados para estabelecer uma conexão segura entre dois computadores.

O recurso que gera sessões seguras está embutido no *software* navegador da internet do cliente e nos servidores. O cliente e o servidor negociam qual chave e qual nível de segurança serão utilizados. Uma vez que se estabeleça uma sessão segura entre cliente e servidor, todas as mensagens dessa sessão serão criptografadas.

Existe ainda dois outros métodos de criptografia: a e chave simétrica e a de chave pública. Na criptografia de chave simétrica, o remetente e o destinatário estabelecem uma sessão de internet segura, criando uma única chave criptográfica, que é enviada ao destinatário, de forma

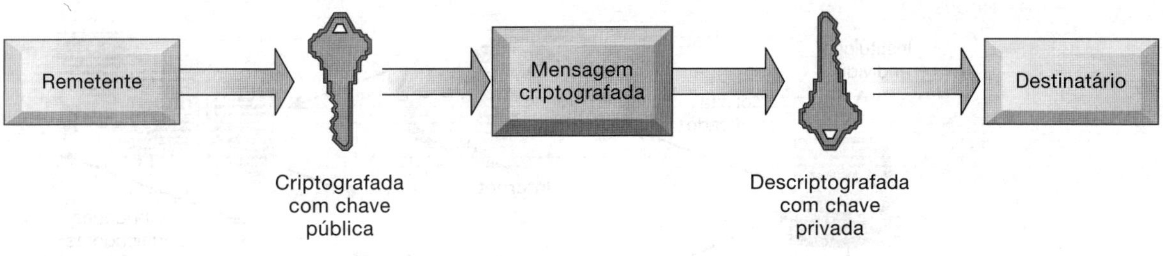

FIGURA 8.6 Criptografia de chave pública.

Um sistema de criptografia de chave pública pode ser visto como uma série de chaves públicas e privadas que "trancam" os dados antes de serem transmitidos e os "destrancam" quando são recebidos. O remetente localiza a chave pública do destinatário em um diretório e a utiliza para criptografar uma mensagem. A mensagem é enviada sob forma criptografada pela internet ou por uma rede privada. Quando ela chega, o destinatário usa sua chave privada para descriptografar os dados e ler o conteúdo.

que o remetente e o destinatário compartilham a mesma chave. A força da chave criptográfica é medida pelo seu comprimento em *bits*. Atualmente, uma chave típica tem de 56 a 256 *bits* (ou seja, um conjunto de 56 a 256 dígitos binários), dependendo do nível de segurança almejado. Quanto mais longa a chave, mais difícil é quebrá-la. A desvantagem é que quanto maior a chave, mais recursos de computação são necessários para que usuários legítimos processem as informações.

O problema com todos os esquemas de criptografia simétrica é que a própria chave deve ser compartilhada de alguma forma entre remetentes e destinatários, o que a expõe a terceiros que podem interceptar e descriptografar a chave. Uma forma mais segura de criptografia, denominada **criptografia de chave pública**, usa duas chaves: uma compartilhada (ou pública) e outra totalmente privada, como mostra a Figura 8.6. As chaves são matematicamente relacionadas, de modo que os dados criptografados com uma chave somente podem ser descriptografados pela outra. Para enviar e receber mensagens, as duas partes envolvidas na comunicação, primeiramente, criam pares separados de chaves públicas e privadas. A chave pública é mantida em um diretório, e a privada deve ser mantida em segredo. O remetente criptografa uma mensagem com a chave pública do destinatário. Ao receber a mensagem, o destinatário usa sua chave privada para descriptografá-la.

Certificados digitais são arquivos de dados usados para determinar a identidade de pessoas e ativos eletrônicos, a fim de proteger transações *on-line* (veja a Figura 8.7). Um sistema de certificado digital usa uma terceira parte confiável, conhecida como autoridade certificadora (AC), para validar a identidade de um usuário. Existem muitas autoridades certificadoras nos Estados Unidos e em todo o mundo, dentre as quais podemos citar Symantec, GoDaddy e Comodo.

A AC verifica *offline* a identidade do usuário e, em seguida, passa a informação para um servidor AC, que gera um certificado digital criptografado contendo a identificação do proprietário e uma cópia de sua chave pública. O certificado certifica que a chave pública pertence ao proprietário designado. A AC disponibiliza publicamente a sua própria chave pública em meio impresso ou, às vezes, na internet. O destinatário da mensagem criptografada usa, então, a chave pública da AC para decodificar o certificado digital anexo à mensagem, verifica se ele foi emitido mesmo pela AC e, por fim, obtém a chave pública do remetente e a informação de identificação contida no certificado. Usando essa informação, o destinatário pode enviar uma resposta criptografada. O sistema de certificado digital capacita, por exemplo, um usuário de cartão de crédito e um estabelecimento comercial a validarem que seus certificados digitais foram emitidos por uma terceira parte autorizada e confiável, antes de trocarem seus dados. A **infraestrutura de chave pública** (**PKI**, do inglês *public key infrastructure*), isto é, o uso da criptografia de chave pública em conjunto com uma autoridade certificadora, é amplamente utilizada no comércio eletrônico.

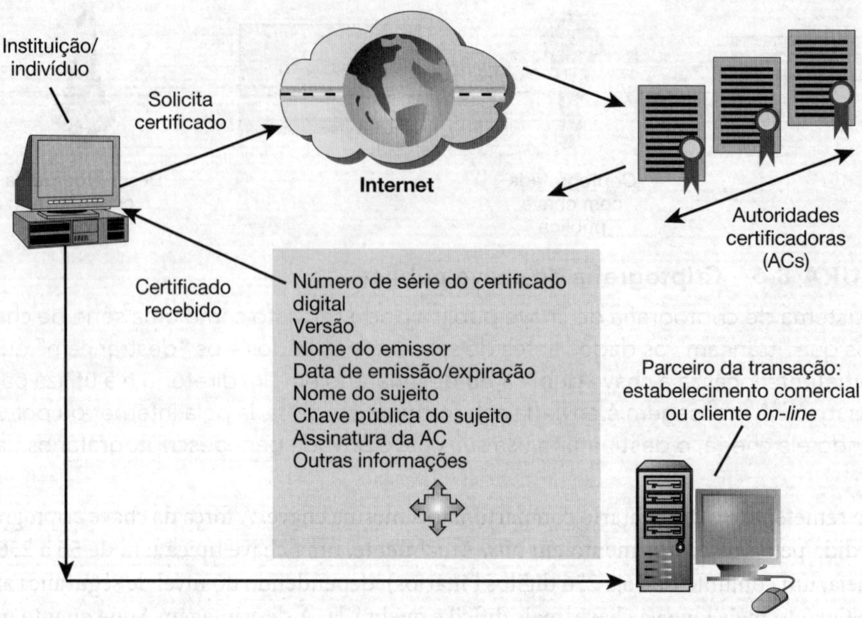

FIGURA 8.7 Certificados digitais.

Os certificados digitais ajudam a determinar a identidade de pessoas ou ativos eletrônicos. Protegem transações *on-line* ao oferecer comunicação segura e criptografada.

Como proteger transações com *blockchain*

O *blockchain*, que apresentamos no Capítulo 6, está ganhando atenção como abordagem alternativa para proteger transações e estabelecer confiança entre várias partes. Um *blockchain* é uma cadeia de "blocos" digitais que contém registros de transações. Cada bloco está conectado a todos os blocos antes e depois dele, e os *blockchains* são continuamente atualizados e mantidos em sincronia. Isso dificulta a adulteração de um único registro, pois seria necessário alterar o bloco que contém esse registro, bem como os vinculados a ele, para evitar a detecção.

Uma vez registrado, o *blockchain* não pode ser alterado. Os registros em um *blockchain* são protegidos por criptografia e todas as transações são criptografadas. Os participantes de uma rede *blockchain* têm suas próprias chaves privadas que são atribuídas às transações que criam e valem como uma assinatura digital pessoal. Se um registro for alterado, a assinatura se tornará inválida e a rede *blockchain* saberá imediatamente que algo está errado. Como os *blockchains* não ficam em um local central, não têm um ponto de falha único e não podem ser alterados a partir de um único computador. Os pesquisadores apontam, no entanto, que o *blockchain* é vulnerável de algumas maneiras semelhantes às dos sistemas convencionais de manutenção de registros centralizados. Os sistemas *blockchain* ainda precisam de atenção cuidadosa com relação à segurança e controle, assim como outros sistemas com altos requisitos de segurança (Madnick, 2020).

Garantia de disponibilidade do sistema

À medida que a receita e as operações dependem cada vez mais de redes digitais, as empresas precisam tomar medidas adicionais para assegurar que seus sistemas e aplicativos estejam sempre disponíveis. Companhias aéreas, instituições financeiras e outras empresas cujas aplicações críticas requerem processamento de transação *on-line* há muitos anos usam sistemas de informação tolerantes a falhas, para garantir 100% de disponibilidade. No **processamento de transações *on-line***, as transações solicitadas são imediatamente processadas pelo computador. A cada instante ocorrem alterações nos bancos de dados, relatórios ou requisições.

Os **sistemas computacionais tolerantes a falhas** incluem componentes redundantes de *hardware*, *software* e fornecimento de energia elétrica, criando um ambiente que oferece serviço contínuo e ininterrupto. Computadores tolerantes a falhas usam rotinas de *software* especial ou lógica de autoverificação embutidos em seu circuito para detectar falhas de *hardware* e automaticamente alternar para um dispositivo de *backup*. As peças desses computadores podem ser removidas e consertadas sem interrupção do funcionamento do computador ou ***downtime***, que se refere a períodos em que um sistema não está operante.

Outsourcing de segurança

Muitas empresas, especialmente as pequenas, não possuem os recursos e o conhecimento técnico necessários para criar, por conta própria, um ambiente de computação seguro e de alta disponibilidade. Nesse caso, elas podem terceirizar muitas funções de segurança para **provedores de serviços de segurança gerenciada** (**MSSP**, do inglês *managed security service providers*), que monitoram as atividades da rede e realizam testes de vulnerabilidade e detecção de intrusões. SecureWorks, AT&T, Verizon, IBM, Perimeter eSecurity e Symantec são provedores líderes de serviços MSSP.

Resiliência digital

As organizações atuais estão muito mais hiperconectadas e interconectadas do que no passado, e partes importantes de suas infraestruturas de TI são mantidas remotamente na nuvem, gerenciadas por pessoas de fora e acessíveis por dispositivos móveis. As empresas estão adotando o conceito de **resiliência digital** para lidar com as realidades desse novo ambiente. A resiliência digital trata de como manter e aumentar a resiliência de uma organização e seus processos de negócios em um ambiente digital onipresente; portanto, não diz respeito apenas à resiliência da função de TI. Além das tecnologias de computação, armazenamento e rede, a resiliência digital chama a atenção para questões gerenciais e organizacionais, como políticas e metas corporativas, processos de negócios, cultura organizacional, requisitos de negócios, responsabilidade e gerenciamento de riscos de negócios. Esses fatores podem afetar a medida pela qual uma organização pode realmente utilizar e gerenciar bem a conectividade de rede, aplicativos, bancos de dados e *data centers*, sua capacidade de fornecer disponibilidade 24 horas por dia, 7 dias por semana para os negócios e a capacidade de responder às mudanças nas condições de negócios. Um único elo fraco nessa cadeia pode causar uma interrupção ou impedir a empresa de responder a novos desafios e oportunidades, se a resiliência não tiver sido explicitamente projetada, medida e testada.

Por exemplo, muitas empresas cujos funcionários foram obrigados a trabalhar em casa durante 2020, para evitar a exposição ao coronavírus, não tinham certeza se o servidor era suficiente para dar suporte a milhares de pessoas trabalhando remotamente. Se tivessem usado uma abordagem de resiliência digital, essa contingência teria sido mais bem antecipada e planejada.

A Sessão Interativa sobre Gestão conta como o PayPal, uma empresa de tecnologia, conseguiu aumentar sua resiliência digital prestando mais atenção à medição da eficácia operacional de suas equipes de *data center* e à redução de erros dos funcionários.

SESSÃO INTERATIVA GESTÃO

O PayPal aumenta sua resiliência digital

PayPal Holdings, Inc., é uma empresa estadunidense cuja atividade é operar um sistema mundial de pagamentos *on-line* para transferências de dinheiro, servindo como alternativa eletrônica aos métodos de pagamento tradicionais, como cheques e ordens de pagamento. A empresa opera como um processador de pagamentos para vendedores *on-line*, *sites* de leilões e muitos outros usuários comerciais.

Se já fez uma compra no eBay ou em um *site* de *e-commerce*, você provavelmente já usou o PayPal. É um sistema de pagamento muito bem estabelecido e amplamente aceito. No primeiro trimestre de 2020, o PayPal tinha 325 milhões de usuários ativos. Em 2019, a empresa processou US$ 12,4 bilhões de transações de pagamento e gerou US$ 17,77 bilhões em receita.

Obviamente, trata-se de uma organização que precisa agir zelosamente para que seus serviços sejam extremamente seguros e estejam disponíveis 24 horas por dia, 7 dias por semana em todo o mundo, e o PayPal mantém padrões muito altos de segurança e confiabilidade. Mas a administração queria ter certeza de que a empresa estava fazendo o melhor possível, por isso, recorreu ao Uptime Institute para avaliar a maneira como administrava seus *data centers* e qual era seu nível de resiliência digital. O Uptime Institute é um grupo de consultoria com foco na melhoria de desempenho, eficiência e confiabilidade da infraestrutura crítica de negócios por meio de inovação, colaboração e certificações de desempenho independentes.

Embora os *data centers* tentem a operar *sites* cheios de tecnologias geradoras de economia e novas abordagens inovadoras, ainda precisam enfrentar o desempenho contínuo e a confiabilidade desses *sites*, por causa dos planos operacionais em vigor. Vários níveis de pessoal e experiência, juntamente com a documentação escrita limitada ou imprecisa de processos operacionais, criam comportamentos inconsistentes e interrupções de serviço.

O Uptime Institute descobriu que a maioria das interrupções relatadas do *data center* estão diretamente relacionadas ao erro humano. Pode ser erro do operador ou da gestão nas decisões sobre pessoal, manutenção, treinamento ou rigor geral da operação. Com o erro humano responsável por tantos incidentes de *data center*, as organizações precisam adotar uma abordagem mais holística de pessoal, práticas organizacionais, atividades de manutenção e operações, gerenciamento e planejamento.

Sean Tugwell, diretor de Arquitetura e Engenharia de Data Center do PayPal, queria ter certeza de que sua empresa havia alcançado um alto nível de resiliência digital e 99,999% de disponibilidade em todos os *data centers*. Também queria ter certeza de que os colos que atuavam com o PayPal também fossem suficientemente resilientes. (Um *data center* de *colocation*, geralmente chamado de "colo", é uma grande instalação que aluga espaço em *rack* para servidores ou outros equipamentos de computação de outras empresas.)

A avaliação de *Managemente and Operation* (M&O – Management and Operation, ou Gestão e Operação), ou Gestão de operação, do Uptime Institute qualifica a eficácia operacional das equipes de um *data center* com foco em cinco comportamentos que devem ser proativos, praticados e informados. Esses comportamentos se aplicam a pessoal e organização, manutenção, treinamento, planejamento, coordenação e gerenciamento e condições operacionais. No início de 2018, o PayPal recebeu o selo de aprovação M&O do Uptime Institute para seu *data center* PHX01, obtendo uma primeira pontuação muito alta: o índice foi de 96,2%. Vários outros *data centers* do PayPal receberam altas pontuações iniciais de 100%, indicando ainda que a empresa tinha um alto nível de sofisticação e maturidade de *data center*.

O PayPal também obteve bons resultados na implementação da plataforma ServiceNow, que é usada para melhorar os fluxos de trabalho de aprovação de procedimentos, gerenciamento de manutenção para infraestrutura crítica de *data center*, gerenciamento de incidentes e planejamento de espaço e energia. Uma área em que o PayPal brilhou foi sua abordagem de equipe e organização. Seu grupo de Operações de Instalações tem pelo menos três técnicos de instalações no local o tempo todo, e esses técnicos passam por treinamento para garantir estar em posse de um profundo e amplo conhecimento de uma variedade de sistemas e equipamentos.

O grupo de Operações de Instalações também é responsável pela manutenção preventiva e corretiva em *data centers*. O grupo cria e implementa padrões e procedimentos de manutenção no local para garantir que o trabalho de manutenção do *data center* seja concluído e documentado com sucesso. Nessa área, o PayPal também teve uma pontuação muito boa – todos os seus *data centers* não tinham itens presentes na manutenção diferida. O Programa de Manutenção Preventiva do PayPal ajuda a empresa a manter os equipamentos em estado de novos.

Os novos contratados para a equipe de Operações de Instalações do PayPal são obrigados a concluir um programa de treinamento inicial antes de poder trabalhar no turno. O PayPal também tem um programa de treinamento para fornecedores que realizarão manutenção no local. Para garantir planejamento, coordenação e gerenciamento eficazes que resultarão em maior tempo de atividade, o PayPal desenvolveu vários procedimentos e padrões, que estão disponíveis no ServiceNow, sua base de conhecimento. Isso ajuda a promover a consistência em todos os *data centers* do PayPal e reduz a chance de erro humano em cada *site*. A equipe financeira do PayPal cria, revisa e acompanha orçamentos para garantir que o orçamento de cada *data center* esteja adequado para apoiar os objetivos de negócios da empresa.

A consistência tornou-se ainda mais importante para o PayPal, pois usa mais empresas de *colocation* para adicionar à sua capacidade de computação. O PayPal pôde usar o programa M&O Stamp of Approval para avaliar seus fornecedores de data center de *colocation*. Novos contratos com fornecedores agora exigem que um fornecedor de *data center* obtenha o Selo de Aprovação M&O do Uptime Institute e mantenha essa classificação enquanto o PayPal for um cliente.

Uma alta prioridade para a equipe de serviços de *data center* do PayPal é reduzir os custos de negócios. Qualquer tempo *downtime* – seja de um *data center* da empresa ou do colo – resulta em perda para os negócios, em termos de número de transações processadas, atendimento ao cliente e tempo e recursos necessários para resolver o problema. O Selo de Aprovação M&O do Uptime Institute promove esse objetivo e ajuda as equipes a garantir que não haja surpresas quando novas equipes e práticas operacionais forem introduzidas na empresa.

Dada a importância crítica da resiliência digital, além de sua avaliação M&O, o Uptime Institute também introduziu recentemente um programa de avaliação de resiliência digital. Esse programa se concentra especificamente na resiliência da infraestrutura digital interna baseada em nuvem de uma empresa, abrangendo seus usuários finais, redes, aplicativos, bancos de dados e data centers, para identificar quaisquer elos fracos na cadeia e validar a resiliência de todo o sistema.

Fontes: Uptime Institute, "Digital Infrastructure Resiliency Assessment," e "PayPal,"www.uptimeinstitute.com, acessado em 24 de março de 2020; Craig Smith, "Amazing PayPal Statistics and Facts (2020) by the Numbers," DMR, 12 de março de 2020; e investor.paypal. com, acessado em 23 de março de 2020.

PERGUNTAS DO ESTUDO DE CASO

1. Por que a resiliência digital é tão importante para uma empresa como o PayPal?
2. Como o PayPal se beneficiou ao avaliar sua resiliência digital? Quais questões a empresa abordou?
3. Qual é o papel das questões gerenciais e organizacionais para tornar a infraestrutura de TI de uma organização mais resiliente?

Questões de segurança na computação em nuvem e na plataforma digital móvel

Embora a computação em nuvem e as novas plataformas digitais móveis sejam capazes de oferecer benefícios poderosos, também representam novos desafios para a segurança e a confiabilidade dos sistemas. Vejamos alguns desses desafios e como eles devem ser enfrentados.

Segurança na nuvem

Quando o processamento acontece na nuvem, a prestação de contas e a responsabilidade pela proteção de dados sensíveis ainda pertence à empresa proprietária dos dados. O uso da nuvem pública não dá continuidade aos modelos tradicionais de segurança cibernética que muitas empresas criaram ao longo dos anos. À medida que as empresas fazem uso da nuvem pública, elas precisam revisar suas práticas de segurança cibernética em relação aos serviços desse meio de uma maneira que permita proteger dados críticos e explorar totalmente a velocidade e a agilidade que esses serviços oferecem.

Administrar a segurança e a privacidade em serviços na nuvem é semelhante ao gerenciamento de infraestruturas de TI tradicionais. No entanto, os riscos podem ser diferentes, porque algumas – mas não todas – responsabilidades são transferidas para o provedor de serviços em nuvem. A categoria de serviço em nuvem (IaaS, PaaS ou SaaS) afeta exatamente como essas responsabilidades são compartilhadas. No caso da IaaS, o provedor geralmente é o fornecedor e o responsável por proteger recursos básicos de TI, como máquinas, sistemas de armazenamento e redes. O cliente de serviços em nuvem normalmente é responsável pelo sistema operacional, aplicativos e dados corporativos colocados no ambiente de computação em nuvem. Isso significa que a maior parte da responsabilidade de proteger os aplicativos e os dados corporativos recai sobre o cliente.

Os clientes de serviços em nuvem devem revisar cuidadosamente seus contratos de serviços em nuvem junto ao provedor para garantir que seus aplicativos e dados hospedados estejam protegidos de acordo com as políticas de segurança e conformidade desses provedores. No entanto, embora muitas organizações saibam como gerenciar a segurança de seu próprio *data center*, não sabem exatamente o que precisam fazer quando transferem o trabalho de computação para a nuvem. Elas precisam de novos conjuntos de ferramentas e de habilidades para gerenciar a segurança do seu lado e, assim, configurar e iniciar instâncias na nuvem, gerenciar controles de identidade e acesso, atualizar controles de segurança para corresponder às alterações de configuração e proteger cargas de trabalho e dados. Há um equívoco entre muitos departamentos de TI de que o que quer que aconteça na nuvem não é responsabilidade deles. É essencial atualizar os requisitos de segurança desenvolvidos para *data centers* corporativos, a fim de produzir requisitos adequados ao uso de serviços em nuvem.

A computação em nuvem é altamente distribuída. Os aplicativos residem em grandes *data centers* remotos e *farms* de servidores que fornecem serviços empresariais e gerenciamento de dados para vários clientes corporativos. Para economizar dinheiro e manter os custos baixos, os provedores de computação em nuvem geralmente distribuem o trabalho para *data centers* ao redor do mundo, onde o trabalho pode ser realizado com mais eficiência.

Os usuários da nuvem precisam confirmar que, independentemente de onde seus dados estão armazenados, são protegidos em um nível que atende aos seus requisitos corporativos. Eles devem estipular que o provedor de serviço de nuvem armazene e processe os dados em jurisdições específicas segundo as regras de privacidade dessas jurisdições. Os clientes da nuvem devem descobrir como o seu provedor separa os dados de sua empresa dos arquivos das outras e solicitar provas de que os mecanismos de criptografia são seguros. Também é importante saber como o provedor da nuvem responderá em caso de desastre, se ele será capaz de restaurar completamente seus dados e quanto tempo essa operação levará. Os usuários da nuvem devem questionar ainda se os provedores são submetidos a auditorias externas e certificações de segurança. Esses tipos de controle podem ser escritos no acordo de nível de serviço (SLA, do inglês *service level agreement*) antes da assinatura de um contrato com um provedor de nuvem. A Cloud Security Alliance (CSA) criou padrões válidos para todo o setor de segurança na nuvem, especificando as melhores práticas para proteger a computação em nuvem.

Segurança em plataformas móveis

Se os dispositivos móveis agora executam muitas das funções dos PCs, precisam, como os *desktops* e *laptops*, de proteção contra *malware*, roubo, perda acidental, acesso não autorizado e tentativas de invasão. Os dispositivos móveis que acessam sistemas e dados corporativos exigem proteção especial. As empresas devem se certificar de que sua política de segurança corporativa inclua os dispositivos móveis, com informações adicionais sobre como esses dispositivos devem ser suportados, protegidos e utilizados. Eles vão precisar de ferramentas de gestão de dispositivos móveis para autorizar todos os dispositivos em uso; manter registros de inventário precisos sobre todos os dispositivos móveis, usuários e aplicações; controlar as atualizações das aplicações; e bloquear ou apagar os dados de dispositivos perdidos ou roubados para que não sejam comprometidos. A tecnologia de prevenção de perda de dados pode identificar onde os dados críticos são salvos, quem está acessando, como eles estão saindo da empresa e para onde estão indo. As empresas devem desenvolver diretrizes que estipulam quais plataformas móveis e quais aplicações de *software* estão aprovadas, bem como quais *softwares* e quais procedimentos são necessários para o acesso remoto aos sistemas corporativos. A política de segurança móvel da organização deve proibir os funcionários de usar aplicações não seguras, baseadas no consumidor, para transferência e armazenagem de documentos e arquivos corporativos, ou para envio desses documentos e arquivos para si mesmo via *e-mail*, sem criptografia. As empresas devem criptografar a comunicação sempre que possível. Todos os usuários de dispositivos móveis devem ser obrigados a usar o recurso de senha disponível em todos os *smartphones*.

Garantia de qualidade do *software*

Além de implementar segurança e controle eficientes, as empresas podem melhorar a qualidade e a confiabilidade dos sistemas por meio de métricas e testes rigorosos de *software*. Métricas de *software* são premissas objetivas do sistema na forma de medidas quantificadas. O uso contínuo de métricas permite que o departamento de sistemas de informação e os usuários finais meçam conjuntamente o desempenho do sistema e identifiquem problemas à medida que eles ocorrem. Exemplos de métricas de *software* incluem números de transações que podem ser processadas em uma unidade específica de tempo, tempo de resposta *on-line*, número de cheques de pagamento impressos por hora e número de erros conhecidos por centenas de linhas de código. Para que as métricas sejam bem-sucedidas, precisam ser cuidadosamente definidas e devem ser formais, objetivas e usadas com consistência.

O teste inicial regular e completo também contribuirá significativamente para a qualidade do sistema. Muitos consideram esse teste uma maneira de provar a exatidão do trabalho realizado. Na verdade, sabemos que todo *software*, independentemente de seu tamanho, está recheado de erros que precisam de testes para serem descobertos.

O bom teste começa antes de o *software* sequer ser escrito, por meio de um acompanhamento (*walkthrough*) – uma revisão de especificação ou documento de projeto realizada por um pequeno grupo de pessoas cuidadosamente selecionadas com base nas habilidades necessárias para os objetivos particulares que serão testados. Uma vez que os desenvolvedores comecem a escrever os programas, podem ser utilizados acompanhamentos de codificação para que se revise o código. Entretanto, o código deve ser testado por meio de execuções do programa. Quando erros são descobertos, a fonte é identificada e eliminada por um processo denominado depuração. No Capítulo 13, é possível saber mais sobre os vários estágios de testes realizados antes que um sistema de informação entre em funcionamento.

8.5 Como os sistemas de informação gerenciais ajudarão minha carreira?

Aqui está como o Capítulo 8 e este livro podem ajudá-lo a encontrar um emprego de nível básico como especialista de suporte para gerenciamento e acesso à identidade.

A empresa

A Nº 1 *Value Supermarkets*, uma grande rede de supermercados com sede em Plano, Texas, está procurando preencher uma vaga de nível básico de especialista de suporte para gerenciamento e acesso à identidade. A empresa tem 59 lojas de varejo em 23 cidades do Texas, mais de 8 mil funcionários e quase um milhão de clientes a cada semana.

Descrição do cargo

O especialista de suporte para gerenciamento e acesso à identidade será responsável por monitorar o sistema de gerenciamento de identidade a fim de garantir que a empresa esteja cumprindo seus controles de auditoria e conformidade. Esse cargo se reporta ao gerente de operações de segurança da empresa. As responsabilidades do trabalho incluem:

- Realizar teste de integridade de dados de integrações do sistema de gerenciamento de identidade com aplicativos de negócios.
- Integrar arquivos do Windows Active Directory com o sistema de gerenciamento de identidade.
- Realizar a manutenção de informações sobre funções e privilégios de usuários do sistema.

Requisitos do emprego

- Superior completo
- Habilidade com computadores
- Habilidade multitarefa e saber trabalhar de forma independente
- Atenção a detalhes
- Habilidades sólidas de gestão de tempo
- Habilidade para se comunicar com equipes técnicas e não técnicas

Perguntas para a entrevista

1. O que você sabe sobre autenticação e gerenciamento de identidade? Já trabalhou com gerenciamento de identidade ou outros sistemas de segurança de TI? O que você realizou com o *software* em questão?
2. Você já trabalhou com o Windows Active Directory? O que exatamente você fez com esse *software*?
3. Quais conhecimentos e experiências você tem para garantir a integridade dos dados?
4. Pode dar um exemplo de uma situação em que você teve de fazer várias tarefas e gerenciar seu tempo e como você lidou com isso?
5. Pode contar sobre sua experiência com computadores? Com quais ferramentas de *software* você já trabalhou?

Dicas do autor

1. Revise as duas últimas seções deste capítulo, especialmente as discussões sobre gerenciamento de identidade e autenticação. Revise também as discussões do Capítulo 6 sobre integridade e qualidade de dados.
2. Use a *web* para saber mais sobre gerenciamento de identidade, teste de integridade de dados, principais ferramentas de *software* de gerenciamento de identidade e o Windows Active Directory.
3. Use a *web* para saber mais sobre a empresa, os tipos de sistemas que ela usa e quem pode estar usando esses sistemas.

RESUMO

8.1 Por que os sistemas de informação são vulneráveis a destruição, erro e uso indevido?

Dados digitais são vulneráveis a destruição, uso indevido, erro, fraude e falhas de *software* e *hardware*. A internet foi projetada para ser um sistema aberto, por isso deixa os sistemas corporativos internos mais vulneráveis a ações de invasores. *Hackers* podem desencadear ataques de recusa de serviço (DoS) ou invadir redes corporativas, causando sérios prejuízos aos sistemas. As redes wi-fi podem facilmente ser invadidas com programas *sniffer*, que obtêm um endereço e, assim, acessam os recursos da rede. *Malwares* podem desabilitar sistemas e *sites*, e seus alvos principais são os dispositivos móveis. A natureza dispersa da computação em nuvem dificulta o rastreamento de atividades não autorizadas ou a aplicação de controles a distância. Os *softwares* também apresentam problemas, pois pode ser impossível eliminar todos os erros de *software* e porque as vulnerabilidades dele podem ser exploradas por *hackers* e *softwares* mal-intencionados. Os usuários finais também acabam introduzindo erros.

8.2 Qual é o valor empresarial da segurança e do controle?

Falta de segurança e controle sólidos podem fazer as empresas que dependem de sistemas computacionais para as suas funções empresariais vitais perderem vendas e produtividade. Ativos de informação, como registros confidenciais sobre funcionários, segredos comerciais ou planos de negócios perdem muito de seu valor se forem revelados para pessoas de fora da organização. Legislações, como a Lei HIPAA, a Lei Sarbanes-Oxley e a Lei Gramm-Leach-Bliley, exigem que as empresas pratiquem uma minuciosa gestão de registros eletrônicos e que adotem rígidos padrões de segurança, privacidade e controle. A possibilidade de ações legais que exijam perícia forense computacional e provas eletrônicas também obrigam as empresas a prestar mais atenção à segurança e à gestão dos registros eletrônicos.

8.3 Quais são os componentes de uma estrutura organizacional para segurança e controle?

As empresas devem estabelecer um conjunto adequado tanto de controles gerais como de controles de aplicação para seus sistemas de informação. Uma avaliação de risco analisa os ativos de informação, identifica pontos e vulnerabilidades de controle e determina o conjunto de controles com a melhor relação custo-benefício. As empresas também precisam desenvolver uma política de segurança corporativa coerente e planos para dar continuidade às suas operações na hipótese de desastres ou panes. A política de segurança abrange políticas para gestão de identidade e uso aceitável. Uma auditoria de sistemas metódica e abrangente ajuda as organizações a determinar a eficiência da segurança e dos controles adotados em seus sistemas de informação.

8.4 Quais são as ferramentas e tecnologias mais importantes para proteger os recursos de informação?

Quando conectados à internet, *firewalls* evitam que usuários não autorizados acessem a rede privada. Sistemas de detecção de intrusão monitoram as redes privadas em busca de tráfego suspeito ou tentativas de acessar os sistemas corporativos. Senhas, *tokens*, cartões inteligentes e autenticação biométrica são usados para autenticar usuários de sistemas. *Softwares* antivírus verificam se há infecções causadas por vírus e *worms* no sistema de computador e, muitas vezes, eliminam o *software* mal-intencionado. A criptografia, isto é, a codificação e o embaralhamento de mensagens são uma tecnologia amplamente utilizada para salvaguardar as transmissões eletrônicas realizadas por redes desprotegidas. A tecnologia *blockchain* permite que as empresas criem transações invioláveis comprovadas em uma rede sem uma autoridade central. Os certificados digitais, combinados com a criptografia de chave pública, oferecem proteção adicional às transações eletrônicas, pois autenticam a identidade do usuário. As empresas podem utilizar sistemas computacionais tolerantes a falhas para garantir que seus sistemas de informação estejam sempre disponíveis. O uso de métricas de *software* e testes rigorosos ajuda a melhorar a qualidade e a confiabilidade do *software*.

Palavras-chave

Ataque de negação de serviço (ataque DoS), 300
Ataque distribuído de negação de serviço (ataque DDoS), 300
Ataques por SQL injection, 299
Auditoria de sistemas, 313
Autenticação de dois fatores, 315
Avaliação de risco, 311
Bugs, 306
Cartão inteligente, 315
Cavalos de Troia, 299
Certificados digitais, 319
Cibervandalismo, 300

Controles gerais, 310
Controles, 295
Crimes cibernéticos, 301
Criptografia de chave pública, 319
Criptografia, 318
Downtime, 321
Drive-by download, 298
Engenharia social, 304
Evil twins, 302
Firewall, 316
Fraude do clique, 303
Gestão de identidade, 314
Guerra cibernética, 304
Hacker, 300
HIPAA, 308
Infraestrutura de chave pública (PKI), 319
Keyloggers, 300
Lei Gramm-Leach-Bliley, 308
Lei Sarbanes-Oxley, 308
Malware, 298
Patches, 307
Perícia forense computacional, 309
Pharming, 302
Phishing, 302
Plano de continuidade de negócios, 313
Plano de recuperação de desastres, 313
Política de segurança, 311
Processamento de transações on-line, 321
Provedores de serviços de segurança gerenciada (MSSPs), 321
Ransomware, 299
Resiliência digital, 321
Roubo de identidade, 302
Secure Hypertext Transfer Protocol (S-HTTP), 318
Secure Sockets Layer (SSL), 318
Segurança, 295
Senhas, 314
Sistemas computacionais tolerantes a falhas, 321
Sistemas de detecção de intrusão, 317
Sistemas unificados de gestão de ameaças (UTM), 318
Sniffer, 300
Spoofing, 300
Spyware, 300
Token, 315
Vírus de computador, 298
Vulnerabilidades de dia zero, 307
War driving, 297
Worms, 298

Questões para revisão

8.1 Por que os sistemas de informação são vulneráveis a destruição, erro e uso indevido?

- Liste e descreva as ameaças mais comuns aos sistemas de informação contemporâneos.
- Defina *malware* e descreva as diferenças entre vírus, *worm* e cavalo de Troia.
- Defina o que é um *hacker* e explique como ele cria problemas de segurança e causa danos aos sistemas.
- Defina crime de informática. Dê dois exemplos em que os computadores sejam alvo e dois exemplos em que os computadores sejam utilizados como instrumento desses crimes.
- Defina roubo de identidade e *phishing* e explique por que o roubo de identidade é um problema contemporâneo tão grande.
- Descreva os problemas de segurança e confiabilidade de sistemas criados por funcionários.
- Explique como os defeitos de *software* afetam a confiabilidade e a segurança.

8.2 Qual é o valor empresarial da segurança e do controle?

- Explique como a segurança e o controle agregam valor ao negócio.
- Descreva a relação entre segurança e controle, as recentes exigências regulatórias do governo dos Estados Unidos e a perícia forense computacional.

8.3 Quais são os componentes de uma estrutura organizacional para segurança e controle?

- Defina controles gerais e descreva cada tipo de controle dessa categoria.
- Defina controles de aplicação e descreva cada tipo de controle dessa categoria.
- Descreva a função da avaliação de risco e explique como ela é realizada no caso dos sistemas de informação.
- Defina e descreva: política de segurança, política de uso aceitável e gestão de identidade.
- Explique como a auditoria de sistemas de informação promove a segurança e o controle.

8.4 Quais são as ferramentas e tecnologias mais importantes para proteger os recursos de informação?

- Nomeie e descreva três métodos de autenticação.
- Descreva a função de *firewalls*, sistemas de detecção de intrusão e *software antimalware* na promoção da segurança.

- Explique como a criptografia protege as informações.
- Descreva a função da criptografia e dos certificados digitais em uma infraestrutura de chave pública.
- Diferencie plano de recuperação de desastres e plano de continuidade de negócios.
- Defina resiliência digital e descreva seus benefícios para a organização.
- Identifique e descreva os problemas de segurança trazidos pela computação em nuvem.
- Descreva as medidas para melhoria da qualidade e da confiabilidade de *software*.

Para discutir

8.5 Segurança não é simplesmente uma questão tecnológica, é uma questão empresarial. Discuta essa afirmação.

8.6 Se você estivesse desenvolvendo um plano de continuidade de negócios para sua empresa, por onde começaria? Quais aspectos o plano abordaria?

8.7 Suponha que sua empresa tenha um *site* de comércio eletrônico em que vendia mercadorias e aceitasse pagamentos com cartão de crédito. Discuta as principais ameaças de segurança a esse *site* e seu impacto potencial. O que pode ser feito para minimizar essas ameaças?

Projeto práticos em SIG

Os projetos nesta seção oferecem experiência prática da análise de vulnerabilidades de segurança, uso de *software* de planilha para análise de risco e utilização de ferramentas da *web* para pesquisar serviços de terceirização de segurança.

Problemas de decisão de gestão

8.8 A Zynga é uma importante empresa de jogos *on-line* que oferece versões *web* e móveis de jogos como Farmville, Zynga Poker, Hit it Rich! e CSR Racing. Os jogos da Zynga estão disponíveis em plataformas globais, como Apple iOS, Google Android, Facebook e Zynga.com, e já foram jogados por mais de 1 bilhão de pessoas. Prepare uma análise de segurança para essa empresa baseada na internet. Que tipos de ameaças ela deve antecipar? Qual seria o impacto dessas ameaças ao negócio? Que medidas podem ser tomadas para prevenir que aconteçam danos aos *sites* e à continuidade das operações?

8.9 Uma pesquisa da infraestrutura de TI de sua empresa identificou várias vulnerabilidades de segurança. Revise os dados sobre essas vulnerabilidades, que podem ser encontrados em uma tabela no *site* de apoio do livro. Use a tabela para responder às seguintes perguntas:

- Calcule o número total de vulnerabilidades para cada plataforma. Qual é o impacto potencial na organização dos problemas de segurança para cada plataforma de computação?
- Se houver apenas um especialista em sistemas de informação responsável pela segurança, quais plataformas você deve abordar primeiro para tentar eliminar essas vulnerabilidades? E em segundo lugar, terceiro... e último? Por quê?
- Identifique os tipos de problemas de controle que essas vulnerabilidades mostram e explique as medidas que devem ser tomadas para resolvê-los.
- Quais riscos sua empresa corre ao ignorar as vulnerabilidades de segurança identificadas?

Melhor tomada de decisão: usando *software* de planilha para executar uma avaliação de risco à segurança

Habilidades de *software*: Fórmulas e gráficos de planilha
Habilidades de negócios: Avaliação de risco

8.10 Este projeto usa um *software* de planilha para calcular perdas anuais previstas que uma pequena empresa sofreria como resultado de ameaças identificadas.

- A Mercer Paints é uma fabricante de tintas do Alabama que usa uma rede para suas operações comerciais. Uma avaliação de risco de segurança solicitada pela administração identificou uma série de possíveis exposições. Essas exposições, as probabilidades associadas a elas e as perdas médias são resumidas em uma tabela disponível no *site* de apoio do livro. Use a tabela para responder às seguintes perguntas:

- Além das possíveis exposições mencionadas, identifique pelo menos três outras ameaças potenciais à Mercer Paints, especifique as probabilidades e calcule uma faixa de perda.
- Use o *software* de planilha e os dados de avaliação de risco para calcular a perda anual esperada para cada exposição.
- Apresente suas descobertas na forma de um gráfico. Quais pontos de controle têm a maior vulnerabilidade? Que recomendações você faria para a Mercer Paints? Prepare um relatório que resuma suas descobertas e recomendações.

Melhor tomada de decisão: avaliando serviços de terceirização de segurança

Habilidades de *software*: Navegador da *web* e *software* de apresentação
Habilidades de negócios: Avaliar serviços de terceirização de segurança

8.11 Este projeto ajudará a desenvolver suas habilidades de internet no uso da *web* para pesquisar e avaliar serviços de terceirização de segurança.

- Você deve ajudar a administração de sua empresa a decidir se terceiriza a segurança ou mantém essa função no âmbito da empresa. Pesquise na *web* para encontrar informações que o ajudem a decidir se deve terceirizar a segurança e a localizar serviços de terceirização de segurança.
- Apresente um breve resumo dos argumentos a favor e contra a terceirização de segurança de informática para sua empresa.
- Selecione duas empresas que oferecem serviços de terceirização de segurança de computadores e faça uma comparação entre os negócios e seus serviços.
- Prepare uma apresentação eletrônica para a administração resumindo suas descobertas. Sua apresentação deve discutir se sua empresa deve terceirizar a segurança de informática. Se acredita que sua empresa deve terceirizar, a sua apresentação deve identificar qual serviço de terceirização de segurança você selecionou e justificar sua decisão.

Projeto de colaboração e trabalho em equipe

Avaliação de ferramentas de *software* de segurança

8.12 Com um grupo de três ou quatro alunos, use a *web* para pesquisar e avaliar produtos de segurança de dois fornecedores concorrentes, como *software antimalware*, *firewalls* ou *software* antispyware. Descreva os recursos de cada produto, para quais tipos de negócio é mais adequado e seu custo de compra e instalação.
Qual é o melhor produto? Por quê? Se possível, use o Google Docs e o Google Drive ou Google Sites para debater, organizar e desenvolver uma apresentação de suas descobertas para a turma.

A violação de dados da Equifax é a pior de todos os tempos? Por quê?

ESTUDO DE CASO

A Equifax (juntamente com a TransUnion e a Experian) é uma das três principais agências de crédito dos Estados Unidos, que mantêm vastos repositórios de dados financeiros usados pelas empresas do setor para determinar a situação de crédito de clientes que solicitam cartões de crédito, assinam uma hipoteca ou fazem outros empréstimos. A empresa lida com dados de mais de 820 milhões de consumidores e mais de 91 milhões de empresas em todo o mundo e administra um banco de dados com informações de funcionários de aproximadamente 11 mil empregadores, de acordo com seu *site*. Esses dados são fornecidos por bancos e outras empresas diretamente para a Equifax e outras agências de crédito. Os consumidores têm pouca escolha sobre como as agências de crédito coletam e armazenam seus dados pessoais e financeiros.

A Equifax tem mais dados sobre você do que qualquer outra pessoa. Se há empresas que precisam de segurança total para seus sistemas de informação, são as agências de relatórios de crédito, como a Equifax. Infelizmente este não tem sido o caso.

Em 7 de setembro de 2017, a Equifax informou que, de meados de maio a julho de 2017, *hackers* obtiveram acesso a alguns de seus sistemas e, possivelmente, às informações pessoais de cerca de 143 milhões de clientes dos Estados Unidos, inclusive números de previdência social e de carteira de motorista. Números de cartão de crédito de 209 mil consumidores e informações pessoais usadas em disputas de 182 mil pessoas também foram comprometidos. A Equifax denunciou a violação às autoridades e contratou uma empresa de segurança cibernética para investigar. A dimensão, a importância e a quantidade de informações pessoais comprometidas por essa violação são consideradas sem precedentes.

Imediatamente depois que a Equifax descobriu a violação, três altos executivos, incluindo o diretor financeiro John Gamble, venderam ações no valor de US$ 1,8 milhões, de acordo com documentos da Comissão de Valores Mobiliários. Um porta-voz da empresa afirmou que os três executivos não tinham conhecimento de que uma invasão havia ocorrido no momento em que venderam suas ações em 1º e 2 de agosto. A Bloomberg também informou que a venda de ações não foi planejada com antecedência. Em 4 de outubro de 2017, Richard Smith, CEO da Equifax, testemunhou perante o Congresso e pediu desculpas pela violação.

O tamanho da violação de dados da Equifax ficou atrás apenas da violação sofrida pelo Yahoo em 2013, que afetou os dados de todos os 3 bilhões de clientes da empresa. A violação da Equifax foi especialmente prejudicial por causa da quantidade de dados pessoais e financeiros confidenciais armazenado pela empresa que foi roubada, além da importância dessas informações para a segurança de contas bancárias, históricos médicos e acesso a financiamento dos consumidores. De uma só vez, os *hackers* obtiveram acesso a várias informações pessoais essenciais que poderiam ajudar os invasores a cometer fraudes. De acordo com Avivah Litan, uma analista de fraude da Gartner Inc., em uma escala de risco para consumidores de 1 a 10, a situação representava um 10.

Depois de abrir o capital da Equifax em 2005, Smith a transformou de uma empresa de relatórios de crédito de crescimento lento (1 a 2% de crescimento orgânico por ano) em uma potência global de dados. A Equifax comprou empresas com bancos de dados contendo informações sobre históricos de emprego, poupanças e salários dos consumidores e cresceu internacionalmente. A empresa comprava e vendia dados que permitiam a credores, proprietários e seguradoras tomar decisões sobre concessão de crédito, contratação de candidatos a emprego e aluguel de apartamento. A Equifax foi transformada em um negócio lucrativo que abriga US$ 12 trilhões em dados de patrimônio dos clientes. Em 2016, a empresa obteve uma receita de US$ 3,1 bilhões.

Os concorrentes observavam, particularmente, que a Equifax não atualizava suas capacidades tecnológicas para acompanhar seu crescimento agressivo. A empresa parecia estar mais focada na multiplicação dos dados que seria capaz de comercializar.

Hackers obtiveram acesso aos sistemas da Equifax que continham nomes de clientes, números de Previdência Social, datas de nascimento e endereços. Esses quatro dados geralmente são necessários para que os indivíduos solicitem vários tipos de crédito ao consumidor, incluindo cartões de crédito e empréstimos pessoais. Os criminosos que têm acesso a esses dados podem usá-los para obter aprovação de crédito usando nomes de outras pessoas. O especialista em crédito e ex-gerente da Equifax, John Ulzheimer, chama isso de "cenário de pesadelo" porque todas as quatro informações críticas para roubo de identidade estão em um só lugar.

A violação envolveu uma vulnerabilidade conhecida em Apache Struts, um tipo de *software* de código aberto que a Equifax e outras empresas usam para criar *sites*. A vulnerabilidade do *software* foi identificada publicamente em março de 2017, e um *patch* para corrigi-la foi lançado na época. Isso significa que a Equifax tinha as informações para eliminar essa vulnerabilidade dois meses antes da ocorrência da violação. Mas nada fez.

Os pontos fracos dos sistemas de segurança da Equifax eram evidentes bem antes da importante violação. Um *hacker* conseguiu acessar dados de relatórios de crédito entre abril de 2013 e janeiro de 2014. A empresa descobriu que expôs erroneamente os dados de clientes por causa de um "erro técnico" ocorrido durante uma mudança de *software* em 2015. As violações em 2016 e 2017 comprometeram as informações dos formulários W-2 dos consumidores que eram armazenados pelas unidades da Equifax. Além disso, a empresa divulgou em fevereiro de 2017 que um "problema técnico" comprometeu as informações de crédito de alguns consumidores que usavam os serviços de proteção contra roubo de identidade da LifeLock.

Análises realizadas no início de 2017, por quatro empresas que avaliam o *status* de segurança de outras empresas com base em informações disponíveis publicamente, mostraram que a Equifax demorou para realizar a manutenção básica de *sites* que poderiam estar envolvidos na transmissão de informações confidenciais do consumidor. A empresa de análise de risco cibernético Cyence classificou o perigo de uma violação de dados na Equifax durante os próximos 12 meses em 50%. Também descobriu que a empresa teve um desempenho ruim quando comparada com outras empresas de serviços financeiros. As demais análises deram à Equifax uma classificação geral mais alta, mas a empresa se saiu mal em segurança geral de serviços da *web*, segurança de aplicativos e *patch* de *software*.

Uma análise de segurança da Fair Isaac Corporation (FICO), empresa de análise de dados com foco em serviços de pontuação de crédito, descobriu que até 14 de julho os *sites* públicos administrados pela Equifax tinham certificados expirados, erros na cadeia de certificados ou outros problemas. Os certificados são usados para assegurar que a conexão de um usuário com determinado *site* é legítima e segura.

Os resultados das análises de segurança externa parecem entrar em conflito com as declarações públicas dos executivos da Equifax, as quais afirmavam que a segurança cibernética era uma prioridade. Os executivos sêniores haviam dito anteriormente que a segurança cibernética era uma das áreas de mais rápido crescimento, em termos de despesas, para a empresa. Em uma apresentação para investidores ocorrida semanas depois que a empresa descobriu o ataque, seus executivos elogiaram o foco da Equifax em segurança.

A Equifax não revelou detalhes sobre o ataque, mas seus bancos de dados não foram criptografados, nem os *hackers* conseguiram explorar uma vulnerabilidade do aplicativo que fornecia acesso a dados em um estado não criptografado. Os especialistas pensam – e esperam – que os *hackers* não tenham conseguido acessar todos os bancos de dados criptografados da Equifax para comparar informações como carteira de motorista ou CPF, necessárias para criar um perfil de dados completo para executar o roubo de identidade.

A administração da Equifax afirmou que, embora a violação tenha possivelmente acessado dados de aproximadamente 143 milhões de consumidores dos EUA, não encontrou evidências de atividade não autorizada nos principais bancos de dados de relatórios de crédito da empresa. A violação desencadeou um alvoroço entre consumidores, organizações financeiras, defensores da privacidade e a imprensa. A Equifax perdeu um terço de seu valor no mercado de ações. Smith, o CEO da empresa, renunciou, juntamente com o CSO (chefe de segurança) e o CIO. Os bancos tiveram que substituir aproximadamente 209 mil cartões de crédito que foram roubados na violação, uma grande despesa. Há processos em andamento.

Infelizmente, o pior impacto será sentido pelos próprios consumidores, porque o roubo de informações pessoais de identificação exclusiva – como números da Previdência Social, histórico de endereços, histórico de dívidas e datas de nascimento – pode ter um efeito permanente. Esses dados pessoais fundamentais podem estar flutuando na *dark web*, onde poderão ser explorados e usados para roubo de identidade por muitos anos. Essas informações podem auxiliar os *hackers* a responder a uma série de perguntas de segurança que frequentemente são obrigatórias para o acesso a contas financeiras. De acordo com Pamela Dixon, diretora executiva do Fórum Mundial de Privacidade, "é o pior cenário possível". Se você já tiver feito um relatório de crédito, há pelo menos 50% de chance de que seus dados tenham sido roubados nessa violação.

A violação de dados expôs a Equifax a desafios financeiros, embora o ambiente regulatório provavelmente se torne mais brando sob a atual administração presidencial. Atualmente, já é brando demais. As agências de relatórios de crédito, como a Equifax, são muito pouco regulamentadas. Dada a escala dos dados comprometidos, a punição por violações é quase inexistente. Não há seguro sancionado pelo governo federal ou sistema de auditoria para armazenamento de dados, da mesma forma que a Federal Deposit Insurance Corporation oferece seguro para bancos após perdas. Para muitos tipos de dados, há poucos requisitos de licenciamento para abrigar informações de identificação pessoal. Em muitos casos, os documentos de termos de serviço indenizam as empresas contra consequências legais por violações.

Especialistas disseram que era altamente improvável que qualquer órgão regulador fechasse a Equifax por causa dessa violação. A empresa é considerada crucial para o sistema financeiro estadunidense. Os dois reguladores que têm jurisdição sobre a Equifax, a Federal Trade Commission e o Consumer Financial Protection Bureau, se recusaram a comentar sobre possíveis punições pela violação que seriam aplicadas à agência de crédito.

Mesmo após uma das violações de dados mais graves da história, ninguém está realmente em posição de impedir a Equifax de continuar a fazer negócios como de costume. E o alcance do problema é muito mais amplo. A política pública não tem uma boa maneira de punir severamente as empresas que não protegem nossos dados. Os Estados Unidos e outros países permitiram o surgimento de enormes bancos de dados fenomenalmente detalhados, cheios de informações pessoais, disponíveis para empresas financeiras, empresas de tecnologia, organizações médicas, anunciantes, seguradoras, varejistas e o governo.

A Equifax ofereceu compensações muito débeis para os consumidores. As pessoas podem acessar o *site* da Equifax para ver se suas informações foram comprometidas. O *site* pede aos clientes que forneçam seu sobrenome e os últimos seis dígitos de seu número de Previdência Social. No entanto, mesmo que façam isso, eles não ficam cientes, necessariamente, se foram afetados. Em vez disso, o *site* fornece uma data de inscrição para seu serviço de proteção. A Equifax ofereceu um ano gratuito de serviço de proteção ao crédito para consumidores que se inscreveram antes de novembro de 2017. Obviamente, todas essas medidas não ajudarão muito, porque os dados pessoais roubados estarão disponíveis para *hackers* na *dark web* nos próximos anos. Os governos envolvidos em guerras cibernéticas com participação do Estado podem usar os dados para preencher bancos de dados de informações pessoais e médicas detalhadas, o que pode ser usado para chantagem ou ataques futuros. Ironicamente, o serviço de proteção ao crédito que a Equifax oferece exige que os assinantes renunciem a seus direitos legais de buscar compensação por perdas ao usar o serviço, enquanto a Equifax fica impune. Em 1º de março de 2018, a Equifax anunciou que a violação havia comprometido mais 2,4 milhões de nomes e números de carteira de motorista de estadunidenses.

No final de 2018, o Comitê da Câmara dos Estados Unidos que trata de supervisão e reforma do governo publicou um novo relatório sobre a violação da Equifax. O relatório concluiu que o incidente era "totalmente evitável" e ocorreu porque a Equifax falhou em implementar um programa de segurança adequado para proteger seus dados confidenciais. Mas as autoridades não penalizaram a empresa, nem abordaram as falhas mais profundas em todo o setor que o incidente expôs. Desde a violação, a Equifax gastou mais de US$ 1 bilhão, incluindo custos de litígio e multas, e terá que pagar um acordo de até US$ 700 milhões para resolver investigações e ações judiciais decorrentes da violação de dados. A empresa continua a fazer negócios como sempre. Violações de dados que causam prejuízos continuam a acontecer. Em quase todos os casos, mesmo quando os dados dizem respeito a dezenas ou centenas de milhões de pessoas, empresas, como Equifax e Yahoo, que foram hackeadas, continuam operando. Haverá violações, e elas continuarão a acontecer. As empresas precisam ser ainda mais diligentes na incorporação de segurança em todos os aspectos de sua infraestrutura de TI e atividades de desenvolvimento de sistemas. De acordo com Litan, para evitar violações de dados como as da Equifax, as organizações precisam de muitas camadas de controles de segurança e precisam aceitar que os métodos de prevenção vão falhar.

Fontes: Dave Sebastian e AnnaMaria Andriotis, "Equifax to Pay Up to $700 Million in Data Breach Settlement," *Wall Street Journal,* 22 de julho de 2019; "The Unfinished Business of the Equifax Hack," Bloomberg, 29 de janeiro de 2019; Financial Tips, "The Equifax Hack Affects Millions," April 9, 2019; Ethhack, "Equifax Knowledge Breach Restoration Prices Go $1 Billion," Ethhack.com, 14 de maio de 2019; Michael Heller, "Equifax Breach Report Highlights Multiple Security Failures," SearchSecurity.com, 12 de dezembro de 2018; Selena Larson, "Equifax Says Hackers Stole More than Previously Reported," CNN, 1º de março de 2018; AnnaMaria Andriotis e Michael Rapoport, "Equifax Upends CEO's Drive to Be a Data Powerhouse,"*Wall Street Journal,* 22 de setembro de 2017; AnnaMaria Andriotis e Robert McMillan, "Equifax Security Showed Signs of Trouble Months Before Hack," *Wall Street Journal,* 26 de setembro de 2017; Tara Siegel Bernard e Stacy Cowley, "Equifax Hack Exposes Regulatory Gaps, Leaving Customers Vulnerable," *New York Times,* 8 de setembro de 2017; Farhad Manjoo, "Seriously, Equifax? This Is a Breach No One Should Get Away With," *New York Times,* 8 de setembro de 2017; Eileen Chang, "Why Equifax Breach of 143 Million Consumers Should Freak You Out," thestreet.com, 8 de setembro de 2017; e Nicole Perlroth and Cade Metz, "What We Know and Don't Know About the Equifax Hack," *New York Times,* 14 de setembro de 2017.

PERGUNTAS DO ESTUDO DE CASO

8.13 Identifique e descreva os pontos fracos de segurança e controle discutidos neste caso.

8.14 Que fatores de gestão, organização e tecnologia contribuíram para o problema?

8.15 Examine o impacto da violação ocorrida na Equifax.

8.16 Como futuras violações de dados como a deste caso podem ser evitadas? Justifique sua resposta.

Referências do Capítulo 8

2-*Spyware*. "Messenger Virus. A New Threat for Facebook Users." (janeiro de 2020).

Accenture. "Ninth Annual Cost of Cybercrime Study." (6 de março de 2019).

Akamai Technologies. "What Is Malware?" www.akamai.com, acessado em 27 de março de 2020.

Anderson, Chad, Richard L. Baskerville e Mala Kaul. "Information Security Control Theory: Achieving a Sustainable Reconciliation Between Sharing and Protecting the Privacy of Information." *Journal of Management Information Systems* 34, Nº 4 (2017).

Bose, Idranil e Alvin Chung Man Leung. "Adoption of Identity Theft Countermeasures and Its Short- and Long-Term Impact on Firm Value." *MIS Quarterly* 43, Nº 1 (março de 2019).

Cram, W. Alec, John D'Arcy e Jeffrey G. Proudfoot. "Seeing the Forest and the Trees: A Meta-Analysis of the Antecedents to Information Security Policy Compliance." *MIS Quarterly* 43, Nº 2 (junho de 2019).

Federal Bureau of Investigation. "2019 Internet Crime Report." (2020).

Fernandez, Manny, David E. Sanger, and Marina Trahan Martinez. "Ransomware Testing Resolve of Cities Across America." *New York Times* (22 de agosto de 2019).

Fruhlinger, Josh. "Recent Ransomware Attacks Define Malware's New Age," *CSO* (February 20, 2020).

Goode, Sigi, Hartmut Hoehle, Viswanath Venkatesh e Susan A. Brown. "User Compensation as a Data Breach Recovery Action: An Investigation of the Sony PlayStation Network Breach." *MIS Quarterly* 41, Nº 3 (setembro de 2017).

Gwebu, Kholekile L., Jing Wang e Li Wang. "The Role of Corporate Reputation and Crisis Response Strategies in Data Breach Management." *Journal of Management Information Systems* 35, Nº 2 (2018).

Hui, Kai-Lung, Seung Hyun Kim e Qiu-Hong Wang. "Cybercrime Deterrence and International Legislation: Evidence from Distributed Denial of Service Attacks." *MIS Quarterly* 41, Nº 2 (junho de 2017).

Javelin Strategy Research. "2020 Identity Fraud Study." (7 de abril de 2020).

Kaplan, James, Wolf Richter e David Ware. "Cybersecurity: Linchpin of the Digital Enterprise." McKinsey & Company (julho de 2019).

Kaspersky Lab. "Kaspersky Finds Mobile Malware Attacks Doubling from 2018." *TechBarrista* (12 de março de 2019).

Kerner, Sean Michael. "Microsoft Patches Out-of-Band Zero-Day Security Flaw for IE." *eWeek* (20 de dezembro de 2018).

Liang, Huigang, Yajiong Xue, Alain Pinsonneault e Yu "Andy" Wu. "What Users Do Besides Problem-Focused Coping When Facing IT Security Threats: An Emotion-Focused Coping Perspective." *MIS Quarterly* 43, Nº 2 (junho de 2019).

Madnick, Stuart. "Blockchain Isn't as Unbreakable as You Think." *MIT Sloan Management Review* 61 Nº 2 (inverno de 2020).

McMillan, Robert. "Microsoft Announces a Monster Computer Bug in a Week of Them." *Wall Street Journal* (15 de maio de 2019).

Moody, Gregory D., Mikko Siponen e Seppo Pahnila. "Toward a Unified Model of Information Security Policy Compliance." *MIS Quarterly* 42, Nº 1 (março de 2018).

Oracle and KPMG. "Oracle and KPMG Cloud Threat Report." (2019).

Panko, Raymond R. e Julie L. Panko. *Business Data Networks and Security*, 11ª ed. (Upper Saddle River, NJ: Pearson, 2019).

Parenty, Thomas J. e Jack J. Domet. "Sizing Up Your Cyberrisks." *Harvard Business Review* (novembro-dezembro de 2019). Ponemon Institute. "2019 Cost of a Data Breach Report." IBM Security (2019).

Rothrock, Ray A., James Kaplan e Friso Van der Oord. "The Board's Role in Managing Cybersecurity Risks." *MIT Sloan Management Review* (inverno de 2018).

Sen, Ravi, Ajay Verma e Gregory R. Heim. "Impact of Cyberattacks by Malicious Hackers on the Competition in Software Markets." *Journal of Management Information Systems* 37 Nº 1 (2020).

Symantec. "Internet Security Threat Report." (fevereiro de 2019).

Uptime Institute Intelligence. "Digital Resiliency Design Issues." (abril de 2020).

Wang, Jingguo, Zhe Shan, Manish Gupta e H. Raghav Rao. "A Longitudinal Study of Unauthorized Access Attempts on Information Systems: The Role of Opportunity Contexts." *MIS Quarterly* 43, Nº 2 (junho de 2019).

Yue, Wei T., Qiu-Hong Wang e Kai-Lung Hui. "See No Evil, Hear No Evil? Dissecting the Impact of Online Hacker Forums." *MIS Quarterly* 43, Nº 1 (março de 2019).

Yin, Hao Hua Sun, Klaus Langenheldt, Mikkel Harlev, Raghava Rao Mukkamala e Ravi Vatrapu. "Regulating Cryptocurrencies: A Supervised Machine Learning Approach to De-Anonymizing the Bitcoin Blockchain." *Journal of Management Information Systems* 36, Nº 1 (2019).

PARTE III

Principais aplicações de sistemas para a era digital

A **PARTE TRÊS** examina as principais aplicações de sistemas de informação que as empresas usam atualmente para melhorar a excelência operacional e a tomada de decisões. Entre as aplicações estão sistemas integrados; sistemas para gestão da cadeia de suprimentos, gestão do relacionamento com o cliente, inteligência artificial e gestão do conhecimento; aplicações de comércio eletrônico; e sistemas de *business intelligence*. Esta parte responde a perguntas como: de que maneira as aplicações integradas melhoram o desempenho da empresa? Como as empresas usam o comércio eletrônico para ampliar o alcance de suas atividades? Como os sistemas melhoram a tomada de decisão e ajudam as empresas a fazer bom uso da inteligência artificial e da gestão de conhecimento?

CAPÍTULO

9 Conquista da excelência operacional e da intimidade com o cliente: aplicações integradas

OBJETIVOS DE ESTUDO

Ao concluir este capítulo, você será capaz de responder às seguintes perguntas:

9.1 Como os sistemas integrados ajudam as empresas a conquistar excelência operacional?

9.2 Como os sistemas de gestão da cadeia de suprimento realizam a coordenação de planejamento, produção e logística com os fornecedores?

9.3 Como os sistemas de gestão de relacionamento conquistam a intimidade com o cliente?

9.4 Quais os desafios impostos pelas aplicações integradas e como essas aplicações tiram proveito das novas tecnologias?

9.5 Como os sistemas de informação gerenciais ajudarão minha carreira?

CASOS DO CAPÍTULO

A Lenzing equilibra de forma sustentável oferta e demanda

CRM ajuda a Adidas a conhecer seus clientes um de cada vez

O ERP causa uma transformação na Versum

A pandemia de covid-19 interrompe o funcionamento de cadeias de suprimentos em todo o mundo

A Lenzing equilibra de forma sustentável oferta e demanda

A Lenzing Group, com sede na Áustria, fornece fibras especiais de alta qualidade para o setor de moda, roupas esportivas e para uso ao ar livre e trajes de proteção em todo o mundo. Suas fibras de celulose botânica, utilizadas na produção de produtos têxteis e não têxteis, causam um impacto muito menos prejudicial ao meio ambiente do que os materiais tradicionais. A empresa possui fábrica nos principais mercados globais, juntamente com uma rede mundial de escritórios de vendas e *marketing*, 6.500 funcionários e uma receita, em 2019, superior a US$ 2,3 bilhões. A cadeia de suprimentos da Lenzing envolve muitos participantes diferentes, dentre os quais, fiação, tecelagem, plantas industriais, tinturarias e conversores, bem como marcas e varejistas de vestuário.

De acordo com Robert van de Kerkhof, diretor comercial da Lenzing, a indústria da moda é o segundo maior poluidor do mundo. Seus processos de produção geram resíduos, e os próprios produtos geralmente não são biodegradáveis e raramente passam por reciclagem. A Lenzing adota padrões ambientais muito altos, e os processos de negócios da empresa possuem inúmeras certificações internacionais de sustentabilidade – por isso é considerada a empresa mais sustentável do setor. A Lenzing quer fazer mais e está focando em inovações para seus produtos e processos, a fim de minimizar o impacto ambiental e, ao mesmo tempo, atender às necessidades de seus consumidores finais. A empresa precisava criar um processo de planejamento da cadeia de suprimentos de ponta a ponta que combinasse com precisão a oferta e a demanda, minimizando as ineficiências e maximizando a lucratividade. A Lenzing estava usando planilhas do Excel, e os processos, em sua maioria manuais, não conseguiam dar conta da tarefa, dada a complexidade do modelo de negócios de alcance mundial e da cadeia de suprimentos da empresa. Eram necessárias ferramentas de *software* mais capacitadas para vincular digitalmente a previsão de demanda, o planejamento de vendas e o planejamento de operações, a fim de criar uma cadeia de suprimentos precisa e eficiente de ponta a ponta.

A Lenzing precisava revisar seus processos de Planejamento de Vendas e Operações (S&OP, do inglês Sales & Operations Planning) para integrar totalmente os processos de planejamento de negócios e eliminar completamente o trabalho manual. O S&OP permite que as empresas obtenham ganhos de receita, margem e desempenho operacional por meio de melhores suporte à decisão e alinhamento interfuncional. A Lenzing selecionou o S&OP da JDA para essa finalidade.

O S&OP da JDA fornece suporte a seis processos corporativos diferentes e planejamento de cenário associado: análise de demanda, análise de oferta, equilíbrio de oferta e demanda, análise financeira, refinamento contínuo do plano e gerenciamento de desempenho de negócios. As empresas que adotam o uso desse *software* são capazes de realizar uma abordagem multifuncional para o

© Malp/123RF

planejamento de negócios integrado que une todas as peças móveis em sua cadeia de suprimentos para atender à demanda em todos os mercados, atendendo a objetivos estratégicos imediatos e de longo prazo. Quando riscos, oportunidades ou ameaças interferem na execução estratégica, toda a organização pode agir de forma rápida e decisiva para voltar aos trilhos. O sistema fornece visibilidade em todos os departamentos e pode identificar lacunas de desempenho e fornecer maneiras hipotéticas de resolução. Ocorre maior precisão na previsão de vendas, transparência, alinhamento de negócios e tomada de decisões.

A Lenzing conseguiu lançar rapidamente seu sistema S&OP da JDA usando o *software* como serviço (SaaS) Cloud da empresa. O retorno do investimento foi imediato, com uma redução de 50% no tempo de planejamento e tomada de decisão. A empresa obteve melhor visibilidade de sua cadeia de suprimentos, o que levou a uma precisão maior da previsão e, consequentemente, a melhores decisões. A lucratividade e a utilização de recursos foram aprimoradas, com melhoria da capacidade para alocar recursos críticos aos mercados e aplicações de produtos mais rentáveis. O sistema ajudou a Lenzing a minimizar o desperdício e toda a sua cadeia de suprimentos ficou mais enxuta.

Fontes: www.jda.com, acesso em: 8 jan. 2020; www.lenzing.com, acesso em: 8 jan. 2020; JDA *Software*, "World Leader in Specialty Fibers Made from Renewable Materials Creates a Digital Supply Chain Optimizing Profits and Sustainability," 6 ago. 2019; Bloomberg,"Greener Fashion Industry Could Unlock $100 Billion in Value," 22 jan. 2020.

Os problemas da Lenzing com o equilíbrio entre oferta e demanda em um mercado global ilustram o papel crítico dos sistemas de gerenciamento da cadeia de suprimentos nos negócios. O desempenho dos negócios da Lenzing foi prejudicado porque a empresa não conseguia prever com precisão a quantidade de materiais de fibra que outros membros de sua cadeia de suprimentos precisavam em muitos locais diferentes ao redor do mundo. Os sistemas existentes da empresa eram altamente manuais e careciam de flexibilidade e capacidade para realizar a tarefa. Seus produtos nem sempre estavam disponíveis quando os clientes os encomendavam. Às vezes, isso resultava em um estoque grande demais para venda, ou cujo volume não era suficiente na hora ou no local certo para atender aos pedidos dos clientes. Isso não só aumentava os custos, mas também gerava um desperdício ambiental.

O diagrama de abertura do capítulo chama a atenção para pontos importantes levantados por este caso e este capítulo. A cadeia de suprimentos da Lenzing é abrangente, atendendo clientes que solicitam fibras em muitos locais diferentes ao redor do mundo, porém os sistemas legados da empresa não conseguiam coordenar o planejamento de demanda, estoque e fornecimento em toda a organização global. A forma como geria a cadeia de suprimentos era bastante perdulária e contrariava a sua missão corporativa de promover a sustentabilidade. A implementação de ferramentas de *software* da JDA para o planejamento de vendas e operações tornou muito mais fácil para os gerentes acessar e analisar dados para as tarefas de previsão, planejamento de estoque e atendimento, melhorando muito a tomada de decisões e a eficiência operacional em toda a empresa global.

Aqui, algumas questões sobre as quais refletir: Como o modelo de negócios e os objetivos da Lenzing eram afetados por ter uma cadeia de suprimentos ineficiente? Como as ferramentas de *software* da JDA melhoraram as operações e a tomada de decisões na empresa?

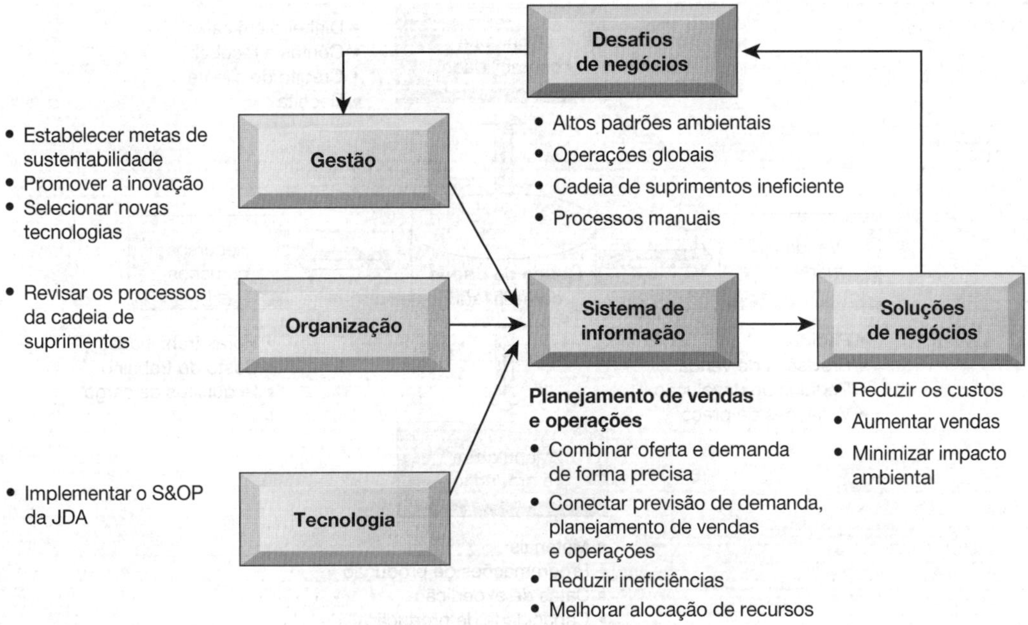

9.1 Como os sistemas integrados ajudam as empresas a conquistar excelência operacional?

Em todo o mundo, as empresas estão cada vez mais conectadas, seja internamente, seja com outras organizações. Se você administra uma empresa, é provável que deseja ser capaz de reagir instantaneamente quando um cliente faz um pedido grande ou quando a remessa de um fornecedor está atrasada. Você também pode querer saber o impacto desses eventos em todas as partes da empresa e como ela está se saindo a qualquer momento, especialmente se você estiver administrando uma grande organização. Os sistemas integrados fornecem a integração para tornar isso possível. Vejamos como eles funcionam e o que podem fazer pela empresa.

O que são sistemas integrados?

Imagine que você tivesse que administrar um negócio baseado em informações de dezenas ou até centenas de bancos de dados e sistemas, nenhum dos quais capaz de se comunicar entre si. Imagine também que sua empresa tivesse dez linhas de produtos principais, cada uma produzida em fábricas separadas e com conjuntos separados e incompatíveis de sistemas que controlam a produção, o armazenamento e a distribuição.

No mínimo, sua tomada de decisão, muitas vezes, seria baseada em relatórios impressos, frequentemente desatualizados, sendo difícil entender o que está acontecendo no negócio como um todo. O pessoal de vendas poderia não conseguir dizer no momento em que um pedido é realizado se os itens encomendados estão em estoque, e o setor de fabricação não seria capaz de usar facilmente os dados de vendas para planejar uma nova produção. Agora você tem uma boa noção do motivo pelo qual as empresas precisam de um sistema integrado especial para integrar as informações.

O Capítulo 2 apresentou os sistemas integrados, também conhecidos como sistemas de planejamento de recursos empresariais (ERP), que são baseados em um conjunto de módulos de *software* integrados e um banco de dados central comum. O banco de dados coleta informações de muitas divisões e departamentos de uma empresa e de um grande número de processos-chave de negócios em manufatura e produção, finanças e contabilidade, vendas e

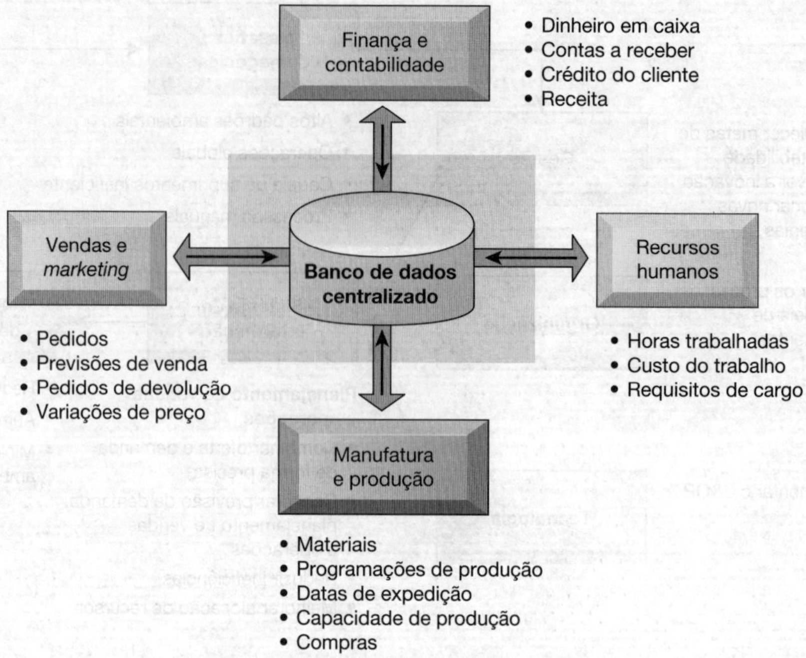

FIGURA 9.1 Como funcionam os sistemas integrados.
Os sistemas integrados apresentam um conjunto de módulos de *software* integrados e um banco de dados central por meio do qual os processos de negócios e as áreas funcionais em toda a empresa podem compartilhar dados.

marketing e recursos humanos, tornando os dados acessíveis para as aplicações que prestam suporte a quase todas as atividades de negócios internas de uma organização. Quando um processo acrescenta novas informações, estas se tornam imediatamente disponíveis para outros processos de negócios (veja a Figura 9.1).

Se um representante de vendas lança no sistema um pedido de rodas, por exemplo, o sistema verifica o limite de crédito do cliente em questão, programa a remessa, identifica a melhor rota de expedição e deixa os artigos necessários reservados no estoque. Se o estoque for insuficiente para atender ao pedido, o sistema programa a produção de mais rodas, solicitando materiais e componentes necessários aos fornecedores. As previsões de produção e de vendas são imediatamente alteradas. Os livros-razão e o caixa são automaticamente atualizados com as informações de entrada e saída referentes ao pedido. Os usuários podem consultar o sistema e saber, a qualquer momento, onde está aquele pedido em particular. Do mesmo modo, a administração pode obter informações a qualquer instante sobre como a empresa está operando. O sistema pode ainda gerar dados referentes a toda a empresa para análises administrativas de lucratividade e custo por produto.

Software integrado

Um ***software* integrado** é desenvolvido em torno de milhares de processos de negócios predefinidos que refletem as melhores práticas. A Tabela 9.1 descreve alguns dos principais processos de negócios apoiados por *softwares* integrados.

Ao implantar esse tipo de *software*, as empresas precisam, inicialmente, selecionar as funções do sistema que desejam usar e, depois, mapear seus processos de negócios de acordo com os processos predefinidos do *software*. Uma empresa utilizaria tabelas de configuração fornecidas pelo *software* para adaptar determinado aspecto do sistema à sua forma de operação. A organização poderia usar essas tabelas, por exemplo, para decidir se deseja controlar a receita por linha de produto, unidade geográfica ou canal de distribuição.

TABELA 9.1 Processos de negócios suportados por sistemas integrados

Processos financeiros e contábeis, incluindo Livro Razão, contas a pagar, contas a receber, ativos fixos, gerenciamento e previsão de caixa, contabilidade de custos de produto, contabilidade por centro de custos, contabilidade de ativos, contabilidade tributária, gerenciamento de crédito e relatórios financeiros
Processos de recursos humanos, incluindo gestão de pessoal, contabilidade de horas trabalhadas, folha de pagamento, planejamento e desenvolvimento de pessoal, contabilidade de benefícios, acompanhamento de seleção de candidatos, gestão de tempo, remuneração, planejamento de força de trabalho, gestão de desempenho e relatórios de despesas de viagem
Processos de produção e manufatura, incluindo seleção de fornecedores, gestão de estoque, compras, expedição, planejamento e programação de produção, planejamento da necessidade de materiais, controle de qualidade, distribuição, execução de transporte e manutenção das instalações e dos equipamentos
Processos de vendas e *marketing*, incluindo processamento de pedidos, cotações, contratos, configuração de produtos, determinação de preço, faturamento, verificação de crédito, gerenciamento de comissão e incentivos e planejamento de vendas

Se o *software* integrado não se adequar às operações empresariais, a empresa pode reescrever uma parte desse *software* segundo seus processos de negócio. No entanto, os *softwares* integrados são incrivelmente complexos e uma personalização detalhada pode prejudicar o desempenho do sistema, comprometendo a integração de processos e informações, seu principal benefício. Se quiserem colher o benefício máximo do *software* integrado, as empresas precisam mudar sua maneira de trabalhar para se conformar aos processos de negócio do *software*.

Para implementar um novo sistema integrado, a Tasty Baking Company identificou seus processos existentes e os transformou em processos de negócios embutidos no *software* SAP ERP que havia selecionado. Para garantir a obtenção do benefício máximo do *software* integrado, a empresa escolheu deliberadamente personalizar menos de 5% do sistema e realizou pouquíssimas modificações no próprio *software* SAP. Ela utilizou o maior número de ferramentas possível e recursos já construídos no *software*. O SAP possui mais de 3 mil tabelas de configuração para sua aplicação integrada.

Entre os principais fornecedores de *software* integrado estão SAP, Oracle, IBM, Infor Global Solutions e Microsoft. Existem versões de pacotes de *software* integrado projetados para pequenas e médias empresas e versões sob demanda, incluindo serviços de *software* executados na nuvem (veja a Seção 9.4).

Valor empresarial dos sistemas integrados

Os sistemas integrados oferecem valor ao elevar a eficiência operacional e fornecer informações sobre a empresa como um todo, ajudando os gestores a tomar melhores decisões. Grandes empresas com muitas unidades operacionais em diferentes lugares vêm usando sistemas integrados para aplicar práticas e dados padronizados, de maneira que todos conduzam os negócios do mesmo modo no mundo inteiro.

A Coca-Cola, por exemplo, implantou um sistema SAP integrado para padronizar e coordenar importantes processos de negócios em 200 países. A falta de processos de negócios padronizados que englobassem toda a empresa a impediu de nivelar seu poder de compra mundial para obter preços mais baixos para matérias-primas e a fez reagir rapidamente às mudanças no mercado.

Os sistemas integrados ajudam as empresas a responder rapidamente a pedidos de clientes por informações ou produtos. Como o sistema integra dados de pedidos, produção e entrega, a área de produção pode fazer apenas aquilo que os clientes já pediram, comprar a quantidade exata de componentes ou matérias-primas para atender aos pedidos, planejar a produção e minimizar o tempo que os componentes ou produtos finalizados permanecem em estoque.

A Alcoa, a maior produtora mundial de alumínio e produtos derivados, com operações abrangendo 31 países em mais de 200 localidades, inicialmente tinha sido organizada em torno de linhas de negócios, cada um com seu próprio conjunto de sistemas de informação. Muitos desses sistemas eram redundantes e ineficientes. Os custos da empresa para a execução do processo desde a requisição até o pagamento e os processos financeiros eram muito mais elevados, e os seus tempos de ciclo eram mais longos do que os de outras empresas do mesmo setor. (Tempo de ciclo se refere ao tempo total gasto do momento da geração da requisição de compra até o momento em que o pagamento da requisição é efetuado.) A empresa não poderia operar como uma única entidade no mundo todo. Após a implementação do *software* integrado da Oracle, a Alcoa eliminou muitos processos e sistemas redundantes. O sistema integrado ajudou a reduzir o tempo do ciclo de aquisição até o pagamento, verificando o recebimento das mercadorias e gerando recibos automaticamente. O processamento das transações de contas a pagar da Alcoa caiu 89%. A empresa foi capaz de centralizar as atividades financeiras e de aquisições, o que ajudou a reduzir aproximadamente 20% dos seus custos mundiais.

Sistemas integrados oferecem informações valiosas para a melhoria da tomada de decisão. A alta administração tem acesso a dados atualizados sobre vendas, estoque e produção, e usa essas informações para criar previsões mais precisas sobre venda e produção. O *software* integrado inclui ferramentas analíticas para a utilização dos dados capturados pelo sistema para avaliação do desempenho global da organização. Os dados dos sistemas integrados têm definições e formato comuns e padronizações aceitas por toda a organização. Assim, números de desempenho significam o mesmo em qualquer parte da empresa. Os sistemas integrados permitem à gerência sênior descobrir facilmente, a qualquer momento, o desempenho de uma unidade organizacional específica, determinar quais produtos são mais ou menos lucrativos e calcular os custos para a empresa como um todo. O sistema integrado da Alcoa, por exemplo, inclui funcionalidades para gestão de recursos humanos globais que mostram a correlação entre investimento no treinamento e na qualidade dos funcionários, avalia os custos de toda a empresa para distribuição de serviços aos empregados e mensura a eficiência das operações de recrutamento, remuneração e treinamento.

9.2 Como os sistemas de gestão da cadeia de suprimento realizam a coordenação de planejamento, produção e logística com os fornecedores?

Se você administrar uma pequena empresa que fabrica apenas alguns produtos ou presta poucos serviços, provavelmente terá um pequeno número de fornecedores. Seria possível coordenar os pedidos e as entregas desses fornecedores com um telefone e um endereço de *e-mail*. No entanto, se administra uma empresa que produz itens e serviços mais complexos, terá centenas de fornecedores e cada um deles terá seu próprio conjunto de fornecedores. De repente, você se verá em uma situação em que precisará coordenar as atividades de centenas, ou mesmo milhares, de outras empresas a fim de produzir seus produtos e serviços. Os sistemas de gestão da cadeia de suprimentos (SCM), já apresentados no Capítulo 2, são uma resposta a esses problemas de escala e complexidade.

A cadeia de suprimentos

A **cadeia de suprimentos** de uma empresa é uma rede de organizações e processos de negócios para selecionar matérias-primas, transformá-las em produtos e distribui-los aos clientes. A cadeia interliga fornecedores, instalações industriais, centros de distribuição, varejistas e clientes com a finalidade de fornecer mercadorias e serviços desde a fonte até o ponto de consumo. Matérias-primas, informações e pagamentos fluem pela cadeia de suprimentos em ambas as direções.

As mercadorias começam como matérias-primas e, à medida que se movimentam pela cadeia de suprimentos, são transformadas em produtos intermediários (também chamados de componentes ou peças) e, finalmente, em produtos acabados, que são enviados a centros de distribuição e de lá expedidos para varejistas e clientes. Os itens devolvidos fluem na direção contrária, do comprador para o vendedor.

Vejamos a cadeia de suprimentos da Nike, por exemplo. Ela desenvolve, distribui e vende tênis, meias, roupas esportivas e acessórios em todo o mundo. Seus fornecedores primários são fabricantes terceirizados com fábricas na China, na Tailândia, na Indonésia, no Brasil e em outros países. Essas empresas manufaturam os produtos acabados da Nike.

Os fornecedores da Nike não fabricam os tênis do zero. Eles adquirem componentes para os tênis – cadarços, ilhoses, cabedais e solados – de outros fornecedores e, depois, os reúnem em tênis acabados. Esses fornecedores de componentes, por sua vez, têm seus próprios fornecedores. Por exemplo, os fornecedores de solados têm fornecedores de borracha sintética, de produtos químicos usados para derreter a borracha nos moldes, além de fornecedores dos próprios moldes. Os fornecedores de cadarços têm fornecedores de fios, tinturas e acabamentos plásticos.

A Figura 9.2 ilustra de maneira simplificada a cadeia de suprimentos dos tênis Nike e mostra o fluxo de informações e materiais entre os fornecedores, a Nike e os distribuidores, varejistas e clientes. Os fabricantes terceirizados são seus fornecedores primários. Os fornecedores de solas, cabedais e cadarços são os secundários (camada 2). Os fornecedores desses fornecedores são os terciários (camada 3).

A parte *upstream* da cadeia de suprimentos inclui os fornecedores da empresa, os fornecedores dos fornecedores e os processos para gerenciar as relações entre eles. A parte *downstream* consiste nos processos e organizações envolvidos na distribuição e na entrega de produtos ao consumidor final. As empresas fabricantes, como as fornecedoras de tênis contratadas

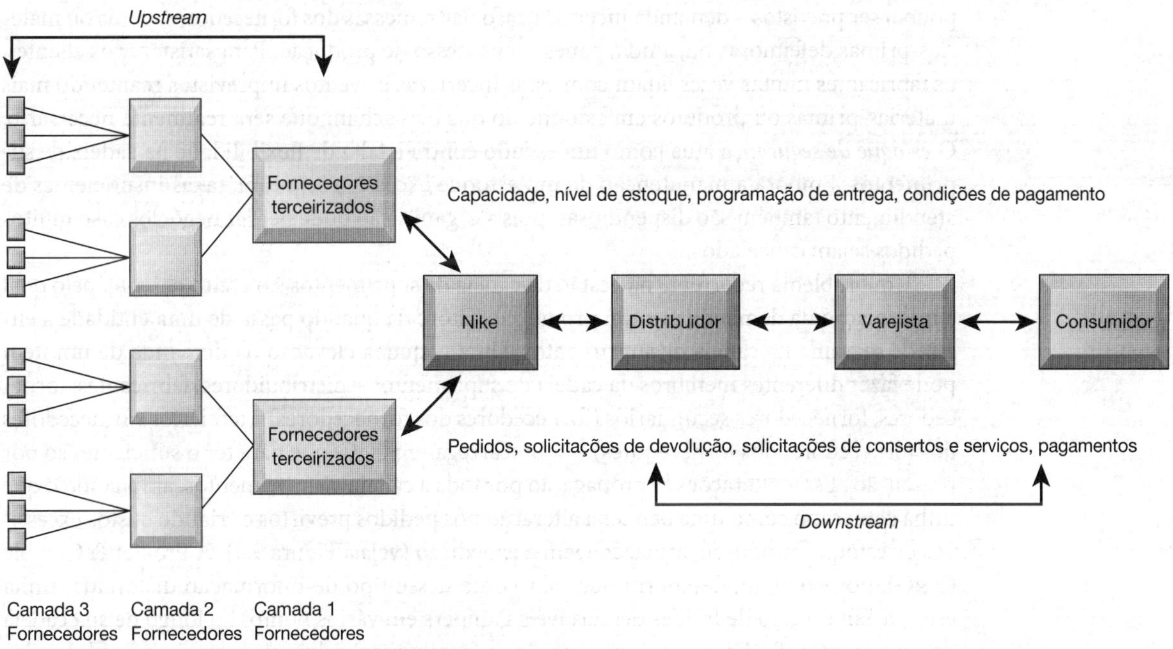

FIGURA 9.2 Cadeia de suprimentos da Nike.

Esta figura ilustra as principais entidades na cadeia de suprimentos da Nike e o fluxo de informações *upstream* (à montante da Nike) e *downstream* (atividades à jusante da Nike) para coordenar as atividades envolvidas na compra, fabricação e transporte do produto. Trata-se de uma cadeia de suprimentos simplificada, com a parte *upstream* concentrada apenas nos fornecedores de tênis e de solados de tênis.

pela Nike, também gerenciam seus próprios processos de *cadeia interna de suprimentos*, pelos quais transformam matérias-primas, componentes e serviços oferecidos por seus fornecedores em produtos acabados ou intermediários (componentes ou peças) a seus clientes, usando esses mesmos processos para gerenciar matérias-primas e estoque.

A cadeia de suprimentos mostrada na Figura 9.2 foi simplificada. Ela mostra apenas dois fabricantes de tênis e somente o fluxo *upstream* referente aos solados. A Nike tem centenas de fabricantes terceirizados que entregam tênis, meias e roupas esportivas acabadas, cada um com seu próprio conjunto de fornecedores. A parte *upstream* da cadeia de suprimentos compreende, na verdade, milhares de entidades. A empresa também tem inúmeros distribuidores e seus calçados são vendidos por milhares de varejistas; portanto, a porção *downstream* de sua cadeia de suprimentos é igualmente ampla e complexa.

Sistema de informação e gestão da cadeia de suprimentos

Ineficiências na cadeia de suprimentos, como falta de peças, capacidade ociosa de produção, estoque excessivo de produtos acabados ou altos custos de transporte, são causadas por informações imprecisas e desatualizadas. Por exemplo, os fabricantes podem contar com excesso de peças em estoque porque não sabem exatamente quando receberão a próxima remessa de seus fornecedores. Os fornecedores podem fazer pedidos insuficientes de matéria-prima porque não dispõem de informações precisas a respeito da demanda. Essas ineficiências da cadeia de suprimentos podem causar um desperdício de até 25% dos custos operacionais de uma empresa.

Se um fabricante souber exatamente quantos produtos seus clientes desejam, quando desejam e em que momento esses produtos poderão ser fabricados, será possível implantar uma **estratégia *just-in-time*** ("na hora certa") altamente eficiente. Os componentes chegarão no exato momento em que se precisa deles, e os produtos acabados serão expedidos assim que deixarem a linha de montagem.

Contudo, sempre há incertezas na cadeia de suprimentos, porque muitos eventos não podem ser previstos – demanda incerta, atraso nas remessas dos fornecedores, peças ou matérias-primas defeituosas ou, ainda, panes no processo de produção. Para satisfazer os clientes, os fabricantes muitas vezes lidam com essas incertezas e eventos imprevistos mantendo mais matérias-primas ou produtos em estoque do que eles acham que será realmente necessário. O *estoque de segurança* atua como um escudo contra a falta de flexibilidade na cadeia de suprimentos. Embora a manutenção de um estoque excessivo seja cara, taxas insuficientes de atendimento também são dispendiosas, pois a organização pode perder negócios caso muitos pedidos sejam cancelados.

Um problema recorrente na gestão da cadeia de suprimentos é o **efeito chicote**, pelo qual a informação da demanda por um produto é distorcida quando passa de uma entidade à entidade seguinte na cadeia de suprimentos. Uma pequena elevação na demanda de um item pode fazer diferentes membros da cadeia de suprimentos – distribuidores, fabricantes, fornecedores, fornecedores secundários (fornecedores dos fornecedores) e terciários (fornecedores dos fornecedores dos fornecedores) – sobrecarregarem o estoque para ter o suficiente "só por precaução". Essas alterações se propagarão por toda a cadeia de suprimentos, ampliando o que tinha começado como uma pequena alteração nos pedidos previstos e criando custos excessivos de estoque, produção, armazenagem e expedição (veja a Figura 9.3). A Procter & Gamble (P&G), por exemplo, descobriu que, por conta desse tipo de informação distorcida, tinha estoque em excesso de fraldas descartáveis Pampers em vários pontos ao longo de sua cadeia de suprimentos. Embora as compras nas lojas fossem razoavelmente estáveis, os pedidos dos distribuidores disparavam quando a P&G realizava promoções agressivas de preço. Assim, as fraldas Pampers e seus componentes acumulavam-se nos armazéns ao longo da cadeia de suprimentos para atender a uma demanda que, na verdade, não existia. Para eliminar o problema, a P&G revisou seus processos de *marketing*, de vendas e da cadeia de suprimentos e passou a usar uma previsão de demanda mais acurada.

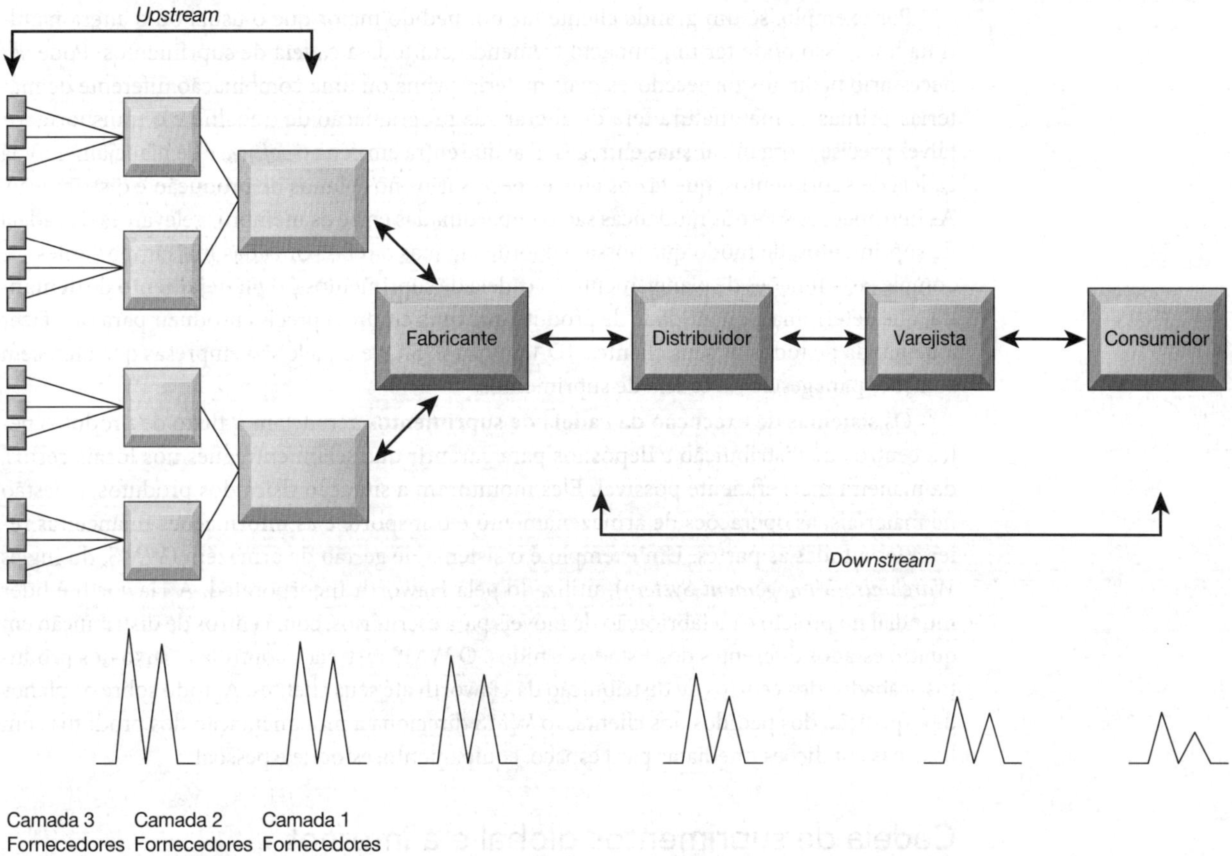

FIGURA 9.3 O efeito chicote.

Informações imprecisas podem fazer pequenas flutuações na demanda por um produto tornarem-se amplificadas à medida que retrocedemos na cadeia de suprimentos. Pequenas flutuações nas vendas de varejo podem criar estoques excessivos para os distribuidores, fabricantes e fornecedores.

O efeito chicote pode ser controlado quando se reduzem as incertezas sobre a demanda e a oferta, e isso só ocorre quando todos os membros da cadeia de suprimentos contam com informações precisas e atualizadas. Se todos os membros da cadeia de suprimentos compartilharem informações dinâmicas sobre níveis de estoque, programações, previsões e embarques, terão uma ideia mais exata de como ajustar seus planos de aquisição de matérias-primas, fabricação e distribuição. Os sistemas de gestão da cadeia de suprimentos oferecem esse tipo de informação, que pode ajudar seus membros a tomar decisões de compra e programação mais acertadas.

Software de gestão da cadeia de suprimentos

Há dois tipos de *software* de cadeia de suprimentos: aqueles que ajudam as empresas a planejar suas cadeias de suprimentos (planejamento de cadeia de suprimentos) e aqueles que as ajudam a executar as etapas da cadeia de suprimentos (execução da cadeia de suprimentos). **Sistemas de planejamento da cadeia de suprimentos** habilitam a empresa a modelar sua cadeia de suprimentos existente, gerar previsões de demanda para um produto e desenvolver planos ideais de aquisição de matérias-primas e fabricação para aquele item. Esses sistemas ajudam as empresas a tomar decisões operacionais, como: determinar a quantidade de um produto específico a ser fabricada em dado período; estabelecer níveis de estoque para matérias-primas, produtos intermediários e acabados; determinar onde armazenar os artigos acabados; e identificar o meio de transporte a ser usado para a entrega (veja o estudo no final do capítulo).

Por exemplo, se um grande cliente faz um pedido maior que o usual ou o altera na última hora, isso pode ter um impacto tremendo em toda a cadeia de suprimentos. Pode ser necessário pedir aos fornecedores mais matéria-prima ou uma combinação diferente de matérias-primas. A manufatura terá de alterar sua programação de trabalho e o transportador talvez precise reorganizar suas entregas. É aí que entra em cena o *software* de planejamento da cadeia de suprimentos, que faz os ajustes necessários nos planos de produção e distribuição. As informações sobre as mudanças são compartilhadas entre os membros relevantes da cadeia de suprimentos, de modo que possam coordenar suas tarefas. Uma das mais importantes – e complexas – funções de planejamento da cadeia de suprimentos é o **planejamento de demanda**, que determina a quantidade de produto que uma empresa precisa produzir para satisfazer a demanda de todos os seus clientes. JDA *Software*, SAP e Oracle são empresas que oferecem soluções para gestão da cadeia de suprimentos.

Os **sistemas de execução da cadeia de suprimentos** gerenciam o fluxo de produtos pelos centros de distribuição e depósitos para garantir que sejam entregues nos locais certos, da maneira mais eficiente possível. Eles monitoram a situação física dos produtos, a gestão de materiais, as operações de armazenamento e transporte e as informações financeiras referentes a todas as partes. Um exemplo é o sistema de gestão de armazém (WMS, do inglês *Warehouse Management System*), utilizado pela Haworth Incorporated. A Haworth é líder mundial no projeto e na fabricação de móveis para escritórios, com centros de distribuição em quatro estados diferentes dos Estados Unidos. O WMS rastreia e controla o fluxo dos produtos acabados dos centros de distribuição da Haworth até seus clientes. Agindo sobre os planos de expedição dos pedidos dos clientes, o WMS direciona a movimentação dos produtos com base nas condições imediatas para espaço, equipamento, estoque e pessoal.

Cadeia de suprimentos global e a internet

Antes da internet, não era simples coordenar a cadeia de suprimentos: as informações não fluíam livremente entre os diferentes sistemas internos de compras, gestão de materiais, produção e distribuição. Também era difícil compartilhar informações com parceiros externos porque os sistemas de fornecedores, distribuidores e provedores de logística se baseavam em plataformas e padrões tecnológicos incompatíveis. Os sistemas integrados e os sistemas de gestão da cadeia de suprimento melhoraram graças à tecnologia da internet que provê uma parcela dessa integração. Um gerente pode usar uma interface *web* para consultar os sistemas dos fornecedores e, assim, verificar se sua capacidade de produção e estoque atende à demanda pelos produtos da empresa. Parceiros de negócio utilizam ferramentas de gestão de cadeia de suprimentos baseadas na *web* para fazer previsões conjuntas *on-line*. Representantes de vendas acessam informações dos fornecedores sobre logística e programação de produção para monitorar o andamento dos pedidos.

Questões relacionadas à cadeia de suprimentos global

Um número cada vez maior de empresas está entrando em mercados internacionais, terceirizando operações de manufatura, obtendo fornecedores em outros países e vendendo seus produtos internacionalmente. Suas cadeias de suprimentos estendem-se por muitos países e regiões. Deste modo, surgem mais complexidades e desafios na gestão de uma cadeia de suprimentos global.

As cadeias de suprimentos globais costumam abarcar regiões geográficas e fusos horários diferentes, mais amplos do que aqueles das cadeias nacionais, e possuem integrantes de vários países. Os padrões de desempenho podem variar de região para região ou de nação para nação. A gestão da cadeia de suprimentos pode precisar refletir regulamentações governamentais estrangeiras e diferenças culturais.

A internet auxilia as empresas a gerenciar muitos aspectos de suas cadeias de suprimentos globais, incluindo aquisição, transporte, comunicações e finanças internacionais. A atual indústria de vestuário, por exemplo, baseia-se fortemente na terceirização para contratar fornecedores na China e em outros países de baixa renda. As empresas desse setor estão começando a usar a *web* para gerenciar sua cadeia de suprimentos global e as questões relacionadas à produção. (Reveja a discussão da Li & Fung no Capítulo 3.)

Além da fabricação terceirizada, a globalização incentivou a gestão da terceirização de armazenamento, do transporte e das operações relacionadas a fornecedores terceirizados de serviços de logística, como UPS Supply Chain Solutions e Schneider Logistics Services. Esses serviços de logística fornecem *software* baseado na *web* para oferecer a seus clientes uma melhor visão de suas cadeias de suprimentos. Os clientes conseguem consultar um *website* seguro para monitorar estoque e expedição, ajudando-lhes a gerenciar de maneira mais eficiente suas cadeias de suprimento globais.

Cadeias de suprimento orientadas pela demanda: da produção *push* para a produção *pull* e resposta eficiente ao cliente

Além de reduzir custos, os sistemas de gestão da cadeia de suprimentos possibilitam uma resposta eficiente ao cliente, permitindo que o funcionamento da empresa seja direcionado de acordo com a demanda do consumidor. (Introduzimos os sistemas de resposta eficiente ao cliente no Capítulo 3.)

Os primeiros sistemas de gestão da cadeia de suprimentos eram direcionados por um modelo *push* ("empurrão") também conhecido como *build-to-stock* (feito para estoque). No **modelo *push***, as programações de produção baseiam-se em previsões ou nas melhores hipóteses de demanda por produtos, que são "empurrados" aos clientes. Com os novos fluxos de informação viabilizados por ferramentas baseadas na *web*, a gestão da cadeia de suprimentos pode seguir mais facilmente um modelo *pull*. No **modelo *pull***, também conhecido como modelo orientado pela demanda ou *build-to-order* (feito para pedido), os pedidos ou as compras reais do cliente disparam as etapas da cadeia de suprimentos. As transações necessárias para produzir e entregar apenas o que os clientes solicitaram ascendem pela cadeia, desde os varejistas até os distribuidores, então aos fabricantes e, depois, aos fornecedores. Apenas os produtos destinados a atender a esses pedidos voltam pela cadeia de suprimentos até o varejista. Os fabricantes usam apenas a informação de demanda efetiva para orientar suas programações de produção e a seleção de componentes e matérias-primas, conforme mostrado na Figura 9.4. O sistema de reposição contínua do Walmart, descrito no Capítulo 3, é um exemplo do modelo *pull*.

A internet e sua tecnologia permitem que se passe das cadeias de suprimentos sequenciais, em que informações e materiais fluem sequencialmente de empresa para empresa, para

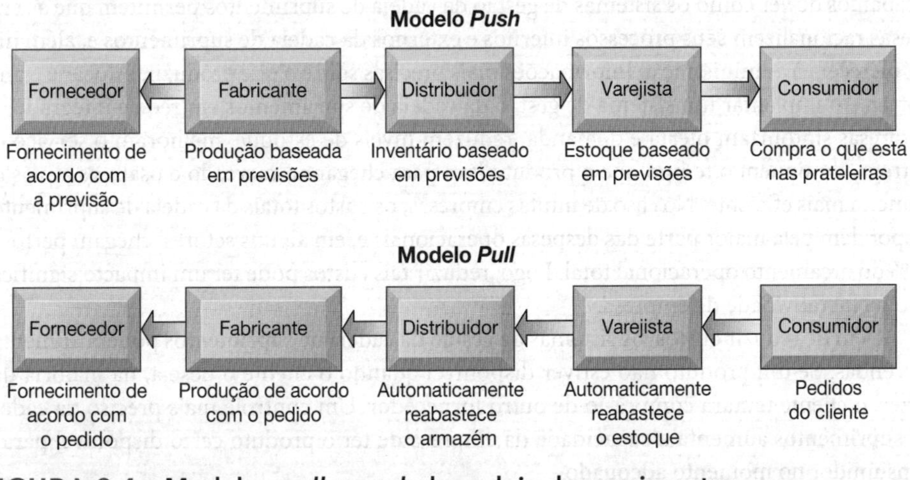

FIGURA 9.4 Modelos *pull* e *push* de cadeia de suprimentos.

A diferença entre os modelos *push* e *pull* pode ser resumida pela frase "Vamos produzir o que vendemos, não vender o que produzimos".

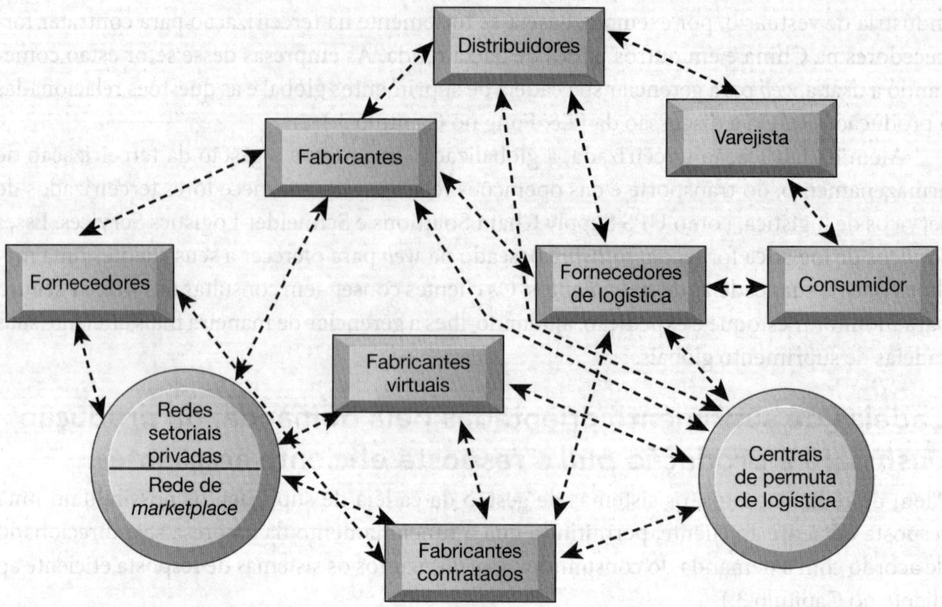

FIGURA 9.5 Futura cadeia de suprimentos orientada pela internet.
A emergente cadeia de suprimentos orientada pela internet opera como um sistema nervoso digital de logística. Proporciona comunicação multidirecional entre empresas, redes de empresas e *e-marketplaces*, de modo que redes inteiras de parceiros da cadeia de suprimentos possam ajustar estoques, pedidos e capacidades imediatamente

cadeias de suprimentos concomitantes, em que a informação flui em muitas direções, simultaneamente, entre os membros de uma rede de cadeias de suprimentos. Os membros da rede complexa que abrange fabricantes, fornecedores de logística, fabricantes terceirizados, varejistas e distribuidores são capazes de ajustar-se imediatamente a mudanças na programação e nos pedidos. Em última instância, a internet pode criar um "sistema nervoso digital de logística" que abrange toda a cadeia de suprimentos (veja a Figura 9.5).

Valor empresarial dos sistemas de gestão da cadeia de suprimentos

Acabamos de ver como os sistemas de gestão da cadeia de suprimentos permitem que as empresas racionalizem seus processos internos e externos da cadeia de suprimentos e, além disso, oferecem à administração informações mais precisas sobre o que produzir, estocar e transportar. Ao implantar um sistema de gestão da cadeia de suprimentos em rede e integrado, as empresas sintonizam oferta e demanda, reduzem níveis de estoque, melhoram o serviço de entrega, diminuem o tempo que o produto leva para chegar ao mercado e usam os ativos de maneira mais eficiente. No caso de muitas empresas, os custos totais da cadeia de suprimentos respondem pela maior parte das despesas operacionais e, em alguns setores, chegam perto de 75% do orçamento operacional total. Logo, reduzir tais custos pode ter um impacto significativo na lucratividade da empresa.

Além de reduzir custos, os sistemas de gestão da cadeia de suprimentos podem aumentar as vendas. Se um produto não estiver disponível quando o cliente o deseja, na maioria das vezes, o cliente tentará comprá-lo de outro fornecedor. Um controle mais preciso da cadeia de suprimentos aumenta a capacidade da empresa de ter o produto certo disponível para o consumidor no momento adequado.

9.3 Como os sistemas de gestão de relacionamento conquistam a intimidade com o cliente?

Provavelmente você já ouviu bordões como "o cliente tem sempre razão" ou "o cliente vem em primeiro lugar". Atualmente, essas frases soam mais verdadeiras do que nunca. Como a vantagem competitiva baseada em um produto ou serviço inovador tem, na maioria das vezes, um tempo de vida muito curto, as empresas estão percebendo que a única força competitiva duradoura pode estar no relacionamento com os clientes. Alguns dizem que a base da concorrência deixou de ser quem vende mais produtos e serviços para ser quem "conquista" o cliente e que os relacionamentos com o público representam o ativo mais valioso de uma empresa.

O que é gestão de relacionamento com o cliente?

Quais tipos de informação você precisaria para criar e cultivar relacionamentos sólidos e duradouros com os clientes? Você precisaria saber exatamente quem são eles, como contatá-los, se é dispendioso atendê-los, em quais tipos de produtos e serviços estão interessados e quanto dinheiro gastam com sua empresa. Se possível, seria bom que conhecesse bem cada um de seus potenciais compradores, como se administrasse uma lojinha de cidade pequena. Também precisaria fazer os bons clientes se sentirem especiais.

Em uma pequena empresa de bairro, os proprietários e gerentes podem de fato conhecer seus clientes pessoalmente, face a face. Entretanto, em uma grande empresa que atua em escala metropolitana, regional, nacional ou mesmo global, é impossível "conhecer o cliente" de maneira tão próxima. Nesses tipos de empresa, existe uma quantidade imensa tanto de compradores quanto de maneiras pelas quais eles interagem com a organização (via *web*, telefone, *e-mail*, *blogs* e face a face). Torna-se incrivelmente difícil integrar as informações de todas essas fontes para lidar com o grande número de clientes.

Um grande processo de negócios, que envolva vendas, serviços e *marketing*, tende a ser altamente compartimentado, e esses departamentos não compartilham muitas informações essenciais sobre clientes. Algumas informações sobre determinado cliente podem estar armazenadas e organizadas em relação à conta daquela pessoa com a empresa. Outras informações sobre o mesmo cliente podem estar organizadas segundo os produtos por ele adquiridos. Não há como consolidar todas as informações de modo a oferecer uma visão unificada de um cliente na empresa.

É aí que entram em cena os sistemas de gestão do relacionamento com o cliente (CRM, do inglês *customer relationship management*). Esses sistemas, que apresentamos no Capítulo 2, capturam e integram dados do cliente provenientes de toda a organização, consolidam e analisam essas informações e, depois, distribuem os resultados para vários sistemas e pontos de contato com o cliente espalhados por toda a empresa. Um **ponto de contato** é um canal de interação com o cliente, como telefone, *e-mail*, serviço de atendimento, correspondência convencional, Facebook, Twitter, *site*, dispositivo sem fio ou loja de varejo. Sistemas CRM bem projetados oferecem uma visão única dos clientes, que serve para melhorar tanto as vendas quanto o atendimento (veja a Figura 9.6).

Os bons sistemas de CRM fornecem dados e ferramentas analíticas para responder a perguntas como: qual é o valor, ao longo do tempo, de determinado cliente para a empresa? Quem são os mais fiéis? Quem são os mais lucrativos? E o que desejam comprar? As empresas podem, então, usar as respostas para conquistar novos clientes, oferecer melhores serviços e suporte aos atuais, personalizar suas ofertas com maior precisão em relação às preferências do comprador e oferecer valor contínuo para reter os clientes lucrativos.

FIGURA 9.6 Gestão do relacionamento com o cliente (CRM).
Os sistemas de CRM examinam os clientes sob uma perspectiva multifacetada. Usam um conjunto de aplicações integradas para abordar todos os aspectos do relacionamento com o cliente, inclusive atendimento, vendas e *marketing*.

Software CRM

Os pacotes de *software* CRM comerciais vão desde ferramentas de nicho que executam apenas algumas funções, como personalizar *sites* para clientes específicos, até aplicações integradas de larga escala, que capturam inúmeras interações com os clientes, realizam análises com sofisticadas ferramentas de relatório e interligam-se a outras grandes aplicações integradas, como sistemas integrados e de gestão da cadeia de suprimentos. Os pacotes CRM mais abrangentes contêm módulos para **gestão do relacionamento com parceiros (PRM**, do inglês *partner relationship management*) e **gestão do relacionamento com funcionários (ERM**, do inglês *employee relationship management*).

O PRM usa, em grande parte, os mesmos dados, ferramentas e sistemas que a gestão do relacionamento com o cliente, mas seu objetivo é melhorar a colaboração entre a empresa e seus parceiros de vendas. Se uma organização não vende diretamente aos clientes, mas por meio de distribuidores ou varejistas, o PRM ajuda esses canais na venda direta. Com ele, a empresa e seus parceiros podem trocar informações e distribuir indicações de venda e dados sobre os clientes, integrando elementos como geração de indicações, determinação de preços, promoções, configurações de pedido e disponibilidade. O PRM também proporciona à empresa ferramentas para avaliar o desempenho de seus parceiros; assim, ela pode garantir que seus melhores parceiros recebam o apoio necessário para fechar mais negócios.

O ERM lida com assuntos de RH e estritamente relacionados ao CRM, como estabelecimento de objetivos, gestão do desempenho do funcionário, remuneração baseada no desempenho e treinamento. Entre os principais fornecedores de *software* CRM estão Oracle, SAP, Salesforce.com e Microsoft Dynamics CRM.

Normalmente, os sistemas de gestão do relacionamento com o cliente oferecem programas e ferramentas *on-line* para as áreas de vendas, atendimento ao cliente e *marketing*. Alguns desses recursos são comentados a seguir.

Automação da força de vendas

Os módulos de **automação da força de vendas** (**SFA**, do inglês *sales force automation*) nos sistemas CRM ajudam a equipe de vendas a aumentar a produtividade, concentrando seus esforços nos clientes mais lucrativos, aqueles com maior probabilidade de adquirir produtos e serviços. Os módulos SFA oferecem informações relativas a contatos e prospecção de vendas e aos produtos, além de recursos para configuração de produtos e geração de cotações. Esses programas podem reunir informações sobre o histórico de compras de determinado cliente, para ajudar o vendedor a fazer recomendações personalizadas. Os módulos SFA também permitem que os departamentos de vendas, *marketing* e entrega compartilhem facilmente informações sobre clientes e prospecções. Isso aumenta a eficiência de cada vendedor, reduzindo tanto o custo por venda quanto o custo de conquistar e reter clientes. Os módulos SFA também apresentam funções de previsão de vendas, gestão de território e venda em equipe.

Atendimento ao cliente

Os módulos de atendimento ao cliente nos sistemas CRM oferecem informações e ferramentas para aumentar a eficiência de call centers, *help desks* e da equipe de suporte, com recursos para encaminhar e gerenciar solicitações de serviços feitas pelos clientes.

Um desses recursos é uma linha telefônica para consultas ou marcação de visitas: quando o comprador liga para determinado número de telefone, o sistema encaminha a chamada ao atendente adequado, que insere no sistema informações sobre aquele cliente uma única vez. Com os dados no sistema, qualquer atendente pode tratar do relacionamento com esse cliente. Em razão da facilidade no acesso a informações precisas e coerentes, os call centers podem atender a mais chamadas por dia e passar menos tempo em cada uma. Dessa maneira, os telefonistas e os grupos de atendimento conseguem maior produtividade, tempos de transação menores e serviços de qualidade mais elevada a um custo mais baixo. O cliente fica satisfeito porque gasta menos tempo na linha contando outra vez seu problema ao atendente.

Os sistemas CRM também podem incluir recursos de autoatendimento baseados na *web*: o *site* da empresa pode ser configurado para oferecer suporte personalizado, assim como a opção de contatar a equipe de atendimento ao cliente para assistência adicional.

Marketing

Os sistemas CRM colaboram com as campanhas de *marketing* direto, pois permitem captar dados de clientes e de prospects, fornecer informações sobre produtos e serviços, classificar indicações para *marketing* direcionado e programar e monitorar *e-mails* ou correspondência de *marketing* direto (veja a Figura 9.7). Os módulos de *marketing* também incluem ferramentas para análise dos dados de *marketing* e de clientes com o objetivo de identificar clientes lucrativos ou não, projetar produtos e serviços que satisfaçam as necessidades e os interesses de consumidores específicos e identificar oportunidades para *cross-selling* (venda cruzada).

***Cross-selling* (venda cruzada)** é o *marketing* de produtos complementares. (Na área de serviços financeiros, por exemplo, pode-se vender um título de capitalização ou um financiamento imobiliário a um cliente que tenha conta corrente.) As ferramentas CRM também ajudam as empresas a gerenciar e executar todas as etapas de suas campanhas de *marketing* desde o planejamento até a determinação da taxa de sucesso de cada campanha.

A Figura 9.8 ilustra os recursos mais importantes para os processos de vendas, atendimento e *marketing* que podem ser encontrados nos principais produtos de *software* CRM.

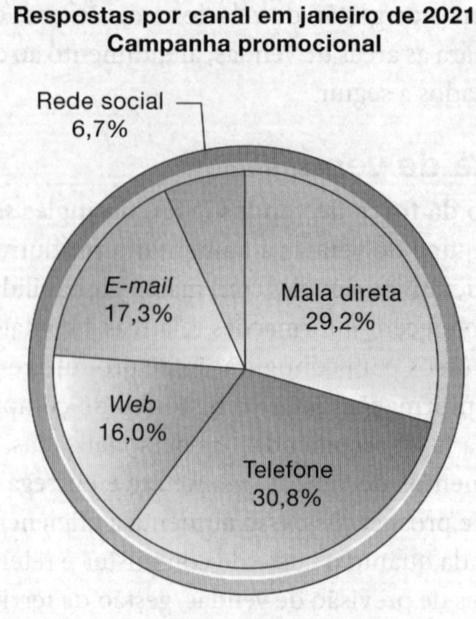

FIGURA 9.7 Como os sistemas CRM colaboram com o *marketing*.

Com os *softwares* de gestão do relacionamento com o cliente, os usuários têm um único ponto para administrar e avaliar as campanhas de *marketing* realizadas em múltiplos canais, incluindo *e-mail*, mala direta, telefone, *web* e mensagens de dispositivos sem fio.

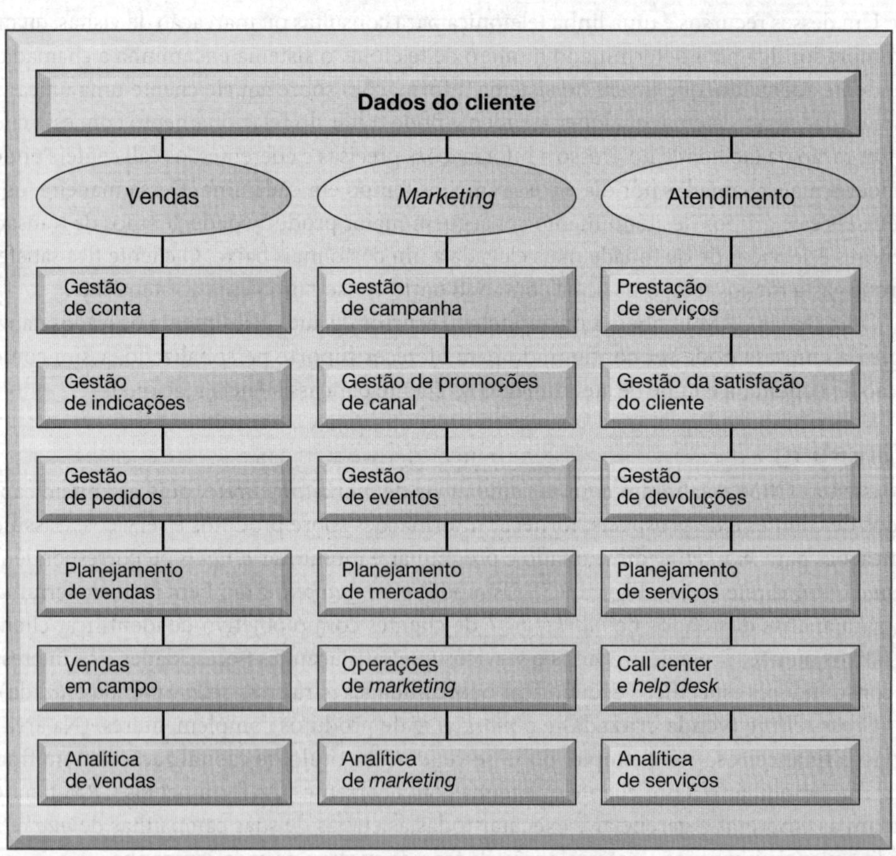

FIGURA 9.8 Recursos dos *software* CRM.

Os principais produtos de *software* CRM apoiam os processos de negócios nas áreas de vendas, atendimento e *marketing*, integrando informações do cliente provenientes de diversas fontes. Aqui foram incluídos o apoio para os aspectos tanto operacionais quanto analíticos de CRM.

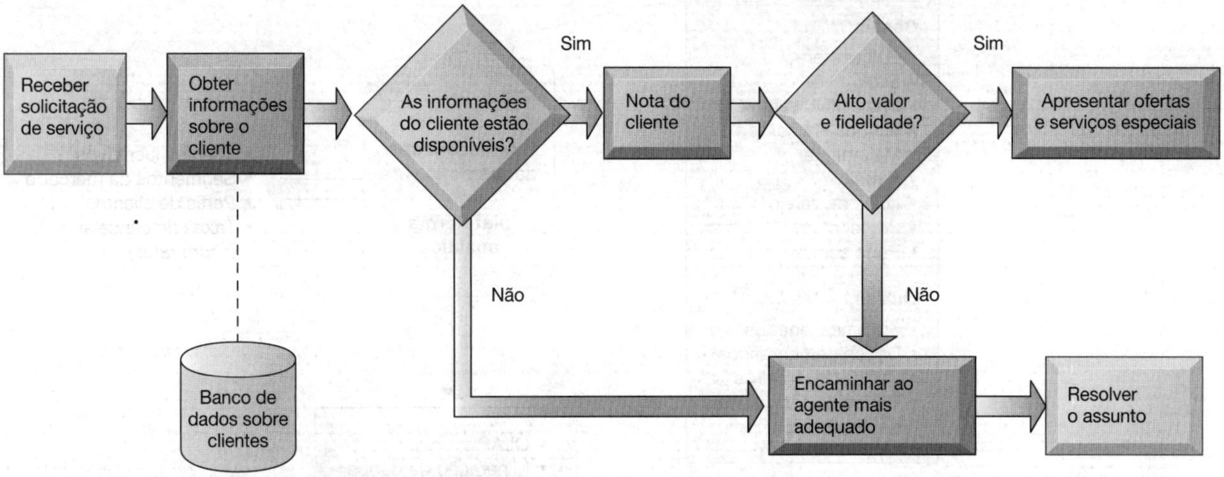

FIGURA 9.9 Mapa de processo da gestão da fidelidade do cliente.
Esse mapa de processo mostra como uma melhor prática para aumentar a fidelidade do consumidor por meio do atendimento poderia ser remodelada pelo *software* de gestão do relacionamento. O *software* CRM ajuda as empresas a identificar aqueles com maior valor, a fim de oferecer atendimento preferencial.

Assim como o *software* integrado, esse tipo de *software* é orientado segundo processos de negócios, incorporando centenas de processos de negócios considerados as melhores práticas em cada uma dessas áreas.

Para extrair o máximo de benefício, as empresas precisam revisar e remodelar seus processos de negócios, a fim de que correspondam aos processos de negócios de melhores práticas de CRM.

A Figura 9.9 ilustra como uma melhor prática para aumentar a fidelidade do cliente por meio do atendimento pode ser remodelada pelo *software* CRM. Ao atender os clientes diretamente, as empresas ganham a oportunidade de aumentar a retenção deles, pois podem selecionar os mais lucrativos a longo prazo e prestar-lhes atendimento preferencial. O *software* CRM pode atribuir a cada cliente uma "nota" com base em sua fidelidade e seu valor para a empresa; com essa informação, os call centers podem direcionar uma solicitação de serviço aos atendentes mais adequados para lidar com as necessidades daquele cliente. Em seguida, o sistema fornece automaticamente ao agente um perfil detalhado do cliente, incluindo sua "nota" de valor e fidelidade. Essas informações servirão para o agente apresentar ofertas especiais ou serviços adicionais, estimulando esse cliente a continuar fechando negócios com a empresa.

CRM analítico e operacional

Todas as aplicações descritas apoiam tanto aspectos operacionais quanto analíticos da gestão do relacionamento com o cliente. O **CRM operacional** abrange as aplicações voltadas ao consumidor, como ferramentas para automação da força de vendas, apoio ao atendimento e ao call center e automação do *marketing*. Já o **CRM analítico** abrange as aplicações que analisam os dados do cliente gerados pelas aplicações do CRM operacional, a fim de fornecer informações para que se gerencie melhor o desempenho da empresa.

As aplicações de CRM analítico baseiam-se em dados oriundos dos sistemas CRM operacionais, dos pontos de contato com o cliente e de outras fontes, que foram organizados em *data warehouses* ou plataformas analíticas para uso em processamento analítico *on-line* (OLAP), mineração de dados e outras técnicas de análise de dados (veja o Capítulo 6). Os dados

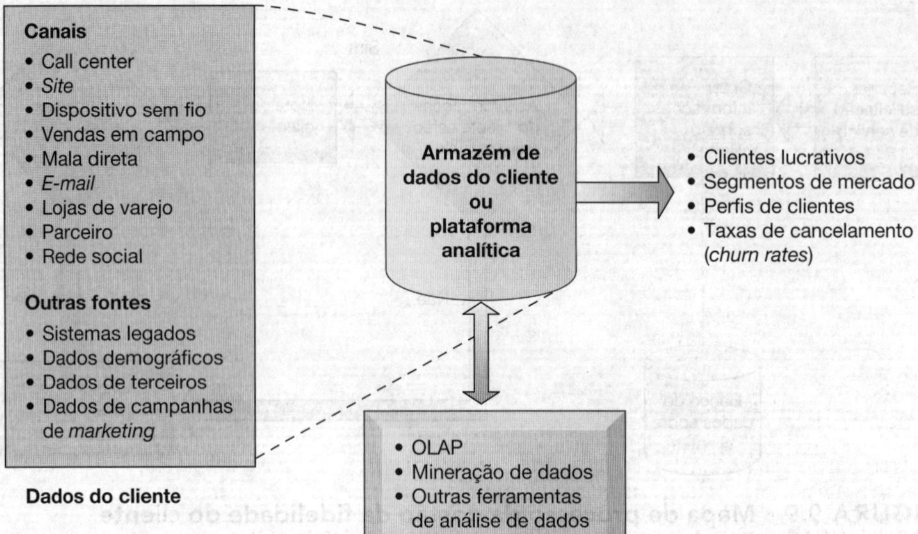

FIGURA 9.10 CRM analítico.
O CRM analítico utiliza um armazém de dados ou uma plataforma analítica sobre clientes, bem como ferramentas para analisar dados coletados nos pontos de contato da empresa com o cliente e em outras fontes.

coletados pela organização podem ser combinados com os de outras fontes, como listas de clientes para campanhas de *marketing* direto adquiridas de outras empresas ou dados demográficos. A análise desses dados visa identificar padrões de compra a fim de criar segmentos para o *marketing* direcionado e distinguir consumidores lucrativos e não lucrativos (veja a Figura 9.10).

Outro dado importante proporcionado pelo CRM analítico é o valor do cliente ao longo do tempo para a empresa. O **valor do cliente ao longo do tempo** (**CLTV**, do inglês *customer lifetime value*) baseia-se na relação entre a receita produzida por um comprador específico, as despesas decorrentes de conquistá-lo e atendê-lo e a duração esperada do relacionamento entre esse cliente e a empresa.

Valor empresarial dos sistemas de gestão do relacionamento com o cliente

As empresas que usam sistemas eficientes de gestão do relacionamento com o cliente percebem muitos benefícios, entre eles maior satisfação, menores custos de *marketing* direto, *marketing* mais eficiente e menores custos de conquista e retenção do cliente. As informações fornecidas pelos sistemas CRM aumentam a receita de vendas, pois permitem identificar os segmentos e clientes mais lucrativos para *marketing* focado e *cross-selling*.

Por outro lado, o cancelamento de contratos cai à medida que as áreas de vendas, atendimento e *marketing* ficam mais sintonizadas com as necessidades do cliente. A **taxa de cancelamento** (***churn rate***) mede o número de pessoas que param de usar ou adquirir os produtos ou serviços de uma empresa. É um importante indicador do crescimento ou declínio da base de clientes da empresa.

SESSÃO INTERATIVA ORGANIZAÇÕES

CRM ajuda a Adidas a conhecer seus clientes um de cada vez

A Adidas é uma fabricante de calçados, roupas e acessórios esportivos com presença global, que vende 1,2 milhão de pares de calçados por dia. A empresa, cuja sede fica em Herzogenaurach, na Alemanha, tem mais de 57 mil funcionários em todo o mundo e gerou vendas líquidas no valor de 23,6 bilhões de euros (US$ 27 bilhões) em 2019. É a segunda maior fabricante de roupas esportivas do mundo, logo depois da Nike.

A Adidas também é líder em *marketing* digital e *on-line*. A loja mais importante da empresa não é mais uma loja física – é um *site*. O *site* da Adidas é um canal fundamental para oferecer experiências conectadas e personalizadas aos clientes, experiências que ajudam a diferenciar a Adidas dos concorrentes e resultam em mais vendas.

O *e-commerce* é o canal de ponto de venda mais lucrativo da Adidas, suas vendas *on-line* chegaram a 5,509 bilhões de euros (US$ 6,180 bilhões) em 2019.

A Adidas não compete em termos de preço, mas de qualidade da sua marca e da experiência do cliente. A transição das lojas físicas para o digital como o meio de compra preferido moldou a maneira como a empresa acompanha as mudanças nas preferências dos clientes. Os clientes estão claramente no centro dos negócios da Adidas, a experiência que eles têm com outros varejistas *on-line*, como a Amazon, fez com que desejassem ter um relacionamento mais pessoal com a Adidas.

Para atender melhor os clientes e gerenciar todos os relacionamentos com eles, a Adidas recorreu à Salesforce.com, empresa de ferramentas baseadas em nuvem para gestão do relacionamento com o cliente (CRM) e desenvolvimento de aplicativos. A Salesforce.com ajuda a Adidas a identificar os principais segmentos de clientes, desenvolver laços mais próximos com eles e projetar experiências diferenciadas sob medida para as necessidades de cada um. As ferramentas CRM da Salesforce possibilitam que a Adidas tenha uma visão única de cada cliente em todos os vários canais pelos quais essa pessoa interage com a empresa.

A Marketing Cloud da Salesforce é uma plataforma CRM que permite aos profissionais de *marketing* criar e gerenciar relacionamentos e campanhas com os clientes. A Marketing Cloud incorpora soluções integradas para gerenciamento de jornada do cliente, *e-mail*, celular, rede social, personalização da *web*, publicidade, criação de conteúdo, gerenciamento de conteúdo e análise de dados. Todas as interações e envolvimentos imagináveis com o cliente são atendidas. O *software* inclui análises preditivas para ajudar a tomar decisões – por exemplo, qual canal seria preferível para uma determinada mensagem. Um componente chamado Journey Builder ajuda os profissionais de *marketing* a adaptar as campanhas a comportamento, necessidades, demografia e preferências de canal de comunicação dos clientes.

A Marketing Cloud funciona conectada à Sales Cloud e à Service Cloud do Salesforce.com para fornecer uma experiência unificada e evitar que os clientes sejam contatados separadamente por representantes dos departamentos de vendas, *marketing* e serviços. A Service Cloud é uma plataforma voltada ao atendimento e suporte ao cliente. As empresas que usam a Service Cloud podem automatizar os processos de serviço, simplificar os fluxos de trabalho e localizar os principais artigos, tópicos e especialistas com informações para ajudar os 1.100 agentes de atendimento ao cliente da empresa. A Service Cloud pode "ouvir" e responder aos clientes em uma variedade de plataformas sociais e encaminhar automaticamente os casos para o agente apropriado. O Service for Apps possibilita a incorporação de *software* de suporte ao cliente em aplicativos móveis, incluindo recursos para bate-papo por vídeo com um agente ao vivo, compartilhamento de tela e assistência guiada na tela. A Service Cloud possibilita o fornecimento de serviços mais personalizados e convenientes, da forma que cada cliente preferir – *e-mail*, *web*, rede social ou telefone – e tudo a partir de um único aplicativo.

A Adidas é capaz de implantar seu *site* de comércio eletrônico centralizado globalmente usando a Commerce Cloud da Salesforce. A Commerce Cloud oferece suporte a todos os idiomas e moedas necessários para os negócios da empresa em todo o mundo. A Adidas usa o conhecimento de clientes individuais e suas preferências obtidas por meio da Commerce Cloud para criar produtos melhores, que podem ser fabricados e entregues ao cliente muito rapidamente. A empresa também está usando a plataforma de gerenciamento de dados DMP da Salesforce para capturar o comportamento *on-line* e na *web* de ações digitais em todos os canais e dispositivos.

Para se aproximar ainda mais do cliente, a Adidas desenvolveu um aplicativo móvel que personaliza conteúdo, interações e produtos com base nas preferências pessoais e no comportamento do cliente que foram identificados por meio de vários pontos digitais de engajamento. O aplicativo apresenta recomendações personalizadas de produtos, preferência de cores e localização, rastreamento de pedidos, postagens em *blogs*, artigos personalizados, vídeos, atualizações em tempo real sobre as preferências de esportes e estrelas do esporte de um indivíduo e uma ferramenta de bate-papo *on-line* inteligente chamada Einstein, para ajudar a responder às perguntas dos clientes e fazer recomendações de produtos mais personalizadas. O aplicativo funciona com os sistemas de pagamento móvel Apple Pay e Android Pay.

Jaqueline Smith-Dubendorfer, vice-presidente de *Design* de Experiência Digital da Adidas, acredita que o uso da tecnologia Salesforce para administrar o relacionamento com o cliente melhorou a capacidade da empresa de tratar cada consumidor como um indivíduo. Quem é essa pessoa? O quanto a conhecemos? De onde ela veio? No que essa pessoa está interessada? Com as ferramentas CRM da Salesforce, a Adidas agora pode responder a essas perguntas com muito mais facilidade. O CRM fornece as informações para a Adidas adaptar o que apresenta ao cliente e, assim, entregar o mais próximo possível do que o cliente está realmente procurando. A empresa agora pode se conectar individualmente com cada pessoa, em vários canais e em qualquer dispositivo.

Fontes: "Adidas," www.salesforce.com, acessado em 11 de fevereiro de 2020; www.adidas-group.com, acessado em 10 de fevereiro de 2020; "Roundup: E-Commerce Sales Increase for Adidas," digitalcommerce360, 9 da agosto de 2019; Stuart Lauchlan, "Dreamforce 2018; Adidas Gets Closer to Customers by Adopting an Athletic Mindset in Business. Diginomica, 27 de setembro de 2018; e Nadia Cameron, "Adidas Taps Data and Technology Smarts to Build Personalized Digital Engagement with Customers," CMO, 7 de novembro de 2017.

PERGUNTAS DO ESTUDO DE CASO

1. Faça uma análise da Adidas usando as forças competitivas e o modelo de cadeia de valor.
2. Qual é a estratégia de negócios da Adidas? Qual é o papel da gestão de relacionamento com o cliente nessa estratégia?
3. Como os sistemas de informação apoiam a estratégia da Adidas?
4. Como o uso do Salesforce.com tornou a Adidas mais competitiva? Como isso mudou a forma como a empresa administrava seus negócios?
5. Dê um exemplo de duas decisões de negócios que foram aprimoradas por meio do uso do Salesforce.com.

9.4 Quais os desafios impostos pelas aplicações integradas e como essas aplicações tiram proveito das novas tecnologias?

Muitas empresas vêm implementando sistemas integrados e sistemas para gestão da cadeia de suprimentos e do relacionamento com o cliente, por serem esses instrumentos eficazes na conquista da excelência operacional e no aprimoramento da tomada de decisão. No entanto, justamente por ser tão eficaz em alterar o funcionamento da organização, sua implantação apresenta inúmeros desafios. Vamos examinar brevemente alguns desses desafios, assim como novas maneiras de extrair ainda mais valor desses sistemas.

Desafios das aplicações integradas

Promessas de redução radical nos custos de estoque e no tempo do pedido até a entrega, assim como resposta mais eficiente ao cliente e maior lucratividade por consumidor e por produto fazem dos sistemas integrados e dos sistemas para gestão da cadeia de suprimentos e do relacionamento com o cliente ferramentas muito atrativas. No entanto, para usufruir de todos esses benefícios, é preciso entender claramente como sua empresa deve mudar para usar tais sistemas com eficácia.

As aplicações integradas envolvem partes complexas de *software* que são muito caras para comprar e implementar. De acordo com uma pesquisa de 2020 com 181 usuários de ERP realizada pelo Panorama Consulting Group, 38% dos projetos de ERP tiveram custos, em média, 66% acima do orçamento (Panorama Consulting Group, 2020). Mudanças no escopo do projeto e no trabalho de customização adicional causam atrasos e aumento de custos da implementação.

As aplicações integradas não exigem apenas mudanças tecnológicas profundas, mas também alterações fundamentais no funcionamento da empresa. As empresas devem efetuar mudanças radicais nos seus processos de negócio para que estes operem com o *software*. Os funcionários precisam aceitar novas funções e responsabilidades, aprender a realizar um novo conjunto de atividades e entender como as informações que inserem no sistema podem afetar outras partes da empresa. Tudo isso requer um novo aprendizado organizacional, que deve ser levado em consideração nos custos de implementação do ERP.

Os sistemas para gestão da cadeia de suprimentos exigem que as múltiplas empresas compartilhem informações e processos de negócios. Cada participante no sistema pode precisar alterar alguns de seus processos e o modo como usa as informações para criar um sistema que atenda melhor à cadeia de suprimentos como um todo.

Algumas empresas vivenciaram grandes problemas e perdas organizacionais quando implementaram pela primeira vez aplicações integradas, pois não compreenderam o volume necessário de modificação organizacional. A Kmart, por exemplo, teve problemas na movimentação de produtos para as prateleiras das lojas quando implantou o *software* de gestão da cadeia de suprimentos da i2 Technologies (JDA *Software*, atualmente). O *software* da i2 não funcionou bem com o modelo de negócios direcionado a promoções da Kmart, que criou aumentos e quedas acentuados na demanda por produtos. A Woolworth's Australia, gigante do setor de supermercados, encontrou problemas relacionados a dados quando fez a transição de um antiquado sistema ERP caseiro para o SAP. Relatórios semanais de lucros e perdas feitos sob medida para lojas individuais não puderam ser gerados por quase 18 meses. A empresa teve que alterar seus procedimentos de coleta de dados, mas não conseguia entender seus próprios processos ou documentá-los adequadamente.

As aplicações integradas também produzem custos de mudança. Caso adote uma aplicação integrada de um único fornecedor, como SAP, Oracle ou outros, será muito dispendioso substituí-la, assim, sua empresa se tornará dependente desse fornecedor para manter e atualizar seus produtos.

As aplicações integradas baseiam-se em definições de dados válidas para toda a organização. Você precisará entender exatamente como sua empresa usa essas informações e como elas podem ser organizadas em um sistema integrado, de gestão da cadeia de suprimentos ou de gestão do relacionamento com o cliente. Em particular, os sistemas de CRM normalmente exigem algum tipo de trabalho de *data cleansing* (limpeza e padronização dos dados).

Fornecedores de *software* integrado estão tratando esses problemas, oferecendo versões reduzidas do seu *software* e programas *fast-start* (implantação rápida) para empresas de pequeno e médio porte, bem como regras de melhores práticas para empresas maiores. As empresas também estão obtendo mais flexibilidade usando aplicativos em nuvem para funções não abordadas pelo *software* corporativo básico, de modo a não enfrentarem restrições de um único tipo de sistema "faz tudo".

Empresas que adotam aplicações integradas também podem economizar tempo e dinheiro, mantendo a mínima personalização. A Kennametal, por exemplo, uma empresa da Pensilvânia de ferramentas de corte de metal, tinha gastado US$ 10 milhões em 13 anos de manutenção de um sistema ERP, com mais de 6.100 customizações. A empresa o substituiu por uma versão simples não customizada do *software* integrado SAP e mudou seus processos de negócio para estar em conformidade com o *software*. O Office Depot dispensou a personalização ao mudar seus sistemas internos para o ERP Cloud da Oracle. A empresa está usando as melhores práticas incorporadas no Supply Chain Management Cloud da Oracle e em seus sistemas Human Capital Management (HCM) e Enterprise Performance Management (EPM) baseados em nuvem. Ao não personalizar seus aplicativos ERP da Oracle, a Office Depot simplificou seus sistemas de informação e reduziu o custo de manutenção e gerenciamento deles (Thibodeau, 2018).

Aplicações integradas da próxima geração

Hoje em dia, fornecedores de aplicações integradas estão distribuindo mais valor por tornarem seus produtos mais flexíveis, disponíveis na *web* e capazes de integração com outros sistemas. Sistemas integrados, de gestão da cadeia de suprimentos e de CRM isolados estão se tornando ultrapassados. Os principais fornecedores de *software* integrado criaram o que chamam de *soluções integradas*, *suítes integradas*, ou suítes para *e-business*, para fazer seus sistemas empresariais, de CRM e de cadeia de suprimentos funcionarem bem próximos uns dos outros e se conectarem a sistemas de clientes e fornecedores.

As aplicações integradas da próxima geração também incluem soluções em nuvem, bem como mais funcionalidades disponíveis em plataformas móveis. Grandes fornecedores de *software* corporativo, como SAP, Oracle e Microsoft, agora apresentam versões em nuvem de seus principais sistemas ERP, além de produtos baseados em nuvem para pequenas e médias empresas. A SAP, por exemplo, fornece o SAP S/4HANA Cloud para grandes empresas e *software* integrado SAP Business ByDesign e SAP Business One para pequenas e médias empresas. A Microsoft oferece a versão em nuvem Dynamics 365 de seu *software* ERP e CRM. Sistemas integrados baseados em nuvem também são oferecidos por fornecedores menores, como NetSuite. A Sessão Interativa sobre Tecnologia descreve como a Versum Materials conseguiu transformar seus negócios usando um novo sistema ERP baseado em nuvem.

A líder indiscutível do mercado global dos sistemas de CRM baseados em nuvem é a Salesforce.com, que descrevemos no Capítulo 5. A Salesforce.com entrega seu serviço por meio de computadores ou dispositivos móveis conectados à internet, e ele é amplamente utilizado por pequenas, médias e grandes empresas. À medida que os produtos baseados em nuvem amadurecem, mais empresas, incluindo empresas da *Fortune 500*, estão escolhendo executar a totalidade ou parte de suas aplicações integradas na nuvem.

CRM social

Fornecedores de *software* de CRM estão melhorando seus produtos para aproveitar a tecnologia de redes sociais. Essas melhorias sociais ajudam as empresas a identificar novas ideias mais rapidamente, melhorar a produtividade da equipe e aprofundar as interações com os clientes (ver Capítulo 10). Usando ferramentas de **CRM social**, as empresas podem interagir melhor com seus clientes ao, por exemplo, analisar seus sentimentos sobre produtos e serviços oferecidos.

As ferramentas de CRM social permitem que uma empresa conecte as conversas e relacionamentos com os clientes existentes em *sites* de redes sociais aos processos de CRM. Os principais fornecedores de CRM já oferecem essas ferramentas para vincular dados de redes sociais em seu *software*. Os produtos de CRM da SAP, da Salesforce.com e da Oracle contam com tecnologias para monitorar, controlar e analisar as atividades em redes sociais como Facebook, LinkedIn, Twitter, YouTube e outros *sites*. Fornecedores de *software* de *business intelligence* e analíticos, como o SAS, também têm recursos para análise de mídia social (com várias métricas de envolvimento do cliente em uma variedade de redes sociais), juntamente com ferramentas de gerenciamento de campanha para testar e otimizar campanhas sociais e tradicionais baseadas na *web*.

A Salesforce.com, por exemplo, conectou o seu sistema de rastreamento de indicações no processo de vendas com ferramentas de escuta social e de *marketing* de mídia social, permitindo aos usuários personalizar seus recursos de *marketing* social para os principais clientes e observar os resultados dos seus comentários. Se uma agência de publicidade quer trabalhar com anúncios direcionados no Facebook ou no Twitter, esses recursos permitem direcionar o anúncio especificamente para as pessoas alvo do cliente, que já estão sendo monitoradas no sistema CRM. Os usuários serão capazes de visualizar os tweets, uma vez que eles ocorrem em tempo real, e descobrir novas indicações. Eles também podem gerenciar várias campanhas e compará-las para descobrir quais geraram as maiores taxas de cliques para os *sites* desejados e os maiores custos por clique.

Inteligência empresarial nas aplicações integradas

Fornecedores de aplicações integradas têm acrescentado recursos de inteligência empresarial para ajudar os administradores a obter informações mais significativas das grandes quantidades de dados gerados por esses sistemas, inclusive dados da Internet das Coisas (IoT). A SAP agora possibilita que seus aplicativos corporativos usem a tecnologia de computação em memória HANA para análises de dados muito mais rápidas e complexas. Estão incluídas

SESSÃO INTERATIVA **TECNOLOGIA**

O ERP causa uma transformação na Versum

A Versum Materials é uma empresa de materiais eletrônicos que fornece gases e produtos especiais de primeira linha para o processo de fabricação de *chips* da indústria de semicondutores. Ela se fundiu com a Merck no final de 2019, está sediada em Billerica, Massachusetts, e opera uma rede de escritórios, fábricas e centros de pesquisa e desenvolvimento (P&D) na Ásia, na Europa e na América do Norte. Em outubro de 2016, a Versum foi alienada de sua controladora, Air Products, e transitou de uma empresa de gás e produtos químicos industriais de US$ 10 bilhões que vendia predominantemente grandes volumes de produtos baratos – cilindros de oxigênio puro, nitrogênio, hidrogênio e hélio – para uma empresa avaliada em US$ 1 bilhão que vende gases e produtos químicos altamente regulamentados para a fabricação de semicondutores.

Após separar-se da Air Products, a Versum continuou a contar com os sistemas de informação de sua antiga controladora sob um acordo de serviço de transição (TSA). No entanto, essa era apenas uma solução temporária, já que a Versum realmente precisava de sua própria infraestrutura de TI e de um sistema corporativo para apoiar o novo modelo de negócios e os planos de crescimento. A empresa recebeu um prazo muito ambicioso de 18 a 24 meses para sair do TSA e ter seus próprios sistemas em funcionamento.

Para a seleção de qual sistema ERP implementar, a Versum Materials tinha algumas opções: a primeira era copiar o sistema SAP ERP de 20 anos da Air Products; a segunda era trazer as mesmas customizações e funcionalidades para um novo sistema SAP ERP; e a terceira alternativa era começar completamente do zero, com servidores, *software* e processos totalmente novos. A Versum selecionou a terceira opção porque oferecia uma oportunidade de esquecer o passado e começar novamente, para implementar processos que funcionavam para seu negócio específico.

O sistema ERP herdado foi fortemente customizado com várias atualizações ao longo dos anos, e a maioria dessas customizações destinavam-se à divisão de gás industrial da empresa controladora, que tinha requisitos de informações muito diferentes da nova Versum. A gerência da Versum Materials não queria continuar usando esse sistema, que não era realmente adequado para o negócio.

Para encontrar um novo sistema, a empresa examinou diferentes fornecedores e produtos de ERP. A administração acabou optando pelo *software* SAP porque ele tinha todos os recursos para satisfazer os requisitos regulatórios legais do setor e porque parecia ser o mais rápido e fácil de implementar em um curto espaço de tempo. Se a Versum tivesse tentado instalar um sistema ERP totalmente novo que não fosse SAP, os funcionários e a equipe de TI teriam que aprender um sistema novo e desconhecido – e isso não poderia ser realizado com facilidade em pouco tempo. O treinamento e os problemas com a compreensão e o conhecimento das pessoas de um novo pacote de *software* teriam causado um impacto significativo aos negócios.

A Versum Materials decidiu fazer do SAP S/4HANA a base de seu novo sistema. O S/4HANA é um sistema ERP integrado que roda em um banco de dados em memória da SAP, o SAP HANA (veja o Capítulo 6). Em vez de rodar o novo sistema SAP ERP em um *data center* próprio, a Versum Materials optou por implementar o sistema em uma nuvem privada, com um provedor hospedeiro capaz de gerenciar a plataforma SAP S/4HANA em nuvem rodando em seu próprio *data center* físico. Isso evitou que a empresa fizesse um grande investimento de capital inicial no novo sistema e tirou de suas mãos a responsabilidade pelo gerenciamento do sistema.

A Versum implementou seu sistema SAP S/4HANA aproveitando as melhores práticas da SAP e do setor incorporadas ao *software* e criando processos consistentes em todas as unidades de negócios. A implementação típica da SAP é realizada em fases – geralmente país por país, para empresas globais. Empresas com cadeias de suprimentos globais, em que materiais ou produtos são fabricados ou enviados de um país para outro, devem converter os dados da cadeia de suprimentos do sistema antigo para o novo sistema de forma rápida e limpa, a fim de manter o fluxo de produtos. A Versum Materials tem uma cadeia de suprimentos global que abrange mais de 10 países, portanto, um lançamento em fases exigiria a implementação de interfaces temporárias para alimentar dados do sistema anterior para o novo sistema e assim permitir que o novo sistema seja ativado país a país. O acordo de serviços de transição (TSA) da Versum não garantia prazo suficiente para essa opção, então o novo sistema ERP teve que entrar em operação em todos os lugares ao mesmo tempo.

Uma implantação "*big bang*" do sistema também foi vantajosa, porque forçou a Versum a manter o sistema simples, com menos problemas para resolver. Manejar o programa e lançar Taiwan em um mês e a Coreia no próximo, por exemplo, demoraria muito mais tempo e seria muito mais complicado, observa Sally Giamalis, diretora do programa SAP da Versum Materials. A empresa previu que o novo sistema teria problemas no início, para receber pedidos, criar pedidos de compra ou enviar produtos aos clientes. Trabalhando com os consultores da Accenture, a Versum descobriu que a implementação ocorreu sem problemas com o mínimo de interrupção em seus negócios.

Quando a Versum entrou em operação com a versão 1610 do SAP S/4HANA, também lançou outras soluções SAP, incluindo módulos para SAP Business Warehouse otimizados para SAP HANA, SAP Business Planning and Consolidation, SAP Global Trade Services, o componente

SAP Advanced Planning and Optimization do SAP Supply Chain Management, SAP Solution Manager, SAP Process Integration, SAP Data Services e governança, risco e conformidade (GRC) da SAP, bem como alguns aplicativos não SAP. Toda a implementação levou apenas 15 meses.

Durante a implementação do novo sistema, a Versum enfrentou alguns desafios, especialmente com a conversão dos dados do sistema antigo. Ela teve de realizar três ciclos de limpeza de dados para obter informações de faturamento, endereço e contato com suficiente precisão. A estrutura de dados do antigo sistema SAP ERP não era a mesma do novo sistema SAP S/4HANA, que tinha uma nova estrutura hierárquica de Parceiros de Negócios. No antigo sistema SAP ERP, a estrutura do cliente (enviar para, faturar para, contato e fornecedor) consistia em todos os diferentes objetos de dados. Na nova estrutura SAP S/4HAHA, todos esses objetos de dados diferentes fazem parte de um novo objeto chamado Parceiro de Negócios. Na estrutura antiga, cliente e fornecedor podiam ser a mesma coisa, mas eram duas entidades diferentes. Na nova estrutura, se a empresa vende para um cliente, mas também compra desse cliente, eles estão sob um único registro de Parceiro de Negócios.

O novo sistema SAP S/4HANA torna mais fácil para a Versum otimizar operações, gerenciar custos e tirar proveito de análises em tempo real. A empresa agora tem uma base sólida para operar como uma empresa independente especializada em materiais especiais.

Fontes: "Business Transformation Through SAP S/4HANA," www.accenture.com, acessado em 10 de janeiro de 2020; www.versummaterials. com, acessado em 10 de janeiro de 2020; Lauren Bonneau, "How the Guiding Principles of Standardize, Harmonize, Simplify, and Scalable Led to a 'Ghostly Quiet' Go-Live," *SAP Insider*, 26 de fevereiro de 2019; e Davi Beltz, "Versum Materials: Implementing SAP S/4HANA for Business Transformation," www.accenture.com, acessado em 10 de janeiro de 2020.

PERGUNTAS DO ESTUDO DE CASO

1. Defina o problema descrito neste caso. Que fatores de gestão, organização e tecnologia contribuíram para o problema?
2. A solução SAP S/4HANA SaaS foi boa para a Versum? Justifique sua resposta.
3. Quais desafios a Versum encontrou para implementar o novo sistema?
4. Como o novo sistema mudou a forma como a Versum administrava seus negócios?

ferramentas para relatórios flexíveis; análise *ad hoc*; painéis interativos; análise de cenários hipotéticos; visualização de dados; e aprendizagem automática de IA para analisar grandes volumes de dados, criar conexões, fazer previsões, e fornecer recomendações mais precisas para compras de clientes e otimização de operações (veja o Capítulo 11). O Salesforce.com agora oferece uma ferramenta Einstein AI para otimizar as recomendações de produtos. O gerenciamento da Salesforce relata que os clientes que usam o Einstein AI para recomendações de produtos geralmente proporcionam entre 9 e 10% de receita adicional (Fluckinger, 2020).

Os principais fornecedores de aplicações integradas oferecem partes de seus produtos para utilização em dispositivos portáteis móveis.

9.5 Como os sistemas de informação gerenciais ajudarão minha carreira?

Aqui está como o Capítulo 9 e este livro podem ajudá-lo a encontrar um emprego como trainee de gestão de produção.

A empresa

A XYZ Global Industrial Components – uma grande empresa com sede em Michigan, que possui 40 fábricas e mais de 4 mil funcionários em todo o mundo – tem uma vaga aberta para um recém-formado na área do Programa de Gestão de Produção. A empresa fabrica componentes de fixação, engenharia e articulação e suspensão para os setores automotivo, caminhões pesados, aeroespacial, elétrica, telecomunicações e outras indústrias em todo o mundo.

Descrição do cargo

O Programa de Gestão de Produção é rotativo, de dois anos, e concebido para promover e treinar futuros gerentes, permitindo que recém-formados adquiram habilidades fundamentais e experiência no setor em ambientes de fábrica, técnicos e corporativos. As responsabilidades do trabalho incluem:

- Trabalhar com unidades de negócios e equipes de projeto na implementação de sistemas, incluindo implementação de sistemas de manufatura ERP e JDA.
- Compreender processos de negócios e requisitos de dados para cada unidade de negócios.
- Competência no suporte e realização de sessões de análise de requisitos de negócios.
- Controle e documentação de mudanças nas especificações funcionais e de negócios.
- Redação de documentos do usuário, instruções e procedimentos.
- Monitoramento e documentação de problemas pós-implementação e solicitações de revisão.

Requisitos do emprego

- Graduação em TI, SIG, engenharia, ou áreas afins, com um GPA superior a 3,0.
- Habilidades comprovadas no pacote Microsoft Office.
- Sólidas habilidades de comunicação escrita e verbal.
- Comprovado histórico de realizações dentro e fora do ambiente educacional.
- Experiência em um papel de liderança em equipe.

Perguntas para a entrevista

- Descreva os projetos em que você trabalhou em equipe. Você desempenhou uma função de liderança? Exatamente o que você fez para ajudar sua equipe a atingir seu objetivo? Algum desses projetos foram projetos de TI?
- O que você sabe sobre sistemas de manufatura ERP ou JDA? Você já trabalhou com isso? O que exatamente você fez com esses sistemas?
- Conte o que você é capaz de fazer com o Microsoft Office. Quais ferramentas você tem usado? Você tem algum conhecimento de Access e Excel? Você usou essas ferramentas para resolver que tipos de problemas? Você fez cursos de Access e de Excel?

Dicas do autor

1. Faça algumas pesquisas sobre a empresa, o setor a que ela pertence e os tipos de desafios que enfrenta. Dê uma olhada na página da empresa no LinkedIn e leia suas postagens dos últimos doze meses. Existem tendências importantes nas postagens do LinkedIn dessa empresa?
2. Analise o Capítulo 9 do livro sobre aplicações integradas, o Capítulo 13 sobre desenvolvimento de sistemas e o Capítulo 14 sobre gerenciamento e implementação de projetos de TI.
3. Assista a vídeos do YouTube criados por grandes empresas de consultoria de TI que discutem as últimas tendências em tecnologia de fabricação e sistemas integrados.
4. Tente saber como você usaria as ferramentas do Microsoft Office para o trabalho e quais habilidades de Excel e Access você deveria demonstrar. Traga exemplos do trabalho que você fez com este *software*. Mostre que estaria ansioso para aprender o que não sabe sobre essas ferramentas para cumprir suas atribuições de trabalho.
5. Traga exemplos de suas anotações, demonstrando suas habilidades analíticas e experiência em projetos.

RESUMO

9.1 Como os sistemas integrados ajudam as empresas a conquistar excelência operacional?

Software integrado baseia-se em uma suíte de módulos de *software* agregados e um banco de dados comum central. O banco de dados coleta e fornece dados para diversas aplicações que podem suportar quase todas as atividades de negócios internas da empresa. Quando novas informações são fornecidas por um processo, elas são disponibilizadas imediatamente para outros processos de negócio.

Sistemas integrados ajudam na centralização organizacional, pois aplicam processos de negócios e padrões de dados uniformizados em toda a empresa, além de utilizar uma única plataforma tecnológica. Válidos para toda a empresa, os dados gerados pelos sistemas integrados ajudam os gestores a avaliar o desempenho organizacional.

9.2 Como os sistemas de gestão da cadeia de suprimento realizam a coordenação de planejamento, produção e logística com os fornecedores?

Os sistemas de gestão da cadeia de suprimentos (SCM) automatizam o fluxo de informações entre os membros da cadeia de suprimentos; com isso, esses membros podem usar essas informações para tomar decisões mais acertadas sobre quando e quanto comprar, produzir ou expedir. As informações mais precisas proporcionadas pelos sistemas de gestão da cadeia de suprimentos reduzem a incerteza e o impacto do efeito chicote.

Os *softwares* de gestão da cadeia de suprimentos dividem-se em *software* de planejamento e *software* de execução. A tecnologia da internet facilita a gestão de cadeias de suprimentos globais, pois permite que organizações de diferentes países se conectem e compartilhem informações. A melhor comunicação entre os membros da cadeia também facilita a resposta eficiente ao cliente e a transição para um modelo orientado pela demanda.

9.3 Como os sistemas de gestão de relacionamento conquistam a intimidade com o cliente?

Sistemas de gestão do relacionamento com o cliente (CRM) integram e automatizam muitos processos voltados ao cliente nas áreas de vendas, *marketing* e atendimento, proporcionando uma visão válida para toda a empresa. As organizações podem usar esse conhecimento sobre o cliente quando interagem com ele para oferecer melhores serviços ou vender novos produtos e serviços. Esses sistemas também identificam clientes lucrativos ou não lucrativos, bem como oportunidades para reduzir a taxa de cancelamento (*churn rate*).

Os principais pacotes de *software* de gestão do relacionamento com o cliente oferecem recursos tanto para o CRM operacional quanto para o CRM analítico. Muitas vezes, incluem módulos para gerenciar o relacionamento com parceiros de venda (gestão do relacionamento com o parceiro) e para a gestão do relacionamento com o funcionário.

9.4 Quais os desafios impostos pelas aplicações integradas e como essas aplicações tiram proveito das novas tecnologias?

É difícil implementar aplicações integradas. Elas exigem profundas mudanças organizacionais, pesados investimentos em novos *softwares* e cuidadosa avaliação sobre como esses sistemas melhorarão o desempenho organizacional. As aplicações integradas não podem agregar valor se forem implementadas sobre processos falhos ou se as empresas não souberem como usar esses sistemas para avaliar as melhorias no desempenho. Os funcionários precisam ser preparados para os novos procedimentos e papéis. A gestão de dados merece atenção especial.

As aplicações integradas agora são mais flexíveis, disponíveis na *web* e podem ser integradas com outros sistemas. Elas também têm código aberto e versões sob demanda capazes de serem executadas em infraestruturas de nuvem ou em plataformas móveis. O *software* CRM acrescentou recursos de redes sociais para aumentar a colaboração interna, aprofundar as interações com os clientes e utilizar dados dessas redes sociais. As aplicações integradas estão incorporando recursos de *business intelligence* para analisar as grandes quantidades de dados que geram.

Termos-chave

Automação da força de vendas (SFA), 351
Cadeia de suprimentos, 342
CRM analítico, 353
CRM operacional, 353
CRM social, 358
Cross-selling (venda cruzada), 351
Efeito chicote, 344
Estratégia just-in-time, 344
Gestão do relacionamento com funcionários (ERM), 350
Gestão do relacionamento com parceiros (PRM), 350
Modelo pull, 347
Modelo push, 347
Planejamento de demanda, 346
Ponto de contato, 349
Sistemas de execução da cadeia de suprimentos, 346
Sistemas de planejamento da cadeia de suprimentos, 345
Software integrado, 340
Taxa de cancelamento (churn rate), 354
Valor do cliente ao longo do tempo (CLTV), 354

Questões para revisão

9.1 Como os sistemas integrados ajudam as empresas a conquistar excelência operacional?

- Explique o que é um sistema integrado e como funciona o *software* integrado.
- Descreva como os sistemas integrados agregam valor a uma empresa.

9.2 Como os sistemas de gestão da cadeia de suprimento realizam a coordenação de planejamento, produção e logística com os fornecedores?

- Defina o que é uma cadeia de suprimentos e identifique cada um de seus componentes.
- Explique como os sistemas de gestão da cadeia de suprimentos ajudam a reduzir o efeito chicote e como agregam valor para o negócio.
- Defina e compare os sistemas de planejamento da cadeia de suprimentos e os sistemas de execução da cadeia de suprimentos.
- Descreva os desafios das cadeias de suprimentos globais e como a tecnologia da internet pode ajudar as empresas a gerenciá-las melhor.
- Diferencie o modelo de gestão da cadeia de suprimentos *push* e o modelo *pull* e explique como os atuais sistemas de gestão de cadeia de suprimentos facilitam a adoção do modelo *pull*.

9.3 Como os sistemas de gestão de relacionamento conquistam a intimidade com o cliente?

- Defina o que é gestão do relacionamento com o cliente e explique por que o relacionamento com o cliente é tão importante hoje.
- Descreva como a gestão do relacionamento com parceiros (PRM) e a gestão do relacionamento com funcionários (ERM) estão relacionadas à gestão do relacionamento com o cliente (CRM).
- Descreva as ferramentas e capacidades do *software* de gestão de relacionamento com o cliente para vendas, *marketing* e atendimento ao cliente.
- Diferencie entre CRM operacional e analítico.

9.4 Quais os desafios impostos pelas aplicações integradas e como essas aplicações tiram proveito das novas tecnologias?

- Liste e descreva os desafios que as aplicações integradas representam.
- Explique como esses desafios podem ser enfrentados.
- Descreva como as aplicações integradas aproveitam a computação em nuvem e a *business intelligence*.
- Defina o que é o CRM social e explique como os sistemas de gestão do relacionamento com o cliente estão usando as redes sociais.

Para discutir

9.5 A gestão da cadeia de suprimentos trata menos de gerenciar o movimento físico de mercadorias e mais do gerenciamento de informações. Discuta as implicações dessa declaração.

9.6 Se uma empresa quer implementar uma aplicação integrada, é melhor fazer o seu dever de casa. Discuta as implicações dessa afirmação.

9.7 Qual aplicação integrada deve ser instalada primeiro por uma empresa: ERP, SCM ou CRM. Justifique sua resposta.

Projeto práticos em SIG

Os projetos nesta seção oferecem experiências práticas na análise da integração de processos de negócios, sugerindo aplicações de gestão da cadeia de suprimentos e de gestão do relacionamento com o cliente, usando *software* de banco de dados para gerenciar solicitações de atendimento ao cliente e avaliando os serviços empresariais de gestão da cadeia de suprimentos.

Problemas de decisão de gestão

9.8 A Mercedes-Benz Canada, com sede em Toronto, tem uma rede de 55 concessionárias, mas não conhecia seus clientes suficientemente. Os revendedores forneciam dados de clientes à empresa conforme finalidades específicas. A Mercedes não exigia essas informações de seus revendedores. Não havia incentivo real para os revendedores compartilharem informações com a empresa. Como os sistemas CRM e PRM podem ajudar a resolver esse problema?

9.9 A Office Depot disponibiliza uma ampla gama de produtos de material de escritório e serviços nos Estados Unidos e internacionalmente. A empresa tenta oferecer uma variedade mais ampla de suprimentos de escritório a um custo menor do que outros varejistas, usando reabastecimento *just-in-time* e sistemas rígidos de controle de estoque. Ela usa informações de um sistema de previsão de demanda e dados de pontos de venda para reabastecer seu estoque em suas 1.400 lojas de varejo. Explique como esses sistemas ajudam a Office Depot a minimizar os custos e diga quais outros benefícios eles oferecem. Identifique e descreva outros aplicativos de gestão da cadeia de suprimentos que seriam úteis para a Office Depot.

Melhor tomada de decisão: uso do *software* de banco de dados para gerenciar as solicitações de atendimento ao cliente

Habilidades de *software*: Projeto de banco de dados, realização de consultas e emissão de relatórios
Habilidades de negócios: Análise de atendimento ao cliente

9.10 Neste exercício, você usará o *software* de banco de dados para desenvolver um aplicativo que rastreie as solicitações de atendimento ao cliente e analise os dados do cliente para identificar aqueles que devem receber tratamento prioritário.

A Prime Service é uma grande empresa de serviços que faz manutenção e reparo para cerca de 1.200 empresas comerciais em Nova York, Nova Jersey e Connecticut. Seus clientes incluem empresas de todos os tamanhos. Os clientes ligam para o departamento de atendimento e fazem pedidos de reparo de dutos de aquecimento, janelas quebradas, telhados com vazamentos, canos de água furados e outros problemas. A empresa atribui um número a cada solicitação e anota o número da solicitação de serviço, o número de identificação da conta do cliente, a data da solicitação, o tipo de equipamento que precisa ser reparado e uma breve descrição do problema. As solicitações de serviço são tratadas por ordem de chegada. Após a conclusão do serviço, a Prime calcula o custo do serviço, insere o preço no formulário de solicitação de serviço e fatura o cliente. Com esse método, a empresa trata os clientes mais importantes e lucrativos – aqueles com contas acima de US$ 70 mil – de maneira não diferente de seus clientes com contas pequenas. A administração gostaria de encontrar uma maneira de fornecer aos seus melhores clientes um atendimento melhor. Também gostaria de saber quais tipos de problemas de serviço ocorrem com mais frequência, a fim de poder reunir recursos adequados para resolvê-los.

Use o *software* de banco de dados para projetar uma solução que permita aos representantes de atendimento ao cliente da Prime identificar os clientes mais importantes, de modo que possam receber atendimento prioritário. Sua solução exigirá mais de uma tabela. Preencha seu banco de dados com pelo menos 10 solicitações de serviço. Crie vários relatórios que sejam de interesse da gerência, como uma lista das contas de prioridade mais alta e mais baixa e um relatório mostrando os problemas de serviço que ocorrem com mais frequência. Crie um relatório listando as chamadas de serviço às quais os representantes de atendimento ao cliente devem responder primeiro em uma data específica.

Alcançando a excelência operacional: avaliação dos serviços de gestão da cadeia de suprimentos

Habilidades de *software*: Navegador da *web* e *software* de apresentação
Habilidades de negócios: Avaliação dos serviços de gestão da cadeia de suprimentos

9.11 Além do transporte de mercadorias, algumas empresas fornecem serviços de gerenciamento de suprimentos e ajudam seus clientes a controlar suas informações. Neste projeto, você usará a *web* para pesquisar e avaliar dois desses serviços profissionais. Pesquise os *sites* de duas empresas, a UPS e a Schneider National, para ver como os serviços dessas empresas podem ser usados para a gestão da cadeia de suprimentos. Em seguida, responda às seguintes perguntas:

- A que processos da cadeia de suprimentos cada uma dessas empresas pode prestar suporte?
- Como os clientes podem usar os *sites* de cada empresa como auxílio na gestão da cadeia de suprimentos?
- Compare os serviços de gestão da cadeia de suprimentos que essas empresas fornecem. Qual empresa você escolheria para ajudar sua empresa a gerenciar sua cadeia de suprimentos? Por quê?

Projeto de colaboração e trabalho em equipe

Analisando fornecedores de aplicações integradas

9.12 Com um grupo de três ou quatro outros alunos, utilize a *web* para pesquisar e avaliar os produtos de dois fornecedores de *software* de aplicações integradas. Vocês podem comparar, por exemplo, os sistemas integrados da SAP e da Oracle, os sistemas de gestão da cadeia de suprimentos da JDA *Software* e da SAP ou os sistemas de gestão do relacionamento com o cliente da Oracle e da Salesforce.com. Apliquem o que aprenderam nos *sites* dessas empresas para comparar os produtos de *software* escolhidos em termos de funções de negócios suportadas, plataformas de tecnologia, custo e facilidade de uso. Qual fornecedor você selecionaria? Por quê? Você selecionaria o mesmo fornecedor para uma pequena empresa (50 a 300 funcionários) e para uma grande? Se possível, use o Google Docs e o Google Drive ou Google Sites para debater, organizar e desenvolver uma apresentação de suas descobertas para a turma.

A pandemia de covid-19 interrompe o funcionamento de cadeias de suprimentos em todo o mundo

ESTUDO DE CASO

A pandemia de covid-19 foi um teste para as cadeias de suprimentos como nenhum outro evento na história recente. Populações inteiras ficaram isoladas e em quarentena, criando picos na demanda por certos produtos (como desinfetante para as mãos) e grandes quedas na demanda por outros. Muitas empresas ficaram fechadas por meses, sendo que pequenas empresas, lojas de varejo e restaurantes foram especialmente atingidos. Grandes quedas na demanda, déficits no fluxo de caixa, congestionamento portuário em todo o mundo, fechamento de fábricas e suspensões do transporte de carga aéreo, do transporte rodoviário e de serviços ferroviários paralisaram empresas em todo o mundo.

Clientes mudaram seus hábitos de compra. Muitos passaram a gastar mais com itens essenciais, criando escassez tanto no comércio eletrônico quanto nas lojas físicas. Mudanças no comportamento de gastos do consumidor derrubaram os modelos preditivos, por conta da mudança dos clientes, que passaram a gastar em novas lojas, canais e linhas de produtos. Ao mesmo tempo, as empresas que não lidavam com artigos essenciais enfrentaram perda de receita, pois milhões de pessoas ficaram sem trabalho.

De acordo com uma análise de 11 de março de 2020 da plataforma de negócios Forex.com, quase 75% de todas as empresas já haviam relatado interrupções na cadeia de suprimentos – e esse número provavelmente ainda chegaria a 80%. As empresas manufatureiras em todo o mundo foram especialmente afetadas pela paralisação da atividade industrial em Wuhan, na China, onde a pandemia começou. Essas organizações dependiam de componentes, materiais e produtos acabados fabricados naquele país.

A maioria das empresas não foi capaz de reagir de forma rápida e flexível às interrupções na cadeia de suprimentos causadas pela dimensão da pandemia de covid-19, o que só podia ser feito se toda a cadeia de suprimentos tivesse visibilidade. A maioria das empresas não tem visibilidade da cadeia de suprimentos (ou seja, a capacidade de rastrear peças, componentes ou produtos em trânsito desde o fabricante até seu destino final). A maioria das empresas tem apenas 20% de visibilidade de suas cadeias de suprimentos. Especialistas acreditam que são necessários de 70 a 80% de visibilidade para lidar com grandes interrupções.

A cadeia de suprimentos moderna é incrivelmente frágil. As empresas construíram cadeias de suprimentos globais com base na terceirização para fornecedores externos e margens extraordinariamente pequenas de estoque de segurança. (O estoque de segurança é uma quantidade adicional de um item mantido por uma empresa em estoque para reduzir o risco de que o item acabe.) A noção predominante para a gestão da cadeia de suprimentos adotou princípios "enxutos" que tentam otimizar custos por meio da diminuição do estoque de segurança, usando entrega "*just-in-time*" para manter apenas 15 a 30 dias de produtos à mão e concentrando o fornecimento em poucos países. Por exemplo, mais de 80% das fábricas que produzem componentes para medicamentos nos Estados Unidos estão localizadas no exterior, principalmente na China. Muitas empresas consideram mais barato fabricar produtos lá e em outros lugares da Ásia, em vez de fazê-lo mais perto de casa. Autopeças, moda, tecnologia, equipamentos médicos e componentes de medicamentos são especialmente vulneráveis a interrupções nas cadeias de suprimentos na Ásia.

Para tornar as cadeias de suprimentos mais resilientes, as empresas precisam eliminar sua dependência do abastecimento de um único fornecedor, região ou país. Grandes empresas podem criar cadeias de suprimentos regionais e diversificar a localização de suas fábricas e de seus fornecedores (veja a Sessão Interativa sobre Gestão do Capítulo 15). Elas também devem levar em consideração possíveis problemas de otimização de estoque e de estoque de segurança – processos que otimizam os custos mantendo o estoque no mínimo e criando reservas pequenas para absorver choques, mesmo que isso aumente os custos.

Os custos de produção tem sido uma das principais justificativas para transferir a fabricação para o exterior. No entanto, o componente de custo de mão-de-obra da fabricação tem diminuído constantemente, à medida que novas ferramentas de automação vêm sendo desenvolvidas. Trinta anos atrás, quando os custos trabalhistas representavam de 30% a 40% do custo da produção de bens, os fabricantes estadunidenses foram tentados a transferir a produção para fábricas chinesas repletas de trabalhadores de baixo custo que montavam os produtos manualmente. Hoje, a tendência é para fábricas mais automatizadas, que reduzem o componente de mão de obra e também as pressões de lucros e perdas. A liderança dos Estados Unidos em automação fabril sem dúvida ajuda a trazer algumas manufaturas *offshore* de volta para casa.

A adoção de mais ferramentas digitais para a gestão da cadeia de suprimentos também pode ser útil. Um sistema contemporâneo de controle aumenta a transparência e a capacidade de resposta, pois todas as atividades da cadeia de suprimentos são capazes de interagir umas com as outras quase em tempo real. Existem novas aplicações e plataformas digitais para ajudar as empresas a estabelecer redes interconectadas de processos da cadeia de suprimentos discretos e em silos, e também a gerenciá-las com mais flexibilidade. A Gartner Inc. prevê que, até 2023, pelo menos 50% das empresas globais usarão inteligência artificial (veja o Capítulo 11), análise avançada e Internet das Coisas (IoT) nas operações da cadeia de suprimentos. Empresas como a Procter & Gamble (P&G) estão usando algoritmos de aprendizagem automática de inteligência artificial várias vezes ao dia para realizar o planejamento da demanda de produtos como o detergente Tide. Outras empresas estão implementando tecnologias de IoT, como GPS e leitores RFID (veja o Capítulo 7) para identificar e rastrear itens em lojas e depósitos, bem como dados em tempo real sobre variáveis como velocidade de entrega.

Mas atenção: mesmo que uma empresa use ferramentas digitais de gestão da cadeia de suprimentos, estas podem precisar de atualização e ajustes para lidar com grandes paralisações globais. Os algoritmos usados pelos sistemas de gestão da cadeia de suprimentos de grandes empresas não funcionaram durante a pandemia de covid-19. No caso do Walmart, por exemplo, conhecido por seus sistemas eficientes de gestão da cadeia de suprimentos de última geração (veja o Capítulo 3), descobriram que as interrupções durante a pandemia tornaram esses sistemas incapazes de prever com precisão quantas fraldas e mangueiras de jardim eram necessárias nas prateleiras das lojas.

Normalmente, o sistema do Walmart é capaz de analisar com precisão os níveis de estoque, as tendências históricas de compras e os descontos para recomendar a reposição de um produto. Mas a interrupção mundial causada pela pandemia de covid-19 fez com que as recomendações do *software* mudassem com mais frequência.

A maioria das empresas de varejo baseia sua previsão de necessidades de clientes em algum tipo de modelo ou algoritmo. Seus modelos incorporam alguma compreensão de como choques, como desastres naturais, interrompem as cadeias de suprimentos e afetam a demanda, usando dados históricos para prever as tendências futuras. Em condições normais, esses algoritmos funcionam razoavelmente bem. Mas as pandemias globais são algo novo que os modelos não sabem levar em conta. Desastres como inundações ou furacões tendem a ser regionais, mas a pandemia de covid-19 afetou o mundo inteiro. A produção, o transporte e o comportamento das pessoas mudaram drasticamente durante esse período. Por causa dessas grandes paralisações mundiais, os dados normais que alimentam os modelos, incluindo os padrões históricos de compra, não são tão relevantes.

Os modelos em *software* de gestão da cadeia de suprimentos ainda podem ser usados, mas os dados precisam ser alterados. As pessoas que gerenciam as cadeias de suprimentos precisarão ser mais ativas na interpretação das projeções, em vez de presumir que os modelos serão capazes de registrar tudo o que está acontecendo. Por exemplo, a Alloy, uma consultoria de análise de bens de consumo, trabalhou com uma empresa que viu as vendas de seu produto aumentarem 40% em um grande varejista em março de 2020, quando o número de infectados pelo coronavírus começou a aumentar nos Estados Unidos. O varejista fez um pedido muito grande para abril a fim de enfrentar o aumento nas vendas, mas os analistas da Alloy sabiam que a demanda pelo produto havia despencado e que o varejista não conseguiria vender tudo o que havia pedido. Desse modo, a Alloy aconselhou o varejista a não comprar tantos produtos.

Tecnologias para fortalecer as cadeias de suprimentos, na forma de inovações como analítica, inteligência artificial e aprendizagem automática, por si só não reforçarão vulnerabilidades e ineficiências. As empresas devem repensar suas estratégias e redesenhar as cadeias de suprimentos, para que possam obter produtos de vários locais, dependendo de onde ocorrer uma interrupção. Uma chave está no mapeamento da cadeia de suprimentos, sem o qual as empresas não podem elaborar planos de recuperação viáveis.

O pequeno número de empresas que mapeou suas redes de suprimentos antes da pandemia estava mais bem preparada para lidar com interrupções. Essas empresas foram capazes de determinar exatamente quais fornecedores, locais, produtos e peças estavam em risco, o que poderia ajudá-las a obter uma solução mais rapidamente. Uma empresa pode presumir que sua maior vulnerabilidade está em um fornecedor primário. Uma análise detalhada de sua cadeia de suprimentos pode mostrar que o maior risco vem de um pequeno fornecedor de nível inferior de um componente crítico que custa 10 centavos.

No entanto, o mapeamento da rede de suprimentos é demorado e caro, e a maioria das empresas não o faz. (Depois do terremoto e do tsunami de 2011, uma equipe de 100 pessoas de um fabricante japonês de semicondutores levou mais de um ano para mapear as redes de fornecimento da empresa em subcamadas.) Em vez disso, as empresas confiam em informações fornecidas por humanos (muitas vezes, não confiáveis) de seus fornecedores de nível superior e alguns de nível inferior.

Fontes: Nicole Wetsman, "The Algorithms Big Companies Use to Manage Their Supply Chains Don't Work During Pandemics," *The Verge*, 27 de abril de 2020; Sundar Kamakshisundaram, "The Coronavirus Is Shattering Traditional Supply Chains," *Supply Chain Brain*, 25 de março de 2020; Fred Schmalz, "The Coronavirus Outbreak Is Disrupting Supply Chains Around the World—Here's How Companies Can Adjust and Prosper," *Kellogg Insights*, 26 de março de 2020; Lizzie O'Leary, "The Modern Supply Chain Is Snapping," *The Atlantic*, 19 de março de 2020; David Parker, "In 2020, Supply- Chain Disruption Is No Longer Optional," *Supply Chain Brain*, 2 de abril de 2020; Thomas Y. Choi, Dale Rogers, e Bindiya Vakil, "Coronavirus Is a Wake-Up Call for Supply Chain Management," *Harvard Business Review*, 27 de março de 2020; Ashish Rastogi, "How Digital Solutions Are Creating More Resilient Supply Chains," *Supply Chain Brain*, 30 de abril de 2020; Adeel Najmi, "Three Strategies for Building Resilience in Your Supply Chain," *Supply Chain Brain*, 13 de maio de 2020; e Joe Carson, "Paving the way for U.S. Supply Chain Independence," Bloomberg, 26 de maio de 2020.

PERGUNTAS DO ESTUDO DE CASO

9.13 Defina o problema descrito neste caso. Que fatores de gestão, organização e tecnologia contribuíram para o problema?

9.14 Em que medida a tecnologia da informação pode resolver esse problema? Justifique sua resposta.

9.15 Quais problemas de gestão, organização e tecnologia devem ser abordados para redesenhar as cadeias de suprimentos e torná-las capazes de lidar com grandes interrupções, como a pandemia de covid-19?

Referências do Capítulo 9

Bowers, Melissa R., Adam G. Petrie e Mary C. Holcomb. "Unleashing the Potential of Supply Chain Analytics." *MIT Sloan Management Review* 59 Nº 1 (outono de 2017).

Bozarth, Cecil e Robert B. Handfield. *Introduction to Operations and Supply Chain Management*, 5th ed. (Upper Saddle River, NJ: Prentice-Hall, 2019).

D'Avanzo, Robert, Hans von Lewinski e Luk N. van Wassenhove. "The Link Between Supply Chain and Financial Performance." *Supply Chain Management Review* (1º de novembro de 2003).

Davenport, Thomas H. *Mission Critical: Realizing the Promise of Enterprise Systems* (Boston: Harvard Business School Press, 2000).

Fluckinger, Don. "Microsoft, Salesforce, Oracle Launch Retail Customer Experience Tools." SearchCustomerExperience. com, 13 de janeiro de 2020.

Fruhlinger, Josh e Thomas Wailgum. "15 Famous ERP Disasters, Dustups and Disappointments." *CIO* (10 de julho de 2017).

Gaur, Vishal e Abhinay Gaiha. "Building a Transparent Supply Chain." *Harvard Business Review* (maio-junho de 2020).

Hitt, Lorin, D. J. Wu e Xiaoge Zhou. "Investment in Enterprise Resource Planning: Business Impact and Productivity Measures." *Journal of Management Information Systems* 19, Nº 1 (verão de 2002).

Kitchens, Brent, David Dobolyi, Jingjing Li e Ahmed Abbasi. "Advanced Customer Analytics: Strategic Value Through Integration of Relationship-Oriented Big Data." *Journal of Management Information Systems* 35, Nº 2 (2018).

Laudon, Kenneth C. "The Promise and Potential of Enterprise Systems and Industrial Networks." Working paper, The Concours Group. Copyright Kenneth C. Laudon (1999).

Lee, Hau L., V. Padmanabhan e Seugin Whang. "The Bullwhip Effect in Supply Chains." *MIT Sloan Management Review* 38 Nº 3 (primavera de 1997).

Markey, Rob. "Are You Undervaluing Your Customers?" *Harvard Business Review* (janeiro-fevereirode 2020).

Oracle Corporation. "Alcoa Implements Oracle Solution 20% Below Projected Cost, Eliminates 43 Legacy Systems." www. oracle.com, acessado em 21 de agosto de 2005.

Panorama Consulting Group. "2020 ERP Report." (2020)

______. "6 Tips for Global ERP Implementations." (25 de março de 2019a).

______. "Clash of the Titans" (2019b).

Ranganathan, C., e Carol V. Brown. "ERP Investments and the Market Value of Firms: Toward an Understanding of Influential ERP Project Variables." *Information Systems Research* 17, Nº 2 (junho de 2006).

Rom, Ted. "How IoT Will Dramatically Impact Enteprise Resource Planning (ERP) Systems." Technology Research Centers (14 de agosto de 2019).

Seldon, Peter B., Cheryl Calvert e Song Yang. "A Multi-Project Model of Key Factors Affecting Organizational Benefits from Enterprise Systems." *MIS Quarterly* 34, Nº 2 (junho de 2010).

Thibodeau, Patrick. "Office Depot Says 'No' to Oracle ERP Cloud Customizations." *Tech Target* (1º de fevereiro de 2018).

Tian, Feng e Sean Xin Xu. "How Do Enterprise Resource Planning Systems Affect Firm Risk? Post-Implementation Impact." *MIS Quarterly* 39, Nº 1 (março de 2015).

Wailgum, Thomas. "What Is ERP? A Guide to Enterprise Resource Planning Systems." *CIO* (27 de julho de 2017).

Zhang, Jonathan Z., George F. Watson IV e Robert W. Palmatier. "Customer Relationships Evolve–So Must Your CRM Strategy." *MIT Sloan Management Review* 59 Nº 4 (1º de maio de 2018).

CAPÍTULO

10 Comércio eletrônico: mercados digitais, mercadorias digitais

OBJETIVOS DE ESTUDO

Ao concluir este capítulo, você será capaz de responder às seguintes perguntas:

10.1 Quais são as características específicas do comércio eletrônico, dos mercados digitais e das mercadorias digitais?

10.2 Quais são os principais negócios e modelos de receitas do comércio eletrônico?

10.3 Como o comércio eletrônico transformou o *marketing*?

10.4 Como o comércio eletrônico afetou as transações entre empresas?

10.5 Qual é o papel do *m-commerce* nos negócios e suas aplicações mais importantes?

10.6 Quais questões devem ser abordadas na criação de uma presença no comércio eletrônico?

10.7 Como os sistemas de informação gerenciais ajudarão minha carreira?

CASOS DO CAPÍTULO

O comércio eletrônico no painel: a batalha pela "Quarta Tela"

Pequenas empresas pegam empréstimos de um aplicativo FinTech

Como se engajar "socialmente" com os clientes

A Uber pode ser o Uber de tudo?

O comércio eletrônico no painel: a batalha pela "Quarta Tela"

As empresas estão sempre à procura de mais maneiras de atrair clientes e vender seus produtos para eles. Agora o alvo delas é o painel do seu carro. A média do tempo gasto no carro por um motorista estadunidense é de 51 minutos por dia – o que cria uma nova oportunidade de se obter um público cativo. Depois da televisão, dos computadores e dos telefones celulares, os painéis dos carros estão emergindo como a "quarta tela" para atrair a atenção dos consumidores.

Não faltam oportunidades. Médicos locais, restaurantes e outros serviços podem segmentar anúncios com base nos trajetos de carro mais usados. Os motoristas podem pedir e pagar por café ou gasolina nas telas do painel. As seguradoras que monitoram os padrões de condução de veículos podem oferecer taxas mais baixas para motoristas cautelosos. As próprias montadoras podem usar os dados gerados pelos sensores dos carros para identificar peças que precisam ser substituídas e oferecer cupons e ofertas para serviços de reparo. De acordo com os consultores da McKinsey & Co., os produtos e serviços baseados em painéis podem gerar até US$ 750 bilhões em novas receitas até 2030.

As montadoras apostam no conteúdo exibido nos painéis dos carros para criar relacionamentos mais próximos com os clientes. A Alphabet, do Google, e a Apple desejam desesperadamente usar os displays dos painéis como outra plataforma para seus aplicativos e telas. Uma grande batalha está sendo travada entre as montadoras e as grandes empresas de tecnologia pelo controle da tela do painel.

As montadoras atualmente estão em desvantagem. Novos modelos de carros são concebidos e projetado há vários anos, e os proprietários tendem a ficar mais tempo com o mesmo carro do que com o mesmo *smartphone*. Os displays de carros mais antigos não foram projetados para serem atualizados como *smartphones*.

© Stanisic Vladimir/123RF

O Google e a Apple desenvolveram programas especiais para sistemas de exibição em carros, o Android Auto e o CarPlay, respectivamente, que apresentam os aplicativos de *smartphones* na tela de um veículo usando ícones grandes e controle por voz, para ajudar a manter os olhos dos motoristas na estrada e as mãos no volante. Algumas fabricantes como Chevrolet, Toyota e Volvo estão tornando seus displays de painel compatíveis com Android Auto e Apple CarPlay. O Google criou recentemente uma nova versão de seu sistema operacional Android (Android Automotive) sob medida para painéis de veículos que não precisa de entrada de *smartphones.*

Montadoras como Ford e Daimler AG acreditam que será melhor desenvolver seus próprios aplicativos de painel e *software* de sistema. A Volkswagen AG quer manter o controle sobre os dados do consumidor gerados pela eletrônica de bordo de seus veículos e desenvolveu seu próprio sistema operacional automotivo (o vw.OS), uma loja *on-line* de aplicativos e serviços executados na nuvem. A série ID de veículos elétricos da Volkswagen será a primeira da empresa a usar seus sistemas de painel. A Ford também está desenvolvendo seu próprio sistema de painel, mas permitirá que os usuários espelhem alguns de seus aplicativos de *smartphone* na tela do carro.

A "quarta tela" também apresenta desafios para a proteção da privacidade, pois seu *software* é capaz de coletar uma grande quantidade de dados pessoais de carros e motoristas. Isso é uma preocupação especial para as montadoras europeias, que têm padrões de proteção de dados mais rígidos do que as dos Estados Unidos. A Volkswagen rejeitou o pedido do Google para acessar dados sobre os níveis de combustível dos carros, de modo que o Android pudesse determinar a necessidade de gasolina e fornecer instruções para chegar a um posto. O Google também pediu à BMW para instalar sensores no banco do passageiro, para determinar o peso do ocupante, o que indicaria se o passageiro era um adulto ou uma criança. Um porta-voz do Google disse que a política de coleta de dados da empresa exige que ela obtenha a aprovação do motorista antes de acessar qualquer informação.

Fontes: Jackie Dove, "The Best Android Auto Apps for 2020," *Digital Trends*, 5 de janeiro de 2020; Tim Higgins e Willam Boston, "The Battle for the Last Unconquered Screen–the One in Your Car," *Wall Street Journal*, 6 de abril de 2019; Peter Koeppel, "The Fight for the Fourth Screen–Your Dashboard Display," *Koeppel Direct*, 11 de junho de 2019; e Ronan Glon, "What Is Android Auto?" *Digital Trends*, 23 de junho de 2019.

Os sistemas de infoentretenimento de painel habilitados para internet descritos no estudo de caso ilustram algumas das principais tendências do comércio eletrônico hoje. O comércio eletrônico está em toda parte. A compra, a venda e a publicidade baseadas na internet não estão mais limitadas à tela do computador – estão presentes em *smartphones*, *tablets* e, agora, nas telas dos painéis de carros. O que está sendo comprado e vendido não são apenas produtos, mas informações e serviços. Esses serviços de infoentretenimento no painel usam mineração de dados avançada e publicidade baseada em localização para gerar receita a partir da coleta dos dados do usuário, além das compras feitas via tela, como as de combustível. Apple, Google e grandes montadoras estão competindo para oferecer serviços inovadores de infoentretenimento usando telas de painel de carro.

O diagrama de abertura do capítulo chama a atenção para pontos importantes levantados por este caso e este capítulo. O desafio enfrentado pelas montadoras e grandes empresas de tecnologia é como aproveitar as oportunidades apresentadas pela internet, as melhorias na tecnologia de exibição do painel e a tecnologia baseada em localização para obter novos lucros com publicidade e serviços para os motoristas. Tanto as montadoras quanto as empresas de tecnologia fizeram grandes investimentos para projetar e implementar novas interfaces de comércio eletrônico e sistemas operacionais para telas de exibição de automóveis e coletar e analisar grandes quantidades de dados sobre motoristas e carros gerados por sistemas automotivos. O que não foi resolvido é se esses sistemas de painel podem realmente funcionar em todas as condições de direção sem distrair os motoristas e sem invadir a privacidade.

Aqui temos algumas questões sobre as quais refletir: que pessoas, organizações e questões de tecnologia devem ser abordadas ao projetar e implementar sistemas de exibição dos painéis de carros para o comércio eletrônico? Quais as vantagens e desvantagens de utilizar essa forma de comércio eletrônico?

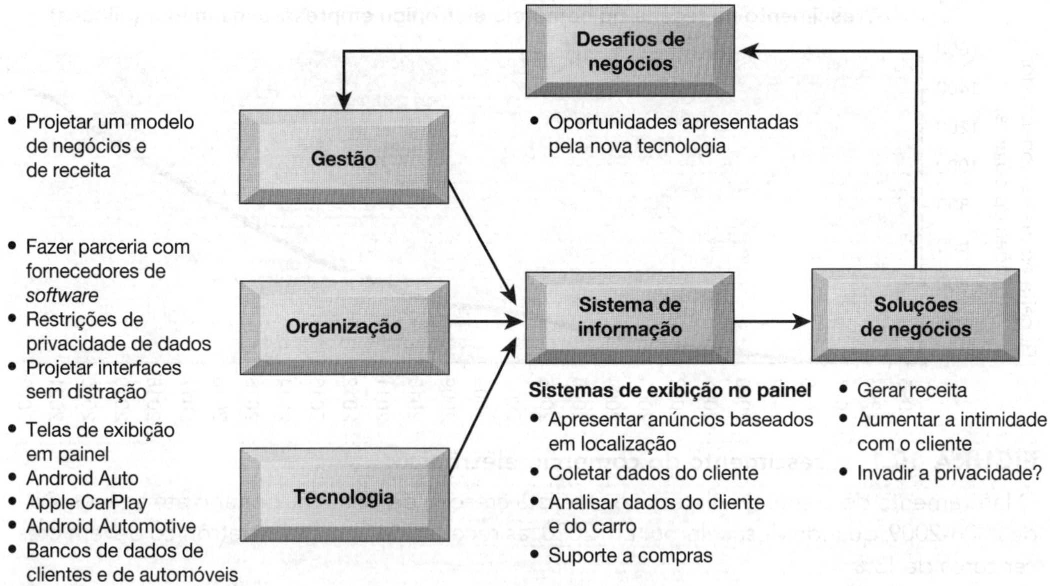

10.1 Quais são as características específicas do comércio eletrônico, dos mercados digitais e das mercadorias digitais?

Hoje, comprar bens e serviços na internet usando *smartphones*, *tablets* e computadores é uma atividade onipresente. Em 2020, estima-se que 230 milhões de estadunidenses (cerca de 92,5% da população da internet) farão compras *on-line* e 202 milhões comprarão algo na internet, assim como milhões de outras pessoas em todo o mundo. Embora a maioria das compras ainda ocorra por meio de canais tradicionais, o comércio eletrônico continua crescendo rapidamente e transformando o modo como muitas empresas fazem negócios (eMarketer, 2020a, 2020c). O comércio eletrônico é composto por três segmentos principais: bens de varejo, viagens e serviços e conteúdo *on-line*. Em 2020, as vendas de bens ao consumidor de comércio eletrônico (US$ 675 bilhões), viagens e serviços (cerca de US$ 475 bilhões) e conteúdo *on-line* (cerca de US$ 67 bilhões) totalizarão cerca de US$ 1,2 trilhão.

As vendas *on-line* de produtos de varejo chegam a cerca de 12% do total de vendas no varejo de US$ 5,6 trilhões dos Estados Unidos e estão crescendo 13% ao ano (em comparação com 3% para varejistas tradicionais em 2020) (eMarketer, 2020e, 2020j, 2019c). O comércio eletrônico ainda é uma pequena parte de um mercado de bens de varejo muito maior que ocorre nas lojas físicas. Essa modalidade se expandiu, passando do computador pessoal para os dispositivos móveis, de uma atividade isolada para um novo comércio social e do comércio focado em um público nacional para comerciantes e consumidores locais cuja localização é identificada a partir dos dispositivos móveis. Mais de 45% de todas as vendas de comércio eletrônico no varejo agora são móveis, e cerca de 80% delas ocorre em *smartphones*. As palavras-chave para entender esse novo comércio eletrônico em 2020 são "social, móvel e local" (eMarketer, 2020f, 2020g).

Comércio eletrônico hoje

O comércio eletrônico refere-se ao uso da internet e da *web* para realizar transações comerciais. Mais formalmente, diz respeito a transações comerciais realizadas por meio digital entre organizações e indivíduos. Na maior parte dos casos, isso se refere a transações que ocorrem

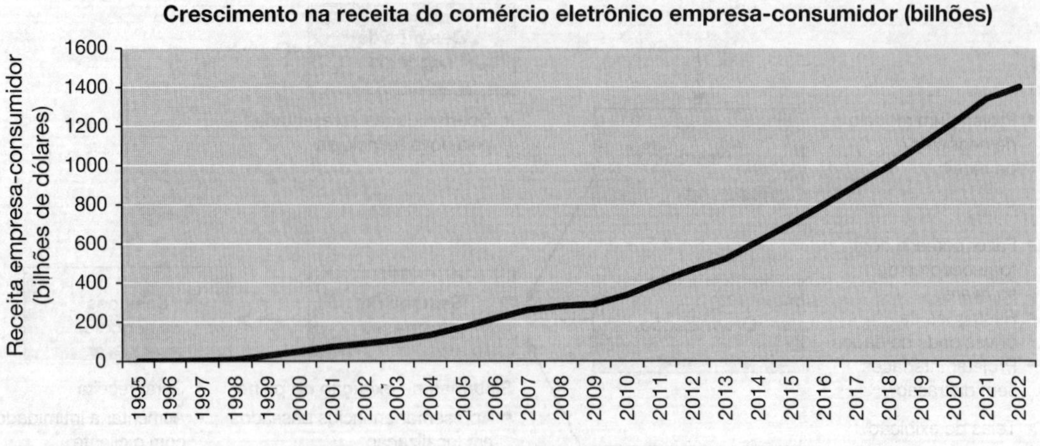

FIGURA 10.1 Crescimento do comércio eletrônico.

O faturamento do comércio eletrônico varejista cresceu de 15 a 25% por ano até a recessão de 2008-2009, quando desacelerou. Em 2020, as receitas de comércio eletrônico devem crescer cerca de 13%.

Fontes: Com base nos dados do eMarketer, "US Retail Ecommerce Sales", 2020; eMarketer, "US Digital Travel Sales", 2020; estimativas dos autores.

na internet e na *web*. Transações comerciais envolvem a saída de valores (por exemplo, dinheiro) das fronteiras individuais ou organizacionais em troca de produtos e serviços.

O comércio eletrônico começou em 1995, quando um dos primeiros portais da internet, o Netscape.com, aceitou anúncios de grandes corporações e popularizou a ideia de que a *web* poderia ser usada como uma nova mídia para publicidade e vendas. Na época, ninguém vislumbrava a curva de crescimento exponencial que as vendas no varejo eletrônico experimentariam, vindo a dobrar e triplicar nos anos seguintes. O comércio eletrônico continuou a crescer de forma acentuada até a recessão de 2008-2009, quando o crescimento "desacelerou". Em 2009, as receitas do comércio eletrônico se mantiveram estáveis (Figura 10.1), o que não é ruim considerando-se que as vendas no varejo tradicional estavam diminuindo 5% ao ano. Desde então, as vendas no varejo *offline* aumentaram na faixa de 2 a 4%, enquanto o comércio eletrônico *on-line* foi um sucesso estelar, crescendo na faixa de 12 a 15%.

O rápido crescimento do comércio eletrônico nos primeiros anos criou uma bolha de mercado nas suas ações, que estourou em março de 2001. Um grande número de empresas de comércio faliu durante esse processo. No entanto, para muitas outras, como Amazon, eBay, Expedia e Google, os resultados foram mais positivos: faturamentos recordes, modelos de negócios bem estruturados e lucrativos e preços de ações em elevação. Em 2006, o faturamento do comércio eletrônico voltou a experimentar um sólido crescimento e continuou a ser a forma de venda de varejo que mais crescia nos Estados Unidos, na Europa e na Ásia.

O novo comércio eletrônico: social, móvel e local

Uma das maiores mudanças refere-se à dimensão com que o comércio eletrônico se tornou mais social, móvel e local. O *marketing on-line* consistia principalmente na criação de um *site* corporativo e na compra de anúncios a serem exibidos em portais como o Yahoo e de anúncios relacionados a buscas no Google e ao envio de *e-mails*. O carro-chefe do *marketing on-line* era o anúncio exibido em *sites*. E ainda é, mas está sendo cada vez mais substituído por anúncios em vídeos, que são muito mais eficazes. Anúncios exibidos em *sites*, no início da internet, eram baseados em anúncios de televisão, nos quais mensagens das marcas eram mostradas por uns instantes para milhões de usuários e não se esperava que estes respondessem imediatamente, fizessem perguntas ou observações. Se os anúncios não funcionassem, a

TABELA 10.1 O crescimento do comércio eletrônico

TRANSFORMAÇÃO DOS NEGÓCIOS
Se comparado a lojas de varejo, serviços e entretenimento físicos, o comércio eletrônico continua a ser a forma de comércio que mais cresce. Os comércios social, móvel e local se tornaram as formas de comércio eletrônico que crescem mais rapidamente.
A amplitude das ofertas de comércio eletrônico continua a crescer, especialmente no setor da economia de serviços, bem como em entretenimento, vestuário, joias, eletrodomésticos e móveis. Serviços sob demanda como Uber, Lyft, Airbnb, serviços de entrega de refeições e serviços de pet-care expandiram ainda mais as ofertas de serviços *on-line*.
O perfil demográfico dos compradores *on-line* continua a se expandir rumo à equivalência com os consumidores "comuns".
Os modelos de negócios de comércio eletrônico puros são refinados ainda mais para alcançar níveis mais altos de lucratividade, enquanto marcas de varejo tradicionais, como Walmart, JCPenney, L.L.Bean e Macy's, usam o comércio eletrônico para fortalecer suas posições dominantes no varejo tradicional. O Walmart, maior varejista do mundo, decidiu enfrentar a Amazon com um investimento de mais de US$ 1 bilhão em seus esforços de comércio eletrônico e atualmente ocupa o terceiro lugar em vendas do tipo, com receitas provenientes de atividade *on-line* estimadas, em 2020, em US$ 35 bilhões, cerca de 5% de todo o comércio eletrônico de varejo *on-line* nos Estados Unidos. A Amazon, é claro, é a primeira, com cerca de US$ 260 bilhões em vendas *on-line* em 2020, cerca de 40% de todo o comércio eletrônico de varejo.
Empresas de pequeno porte e autônomas continuarão a inundar o mercado eletrônico, muitas vezes utilizando as infraestruturas criadas por gigantes setoriais, como Amazon, Apple e Google, e cada vez mais aproveitando os recursos de computação baseados em nuvem.
O comércio eletrônico móvel (*m-commerce*) começa a deslanchar nos Estados Unidos, com serviços baseados em localização e *downloads* de entretenimento, incluindo *e-books*, filmes e programas de televisão. Espera-se que o comércio eletrônico de varejo móvel gere cerca de US$ 305 bilhões em 2020.
FUNDAMENTOS TECNOLÓGICOS
Os meios de conexão sem fio à internet (Wi-Fi, WiMax e *smartphones* 4G e 5G) continuam a se expandir.
Smartphones, *tablets* e dispositivos móveis capacitados fornecem música, navegação na *web* e entretenimento, além de comunicação por voz. O podcast e o *streaming* deslancham como meios de distribuição de vídeos, rádio e conteúdos gerados por usuários.
O número de dispositivos móveis se expande e já inclui computadores vestíveis, como Apple Watch e rastreadores Fitbit, além de dispositivos domésticos, como Amazon Alexa e Google Assistant.
O fundamento de banda larga da internet se torna mais forte nos segmentos residencial e empresarial à medida que os preços de transmissão caem.
Aplicativos e *sites* de redes sociais, como Facebook, Twitter, LinkedIn, Instagram e outros, buscam se tornar uma nova plataforma importante para comércio eletrônico, *marketing* e publicidade (eMarketer, "US Facebook Users and Penetration", fevereiro de 2020).
Modelos de computação com base na internet, como aplicativos de *smartphones*, computação em nuvem, *software* como serviço (SaaS) e plataforma como serviço (PaaS) reduzem os custos de manutenção dos *sites* de comércio eletrônico.
NOVOS MODELOS DE NEGÓCIOS EMERGEM
Quase 75% dos usuários da internet já ingressaram em alguma rede social *on-line*, criaram *blogs* e compartilharam fotos e músicas. Juntos, esses *sites* criam um público *on-line* massivo, tão grande quanto o da televisão, o que atrai os anunciantes. Em 2020, as redes sociais foram responsáveis por cerca de 13,5% do tempo gasto com mídia digital. Os *sites* sociais tornaram-se a principal porta de entrada para a internet de quem busca notícias, música e, cada vez mais, produtos e serviços (eMarketer, 2020i, 2019b).
O setor da propaganda tradicional é desmontado à medida que a propaganda *on-line* cresce duas vezes mais rápido que a propaganda em TV e impressa; Google, Yahoo e Facebook exibem praticamente um trilhão de anúncios por ano.
Sites de comércio eletrônico de serviços sob demanda, como Uber, Lyft e Airbnb, ampliam o modelo de negócios do criador de mercado (modelo sob demanda) para novas áreas da economia.
Jornais e outras mídias tradicionais adotam modelos interativos e *on-line*, mas, apesar de ganharem leitores na rede, estão perdendo receita em propaganda para os concorrentes *on-line* como Google, Facebook e portais. A publicação de livros continua a crescer lentamente devido ao crescimento dos *e-books* e do apelo contínuo dos livros comerciais tradicionais.
Modelos de negócios de entretenimento *on-line* que oferecem televisão, filmes, música e jogos crescem com a cooperação entre os principais proprietários de direitos autorais em Hollywood e Nova York e com os distribuidores que usam a internet, como Netflix, Amazon, Apple e YouTube. Cada vez mais, os distribuidores *on-line* estão migrando para a produção de filmes e TV. A televisão a cabo está em leve declínio, já que alguns espectadores vêm cancelando ou reduzindo suas assinaturas de cabo e confiam em alternativas baseadas na internet, como Roku ou YouTube TV.

solução normalmente era repetir o anúncio. A principal medida de sucesso era a quantidade de visualizações (visitantes únicos) que um *site* obtinha e quantas "impressões" uma campanha de *marketing* gerava. (Uma impressão era um anúncio mostrado a uma pessoa.) Ambas as medidas são provenientes do mundo da televisão, que mede o *marketing* em termos de tamanho da audiência e visualizações do anúncio.

Das visualizações para as conversas: o comércio conversacional

Depois de 2007, tudo isso mudou com o rápido crescimento do Facebook e outros *sites* sociais, o crescimento explosivo de *smartphones*, começando com o iPhone da Apple, e o crescente interesse em *marketing* local. O que é diferente no novo mundo do comércio eletrônico social-móvel-local são os conceitos duais e relacionados de "conversas" e "engajamento". Na bibliografia mais conhecida, isso é muitas vezes referido como comércio conversacional. O *marketing* nesse novo período é baseado no envolvimento das empresas em várias conversas *on-line* com seus clientes, clientes potenciais e até mesmo críticos. Sua marca está sendo comentada na *web* e nas mídias sociais (é a parte da conversa), e fazer o *marketing* de sua empresa, construir e restaurar a sua marca exige que você se localize, se identifique e participe dessas conversas. O *marketing* social abrange todas as coisas sociais, como ouvir, discutir, interagir, ter empatia e se envolver. A ênfase em *marketing on-line* mudou seu foco da visualização para a participação em conversas orientadas ao cliente. Nesse sentido, o *marketing* social não é simplesmente um "novo canal de anúncios", mas uma coleção de ferramentas baseadas em tecnologia para a comunicação com os clientes. As principais plataformas de comércio social são Facebook, Instagram, Twitter e Pinterest.

No passado, as empresas podiam controlar rigorosamente suas mensagens de marca e levar os consumidores a uma série de passos que se afunilavam e terminavam em uma compra. Isso não vale para o *marketing* social. As decisões de compra do consumidor são cada vez mais impulsionadas pelas conversas, escolhas, gostos e opiniões de sua rede social. O *marketing* social está totalmente relacionado com empresas participando e moldando esse processo social.

Do computador pessoal para o *smartphone*

A publicidade *on-line* agora representa mais da metade de toda a publicidade e é mais que o dobro do valor gasto em propagandas na TV. O *marketing* móvel agora constitui quase 70% do *marketing on-line*, e o restante são anúncios para *desktop* baseados em navegador, pesquisa, anúncios gráficos, anúncios em vídeo, *e-mail* e jogos (eMarketer, 2020b, 2020d, 2020k).

O comércio eletrônico social, móvel e local está conectado. À medida que os dispositivos móveis se tornam mais poderosos, eles são mais úteis para acessar o Facebook e outros *sites* sociais. Conforme os dispositivos móveis são mais amplamente adotados, eles podem ser usados por clientes para encontrar comerciantes locais, bem como por comerciantes para alertar os clientes em sua vizinhança de ofertas especiais.

Por que o comércio eletrônico é diferente?

Por que o comércio eletrônico cresceu tão rapidamente? A resposta reside na natureza singular da internet e da *web*. Dito de maneira simples, as tecnologias da internet e do comércio eletrônico são muito mais versáteis e poderosas que as revoluções tecnológicas precedentes, como o rádio, a televisão e o telefone. A Tabela 10.2 descreve as características singulares da internet e da *web* como canal comercial. Vamos explorar cada uma dessas características em mais detalhes.

Ubiquidade

No comércio tradicional, um *marketplace* é um local físico, como uma loja que você visita para fazer negócios. O comércio eletrônico é ubíquo, o que significa que está disponível em quase todos os lugares, a qualquer momento. Ele possibilita comprar do seu computador, em

TABELA 10.2 Oito características específicas da tecnologia de comércio eletrônico

DIMENSÃO TECNOLÓGICA DO COMÉRCIO ELETRÔNICO	SIGNIFICADO EMPRESARIAL
Ubiquidade. A tecnologia internet/*web* está disponível em qualquer parte, a qualquer momento: no trabalho, em casa e em qualquer lugar via dispositivos móveis. Os dispositivos móveis estendem o serviço para áreas e comerciantes locais.	O *marketplace* se estende para além das fronteiras tradicionais e deixa de se limitar a um ponto específico no tempo e no espaço. Cria-se um "marketspace"; a compra pode ocorrer em qualquer lugar, a qualquer momento. Aumenta a conveniência para o cliente e os custos de compra são reduzidos.
Alcance global. A tecnologia ultrapassa as fronteiras e abrange todo o planeta.	O comércio pode atravessar fronteiras nacionais e culturais harmoniosamente, sem modificações. O marketspace inclui potencialmente bilhões de consumidores e milhões de empresas em todo o mundo.
Padrões universais. Existe um conjunto de padrões tecnológicos, especificamente padrões para a internet.	Existe um conjunto de padrões técnicos válidos para todo o planeta, por isso sistemas de computador independentes podem comunicar-se facilmente.
Riqueza (*richness*). É possível enviar mensagens de texto, áudio e vídeo.	Mensagens de *marketing* de texto, áudio e vídeo são integradas em uma única mensagem e experiência de consumo.
Interatividade. A tecnologia funciona por meio da interação com o usuário.	Os consumidores envolvem-se em um diálogo que ajusta de modo dinâmico a experiência para cada pessoa, fazendo do consumidor um coparticipante no processo de levar produtos até o mercado.
Densidade da informação. A tecnologia reduz os custos de informação e aumenta a qualidade.	Os custos de comunicação, armazenagem e processamento das informações caem vertiginosamente, ao passo que sua atualidade, precisão e oportunidade melhoram de maneira impressionante. A informação torna-se abundante, barata e mais precisa.
Personalização/customização. A tecnologia permite que mensagens personalizadas sejam entregues tanto para indivíduos quanto para grupos.	Personalização de mensagens de *marketing* e a customização de produtos e serviços são com base nas características individuais.
Tecnologia social. A tecnologia dá suporte à geração de conteúdo e redes sociais.	Novos modelos de negócio de internet social permitem a criação e a distribuição de conteúdos criados por usuários e o suporte a redes sociais.

casa, no trabalho ou mesmo dentro do seu carro, usando *smartphones*. O resultado disso é o chamado **marketspace** – um mercado que se estende além das fronteiras tradicionais e não se limita a um ponto temporal e geográfico.

Sob o ponto de vista do consumidor, a ubiquidade reduz os **custos de transação** – ou seja, os custos de participar do mercado. Para fazer uma transação comercial, já não é necessário gastar tempo ou dinheiro deslocando-se até o mercado, e é preciso muito menos esforço mental para realizar uma compra.

Alcance global

A tecnologia do comércio eletrônico permite que transações comerciais atravessem fronteiras culturais e nacionais de maneira muito mais conveniente e com melhor relação custo-benefício do que ocorre tradicionalmente. Como consequência, o tamanho do mercado potencial para os agentes de *e-commerce* é praticamente igual ao tamanho da população mundial *on-line* (estimada em 5,5 bilhões).

Em contrapartida, a maior parte do comércio tradicional é local ou regional – envolve os comerciantes locais ou nacionais com lojas de alcance local. Emissoras de rádio e televisão e jornais, por exemplo, são primordialmente instituições locais e regionais com redes nacionais limitadas, mas poderosas, que podem atrair o público nacional, mas não atravessar facilmente as fronteiras para atingir um público global.

Padrões universais

Uma característica incrivelmente inusitada das tecnologias de *e-commerce* é que os padrões técnicos da internet e, portanto, aqueles que conduzem o comércio eletrônico são universais. São compartilhados por todas as nações ao redor do mundo e permitem que qualquer computador se conecte com outro, independentemente da plataforma tecnológica que cada um utilize. Em contrapartida, a maior parte das tecnologias do comércio tradicional difere de um país para outro. Os padrões de rádio e televisão, por exemplo, variam mundo afora, assim como a tecnologia da telefonia móvel.

Os padrões técnicos universais da internet e do comércio eletrônico reduzem em grande medida os **custos de entrada no mercado** – o custo em que os comerciantes incorrem simplesmente para levar suas mercadorias ao mercado. Ao mesmo tempo, para os consumidores, padrões universais reduzem os **custos de busca**, ou seja, o esforço necessário para encontrar produtos adequados.

Riqueza

O conceito de **riqueza** refere-se à complexidade e ao conteúdo de uma mensagem. Mercados tradicionais, forças de vendas nacionais e pequenas lojas de varejo oferecem atendimento "rico", pois são capazes de atender pessoalmente, face a face, usando sinais visuais e a intuição ao fazer uma venda. A riqueza dos mercados tradicionais faz deles ambientes comerciais poderosos. Antes do desenvolvimento da *web*, havia uma dicotomia entre riqueza e alcance (*richness* × *reach*): quanto maior o público atingido, menos rica era a mensagem. A *web* permite a distribuição de mensagens ricas com texto, áudio e vídeo simultaneamente para um grande número de pessoas.

Interatividade

Diferentemente de qualquer tecnologia comercial do século XX, com possível exceção do telefone, as tecnologias de comércio eletrônico são interativas, o que significa que permitem a comunicação de mão dupla, entre vendedor e consumidor, e a comunicação *peer-to-peer*, entre amigos. A televisão, por exemplo, não pode fazer perguntas aos espectadores, ou entabular diálogos com eles, nem pedir que insiram informações em um formulário. Por outro lado, todas essas atividades são possíveis em um *site* ou aplicativo de comércio eletrônico. A interatividade permite que um estabelecimento comercial *on-line* atraia o consumidor mais ou menos como faria em uma experiência face a face – mas em escala global, massificada.

Densidade da informação

A internet e a *web* aumentaram incrivelmente a **densidade da informação** – ou seja, a quantidade e a qualidade total da informação disponível para todos os participantes de mercado, tanto consumidores quanto vendedores. As tecnologias de *e-commerce* reduzem os custos necessários para coletar, armazenar, processar e transmitir informações, aumentando ao mesmo tempo a atualidade, a precisão e a oportunidade desses dados.

A densidade de informação nos mercados de *e-commerce* torna preços e custos mais transparentes. **Transparência de preços** refere-se à facilidade com que os consumidores podem descobrir a variação de preços em um mercado; **transparência de custos** é a capacidade dos consumidores de descobrir quanto os vendedores realmente pagam por seus produtos.

No entanto, os vendedores também se beneficiam disso. *On-line*, eles são capazes de descobrir muito mais sobre os clientes do que no passado. Isso lhes permite segmentar o mercado em grupos que estejam dispostos a pagar preços diferentes, podendo assim praticar a **discriminação de preços** – vender a mesma, ou praticamente a mesma, mercadoria para diferentes grupos a preços diversificados. Por exemplo, um comerciante *on-line* pode descobrir que determinado cliente está interessado em uma caríssima e exótica viagem de férias; então, oferecerá pacotes de viagens caríssimos e exóticos a esse cliente a preço *premium*, sabendo que essa pessoa está disposta a pagar mais por esse tipo de viagem. Ao mesmo tempo, o vendedor *on-line* pode oferecer o mesmo pacote por um valor mais baixo a um consumidor mais sensível ao preço. A densidade de informação também ajuda os vendedores a diferenciar seus produtos em termos de custo, marca e qualidade.

Personalização/customização

As tecnologias de *e-commerce* permitem a **personalização** – ou seja, os vendedores podem direcionar suas mensagens de *marketing* a indivíduos específicos, ajustando-as segundo o nome, os interesses, o histórico de compras e o comportamento da pessoa em relação aos cliques. Essa tecnologia também permite a **customização** – alterar o produto ou o serviço fornecido com base nas preferências do usuário ou em seu comportamento passado. Dada a natureza interativa da tecnologia de comércio eletrônico, é possível reunir ainda mais informações sobre o consumidor no *marketplace* no momento de compra. Com o aumento da densidade da informação, grande quantidade de dados sobre o histórico de compras e de comportamento do cliente pode ser armazenada e usada pelos vendedores *on-line*.

O resultado é um nível de personalização e customização impensável com as tecnologias de comércio preexistentes. Por exemplo, você pode escolher o que deseja ver na televisão selecionando um canal, mas não pode alterar o conteúdo desse canal. Em contrapartida, o *Wall Street Journal Online* permite selecionar o tipo de notícia que o usuário gostaria de ver primeiro e lhe dá a possibilidade de ser alertado na ocorrência de determinados fatos.

Tecnologia social: geração de conteúdo criado pelo usuário e redes sociais

Em comparação às tecnologias anteriores, as tecnologias de internet e comércio eletrônico tornaram-se muito mais sociais ao permitirem que os usuários criem e compartilhem conteúdo com seus amigos próximos (e com uma comunidade mundial ainda maior) na forma de texto, vídeos, música ou fotos. Utilizando esses formatos de comunicação, os usuários conseguem criar outras redes sociais e fortalecer as já existentes.

Todas as mídias de massa anteriores, incluindo a mídia impressa, utilizam um modelo de transmissão (um para muitos) no qual o conteúdo é criado em um estabelecimento central por especialistas (escritores, editores, diretores e produtores profissionais), e grandes públicos se formam para consumir um produto padronizado. A nova internet e o comércio eletrônico dão aos usuários a possibilidade de criar e distribuir conteúdo em escala global, e permitem que os clientes definam de que maneira irão consumir esse conteúdo. A internet oferece um modelo único de comunicação em massa de muitos para muitos.

Conceitos-chave no comércio eletrônico: mercados e mercadorias digitais em um *marketplace* global

Os modelos de negócios referentes a localização, tempo e receita baseiam-se, em alguma medida, no custo e na distribuição de informações. A internet acabou por criar um *marketplace* digital em que milhões de pessoas, no mundo todo, são capazes de intercambiar imensas quantidades de informação de maneira direta, instantânea e gratuita. Com isso, a internet vem alterando a maneira como as empresas conduzem seus negócios e aumentam seu alcance global.

A internet diminui a **assimetria de informação**, que existe quando um participante da transação tem mais informação relevante à transação do que o outro. Essa informação pode determinar seu poder de barganha relativo. Como nos mercados digitais consumidores e fornecedores podem "ver" os preços cobrados pelas mercadorias, dizemos que esses mercados são mais "transparentes" do que os tradicionais.

Por exemplo, antes de aparecerem *sites* de venda de automóveis na *web*, havia uma profunda assimetria de informação entre revendedores de carros e clientes. Somente os revendedores conheciam os preços dos fabricantes e era difícil para o consumidor pesquisar o melhor preço. As margens de lucro dos revendedores de automóveis dependiam dessa assimetria de informação. Hoje em dia, os compradores têm acesso a um conjunto de *sites* que oferecem informações sobre preços, e a maioria usa a internet para procurar o melhor negócio. Assim, a *web* reduziu a assimetria de informação que envolvia a compra de um carro. A internet também ajudou as empresas que desejavam comprar de outras empresas a reduzir a assimetria de informação e encontrar melhores preços e condições.

Os mercados digitais são muito flexíveis e eficientes porque operam com custos de busca e transação reduzidos, **custos de menu** – em que os vendedores incorrem para alterar preços – mais baixos, maior discriminação de valores e a capacidade de alterar preços dinamicamente, com base nas condições de mercado.

Na **determinação dinâmica de preços**, o preço de um produto varia conforme as características de demanda do consumidor ou a situação de oferta do vendedor. Os varejistas *on-line*, por exemplo, desde a Amazon até o Walmart, alteram os preços de vários produtos dependendo da hora do dia, da demanda do produto e de visitas anteriores dos usuários em seus *sites*. Usando analítica de *big data*, algumas empresas *on-line* podem ajustar seus preços a nível individual com base em parâmetros de segmentação comportamental, como se o consumidor é um regateador de preços (que receberá uma oferta de preço mais baixo) em contraposição a uma pessoa que aceita os preços oferecidos e não procura por preços mais baixos. Os preços também podem variar por CEP. A Uber, juntamente com outros serviços de transporte, usa preços de pico para ajustar os preços de uma corrida com base na demanda (que sempre aumenta durante chuvas fortes e grandes eventos).

Esses novos mercados digitais podem reduzir ou aumentar os custos de mudança, dependendo da natureza do produto ou serviço à venda; além disso, também podem causar algum atraso no desfrute da mercadoria. Ao contrário do que ocorre no mercado físico, não se pode consumir imediatamente um produto comprado pela *web*, como uma roupa (embora o consumo imediato seja possível no caso dos *downloads* de música e outros produtos digitais).

Os mercados digitais abrem muitas oportunidades para vender diretamente ao consumidor final, driblando intermediários como distribuidores ou lojas de varejo. Eliminar intermediários no canal de distribuição pode reduzir sobremaneira os custos de transação. Para pagar todas as fases de um canal de distribuição tradicional, um produto poderá ter um aumento de 135% sobre o custo original para o fabricante.

A Figura 10.2 ilustra quanta economia pode resultar da eliminação de cada uma dessas camadas do processo de distribuição. Vendendo diretamente aos consumidores ou reduzindo o número de intermediários, as empresas podem conseguir lucros mais altos cobrando preços mais baixos. A remoção de organizações ou camadas de processos de negócios responsáveis por etapas intermediárias em uma cadeia de valor é chamada de **desintermediação**. O comércio eletrônico também deu origem a um conjunto completamente novo de novos intermediários, como Amazon, eBay, PayPal e Blue Nile. Portanto, a desintermediação difere de um setor para outro.

A desintermediação afeta também o mercado de serviços. Companhias aéreas e hotéis que operam seus próprios *sites* de reserva *on-line* lucram mais por tíquete, pois eliminaram os agentes de viagem como intermediários. A Tabela 10.3 resume as diferenças entre mercados digitais e tradicionais.

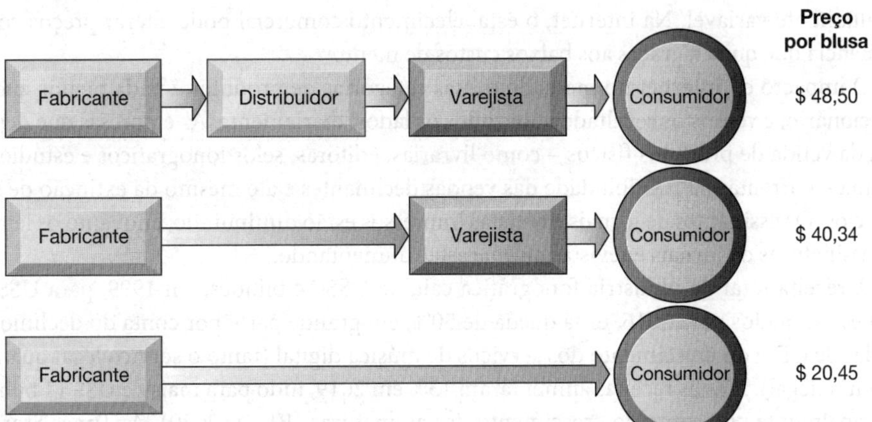

FIGURA 10.2 Os benefícios da desintermediação para o consumidor.

O canal de distribuição típico apresenta diversas camadas intermediárias, e cada uma delas aumenta o custo final de um produto, como uma blusa. Remover camadas reduz o custo final para o consumidor.

Mercadorias digitais

O *marketplace* digital da internet expandiu potencialmente a venda de **mercadorias digitais**, isto é, aquelas que podem ser fornecidas por meio de uma rede digital. Faixas de músicas, vídeos, filmes de Hollywood, *softwares*, jornais, revistas e livros podem ser transmitidos, armazenados e vendidos como produtos puramente digitais. Para a maioria, as mercadorias digitais são "propriedades intelectuais", definidas como "obras da mente". A propriedade intelectual é protegida contra a apropriação indevida por direitos autorais, patentes e leis de segredo comercial (ver Capítulo 4). Hoje, todos esses produtos são entregues como *streams* digitais ou por *download*, enquanto as vendas dos seus equivalentes físicos estão em declínio.

Em geral, o custo marginal para produzir outra unidade de uma mercadoria digital é praticamente zero (não custa nada fazer uma cópia de um arquivo musical, por exemplo). No entanto, o custo para produzir a primeira unidade original é relativamente alto – na verdade, corresponde praticamente ao custo total do produto, pois os outros custos envolvidos, de estoque e distribuição, são poucos. Os custos de fornecimento via internet são baixos; os custos de *marketing* são iguais aos do mercado tradicional; e a determinação de preços pode

TABELA 10.3 Mercados digitais comparados com mercados tradicionais

	MERCADOS DIGITAIS	MERCADOS TRADICIONAIS
Assimetria de informação	Assimetria reduzida	Assimetria alta
Custos de busca	Baixos	Altos
Custos de transação	Baixos (às vezes praticamente nenhum)	Altos (tempo, deslocamento)
Demora no desfrute	Alta (ou mais baixa no caso de mercadoria digital)	Menor: adquire no momento
Custos de menu	Baixos	Altos
Determinação dinâmica de preços	Instantânea e de baixo custo	Demorada e de alto custo
Discriminação de preços	Instantânea e de baixo custo	Demorada e de alto custo
Segmentação de mercado	Baixo custo, precisão moderada	Alto custo, menos precisão
Custos de mudança	Mais altos ou mais baixos (dependendo das características do produto)	Altos
Efeitos de rede	Fortes	Mais fracos
Desintermediação	Mais possível/provável	Menos possível/improvável

ser altamente variável. Na internet, o estabelecimento comercial pode alterar preços com a frequência que quiser, graças aos baixos custos de menu.

O impacto da internet no mercado dessas categorias de produtos é nada menos que revolucionário, e vemos os resultados por todos os lados, diariamente. As empresas que dependem da venda de produtos físicos – como livrarias, editoras, selos fonográficos e estúdios de cinema – enfrentam a possibilidade das vendas declinantes e até mesmo da extinção de seus negócios. Os assinantes de jornais e revistas impressos estão diminuindo, enquanto os leitores e as assinaturas de jornais e revistas *on-line* estão aumentando.

A receita total da indústria fonográfica caiu de US$ 14 bilhões, em 1999, para US$ 7,7 bilhões estimados para 2016, uma queda de 50%, em grande parte por conta do declínio nas vendas de CD e do crescimento dos serviços de música digital (tanto o serviço legal quanto a pirataria ilegal). Mas as receitas aumentaram 13% em 2019, indo para mais de US$ 11 bilhões, principalmente por conta do crescimento das assinaturas (RIAA, 2020). A iTunes Store da Apple já vendeu 25 bilhões de músicas desde a sua abertura em 2003, fornecendo à indústria um modelo de distribuição digital que restaurou algumas das receitas perdidas para canais de música digital. No entanto, o *download* como atividade comercial está desaparecendo rapidamente na Apple, uma vez que o *streaming* se torna o modo preferido de consumo de música. Desde o surgimento do iTunes, o *download* ilegal diminuiu pela metade e a estimativa de vendas de música legítima *on-line* era de aproximadamente US$ 9,7 bilhões em 2019. À medida que os serviços de *streaming* na nuvem se expandem, o *download* ilegal tem caído ainda mais. As vendas de música digital, realizadas via *download* ou *streaming*, representam quase 90% de todas as receitas do setor de música. As gravadoras ganham apenas US$ 0,32 pelo *download* de uma única faixa; no caso do *streaming*, o valor é de apenas 5 centavos de dólar. Embora as gravadoras lucrem com a propriedade de canções (tanto a letra quanto a música), os artistas intérpretes não ganham praticamente nada com a música comercializada por *streaming*. Os ganhos dos artistas nessa modalidade comercial em plataformas que exibem anúncios, como o Spotify, são insignificantes, mesmo em um milhão de streams.

Hollywood não tem sido igualmente perturbada pelas plataformas de distribuição digital, em parte porque é mais difícil fazer o *download* de alta qualidade de cópias piratas de filmes de longa-metragem. Hollywood fechou acordos de distribuição lucrativos com Netflix, Google, Hulu, Amazon e Apple, tornando conveniente efetuar o *download* e pagar por filmes e séries de TV de alta qualidade. No entanto, esses acordos não são suficientes para compensar totalmente o prejuízo nas vendas de DVDs, que caiu vertiginosamente entre 2006 e 2020. O *streaming* e os *downloads* em formato digital cresceram 17,5% em 2019 e agora representam mais de 80% do entretenimento doméstico. Assim como acontece com as séries de TV, a demanda por longas-metragens de Hollywood está se expandindo, em parte devido ao crescimento de *smartphones*, *tablets* e smart TVs – é mais fácil assistir a filmes em mais dispositivos.

Em 2020, espera-se que cerca de 240 milhões de pessoas assistam a filmes adquiridos *on-line*, o que corresponde a cerca de 84% dos usuários adultos da internet. Praticamente não há dúvida de que a internet está se tornando um canal de distribuição de filmes que rivaliza com a TV a cabo e um dia poderá substituí-la totalmente.

A Tabela 10.4 descreve as mercadorias digitais e como elas diferem das mercadorias físicas tradicionais.

10.2 Quais são os principais negócios e modelos de receitas do comércio eletrônico?

O comércio eletrônico é uma fascinante combinação de modelos de negócios e novas tecnologias da informação. Vamos começar com uma compreensão básica dos tipos de comércio eletrônico e, em seguida, descrever seus modelos de negócios e de receitas.

TABELA 10.4 Como a internet transforma os mercados de produtos digitais

	PRODUTOS DIGITAIS	PRODUTOS TRADICIONAIS
Custo marginal/por unidade	Zero	Maior que zero, alto
Custo de produção	Alto (maior parte do custo)	Variável
Custo de cópia	Aproximadamente zero	Maior que zero, alto
Custo de entrega distribuída	Baixo	Alto
Custo de estoque	Baixo	Alto
Custo de *marketing*	Variável	Variável
Precificação	Mais variável (venda em pacote, jogos com precificação aleatória)	Fixa, com base nos custos unitários

Tipos de comércio eletrônico

Existem diferentes maneiras de classificar as transações do comércio eletrônico – uma delas leva em conta a natureza dos participantes da transação. Sob essa perspectiva, as três principais categorias de *e-commerce* são: empresa-consumidor (B2C); empresa-empresa (B2B); e consumidor-consumidor (C2C).

- **Comércio eletrônico empresa-consumidor (B2C)** envolve a venda de produtos e serviços no varejo diretamente a compradores individuais. Amazon, Walmart e Apple Music são exemplos de comércio B2C. A BarnesandNoble.com, que vende livros, *software* e música a consumidores individuais, é outro exemplo de *e-commerce* B2C.
- **Comércio eletrônico empresa-empresa (B2B)** envolve a venda de bens e serviços entre empresas. O *site* da Elemica, de compra e venda de produtos químicos e energia, é um exemplo de *e-commerce* B2B.
- **Comércio eletrônico consumidor-consumidor (C2C)** envolve a venda eletrônica de bens e serviços por consumidores diretamente a outros consumidores. Por exemplo, o eBay, gigantesco *site* de leilões, permite que pessoas vendam suas mercadorias a outros consumidores levando-as a leilão pelo preço mais alto ou por um preço fixo. Ao criar uma plataforma digital para comércio ponto a ponto, o eBay atua como intermediário. A Craigslist é a plataforma mais largamente utilizada por consumidores para comprar e vender diretamente.

Outra maneira de classificar transações comerciais eletrônicas é considerando plataformas utilizadas pelos participantes de uma transação. Até recentemente, quase todas as transações de *e-commerce* ocorriam utilizando-se um computador pessoal conectado à internet por meio de redes cabeadas. Então, surgiram várias alternativas móveis sem fio, como *smartphones* e *tablets*. A utilização de equipamentos portáteis sem fio para comprar bens e serviços em qualquer lugar é chamada de **comércio móvel** (*mobile commerce*) ou ***m-commerce***. Tanto as transações empresa-empresa quanto as empresa-consumidor do *e-commerce* podem ser realizadas pela tecnologia de *m-commerce*, discutida em detalhes na Seção 10.3.

Modelos de negócios de comércio eletrônico

As mudanças na economia da informação descritas anteriormente criaram condições para que modelos de negócios inteiramente novos aparecessem e os velhos modelos se tornassem inviabilizados. A Tabela 10.5 descreve alguns dos mais importantes modelos emergentes de negócios na internet. Todos eles, de um modo ou de outro (inclusive aplicativos em dispositivos móveis), agregam valor extra a itens e serviços existentes ou para prover as bases de novos produtos e serviços.

TABELA 10.5 Modelos de negócios na internet

CATEGORIA	DESCRIÇÃO	EXEMPLOS
Loja virtual	Vende produtos físicos diretamente aos consumidores ou à negócios individuais.	Amazon Blue Nile
Corretor de transação	Economiza dinheiro e tempo dos usuários processando transações de vendas conectadas e gerando uma taxa cada vez que uma transação ocorre.	E*Trade.com Expedia
Criador de mercado	Fornece um ambiente digital onde compradores e vendedores podem se encontrar, pesquisar produtos, expor produtos e estabelecer preços para esses produtos; pode atender consumidores ou *e-commerce* B2B, gerando receita com taxas de transação.	eBay Priceline.com Exostar Elemica
Provedor de conteúdo	Cria receita fornecendo conteúdo digital, tal como notícias, músicas, fotos ou vídeos pela *web*. O cliente pode pagar para acessar o conteúdo, ou pode gerar receita com a venda de espaço publicitário.	O Globo Valor Econômico GettyImages.com Apple Music MSN Games
Provedor de comunidade	Fornece um ponto de encontro online onde as pessoas com interesses semelhantes podem se comunicar e encontrar informações úteis..	Facebook Twitter
Portal	Fornece o ponto inicial de entrada na *web* juntamente com conteúdo especializado e outros serviços.	Yahoo MSN AOL
Provedor de serviços	Fornece aplicativos de compartilhamento de fotos, compartilhamento de vídeo e geração de conteúdo pelo usuário como serviços; fornece ainda outros serviços, como armazenamento e *backup* de dados online.	Google Docs Photobucket.com Dropbox

Portal

Os portais são a entrada para a *web* e, muitas vezes, são configurados pelos usuários como a página inicial de seus navegadores. Alguns *sites* definidos como portal incluem mecanismos de busca, como Google e Bing, mesmo sendo poucos os usuários que fazem desses *sites* suas páginas iniciais. Portais como Yahoo, Facebook, MSN e AOL oferecem ferramentas de pesquisa e pacotes integrados de conteúdo e serviços, como notícias, *e-mail*, mensagens instantâneas, mapas, calendários, compras, *downloads* de música, *streaming* de vídeo e muito mais, tudo em um só lugar. Atualmente o modelo de negócio de portal oferece um *site*-destino no qual os usuários iniciam sua pesquisa na *web* e partem para a leitura de notícias, busca de entretenimento, encontro com outras pessoas e, obviamente, exposição a anúncios. O Facebook é um tipo diferente de portal baseado em redes sociais. Em 2018, os estadunidenses passaram mais da metade de seu tempo *on-line* no Facebook, cerca de uma hora por dia! Os portais geram receita primeiramente atraindo grandes públicos, cobrando anunciantes por anúncios (como jornais tradicionais), taxas de indicação por direcionar os clientes para outros *sites* e taxas por serviços *premium*. Embora existam centenas de *sites* de portal/mecanismo de pesquisa, os principais portais (Yahoo, MSN e AOL) reúnem mais de 90% do tráfego de portal da internet por conta do reconhecimento superior de que suas marcas usufruem.

Loja virtual (*e-tailer*)

As **lojas virtuais** de varejo *on-line*, geralmente chamadas de *e-tailers*, podem ser de todos os tamanhos, desde a gigante Amazon, com receita estimada de mais de US$ 280 bilhões em 2020, até pequenas lojas locais que possuem *sites*. Uma loja virtual é semelhante a uma loja física normal, exceto pelo fato de que os clientes precisam somente se conectar à internet para consultar os estoques e fazer um pedido. Foi estimado que, ao todo, o varejo *on-line* (ou seja, a venda de mercadorias físicas pela internet) gerou cerca de US$ 675 bilhões em receitas em 2020. A proposição de valor das lojas virtuais é oferecer lojas convenientes e de baixo custo, em tempo integral, que disponibilizem grande variedade de produtos e garantam a escolha ao cliente. Algumas lojas virtuais – como Walmart.com ou Staples.com, conhecidas como *bricks-and-clicks* (o *site* leva à loja e a loja leva ao *site*) – são subsidiárias, ou divisões, de lojas físicas locais e oferecem os mesmos produtos. Outras, entretanto, operam somente no mundo virtual, sem quaisquer ligações com lojas físicas. Ashford.com e eVitamins.com são exemplos desse tipo de loja virtual. Existem ainda outras formas de lojas virtuais – como versões *on-line* de catálogos enviados por correio tradicional, shoppings *on-line* e vendas diretas do fabricante.

Provedor de conteúdo

O comércio eletrônico acabou por se tornar um canal global de conteúdo. Conteúdo é amplamente definido como todas as formas de **propriedade intelectual**; que, por sua vez, refere-se a produtos tangíveis e intangíveis da mente sobre os quais o criador reivindica um direito de propriedade. Provedores de conteúdo distribuem informações, como vídeos digitais, músicas, fotos, texto e obras de arte, pela *web*. O valor de proposição de provedores de conteúdo *on-line* é que os consumidores possam encontrar uma ampla gama de conteúdos *on-line*, de forma conveniente, e adquirir esse conteúdo sem grandes custos para que seja reproduzido ou visualizado em diferentes computadores ou *smartphones*.

Os provedores não precisam criar o conteúdo (embora, algumas vezes, o façam, como o *site* Disney.com), é mais comum que sejam distribuidores, pela internet, de conteúdo produzido e criado por outros. A Apple, por exemplo, vende faixas de música na loja e serviço de *streaming* de música iTunes Store, mas não cria ou registra novas músicas.

A popularidade fenomenal de dispositivos conectados à internet, como iPhone e iPad, permitiu novas formas de distribuição de conteúdo digital, desde o *podscasting* ao *streaming* móvel. ***Podcasting*** é um método para transmitir áudio ou vídeo pela internet, possibilitando que os usuários assinantes efetuem *download* de arquivos de áudio ou vídeo em seus computadores pessoais, *smartphones*, *tablets* ou reprodutores de música portáteis. ***Streaming*** é um método de publicação de arquivos de música e vídeo por meio de um fluxo contínuo de conteúdo para o dispositivo de um usuário sem ser armazenado localmente no aparelho.

As estimativas variam, mas o conteúdo *on-line* total gerou cerca de US$ 60 bilhões em 2019, um dos segmentos de comércio eletrônico que cresce mais rapidamente, avançando a uma taxa de crescimento anual estimada em 18%.

Corretora de transações

Os *sites* que processam para os consumidores as transações que seriam realizadas pessoalmente, por telefone ou por correio, são chamados de corretoras de transações. As maiores empresas que utilizam esse modelo são as financeiras e as agências de viagem. As principais proposições de valor das corretoras de transação são a economia de tempo e dinheiro, além da oferta de um estoque extraordinário de produtos financeiros e pacotes de viagem em um único estabelecimento. Serviços de corretores de fundos e de agências de viagem *on-line* cobram taxas consideravelmente mais baixas do que as versões tradicionais desses serviços. A Fidelity Financial Services e a Expedia são as maiores empresas de serviços financeiros e de viagens *on-line* que usam o modelo corretor de transações.

Criadores de mercado

Criadores de mercado desenvolvem ambientes digitais nos quais compradores e vendedores podem se encontrar, mostrar e pesquisar produtos, além de definir preços. A proposição de valor dos criadores de mercado *on-line* é que eles ofereçam uma plataforma na qual os vendedores possam facilmente exibir suas coleções e onde os compradores possam adquirir itens diretamente dos vendedores. Mercados *on-line* de leilões, como eBay e Priceline, são bons exemplos do modelo de negócios de criação de mercados. Outro exemplo é a plataforma Merchant da Amazon (e programas semelhantes no eBay), onde os comerciantes podem criar lojas no *site* da Amazon e vender produtos a preços fixos para os clientes. A chamada economia sob demanda (erroneamente referida, muitas vezes, como economia compartilhada), exemplificada pela Uber (descrito no estudo de caso de encerramento deste capítulo) e pelo Airbnb, é baseada na ideia de um criador de mercado que cria uma plataforma digital na qual a oferta atende à demanda; por exemplo, a possibilidade de aluguel de automóveis ou quartos encontra indivíduos que desejam transporte ou hospedagem. Mercados de financiamento coletivo, como o Kickstarter.com, reúnem investidores de capital privado e empreendedores em um mercado de financiamento.

Provedor de serviços

Enquanto as lojas virtuais vendem produtos *on-line*, os provedores de serviços oferecem serviços *on-line*. O compartilhamento de fotos e os *sites on-line* para *backup* e armazenamento de dados usam um modelo de negócios de provedor de serviços. O *software* não é mais um produto físico com um CD em uma caixa, mas cada vez mais um *software* como serviço (SaaS) – ou seja, um serviço que você assina *on-line* em vez de adquirir de um fornecedor, como o Office 365. O Google abriu caminho para o desenvolvimento de aplicações de *software* como serviço *on-line*, como o Google Workspace, o Google Sites, o Gmail e serviços de armazenamento de dados *on-line*. Salesforce.com é o principal provedor de *software* baseado em nuvem para gestão de clientes (veja os Capítulos 5 e 9).

Provedor de comunidade virtual (redes sociais)

Os **provedores de comunidade virtual** são *sites* que criam um ambiente *on-line* digital no qual usuários com interesses semelhantes podem realizar transações (comprar e vender mercadorias); compartilhar interesses, fotos e vídeos; comunicar-se com pessoas afins; receber informações relacionadas a seus interesses; e, até mesmo, realizar fantasias adotando personalidades *on-line* chamadas de avatares. *Sites* de rede social como Facebook, Tumblr, Instagram, LinkedIn e Twitter e centenas de outros *sites* menores e de nicho oferecem aos usuários ferramentas e serviços para a criação de comunidades. Os *sites* de rede social têm sido os que mais crescem nos últimos anos, dobrando seu público anualmente.

Monetização do comércio eletrônico

A **monetização** de uma empresa descreve como ela irá obter rendimentos, gerar lucros e produzir um retorno superior de seus investimentos. Embora tenham sido desenvolvidos muitos modelos de receita, a maioria das empresas faz uma combinação de modelos ou escolhe um dentre os seis a seguir: propaganda, vendas, assinatura, *free/freemium*, taxa por transação e afiliação.

Modelo de receita de propaganda

No **modelo de receita de propaganda**, um *site* gera receita atraindo um grande público de visitantes que podem ser expostos a anúncios. O modelo de propaganda é o mais amplamente utilizado no comércio eletrônico. Comprovadamente, sem a receita de propaganda, a *web* seria uma experiência totalmente diferente da que é hoje, pois as pessoas teriam de pagar pelo conteúdo. O conteúdo na *web* – de notícias a vídeos e opiniões – é "gratuito" aos visitantes porque os anunciantes pagam pelos custos de produção e de distribuição em troca do direito de expor os visitantes aos anúncios. Foi estimado que as empresas tenham gastado cerca de US$ 154 bilhões em publicidade *on-line* em 2020 (na forma de mensagem paga em um *site*, anúncio pago de busca, vídeo, aplicativo, jogo ou outro recurso *on-line*, como mensagens instantâneas), um aumento de 17% desde 2019. Cerca de US$ 105 bilhões desse montante seriam destinados a anúncios para celular, tornando os anúncios para celular responsáveis por 68% de toda a publicidade digital. Nos últimos cinco anos, os anunciantes aumentaram os gastos *on-line*, mantendo os gastos em canais tradicionais, como rádio e televisão (cortando anúncios na imprensa). Em 2020, foi estimado que a publicidade *on-line* constituiria quase 60% de toda a publicidade nos Estados Unidos (eMarketer, 2020b, 2020d).

Os *sites* com maior número de visualizações ou que atraem um público altamente especializado e diferenciado e que conseguem reter a atenção do usuário ("adesão") cobram as taxas mais altas de propaganda. O Yahoo, por exemplo, obtém quase toda sua receita da exibição de anúncios (banners), anúncios de vídeo e, em menor volume, dos anúncios de texto no seu mecanismo de busca. O Google e o Facebook obtêm mais de 90% de sua receita da publicidade, incluindo a venda de palavras-chave (AdWords), espaços de anúncios (AdSense) e espaços de anúncios gráficos para anunciantes.

Modelo de receita de vendas

No **modelo de receita de vendas**, as empresas obtêm receita com a venda de produtos, informações ou serviços aos clientes. Empresas como Amazon (que vende livros, músicas e outros produtos), LLBean.com e Gap.com trabalham com esse modelo. Os provedores de conteúdo ganham dinheiro com a cobrança de *downloads* de arquivos inteiros, como faixas de música (iTunes Store) ou livros, ou pelo *download* de música/vídeo por *streaming* (programas de TV no Hulu.com). A Apple foi pioneira e fortaleceu a aceitação de micropagamentos. Os **sistemas de micropagamentos** oferecem aos provedores de conteúdo um método com custo eficiente para o processamento de grandes volumes de pequenas transações monetárias (que variam de US$ 0,25 a US$ 5 por transação). O maior sistema de micropagamento na *web* é o da iTunes Store, da Apple, com mais de 1 bilhão de clientes em todo o planeta que compram faixas de músicas individuais por US$ 0,99 e filmes de longa-metragem por diversos preços.

Modelo de receita de assinatura

No **modelo de receita de assinatura**, um *site* que ofereça conteúdo ou serviços cobra uma taxa regular de assinatura para acesso integral ou parcial ao que oferece. Os provedores de conteúdo costumam usar esse modelo de receita. A versão *on-line* do Consumer Reports, por exemplo, oferece acesso a conteúdo *premium*, como classificações detalhadas, críticas e recomendações, somente para assinantes por uma tarifa anual de US$ 39. A Netflix é um dos *sites* por assinatura mais bem-sucedidos, com mais que 180 milhões de usuários em todo o mundo em 2020. Para ser bem-sucedido, o modelo de assinaturas requer que o conteúdo tenha alto valor agregado, seja diferenciado, esteja indisponível em outros locais ou seja de difícil duplicação. Entre outras empresas que oferecem conteúdo ou serviços *on-line* por assinatura podemos citar Match.com (serviços de encontros), Ancestry.com (pesquisa genealógica) e Microsoft Xbox Live (jogos).

Modelo de receita *free/freemium*

No **modelo de receita *free/freemium***, as empresas oferecem serviços e conteúdos básicos gratuitamente e cobram por recursos avançados ou especiais. O Google, por exemplo, oferece aplicativos gratuitos, mas cobra por serviços *premium*. Pandora, o serviço de rádio por assinatura, oferece um serviço gratuito com tempo limitado de reprodução e publicidade e um serviço *premium* com reprodução ilimitada. A ideia é atrair grandes públicos com serviços gratuitos e então converter parte dessa audiência ao pagamento de assinatura de serviços *premium*. Um dos problemas desse modelo é converter as pessoas de "acesso gratuito" a clientes pagantes. O modelo "gratuito" pode ser uma armadilha poderosa na perda de dinheiro. Nenhum dos *sites* de *streaming* de música baseado em modelo *freemium* obteve lucro até o momento. No entanto, eles estão descobrindo que o serviço gratuito com receita de anúncios é mais lucrativo do que a parte de assinatura paga de seus negócios.

SESSÃO INTERATIVA TECNOLOGIA

Pequenas empresas pegam empréstimos de um aplicativo FinTech

Billy Joe Wilson, proprietário da Billy Joe's Craft House em Port Aransas, Texas, estava preparando alguns sanduíches de filé de frango frito em um *food truck* quando um aplicativo em seu *tablet* perguntou se ele queria solicitar o empréstimo de US$ 5 mil. A oferta veio da Square, Inc., fabricante de dispositivos que Wilson e outros pequenos proprietários usam para processar os pagamentos de clientes com cartão de crédito. Enquanto Wilson usava a Square para processar pagamentos, os algoritmos da empresa agiam discretamente nos bastidores para determinar se ofereciam crédito ao comerciante. O sistema da Square considerou que valia a pena fazer a oferta. Rapidamente, Wilson aceitou os termos da Square e recebeu seu empréstimo em poucos dias. Desde então, ele tomou emprestado mais de US$ 150 mil para abrir um gastropub nas proximidades.

Empresas de tecnologia como a Square estão migrando para o território ocupado por bancos tradicionais, não só com serviços de pagamento *on-line*, mas também no core business de empréstimos dos bancos. As empresas de tecnologia são capazes de tirar proveito de seus vastos tesouros de dados de clientes. A PayPal Holdings, por exemplo, concedeu mais de US$ 6 bilhões em empréstimos para pequenas empresas desde 2013, usando dados coletados durante o processamento de pagamentos para varejistas da internet.

A Amazon emprestou mais de US$ 3 bilhões a comerciantes independentes que vendem mercadorias em seu *site*, usando os volumes de históricos de vendas como base para a concessão dos empréstimos. Em 2017, a Intuit começou a oferecer empréstimos para empresas usando seu *software* de contabilidade *Quickbooks* com os dados de demonstrações contábeis. Outros provedores de empréstimos *on-line* que não são bancos incluem LendingClub Corp., OnDeck, CAN Capital, PayPal Working Capital e Kabbage.

A Square concedeu mais de US$ 3,5 bilhões em empréstimos e adiantamentos em dinheiro para pequenas empresas; agora está migrando para empréstimos ao consumidor. A empresa emprestará até US$ 100 mil para negócios que usam a Square. Ela também está explorando serviços de empréstimos pessoais e linhas de crédito para os mais de 7 milhões de usuários do Cash App, seu serviço de transferência de dinheiro digital, que compete com o Venmo.

Nos 12 meses findos em 30 de setembro de 2019, a Square concedeu cerca de 200 mil empréstimos comerciais, mais de três vezes o número de empréstimos de bancos via Administração de Pequenos Negócios (agência governamental dos Estados Unidos que fornece suporte a empreendedores e pequenas empresas). Mas a Square ainda é um pequeno player do setor de empréstimos, com seus créditos comerciais de, em média, US$ 6.500. Isso corresponde a uma quantia muito menor do que o empréstimo bancário típico.

Os empréstimos da Square são financiados por investidores, então eles cobram taxas de juros ou tarifas mais altas do que empréstimos de bancos, que são financiados por depósitos de baixo custo. Para evitar as regulamentações exigidas pelos bancos convencionais, a Square terceiriza as partes mais regulamentadas dos empréstimos (como a capacidade de oferecer empréstimos a taxas e prazos uniformes em todo o país). Isso permite que a Square opere como uma instituição financeira de nicho que pode oferecer serviços bancários que os bancos regulamentados não podem oferecer sem a supervisão do Federal Reserve.

A Square avalia se uma empresa pode se qualificar para um empréstimo analisando o vasto banco de dados de transações de cartão de crédito de que dispõe. Ela analisa os dados que informam se uma empresa está atraindo clientes recorrentes, o número de estornos, o histórico de negócios e o volume de processamento. O processo de empréstimo é automatizado e facilita aos clientes obter e pagar um empréstimo. A maioria dos clientes não precisa preencher um formulário formal. A solicitação requer apenas alguns cliques, sem formulários longos. Após a aprovação, o empréstimo comercial é depositado na conta bancária do mutuário no dia útil seguinte. Como pagamento do empréstimo, a Square recebe uma porcentagem das vendas diárias pagas com cartão de crédito da empresa. Em vez de cobrar juros, a Square estabelece uma taxa fixa, que varia de 10% a 16% do montante do empréstimo. (Um empréstimo de US$ 10 mil pode ter taxas que variam de US$ 1.000 a US$ 1.600.) O empréstimo deve ser pago integralmente no prazo de 18 meses.

Nem todas as empresas ficam satisfeitas com o sistema de empréstimo automático da Square. A Hardcore Sweets Bakery, em Oakville, Connecticut, uma loja de cupcakes "alternativa", tomou emprestados mais de US$ 130 mil da Square entre 2014 e 2018 para comprar mais equipamentos de cozinha e abrir um segundo estabelecimento. De acordo com Nicole Braddock, a co-proprietária da loja, a Square parou de fazer ofertas de empréstimo para a padaria, mas não explica o porquê. Ninguém da equipe de atendimento ao cliente da Square retornou suas ligações, e ela recebeu apenas uma resposta genérica aos *e-mails* que enviou. Às vezes, é necessário um toque mais pessoal.

Há outras compensações. O preço pela rapidez e comodidade dos credores *on-line* são taxas de juros superiores às cobradas pelos bancos. Por exemplo, a Getting Better Fitness, de Chicago, teve que pagar 25% de juros sobre um empréstimo de curto prazo da Kabbage. A academia mais tarde mudou para um financiamento de 11% oferecido pelo Working Capital, da PayPal. O Tea By Two, um salão de chá da Bel Air Maryland, pagou recentemente uma taxa de juros de 18% sobre um empréstimo de US$ 20 mil da OnDeck.

Os credores *on-line*, no entanto, são mais propensos a conceder empréstimos e fazem com rapidez muito maior do que a dos bancos convencionais – muitas vezes sem exigir garantias. Isso é especialmente atraente para donos de empresas de primeira viagem.

A Rapid Brewing de Homewood, de Illinois, recentemente tomou um empréstimo da Square Capital quando precisou realizar um reparo de encanamento de emergência. A empresa recebeu seu empréstimo de US$ 7.800 em um dia. Os termos do empréstimo da Rapid Brewing exigiam que a Square ficasse com 14,8% das vendas diárias com cartão de crédito para pagar o principal, e o empréstimo devia ser pago integralmente no prazo de 18 meses. Em vez de juros, a Square cobrou uma taxa fixa de US$ 1.008. Raiye Rosado, coproprietária da empresa, acreditava que, embora sua experiência de obter um empréstimo da Square tenha sido bastante positiva, ela provavelmente escolheria um banco tradicional para empréstimos de maior valor.

Fontes: Chloe Goodshore, "Square Capital Review: Merchant Cash Advances by Another Name." business.org, 19 de março de 2020; Becky Yeruk, "Some Small Businesses See Big Benefits in Online Financing," *Wall Street Journal*, 12 de maio de 2019; www.squareup.com, acessado em 13 de julho de 2019; e Peter Rudegeair, "A $ 150,000 Small Business Loan– from an App," *Wall Street Journal*, 28 de dezembro de 2018.

PERGUNTAS DO ESTUDO DE CASO

1. O que distingue os serviços FinTech descritos neste caso dos bancos tradicionais? Justifique sua resposta.
2. Como os serviços financeiros descritos aqui usam a tecnologia da informação para inovar?
3. Quais são as vantagens e desvantagens de pequenas empresas que obtêm empréstimos de serviços FinTech?
4. Se você fosse uma pequena empresa, quais fatores consideraria para decidir usar um serviço FinTech?

Modelo de receita de taxa por transação

No **modelo de receita de taxa por transação**, uma empresa recebe uma taxa por permitir ou executar uma transação. O eBay, por exemplo, oferece um mercado de leilões *on-line* e recebe uma pequena taxa de transação do vendedor se ele conseguir vender um item. O modelo de receitas por taxa de transação é muito aceito, em parte porque o custo real de utilização da plataforma não é imediatamente aparente para o usuário.

Serviços financeiros *on-line*, dos bancos aos sistemas de pagamento, contam com um modelo de taxa de transação. Enquanto os serviços bancários e serviços *on-line* são dominados por grandes bancos com milhões de clientes, as *start-ups* de tecnologia financeira, também conhecidas como empresas **FinTech**, têm usado a TI de forma inovadora para concorrer com os bancos nas atividades de pagamento de contas *peer-to-peer* (P2P), transferência de dinheiro, empréstimos, financiamento coletivo, consultoria financeira e serviços de agregação de contas (veja a Sessão Interativa sobre Tecnologia). O maior crescimento em FinTech envolveu serviços de pagamento P2P, como Venmo e Zelle (veja a discussão sobre sistemas de aplicativos de pagamento móvel na Seção 10.5). Geralmente, as FinTechs não são lucrativas e são compradas por grandes empresas de serviços financeiros por causa de sua tecnologia e base de clientes.

Modelo de receita de afiliação

No **modelo de receita de afiliação**, os *sites* (chamados de afiliados) enviam visitantes para outros *sites* em troca de uma taxa de indicação ou percentual de receita de qualquer venda resultante. As taxas de indicação também são chamadas de "taxas de geração de direcionamento". A MyPoints, por exemplo, ganha dinheiro conectando empresas a clientes potenciais por meio da oferta de negócios especiais a seus clientes. Quando os membros aproveitam uma oferta e realizam uma compra, recebem "pontos" que podem ser trocados por produtos e serviços, e a MyPoints recebe uma taxa de indicação. *Sites* de comunidades de opiniões, como o Yelp, obtêm grande parte de sua receita a partir do direcionamento de clientes potenciais para *sites* em que podem realizar compras. A Amazon utiliza afiliados que direcionam empresas a seu *site* por meio da inclusão do logo da Amazon em seus *blogs*. *Blogs* pessoais podem se envolver no *marketing* de afiliação. Alguns blogueiros recebem diretamente dos fabricantes, ou recebem produtos, por falar bem dos itens ou oferecer *links* para os canais de vendas.

10.3 Como o comércio eletrônico transformou o *marketing*?

Embora a internet e o comércio eletrônico tenham modificado setores inteiros e criado novos modelos de negócios, nenhum setor foi mais afetado do que o *marketing* e suas comunicações. A internet oferece aos comerciantes novas formas de identificação de milhões de clientes potenciais e novas maneiras de comunicação, que incluem *marketing* de mecanismo de busca, mineração de dados, sistemas de recomendação e *e-mail* direcionado, tudo isso por um custo bem inferior ao da mídia tradicional. A internet viabiliza o **marketing de cauda longa** (do inglês, *long tail marketing*). Antes da internet, era muito dispendioso alcançar um grande público; os comerciantes tinham de pensar em atrair o maior número de consumidores recorrendo a produtos populares, como música, filmes de Hollywood, livros ou carros. Em contrapartida, a internet permite que os comerciantes encontrem os clientes para os quais a demanda é muito baixa. A internet possibilita, por exemplo, a venda lucrativa de música independente para pequenos públicos. Sempre existe alguma demanda para quase todos os produtos; acrescente a isso um fio da cauda longa de vendas e terá um negócio lucrativo.

A internet também oferece novas maneiras – quase sempre espontâneas e instantâneas – de coletar informações de clientes, ajustar ofertas de produtos e aumentar o valor do consumidor. A Tabela 10.6 descreve os principais formatos de propaganda e *marketing* usados no comércio eletrônico.

Alvo comportamental

Muitas empresas de *marketing* voltadas ao comércio eletrônico utilizam técnicas de **alvo comportamental** para aumentar a eficiência de anúncios em banners, mídia rica ou vídeos. Alvo comportamental (do inglês, *behavioral targeting*) refere-se ao rastreamento da cadeia de cliques (histórico do comportamento de cliques) de indivíduos em milhares de *sites* com o propósito de compreender seus interesses e suas intenções, além de expô-los a anúncios exclusivamente adaptados a seu comportamento. Os profissionais de *marketing* e a maioria dos pesquisadores acreditam que essa compreensão mais precisa do cliente leva a um *marketing* mais eficiente (a empresa paga por anúncios somente para os compradores mais interessados em seus produtos), a um número maior de vendas e a receitas mais elevadas. Infelizmente, o alvo comportamental de milhões de usuários da *web* leva à invasão de privacidade se não for autorizada pelo usuário. Quando os consumidores perdem a confiança em sua experiência na *web*, eles tendem a não adquirir nada. Há uma crescente reação contra a utilização agressiva de informações pessoais, e os consumidores estão buscando refúgios mais seguros para fazer compras e trocar mensagens. O Snapchat oferece mensagens que desaparecem; até o Facebook recuou, tornando seu padrão para novas postagens "somente para amigos".

O alvo comportamental acontece em dois níveis: em *sites* individuais ou na atividade interna de aplicativos, e em várias redes de propaganda que rastreiam usuários em milhares de outros *sites*. Todos os *sites* coletam dados sobre as atividades no navegador do usuário e os armazenam em um banco de dados. Eles contam com ferramentas para registrar os *sites* acessados pelos usuários antes de chegar ao *site* atual, para onde os usuários vão ao sair do *site* em que estão, o tipo de sistema operacional que utilizam, informações sobre o navegador e até alguns dados sobre localização. Eles também registram as páginas específicas acessadas em determinado *site*, o tempo gasto em cada página, os tipos de páginas visitadas e o que os visitantes compraram (veja a Figura 10.3). As empresas analisam essas informações sobre os interesses dos consumidores e seu comportamento para desenvolver perfis precisos de clientes existentes e potenciais. Além disso, a maioria dos grandes *sites* da *web* tem centenas de programas que rastreiam o comportamento dos cliques em toda a *web* seguindo as pessoas de *site* em *site*, redirecionando os anúncios e mostrando os mesmos anúncios em *sites* diferentes. A principal rede de publicidade *on-line* é a Marketing Platform, do Google.

TABELA 10.6 Gasto com anúncios *on-line* por formato (em bilhões de dólares)

FORMATO DE *MARKETING*	RECEITA EM 2020	DESCRIÇÃO
Mecanismos de busca	$ 54,4	Anúncios em formato de texto direcionados precisamente ao que o consumidor está buscando no momento da compra. Orientado a vendas.
Exibição de anúncios	$ 31,1	Anúncio em formato de banner (pop-ups e promoções) com recursos interativos; cada vez mais direcionados conforme o comportamento para indivíduos com atividade na *web*. Desenvolvimento de marcas e vendas. Inclui exibição de anúncios em blogues.
Vídeo	$ 35,5	Formato que mais cresce, envolvente e divertido; direcionado conforme o comportamento, interativo. Construção de marcas e vendas
Classificados	$ 2,1	Anúncios de empregos, imobiliários ou de serviços, em formato de mídia rica e personalizados conforme buscas do usuário. Vendas e construção de marcas.
Mídia rica	$ 5,6	Animações, jogos e quebra-cabeças. Anúncios interativos, direcionados e divertidos. Orientado a marca.
Geração de oportunidades de negócios	$ 2,5	As empresas de *marketing* que reúnem geração de oportunidade de comercialização e vendas *on-line* e depois os vendem para uma variedade de tipos de campanha. Orientado a vendas ou marcas.
Patrocínios	$ 2,8	Jogos, quebra-cabeças, concursos *on-line* e *sites* de cupons de desconto patrocinados por empresas para promover produtos. Orientado a vendas.
E-mail	$ 0,49	Ferramenta de *marketing* direcionado eficiente com potencial para mídia rica interativa. Orientado a vendas.

Fonte: Com base no eMarketer, "US Digital Ad Spending by Format", eMarketer, junho de 2020.

Essas informações permitem à empresa entender como está funcionando seu *site*, criar páginas exclusivas e personalizadas, que apresentam conteúdo ou anúncios de produtos e serviços direcionados ao interesse de cada usuário, aprimorando a experiência do cliente e criando valor adicional por meio da melhor percepção do perfil do comprador (veja a Figura 10.4). Utilizando a tecnologia de personalização para modificar as páginas *web* apresentadas a cada cliente, os profissionais de *marketing* podem conseguir os benefícios de um vendedor individual com custos muito mais baixos. A General Motors, por exemplo, poderia exibir um anúncio da Chevrolet direcionado a mulheres enfatizando segurança e utilidade, enquanto um anúncio para homens enfatizaria potência e robustez.

A distância que separa as redes de anúncios da mídia programática é curta. As redes de anúncios criam plataformas de lances em tempo real (RTB) em que os profissionais de *marketing* fazem lances em um ambiente automatizado por slots altamente segmentados disponibilizados por editores da *web*. Nesse caso, as plataformas de anúncios podem prever quantos indivíduos segmentados visualizarão os anúncios e os compradores de anúncios podem estimar quanto vale essa exposição para eles.

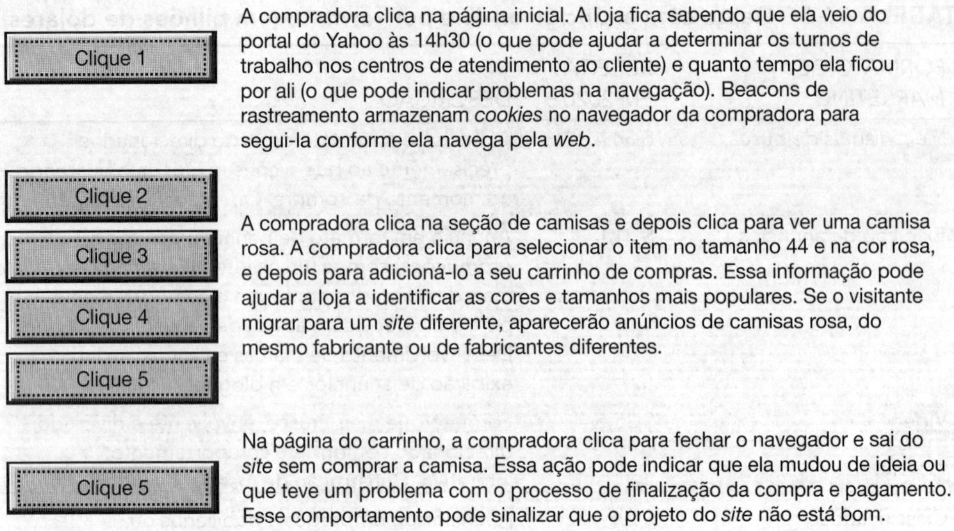

FIGURA 10.3 Rastreamento de visitantes de um *site*.

Os *sites* de *e-commerce* e as plataformas de propagandas, como o Google Marketing Platform, contam com ferramentas que rastreiam cada passo dado por um comprador em uma loja *on-line* e, em seguida, em toda a *web*, conforme os compradores mudam de um *site* para outro. O exame minucioso do comportamento de uma cliente em um *site* de roupas femininas mostra o que a loja pode aprender em cada etapa e quais ações deve tomar para aumentar as vendas.

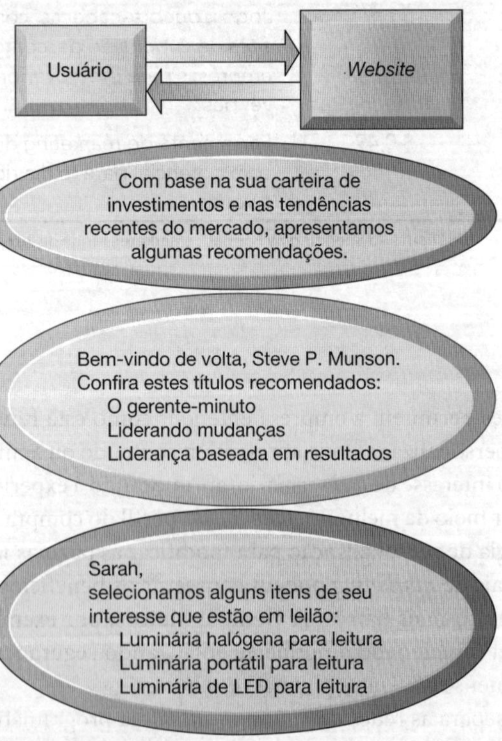

FIGURA 10.4 Personalização do *site*.

As empresas podem criar páginas *web* exclusivas e personalizadas que apresentem conteúdo ou anúncios de produtos e serviços direcionados a clientes individuais, aprimorando a experiência deles e criando valor adicional.

E se você for uma grande empresa nacional de propaganda com muitos clientes diferentes tentando alcançar milhões de consumidores? Com milhões de *sites*, trabalhar com cada um deles seria impraticável. As redes de propaganda resolvem esse problema com a criação de uma rede com milhares dos *sites* mais populares visitados por milhões de pessoas, rastreando o comportamento desses usuários pela rede inteira, criando perfis de cada usuário e vendendo, então, esses perfis aos anunciantes em um ambiente de leilão em tempo real. Os *sites* populares baixam dezenas de informações de rastreamento por meio de *cookies*, bugs e beacons, que relatam o comportamento *on-line* do usuário (sem seu conhecimento) para servidores remotos. Procurando por um consumidor jovem e solteiro, com formação universitária, na faixa dos 18 aos 34 anos de idade, que more na região nordeste e esteja interessado em comprar um carro europeu? As redes de propaganda conseguem identificar e distribuir centenas de milhares de pessoas que se encaixam nesse perfil de forma a expô-los a anúncios de carros europeus à medida que trafegam de um *site* a outro. As estimativas variam, mas anúncios baseados em alvo comportamental são dez vezes mais propensos a produzir uma resposta do cliente do que os anúncios aleatórios em formato de banner ou vídeo (veja a Figura 10.5). As chamadas trocas de publicidade usam essa mesma tecnologia para leiloar acesso a pessoas com perfis muito específicos para os anunciantes em poucos milissegundos. Em 2019, cerca de 73% dos anúncios *on-line* eram anúncios direcionados desenvolvido por mídia programática, e o restante dependia do contexto das páginas visitadas pelos compradores – dos dados demográficos estimados de visitantes ou da chamada publicidade de "explosão e dispersão", que é colocada aleatoriamente em qualquer página disponível com segmentação mínima, tal como hora do dia ou estação do ano.

Isso é outro pequeno passo para a **publicidade nativa (Native Ads)**, que envolve a colocação de anúncios em *feeds* de notícias de redes sociais ou em conteúdo editorial tradicional, como um artigo de jornal. Também é conhecida como publicidade orgânica, em que o conteúdo e a publicidade estão próximos ou integrados. Dois terços (68%) dos usuários da internet não concordam que mecanismos de busca e *sites* rastreiem seu comportamento

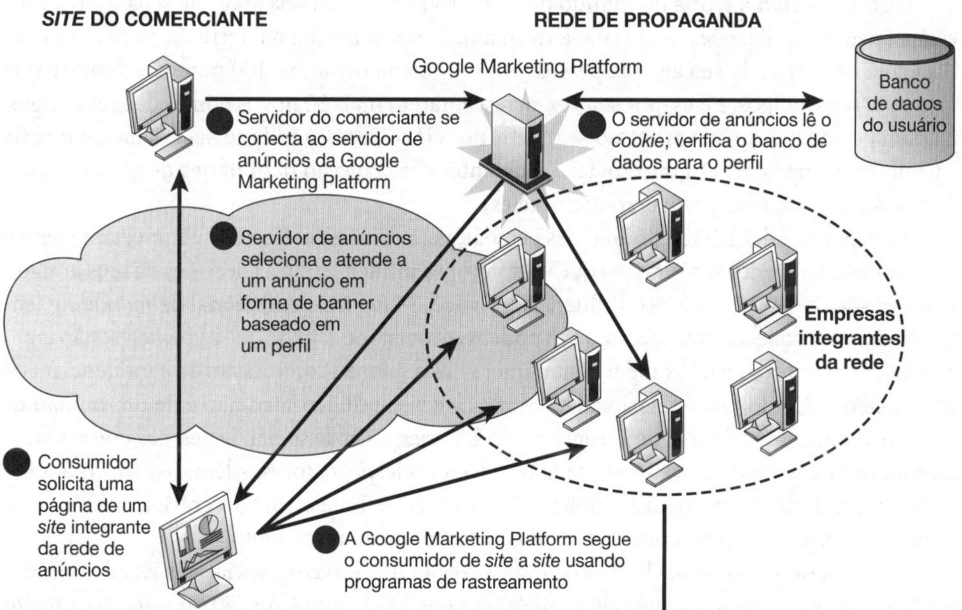

FIGURA 10.5 Como funciona uma rede de anúncios.
As redes de anúncios e o uso que fazem de programas de rastreamento tornaram-se um tema controverso entre os defensores da privacidade, por sua habilidade de rastrear consumidores individuais na internet.

on-line para direcionar anúncios a eles. A maioria dos estadunidenses deseja uma opção "Do Not Track" em navegadores que seja capaz de impedir os *sites* de coletar informações sobre seu comportamento *on-line*. Mais de 50% estão muito preocupados com a riqueza de dados pessoais *on-line*; 86% tomaram medidas para mascarar seu comportamento *on-line*; e 25% dos usuários da *web* usa *software* de bloqueio de anúncios (Rainie, 2016; eMarketer, 2019a).

Comércio eletrônico social e *marketing* de redes sociais

Uma das mídias que mais cresce em termos de branding e *marketing* são as mídias sociais. Foi estimado que as empresas gastariam cerca de US$ 44 bilhões em 2020 usando redes sociais como Facebook, Instagram, Pinterest, Twitter e LinkedIn para alcançar milhões de consumidores que passam horas por dia em *sites* sociais (eMarketer, 2020h). Os gastos com *marketing* de mídia social são muito menores do que com televisão, revistas e até jornais, mas isso mudará no futuro. As redes sociais no mundo *offline* são conjuntos de pessoas que se comunicam voluntariamente umas com as outras por um longo período de tempo. As redes sociais *on-line*, juntamente com outros *sites* com componentes sociais, são *sites* que permitem que os usuários se comuniquem entre si, formem relações com grupos e indivíduos e compartilhem interesses, valores e ideias.

O comércio eletrônico social é o comércio baseado na ideia do **grafo social** digital – o mapeamento de todas as relações sociais *on-line* significativas. O grafo social é sinônimo da ideia de uma "rede social" usada para descrever relações *offline*. Você pode mapear seu próprio grafo social (rede) desenhando linhas entre você e as dez pessoas mais próximas que conhece. Se elas se conhecem uma à outra, desenhe linhas entre essas pessoas. Se você é calculista, peça para que esses dez amigos listem e acrescentem os nomes das dez pessoas mais próximas a eles. O que surge nesse exercício é um mapa preliminar de sua rede social. Agora, imagine se todos na internet fizessem o mesmo e publicassem os resultados em um grande banco de dados com um *site*. Em última análise, você iria se deparar com o Facebook ou um *site* parecido.

De acordo com a teoria do mundo pequeno (ou teoria dos seis graus de separação), você está a apenas seis ligações de distância de qualquer outra pessoa na Terra. Se você fizer uma lista com os nomes da sua agenda pessoal – que contém, digamos, 100 nomes – e enviar essa lista para seus amigos, e eles, por sua vez, acrescentarem mais 50 novos nomes de seus amigos, e assim por diante, após o processo se repetir por cinco vezes, a rede social criada abrangeria 31 bilhões de pessoas! O grafo social é, portanto, uma coleção de milhões de grafos sociais pessoais (com todas as pessoas contidas neles).

Se você entender a interconexão das pessoas, verá como esse conceito é importante para o *e-commerce*: os produtos e serviços que você compra influenciarão as decisões de seus amigos, e as decisões deles, por sua vez, influenciarão você. Se for um profissional de *marketing* tentando criar e fortalecer uma marca, você poderá aproveitar o fato de que as pessoas estão emaranhadas em redes sociais, compartilham interesses e valores, comunicam-se e influenciam-se mutuamente. Como um profissional de *marketing*, seu público-alvo não é de um milhão de pessoas isoladas assistindo a um programa de TV, mas é a rede social de pessoas que assistem ao programa e as redes pessoais de cada um desses telespectadores. Além disso, as redes sociais *on-line* abrigam os maiores públicos da internet. A Tabela 10.7 descreve os recursos do comércio eletrônico social que estão impulsionando o seu crescimento.

O Facebook – com mais de 80% de toda a receita de *marketing* social nos Estados Unidos e 220 milhões de visitantes mensais naquele país em 2020 (comScore, 2020) – recebe a maior parte da atenção pública dada às redes sociais. Os outros principais *sites* sociais também estão crescendo, embora a taxas mais lentas do que antes. O Twitter tem mais de 150 milhões de usuários ativos, com crescimento internacional mais forte do que nos Estados Unidos. O LinkedIn tem mais de 107 milhões. O Pinterest agora está entre os 30 principais em termos de visitantes únicos mensais, com mais de 100 milhões. Segundo analistas, 13,5% do tempo total *on-line* nos

TABELA 10.7 Recursos do comércio social

RECURSO DO COMÉRCIO SOCIAL	DESCRIÇÃO
Notícias	Um fluxo de notificações de amigos e anunciantes que os usuários sociais encontram em suas páginas iniciais.
Linha do tempo	Fluxo de fotos e eventos passados que criam um histórico pessoal para os usuários, que pode ser compartilhado com amigos.
Login social	Os *sites* permitem que os usuários efetuem *login* por meio das suas páginas do Facebook ou de outro *site* social. Isso permite que recebam informações valiosas do perfil social do Facebook e utilizem-nas para seus próprios esforços de *marketing*.
Compras colaborativas	Um ambiente onde os consumidores podem compartilhar suas experiências de compra uns com os outros visualizando produtos, conversando ou enviando mensagens de texto. Os amigos podem conversar *on-line* sobre marcas, produtos e serviço
Notificação de rede	Ambiente em que os consumidores podem compartilhar sua aprovação (ou desaprovação) de produtos, serviços ou conteúdo, ou compartilhar a sua localização geográfica, talvez um restaurante ou clube, com amigos. O onipresente botão "Curtir" do Facebook é um exemplo, bem como os "tweets" e os seguidores do Twitter.
Pesquisa social (recomendações)	Ambiente no qual os consumidores podem pedir conselhos aos seus amigos. Embora o Google possa ajudá-lo a encontrar coisas, a pesquisa social pode ajudá-lo a avaliar a qualidade das coisas ouvindo as avaliações de seus amigos ou dos amigos deles. Por exemplo, o sistema de recomendação social da Amazon pode usar seu perfil do Facebook para recomendar produtos.

Estados Unidos foram gastos em *sites* de redes sociais (praticamente uma hora por dia), e as atividades em rede social são uma das atividades *on-line* mais comuns (eMarketer, 2019b).

Nos *sites* de **shopping social**, como o Pinterest, você pode trocar ideias de compras com os amigos. O Facebook oferece o botão "Curtir" para que seus amigos saibam que você admira um produto, serviço ou conteúdo e, em alguns casos, que comprou alguma coisa *on-line*. O Facebook processa cerca de 3,2 bilhões de curtidas e comentários por dia em todo o mundo. Comunidades *on-line* também são locais ideais para empregar técnicas de *marketing* viral. O *marketing* viral *on-line* é como o tradicional *marketing* boca a boca, exceto pelo fato de que o que se diz pode se espalhar por uma comunidade *on-line* na velocidade da luz e alcançar fronteiras geográficas mais distantes do que a de uma pequena rede de amigos.

A sabedoria das massas

Criar *sites* nos quais milhares, e até milhões, de pessoas possam interagir oferece às empresas novas formas de comercializar e anunciar, de descobrir quem gosta (ou detesta) seus produtos. Em um fenômeno denominado a "**sabedoria das massas**", alguns argumentam que um grande número de pessoas pode tomar decisões mais acertadas sobre uma ampla gama de serviços ou produtos do que uma única pessoa ou mesmo um pequeno grupo de especialistas. Obviamente, isso nem sempre é o caso, mas pode acontecer de maneiras interessantes.

No *marketing*, o conceito de sabedoria das massas sugere que as empresas devem consultar milhares de seus clientes antes, como forma de estabelecer um relacionamento com eles,

SESSÃO INTERATIVA GESTÃO

Como se engajar "socialmente" com os clientes

Facebook, Instagram, Twitter, Snapchat e outras ferramentas sociais criam inúmeras oportunidades para envolver os consumidores, amplificar as mensagens dos produtos, descobrir tendências e influenciadores, criar reconhecimento da marca e agir de acordo com as solicitações e recomendações dos clientes. O monitoramento das redes sociais ajuda profissionais de *marketing* e empresários a entender mais sobre os gostos, aquilo de que os consumidores não gostam e reclamações dos compradores em relação a produtos, produtos adicionais ou modificações de produtos que os clientes desejam e o que as pessoas estão falando sobre uma marca (sentimento positivo ou negativo).

O Instagram é uma das plataformas de rede social que mais cresce, com mais de um bilhão de seguidores mensais ativos, e é especialmente popular entre os usuários mais jovens da internet. É uma ferramenta poderosa para os negócios, pois permite que as marcas disponibilizem rapidamente mensagens e fotos para o público-alvo, envolvam-se com ele e desenvolvam relacionamentos mais próximos. Os usuários podem interagir com outros usuários do Instagram seguindo-os, sendo seguidos por eles, comentando, "curtindo", marcando e enviando mensagens privadas. O Instagram tem cerca de 25 milhões de contas comerciais cadastradas e 1 milhão de anunciantes ativos mensais que usam anúncios patrocinados para alcançar mais pessoas nessa plataforma. O Instagram gera $ 20 bilhões em propaganda e receita de anúncios em 2019.

Com mais de 234 milhões de seguidores, a Nike é uma das marcas de negócios mais populares do Instagram. A empresa publica em suas redes sociais uma mistura de conteúdo, incluindo fotos de performance endossadas por celebridades e baseadas em estilo de vida utilizando imagens estáticas, imagens animadas e vídeos para definir "momentos". Como muitas outras empresas, a Nike aprendeu que seus seguidores não estão apenas comprando seus produtos: eles estão comprando o estilo de vida associado a esses produtos. A Nike continuamente promove seus produtos, mas o faz por meio de narrativas relacionadas ao estilo de vida.

A declaração de missão da Nike é "Levar inspiração e inovação para todos os atletas do mundo", amadores ou profissionais. A marca reflete a crença de que as pessoas podem alcançar mais acreditando em mais, e que pessoas comuns podem se sentir atletas de pleno direito se "apenas agirem". Muitos posts no Instagram da Nike inspirando seguidores a realizar um arremesso ou correr na praia evocam essa motivação emotiva, fazendo a marca atingir até 500 mil curtidas.

O Instagram é uma das muitas ferramentas de mídia social usadas pela NBC Sports para interagir com seus espectadores. A emissora, que tem 20 milhões de espectadores no horário nobre todas as noites, sugeriu que quem estivesse assistindo aos jogos transmitidos ao vivo se envolvessem em conversas sobre eles nas redes sociais. Em vez de pedir às pessoas que assistam a seus programas, como no passado, a NBC Sports, quando cobriu os Jogos Olímpicos de Inverno de PyeongChang, em 2018, e pediu que elas interagissem em conversas sobre os jogos que estavam ocorrendo no momento. Em vez de apenas dar notícias, a NBC Sports quer saber como as pessoas se sentem em relação às notícias. Quando um anúncio ou notícia vai ao ar, a NBC Sports quer que os espectadores se envolvam em debates sociais animados usando as plataformas sociais. Por meio de ferramentas de análise e escuta social, a NBC Sports pode ver em tempo real quais anúncios causaram interesse aos consumidores.

A NBC Sports usa o Customer Experience Social Cloud da Oracle, um serviço de *software* baseado em nuvem que permite que as empresas escutem, acompanhem, analisem e tomem decisões com base na "conversa do consumidor". Se um tópico é muito discutido, a NBC Sports o inclui em mais conteúdos que compartilha. Se algo não gera muita repercussão, a empresa o deixa de lado.

A NBC Sports descobriu que diferentes plataformas de mídia social atraem públicos diferentes e que um conteúdo pode não funcionar para todas as plataformas ou para todos os membros de seu público. Por exemplo, o Instagram atrai um público jovem, enquanto o Facebook atrai um público mais velho. Para adaptar o conteúdo a diferentes públicos, a NBC Sports usa o Facebook para postar histórias mais detalhadas sobre o que está em alta no esporte. A empresa tem mais de 50 canais para se conectar socialmente com os espectadores no Instagram, Facebook, Twitter, Vine, Snapchat e Pinterest.

Embora o envolvimento com os clientes por meio das redes sociais tenha sido benéfico para muitas organizações, nem todas alcançaram os resultados que esperavam. A Lush UK – conhecida por seus produtos veganos e fabricados sem ferir os animais, totalmente naturais para rosto, banho e corpo, embalagens ecológicas e postagens cativantes no Instagram – decidiu, em 2019, fechar suas contas de mídia social. A empresa afirmou que a mídia social estava, na verdade, inibindo sua capacidade de se envolver com os fãs. A Lush tinha muitos seguidores no Instagram (570 mil seguidores), Twitter (200 mil seguidores) e Facebook (400 mil seguidores).

Em um post no Instagram, a Lush afirmou que estava cansada de atender às constantes mudanças de algoritmo das mídias sociais para continuar visível aos seguidores. A empresa não queria pagar para aparecer nos *feeds* de notícias, nem queria limitar as conversas a alguns lugares. Em vez disso, preferiu abrir conversas com os clientes por meio de bate-papo ao vivo em seu *site*, *e-mail* e telefone. "As redes sociais estão tornando cada vez mais difícil conversarmos diretamente uns com os outros. Queremos que o social seja mais sobre paixões e menos sobre curtidas", afirmou a Lush

Especialistas observam que as empresas recentemente tiveram de lutar mais para serem vistas pelo público, porque muitas plataformas de mídia social pararam de ordenar os *feeds* de notícias cronologicamente, em favor de algoritmos que ordenam o conteúdo por "relevância". Muitas empresas ficaram frustradas com o fato de seus posts não serem exibidos aos usuários. Elas suspeitam que as plataformas de mídias sociais estão fazendo essas mudanças para incentivar mais marcas a pagar por anúncios como forma de aumentar as impressões (número de vezes que um anúncio é veiculado).

A Lush tomou a decisão certa? Ignorar as redes sociais será benéfico para a empresa? Quanto valor a mídia social está gerando de fato? A Lush será capaz de criar uma comunidade significativa fora das redes sociais? Muitas empresas estão observando atentamente as respostas.

Fontes: Brian Peters, "Nike's Secret to Success on Instagram Building an Engaged Community," buffer.com, acessado em 28 de março de 2020; www.nbcsports.com, acessado em 28 de março de 2020; "Nike," www.tracka- lytics.com, acessado em 28 de março de 2020; Iris Hearn, "Lush Is Quitting Social Media Due to Frustrations over 'Fighting with Algorithms,'" *Impact,* 11 de abril de 2019; e Genna Lepore, "What You Can Learn about Social Media Marketing from NBC Sports Unique Approach," *Impact,* 19 de março de 2019.

PERGUNTAS DO ESTUDO DE CASO

1. Avalie os problemas de gestão, organização e tecnologia do uso de mídia social para interagir com os clientes.
2. Quais são as vantagens e desvantagens de usar a mídia social para publicidade, construção de marca, pesquisa de mercado e atendimento ao cliente?
3. Dê um exemplo de uma decisão de negócios neste estudo de caso que foi facilitada pelo uso de mídia social para interagir com os clientes.
4. Todas as empresas devem usar a tecnologia de mídia social para atendimento ao cliente e *marketing*? Por quê? Ou por que não? Para que tipos de empresas o uso dessas plataformas se mostra mais adequado?

e, depois, para compreender melhor como seus produtos e serviços são usados e apreciados (ou rejeitados). Solicitar ativamente os comentários dos clientes cria confiança, passa a eles a mensagem de que a organização se importa com o que pensam e os faz acreditarem que seus conselhos são necessários.

Além de simplesmente solicitar conselhos, as empresas podem ser auxiliadas na solução de problemas empresariais utilizando o que se chama ***crowdsourcing***. A BMW, por exemplo, lançou um projeto de *crowdsourcing* para receber auxílio de clientes no projeto de um veículo urbano para 2025. O Kickstarter.com é, sem dúvida, um dos mais famosos *sites* de *crowdfunding* de comércio eletrônico em que os visitantes investem em empresas iniciantes. Outros exemplos incluem a Caterpillar trabalhando com clientes para projetar máquinas melhores, a IKEA para projetar móveis, a Lego Ideas para desenvolver novos brinquedos e jogos e a Pepsico usando espectadores do Super Bowl para criar um vídeo *on-line*.

O *marketing* por meio das mídias sociais ainda está em seus estágios iniciais, e as empresas estão fazendo experimentos, na esperança de encontrar uma fórmula de sucesso. As interações sociais e o sentimento do cliente nem sempre são fáceis de gerenciar, apresentando novos desafios a empresas ansiosas para proteger suas marcas. A Sessão Interativa sobre Gestão fornece exemplos específicos de esforços de *marketing* social das empresas que usam o Facebook e o Instagram.

10.4 Como o comércio eletrônico afetou as transações entre empresas?

O comércio entre empresas (empresa-empresa ou B2B) representa um grande *marketplace*. Nos Estados Unidos, o montante total do comércio B2B em 2020 foi cerca de US$ 14,5 trilhões, com o comércio eletrônico B2B (B2B *on-line*) contribuindo com cerca de US$ 6,7 trilhões (US Census Bureau, 2019; estimativa dos autores). Até 2022, espera-se que o comércio eletrônico B2B atinja cerca de US$ 8 trilhões nos Estados Unidos.

O processo de realização de negócios entre empresas é complexo e requer bastante intervenção humana; portanto, consome recursos significativos. Algumas empresas estimam que cada ordem de compra corporativa para reposição de produtos de consumo lhes custa, em média, US$ 100 em despesas administrativas. Os custos administrativos incluem processamento de papel, aprovação de decisões de compra, uso de telefones e *e-mails* para procurar produtos e organizar as aquisições, organização de envio e recebimento dos produtos. Na economia, isso representa trilhões de dólares anuais gastos em processos de aquisição que poderiam ser automatizados. Se somente parte da negociação interna das empresas fosse automatizada e partes do processo de aquisição fossem realizadas pela internet, trilhões de dólares, literalmente, seriam liberados para usos mais produtivos, os preços aos consumidores cairiam, a produtividade aumentaria e a saúde econômica da nação melhoraria. Essa é a promessa do comércio eletrônico B2B. Seu desafio é modificar os padrões e sistemas de aquisições existentes, além de projetar e implementar novas soluções B2B na internet baseadas em nuvem.

Intercâmbio eletrônico de dados (EDI)

O comércio eletrônico B2B refere-se às transações comerciais que ocorrem entre as empresas. Cada vez mais, essas operações estão fluindo por uma variedade de diferentes mecanismos habilitados para internet. Cerca de 80% do comércio B2B ainda se baseia em sistemas proprietários para o **intercâmbio eletrônico de dados** (**EDI**, do inglês *electronic data interchange*). O EDI permite o intercâmbio entre computadores de duas organizações diferentes de documentos-padrão, como faturas, conhecimentos de embarque, agendamentos de expedição ou pedidos de compra. As transações são transmitidas automaticamente de um sistema de informação a outro por uma rede de telecomunicações, eliminando a impressão e o manuseio de papéis, em uma extremidade, e a entrada de dados, na outra. Os principais setores nos Estados Unidos e em grande parte do resto do mundo têm padrões de EDI que definem a estrutura e os campos de informação das transações eletrônicas para determinado setor. Originalmente, o EDI automatizou a troca de documentos para pedidos de compra, faturas e notificações de expedição. Embora muitas empresas ainda usem o EDI para a automação de documentos, as empresas adeptas da produção contínua e da reposição de estoque *just-in-time* o utilizam como sistema para reposição contínua. Os fornecedores têm acesso *on-line* a determinadas partes da programação de entrega e produção da empresa compradora, podendo enviar materiais e produtos automaticamente para atender a metas pré-especificadas, sem a intervenção de agentes da empresa compradora (veja a Figura 10.6).

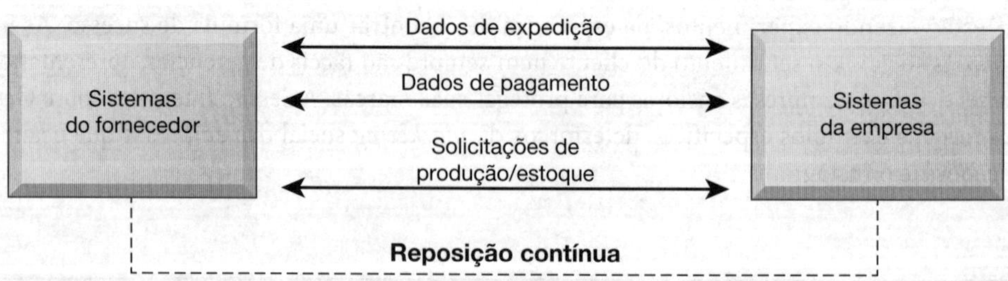

FIGURA 10.6 Intercâmbio Eletrônico De Dados (EDI).

As empresas usam EDI para automatizar transações de comércio eletrônico B2B e para reposição contínua de estoque. Os fornecedores podem enviar automaticamente dados sobre encomendas às empresas compradoras, que, por sua vez, podem usar EDI para transmitir aos fornecedores dados de pagamento e solicitação de estoque e produção.

Embora muitas empresas ainda utilizem redes privadas para EDI, elas são cada vez mais habilitadas para a *web*, porque a tecnologia de internet oferece uma plataforma muito mais flexível e de baixo custo para conexão com outras organizações. Elas conseguem estender a tecnologia digital a uma gama maior de atividades, ampliando seu círculo de parceiros de negócios.

O *procurement*, por exemplo, envolve não apenas a aquisição de produtos e materiais, mas também a busca de fornecedores, a negociação com esses fornecedores, o pagamento e o acordo quanto às condições de entrega. Atualmente, as empresas podem usar a internet para localizar o fornecedor de custo mais baixo, examinar catálogos de produtos *on-line*, negociar com fornecedores, fazer pedidos e pagamentos e gerenciar o transporte. Elas não ficam limitadas a parceiros interligados por redes EDI tradicionais.

Novas maneiras de compra e venda entre empresas

A tecnologia de internet e *web* permite que empresas montem novas vitrines eletrônicas para vender a outras, com as mesmas técnicas utilizadas no comércio B2C. Como alternativa, as organizações podem usar a tecnologia de internet na criação de extranets ou *marketplaces* eletrônicos, a fim de se conectar com outras empresas e realizar transações de compra e venda.

As **redes setoriais privadas** consistem em uma empresa de grande porte que usa um *site* seguro para se conectar a seus fornecedores e a outros parceiros de negócios importantes (veja a Figura 10.7). A rede é de propriedade do comprador e permite que a empresa e os fornecedores, distribuidores e outros parceiros de negócios designados compartilhem o projeto e o desenvolvimento do produto, o *marketing*, a programação da produção, o gerenciamento do estoque e comunicações não estruturadas, incluindo gráficos e *e-mails*. Outro termo usado para designar uma rede setorial privada é **bolsa privada**.

Um exemplo é a VW Group Supply, que interliga o Grupo Volkswagen a seus fornecedores. A VW Group Supply administra 90% de todas as compras globais da Volkswagen, incluindo todas as peças e componentes automotivos.

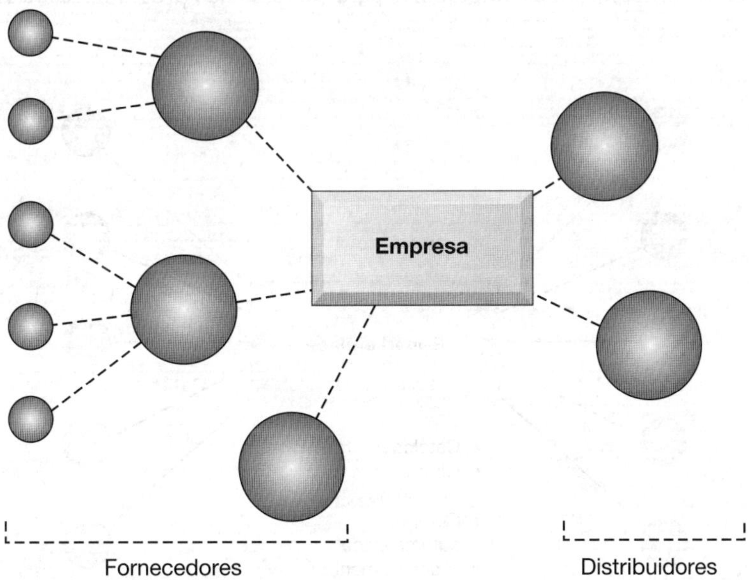

FIGURA 10.7 Rede setorial privada.

Uma rede setorial privada, também conhecida como bolsa privada, liga uma empresa a seus fornecedores, distribuidores e outros parceiros de negócios importantes para a realização eficiente do gerenciamento da cadeia de suprimentos e de outras atividades de comércio colaborativo.

Os ***e-marketplaces***, às vezes chamados de *e-hubs* (e-concentradores), proporcionam um mercado digital com tecnologia de internet para muitos compradores e vendedores diferentes (veja a Figura 10.8). Os *e-marketplaces* pertencem a setores ou operam como intermediários independentes entre compradores e vendedores. Geram receita com transações de compra e venda e de outros serviços prestados aos clientes. Os participantes dos *e-marketplaces* podem definir preços *on-line* mediante negociações, leilões ou pedidos de cotação, ou podem usar preços fixos.

Há muitos tipos diferentes de *e-marketplaces* e maneiras de classificá-los. Alguns vendem insumos diretos, e outros, indiretos. **Insumos diretos** são os bens usados no processo de produção, como chapas de aço para a produção de carrocerias de automóveis; **insumos indiretos** são todos os outros bens que não estão envolvidos diretamente no processo de produção, como material de escritório ou produtos para manutenção e reparos. Alguns *e-marketplaces* apoiam contratos de fornecimento a partir de relacionamentos de longo prazo com fornecedores designados; outros apoiam compras à vista, com entrega imediata, caso em que os bens são adquiridos para suprir necessidades urgentes, geralmente de fornecedores diferentes.

Alguns *e-marketplaces* atendem mercados verticais para setores específicos, como os de automóveis, telecomunicações ou máquinas operatrizes; outros atendem mercados horizontais, com bens e serviços que podem ser encontrados em diferentes setores industriais, como os de equipamentos ou transporte.

A Exostar é um exemplo de *e-marketplace* patrocinado com ênfase em contratos de relacionamentos de compras a longo prazo e na oferta de redes e plataformas computacionais comuns para redução de ineficiências na cadeia de abastecimento. O setor de defesa e aeroespacial que patrocina a Exostar foi fundado em conjunto por BAE Systems, Boeing, Lockheed Martin, Raytheon e Rolls-Royce PLC para conectar essas empresas a seus fornecedores e facilitar a colaboração em grandes projetos. Mais de 125 mil parceiros comerciais dos setores público, comercial e militar usam as ferramentas de busca de fornecedores, *e-procurement* e colaboração da Exostar para insumos diretos e indiretos.

Bolsas são *e-marketplaces* independentes, mantidos por terceiros, que podem conectar milhares de fornecedores e compradores para compras não programadas (à vista e com

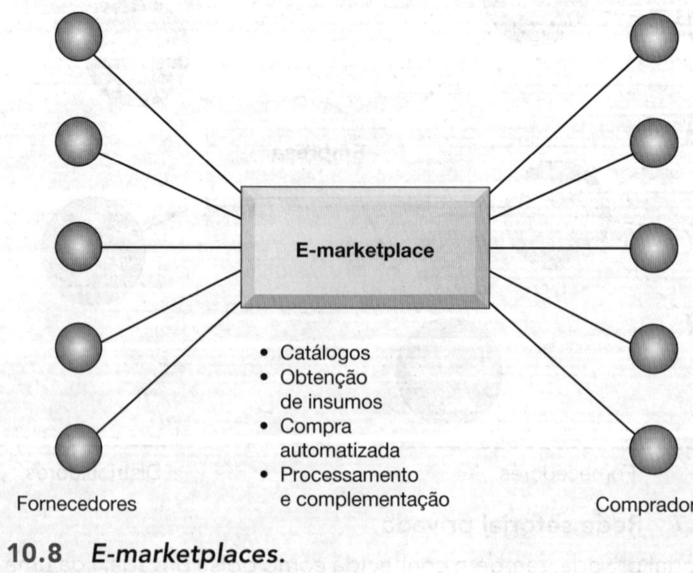

FIGURA 10.8 ***E-marketplaces.***

E-marketplaces são *marketplaces on-line* nos quais múltiplos compradores podem comprar de múltiplos vendedores.

entrega imediata). Muitas bolsas representam mercados verticais para um único setor, como alimentos, produtos eletrônicos ou equipamento industrial e lidam primordialmente com insumos diretos. A Go2Paper, por exemplo, disponibiliza um mercado à vista para papel, papelão e papel pardo entre compradores e vendedores de mais de 75 países no setor.

As bolsas proliferaram durante os primeiros anos do *e-commerce*, mas muitas fracassaram. Os fornecedores relutavam em participar, porque elas incentivavam propostas competitivas, derrubando os preços, mas sem oferecer um relacionamento de longo prazo com compradores ou serviços que compensassem essa redução. Além disso, muitas compras diretas essenciais não são realizadas na modalidade à vista e com entrega imediata, pois exigem contratos e implicam questões como prazo da entrega, personalização e qualidade dos produtos.

10.5 Qual é o papel do *m-commerce* nos negócios e suas aplicações mais importantes?

Em 2020, o *m-commerce* representará cerca de 45% de todo o comércio eletrônico, com receita anual de aproximadamente US$ 305 bilhões gerada pela venda de bens e serviços, apps, publicidade, música, vídeos, toques para celulares, filmes, TV e serviços baseados em localização, como localizadores de restaurantes e atualizações sobre o tráfego. O *m-commerce* é a forma de comércio eletrônico que mais cresce, expandindo-se a uma taxa anual de 20% ou mais, e estima-se que atingirá US$ 500 bilhões em 2023 (veja a Figura 10.9) (eMarketer, 2020f).

As principais áreas de crescimento no *e-commerce* móvel são o varejo em massa, como a Amazon; vendas de conteúdo digital, como música, programas de TV, filmes e *e-books*; e vendas no aplicativo para dispositivos móveis. Empresas sob demanda, como a Uber (descrita no caso de encerramento do capítulo) e o Airbnb, são serviços baseados em localização, além de exemplos de comércio móvel. Telas móveis maiores e procedimentos de pagamento mais convenientes também desempenham um papel na expansão do *m-commerce*.

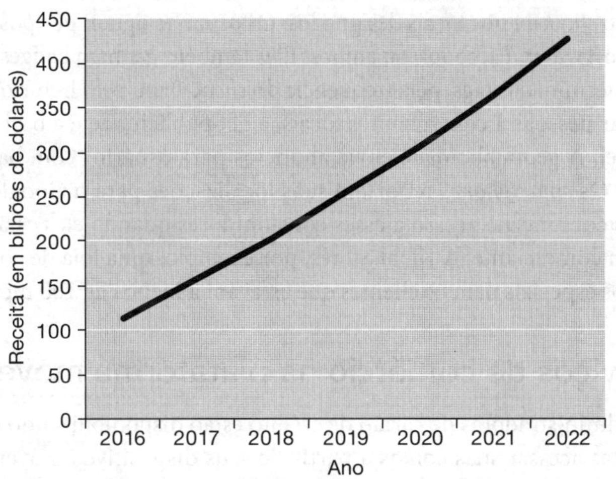

FIGURA 10.9 Receitas do comércio de varejo móvel.

O *e-commerce* móvel é o tipo de *e-commerce* B2C que mais cresce. Até 2021, espera-se que as vendas de *m-commerce* representem 54% do total de vendas de *e-commerce*.

Fontes: Dados do gráfico do eMarketer "US Retail Mcommerce Sales," 2020.

Serviços e aplicativos baseados em localização

Serviços baseados em localização incluem serviços geossociais, de publicidade e de informação relacionados à localização geográfica. Setenta e quatro por cento dos proprietários de *smartphones* usam serviços baseados em localização. O que vincula essas atividades e que é a base para o comércio móvel é o conjunto de serviços de mapas habilitado pelo sistema global de posicionamento (GPS) disponível nos *smartphones*. Um **serviço geossocial** pode informar onde seus amigos estão reunidos; os **serviços de geopublicidade** podem lhe informar onde encontrar o restaurante italiano mais próximo; e os **serviços de geoinformação** podem lhe dizer o preço de uma casa para a qual você esteja olhando, ou sobre exposições disponíveis em um museu por onde esteja passando. Em 2020, os serviços baseados em localização de crescimento mais rápido e mais populares são empresas de economia sob demanda, como Uber, Lyft, Airbnb e centenas de outras que fornecem serviços a usuários em áreas locais e são baseadas na localização do usuário (ou, no caso do Airbnb, no local da viagem que o usuário pretende fazer).

Waze é um exemplo de um serviço popular de geoinformação social. É um mapa baseado em GPS e aplicativo de navegação para *smartphone* atualmente de propriedade do Google. Ele localiza o carro do usuário em um mapa digital usando GPS e, como outros programas de navegação, coleta informações sobre a velocidade e direção do usuário continuamente. O diferencial do Waze é que ele coleta informações de trânsito de usuários que enviam relatórios de acidentes, radares de velocidade, pontos de referência, feiras de rua, protestos e até endereços. O Waze usa essas informações para sugerir rotas alternativas, indicar o tempo que viagem pode durar e dar avisos, além de ser capaz de fazer recomendações de postos de gasolina no trajeto. O aplicativo Waze é largamente utilizado por motoristas da Uber e da Lyft e por mais de 130 milhões de outros motoristas nos Estados Unidos.

O Foursquare e novas funcionalidades do Facebook e do Google são exemplos de serviços geossociais. Esses serviços o ajudam a encontrar amigos ou a ser encontrado por seus amigos, ao realizar "*check-in*" no lugar, informando sua presença em um restaurante ou outro estabelecimento. Seus amigos são imediatamente notificados.

O Foursquare fornece um serviço de rede social baseado em localização para mais de 55 milhões de usuários individuais registrados, que podem se conectar com amigos, atualizar sua localização e fornecer comentários e dicas para desfrutar de um estabelecimento. Os pontos são concedidos após o *check-in* nos locais designados. Os usuários optam por postar seus *check-ins* em suas contas no Twitter, Facebook ou ambos. Eles também ganham badges ao fazer *check-in* em locais com determinadas tags, pela frequência do *check-in* ou pelo horário do *check-in*.

Para conectar pessoas a comerciantes locais, a geopublicidade é a base econômica para o comércio móvel. A geopublicidade envia anúncios para usuários com base em suas localizações de GPS. Os *smartphones* reportam suas localizações para o Google e para a Apple. Os comerciantes compram o acesso a esses consumidores quando eles estão dentro do raio de alcance de um comerciante. A Kiehl Stores, por exemplo, uma loja de cosméticos, enviou ofertas e anúncios especiais para os clientes que estavam a menos de 100 metros de sua loja.

Outros serviços de comércio na plataforma móvel

Os bancos e as administradoras de cartão de crédito estão disponibilizando serviços que permitem aos clientes acessar suas contas a partir de seus dispositivos móveis. Os clientes do JPMorgan Chase e do Bank of America podem usar seus celulares para verificar saldos bancários, realizar transferência de fundos e pagar contas. O Apple Pay para iPhone e Apple Watch, juntamente com outros aplicativos para *smartphones* Android e Windows, permite que os usuários sejam cobrados por itens no cartão de crédito com um toque do dispositivo móvel.

O mercado de publicidade móvel é a plataforma de anúncios *on-line* que mais cresce, acumulando uma previsão de US$ 105 bilhões em receita de anúncios em 2020 e crescendo mais de 20% ao ano. Os anúncios são realizados onde está voltada a atenção do cliente, e cada vez mais isso significa nas telas de telefones celulares e, em menor grau, *tablets*. O Facebook e o Instagram são o maior mercado de publicidade móvel, registrando cerca de US$ 35 bilhões em anúncios para celular ou 95% da receita total desses anúncios, com o Google em segundo lugar com US$ 29 bilhões (60% de seu negócio total de anúncios digitais). O Google exibe anúncios vinculados a pesquisas em celulares realizadas por usuários da versão móvel de seu mecanismo de busca; os anúncios são incorporados em jogos, vídeos e outros aplicativos móveis.

Shopkick é uma aplicação móvel que permite aos varejistas, como Best Buy, Sports Authority e Macy's oferecer cupons para as pessoas quando elas entram em suas lojas. O aplicativo Shopkick reconhece automaticamente quando o usuário entra em uma loja de varejo de parceiro e oferece uma nova moeda virtual chamada "*kickbucks*", que pode ser trocada por cartões de presente da loja.

Quarenta e sete por cento dos principais varejistas agora têm *sites* de *m-commerce* – versões simplificadas de seus *sites* que permitem que os compradores usem telefones celulares para fazer compras e pedidos. Praticamente todos os grandes varejistas tradicionais e *on-line*, como Sephora, Home Depot, Amazon e Walmart, têm aplicativos para vendas de *m-commerce*.

Sistemas de pagamento em aplicativos móveis

Muitos dos aplicativos FinTech atuais são sistemas de pagamento que usam aplicativos móveis para substituir cartões de crédito e serviços bancários tradicionais. Existem três tipos principais de aplicativos de pagamento móvel. Os sistemas acionados por comunicação de campo próximo (NFC), que permitem aos *smartphones* habilitados com NFC e outros dispositivos

TABELA 10.8 Tipos de sistemas de pagamento em aplicativos móveis

TIPO DE SISTEMA DE PAGAMENTO EM APLICATIVO MÓVEL	DESCRIÇÃO	EXEMPLOS
Comunicação de campo próximo (NFC)	Sistema que usa tecnologia com *chips* de comunicação de campo próximo (NFC) nos dispositivos móveis dos pagadores e nos dispositivos de leitura dos pontos de venda (PDV) dos estabelecimentos comerciais. Quando aproximados e ativados, esses *chips* NFC trocam dados criptografados para concluir um pagamento. Pode ser usado com muitos comerciantes diferentes, se usarem leitores NFC e *software* para aceitar pagamentos.	Apple Pay, Google Pay, Samsung Pay
Código QR	A tecnologia de código *Quick Response* (QR) usa um código de barras bidimensional no qual as informações são codificadas para realizar transações sem contato usando um aplicativo de geração e digitalização de código em um *smartphone* e um dispositivo comercial compatível. Depois que um comerciante insere o valor do pagamento, o cliente abre um aplicativo que exibe um código QR gerado para a transação. O comerciante digitaliza o código QR e o valor do pagamento é deduzido da carteira móvel do cliente. O cliente também pode abrir o aplicativo e digitalizar um código QR exibido pelo comerciante, permitindo que o aplicativo identifique o estabelecimento comercial. O cliente então fornece o valor e conclui o pagamento.	Starbucks, Walmart, Target, Dunkin Donuts Caixa Tem
Sistemas de pagamento ponto a ponto (P2P)	Tecnologia que permite que indivíduos transfiram fundos de suas contas bancárias para outras contas na mesma plataforma via internet. Os usuários de P2P estabelecem uma conta segura com um fornecedor terceirizado confiável, informando sua conta bancária ou conta de cartão de crédito para enviar e aceitar fundos. Usando um aplicativo de terceiros, os usuários podem enviar dinheiro para outra pessoa ou para a conta de um comerciante. Os usuários geralmente são identificados por seu endereço de *e-mail* ou número de telefone celular.	Venmo, Zelle, PayPal

móveis fazer pagamentos sem contato, comunicando-se com um leitor habilitado para NFC no terminal do ponto de venda (PDV) de um comerciante nas proximidades. (Reveja a discussão sobre identificação por radiofrequência [RFID] e comunicação de campo próximo [NFC] no Capítulo 7.) Entre os exemplos, temos o Apple Pay e o Google Pay. Os sistemas de pagamento por QR Code, como o Walmart Pay, usam um método de pagamento sem contato, em que o pagamento é feito digitalizando um código de barras bidimensional chamado código QR (*Quick Response*) por meio de um aplicativo móvel no *smartphone* do pagador. Sistemas de pagamento ponto a ponto (P2P), como Venmo ou Zelle QuickPay, são usados para transferir dinheiro entre indivíduos que instalaram um aplicativo proprietário. A Tabela 10.8 compara esses três tipos de sistemas de pagamento em aplicativos móveis.

10.6 Quais questões devem ser abordadas na criação de uma presença no comércio eletrônico?

A construção de uma presença bem-sucedida no comércio eletrônico requer a compreensão apurada sobre questões empresariais, tecnológicas e sociais, bem como uma abordagem sistemática. Atualmente, a presença no comércio eletrônico não é apenas um *site* corporativo, mas pode incluir também uma página de rede social no Facebook/Instagram, uma conta no Twitter e apps para *smartphone* pelos quais os clientes possam acessar os seus serviços. Desenvolver e coordenar todos esses locais diferentes acessados pelos clientes pode ser difícil. Um tratamento completo desse assunto está além do escopo deste livro, e os alunos devem consultar livros voltados exclusivamente a esse tema (Laudon e Traver, 2020). Os dois desafios gerenciais mais importantes na construção de uma presença no comércio eletrônico são (1) desenvolver uma compreensão clara de seus objetivos empresariais e (2) saber como escolher a tecnologia adequada para alcançar esses objetivos.

Como desenvolver um mapa de presença no comércio eletrônico

O *e-commerce* deixou de ser uma atividade centralizada no computador pessoal com acesso à *web* para uma atividade baseada em dispositivos móveis. Atualmente, *smartphones* e *tablets* são usados pela maioria dos usuários de internet nos Estados Unidos para pesquisar bens e serviços, verificar os preços, desfrutar de entretenimento e acessar *sites* de redes sociais, mas não são muito usados para fazer aquisições. Seus clientes potenciais usam esses vários dispositivos em diferentes momentos durante o dia e envolvem-se em conversas diferentes dependendo do que eles estão fazendo – mantendo contato com os amigos, publicando algo no Twitter ou lendo um *blog*. Cada uma dessas atividades são "pontos de contato", em que você pode atender o cliente, e tem que pensar em como desenvolver uma presença nesses diferentes lugares virtuais. A Figura 10.10 mostra um roteiro para as plataformas e atividades relacionadas que deverá considerar no desenvolvimento de sua presença no *e-commerce*.

A Figura 10.10 ilustra quatro tipos diferentes de uma presença no *e-commerce*: *sites*, *e-mail*, mídia social e mídia *offline*. Para cada um desses tipos, existem diferentes plataformas que você terá de lidar. No caso da presença via *site*, por exemplo, existem três diferentes plataformas: *desktop* tradicional, *tablets* e *smartphones*, cada uma com diferentes recursos. E para cada tipo de presença no *e-commerce*, há atividades relacionadas que precisará considerar. No caso de *sites*, por exemplo, você vai querer se envolver em *marketing* de mecanismo de busca, anúncios de exibição, programas de afiliados e patrocínios. A mídia *offline*, o quarto tipo de presença no *e-commerce*, está incluído nesta seção porque muitas empresas utilizam *marketing* multiplataforma ou integrado, no qual os anúncios impressos encaminham os clientes aos *sites*.

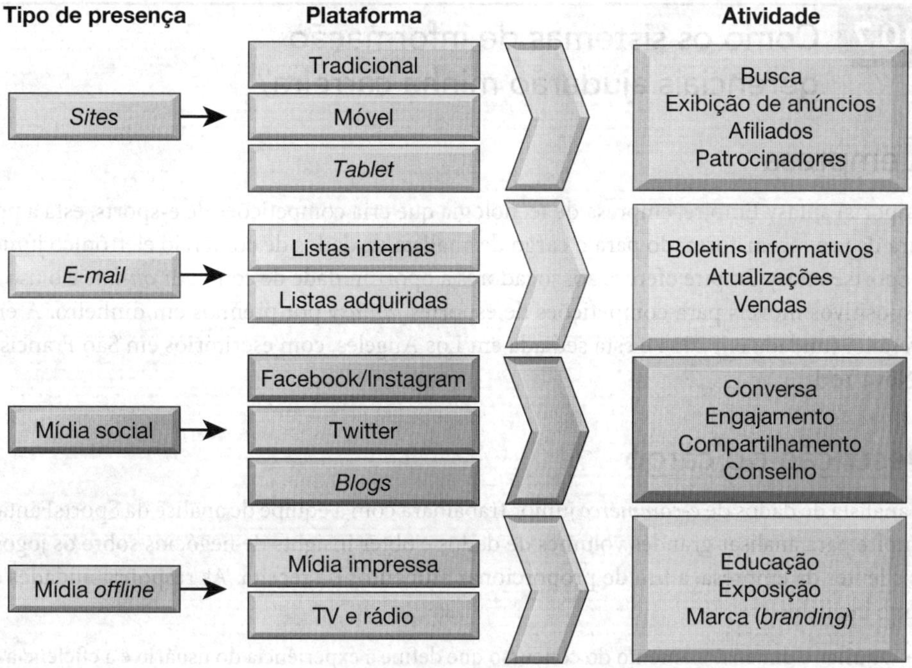

FIGURA 10.10 Mapa de presença no comércio eletrônico.
Uma presença no *e-commerce* exige que as empresas considerem quatro tipos diferentes de presença, com plataformas e atividades específicas associadas a cada tipo.

Como desenvolver um cronograma: marcos

Onde você gostaria de estar daqui a um ano? Quando começar a planejar, é bom ter uma ideia aproximada do prazo para o desenvolvimento de sua presença no *e-commerce*. Você deve dividir o seu projeto em um pequeno número de fases que podem ser concluídas dentro de determinado tempo. A Tabela 10.9 ilustra um cronograma de um ano para o desenvolvimento de presença no *e-commerce* de uma empresa startup dedicada à moda *teen*.

TABELA 10.9 Cronograma de presença no comércio eletrônico

FASE	ATIVIDADE	MARCO
Fase 1: Planejamento	Planejar como será a presença na *web*; determinar pessoal	Declaração da missão na *web*
Fase 2: Desenvolvimento do *site*	Adquirir conteúdo; desenvolver o projeto do *site*; providenciar hospedagem para o *site*	Plano de *site*
Fase 3: Implementação na *web*	Desenvolver palavras-chave e metatags; enfocar na otimização do mecanismo de busca; identificar patrocinadores potenciais	Um *site* funcional
Fase 4: Planejamento das mídias sociais	Identificar plataformas sociais e conteúdo adequados para seus produtos e serviços	Um plano de mídia social
Fase 5: Implementação das mídias sociais	Desenvolver presença no Facebook/Instagram, Twitter e Pinterest	Presença de mídia social em funcionamento
Fase 6: Planejamento móvel	Desenvolver um plano móvel; considerar opções para adaptar seu *site* para *smartphones*	Um plano de mídia móvel

10.7 Como os sistemas de informação gerenciais ajudarão minha carreira?

A empresa

A SportsFantasy Empire, empresa de tecnologia que cria competições de e-sports, está à procura de um recém-formado para o cargo de analista de dados de comércio eletrônico júnior. A SportsFantasy Empire oferece aos jogadores a oportunidade de competir *on-line* e o uso de dispositivos móveis para competições de esportes *fantasy* por prêmios em dinheiro. A empresa foi fundada em 2014 e está sediada em Los Angeles, com escritórios em São Francisco e Nova York.

Descrição do cargo

O analista de dados de *e-commerce* júnior trabalhará com a equipe de análise da SportsFantasy Empire para analisar grandes volumes de dados e obter insights de negócios sobre os jogos e os clientes da empresa, a fim de proporcionar aumentos da receita. As responsabilidades do cargo incluem:

- Ajustar o dimensionamento do concurso que define a experiência do usuário e a eficiência do negócio.
- Otimização de gastos de aquisição e estratégias de *marketing* para impulsionar o crescimento.
- Identificar maneiras de melhorar a jogabilidade do cliente por meio de alterações no *site*.
- Medir como novos recursos ou mudanças no *site* estão gerando mudanças no comportamento do cliente.
- Desenvolver relatórios-padrão para os principais resultados de negócios, incluindo sobre o desempenho do concurso, a atividade do jogador, o desempenho do segmento e o desempenho do jogador-chave.

Requisitos do emprego

- Gradução em engenharia, matemática, negócios ou áreas afins.
- Desejável experiência em análise de dados de *e-commerce*.
- Conhecimento de estatísticas.
- Histórico comprovado no desenvolvimento independente de novos insights a partir de dados.
- Experiência com construção de modelos, SQL, SAS ou outra linguagem de programação desejável.
- Sólidas habilidades de comunicação e organização.
- Ser entusiasta de Fantasy Games é um plus.

Perguntas para a entrevista

1. Você pratica esportes *fantasy*? Com que frequência? Você já trabalhou com dados de esportes *fantasy*? Por que você acha que seria uma boa opção para este trabalho?
2. Qual é a sua experiência com estatísticas? Quais cursos você fez? Já teve alguma experiência de trabalho em que teve de usar estatísticas?
3. Já analisou dados sobre o desempenho de *sites* ou comportamento do cliente *on-line*?
4. O que você sabe sobre o custo de aquisição de um cliente por meio de canais de mídia social (ou seja, medir o custo médio de aquisição de clientes em redes sociais e os custos de aquisição comparados aos de retenção)?

5. Como seria para você trabalhar com nossas equipes não técnicas para contar uma história sobre insights de dados do cliente, de modo que possam impulsionar o engajamento e a fidelidade do cliente e ter um desempenho mais eficaz?
6. Qual é o seu nível de proficiência com SQL ou SAS e ferramentas de análise de *sites*? Você já usou esses serviços no trabalho? O que você fez com eles?
7. Pode dar um exemplo de um problema que você resolveu usando análise de dados? Você já fez redação e análise? Pode fornecer exemplos?

Dicas do autor

1. Revise este capítulo e também a discussão sobre busca e *marketing* de mecanismos de busca no Capítulo 7. Para se qualificar a este trabalho, você também deve ter feito um curso de estatística. Curso ou treinamento no local de trabalho em SQL e SAS também seriam úteis.
2. Use a *web* para fazer mais pesquisas sobre a empresa. Tente descobrir mais sobre sua estratégia, concorrentes e desafios de negócios. Além disso, veja os canais de mídia social da empresa nos últimos 12 meses. Existem tendências que você pode identificar ou certos temas nos quais os canais de mídia social parecem se concentrar?
3. Esteja preparado para falar sobre os jogos da SportsFantasy Empire, bem como os jogos oferecidos pelos concorrentes, para mostrar que você está familiarizado com esse setor. Pesquise algumas das maneiras pelas quais a empresa ajusta com precisão sua presença *on-line*. Esteja preparado para dar um exemplo de como você acha que um jogo de esporte *fantasy* pode melhorar sua presença *on-line*.
4. Use a *web* para encontrar exemplos de análise de dados usados por empresas de esportes *fantasy*.

RESUMO

10.1 Quais são as características específicas do comércio eletrônico, dos mercados digitais e das mercadorias digitais?

O comércio eletrônico envolve transações comerciais realizadas digitalmente entre uma organização e outra ou entre uma organização e um indivíduo. As características distintivas da tecnologia de comércio eletrônico incluem ubiquidade, alcance global, padrões universais de tecnologia, riqueza, interatividade, densidade da informação, recursos para personalização e customização, além de tecnologia social. O comércio eletrônico tem se tornado cada vez mais social, móvel e local.

Mercados digitais são considerados mais "transparentes" do que os tradicionais. A assimetria da informação, os custos de transação, busca e menu e a possibilidade de alterar os preços dinamicamente conforme as condições de mercado são reduzidos. Mercadorias digitais, como música, vídeos, *software* e livros, podem ser entregues por meio de uma rede digital. Uma vez que um produto digital tenha sido produzido, o custo de entregar esse produto digitalmente é extremamente baixo.

10.2 Quais são os principais negócios e modelos de receitas do comércio eletrônico?

Os modelos de negócios no comércio eletrônico são lojas virtuais (*e-tailers*), corretoras de transações, criadores de mercado, provedores de conteúdo, provedores de comunidade virtual, provedores de serviços e portais. Os principais modelos de receita são propaganda, vendas, assinatura *free/freemium*, taxa por transação e afiliação.

10.3 Como o comércio eletrônico transformou o *marketing*?

A internet oferece novas formas de identificação e comunicação com milhões de clientes potenciais a custos infinitamente mais baixos do que os praticados na mídia tradicional. Técnicas de *crowdsourcing* utilizando a "sabedoria das massas" ajudam as empresas a aprender mais sobre seus consumidores de modo a aprimorar a oferta de produtos e aumentar o valor do consumidor. Técnicas de alvo comportamental aumentam a eficiência de anúncios em forma de banners, mídia rica e vídeos. O comércio social usa redes sociais e *sites* de redes sociais para melhorar o direcionamento de produtos e serviços.

10.4 Como o comércio eletrônico afetou as transações entre empresas?

O comércio eletrônico B2B gera eficiência, pois permite que as empresas localizem fornecedores, solicitem cotações, façam pedidos e rastreiem encomendas em trânsito eletronicamente. Os *e-marketplaces* oferecem um *marketplace* único e digital para um grande número de compradores e vendedores. Redes setoriais privadas conectam uma empresa aos seus fornecedores e a outros parceiros de negócios estratégicos.

10.5 Qual é o papel do *m-commerce* nos negócios e suas aplicações mais importantes?

O *m-commerce* é especialmente adequado a aplicativos baseados em localização, como encontrar hotéis e restaurantes locais, monitorar o tráfego local e as condições climáticas e fazer um *marketing* personalizado, de acordo com a localização. Celulares e computadores de mão estão sendo usados para pagamento móvel de contas, transações bancárias e acionárias, atualizações na programação de meios de transporte e *downloads* de conteúdo digital, como músicas, jogos e videoclipes. Os sistemas de pagamento móvel incluem tecnologias para comunicação de campo próximo, códigos QR e pagamentos P2P. Os recursos de GPS dos *smartphones* possibilitam os serviços geossociais, de geopublicidade e de geoinformação.

10.6 Quais questões devem ser abordadas na criação de uma presença no comércio eletrônico?

A construção bem-sucedida de uma presença no comércio eletrônico requer uma compreensão clara sobre os objetivos de negócios a serem alcançados e a escolha das plataformas, atividades e cronograma adequados para atingir esses objetivos. Uma presença no comércio eletrônico inclui não apenas um *site* corporativo, mas também uma presença no Facebook, Instagram, Twitter e em outros *sites* de redes sociais e apps de *smartphones*.

Palavras-chave

Alvo comportamental, 390
Assimetria de informação, 380
Bolsa privada, 399
Bolsas, 400
Comércio eletrônico consumidor-consumidor (C2C), 383
Comércio eletrônico empresa-consumidor (B2C), 383
Comércio eletrônico empresa-empresa (B2B), 383
Comércio móvel (m-commerce), 383
Criadores de mercado, 385
Crowdsourcing, 397
Customização, 379
Custos de busca, 378
Custos de entrada no mercado, 378
Custos de menu, 380
Custos de transação, 377
Densidade da informação, 378
Desintermediação, 380
Determinação dinâmica de preços, 380
Discriminação de preços, 379
e-marketplace, 400
FinTech, 389
Grafo social, 394
Insumos diretos, 400
Insumos indiretos, 400
Intercâmbio eletrônico de dados (EDI), 398
Lojas virtuais, 384
Marketing de cauda longa, 390
Marketspace, 377
Mercadorias digitais, 381
Modelo de receita de afiliação, 389
Modelo de receita de assinatura, 387
Modelo de receita de propaganda, 386
Modelo de receita de taxa de transação, 389
Modelo de receita de vendas, 387
Modelo de receita free/freemium, 387
Monetização, 386
Publicidade nativa (Native Ads), 393
Personalização, 379
Podcasting, 385
Propriedade intelectual, 385
Provedores de comunidade virtual, 386
Redes setoriais privadas, 399
Riqueza, 378
Sabedoria das massas, 395
Serviços baseados em localização, 402
Serviços de geoinformação, 402
Serviços de geopublicidade, 402
Serviço geossocial, 402
Shopping social, 395
Sistemas de micropagamentos, 387
Streaming, 385
Transparência de custos, 378
Transparência de preços, 378

Questões para revisão

10.1 Quais são as características específicas do comércio eletrônico, dos mercados digitais e das mercadorias digitais?

- Nomeie e descreva quatro tendências empresariais e três tendências tecnológicas que inspiram o comércio eletrônico atual.
- Enumere e descreva as oito características específicas do comércio eletrônico.
- Defina um mercado digital e mercadorias digitais e descreva suas características específicas.

10.2 Quais são os principais negócios e modelos de receitas do comércio eletrônico?

- Nomeie e descreva os principais modelos de negócio para comércio eletrônico.
- Nomeie e descreva os modelos de receita.

10.3 Como o comércio eletrônico transformou o *marketing*?

- Explique como as redes sociais e a "sabedoria das massas" ajudam as empresas a melhorar seu *marketing*.
- Defina alvo comportamental e explique como ele funciona em *sites* individuais e em redes de propaganda.
- Defina o grafo social e explique como ele é utilizado no *marketing* de comércio eletrônico.

10.4 Como o comércio eletrônico afetou as transações entre empresas?

- Explique como a tecnologia de internet oferece suporte ao comércio eletrônico empresa-empresa.
- Defina e descreva o conceito de *e-marketplaces* e explique como ele difere das redes setoriais privadas (bolsas privadas).

10.5 Qual é o papel do *m-commerce* nos negócios e suas aplicações mais importantes?

- Liste e descreva tipos importantes de serviços e aplicações de *m-commerce*.
- Liste e descreva três tipos de sistemas de pagamento em aplicativos móveis.

10.6 Quais questões devem ser abordadas na criação de uma presença no comércio eletrônico?

- Liste e descreva os quatros tipos de presença no comércio eletrônico e as plataformas e atividades associadas a cada tipo.

Para discutir

10.7 Como a internet altera os relacionamentos com clientes e fornecedores?

10.8 Talvez a internet não torne as corporações obsoletas, mas elas terão de mudar seus modelos de negócio. Você concorda com a afirmação? Por quê?

10.9 Como as tecnologias sociais têm afetado o comércio eletrônico?

Projeto práticos em SIG

Os projetos nesta seção oferecem experiência prática no desenvolvimento de estratégias de comércio eletrônico para organizações, na utilização de planilhas eletrônicas para pesquisar a lucratividade de uma empresa de *e-commerce* e na utilização de ferramentas da *web* para pesquisa e avaliação de serviços de hospedagem de *sites*.

Problemas de decisão de gestão

10.10 Columbiana é uma pequena ilha independente no Caribe que possui muitos edifícios históricos, fortes e outros locais de interesse, bem como florestas tropicais e montanhas surpreendentes. Em suas lindas praias de areia branca podem ser encontrados alguns hotéis de primeira classe e outros mais baratos. As principais companhias aéreas possuem voos regulares para Columbiana. O governo de Columbiana quer aumentar o turismo e desenvolver novos mercados para os produtos agrícolas tropicais do país. De que forma uma presença de *e-commerce* pode ajudar? Que modelo de negócios para internet seria apropriado? Quais funções a presença de *e-commerce* deveria executar?

10.11 Explore o *site* das seguintes empresas: Swatch, Lowe's e Priceline. Determine qual desses *sites* tiraria maior proveito da inclusão de um *blog* patrocinado pela empresa. Liste os benefícios empresariais do *blog* e especifique seu público-alvo. Decida quem na empresa deve ser o autor do *blog* e selecione alguns tópicos a serem incluídos.

Melhor tomada de decisão: como usar *software* de planilha eletrônica para analisar uma empresa "pontocom"

Habilidades de *software*: *download*, formatação e fórmulas de planilha
Habilidades de negócios: análise de demonstrações financeiras

10.12 Selecione uma empresa de comércio eletrônico na internet – por exemplo: Ashford, Apple ou eBay. Estude as páginas da *web* que descrevem a empresa e explicam seus objetivos e estrutura. Pesquise na *web* artigos a respeito dessa empresa. Em seguida visite o *site* da Comissão de Valores Mobiliários dos Estados Unidos (www.sec.gov) e acesse os formulários 10-K (relatório anual) da empresa que apresentam seus demonstrativos de resultados e balanços patrimoniais. Selecione apenas as seções do formulário 10-K que contenham as partes desejadas de relatórios financeiros e baixe-as para uma planilha. Crie planilhas simplificadas dos balanços patrimoniais e demonstrativos de resultados da empresa para os três últimos anos.

- Essa empresa "pontocom" é um sucesso, está no limite ou é um fracasso? Em quais informações a sua avaliação se baseia? Por quê? Ao responder a essas perguntas, preste atenção especial às tendências trienais da empresa em termos de faturamento, custos de vendas, margens brutas, despesas operacionais e margens líquidas.
- Prepare uma apresentação (com cinco *slides*, no mínimo), incluindo planilhas ou gráficos apropriados, e explique seu trabalho ao professor e aos colegas.

Alcançando a excelência operacional: avaliando serviços de hospedagem de comércio eletrônico

Habilidades de *software*: *software* de navegador
Habilidades de negócios: avaliar serviços de hospedagem de comércio eletrônico

10.13 Este projeto ajudará a desenvolver sua habilidade com a internet a fim de avaliar serviços de hospedagem de *e-commerce* para uma pequena empresa iniciante.

Você precisa montar um *site* para vender roupa de cama, mesa e banho e cerâmicas de Portugal, por isso está investigando os serviços de hospedagem de vitrines na internet para pequenas empresas. Seu *site* deve ser capaz de aceitar pagamentos seguros por cartão de crédito e calcular custos de frete e impostos. Inicialmente, você gostaria de exibir fotos e descrições de 40 produtos diferentes. Visite Wix, GoDaddy e iPage e compare a variedade de serviços de hospedagem de comércio eletrônico que eles oferecem a pequenas empresas, seus recursos e custos. Examine também as ferramentas disponibilizadas para a criação de um *site* de comércio eletrônico. Compare esses serviços e decida qual usaria se fosse realmente abrir uma loja na *web*. Escreva um breve relatório indicando sua escolha e explicando os prós e os contras de cada opção.

Projeto de colaboração e trabalho em equipe

Executando uma análise competitiva de *sites* de *e-commerce*

10.14 Forme um grupo com três ou quatro de seus colegas. Selecione duas empresas concorrentes no mesmo setor e que usem seus *sites* para comércio eletrônico. Visite os *sites*. Você pode comparar, por exemplo, os *sites* da Pandora e Spotify, Amazon e BarnesandNoble.com, ou E*Trade e TD Ameritrade. Prepare uma avaliação do *site* de cada empresa em termos de suas funções, facilidade de uso e capacidade de apoiar a estratégia de negócios da empresa. Que *site* se sai melhor? Por quê? Você pode fazer algumas recomendações para melhorar esses *sites*? Se possível, use o Google Docs e o Google Drive ou Google Sites para debater, organizar e desenvolver uma apresentação de suas descobertas para a turma.

A Uber pode ser o Uber de tudo?

ESTUDO DE CASO

Você está em Nova York, Paris, Chicago ou outra grande cidade e precisa de transporte. Em vez de tentar chamar um táxi, você pega seu *smartphone* e abre o aplicativo da Uber. Surge o mapa do Google, exibindo os arredores próximos do seu local. Você seleciona um local na tela que exibe um motorista disponível, e o aplicativo reserva o transporte, mostrando quanto tempo vai demorar para o carro chegar e quanto vai custar. Assim que você chegar ao seu destino, a tarifa é cobrada automaticamente no seu cartão de crédito. Sem a necessidade de envolver dinheiro vivo.

As cotações levam em conta os fatores típicos de tempo e distância, mas também a demanda. O *software* da Uber prevê áreas onde as corridas provavelmente terão alta demanda em diferentes períodos do dia. Essas informações aparecem no *smartphone* do motorista para que ele saiba onde ficar e, idealmente, pegar os clientes minutos após a solicitação de transporte. A Uber também oferece um serviço *premium* de preço mais alto para executivos e um serviço de compartilhamento de caronas. Sob certas condições, se a demanda for alta, o Uber pode custar mais caro que os táxis, mas ainda atrai os usuários por oferecer uma alternativa confiável, rápida e conveniente aos serviços tradicionais de transporte.

A Uber funciona de maneira muito mais enxuta em comparação às tradicionais empresas de táxi. Não é proprietária dos carros e não tem custos de manutenção e financiamento. Não tem, alegadamente, funcionários, mas chama os motoristas de contratados independentes, que recebem uma parte de cada tarifa. A Uber não está sobrecarregada com custos trabalhistas, como remuneração de funcionários, salário mínimo obrigatório, treinamento de motoristas, seguro de saúde ou custos de licenciamento comercial. A empresa transferiu os custos de operação de um serviço de táxi inteiramente para os motoristas e para os clientes que usam seus celulares. Os motoristas pagam por seus próprios carros, pelo combustível e pelo seguro. O que a Uber faz é fornecer uma plataforma baseada em *smartphone* que permite às pessoas que desejam um serviço – como um táxi – encontrar um provedor que possa atender a essa necessidade.

Ela conta com avaliações que os usuários fazem dos motoristas com base na experiência da viagem para identificar motoristas problemáticos, e avaliações que os motoristas fazem dos clientes para identificar passageiros problemáticos. A empresa também estabelece padrões de limpeza, e se vale das avaliações para punir os motoristas. A Uber não informa publicamente quantos motoristas ou passageiros com avaliações ruins existem em seu sistema.

Muitas decisões necessárias para administrar o negócio não exigem ação humana; em vez disso, contam com algoritmos de computador bem ajustados. Por exemplo, os sistemas Uber usam o acelerômetro nos telefones dos motoristas junto com GPS e giroscópio para rastrear seu desempenho de condução e enviar relatórios de direção segura. São os sistemas da Uber que decidem o preço de uma corrida em períodos de demanda alta ou baixa e para onde os motoristas devem ir para encontrar mais passageiros. Os motoristas da Uber recebem notificações no aplicativo, mapas de calor e *e-mails* com informações preditivas em tempo real. O sistema de classificação de motoristas da Uber também é automatizado. Em determinados serviços da empresa, se os motoristas ficarem abaixo de 4,6 estrelas, em um sistema de classificação de 5 estrelas, podem ser "desativados".

A Uber está sediada em São Francisco e foi fundada em 2009 por Travis Kalanick e Garrett Camp. Em 2019, tinha quase 4 milhões de motoristas trabalhando em mais de 600 cidades e 65 países em todo o mundo. Depois dos gastos com motoristas, *marketing* e outras despesas operacionais, a Uber ainda opera com prejuízo, com as perdas nos mercados em desenvolvimento absorvendo os lucros gerados na América do Norte, Europa e outros lugares. A estratégia de negócios da Uber tem sido expandir o mais rápido possível, abrindo mão de lucros de curto prazo em favor de estabelecer as bases para retornos de longo prazo. No início de 2019, a Uber havia levantado mais de US$ 24 bilhões de investidores de capital de risco. Nos últimos anos, a empresa vendeu suas operações na China, no Sudeste Asiático e na Rússia, onde esteve envolvida em dispendiosas disputas por território com concorrentes, com o propósito de liberar capital para investir em outros mercados, como Índia, América Latina e Oriente Médio.

Ao promover uma revolução digital em um setor tradicional e altamente regulamentado, a Uber provocou uma onda de oposição dos serviços de táxi existentes nos Estados Unidos e em todo o mundo. Quem pode competir com uma empresa iniciante que oferece uma redução de preço de 40% quando a demanda por táxis é baixa? (Quando a demanda é alta, os preços do Uber aumentam.) Que cidade ou estado quer abrir mão do controle regulatório sobre a segurança dos passageiros, proteção contra criminosos, treinamento de motoristas e um fluxo de receita saudável gerado pela cobrança de licenças de táxi junto a essas empresas?

Se a Uber é o garoto-propaganda da nova economia sob demanda, é também um exemplo famoso dos custos sociais e conflitos associados a esse novo tipo de modelo de negócios. A Uber é acusada de negar a seus motoristas os benefícios do *status* de funcionário e classificá-los como contratados – o que viola leis e regulamentos de transporte público nos Estados Unidos e no mundo –, abusar das informações pessoais coletadas sobre pessoas comuns, aumentar o congestionamento de tráfego, prejudicar o transporte público e não garantir adequadamente a segurança pública ao se recusar a realizar verificações suficientes de antecedentes criminais, médicos e financeiros de seus motoristas. A imagem da marca Uber foi ainda mais manchada pela publicidade negativa sobre sua cultura agressiva e desenfreada no local de trabalho e o comportamento do CEO Kalanick.

A Uber tomou algumas medidas para remediar esse estado de coisas. A empresa aprimorou seu aplicativo para tornar mais fácil para os motoristas fazerem pausas enquanto estão no trabalho. Eles agora também podem ser pagos instantaneamente pelas viagens que concluem, em vez de semanalmente, e ver no painel do aplicativo quanto ganharam. A Uber adicionou uma opção ao aplicativo que permite aos passageiros dar gorjetas aos seus motoristas nos EUA, e Kalanick renunciou ao cargo de presidente da empresa em junho de 2017. (Foi substituído por Dara Khosrowshahi.)

Críticos temem que a Uber e outras empresas sob demanda tenham o potencial de criar uma sociedade de trabalho temporário de meio período e mal remunerado, substituindo empregos tradicionais de tempo integral e seguros – a chamada uberização do trabalho. De acordo com um estudo, metade dos motoristas do Uber ganha menos que o salário mínimo em seu estado. A Uber rebate dizendo que está reduzindo o custo do transporte, expandindo a demanda por serviços de carona e ampliando as oportunidades para motoristas de carro, cuja remuneração é quase a mesma de outros motoristas de táxi.

A Uber tem um modelo de negócio sustentável? A empresa ainda não é lucrativa. A Uber tem concorrentes, incluindo a Lyft nos Estados Unidos e empresas locais na Ásia e na Europa. Empresas de táxi estabelecidas em Nova York e outras cidades estão lançando seus próprios aplicativos de transporte e anunciando preços fixos. O ataque da concorrência de todos os lados se intensificou recentemente, fazendo com que as perdas da Uber subissem para US$ 8,5 bilhões em 2019. O CEO Khosrowshahi espera que a Uber se torne lucrativa até o final de 2020. Startups apoiadas por investidores abastados (incluindo o Softbank Group, maior acionista da Uber) estão se valendo de grandes descontos para desafiar os serviços de entrega de comida da Uber nos Estados Unidos, na Índia e no México, bem como as operações de transporte da empresa na América Latina. O crescimento de receita da Uber na América Latina, que já foi robusto, perdeu um pouco de força. A alta administração está contando com uma suavização na guerra de preços, já que a Uber continua revidando com preços baixos. A administração também está procurando mais maneiras de reduzir ainda mais os custos.

Os principais mercados da empresa estão em cidades com grande densidade, mas mais de 70% da população dos Estados Unidos vive em áreas rurais ou suburbanas, onde a posse de carro tende a ser mais conveniente e barata. A carona atraiu as pessoas para longe do transporte público, contribuindo para o congestionamento do tráfego nas principais cidades e estimulando pedidos por mais regulamentação, o que limitaria o crescimento.

O CEO Khosrowshahi vem divulgando a Uber como um balcão único para diferentes categorias de transporte e lançou novos serviços para entregas no mesmo dia, incluindo entrega de alimentos (Uber Eats), bicicletas e scooters elétricas compartilhadas e uma corretora de serviços de remessas. Ele vê a Uber como a "Amazon do transporte", com potencial para se tornar a força dominante em todas as formas de transporte. Na visão de futuro da Uber, a maioria das pessoas não possuirá carros.

As pessoas usarão bicicletas elétricas e scooters para curtas distâncias. Os jantares fora serão substituídos por refeições entregues sob demanda. Carros autônomos transportarão pessoas pelas estradas e caminhões autônomos percorrerão as rodovias. No ar, os drones farão as entregas. A Uber quer fazer tudo isso. Mas será que vai conseguir?

Juntamente com grandes montadoras como Ford e Volkswagen, a Uber investiu pesadamente em carros autônomos, que sua administração acredita que serão fundamentais para reduzir os custos trabalhistas e garantir a lucratividade a longo prazo. (Um estudo realizado pela UBS mostrou que um "robô-táxi" autônomo custa cerca de 80% menos do que um táxi tradicional.) Mas ainda falta muitos anos para que os carros autônomos sejam capazes de funcionar com segurança na estrada sob as condições que os seres humanos enfrentam. Veículos autônomos ainda lutam para antecipar o que outros motoristas e pedestres farão e não podem operar com segurança e confiabilidade em todas as condições climáticas e tipos de terreno.

Com radar, sensores e câmeras de alta resolução, veículos autônomos podem detectar e identificar os objetos em uma rua, incluindo outros carros, pedestres e ciclistas. Mas nem sempre conseguem prever corretamente o que vão fazer a seguir. Carros autônomos nem sempre podem reagir corretamente a circunstâncias incomuns, como pedestres atravessando a estrada quando os carros têm sinal verde ou veículos fazendo curvas ilegais. Os carros autônomos de hoje têm cerca de 80% da tecnologia de que precisam para substituir os motoristas humanos. Os 20% restantes, no entanto, incluindo *software* que pode prever com segurança o que outros motoristas, pedestres e ciclistas farão, serão muito mais difíceis de aperfeiçoar. Um carro dirigido por computador que pode lidar com qualquer situação tão bem quanto um humano sob todas as condições ainda demorará décadas, na melhor das hipóteses. O estudo de caso no final do Capítulo 11 fornece mais detalhes sobre essa questão.

Depois que um carro autônomo da Uber atingiu e matou uma mulher em Tempe, Arizona, em março de 2018, a empresa reduziu seu programa de veículos autônomos. Mesmo antes do acidente, seus carros autônomos estavam tendo problemas para dirigir por zonas de construção e perto de veículos altos, como grandes caminhões. Os pilotos de teste tinham de assumir a condução do carro praticamente a cada quilômetro. A Uber e outras empresas estarão lutando com a tecnologia de veículos autônomos por muitos anos. Enquanto isso, a empresa ainda precisa encontrar uma maneira de ganhar dinheiro. Será que ela conseguirá fazer isso?

Fontes: Dominic Rushe, "Uber to be Profitable by End of 2020, CEO Dara Khosrawshahi Says," The Guardian, 6 de fevereiro de 2020; Mansoor Iqbal, "Uber Revenue and Usage Statistics (2020)," Business of Apps, 24 de março de 2020; Eric Jhonsa, "Uber Needs to Curb Its U.S. and Latin American Market Share Losses," Real Money, 21 de janeiro de 2020; Eliot Brown, "Uber Wants to Be the Uber of Everything–But Can It Make a Profit?" *Wall Street Journal*, 4 de maio de 2019; Alex Rosenblat, "When Your Boss Is an Algorithm," *New York Times*, 12 de outubro de, 2018; Steven Hill, "New Leadership Has Not Changed Uber," *New York Times*, 26 de março de 2018; Daisuke Wakabashai, "Uber's Self-Driving Cars Were Struggling Before Arizona Crash," *New York Times*, 23 de março de 2018.

PERGUNTAS DO ESTUDO DE CASO

10.15 Faça uma análise da Uber usando o modelo de forças competitivas e cadeia de valor. Qual é a vantagem competitiva da empresa?

10.16 Qual é a relação entre a tecnologia da informação e o modelo de negócios da Uber? Justifique sua resposta.

10.17 Em que medida a Uber é revolucionária?

10.18 Existem questões éticas e sociais levantadas pela Uber e seu modelo de negócios? Justifique sua resposta. O modelo de negócios da Uber cria um dilema ético?

10.19 A Uber é uma empresa viável? Justifique sua resposta.

Referências do Capítulo 10

Adomavicius, Gediminas, Jesse C. Bockstedt, Shawn P. Curley e Jingjing Zhang. "Reducing Recommender System Biases: An Investigation of Rating Display Designs." *MIS Quarterly* 43 Nº 4 (dezembro de 2019).

Almquist, Eric, Jamie Cleghorn e Lori Sherer. "The B2B Elements of Value." *Harvard Business Review* (março– abril de 2018).

Bapna, Ravi, Jui Ramaprasad e Akmed Umyarov. "Monetizing Freemium Communities: Does Paying for Premium Increase Social Engagement?" *MIS Quarterly* 42, Nº 3 (setembro de 2018).

comScore, "Top 50 MultiPlatform Properties (Desktop and Mobile)." (fevereiro de 2020).

Dennis, Alan R., Lingyao (Ivy), Xuan Feng, Eric Webb e Christine J. Hsieh. "Digital Nudging: Numeric and Semantic Priming in E-Commerce." *Journal of Management Information Systems* 37 Nº 1 (2020).

Donaker, Geoff, Hyunjin Kim e Michael Luca. "Designing Better Online Review Systems." *Harvard Business Review* (novembro-dezembro de 2019).

eMarketer. "Digital Buyers, U.S., 2020–2024." (fevereiro de 2020a).

________. "U.S. Ad Blocking Users and Penetration." (julho de 2019a).

________. "U.S. Average Time Spent per Day with Social Networks." (novembro de 2019b).

________. "U.S. Digital Ad Spending." (março de 2020b).

________. "U.S. Digital Shoppers and Penetration." (fevereiro de 2020c).

________. "U.S. Digital Travel Sales." (July 2019c).

________. "U.S. Mobile Ad Spending." (março de 2020d).

________. "U.S. Retail Ecommerce Sales."(February 2020e).

________. "U.S. Retail Mcommerce Sales." (February 2020f).

________. "U.S. Retail Mcommerce Sales." (February 2020g).

________. "U.S. Social Network Ad Spending." (março de 2020h).

________. "U.S. Social Network Users and Penetration." (fevereiro de 2020i).

________. "U.S. Total Retail Sales." (February 2020j).

________. "U.S. TV Ad Spending." (março de 2020k).

Facebook. "Facebook Inc. Form 10-K for the Fiscal Year Ended December 31, 2019, filed with the Securities and Exchange Commission." (30 de janeiro de 2020).

Fay, Brad, Ed Keller, Rick Larkin e Koen Pauwels. "Deriving Value from Conversations about Your Brand." *MIT Sloan Management Review* (inverno de 2019).

Gomber, Peter, Robert J. Kauffman, Chris Parker e Bruce W. Weber. "On the FinTech Revolution: Interpreting the Forces of Innovation, Disruption, and Transformation in Financial Services." *Journal of Management Information Systems* 35 Nº 1 (2018).

Hong, Yili, Yuheng Hu e Gordon Burtch. "Embeddedness, Prosociality, and Social Influence: Evidence from Online Crowdfunding." *MIS Quarterly* 42 Nº 2 (dezembro de 2018).

Koh, Byungwan, Il-Horn Hann e Srinivasan Raghunathan. "Digitization of Music: Consumer Adoption amidst Piracy, Unbundling, and Rebundling." *MIS Quarterly* 43 Nº 1 (março de 2019).

Laudon, Kenneth C. e Carol Guercio Traver. *E-Commerce 2019: Business, Technology, Society*, 15th ed. (Upper Saddle River, NJ: Prentice-Hall, 2020).

Li, Huifang, Yulin Fang, Kai H. Lim e Youwei Wang. "Platform-Based Function Repertoire, Reputation, and Sales Performance of E-Marketplace Sellers." *MIS Quarterly* 43 Nº 1 (março de 2019).

Lukyanenko, Roman, Jeffrey Parsons, Yolanda F. Wiersma e Mahed Maddah. "Expecting the Unexpected: Effects of Data Collection Design Choices on the Quality of Crowdsourced User-Generated Content." *MIS Quarterly* 43 Nº 2 (junho de 2019).

Rainie, Lee. "Americans' Complicated Feelings about Social Media in an Era of Privacy Concerns." Pew Research Center (maio de 2018).

________. "The State of Privacy in Post-Snowden America." Pew Research Center (21 de setembro de 2016).

Rhue, Lauren e Arun Sundararajan. "Playing to the Crowd: Digital Visibility and the Social Dynamics of Purchase Disclosure." *MIS Quarterly* 43 Nº 4 (dezembro de 2019).

RIAA. "Year-End 2019 RIAA Music Revenues Report." (25 de fevereiro de 2020).

US Bureau of the Census. "E-Stats." www.census.gov, acessado em 8 de março de 2019.

CAPÍTULO

11 Gestão do conhecimento e inteligência artificial

OBJETIVOS DE ESTUDO

Ao concluir este capítulo, você será capaz de responder às seguintes perguntas:

11.1 Qual é o papel dos sistemas de gestão do conhecimento em uma empresa?

11.2 O que são inteligência artificial (IA) e aprendizagem automática? Como as empresas usam a IA?

11.3 Que tipos de sistemas são usados para a gestão do conhecimento em toda a empresa e como eles agregam valor aos negócios?

11.4 Quais são os principais tipos de sistemas de apoio aos trabalhadores do conhecimento e como agregam valor para as empresas?

11.5 Como os sistemas de informação gerenciais ajudarão minha carreira?

CASOS DO CAPÍTULO

A inteligência artificial supera radiologistas na leitura de mamografias

Você sabe quem está usando seu rosto?

A automação roubará nossos empregos?

Os carros autônomos estão prontos para a estrada?

A inteligência artificial supera radiologistas na leitura de mamografias

De acordo com a Sociedade Americana contra o Câncer, 268.600 novos casos de câncer de mama invasivo e 41.760 mortes por câncer de mama foram previstos nos Estados Unidos em 2019. Em todo o mundo, há cerca de 2 milhões de novos casos de câncer de mama e mais de meio milhão de mortes a cada ano. Esse fator torna o câncer de mama uma das principais causas de morte entre as mulheres.

Uma ferramenta imprescindível para detectar esse tipo de câncer tem sido a mamografia, em que os tumores são localizados e diagnosticados por meio de raios X. Nos Estados Unidos, cerca de 33 milhões de mamografias são realizadas a cada ano. Embora esses exames tenham ajudado na detecção precoce do câncer, 20% dos casos não são detectados por causa de falsos negativos; além disso o exame também registra de 7% a 12% como falsos positivos. Um falso negativo ocorre quando o câncer está presente, mas a mamografia é interpretada erroneamente como normal. Um falso positivo é quando não há câncer, mas a mamografia é interpretada erroneamente como anormal. As mamografias poderiam ser uma ferramenta melhor se fossem mais precisas.

Um novo sistema para leitura de mamografias usando IA (inteligência artificial) foi desenvolvido recentemente e está provando ler imagens de raios X melhor do que os próprios radiologistas. Uma equipe de pesquisadores do Google Health – da Northwestern University, de Chicago –, do Cancer Research Imperial Centre e do Royal Surrey County Hospital da Grã-Bretanha projetou um modelo de computador capaz de ler imagens de raios X da mama. Os computadores podem ser programados para reconhecer padrões e interpretar imagens, e a equipe projetou um algoritmo e informou o modelo usando imagens de raios X de milhares de mulheres que tinham diagnósticos de câncer de mama. O novo sistema teve um

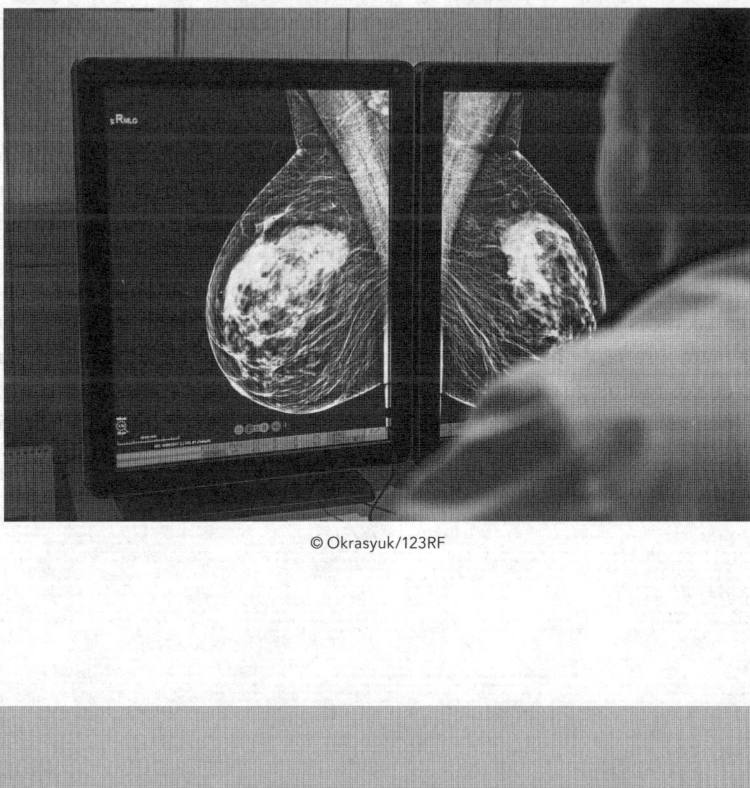

© Okrasyuk/123RF

desempenho melhor do que os radiologistas humanos. Em exames realizados nos Estados Unidos, o sistema foi capaz de reduzir a ocorrência de falsos negativos em 9,4% e de falsos positivos em 5,7%. Na Grã-Bretanha, o sistema reduziu os falsos negativos em mamografias em 2,7% e os falsos positivos em 1,2%.

A equipe de pesquisa usou mamografias de cerca de 76 mil mulheres da Grã-Bretanha e 15 mil dos Estados Unidos cujos diagnósticos já eram conhecidos para programar os computadores a fim de reconhecer o câncer de mama. Depois disso, testaram os computadores usando imagens de cerca de 25 mil outras mulheres do Reino Unido e 3 mil dos Estados Unidos; posteriormente, compararam o desempenho de seu sistema com o dos radiologistas que originalmente interpretaram os exames. As mamografias já haviam sido realizadas e seus resultados eram conhecidos, então os pesquisadores sabiam se os diagnósticos iniciais dos radiologistas estavam corretos. Desse modo, a equipe descobriu que o novo sistema baseado em IA era mais preciso do que os radiologistas.

Outro teste, no qual o sistema de IA e seis radiologistas dos Estados Unidos analisaram 500 mamografias, também mostrou que o sistema de IA tinha um desempenho melhor. No entanto, ocorreram casos em que o sistema de IA não detectou um câncer que todos os seis radiologistas encontraram.

O novo sistema de leitura de mamografias ainda não está pronto para uso clínico generalizado. Os pesquisadores querem validar a ferramenta em ambientes do mundo real, onde ela será usada por radiologistas como parte da rotina de interpretação desses exames.

Fontes: Denise Grady, "A.I. Is Learning to Read Mammograms," *New York Times*, 1º de janeiro de 2020; Karina Lichtenstein, "A.I. Better at Reading Mammograms Than Radiologists," MedicineNet Health News, 7 de janeiro de 2020; e American Cancer Society, "Breast Cancer Facts and Figures, 2019–2020," 2019.

O uso de técnicas de inteligência artificial, como sistemas de reconhecimento de padrões para melhorar a precisão das mamografias, mostra como o desempenho organizacional pode se beneficiar com o uso da tecnologia para facilitar a aquisição e a aplicação do conhecimento. Facilitar o acesso ao conhecimento, usar ferramentas para criar e utilizar novos conhecimentos e usar esse conhecimento para melhorar os processos de negócios são fatores vitais para o sucesso e a sobrevivência das empresas e das organizações públicas.

O diagrama de abertura do capítulo chama a atenção para pontos importantes levantados por esse caso e este capítulo. A mamografia é comprovadamente uma ferramenta útil na detecção do câncer de mama, mas a sua interpretação pelos radiologistas apresenta um alto nível de imprecisão. Os radiologistas deixaram passar 20% dos casos de câncer de mama por causa de falsos negativos e também identificaram 7 a 12% dos exames como anormais quando não havia câncer. Técnicas de IA, como reconhecimento de padrões, foram capazes de aumentar a precisão da mamografia, de modo que o sistema de computador realizou interpretações mais precisas do que os radiologistas humanos.

Aqui algumas questões sobre as quais refletir: Como o uso de inteligência artificial melhorou a precisão das mamografias? Qual é o impacto potencial na forma como os radiologistas analisam as mamografias e fazem diagnósticos?

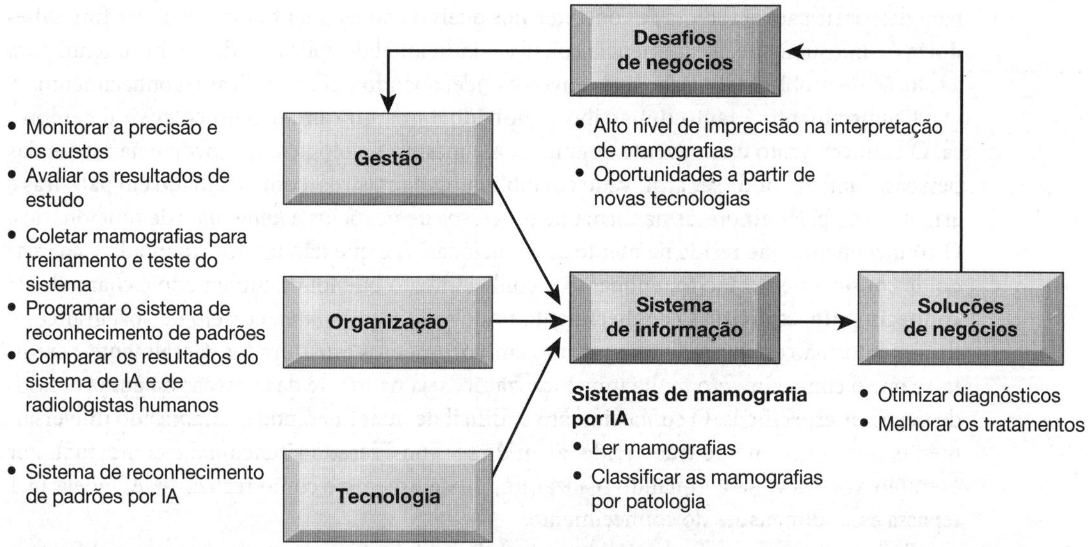

11.1 Qual é o papel dos sistemas de gestão do conhecimento em uma empresa?

Os sistemas de gestão do conhecimento e de colaboração estão entre as áreas de investimento em *software* corporativo e governamental que mais crescem. A última década mostrou um crescimento excepcional na pesquisa sobre conhecimento e gestão do conhecimento nas áreas de economia, gestão e sistemas de informação. A gestão do conhecimento e a colaboração estão intimamente relacionadas, pois o conhecimento se torna útil e prático quando pode ser compartilhado por toda a empresa. Já descrevemos as principais ferramentas para colaboração e negócios *sociais* (*social business*) no Capítulo 2. Neste capítulo, vamos nos concentrar nos sistemas de gestão do conhecimento e voltar nossa atenção para o fato de que a comunicação e o compartilhamento do conhecimento estão se tornando cada vez mais importantes.

Vivemos em uma economia da informação na qual a maior fonte de riqueza e prosperidade é a produção e distribuição de informação e conhecimento. A gestão do conhecimento tornou-se um tema importante em muitas empresas de grande porte, pois os gestores percebem que grande parte do valor da empresa que administram depende da capacidade que essa empresa tem para criar e gerenciar o conhecimento. Estudos descobriram que parte substancial do valor de mercado de ações de uma empresa está relacionada a seus ativos intangíveis, dos quais o conhecimento é um componente importante – juntamente com marcas, reputações e processos de negócios exclusivos. Sabe-se que projetos baseados em conhecimento bem executados produzem retornos extraordinários sobre o investimento, embora os impactos de investimentos baseados em conhecimento sejam difíceis de medir (Gu e Lev, 2001).

Importantes dimensões do conhecimento

Há uma distinção importante entre dados, informação, conhecimento e sabedoria. O Capítulo 1 define **dados** como fluxos de eventos ou transações registrados pelos sistemas de uma organização que são úteis para transações, mas apenas isso. Para transformar dados em *informação* útil, a empresa deve dispender recursos para organizar os dados em categorias de compreensão, como relatórios – mensais, diários, regionais ou baseados em lojas – das vendas totais. Para transformar a informação em **conhecimento**, a empresa deve dedicar recursos adicionais para descobrir padrões, regras e contextos nos quais o conhecimento funciona. Por fim, **sabedoria** é, supostamente, a experiência coletiva e individual de aplicação do conhecimento para a solução de problemas. A sabedoria envolve onde, quando e como aplicar o conhecimento.

Conhecimento é tanto um atributo individual quanto um atributo coletivo da empresa. O conhecimento é um evento cognitivo, até mesmo fisiológico, que ocorre na mente das pessoas. Também pode ser arquivado em bibliotecas e registros, compartilhado em palestras e armazenado pelas empresas na forma de processos de negócios e *know-how* de funcionários. O conhecimento que reside na mente dos funcionários e que não foi documentado é chamado de **conhecimento tácito**, enquanto o conhecimento que foi documentado é chamado de **conhecimento explícito**. O conhecimento pode residir em *e-mail*, correio de voz, gráficos e documentos não estruturados, bem como em documentos estruturados. Geralmente, acredita-se que o conhecimento tenha uma localização, seja na mente das pessoas ou em processos de negócios específicos. O conhecimento é "difícil de lidar", não pode ser aplicado universalmente, nem é facilmente transferido, além de ser considerado situacional e contextual. Por exemplo, você deve saber quando realizar um procedimento e como realizá-lo. A Tabela 11.1 repassa essas dimensões do conhecimento.

Podemos ver que o conhecimento é um tipo diferente de ativo da empresa – diferente, digamos, de ativos financeiros –; que o conhecimento é um fenômeno complexo; e que há muitos aspectos relacionados ao processo de gestão do conhecimento. Também podemos reconhecer que as competências essenciais das empresas baseadas no conhecimento – as duas ou três coisas que uma organização faz melhor – são ativos organizacionais essenciais. Saber como fazer as coisas de um jeito eficaz e eficiente de modo que outras organizações não sejam capazes de copiar é uma fonte primária de lucro e vantagem competitiva que não pode ser adquirida facilmente pelos demais participantes do mercado.

Por exemplo, ter um sistema de produção único sob encomenda constitui uma forma de conhecimento e talvez um ativo único que outras empresas não podem copiar facilmente. Com o conhecimento, as empresas se tornam mais eficientes e eficazes no uso de recursos escassos. Sem conhecimento, tornam-se menos eficientes e menos eficazes no uso de recursos e acabam por fracassar.

TABELA 11.1 Dimensões importantes do conhecimento

CONHECIMENTO É UM ATIVO DA EMPRESA
Conhecimento é um ativo intangível.
A transformação de dados em informações e conhecimentos úteis exige recursos organizacionais.
Conhecimento não está sujeito à lei dos retornos decrescentes da mesma forma que os ativos físicos estão, mas sofre efeitos de rede porque seu valor aumenta à medida que mais pessoas o compartilham.
CONHECIMENTO TEM FORMAS DIFERENTES
Conhecimento pode ser tácito ou explícito (codificado).
Conhecimento envolve *know-how*, capacidade e habilidade.
Conhecimento envolve saber como seguir os procedimentos.
Conhecimento envolve saber por que, não simplesmente quando, as coisas acontecem (causalidade)
CONHECIMENTO TEM LOCAL
Conhecimento é um evento cognitivo que envolve modelos mentais e mapas de indivíduos. Há uma base social e individual do conhecimento.
Conhecimento é difícil de lidar, situado (enraizado na cultura da empresa) e contextual (funciona apenas em determinadas situações).
CONHECIMENTO É SITUACIONAL
Conhecimento é condicional; saber quando aplicar um procedimento é tão importante quanto conhecer o procedimento (condicional).
Conhecimento está relacionado ao contexto; você deve saber como usar determinada ferramenta e em quais circunstâncias.

Aprendizagem organizacional e gestão do conhecimento

Assim como os seres humanos, as organizações criam e reúnem conhecimento usando uma variedade de mecanismos de aprendizagem organizacional. As organizações ganham experiência por meio da coleta de dados, da medição cuidadosa das atividades planejadas, de tentativa e erro (experimentação) e do *feedback* dos clientes e do ambiente em geral. Aquelas que aprendem com isso ajustam seu comportamento para refletir esse aprendizado por meio da criação de novos processos de negócios e da mudança dos padrões de tomada de decisão gerencial. Esse processo de mudança é chamado **aprendizado organizacional.** Indiscutivelmente, as organizações capazes de compreender e reagir aos seus ambientes rapidamente sobreviverão por mais tempo do que as organizações que têm mecanismos de aprendizagem deficientes.

A cadeia de valor da gestão do conhecimento

A **gestão do conhecimento** refere-se ao conjunto de processos de negócios desenvolvidos em uma organização para criar, armazenar, transferir e aplicar conhecimento. Ela aumenta a capacidade da organização de aprender com seu ambiente e incorporar o conhecimento em seus processos de negócios. A Figura 11.1 mostra as etapas de agregação de valor na cadeia de valor da gestão do conhecimento. Cada etapa agrega valor aos dados brutos e às informações à medida que são transformados em conhecimento utilizável.

Na Figura 11.1, as atividades de sistemas de informação são separadas das atividades gerenciais e organizacionais afins, com as atividades de sistemas de informação no topo do gráfico e as atividades organizacionais e gerenciais abaixo. Um *slogan* apropriado do campo da gestão do conhecimento é: "A gestão eficaz do conhecimento é 80% gerencial e organizacional e 20% tecnológica".

No Capítulo 1, definimos capital organizacional e de gestão como o conjunto dos processos de negócio, cultura e comportamento necessários para obter valor dos investimentos

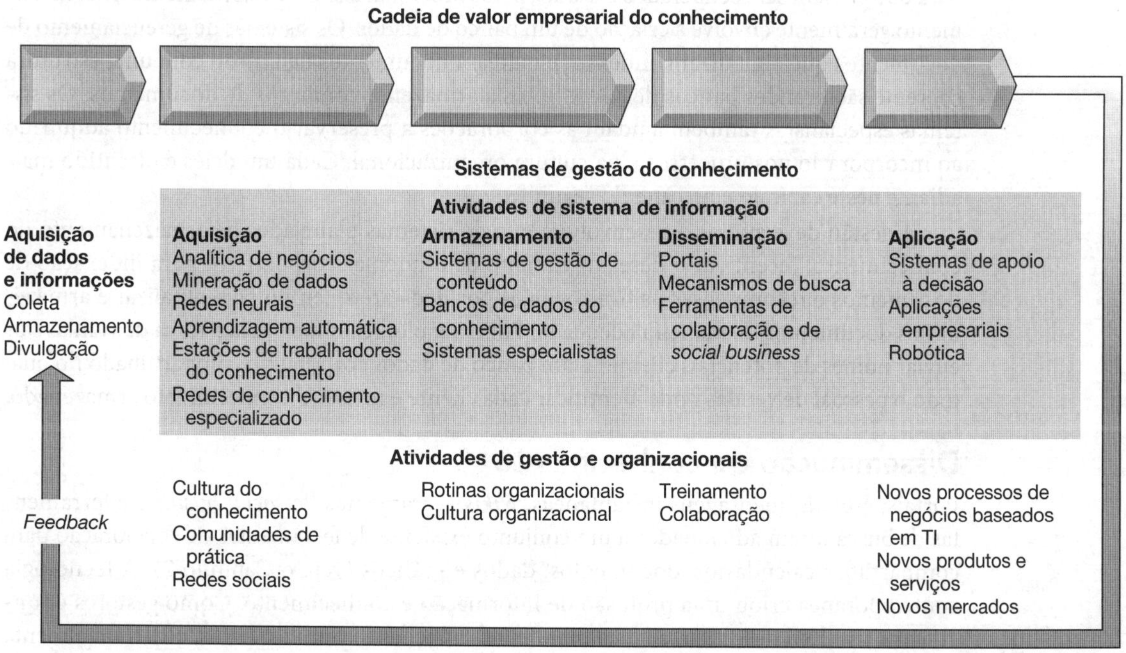

FIGURA 11.1 A cadeia de valor da gestão do conhecimento.
Atualmente, a gestão do conhecimento envolve tanto as atividades dos sistemas de informação quanto uma série de atividades organizacionais e gerenciais capacitadoras.

em sistemas de informação. No caso da gestão do conhecimento, assim como em outros investimentos em sistemas de informação, devem ser criados valores, estruturas e padrões de comportamento de apoio para maximizar o retorno do investimento em projetos de gestão do conhecimento. Na Figura 11.1, as atividades gerenciais e organizacionais na metade inferior do diagrama representam o investimento em capital organizacional necessário para obter retornos substanciais sobre os investimentos e sistemas de tecnologia da informação (TI) mostrados na metade superior.

Aquisição do conhecimento

As organizações adquirem conhecimento de várias maneiras, dependendo do tipo que buscam. Os primeiros sistemas de gestão do conhecimento buscavam criar repositórios corporativos de documentos, relatórios, apresentações e melhores práticas. Esses esforços foram estendidos a fim de incluir documentos não estruturados (como o *e-mail*). Em outros casos, as organizações adquirem conhecimento desenvolvendo redes de especialistas *on-line* para que os funcionários possam "encontrar o especialista" na empresa que possui esse conhecimento.

Em casos diferentes, as empresas devem adquirir novos conhecimentos descobrindo padrões em dados corporativos por meio da aprendizagem automática (o que inclui redes neurais, algoritmos genéticos, processamento de linguagem natural e outras técnicas de IA) ou do uso de estações de trabalho de conhecimento nas quais os engenheiros podem descobrir novos conhecimentos. Esses diversos esforços são descritos ao longo deste capítulo. Um sistema de conhecimento coerente e organizado também requer análise de negócios usando dados dos sistemas de processamento de transações da empresa que rastreiam vendas, pagamentos, estoque, clientes e outras áreas vitais, bem como dados de fontes externas, como *feeds* de notícias, relatórios setoriais, pareceres jurídicos, pesquisa científica e estatísticas governamentais (ver Capítulo 12).

Armazenamento do conhecimento

Uma vez descobertos, documentos, padrões e regras de especialistas devem ser armazenados para que possam ser recuperados e usados pelos funcionários. O armazenamento de conhecimento geralmente envolve a criação de um banco de dados. Os sistemas de gerenciamento de documentos que digitalizam, indexam e marcam documentos de acordo com uma estrutura coerente são grandes bancos de dados aptos a armazenar conjuntos de documentos. Os sistemas especialistas também ajudam as corporações a preservar o conhecimento adquirido ao incorporá-lo nos processos e na cultura organizacional. Cada um deles é discutido mais adiante neste capítulo e no capítulo seguinte.

A gestão deve apoiar o desenvolvimento de sistemas planejados de armazenamento do conhecimento, incentivar o desenvolvimento de esquemas corporativos para indexação de documentos e recompensar os funcionários por dedicarem tempo para atualizar e armazenar os documentos de maneira adequada. Por exemplo, recompensaria a força de vendas por enviar nomes de potenciais clientes a um banco de dados corporativo compartilhado no qual todo o pessoal de vendas pode identificar cada cliente e revisar o conhecimento armazenado.

Disseminação do conhecimento

Portais, *e-mails*, mensagens instantâneas, *wikis*, ferramentas de *social business* e ferramentas de busca foram adicionados a um conjunto existente de ferramentas de colaboração para compartilhar calendários, documentos, dados e gráficos (veja o Capítulo 2). A tecnologia contemporânea criou uma profusão de informação e conhecimento. Como gestores e funcionários podem descobrir, em um mar de informações e conhecimentos, o que é realmente importante para suas decisões e seu trabalho? Nesse caso, programas de treinamento, redes informais e experiência de gestão compartilhada comunicada por meio de uma cultura de apoio ajudam os gerentes a concentrar sua atenção no que é importante.

Aplicação do conhecimento

Sem considerar o tipo de sistema de gestão envolvido, o conhecimento que não é compartilhado e aplicado aos problemas práticos enfrentados por empresas e gerentes não agrega valor ao negócio. Para fornecer retorno sobre o investimento, o conhecimento organizacional deve tornar-se parte sistemática da tomada de decisões gerenciais e fazer parte dos sistemas de apoio à decisão (descritos no Capítulo 12). Em última análise, novos conhecimentos devem ser incorporados aos processos de negócios de uma empresa e aos principais sistemas de aplicação, incluindo aplicações corporativas para administrar processos de negócios internos capitais e relacionamentos com clientes e fornecedores. A administração apoia esse processo criando – com base em novos conhecimentos – novas práticas de negócios, novos produtos e serviços e novos mercados para a empresa.

Criação de capital organizacional e de gestão: colaboração, comunidades de prática e ambientes de escritório

Além das atividades que acabamos de descrever, os gerentes também podem ser úteis se desenvolverem novos papéis e responsabilidades organizacionais para a aquisição de conhecimento, incluindo a criação de cargos executivos de CIO, cargos dedicados à equipe (gerentes de conhecimento) e comunidades de prática. **Comunidades de prática** (**COPs**, do inglês *communities of practice*) são redes sociais informais de profissionais e funcionários dentro e fora da empresa que têm atividades e interesses relacionados ao trabalho semelhantes. As atividades dessas comunidades incluem autoaprendizado e educação em grupo, conferências, boletins *on-line* e compartilhamento diário de experiências e técnicas para resolver problemas específicos de trabalho. Muitas organizações, como a IBM, a Administração Federal de Autoestradas dos Estados Unidos e o Banco Mundial, têm incentivado o desenvolvimento de milhares de comunidades de prática *on-line*. Essas comunidades de prática dependem muito de ambientes de *software* que permitam a colaboração e a comunicação.

As COPs podem tornar a reutilização do conhecimento mais fácil para as pessoas, indicando documentos úteis a seus membros, criando repositórios de documentos e selecionando informações para os recém-chegados. Os membros das COPs atuam como facilitadores, incentivando contribuições e discussões. As COPs também podem reduzir a curva de aprendizado para novos funcionários ao fornecer contatos com especialistas nos diversos assuntos e dando acesso a métodos e ferramentas estabelecidos pela comunidade. Por fim, as COPs podem atuar como um terreno fértil para novas ideias, técnicas e comportamentos de tomada de decisão.

Tipos de sistemas de gestão do conhecimento

Existem essencialmente três tipos principais de sistemas de gestão do conhecimento: sistemas de gestão integrada do conhecimento, sistemas de apoio ao trabalhador do conhecimento e técnicas "inteligentes". A Figura 11.2 mostra as aplicações dos sistemas de gestão do conhecimento para cada uma dessas categorias principais.

Sistemas de gestão integrada do conhecimento (ou sistemas de gestão abrangentes) são esforços gerais para coletar, armazenar, distribuir e aplicar conteúdo e conhecimento digitais. Esses sistemas incluem recursos para busca de informações, armazenamento de dados estruturados e não estruturados e localização da experiência dos funcionários dentro da empresa. Também incluem tecnologias de apoio, como portais, mecanismos de pesquisa, ferramentas de colaboração e *social business* e sistemas de gerenciamento de aprendizado.

O desenvolvimento de poderosas estações de trabalho em rede e *software* para apoiar engenheiros e cientistas na descoberta de novos conhecimentos levou à criação de sistemas de trabalhadores do conhecimento, como os de desenho assistido por computador (CAD), visualização, simulação e realidade virtual. **Sistemas de apoio aos trabalhadores do conhecimento**

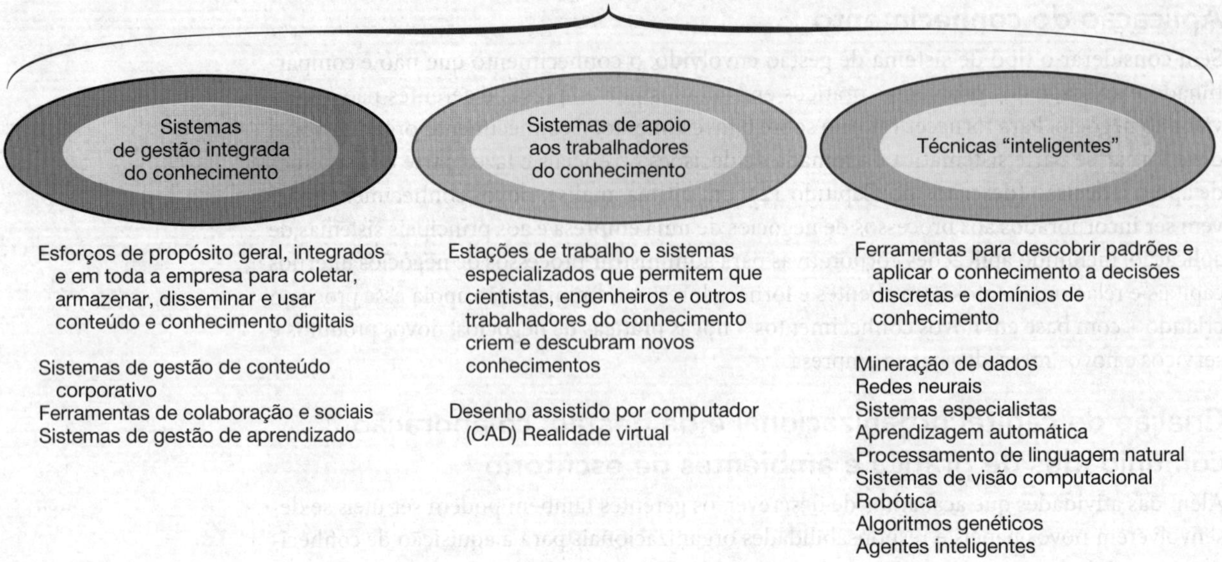

FIGURA 11.2 Principais tipos de sistemas de gestão do conhecimento.

Existem três categorias principais de sistemas de gestão do conhecimento e cada uma pode ser dividida em tipos mais especializados.

(KWS) são sistemas especializados criados para engenheiros, cientistas e outros encarregados de descobrir e criar novos conhecimentos para uma empresa. Discutiremos essas aplicações de trabalhadores de conhecimento em detalhes na Seção 11.4.

A gestão do conhecimento também inclui um grupo diversificado de **técnicas "inteligentes"**, como mineração de dados, sistemas especialistas, aprendizagem automática, redes neurais, processamento de linguagem natural, sistemas de visão computacional, robótica, algoritmos genéticos e agentes inteligentes. Essas técnicas têm diferentes objetivos, desde o foco na descoberta do conhecimento (mineração de dados e redes neurais) passando pelo refino do conhecimento na forma de regras para um programa de computador (sistemas especialistas) até a descoberta de soluções ideais para problemas (algoritmos genéticos). A Seção 11.2 fornece mais detalhes sobre essas técnicas "inteligentes".

11.2 O que são inteligência artificial (IA) e aprendizagem automática? Como as empresas usam a IA?

Técnicas "inteligentes" são frequentemente descritas como **inteligência artificial (IA)**. Existem muitas definições de inteligência artificial. Na visão mais ambiciosa, a IA envolve a tentativa de criar sistemas de computador que pensam e agem como humanos. Dentre muitas capacidades, os seres humanos veem, ouvem e se comunicam com linguagens naturais, tomam decisões, planejam o futuro, atingem metas, percebem padrões em seus ambientes e aprendem. Também amam, odeiam e escolhem os objetivos que querem buscar. São esses os fundamentos do que se chama de "inteligência humana" e do que se chama de "senso comum" ou inteligência generalizada.

Então até agora, a "Grande Visão" da IA continua sendo um sonho distante: não há programas de computador que tenham demonstrado inteligência humana geral ou senso comum. A inteligência humana é muito mais complexa do que a maioria dos sofisticados programas de computador e abrange uma gama mais ampla de atividades do que é atualmente possível com sistemas e dispositivos de computador "inteligentes".

Uma definição limitada da inteligência artificial é muito mais realista e útil. Desprovidos de todo o exagero, os programas de inteligência artificial são como todos os programas de computador: recebem dados do ambiente, processam esses dados e produzem resultados. Os programas de IA diferem dos programas de *software* tradicionais nas técnicas e tecnologias que usam para inserir e processar dados. Atualmente, esses programas podem realizar muitas tarefas que seriam impossíveis para as pessoas; além disso são capazes de se igualar ou se aproximar dos seres humanos em tarefas como interpretar tomografias, reconhecer rostos e vozes, disputar jogos como xadrez ou Go, ou superar especialistas humanos em certas tarefas bem definidas. Em muitos setores, estão transformando a forma como os negócios são feitos, onde as pessoas são empregadas e como elas realizam seu trabalho.

A evolução da IA

Na última década, foram alcançados progressos significativos no âmbito dessa visão limitada de IA. As principais forças que impulsionam a rápida evolução da IA são o desenvolvimento de bancos de dados de *Big Data* gerados pela internet, o comércio eletrônico, a Internet das Coisas e as mídias sociais. Os fatores secundários incluem a redução drástica no custo de processamento computacional e o aumento da capacidade dos processadores. Além disso, o crescimento da IA também dependeu do refinamento de algoritmos por dezenas de milhares de engenheiros de *software* de IA e centros universitários de pesquisa de IA, juntamente com investimentos significativos de empresas e governos. Houve poucos avanços conceituais fundamentais em IA neste período, ou na compreensão de como os seres humanos pensam. Muitos dos algoritmos e das técnicas estatísticas foram desenvolvidos décadas antes, mas não puderam ser implementados e refinados em uma escala tão grande quanto é possível atualmente.

O progresso foi significativo: os programas de reconhecimento de imagem passaram de 25% de taxas de erro para menos de 3% em 2018; os erros de reconhecimento de fala de linguagem natural caíram de 15% para 5%; e na tradução entre idiomas comuns, o programa Tradutor do Google atinge cerca de 85% de precisão em comparação com seres humanos (Technology Quarterly, 2017; Hirschberg e Manning, 2016). Esses avanços possibilitaram o surgimento de assistentes pessoais como Siri (Apple), Alexa (Amazon) e Cortana (Microsoft), bem como sistemas ativados por voz em automóveis.

Em um famoso artigo de 1950, o cientista da computação Alan Turing definiu que um programa de computador com IA seria aquele com o qual uma pessoa conversaria sem ser capaz de dizer que era um computador (Turing, 1950). Ainda não podemos ter uma conversa genuína com um sistema de IA de computador, pois esse sistema não tem uma compreensão genuína do mundo, nenhum senso comum e não entende verdadeiramente os seres humanos. No entanto, os sistemas de IA podem ser extremamente úteis para pessoas e empresas.

Principais tipos de IA

A inteligência artificial é uma família de técnicas e tecnologias de programação, cada uma com vantagens em aplicações selecionadas. A Tabela 11.2 descreve os principais tipos de IA: sistemas especialistas, aprendizagem automática, redes neurais, aprendizagem profunda, algoritmos genéticos, processamento de linguagem natural, sistemas de visão computacional, robótica e agentes inteligentes. Vamos dar uma olhada em cada tipo de IA e entender como ela é usada por empresas e outras organizações.

Sistemas especialistas

Sistemas especialistas foram desenvolvidos na década de 1970 e se tornaram as primeiras aplicações de IA em larga escala em empresas e outras organizações. Representam cerca de 20% de todos os sistemas de IA atualmente. Os sistemas especialistas registram o conhecimento

TABELA 11.2 Principais tipos de técnicas de IA

Sistemas especialistas	Representam o conhecimento de especialistas como um conjunto de regras que podem ser programadas para que um computador possa auxiliar as pessoas que tomam decisões.
Aprendizagem automática	*Software* que pode identificar padrões em bancos de dados muito grandes sem programação explícita, embora com treinamento significativo fornecido por seres humanos.
Redes neurais e aprendizado profundo	Vagamente baseados em neurônios humanos, algoritmos que podem ser treinados para classificar objetos em categorias de aprendizado conhecidas com base em entradas de dados. O aprendizado profundo usa várias camadas de redes neurais para revelar os padrões subjacentes nos dados e, em alguns casos limitados, identificar padrões sem treinamento humano.
Algoritmos genéticos	Algoritmos baseados livremente em seleção natural evolutiva e mutação, geralmente usados para gerar soluções de alta qualidade para problemas de otimização e busca.
Processamento de linguagem natural	Algoritmos que tornam possível para um computador entender e analisar a linguagem humana.
Sistemas de visão computacional	Sistemas que podem visualizar e extrair informações de imagens do mundo real.
Robótica	Uso de máquinas que podem substituir os movimentos humanos, bem como sistemas computacionais para controlar e processar as informações.
Agentes inteligentes	Agentes de *software* que usam conhecimento integrado ou aprendido para executar tarefas ou serviços específicos a um indivíduo.

de especialistas individuais em uma organização por meio de entrevistas em profundidade e representam esse conhecimento como conjuntos de regras. Posteriormente, essas regras são convertidas em código de computador no modelo "IF-THEN" (se-então) (estrutura condicional). Esses programas geralmente são usados no desenvolvimento de aplicativos que orientam os usuários em processos de tomada de decisão.

Dentre os benefícios dos sistemas especialistas, temos decisões aprimoradas, erros reduzidos, custos reduzidos, tempo de treinamento reduzido e melhor qualidade e serviço. Eles têm sido usados em aplicações para tomar decisões sobre concessão de crédito e para diagnosticar problemas de equipamentos, bem como em diagnósticos médicos, pesquisas jurídicas, engenharia civil, manutenção predial, elaboração de planos de construção e tecnologia educacional (aprendizagem personalizada e testes responsivos) (Maor, 2003; Mishra, 2016). Se, por exemplo, você fosse o gerente de projeto de um prédio de escritórios de 14 andares e recebesse a tarefa de ajustar o sistema de ar condicionado do prédio, que tem centenas de peças e subconjuntos, um sistema especialista poderia orientá-lo no processo. Esse sistema faria uma série de perguntas, produzindo um pedido aos fornecedores e fornecendo uma estimativa geral de custo para o projeto, tudo em questão de horas, em vez de semanas. Veja na Figura 11.3 um sistema especialista para concessão de crédito.

Como funcionam os sistemas especialistas

Os sistemas especialistas modelam o conhecimento humano como um conjunto de regras que coletivamente são chamadas de **base de conhecimento**. Os sistemas especialistas podem ter de poucas a milhares de regras, dependendo da complexidade do problema de tomada de decisão. A estratégia usada para pesquisar a coleção de regras e formular conclusões é chamada de **mecanismo de inferência**. O mecanismo de inferência vasculha as regras e "dispara" aquelas relacionadas aos fatos que o usuário reuniu e inseriu.

Os sistemas especialistas têm uma série de limitações, e a mais importante delas é que mesmo os especialistas não conseguem explicar como os sistemas tomam decisões – eles sabem mais do que são capazes de dizer. As pessoas dirigem carros, por exemplo, e precisam dizer como fazem isso. A base de conhecimento pode se tornar caótica, pois é capaz de o número de regras chegar a milhares. Em ambientes muito dinâmicos, como o de diagnóstico médico, as regras mudam e precisam ser continuamente atualizadas. Os sistemas especialistas não são úteis para lidar com problemas não estruturados, do tipo que gerentes e funcionários

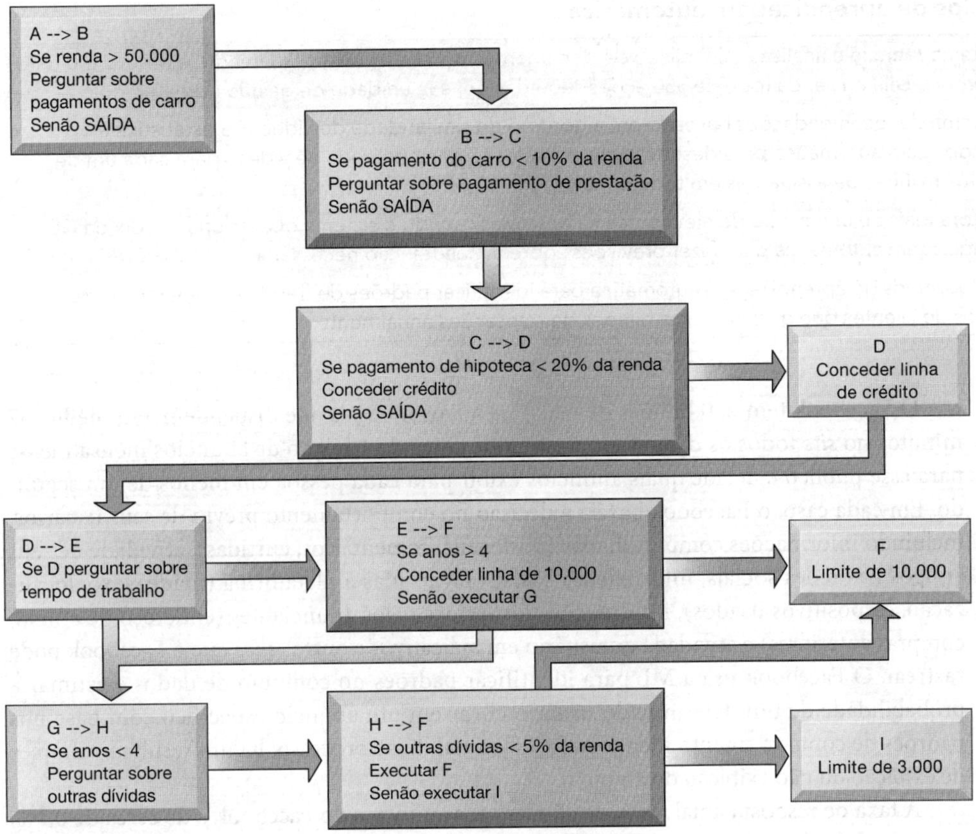

FIGURA 11.3 Regras de um sistema especialista.
Um sistema especialista contém uma série de regras a serem seguidas. As regras são interconectadas; o número de resultados é previamente conhecido e limitado. Há múltiplos trajetos para se obter o mesmo resultado, e o sistema pode considerar múltiplas regras ao mesmo tempo. As regras aqui ilustradas são as de um sistema especialista simples de concessão de crédito.

normalmente encontram, e não usam dados em tempo real para orientar suas decisões. Também não se adaptam bem a conjuntos de dados muito grandes – dos tipos produzidos pela internet e pela Internet das Coisas (IoT) – e sua construção é cara. Por essas razões, o desenvolvimento de sistemas especialistas não é notável no caso de pequenos domínios de conhecimento especializado, como diagnóstico de automóveis.

Aprendizagem automática

Mais de 75% do desenvolvimento de IA hoje envolve algum tipo de **aprendizagem automática** (**ML**, do inglês *machine learning*) realizado por redes neurais, redes de aprendizado profundo e algoritmos genéticos. Seu foco principal é encontrar padrões em dados e classificar entradas de dados em saídas conhecidas (e desconhecidas). A aprendizagem automática baseia-se em um paradigma de IA totalmente diferente dos sistemas especialistas, não há especialistas e não há empenho para escrever um código de computador com regras que reflitam o entendimento de um especialista. Em vez disso, a ML começa com conjuntos de dados muito grandes, com dezenas a centenas de milhões de pontos de dados, e encontra automaticamente padrões e relacionamentos por meio da análise de um grande conjunto de exemplos, fazendo, assim, uma inferência estatística. A Tabela 11.3 fornece alguns exemplos de como as principais empresas de negócios estão usando vários tipos de aprendizagem automática.

TABELA 11.3 Exemplos de aprendizagem automática

Wells Fargo	O sistema Aiera lê e analisa meio milhão de documentos de 1.600 ações diariamente e produz o direito de compra (call) ou venda (put) de 550 ações seguidas por sua unidade de gestão de patrimônio.
Netflix	O sistema de recomendações baseado em algoritmo de similaridade de vídeo usa estatística e aprendizagem automática para desenvolver uma seleção personalizada de vídeos para cada um de seus 167 milhões de assinantes em todo o mundo.
Schindler Group	Monitora mais de um milhão de elevadores e passarelas usando o sistema operacional Predix da GE e aprendizagem automática para fazer previsões sobre a manutenção necessária.
PayPal	Usa algoritmos de aprendizagem automática para identificar padrões de fraude nas operações de 300 milhões de clientes que geram quatro bilhões de transações anualmente.

O Facebook tem 250 bilhões de usuários ativos mensais que dispendem, em média, 37 minutos no *site* todos os dias. A empresa exibe cerca de 1 bilhão de anúncios mensalmente para esse público e decide quais anúncios exibir para cada pessoa em menos de um segundo. Em cada caso, o Facebook baseia a decisão no comportamento prévio de seus usuários, incluindo informações compartilhadas (postagens, comentários, curtidas), atividade de seus amigos nas redes sociais, informações básicas fornecidas à plataforma (idade, sexo, localização, dispositivos usados), informações fornecidas pelos anunciantes (endereço de *e-mail*, compras anteriores) e atividade do usuário em aplicativos e outros *sites* que o Facebook pode rastrear. O Facebook usa a ML para identificar padrões no conjunto de dados e estimar a probabilidade de um determinado usuário clicar em um anúncio específico com base nos padrões de comportamento identificados. No final desse processo, há um resultado simples de exibição ou não exibição do anúncio.

A taxa de resposta atual (taxa de cliques) aos anúncios do Facebook é de cerca de 0,1%, aproximadamente quatro vezes maior do que um anúncio gráfico não segmentado, embora não seja tão boa quanto campanhas de *e-mail* direcionadas (cerca de 3%) ou anúncios da busca do Google (cerca de 2%). Todas as grandes empresas de consumo da internet, como Amazon, Google, Microsoft, Alibaba, Tencent, Netflix e Baidu, usam algoritmos de ML semelhantes. Obviamente, nenhum ser humano ou grupo de pessoas poderia alcançar esses resultados, dado o enorme tamanho do banco de dados, a velocidade das transações ou a complexidade de trabalhar em tempo real. Os benefícios da ML ilustrados por esse breve exemplo se resumem a uma extraordinária capacidade de reconhecer padrões na escala de milhões de pessoas em questão de segundos e classificar objetos em categorias discretas.

Aprendizagem supervisionada e não supervisionada

Praticamente toda aprendizagem automática atual envolve **aprendizagem supervisionada**, em que o sistema é "treinado" por meio do fornecimento de exemplos específicos de entradas e saídas desejadas identificadas antecipadamente por agentes humanos. Um banco de dados muito grande é desenvolvido – digamos, com dez milhões de fotos postadas na Internet – e, em seguida, dividido em duas seções: um banco de dados de desenvolvimento e outro de dados de teste. Os agentes humanos selecionam um objetivo, como identificar todas as fotos que contenham uma imagem de carro. Os humanos abastecem uma grande coleção de imagens verificadas que contêm uma imagem de carro em uma rede neural (descrita abaixo) que prossegue iterativamente pelo banco de dados de desenvolvimento em milhões de ciclos, até que eventualmente o sistema possa identificar fotos com um carro. O sistema de aprendizagem automática é então testado usando o banco de dados de teste para garantir que os algoritmos possam obter os mesmos resultados com fotos diferentes. Em muitos casos, mas não em todos, a aprendizagem automática pode se aproximar ou igualar os esforços humanos, mas em uma escala muito maior. Com o tempo, com ajustes por parte dos programadores e tornando o banco de dados ainda maior, usando sistemas de computação cada vez maiores, o sistema melhorará seu desempenho e, nesse sentido, será capaz de aprender. A aprendizagem supervisionada é uma técnica usada para desenvolver veículos autônomos que precisam ser capazes de reconhecer objetos ao seu redor, como pessoas, outros carros, prédios e limites de calçada, para guiá-los (veja o estudo de caso no final do capítulo).

Na **aprendizagem não supervisionada**, os mesmos procedimentos são seguidos, mas os humanos não alimentam os exemplos do sistema. Em vez disso, o sistema deve processar o banco de dados de desenvolvimento e relatar todos os padrões que encontrar. Por exemplo, em um esforço de pesquisa sem precedentes, muitas vezes referido como "The Cat Paper", os pesquisadores coletaram 10 milhões de fotos de vídeos do YouTube e criaram um sistema de ML capaz de detectar rostos humanos sem rotular ou "ensinar" a máquina com fotos verificadas de rostos humanos (Le *et al.*, 2011). Os pesquisadores desenvolveram um sistema de computador de rede neural de força bruta composto por mil máquinas com 16 mil processadores de núcleo emprestados pelo Google. Os processadores dos sistemas formaram um total de 1 bilhão de conexões entre si, criando uma rede muito grande que imitava em pequena escala os neurônios e sinapses (conexões) do cérebro humano. O resultado foi um sistema capaz de detectar rostos e corpos humanos em fotos, assim como rostos de gatos. Em seguida, o sistema foi testado em 22 mil imagens de objetos no ImageNet (um grande banco de dados visual *on-line*) e alcançou uma taxa de precisão de 16%. Em princípio, então, é possível criar sistemas de aprendizagem automática que possam "ensinar a si mesmos" sobre o mundo sem intervenção humana. Mas há um longo caminho a percorrer: não gostaríamos de usar carros autônomos que fossem guiados por sistemas com uma taxa de precisão de 16%! No entanto, essa pesquisa indicou uma melhoria de 75% em relação aos esforços anteriores.

Para colocar isso em perspectiva, um bebê humano de um ano pode reconhecer rostos, gatos, mesas, portas, janelas e centenas de outros objetos aos quais foi exposto e cataloga continuamente novas experiências que busca, sem ajuda externa, para reconhecimento no futuro. Mas os bebês têm uma enorme vantagem computacional sobre nossos maiores sistemas de pesquisa de ML. O cérebro humano adulto tem cerca de 86 bilhões de neurônios, cada um com milhares de conexões com outros neurônios (sinapses), e mais de 100 trilhões de conexões totais em sua rede (cérebro). O *homo sapiens* moderno foi programado (por natureza) ao longo de cerca de 300 mil anos, e seus predecessores, por 2,5 milhões de anos. Por essas razões, a aprendizagem automática é aplicável hoje em um número muito limitado de situações, nas quais existem bancos de dados e instalações de computação muito grandes, os resultados mais desejados já são definidos por humanos, a saída é binária (0,1) e onde há um grupo muito talentoso e grande de engenheiros de *software* e sistemas trabalhando no problema.

Redes neurais

Uma rede neural é composta de unidades interconectadas chamadas neurônios, que podem receber dados de outros neurônios e transferir dados para outros neurônios do sistema. Os neurônios artificiais não são entidades físicas biológicas como os do cérebro humano, mas programas de *software* e modelos matemáticos que realizam a função de entrada e saída dos neurônios. A força das conexões (carga) pode ser controlada por pesquisadores usando uma Regra de Aprendizagem, um algoritmo que altera sistematicamente a força das conexões entre os neurônios para produzir a saída final desejada – que pode ser identificar desde uma imagem de um tumor cancerígeno a transações fraudulentas com cartão de crédito ou padrões suspeitos de chamadas telefônicas.

As **redes neurais** encontram padrões e relacionamentos em quantidades muito grandes de dados. Essa tarefa seria muito complicada e difícil para um ser humano analisar se usasse algoritmos de aprendizagem automática e modelos computacionais que são vagamente baseados em como o cérebro humano biológico funciona. As redes neurais são **programas de detecção de padrões**. Elas aprendem padrões de grandes quantidades de informação peneirando os dados e, finalmente, encontrando caminhos pela rede de milhares de neurônios. Alguns caminhos são mais bem-sucedidos do que outros em sua capacidade de identificar

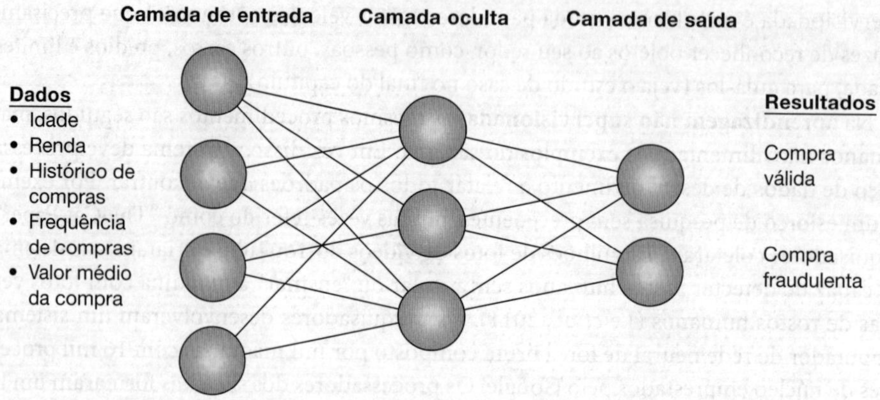

FIGURA 11.4 Como funciona uma rede neural.
Uma rede neural utiliza regras "aprendidas" a partir de padrões em dados para construir uma camada oculta de lógica. A camada oculta então processa as entradas, classificando-as com base na experiência do modelo. Nesse exemplo, a rede neural foi treinada para distinguir entre compras com cartão de crédito fraudulentas e legítimas.

objetos como carros, animais, rostos e vozes. Pode haver milhões de caminhos através dos dados. Um algoritmo (a Regra de Aprendizagem mencionada anteriormente) identifica por meio dos dados os caminhos bem-sucedidos e fortalece a conexão entre os neurônios por esses caminhos. Esse processo é repetido milhares ou milhões de vezes, até que apenas os caminhos mais bem-sucedidos sejam identificados. Em algum momento, depois que milhões de vias são analisadas, o processo é interrompido quando um nível aceitável de reconhecimento de padrões é alcançado – por exemplo, identificando tumores cancerígenos tão bem, ou mesmo melhor, que agentes humanos.

A Figura 11.4 representa um tipo de rede neural compreendendo uma camada de entrada, uma camada de processamento e uma camada de saída. Os seres humanos "treinam" a rede alimentando-a com um conjunto de resultados que desejam ensinar à máquina. Por exemplo, se o objetivo é criar um sistema que possa identificar padrões em compras fraudulentas com cartão de crédito, o sistema é treinado usando exemplos reais de transações fraudulentas. O conjunto de dados, que pode ser composto por um milhão de exemplos de transações fraudulentas, é dividido em dois segmentos: um de treinamento e um de teste. O conjunto de dados de treinamento é usado para treinar o sistema. Após a execução de milhões de testes, espera-se que o programa identifique o melhor caminho por meio dos dados. Para verificar a precisão do sistema, ele é usado no conjunto de dados de teste, que o sistema não analisou antes. Se for bem-sucedido, o sistema será testado em novos conjuntos de dados. A rede neural da Figura 11.4 aprendeu a identificar uma provável compra fraudulenta com cartão de crédito.

Aplicações de rede neural estão surgindo nos campos da medicina, ciência e dos negócios. Para lidar com problemas de classificação de padrões, previsão e controle e otimização. Na medicina, aplicações de rede neural são usadas para exames de doenças coronárias, diagnósticos de epilepsia e doença de Alzheimer e para traçar padrões de reconhecimento de imagens patológicas, como alguns tipos de câncer – como o câncer de mama, descrito no início do capítulo. O setor financeiro usa redes neurais para discernir padrões em vastos conjuntos de dados que podem ajudar as empresas de investimento a prever o desempenho de ações, classificações de títulos corporativos ou falências de empresas. A Visa International usa uma rede neural para ajudar a detectar fraudes de cartão de crédito monitorando todas as suas transações em busca de mudanças repentinas nos padrões de compra dos titulares de cartão. A Tabela 11.4 dá exemplos de redes neurais e a Sessão Interativa sobre Tecnologia descreve como elas são usadas para reconhecimento facial.

SESSÃO INTERATIVA TECNOLOGIA

Você sabe quem está usando seu rosto?

O reconhecimento facial é uma aplicação de inteligência artificial capaz de identificar uma pessoa de forma única por meio da análise de padrões com base em texturas e formas faciais de um indivíduo. Os sistemas de reconhecimento facial podem ser usados para identificar pessoas em fotos, vídeos ou em tempo real. Um sistema desse tipo usa biometria para mapear características faciais de uma fotografia ou vídeo. Ele compara as informações com um banco de dados de rostos conhecidos para encontrar uma correspondência. O sistema de reconhecimento facial usa algoritmos de computador para destacar detalhes específicos e distintos do rosto de uma pessoa, como a distância entre os olhos ou o formato do queixo. (Alguns algoritmos mapeiam explicitamente o rosto, medindo as distâncias entre olhos, nariz, boca e assim por diante. Outros mapeiam o rosto usando recursos mais abstratos.) O sistema converte esses detalhes em uma representação matemática e os compara com dados de outros rostos armazenados em um banco de dados de reconhecimento facial. Os dados relacionados a determinado rosto são chamados de "modelo de rosto" e podem ser comparados a outros modelos no arquivo. A tecnologia de reconhecimento facial aprende a identificar pessoas analisando o maior número possível de imagens digitais com o uso das redes neurais, que são sistemas matemáticos complexos que exigem grandes quantidades de dados para realizar o reconhecimento de padrões.

Atualmente, as ferramentas de reconhecimento facial são usadas com frequência no policiamento de rotina. A polícia compara fotos de presos com imagens dos bancos de dados de reconhecimento facial locais, estaduais e federais. As agências de aplicação da lei podem consultar esses bancos de dados de fotos para identificar pessoas em fotos tiradas de redes sociais, câmeras de trânsito e câmeras de vigilância de circuito fechado de televisão em lojas, parques e outros lugares. Existem sistemas para comparar rostos em tempo real com "listas de procurados" de pessoas suspeitas de atividade ilegal. O reconhecimento facial também é usado em aeroportos, passagens de fronteiras e eventos como os Jogos Olímpicos. O FBI passou mais de uma década usando esses sistemas para comparar fotos de carteiras de motorista e passaportes com os rostos de suspeitos de crimes.

Os sistemas de reconhecimento facial podem tornar os produtos mais seguros e protegidos. A autenticação facial, por exemplo, pode garantir que apenas a pessoa certa tenha acesso a informações confidenciais destinadas apenas a ela. Também pode ser usado para o bem da sociedade, como no caso de organizações sem fins lucrativos que usam o reconhecimento facial para combater o tráfico de menores. No entanto, esses sistemas também têm limitações capazes de causar danos.

Dezenas de bancos de dados de rostos de pessoas estão sendo compilados por empresas e pesquisadores, e muitas dessas imagens são compartilhadas posteriormente em todo o mundo. Os bancos de dados são formados com imagens de redes sociais, *sites* de fotos, serviços de namoro como o OkCupid e câmeras colocadas em restaurantes e *campi* de faculdades. Embora não haja uma contagem precisa dos conjuntos de dados, ativistas que defendem a privacidade identificaram repositórios que foram construídos pela Microsoft, pela Universidade de Stanford e por outros, e um desses repositórios contava com mais de 10 milhões de imagens, enquanto outro tinha mais de dois milhões. A Universidade de Georgetown estimou que fotos de quase metade de todos os adultos dos Estados Unidos foram inseridas em pelo menos um banco de dados de reconhecimento facial.

Gigantes da tecnologia como Meta e Google têm a reputação de acumular os maiores conjuntos de dados faciais, os quais não distribuem, de acordo com pesquisas. Mas outras empresas e universidades compartilharam amplamente seus tesouros de imagem com pesquisadores, governos e empresas privadas na Austrália, China, Índia, Singapura e Suíça. Esses dados são usados para treinamento de inteligência artificial, de acordo com acadêmicos, ativistas e jornais públicos.

A startup Clearview AI criou um poderoso aplicativo de reconhecimento facial que permite ao usuário tirar uma foto de uma pessoa, carregá-la e poder visualizar fotos públicas dessa pessoa, juntamente com *links* relacionados. O sistema usa um banco de dados com mais de três bilhões de imagens que a Clearview alega ter extraído de *sites* como Facebook, YouTube, Venmo e milhões de outros. As polícias federais e estaduais já usaram o aplicativo da Clearview para ajudar a resolver casos de furto em lojas, roubo de identidade, fraude de cartão de crédito, assassinato e abuso sexual de crianças.

Há mais de uma década que empresas e laboratórios vêm reunindo imagens de rostos, e os bancos de dados de imagens são um componente essencial da tecnologia de reconhecimento facial. Mas as pessoas muitas vezes não têm ideia de que seus rostos fazem parte desse conjunto de dados. Embora os nomes normalmente não sejam juntados às fotos, os indivíduos podem ser reconhecidos, porque cada rosto é único de cada pessoa. Esses repositórios de dados de reconhecimento facial não são sujeitos a nenhum tipo de controle.

Defensores da privacidade temem que os sistemas de reconhecimento facial estejam sendo mal utilizados. Um banco de dados chamado Brainwash foi criado por pesquisadores da Universidade de Stanford em 2014. Os pesquisadores capturaram mais de 10 mil imagens usando uma câmera localizada no Brainwash Café de San Francisco (fechado atualmente). Ninguém sabe com certeza se os clientes sabiam que suas imagens eram capturadas e usadas para pesquisa. Os pesquisadores de Stanford compartilharam o Brainwash com acadêmicos chineses associados à Universidade Nacional de Tecnologia de Defesa e à Megvii, uma empresa de IA que fornece tecnologia de vigilância para perfis raciais da população muçulmana uigur da China. O Brainwash foi removido de seu *site* original em meados de 2019.

Usando oito câmeras espalhadas pelo campus para coletar imagens, os pesquisadores da Universidade de Duke reuniram mais de 2 milhões de *frames* de vídeo com imagens de mais de 2.700 pessoas. O banco de dados, chamado Duke MTMC, foi usado para treinar sistemas de IA em países como Estados Unidos, Japão, China e outros. As câmeras eram identificadas com placas, em que se viam um número de telefone ou endereço de *e-mail* por meio dos quais as pessoas podiam avisar que não queriam participar.

Além disso, os sistemas de reconhecimento facial não são totalmente precisos, pois têm capacidade variável para identificar pessoas em condições difíceis, como iluminação ruim, resolução de imagem em baixa qualidade e ângulo de visão inferior ao ideal, o que pode ocorrer se uma fotografia de uma pessoa desconhecida for tirada desde cima.

O *software* de reconhecimento facial não apresenta boa qualidade ao identificar afro-americanos e outras minorias étnicas, bem como mulheres e jovens. Um estudo de 2012 de coautoria do FBI relatou que as taxas de precisão eram mais baixas para afro-americanos do que para outros grupos demográficos. Embora o FBI afirme que seu sistema de reconhecimento facial pode encontrar o candidato correto nos 50 principais perfis em 85% das vezes, isso é apenas quando o verdadeiro candidato está presente na galeria. Se não estiver, o sistema ainda poderá apresentar uma ou mais correspondências em potencial, gerando resultados falsos positivos. Os identificados poderiam então ser apontados como suspeitos de crimes que não cometeram.

O reconhecimento facial torna-se menos preciso à medida que o número de pessoas no banco de dados aumenta. Muitas pessoas ao redor do mundo são parecidas umas com as outras. Por isso, conforme a probabilidade de faces semelhantes aumenta, a precisão da correspondência diminui.

Fontes: "Face Recognition," www.eff.org, acessado em 21 de abril de 2020; Kashmir Hill, "The Secretive Company that Might End Privacy as We Know It," *New York Times*, 18 de janeiro de 2020; Cate Metz, "Facial Recognition Tech Is Growing Stronger, Thanks to Your Face," *New York Times*, 13 de julho de 2019; www.ai.google.com, acessado em 21 de abril de 2020.

PERGUNTAS DO ESTUDO DE CASO

1. Explique as principais tecnologias usadas nos sistemas de reconhecimento facial.
2. Quais são os benefícios de usar sistemas de reconhecimento facial? Como eles ajudam as organizações a melhorar as operações e a tomada de decisão? E que problemas podem ajudar a resolver?
3. Identifique e descreva as desvantagens do uso de sistemas de reconhecimento facial e bancos de dados de imagens de rostos.

TABELA 11.4 Exemplos de redes neurais

FUNCIONALIDADE	ENTRADA	PROCESSO	SAÍDAS/APLICAÇÃO
Visão computacional	Milhões de imagens digitais, vídeos ou sensores	Reconhecer padrões em imagens e objetos	Marcação de fotos; reconhecimento facial; veículos autônomos
Reconhecimento de fala	Trilhas sonoras digitais, vozes	Reconhecer padrões e significado em trilhas sonoras e fala	Assistentes digitais, *chatbots*, *help centers*
Controles de máquina, diagnóstico	Internet das Coisas: milhares de sensores	Identificar *status* operacional, padrões de fracasso	Manutenção preventiva; controle de qualidade
Tradução de idiomas	Milhões de frases em vários idiomas	Identificar padrões em vários idiomas	Traduzir frases de um idioma para outro
Análise de transação	Milhões de pedidos de empréstimo, negociações de ações, telefonemas	Identificar padrões em transações financeiras e outras	Controle de fraude; roubo de serviços; previsões do mercado de ações
Anúncios *on-line* segmentados	Milhões de históricos de navegadores	Identificar aglomerados de consumidores; preferências	Publicidade programática

Redes neurais de "aprendizado profundo"

As redes neurais de "**aprendizado profundo**" são mais complexas, com muitas camadas de transformação dos dados de entrada para produzir uma saída pretendida. Conjuntos de neurônios são chamados de nós ou camadas. As redes de aprendizado profundo recém começaram e são usadas quase exclusivamente para detecção de padrões em dados não rotulados, em que o sistema não é informado sobre o que procurar especificamente, mas, simplesmente, para descobrir padrões nos dados. Espera-se que o sistema seja autodidata. (Veja a Figura 11.5.)

Por exemplo, em nosso exemplo anterior de aprendizagem não supervisionada envolvendo um sistema de aprendizagem automática que poderia identificar, sem treinamento, gatos (*The Cat Paper*) e outros objetos, o sistema usado foi uma rede de aprendizado profundo. Consistia em três camadas de redes neurais (camadas 1, 2 e 3), cada uma delas com dois níveis de detecção de padrões (níveis 1 e 2). Cada nível foi desenvolvido para identificar uma característica de baixo nível das fotos: a camada 1 identificava linhas nas fotos e a camada 2 identificava círculos. O resultado da primeira camada pode ser bolhas e bordas difusas. A segunda e a terceira camadas refinam as imagens advindas da primeira, até que ao final do processo o sistema consiga distinguir gatos, cães e humanos – embora, nesse caso, não muito bem, com uma taxa de precisão de 16%.

Muitos especialistas acreditam que as redes de aprendizado profundo se aproximam da "Grande Visão" de IA, em que os sistemas de ML seriam capazes de aprender como um ser humano. Outros, que trabalham com ML e aprendizado profundo, têm uma opinião mais crítica (Marcus, 2018; Pearl 2016).

Limitações de redes neurais e aprendizagem automática

Atualmente, as redes neurais enfrentam uma série de limitações. Exigem conjuntos de dados muito grandes para identificar padrões. Além disso, muitas vezes, existem muitos padrões em grandes conjuntos de dados que não fazem sentido, e é preciso que os agentes humanos escolham quais "fazem sentido". Muitos padrões em grandes conjuntos de dados são efêmeros: pode haver um padrão no mercado de ações ou no desempenho de equipes esportivas

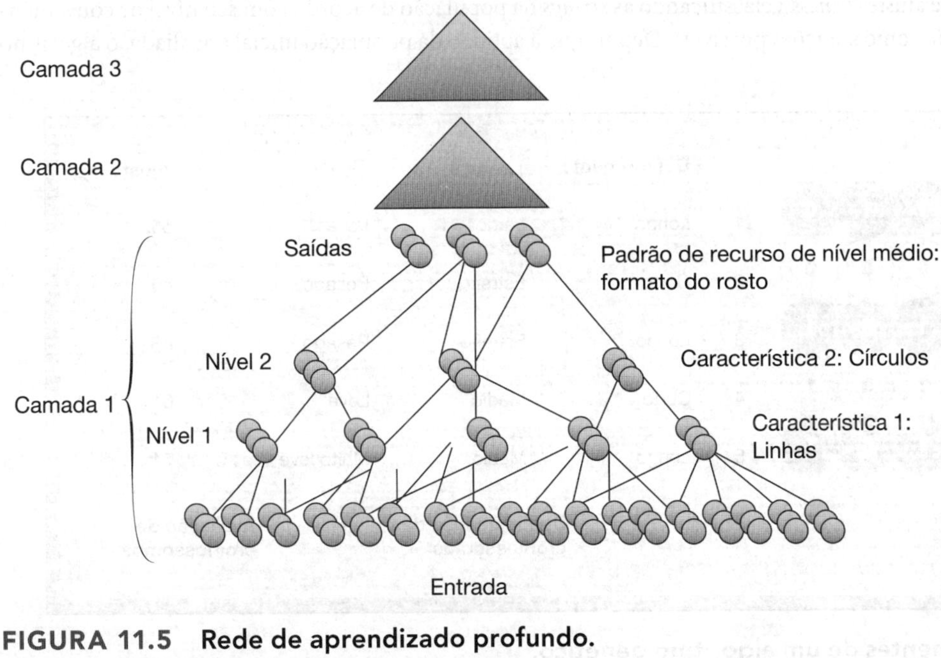

FIGURA 11.5 Rede de aprendizado profundo.

As redes de aprendizado profundo consistem em muitas camadas de redes neurais que funcionam de forma hierárquica para detectar padrões. Aqui temos uma visão expandida da camada 1. As demais camadas têm a mesma estrutura.

profissionais que não duram muito. Em muitas situações de decisão importantes, não dispomos de grandes conjuntos de dados. Você deve se matricular na faculdade A ou na faculdade B? Devemos aprovar a fusão com outra companhia? As respostas para muitas questões importantes são difíceis de especificar ou descrever, quando estão apenas semiestruturadas na melhor das hipóteses, e dependem muito de avaliações, julgamentos e sentimentos humanos.

As redes neurais, os sistemas de aprendizagem automática e as pessoas envolvidas não podem explicar como o sistema chegou a uma solução particular. No caso, por exemplo, do computador IBM Watson que jogava Jeopardy, os pesquisadores não puderam dizer exatamente por que Watson escolheu as respostas que escolheu, apenas que estavam certas ou erradas. A maioria dos aplicativos de ML do mundo real nos negócios envolve a classificação de objetos digitais em categorias binárias simples (sim ou não; 0 ou 1). Mas muitos dos problemas importantes enfrentados por gerentes, empresas e organizações não têm soluções binárias. As redes neurais podem não ter um bom desempenho se o treinamento pelo qual elas passam abranger poucos dados ou dados demais. Os sistemas de IA não têm senso de ética: podem recomendar ações ilegais ou imorais. Na maioria das aplicações atuais, os sistemas de IA são mais bem usados como ferramentas para decisões de nível relativamente baixo, auxiliando, mas não substituindo os gestores.

Algoritmos genéticos

Algoritmos genéticos são outra forma de aprendizagem automática. Eles são úteis para encontrar a solução ideal para um problema específico, examinando um número muito grande de soluções alternativas para esse problema. Seu método de resolução de problemas é baseado em ideias inspiradas na biologia evolutiva, como herança, mutação, seleção e cruzamento (recombinação). Um algoritmo genético funciona pesquisando uma população de *strings* de dígitos binários geradas aleatoriamente para identificar a *string* correta que representa a melhor solução possível para o problema. À medida que as soluções se alteram e se combinam, as piores são descartadas e as melhores são mantidas, a fim de produzir soluções ainda melhores. Na Figura 11.6, cada *string* corresponde a uma das variáveis do problema. Aplica-se um teste de ajuste (*fitness*), classificando as *strings* na população de acordo com seu nível de conveniência como soluções possíveis. Depois que a aptidão da população inicial é avaliada, o algoritmo

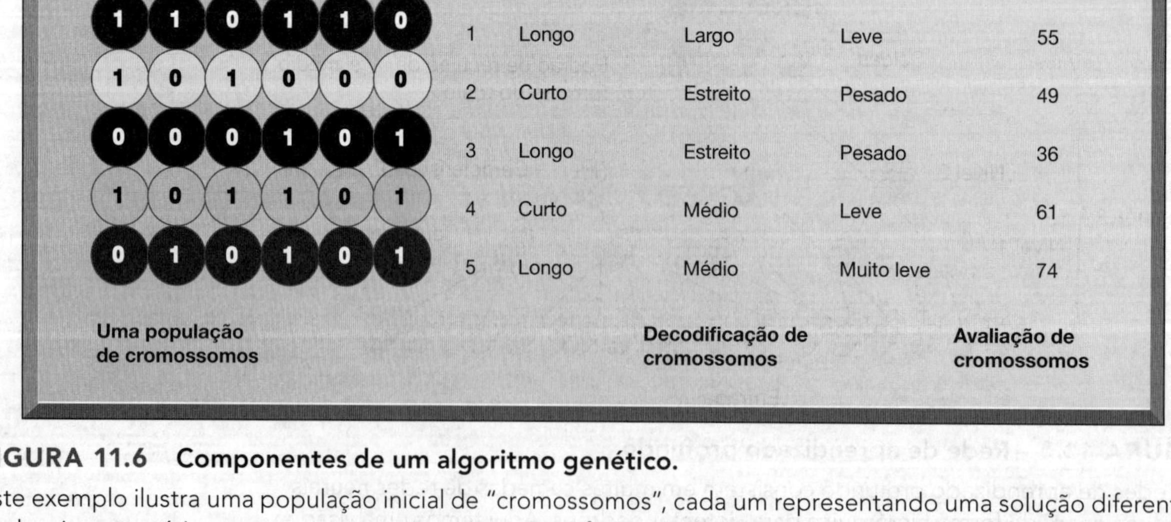

FIGURA 11.6 Componentes de um algoritmo genético.

Este exemplo ilustra uma população inicial de "cromossomos", cada um representando uma solução diferente. O algoritmo genético usa um processo iterativo para refinar as soluções iniciais, de modo que as melhores, aquelas com maior aptidão, tenham maior probabilidade de surgir como a melhor solução.

produz a próxima geração de *strings* – aquelas que sobreviveram ao teste de aptidão acrescidas de *strings* descendentes, produzidas a partir de pares "acasalados" – e testa sua aptidão. O processo continua até que uma solução seja alcançada.

Os algoritmos genéticos são usados para resolver problemas dinâmicos complexos, envolvendo centenas ou milhares de variáveis ou fórmulas. O problema deve ser aquele cuja gama de soluções possíveis possa ser representada geneticamente e para o qual os critérios possam ser estabelecidos para avaliação do ajuste. Os algoritmos genéticos agilizam a solução, pois podem avaliar muitas alternativas de solução rapidamente para encontrar a melhor. Por exemplo, os engenheiros da General Electric usaram algoritmos genéticos para ajudar a otimizar o projeto de motores de turbinas a jato, nos quais cada alteração de projeto exigia mudanças em até 100 variáveis. O *software* de gestão da cadeia de suprimentos do *software* JDA usa algoritmos genéticos para otimizar modelos de programação de produção, incorporando centenas de milhares de detalhes sobre pedidos de clientes, disponibilidade de materiais e recursos, capacidade de fabricação e distribuição e datas de entrega.

Processamento de linguagem natural, sistemas de visão computacional e robótica

Outras técnicas importantes de IA incluem processamento de linguagem natural, sistemas de visão computacional e robótica.

Processamento de linguagem natural

A linguagem humana nem sempre é precisa. Muitas vezes é ambígua, e os significados das palavras podem depender de variáveis complexas, como gírias, dialetos regionais e contexto social. O **processamento de linguagem natural (PLN** [NLP, do inglês *Natural Language Processing*]) torna possível que um computador entenda e analise a linguagem natural – que os seres humanos usam instintivamente, não uma linguagem especialmente formatada para ser compreendida por computadores. Os algoritmos de PNL geralmente são baseados em aprendizagem automática, incluindo aprendizado profundo, que pode conseguir identificar a intenção de um palestrante a partir de muitos exemplos. Você pode ver o processamento de linguagem natural funcionando nos principais mecanismos de pesquisa, como o Google, em sistemas de filtragem de *spam* e na análise de sentimentos da mineração de texto (Capítulo 6).

O banco Mizuho de Tóquio emprega tecnologia avançada de reconhecimento de voz, o *software* de análise de conteúdo IBM© Watson™, e uma infraestrutura de serviços em nuvem para melhorar as interações dos agentes da central de atendimento com os clientes. Depois de converter a fala do cliente em dados textuais, a solução aplica algoritmos de processamento de linguagem natural com base na análise de aprendizagem automática de interações com milhares de clientes. O sistema aprende cada vez mais a cada interação com o cliente. Desse modo, é capaz de inferir as necessidades ou objetivos específicos do cliente em cada ponto da conversa. Em seguida, formula a resposta ideal, que é entregue em tempo real como um prompt na tela do agente. Ao ajudar os agentes da central de atendimento a perceber e responder com mais eficiência às necessidades dos clientes, essa solução reduziu a duração média das interações com os clientes em mais de 6% (IBM, 2020).

Sistemas de visão computacional

Os **sistemas de visão computacional** lidam com a maneira pela qual os computadores podem emular o sistema visual humano para visualizar e extrair informações de imagens do mundo real. Esses sistemas incorporam processamento de imagens, reconhecimento de padrões e compreensão de imagens. Um exemplo é o DeepFace (desativado no Facebook, mas não o *software*), a ferramenta de reconhecimento facial do Facebook que é quase tão precisa quanto o cérebro humano no reconhecimento de rostos. O DeepFace ajudará o Facebook a melhorar a precisão dos recursos de reconhecimento facial existentes na plataforma, para garantir que todas as fotos do usuário estejam conectadas à conta do Facebook dessa pessoa. Os sistemas de visão computacional também são usados em veículos autônomos (como drones e carros – veja o caso no final do capítulo), sistemas de visão de máquina industrial (por exemplo, inspeção de garrafas), aplicações militares e ferramentas robóticas.

Em 2017, a National Basketball Association (NBA) decidiu permitir que os patrocinadores colocassem pequenos emblemas representando suas marcas nos uniformes dos jogadores. Esse investimento em publicidade acabou valendo seu custo multimilionário. De acordo com a GumGum, uma empresa de IA com foco em tecnologia de visão computacional, a imagem colocada pela Goodyear nos uniformes do Cleveland Cavaliers gerou US$ 3,4 milhões em valor apenas com a exposição nas mídias sociais durante a primeira metade da temporada de basquete. A GumGum desenvolve algoritmos que permitem que os computadores identifiquem o que está acontecendo nas imagens. A empresa usou a tecnologia de visão computacional para analisar minuciosamente o conteúdo de transmissão e mídia social em termos de posicionamento, exposição e duração envolvendo imagens da Goodyear que apareceram em conteúdo da NBA na internet e na TV. Em vez de seres humanos tentando monitorar o número de vezes que um logotipo apareceu em uma tela, a tecnologia de visão da GumGum rastreia e relata os dados (Albertson, 2018).

Robótica

Robótica lida com projeto, construção, operação e uso de máquinas móveis que podem substituir seres humanos, juntamente com sistemas de computador para controle, *feedback* sensorial e processamento de informações. Os robôs não podem substituir inteiramente as pessoas, mas são programados para realizar uma série específica de ações automaticamente. São frequentemente usados em ambientes perigosos (como detecção e desativação de bombas e, recentemente, para entrega de suprimentos médicos em locais contaminados pelo coronavírus), processos de fabricação, operações militares (drones) e procedimentos médicos (robôs cirúrgicos).

O uso mais difundido da tecnologia robótica tem sido na fabricação. As linhas de montagem de automóveis, por exemplo, empregam robôs para fazer trabalhos pesados, soldar, aplicar cola e pintar. As pessoas ainda fazem a maior parte da montagem final dos carros, especialmente a instalação de peças pequenas ou da fiação que precisa ser colocada no lugar exato. Uma fábrica da Renault em Cleon, na França, agora usa robôs da empresa dinamarquesa Universal Robots AS para colocar parafusos – especialmente aqueles em lugares de difícil acesso – nos motores. Os robôs verificam se as peças estão devidamente fixadas e se a peça correta está sendo usada. Os robôs da Renault também são capazes de trabalhar próximo às pessoas e desacelerar ou parar para evitar machucá-las.

O crescente uso de sistemas robóticos, juntamente com outras tecnologias descritas neste capítulo e no livro, fizeram surgir temores generalizados de que a automação está tirando os empregos das pessoas. A Sessão Interativa sobre Organizações explora esse tópico.

Agentes inteligentes

Agentes inteligentes são programas de *software* que funcionam em segundo plano sem intervenção humana direta. Servem para realizar tarefas específicas a um usuário individual, processos de negócios ou aplicativo de *software*. O agente utiliza uma base de conhecimento embutida ou aprendida para realizar tarefas ou tomar decisões do interesse do usuário, como apagar *e-mails* indesejados, programar compromissos ou descobrir a passagem aérea mais barata para a Califórnia. Hoje, há muitos aplicativos de agente inteligente em sistemas operacionais, aplicativos de *software*, sistemas de *e-mail*, *softwares* de computação móvel e ferramentas de rede. Especialmente interessantes para empresas são os agentes inteligentes que percorrem a internet em busca de informações. No Capítulo 7, foi descrito como robôs de compras ajudam os consumidores a encontrar os produtos que querem e lhes prestam assistência na comparação de preços e outras características.

SESSÃO INTERATIVA ORGANIZAÇÕES

A automação roubará nossos empregos?

A cidade de Lakeland, na região central da Flórida, abriga mais de 600 mil pessoas, com muitas oportunidades de emprego em centros de distribuição locais da Amazon, do Walmart, da Medline e da Publix, bem como fábricas da região que produzem saborizadores naturais e artificiais. No entanto, os bons tempos para a Lakeland podem acabar rapidamente. Um relatório da Brookings Institution baseado em dados do US Census Bureau e da McKinsey & Co. classificou Lakeland em terceiro lugar entre as áreas metropolitanas com maior risco de perder empregos por causa da automação e da inteligência artificial que tornam seus armazéns e fábricas tão produtivos.

Automação não é a única causa da perda de empregos. O Bureau Nacional de Pesquisa Econômica estimou que as importações de produtos manufaturados de países com baixos salários foram responsáveis por quase metade dos 5 milhões de empregos perdidos na indústria nos últimos 15 anos. A outra metade das perdas de empregos no setor devem-se a aumentos de produtividade resultantes de investimentos em tecnologia, principalmente envolvendo tecnologia da informação. Isso dá continuidade a um histórico padrão de longo prazo da tecnologia que leva a maior produtividade e perda de empregos. Mas os aumentos da produtividade também levaram à expansão de empregos em outros setores, o que compensou perdas no setor de manufatura.

Um relatório de Michael Chui, James Manyika e Mehdi Miremadi para o McKinsey Global Institute, em novembro de 2015, examinou 2 mil tipos distintos de atividades de trabalho em 800 ocupações. Os autores descobriram que 45% dessas atividades poderiam ser automatizadas até 2055 usando tecnologias que já existem atualmente. Cerca de 51% das atividades de trabalho que os estadunidenses realizam envolvem trabalho físico previsível e rotineiro, coleta e processamento de dados. Todas essas tarefas estão prontas para serem, em alguma medida, automatizadas. Ninguém sabe exatamente quantos empregos nos Estados Unidos serão perdidos ou em quanto tempo, mas os pesquisadores estimam que de 9% a 47% das vagas podem ser afetadas e, talvez, 5% dos empregos sejam eliminados completamente. Essas mudanças não devem levar ao desemprego em massa porque a automação pode aumentar a produtividade global de 0,8% a 1,4% anualmente nos próximos 50 anos e criar muitos novos empregos.

Infelizmente, os efeitos da automação não são igualmente distribuídos. A automação está dividindo a força de trabalho dos Estados Unidos em dois mundos: um pequeno grupo de elite de profissionais altamente qualificados que ganham altos salários em corporações como Intel ou AT&T; e um mar de trabalhadores menos instruídos relegados a empregos mal remunerados no setor de serviços em hotéis, restaurantes e asilos. Grande parte dessas tarefas é difícil de automatizar, e os empregadores têm menos incentivo para substituir trabalhadores de baixos salários por máquinas. Pesquisas recentes descobriram que robôs e outras formas de automação estão reduzindo a demanda por trabalhadores, diminuindo salários e direcionando os trabalhadores para setores de baixa remuneração da economia. Essa tendência pode se tornar mais pronunciada se a pandemia de coronavírus levar a uma grande recessão – pesquisadores descobriram que as crises econômicas, na verdade, ocasionam níveis mais altos de automação, pois os trabalhadores humanos nesse ambiente costumam ser mais caros do que a tecnologia de substituição de empregos.

Economistas acreditam que, ao reduzir os preços e melhorar a qualidade, a tecnologia aumentaria a demanda, o que exigiria mais empregos, e trabalhadores mais produtivos teriam rendas mais altas. Atualmente, porém, alguns economistas já não têm tanta certeza. O economista do trabalho do MIT David Autor e Anna Salomons, da Universidade de Utrecht, descobriram que, nos últimos quarenta anos, o número de empregos diminuiu em muitos setores que adotaram a tecnologia para aumentar a produtividade. A única razão pela qual o desemprego não aumentou em toda a economia foi porque os setores com menor crescimento da produtividade e mais empregos mal remunerados aproveitaram esses indivíduos.

Empregos na indústria foram os mais atingidos por robôs e automação. De acordo com um estudo dos economistas Daron Acemoglu, do MIT, e Pascual Restrepo, da Universidade de Boston, para cada robô por mil trabalhadores, até seis trabalhadores perderam seus empregos, e os salários caíram até 0,75%. Acemoglu e Restrepo encontraram pouco aumento de emprego em outras ocupações para compensar a perda de empregos na indústria. Eles observaram que uma economia local específica, como a de Detroit, pode ser especialmente atingida, embora em nível nacional os efeitos dos robôs sejam menores, porque empregos foram criados em outros lugares.

Os novos empregos criados pela tecnologia não são necessariamente nos lugares que perderam vagas, como o Cinturão da Ferrugem (Rust Belt). Os trabalhadores que são forçados a deixar um emprego por causa de robôs, geralmente, não têm habilidades ou mobilidade para assumir os novos empregos criados pela automação. Grande parte dos economistas e acadêmicos permanece mais otimista a respeito da automação. Erik Brynjolfsson, diretor da Iniciativa de Economia Digital do MIT e professor da MIT Sloan School of Management, concorda que a automação em larga escala produzirá alguma disrupção nos próximos 5 a 10 anos, à medida que avançar pela economia. Brynjolfsson e sua equipe de pesquisa analisaram um conjunto de dados do Departamento do Trabalho dos Estados Unidos com descrições de 964 ocupações nos país. Cada trabalho consistia em 20 a 32 tarefas. A equipe avaliou o conjunto de habilidades de cada trabalho para determinar quais tarefas poderiam ser melhor executadas usando a tecnologia de inteligência artificial (IA) e quais eram melhor executadas por agentes humanos. O estudo descobriu que, ocupação após ocupação, havia muitas tarefas que a IA poderia realizar melhor que as pessoas, mas ainda restavam muitas tarefas em que os seres humanos se sobressaíam à IA. Brynjolfsson previu que a maioria dos empregos em uma organização será parcialmente afetada pela IA, mas ainda haverá muitas tarefas que os seres humanos precisarão fazer. E novas tarefas provavelmente aumentarão a demanda por mão de obra como no século passado, moderando as perdas de empregos causadas pela automação.

Fontes: Rani Molla, "A Coronavirus Recession Will Mean More Robots and Fewer Jobs," Vox, 31 de março de 2020; Paul Seymour, "White Collar, Blue Collar, New Collar: The Evolution of the American Workforce," Supply Chain Brain, 17 de janeiro de 2020; William Wilkes e Eduardo Porter, "Tech Is Splitting the U.S. Work Force in Two," *New York Times*, 4 de fevereiro de 2019; Christopher Mims, "This Thriving City and Many Others Could Soon Be Disrupted by Robots," *Wall Street Journal*, 9 de fevereiro de 2019; James Manyika e Michael Spence, "The False Choice Between Automation and Jobs," *Harvard Business Review*, 5 de fevereiro de 2018; David Autor e Anna Salomons, "Is Automation Labor-Displacing? Productivity Growth, Employment, and the Labor Share," BPEA Conference Drafts, 8–9 de março de 2018; Daron Acemoglu e Pascual Restrepo, "Artificial, Intelligence, Automation, and Work," Working Paper 24196. National Bureau of Economic Research, janeiro de 2018; Steve Lohr, "Robots Will Take Jobs, But Not as Fast as Some Fear," *New York Times*, 12 de janeiro de 2017; e Michael Chui, James Manyika e Mehdi Miremadi, "Where Machines Could Replace Humans – and Where They Can't (Yet)," *McKinsey Quarterly*, julho de 2016.

PERGUNTAS DO ESTUDO DE CASO

1. Por que a automatização de vagas de trabalho representa um dilema ético? Quem são os interessados? Identifique as opções que podem ser seguidas e as possíveis consequências de cada uma.
2. A automação causa perda de emprego? Justifique sua resposta.
3. Se você fosse o proprietário de uma fábrica e tivesse de decidir se deve adquirir robôs para realizar determinadas tarefas, quais fatores de gestão, organização e tecnologia consideraria?

Embora alguns agentes de *software* sejam programados para seguir um conjunto simples de regras, outros são capazes de aprender com a experiência e ajustar seu comportamento usando aprendizagem automática e processamento de linguagem natural. Siri, um aplicativo de assistente virtual para iPhones e iPads da Apple, é um exemplo. A Siri usa processamento de linguagem natural para responder a perguntas, fazer recomendações e realizar ações. O *software* se adapta às preferências individuais do usuário ao longo do tempo e personaliza os resultados, realizando tarefas como obter indicações de endereços, agendar compromissos e enviar mensagens. Produtos semelhantes incluem Cortana, da Microsoft, e Alexa, da Amazon.

Chatbots (ou *chatterbots*) são agentes de *software* projetados para simular conversas com um ou mais usuários humanos por meio de meios textuais ou auditivos. Eles tentam entender o que você digita ou diz e reagem respondendo a perguntas ou executando tarefas. Fornecem conversas automatizadas que permitem aos usuários fazer coisas como verificar o clima, gerenciar finanças pessoais, fazer compras *on-line* e receber ajuda quando tiverem perguntas para o atendimento ao cliente. Por exemplo, a Hermes, empresa britânica de entrega de encomendas, criou um *chatbot* chamado Holly para ajudar seu *call center* a lidar com consultas do setor de atendimento ao cliente. O *chatbot* ajuda os clientes a rastrear encomendas, alterar pedidos de entrega, atualizar preferências de conta e lidar com outras tarefas essenciais rapidamente (Baum, 2019). O Facebook integrou *chatbots* em seu aplicativo de mensagens, Messenger, para que uma empresa externa com uma página na plataforma possa interagir com os usuários da rede social por meio do programa de bate-papo. Os *chatbots* de hoje realizam funções muito básicas. À medida que a tecnologia dos *chatbots* se torna mais avançada, as pessoas passam a usar cada vez mais esses "agentes de conversação" para interagir com sistemas de TI.

A Procter & Gamble (P&G) usou a tecnologia de agentes inteligentes para tornar sua cadeia de suprimentos mais eficiente (veja a Figura 11.7). A empresa modelou uma complexa

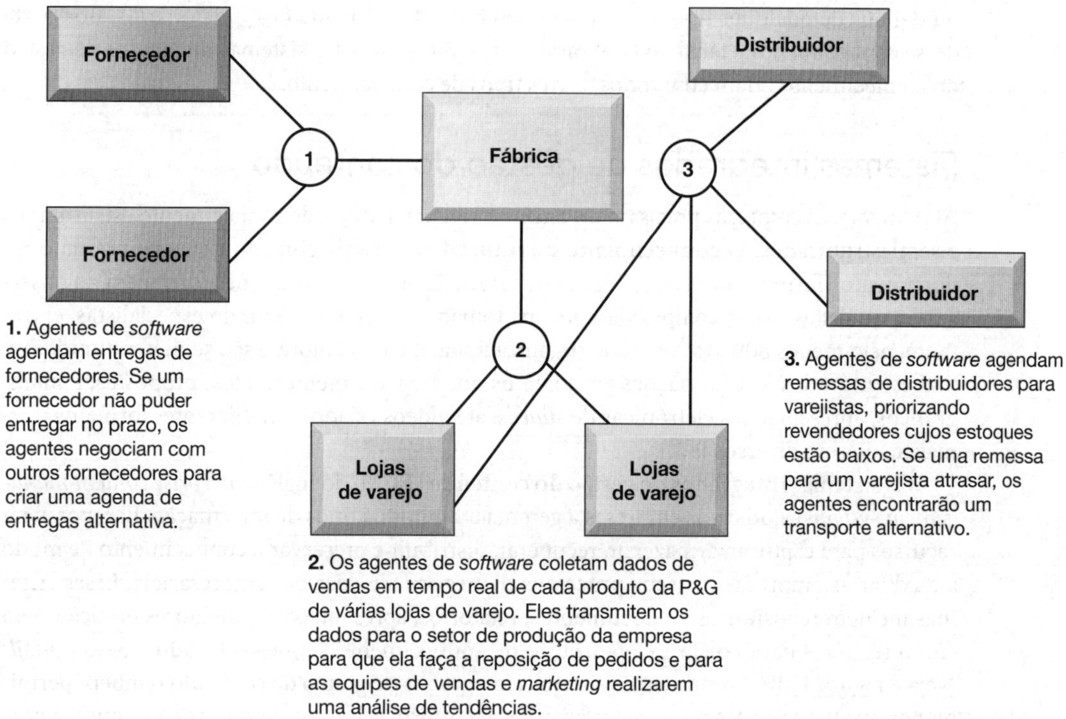

FIGURA 11.7 Agentes inteligentes na rede da cadeia de suprimento da P&G.
Agentes inteligentes estão ajudando a Procter & Gamble a diminuir a duração dos ciclos de reabastecimento de produtos como a caixa de Tide.

cadeia de suprimentos como um grupo de agentes semiautônomos. Cada agente representava componentes individuais da cadeia de suprimentos, como caminhões, instalações de produção, distribuidores e lojas de varejo. O comportamento de cada agente é programado para seguir regras que imitam o comportamento real, como "encomendar um item quando estiver em falta". As simulações com os agentes permitem que a empresa realize análises do tipo "se-então" sobre níveis de estoque, falta de estoque nas lojas e custos de transporte.

Ao se valer de modelos de agentes inteligentes, a P&G descobriu que os caminhões geralmente devem ser despachados antes de serem totalmente carregados. Embora os custos de transporte aumentassem no caso de caminhões carregados apenas parcialmente, a simulação mostrou que a falta de estoque das lojas ocorreria com menos frequência, reduzindo assim o número de vendas perdidas, o que mais do que compensaria os custos mais altos de distribuição. A modelagem baseada em agentes economizou para a P&G US$ 300 milhões anualmente em um investimento de menos de 1% desse valor.

11.3 Que tipos de sistemas são usados para a gestão do conhecimento em toda a empresa e como eles agregam valor aos negócios?

As empresas devem lidar com pelo menos três tipos de conhecimento. Determinadas porções de conhecimento existem no âmbito da empresa na forma de documentos de texto estruturados (relatórios e apresentações). Os tomadores de decisão também precisam de conhecimento semiestruturado, como *e-mail*, correio de voz, trocas de salas de bate-papo, vídeos, fotos digitais, folhetos ou postagens do quadro de avisos. Em outros casos, não há informações formais ou digitais de qualquer tipo, e o conhecimento reside na mente dos funcionários. Boa parte desse conhecimento é tácito, o qual raramente é registrado. Os sistemas integrados de gestão do conhecimento lidam com todos os três tipos de conhecimento.

Sistemas integrados de gestão do conteúdo

Atualmente, as empresas precisam organizar e gerenciar ativos de conhecimento estruturados e semiestruturados. O **conhecimento estruturado** é o conhecimento explícito presente em documentos formais, bem como em regras formais que as organizações formulam ao observar especialistas e seus comportamentos na tomada de decisão. Segundo especialistas, entretanto, pelo menos 80% do conteúdo organizacional de uma empresa são semiestruturados ou não estruturados – informações em folhetos, mensagens, memorandos, propostas, *e-mails*, gráficos, apresentações eletrônicas de *slides* e até vídeos criados em diferentes formatos e armazenados em diversos locais.

Os **sistemas integrados de gestão do conteúdo** (**ECM**, do inglês *enterprise content management systems*) ajudam as empresas a gerenciar ambos os tipos de informação. Eles possuem recursos para capturar, armazenar, recuperar, distribuir e preservar o conhecimento de modo a auxiliar as empresas em seus processos de negócios e decisões empresariais. Esses sistemas incluem repositórios de documentos, relatórios, apresentações e melhores práticas, bem como recursos para coleta e organização de conhecimento semiestruturado, como *e-mails* (veja a Figura 11.8). Os principais sistemas integrados de gestão de conteúdo também permitem que os usuários acessem fontes externas de informação, como notícias e pesquisa, e para comunicação via *e-mail*, bate-papo/mensagens instantâneas, grupos de discussão e videoconferência. Eles estão começando a incorporar *blogs*, *wikis* e outras ferramentas de redes sociais corporativas. Open Text, EMC Documentum, IBM e Oracle são os principais fornecedores de *software* integrado para gestão de conteúdo.

Um problema fundamental na gestão do conhecimento é a criação de um esquema de classificação – ou **taxonomia** – para organizar as informações em categorias significativas, para que possam ser facilmente acessadas. Uma vez criadas as categorias para classificar o

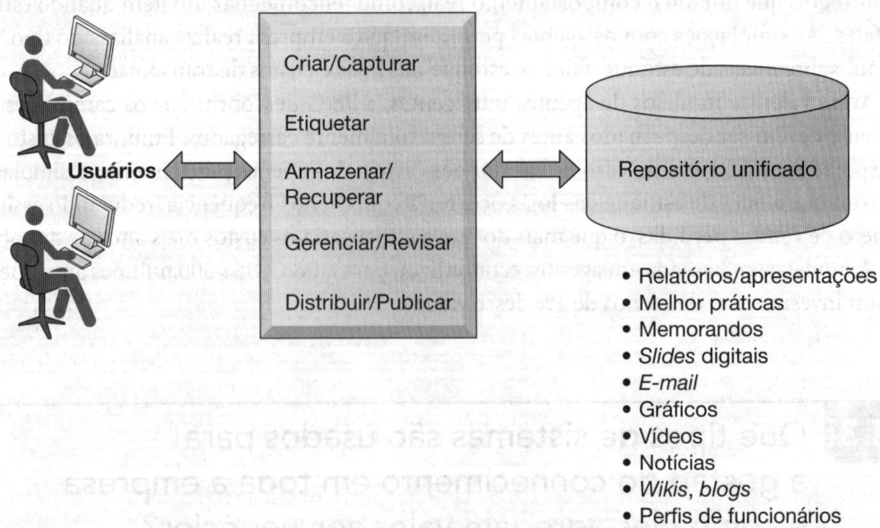

FIGURA 11.8 Um sistema integrado de gestão do conteúdo.
Um sistema integrado de gestão do conteúdo possui recursos para classificar, organizar e gerenciar conhecimento estruturado e semiestruturado, além de disponibilizá-lo para toda a empresa.

conhecimento, cada objeto de conhecimento precisa ser "marcado" ou classificado, para que possa ser facilmente recuperado. Os sistemas integrados de gestão do conteúdo têm recursos para marcação, interface com bancos de dados corporativos e repositórios de conteúdo e criação de portais de conhecimento corporativo que fornecem um único ponto de acesso aos recursos de informação.

Empresas na área de publicação, propaganda, transmissão e entretenimento possuem necessidades especiais de armazenamento e gestão de dados digitais não estruturados, como fotografias, imagens, vídeos e conteúdo em áudio. A Coca-Cola, por exemplo, deve acompanhar todas as imagens da sua marca que foram criadas no passado em todos os escritórios da empresa por todo o mundo, para evitar trabalho redundante e variação de uma imagem de marca padrão. **Sistemas de gestão de ativos digitais** ajudam na classificação, no armazenamento e na distribuição desses objetos digitais.

Localização e compartilhando de expertise

Parte do conhecimento de que as empresas precisam não está na forma de documentos digitais, mas, em vez disso, reside na memória de cada um dos seus especialistas. Os sistemas integrados de gestão do conteúdo contemporâneos, juntamente com os sistemas colaborativos e de *social business* apresentados no Capítulo 2, têm recursos para localizar especialistas e explorar o conhecimento que possuem. Isso inclui diretórios *on-line* de especialistas corporativos e seus perfis com detalhes sobre experiência profissional, projetos, publicações e diplomas educacionais, além de repositórios de conteúdo gerado por especialistas. Ferramentas de pesquisa especializadas tornam mais fácil para os funcionários encontrarem o especialista adequado em uma empresa. No caso de recursos de conhecimento fora da empresa, redes sociais e ferramentas de *social business* permitem que os usuários marquem páginas da *web* de interesse, categorizem esses marcadores com palavras-chave e compartilhem as *tags* e os *links* das páginas da *web* com outras pessoas.

Sistemas de gestão do aprendizado

As empresas precisam encontrar maneiras de monitorar e gerir o aprendizado dos funcionários, além de integrá-lo mais amplamente à gestão do conhecimento e a outros sistemas corporativos. Um **sistema de gestão do aprendizado** (**LMS**, do inglês *learning management system*) oferece ferramentas para gestão, disponibilização, controle e avaliação de vários tipos de treinamento e aprendizado dos funcionários.

Os LMS contemporâneos dão suporte a vários modos de aprendizado, incluindo vídeos disponíveis para *download*, aulas via *web*, aulas ao vivo ou *on-line* e aprendizado em grupo em fóruns *on-line* e sessões de bate-papo. O LMS consolida o treinamento de mídias combinadas, automatiza a seleção e a administração de cursos, reúne e fornece conteúdo e mede a eficácia do aprendizado.

As empresas executam seus próprios sistemas de gestão do aprendizado, mas também estão se voltando para **cursos *on-line* abertos e massivos** (**MOOCs**, do inglês *massive open online courses*) publicamente disponíveis para instruir seus funcionários. Um MOOC é um curso *on-line* disponibilizado via *web* para um número muito grande de participantes. As empresas consideram os MOOCs uma nova maneira de conceber e fornecer aprendizado *on-line*, e nessa modalidade os alunos podem colaborar uns com os outros, assistir a vídeos curtos e participar de grupos de discussão segmentados. Empresas como Microsoft, AT&T e Tenaris desenvolveram seus próprios MOOCs, enquanto outras, como Bank of America e Qualcomm, estão adaptando MOOCs publicamente disponíveis que são alinhados com suas competências essenciais.

11.4 Quais são os principais tipos de sistemas de apoio aos trabalhadores do conhecimento e como agregam valor para as empresas?

Os sistemas integrados de conhecimento que acabamos de descrever proporcionam uma ampla gama de recursos que podem ser usados por muitos, senão por todos os trabalhadores e grupos de uma organização. As empresas também contam com sistemas especializados para trabalhadores do conhecimento para ajudá-los a criar conhecimentos e garantir que sejam integrados ao negócio de maneira adequada.

Trabalhadores do conhecimento

Trabalhadores do conhecimento, que apresentamos no Capítulo 1, incluem pesquisadores, designers, arquitetos, cientistas e engenheiros que criam, principalmente, conhecimento e informações para a organização. Os trabalhadores do conhecimento geralmente têm altos níveis de escolaridade e participação em organizações profissionais. Além disso, são, muitas vezes, solicitados a formular juízos independentes como parte do trabalho de rotina. Por exemplo, os trabalhadores do conhecimento criam novos produtos ou encontram formas de melhorar os já existentes. Também desempenham papéis-chave que são fundamentais para a organização e para os seus gestores.

Requisitos dos sistemas de trabalhadores do conhecimento

A maioria dos trabalhadores do conhecimento conta com sistemas como processadores de texto, *e-mail*, videoconferência, colaboração e sistemas de agendamento, que são projetados para aumentar a produtividade profissional. No entanto, os trabalhadores do conhecimento também precisam de sistemas altamente especializados com recursos gráficos, ferramentas analíticas, meios de comunicação e gestão de documentos poderosos. Esses sistemas requerem grande capacidade computacional para administrar rapidamente os elementos gráficos e os cálculos complexos necessários aos trabalhadores do conhecimento, como pesquisadores científicos, engenheiros e projetistas de produto. Como esses trabalhadores têm seu foco no conhecimento do mundo externo, os sistemas devem também permitir-lhes acesso rápido e fácil a bancos de dados externos. Normalmente apresentam interfaces amigáveis que permitem ao usuário executar as tarefas necessárias sem perder muito tempo aprendendo a usar o computador. Os trabalhadores do conhecimento costumam ser muito bem pagos, razão pela qual desperdiçar seu tempo é bastante dispendioso. A Figura 11.9 apresenta um resumo dos requisitos de sistemas de trabalhadores do conhecimento.

Exemplos de sistemas de apoio aos trabalhadores do conhecimento

Entre as principais aplicações de trabalho de conhecimento estão os sistemas de projeto assistido por computador (CAD) e o sistema de realidade virtual para simulação e modelagem. O **desenho assistido por computador** (**CAD**, do inglês *computer-aided design*) automatiza a criação e a revisão de projetos, usando computadores e *softwares* gráficos sofisticados. Com uma metodologia de desenho físico mais tradicional, cada modificação de projeto requer que um molde seja feito e um protótipo seja testado fisicamente. Esse processo deve, ser repetido muitas vezes, o que é muito caro e demorado. Ao usar uma estação de trabalho CAD, o projetista precisa apenas fazer um protótipo físico no final do processo de projeto, pois o desenho pode ser facilmente testado e alterado no computador. A capacidade do *software* CAD de fornecer especificações

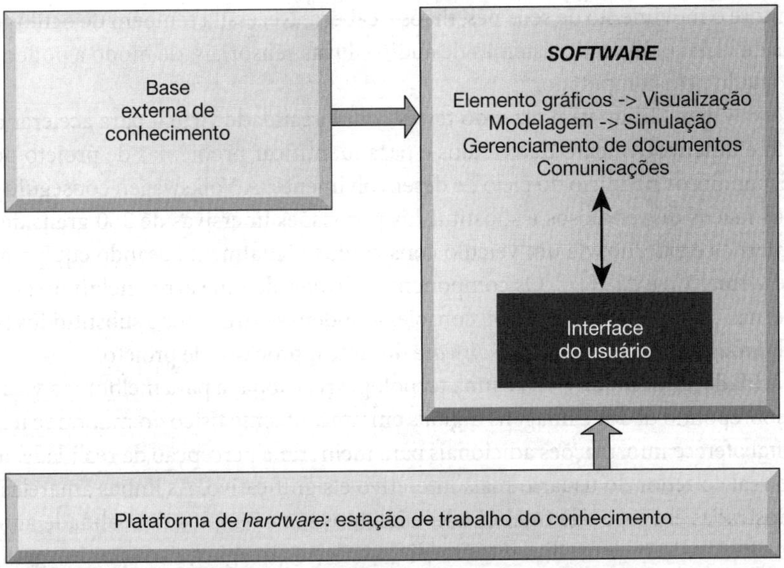

FIGURA 11.9 Requisitos dos sistemas de apoio aos trabalhadores do conhecimento.

Os sistemas de apoio trabalhadores do conhecimento exigem ligações fortes com bancos de dados de conhecimento externos, além de *hardware* e *software* especializados.

de projeto para as ferramentas e processos de fabricação também economiza muito tempo e dinheiro, pois resulta em um processo de fabricação com muito menos problemas.

A Ford Motor Company, por exemplo, usou uma simulação de computador para a criação de um cilindro de motor com o propósito de obter o projeto mais eficiente possível. Os engenheiros alteraram esse projeto para levar em conta as restrições de fabricação e testaram virtualmente uma versão revisada do mesmo em modelos que incorporavam décadas de dados sobre propriedades do material e desempenho do motor. Posteriormente, a Ford criou o molde para fazer uma peça real que poderia ser parafusada em um motor para a realização de mais testes. Todo o processo levou dias em vez de meses e custou milhares de dólares em vez de milhões.

Os sistemas CAD são capazes de fornecer dados para a **impressão 3-D**, também conhecida como manufatura aditiva, que usa máquinas para fazer objetos sólidos, camada por camada, a partir de especificações contidas em arquivos digitais. Diferentemente das técnicas tradicionais, em que os objetos são cortados ou perfurados a partir de moldes, resultando no desperdício de materiais, a impressão 3-D permite que os trabalhadores modelem um objeto em um computador e o imprimam em plástico, metal ou materiais compostos. A impressão 3-D está atualmente sendo utilizada para a produção de protótipos, fabricação personalizada e itens de moda com baixo volume de produção. As impressoras 3-D de hoje lidam com materiais como plástico, titânio e cartilagem humana e produzem componentes totalmente funcionais, incluindo baterias, transistores, dispositivos protéticos, LEDs e outros mecanismos complexos; além disso, agora existem serviços de impressão 3-D que funcionam na nuvem.

Os **sistemas de realidade virtual (VR)** possuem recursos de visualização, renderização e simulação que vão muito além dos sistemas CAD convencionais. Usam *software* gráfico interativo para criar simulações geradas por computador que são tão próximas da realidade que os usuários quase acreditam estar participando de uma situação do mundo real. Em muitos sistemas de realidade virtual, o usuário tem de vestir roupas, capacetes e equipamentos especiais, dependendo da aplicação executada. A roupa contém sensores que registram seus movimentos e imediatamente retransmitem a informação ao computador. Por exemplo, para andar dentro da simulação de uma casa em realidade virtual, o usuário precisa de uma vestimenta que monitore o movimento de seus pés, mãos e cabeça. Necessita também de óculos especiais com telas de vídeo e, às vezes, sistemas de áudio e luvas sensoriais, de modo a poder absorver o retorno dado pelo computador.

O Volkswagen Group vem fazendo testes com a realidade virtual para acelerar as etapas de projeto e desenvolvimento de veículos e para identificar problemas de projeto potencialmente dispendiosos no início do ciclo de desenvolvimento. A Volkswagen conseguiu eliminar protótipos físicos dispendiosos e substituí-los por visões imersivas de 360 graus de componentes internos e externos de um veículo construídos digitalmente usando equipamentos de realidade virtual Vive da HTC. Os componentes virtuais de um carro, incluindo peças internas e externas – como botões, luzes ou consoles – podem ser trocados e substituídos facilmente com algumas linhas de código de *software* durante o processo de projeto.

A **realidade aumentada (AR)** é uma tecnologia relacionada para melhorar a visualização. Faz isso sobrepondo dados e imagens digitais em um ambiente físico do mundo real. A tecnologia digital oferece informações adicionais para melhorar a percepção da realidade, tornando o mundo real ao redor do usuário mais interativo e significativo. As linhas amarelas de *first-down* mostradas em jogos de futebol televisionados são exemplos de realidade aumentada. Outros exemplos são os procedimentos médicos como a cirurgia guiada por imagem, na qual os dados adquiridos a partir de varreduras de tomografia computadorizada (TC) e imagens de ressonância magnética (IRM) ou de imagens de ultrassonografia são sobrepostos sobre o paciente na sala de cirurgia. Outros setores que se valem da AR incluem treinamento militar, *design* de engenharia, robótica e *design* de consumo. Por exemplo, a Newport News Shipbuilding, que projeta e constrói porta-aviões da Marinha dos Estados Unidos, usa a AR para inspecionar navios cujo processo de fabricação está quase concluído. Ao ver o projeto final sobreposto ao navio, os engenheiros reduziram o tempo de inspeção em 96% – de 36 horas para apenas 90 minutos (Porter e Heppelmann, 2017).

11.5 Como os sistemas de informação gerenciais ajudarão minha carreira?

Veja aqui como o Capítulo 11 e este livro podem ajudá-lo a encontrar um emprego de nível básico como assistente de vendas em uma empresa de IA.

A empresa

A RazzleDazzle Technology, uma empresa de inteligência artificial com sede em San Jose, na Califórnia, está procurando um assistente de vendas de nível básico. A empresa é especializada em tecnologia de visão computacional e quer liberar o valor do conteúdo visual produzido diariamente em diversos conjuntos de dados para resolver problemas de diversos setores, incluindo publicidade e esportes profissionais.

Descrição do cargo

O assistente de vendas trabalhará em estreita colaboração com a equipe de vendas no planejamento e na preparação de eventos, gestão do banco de dados, tarefas administrativas e pesquisa de contas, com o propósito de apoiar os objetivos de vendas e *marketing*. As responsabilidades do trabalho incluem:

- Usar o Salesforce.com para coleta de geração de *leads*, entrada de dados e manutenção.
- Usar o Excel para atualizar recursos da equipe de vendas.

- Agendar e tomar notas de reuniões.
- Auxiliar com pesquisas sobre contas de vendas e novas ideias e locais de eventos.
- Auxiliar vendas com a preparação para reuniões com clientes.
- Preparar materiais promocionais.

Requisitos do emprego

- Graduação recente.
- Formação em *marketing*, SIG, finanças ou artes liberais.
- Forte interesse em aprender sobre a empresa e o setor.
- Necessário conhecimento do Microsoft Office.
- Atenção aos detalhes, habilidades de comunicação eficazes, atitude entusiasmada e a capacidade de prosperar em um ambiente de ritmo acelerado.

Perguntas para a entrevista

- O que você sabe sobre nossa empresa e sobre sistemas de visão computacional? Você já fez algum trabalho com tecnologia de IA?
- Você já trabalhou com a Salesforce.com? Como você tem usado o *software*?
- Qual é o seu nível de proficiência com as ferramentas do Microsoft Office? Que trabalho você fez com planilhas do Excel?
- Pode fornece amostras de sua redação para demonstrar suas habilidades de comunicação e atenção aos detalhes?

Dicas do autor

- Analise a seção deste capítulo sobre IA e use a *web* para saber mais sobre sistemas de visão computacional.
- Use a *web* e o LinkedIn para saber mais sobre a empresa, seus produtos, serviços e concorrentes, além do modo como a empresa opera. Pense no que é necessário para apoiar sua equipe de vendas e como você pode contribuir especificamente.
- Aprenda o máximo possível sobre o Salesforce.com, com atenção a como ele lida com geração de *leads*, entrada de dados e manutenção.
- Averigue exatamente como você usaria o Excel neste emprego. Mostre alguns dos trabalhos em Excel que você fez e talvez leve exemplos para a entrevista.

RESUMO

11.1 Qual é o papel dos sistemas de gestão do conhecimento em uma empresa?

A gestão do conhecimento é um conjunto de processos para criar, armazenar, transferir e aplicar conhecimento na organização. Grande parte do valor de uma empresa depende de sua capacidade de criar e gerenciar o conhecimento. A gestão do conhecimento promove o aprendizado organizacional por meio do aumento da capacidade da organização de aprender com seu ambiente e incorporar o conhecimento em seus processos de negócios. Existem três tipos principais de sistemas de gestão do conhecimento: sistemas integrados de gestão do conhecimento, sistemas de apoio aos trabalhadores do conhecimento e técnicas "inteligentes".

11.2 O que são inteligência artificial (IA) e aprendizagem automática? Como as empresas usam a IA?

A IA envolve a tentativa de criar sistemas de computador que pensam e agem como humanos. Atualmente, a inteligência artificial carece da flexibilidade, da amplitude e da generalidade próprias da inteligência humana, mas pode ser usada para capturar, codificar e ampliar o conhecimento organizacional.

Os sistemas especialistas capturam o conhecimento tácito de um domínio limitado da experiência humana e expressam esse conhecimento na forma de regras. O *software* de aprendizagem automática é capaz de aprender com dados e exemplos anteriores e identificar padrões em bancos de dados muito grandes sem programação explícita, embora com treinamento humano significativo.

As redes neurais consistem em *hardware* e *software* que tentam imitar os processos de pensamento do cérebro humano. Destacam-se por sua capacidade de aprender por conta própria com algum treinamento e por reconhecer padrões que não podem ser facilmente identificados pelos seres humanos. As redes neurais de aprendizado profundo usam várias camadas de redes neurais para revelar os padrões subjacentes nos dados e, em alguns casos limitados, identificam padrões sem treinamento fornecido por agentes humanos.

Algoritmos genéticos desenvolvem soluções para problemas particulares usando processos com base em genética, como aptidão, cruzamento e mutação. Algoritmos genéticos são úteis para resolver problemas que envolvem otimização; nestes, muitas alternativas ou variáveis devem ser avaliadas para gerar uma solução ideal.

Agentes inteligentes são programas de *software* com base de conhecimento embutida ou aprendida que realizam tarefas específicas para um usuário individual, processo de negócios ou *software* aplicativo. Podem ser programados para examinar grandes quantidades de dados para localizar informações úteis e, em alguns casos, agir, com base nessas informações, em nome do usuário. *Chatbots* são agentes de *software* projetados para simular uma conversa com um ou mais usuários humanos por meio de meios textuais ou auditivos.

A tecnologia de processamento de linguagem natural torna possível que uma máquina entenda a linguagem e processe essa informação. Sistemas de visão computacional lidam com a maneira pela qual os computadores podem visualizar e extrair informações de imagens do mundo real. A robótica lida com o projeto, a construção, a operação e o uso de máquinas móveis que podem substituir algumas ações humanas.

11.3 Que tipos de sistemas são usados para a gestão do conhecimento em toda a empresa e como eles agregam valor aos negócios?

Sistemas integrados de gestão do conhecimento são esforços gerais para coletar, armazenar, distribuir e aplicar conteúdo e conhecimento digitais. Os sistemas integrados de gestão do conteúdo fornecem bancos de dados e ferramentas para organizar e armazenar documentos estruturados e ferramentas para organizar e armazenar conhecimento semiestruturado, como *e-mail* ou mídia rica. Muitas vezes, esses sistemas incluem ferramentas de colaboração em grupo, portais para simplificar o acesso à informação, ferramentas de busca, ferramentas para localizar especialistas e ferramentas para classificar informações com base em uma taxonomia apropriada para a organização. Um sistema de gestão do aprendizado oferece ferramentas para gestão, disponibilização, controle e avaliação de vários tipos de treinamento e aprendizado dos funcionários.

11.4 Quais são os principais tipos de sistemas de apoio aos trabalhadores do conhecimento e como agregam valor para as empresas?

Sistemas de trabalhadores do conhecimento (KWS) apoiam a criação de novos conhecimentos e sua integração na organização. Os KWS requerem acesso fácil a uma base de conhecimento externa; *hardware* de computador capacitado compatível com *software* com recursos intensivos de gráficos, análise, gerenciamento de documentos e comunicações; e uma interface amigável. Os KWS incluem sistemas de desenho assistido por computador (CAD), aplicativos de realidade aumentada e sistemas de realidade virtual, que criam simulações interativas conforme o mundo real, com poderosos recursos intensivos de gráficos e de modelagem.

Palavras-chave

"Aprendizado profundo", 433
Agentes inteligentes, 436
Algoritmos genéticos, 434
Aprendizado organizacional, 421
Aprendizagem automática, 427
Aprendizagem não supervisionada, 429
Aprendizagem supervisionada, 428
Base de conhecimento, 426
Chatbots, 438
Comunidades de prática (COPs), 423
Conhecimento estruturado, 440
Conhecimento explícito, 420
Conhecimento tácito, 420
Conhecimento, 419
Cursos on-line abertos e massivos (MOOC), 441
Dados, 419
Desenho assistido por computador (CAD), 442
Gestão do conhecimento, 421
Impressão 3-D, 443
Inteligência artificial (IA), 424
Mecanismo de inferência, 426
Processamento de linguagem natural (PLN), 435
Programas de detecção de padrões, 429
Realidade aumentada (AR), 444
Redes neurais, 429
Robótica, 436
Sabedoria, 420
Sistema de gestão do aprendizado (LMS), 441
Sistemas de apoio aos trabalhadores do conhecimento (KWS), 424
Sistemas de gestão de ativos digitais, 441
Sistemas de realidade virtual (VR), 443
Sistemas de visão computacional, 435
Sistemas especialistas, 425
Sistemas integrados de gestão do conteúdo (ECM), 440
Sistemas de gestão integrada do conhecimento, 423
Taxonomia, 440
Técnicas "inteligentes", 424

Questões para revisão

11.1 Qual é o papel dos sistemas de gestão do conhecimento em uma empresa?

- Definia o que é a gestão do conhecimento e explique seu valor para os negócios.
- Descreva as dimensões importantes do conhecimento.
- Faça a distinção entre dados, conhecimento e sabedoria; e entre conhecimento tácito e conhecimento explícito.
- Descreva as etapas da cadeia de valor da gestão do conhecimento.

11.2 O que são inteligência artificial (IA) e aprendizagem automática? Como as empresas usam a IA?

- Defina inteligência artificial (IA) e diga quais são suas principais técnicas.
- Defina um sistema especialista, descreva como funciona e explique seu valor para os negócios.
- Defina o que é aprendizagem automática, explique como funciona e dê alguns exemplos dos tipos de problemas que pode resolver.
- Defina redes neurais e redes neurais de aprendizado profundo, descrevendo como funcionam e como beneficiam as organizações.
- Defina e descreva algoritmos genéticos e agentes inteligentes. Explique como cada um deles funciona e os tipos de problemas para os quais cada um é adequado.
- Defina e descreva os sistemas de visão computacional, os sistemas de processamento de linguagem natural e a robótica, dê exemplos de suas aplicações nas organizações.

11.3 Que tipos de sistemas são usados para a gestão do conhecimento em toda a empresa e como eles agregam valor aos negócios?

- Defina e descreva os vários tipos de sistemas integrados de gestão do conhecimento e explique como agregam valor aos negócios.
- Descreva o papel dos seguintes itens na facilitação da gestão do conhecimento: taxonomias, MOOCs e sistemas de gestão do aprendizado.

11.4 Quais são os principais tipos de sistemas de apoio aos trabalhadores do conhecimento e como agregam valor para as empresas?

- Defina os sistemas de apoio aos trabalhadores do conhecimento e descreva seus requisitos genéricos.
- Descreva como os seguintes sistemas apoiam o trabalho de conhecimento: CAD, realidade virtual e realidade aumentada.

Para discutir

11.5 A gestão do conhecimento é um processo de negócios, não uma tecnologia. Discuta essa afirmação.

11.6 Descreva as várias maneiras pelas quais os sistemas de gestão do conhecimento podem ajudar as empresas com vendas e comercialização ou com fabricação e produção.

11.7 Compare a inteligência artificial com a inteligência humana. Em que medida a inteligência artificial de hoje é "inteligente"?

Projetos práticos em SIG

Os projetos nesta seção oferecem a experiência prática de planejar um portal de conhecimento, identificando oportunidades para a gestão do conhecimento, a criação de um sistema especialista simples e a utilização de agentes inteligentes para pesquisar produtos em promoção na *web*.

Problemas de decisão de gestão

11.8 U.S. Pharma Corporation tem sede em Nova Jersey, mas possui unidades de pesquisa em países como Alemanha, França, Reino Unido, Suíça e Austrália. A pesquisa e o desenvolvimento de novos medicamentos são essenciais para a manutenção dos lucros, e a empresa pesquisa e testa milhares de medicamentos possíveis. Os pesquisadores da U.S. Pharma precisam compartilhar informações com outros dentro e fora da empresa, incluindo a Administração de Alimentos e Medicamentos dos Estados Unidos, a Organização Mundial da Saúde e a Associação Internacional de Produtores Farmacêuticos & Associados. Também é essencial que haja acesso a *sites* com informações sobre saúde, como o da Biblioteca Nacional de Medicina dos Estados Unidos, e a conferências do setor e periódicos da área. Projete um portal de conhecimento para os pesquisadores da U.S. Pharma. Em seu projeto, inclua especificações relevantes dos sistemas internos e do banco de dados, fontes externas de informação e ferramentas de comunicação e colaboração internas e externas. Crie uma página para o seu portal.

11.9 A Canadian Tire é uma das maiores empresas do Canadá, com 58 mil funcionários e 1.686 lojas e *gas bars* (postos de gasolina) em todo o país que vendem itens de esportes e de lazer, produtos domésticos, vestuário e serviços financeiros, bem como produtos automotivos e petrolíferos. Os pontos de venda são operados de modo independente e também têm outros proprietários.

A Canadian Tire tem usado correspondências diárias e grossos catálogos para informar seus revendedores sobre novos produtos, sortimento de mercadorias, melhores práticas, pedidos de produtos e resolução de problemas. A empresa está ainda procurando uma maneira melhor de fornecer recursos humanos e documentos administrativos aos funcionários. Descreva os problemas criados por essa forma de fazer negócios e como os sistemas de gestão do conhecimento podem ajudar.

Melhor tomada de decisão: criação de um sistema especialista simples para planejamento de aposentadoria

Habilidades de *software*: fórmulas de planilha e função SE ou ferramenta de sistema especialista Habilidades de negócios: determinação da qualificação para os benefícios

11.10 Os sistemas especialistas geralmente usam muitas regras. Este projeto foi simplificado para reduzir o número de regras, mas lhe dará a experiência em trabalhar com uma série de regras para desenvolver uma aplicação.

Quando os funcionários da sua empresa se aposentam, eles recebem bônus em dinheiro. Esses bônus em dinheiro levam em conta o tempo de serviço e a idade do aposentado. Para receber um bônus, o funcionário deve ter pelo menos 50 anos de idade e ter trabalhado para a empresa por pelo menos cinco anos. A tabela a seguir resume os critérios para determinar os bônus.

PERÍODO NO EMPREGO	BÔNUS
Menos de 5 anos	sem bônus
5 a 10 anos	20% do salário anual atual
11 a 15 anos	30% do salário anual atual
16 a 20 anos	40% do salário anual atual
21 a 25 anos	50% do salário anual atual
26 anos ou mais	100% do salário anual atual

Com as informações fornecidas, elabore um sistema especialista simples. Encontre uma cópia de demonstração de uma ferramenta de *software* de sistema especialista na *web* que você possa baixar. Como alternativa, use seu *software* de planilha para criar o sistema especialista. (Se estiver usando um *software* de planilha, sugerimos usar a função SE para que você possa ver como as regras são criadas.)

Melhor tomada de decisão: como usar agentes inteligentes para comparação de preços

Habilidades de *software*: navegador *web* e *bot* de compras
Habilidades de negócios: avaliação e seleção de produtos

11.11 Esse projeto lhe oferece experiência prática no uso de robôs de compras para pesquisar produtos *on-line*, encontrar informações sobre esses produtos e descobrir os melhores preços e fornecedores. Selecione uma câmera digital que você desejaria comprar, como a Canon PowerShot SX540-HS ou a Olympus Tough TG-6. Visite MySimon, BizRate.com e Google Shopping para obter comparações de preços. Compare esses *sites* de compra em termos de facilidade de uso, número de ofertas, velocidade na obtenção de informações, completude das informações oferecidas sobre o produto e seu fornecedor, e seleção de preços. Qual dos *sites* você usaria? Por quê? Qual câmera compraria? Por quê? De que maneira os *sites* colaboraram na sua tomada de decisão?

Projeto de colaboração e trabalho em equipe

Classificar sistemas integrados de gestão do conteúdo

11.12 Com um grupo de colegas, selecione dois produtos integrados de gestão do conteúdo (ECM), como os da Oracle, OpenText e IBM. Compare seus recursos e capacidades. Para preparar sua análise, use artigos de revistas de informática e os *sites* dos fornecedores de *software* ECM. Se possível, use o Google Docs e o Google Drive ou Google Sites para debater, organizar e desenvolver uma apresentação de suas descobertas para a turma.

Os carros autônomos estão prontos para a estrada?

ESTUDO DE CASO

Os carros realmente serão capazes de funcionar sozinhos sem o auxílio de seres humanos? Eles deveriam poder fazer isso? E são bons investimentos? Todos estão em busca das respostas.

A tecnologia de veículos autônomos chegou a um ponto em que nenhuma montadora pode ignorá-la. Toda grande montadora está se apressando para desenvolver e aperfeiçoar veículos autônomos, acreditando que esse mercado pode um dia chegar a trilhões de dólares. Empresas como Ford, General Motors, Nissan, Mercedes, Tesla e outras já investiram bilhões em pesquisa e desenvolvimento de tecnologia de direção autônoma. A GM comprou uma startup de carros autônomos chamada Cruise. Empresas de transporte compartilhado como Uber e Lyft acreditam que carros sem motorista – e que eliminam custos trabalhistas – são fundamentais para sua lucratividade a longo prazo. (Um estudo realizado pelo UBS mostra que o custo por quilômetro de um "robô-táxi" autônomo será cerca de 80% menor do que o de um táxi tradicional.) Carros que se dirigem sozinhos estão na estrada em locais selecionados na Califórnia, Arizona, Michigan, Paris, Londres, Singapura e Pequim. A empresa de *marketing* ABI prevê que cerca de 8 milhões de veículos com algum nível de capacidade de direção autônoma serão enviados em 2025. Em dezembro de 2018, a Waymo, uma subsidiária do Google Alphabet, lançou um serviço comercial de táxi autônomo chamado "Waymo One" na área metropolitana de Phoenix.

Um carro capaz de assumir a condução de um ser humano requer um poderoso sistema de computador que deve processar e analisar grandes quantidades de dados gerados por uma miríade de sensores, câmeras e outros dispositivos para controlar e ajustar direção, aceleração e frenagem, sempre reagindo às condições presentes em tempo real. As principais tecnologias incluem:

- *Sensores*: carros autônomos são equipados com sensores de diferentes tipos. Os sensores nas rodas do carro medem a velocidade do veículo durante a condução pelo tráfego. Sensores ultrassônicos medem e rastreiam as posições de meio-fio, calçadas e objetos próximos ao carro.
- *Câmeras*: as câmeras são necessárias para detectar coisas como linhas de pista na rodovia, placas de velocidade e semáforos. As câmeras instaladas no para-brisa criam uma imagem 3-D da estrada à frente. As câmeras atrás do espelho retrovisor focam nas marcações da pista. Câmeras de infravermelho captam os raios emitidos pelos faróis para ampliar a visão durante a condução noturna.
- *Lidars*: são dispositivos de detecção de luz e estabelecimento de alcance que ficam em cima da maioria dos carros autônomos. Um *lidar* dispara milhões de feixes de laser a cada segundo, medindo quanto tempo eles levam para retornar. O *lidar* obtém uma visão de 360 graus das imediações do carro, identificando objetos próximos com uma precisão de até 2 centímetros. *Lidars* são muito caros e ainda não robustos o suficiente para enfrentar buracos, temperaturas extremas, chuva ou neve.
- *GPS*: um sistema de posicionamento global (GPS) identifica a localização macro do carro e tem precisão de até 1,9 metro. Combinado com a leitura de tacômetros, giroscópios e altímetros, fornece o posicionamento inicial.
- *Radar*: o radar emite ondas de rádio em objetos para ajudar a ver os arredores de um carro, incluindo pontos cegos, e é especialmente útil para detectar grandes objetos metálicos, como outros veículos.
- *Computador*: todos os dados gerados por essas tecnologias precisam ser combinados, analisados e transformados em uma imagem do mundo compatível para robôs, com instruções sobre como se movimentar por ele, exigindo poder de processamento quase semelhante ao de um supercomputador. Seu *software* apresenta algoritmos para evitar obstáculos, modelagem preditiva e discriminação "inteligente" de objetos (por exemplo, saber a diferença entre uma bicicleta e uma motocicleta) para ajudar o veículo a seguir as regras de trânsito e passar pelos obstáculos.
- *Tecnologias de aprendizagem automática, aprendizado profundo e visão computacional:* o sistema de computador do carro precisa ser "treinado". Para isso, precisa de inteligência de máquina e aprendizado profundo para fazer coisas como detectar linhas de pista e identificar ciclistas, mostrando milhões de exemplos do assunto em questão. Como o mundo é muito complexo para resumir a uma regra cada cenário possível, os carros devem ser capazes de "aprender" com a experiência e descobrir como trafegar por conta própria.
- *Mapas*: antes de um carro autônomo ganhar as ruas, seus desenvolvedores usam câmeras e *lidars* para mapear seu território com detalhes extremos. Essa informação ajuda o carro a verificar as leituras de seus sensores e é fundamental para qualquer veículo saber sua própria localização.

As empresas automobilísticas de carros autônomos são notórias por exagerar o progresso que alcançam.

Devemos acreditar nelas? Neste ponto, as perspectivas que enfrentam são nebulosas.

Em março de 2018, um Uber Volvo XC90 operando em modo autônomo atingiu e matou uma mulher em Tempe, Arizona. A Uber suspendeu os testes de veículos autônomos por algum tempo. Mesmo antes do acidente, seus carros autônomos estavam tendo problemas para dirigir por zonas de construção e perto de veículos altos, como grandes caminhões. Os motoristas da Uber tinham de intervir com muito mais frequência do que os motoristas de outros projetos de carros autônomos.

O acidente da Uber levantou questões sobre se os veículos autônomos estavam prontos para serem testados em vias públicas e como as autoridades deveriam lidar com isso. Os defensores da tecnologia de veículos autônomos apontaram que quase 40 mil pessoas morrem nas estradas dos Estados Unidos todos os anos, e o erro humano causa mais de 90% dos acidentes. Mas qualquer que seja a rapidez do desenvolvimento da direção autônoma, levará muito tempo até que os robôs possam impactar seriamente esses números e convencer as pessoas comuns de que é melhor deixar os carros dirigirem. A Uber revisou sua abordagem de direção autônoma e planeja lançar esses veículos em bolsões de cidades onde o clima, a demanda e outras condições são mais favoráveis. Enquanto os defensores dos carros autônomos, como Elon Musk, da Tesla, imaginam um mundo de condução autônoma onde quase todos os acidentes de trânsito seriam eliminados, e os adultos mais velhos e aqueles com deficiência poderiam viajar livremente, a maioria dos estadunidenses pensa o contrário. Uma pesquisa do Pew Research Center descobriu que a maioria das pessoas não deseja andar em carros autônomos e não tem certeza se eles tornariam as estradas mais perigosas ou mais seguras. Oitenta e sete por cento queriam uma pessoa sempre ao volante, pronta para assumir a condução se algo desse errado.

Ainda há muito que precisa ser melhorado antes que os veículos autônomos possam chegar com segurança à estrada. Eles ainda não são capazes de operar com segurança em todas as condições climáticas. A chuva forte ou a neve podem confundir os sistemas atuais de radar e *lidar* do carro – veículos autônomos não podem operar sozinhos nessas condições climáticas. Esses veículos também têm problemas com galhos das árvores muito baixos ou quando as marcações de pista de pontes e estradas estão esmaecidas. Em algumas estradas, os veículos autônomos precisarão tomar decisões de orientação sem o benefício de linhas brancas ou demarcações claras na beira da estrada, incluindo Botts' Dots (pequenos marcadores de plástico que definem as faixas). Acredita-se que a eficácia dos Botts' Dots na marcação de faixas não se aplique a veículos autônomos.

Os sistemas de visão computacional são capazes de reconhecer objetos de forma confiável. O fator que permanece por resolver é a "compreensão da cena" – por exemplo, a capacidade de determinar se um saco na estrada está vazio ou está escondendo tijolos ou objetos pesados no interior. Embora os sistemas de visão de veículos autônomos agora sejam capazes de identificar semáforos de forma confiável, eles nem sempre são capazes de tomar decisões corretas se os semáforos não estiverem funcionando. Isso requer experiência, intuição e saber cooperar entre vários veículos. Os veículos autônomos também devem ser capazes de reconhecer uma pessoa se movendo ao longo de uma estrada, determinar se essa pessoa está andando de bicicleta e prever como essa pessoa provavelmente reagirá e se comportará. Tudo isso ainda é difícil para um veículo autônomo fazer. Ambientes caóticos, como ruas congestionadas repletas de carros, pedestres e ciclistas, são especialmente difíceis para o trânsito dos carros autônomos.

Dirigir um carro para entrar em pistas com trânsito rápido é uma tarefa complexa que muitas vezes requer contato visual com os motoristas que se aproximam. Como os veículos autônomos conseguirão se comunicar com seres humanos e outras máquinas para que eles saibam o que querem fazer?

Pesquisadores estão investigando se sinais eletrônicos e sistemas de comunicação entre os carros seriam capazes de resolver esse problema. Há também o que é chamado de "problema do carrinho": em uma situação em que um acidente é inevitável, como um carro robô decide em quem ou no que bater? Deveria colidir contra o carro que vinha à sua esquerda ou na árvore à beira da estrada?

Versões menos avançadas de tecnologia de veículos autônomos já estão no mercado. Nenhum carro produzido atualmente nos Estados Unidos pode dirigir enquanto você dorme, lê ou envia tuítes, mas muitos sistemas podem manter a distância de acompanhamento com o veículo à frente ou manter seu carro centrado na pista, mesmo andando e parando no tráfego quase congestionado. Em alguns casos, esses sistemas permitem que o "condutor" tire as mãos do volante, desde que a pessoa continue prestando atenção e esteja pronta para assumir o controle, se necessário.

Esses sistemas menos avançados não podem ver coisas como caminhões de bombeiros parados ou semáforos. Mas os seres humanos não costumam ser bons reservas na direção, porque sua atenção tende a vagar. Pelo menos dois motoristas da Tesla nos Estados Unidos morreram usando o sistema. (Um atingiu um caminhão em 2016, outro colidiu contra uma barreira de rodovia em 2018.) E existe algo chamado de "problema de transferência", um carro semiautônomo precisa ser capaz de determinar o que seu "motorista" humano está fazendo e como fazer com que essa pessoa assuma o volante quando necessário.

E não vamos esquecer da segurança. Um carro autônomo é essencialmente uma coleção de computadores e sensores conectados em rede sem fio ao mundo exterior, e não é mais seguro do que outros sistemas em rede. Manter sistemas livres de intrusos que querem bater ou usar os carros como armas pode vir a ser o maior desafio enfrentado por veículos autônomos no futuro.

Um carro dirigido por computador que pode lidar com qualquer situação tão bem quanto um agente humano sob todas as condições ainda demorará décadas, na melhor das hipóteses. Pesquisadores da Cleveland State University estimam que apenas 10% a 30% de todos os veículos serão totalmente autônomos até 2030. Os analistas da PwC estimam que 12% de todos os veículos serão totalmente autônomos até lá, mas funcionarão apenas em áreas geograficamente restritas sob boas condições climáticas, assim como a frota de vans autônomas da Waymo, em Phoenix. Carros realmente autônomos ainda são ficção científica.

O mais provável é que a tecnologia de direção autônoma seja incorporada aos carros dirigidos por humanos. Os modelos de automóveis atuais estão sendo equipados com tecnologias como reconhecimento avançado de objetos, detecção de radar e laser, capacidade limitada de controlar a direção se o motorista cometer um erro e mapas de rodovias ultradetalhados que foram originalmente desenvolvidos para veículos autônomos. Até 2022, quase todos os veículos novos nos Estados Unidos terão frenagem automática de emergência, o que reduz as colisões traseiras em 50% e as colisões com ferimentos em 56%. Assim que a tecnologia de frenagem de emergência for totalmente implantada, poderá reduzir em 80% as mortes e ferimentos causados por colisões traseiras. Veículos dirigidos por humanos com algum nível de tecnologia de direção autônoma se tornarão mais seguros em uma medida que os veículos completamente autônomos podem ter problemas de igualar. Isso torna menos atraente a necessidade de carros totalmente autônomos.

Muitos analistas esperam que a primeira implantação da tecnologia de direção autônoma será para serviços de táxi robô operando em condições e áreas limitadas, para que seus operadores possam evitar cruzamentos particularmente complicados e garantir que tudo seja mapeado em detalhes.

O Boston Consulting Group prevê que 25% de toda a distância percorrida nos Estados Unidos até 2030 podem ser por veículos autônomos compartilhados. Para fazer um passeio, você provavelmente teria que usar pontos de embarque e desembarque predeterminados, para que seu carro sempre possa estacionar com segurança e legalmente. Os fabricantes de carros autônomos vão descobrir quanto cobrar para que possam recuperar seus custos de pesquisa e desenvolvimento, mas não tanto para dissuadir potenciais passageiros. Vão ter de lidar com legisladores e companhias de seguros sobre o que fazer no caso inevitável de um acidente.

Fontes: Kelsey Mays, "Which Cars Have Self-Driving Features for 2020?" Cars.com, 4 de março de 2020; "2020 Autonomous Vehicle Technology Report," wevolver.com, acessado em 22 de março de 2020; Matthew Beedham, "Autonomous Driving Still Isn't a Reality in 2020–and It's Getting People Killed," thenextweb.com, acessado em 22 de abril de 2020; Sameepa Shetty, "Uber's Self –Driving Cars Are a Key to Its Path to Profitability," CNBC, 28 de janeiro de 2020; Christopher Mims, "Self-Driving Cars Have a Problem: Safer Human-Driven Ones," *Wall Street Journal*, 15 de junho de 2019 e "Driverless Hype Collides with Merciless Reality," *Wall Street Journal*, 13 de setembro de 2018; Matt McCall, "Why Autonomous Vehicles Are Such a Game-Changer for Uber and Lyft," InvestorPlace.com, 25 de março de 2019; Alex Davies, "The WIRED Guide to Self-Driving Cars," *WIRED*, 17 de maio de 2018; e Daisuke Wakabashai, "Uber's Self-Driving Cars Were Struggling Before Arizona Crash," *New York Times*, 23 de março de 2018.

PERGUNTAS DO ESTUDO DE CASO

11.13 Quais são os desafios gerenciais, organizacionais e tecnológicos impostos pela tecnologia de carros autônomos?

11.14 Os veículos autônomos são bons investimentos? Justifique sua resposta.

11.15 Quais questões éticas e sociais são levantadas pela tecnologia de carros autônomos?

11.16 Esses carros realmente serão capazes de funcionar sozinhos sem o auxílio de seres humanos? Eles deveriam poder fazer isso?

Referências do Capítulo 11

Albertson, Mark. "NBA Advertisers Chew on Data from GumGum's Computer Vision Tool." *Silicon Angle* (22 de março de 2018).

Baum, David. "The Future Is Autonomous." *Profit Magazine* (outono de 2019).

Beane, Matt. "Learning to Work with Intelligent Machines." *Harvard Business Review* (setembro-outubro de 2019).

Burtka, Michael. "Generic Algorithms." *The Stern Information Systems Review* 1, Nº 1 (primavera de 1993).

Chui, Michael, James Manyika e Mehdi Miremadi. "What AI Can and Can't Do (Yet) for Your Business." *McKinsey Quarterly* (janeiro de 2018).

Cui, Tingru, Yu Tong, Hock-Hai Teo e Jizhen Li. "Managing Knowledge Distance: IT-Enabled Inter-Firm Knowledge Capabilities in Collaborative Innovation." *Journal of Management Information Systems* 37 Nº 1 (2020).

Davenport, Thomas H. e Vikram Mahidhar. "What's Your Cognitive Strategy?" *MIT Sloan Management Review* 59, Nº 4 (verão de 2018).

Davenport, Thomas H. e Lawrence Prusak. *Working Knowledge: How Organizations Manage What They Know*. Boston, MA: Harvard Business School Press (1997).

Davenport, Thomas H. e Rajeev Ronaki. "Artificial Intelligence for the Real World." *Harvard Business Review* (janeiro-fevereiro de 2018).

Dhar, Vasant e Roger Stein. *Intelligent Decision Support Methods: The Science of Knowledge Work*. Upper Saddle River, NJ: Prentice Hall (1997).

eMarketer. "Artificial Intelligence: What's Now, What's New, and What's Next." (May 2017).

Gelernter, David. "Machines That Will Think and Feel." *Wall Street Journal* (18 de março de 2016).

Gu, Feng e Baruch Lev. "Intangible Assets: Measurements, Drivers, Usefulness." (2001).

Hamori, Monoika. "Can MOOCs Solve Your Training Problem?" *Harvard Business Review* (janeiro-fevereirode 2018).

Hirschberg, Julia e Christopher D. Manning. "Advances in Natural Language Processing." *Science* (12 de maio de 2016).

Holland, John H. "Genetic Algorithms." *Scientific American* (julho de 1992).

Iansiti, Marco e Karim R. Lakhani. "Competing in the Age of AI." *Harvard Business Review* (janeiro-fevereirode 2020).

IBM Corporation. "Mizuho Bank." www.ibm.com, acessado em 11 de maio de 2020.

Le, Quoc V., *et al.* "Building High-level Features Using Large Scale Unsupervised Learning." arXiv.org:1112.6209, Machine Learning, Cornell University Library (novembro de 2011).

Lev, Baruch. "Sharpening the Intangibles Edge." *Harvard Business Review* (1 de junho de 2004).

Maor, Itzakh e T. A. Reddy. "Literature Review of Artificial Intelligence and Knowledge-based Expert Systems in Buildings and HVAC&R System Design," in M. Geshwiler, E. Howard, and C. Helms (Eds.), *ASHRAE Transactions* (2003). Marcus, Gary. "Deep Learning: A Critical Appraisal." (2 de janeiro de 2018).

Markoff, John. "How Many Computers to Identify a Cat? 16,000." *New York Times* (26 de junho de 2012).

McCarthy, John. "Generality in Artificial Intelligence." *Communications of the ACM* (dezembro de 1987).

Meservy, Thomas O., Kelly J. Fadel, C. Brock Kirwan e Rayman D. Meservy. "An fMRI Exploration of Information Processing in Electronic Networks of Practice." *MIS Quarterly* 43 Nº 3 (setembro de 2019).

Mishra, Divya, et al. "Rule Based Expert System for Medical Diagnosis–A Review." *International Journal of Engineering Technology, Management and Applied Sciences* (dezembro de 2016).

Pearl, Judea. "Theoretical Impediments to Machine Learning." (novembro de 2016).

Peukert, Christian, Jella Pfeiffer, Martin Meißner, Thies Pfeiffer e Christof Weinhardt. "Shopping in Virtual Reality Stores: The Influence of Immersion on System Adoption." *Journal of Management Information Systems* 36, Nº 3 (2019).

Porter, Michael E. e James Heppelmann. "Why Every Organization Needs an Augmented Reality Strategy." *Harvard Business Review* (novembro-dezembro de 2017).

Purdy, Mark, Ray Eitel-Porter e Max Klymenko. "How Swarm Intelligenc Blends Global and Local Insight." *MIT Sloan Management Review* (23 de abril de 2020).

Rouse, Margaret. "Natural Language Processing." Searchbusinessanalytics.com (27 de setembro de 2017).

Steffen, Jacob H., James E. Gaskin, Thomas O. Meservy, Jeffrey L. Jenkins e Iona Wolman. "Framework of Affordances for Virtual Reality and Augmented Reality." *Journal of Management Information Systems* 36 Nº 3 (2019).

Tarafdar, Mondeepa, Cynthia M. Beath e Jeanne W. Ross. "Using AI to Enhance Business Operations." *MIT Sloan Management Review* (11 de junho de 2019).

Technology Quarterly. "Language: Finding a Voice." *The Economist* (1º de maio de 2017).

Trantopoulos, Konstantinos, Georg von Krogh, Martin W. Wallin e Martin Woerter. "External Knowledge and Information Technology: Implications for Process Innovation Performance." *MIS Quarterly* 41, Nº 1 (março de 2017).

Turing, A. M. "Computing Machinery and Intelligence." *Mind* 49 (1950).

Urban, Glen, Artem Timoshenko, Paramveer Dhillon e John R. Hauser. "Is Deep Learning a Game Changer for Marketing Analytics." *MIT Sloan Management Review* 61 Nº 2 (inverno de 2020).

Wilson, H. James e Paul R. Daugherty. "Collaborative Intelligence: Humans and AI Are Joining Forces." *Harvard Business Review* (julho–agosto 2018).

CAPÍTULO

12 Melhorias na tomada de decisão

OBJETIVOS DE ESTUDO

Ao concluir este capítulo, você será capaz de responder às seguintes perguntas:

12.1 Quais os diferentes tipos de decisão e como funciona o processo de tomada de decisão?

12.2 Como os sistemas de informação apoiam as atividades dos gestores e a tomada de decisões gerenciais?

12.3 Como a *business intelligence* e a analítica empresarial apoiam a tomada de decisões?

12.4 Como os diferentes grupos responsáveis pela tomada de decisão em uma organização usam a *business intelligence*?

12.5 Como os sistemas de informação gerenciais ajudarão minha carreira?

CASOS DO CAPÍTULO

Big Data e a Internet das Coisas impulsionam a agricultura de precisão

Manutenção preditiva na indústria de petróleo e gás

Os sistemas de informações geográficas ajudam a Land O'Lakes a gerenciar ativos estrategicamente

Um algoritmo deve tomar nossas decisões?

Big Data e a Internet das Coisas impulsionam a agricultura de precisão

Em 2050, o mundo terá uma população de 9 bilhões de pessoas, e para alimentar toda essa gente a produção agrícola precisará dobrar. A tecnologia da informação, em forma de Internet das Coisas (IoT), tecnologias sem fio e móveis e de coleta e análise automatizada de dados, provavelmente fornecerá parte da solução para esse problema.

A Faculdade de Agricultura da Universidade de Purdue é uma das organizações proeminentes no estudo da agricultura mais orientada por dados. A Faculdade desenvolveu uma rede voltada para a agricultura com sensores e dispositivos avançados de IoT que permitirão aos pesquisadores estudar e melhorar o cultivo de plantas e os processos da produção de alimentos. De acordo com Pat Smoker, diretor da Purdue Agriculture IT, em West Lafayette, Indiana, todos os processos, das atividades na fazenda até a mesa do consumidor, têm potencial de aperfeiçoamento por meio do melhor uso da tecnologia da informação.

A Faculdade de Agricultura de Purdue formou uma parceria com a Hewlett Packard Enterprise (HPE) em uma iniciativa de agricultura digital. No outono de 2016, a universidade começou a instalar uma rede de Internet das Coisas (IoT) no Centro de Agronomia para Pesquisa e Educação (ACRE, do inglês *Agronomy Center for Research and Education*), sua fazenda de pesquisa de 1.408 acres. O sistema captura terabytes de dados diariamente a partir de sensores, câmeras e informações fornecidas por pessoas. Para coletar, agregar, processar e transmitir volumes tão grandes de dados de volta ao supercomputador HPE de Purdue, a universidade está implantando uma combinação de tecnologias de computação sem fio e *edge computing* (veja os Capítulos 5 e 7). Estas incluem hotspots Wi-Fi móveis abastecidos com energia solar, uma torre meteorológica adaptável que fornece conectividade de alta velocidade em toda a instalação do ACRE e o PhenoRover, um veículo móvel semiautomatizado que percorre as áreas de pesquisa do ACRE e captura dados em tempo real dos sensores baseados em plantas. Purdue também está testando drones para fazer a coleta de dados do crescimento de plantas. Os pesquisadores do ACRE podem inserir dados em um dispositivo móvel no local e transmiti-los pela rede sem fio para um data center da HPE, onde será feita a análise.

© Ekkasit keatsirikul/123RF

Anteriormente, o corpo docente de Purdue tinha que descobrir como transmitir dados dos sensores de volta ao laboratório e designar alguém para escrever o *software* para analisar os dados. O novo sistema é mais rápido e responsivo. Por exemplo, pesquisadores que usam dispositivos móveis no campo podem transmitir dados sobre crescimento de sementes de volta aos laboratórios do ACRE para analisar o impacto dos níveis de água, quantidades de fertilizantes e tipos de solo. Em seguida, os laboratórios podem comunicar os resultados de sua análise de volta ao campo para permitir ajustes rápidos. Instruções computadorizadas controlam como as máquinas de plantio e pulverização aplicam sementes e nutrientes em um campo.

O projeto de Purdue é um exemplo de "agricultura de precisão", em que os dados coletados e analisados com ferramentas digitais informam as decisões quanto a níveis de fertilizantes, profundidade de plantio e requisitos de irrigação para pequenas seções de campos ou plantas individuais. Além disso, equipamentos automatizados podem realizar o tratamento ideal para ervas daninhas específicas.

Grandes empresas agrícolas como Monsanto e DuPont são importantes *players* da agricultura de precisão, fornecendo análises de dados computadorizadas e recomendações de plantio para agricultores que usam suas sementes, fertilizantes e herbicidas. O agricultor fornece dados sobre os limites do campo de sua fazenda, os rendimentos históricos das culturas e as condições do solo para essas ou outras empresas de análise de dados agrícolas. Após isso, as empresas analisarão esses dados juntamente com outros dados coletados sobre desempenho de sementes, condições climáticas e tipos de solo em diferentes áreas. A empresa que faz a análise dos dados então envia um arquivo de computador com recomendações ao agricultor, que carrega os dados no equipamento de plantio computadorizado e segue as sugestões à medida que faz o plantio nos campos. As recomendações podem, por exemplo, comunicar um agricultor de milho de Iowa para diminuir o número de sementes plantadas por acre ou plantar mais sementes por acre em partes específicas do campo nos quais o cultivo de milho pode ser maior. O agricultor também pode receber conselhos sobre o tipo exato de semente a plantar em diferentes áreas e quanto fertilizante aplicar. Além de produzir colheitas de maior volume, os agricultores que usam fertilizantes, água e energia para operar os equipamentos com mais precisão desperdiçam menos – o que também promove a saúde do planeta.

Fontes: Andrew Meola, "Smart Farming in 2020: How IoT Sensors Are Creating a More Efficient Precision Agriculture Industry," Business Insider, 24 de janeiro de 2020; "Precision Agriculture,"www. farms.com, acessado em 26 de abril de 2020; "Envision: The Big Idea," https://ag.purdue.edu, accessed April 26, 2019; www.monsanto.com, acessado em 11 de abril de 2020; e Eileen McCooey, "Purdue Uses IoT to Reinvent Farming, Boost Output," Baseline, 6 de dezembro de 2017.

A agricultura de precisão mostra muito bem como os sistemas de informação podem melhorar drasticamente a tomada de decisões. No passado, a decisão sobre o que, como, onde e quando plantar se baseava na experiência dos agricultores com suas terras e nas conjecturas mais confiáveis. Redes sem fio, inúmeros sensores em campo, dispositivos móveis, computadores poderosos e ferramentas de análise de *big data* criaram sistemas que podem tomar muitas dessas decisões com muito mais rapidez e precisão.

Existe uma necessidade mundial de aumentar a produção de alimentos, tanto para nutrir uma população global em rápido crescimento quanto para tornar as fazendas mais lucrativas. A tecnologia sem fio e a análise de *big data* criam oportunidades para a administração de culturas quase planta por planta. Gerenciar campos com esse nível de precisão computadorizada significa que os agricultores precisam usar menos fertilizantes e menos sementes por unidade de terra, o que possibilita a economia de dezenas de milhares de dólares para um agricultor individual e aumenta o rendimento das colheitas. A agricultura de precisão também pode ajudar a resolver a crise alimentar mundial.

O diagrama de abertura do capítulo chama a atenção para pontos importantes levantados por este caso e este capítulo.

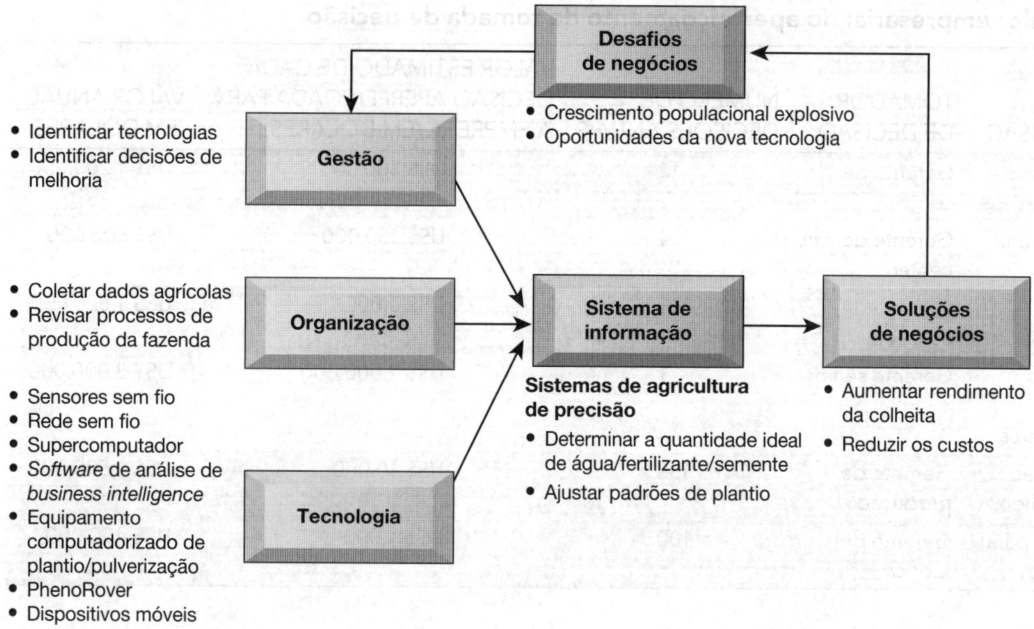

Aqui temos algumas questões sobre as quais refletir: Como a tecnologia da informação está mudando a forma como os agricultores administram seus negócios? Como a agricultura de precisão está mudando a tomada de decisões? Dê exemplos de duas decisões que podem ser melhoradas com o uso da agricultura de precisão.

12.1 Quais os diferentes tipos de decisão e como funciona o processo de tomada de decisão?

A tomada de decisão nas empresas costumava ser limitada à gestão. Hoje, funcionários de baixo escalão são responsáveis por algumas dessas decisões, pois, com o uso dos sistemas de informação, as informações foram disponibilizadas para os níveis inferiores da organização. Mas o que queremos dizer com uma melhor tomada de decisão? Como ocorre a tomada de decisão nas empresas e em outras organizações? Vamos ver isso mais de perto.

Valor empresarial do aperfeiçoamento da tomada de decisão

O que significa para uma empresa estar apta a tomar melhores decisões? Qual é o valor monetário, para a empresa, de uma boa tomada de decisão? A Tabela 12.1 tenta mensurar o valor monetário do aperfeiçoamento da tomada de decisão para uma pequena fábrica estadunidense com faturamento anual de 280 milhões de dólares e 140 funcionários. A empresa identificou uma série de decisões-chave em que o investimento em novos sistemas poderia melhorar a qualidade da tomada de decisão. A tabela mostra algumas estimativas do valor anual (na forma de redução de custos ou aumento no faturamento) trazido pelo aperfeiçoamento da tomada de decisão em determinadas áreas da empresa.

TABELA 12.1 Valor empresarial do aperfeiçoamento da tomada de decisão

EXEMPLO DE DECISÃO	TOMADOR DE DECISÃO	NÚMERO DE DECISÕES ANUAIS	VALOR ESTIMADO DE CADA DECISÃO APERFEIÇOADA PARA A EMPRESA (EM DÓLARES)	VALOR ANUAL (EM DÓLARES)
Alocar atendimento para os clientes mais lucrativos	Gerente de contas	12	US$ 100.000	US$ 1.200,000
Prever a demanda diária do *call center*	Gerente do *call center*	4	US$ 150.000	US$ 600.000
Decidir os níveis de estoque de peças diário	Gerente de estoque	365	US$ 5.000	US$ 1.825.000
Identificar propostas competitivas dos principais fornecedores	Gerente sênior	1	US$ 2.000.000	US$ 2.000.000
Programar a produção para atender os pedidos	Gerente de produção	150	US$ 10.000	US$ 1.500.000
Alocar mão de obra para concluir um trabalho	Gerente de fábrica	100	US$ 4.000	US$ 400.000

Podemos ver na Tabela 12.1 que as decisões foram tomadas em todos os níveis da empresa e que algumas dessas decisões são comuns, rotineiras e em grande quantidade. Embora o valor trazido pelo aperfeiçoamento de uma única decisão possa ser pequeno, a melhora em milhares de "pequenas" decisões gera um grande valor anual para a empresa.

Tipos de decisão

Os Capítulos 1 e 2 mostraram que existem diferentes níveis em uma organização. Cada um desses níveis tem diferentes necessidades de informação para apoiar suas decisões e é responsável por diferentes tipos de decisão (veja a Figura 12.1). As decisões podem ser classificadas em estruturadas, semiestruturadas e não estruturadas.

Decisões não estruturadas são aquelas em que o responsável pela tomada de decisão deve usar seu bom senso, sua capacidade de avaliação e sua perspicácia na resolução do problema. Cada uma dessas decisões é inusitada, importante e não rotineira, e não há procedimentos bem compreendidos ou predefinidos para tomá-las.

Decisões estruturadas, por outro lado, são repetitivas e rotineiras e envolvem procedimentos predefinidos, de modo que não precisam ser tratadas como se fossem novas. Muitas decisões têm características dos dois tipos precedentes, por isso são chamadas de **decisões semiestruturadas**; nesses casos, apenas parte do problema tem uma resposta clara e precisa, dada por um procedimento reconhecido. Em geral, decisões estruturadas são mais corriqueiras nos níveis organizacionais mais baixos, enquanto problemas não estruturados são mais comuns nos níveis mais altos da empresa.

Gerentes seniores enfrentam muitas situações de decisão não estruturada, como estabelecer as metas para os próximos cinco ou dez anos da empresa, ou decidir em quais novos mercados entrar. Para responder à pergunta "devemos entrar em um novo mercado?" é preciso ter acesso a notícias, relatórios governamentais e panoramas setoriais, assim como a resumos de alto nível a respeito do desempenho da empresa. No entanto, a resposta também exige que os gerentes seniores usem seu bom senso e peçam a opinião de outros gerentes.

Gerentes de nível médio enfrentam cenários de decisão mais estruturados, mas suas decisões podem incluir componentes não estruturados. Uma típica decisão da gerência média pode se originar de uma pergunta como: "por que o relatório de atendimento de pedidos mostra um declínio ao longo dos últimos seis meses no centro de distribuição em Mineápolis?" Esse gerente de nível médio poderia obter um relatório a partir do sistema integrado

FIGURA 12.1 Necessidades de informação de grupos-chave responsáveis pela tomada de decisões na empresa.

Gerentes seniores, gerentes de nível médio, gerentes operacionais e funcionários são responsáveis por diferentes tipos de decisão e têm diferentes necessidades de informação.

da empresa, ou do sistema de gestão de distribuição, a respeito do número de pedidos e da eficiência operacional no centro de distribuição de Mineápolis. Essa é a parte estruturada da decisão. Contudo, antes de chegar a uma resposta, esse mesmo gerente terá de conversar com funcionários e obter mais informações não estruturadas em fontes externas a respeito das condições econômicas locais ou das tendências de vendas.

A gerência operacional e os funcionários da linha de frente tendem a tomar mais decisões estruturadas. Por exemplo, um supervisor de linha de montagem precisa decidir se um trabalhador pago por hora deve receber horas extras. Se o funcionário trabalha mais de oito horas em determinado dia, o supervisor rotineiramente concede hora extra a cada hora trabalhada além das oito cumpridas naquele dia.

Muitas vezes, um representante de vendas precisa tomar decisões quanto à ampliação do limite de crédito de um cliente e, para isso, consulta o banco de dados da empresa que contém as informações relacionadas. Se o cliente atender aos critérios pré-especificados da empresa para concessão de crédito, o representante concederá o crédito para a realização da compra. Em ambos os casos, as decisões são altamente estruturadas e tomadas rotineiramente, milhares de vezes por dia na maioria das grandes empresas. A resposta já foi pré-programada nos sistemas de contas a receber e de folha de pagamento da empresa.

Processo de tomada de decisão

Tomar decisões consiste em diferentes atividades. Simon (1960) descreveu quatro diferentes estágios no processo de decisão: inteligência, concepção, seleção e implementação (veja a Figura 12.2).

Inteligência consiste em descobrir, identificar e entender os problemas que ocorrem na organização – por que existe um problema, onde ele está e qual o seu efeito.

Concepção envolve a identificação e a investigação das várias soluções possíveis para o problema.

Seleção consiste em escolher uma das alternativas de solução.

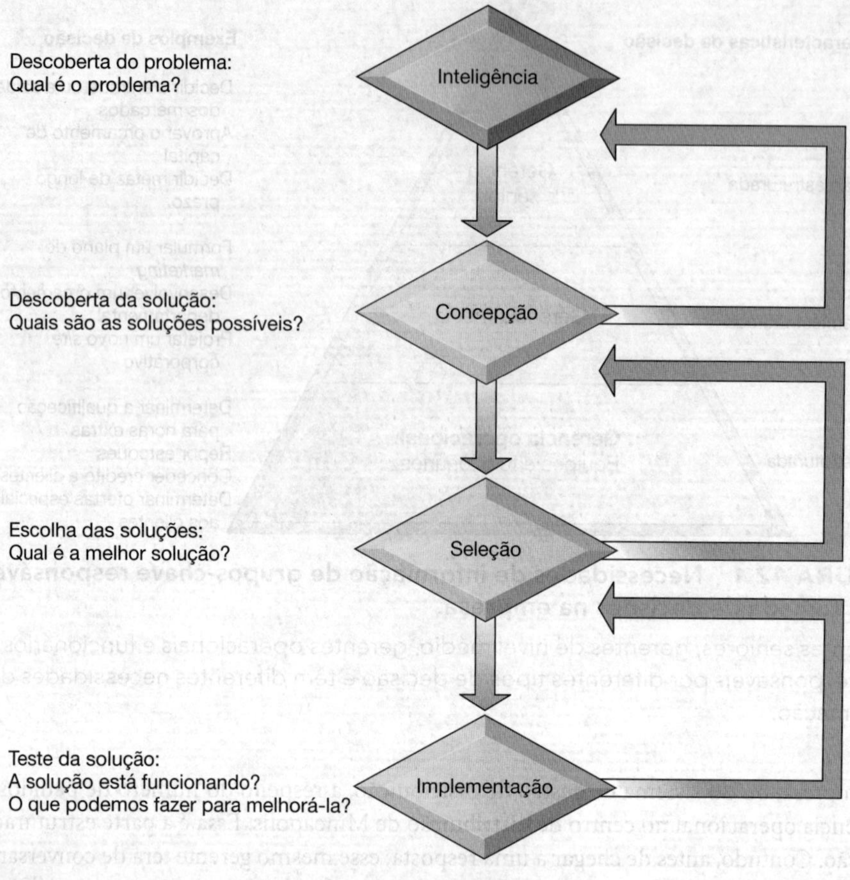

FIGURA 12.2 Estágios da tomada de decisão.
O processo de tomada de decisão pode ser dividido em quatro estágios.

Implementação da solução envolve fazer a alternativa escolhida funcionar e continuar a monitorar em que medida ela funciona.

O que acontece quando a solução escolhida não funciona? A Figura 12.2 mostra que é possível voltar ao estágio anterior no processo de tomada de decisão e repeti-lo, se necessário. Por exemplo, diante de uma queda nas vendas, a equipe de gestão de vendas pode decidir pagar à força de vendas uma comissão mais alta. Se isso não funcionar, os gerentes precisam investigar de onde vem o problema: talvez de produtos mal projetados, de um atendimento ao cliente inadequado ou de uma combinação de outras causas que exige uma solução diferente.

12.2 Como os sistemas de informação apoiam as atividades dos gestores e a tomada de decisões gerenciais?

A premissa deste livro e deste capítulo é a seguinte: os sistemas de apoio à decisão produzem melhores tomadas de decisão por parte dos gerentes e dos funcionários, retornos sobre o investimento acima da média para a empresa e, em última análise, maior lucratividade.

No entanto, os sistemas de informação não podem melhorar todas as decisões que ocorrem na organização. Vamos examinar o papel dos gestores e da tomada de decisões nas organizações para ver por que isso acontece.

Papéis gerenciais

Os gerentes desempenham papéis fundamentais nas organizações. Suas responsabilidades abrangem atividades como tomar decisões, redigir relatórios, participar de reuniões e organizar festas de aniversário. Somos capazes de entender melhor as funções e papéis gerenciais ao examinarmos modelos clássicos e contemporâneos de comportamento gerencial.

O **modelo clássico de gestão**, que descreve o que os gerentes fazem, foi praticamente inquestionável ao longo de mais de 70 anos a partir da década de 1920. Henri Fayol e outros autores descreveram pela primeira vez as cinco funções clássicas dos administradores – planejamento, organização, coordenação, decisão e controle. Essa descrição das atividades de um gerente dominou o conceito de gestão por muito tempo, e ainda é popular hoje em dia.

O modelo clássico descreve funções gerenciais formais, mas não lida exatamente com o que os gerentes fazem quando planejam, decidem coisas e controlam o trabalho dos outros. Para isso, devemos recorrer ao trabalho de cientistas comportamentais contemporâneos que estudaram os gerentes em atividades diárias. **Modelos comportamentais** argumentam que o verdadeiro comportamento dos administradores parece ser menos sistemático, mais informal, menos reflexivo, mais reativo e menos bem organizado do que o modelo clássico poderia nos fazer acreditar.

Segundo observações, o comportamento gerencial tem, na verdade, cinco atributos que diferem muito da descrição clássica. Primeiro, os gerentes realizam uma grande quantidade de trabalho em um ritmo implacável – estudos descobriram que eles participam de mais de 600 atividades diferentes todos os dias, sem diminuir o ritmo. Nunca há tempo suficiente para que o CEO faça tudo que é de sua responsabilidade (Porter e Nohria, 2018). Em segundo lugar, as atividades gerenciais são fragmentadas; a maioria das atividades dura menos de nove minutos e apenas 10% delas vai além de uma hora de duração. Terceiro, os gerentes preferem informações atuais, específicas e *ad hoc* (as informações impressas geralmente são muito antigas). Quarto, preferem formas de comunicação oral às formas escritas, porque a oralidade oferece maior flexibilidade, exige menos esforço e traz uma resposta mais rápida. Em quinto lugar, os gerentes priorizam fortemente a manutenção de uma rede diversificada e complexa de contatos que atua como sistema de informação informal e os ajuda a executar seus planos pessoais e metas de curto e longo prazo.

Analisando o comportamento diário dos gerentes, Henry Mintzberg (1971) descobriu que poderia enunciar 10 **papéis gerenciais**, que são as atividades esperadas que os gerentes devem realizar em uma organização. Mintzberg descobriu que esses papéis se enquadravam em três categorias: interpessoal, informacional e decisória.

Papéis interpessoais

Os gerentes são figuras que se destacam na organização quando representam suas empresas para o mundo exterior e exercem funções simbólicas, como a entrega de prêmios aos funcionários. Nesse caso, estão desempenhando um **papel interpessoal**. Agem como líderes, tentando motivar, aconselhar e apoiar seus subordinados. Os gerentes também atuam como ligação entre os vários níveis organizacionais; no âmbito de cada um desses níveis, servem como elo entre os membros da equipe de gestão. Os gerentes fornecem tempo e auxílio e esperam que sejam retribuídos.

TABELA 12.2 Papéis gerenciais e sistemas de informação de apoio

PAPEL	COMPORTAMENTO	SISTEMAS DE APOIO
PAPÉIS INTERPESSOAIS		
Figura de destaque		Sistemas de telepresença
Líder	Interpessoal	Telepresença, redes sociais, Twitter
Elo		*Smartphones*, redes sociais
PAPÉIS INFORMATIVOS		
Centro nervoso		Sistemas de informações gerenciais, sistema de apoio executivo
Disseminador	Processamento de informações	Mensagens de texto, *e-mail*, redes sociais
Porta-voz		*Webinars*, telepresença
PAPEL DECISÓRIO		
Empreendedor	Tomada de decisão	Não existe
Conciliador de conflitos		Não existe
Alocador de recursos		*business intelligence*, sistema de apoio à decisão
Negociador		Não existe

Fontes: Autores e Mintzberg, Henry. "Managerial Work: Analysis from Observation." Management Science 18 (outubro de 1971).

Papéis informativos

Em seu **papel informativo**, os gestores atuam como um centro nervoso das organizações, recebendo as informações mais concretas e atualizadas e redistribuindo-as para aqueles que precisam conhecê-las. São, portanto, disseminadores de informações e porta-vozes de suas organizações.

Papel decisório

Gerentes tomam decisões. Em seu **papel decisório**, agem como empreendedores que iniciam novos tipos de atividades, lidam com distúrbios que surgem na organização, alocam recursos para funcionários que precisam deles, negociam conflitos e agem como mediadores entre grupos adversários.

A Tabela 12.2, baseada nas classificações de papéis de Mintzberg, apresenta os pontos nos quais os sistemas podem e não podem ser úteis aos gerentes. A tabela mostra também que os sistemas de informação agora são capazes de apoiar a maior parte (mas não todas) das áreas do cenário gerencial.

Tomada de decisão no mundo real

Agora percebemos que os sistemas de informação não são úteis para todos os papéis gerenciais. Além disso, no caso dos papéis gerenciais em que os sistemas de informação podem melhorar as decisões, os investimentos em tecnologia da informação nem sempre produzem resultados positivos. Existem três razões principais: qualidade da informação, filtros de gestão e cultura organizacional (veja o Capítulo 3).

Qualidade da informação

Boas decisões exigem também boas informações. A Tabela 12.3 descreve as dimensões da qualidade da informação que afetam a qualidade das decisões.

Se os resultados dos sistemas de informação não atenderem a esses critérios de qualidade, a tomada de decisão será penalizada. O Capítulo 6 descreve como bancos de dados e arquivos corporativos possuem níveis variados de imprecisão e incompletude – fatores que, por sua vez, empobrecerão a qualidade da tomada de decisão.

TABELA 12.3 Dimensões da qualidade da informação

DIMENSÃO DA QUALIDADE	DESCRIÇÃO
Precisão	Os dados representam a realidade?
Integridade	A estrutura de dados e os relacionamentos entre as entidades e atributos são consistentes?
Consistência	Os elementos de dados são definidos de forma consistente?
Completude	Todos os dados necessários estão presentes?
Validade	Os valores de dados estão dentro dos intervalos definidos?
Prontidão	Os dados estão disponíveis quando requisitados?
Acessibilidade	Os dados são acessíveis, compreensíveis e utilizáveis?

Filtros de gestão

Mesmo com informações oportunas e precisas, os gestores podem tomar decisões equivocadas. Como qualquer pessoa, eles absorvem informações por meio de uma série de filtros para entender o mundo ao seu redor. Cientistas cognitivos, economistas comportamentais e, recentemente, neuroeconomistas descobriram que os gestores, como quaisquer seres humanos, são deficientes na avaliação do risco e avessos ao risco; enxergam padrões onde não existem; e tomam decisões com base na intuição, nos sentimentos e no modo como consideram os problemas em oposição aos dados empíricos (Kahneman, 2011; Tversky e Kahneman, 1986).

Por exemplo, empresas de Wall Street como Bear Stearns e Lehman Brothers entraram em colapso em 2008 porque subestimaram o risco de seus investimentos em títulos hipotecários complexos – muitos desses contratos eram baseados em empréstimos *subprime* cuja probabilidade de inadimplência era maior. Os modelos de computador que essas e outras instituições financeiras usavam para gerenciar riscos eram baseados em hipóteses otimistas demais e dados simplistas sobre o que poderia dar errado. A gerência queria certificar-se de que o capital de suas empresas não estava completamente imobilizado, formando uma proteção contra inadimplência de investimentos arriscados, o que impediria seu uso para investimentos lucrativos. Assim, os projetistas desses sistemas de gestão foram incentivados a medir os riscos seguindo métodos que os minimizassem.

Inércia organizacional e política

Organizações são burocracias com capacidades e competências limitadas para agir de forma decisiva. Quando ocorrem alterações no ambiente e as empresas precisam adotar novos modelos de negócios para sobreviver, forças poderosas dentro das organizações resistem a tomar decisões que exigem grandes mudanças. As decisões tomadas por uma empresa geralmente representam um equilíbrio entre seus vários grupos de interesse, e não a melhor solução para o problema.

Estudos sobre o fenômeno da reestruturação de empresas constatam que as organizações tendem a ignorar o mau desempenho até sofrerem ameaças de aquisições externas; então, jogam a culpa do mau desempenho sistematicamente na conta de forças externas, além de seu controle – como as condições econômicas (a economia), a concorrência estrangeira e o aumento dos preços –, em vez de culpar a gerência sênior ou média pela má condução dos negócios. Quando o ambiente de negócios externo é positivo e o desempenho da empresa melhora, os gestores geralmente creditam esse melhor desempenho à sua própria capacidade, e não ao ambiente positivo.

Tomada de decisão automatizada e de alta velocidade

Atualmente, muitas decisões tomadas por organizações não são feitas por gerentes ou qualquer ser humano. Quando você insere uma consulta no mecanismo de busca do Google, por exemplo, o sistema computacional do *site* precisa decidir quais URLs exibir em uma média de meio segundo (500 milissegundos). Programas de pregões de alta demanda em bolsas de valores eletrônicas executam suas operações em nanossegundos. Os seres humanos são eliminados da cadeia de decisão por serem muito lentos.

Nessas decisões automatizadas de alta velocidade, os estágios do processo de tomada de decisão – inteligência, concepção, seleção e implementação – são capturados por algoritmos de *software*. Os desenvolvedores de *software* já identificaram o problema, conceberam um método para encontrar uma solução, definiram um conjunto de soluções aceitáveis e implementaram uma delas. Nesses casos, as organizações tomam decisões mais rapidamente do que os gerentes conseguem monitorar e controlar, mas deve-se tomar muito cuidado para garantir o bom funcionamento desses sistemas a fim de evitar danos significativos.

12.3 Como a *business intelligence* e a analítica empresarial apoiam a tomada de decisões?

O Capítulo 2 apresentou os diferentes tipos de sistemas usados para apoiar a tomada de decisões gerenciais. A base para todos esses sistemas é a infraestrutura de *business intelligence* e a analítica de negócios que fornece os dados e as ferramentas de análise para apoiar a tomada de decisão.

O que é inteligência de negócios?

Inteligência de negócios (BI, do inglês *business intelligence*) é um termo usado por fornecedores de *hardware* e *software* e consultores de tecnologia da informação para descrever a infraestrutura de armazenamento, integração, elaboração de relatórios e análise de dados que vêm do ambiente empresarial, inclusive *big data*. A infraestrutura básica coleta, armazena, limpa e torna os dados relevantes disponíveis para os gestores. Relacionados ao BI estão os bancos de dados, os armazéns de dados, os *data marts*, o Hadoop e as plataformas analíticas descritos no Capítulo 6. *Analítica de negócios* (BA, do inglês *business analytics*) também é um termo definido pelo fornecedor, que se concentra mais em ferramentas e técnicas de análise e compreensão dos dados. Relacionados ao BA estão o OLAP, as estatísticas, os modelos e a mineração de dados, que também foram apresentados no Capítulo 6.

A inteligência e a analítica de negócios referem-se essencialmente à integração de todos os fluxos de informações produzidos por uma empresa em um único conjunto coerente de dados (abrangendo toda a empresa) e, em seguida, à utilização de ferramentas de modelagem, análise estatística e de mineração de dados para dar sentido a todos esses dados de forma que os gestores possam tomar decisões melhores e realizar melhores planejamentos. A Faculdade de Agricultura de Purdue, descrita no caso de abertura do capítulo, está usando inteligência e analítica de negócios para ajudar os agricultores a tomar decisões detalhadas sobre níveis de fertilizantes, profundidade de plantio e necessidades de irrigação para pequenas seções de campos ou plantas individuais.

É importante lembrar que inteligência e analítica de negócios são produtos definidos por fornecedores de tecnologia e empresas de consultoria. Dentre os quais podemos destacar Oracle, SAP, IBM, Microsoft e SAS. Atualmente, existem produtos de BI e BA em nuvem e também em versões móveis.

Ambiente de *business intelligence*

A Figura 12.3 apresenta uma visão geral de um ambiente de *business intelligence*, com destaque para os tipos de recursos de *hardware*, *software* e gerenciamento que os grandes fornecedores

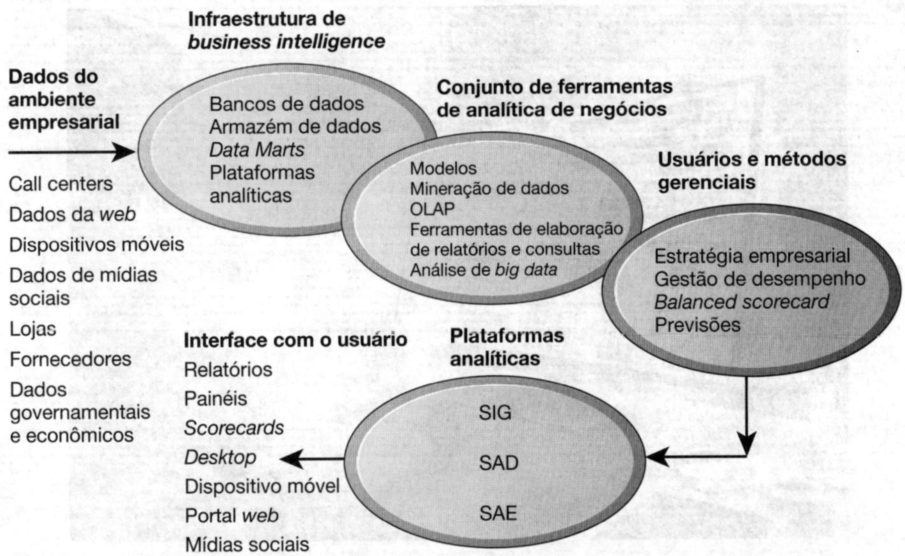

FIGURA 12.3 Inteligência e analítica de negócios para apoio à decisão.

Inteligência e analítica de negócios requerem um sólido fundamento de banco de dados, um conjunto de ferramentas analíticas e uma equipe de gestão envolvida que pode fazer perguntas inteligentes e analisar os dados.

oferecem e que as empresas desenvolveram ao longo do tempo. Há seis elementos nesse ambiente:

- **Dados do ambiente empresarial**: as empresas têm de lidar com ambos os dados, estruturados e não estruturados, provenientes de várias fontes diferentes, incluindo *big data*. Os dados precisam ser integrados e organizados de modo que possam ser analisados e utilizados pelos profissionais que tomam decisões.
- **Infraestrutura de *business intelligence***: a fundação subjacente da *business intelligence* é um poderoso sistema de banco de dados que captura todos os dados relevantes para operar o negócio. Os dados podem ser armazenados em bancos de dados transacionais ou combinados e integrados em um armazém de dados corporativo ou em uma série de *data marts* interligados.
- **Conjunto de ferramentas de analítica de negócios**: é usado um conjunto de ferramentas de *software* para analisar os dados e produzir relatórios, responder às questões levantadas pelos gestores e acompanhar o andamento dos negócios utilizando indicadores-chave de desempenho
- **Usuários e métodos gerenciais**: o *hardware* e o *software* de *business intelligence* são tão inteligentes quanto as pessoas que os utilizam. Os gestores impõem a ordem na análise de dados usando uma variedade de métodos gerenciais que definem metas estratégicas de negócios e especificam como o progresso será medido. Estes métodos incluem gestão de desempenho empresarial, abordagens de *balanced scorecard* centradas nos indicadores-chave de desempenho e análises estratégicas da indústria com foco em mudanças no ambiente geral de negócios, com especial atenção aos concorrentes. Sem supervisão dedicada da alta administração, a analítica de negócios pode produzir uma grande quantidade de informações, relatórios e telas *on-line* voltadas para os assuntos errados e que desviam a atenção dos problemas reais.
- **Plataformas de entrega – SIG, SAD, SAE**: os resultados da inteligência e da analítica de negócios são entregues aos gestores e funcionários de diversas maneiras, dependendo do que eles precisam saber para realizar seu trabalho. O SIG, o SAD e o SAE, que foram introduzidos no Capítulo 2, fornecem informações e conhecimentos para pessoas e níveis diferentes na empresa – funcionários operacionais, gerência média e gerência sênior. No passado, esses sistemas não podiam compartilhar os dados e eram operados como sistemas independentes. Atualmente, um conjunto de ferramentas de *hardware* e *software* na forma de um pacote de

Ferramentas de visualização de dados facilitam a criação de gráficos, tabelas, painéis e mapas para que os usuários obtenham *insights* dos dados com maior disponibilidade

© Andriy Popov/123RF

inteligência e analítica de negócios é capaz de integrar todas essas informações e trazê-las a plataformas de *desktop* ou dispositivos móveis dos gestores.

- **Interface com o usuário**: executivos, muitas vezes, aprendem mais rápido a partir de uma representação visual dos dados do que a partir de um relatório tradicional com linhas e colunas de informação. Ferramentas de visualização de dados facilitam a criação de gráficos, tabelas, painéis e mapas para que os usuários obtenham *insights* dos dados com maior disponibilidade. Os pacotes atuais de *software* de análise empresarial apresentam ferramentas de **visualização de dados**, como gráficos, quadros, painéis e mapas detalhados. Eles são também capazes de fornecer relatórios para celulares e *tablets*, bem como para o portal *web* da empresa. O *software* Tableau, da Salesforce, por exemplo, permite a usuários que não são técnicos criar e compartilhar facilmente painéis interativos personalizados para fornecer *insights* de negócios a partir de um amplo espectro de dados, dentre eles: dados de planilhas, bancos de dados corporativos e da *web*.

Business intelligence e recursos analíticos

A inteligência e a analítica de negócios prometem entregar informações corretas quase em tempo real aos profissionais que tomam decisões, e as ferramentas analíticas podem ajudá-los

TABELA 12.4 Exemplos de relatórios de produção predefinidos de *business intelligence*

ÁREA FUNCIONAL DA EMPRESA	RELATÓRIOS DE PRODUÇÃO
Vendas	Previsões de vendas, desempenho da equipe de vendas, vendas cruzadas, tempo de ciclo de vendas
Serviços/*call center*	Satisfação do cliente, custo do serviço, taxas de resolução, taxas de rotatividade
Marketing	Eficácia da campanha, lealdade e atrito, análise da cesta de compras
Aquisição e suporte	Gastos diretos e indiretos, compras fora do contrato, desempenho do fornecedor
Cadeia de suprimento	Histórico, estado de abastecimento, tempo de ciclo do pedido, conta da análise de materiais
Financeiro	Contabilidade geral, fluxo de caixa, contas a receber e a pagar, fluxo de caixa, rentabilidade
Recursos humanos	Produtividade dos funcionários, remuneração, demografia da força de trabalho, retenção

a compreender rapidamente as informações e a agir. Há seis funcionalidades analíticas que os sistemas de *business intelligence* oferecem para alcançar esses objetivos:

- **Relatórios de produção**: esses relatórios são predefinidos com base nas necessidades específicas do setor (veja a Tabela 12.4).
- **Relatórios parametrizados**: usuários introduzem diversos parâmetros como em uma tabela dinâmica para filtrar dados e isolar os impactos dos parâmetros. Por exemplo, você gostaria de compreender como as vendas de um produto variam de acordo com a região e com o horário. Se sua empresa fosse a Starbucks, por exemplo, você poderia notar que a maioria dos clientes no Leste compra café no período da manhã, enquanto os clientes do noroeste compram café durante todo o dia. Essa descoberta pode direcionar campanhas de *marketing* e publicidade diferentes em cada região. (Veja a discussão sobre tabelas dinâmicas na Seção 12.4.)
- **Painéis/*scorecards***: ferramentas visuais para apresentar dados de desempenho definidos pelos usuários.
- **Criação de consulta *ad hoc*/pesquisa/relatório específico**: permitem que os usuários criem seus próprios relatórios com base em consultas e pesquisas.
- ***Drill down***: capacidade de mudar de um resumo de alto nível para uma visão mais detalhada.
- **Previsões, cenários, modelos**: incluem recursos de previsão linear, análise de cenários alternativos e análise de dados utilizando ferramentas estatísticas padrão.

Análise preditiva

Um recurso importante da análise de *business intelligence* é a capacidade de modelar os eventos e comportamentos futuros, como a probabilidade de um cliente responder a uma oferta de compra de um produto. A **análise preditiva** usa a análise estatística, técnicas de mineração de dados, dados históricos e hipóteses sobre as condições futuras para prever tendências e padrões de comportamento. Variáveis que podem ser medidas para prever o comportamento futuro são identificadas. Uma companhia de seguros, por exemplo, poderia usar variáveis como idade, sexo e carteira de habilitação como indicadores de segurança de condução ao emitir apólices de seguro de automóveis. Uma coleção de indicadores desse tipo é combinada em um modelo preditivo para a previsão de probabilidades futuras com um nível aceitável de confiabilidade.

A FedEx tem utilizado a análise preditiva para desenvolver modelos que preveem como os clientes responderão às mudanças de preços e aos novos serviços, quais clientes estão propensos a mudar para os concorrentes e qual receita será gerada por uma nova loja ou ponto de coleta. A taxa de precisão do sistema de análise preditiva da empresa varia de 65 a 90%.

As análises preditivas estão sendo incorporadas por inúmeros aplicativos de *business intelligence* para atividades de vendas, *marketing*, finanças, detecção de fraudes e assistência médica. Uma das aplicações mais conhecidas é a de pontuação de crédito (*score*), que é usada em todo o setor de serviços financeiros. Quando você se cadastra para solicitar um novo cartão de crédito, os modelos de pontuação processam seu histórico de crédito, pedidos de empréstimo e dados de compras para determinar a sua probabilidade de efetuar em dia os pagamentos de crédito futuros. As seguradoras de assistência médica têm analisado os dados há vários anos para identificar quais pacientes tendem a gerar custos mais elevados.

Muitas empresas usam a análise preditiva para prever a resposta a campanhas de *marketing* direto. Ao identificar os clientes menos propensos a responder, as empresas são capazes de reduzir seus custos de *marketing* e de vendas, ignorando esse grupo e focando os seus recursos em clientes que têm sido identificados como mais promissores. A Slack Technologies, por exemplo, é uma empresa que fornece ferramentas e serviços de colaboração em equipe baseados em nuvem para 12 milhões de usuários ativos e usa análises preditivas para identificar clientes com maior probabilidade de usar seus produtos com muita frequência e optar por seus serviços pagos.

TABELA 12.5 O que a análise de *big data* pode fazer

EHarmony	O *site* de encontros *on-line* analisa dados pessoais e comportamentais de 10 milhões de usuários para combinar casais com base em características de compatibilidade encontradas em milhares de relacionamentos bem-sucedidos. Processa mais de 3,5 milhões de combinações por dia.
Bank of America	Capaz de analisar todos os seus 66 milhões de clientes de uma só vez para entender cada cliente em todos os canais e interações e apresentar ofertas consistentes e personalizadas. Consegue determinar qual de seus clientes possui um cartão de crédito ou um empréstimo hipotecário que poderia se beneficiar do refinanciamento em um concorrente. Quando o cliente acessa o BofA online, liga para o *call center* ou visita uma agência, essa informação fica disponível para o aplicativo *on-line* ou vendedor apresentar a contraoferta do BofA.
Hunch.com	Analisa grandes bancos de dados com informações de compras de clientes, de redes sociais e sinais de toda a *web* para produzir um "gráfico de gostos" que faz um mapa da afinidade prevista do usuário para produtos, serviços e *sites*. O gráfico de gostos inclui previsões de cerca de 500 milhões de pessoas, 200 milhões de objetos (vídeos, aparelhos, livros) e 30 bilhões de conexões entre pessoas e objetos. Ajuda o eBay a desenvolver recomendações mais personalizadas sobre os itens a serem oferecidos.
Seleção da Alemanha na Copa do Mundo	Analisa grandes quantidades de vídeo e dados numéricos sobre o desempenho individual do jogador e da equipe em relação a si mesmos e às equipes adversárias e, em seguida, usou o que aprendeu para melhorar a forma como jogar e aproveitar os pontos fortes e fracos dos adversários. O uso superior de análise de *big data* ajudou a equipe a vencer a Copa do Mundo de 2014.

Análise de *big data*

A análise preditiva tem aproveitado o *big data* acumulado, tanto no setor privado quanto no público, incluindo os dados de mídia social, transações dos clientes e informações de sensores e de máquinas. No comércio eletrônico, muitos varejistas *on-line* são capazes de fazer recomendações personalizadas de produtos *on-line* aos visitantes de seus *sites* para ajudar a estimular compras e orientar suas decisões sobre quais mercadorias estocar. No entanto, a maior parte dessas recomendações de produtos baseia-se nos comportamentos de grupos semelhantes de clientes, como aqueles com renda abaixo de 50 mil dólares ou cujas idades variam entre 18 e 25 anos. Agora, algumas empresas já começam a analisar a enorme quantidade de dados de clientes *on-line* e da loja coletados juntamente com os dados de mídia social a fim de tornar essas recomendações mais personalizadas. Esses esforços estão sendo convertidos em maiores gastos do cliente e maiores taxas de retenção de clientes. A Tabela 12.5 fornece exemplos de empresas que usam análise de *big data*.

No setor público, a análise de *big data* vem impulsionando o movimento em direção a "cidades inteligentes", que fazem uso intensivo da tecnologia digital e de armazenamento de dados para tomar melhores decisões sobre o funcionamento das cidades e sobre como servir os seus moradores. A manutenção de registros públicos produziu armazéns cheios de dados de transferências de propriedade, registros fiscais, registros corporativos, auditorias de conformidade ambiental, inspeções de restaurantes, relatórios de manutenção de edifícios, avaliações de transporte de massa, dados de criminalidade, estatísticas do departamento de saúde, registros de educação pública, comentários e muito mais. Os municípios estão agregando mais dados capturados por meio de sensores, dados de localização de telefones celulares e aplicativos de *smartphone* direcionados. Os programas de modelagem preditiva agora podem informar as decisões de políticas públicas sobre gestão de serviços públicos, operação de transporte, serviço de assistência médica e segurança pública. Além disso, a capacidade de avaliar como as mudanças em um serviço impactam a operação e a entrega de outros serviços permite a resolução de problemas holísticos, o que não passaria de um sonho para a geração anterior.

SESSÃO INTERATIVA **ORGANIZAÇÕES**

Manutenção preditiva na indústria de petróleo e gás

Em vários setores, melhorar a produtividade dos ativos existentes mesmo em um único ponto percentual pode gerar benefícios significativos. Isso também vale para o setor de petróleo e gás, que é profundamente afetado por paralisações não planejadas, quando os equipamentos não podem operar por causa de um mau funcionamento. Um único dia improdutivo em uma plataforma pode custar a uma instalação de gás natural liquefeito (GNL) até US$ 25 milhões – uma instalação de médio porte desse tipo tem cerca de cinco dias de inatividade por ano –, o que representa de US$ 125 a US$ 150 milhões perdidos. Minimizar o tempo de inatividade (*downtime*) é fundamental, especialmente ao se considerar a queda nas receitas resultante do preço mais baixo da energia. Nesse caso, a análise de *big data* pode ser útil.

Sensores em campos de petróleo e tubulações de petróleo e gás natural produzem uma grande quantidade de dados que podem ser analisados para fins de manutenção preditiva. A McKinsey & Company estima que uma plataforma de produção *offshore* comum pode ter mais de 40.000 *tags* de dados. As empresas de energia têm usado sensores nos campos de petróleo para monitorar o *status* das operações em tempo real e agora estão começando a usar dados de IoT para prever falhas de equipamentos e resolver problemas antes que se tornem dispendiosos. A inspeção física de equipamentos em locais remotos costuma ser uma atividade cara. Essa falta de visibilidade pode resultar em falha do equipamento, custos de manutenção não programada e improdutividade, bem como em derramamentos de óleo, vazamentos ou acidentes decorrentes de equipamentos com defeito.

As ferramentas de manutenção preditiva avaliam a condição do equipamento operacional e preveem seus requisitos de manutenção para alcançar o desempenho ideal e evitar mau funcionamento. Monitoramento de condição automatizado e análise avançada de dados são usados para coletar estatísticas vitais de equipamentos, como vibração, temperatura, som e corrente elétrica, comparando-as com registros históricos de equipamentos semelhantes a fim de detectar sinais de deterioração. Os dados obtidos dos programas de manutenção preditiva permitem que os responsáveis pela tomada de decisão programem atividades de manutenção sem interromper as operações de produção de rotina e para determinar quais reparos são prioritários.

A empresa britânica de petróleo e gás BP trabalhou com a General Electric (GE) em 2015 para equipar 650 de seus milhares de poços de petróleo com sensores GE ligados à plataforma em nuvem Predix da empresa. A Predix fornece serviços para desenvolver e executar aplicativos IoT que coletam dados de sensores industriais e os analisam na nuvem, fornecendo informações em tempo real para agendar verificações de manutenção, melhorar a eficiência do equipamento e reduzir o tempo de inatividade. Cada poço da BP foi equipado com 20 a 30 sensores para medir a pressão e a temperatura, transmitindo 500 mil pontos de dados para a nuvem Predix a cada 15 segundos. A BP espera usar os dados para prever fluxos de poços e a vida útil de cada um deles e, consequentemente, obter uma visão geral do desempenho de seus campos de petróleo.

A parceria da BP com a GE produziu recentemente um aplicativo chamado Plant Operations Advisor (POA), que melhorará ainda mais a eficiência, a confiabilidade e a segurança das operações da produção de petróleo e gás da BP. O Plant Operations Advisor evitará o tempo de inatividade não planejado, ajudando as equipes de engenharia a reagir rapidamente aos problemas à medida que eles ocorrem em tempo real. A BP usou pela primeira vez o Plant Operations Advisor para ajudar a gerenciar o desempenho de uma de suas plataformas no Golfo do México e em breve implantará essa ferramenta em outras instalações da empresa em todo o mundo.

A GE reconheceu que o gerenciamento de riscos na tubulação é um grande desafio para a indústria de petróleo e gás. Há 2 milhões de milhas de tubulação de transmissão em todo o mundo, transportando óleo ou gás líquido de seu ponto de extração para refino, processamento ou mercado. Cerca de 55% do gasoduto de transmissão nos Estados Unidos foi instalado antes de 1970. Derramamentos em dutos não são frequentes, mas quando ocorrem, causam sérios danos econômicos e ambientais, além de má publicidade para operadores de dutos e empresas de energia. Os operadores de dutos estão sempre ansiosos para saber onde haverá a próxima ruptura, mas, geralmente, não dispõem dos dados para medir a adequação da tubulação.

A GE desenvolveu um conjunto de *software* de gerenciamento de pipeline para acessar, gerenciar e integrar dados críticos para a segurança da operação, incluindo uma ferramenta de avaliação de risco para monitorar a infraestrutura antiga. A solução de avaliação de risco da GE combina fatores internos e externos (como inundações) para fornecer uma representação visual precisa e atualizada de onde existe risco em um pipeline. Essa ferramenta de avaliação de risco permite que os operadores de dutos tomem decisões em tempo real sobre em qual ponto do duto as equipes de serviço de campo devem estar alocadas.

O clima tem um impacto considerável no risco de oleodutos em áreas propensas à atividade sísmica, hidrovias e desmoronamentos. A observação dos padrões climáticos ao longo de milhares de quilômetros de tubulação em busca de dados de zonas de chuva ou inundação e a integração desses dados com outros conjuntos de dados de tubulação complexos é difícil de se executar manualmente. Mas ao reunir todos os dados relevantes em um só lugar, o Predix da GE oferece aos operadores de dutos acesso mais fácil às informações para abordar as áreas com maior impacto potencial.

A Royal Dutch Shell PLC está usando a plataforma em nuvem Microsoft Azure e a plataforma de desenvolvimento de aplicativos C3 IoT platform-as-a-service (PaaS) para monitorar e prever onde e quando a manutenção será necessária para compressores, válvulas e outros equipamentos. Os aplicativos de manutenção preditiva criados com essas ferramentas estão entrando em produção. Um deles lida com equipamentos responsáveis pela produção de gás de carvão, ou gás de hulha, (gás coletado de leitos de carvão não minerados) na Austrália, enquanto outro ajuda a detectar anomalias nas válvulas a jusante. A Shell agora está tentando implantar a tecnologia de manutenção preditiva em dezenas e até centenas de milhares de locais e em mais de um milhão de equipamentos individuais.

Fontes: www.ge.com, acessado em 20 de abril de 2020; "BP and GE Announce New Offshore Digital Technology with Plans to Deploy Globally," www.powergenadvancement.com, acessado em 12 de abril de 2020; "Predictive Maintenance Gains Greater Significance in Oil and Gas Industry," *Oil & Gas Engineering*, 24 de maio de 2019; Caroline Donnelly, "AI and Machine Learning Help to Power Shell's Multi- Decade Digital Transition," *Computer Weekly Nordic*, novembro de 2018 a janeiro de 2019; Steven Norton, "Shell Announces Plans to Deploy Applications at Scale," *CIO Journal*, 20 de setembro de 2019; e Laura Winig, "GE's Big Bet on Data and Analytics," *MIT Sloan Management Review*, fevereiro de 2016

PERGUNTAS DO ESTUDO DE CASO

1. Por que a manutenção preditiva é tão importante na indústria de petróleo e gás? Que problemas é capaz de resolver?
2. Qual é o papel da Internet das Coisas (IoT) e da análise de *big data* na manutenção preditiva?
3. Como os aplicativos de manutenção preditiva da BP e da Royal Dutch Shell mudaram as operações de negócios e a tomada de decisões?
4. Dê um exemplo de como os sistemas de manutenção preditiva podem ser usados em outro setor.

Inteligência operacional e análise

Muitas decisões são relacionadas a como administrar as atividades dessas cidades diariamente. São decisões em grande parte operacionais, esse tipo de monitoramento da atividade de negócios é chamado de **inteligência operacional**. A Internet das Coisas está criando enormes fluxos de dados de atividades na *web*, *smartphones*, sensores, medidores e dispositivos de monitoramento que podem ser usados para inteligência operacional sobre atividades dentro e fora da organização. O *software* para inteligência operacional e análise permite que as organizações examinem esses fluxos de *big data* à medida que são gerados em tempo real. Os sistemas agrícolas baseados em dados descritos no caso de abertura do capítulo são um exemplo de inteligência operacional. Outro exemplo é o uso de dados gerados por sensores em caminhões, carretas e contêineres intermodais de propriedade da Schneider National, uma das maiores empresas de carga, logística e serviços intermodais da América do Norte. Os sensores monitoram a localização, o comportamento do motorista, os níveis de combustível e se um trailer ou contêiner está carregado ou vazio. Os dados dos sensores do tanque de combustível ajudam a Schneider a identificar o local ideal em que o motorista deve parar para abastecer, com base no combustível restante no tanque, o destino do caminhão e os preços dos postos no caminho. A Sessão Interativa sobre Organizações descreve como as empresas de petróleo e gás estão usando a inteligência operacional para manutenção preditiva, que pode prever quais equipamentos ou infraestrutura podem apresentar problemas em breve, de modo que a manutenção possa ser programada antes que ocorra uma falha.

Análise de localização e sistemas de informações geográficas

As decisões também são baseadas em dados de localização. A análise da BI inclui a **análise de localização**, ou seja, a capacidade de obter percepções de negócios a partir do componente de localização (geográfica) dos dados, incluindo dados de localização oriundos de telefones

Este mapa indica que o predomínio do diagnóstico de diabetes está concentrado de forma desproporcional no leste do Texas. Além disso, este mapa mostra a necessidade no leste do Texas de um número maior de Programas de Prevenção de Diabetes (DPPs), que são voltados à comunidade e fornecem educação de prevenção de diabetes tipo 2 com base em evidências.

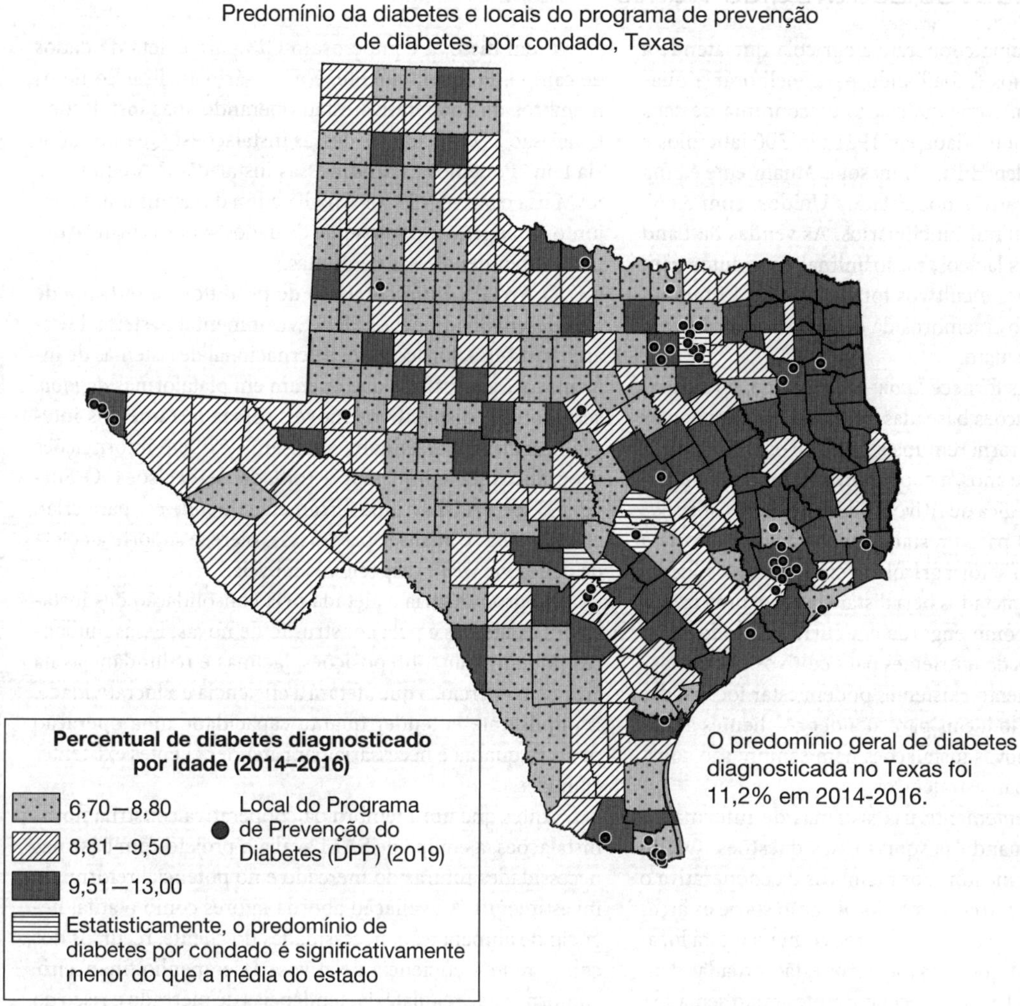

celulares, resultantes de sensores ou de dispositivos de digitalização e dados de mapas. A análise de localização, por exemplo, poderia ajudar um profissional de *marketing* a determinar para quais pessoas deve direcionar anúncios móveis sobre restaurantes e lojas que estão próximos a elas, ou quantificar o impacto dos anúncios móveis em termos de visitas na loja. A análise de localização permitiria a uma concessionária de serviços públicos visualizar e medir as interrupções e seus custos associados relacionados com a localização do consumidor para ajudar a priorizar o *marketing*, as atualizações do sistema e os esforços de atendimento ao cliente. Os sistemas de roteamento de entrega e de rastreamento de pacotes da UPS descritos no Capítulo 1 utilizam a análise de localização, assim como a aplicação utilizada pela Starbucks para determinar onde abrir novas lojas. O sistema da Starbucks analisa grandes quantidades de dados baseados em localização e dados demográficos para determinar os melhores lugares para abrir mais lojas, sem, no entanto, prejudicar as vendas em outros estabelecimentos da empresa. O usuário pode ver no mapa áreas de comércio local, clusters de varejo, dados demográficos, nós de tráfego e transporte e locais com novos escritórios que podem ser fontes importantes de clientes.

SESSÃO INTERATIVA **GESTÃO**

Os sistemas de informações geográficas ajudam a Land O'Lakes a gerenciar ativos estrategicamente

A Land O'Lakes é uma cooperativa agrícola que atende a indústria de laticínios trabalhando para melhorar a qualidade, consistência, comercialização e economia de seus produtos lácteos. Foi fundada em 1921 por 300 laticínios e está sediada em Arden Hills, Minnesota. Atualmente é uma das maiores cooperativas dos Estados Unidos, com 3.667 membros e quase 10 mil funcionários. As vendas da Land O'Lakes de produtos lácteos, ração animal e produtos para proteção de sementes e cultivos totalizam US$ 15 bilhões por ano. Em 2019, os membros da cooperativa receberam US$ 187 milhões de lucro.

A Land O'Lakes fornece *know-how* técnico, ferramentas exclusivas e soluções baseadas em pesquisa para ajudar os agricultores a se tornarem mais produtivos e competitivos. Há cerca de sete anos, a cooperativa formou uma equipe de Gestão Estratégica de Ativos (SAM, do inglês *Strategic Asset Management*) para prestar serviços de consultoria a seus associados. No setor agrícola, a eficiência e os lucros são profundamente afetados pela distância entre uma fazenda e vários ativos, como engorda em curral, elevadores de grãos ou instalações de nutrientes para cultivos. As instalações de armazenamento existentes podem estar localizadas em áreas que não são ideais para atender os clientes atuais das fazendas, e as novas instalações nem sempre são construídas nos locais mais estratégicos.

A SAM frequentemente usa sistemas de informação geográfica (GIS) quando pesquisa essas questões. O GIS pode, por exemplo, mostrar aos membros da cooperativa o mapeamento e as informações de localização sobre as áreas comerciais de um projeto – onde a área comercial está localizada, onde as instalações dos membros estão situadas dentro da área comercial e onde os concorrentes estão sediados. O GIS é capaz de mostrar a dinâmica geográfica da área comercial analisada pela equipe da SAM e como ela pode ser melhorada.

Se a Land O'Lakes tiver várias instalações que são próximas, a equipe da SAM analisa onde as áreas de comércio se sobrepõem. Ela também realiza análises de transporte para determinar como os produtos estão sendo entregues aos clientes da Land O'Lakes e se há uma maneira de realizar a operação com mais eficiência. A equipe de SAM pode analisar as instalações que os clientes estão usando atualmente em comparação com aquelas que se acredita serem mais apropriadas para seu uso com base na distância, funcionalidade e crescimento futuro. Às vezes, o GIS será usado para analisar rotas de tempo de percurso dentro de territórios comerciais específicos, bem como para planejamento de rotas.

Além disso, a equipe usa o GIS para coleta de dados de campo. Frequentemente, é necessário analisar como os membros da cooperativa estão operando suas instalações. Quais são as capacidades dessas instalações? Quantos anos ela têm? Podemos expandir essas instalações? A equipe da SAM usa o Survey123 for ArcGIS a fim de capturar um conjunto abrangente e consistente de dados sobre as instalações para responder a essas perguntas.

O ArcGIS é um conjunto de produtos de *software* de GIS desenvolvido pela ESRI (Evironmental Systems Research Institute), fornecedora internacional de sistemas de informações geográficas que operam em plataformas *desktop*, servidores e dispositivos móveis. Essas ferramentas integram, armazenam, editam, analisam e exibem informações geográficas para informar a tomada de decisões. O Survey123 for ArcGIS é uma ferramenta de *software* para criar, compartilhar e analisar pesquisas e oferece suporte à coleta de dados via *web* e dispositivos móveis.

A agroindústria é afetada pela consolidação das instalações existentes e pela construção de novas. Essas mudanças podem criar sobreposições, lacunas e redundâncias na área de comércio, o que afetará a eficiência e a lucratividade. É importante entender quanta capacidade uma operação possui e quanta é necessária para atender clientes existentes e futuros.

Antes que um membro da cooperativa construa novas instalações, a equipe de SAM avalia o projeto com base nas necessidades futuras do mercado e no potencial retorno do investimento. A avaliação aborda fatores como o atual negócio de alimentação, necessidades do cliente, recursos dos concorrentes, eficiência de ativos, desempenho financeiro, conformidade regulatória, tendências de mercado e risco do projeto. O GIS ajuda a equipe de SAM a mostrar aos membros da cooperativa as alocações de clientes para várias instalações, como duas novas fábricas.

A equipe de SAM faz recomendações sobre como mudar os modelos de transporte ou distribuição dos membros. Tomemos, por exemplo, um membro responsável por sete fábricas de ração para produtores de suínos. Eles contam com usinas antigas demais e não vale a pena gastar dinheiro para melhorá-las. Com algum investimento, outra usina poderia operar por mais cinco anos antes de precisar ser substituída. O mercado de fábricas de ração está crescendo, então o proprietário da fábrica deve aumentar a capacidade à medida que o mercado se expande. A questão é: onde é o melhor lugar de uma nova instalação para substituir as três que estão desatualizadas, uma instalação que pode fabricar ração de forma mais eficiente e segura para os funcionários e implementar um mecanismo de rastreamento para atender às atuais demandas de transparência do consumidor? A equipe de SAM trabalhará para fornecer respostas.

A Land O'Lakes usa estudos de transporte para examinar despesas operacionais e custos futuros de transporte como parte de sua análise financeira para fins de investimento de capital. A equipe de SAM tentará responder a perguntas como: Quantos quilômetros os caminhoneiros precisam percorrer hoje para chegar às instalações de distribuição? Que distância teriam de cobrir se um novo modo de transporte fosse implementado para acomodar um conjunto diferente de instalações de distribuição? O novo modelo de transporte produzirá economia de custos ou os custos aumentarão com a construção de novas instalações em diferentes áreas?

As análises de mercado da equipe de SAM também examinam as tendências de demanda para os produtos Land O'Lakes: De onde vem essa demanda? Em que medida a demanda está mudando? O que está impulsionando a demanda? Quanto crescimento aconteceu no mercado historicamente? Onde estão as oportunidades de crescimento no futuro? Quem são os concorrentes e qual é o impacto de cada um deles no mercado? O trabalho da equipe SAM beneficiou tanto as operações do dia a dia quanto o planejamento de longo prazo.

Fontes: www.esri.com, acessado em 15 de janeiro de 2020; "2019 Land O'Lakes Inc. Annual Report," 25 de fevereiro de 2020; "As Agriculture Continually Transforms, Land O'Lakes Uses GIS to Manage Strategic Assets," *ArcNews*, outono de 2019; www.vault.com, acessado em 15 de janeiro de 2020.

PERGUNTAS DO ESTUDO DE CASO

1. Por que os dados de localização geográfica são tão importantes para a Land O'Lakes? Que categorias de informações geográficas a Land O'Lakes usa?
2. Como o uso do GIS melhorou as operações e a tomada de decisões na Land O'Lakes?
3. Dê exemplos de três decisões da Land O'Lakes que foram melhoradas graça ao uso do GIS.

O aplicativo da Starbucks é um exemplo de **sistemas de informações geográficas** (GIS, do inglês *geographic information systems*). O GIS fornece ferramentas para ajudar os responsáveis pela tomada de decisão a visualizar problemas que se beneficiam do mapeamento. O *software* do GIS vincula dados de localização sobre a distribuição de pessoas ou outros recursos a pontos, linhas e áreas em um mapa. Alguns GIS oferecem recursos de modelagem para alterar os dados e automaticamente rever os cenários dos negócios.

O GIS pode ser usado para ajudar os governos estaduais e locais a calcular o tempo de resposta a desastres naturais e outras emergências, para ajudar os bancos a identificar a melhor localização para novas agências ou terminais de caixa eletrônico, ou para ajudar a polícia a identificar locais com maior incidência de crimes. A Sessão Interativa sobre Gestão dá exemplos de outros tipos de aplicativos GIS usados pela Land O›Lakes para melhorar as operações e o planejamento.

12.4 Como os diferentes grupos responsáveis pela tomada de decisão em uma organização usam a *business intelligence*?

Em partes anteriores deste texto e deste capítulo, descrevemos as diferentes informações constituintes em empresas: de gerentes seniores a gerentes intermediários, analistas e funcionários. Isso também vale para sistemas de BI e de BA (veja a Figura 12.4). Mais de 80% do público de BI consiste em usuários casuais que dependem significativamente de relatórios de produção. Os gerentes seniores tendem a usar o BI para monitorar as atividades da empresa usando

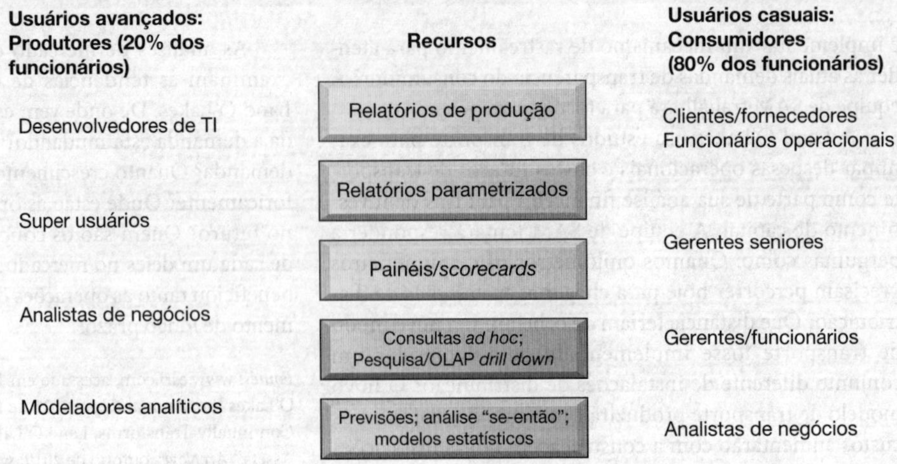

FIGURA 12.4 Usuário de *business intelligence*.

Usuários casuais são consumidores dos resultados da inteligência empresarial, enquanto os usuários avançados são produtores de relatórios, novas análises, modelos e previsões.

interfaces visuais, como painéis e *scorecards*. Gerentes de nível médio e analistas são muito mais propensos a ficar imersos nos dados e no *software*, inserindo consultas e separando os dados ao longo de diferentes dimensões. Os funcionários operacionais estarão, juntamente com clientes e fornecedores, observando, na maioria das vezes, os relatórios pré-formatados.

Apoio à decisão da gerência operacional e da gerência média

A gerência operacional e a média geralmente são responsáveis pelo monitoramento do desempenho de aspectos-chave do negócio, desde o tempo de inatividade dos equipamentos no chão de fábrica até as vendas diárias ou mesmo horárias nas franquias de redes de alimentos até o tráfego diário no *site* de uma empresa. A maioria das decisões que estes gestores tomam são bastante estruturadas. Os sistemas de informações gerenciais (SIG), que apresentamos no Capítulo 2, são geralmente usados por gerentes de nível médio para dar suporte a esse tipo de tomada de decisão. Cada vez mais, a gerência média esses relatórios *on-line* e pode consultar os dados de forma interativa para descobrir por que os eventos estão acontecendo. Os gerentes nesse nível geralmente recorrem a relatórios de exceção, que destacam apenas condições excepcionais – como as situações nas quais as cotas de vendas para um território específico ficam abaixo do nível previsto ou os funcionários excedem limites de gastos do plano de assistência odontológica. A Tabela 12.6 fornece alguns exemplos de SIG para *business intelligence*.

TABELA 12.6 Exemplos de aplicações de SIG

EMPRESA	APLICAÇÃO DE SIG
California Pizza Kitchen	O aplicativo Inventory Express "lembra" os padrões de pedidos de cada restaurante e compara a quantidade de ingredientes usados por item do menu com as medidas de porção predefinidas estabelecidas pela administração. O sistema identifica os restaurantes com porções desajustadas e notifica os gerentes para que ações corretivas sejam tomadas.
Black & Veatch	O SIG Intranet rastreia os custos de construção de vários projetos nos Estados Unidos.
Taco Bell	O sistema Total Automation of Company Operations (TACO) fornece informações sobre alimentação, mão de obra e custos do período para cada restaurante.

Custos fixados totais	**19000**
Custo variável por unidade	**3**
Preço médio de venda	**17**
Margem de contribuição	**14**
Ponto de equilíbrio	**1357**

		Custo variável por unidade				
Vendas	**1357**	**2**	**3**	**4**	**5**	**6**
Preço	**14**	1583	1727	1900	2111	2375
	15	1462	1583	1727	1900	2111
	16	1357	1462	1583	1727	1900
	17	1267	1357	1462	1583	1727
	18	1188	1267	1357	1462	1583

FIGURA 12.5 Análise de sensibilidade.

Essa figura exibe os resultados de uma análise de sensibilidade do efeito da mudança no preço de venda de uma gravata e do custo por unidade sobre o ponto de equilíbrio do produto. Ela responde à pergunta: "O que acontecerá ao ponto de equilíbrio se o preço de venda e o custo de fabricação de uma unidade aumentarem ou diminuírem?"

Apoiar para decisões semiestruturadas

Alguns gerentes são "super usuários" e analistas de negócios perspicazes que desejam criar seus próprios relatórios e usar análises e modelos mais sofisticados para encontrar padrões em dados, para modelar cenários de negócios alternativos ou para testar hipóteses específicas. Os sistemas de apoio à decisão (SAD) compõem a plataforma de entrega de *business intelligence* para essa categoria de usuários, com a capacidade de apoiar a tomada de decisão semiestruturada.

O SAD depende mais de modelagem do que o SIG, utilizando modelos matemáticos ou analíticos para executar análises "se-então", entre outros tipos. Análises "se-então", partindo de condições conhecidas ou de hipotéticas, permitem que o usuário varie certos valores para testar resultados caso realmente ocorram mudanças nesses valores. O que acontecerá se aumentarmos

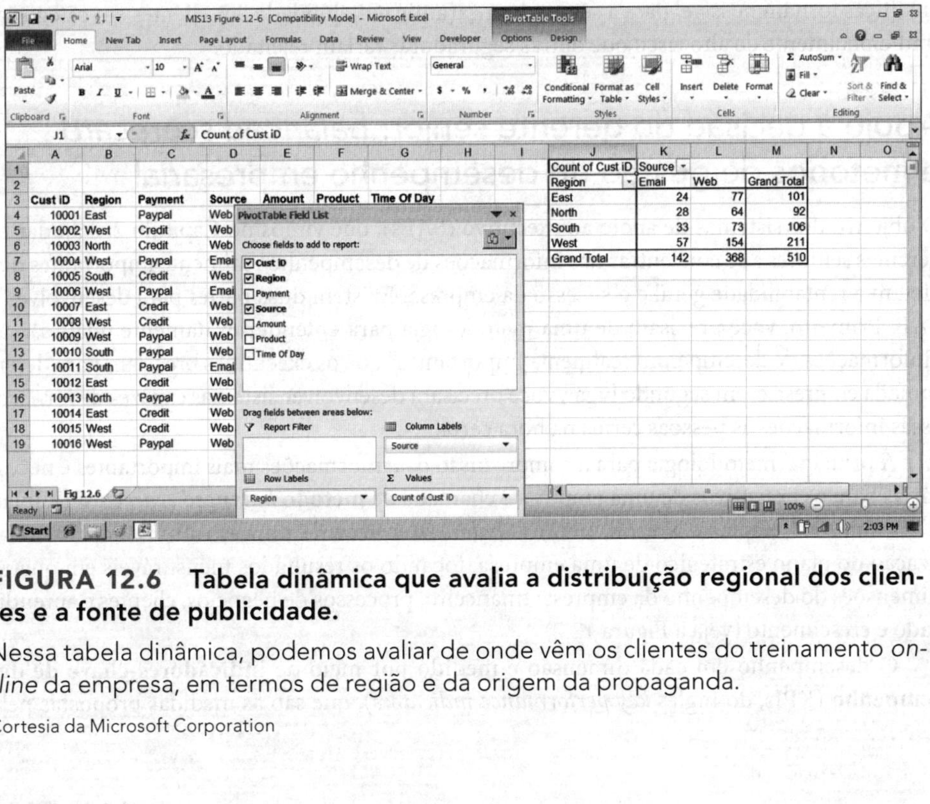

FIGURA 12.6 Tabela dinâmica que avalia a distribuição regional dos clientes e a fonte de publicidade.

Nessa tabela dinâmica, podemos avaliar de onde vêm os clientes do treinamento *on-line* da empresa, em termos de região e da origem da propaganda.

Cortesia da Microsoft Corporation

os preços do produto em cinco por cento ou se aumentarmos o orçamento da publicidade em um milhão de dólares? Os modelos de **análise de sensibilidade** fazem perguntas do tipo "se-então" repetidamente para prever o impacto sobre os resultados causado por várias mudanças em um ou mais fatores (veja a Figura 12.5). A análise de sensibilidade reversa ajuda os profissionais que tomam decisão a atingirem suas metas: se quisermos vender um milhão de unidades de um produto no próximo ano, de quanto deverá ser a redução no preço desse produto?

O Capítulo 6 descreveu a análise multidimensional de dados e o OLAP como uma das tecnologias-chave da *business intelligence*. As planilhas apresentam um recurso semelhante para a análise multidimensional chamado de **tabela dinâmica**, que gerentes e analistas "super usuários" utilizam para identificar e compreender padrões nas informações empresariais que podem ser úteis na tomada de decisão semiestruturada.

A Figura 12.6 ilustra uma tabela dinâmica do Microsoft Excel que examina uma grande lista de transações de pedidos de uma empresa que vende vídeos e livros de treinamento *on-line* sobre gestão. Ela mostra a relação entre duas dimensões: a região de vendas e a origem do contato (banners na *web* ou *e-mail*) para cada pedido do cliente. Ela responde à pergunta: será que a origem do cliente faz diferença, além da região? A tabela dinâmica nessa figura mostra que a maioria dos clientes é da região oeste e que a propaganda em banners é responsável pela maioria deles, em todas as regiões.

No passado, grande parte dessa modelagem era realizada através de planilhas e um pequeno banco de dados isolado. Hoje, esses recursos são incorporados em grandes sistemas de *business intelligence* da empresa e capazes de analisar dados de grandes bancos de dados corporativos. A análise de BI inclui ferramentas para modelagem intensiva, algumas das quais descrevemos anteriormente. Esses recursos ajudam a seguradora Progressive a identificar os melhores clientes para os seus produtos. Usando dados amplamente disponíveis do setor de seguros, a Progressive define pequenos grupos de clientes, ou "células" – como condutores de motocicleta com idades acima de 30 anos e nível superior, pontuação de crédito acima de certo nível e nenhum acidente. Para cada "célula", a Progressive realiza uma análise de regressão para identificar os fatores mais intimamente correlacionados com as perdas de seguro que são comuns para esse grupo. Em seguida, define preços para cada célula e utiliza um *software* de simulação para testar se esse arranjo de preços permitirá à empresa ter lucro. Essas técnicas analíticas tornam possível para a seguradora garantir rentabilidade dos clientes em categorias tradicionalmente de alto risco que outras seguradoras teriam rejeitado.

Apoio à decisão do gerente sênior: *balanced scorecard* e métodos de gestão do desempenho empresarial

O objetivo dos sistemas de apoio ao executivo (SAEs), que vimos no Capítulo 2, é ajudar os gerentes seniores a se concentrar nas informações de desempenho realmente importantes que afetam a rentabilidade geral e o sucesso da empresa. Existem duas partes para desenvolver o SAE. Primeiro, você precisará de uma metodologia para entender exatamente quais são as "informações de desempenho realmente importantes" que os executivos precisam para determinada empresa e, em segundo lugar, você precisará desenvolver sistemas capazes de fornecer essas informações às pessoas certas na hora certa.

A principal metodologia para a compreensão das informações mais importantes e necessárias para os executivos de uma empresa é chamada de **método *balanced scorecard*** (Kaplan e Norton, 2004; Kaplan e Norton, 1992). O *balanced scorecard* é uma estrutura de operacionalização do plano estratégico de uma empresa, focando os resultados mensuráveis em quatro dimensões do desempenho da empresa: financeiro, processos de negócios, clientes e aprendizado e crescimento (veja a Figura 12.7).

O desempenho em cada dimensão é medido por meio de **indicadores-chave de desempenho** (KPIs, do inglês *key performance indicators*), que são as medidas propostas pela

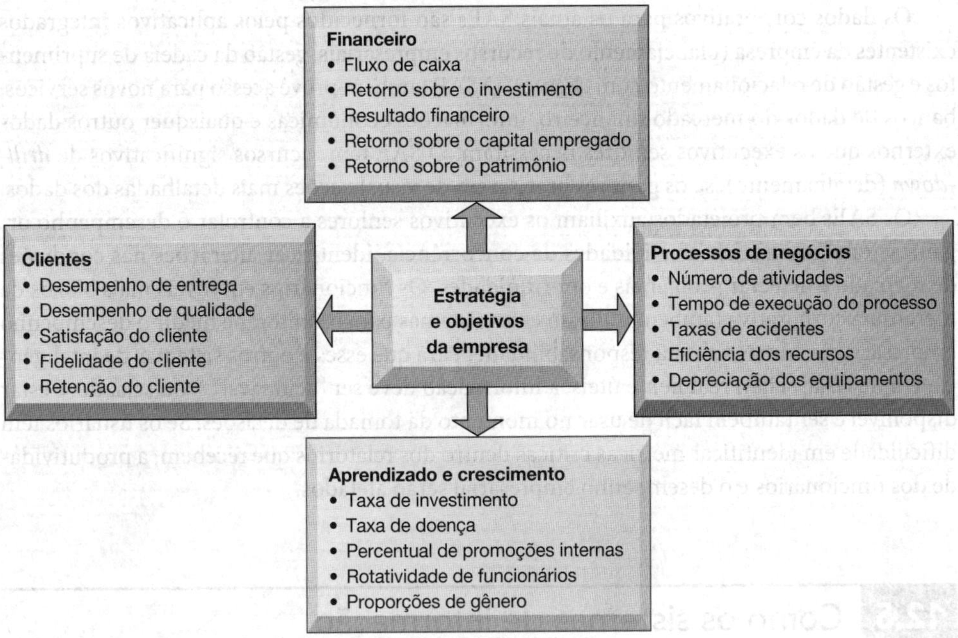

FIGURA 12.7 A estrutura *balanced scorecard*.

Na estrutura *balanced scorecard*, os objetivos estratégicos da empresa são operacionalizados ao longo de quatro dimensões: financeiro, processo de negócios, cliente e aprendizado e crescimento. Cada dimensão é medida utilizando vários indicadores-chave de desempenho.

gerência sênior para compreender quão bem a empresa está operando ao longo de qualquer dimensão. Por exemplo, um indicador-chave de quão bem uma empresa de varejo *on-line* está atingindo seus objetivos de desempenho com relação ao cliente é a duração média de tempo necessário para fazer uma entrega a um consumidor. Se sua empresa for um banco, um indicador-chave de desempenho do processo de negócio é o tempo necessário para executar uma função básica como a criação de uma nova conta de cliente.

A estrutura *balanced scorecard* foi idealizada para ser "equilibrada" porque faz com que os gerentes se concentrem não somente no desempenho financeiro. Segundo esse ponto de vista, o desempenho financeiro é uma história do passado – o resultado de ações do passado –, e os gerentes devem se concentrar em assuntos que eles são capazes de influenciar hoje, como a eficiência do processo de negócio, a satisfação dos clientes e o treinamento de funcionários. Uma vez que um *scorecard* é desenvolvido por consultores e executivos seniores, o próximo passo é automatizar um fluxo de informações para os executivos e outros gerentes de cada um dos indicadores-chave de desempenho. Depois que esses sistemas são implementados, eles geralmente são chamados de SAE.

Outra metodologia de gestão intimamente relacionada é a **gestão de desempenho empresarial** (BPM, do inglês *business performance management*). Originalmente definido por um grupo setorial em 2004 (liderado pelas mesmas empresas que vendem sistemas de banco de dados e sistemas integrados como Oracle, SAP e IBM), a BPM tenta traduzir sistematicamente as estratégias de uma empresa (por exemplo, a diferenciação, o baixo custo do produtor, o crescimento da participação no mercado e o escopo da operação) em metas operacionais. Uma vez que as estratégias e as metas são identificadas, um conjunto de indicadores-chave de desempenho é desenvolvido para medir o progresso em direção às metas. O desempenho da empresa é então medido com informações coletadas dos sistemas de bancos de dados corporativos da empresa. A BPM usa as mesmas concepções do *balanced scorecard*, mas com tendência de estratégia mais acentuada.

Os dados corporativos para os atuais SAEs são fornecidos pelos aplicativos integrados existentes da empresa (planejamento de recursos empresariais, gestão da cadeia de suprimentos e gestão de relacionamento com cliente). O SAE também provê acesso para novos serviços, bancos de dados do mercado financeiro, informações econômicas e quaisquer outros dados externos que os executivos seniores necessitam. O SAE tem recursos significativos de *drill-down* (detalhamento), se os gestores precisarem de visualizações mais detalhadas dos dados.

Os SAEs bem projetados auxiliam os executivos seniores a controlar o desempenho organizacional, monitorar as atividades da concorrência, identificar alterações nas condições de mercado e detectar problemas e oportunidades. Os funcionários em níveis mais baixos da hierarquia corporativa também utilizam esses sistemas para monitorar e medir o desempenho empresarial nas áreas sob sua responsabilidade. Para que esses e outros sistemas de inteligência empresarial sejam realmente úteis, a informação deve ser "acionável" – ou seja, deve estar disponível e ser também fácil de usar no momento da tomada de decisões. Se os usuários têm dificuldade em identificar métricas críticas dentro dos relatórios que recebem, a produtividade dos funcionários e o desempenho empresarial serão afetados.

12.5 Como os sistemas de informação gerenciais ajudarão minha carreira?

Aqui está como o Capítulo 12 e este livro podem ajudá-lo a encontrar um emprego como analista de dados de nível básico.

A empresa

A Western Well Health, um importante provedor de serviços de saúde para Denver, área metropolitana do Colorado, está procurando um analista de dados de nível básico para realizar análise de dados e geração de relatórios para departamentos operacionais/clínicos. A rede de saúde da empresa inclui 18 hospitais, seis lares de idosos, clínicas de atendimento de urgência, hospitais parceiros e serviços de assistência domiciliar e de cuidados paliativos no Colorado e no oeste do Kansas.

Descrição do cargo

O analista de dados será responsável por coordenar uma variedade de iniciativas de medição de desempenho, incluindo programas de pesquisa de satisfação, *benchmarking* e acompanhamento da qualidade do atendimento, desempenho de resultados clínicos e utilização de ativos. As responsabilidades do trabalho incluem:

- Executar análise de dados com base em conjuntos de dados SAS, bancos de dados MS Access, *sites* externos e plataformas de *business intelligence* para produzir relatórios para os principais grupos de interessados e responsáveis pela tomada de decisão.
- Elicitação de dados e requisitos de relatórios usando entrevistas, análise de documentos, workshops de requisitos, visitas ao local, casos de uso, análise de dados e análise de fluxo de trabalho.
- Trabalhar com a equipe na concepção, manutenção e distribuição de relatórios e incorporação de relatórios no *balanced scorecard*.
- Analisar, testar e modificar bancos de dados e relatórios, conforme necessário, para atender às especificações do usuário final e aos procedimentos de garantia de qualidade.
- Auxiliar no aprimoramento de ferramentas de relatórios de *business intelligence*, painéis e BI móvel para melhorar a usabilidade, aumentar a adoção pelo usuário e agilizar o suporte.

Requisitos do emprego

- Bacharelado em Sistemas de Informação ou Estatística
- Conhecimento do Microsoft Access, SQL e ferramentas de *business intelligence*, como Business Objects, SAS BI ou Tableau
- Desejável experiência em gestão de dados, análise e sistemas de informação
- Desejável conhecimento do ramo de assistência médica e de sistemas de prontuário médico
- Desejável habilidades e/ou experiência em gestão de projetos

Perguntas para a entrevista

1. Você já trabalhou com algum *software* de *business intelligence*? Quais ferramentas utilizou? Qual é o seu nível de proficiência? Pode dar exemplos dos tipos de trabalho de análise de dados e relatórios para os quais você usou essas ferramentas?
2. Na sua experiência com análise de dados e *business intelligence*, você já trabalhou com ferramentas que não eram tão fáceis de usar quanto poderiam ter sido? O que você recomendaria para melhorar a(s) ferramenta(s) para os usuários?
3. Já desenvolveu um relatório de análise para usuários do zero? Quais ferramentas de BI, ou conjuntos de dados e ferramentas, você usou? Pode falar mais sobre como você trabalhou com os usuários para obter os requisitos de informação para o relatório?
4. O que você sabe sobre o setor de saúde e prontuários médicos eletrônicos? Já trabalhou com sistemas e *softwares* de prontuários médicos? Quais trabalhos realizou com eles?
5. Já trabalhou com equipes de projetos? Quais eram suas responsabilidades? Você desempenhou uma função de liderança?

Dicas do autor

1. Análise as duas primeiras seções deste capítulo sobre tomada de decisão. Veja também o Capítulo 6, sobre gerenciamento de dados, e o Capítulo 13, sobre criação de sistemas e requisitos de informação.
2. Use a *web* para fazer mais pesquisas sobre a empresa. Tente descobrir mais sobre sua estratégia, concorrentes e desafios de negócios. Além disso, veja os canais de mídia social da empresa nos últimos 12 meses. Existem tendências que você pode identificar ou certos temas nos quais os canais de mídia social parecem se concentrar?
3. Se você não tem experiência com as ferramentas de *software* BI necessárias para o trabalho, use a *web* para pesquisar essas ferramentas e ver como outras empresas de saúde as estão usando. Acesse *sites* de grandes empresas de consultoria como McKinsey & Co., Boston Consulting Group, Bain & Co. e Accenture, para ler seus artigos de pesquisa sobre como a tecnologia está mudando o setor de serviços de saúde.
4. Prepare-se para levar amostras do trabalho de realização de consultas/geração de relatórios que você fez em seu trabalho de curso e sua proficiência no Microsoft Access.

RESUMO

12.1 Quais os diferentes tipos de decisão e como funciona o processo de tomada de decisão?

Os diferentes níveis de uma organização (estratégico, gerencial, operacional) têm diferentes requisitos na tomada de decisão. As decisões podem ser estruturadas, semiestruturadas ou não estruturadas. As decisões estruturadas são mais frequentes no nível operacional da organização, e as não estruturadas, no nível estratégico. Elas podem ser tomadas por indivíduos ou grupos, por funcionários ou gerentes operacionais, de nível médio e seniores. Existem quatro estágios na tomada de decisão: inteligência, concepção, seleção e implementação.

12.2 Como os sistemas de informação apoiam as atividades dos gestores e a tomada de decisões gerenciais?

Os primeiros modelos clássicos de atividades gerenciais enfatizam as funções de planejamento, organização, coordenação. decisão e controle. Pesquisas contemporâneas que analisam o comportamento real dos gestores descobriram que suas atividades reais são altamente fragmentadas, variadas e de curta duração e que eles evitam tomar decisões políticas grandiosas e abrangentes.

A tecnologia da informação fornece novas ferramentas para os gestores realizarem suas tarefas tradicionais e desempenharem funções mais recentes, permitindo que monitorem, planejem e façam previsões com mais precisão e velocidade do que nunca e que reajam mais rapidamente às mudanças no ambiente de negócios. Os sistemas de informação têm se tornado mais úteis para os gerentes ao prestar suporte para seus papéis na disseminação de informações, ao garantir ligações entre os níveis organizacionais e ao alocar recursos. No entanto, os sistemas de informação não obtêm o mesmo nível de êxito no apoio a decisões não estruturadas. Nas ocasiões em que os sistemas de informação se revelam úteis, a qualidade da informação, os filtros de gestão e a cultura organizacional podem degradar a tomada de decisões.

12.3 Como a *business intelligence* e a analítica empresarial apoiam a tomada de decisões?

A inteligência e a analítica de negócios prometem entregar informações corretas, quase em tempo real aos responsáveis pela tomada de decisão, e as ferramentas analíticas podem ajudá-los a compreender rapidamente as informações e a agir. Um ambiente de *business intelligence* consiste em dados do ambiente empresarial, na infraestrutura de BI, em um conjunto de ferramentas de BA, nos usuários e métodos gerenciais, em uma plataforma de entrega de *business intelligence* (SIG, SAD ou SAE) e na interface do usuário. Há seis funcionalidades analíticas que os sistemas de *business intelligence* entregam para atingir esses fins: relatórios de produção predefinidos, relatórios parametrizados, painéis e *scorecards*, consultas e buscas específicas, a capacidade de *drill-down* para obter visualizações detalhadas dos dados, bem como a capacidade de modelar cenários e criar previsões. A análise de *business intelligence* está começando a lidar com o *big data*. A análise preditiva e a análise de localização são recursos analíticos importantes.

12.4 Como os diferentes grupos responsáveis pela tomada de decisão em uma organização usam a *business intelligence*?

As gerências operacional e média geralmente são encarregadas de monitorar o desempenho da empresa. A maioria das decisões que tomam são bastante estruturadas. Sistemas de informações gerenciais (SIG) que produzem relatórios de produção de rotina geralmente são utilizados para apoiar esse tipo de tomada de decisão. Para a tomada de decisões não estruturadas, gerentes de nível médio e analistas empregam sistemas de apoio à decisão (SAD), com poderosas ferramentas de análise e de modelagem, incluindo planilhas e tabelas dinâmicas. Gerentes seniores que tomam decisões não estruturadas usam painéis e interfaces visuais de exibição de indicadores-chave de desempenho que afetam a rentabilidade global, o sucesso e a estratégia da empresa. O *balanced scorecard* e a gestão do desempenho empresarial são duas metodologias utilizadas no projeto de sistemas de apoio ao executivo (SAE).

Palavras-chave

Análise de localização, 470
Análise de sensibilidade, 474
Análise preditiva, 467
Concepção, 459
Decisões estruturadas, 458
Decisões não estruturadas, 458
Decisões semiestruturadas, 458
Gestão de desempenho empresarial (BPM), 477
Implementação, 459
Indicadores-chave de desempenho (KPIs), 476
Inteligência operacional, 468
Inteligência, 459
Método balanced scorecard, 476
Modelo clássico de gestão, 461
Modelos comportamentais, 461
Papéis gerenciais, 461

Questões para revisão

12.1 Quais os diferentes tipos de decisão e como funciona o processo de tomada de decisão?

- Liste e descreva os diferentes níveis de tomada de decisão e os diferentes grupos de tomada de decisão nas organizações. Explique as diferenças entre seus requisitos para a tomada de decisão.
- Faça a distinção entre decisões não estruturadas, semiestruturadas e estruturadas.
- Liste e descreva os estágios do processo de tomada de decisão.

12.2 Como os sistemas de informação apoiam as atividades dos gestores e a tomada de decisões gerenciais?

- Faça uma comparação entre as descrições do comportamento gerencial nos modelos clássico e comportamental.
- Identifique os papéis gerenciais específicos que podem ser apoiados pelos sistemas de informação.

12.3 Como a *business intelligence* e a analítica empresarial apoiam a tomada de decisões?

- Defina e descreva *business intelligence* e analítica de negócios.
- Liste e descreva os elementos de um ambiente de *business intelligence*.
- Liste e descreva as funcionalidades de análise fornecidas pelos sistemas de BI.
- Defina análise preditiva, análise de localização e inteligência operacional e dê um exemplo de cada uma.

12.4 Como os diferentes grupos responsáveis pela tomada de decisão em uma organização usam a *business intelligence*?

- Liste cada um dos principais grupos de tomada de decisão em uma organização e descreva os tipos de decisões que cada um toma.
- Descrever como o SIG, o SAD e o SAE fornecem suporte à decisão para cada um desses grupos.
- Defina e descreva o método *balanced scorecard* e a gestão do desempenho empresarial.

Para discutir

12.5 Como gerentes ou usuários de sistemas de informações, o que você precisaria saber para participar do projeto e uso de um ESS ou SAE? Por quê?

12.6 Se as empresas usassem SAD e SAE mais amplamente, os gerentes e funcionários tomariam melhores decisões? Por quê? Ou por que não?

12.7 Quanto a *business intelligence* e a analítica de negócios podem ajudar as empresas a refinar sua estratégia de negócios? Justifique sua resposta.

Projetos práticos em SIG

Os projetos desta seção oferecem experiência prática na identificação de oportunidades para SAD, usando uma tabela dinâmica de planilha para analisar dados de vendas e usando ferramentas de planejamento de aposentadoria *on-line* para planejamento financeiro.

Problemas de decisão de gestão

12.8 As concessionárias da Subaru e de outros fabricantes de automóveis mantêm registros da quilometragem dos carros que vendem e para os quais prestam serviços de manutenção. Os dados de quilometragem são usados para lembrar aos clientes quando eles precisam agendar atendimento, mas também são usados para outros fins. Que tipos de decisões essa porção de dados apoia em nível local e no nível corporativo? O que aconteceria se esse dado estivesse errado – por exemplo, mostrando quilometragem de 130 mil em vez de 30 mil? Como isso afetaria a tomada de decisão? Avalie o impacto desses dados nos negócios.

12.9 A Applebee's é uma das maiores cadeias de restaurantes fast food do mundo, com mais de 1.700 estabelecimentos nos Estados Unidos e em outros 18 países. O menu conta com itens de carne bovina, frango e porco, bem como hambúrgueres, massas e frutos do mar. O CEO da Applebee's quer tornar o restaurante mais lucrativo desenvolvendo cardápios mais saborosos e contendo mais itens que os clientes desejam e pelos quais estão dispostos a pagar, apesar do aumento dos custos dos produtos agrícolas. Como a *business intelligence* pode ajudar a administração a implementar essa estratégia? Que dados a Applebee's precisaria coletar? Que tipos de relatórios seriam úteis para ajudar a administração a tomar decisões sobre como melhorar os cardápios e a lucratividade?

Melhor tomada de decisão: usando tabelas dinâmicas para analisar dados de vendas

Habilidades de *software*: tabelas dinâmicas
Habilidades de negócios: análise dos dados de vendas

12.10 Esse projeto oferece uma oportunidade de aprender a usar a funcionalidade de tabela dinâmica do Excel para analisar um banco ou uma lista de dados. Use o arquivo de dados da Online Management Training Inc. descrito anteriormente neste capítulo. Esta é uma lista das transações de vendas no OMT referentes a um único dia. Use a tabela dinâmica do Excel para ajudá-lo a responder às seguintes perguntas:

- Onde estão as maiores médias de aquisições? A resposta poderia informar aos gerentes onde concentrar os recursos de *marketing* e vendas, ou como direcionar mensagens diferentes para diversas regiões.
- Qual forma de pagamento é a mais comum? A resposta poderia ser usada para enfatizar os meios preferidos de pagamento na publicidade.
- Existem momentos do dia em que as compras são mais comuns? Será que as pessoas compram mais produtos enquanto estão no trabalho (provavelmente durante o dia) ou em casa (provavelmente à noite)?
- Qual é a relação entre região, tipo de produto comprado e preços médios de vendas?
- Há instruções sobre como usar tabelas dinâmicas do Excel em nossas trilhas de aprendizado.

Melhor tomada de decisão: usando um ESS baseado na *web* para planejamento de aposentadoria

Habilidades de *software*: *software* que funciona na internet
Habilidades de negócios: planejamento financeiro

12.11 Este projeto ajudará a desenvolver suas habilidades no uso de ESS baseado na *web* para fazer planejamentos financeiros.

Os *sites* da CNN Money e Kiplinger contam com ESS baseado na *web* para planejamento financeiro e tomada de decisões. Selecione um dos *sites* para planejar a aposentadoria. Use o *site* escolhido para determinar quanto você precisa economizar para ter renda suficiente para sua aposentadoria. Suponha que você tenha 50 anos, seja solteiro e planeje se aposentar em 17 anos. Você tem US$ 100 mil em economias. Sua renda anual atual é US$ 85 mil. Seu objetivo é ser capaz de gerar uma renda anual de aposentadoria de US$ 60 mil, incluindo pagamentos da previdência social.

Use o *site* selecionado para determinar quanto dinheiro você precisa economizar para ajudá-lo a atingir sua meta de aposentadoria. Se precisar calcular seus pagamentos estimados da Previdência Social, use a Calculadora Rápida no *site* do Instituto Nacional de Seguro Social.

Avalie o *site* em termos de facilidade de uso, clareza, valor de quaisquer conclusões alcançadas e em que medida o *site* ajuda os investidores a entender suas necessidades financeiras e os mercados financeiros.

Projeto de colaboração e trabalho em equipe

Investigando análise orientada a dados nos esportes

12.12 om três ou quatro de seus colegas de classe, selecione um esporte, como futebol americano, beisebol, basquete ou futebol. Use a *web* para pesquisar como o esporte usa dados e análises para melhorar o desempenho da equipe ou aumentar a venda de ingressos para partidas. Se possível, use o Google Docs e o Google Drive ou Google Sites para debater, organizar e desenvolver uma apresentação de suas descobertas para a turma.

Um algoritmo deve tomar nossas decisões?

ESTUDO DE CASO

Darnel Gates, da Filadélfia, foi preso por invadir uma casa com o carro em 2013 e, mais tarde, por ameaçar violentamente sua ex-mulher. Foi libertado em 2018 e, inicialmente, tinha de se apresentar ao oficial da condicional uma vez por semana, porque ele havia sido identificado como "alto risco" por um algoritmo de computador. As visitas ao escritório de liberdade condicional passaram a ser a cada duas semanas e depois uma vez por mês, mas as conversas com os agentes da condicional continuaram impessoais e superficiais. Esses oficiais raramente dispunham de tempo para entender a reabilitação de Gates. O que Gates não sabia era que um algoritmo de computador desenvolvido por um professor da Universidade da Pensilvânia havia feito a determinação de "alto risco" que ele recebera.

Esse algoritmo é um dos muitos que estão sendo usados para tomar decisões sobre a vida das pessoas nos Estados Unidos e na Europa. Algoritmos preditivos estão sendo usados para determinar sentenças de prisão, regras de liberdade condicional e patrulhas policiais. Muitas vezes, não fica claro como esses sistemas automatizados tomam suas decisões. Muitos países e estados têm poucas regras que exigem a divulgação das fórmulas dos algoritmos. E mesmo que os governos forneçam explicações sobre como os sistemas chegam às decisões que tomam, os algoritmos frequentemente são difíceis de entender para um leigo.

O governo da cidade de Roterdã tem usado algoritmos desse tipo para identificar riscos de fraude previdenciária e fiscal. Um programa chamado Indicação de Risco do Sistema verifica dados de várias autoridades governamentais para designar pessoas que podem estar solicitando benefícios de desemprego quando estão trabalhando ou recebendo subsídios de moradia por morarem sozinhas quando, na verdade, estão morando com vários outros. De acordo com o Ministério de Assuntos Sociais e Emprego, que administra esse programa, os dados examinados incluem renda, educação, propriedade, aluguel, dívida, posse de carro, endereço residencial e benefícios sociais recebidos para moradia, assistência médica e filhos. O algoritmo produz "relatórios de risco" sobre indivíduos que devem ser investigados. O uso mais recente do sistema em Roterdã gerou 1.263 relatórios de risco em dois bairros. As pessoas que estão na lista não são informadas sobre como o algoritmo está tomando decisões e se elas estão no registro, nem são mostradas formas de apelar. Um relatório de outubro de 2019 do relator especial das Nações Unidas sobre pobreza extrema criticou o sistema holandês por criar um "estado de bem-estar digital" que transfere decisões cruciais sobre a vida das pessoas para as máquinas.

Os cidadãos de Roterdã, juntamente com grupos de direitos à privacidade, advogados de direitos civis e o maior sindicato nacional, se uniram contra o programa Indicação de Risco do Sistema. Um tribunal distrital ordenou a suspensão imediata do uso do algoritmo de risco. A corte declarou que o programa Indicação de Risco do Sistema carecia de salvaguardas de privacidade e que o governo não era suficientemente transparente sobre como o programa funcionava. A decisão pode ser revista.

A cidade de Bristol, na Inglaterra, está usando um algoritmo para compensar orçamentos rigorosos que reduziram os montantes destinados a serviços sociais. Uma equipe que inclui representantes da polícia e dos serviços de proteção à infância se reúne semanalmente para analisar os resultados de um algoritmo que tenta identificar os jovens da cidade mais vulneráveis ao crime e as crianças mais necessitadas. Em 2019, Bristol introduziu um programa de *software* que cria uma pontuação de risco com base em dados extraídos de relatórios policiais, benefícios sociais e outros registros governamentais. A pontuação de risco leva em consideração crimes, frequência escolar e dados de moradia, vínculos conhecidos com outras pessoas com pontuações de alto risco e se os pais de um jovem estiveram envolvidos em um incidente doméstico. As pontuações variam, dependendo de quão recentemente um jovem teve um incidente, como uma suspensão escolar.

Existem evidências de que o algoritmo de Bristol está identificando as pessoas certas, e existem pessoas responsáveis pela tomada de decisão que regem seu uso. Charlene Richardson e Desmond Brown, dois funcionários municipais responsáveis por ajudar os jovens designados pelo *software*, reconhecem que o computador nem sempre acerta, por isso não confiam inteiramente em seu resultado. O governo municipal tem sido franco com o público sobre o programa. O governo publicou alguns detalhes *on-line* e organizou eventos comunitários. No entanto, opositores acreditam que o programa não é totalmente transparente. Os jovens e seus pais não sabem se estão na lista e não têm como contestar sua inclusão.

Estudos de algoritmos em pontuação de crédito (*score*), contratação, policiamento e cuidados com a saúde descobriram que algoritmos mal projetados podem reforçar preconceitos raciais e de gênero. De acordo com Solon Barocas, professor adjunto da Universidade de Cornell e pesquisador principal da Microsoft Research, os algoritmos podem parecer muito orientados por dados, mas existem decisões subjetivas que determinam o problema em primeiro lugar.

Por exemplo, um estudo de Ziad Obermeyer, pesquisador de políticas de saúde da Universidade da Califórnia, Berkeley, e colegas, publicado em outubro de 2019 na revista Science, examinou um algoritmo amplamente utilizado em hospitais para estabelecer prioridades no atendimento ao paciente. O estudo descobriu que pacientes negros eram menos propensos do que pacientes brancos a receber ajuda médica extra, apesar de estarem mais doentes. O algoritmo foi usado no programa Impact Pro da Optum, braço de serviços de saúde do United Health Group, para identificar pacientes com doenças cardíacas, diabetes e outras doenças crônicas que poderiam se beneficiar de mais atenção de enfermeiros, farmacêuticos e assistentes sociais na administração de suas prescrições, agendando consultas médicas e monitorando sua saúde geral.

O algoritmo atribuiu a pacientes brancos mais saudáveis a mesma classificação dos pacientes negros que tinham mais uma doença crônica, além de resultados laboratoriais e sinais vitais piores. Para identificar as pessoas com as maiores necessidades de atendimento médico, o algoritmo analisou os prontuários dos pacientes e quanto foi gasto tratando-os; em seguida, previu quem provavelmente teria os custos mais altos no futuro. O algoritmo usou custos para classificar os pacientes.

O algoritmo não era intencionalmente racista – na verdade, excluía especificamente a raça. Em vez disso, para identificar pacientes que se beneficiariam de mais atendimento médico, usou uma métrica aparentemente cega: quanto os pacientes custariam ao sistema de saúde no futuro. Mas o custo não é uma medida neutra, em termos de raça, da necessidade de cuidados de saúde. Pacientes negros incorreram em cerca de US$ 1.800 a menos em custos médicos por ano do que pacientes brancos com o mesmo número de condições crônicas; assim, o algoritmo classificou pacientes brancos igualmente em risco de futuros problemas de saúde a pacientes negros que tinham muito mais doenças.

Quando os pesquisadores procuraram a fonte das pontuações, eles descobriram que o Impact Pro estava usando contas e pagamentos de seguro como indicadores da condição geral de saúde da pessoa. No entanto, os custos com saúde tendem a ser menores para pacientes negros, independentemente de seu bem-estar real. Em comparação com pacientes brancos, muitos pacientes negros moram mais longe de seus hospitais, o que torna mais difícil visitá-los regularmente. Também tendem a ter horários de trabalho menos flexíveis e mais responsabilidades com os filhos.

Como resultado, os pacientes negros com as maiores pontuações de risco tinham números mais altos de condições crônicas graves do que os pacientes brancos com as mesmas pontuações, incluindo câncer e diabetes, relataram os pesquisadores. Em comparação com pacientes brancos com os mesmos scores de risco, os pacientes negros também apresentaram níveis mais elevados de pressão arterial e colesterol, diabetes mais grave e pior função renal.

Ao se valer de prontuários, resultados laboratoriais e sinais vitais do mesmo conjunto de pacientes, os pesquisadores descobriram que pacientes negros ficavam mais doentes do que pacientes brancos que tinham um custo previsto semelhante. Ao revisar o algoritmo para prever o número de doenças crônicas que um paciente provavelmente terá em determinado ano – em vez do custo do tratamento dessas doenças –, os pesquisadores conseguiram reduzir a disparidade racial em 84%. Quando os pesquisadores enviaram seus resultados para a Optum, ela replicou as descobertas e se comprometeu a corrigir seu modelo.

Advogados de direitos civis, sindicatos, organizações comunitárias e algumas agências governamentais estão tentando encontrar maneiras de combater a crescente dependência de sistemas automatizados que removem os seres humanos do processo de tomada de decisão. O Media Mobilizing Project na Filadélfia e o MediaJustice em Oakland, Califórnia, compilaram um banco de dados nacional de algoritmos de previsão. A Community Justice Exchange, uma organização nacional de apoio a organizações comunitárias, publicou um guia aconselhando os organizadores sobre como enfrentar o uso de algoritmos. Idaho aprovou uma lei em 2019 especificando que os métodos e dados usados nos algoritmos de fiança devem estar abertos para visualização para que o público em geral possa entender como eles funcionam.

Preocupações sobre preconceitos sempre estiveram presentes todas as vezes que as pessoas tomam decisões importantes. O que há de novo é a escala muito maior de confiança em algoritmos de sistemas automatizados para nos ajudar a decidir e até mesmo assumir a tomada de decisões por nós. Algoritmos são úteis para fazer previsões que ajudarão a orientar os responsáveis pela tomada de decisão, mas esse processo exige muito mais. Uma boa tomada de decisão requer reunir e conciliar vários pontos de vista e a capacidade de explicar por que determinado caminho foi escolhido.

À medida que os sistemas automatizados mudam cada vez mais de previsões para decisões, focar na justiça dos algoritmos não é suficiente, porque seu resultado é apenas uma das informações para o tomador de decisão humano. É preciso também observar como os tomadores de decisão humanos interpretam e integram o resultado dos algoritmos e sob quais condições eles se desviariam das recomendações algorítmicas. Quais aspectos de um processo de decisão devem ser tratados por um algoritmo e quais por um responsável humano para obter resultados justos e confiáveis?

Fontes: Cade Metz and Adam Satariano, "An Algorithm That Grants Freedom, or Takes It Away," *New York Times*, 6 de fevereiro de 2020; Irving Wladawsky-Berger, "The Coming Era of Decision Machines," *Wall Street Journal*, 27 de março de 2020; Michael Price, "Hospital 'Risk Scores' Prioritize White Patients," *Science*, 24 outubro de 2019; Melanie Evans and Anna Wilde Matthews, "Researchers Find Racial Bias in Hospital Algorithm," *Wall Street Journal*, 25 de outubro de 2019.

PERGUNTAS DO ESTUDO DE CASO

12.13 Quais são os problemas no uso de algoritmos e sistemas automatizados para o processo de tomada de decisão?

12.14 Que fatores de gestão, organização e tecnologia contribuíram para o problema?

12.15 Os sistemas automatizados devem ser usados para a tomada de decisões? Justifique sua resposta.

Referências do Capítulo 12

Breuker, Dominic, Martin Matzner, Patrick Delfmann e Jörg Becker. "Comprehensible Predictive Models for Business Processes." *MIS Quarterly* 40, Nº 4 (setembro de 2016).

Brynjolfsson, Erik, Tomer Geva e Shachar Reichman. "Crowd- Squared: Amplifying the Predictive Power of Search Trend Data." *MIS Quarterly* 40 Nº 4 (dezembro de 2016).

Davenport, Thomas H. "Analytics 3.0." *Harvard Business Review* (dezembro de 2013).

Davenport, Thomas H. e Jeanne G. Harris. *Competing on Analytics: The New Science of Winning: Updated, with a New Introduction*. Boston: Harvard Business Review Press (2017).

Day, George S. e Paul J. H. Schoemaker."How Vigilant Companies Gain an Edge in Turbulent Times. *MIT Sloan Management Review* 61 Nº 2 (inverno de 2020).

Dietvorst, Berkeley J. "When People Don't Trust Algorithms." *MIT Sloan Management Review* (5 de julho de 2017).

Grau, Jeffrey. "How Retailers Are Leveraging 'Big Data' to Personalize Ecommerce." *eMarketer* (2012).

Haglu, Andrei e Julian Wright. "When Data Creates Competitive Advantage." *Harvard Business Review* (janeiro-fevereiro de 2020).

Hardin, Andrew, Clayton A. Looney e Gregory D. Moody. "Assessing the Credibility of Decisional Guidance Delivered by Information Systems." *Journal of Management Information Systems* 34, Nº 4 (2017).

Harris, Michael e Bill Tayler. "Don't Let Metrics Undermine Your Business." *Harvard Business Review* (setembro-outubro de 2019).

Hernandez, Morela, Roshni Raveendhran, Elizabeth Weingarten e Michaela Barnett."How Algorithms Can Diversify the Startup Pool." *MIT Sloan Management Review* 61 Nº 1 (outono de 2019).

Hu, Yuheng, Anbang Xu, Yili Hong, David Gal, Vibha Sinha e Rama Akkiraju. "Generating Business Intelligence Through Social Media Analytics: Measuring Brand Personality with Consumer-, Employee-, and Firm-Generated Content." *Journal of Management Information Systems* 36 Nº 3 (2019). Kahneman, Daniel. *Thinking, Fast and Slow*. New York: Farrar, Straus e Giroux (2011).

Kaplan, Robert S. e David P. Norton. "The Balanced Scorecard: Measures That Drive Performance." *Harvard Business Review* (janeiro-fevereiro de 1992).

Luca, Michael, Jon Kleinberg e Sendhil Mullainathan. "Algorithms Need Managers, Too." *Harvard Business Review* (janeiro-fevereiro de 2016).

Marchand, Donald A. e Joe Peppard. "Why IT Fumbles Analytics." *Harvard Business Review* (janeiro-fevereiro de 2013).

Martens, David, Foster Provost, Jessica Clark e Enric Junqué de Fortuny. "Mining Massive Fine-Grained Behavior Data to Improve Predictive Analytics." *MIS Quarterly* 40 Nº 4 (dezembro de 2016).

Mintzberg, Henry. "Managerial Work: Analysis from Observation." *Management Science* 18 (outubro de 1971).

Porter, Michael E. e Nitin Nohria. "How CEOs Manage Time." *Harvard Business Review* (julho- agosto 2018).

Sharda, Ramesh, Dursan Delen e Efraim Turban. *Analytics, Data Science, & Artificial Intelligence: Systems for Decision Support,* 11e. New York: Pearson (2020).

Shi, Donghui, Jian Guan, Jozef Zurada e Andrew Manikas. "A Data-Mining Approach to Identification of Risk Factors in Safety Management Systems." *Journal of Management Information Systems* 34, Nº 4 (2017).

Simchi-Levi, David. "The New Frontier of Price Optimization." *MIT Sloan Management Review* (outono de 2017).

Simon, H. A. *The New Science of Management Decision*. New York: Harper & Row (1960).

Tversky, Amos e Daniel Kahneman. "Rational Choice and the Framing of Decisions." *Journal of Business* (1986).

PARTE IV

Desenvolvimento e gerenciamento de sistemas

CAPÍTULO 13

Desenvolvimento de sistemas de informação

CAPÍTULO 14

Caso de negócios de sistemas de informação e gerenciamento de projetos

CAPÍTULO 15

Gerenciamento de sistemas globais

A **PARTE QUATRO** mostra como usar o conhecimento adquirido nos capítulos anteriores para analisar e projetar soluções de sistemas de informação para problemas organizacionais. Esta parte responde a perguntas como: de que modo posso desenvolver uma solução para um problema de sistema de informação que gere benefícios empresariais reais? Como a empresa pode ajustar-se às mudanças proporcionadas pela nova solução de sistema? De quais abordagens alternativas dispomos para desenvolver soluções de sistema?

CAPÍTULO

13 Desenvolvimento de sistemas de informação

OBJETIVOS DE ESTUDO

Ao concluir este capítulo, você será capaz de responder às seguintes perguntas:

13.1 De que maneira o desenvolvimento de novos sistemas gera mudança organizacional?

13.2 Quais são as atividades centrais no processo de desenvolvimento de sistemas?

13.3 Quais são as principais metodologias para modelagem e projeto de sistemas?

13.4 Quais são os métodos alternativos para o desenvolvimento de sistemas de informação?

13.5 Quais são as novas abordagens para o desenvolvimento de sistemas na era da empresa digital?

13.6 Como os sistemas de informação gerenciais ajudarão minha carreira?

CASOS DO CAPÍTULO

Vinci Energies cria um novo aplicativo móvel de folha de ponto para funcionários

Tommy Hilfiger transforma seu processo de vendas no atacado com *showrooms digitais*

McAfee adota testes automatizados de *software*

Textron transfere o ERP para a nuvem

Vinci Energies cria um novo aplicativo móvel de folha de ponto para funcionários

Vinci Energies, parte do Vinci Group com sede na França, é uma empresa em crescimento que presta serviço para os setores de construção, energia e tecnologia da informação. Oferece soluções para infraestrutura, construção e tecnologia da informação e comunicação (TIC, além de desenvolver e manter infraestruturas com foco em eficiência energética. A empresa tinha 1.800 unidades de negócios com mais de 82 mil funcionários em 55 países e receita global de 13,8 bilhões de euros (US$ 15 bilhões) em 2019.

A Vinci estava seguindo uma forte estratégia de aquisição e cresceu três vezes entre 2009 e 2019. A Vinci transferiu todas as suas empresas em todo o mundo para uma única instância do SAP S/4HANA, a próxima geração de *software* ERP da SAP, para que toda a organização operasse em um conjunto comum de processos de negócios. A empresa conseguiu migrar para o novo sistema SAP S/4HANA em agosto de 2018 e desejava aplicativos adicionais criados com o uso da plataforma da SAP.

© Goodluz/123RF

A Vinci produz, na verdade, serviços – a empresa é inteiramente baseada em projetos, e cada projeto tem seu próprio acordo financeiro com os clientes. Cada custo para a empresa (como horas trabalhadas ou aluguel de equipamentos) está vinculado a um projeto específico, sendo que um único funcionário pode estar trabalhando em vários projetos. Se um funcionário de campo trabalha em mais de um projeto em determinado dia, essa pessoa pode precisar informar 2 horas gastas em um projeto e 4 horas e 15 minutos gastas em outro. Esse profissional também pode ter que acrescentar os custos do aluguel de equipamentos para um desses projetos. A gerência usa essas informações para determinar se um projeto é, para a empresa, deficitário ou superavitário. A Vinci Energies gerencia cerca de 400 mil projetos em todo o mundo a cada ano, e cada projeto está avaliado em cerca de 20 mil a 25 mil Euros (US$ 22 mil a US$ 27 mil).

Os sistemas existentes da Vinci, cujo componente manual era predominante, tornavam muito difícil e demorado o acompanhamento de todos esses custos do projeto. Os funcionários de campo (muitos dos quais viajavam para realizar construção e manutenção em locais remotos) precisavam retornar ao escritório para inserir os dados do projeto e da folha de ponto *on-line* no sistema da SAP. A empresa necessitava de um novo aplicativo que pudesse registrar a folha de ponto do funcionário, bem como os custos e atividades dos vários projetos independentemente do local em que o funcionário estivesse. A folha de ponto e os dados do projeto deveriam estar disponíveis para visualização por outros usuários autorizados *on-line*.

A Vinci realizou um projeto piloto usando o SAP Cloud Platform para esse fim. O SAP Cloud Platform é uma plataforma como serviço (PaaS) corporativa que permite às organizações criar, ampliar e integrar aplicativos de negócios na nuvem.

Possui uma interface de usuário intuitiva e ferramentas de desenvolvimento simples. A Vinci desenvolveu um aplicativo chamado MOBITIME usando essa ferramenta em um período de sete meses. Os usuários corporativos e de aplicativos passaram um bom tempo discutindo os processos de negócios e o *design* da tela de entrada de dados para garantir que o sistema tivesse a funcionalidade correta, que o projeto fosse aceitável e que as pessoas se sentissem à vontade para usar o *software*.

O MOBITIME está disponível apenas *on-line*, mas os funcionários podem acessá-lo facilmente em *tablets* e celulares quando estão em campo. Eles são capazes de inserir dados de folha de ponto ou outros custos do projeto usando um único aplicativo, que transmite os dados para atualizar o novo sistema SAP S/4HANA. A interface do MOBITIME é de fácil navegação e permite aos funcionários inserir todos os dados em um só lugar. Após a transmissão para o sistema SAP S/4HANA, os dados podem ser visualizados no back office para ajudar os gerentes de projeto a acompanhar os vários custos envolvidos.

Fontes: www.vinci.com, acesso em: 8 abr. 2020; Lauren Bonneau, VINCI Energies Simplifies Employees' Lives with New Timesheet-Entry Application," SAPInsider, 28 fev. 2019; www.sap.com, acesso em: 9 abr. 2020; and Lauren Meyerhoff, "With an Aggressive Acquisition Strategy, Vinci Energies Triples Its Size In 10 Years," Forbes, 5 set. 2019.

A experiência da Vinci Energies exemplifica algumas das etapas necessárias para projetar e desenvolver novos sistemas de informação. O desenvolvimento de um novo sistema para registro de ponto móvel exigia uma análise dos problemas da organização com os sistemas existentes, a avaliação dos requisitos de informações, a seleção da tecnologia apropriada e uma nova concepção dos processos e funções de negócios. A administração precisava supervisionar o esforço para o desenvolvimento de sistemas e avaliar os benefícios e custos. Os requisitos de informação foram incorporados ao desenho do novo sistema, que representava um processo de mudança organizacional planejada

O diagrama de abertura do capítulo chama a atenção para pontos importantes levantados por este caso e este capítulo. A Vinci Energies era uma empresa distante cujo crescimento nos últimos dez anos acelerou significativamente. Tinha milhares de funcionários, muitos dos quais trabalhavam remotamente, e diversos projetos para monitorar. Além do tempo trabalhado em um projeto, havia outros custos para acompanhar. A capacidade da Vinci de acompanhar os projetos e analisar os custos era prejudicada por processos manuais ineficientes que aumentavam as despesas e provocavam atrasos, além de limitar a capacidade da empresa de analisar de forma rápida e completa os dados do projeto. A solução foi implementar um novo aplicativo chamado MOBITIME que pode ser acessado *on-line* pelos funcionários em campo usando *tablets* e celulares, bem como no *back office*. O aplicativo fornece entrada de dados e relatórios para vários projetos de um funcionário com vários tipos de custos. Os requisitos de informação da Vinci foram incorporados ao projeto do sistema, que ficou mais amigável. A solução englobou não apenas a aplicação de novas tecnologias, mas também mudanças na cultura corporativa, processos de negócios e funções de trabalho. Aqui temos algumas questões sobre as quais refletir: Como o MOBITIME atendeu aos requisitos de informação da Vinci Energies? Em que medida o novo sistema mudou o modo como a Vinci administrava seus negócios?

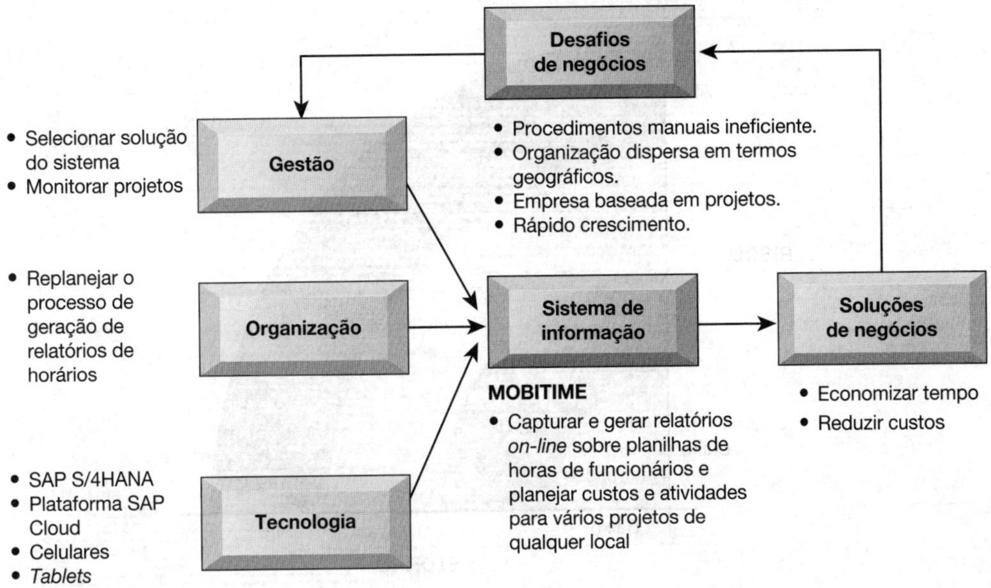

13.1 De que maneira o desenvolvimento de novos sistemas gera mudança organizacional?

O desenvolvimento de um novo sistema de informação é um tipo de mudança organizacional planejada. A introdução de um novo sistema de informação envolve muito mais do que novos *hardwares* e *softwares*. Também inclui mudanças em cargos, habilidades, gestão e organização. Quando projetamos um novo sistema de informação, estamos redesenhando a organização. Os desenvolvedores de sistemas devem entender como um sistema afetará processos de negócios específicos e a organização como um todo.

Desenvolvimento de sistemas e mudança organizacional

A tecnologia da informação pode promover vários graus de mudança organizacional, desde incremental a de longo alcance. A Figura 13.1 mostra quatro tipos de mudanças organizacionais estruturais que são possibilitadas pela tecnologia da informação: (1) automação, (2) racionalização, (3) redesenho de processos de negócios e (4) mudanças de paradigma. Cada uma delas traz consigo diferentes riscos e recompensas.

A forma mais comum de mudança organizacional viabilizada pela TI é a **automação.** As primeiras aplicações da tecnologia da informação costumavam envolver o auxílio aos funcionários para a realização de suas tarefas de forma mais eficiente e eficaz. Calcular contracheques e registros de folha de pagamento, dar aos caixas de banco acesso instantâneo aos registros de depósitos de clientes e desenvolver uma rede nacional de reservas para agentes de passagens aéreas são exemplos dos primeiros tipos de automação.

Uma forma mais profunda de mudança organizacional, surgida logo após a automação inicial, é a **racionalização de procedimentos**. A automação frequentemente revela novos gargalos na produção e complica de modo formidável o arranjo de procedimentos e estruturas em vigor. A racionalização dos procedimentos é a simplificação dos procedimentos operacionais padrões. Por exemplo, o novo sistema da Vinci Energies para processamento de folhas de ponto de funcionários é eficaz não apenas porque usa tecnologia da computação, mas também porque a empresa simplificou seus processos de negócios para essa função específica; agora são necessárias menos etapas manuais.

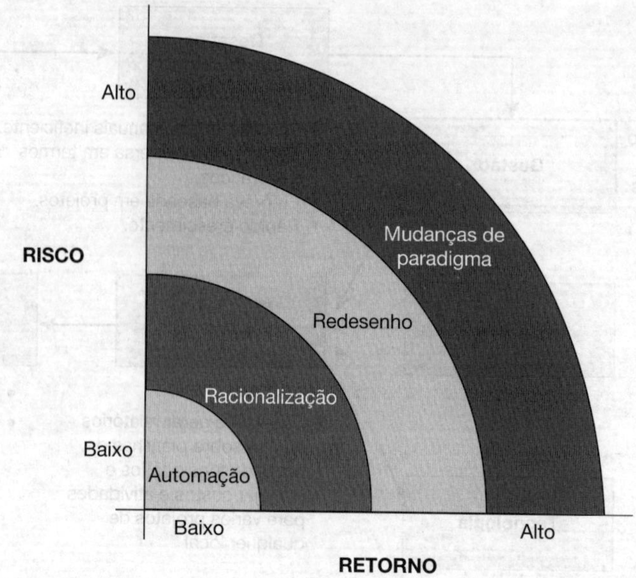

FIGURA 13.1 A mudança organizacional inclui riscos e recompensas.
As formas mais comuns de mudança organizacional são a automação e a racionalização. São estratégias relativamente morosas e de mudança lenta, que apresentam retornos modestos, mas pouco risco. Mudanças mais rápidas e abrangentes – como redesenho e mudanças de paradigma – trazem grandes recompensas, mas oferecem chances consideráveis de fracasso.

É possível observar a racionalização de procedimentos em programas para fazer uma série de melhorias contínuas de qualidade em produtos, serviços e operações, como gestão de qualidade total (TQM) e Seis Sigma. A **gestão da qualidade total** (**TQM**, do inglês *total quality management*) torna a tarefa de alcançar a qualidade um fim em si mesmo e passa a ser responsabilidade de todas as pessoas e funções dentro de uma organização. A TQM deriva de conceitos da gestão de qualidade desenvolvidos por especialistas estadunidenses em qualidade, como W. Edwards Deming e Joseph Juran – apesar de ter sido popularizada pelos japoneses. O **Seis Sigma** é uma métrica específica de qualidade, representando 3,4 defeitos por 1 milhão de eventos. A maioria das empresas não consegue atingir esse nível de qualidade, mas usa o seis sigma como uma meta para realizar programas de melhoria contínua da qualidade.

Um tipo mais poderoso de mudança organizacional é o **redesenho de processos de negócios**, por meio do qual os processos de negócios são analisados, simplificados e redesenhados. O redesenho de processos de negócios reorganiza os fluxos de trabalho, combinando etapas, a fim de reduzir o desperdício e eliminar tarefas repetitivas e com uso intensivo de papel. (Às vezes, o redesenho também elimina postos de trabalho.) É muito mais ambicioso do que a racionalização de procedimentos, exigindo uma nova visão de como o processo deve ser organizado. A Sessão Interativa sobre Organizações apresenta outro exemplo desse método.

A racionalização de procedimentos e o redesenho de processos de negócios estão limitados a partes específicas da empresa. Novos sistemas de informação podem, em última análise, afetar o *design* de toda a organização. Isso acontece por meio da transformação do modo como a organização realiza suas atividades ou até mesmo pela mudança na natureza dos negócios. Por exemplo, a empresa de transporte rodoviário Schneider National começou a usar novos sistemas de informação para mudar seu modelo de negócios. A Schneider criou uma nova atividade que consistia em controlar a logística para outras empresas. Essa forma mais radical de mudança nos negócios é chamada de **mudança de paradigma**. Uma mudança de paradigma envolve repensar a natureza do negócio e a natureza da organização.

SESSÃO INTERATIVA **ORGANIZAÇÕES**

Tommy Hilfiger transforma seu processo de vendas no atacado com *showrooms digitais*

Tommy Hilfiger é uma marca de renome internacional de vestuário e varejo conhecida por seus modelos "elegantes, mas casuais". A empresa detém as marcas Tommy Hilfiger e Hilfiger Denim, que incluem Hilfiger Collection, Tommy Hilfiger Tailored, roupas esportivas masculinas, femininas e infantis, jeans, acessórios e calçados. Em 2010 a Tommy Hilfiger foi adquirida pela PVH Corp., que possui uma extensa rede de distribuição em mais de 100 países e 2 mil lojas de varejo na América do Norte, Europa, América Latina e região da Ásia-Pacífico. As vendas globais no varejo da marca atingiram US$ 9,2 bilhões em 2019.

A administração da Hilfiger queria que a empresa aproveitasse melhor a tecnologia digital para melhorar a sua forma de operação. O processo de vendas no atacado, por exemplo, exigia um processo de racionalização e simplificação. No passado, várias vezes por ano, compradores de mercadorias Hilfiger para lojas de varejo e redes de lojas de departamentos tinham que visitar pessoalmente um showroom de atacado. Lá podiam ver amostras físicas de cada item da linha de produtos que estaria disponível na temporada de vendas seguinte. Os compradores inspecionavam amostras físicas da nova coleção e faziam os pedidos em formulários impressos. Todo o processo de visualização e pedido de itens para estoque de lojas de varejo podia levar três dias.

A Tommy Hilfiger engloba oito submarcas, cada uma das quais vende 1.500 modelos de roupa a cada trimestre. Disso resulta uma enorme quantidade de produtos que são criados apenas para exposição e venda de amostras para os atacadistas – depois ainda há a produção para venda ao cliente final.

A Hilfiger reuniu uma pequena equipe de especialistas em tecnologia da informação e uma "equipe de transformação digital" designada para reimaginar o processo de vendas no atacado. A equipe passou várias semanas nos showrooms da Hilfiger observando como eram feitas as vendas para compradores do varejo e de lojas de departamentos. A equipe recomendou agilizar o processo de pedidos no atacado usando *showrooms digitais* para diminuir o período entre as exibições prévias das novas coleções e a entrega final dos produtos nas lojas. Os *showrooms digitais* apresentam estações de trabalho interativas touchscreen com telas de exibição de ultra-alta definição em que os compradores podem ver todos os itens da coleção Tommy Hilfiger. Também podem usar o zoom para ver detalhes e texturas do *design* e clicar em cada peça de roupa para consultar preços, opções de cores e tamanhos e fazer os pedidos. Ao final do processo, os compradores recebem um *e-mail* com um documento PDF anexado contendo o pedido final. O sistema organiza a entrega do pedido.

A Tommy Hilfiger usou a plataforma de dados Couchbase como base tecnológica de seu showroom digital. A Couchbase usa a tecnologia de gerenciamento de dados não relacionais NoSQL (veja o Capítulo 6), que oferece mais flexibilidade e escalabilidade do que as ferramentas tradicionais de gerenciamento de dados. Em comparação às ferramentas tradicionais, a Couchbase pode lidar mais facilmente com um grande número de interações entre a marca e os usuários finais e com diferentes tipos de dados. O produto é otimizado para aplicativos interativos e experiências ricas e personalizadas para cada cliente, além de também gerar engajamento: os atacadistas examinam digitalmente as novas linhas de produtos, selecionam produtos, examinam texturas e recursos de *design* e fazem perguntas sobre preços e datas de envio. Os usuários da estação de trabalho podem adicionar, acessar e combinar dados em tempo real.

O sistema de showroom digital diminuiu a necessidade de produção e transporte de amostras porque há muito menos necessidade de criar, examinar e entregar essas peças em showrooms em todo o mundo a cada nova coleção. Usando o showroom digital, a Tommy Hilfiger conseguiu reduzir a produção de amostras em 80% na sede europeia – e está fazendo o mesmo com seus *showrooms digitais* em todo o mundo. Os custos de transporte de amostras físicas também foram reduzidos.

Quando a equipe da Hilfiger na Ásia-Pacífico fez uma viagem de compras à Europa, a visita durou apenas um dia, ao contrário dos três dias como era no passado. As vendas da coleção de outono aumentaram, conforme se observou em lugares como Holanda, África e Oriente Médio. A mudança dos showrooms cheios de amostras físicas para os *showrooms digitais* reduziu em seis semanas o tempo necessário para fornecer novos produtos a um ponto de venda de varejo. Os *showrooms digitais* também foram capazes de acomodar mais consultas de compradores atacadistas por dia, e as vendas tornaram-se muito mais precisas.

A Hilfiger lançou seu primeiro showroom digital em Amsterdã em 2015. Em meados de 2019, a PVH lançou 53 *showrooms digitais* em países ao redor do mundo, apresentando mais de 300 mil produtos.

O sucesso da Tommy Hilfiger com *showrooms digitais* incentivou a empresa a buscar outras oportunidades de transformação de processos de negócios em sua cadeia de valor. A empresa está agora em plena transição para uso do *design* 3-D na concepção e fabricação de roupas. Todos os processos de *design* da Tommy Hilfiger – desde o esboço até a amostragem e showrooming – serão digitais.

Fontes: global.tommy.com, acessado em 8 de abril de 2020; "This Season's Must-Have," www.couchbase.com, acessado em 26 de fevereiro de 2020; Maghan McDowell, "Tommy Hilfiger Goes All In on Digital Design," *Vogue Business*, 7 de novembro de 2019; Alex Hisaka, "Tommy Hilfiger Revolutionizes the Fashion Industry with a Digital Selling Ecosystem Powered by DC/OS," D2IQ, 10 de dezembro de 2019; e Chris Preimesberger, "IT Science Case Study: How Tommy Hilfiger Created Its Digital Showroom," *eWeek*, 11 de julho de 2018.

PERGUNTAS DO ESTUDO DE CASO

1. Como o processo anterior de vendas por atacado da Tommy Hilfiger afetava o desempenho de seus negócios?
2. Que fatores de gestão, organização e tecnologia contribuíram para os problemas da Tommy Hilfiger no processo de negócios de vendas no atacado?
3. Faça um diagrama do processo de negócios antigo e redesenhado da Tommy Hilfiger para encomendar mercadorias para uma loja de departamentos de varejo.
4. Descreva o papel da tecnologia e dos *showrooms digitais* nas mudanças dos processos de negócios da Tommy Hilfiger.
5. Como o processo de negócios redesenhado da Tommy Hilfiger mudou a forma de operação da empresa? Qual foi o impacto nos negócios? Explique.

Mudanças de paradigma e redesenho de processos de negócios geralmente dão errado porque é extremamente difícil coordenar a mudança organizacional (ver Capítulo 14). Por que, então, tantas corporações contemplam uma mudança tão radical? Porque as recompensas são igualmente altas (veja a Figura 13.1). Em muitos casos, as empresas que buscam mudanças de paradigma e estratégias de reengenharia obtêm aumentos impressionantes em seus retornos sobre o investimento (ou a produtividade). Algumas dessas histórias de sucesso e de fracasso fazem parte deste livro.

Redesenho de processos de negócios

Do mesmo modo que a Tommy Hilfiger, caso descrito na Sessão Interativa sobre Organizações, muitas empresas hoje estão tentando usar a tecnologia da informação para melhorar seus processos de negócios. Alguns desses sistemas envolvem mudanças incrementais de atividades, mas outros exigem um redesenho mais abrangente dos processos de negócios. Para lidar com essas mudanças, as organizações estão se voltando para a **gestão de processos de negócios** (**BPM**, do inglês *business process management*), que utiliza uma variedade de ferramentas e metodologias para compreender os processos existentes, criar novos processos e otimizar todos eles. A BPM nunca se encerra, já que melhorias contínuas demandam mudanças contínuas. As empresas que praticam a gestão de processos de negócios devem realizar as seguintes etapas:

1. **Identificar os processos a serem modificados**. Uma das decisões estratégicas mais importantes que uma empresa deve tomar não se limita a escolher como usar os computadores para melhorar os processos de negócios, mas identificar quais desses processos precisam ser aperfeiçoados. Quando os sistemas são usados para fortalecer os processos de negócios errados, ou o modelo de negócio errado, a empresa passa a fazer de maneira mais eficiente aquilo que não deveria fazer. Consequentemente, fica vulnerável em relação aos concorrentes, que podem ter

descoberto o modelo de negócio correto. Em outros casos, investe-se muito tempo e dinheiro na melhoria de processos de negócios com pouco impacto no faturamento e no desempenho geral da empresa. Os gestores precisam determinar quais são os processos de negócios mais importantes e como o aperfeiçoamento desses processos ajudará a melhorar o desempenho dos negócios.

2. **Analisar os processos existentes.** Processos de negócios existentes devem ser modelados e documentados, observando-se entradas, saídas, recursos e sequência de atividades. A equipe de planejamento de processos identifica etapas redundantes, tarefas fortemente baseadas em papel, gargalos e outras ineficiências.
3. **Planejar o novo processo.** Uma vez que o processo existente tenha sido mapeado e avaliado em termos de tempo e custos, a equipe de planejamento de processos tentará aprimorá-lo com o planejamento de um novo. O mapa do processo futuro ("*to-be*") simplificado será documentado e modelado para comparação com o anterior.
4. **Implantar o novo processo.** Uma vez que o novo processo seja totalmente modelado e analisado, ele deve ser transformado em um novo conjunto de procedimentos e regras de trabalho. Novos sistemas de informação, ou melhorias nos sistemas existentes, podem precisar ser implantados em apoio ao processo redesenhado. O novo processo e os novos sistemas de apoio são implantados em toda a empresa. À medida que a empresa começa a utilizar o processo, os problemas são descobertos e resolvidos. Os funcionários trabalhando com o processo podem recomendar melhorias.
5. **Avaliação contínua.** Após a implantação e a otimização de um processo, ele precisa ser continuamente avaliado. Por quê? Porque processos se desgastam ao longo do tempo, à medida que os empregados recorrem a métodos antigos ou perdem eficiência se o negócio passar por outras mudanças.

A Figura 13.2 ilustra o processo atual ("*as-in*") para comprar um livro em uma livraria física. Pense no que acontece quando um cliente vai até uma livraria física e procura um livro nas prateleiras. Se encontrar o livro, essa pessoa o leva ao caixa e paga com cartão de crédito, dinheiro ou cheque. Se o cliente não conseguir localizar o livro, precisa requisitar a ajuda de um funcionário da livraria para vasculhar as prateleiras ou verificar os registros de estoque da loja a fim de verificar se a obra está em estoque. Se o funcionário encontra o livro, o cliente o compra e vai embora. Se o livro não estiver disponível no local, o funcionário vai encomendá-lo para o cliente no depósito da livraria ou na distribuidora ou editora do livro. Assim que o livro encomendado chega à livraria, um funcionário telefona para o cliente com essa informação. O cliente precisa, então, voltar à livraria para pegar o livro e pagar por ele. Se a livraria não conseguir encomendar o livro para o cliente, o cliente terá que tentar em outra loja. Você pode ver que esse processo tem muitas etapas e pode exigir que o cliente vá à livraria várias vezes.

A Figura 13.3 ilustra como o processo de compra de livros pode ser redesenhado aproveitando a internet. De seu computador, o cliente acessa uma livraria *on-line* pela internet e procura no catálogo digital o livro que deseja. Se o livro estiver disponível, o cliente encomenda o livro *on-line*, fornecendo informações de cartão de crédito e endereço de entrega, e o livro é entregue na casa do cliente. Se a livraria *on-line* não tiver o livro, o cliente seleciona outra livraria *on-line* e procura o livro novamente. Esse processo tem muito menos etapas do que aqueles para comprar o livro em uma livraria física, além de exigir muito menos esforço por parte do cliente e uma equipe de vendas menor para o atendimento. O novo processo é, portanto, muito mais eficiente e economiza tempo.

O novo projeto de processo precisa ser justificado mostrando o quanto reduz o tempo e o custo ou aumenta o valor e o serviço ao cliente. A gestão primeiro mede o tempo e o custo do processo existente e toma esses dados como patamar. Em nosso exemplo, o tempo necessário para comprar um livro na livraria física pode variar de 15 minutos (se o cliente encontrar

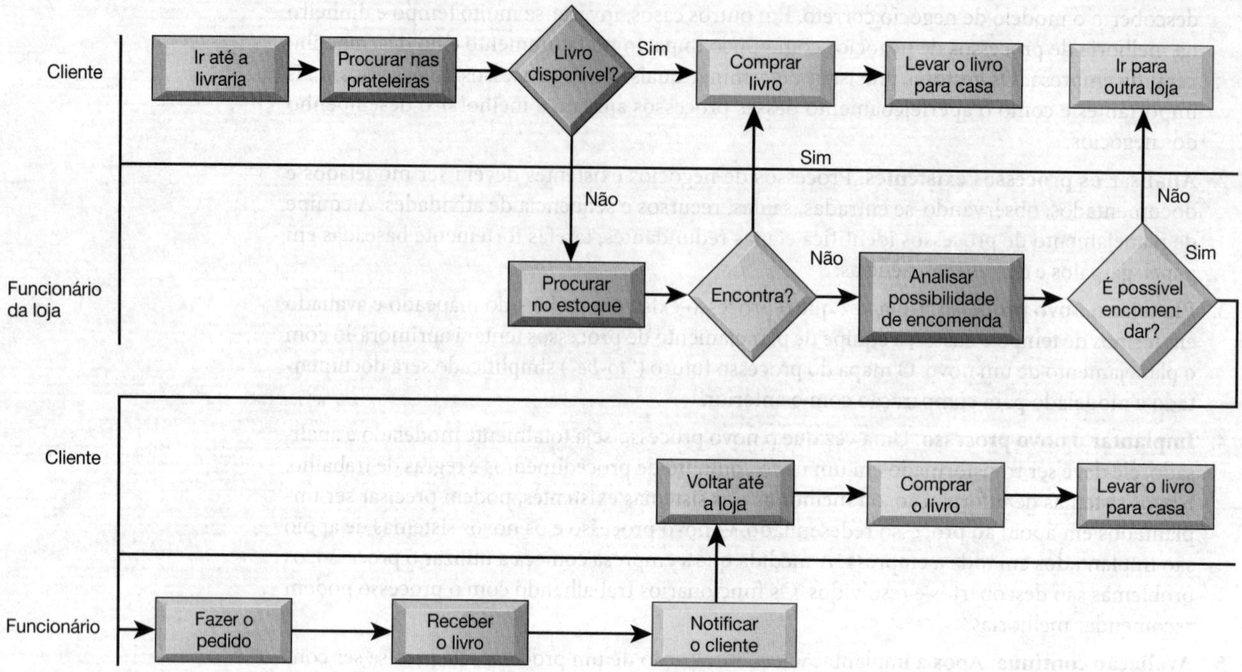

FIGURA 13.2 Processo de negócios *"as-in"* para comprar um livro de uma livraria física.
Comprar um livro de uma livraria física exige que muitas etapas sejam executadas tanto pelo vendedor quanto pelo cliente.

imediatamente o que deseja) a 30 minutos se o livro estiver em estoque, precisando ser localizado pela equipe de vendas. Se o livro tiver que ser encomendado de outra fonte, o processo pode levar uma ou duas semanas e o cliente precisará ir novamente à livraria. Se o cliente mora longe da livraria, o tempo de deslocamento até ela teria que ser contabilizado. A livraria terá que arcar com os custos de manutenção de uma loja física e de estoque dos livros, do pessoal de vendas no local e das despesas de envio, se o livro tiver que ser obtido em outro local.

O novo processo de compra de um livro *on-line* pode levar apenas alguns minutos, embora o cliente possa ter que esperar vários dias, ou semanas, para receber o livro, além de pagar a taxa de envio. Mas o cliente economiza tempo e dinheiro por não ter que se deslocar até a

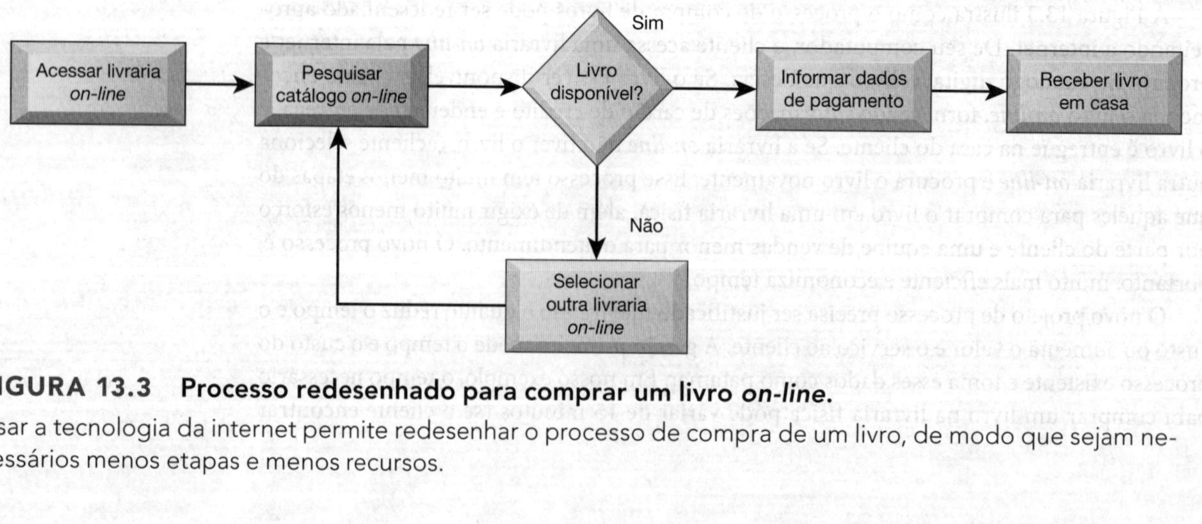

FIGURA 13.3 Processo redesenhado para comprar um livro *on-line*.
Usar a tecnologia da internet permite redesenhar o processo de compra de um livro, de modo que sejam necessários menos etapas e menos recursos.

livraria ou precisar retornar para pegar o livro. Os custos dos livreiros diminuem, porque eles não precisam pagar pelo estabelecimento da loja física ou pelo estoque local.

Embora muitas melhorias de processos de negócios sejam incrementais e contínuas, há ocasiões em que mudanças mais radicais devem ocorrer. Nosso exemplo da livraria física redesenhando o processo de compra de livros para que ele possa ser feito *on-line* é um exemplo desse tipo de mudança radical e de longo alcance. Quando implementado adequadamente, o redesenho de processos de negócios produz ganhos sem precedentes em termos de produtividade e eficiência e pode até mudar a forma como os negócios são executados. Em alguns casos, isso gera uma "mudança de paradigma" que transforma a natureza do próprio negócio.

Isso realmente aconteceu no varejo de livros quando a Amazon desafiou livrarias físicas internacionais com seu modelo de varejo *on-line* e o Kindle, seu leitor de *e-book*. Ao repensar radicalmente a maneira como um livro pode ser publicado, comprado e vendido, a Amazon e outras livrarias *on-line* obtiveram eficiência notável, reduções de custos e uma maneira totalmente nova de fazer negócios.

A BPM representa desafios. Executivos relatam que a principal barreira para o sucesso dos processos de negócios é a cultura organizacional. Os funcionários não gostam de rotinas desconhecidas e, com frequência, tentam resistir às mudanças. Isso é especialmente verdade no caso das mudanças organizacionais que são muito ambiciosas e mais amplas. Gerenciar mudanças não é simples nem intuitivo, e as empresas comprometidas com melhorias extensivas de processos precisam de boa estratégia de gestão de mudanças (veja o Capítulo 14).

Ferramentas para gestão de processos de negócios

Diversas empresas de *software* – dentre as quais, IBM, Oracle e TIBCO – fornecem ferramentas para vários aspectos da BPM. Essas ferramentas ajudam as empresas a identificar e documentar processos que requerem melhorias, criar modelos de processos aprimorados, capturar e impor regras de negócios para a execução de processos e integrar sistemas que já existem para dar suporte a processos novos ou redesenhados. As ferramentas de *software* de BPM também fornecem análises para verificar se o desempenho do processo foi de fato aprimorado e para medir o impacto das mudanças de processo nos principais indicadores de desempenho do negócio.

A American National Insurance Company, por exemplo, que oferece seguro de vida, seguro médico, seguro contra acidentes patrimoniais e serviços de investimento, usou o *software* para BPM da Pegasystems para otimizar os processos de atendimento ao cliente em quatro grupos de negócios. O *software* desenvolveu regras para orientar os representantes de atendimento ao cliente, que usariam uma visão única das informações de um cliente mantidas em vários sistemas. Ao eliminar a necessidade de fazer malabarismos com várias aplicações simultaneamente ao lidar com solicitações de clientes e agentes, o processo aprimorado aumentou a capacidade de carga de trabalho dos representantes do atendimento em 192%.

13.2 Quais são as atividades centrais no processo de desenvolvimento de sistemas?

Novos sistemas de informação são uma consequência da resolução de problemas da organização. Um novo sistema de informação é desenvolvido como uma solução para algum tipo de problema ou conjunto de problemas que a organização percebe que está enfrentando. O problema pode ser aquele em que gerentes e funcionários percebem que a organização não está tendo o bom desempenho esperado ou que a organização deve tirar vantagem de novas oportunidades para ter um desempenho melhor.

As atividades que envolvem a produção de uma solução de sistema de informação para um problema ou oportunidade organizacional são chamadas de **desenvolvimento de sistemas**. O desenvolvimento de sistemas é um tipo de problema estruturado resolvido com atividades distintas. Essas atividades consistem em análise de sistemas, projeto de sistemas, programação, teste, conversão e, por fim, produção e manutenção.

A Figura 13.4 ilustra o processo de desenvolvimento de sistemas. As atividades de desenvolvimento de sistemas descritas geralmente ocorrem em ordem sequencial. Mas é possível que seja necessário repetir algumas das atividades e que algumas possam ocorrer simultaneamente, dependendo da abordagem de desenvolvimento do sistema que está sendo empregada (veja a Seção 13.4).

Análise de sistemas

Análise de sistemas é a investigação de um problema que uma empresa tenta resolver com um sistema de informação. Consiste em definir o problema, identificar suas causas, especificar a solução e identificar os requisitos de informação que precisam ser atendidos pela solução do sistema.

O analista de sistemas cria um roteiro da organização existente e dos sistemas, identificando os principais proprietários e usuários de dados, juntamente com *hardware* e *software* existentes. A seguir, o analista de sistemas detalha os problemas dos sistemas existentes. Por meio do exame de arquivos, documentos de trabalho e procedimentos, da observação das operações do sistema e de entrevistas com os principais usuários dos sistemas, o analista pode identificar as áreas problemáticas e os objetivos que a solução poderia realizar. Muitas vezes, a solução requer o desenvolvimento de um novo sistema de informação ou a melhoria de um já existente.

A análise de sistemas também inclui um **estudo de viabilidade** para determinar se a solução proposta é viável, ou alcançável, dos pontos de vista financeiro, técnico e organizacional. O estudo da viabilidade define se cada sistema proposto é um bom investimento, se a tecnologia necessária para o sistema está disponível e pode ser administrada pela equipe de sistemas de informação da empresa, e se a organização é capaz de acomodar as mudanças introduzidas pelo sistema.

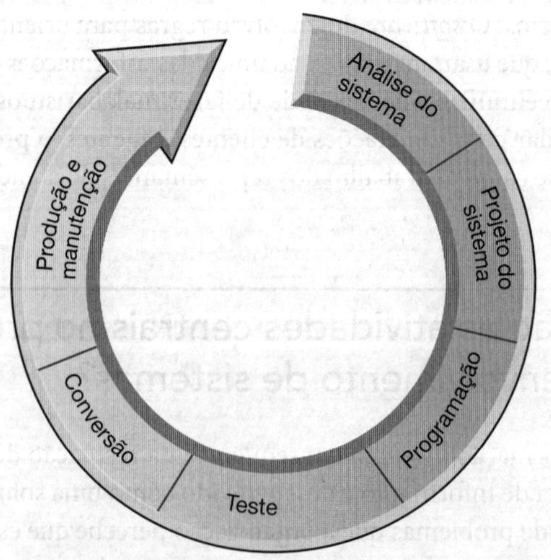

FIGURA 13.4 Processo de desenvolvimento de sistemas.
O desenvolvimento de um sistema pode ser dividido em seis atividades principais.

Geralmente, o processo de análise de sistemas identifica várias soluções alternativas que a organização pode buscar e avalia a viabilidade de cada uma. O relatório da proposta dos sistemas descreve os custos e benefícios e as vantagens e desvantagens de cada alternativa. Cabe à administração determinar qual combinação de custos, benefícios, características técnicas e impactos organizacionais representa a alternativa mais desejável.

Definição dos requisitos de informação

Talvez a tarefa mais desafiadora do analista de sistemas seja definir os requisitos específicos de informação que devem ser atendidos pela solução de sistema escolhida. No nível mais básico, os **requisitos de informação** de um novo sistema identificam quem precisa de qual informação, quando, onde e como. A análise de requisitos define cuidadosamente os objetivos do sistema modificado ou do novo sistema e desenvolve uma descrição detalhada das funções que o novo sistema deve desempenhar. A análise de requisitos incorreta é uma das principais causas de falhas em sistemas e dos altos custos de desenvolvimento de sistemas (veja o Capítulo 14). Um sistema elaborado em torno do conjunto de requisitos incorreto terá de ser descartado por causa de seu fraco desempenho ou precisará sofrer grandes modificações. A Seção 13.4 descreve abordagens alternativas para identificar os requisitos que ajudam a minimizar esse problema.

Alguns problemas não requerem uma solução de sistema de informação, mas sim um ajuste na gestão, um treinamento extra ou um refinamento dos procedimentos organizacionais existentes. Se o problema estiver relacionado a informações, a análise de sistemas ainda pode ser necessária para diagnosticá-lo e chegar à solução adequada.

Projeto de sistemas

A análise de sistemas descreve o que um sistema deve fazer para atender aos requisitos de informação, e o **projeto de sistemas** mostra como o sistema cumprirá esse objetivo. O projeto de um sistema é a "planta" ou modelo desse sistema. Assim como a planta de um edifício ou casa, consiste em todas as especificações que dão ao sistema sua forma e estrutura.

O projetista de sistemas é responsável por detalhar as especificações que fornecerão as funções identificadas durante a análise de sistemas. Essas especificações devem abordar todos os componentes gerenciais, organizacionais e tecnológicos da solução do sistema. A Tabela 13.1 lista os tipos de especificações que o projeto de sistemas deve gerar.

Assim como casas ou prédios, os sistemas de informação podem ter muitos projetos possíveis. Cada projeto representa uma combinação única de componentes técnicos e organizacionais. O que torna um projeto superior a outros é a facilidade e a eficiência com que ele atende aos requisitos do usuário no âmbito de um conjunto específico de restrições técnicas, organizacionais, financeiras e de tempo.

O papel dos usuários finais

Os requisitos de informações do usuário orientam todo o esforço de desenvolvimento do sistema. Os usuários devem ter controle suficiente sobre o processo do projeto para garantir que o sistema reflita suas prioridades empresariais e necessidades de informação, não os vieses da equipe técnica. A participação no projeto aumenta a compreensão e a aceitação do sistema pelos usuários. Como descrevemos no Capítulo 14, se o usuário não se envolver o suficiente, isso pode acarretar uma das principais causas de falha no sistema. No entanto, alguns sistemas exigem mais participação do usuário no projeto do que outros – a Seção 13.4 mostra como os métodos alternativos de desenvolvimento de sistemas tratam da questão da participação do usuário.

TABELA 13.1 Especificações do projeto de um sistema

SAÍDA	PROCESSAMENTO	DOCUMENTAÇÃO
Meio	Computação	Documentação das operações
Conteúdo	Módulos do programa	Documentação do sistema
Tempo	Relatórios exigidos	Documentação do usuário
ENTRADA	Tempo	CONVERSÃO
Origens	PROCEDIMENTOS MANUAIS	Regras para conversão de dados
Fluxo	Quais atividades	Método de teste
Entrada de dados	Quem as executa	Estratégia de conversão
INTERFACE DO USUÁRIO	Quando	TREINAMENTO
Simplicidade	Como	Técnicas de treinamento
Eficiência	Onde	Módulos de treinamento
Lógica	CONTROLES	MUDANÇAS ORGANIZACIONAIS
Feedback	Controles de entrada (caracteres, limite, razoabilidade)	Redesenho da tarefa
Erros		Projeto de trabalho
PROJETO DO BANCO DE DADOS	Controles de processamento (consistência, contagens de registros)	Projeto de processo
Modelo de dados lógico	Controles de saída (totais, amostras de saída)	Projeto de estrutura da organização
Requisitos de volume e de velocidade	Controles de procedimento (senhas, formulários especiais)	Relatórios de relacionamentos
Especificações de registro	SEGURANÇA	
	Controles de acesso	
	Planos de catástrofe	
	Trilhas de auditoria	

Conclusão do processo de desenvolvimento de sistemas

As etapas restantes do processo de desenvolvimento de sistemas traduzem as especificações da solução estabelecidas durante a análise e o projeto de sistemas em um sistema de informações totalmente operacional. Essas etapas de conclusão consistem em programação, teste, conversão, produção e manutenção.

Programação

Durante a **programação**, as especificações do sistema que foram preparadas durante o estágio de projeto são transformadas em código de programa de *software*. Hoje, muitas organizações não se encarregam mais de fazer sua própria programação dos novos sistemas. Em vez disso, adquirem programas que atende aos requisitos de um novo sistema de fontes externas, como pacotes de *software* de um fornecedor comercial, serviços de um provedor de serviços de *software* ou empresas terceirizadas que desenvolvem *software* aplicativo personalizado para os clientes (veja a Seção 13.4).

Teste

Testes completos e minuciosos devem ser realizados para verificar se o sistema produz os resultados corretos. A realização de testes responde à seguinte pergunta: o sistema produzirá os resultados desejados sob condições conhecidas? Algumas empresas estão começando a usar serviços de computação em nuvem para essa tarefa.

O tempo necessário para responder a essa pergunta tem sido tradicionalmente subestimado no planejamento de projetos de sistemas (veja o Capítulo 14). Realizar testes é demorado: os dados devem ser cuidadosamente preparados, os resultados devem ser revisados e as correções, feitas no sistema. Em alguns casos, partes do sistema podem precisar passar por uma fase de redesenho. Se essa etapa for realizada de forma negligente, os riscos decorrentes são enormes. (Veja a Sessão Interativa sobre Tecnologia a respeito de testes automatizados.)

Testar um sistema de informação é uma tarefa que pode ser dividida em três tipos de atividades: teste de unidade, teste de sistema e teste de aceitação. **Teste de unidade**, ou teste de programa, consiste em testar cada programa separadamente no sistema. Acredita-se amplamente que o objetivo de testes desse tipo é garantir que os programas estejam livres de erros, mas esse objetivo é impossível, realisticamente. O teste deve ser visto como uma maneira de localizar erros em programas, concentrando-se em encontrar todas as maneiras por meio das quais um programa pode falhar. Uma vez identificados, os problemas podem ser corrigidos.

O **teste de sistema** põe à prova o funcionamento do sistema de informação como um todo. Ele tenta determinar se os módulos discretos funcionarão juntos conforme planejado e se existem discrepâncias entre a maneira como o sistema realmente funciona e a maneira como foi concebido. Entre as áreas examinadas estão tempo de desempenho, capacidade de armazenamento de arquivos e manuseio de cargas de pico, recursos de recuperação e de reinicialização e procedimentos manuais.

O **teste de aceitação** fornece a certificação final de que o sistema está pronto para ser usado em um ambiente de produção. Os testes de sistemas são avaliados pelos usuários e revisados pela administração. Quando todas as partes estiverem convencidas de que o novo sistema atende aos seus padrões, o sistema é formalmente aceito para instalação.

A equipe de desenvolvimento de sistemas trabalha com os usuários para elaborar um plano de teste sistemático. O **plano de teste** inclui todos os preparativos para a série de avaliações que acabamos de descrever.

A Figura 13.5 mostra um exemplo de plano de teste. A condição geral que está sendo testada é uma mudança de registro. A documentação consiste em uma série de telas de planos de teste mantidas em um banco de dados (talvez um banco de dados de PC) que, idealmente, é adequado para esse tipo de aplicação.

Conversão

Conversão é o processo de passagem do sistema antigo para o novo. Quatro estratégias principais de conversão podem ser empregadas: em paralelo, transição direta, estudo piloto e abordagem em fases. Na estratégia de **conversão em paralelo** (*cutover*), tanto o sistema antigo

Procedimento	Abordagem e manutenção "Série de mudança de registro"		Série de teste 2		
Preparado por:		Data:	Versão:		
Ref. de teste	**Condição testada**	**Requisitos especiais**	**Resultados esperados**	**Saída em**	**Próxima tela**
2.0	Alterar registros				
2.1	Alterar registro existente	Campo chave	Não permitido		
2.2	Alterar registro não existente	Outros campos	Mensagem "chave inválida"		
2.3	Alterar registro apagado	O registro apagado deve estar disponível	Mensagem "apagada"		
2.4	Fazer segundo registro	Mudança 2.1 acima	Ok se válido	Arquivo de transação	V45
2.5	Inserir registro		Ok se válido	Arquivo de transação	V45
2.6	Abortar durante mudança	Abortar 2.5	Sem mudança	Arquivo de transação	V45

FIGURA 13.5 Amostra de plano para testar uma mudança de registro.

Ao desenvolver um plano de teste, é imperativo incluir as várias condições a serem testadas, os requisitos para cada condição testada e os resultados esperados. Os planos de teste exigem entradas tanto de usuários finais quanto de especialistas em sistemas de informação.

quanto o seu potencial substituto são executados juntos durante algum tempo, até que todos estejam seguros de que o novo sistema funciona corretamente. Esta é a abordagem de conversão mais segura porque, em caso de erro, ou interrupções de processamento, o sistema antigo ainda pode ser usado como *backup*. No entanto, essa abordagem é muito cara, e podem ser necessários pessoal ou recursos adicionais para o funcionamento do sistema extra.

A **estratégia de *cutover*** substitui o sistema antigo inteiramente pelo novo sistema em uma data determinada. É uma abordagem muito arriscada que pode ser mais cara do que executar dois sistemas em paralelo, no caso de haver problemas sérios com o novo sistema. Não há outro sistema ao qual se possa recorrer. Desorganizações, interrupções e custo das correções podem ser enormes.

A **estratégia de estudo-piloto** introduz o novo sistema apenas em uma área limitada da organização, como um único departamento ou unidade operacional. Quando essa versão piloto estiver concluída e funcionando sem problemas, será instalada em todo o restante da organização, seja simultaneamente ou em etapas.

A **estratégia de abordagem em fases** introduz o novo sistema em etapas, seja por funções ou por unidades organizacionais. Se, por exemplo, o sistema for introduzido por função, um novo sistema de folha de pagamento pode começar com trabalhadores horistas que são pagos semanalmente, e seis meses depois ocorrer o acréscimo ao sistema de funcionários assalariados (que são pagos mensalmente). Se o sistema for introduzido por unidade organizacional, a sede corporativa pode ser convertida primeiro, seguida por unidades operacionais periféricas quatro meses depois.

A mudança de um sistema antigo para um novo requer o treinamento dos usuários finais para usar o novo sistema. Uma **documentação** detalhada que mostra como o sistema funciona, tanto do ponto de vista técnico quanto do usuário final, deve ser concluída durante o tempo de conversão para uso em treinamento e operações diárias. A falta de treinamento e documentação adequados contribui para a falha do sistema, portanto, essa parte do processo de desenvolvimento de sistemas é muito importante.

Produção e manutenção

Após a instalação do novo sistema e uma vez concluída a conversão, diz-se que o sistema está em **produção**. Durante esse estágio, a solução será revisada por usuários e técnicos especializados para determinar em que medida atingiu seus objetivos originais e para decidir a

TABELA 13.2 Desenvolvimento de sistemas

ATIVIDADE ESSENCIAL	DESCRIÇÃO
Análise de sistemas	Identificar problema(s)
	Especificar soluções
	Definir requisitos de informação
Projeto de sistemas	Criar especificações do projeto
Programação	Traduzir especificações de projeto em código de programa
Teste	Realizar teste de unidade
	Realizar teste de sistemas
	Realizar o teste de aceitação
Conversão	Planejar a conversão
	Preparar documentação
	Treinar usuários e equipe técnica
Produção e manutenção	Operar o sistema
	Avaliar o sistema
	Modificar o sistema

necessidade de revisões ou alterações. Em alguns casos, um documento formal de **auditoria pós-implementação** deve ser preparado. Após o ajuste fino do sistema, ele deve passar por manutenção enquanto estiver em produção, a fim de corrigir erros, atender aos requisitos ou melhorar a eficiência do processamento. Mudanças em *hardware*, *software*, documentação ou procedimentos de um sistema em produção para corrigir erros, atender a novos requisitos ou melhorar a eficiência do processamento são chamadas de **manutenção**. A manutenção de rotina consome uma grande porcentagem dos orçamentos de TI de muitas empresas, mas pode ser reduzida significativamente por meio de práticas e tecnologia de desenvolvimento de sistemas mais atualizadas. A Tabela 13.2 resume as atividades de desenvolvimento de sistemas.

13.3 Quais são as principais metodologias para modelagem e projeto de sistemas?

Existem metodologias alternativas para modelagem e projeto de sistemas. As metodologias estruturadas e o desenvolvimento orientado a objetos são as mais proeminentes.

Metodologias estruturadas

Metodologias estruturadas são utilizadas para documentar, analisar e projetar sistemas de informação desde a década de 1970. São chamadas **estruturadas** as técnicas elaboradas passo a passo, sendo cada um dos passos fundamentado no anterior. As metodologias estruturadas são executadas de cima para baixo, partindo-se do nível mais alto e mais abstrato para o nível mais baixo de detalhe, do geral para o específico.

Os métodos de desenvolvimento estruturados são orientados a processos, concentrando-se primordialmente em modelar os processos, ou ações, que capturam, armazenam, manipulam e distribuem dados, como o fluxo de dados ao longo do sistema. Esses métodos distinguem dados de processos. Um procedimento de programação independente precisa ser escrito cada vez que alguém quer fazer algo com determinado conjunto de dados. Esses processos atuam sobre os dados que o programa repassa a eles.

A ferramenta primária para representar os processos componentes de um sistema e as interfaces (fluxo de dados) entre eles é o **diagrama de fluxo de dados** (**DFD**, do inglês *data flow diagram*). O diagrama de fluxo de dados oferece um modelo gráfico lógico do fluxo de informações, dividindo um sistema em módulos que mostram os níveis de detalhe administráveis. Esse diagrama especifica rigorosamente os processos ou as transformações que ocorrem dentro de cada módulo e as interfaces existentes entre eles.

A Figura 13.6 mostra um diagrama de fluxo de dados simples para um sistema de matrícula em um curso universitário a distância. Os retângulos numerados representam processos que retratam a transformação de dados. O quadrado na parte superior esquerda representa uma entidade externa que origina ou recebe informações localizadas fora das fronteiras do sistema modelado. Os retângulos abertos representam armazéns de dados, isto é, estoques de dados manuais ou automatizados. As setas ilustram os fluxos de dados que mostram a movimentação entre os processos, as entidades externas e os armazéns de informações. Elas contêm pacotes de dados com o nome ou o conteúdo de cada fluxo listado ao lado da seta.

Esse diagrama de fluxo de dados mostra os formulários de matrícula enviados pelos estudantes contendo nome e números de identificação dos cursos que desejam frequentar. No processo 1.0, o sistema verifica se cada curso selecionado ainda está aberto, consultando o arquivo de cursos da universidade. Ele diferencia cursos abertos daqueles cancelados ou lotados. O processo 1.0 determina então quais das opções do estudante podem ser aceitas ou rejeitadas. Em seguida, o processo 2.0 matricula o estudante nos cursos para os quais foi aceito. Também atualiza o arquivo de cursos da universidade com o nome e o número de

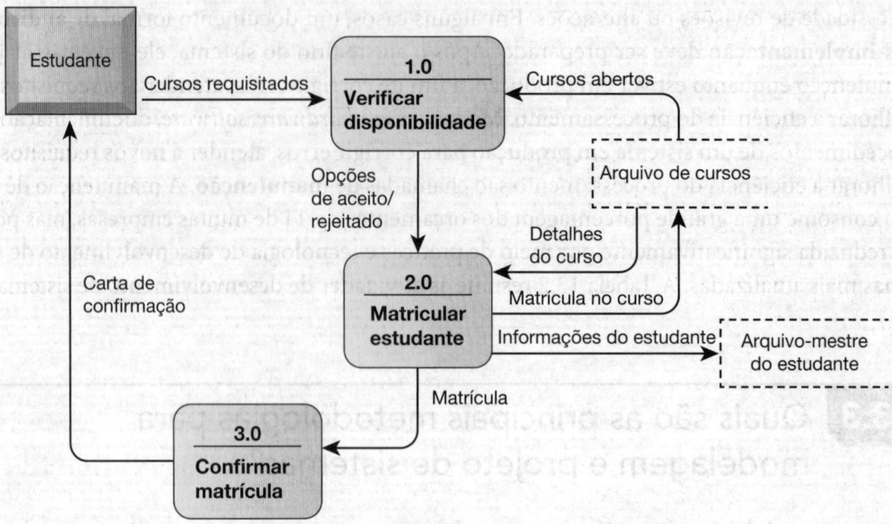

FIGURA 13.6 Diagrama de fluxo de dados para o sistema de matrícula em uma universidade a distância.

O sistema possui três processos: verificar disponibilidade (1.0), matricular estudante (2.0) e confirmar matrícula (3.0). O nome e o conteúdo de cada fluxo de dados aparecem adjacentes a cada seta. Há uma entidade externa nesse sistema: o estudante. E duas armazenagens de informações: o arquivo mestre de estudantes e o arquivo de cursos.

identificação do estudante e recalcula o tamanho da turma. Quando o número máximo de matrículas é alcançado, o número do curso recebe uma marcação (um *flag*) indicando que está fechado. O processo 2.0 atualiza ainda o arquivo mestre de alunos da universidade com informações de novos estudantes ou mudanças de endereço. O processo 3.0 envia então a cada estudante inscrito uma carta de confirmação de matrícula, listando os cursos para os quais está matriculado e citando as opções não atendidas.

Os diagramas podem ser usados para descrever processos de nível superior, bem como detalhes de nível inferior. Por meio dos diagramas de fluxo de dados, um processo complexo pode ser desdobrado em sucessivos níveis de detalhe. Com um diagrama de fluxo de alto nível, um sistema inteiro pode ser dividido em subsistemas. Cada subsistema, por sua vez, pode ser dividido em subsistemas adicionais com um diagrama de fluxo de segundo nível, e os subsistemas de nível mais baixo podem ser desdobrados novamente até que seja atingido o nível mais baixo de detalhe.

Outra ferramenta para análise estruturada é um dicionário de dados, que contém informações sobre partes individuais e agrupamentos de dados dentro de um sistema (veja o Capítulo 6). O dicionário de dados define o conteúdo dos fluxos de dados e do armazenamento de dados para que os desenvolvedores de sistemas entendam exatamente quais partes de dados eles contêm. As **especificações do processo** descrevem a transformação que ocorre no nível mais baixo do fluxograma de dados, expressando a lógica de cada processo. Na metodologia estruturada, o projeto de *software* é formatado por meio de um diagrama de estrutura hierárquica. O **diagrama de estrutura** é um diagrama de cima para baixo que mostra cada nível do projeto, sua relação com os outros níveis e sua localização na estrutura geral do projeto. O projeto considera primeiro a função principal do programa ou sistema, então divide essa função em subfunções e as decompõe em níveis de detalhamento de nível mais baixo. A Figura 13.7 mostra um diagrama de estrutura de alto nível para um sistema de folha de pagamento. Se o número de níveis de um projeto for muito grande para ser representado em um único diagrama de estrutura, ele pode ser desdobrado em mais diagramas detalhados. Um diagrama de estrutura pode documentar um programa, um sistema (um conjunto de programas) ou parte de um programa.

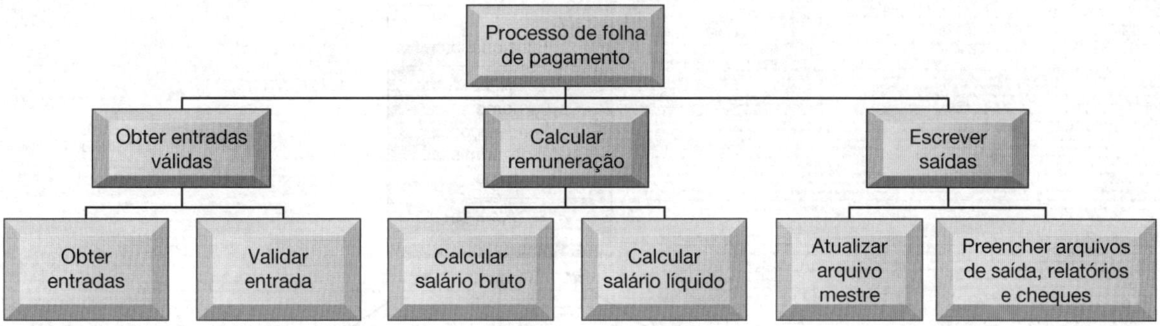

FIGURA 13.7 Diagrama de estrutura de alto nível para um sistema de folha de pagamento. O diagrama mostra o nível mais abstrato, ou mais alto, do projeto de um sistema de folha de pagamento, dando uma visão geral de todo o sistema.

Desenvolvimento orientado a objetos

Métodos estruturados são úteis para modelagem de processos, mas não são a melhor abordagem para modelagem de dados. Eles tratam dados e processos como entidades logicamente separadas, mas no mundo real tal separação parece pouco natural. Diferentes convenções de modelagem são usadas para análise (diagrama de fluxo de dados) e projeto (diagrama de estrutura).

O **desenvolvimento orientado a objetos** aborda essas questões. Esse desenvolvimento usa o objeto como a unidade básica da análise e do projeto de sistemas. Um **objeto** combina dados com os processos específicos que operam nesses dados. Os dados encapsulados em um objeto podem ser acessados e modificados somente pelas operações ou métodos associados a ele. Em vez de passar os dados para os procedimentos, os programas enviam uma mensagem para que o objeto execute o procedimento nele embutido. O sistema é modelado como um conjunto de objetos e segundo os relacionamentos entre eles. Como a lógica de processamento reside dentro dos objetos e não em programas de *software* independentes, aqueles precisam colaborar entre si para fazer o sistema funcionar.

A modelagem orientada a objetos baseia-se em conceitos de classe e herança. Objetos pertencentes a certa classe, ou categorias gerais de objetos similares, têm as características daquela classe. As classes de objetos, por sua vez, podem herdar toda a estrutura e os comportamentos de uma classe mais genérica e então acrescentar variáveis e comportamentos exclusivos a cada objeto. Novas classes de objetos são criadas escolhendo-se uma classe já existente e especificando como a nova classe difere da existente, em vez de começar do zero a cada criação de uma nova classe.

Podemos ver o funcionamento das classes e herança na Figura 13.8, que ilustra as relações entre classes referentes aos funcionários de uma empresa e ao modo como eles são remunerados. Funcionário é o ancestral comum (ou a superclasse) das outras três classes. Mensalista, Horista e Temporário são subclasses de Funcionário. O nome da classe está na parte superior do bloco; os atributos de cada classe ficam na parte do meio; e a lista de operações, na parte inferior do bloco. As características compartilhadas por todos os funcionários (documento de identidade, nome, endereço, data de admissão, cargo e remuneração) são armazenadas na superclasse Funcionário, enquanto cada subclasse armazena características específicas daquele tipo particular de funcionário. A remuneração horária e aquela por horas extras, por exemplo, são específicas dos funcionários horistas. As linhas contínuas que vão das subclasses para a superclasse são um caminho de generalização; elas nos mostram que as subclasses Mensalista, Horista e Temporário têm características comuns que podem ser generalizadas na superclasse Funcionário.

O desenvolvimento orientado a objetos é mais iterativo e incremental do que o desenvolvimento estruturado tradicional. Durante a análise de sistemas, os desenvolvedores

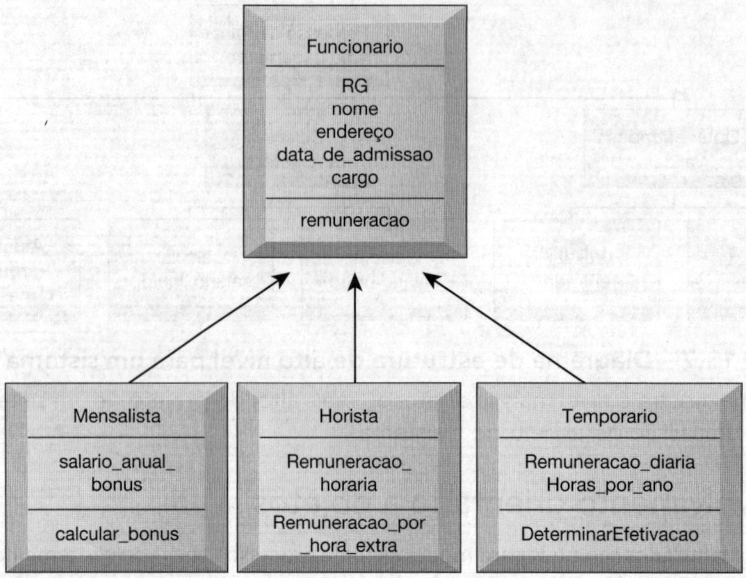

FIGURA 13.8 Classe e herança.

A figura ilustra como as classes herdam os recursos comuns de sua superclasse.

documentam os requisitos funcionais do sistema, especificando suas propriedades mais importantes e as funções que deve cumprir. Esses desenvolvedores analisam as interações entre o sistema e seus usuários para identificar objetos, o que inclui tanto dados quanto processos. A fase de projeto orientado a objetos descreve como os objetos vão se comportar e interagir entre si. Os objetos similares são agrupados para formar uma classe, e as classes, agrupadas em hierarquias nas quais uma subclasse herda os atributos e métodos de sua superclasse.

O sistema de informação é implementado por meio da tradução do projeto em um código-fonte de programa reutilizando as classes que já estiverem disponíveis na biblioteca de objetos reutilizáveis e acrescentando novas classes criadas durante a fase de projeto orientado a objetos. A implementação também pode envolver a criação de um banco de dados orientado a objetos. O sistema resultante precisa ser exaustivamente testado e avaliado.

Como os objetos são reutilizáveis, o desenvolvimento orientado a objetos pode reduzir o tempo e o investimento necessários para escrever um *software*, caso as organizações reutilizem os objetos de *software* já criados como componentes de outras aplicações. É possível criar sistemas usando alguns existentes, alterando outros e acrescentando novos. Estruturas orientadas a objetos foram desenvolvidas para fornecer aplicações reutilizáveis e semicompletas que a organização pode personalizar ainda mais, na forma de aplicações acabadas.

13.4 Quais são os métodos alternativos para o desenvolvimento de sistemas de informação?

Os sistemas diferem entre si em termos de tamanho e complexidade tecnológica e em termos dos problemas organizacionais que devem resolver. Várias abordagens de desenvolvimento de sistemas foram desenvolvidas para lidar com essas diferenças. Esta seção descreve esses métodos alternativos: o ciclo de vida dos sistemas tradicionais, a prototipagem, os pacotes de *software* aplicativo e serviços de *software* em nuvem e o *outsourcing* (terceirização).

Ciclo de vida dos sistemas tradicionais

O **ciclo de vida dos sistemas** é o método mais antigo de montagem de sistemas de informação. A metodologia do ciclo de vida é uma abordagem em fases da montagem de um sistema, dividindo o desenvolvimento de sistemas em estágios formais, conforme ilustra a Figura 13.9. Os especialistas em desenvolvimento de sistemas têm opiniões diferentes sobre como particionar os estágios do desenvolvimento de sistemas, mas correspondem, aproximadamente, aos estágios de desenvolvimento de sistemas que acabamos de descrever.

Essa abordagem mantém uma divisão de trabalho muito formal entre usuários finais e especialistas em sistemas de informação. Técnicos especializados, como analistas de sistemas e programadores, são responsáveis por grande parte da análise, projeto e trabalho de implementação dos sistemas; os usuários finais limitam-se a apresentar as informações requisitadas e rever o trabalho dos técnicos. O ciclo de vida dá ênfase a especificações formais e a papéis; portanto, muitos documentos são gerados no decorrer de um projeto de sistemas

O ciclo de vida de sistemas também é usado no desenvolvimento de grandes sistemas complexos, que exigem uma análise rigorosa e formal de requisitos, especificações predefinidas e controles rígidos sobre o processo de desenvolvimento de sistemas. No entanto, essa abordagem é dispendiosa, demorada e pouco flexível. Embora os desenvolvedores de sistema possam ir e voltar entre um estágio e outro, o ciclo de vida de sistemas é predominantemente uma abordagem "em cascata", na qual as tarefas de cada estágio devem estar concluídas antes que o estágio seguinte se inicie. As atividades podem ser refeitas, mas grandes volumes de novos documentos devem ser gerados e etapas precisam ser repetidas, caso seja necessário revisar requisitos e especificações. Isso estimula o congelamento das especificações em uma etapa relativamente precoce do processo de desenvolvimento. A abordagem de ciclo de vida também é inadequada para pequenos sistemas de *desktops*, que tendem a ser menos estruturados e mais individualizados.

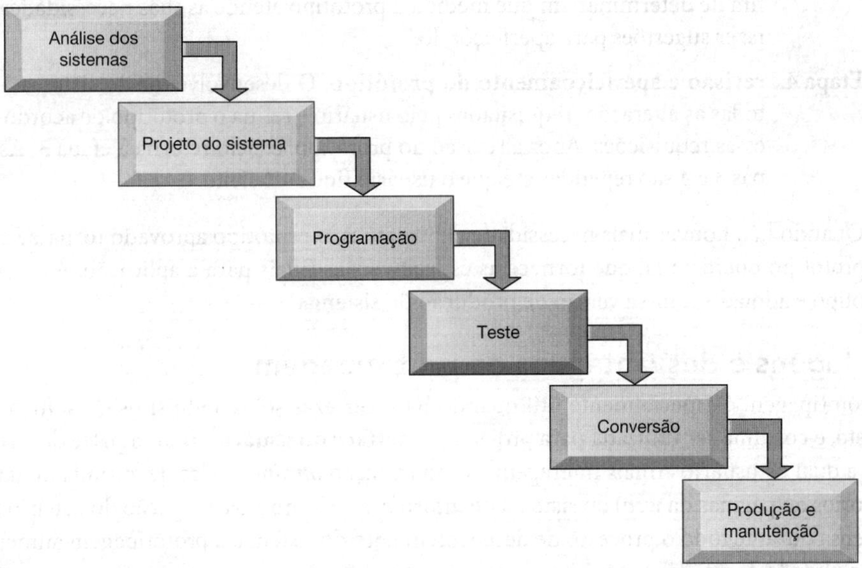

FIGURA 13.9 Ciclo de vida de desenvolvimento de sistemas tradicionais.

O ciclo de vida divide o desenvolvimento de sistemas de sistemas em estágios formais, e cada estágio precisa ser concluído antes que o próximo estágio possa começar.

Prototipagem

A **prototipagem** consiste em montar um sistema experimental de modo rápido e sem muitos gastos para submetê-lo à avaliação de usuários finais. Por meio da interação com o protótipo, os usuários podem ter uma ideia melhor de seus requisitos de informação. O protótipo aprovado pelos usuários pode ser usado como modelo para criar o sistema final.

O **protótipo** é uma versão funcional de um sistema de informação, ou de parte dele, mas deve ser considerado apenas um modelo preliminar. Depois de entrar em funcionamento, o protótipo será ainda mais refinado até estar em conformidade com os requisitos dos usuários. Após a conclusão do projeto, o protótipo pode ser convertido em um sistema de produção refinado.

O processo para desenvolver um projeto preliminar, testá-lo, refiná-lo e tentar novamente foi chamado de processo **iterativo** de desenvolvimento de sistemas, porque as etapas necessárias para desenvolver um sistema podem ser repetidas várias vezes. A prototipagem é mais explicitamente iterativa do que o ciclo de vida convencional e promove ativamente mudanças no projeto do sistema. Acredita-se que a prototipagem substitui o retrabalho não planejado por iteração planejada, com cada versão refletindo com mais precisão os requisitos dos usuários.

Etapas da prototipagem

A Figura 13.10 mostra um modelo de quatro etapas do processo de prototipagem:

Etapa 1: **identificação dos requisitos básicos do usuário.** O projetista de sistemas (geralmente um especialista em sistemas de informação) trabalha com o usuário apenas o tempo suficiente para captar suas necessidades básicas de informação.

Etapa 2: **desenvolvimento de um protótipo inicial.** O projetista de sistemas elabora um protótipo funcional rapidamente usando ferramentas para gerar *softwares* com rapidez.

Etapa 3: **utilização do protótipo**. O usuário é incentivado a trabalhar com o sistema a fim de determinar em que medida o protótipo atende às suas necessidades e de fazer sugestões para aperfeiçoá-lo.

Etapa 4: **revisão e aperfeiçoamento do protótipo**. O desenvolvedor do sistema anota todas as alterações requisitadas pelo usuário e refina o protótipo de acordo com essas requisições. Após a revisão do protótipo, o ciclo retorna à etapa 3. As etapas 3 e 4 são repetidas até que o usuário fique satisfeito.

Quando não houver mais necessidade de iterações, o protótipo aprovado torna-se então um protótipo operacional que fornece as especificações finais para a aplicação. Às vezes, o protótipo é adotado como a versão de produção do sistema.

Vantagens e desvantagens da prototipagem

A prototipagem é especialmente útil quando há incertezas sobre requisitos ou soluções de projeto, e costuma ser utilizada para projetar a **interface do usuário final** (a parte do sistema com a qual os usuários finais interagem, como exibição *on-line* e telas de entrada de dados, relatórios ou páginas da *web*) do sistema de informação. Como a participação do usuário final é intensa durante todo o processo de desenvolvimento do sistema, a prototipagem aumenta a probabilidade de que seus requisitos sejam satisfeitos.

No entanto, a prototipagem rápida pode negligenciar etapas essenciais no desenvolvimento de sistemas. Se o protótipo concluído funcionar razoavelmente bem, a administração poderá não perceber a necessidade de um sistema de produção refinado. Alguns desses sistemas construídos às pressas podem não acomodar facilmente grandes quantidades de dados ou número maior de usuários em um ambiente de produção.

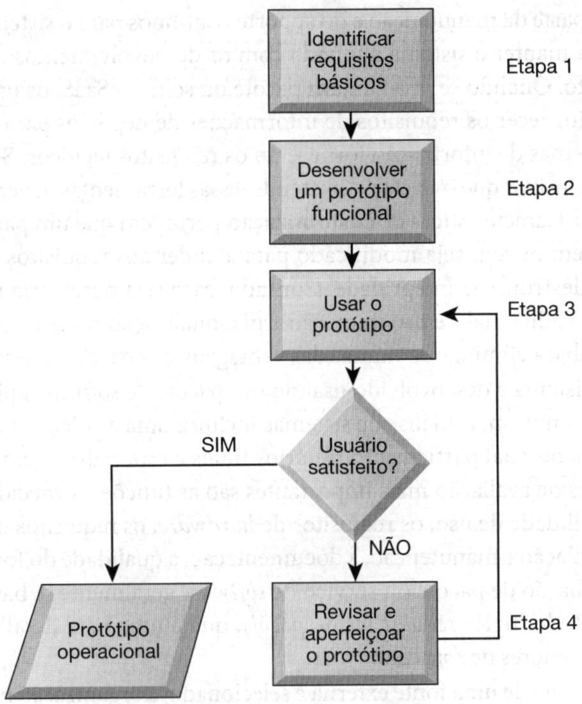

FIGURA 13.10 Processo de prototipagem.
O processo de desenvolvimento de um protótipo pode ser dividido em quatro etapas. Uma vez que é possível desenvolver um protótipo rapidamente e sem grandes custos, os desenvolvedores de sistemas podem passar por diversas iterações, repetindo as etapas 3 e 4 para refiná-lo e aperfeiçoá-lo antes de chegar ao protótipo operacional final.

Pacotes de *software* aplicativo, serviços de *software* e *outsourcing* (terceirização)

O Capítulo 5 ressalta que, hoje em dia, o *software*, para a maioria dos sistemas, não é desenvolvido internamente, mas adquirido de fontes externas. As empresas podem escolher alugar o *software* de um provedor de serviços, comprar um pacote de *software* de um fornecedor comercial ou ter um aplicativo personalizado desenvolvido por uma empresa terceirizada.

Pacotes de *software* aplicativo e serviços de *software* em nuvem

Hoje, muitos sistemas são baseados em pacotes de *software* aplicativo disponíveis comercialmente ou *software* em nuvem como serviço (SaaS). As empresas podem, por exemplo, optar por implementar um *software* de planejamento de recursos empresariais, gerenciamento de cadeia de suprimentos ou gerenciamento de capital humano da Oracle internamente, ou podem decidir pagar para usar esse *software* na plataforma Oracle Cloud. O *software* de produtividade de *desktop* Microsoft Office vem nas versões *desktop* e na nuvem (Office 365). Muitos aplicativos são comuns a todas as organizações empresariais – por exemplo, folha de pagamento, contas a receber, razão geral ou controle de estoque. Para funções universais como essas, com processos padronizados que não mudam muito ao longo do tempo, um sistema mais genérico atenderá aos requisitos da maioria das organizações.

Se um pacote de *software* comercial ou serviço de *software* em nuvem pode atender à maioria dos requisitos de uma empresa, ela não precisa escrever seu próprio *software*. A organização pode economizar tempo e dinheiro usando os programas de *software* pré-escritos, pré-projetados e pré-testados do fornecedor do *software*. Os fornecedores de pacotes e SaaS fornecem grande parte da manutenção e do suporte contínuos para o sistema, incluindo aperfeiçoamentos para manter o sistema alinhado com os desenvolvimentos técnicos e de negócios em andamento. Quando se procura um pacote ou solução SaaS, os usuários finais serão responsáveis por fornecer os requisitos de informações de negócios para o sistema, e os especialistas em sistemas de informação fornecerão os requisitos técnicos. Se uma organização tiver requisitos exclusivos que o pacote não atende, essas ferramentas deverão incluir recursos para customização. Características de **customização** permitem que um pacote de *software* ou *software* baseado em nuvem seja modificado para atender aos requisitos exclusivos de uma organização sem destruir sua integridade. Contudo, caso seja necessária uma customização extensa, o trabalho adicional de programação e personalização pode ficar tão caro e ser tão demorado que acabará eliminando muitas das vantagens dos pacotes e serviços de *software*.

Quando um sistema é desenvolvido usando um pacote de *software* aplicativo ou um serviço de *software* em nuvem, a análise de sistemas incluirá uma avaliação formal do pacote ou serviço de *software* do qual participarão usuários finais e especialistas em sistemas de informação. Os critérios de avaliação mais importantes são as funções fornecidas pelo *software*, a flexibilidade, a facilidade de uso, os requisitos de *hardware*, os requisitos de banco de dados, os esforços de instalação e manutenção, a documentação, a qualidade do fornecedor e o custo. O processo de avaliação de pacote ou serviço de *software* geralmente se baseia na **solicitação de proposta** (**RFP**, do inglês *request for proposal*), que é uma lista detalhada de perguntas enviadas aos fornecedores de *software*.

Quando o *software* de uma fonte externa é selecionado, a organização passa a não ter mais controle total sobre o processo de projeto de sistemas. Em vez de adaptar as especificações de projeto de sistemas diretamente aos requisitos do usuário, o esforço do projeto consistirá em tentar moldar os requisitos para se adequarem aos recursos do pacote ou serviço de *software*. Se os requisitos da organização entrarem em conflito com a forma como o pacote ou serviço de *software* funciona, e este *software* não puder ser customizado, a organização terá que se adaptar ao pacote ou serviço de *software* e alterar seus próprios procedimentos.

Outsourcing (terceirização)

Se uma empresa não quiser usar seus recursos internos para desenvolver ou operar sistemas de informação, pode contratar uma organização externa especializada em prover esses serviços. Provedores de computação em nuvem e de *software* como serviço (SaaS), que descrevemos no Capítulo 5, são uma forma de terceirização. As empresas assinantes usam o *software* e o *hardware* fornecidos pelo provedor de serviço como plataforma técnica para seus sistemas. Em outro tipo de terceirização, uma empresa contrata um fabricante externo para projetar e criar o *software* para seu sistema, mas opera este em seu próprio computador. O fornecedor *outsourcing* pode ser nacional ou estrangeiro.

O *outsourcing* nacional é motivado principalmente pelo fato de que as empresas terceirizadas possuem as habilidades, os recursos e os ativos que seus clientes não têm. Implantar um novo sistema de gestão da cadeia de suprimentos em uma empresa muito grande pode exigir a contratação de 30 a 50 pessoas com conhecimentos especializados em *software* licenciado de gestão da cadeia de suprimentos. Em vez de contratar novos funcionários em caráter definitivo, que precisariam de extenso treinamento no pacote de *software*, e depois demiti-los quando o novo sistema estiver concluído, faz mais sentido, e geralmente sai mais barato, terceirizar esse trabalho por um período de 12 meses.

No caso do ***outsourcing* internacional**, a decisão tende a ser muito mais motivada pelo custo. Um programador gabaritado na Índia ou na Rússia ganha cerca de 10 mil a 30 mil dólares por ano, contra 60 mil dólares por ano para um programador equivalente nos Estados Unidos. A internet e o baixo custo das tecnologias de comunicação reduziram drasticamente o custo e a dificuldade de coordenar o trabalho de equipes globais em lugares distantes. Além de custos mais baixos, muitas empresas de *outsourcing* internacional oferecem *know-how* e ativos de tecnologia de classe mundial. A inflação relacionada ao salário fora dos Estados

Unidos prejudicou algumas dessas vantagens e postos de trabalho têm retornado para os Estados Unidos. As empresas geralmente não terceirizam a concepção, a análise de sistemas e o projeto de sistemas de TI para empresas estrangeiras, mas muitas vezes terceirizam a programação, o teste, a manutenção e a operação diária desses sistemas.

Sua empresa terá mais chances de se beneficiar do *outsourcing* se avaliar com cuidado todos os riscos e tiver certeza de que essa estratégia é adequada às suas necessidades. Qualquer empresa que deseje terceirizar suas aplicações precisa compreender profundamente o projeto, inclusive seus requisitos, método de implementação, fonte de benefícios esperados, componentes de custo e métricas para mensurar o desempenho.

Muitas empresas subestimam os custos de identificar e avaliar prestadores de serviços de tecnologia de informação, de fazer a transição para um novo prestador, de aperfeiçoar os métodos de desenvolvimento de *software* internos para que se compatibilizem com os terceirizados e de monitorá-los para garantir o cumprimento de suas obrigações contratuais. As empresas precisarão alocar recursos para documentar requisitos, enviar solicitações de proposta, lidar com despesas de viagem, negociar contratos e gerenciamento de projetos. Especialistas afirmam que leva de três meses a um ano inteiro para transferir totalmente o trabalho para um parceiro internacional e garantir que o fornecedor entenda completamente o seu ramo de atividade. O *outsourcing* internacional inclui ainda custos adicionais para lidar com as diferenças culturais que diminuem a produtividade e com questões de recursos humanos, tais como demitir ou realocar funcionários nacionais. Esses "custos ocultos" podem facilmente restringir os benefícios esperados da terceirização. As empresas devem ser especialmente cautelosas ao usar um terceiro para desenvolver ou operar aplicações que lhes deem algum tipo de vantagem competitiva.

A General Motors Corporation (GM) em determinado momento terceirizou 90% de seus serviços de TI, incluindo *data centers* e desenvolvimento de aplicativos. Mais tarde, a empresa decidiu recuperar a maior parte de sua infraestrutura de TI para o ambiente interno. A redução de custos é importante, mas a principal razão da GM para reduzir a terceirização foi retomar o controle de seus sistemas de informação, que a empresa acredita estarem a impedindo de reagir rapidamente às oportunidades competitivas. A Figura 13.11 mostra os cenários otimista e pessimista para o custo total de uma operação de *outsourcing* internacional, revelando em que

CUSTO TOTAL DO *OUTSOURCING* INTERNACIONAL

Custo de contrato de *outsourcing*			$10.000.000	
Custos ocultos	Cenário otimista	Custo adicional ($)	Cenário pessimista	Custo adicional ($)
1. Seleção de fornecedores	0,02%	20.000	2%	200.000
2. Custos de transição	2%	200.000	3%	300.000
3. Demissões e retenção	3%	300.000	5%	500.000
4. Perda de produtividade/questões culturais	3%	300.000	27%	2.700.000
5. Aperfeiçoamento de processos de desenvolvimento	1%	100.000	10%	1.000.000
6. Gestão do contrato	6%	600.000	10%	1.000.000
Custos adicionais totais		**1.520.000**		**5.700.000**
	Contrato em aberto (US$)	Custo adicional (US$)	Custo total (US$)	Custo adicional (US$)
Custo total do *outsourcing* (TCO) no cenário otimista	10.000.000	1.520.000	11.520.000	15,2%
Custo total do *outsourcing* (TCO) no cenário pessimista	10.000.000	5.700.000	15.700.000	57,0%

FIGURA 13.11 Custo total do *outsourcing* internacional.

Se uma empresa gastar 10 milhões de dólares em contratos de *outsourcing* internacional, ela na verdade gastará 15,2% a mais em custos extras, mesmo no cenário mais otimista. No cenário mais pessimista, em que existe queda drástica na produtividade, combinada com custos de demissão e transição excepcionalmente altos, a empresa pode esperar desembolsar 57% a mais em custos extras, além dos 10 milhões pagos pelo contrato internacional.

medida os custos ocultos afetam esse custo total. O cenário otimista reflete as estimativas mais baixas para os custos adicionais, enquanto o pessimista reflete as mais altas estimativas para esses custos. Como se pode perceber, os custos ocultos aumentam o valor total de um projeto de *outsourcing* internacional de 15% a 57%. Mesmo com esses custos extras, muitas empresas podem beneficiar-se do *outsourcing* internacional caso gerenciem bem o trabalho.

13.5 Quais são as novas abordagens para o desenvolvimento de sistemas na era da empresa digital?

As tecnologias e as condições de negócios estão mudando tão rapidamente que as empresas passaram a adotar processos de desenvolvimento de sistemas mais breves e informais, incluindo aqueles para aplicativos móveis. Além de usar pacotes de *software* e serviços de *software on-line*, as empresas estão confiando mais em técnicas de ciclo rápido, como desenvolvimento rápido de aplicativos, projeto conjunto de aplicativos, desenvolvimento ágil, teste de *software* automatizado e desenvolvimento sem código/com pouco código.

Desenvolvimento rápido de aplicações (RAD), desenvolvimento ágil, teste de *software* automatizado e DevOps

O termo **desenvolvimento rápido de aplicações (RAD**, do inglês *rapid application development*) refere-se ao processo de criação de sistemas viáveis em um período de tempo muito curto, permitindo um pouco de flexibilidade para se adaptar à medida que um projeto evolui. O RAD inclui o uso de programação visual e outras ferramentas para desenvolver interfaces gráficas de usuário, prototipagem iterativa de elementos-chave do sistema, automação da geração de código de programa e trabalho em equipe próximo entre usuários finais e especialistas em sistemas de informação. Sistemas simples geralmente podem ser montados a partir de componentes pré-desenvolvidos. O processo não precisa ser sequencial, e partes-chave do desenvolvimento podem ocorrer simultaneamente.

Às vezes, uma técnica chamada **projeto conjunto de aplicação** (**JAD**, do inglês *joint application design*) é usado para acelerar a geração de requisitos de informação e para desenvolver o projeto inicial de sistemas. O JAD reúne usuários finais e especialistas em sistemas de informação em uma sessão interativa para discutir o projeto do sistema. Se adequadamente preparadas e mediadas, as sessões JAD podem acelerar significativamente a fase de projeto e envolver intensamente os usuários.

O **desenvolvimento ágil** concentra-se na entrega rápida do *software* em funcionamento, dividindo um grande projeto em uma série de pequenos subprojetos que são concluídos em curtos períodos de tempo usando iteração, *feedback* e envolvimento contínuo do usuário. As iterações, chamadas *sprints*, são prazos curtos que normalmente duram de 1 a 4 semanas. Cada miniprojeto é trabalhado por uma equipe multifuncional (composta por programadores, testadores, representante do usuário e outras pessoas exigidas pelo projeto) e liberado regularmente para o cliente. O aperfeiçoamento ou a adição de novas funcionalidades ocorre na próxima iteração à medida que os desenvolvedores esclarecem os requisitos.

Os recursos a serem desenvolvidos são atribuídos aos *sprints* de forma prioritária, com o "caminho crítico" através do programa sendo desenvolvido primeiro. Isso possibilita que uma versão básica, mas funcional, de um programa seja demonstrada desde o início. À medida que recursos adicionais são desenvolvidos, novos códigos são adicionados ao código já desenvolvido, um processo conhecido como "integração contínua".

O teste ocorre cedo e frequentemente ao longo de todo o processo de desenvolvimento. Os métodos ágeis enfatizam a comunicação face a face, incentivando as pessoas a colaborar e tomar decisões com rapidez e eficácia, respostas rápidas e flexíveis à mudança e a produção de *software* funcional em vez de documentação elaborada. Em vez de uma fase de teste separada, como na abordagem tradicional em cascata, o teste ocorre continuamente no desenvolvimento ágil durante cada *sprint*, e a realização de testagens é incentivada. Isso geralmente significa que mais tempo de desenvolvimento será gasto em testes do que ao usar abordagens tradicionais.

Embora essenciais, testes contínuos podem consumir muito tempo, especialmente porque o desenvolvimento de scripts de teste, a execução de etapas de teste e a avaliação dos resultados costumavam ser, em grande parte, manuais. Agora existem ferramentas de teste automatizadas disponíveis para atender a essa necessidade. As ferramentas de teste automatizadas realizam exames do *software*, geram relatórios e comparam resultados com execuções de teste anteriores. A Sessão Interativa sobre Tecnologia mostra como os testes automatizados ajudaram a empresa de *software* de segurança McAfee a usar uma metodologia ágil em seus projetos.

DevOps baseia-se nos princípios de desenvolvimento ágil como uma estratégia organizacional para criar uma cultura e um ambiente que promovam ainda mais práticas de desenvolvimento rápido e ágil. DevOps significa "desenvolvimento e operações" e enfatiza a estreita colaboração entre os desenvolvedores de *software* que criam aplicativos e a equipe operacional de TI que executa e mantém os aplicativos. Tradicionalmente, em uma grande empresa, uma equipe de desenvolvimento de aplicativos seria responsável por reunir os requisitos de negócios para um aplicativo, projetar o aplicativo e escrever e testar o *software*. A equipe de operações deve executar e realizar a manutenção do *software* assim que fosse colocado em produção. Os problemas surgem quando a equipe de desenvolvimento não tem conhecimento de problemas operacionais que impedem o *software* de funcionar conforme o esperado, exigindo tempo adicional e retrabalho para corrigi-lo.

O DevOps tenta mudar essa relação promovendo melhores e mais frequentes comunicação e colaboração entre o desenvolvimento de sistemas e grupos de operações, além de um fluxo de trabalho rápido e estável durante todo o ciclo de vida do desenvolvimento do aplicativo. Com esse tipo de mudança organizacional, juntamente com técnicas ágeis, processos padronizados e ferramentas automatizadas de criação e teste de *software* mais capacitadas, é possível desenvolver, testar e liberar aplicativos com mais rapidez e maior frequência. Por exemplo, o DevOps ajuda os desenvolvedores da Netflix a fazer centenas de alterações de *software* todos os dias.

Desenvolvimento com pouco código (Low Code) e desenvolvimento sem código (No-Code)

O **desenvolvimento com pouco código (Low-Code)** é uma abordagem que permite a entrega de aplicativos mais rapidamente e com o mínimo de codificação manual, usando, para isso, modelagem visual em uma interface gráfica para montar e configurar aplicativos. Essas ferramentas podem produzir aplicações totalmente operacionais ou exigir uma pequena quantidade de codificação adicional. As plataformas de desenvolvimento com pouco uso de código reduzem a quantidade de codificação manual para criar *software* viável, de modo que os aplicativos empresariais possam ser criados mais rapidamente por uma ampla gama de pessoas (incluindo, em alguns casos, usuários finais de negócios), e não apenas aqueles com habilidades formais de programação.

As ferramentas para **desenvolvimento sem código (No-Code)** são ainda mais fáceis de serem usadas por pessoas de negócios que não são de TI. Tudo o que o fornecedor do *software* acha que o usuário precisa para criar um aplicativo já está embutido na ferramenta, sem necessidade de codificação. No entanto, muitas ferramentas sem código foram criadas para resolver um problema de negócios simples e têm funcionalidade muito limitada. Por exemplo, a Verite, uma organização global sem fins lucrativos que tenta eliminar os abusos dos direitos humanos nas cadeias de suprimentos globais, possui um aplicativo sem código para processar

SESSÃO INTERATIVA **TECNOLOGIA**

McAfee adota testes automatizados de *software*

A McAfee é uma empresa privada que vende *software* de segurança para quase 69 mil clientes corporativos e mais de 500 milhões de pessoas em 189 países. Você ou sua empresa podem estar usando um produto da McAfee para combater *malware*, roubo de identidade e invasão de privacidade.

A McAfee usava uma única instância global do SAP ERP 5.0 para executar todos os seus processos de *back-end* de finanças, controle, contabilidade, gerenciamento de materiais e atendimento de pedidos. A empresa também conta com outros sistemas que não são da SAP – e que são integrados para processos de vendas, licenciamento e atendimento ao cliente na perspectiva *order-to-cash* (do pedido ao pagamento). (*Order-to-cash* refere-se ao conjunto de processos de negócios para recebimento, processamento e pagamento de pedidos de clientes.) O sistema SAP ERP, no entanto, é a única fonte de informações para receitas e reservas da empresa. A McAfee é uma organização baseada principalmente em parceiros que trabalha por meio de muitos revendedores e distribuidores e precisa garantir que esses parceiros possam fazer pedidos de maneira rápida e fácil no sistema SAP.

A organização vem tentando conciliar vários projetos de sistemas e migrar para o SAP S/4HANA (a próxima geração de *software* ERP da SAP), além de também implementar o SAP Revenue Accounting and Reporting, que exigiria a atualização dos códigos contábeis da McAfee para se adequar aos novos padrões de reconhecimento de receita. Esse projeto consumiu a maior parte dos recursos de TI da McAfee em 2018. A empresa também havia sido desmembrada de sua matriz e teve que separar seus sistemas de TI.

As atualizações tinham que ser lançadas, testadas e confirmadas para garantir o funcionamento correto. A equipe de TI da McAfee tinha que gerenciar todos esses projetos sem aumentar o número de funcionários. Ao mesmo tempo, a empresa estava adotando uma metodologia ágil para todos os seus projetos de TI. Ao contrário da metodologia tradicional "em cascata", na qual um gerente de projeto supervisiona indivíduos dedicados à garantia de qualidade, testando a funcionalidade do sistema e os testes de aceitação do usuário, a McAfee mudou para um ciclo de *sprint* ágil no qual todos os membros da equipe de desenvolvimento colaboram no desenvolvimento incremental de peças menores de *software*, que são lançadas no ciclo de sprint, a cada duas semanas. Com uma metodologia ágil, os módulos de *software* são constantemente desenvolvidos, testados, apresentados para *feedback* e revisados com prazos mais curtos do que a abordagem em cascata.

A McAfee tinha de lidar com aproximadamente 40 sistemas para atender aos processos *lead-to-order*, *order-to-cash* e *source-to-pay* que são trabalhados ativamente e aperfeiçoados. De acordo com Mouli Subrahamanayan, diretor de TI da McAfee India, "há inúmeras tarefas e atividades em todo o processo".

Uma maneira de fazer mais e mais rapidamente era automatizar os testes. Tradicionalmente, a McAfee usava processos manuais para testes de *software*, que não conseguiam lidar facilmente com uma quantidade maior de atividades. Sempre que um sistema fosse alterado ou aperfeiçoado com um novo recurso, a equipe de TI da McAfee precisava garantir que os sistemas funcionavam conforme o esperado e corrigir os problemas antes de o sistema entrar em produção.

Era muito difícil usar processos manuais para acompanhar os testes porque muitas mudanças tiveram de ser feitas em um período muito curto. A criação manual de cenários de teste para processos de ponta a ponta, como do pedido ao pagamento, levava muito tempo e era muito cara.

O aumento das necessidades de teste da empresa também foi impulsionado por outras alterações de aplicativos que também exigiam testes. Por exemplo, a McAfee substituiu seu sistema customizado para processos de configuração, preço e cotação (CPQ) – para configurar preços de produtos e gerar cotações – com um sistema de terceiros não SAP. A empresa precisava testar o cenário de ponta a ponta para garantir que as cotações criadas para vendas fossem convertidas adequadamente em pedidos no sistema SAP ERP e, em seguida, atendidas perfeitamente. O teste tinha de criar e testar volumes de fim de trimestre de 60 mil pedidos e validar as cargas nos aplicativos de suporte não SAP, como faturamento, licenciamento e análise. O teste tinha que mostrar que tudo nessa cadeia de eventos poderia lidar com esse volume de transações e os sistemas se comportavam conforme o esperado.

Para concluir uma grande quantidade de testes em um curto período de tempo, a McAfee optou por testes automatizados. Os testes automatizados dariam tempo para que as equipes de desenvolvimento ágil se concentrassem em cada cenário e garantissem que os sistemas de *back-end* estivessem funcionando como deveriam para concluir os pedidos dos clientes. A equipe de automação da McAfee com 13 membros consistia em engenheiros de automação e analistas de negócios, encarregados de selecionar o produto de teste automatizado para a empresa. Os fornecedores de *software* de teste automatizado tiveram que usar demonstrações práticas para mostrar que sua ferramenta poderia lidar com testes SAP e automação de processos de negócios e que era fácil de usar.

A McAfee selecionou o Worksoft Certify porque era a estrutura para testes SAP que vinha sendo pré-desenvolvida no *software* e sua estrutura de teste poderia ser aplicada para áreas além do sistema SAP local da empresa, incluindo novos aplicativos personalizados. O Worksoft Certify é uma solução de automação de teste líder do setor para aplicativos corporativos, incluindo SAP, Workday, Salesforce.com, Oracle e aplicativos da *web*. Foi projetado para testar processos de negócios complexos que abrangem vários aplicativos e não usa código. A ferramenta modela um aplicativo em teste como uma série de páginas contendo objetos GUI (interface gráfica do usuário) e etapas de teste, realizando ações em relação àqueles objetos. Cria e armazena etapas de teste automatizadas em um banco de dados relacional sem um único script ou programa de *software*. Pessoas sem habilidades de codificação de *software* podem usar a ferramenta.

No final de 2017, a McAfee começou a colocar em produção seu sistema de testes automatizados. A empresa agora usa o Worksoft Certify para testes e automação de processos de negócios em seu ambiente SAP. Tarefas manuais como a realização de verificações regulares da integridade do sistema SAP são automatizadas, assim como o teste de alterações no sistema. Isso inclui testes de desempenho para testar cargas de processamento pesadas. Por exemplo, a McAfee conseguiu testar como o sistema SAP processava um volume de 60 mil pedidos com 250 mil itens de linha.

A empresa economizou quase 2.500 horas de esforço manual por meio de testes e automação de processos de negócios, o equivalente a US$ 200 mil; além disso, a necessidade de manutenção de aplicativos está no nível mais baixo de todos os tempos.

Fontes: www.worksoft.com, acessado em 7 de abril de 2020; Lauren Bonneau, "McAfee Saves 2500 Hours of Manual Effort with Test and Business Process Automation on Its Journey to SAP S/4HANA," *SAPInsider*, 1º de abril de 2019; www.mcafee.com, acessado em: 7 de abril de 2020.

PERGUNTAS DO ESTUDO DE CASO

1. Por que uma empresa como a McAfee se beneficiaria de testes automatizados de *software*?
2. Quais fatores de gerenciamento, organização e tecnologia a McAfee abordou ao mudar para o teste de *software* automatizado?
3. O Worksoft Certify foi uma boa solução para a McAfee? Por quê?
4. Como o teste de *software* automatizado mudou a forma como a McAfee administrava seus negócios?

relatórios de despesas do cliente (Preimesberger, 2019). Os aplicativos sem código também são difíceis de personalizar. Outra desvantagem é que essas ferramentas permitem que os usuários profissionais criem seus próprios aplicativos sem a devida supervisão de gerenciamento do departamento de TI, gerando problemas de segurança, conformidade e integração, além de sistemas abaixo do padrão

Desenvolvimento de aplicação móvel: projetando para um mundo multitelas

Atualmente, os funcionários e os clientes esperam, e até mesmo exigem, ser capazes de usar um dispositivo móvel de sua escolha para obter informações ou realizar uma transação em qualquer lugar e a qualquer momento. Para satisfazer essas necessidades, as empresas precisarão desenvolver *sites* móveis, apps móveis e apps nativos, bem como sistemas de informação tradicionais. Ao decidir desenvolver apps móveis, a empresa precisa fazer algumas escolhas importantes, incluindo a tecnologia que usará para implementar esses apps (seja para escrever um app nativo ou um app móvel) e o que fazer com um ***site* móvel**. Um *site* móvel é uma versão de um *site* normal, com uma redução do conteúdo e da navegação para facilitar o acesso e a pesquisa em uma pequena tela do celular. (Experimente acessar o *site* da Amazon a partir do seu computador e, em seguida, a partir de seu *smartphone* para ver a diferença.)

Um ***web* app móvel** é um aplicativo habilitado para internet com funcionalidade específica para dispositivos móveis. Os usuários acessam *web* apps móveis por meio do navegador da *web* de seus dispositivos móveis. A aplicação reside em um servidor, é acessada via internet e não precisa ser instalada no dispositivo. O mesmo app pode ser usado pela maioria dos dispositivos que podem navegar na *web*, independentemente da marca.

Um **app nativo** é um aplicativo autônomo projetado para executar em uma plataforma e um dispositivo específicos, deve ser instalado diretamente no dispositivo. Ele pode se conectar à internet para baixar e enviar dados, além de poder operar com esses dados, mesmo quando não está conectado à internet. Por exemplo, um aplicativo de leitura de *e-book*, como o *software* Kindle, pode baixar um livro da internet, desconectar-se e apresentá-lo para a leitura. Os apps móveis nativos oferecem desempenho rápido e alto grau de confiabilidade. Também podem aproveitar os recursos específicos de um dispositivo móvel, como sua câmera ou recursos de toque. No entanto, o desenvolvimento de apps nativos custa caro, porque várias versões de um aplicativo devem ser programadas para diferentes sistemas operacionais e *hardwares* móveis.

O desenvolvimento de apps para plataformas móveis é bem diferente do desenvolvimento para PCs e suas telas, que são muito maiores. O tamanho reduzido dos dispositivos móveis torna o uso de dedos e gestos multitoque muito mais fácil do que digitar e usar teclados. Os apps móveis precisam ser otimizados para as tarefas específicas que devem executar, não devem tentar realizar muitas tarefas e devem ser projetados levando em conta a usabilidade. A experiência do usuário para interação móvel é fundamentalmente diferente do uso de um *desktop* ou *laptop*. Economizar recursos – largura de banda, espaço na tela, memória, processamento, entrada de dados e gestos do usuário – é uma prioridade.

Quando um *site* inteiro criado para *desktop* tem seu tamanho reduzido para a tela de um *smartphone*, a navegação se torna difícil. O usuário deve aumentar e diminuir o zoom e fazer a tela rolar continuamente para encontrar material relevante. Portanto, as empresas precisam projetar *sites* específicos para interfaces móveis e criar vários *sites* móveis para atender às necessidades dos navegadores de *smartphones*, *tablets* e *desktop*. Isso equivale a, no mínimo, três *sites* com conteúdo, manutenção e custos separados. Atualmente, os *sites* sabem qual dispositivo está sendo usado, porque o seu navegador enviará essas informações para o servidor quando você efetuar logon. Com base nessas informações, o servidor fornecerá a tela adequada.

Uma solução para o problema de lidar com vários *sites* é utilizar o **projeto *web* responsivo**, o qual permite que os *sites* alterem automaticamente os *layouts* de acordo com a resolução da tela do visitante, seja em um *desktop*, *laptop*, *tablet* ou *smartphone*. O projeto responsivo usa ferramentas como *layouts* flexíveis baseados em grade, imagens flexíveis e consultas à mídia, para otimizar o projeto para diferentes contextos de visualização. Isso elimina a necessidade de projeto e trabalho de desenvolvimento separado para cada novo dispositivo. O HTML5, que introduzimos no Capítulo 5, também é usado no desenvolvimento de aplicativos móveis por ser capaz de apoiar aplicações multiplataformas.

13.6 Como os sistemas de informação gerenciais ajudarão minha carreira?

Aqui está como o Capítulo 13 e este livro podem ajudá-lo a encontrar um emprego como analista de sistemas de negócios júnior de nível básico.

A empresa

A Systems 100 Technology Consultants, uma empresa de serviços de tecnologia com sede em Chicago, fornece consultoria de pessoal e de tecnologia da informação para outras empresas dos Estados Unidos e tem uma vaga aberta para analista de sistemas de negócios júnior de nível básico. A empresa fornece consultores de negócios e tecnologia para mais de 150 empresas nos ramos de serviços financeiros, saúde, comunicações, transporte, energia, bens de consumo e tecnologia, ajudando-as a implementar iniciativas de negócios e tecnologia de forma econômica.

Descrição do cargo

Espera-se que o analista de sistemas de negócios júnior trabalhe em equipes de projeto em todas as fases do ciclo de vida do desenvolvimento de *software*, incluindo definição de requisitos de negócios, além de desenvolver especificações detalhadas de projeto e trabalhar com desenvolvedores de aplicativos para criar ou aprimorar sistemas e processos de negócios. Antes de realizar suas tarefas, os novos analistas de sistemas de negócios recebem o treinamento de formação que precisarão para ter sucesso em suas atribuições. A primeira tarefa é trabalhar em regime de contrato para uma *start-up* de análise de dados em Michigan que atende organizações de médio porte. O analista de sistemas de negócios júnior deverá trabalhar com uma equipe de cientistas de dados para ajudar os clientes a integrar fontes de dados, limpar e organizar dados confusos e melhorar a compreensão de padrões e tendências.

Requisitos do emprego

- Recém-formado ou prestes a se formar, com bacharelado em Sistemas de Informações Gerenciais, Finanças, Psicologia ou áreas afins.
- 3 a 6 meses ou mais de experiência com trabalho corporativo ou estágio, incluindo experiência de trabalho com uma equipe de projeto.
- Forte compreensão de tecnologia e sistemas, e melhoria de processos de negócios.
- Sólidas habilidades analíticas, de comunicação e de resolução de problemas.
- Capacidade de trabalhar confortavelmente em um ambiente de equipe.
- Conhecimento e compreensão do ciclo de vida de desenvolvimento de *software* e melhoria de processos de negócios.
- Conhecimento de aplicativos do MS Office.
- Contato com SQL desejável, mas não obrigatório.

Perguntas para a entrevista

1. Que cursos de sistemas de informação você fez, incluindo SIG, banco de dados, análise de dados e desenvolvimento de sistemas? Você sabe escrever consultas SQL?
2. Já trabalhou em algum projeto de desenvolvimento de sistemas? Em caso afirmativo, o que você fez? Quais práticas de desenvolvimento de sistemas você usou?
3. Já trabalhou em outros tipos de projetos? Qual papel desempenhou? Você tem amostras da escrita ou da saída que produziu para esses projetos?
4. Que ferramentas do Microsoft Office você já usou? Você usou essas ferramentas para resolver que tipos de problemas?
5. Tem alguma experiência com desenvolvimento ágil de *software*?

Dicas do autor

1. Analise a discussão sobre processos de negócios no Capítulo 2 e no Capítulo 13, e a discussão do Capítulo 14 sobre gerenciamento e implementação de projetos de TI. Esteja preparado para falar sobre experiências de desenvolvimento de sistemas que você já teve, incluindo análise ou redesenho de processos de negócios. Também esteja preparado para discutir práticas contemporâneas de desenvolvimento de sistemas.
2. Procure saber como você usaria as ferramentas SQL do Microsoft Office para o trabalho e quais habilidades você deveria demonstrar. Traga exemplos do trabalho que você fez com esse *software*. Expresse interesse em aprender mais sobre essas ferramentas para cumprir suas tarefas profissionais.
3. Traga exemplos de sua escrita demonstrando suas habilidades analíticas e sua experiência em projetos.

RESUMO

13.1 De que maneira o desenvolvimento de novos sistemas gera mudança organizacional?

O desenvolvimento de um novo sistema de informação é um tipo de mudança organizacional planejada. Quatro tipos de mudanças possibilitadas pela tecnologia são: (1) automação, (2) racionalização de procedimentos, (3) redesenho de processos de negócios e (4) mudança de paradigma, sendo as mudanças de longo alcance as que trazem os maiores riscos e recompensas. Muitas organizações estão usando o gerenciamento de processos de negócios para redesenhar fluxos de trabalho e processos de negócios na esperança de alcançar grandes avanços de produtividade. O gerenciamento de processos de negócios também é útil para promover a gestão da qualidade total (TQM), Seis Sigma e outras iniciativas para melhoria incremental de processos.

13.2 Quais são as atividades centrais no processo de desenvolvimento de sistemas?

As atividades principais no desenvolvimento de sistemas são análise de sistemas, projeto de sistemas, programação, teste, conversão, produção e manutenção. Análise de sistemas é o estudo e a análise de problemas de sistemas existentes e a identificação de requisitos para suas soluções. O projeto de sistemas fornece as especificações para uma solução de sistema de informação, mostrando como seus componentes técnicos e organizacionais se encaixam.

13.3 Quais são as principais metodologias para modelagem e projeto de sistemas?

As duas principais metodologias para modelagem e projeto de sistemas de informação são as metodologias estruturadas e o desenvolvimento orientado a objetos. Metodologias estruturadas focam em processos de modelagem e dados separadamente. O diagrama de fluxo de dados é a principal ferramenta para análise estruturada, e o gráfico de estrutura é a principal ferramenta para representar o projeto de *software* estruturado. O desenvolvimento orientado a objetos modela um sistema como uma coleção de objetos que combinam processos e dados. A modelagem orientada a objetos baseia-se em conceitos de classe e herança.

13.4 Quais são os métodos alternativos para o desenvolvimento de sistemas de informação?

O método mais antigo para desenvolvimento de sistemas é o ciclo de vida dos sistemas, que requer que os sistemas de informação sejam desenvolvidos em estágios formais. Os estágios devem ocorrer sequencialmente e ter resultados definidos; cada um requer aprovação formal antes que o próximo estágio possa começar. O ciclo de vida dos sistemas é útil para grandes projetos que precisam de especificações formais e controle de gestão rígido sobre cada estágio do desenvolvimento de sistemas, mas é muito rígido e caro.

A prototipagem consiste em montar um sistema experimental rapidamente e sem muitos gastos para submetê-lo à avaliação de usuários finais. A prototipagem incentiva o envolvimento do usuário final no desenvolvimento de sistemas e na iteração do projeto até que as especificações sejam registradas com precisão. A rápida criação de protótipos pode resultar em sistemas que não foram completamente testados ou documentados ou que são tecnicamente inadequados para um ambiente de produção.

Usar um pacote de *software* ou serviços de *software on-line* (SaaS) reduz a quantidade de projeto, programação, teste, instalação e trabalho de manutenção necessários para desenvolver um sistema. Pacotes de *software* aplicativo ou SaaS são úteis se uma empresa não tiver a equipe interna de sistemas de informação ou recursos financeiros para desenvolver um sistema personalizado. Para atender aos requisitos exclusivos de uma organização, os pacotes podem exigir modificações extensas que podem aumentar substancialmente os custos de desenvolvimento.

Outsourcing (terceirização) consiste em usar um fornecedor externo para desenvolver (ou operar) os sistemas de informação de uma empresa em vez da equipe interna de sistemas de informação da organização. O *outsourcing* pode economizar custos de desenvolvimento de aplicativos ou permitir que as empresas desenvolvam aplicativos sem uma equipe interna de sistemas de informação. No entanto, as empresas correm o risco de perder o controle sobre seus sistemas de informação e se tornarem muito dependentes de fornecedores externos. O *outsourcing* também acarreta custos ocultos, principalmente quando o trabalho é enviado para o exterior.

13.5 Quais são as novas abordagens para o desenvolvimento de sistemas na era da empresa digital?

O desenvolvimento rápido de aplicações (RAD) usa *software* orientado a objetos, programação visual, digitação e ferramentas para criação muito rápida de sistemas. O desenvolvimento ágil divide um grande projeto em uma série de pequenos subprojetos que são concluídos em curtos períodos de tempo usando iteração e *feedback* contínuo.

As ferramentas de teste automatizadas aceleram os testes e melhoram a qualidade ao automatizar tarefas que antes eram manuais. As ferramentas de desenvolvimento com pouco código e as de desenvolvimento sem código permitem que pessoas com nenhuma ou mínimas habilidades de programação criem sistemas viáveis em um curto período de tempo. O DevOps enfatiza a estreita colaboração entre os desenvolvedores de *software* que criam aplicativos e a equipe operacional de TI que executa e mantém os aplicativos. O desenvolvimento de aplicativos móveis deve prestar atenção à simplicidade, à usabilidade e à necessidade de otimizar tarefas para telas pequenas.

Palavras-chave

App nativo, 516
Auditoria pós-implementação, 503
Automação, 491
Ciclo de vida dos sistemas, 507
Conversão em paralelo, 501
Conversão, 501
Customização, 510
Desenvolvimento ágil, 512
Desenvolvimento com pouco código (Low-Code), 513
Desenvolvimento de sistemas, 498
Desenvolvimento orientado a objetos, 505
Desenvolvimento rápido de aplicações (RAD), 512
Desenvolvimento sem código (No-Code), 513
DevOps, 513
Diagrama de estrutura, 504
Diagrama de fluxo de dados (DFD), 503
Documentação, 502
Especificações do processo, 504
Estratégia de abordagem em fases, 502
Estratégia de cutover, 502
Estratégia de estudo-piloto, 502
Estruturadas, 503
Estudo de viabilidade, 498
Gestão da qualidade total (TQM), 492
Gestão de processos de negócios (BPM), 494
Interface do usuário final, 508
Iterativo, 508
Manutenção, 503
Mudança de paradigma, 492
Objeto, 505
Outsourcing internacional, 510
Plano de teste, 501
Produção, 502
Programação, 500
Projeto conjunto de aplicação (JAD), 512
Projeto de sistemas, 499
Projeto web responsivo, 516
Protótipo, 508
Racionalização de procedimentos, 491
Redesenho de processos de negócios, 492
Requisitos de informação, 499
Seis Sigma, 492
Site móvel, 515
Solicitação de proposta (RFP), 510
Teste de aceitação, 501
Teste de sistema, 501
Teste de unidade, 501
Teste, 500
Web app móvel, 515

Questões para revisão

13.1 De que maneira o desenvolvimento de novos sistemas gera mudança organizacional?

- Descreva cada um dos quatro tipos de mudança organizacional que podem ser promovidos com a tecnologia da informação.
- Defina o gerenciamento de processos de negócios e descreva as etapas necessárias para realizá-lo.

13.2 Quais são as atividades centrais no processo de desenvolvimento de sistemas?

- Faça uma distinção entre análise de sistemas e projeto de sistemas. Descreva as atividades de cada um.
- Defina os requisitos de informação e explique por que eles são difíceis de definir corretamente.
- Explique por que o estágio de teste do desenvolvimento de sistemas é tão importante. Identifique e descreva os três estágios de teste para um sistema de informação.
- Descreva os papéis da programação, conversão, produção e manutenção no desenvolvimento de sistemas.

13.3 Quais são as principais metodologias para modelagem e projeto de sistemas?

- Compare abordagens estruturadas tradicionais e orientadas a objetos para modelagem e projeto de sistemas.

13.4 Quais são os métodos alternativos para o desenvolvimento de sistemas de informação?

- Defina o ciclo de vida dos sistemas tradicionais. Descreva suas vantagens e desvantagens para o desenvolvimento de sistemas.
- Defina prototipagem do sistema de informação. Descreva seus benefícios e limitações. Liste e descreva as etapas do processo de prototipagem.
- Defina pacote de *software* aplicativo. Explique as vantagens e desvantagens de desenvolver sistemas de informação baseados em pacotes de *software*.
- Descreva as vantagens e desvantagens de usar o *outsourcing* para o desenvolvimento de sistemas de informação.

13.5 Quais são as novas abordagens para o desenvolvimento de sistemas na era da empresa digital?

- Defina desenvolvimento rápido de aplicações (RAD), desenvolvimento ágil, teste de *software* automatizado, desenvolvimento com pouco uso de código e sem código e DevOps. Explique como eles podem melhorar o desenvolvimento do sistema.
- Explique os recursos de desenvolvimento de apps móveis e projeto *web* responsivo.

Para discutir

13.6 Por que escolher uma abordagem de desenvolvimento de sistemas é uma decisão importante? Quem deveria participar desse processo de seleção?

13.7 Acredita-se que a melhor maneira de reduzir os custos de desenvolvimento de sistemas é usar pacotes de *software* aplicativo, SaaS, ou ferramentas fáceis de usar. Você concorda? Por quê?

13.8 Por que é tão importante entender como um processo de negócios funciona ao tentar desenvolver um novo sistema de informação?

Projetos práticos em SIG

Os projetos nesta seção oferecem experiência prática na avaliação de processos de negócios, no projeto e desenvolvimento de um sistema para venda de automóveis e na análise dos requisitos de informação de um *site*.

Problemas de decisão de gestão

13.9 Por uma taxa adicional, um cliente que compra um eletrodoméstico da marca Roebuck na Sears, como uma máquina de lavar, pode adquirir um contrato de serviço de três anos. O contrato fornece serviço de reparo gratuito e peças para o aparelho especificado usando um provedor de serviços autorizado da Sears. Quando uma pessoa com um contrato de serviço da Sears precisa consertar um eletrodoméstico, como uma máquina de lavar, ela liga para o departamento de Reparos e Peças da empresa para agendar um horário. O departamento marca o evento e informa ao cliente uma data e hora aproximadas do compromisso. O técnico de reparo chega no prazo combinado e faz um diagnóstico do problema. Se o problema for causado por uma peça defeituosa, o técnico substitui a peça, caso a tiver consigo, ou encomenda a peça de reposição na Sears. Se a peça não estiver em estoque, a Sears encomenda a peça e dá ao cliente um horário aproximado de quando a peça chegará. A peça é enviada diretamente ao cliente. Após a chegada da peça, o cliente deve ligar para a Sears para agendar uma segunda consulta com o técnico de reparo para substituir a peça encomendada. É um processo muito demorado. Pode levar duas semanas para agendar a primeira visita de reparo, outras duas semanas para solicitar e receber a peça necessária e mais uma semana para agendar uma segunda visita de reparo após o recebimento da peça solicitada.

- Faça um diagrama do processo atual.
- Qual é o impacto do processo existente na eficiência operacional e no relacionamento com os clientes da Sears?
- Que mudanças poderiam ser feitas para tornar esse processo mais eficiente? Como os sistemas de informação poderiam apoiar essas mudanças? Faça um diagrama do processo melhorado.

13.10 A administração da sua empresa de agroquímicos está insatisfeita com o planejamento de produção. Os planos de produção são criados usando as melhores estimativas de demanda para cada produto, que se baseiam na quantidade de cada produto encomendada no passado. Se um cliente fizer um pedido inesperado ou solicitar uma alteração após já ter realizado o pedido, não há como ajustar os planos de produção. A empresa pode ter que informar aos clientes que não será possível atender seus pedidos, ou pode gerar custos extras mantendo estoque adicional para evitar desabastecimento.

Ao final de cada mês, os pedidos são totalizados e digitados manualmente no sistema de planejamento de produção da empresa. Os dados dos sistemas de produção e estoque do mês anterior são inseridos manualmente no sistema de gerenciamento de pedidos da empresa. Analistas do departamento de vendas e do departamento de produção observam os dados de seus respectivos sistemas para determinar quais devem ser as metas de vendas e de produção para o próximo mês. Essas estimativas geralmente são diferentes. Os analistas então fazem uma reunião de planejamento de alto nível para revisar as metas de produção e vendas, de modo a levar em conta as metas da alta administração no que se refere a participação de mercado, receitas e lucros. O resultado da reunião é um cronograma mestre de produção finalizado.

Todo o processo de planejamento de produção leva 17 dias úteis para ser concluído. Nove desses dias são usados para inserir e validar os dados. Os dias restantes são gastos desenvolvendo e conciliando as metas de produção e vendas e finalizando o cronograma mestre de produção.

- Desenhe um diagrama do processo de planejamento de produção existente.
- Analise os problemas que esse processo cria para a empresa.
- De que modo um sistema corporativo poderia resolver esses problemas? De que forma poderia reduzir os custos? Faça um diagrama de como seria o processo de planejamento de produção se a empresa implementasse um *software* corporativo.

Melhor tomada de decisão: usando *software* de banco de dados para projetar um sistema de cliente para vendas de automóveis

Habilidades de *software*: Projeto de banco de dados, realização de consultas e emissão de relatórios
Habilidades de negócios: Análise de *leads* e clientes em vendas

13.11 Este projeto requer que você execute uma análise de sistemas e, em seguida, projete uma solução usando *software* de banco de dados.

A Ace Auto Dealers é especializada na venda de veículos novos da Subaru em Portland, Oregon. Além de anunciar em jornais locais, a empresa está listada como concessionária autorizada no *site* da Subaru e em outros grandes *sites* para compradores de carros. A Ace desfruta de boa reputação local e de reconhecimento de marca.

A Ace acha que não possui informações suficientes sobre seus clientes. Ela não consegue determinar facilmente quais potenciais clientes acabam fazendo uma compra, nem consegue identificar quais pontos de contato com o cliente produzem o maior número de indicações de venda ou vendas efetivas, de forma que ela possa concentrar a publicidade e o *marketing* nos canais que geram o maior retorno. Será que os compradores estão descobrindo a Ace por meio de anúncios de jornal, do boca-a-boca ou da *web*?

Prepare um relatório de análise de sistemas detalhando o problema da Ace e uma solução de sistema que possa ser implementada por meio de um *software* de gestão de banco de dados para PCs. Em seguida, use um *software* de banco de dados para desenvolver uma solução de sistema simples.

Alcançando a excelência operacional: analisando projetos de *site* e requisitos de informação

Habilidades de *software*: *Software* de navegador
Habilidades de negócios: Análise de requisitos de informação, projeto de *sites*

13.12 Acesse um *site* à sua escolha e explore-o profundamente. Prepare relatórios que analisem as várias funções do *site* e seus requisitos de informação. Seu relatório deve responder a estas perguntas: Quais funções esse *site* executa? Quais dados utiliza? Quais são as entradas, as saídas e o processamento? Quais são algumas de suas outras especificações de projeto? O *site* se conecta a sistemas internos ou a sistemas de outras organizações? Que valor esse *site* traz para a empresa?

Projeto de colaboração e trabalho em equipe

Preparação de especificações de projeto de *sites*

13.13 Com três ou quatro colegas de aula, selecione um sistema descrito neste livro que use a *web*. Revise o *site* do sistema selecionado. Use o que você aprendeu no *site* e a descrição neste livro para preparar um relatório sobre algumas das especificações de projeto para o sistema selecionado. Se possível, use o Google Docs e o Google Drive ou Google Sites para debater, organizar e desenvolver uma apresentação de suas descobertas para a turma.

Textron transfere o ERP para a nuvem

ESTUDO DE CASO

Com sede em Providence, Rhode Island, a Textron foi inaugurada em 1923 como uma pequena empresa têxtil de New England. A empresa cresceu e se tornou uma *Fortune 500*, com subsidiárias e firmas operacionais em vários setores. Entre seus principais produtos incluem-se aeronaves, helicópteros, veículos blindados, veículos elétricos e sistemas automotivos, inclusive as linhas de aeronaves Cessna e Beechcraft, veículos blindados COMMANDO Elite, aeronaves de decolagem e aterrissagem vertical Bell e carrinhos de golfe EZ-GO. Atualmente a Textron conta com 35 mil funcionários, instalações em 25 países e receita (em 2019) de US$ 13,6 bilhões. Por mais de 20 anos, a Textron se apresentou como o conglomerado mais antigo do mundo.

Ao longo de sua história, a empresa tem sido a fonte de tecnologias inovadoras e inúmeras inovações no setor. Muitos passos importantes na evolução de aeronaves, helicópteros, veículos blindados, veículos elétricos e sistemas automotivos emergiram de seus laboratórios de desenvolvimento de produtos.

A Textron tem crescido de modo consistente, com planos para expandir ainda mais internacionalmente na Europa Central e Oriental, Índia, China, Oriente Médio e América Central e do Sul. Até recentemente, no entanto, a empresa sofria com limitações de sistemas antigos, incluindo um sistema ERP de 25 anos baseado no *software* Infor e Lawson, que era altamente personalizado com recursos específicos da empresa e tinha uma infraestrutura de TI antiquada. Esses sistemas não forneciam flexibilidade suficiente e informações atualizadas para que a Textron expandisse seus negócios e coordenasse uma firma que abrangesse muitos setores e locais. A empresa tentou atualizar seus sistemas existentes, mas estes tinham muitas personalizações que teriam que ser refeitas sempre que fossem atualizados.

Os especialistas em negócios e TI da Textron concordaram que esse nível de customização era desnecessário. O antigo sistema ERP, por exemplo, foi bastante modificado e customizado, embora a empresa estivesse usando módulos de *software* padrão para contas a pagar, razão geral, gestão de caixa e ativos fixos.

Planejar, instalar e testar continuamente as atualizações de *software* e *patches* exigia grandes despesas de capital, porque todas as partes personalizadas do *software* tinham que ser identificadas, testadas e reinstaladas. Todo esse trabalho extra imobilizava a equipe e os recursos de TI que poderiam ser mais bem alocados para tarefas mais produtivas. Kelli Gudz, gerente sênior de sistemas financeiros da Textron, queria um sistema em que sua equipe não precisasse trabalhar para corrigir as vulnerabilidades dos sistemas locais da empresa a cada poucos meses.

A Textron escolheu o Oracle Enterprise Resource Planning Cloud (incluindo módulos de contabilidade geral, contas a pagar e ativos fixos) em combinação com Oracle Integration Cloud Services e Oracle Transactional Business Intelligence como a melhor solução. Esse pacote tinha a funcionalidade necessária para atender aos seus requisitos de informações, facilidade de uso e flexibilidade para apoiar o crescimento futuro. Mudar para serviços de *software* em nuvem também evitaria os grandes gastos de capital exigidos por atualizações e *patches* de *software* constantes. Planejar, instalar e testar atualizações a cada poucos meses consumia tempo e recursos que a equipe de TI poderia gastar em projetos para ajudar a expandir os negócios.

O Oracle Enterprise Resource Planning Cloud é um conjunto de aplicativos de *software* baseado em nuvem que gerencia funções corporativas como contabilidade, gerenciamento financeiro, gerenciamento de projetos e compras; e é executado nos centros de computação em nuvem da Oracle. O Oracle ERP Cloud é acessível por meio de versões de nuvem pública e privada e oferece suporte a implantações de nuvem híbrida.

O Oracle Integration Cloud Services é uma ferramenta para obter integrações simples e leves entre aplicativos SaaS que não exigem muita complexidade. O Oracle Transactional Business Intelligence (OTBI) fornece uma ferramenta de análise flexível e fácil de usar que ajuda os usuários de negócios a obter *insights* em tempo real sobre dados transacionais e entender os padrões dos dados. Essa ferramenta tem recursos para relatórios *ad hoc* robustos, painéis baseados em funções, visualização de dados e entrega de informações de autoatendimento.

A Textron fez por algum tempo experimentos com computação em nuvem e começou a usar SaaS em nuvem para alguns de seus sistemas não essenciais. A empresa optou por manter aplicativos mais críticos, incluindo ERP e finanças, no local, por causa das limitações regulatórias que enfrentava como empresa global e da hesitação em confiar aplicativos essenciais a fornecedores de *software* em nuvem. Os profissionais financeiros da Textron, que são grandes usuários desses sistemas, também estavam relutantes em aceitar mudanças.

A Textron passou 2016 e 2017 se preparando para migrar ERP e finanças para a nuvem e esperava implementar um novo sistema até o final de 2017. Sua equipe de projeto definiu os requisitos de informação, determinou como otimizar os processos e forneceu um conjunto detalhado de especificações do sistema. Os objetivos da solução incluíam encontrar uma alternativa moderna aos sistemas antigos da empresa, fornecer melhores análises para suporte à decisão, substituir processos manuais de trabalho intensivo por processos automatizados incorporando as melhores práticas e garantir que os usuários pudessem personalizar relatórios operacionais de acordo com seus requisitos específicos. A Textron também queria alguns meios de integração com os sistemas externos de fornecedores e outros parceiros de negócios.

O Oracle ERP Financials Cloud entrou em operação em 1º de janeiro de 2018. O projeto de ERP na nuvem da Textron foi concluído dentro do orçamento no período de 14 meses, muito menos do que a administração havia previsto. Além disso, a Textron conseguiu manter seu curso normal de negócios, apesar desse ambicioso cronograma de implementação do sistema. Mas havia desafios. Os usuários de finanças inicialmente resistiram ao novo sistema, argumentando que os números não mudariam, independentemente da tecnologia, e que contavam com os mesmos relatórios que sempre obtiveram. Mike Skibo, que era o CIO da Textron na época, acabou convencendo esses usuários da necessidade de mudança e prometeu que eles não precisariam mais lidar com a interrupção de grandes atualizações de ERP a cada poucos anos.

A Oracle também lançou a versão 13 de seu ERP Cloud menos de um mês após a Textron ter sido lançada na versão 12, exigindo trabalho adicional. Felizmente, a transição foi relativamente fácil para a Textron, mas o momento poderia ter sido mais bem escolhido.

A empresa subestimou a quantidade de trabalho necessário para converter os dados de seu sistema antigo para o novo sistema baseado em nuvem. O antigo sistema Infor-Lawson e o novo sistema Oracle ERP tinham diferentes modelos de dados que descrevem o fluxo de dados e as inter-relações entre os diferentes elementos de dados.

Transformar a estrutura de dados do sistema antigo para a estrutura no Oracle ERP Cloud foi muito difícil (ver Capítulo 6). Gudz recomendou que qualquer organização que mude para o Oracle ERP Cloud observe atentamente como as informações no ERP Cloud são mapeadas de acordo com suas informações nos sistemas existentes.

A Textron foi capaz de usar o Oracle Consulting Services para lidar com esses problemas, além de ajudar nas configurações do sistema e aprender a usar a nova funcionalidade do sistema baseada em nuvem. A consultoria da Oracle forneceu o serviço de especialistas em configuração. Eles se concentraram na conversão e na configuração inicial do *software* ambiente, enquanto especialistas técnicos que desenvolveram relatórios do Oracle Business Intelligence Publisher e recursos de desenvolvimento do Oracle Integration Cloud Service forneceram orientação sobre configurações de impostos e ativos fixos. Assim, os membros da equipe de projeto da Textron puderam começar com um novo conjunto de processos para testar e revisar.

A consultoria da Oracle passou algum tempo aprendendo sobre processos de negócios e requisitos de informações da Textron, incluindo relatórios exclusivos de clientes. Os consultores forneceram orientação para ajudar a equipe da Textron a adotar as melhores práticas de negócios modernas para usar em seu novo sistema e para personalizar relatórios prontos para uso. Trabalhando com a Oracle Consultants, a Textron conseguiu implantar um sistema confiável que foi amplamente aceito.

Envolver os usuários de negócios em todas as etapas da migração para o novo sistema foi fundamental para garantir que os usuários entendessem o ERP SaaS e fizessem mais com as informações fornecidas pelo sistema por conta própria, sem depender tanto do departamento de TI. A adoção pelo usuário e a aceitação do sistema aconteceram de maneira saudável. A implementação do Oracle ERP Cloud tornou possível para a Textron eliminar atualizações dispendiosas e ver dados em tempo real mais confiáveis fluindo pela empresa. O sistema será capaz de suportar o crescimento futuro.

Fontes: Lauren Bossers, "Textron Hits Cruising Altitude with Oracle Consulting," Oracle.com, acessado em 7 de fevereiro de 2020; www.textron.com, acessado em 3 de janeiro de 2020; www.oracle.com, acessado em 4 de janeiro de 2020; Jurgen Lindner, "Textron Soars High in the Oracle Cloud," www.oracle.com, acessado em 7 de fevereiro de 2020; Margaret Lindquist, "Flying High," *Profit Magazine*, outono de 2019; e Tony Kontzer, "Cautious About SaaS, Textron Came Around to Oracle ERP Cloud," SearchERP.com, 25 de outubro de 2018.

PERGUNTAS DO ESTUDO DE CASO

13.14 Qual era o problema que a empresa estava enfrentando? Que fatores de gestão, organização e tecnologia contribuíram para o problema? Qual é o impacto comercial desse problema?

13.15 Liste e descreva os principais requisitos de informação para o novo sistema ERP da Textron.

13.16 O Oracle Enterprise Cloud foi uma boa solução para a Textron? Justifique sua resposta.

13.17 Por quais etapas a Textron passou para se certificar de que o seu novo sistema ERP era bem-sucedido?

13.18 Quais foram os benefícios do novo sistema ERP? Como isso mudou as operações e a tomada de decisões?

Referências do Capítulo 13

Benaroch, Michael, Yossi Lichtenstein e Lior Fink. "Contract Design Choices and the Balance of Ex Ante and Ex Post Transaction Costs in Software Development Outsourcing." MIS Quarterly 40, Nº 1 (março de 2016).

Chang, Young Bong, Vijay Gurbaxani e Kiron Ravindran. "Information Technology Outsourcing: Asset Transfer and the Role of Contract." MIS Quarterly 41, Nº 3 (setembro de 2017).

El Sawy, Omar A. Redesigning Enterprise Processes for E-Business. McGraw-Hill (2001).

Gnanasambandam, Chandra, Martin Harrysson, Rahul Mangla e Shivam Srivastava. "An Executive's Guide to Software Development." McKinsey & Company (fevereiro de 2017).

Guinan, Patricia J., Salvatore Parise e Robert Macguire. "Making It Easier to Manage and Scale Digital Projects." MIT Sloan Management Review (4 de dezembro de 2019).

Hahn, Eugene D., Jonathan P. Doh e Kraiwinee Bunyaratavej. "The Evolution of Risk in Information Systems Offshoring: The Impact of Home Country Risk, Firm Learning, and Competitive Dynamics." MIS Quarterly 33, Nº 3 (setembro de 2009).

Hammer, Michael e James Champy. Reengineering the Corporation. New York: HarperCollins (1993).

Hua Ye, Jonathan e Atreyi Kankanhalli. "User Service Innovation on Mobile Phone Platforms: Investigating Impacts of Lead Userness, Toolkit Support, and Design Autonomy." MIS Quarterly 42, Nº 1 (março de 2018).

Kendall, Kenneth E. e Julie E. Kendall. Systems Analysis and Design (9th ed.). Upper Saddle River, NJ: Prentice Hall (2019).

Kotlarsky, Julia, Harry Scarbrough e Ilan Oshri. "Coordinating Expertise across Knowledge Boundaries in Offshore– Outsourcing Projects: The Role of Codification." MIS Quarterly 38, Nº 2 (junho de 2014).

Lee, Jae-Nam, YoungKi Park, Detmar W. Straub e Yunmo Koo." Holistic Archetypes of IT Outsourcing Strategy: A Contingency Fit and Configurational Approach." MIS Quarterly 43 Nº 4 (dezembro de 2019).

Levina, Natalia e Jeanne W. Ross. "From the Vendor's Perspective: Exploring the Value Proposition in Information Technology Outsourcing." MIS Quarterly 27, Nº 3 (setembro de 2003).

Maruping, Likoebe M., ViswanathVenkatesh, James Y. L. Thong e Xiaojun Zhang. "A Risk Mitigation Framework for Information Technology Projects: A Cultural Contingency Perspective." Journal of Management Information Systems 36, Nº 1 (2019).

McKinsey & Company. "Agile with a Capital 'A': A Guide to the Principles and Pitfalls of Agile Development." (fevereiro de 2018).

Moeini, Mohammad e Suzanne Rivard. "Responding–or Not– to Information Technology Project Risks: An Integrative Model." MIS Quarterly 43, Nº 2 (junho de 2019).

Pollock, Neil e Sampsa Hyysalo. "The Business of Being a User: The Role of the Reference Actor in Shaping Packaged Enterprise System Acquisition and Development." MIS Quarterly 38, Nº 2 (junho de 2014).

Preimesberger, Chris. "How Companies Utilize No-Code Low-Code Development." eWeek (July 5, 2019).

Saunders, Adam e Erik Brynjolfsson. "Valuing Information Technology Related Intangible Assets." MIS Quarterly 40, Nº 1 (março de 2016).

Sircar, Sumit, Sridhar P. Nerur e Radhakanta Mahapatra. "Revolution or Evolution? A Comparison of Object-Oriented and Structured Systems Development Methods." MIS Quarterly 25 Nº 4 (dezembro de 2001).

Su, Ning, Natalia Levina e Jeanne W. Ross. "The Long-Tail Strategy for IT Outsourcing." MIT Sloan Management Review (inverno de 2016).

Susarla, Anjana, and Tridas Mukhopadhyay."Can Outsourcing of Information Technology Foster Innovations in Client

Organizations? An Empirical Analysis." MIS Quarterly 43 Nº 3 (setembro de 2019).

Valacich, Joseph A. e Joey George. Modern Systems Analysis and Design, 9th ed. Upper Saddle River, NJ: Prentice-Hall (2020).

CAPÍTULO

14 Caso de negócios de sistemas de informação e gerenciamento de projetos

OBJETIVOS DE ESTUDO

Ao concluir este capítulo, você será capaz de responder às seguintes perguntas:

14.1 Como os gerentes devem estruturar um caso de negócios para aquisição e desenvolvimento de novos sistemas de informação?

14.2 Quais são os objetivos da gestão de projeto e por que isso é tão importante no desenvolvimento de sistemas de informação?

14.3 Quais são os principais fatores de risco nos projetos de sistemas de informação?

14.4 De que modo os riscos de projeto podem ser administrados?

14.5 Como os sistemas de informação gerenciais ajudarão minha carreira?

CASOS DO CAPÍTULO

BDO Canadá seleciona um novo *software* de gerenciamento de projetos

Sauder Woodworking acerta na implementação do ERP

Arup coloca a gestão de projetos na nuvem

Sistema de modernização do auxílio-desemprego da Pensilvânia: negócios inacabados

BDO Canadá seleciona um novo *software* de gerenciamento de projetos

A BDO Canada LLP faz parte da rede global BDO de empresas de contabilidade pública, assuntos fiscais, consultoria e consultoria empresarial. É uma empresa canadense líder em contabilidade e consultoria, atendendo a uma ampla gama de clientes em todo o país. Há cerca de 100 pessoas em seu departamento de TI, que participam de inúmeros projetos.

A gestão de recursos tem sido, historicamente, um dos maiores desafios do departamento de TI. A BDO vinha usando uma ferramenta de gestão de projetos desenvolvida internamente ao longo de cinco anos para garantir que seus projetos fossem rastreados de forma precisa e completa, que os recursos fossem alocados adequadamente e que o departamento de TI pudesse se planejar e prever com maior eficácia. Em 2016, a equipe do Escritório de Gerenciamento de Projetos (PMO, do inglês *Project Management Office*) da BDO determinou que a ferramenta local não possuía essa funcionalidade e não seguia mais as melhores práticas. A maioria dos membros da equipe de TI usava diferentes métodos de agendamento e acompanhamento de projetos, o que impedia que a equipe do PMO tivesse uma visão geral dos projetos. Uma ferramenta de *software* como serviço (SaaS) *on-line* e fácil de usar funcionaria melhor com o crescente portfólio de aplicativos em nuvem da BDO.

O departamento de TI da empresa considerou várias soluções diferentes, usando consultores externos, bem como sua própria equipe interna. Ele acabou por emitir uma solicitação de proposta para cinco produtos de gestão de projetos. Depois de ver demonstrações de produtos, testes de *sandbox* (que elimina riscos durante o teste isolando o ambiente de teste do ambiente de produção) e reunião com fornecedores de *software* de gestão de projetos, a equipe de PMO da BDO selecionou o Microsoft Project Online, que funciona perfeitamente com outras ferramentas do pacote de SaaS Microsoft Office 365. Por exemplo, a equipe de TI da BDO pode criar um projeto no Project Online e acionar o Microsoft Flow para criar automaticamente um tópico no Microsoft Teams, o *hub* para trabalho em equipe no Office 365. Os funcionários que estão em contato entre si no Microsoft Teams podem acessar informações diretamente do Microsoft SharePoint Online e obter relatórios de projetos e portfólios do Microsoft Power BI. O SharePoint Online é um serviço baseado em nuvem, hospedado pela Microsoft, que permite que os usuários criem ambientes para compartilhar documentos e

informações com colegas, parceiros e clientes. O Microsoft Power BI é um serviço de *software* de analítica de negócios que fornece recursos interativos de visualização de dados e *business intelligence* com uma interface amigável. O Project Online permite que Kim Watt, CIO da BDO, e outros tenham uma visão clara dos projetos que estão atrasados ou no prazo, problemas de risco centralizados e outras atualizações de *status*.

A equipe do PMO lançou o Project Online para o departamento de TI da BDO no início de 2019. Para promover a adoção, a equipe da gerência sênior de TI da BDO se reúne regularmente, e o PMO trabalha com os gerentes de projeto de TI para ajudá-los com recursos e processos do produto. O PMO também oferece sessões presenciais duas ou três vezes por mês para equipes com dúvidas.

Depois da implementação do Microsoft Project Online, a BDO percebeu rapidamente os benefícios. Com apenas algumas etapas, o CIO Watt e seus colegas podem executar um relatório de recursos para ver quais equipes estão ocupadas e quem tem tempo para ajudar em projetos existentes ou iniciar novos. A equipe de PMO, que gerencia as próximas tarefas e recursos do projeto, pode consultar rapidamente um cronograma atualizado mantido em um local centralizado. A equipe de TI da BDO pode executar análises de custo-benefício no início do ciclo de vida de um projeto para garantir que vale a pena antes que a equipe do projeto invista muito tempo nele. O Project Online informa as discussões sobre a melhor maneira de priorizar recursos limitados. Os projetos podem ser priorizados antes de serem iniciados com base nas necessidades do negócio.

Fontes: "BDO," customers.microsoft.com, acessado em 6 de maio de 2020, e bdo.ca, acessado em 6 de maio de 2020.

Um dos principais desafios colocados pelos sistemas de informação é garantir que eles ofereçam benefícios comerciais genuínos. Há uma taxa de falha muito alta entre projetos de sistemas de informação por causa de avaliações incorretas das organizações quanto a seu valor comercial ou porque as empresas falharam em gerenciar a mudança organizacional em torno da adoção das novas tecnologias. Projetos para desenvolver ou aperfeiçoar os sistemas de informação requerem técnicas de gestão e organização especiais para torná-los eficazes.

A administração da BDO Canada percebeu isso quando decidiu substituir um sistema de gestão de projetos desatualizado pelo Microsoft Project Online, uma nova ferramenta baseada em nuvem. A nova tecnologia envolveu mudanças em importantes processos de negócios, bem como novos *softwares*. A BDO teve sucesso com este projeto porque sua gerência entendeu claramente que uma sólida gestão de projetos e atenção à mudança organizacional eram essenciais para seu bom funcionamento.

O diagrama de abertura do capítulo chama a atenção para pontos importantes levantados por este caso e este capítulo. O *software* antiquado da BDO e os processos de negócios para gestão de projetos dificultavam a alocação precisa de recursos e a capacidade da administração de ter uma visão geral de todos os projetos da empresa em toda a organização. Era necessário um sistema de gestão de projetos de última geração baseado em nuvem. A administração da BDO reuniu sabiamente uma equipe, definiu cuidadosamente o escopo do projeto e trabalhou em estreita colaboração com consultores especializados, bem como membros do departamento de TI e outras partes interessadas. A implementação do Microsoft Project Online melhorou a eficiência de recursos, a colaboração e a capacidade da BDO de gerenciar seu portfólio de projetos. Aqui algumas questões sobre as quais refletir: Por que esse projeto deu certo? Que fatores tiveram que ser abordados na seleção de uma solução de sistema?

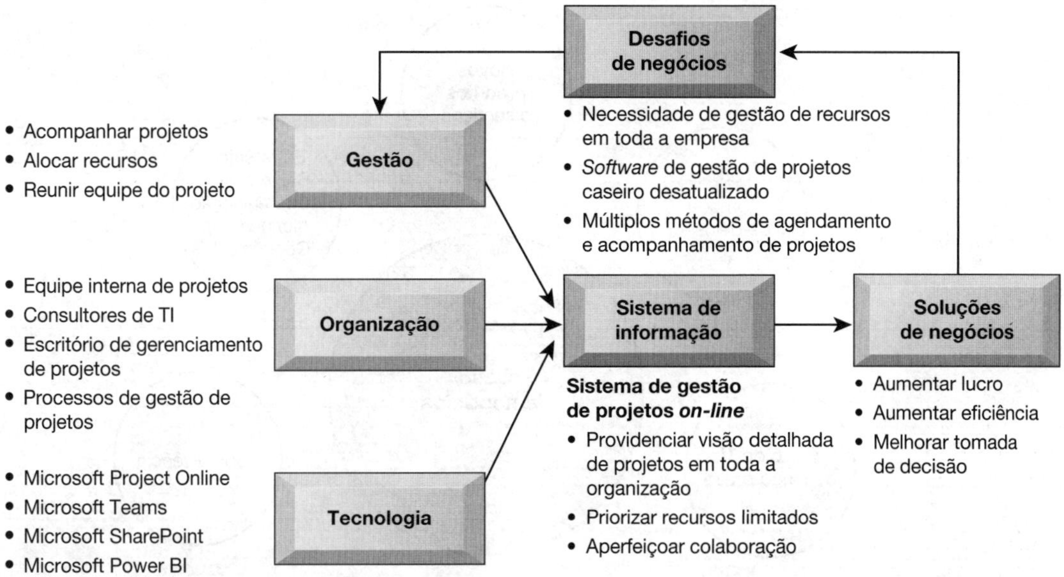

14.1 Como os gerentes devem estruturar um caso de negócios para aquisição e desenvolvimento de novos sistemas de informação?

Um dos principais desafios ocasionados pelos sistemas de informação é garantir que eles ofereçam benefícios comerciais genuínos. Há uma taxa de falha muito alta entre projetos de sistemas de informação por causa de avaliações incorretas das organizações quanto a seu valor comercial ou porque as empresas falharam em gerenciar a mudança organizacional em torno da adoção das novas tecnologias. Projetos para desenvolver ou aperfeiçoar sistemas de informação requerem técnicas de gestão e organização especiais para torná-los eficazes.

Geralmente, as empresas dispõem de muitas alternativas para resolver problemas e melhorar seu desempenho, incluindo o desenvolvimento de novos sistemas de informação ou o aperfeiçoamento dos sistemas existentes. O número de ideias para projetos de sistemas ultrapassa em muito os recursos disponíveis. Sua empresa precisará selecionar os investimentos em projetos de sistemas cujo benefício para o negócio seja o mais promissor. E você precisará apresentar o caso de negócios do motivo pelo qual a solução selecionada oferece o maior valor para a empresa em comparação com as demais alternativas.

Um **caso de negócios (*business case*)** é uma proposta à gestão de aprovação para um investimento. O caso de negócios para um investimento em TI descreve o problema enfrentado pela organização que pode ser resolvido por meio de um investimento na solução de sistema proposta. Ele fornece uma análise de todos os custos, benefícios e riscos associados a esse investimento e a justificativa para o curso de ação proposto. O caso de negócios descreve a lógica para prosseguir com um investimento, mostrando como esse investimento serve às metas estratégicas e aos objetivos de negócios da empresa e como se encaixa em seu plano geral de sistemas de informação. Também fornece as informações necessárias para tomar uma decisão informada sobre se deve ou não prosseguir com o investimento e de que forma. O caso de negócios explica como esse investimento agregará valor ao negócio e identifica os riscos que podem afetar negativamente os resultados, além de reconhecer soluções alternativas, juntamente com os fatores decisivos para selecionar a opção preferida. Um bom caso de negócios também

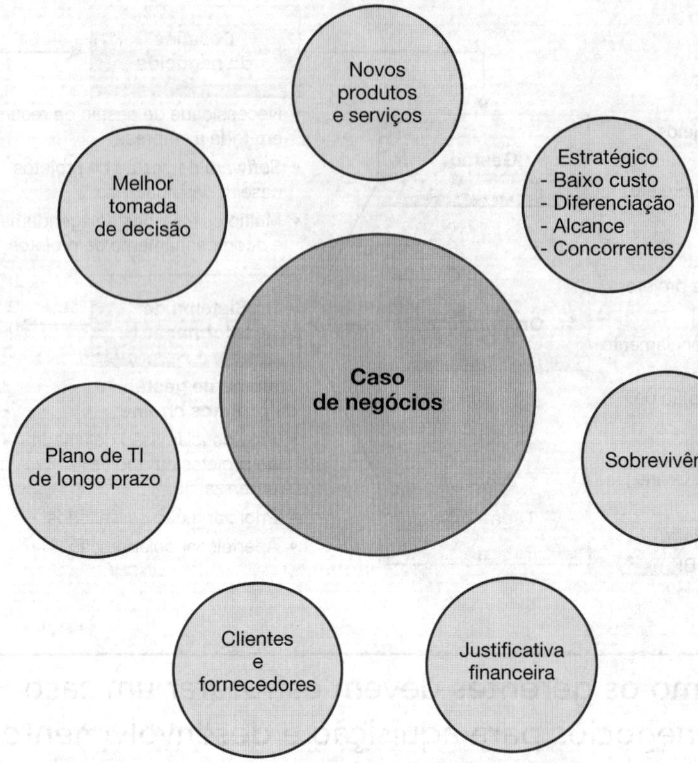

FIGURA 14.1 Fatores a considerar no caso de negócios.

Há sete fatores que devem ser considerados ao realizar o caso de negócios para um novo sistema de informação.

descreverá como a solução proposta pode exigir mudanças na cultura organizacional, nos sistemas, nos processos e nos cargos.

A Figura 14.1 resume os sete fatores principais que são usados na elaboração do caso de negócios para um novo sistema específico. (Reveja a discussão dos fatores de negócios dos sistemas de informação no Capítulo 1.) Esses fatores são: (1) estratégico de longo prazo (redução dos custos de produção, diferenciação de produtos e serviços, aumento do alcance da empresa – por exemplo, expansão global – e igualar ou exceder as capacidades dos concorrentes); (2) melhor tomada de decisão; (3) relacionamento com clientes e fornecedores; (4) sobrevivência (exigida pelo mercado); (5) novos produtos e serviços; (6) justificativa financeira; e (7) adequação ao plano de TI de longo prazo da empresa. Sistemas de menor porte que convergem em um único problema se concentrarão em apenas alguns desses elementos, como "melhorar a tomada de decisões", "relacionamento com o cliente" e "redução de custos", enquanto projetos de sistemas maiores podem incluir todos esses fatores no caso de negócios.

O plano dos sistemas de informação

A fim de identificar os projetos de sistemas de informação que fornecerão o melhor valor de negócios, as organizações precisam de um **plano de sistemas de informação** que apoia seu plano geral de negócios, com sistemas estratégicos incorporados ao planejamento de nível superior. O plano de SI da empresa é desenvolvido pelo CIO e aprovado anualmente pelo CEO e, muitas vezes, pelo Conselho de Administração. O plano serve como um roteiro indicando a direção do desenvolvimento de sistemas (o propósito do plano), a justificativa, o estado dos sistemas atuais, novos acontecimentos a serem considerados, a estratégia de gestão, o plano de

TABELA 14.1 Plano de sistemas de informação

1.	Propósito do Plano
	Visão geral do conteúdo do plano
	Organização atual e futura da empresa
	Principais processos de negócios
2.	Justificativa do plano de negócios estratégico
	Situação atual
	Organização empresarial atual
	Ambientes em mudança
	Principais metas do plano de negócios
	Plano estratégico da empresa
3.	Sistemas atuais
	Principais sistemas de apoio a funções e processos
	Recursos de infraestrutura atuais
	Hardware
	Software
	Banco de dados
	Sistemas de rede e internet
	Serviços de nuvem
	Dificuldades de atender aos requisitos do negócio
	Demandas futuras previstas
4.	Novas tendências
	Novos projetos de sistema
	Descrições de projeto
	Justificativas do negócio
	Papel das aplicações na estratégia
	Novos recursos de infraestrutura exigidos
	Hardware
	Software
	Banco de dados
	Sistemas de rede e internet
	Serviços de nuvem
5.	Estratégia de gestão
	Planos de aquisição
	Realinhamento organizacional
	Controles de gestão
	Principais iniciativas treinadas
	Estratégia de Recursos Humanos
6.	Implementação do plano
	Dificuldades na implementação previstas
	Relatórios de progresso e marcos

implementação e o orçamento (veja a Tabela 14.1). Sem um plano abrangente de SI para toda a empresa, é difícil, se não impossível, avaliar o valor das propostas para o desenvolvimento de sistemas individuais específicos. Não é possível defender um novo sistema específico sem entender o contexto mais amplo de todos os inúmeros sistemas da empresa.

O plano apresenta uma declaração de metas corporativas, especifica como a tecnologia da informação apoiará a consecução dessas metas e explica como os objetivos gerais serão alcançados por projetos de sistemas específicos. Ele identifica datas e marcos que podem ser usados posteriormente, com o intuito de avaliar o progresso do plano em termos de quantos objetivos foram realmente alcançados no prazo especificado. O plano indica as principais decisões gerenciais, a tecnologia e as mudanças organizacionais necessárias.

Para planejar com eficiência, as empresas precisarão inventariar e documentar todos os seus aplicativos de sistema de informação, componentes de infraestrutura de TI e requisitos de informações de longo e curto prazo. Para projetos em que os benefícios envolvem uma melhor tomada de decisão, os gerentes devem tentar identificar as melhorias de decisão que agregariam maior valor adicional para a empresa (veja o Capítulo 12). Posteriormente, devem desenvolver um conjunto de métricas para quantificar o valor de informações mais oportunas e precisas sobre o resultado da decisão.

O plano deve descrever as mudanças organizacionais, incluindo gestão e requisitos de treinamento de funcionários; mudanças nos processos de negócios; e mudanças na autoridade, estrutura ou prática de gestão. Ao fazer o caso de negócios para um novo projeto de sistema de informação, mostra é possível mostrar como o sistema proposto se encaixa nesse plano.

Análise de carteira (portfólio)

Uma vez determinado o rumo geral do desenvolvimento de sistemas, a **análise de carteira (portfólio)** ajudará a avaliar alternativas de projetos de sistemas. A análise de carteira faz um inventário de todos os ativos e projetos de sistemas de informação da empresa, incluindo infraestrutura, contratos de terceirização e licenças. Assim como uma carteira financeira, essa carteira de investimentos em sistemas de informação tem certo perfil de risco e benefício para a empresa (veja a Figura 14.2).

Cada projeto de sistema de informação tem seu próprio conjunto de riscos e vantagens. (A Seção 14.3 descreve os fatores que aumentam os riscos dos projetos de sistemas.) As empresas tentam aumentar o retorno sobre seu portfólio de TI contrabalançando o risco e o retorno de todos os seus investimentos em sistemas. Embora não haja um perfil ideal para todas as empresas, os setores que fazem uso intensivo da informação (por exemplo, o setor financeiro) devem ter alguns projetos de alto risco e alto benefício para garantir que permaneçam atualizados com a tecnologia. As empresas em setores que não fazem uso intensivo da informação devem se concentrar em projetos de alto benefício e baixo risco.

Os melhores, obviamente, são os sistemas de alto benefício e baixo risco. Estes prometem retorno rápido e segurança. Em segundo lugar, devem ser examinados os sistemas de alto benefício e alto risco; sistemas de baixo benefício e alto risco devem ser totalmente evitados,

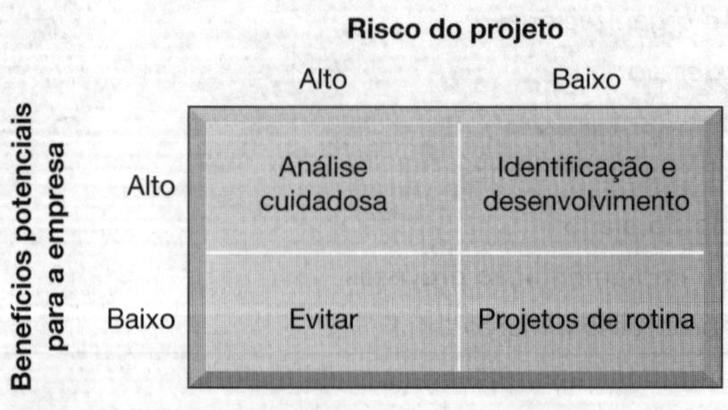

FIGURA 14.2 Portfólio de sistemas.

As empresas devem examinar sua carteira de projetos em termos de benefícios potenciais e riscos prováveis. Certos tipos de projeto devem ser totalmente evitados, e outros, desenvolvidos rapidamente. Não existe a fórmula ideal, já que empresas de diferentes setores têm perfis diversos

ao passo que os de baixo benefício e baixo risco devem ser reexaminados, a fim de verificar se existe a possibilidade de remodelá-los ou substituí-los por sistemas mais convenientes, com benefícios mais altos. Graças à análise de carteira, a administração pode determinar a combinação ideal de investimento de retorno para as empresas, contrabalançando projetos mais arriscados e de alto retorno com projetos mais seguros, porém menos rentáveis. As empresas em que a análise de carteira está alinhada com a estratégia de negócios obtiveram um retorno superior sobre seus ativos de TI, melhor alinhamento dos investimentos com os objetivos de negócios e melhor coordenação dos investimentos em TI em toda a organização.

Modelos de pontuação (*scoring*)

Um **modelo de pontuação (*scoring*)** é útil para selecionar projetos onde muitos critérios devem ser considerados. Nesses métodos, atribuem-se pesos a vários recursos de um sistema e, em seguida, calculam-se os totais ponderados. Usando a Tabela 14.2, a empresa deve decidir entre dois sistemas alternativos de planejamento de recursos empresariais (ERP). A primeira coluna apresenta os critérios que os tomadores de decisão usam para avaliar os sistemas. Esses critérios são geralmente o resultado de longas discussões entre o grupo de tomada de decisão. Muitas vezes, o resultado mais importante não é a pontuação, mas a concordância sobre os critérios usados para julgar um sistema.

A Tabela 14.2 mostra que essa empresa em particular atribui maior importância às capacidades de processamento de pedidos de vendas, gerenciamento de estoque e armazenamento. A segunda coluna da Tabela 14.2 lista os pesos que os tomadores de decisão atribuem aos critérios de decisão. As colunas 3 e 5 mostram a porcentagem de requisitos para cada função que cada alternativa atende. A pontuação de cada alternativa é calculada multiplicando-se a porcentagem de requisitos atendidos para cada função pelo peso atribuído a essa função. O Sistema ERP B tem a pontuação total mais alta.

TABELA 14.2 Exemplo de modelo de pontuação para um sistema ERP

CRITÉRIO	PESO	SISTEMA ERP A (%)	PONTUAÇÃO DO SISTEMA ERP A	SISTEMA ERP B (%)	PONTUAÇÃO DO SISTEMA ERP B
1.0 Processamento de pedidos					
1.1 Entrada de pedidos *on-line*	4	67	268	73	292
1.2 Preços *on-line*	4	81	324	87	348
1.3 Checagem de inventário	4	72	288	81	324
1.4 Verificação de crédito do cliente	3	66	198	59	177
1.5 Faturamento	4	73	292		328
Total de pedidos em processamento			1.370		1.469
2.0 Gestão de estoques					
2.1 Previsão de produção	3	72	216	82	228
2.2 Planejamento de produção	4	79	316	76	324
2.3 Controle de estoque	4	68	272	81	320
2.4 Relatórios	3	71	213	80	207
Total em gestão de estoque			1.017	69	1.079
3.0 Armazenagem					
3.1 Recebimento	2	71	142	75	150
3.2 Pegar/embalar	3	77	231	82	246
3.3 Envio	4	92	368	89	356
Total em armazenagem			741		752
Total geral			3.128		3.300

Determinação de custos e benefícios da solução

Como apontamos anteriormente, o caso de negócios para uma solução de sistema inclui uma avaliação sobre a viabilidade – se a solução representa um bom investimento para a empresa.

Mesmo que um projeto de sistemas apoie objetivos estratégicos da organização e atenda aos requisitos de informação do usuário, ele precisa ser um bom investimento para a empresa. O valor dos sistemas do ponto de vista financeiro gira essencialmente em torno da questão do retorno do capital investido. Um investimento específico no sistema de informação produz retornos suficientes para justificar seus custos?

Custos e benefícios do sistema de informação

A Tabela 14.3 lista alguns dos custos e benefícios mais comuns dos sistemas. Os **benefícios tangíveis** podem ser quantificados e pode-se atribuir a eles um valor monetário. Os **benefícios intangíveis**, como atendimento ao cliente mais eficiente ou processo de tomada de decisão aperfeiçoado, por sua vez, não podem ser quantificados imediatamente, mas podem

TABELA 14.3 Custos e benefícios dos sistemas de informação

CUSTOS
Hardware
Sistemas de rede
Software
Serviços
Pessoal
BENEFÍCIOS TANGÍVEIS (ECONOMIA DE CUSTO)
Maior produtividade
Custos operacionais mais baixos
Força de trabalho reduzida
Despesas menores com computador
Custos mais baixos com fornecedores externos
Custos administrativos e profissionais menores
Redução da taxa de crescimento das despesas
Redução dos custos das instalações
BENEFÍCIOS INTANGÍVEIS
Melhor utilização de ativos
Melhor controle de recursos
Melhor planejamento organizacional
Aumento da flexibilidade organizacional
Informações mais atualizadas
Melhor experiência do cliente
Aumento do aprendizado organizacional
Cumprimento de exigências legais
Aumento da boa vontade dos funcionários
Aumento da satisfação no trabalho
Melhor tomada de decisões
Melhores operações
Satisfação do cliente mais alta
Melhor imagem corporativa

gerar ganhos quantificáveis a longo prazo. Os sistemas de transação e administrativos que deslocam o trabalho e economizam espaço sempre produzem benefícios mais mensuráveis e tangíveis do que os sistemas de informação gerencial, sistemas de apoio à decisão e sistemas para trabalho colaborativo (veja o Capítulo 2). Alguns dos benefícios tangíveis obtidos pela BDO Canada foram o aumento da produtividade e a redução dos custos operacionais, o que aconteceu graças à racionalização do processo de gerenciamento de projetos. Os benefícios intangíveis incluíram informações mais oportunas e completas, além do aperfeiçoamento da tomada de decisão.

O Capítulo 5 apresentou o conceito de custo total de propriedade (TCO), que é projetado para identificar e medir os componentes dos gastos com tecnologia da informação além do custo inicial de compra e instalação de *hardware* e *software*. A análise de TCO, no entanto, fornece apenas parte das informações necessárias para avaliar um investimento em tecnologia da informação, porque, geralmente, não lida com benefícios, categorias de custo (como custos de complexidade) e fatores "leves" e estratégicos discutidos mais adiante nesta seção.

Orçamento de capital para sistemas de informação

Para determinar os benefícios de um projeto específico, você precisará calcular todos os seus custos e todos os seus benefícios. Obviamente, um projeto em que os custos excedem os benefícios deve ser rejeitado. Mas mesmo que os benefícios superem os custos, é necessário fazer uma análise financeira adicional para determinar se o projeto representa um bom retorno sobre o capital investido da empresa. Os modelos de **orçamento de capital** são uma das várias técnicas usadas para medir o valor necessário para projetos de investimento de capital de longo prazo.

Os métodos de orçamento de capital baseiam-se em medidas de fluxos de caixa que entram e saem da empresa; projetos de capital geram esses fluxos de caixa. O custo de investimento para projetos de sistemas de informação é uma saída de caixa imediata provocada por gastos com *hardware*, *software* e mão de obra. Nos anos seguintes, o investimento pode ocasionar saídas de caixa adicionais que serão compensadas pelas entradas resultantes do investimento. As entradas de caixa assumem a forma de aumento das vendas de mais produtos (motivado por novos produtos, maior qualidade ou aumento da participação de mercado) ou redução dos custos de produção e operações. A diferença entre as saídas e as entradas de caixa é usada para calcular o valor financeiro de um investimento. Uma vez estabelecidos os fluxos de caixa, vários métodos alternativos estão disponíveis para comparar diferentes projetos e tomar a decisão sobre o investimento.

Os principais modelos de orçamento de capital para avaliação de projetos de TI são o método de retorno (*payback*), retorno sobre o investimento (ROI, do inglês *return on investment*), o valor presente líquido (VPL) e a taxa interna de retorno (TIR). A Figura 14.3 mostra parte da análise de orçamento de capital para um sistema móvel de pedidos *on-line*.

Limitações de modelos financeiros

O foco tradicional nos aspectos financeiros e técnicos de um sistema tende a negligenciar as dimensões sociais e organizacionais dos sistemas de informação, o que pode afetar os verdadeiros custos e benefícios do investimento. As decisões de investimento em sistemas de informação de muitas empresas não consideram adequadamente os custos das interrupções organizacionais criadas por um novo sistema – como o custo de treinamento de usuários finais, o impacto que as curvas de aprendizado dos usuários para um novo sistema têm na produtividade ou o tempo que os gerentes precisam gastar supervisionando novas mudanças relacionadas ao sistema. Benefícios intangíveis, como decisões mais oportunas de um novo sistema ou aperfeiçoamento de aprendizado e experiência dos funcionários, também podem ser menosprezados na análise financeira tradicional.

	A	B	C	D	E	F	G	H
1		Estimated Costs & Benefits - Mobile Online Ordering System						
2	Year		0	1	2	3	4	5
3			2019	2020	2021	2022	2023	2024
4	Costs							
5	Hardware							
6	50 iPads @$500		$25,000					
7	Cloud IaaS		$4,000	$2,000	$2,000	$2,000	$2,000	$2,000
8	Networking		$1,500	$1,500	$1,500	$1,500	$1,500	$1,500
9	Software							
10	Mobile ordering app		$35,000					
11	Integration with ERP		$25,000					
12	Human Resources							
13	Business Staff		$10,000					
14	IT Staff + Consultants		$45,000	$2,000	$2,000	$2,000	$2,000	$2,000
15	Training		$7,000	$1,000	$1,000	$1,000	$1,000	$1,000
16	Maintenance and Support			$5,000	$5,000	$5,000	$5,000	$5,000
17		Annual Costs	$1,52,500	$11,500	$11,500	$11,500	$11,500	$11,500
18		Total Costs	$2,10,000					
19	Benefits							
20	Reduced labor costs			$52,000	$52,000	$52,000	$52,000	$52,000
21	Reduced errors and returns			$70,000	$70,000	$70,000	$70,000	$70,000
22		Annual Net Cash Flow	-$1,52,500	$1,10,500	$1,10,500	$1,10,500	$1,10,500	$1,10,500
23		Total Benefits	$4,00,000					
24								
25		Net Present Value	$2,68,407					
26		ROI	4.1%					
27		Internal Rate of Return	17.0%					

FIGURA 14.3 Orçamento de capital para investimento em um sistema de informação.

Esta planilha mostra uma análise simplificada de orçamento de capital para um sistema móvel de pedidos *on-line*.

Cortesia da Microsoft Corporation.

14.2 Quais são os objetivos da gestão de projeto e por que isso é tão importante no desenvolvimento de sistemas de informação?

Existe uma taxa de falha muito alta entre os projetos de sistemas de informação. Em quase todas as organizações, a implementação dos projetos de sistemas de informação requer muito mais tempo e dinheiro do que o inicialmente previsto ou um sistema completo não funciona adequadamente. Quando um sistema de informação não atende às expectativas ou custa muito para ser desenvolvido, as empresas podem perder o investimento feito ou, ainda, o sistema pode não ser capaz de resolver os problemas para os quais se destina. O desenvolvimento de um novo sistema deve ser cuidadosamente gerenciado e orquestrado, e a forma como um projeto é executado provavelmente será o fator mais importante que influenciará o resultado. Por isso é essencial ter algum conhecimento sobre gerenciamento de projetos de sistemas de informação e as razões pelas quais eles são bem-sucedidos ou fracassam.

Desistência de projetos e falha do sistema

Em que medida os projetos são mal gerenciados? Em média, os projetos do setor privado são subestimados pela metade em termos de orçamento e tempo necessário para entregar o sistema completo prometido no plano do sistema. Muitos projetos são entregues sem todas as funcionalidades (as quais são prometidas para versões posteriores). Um estudo conjunto da McKinsey e da Universidade de Oxford descobriu que grandes projetos de *software* excedem 66% do orçamento e atrasam 33% do cronograma, em média. Mais de 50% das empresas pesquisadas pela Innotas, empresa de gestão de carteira de projetos em nuvem, tiveram falhas em projetos de TI nos doze meses anteriores (Florentine, 2016).

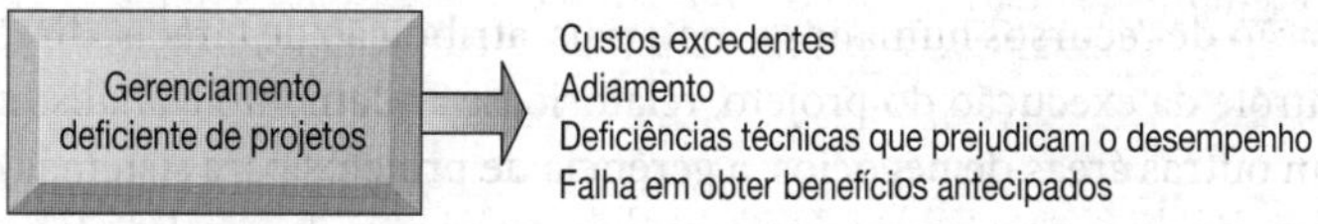

FIGURA 14.4 Consequências da má gestão de projetos.
Sem gestão adequada, um projeto de desenvolvimento de sistemas leva mais tempo para ser concluído e, na maioria das vezes, excede o orçamento alocado. O sistema de informação resultante pode não ser capaz de demonstrar quaisquer benefícios para a organização.

Como ilustrado na Figura 14.4, um projeto de desenvolvimento de sistemas sem gerenciamento adequado provavelmente sofrerá as seguintes consequências:

- Custos que excedem amplamente os orçamentos
- Adiamento inesperado
- Desempenho técnico abaixo do esperado
- Falha em obter os benefícios previstos

Os sistemas produzidos por projetos de informação que fracassam muitas vezes não são usados da forma como foram concebidos ou não são usados de maneira alguma. Os usuários geralmente precisam desenvolver sistemas manuais paralelos para fazer esses sistemas funcionarem.

O projeto real do sistema pode deixar de registar recursos empresariais essenciais ou de melhorar o desempenho organizacional. As informações podem não ser fornecidas com rapidez suficiente para serem úteis, podem estar em um formato impossível de compreender e usar ou podem representar os dados errados.

A maneira pela qual os usuários de negócios não técnicos devem interagir com o sistema pode ser excessivamente complicada e desanimadora. Um sistema pode ser projetado com uma interface de usuário ruim. A **interface do usuário** é a parte do sistema com a qual os usuários finais interagem. Por exemplo, um formulário de entrada *on-line* ou uma tela de entrada de dados pode ser tão mal organizada que ninguém deseja enviar dados ou solicitar informações. As saídas do sistema podem ser exibidas em um formato muito difícil de compreender. A Marinha dos Estados Unidos, por exemplo, uma vez instalou um novo sistema de navegação com tela de toque em seu destróier John S. McCain. O *design* era tão confuso que os marinheiros que o usaram acidentalmente guiaram o McCain até um petroleiro no Estreito de Singapura, em 21 de agosto de 2017 (Miller et al., 2020).

Visitantes de *sites* podem se sentir desencorajados em explorar mais se as páginas da *web* forem desordenadas e mal organizadas, se não conseguirem encontrar facilmente as informações que procuram ou se demorar muito para acessar e exibir a página da *web* no computador.

Além disso, os dados no sistema podem ter um alto nível de imprecisão ou inconsistência. As informações em determinados campos podem ser errôneas ou ambíguas, ou podem não estar organizadas adequadamente para fins comerciais. As informações necessárias para uma função de negócios específica podem estar inacessíveis porque os dados estão incompletos.

Objetivos da gestão de projetos

Um **projeto** é uma série planejada de atividades relacionadas para alcançar um objetivo empresarial específico. Projetos em sistemas de informação incluem o desenvolvimento de novos sistemas, a melhoria de sistemas existentes ou projetos para substituição ou atualização da infraestrutura de TI da empresa.

A **gestão de projetos** refere-se à aplicação de conhecimento, habilidades, ferramentas e técnicas de modo a alcançar alvos específicos dentro de determinado orçamento e com restrições de tempo. As atividades da gerência de projetos incluem planejamento do trabalho, avaliação de riscos, estimativa de recursos necessários à realização do trabalho, organização do trabalho, aquisição de recursos humanos e materiais, atribuição de tarefas, direcionamento de atividades, controle da execução do projeto, relatório de andamento e análise dos resultados. Assim como em outras áreas de negócios, a gerência de projetos para sistemas de informação precisa lidar com cinco variáveis principais: escopo, tempo, custo, qualidade e risco.

O **escopo** define qual trabalho está ou não incluído em um projeto. Por exemplo, o escopo de um projeto para um novo sistema de processamento de pedidos deve incluir novos módulos para entrada e transmissão de pedidos aos departamentos de produção e contabilidade, mas não deve contemplar quaisquer modificações nos sistemas de contas a receber, manufatura, distribuição ou controle de estoque. A gerência de projetos define todo o trabalho necessário para conclusão bem-sucedida do projeto e deve garantir que o escopo dele não vá além do que foi originalmente delimitado.

O *tempo* refere-se à duração necessária para conclusão do projeto. A gerência de projetos costuma estabelecer o tempo exigido para conclusão dos componentes principais de um projeto. Depois disso, cada um deles é decomposto em atividades e tarefas. A gerência de projetos tenta determinar o tempo necessário para conclusão de cada tarefa e estabelece um cronograma do trabalho.

O *custo* baseia-se no tempo para conclusão de um projeto multiplicado pelo custo de recursos humanos necessários à execução dele. Os custos de projetos de sistemas de informação também incluem despesas de *hardware*, *software* e espaço de trabalho. A gerência de projetos desenvolve um orçamento para o projeto e monitora os custos ao longo de seu andamento.

A *qualidade* é um indicador de quanto o resultado final de um projeto satisfaz os objetivos especificados pela gerência. A qualidade de projetos de sistemas de informação costuma se resumir à melhoria do desempenho organizacional e da tomada de decisão. A qualidade também considera a precisão e a pontualidade da informação gerada pelo novo sistema, além da facilidade de uso.

Os *riscos* se referem aos potenciais problemas que poderiam ameaçar o sucesso de um projeto. Esses problemas podem impedir que um projeto alcance seus objetivos pelo aumento de tempo e de custos e pela diminuição da qualidade dos resultados do projeto, chegando a impedir que ele seja concluído. A Seção 14.4 descreve os fatores de risco mais importantes para os sistemas de informação.

14.3 Quais são os principais fatores de risco nos projetos de sistemas de informação?

Já apresentamos o tópico de riscos em sistemas de informação e avaliação de riscos no Capítulo 8. Neste capítulo, descrevemos os riscos específicos para projetos de sistemas de informação e mostramos o que pode ser feito para gerenciá-los de forma eficaz.

Dimensões de riscos do projeto

Os Sistemas têm diferenças significativas de tamanho, escopo, nível de complexidade e componentes organizacionais e técnicos. Alguns projetos de desenvolvimento de sistemas são mais propensos a criar os problemas que descrevemos anteriormente ou sofrer atrasos porque apresentam um nível de risco muito maior do que outros. O nível de risco do projeto é influenciado pelo seu tamanho e estrutura e pelo nível de conhecimento técnico da equipe de sistemas de informação e da equipe do projeto.

- *Tamanho do projeto*. Quanto maior o projeto – de acordo com o dinheiro gasto, a quantidade de mão de obra envolvida na implementação e o número de unidades organizacionais afetadas pelo novo sistema –, maior o risco. Projetos de sistemas de grande escala têm índices de fracasso de 50% a 75% mais altos que os outros, pois são muito complexos e difíceis de controlar.

A complexidade organizacional do sistema – quantas unidades e grupos o utilizam e o quanto ele influencia os processos de negócios – contribui tanto para a complexidade de projetos de sistemas de grande escala quanto para as características técnicas, como o número de linhas de código do programa, duração do projeto e orçamento. Além disso, são poucas as técnicas confiáveis que servem para estimar o tempo e o custo de desenvolvimento dos sistemas de informação em larga escala.

- *Estrutura do projeto.* Alguns projetos são mais altamente estruturados do que outros. Seus requisitos são claros e diretos, de modo que saídas e processos podem ser facilmente definidos. Os usuários sabem exatamente o que querem e o que o sistema deve fazer; quase não há possibilidade de os usuários mudarem de ideia. Esses projetos correm um risco muito menor do que aqueles com requisitos relativamente indefinidos, fluidos e em constante mudança; com saídas que não podem ser corrigidas facilmente porque estão sujeitas a mudanças solicitadas pelos usuários; ou com usuários que não sabem exatamente o que desejam.
- *Experiência com tecnologia.* O risco do projeto aumenta se a sua equipe e a equipe de sistemas de informação não tiverem o conhecimento técnico necessário. Se a equipe não estiver familiarizada com o *hardware*, o *software* do sistema, o *software* aplicativo ou o sistema de gestão de base de dados proposto para o projeto, é bastante provável que o projeto venha a ter problemas técnicos ou leve mais tempo para ser concluído, por causa da necessidade de dominar novas habilidades.

Embora a dificuldade com a tecnologia seja um fator de risco em projetos de sistemas de informação, os outros fatores são principalmente organizacionais – lidam com a complexidade dos requisitos de informação, o escopo do projeto e quantas partes da organização serão afetadas por um novo sistema de informação.

Gestão de mudanças e o conceito de implementação

A adoção ou a alteração de um sistema de informação tem um poderoso impacto comportamental e organizacional. Mudanças na forma como as informações são definidas, acessadas e usadas para administrar os recursos da organização geralmente levam a novas distribuições de autoridade e poder. Essa mudança organizacional interna gera resistência e oposição e pode levar ao fim de um sistema que, de outra forma, seria benéfico.

Uma porcentagem muito grande de projetos de sistemas de informação falha porque a mudança organizacional em torno do desenvolvimento do sistema não foi abordada da maneira adequada. O desenvolvimento bem-sucedido do sistema requer uma cuidadosa **gestão de mudança**.

O conceito de implementação

Para administrar a mudança organizacional envolvida na adoção de um novo sistema de informação de forma eficaz, você deve examinar o processo de **implementação**, que se refere à atuação conjunta de todas as atividades da empresa com o objetivo de adotar e gerenciar uma inovação, tal como um novo sistema de informação. No processo de implementação, o analista de sistemas é um **agente de mudança** que não apenas desenvolve soluções técnicas, mas também redefine as configurações, as interações, as atividades de trabalho e as relações de poder de vários grupos organizacionais. O analista é o catalisador de todo o processo de mudança e é responsável por garantir que todas as partes envolvidas aceitem as mudanças criadas por um novo sistema. O agente de mudança se comunica com os usuários, faz a mediação entre grupos de interesse concorrentes e garante que o ajuste organizacional às mudanças em questão seja completo.

O papel dos usuários finais

A implementação do sistema geralmente se beneficia de altos níveis de envolvimento do usuário e do apoio à gestão. A participação do usuário no projeto e a operação de sistemas de informação tem vários resultados positivos. Primeiro, se os usuários estiverem de fato envolvidos no projeto de sistemas, eles terão mais oportunidades de moldar o sistema de acordo com suas prioridades e requisitos de negócios, além de ter mais oportunidades de controlar o resultado. Em segundo lugar, ficarão mais propensos a reagir positivamente ao sistema completo, porque foram participantes ativos no processo de mudança. Incorporar o conhecimento e a experiência do usuário leva a melhores soluções.

A relação entre usuários e especialistas em sistemas de informação tradicionalmente apresenta uma área problemática para os esforços de implementação de sistemas de informação. Usuários e especialistas tendem a ter origens, interesses e prioridades diferentes, o que é conhecido como **lacuna de comunicação usuário-desenvolvedor**. Essas diferenças levam a lealdades organizacionais, abordagens para resolução de problemas e vocabulários com divergências entre si.

Os especialistas em sistemas de informação, por exemplo, muitas vezes, têm uma orientação altamente técnica, ou mecânica, para a resolução de problemas. Eles procuram soluções técnicas elegantes e sofisticadas nas quais a eficiência de *hardware* e de *software* é otimizada em detrimento da facilidade de uso ou eficácia organizacional. Os usuários preferem sistemas orientados a resolver problemas de negócios ou facilitar tarefas organizacionais. Muitas vezes, as orientações de ambos os grupos são tão divergentes que parecem estar em idiomas diferentes.

Essas diferenças são ilustradas na Tabela 14.4, que descreve as preocupações mais comuns de usuários finais e de especialistas técnicos (desenvolvedores) com a criação de um novo sistema de informação. Problemas de comunicação entre usuários finais e desenvolvedores são uma das principais razões pelas quais os requisitos do usuário não são incorporados adequadamente aos sistemas de informação e o motivo pelo qual os usuários são retirados do processo de implementação.

Os projetos de desenvolvimento de sistemas correm um risco muito alto de fracasso quando há uma lacuna acentuada entre usuários e especialistas técnicos e quando esses grupos continuam perseguindo objetivos diferentes. Sob condições desse tipo, os usuários geralmente são afastados do projeto. Como não podem compreender o que os técnicos estão dizendo, os usuários concluem que é melhor deixar todo o projeto nas mãos dos especialistas em informação.

Apoio e compromisso da gerência

Se um projeto de sistemas de informação tem o respaldo e o compromisso da gerência em vários níveis, é mais provável que seja percebido de forma positiva tanto pelos usuários quanto pela equipe técnica dos serviços de informação. Ambos os grupos acreditarão que sua participação no processo de desenvolvimento receberá atenção e prioridade de nível superior. Eles serão reconhecidos e recompensados pelo tempo e esforço que dedicarem à implementação. O apoio dos gerentes também garante que um projeto de sistemas receba financiamento e recursos suficientes para ter sucesso. Além disso, para serem efetivadas, todas as mudanças de hábitos e procedimentos de trabalho e todos os realinhamentos organizacionais associados a um novo sistema dependem do respaldo da gerência. Se um gerente considera um novo

TABELA 14.4 Falhas de comunicação entre usuário e desenvolvedor

PREOCUPAÇÕES DO USUÁRIO	PREOCUPAÇÕES DO DESENVOLVEDOR
O sistema fornecerá as informações que precisamos para o nosso trabalho?	Quais serão as demandas exigidas de nossos servidores por esse sistema?
Podemos acessar os dados em nossos *smartphones, tablets* e PCs?	Que tipo de demandas de programação serão colocadas para nosso grupo?
De quais novos procedimentos precisamos para inserir dados no sistema?	Onde os dados serão armazenados? Qual o meio mais eficiente para armazená-los?
De que maneira a operação do sistema mudará as rotinas diárias dos funcionários?	Quais tecnologias devemos usar para proteger os dados?

sistema uma prioridade, é mais provável que o sistema seja tratado dessa maneira por seus subordinados. De acordo com o Project Management Institute, os executivos responsáveis que se envolvem de maneira ativa são o principal fator para o sucesso do projeto (Kloppenborg e Tesch, 2015; Project Management Institute, 2017).

Desafios de gestão de mudanças para gerenciamento de processos de negócios, aplicativos corporativos e fusões e aquisições

Dados os desafios de inovação e implementação, não é surpreendente encontrar uma taxa de falha muito alta entre aplicativos corporativos e projetos de gestão de processos de negócios que exigem ampla mudança organizacional e que também podem requerer a substituição de tecnologias antigas e de sistemas legados que estão profundamente enraizados em muitos processos de negócios interrelacionados. Vários estudos já indicaram que 70% de todos os projetos de gestão dos processos de negócios de longo alcance não conseguem proporcionar os benefícios prometidos. Da mesma forma, uma alta porcentagem de aplicativos corporativos deixa de ser totalmente implementada ou de cumprir as metas de seus usuários, mesmo após três anos de funcionamento.

Muitos aplicativos corporativos e projetos ambiciosos de gestão de processos de negócios foram prejudicados por má implementação e práticas de gestão de mudanças que falharam em abordar as preocupações dos funcionários relativas à mudança. Lidar com o medo e a ansiedade em toda a organização, superar a resistência dos principais gerentes e mudar funções de trabalho, planos de carreira e práticas de recrutamento representam ameaças maiores ao gerenciamento de processos de negócios do que as dificuldades que empresas enfrentaram para visualizar e projetar mudanças revolucionárias em seus processos. Todos os aplicativos corporativos exigem uma coordenação mais estreita entre os diferentes grupos funcionais, bem como uma ampla mudança nos processos de negócios (veja o Capítulo 9).

Projetos relacionados a fusões e aquisições têm uma taxa de insucesso semelhante. Fusões e aquisições são profundamente afetadas pelas características organizacionais das empresas envolvidas, bem como por suas infraestruturas de TI. Combinar os sistemas de informação de duas empresas diferentes geralmente requer uma mudança organizacional considerável e projetos de sistemas complexos para gerenciar. Se a integração não for administrada adequadamente, as empresas podem acabar com uma confusa miscelânea de sistemas legados herdados, resultado da agregação dos sistemas de uma empresa após a outra. Sem uma integração de sistemas bem-sucedida, os benefícios previstos da fusão não acontecerão ou – o que é ainda pior – a entidade incorporada não poderá executar seus processos de negócios de forma eficaz.

14.4 De que modo os riscos de projeto podem ser administrados?

Já foram desenvolvidas várias metodologias de gestão de projetos, coleta de requisitos e planejamento para categorias específicas de problemas de implementação. Estratégias também foram elaboradas para garantir que os usuários desempenhem funções apropriadas durante todo o período de implementação e para gerenciar o processo de mudança organizacional. Nem todos os aspectos do processo de implementação podem ser facilmente controlados ou planejados. No entanto, antecipar potenciais problemas de implementação e aplicar estratégias corretivas apropriadas é algo que pode aumentar as chances de sucesso do sistema.

O primeiro passo na gestão de riscos do projeto envolve a identificação da natureza e do nível de risco que o projeto enfrenta. Os responsáveis pela implementação podem então lidar com cada projeto com as ferramentas e abordagens voltadas para o nível de risco em questão. Nem todos os riscos podem ser identificados com antecedência, mas com uma gestão de projetos hábil, a maioria pode. A comunicação frequente e uma cultura de colaboração ajudarão as equipes de projeto a se adaptarem a problemas imprevistos que surgem (Browning e Ramasesh, 2015; Laufer et al., 2015; McFarlan, 1981).

Gestão de complexidades técnicas

Projetos cujo domínio da tecnologia é uma tarefa desafiadora e complexa podem se beneficiar de **ferramentas de integração interna**. O sucesso desses projetos depende da medida por meio da qual sua complexidade técnica pode ser gerenciada. Os líderes de projeto precisam de muita experiência técnica e administrativa. Devem ser capazes de antecipar problemas e desenvolver relações de trabalho tranquilas entre uma equipe predominantemente técnica. A equipe deve estar sob a liderança de um gerente com sólida formação técnica e de gestão de projetos, e os membros da equipe devem ser altamente experientes. Reuniões entre a equipe devem ocorrer com frequência. Habilidades técnicas essenciais ou conhecimentos não disponíveis internamente devem ser garantidos de fora da organização.

Ferramentas de planejamento e de controle formais

Grandes projetos se beneficiam do uso adequado de **ferramentas de planejamento formal** e de **ferramentas de controle formal** para documentar e monitorar os planos do projeto. Os dois métodos mais utilizados para isso são os gráficos de Gantt e PERT. Os **gráficos de Gantt** enumeram as atividades que formarão o projeto e as datas de início e conclusão de cada uma delas. Os gráficos de Gantt representam graficamente o tempo e a duração de tarefas diferentes de um projeto em andamento, bem como seus requisitos de recursos humanos (veja a Figura 14.5). Eles mostram as tarefas na barra horizontal, cujo tamanho é proporcional ao tempo necessário para a conclusão.

Embora os gráficos de Gantt apresentem as datas de início e término das atividades do projeto, não apresentam as dependências entre as tarefas, ou seja, como uma tarefa é afetada por outra que a antecede no cronograma ou como elas devem ser ordenadas. Por esse motivo os diagramas PERT são úteis. A sigla **PERT** (do inglês *Program Evaluation and Review Technique*) refere-se a uma metodologia desenvolvida pela marinha norte-americana na década de 1950 para gerenciar o programa de mísseis do submarino Polaris. Um gráfico PERT mostra as tarefas do projeto e suas interrelações; além disso, enumera as atividades específicas que compõem o projeto e as atividades que devem ser concluídas antes que outra seja iniciada, como ilustra a Figura 14.6.

O gráfico PERT representa o projeto como um diagrama de rede formado por nós numerados (no formato de círculos ou retângulos) que representam as tarefas do projeto. Cada nó é numerado e apresenta a tarefa, a duração e as datas de início e conclusão. A direção das setas indica a sequência das tarefas e mostra quais atividades devem ser concluídas antes que outra se inicie. Na Figura 14.6, as tarefas dos nós 2, 3 e 4 não são interdependentes e podem ser executadas simultaneamente, mas todas são dependentes da conclusão da primeira tarefa. Os gráficos PERT para projetos complexos podem ser difíceis de interpretar, e os gerentes de projeto costumam usar ambas as técnicas.

Essas técnicas de gestão de projetos podem ajudar os gerentes a identificar gargalos e determinar o impacto que os problemas terão nos prazos de conclusão do projeto. Também podem ajudar os desenvolvedores de sistemas a dividir projetos em segmentos menores e mais controláveis, com resultados de negócios definidos e mensuráveis. As técnicas de controle padrão podem mapear com sucesso o progresso do projeto em relação aos orçamentos e às datas estipuladas, para que os desvios do plano possam ser detectados.

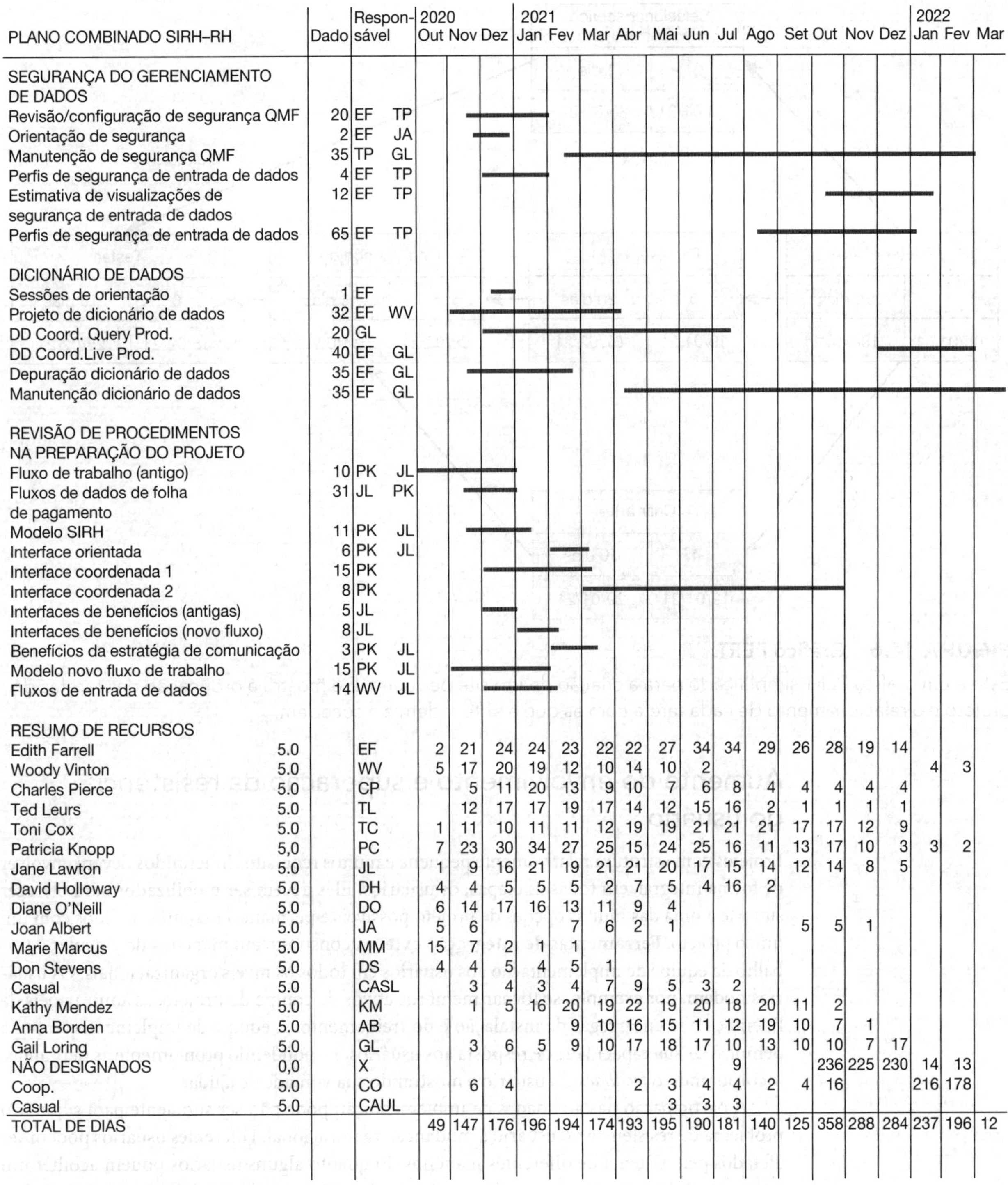

RESUMO DE RECURSOS			2020 Out	Nov	Dez	2021 Jan	Fev	Mar	Abr	Mai	Jun	Jul	Ago	Set	Out	Nov	Dez	2022 Jan	Fev	Mar
Edith Farrell	5.0	EF	2	21	24	24	23	22	22	27	34	34	29	26	28	19	14			
Woody Vinton	5.0	WV	5	17	20	19	12	10	14	10	2							4	3	
Charles Pierce	5.0	CP		5	11	20	13	9	10	7	6	8	4	4	4	4	4			
Ted Leurs	5.0	TL		12	17	17	19	17	14	12	15	16	2	1	1	1	1			
Toni Cox	5.0	TC	1	11	10	11	11	12	19	19	21	21	21	17	17	12	9			
Patricia Knopp	5,0	PC	7	23	30	34	27	25	15	24	25	16	11	13	17	10	3	3	2	
Jane Lawton	5.0	JL	1	9	16	21	19	21	21	20	17	15	14	12	14	8	5			
David Holloway	5.0	DH	4	4	5	5	5	2	7	5	4	16	2							
Diane O'Neill	5.0	DO	6	14	17	16	13	11	9	4										
Joan Albert	5.0	JA	5	6			7	6	2	1				5	5	1				
Marie Marcus	5.0	MM	15	7	2	1	1													
Don Stevens	5.0	DS	4	4	5	4	5	1												
Casual	5.0	CASL		3	4	3	4	7	9	5	3	2								
Kathy Mendez	5.0	KM		1	5	16	20	19	22	19	20	18	20	11	2					
Anna Borden	5.0	AB					9	10	16	15	11	12	19	10	7	1				
Gail Loring	5.0	GL		3	6	5	9	10	17	18	17	10	13	10	10	7	17			
NÃO DESIGNADOS	0,0	X										9			236	225	230	14	13	
Coop.	5.0	CO		6	4				2	3	4	4	2	4	16			216	178	
Casual	5.0	CAUL								3	3	3								
TOTAL DE DIAS			49	147	176	196	194	174	193	195	190	181	140	125	358	288	284	237	196	12

FIGURA 14.5 Gráfico de Gantt.

O gráfico de Gantt dessa figura mostra a tarefa, o número de pessoas-dia e as iniciais de cada profissional responsável, bem como as datas de início e término de cada tarefa. Com o resumo de recursos, um bom gerente consegue ver o total de pessoas-dia para cada mês e para cada profissional que trabalha no projeto, o que ajuda a administrar o projeto com sucesso. O projeto descrito aqui é de administração de dados.

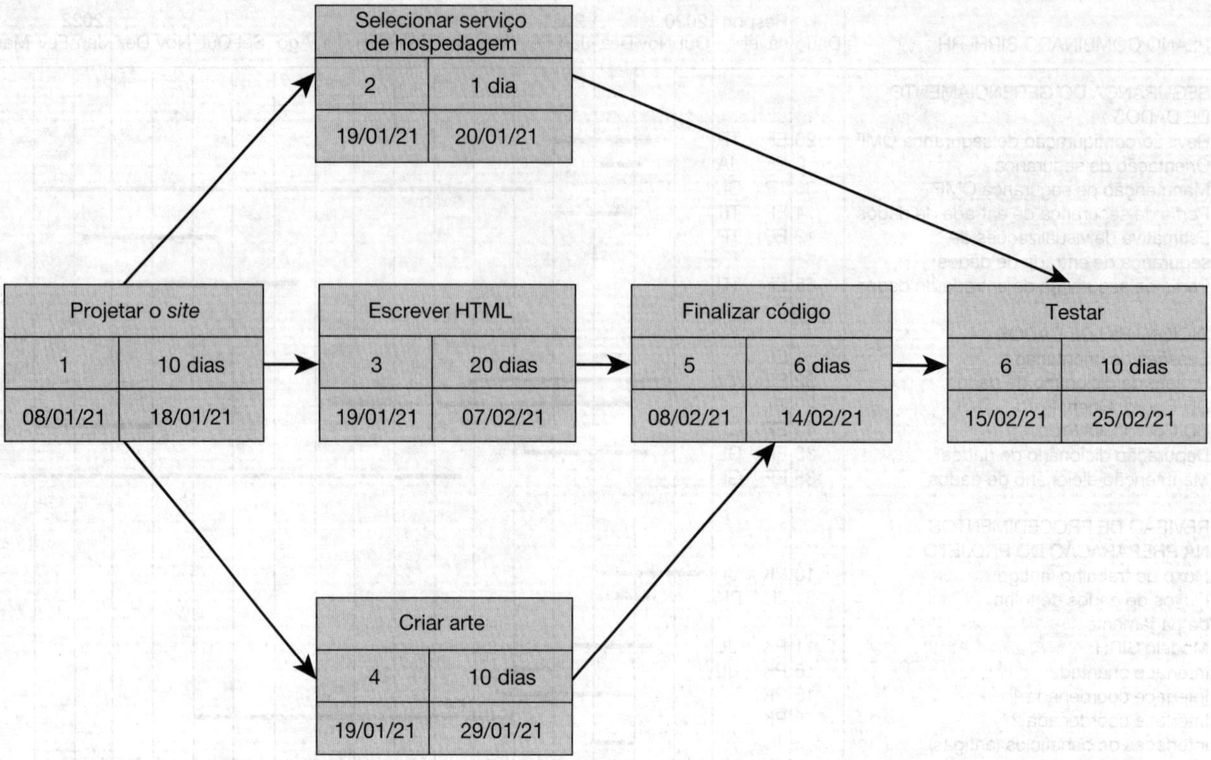

FIGURA 14.6 Gráfico PERT.

Este é um gráfico PERT simplificado para a criação de um *site* pequeno. Ele mostra a ordenação das tarefas do projeto e o relacionamento de cada tarefa com as que a antecedem e a sucedem.

Aumento do envolvimento e superação da resistência do usuário

Projetos com estrutura relativamente pequena e muitos requisitos indefinidos devem envolver de forma integral, em todas as etapas, os usuários. Eles devem ser mobilizados para oferecer suporte a uma das muitas opções de projeto possíveis e permanecer comprometidos com um único projeto. **Ferramentas de integração externa** consistem em maneiras de vincular o trabalho da equipe de implementação aos usuários em todos os níveis organizacionais. Os usuários podem, por exemplo, se tornar membros ativos da equipe do projeto, assumir papéis de liderança e se encarregar da instalação e do treinamento. A equipe de implementação pode demonstrar sua capacidade de resposta aos usuários, respondendo prontamente às perguntas, incorporando o *feedback* do usuário e mostrando sua vontade de ajudar.

A participação nas atividades de implementação pode não ser suficiente para superar o problema da resistência do usuário à mudança organizacional. Diferentes usuários podem ser afetados pelo sistema de diferentes maneiras. Enquanto alguns usuários podem acolher um novo sistema porque ele traz mudanças percebidas como benéficas, outros podem resistir a essas mudanças porque acreditam que elas são prejudiciais aos seus interesses.

Se o uso de um sistema for voluntário, os usuários podem decidir não o adotar; se o uso for obrigatório, a resistência assumirá a forma de aumento das taxas de erro, interrupções, rotatividade e até sabotagem. Portanto, a estratégia de implementação não deve apenas incentivar a participação e o envolvimento dos usuários, mas também deve abordar a questão da **contraimplementação**, que é uma estratégia deliberada para impedir a implementação de um sistema de informação ou uma inovação em uma organização.

Entre as estratégias para superar a resistência do usuário incluem-se a participação do usuário (para gerar compromisso, bem como para melhorar o projeto), aprendizado e treinamento do usuário, editais e políticas de gestão e melhores incentivos para aqueles que cooperam. O novo sistema pode ser mais fácil de usar, melhorando a interface do usuário final. Os usuários serão mais cooperativos se os problemas organizacionais forem resolvidos antes da adoção do novo sistema.

Projetando para a organização

O objetivo de um novo sistema é melhorar o desempenho da organização, por isso os projetos de sistemas de informação devem abordar explicitamente as maneiras pelas quais a organização mudará quando o novo sistema for instalado, incluindo a instalação de aplicativos móveis e da *web*. Além das mudanças procedimentais, as transformações nas funções de trabalho, na estrutura organizacional, nas relações de poder e no ambiente de trabalho devem ser cuidadosamente planejadas.

As áreas onde os usuários interagem com o sistema requerem atenção especial, sendo sensíveis a questões de **ergonomia**, ou seja, à interação entre pessoas e máquinas no ambiente de trabalho – considerando o projeto de cargos, as questões de saúde e a interface do usuário nos sistemas de informação. A Tabela 14.5 lista as dimensões organizacionais que devem ser abordadas ao planejar e implementar sistemas de informação.

Embora atividades de análise e projeto de sistemas devam incluir uma análise de impacto organizacional, esta área tem sido tradicionalmente negligenciada. Uma **análise de impacto organizacional** explica como um sistema proposto afetará a estrutura organizacional, as atitudes, a tomada de decisão e as operações. Para integrar os sistemas de informação com sucesso à organização, avaliações de impacto organizacional completas e totalmente documentadas devem receber mais atenção no esforço de desenvolvimento.

Projeto sóciotécnico

Uma maneira de abordar questões humanas e organizacionais é incorporar práticas de **projeto sociotécnico** em projetos de sistemas de informação. Os desenvolvedores apresentam conjuntos separados – técnico e social – de soluções de projeto. Os planos de projeto social exploram diferentes estruturas de grupos de trabalho, alocação de tarefas e desenho de tarefas individuais. As soluções técnicas propostas são comparadas com as soluções sociais propostas. A solução que melhor atende aos objetivos sociais e técnicos é selecionada para o projeto final. Espera-se que o projeto sociotécnico resultante produza um sistema de informação que combine eficiência técnica com sensibilidade às necessidades organizacionais e humanas, gerando maior satisfação no trabalho e produtividade. Você pode ver algumas dessas estratégias de gestão de projetos em ação na Sessão Interativa sobre Gestão, que descreve como a Sauder Woodworking implementou um novo sistema ERP de última geração.

TABELA 14.5 Fatores organizacionais no planejamento e implementação de sistemas

Participação e envolvimento de funcionários
Projeto de trabalho
Monitoramento de padrões e desempenho
Ergonomia (incluindo equipamentos, interfaces de usuário e ambiente de trabalho)
Procedimentos para resolução de descontentamento do funcionário
Saúde e segurança
Conformidade com a regulamentação governamental

SESSÃO INTERATIVA **GESTÃO**

Sauder Woodworking acerta na implementação do ERP

A Sauder Woodworkin é uma empresa líder na produção de móveis prontos para montagem dos Estados Unidos e um dos cinco principais fabricantes de móveis residenciais do país – 90% dos móveis da Sauder são fabricados em Archbold, Ohio, onde a empresa foi fundada em 1934. (A Sauder também compra móveis de uma rede de fornecedores globais.) Suas instalações em Ohio têm uma área de 370 mil metros quadrados que abriga equipamentos advindos de diversos lugares ao redor mundo para fabricação de móveis de alta tecnologia, além de 2 mil funcionários. A empresa oferece cerca de 50 coleções de móveis, cuja fabricação requer *design* habilidoso, talento e atenção aos detalhes – e a Sauder historicamente se destacou nessas áreas.

A empresa começou a usar o *software* SAP ERP Central Component (ECC) para planejamento de recursos empresariais (ERP) em 2004. O ECC fornece módulos que abrangem uma ampla gama de aplicações setoriais, incluindo finanças, logística, RH, planejamento de produtos e atendimento ao cliente, tudo vinculado em um único sistema personalizável que roda em um banco de dados de escolha do usuário. Como um sistema modular, o SAP ECC foi projetado para que as organizações possam usar as peças de que precisam, configuradas de maneira que faça sentido para suas atividades. A Sauder usou uma abordagem de implementação em fases, começando com os módulos de *order-to-cash* (processos de negócios para recebimento e processamento de pedidos de clientes). A empresa concluiu a implementação de todos os principais módulos SAP ECC em 2015.

Naquela época, a SAP havia lançado o SAP S/4HANA, uma versão mais avançada de seu sistema ERP que apresenta tecnologia de computação em memória (veja o Capítulo 6). A gerência de Sauder teve que decidir se otimizaria os módulos SAP que já havia implementado no local ou se mudaria para o S/4HANA, para aproveitar a nova funcionalidade. Mudar para a versão mais recente do *software* SAP ERP exigiria mais trabalho do que manter o sistema existente da Sauder. A gerência optou por uma versão local do SAP S/4HANA para que pudesse implementar o novo pacote S/4HANA de acordo com seu próprio cronograma, em vez de esperar e ser pressionada a mudar de *software* quando a SAP acabasse com o suporte para o antigo sistema ECC.

Outra decisão foi se seria *greenfield* (uma implementação completamente nova) ou *brownfield* (uma conversão do sistema existente para o novo). A implementação *greenfield* exigiria a instalação à partir do zero do sistema ERP e, em seguida, a importação de todos os dados relevantes. A implementação *brownfield* envolveria a conversão do sistema existente para o novo, usando os dados do sistema ECC. A Sauder optou pela abordagem *brownfield*. Um fator determinante na decisão de usar essa opção foi o número de funcionários (2 mil) que seriam impactados por ter de lidar com um sistema inteiramente novo. Eles podiam encontrar problemas para aprender o sistema ou resistir a trabalhar com o sistema, porque não estavam familiarizados. A Sauder não queria ter de lidar com uma grande carga de gestão de mudanças.

A empresa estava bastante familiarizada com o *software* da SAP, que era o mecanismo de processamento de negócios da empresa. O sistema SAP de Sauder apoiava mais de 1.600 usuários na realização de transações comerciais com o *software*, incluindo finanças, gestão da cadeia de suprimentos e interações de chão de fábrica com SAP. Em 2018, o sistema SAP da Sauder processou 1.624.169 remessas, 1.661.225 pedidos de venda, 14.438.089 movimentações de armazém, 894.664 recibos de produção e 1.624.684 notas fiscais.

Impuseram-se desafios: para minimizar interrupções, a administração queria que o sistema SAP ECC fosse convertido para SAP S/4HANA em 72 horas, um prazo muito curto para um projeto de tal escopo. Não havia espaço para erro. Ao mesmo tempo em que a Sauder começou a fazer a transição para o SAP S/4HANA, também fez grandes mudanças em sua infraestrutura de TI. A empresa migrou de sistemas legados IBM iSeries para uma nova plataforma baseada em servidores Dell e redes de área de armazenamento (SANs) em um ambiente virtual VMware (veja o Capítulo 5). Uma SAN é uma rede de dispositivos de armazenamento que pode ser acessada por vários servidores ou computadores, fornecendo um pool compartilhado de espaço de armazenamento (*storage*). A equipe de TI da Sauder teve que aprender como dar suporte a essas novas tecnologias, mas felizmente foi auxiliada por consultores da Symmetry, que ajuda as empresas a gerenciar implementações SAP complexas em escala global. A Symmetry prestava serviços à Sauder havia mais de 12 anos e entendia a natureza de seu ambiente de negócios e tecnologia.

O sistema foi convertido com sucesso dentro do período de inatividade de 72 horas, incluindo a conversão do planejamento de produção e a funcionalidade de programação detalhada do componente SAP® Advanced Planning and Optimization no SAP S/4HANA. A mudança para o novo sistema não apresentou problemas, com o mínimo de interrupção para as atividades, e o projeto foi entregue no prazo dentro do orçamento.

A empresa planeja otimizar o uso do sistema S/4HANA em fases, começando pelas funções financeiras. A execução no SAP S/4HANA deixou a Sauder Woodworking em melhor posição para alcançar seus objetivos estratégicos.

Sources: Eric Kavanah, "Measure Twice, Cut Once: Getting a Modern ERP Deployment Right," *eWeek*, 11 de fevereiro de 2020; "SAP S/4HANA Migration Case Study: Sauder Woodworking," symmetrycorp.com, acessado em 9 de maio de 2020; and "Sauder Woodworking," itelligence.com, acessado em 8 de maio de 2020.

PERGUNTAS DO ESTUDO DE CASO

1. or que um sistema ERP é tão importante para a Sauder Woodworking? Por que a' Sauder quis mudar para um sistema ERP mais moderno

2. O SAP S/4HANA foi uma boa escolha para a empresa? Por quê?

3. Houve algum risco no projeto? Como a Sauder lidou com isso?

Ferramentas de *software* para gestão de projetos

Ferramentas de *software* comerciais que automatizam muitos aspectos da gestão de projetos facilitam esse processo. O *software* de gestão de projetos geralmente apresenta meios para definir e ordenar tarefas, atribuir recursos, estabelecer datas de início e término, acompanhar o progresso em nível individual e de equipe e facilitar modificações em tarefas e recursos. Muitos automatizam a criação de gráficos de Gantt e PERT e fornecem ferramentas de comunicação, colaboração e sociais.

Algumas dessas ferramentas são grandes programas sofisticados para gerenciar projetos de grande porte, grupos de trabalho dispersos e funções corporativas. Essas ferramentas de ponta podem gerenciar muitas tarefas e atividades e relacionamentos complexos. A ferramenta de gestão de projetos mais usada atualmente é o Microsoft Project, mas também existem ferramentas de baixo custo para projetos menores e pequenas empresas. Muitos aplicativos de gestão de projetos agora são baseados em nuvem para permitir que os membros da equipe do projeto acessem as ferramentas de gerenciamento de projetos e seus dados onde quer que estejam trabalhando. O caso de abertura do capítulo e a Sessão Interativa sobre Tecnologia descrevem alguns recursos do Microsoft Project Online baseado em nuvem. Embora o *software* de gestão de projetos ajude as organizações a controlar atividades individuais, os recursos alocados e seus custos, o *software* de **gestão de portfólio de projetos** ajuda as organizações a administrar portfólios de projetos e as dependências entre eles. O *software* de gestão de portfólio de projetos ajuda os gerentes a comparar propostas e projetos com orçamentos e níveis de capacidade de recursos para determinar a combinação ideal e a sucessão de projetos que melhor alcança os objetivos estratégicos da organização.

SESSÃO INTERATIVA TECNOLOGIA

Arup coloca a gestão de projetos na nuvem

A Arup Group Limited é uma multinacional sediada em Londres que fornece serviços de engenharia, *design*, planejamento, gestão de projetos e consultoria para todos os aspectos de estruturas e ambientes de construção humana. Fundada em 1946, a Arup agora tem mais de 16 mil funcionários e 96 escritórios em 40 países em todo o mundo. A empresa se define como aquela em que profissionais de diversas áreas – engenheiros, planejadores, designers, especialistas financeiros, especialistas em consultoria e profissionais de sustentabilidade – podem trabalhar juntos para fornecer projetos e serviços de maior qualidade do que trabalhando isoladamente. A Arup já trabalhou em projetos em mais de 160 países, incluindo o Centro Pompidou, em Paris, a Sydney Opera House e a ferrovia de alta velocidade entre Londres e Paris.

A empresa faz uso intensivo de tecnologia da informação em todos os aspectos de seu trabalho, incluindo lidar com clientes, projetar edifícios, executar simulações estruturais e coordenar projetos. Sua administração quer garantir que o grupo de sistemas de informação da Arup esteja trabalhando em todos os projetos de TI corretos para promover o negócio e fazendo isso da maneira certa. Os sistemas da Arup precisam ser estáveis, de ponta e estar disponíveis o tempo todo, com funcionários capazes de acessar as informações de que precisam a qualquer hora e em qualquer lugar.

Até recentemente, a equipe de TI da Arup utilizava planilhas do Microsoft Excel ou documentos do Microsoft Word como suas ferramentas de gerenciamento de projetos. Os relatórios eram esporádicos e vinham em diversos formatos, a colaboração era muito limitada, os modelos de entrega dos projetos eram inconsistentes e não havia visibilidade central sobre o que estava acontecendo com cada projeto. A Arup criou um Escritório Global de Gestão do Portfólio de TI para supervisionar todo o seu portfólio de projetos de TI, mas a iniciativa encontrou dificuldades ao se deparar com a criação manual de relatórios usando planilhas e atualizações por *e-mail* dos escritórios regionais.

Trabalhando com consultores do Program Framework especializados na gestão de portfólio de projetos, a Arup decidiu adotar o Microsoft Project Online para melhorar seu desempenho. O Project Online é a ferramenta de gestão de projetos baseada em nuvem da Microsoft que ajuda as organizações a planejar projetos com eficiência, acompanhar o *status* e colaborar com outras pessoas de qualquer local e qualquer dispositivo. Os membros da força de trabalho global da Arup têm acesso imediato aos dados do projeto a qualquer momento, onde quer que estejam trabalhando. A solução em nuvem também possibilita a apresentação de relatórios sobre projetos usando dados ao vivo, com o sistema capaz de vincular-se a outros processos, como serviço e administração de mudanças. Os consultores da Program Framework ajudaram a Arup a implementar o Project Online e treinar funcionários. Também desenvolveram um recurso personalizado de Relatório de *Status* de Projeto e Programa para o Project Online.

Anteriormente, o Escritório de Gestão do Portfólio de TI Global da Arup precisava de 40 horas por mês para compilar os relatórios manualmente. Assim que conseguia criar um relatório de *status*, este relatório já estava desatualizado. O Project Online oferece à Arup visualizações instantâneas do *status* de todos os seus projetos de TI. Os funcionários regionais podem visualizar seus próprios portfólios de projetos, enquanto o Escritório de Gestão do Portfólio de TI Global da Arup tem visualizações imediatas de todos os projetos globais. A administração pode examinar e classificar projetos em toda a empresa com base em seus indicadores de *status*: vermelho, verde e âmbar. (Vermelho designa projetos com *status* crítico, enquanto âmbar designa aqueles em risco.) A capacidade de ver todo o portfólio de projetos da Arup oferece à administração uma visão melhor da entrega do projeto. O Escritório de Gestão do Portfólio de TI Global pode obter os principais resumos de *status* de projetos e destacar relatórios de projetos individuais em que pode obter mais detalhes, permitindo melhores decisões com base em dados atualizados. O Project Online tornou-se essencial para oferecer suporte a uma abordagem comum à gestão de projetos da Arup em todo o mundo. Há menos esforços duplicados e mais valor estratégico no portfólio geral de projetos da Arup.

O Project Online faz parte do pacote de *software* Office 365 baseado em nuvem da Microsoft, de modo que funciona perfeitamente com outras ferramentas de produtividade e comunicação da Microsoft, como OneDrive for Business (armazenamento em nuvem), Microsoft Teams (voz, vídeo, bate-papo), Yammer (rede social corporativa) e Visual Studio Team Foundation Server, que a Arup usa para projetos de desenvolvimento de *software*. A Arup também planeja implementar recursos adicionais do Project Online para planejamento de demanda e capacidade, priorização e balanceamento de portfólio. Os usuários podem copiar facilmente informações do Project e colá-las em aplicativos do Office, como PowerPoint e Word.

A Arup usa o Project Online no IT Project Pipeline, um repositório central de ideias para desenvolvimento futuro. Cada ideia registrada no Pipeline requer que o iniciador forneça informações – como descrição do projeto, orçamento e necessidades de recursos. O Escritório Global de Gestão do Portfólio de TI da Arup envia essas informações aos membros do comitê de gerenciamento da empresa para análise e priorização de novas iniciativas.

Quando as ideias são aprovadas, suas informações do Project Pipeline podem ser facilmente transferidas para projetos ativos. Leva apenas alguns minutos para o Project Pipeline criar um projeto ou programa no Project Online. Cada um tem suas próprias páginas de informações do projeto, que incluem um modelo de cronograma integrado e um *site* do Microsoft SharePoint Server conectado com repositório de documentos e relatórios de *status*. Esse recurso economiza vários dias de trabalho para Carolyn Bundey, a gerente do Escritório Global de Gestão do Portfólio de TI da Arup, em cada novo projeto, gerando uma economia de tempo significativa para um portfólio anual de aproximadamente 180 projetos de TI.

Vários anos atrás, o Project Online tinha cerca de 150 usuários, mas a Arup está pensando em fornecer a ferramenta para todos os seus funcionários. A Arup dispõe da licença de três versões diferentes do Project Online. Gerentes de projeto, proprietários e administradores usam o Project Online com o Project Professional for Office 365, que lhe permite criar e editar planos de projeto dentro ou fora de um navegador da *web*. Os executivos da Arup usam o Project Online para revisar o *status* do projeto. Os membros da equipe do projeto podem visualizar atribuições ou colaborar com outros membros da equipe usando a versão Project Lite, que tem custo mais baixo.

Fontes: "Engineering Firm Uses Cloud-Based Solution to Generate, Execute, and Monitor IT Projects," www.microsoft.com, acessado em 2 de janeiro de 2018; "Leading Arup at the Forefront of Innovation in Today's Built Environment," www.gineersnow.com,acessado em 3 de janeiro de 2018; e www.arup.com, acessado em 2 de maio de 2020.

PERGUNTAS DO ESTUDO DE CASO

1. Qual é a relação entre tecnologia da informação, gerenciamento de projetos e o modelo de negócios e estratégia de negócios da Arup?
2. Como o Microsoft Project Online oferece suporte à estratégia de negócios da Arup? Como isso mudou a forma como a empresa age?
3. Quais questões de gestão, organização e tecnologia a Arup teve que resolver ao selecionar o Project Online como sua ferramenta global de gestão do portfólio de projetos?

14.5 Como os sistemas de informação gerenciais ajudarão minha carreira?

Veja como o Capítulo 14 e este livro podem ajudá-lo a encontrar um emprego de nível básico como assistente de gestão de projetos de TI.

A empresa

A XYZ Multimedia Entertainment, uma grande multinacional de mídia e entretenimento com sede em Los Angeles, está procurando um assistente de gestão de projetos de TI de nível básico. A XYZ Multimedia cria filmes, programas de TV, gravações, *streaming* de conteúdo da internet, jogos interativos e produtos de consumo para o público em todo o mundo. A empresa faz uso intensivo de tecnologia da informação de ponta em seus produtos, serviços e operações.

Descrição do cargo

O assistente de gestão de projetos de TI ajudará os gerentes de projetos de TI no planejamento, orçamento e supervisão de todos os aspectos dos projetos de tecnologia da informação para a empresa. As responsabilidades do trabalho incluem:

- Executar tarefas destinadas a melhorar as funções e os serviços fornecidos pelo Escritório de Gestão de Projetos centralizado da empresa. Isso pode incluir identificar e documentar as melhores práticas, pesquisar as ferramentas disponíveis e fazer recomendações para melhorar os processos e procedimentos.

- Colaborar com os gerentes de projeto para garantir que o escopo e a direção de cada projeto técnico estejam dentro do cronograma.
- Trabalhar com outras partes interessadas do projeto para obter apoio.

Requisitos do emprego

- Graduação em Ciência da Computação, Engenharia da Computação, Administração, Sistemas de Informação, Gestão de Projetos ou áreas afins
- Conhecimento dos ensinamentos de gerenciamento de projetos (PMI)
- Conhecimento da documentação do processo (fluxograma do processo)
- Habilidade com Microsoft Word, Excel, PowerPoint
- Sólidas habilidades de entrevista e pesquisa
- Experiência com SharePoint e/ou Microsoft Project desejável

Perguntas para a entrevista

1. Já trabalhou em projetos de TI? O que você fez? Você trabalhou com alguma ferramenta de gestão de projetos, como o Microsoft Project?
2. Já trabalhou em projetos que não fossem de TI? Quais eram suas responsabilidades? Você usou *software* de gestão de projetos para o seu trabalho?
3. Já fez trabalho de curso em gerenciamento de projetos? O que você sabe sobre documentação de processos?
4. Quais é o seu nível de proficiência com as ferramentas do Microsoft Office e com o Microsoft Project e o SharePoint?

Dicas do autor

1. Revise este capítulo e o Capítulo 13, sobre desenvolvimento de sistemas de informação, para familiarizar-se com as técnicas e metodologias de gestão de projetos e desenvolvimento de sistemas.
2. Use a *web* para fazer mais pesquisas sobre metodologias de gestão de projetos e ferramentas. Acesse o *site* do Project Management Institute (PMI) ou leia o livro *Um guia do conhecimento em gerenciamento de projetos*, do Project Management Institute.
3. Tente encontrar informações sobre como os projetos são gerenciados na XYZ Multimedia. Informe-se sobre quais metodologias e ferramentas de gerenciamento de projetos são utilizadas nessa empresa. Se possível, mostre que você está familiarizado com essas ferramentas e abordagens.
4. Forneça exemplos de algum trabalho de gestão de projetos que você fez no seu curso ou em algum trabalho. Você também pode dar exemplos de suas habilidades de escrita e comunicação verbal.

RESUMO

14.1 Como os gerentes devem estruturar um caso de negócios para aquisição e desenvolvimento de novos sistemas de informação?

O caso de negócios para investimento em TI descreve um problema enfrentado pela organização que pode ser resolvido por meio de um investimento na solução de sistema proposta. O caso de negócios fornece uma análise sobre se um projeto de sistema de informação é um bom investimento, calculando seus custos e benefícios. Os benefícios tangíveis são quantificáveis e os benefícios intangíveis não podem ser imediatamente quantificados, mas podem oferecer benefícios quantificáveis no futuro. Os benefícios que excedem os custos devem ser analisados usando métodos de orçamento de capital para garantir que representem um bom retorno sobre o capital investido da empresa. As organizações devem desenvolver um plano de sistemas de informação que descreva como a tecnologia da informação apoia o plano geral de negócios e a estratégia da empresa. A análise de carteira (portfólio) e os modelos de pontuação (*scoring*) podem ser usados para avaliar projetos alternativos de sistemas de informação.

14.2 Quais são os objetivos da gestão de projeto e por que isso é tão importante no desenvolvimento de sistemas de informação?

Uma boa gestão de projetos é essencial para garantir que os sistemas sejam entregues no prazo e dentro do orçamento e gerem benefícios comerciais genuínos. As atividades de gestão de projetos incluem planejar o trabalho, avaliar o risco, estimar e adquirir recursos necessários para realizar o trabalho, organizar o trabalho, dirigir a execução e analisar os resultados. A gestão de projetos deve lidar com cinco variáveis principais: escopo, tempo, custo, qualidade e risco.

14.3 Quais são os principais fatores de risco nos projetos de sistemas de informação?

O nível de risco em um projeto de desenvolvimento de sistemas é determinado por (1) tamanho do projeto, (2) estrutura e (3) experiência com tecnologia. Projetos de SI são mais propensos a falhar quando há participação insuficiente ou imprópria do usuário no processo de desenvolvimento de sistemas, falta de suporte gerencial e má gestão do processo de implementação. Há uma taxa de falha muito alta entre projetos que envolvem gestão de processos de negócios, aplicativos corporativos e fusões e aquisições, porque eles exigem mudanças organizacionais amplas.

14.4 De que modo os riscos de projeto podem ser administrados?

Implementação refere-se a todo o processo de mudança organizacional em torno da adoção de um novo sistema de informação. O suporte e envolvimento dos usuários e o suporte gerencial e controle do processo de implementação são essenciais, assim como os mecanismos para lidar com o nível de risco em cada novo projeto de sistemas. Os fatores de risco do projeto podem ser controlados por meio de uma abordagem de contingência à gestão de projetos. O nível de risco de cada projeto determina a combinação apropriada de ferramentas de integração externa, ferramentas de integração interna, ferramentas de planejamento formal e ferramentas de controle formal a serem aplicadas. O *software* de gestão de projetos ajuda as organizações a controlar projetos individuais, e o *software* de gestão de portfólio de projetos ajuda a administrar portfólios de projetos e as dependências entre eles.

Palavras-chave

Questões para revisão

14.1 Como os gerentes devem estruturar um caso de negócios para aquisição e desenvolvimento de novos sistemas de informação?

- Defina e descreva os componentes de um caso de negócios para determinado investimento.
- Liste e descreva os principais componentes de um plano de sistemas de informação.
- Explique a diferença entre benefícios tangíveis e intangíveis.
- Liste seis benefícios tangíveis e seis benefícios intangíveis de um investimento em TI.
- Descreva como o orçamento de capital, a análise de carteira (portfólio) e os modelos de pontuação (*scoring*) podem ser usados para estabelecer o valor dos sistemas.

14.2 Quais são os objetivos da gestão de projeto e por que isso é tão importante no desenvolvimento de sistemas de informação?

- Descreva problemas do sistema de informação resultantes de uma má gestão de projetos.
- Defina o que é gestão de projetos. Liste e descreva as atividades de gestão de projetos e as variáveis abordadas pela gestão de projetos.

14.3 Quais são os principais fatores de risco nos projetos de sistemas de informação?

- Identifique e descreva cada um dos principais fatores de risco nos projetos de sistemas de informação.
- Explique por que os desenvolvedores de novos sistemas de informação precisam abordar a implementação e a gestão de mudanças.

14.4 De que modo os riscos de projeto podem ser administrados?

- Explique por que obter apoio da administração e dos usuários finais é essencial para a implementação bem-sucedida de projetos de sistemas de informação.
- Identifique e descreva as estratégias para controlar os riscos do projeto.
- Identifique as considerações organizacionais que devem ser abordadas pelo planejamento e pela implementação do projeto.
- Explique como as ferramentas do *software* de gestão de projetos contribuem para a gestão de projetos bem-sucedida.

Para discutir

14.5 Qual o impacto do gerenciamento de projetos no sucesso de um novo sistema de informação?

14.6 Acredita-se que a maioria dos sistemas falha porque os desenvolvedores ignoram problemas de comportamento organizacional. Por que isso ocorre dessa maneira?

14.7 Qual é o papel dos usuários finais no sucesso de um novo sistema de informação?

Projetos práticos em SIG

Os projetos desta seção oferecem experiência prática na avaliação de projetos de sistemas de informação, usando *software* de planilha para realizar análises de orçamento de capital para novos investimentos em sistemas de informação e usando ferramentas da *web* para analisar o financiamento de uma nova casa.

Problemas de decisão de gestão

14.8 O Censo dos Estados Unidos lançou um projeto de TI para equipar seus recenseadores em campo com dispositivos portáteis de alta tecnologia. Esse equipamento serviria para economizar dinheiro do contribuinte ao transmitir dados populacionais registrados pelos recenseadores em campo diretamente para a sede. A diretoria do Censo assinou um contrato de US$ 600 milhões com a Harris Corporation em 2006 para fabricar 500 mil dispositivos, mas ainda não tinha certeza de quais recursos queria nas unidades. Os funcionários do censo não forneceram especificações de teste para medir o desempenho dos dispositivos portáteis. À medida que o projeto avançava, 400 solicitações de mudança nos requisitos do projeto foram acrescidas. Dois anos e centenas de milhões de dólares dos contribuintes depois, os computadores de mão ainda eram muito lentos e pouco confiáveis para serem usados no censo de 2010 dos Estados Unidos. O que a administração do Censo e a Harris Corporation poderiam ter feito para evitar esse resultado?

14.9 A Caterpillar é a líder mundial em máquinas de terraplenagem e também fornecedora de equipamentos agrícolas. A empresa quer encerrar seu suporte ao Dealer Business System (DBS), que licencia a seus revendedores para ajudá-los a administrar seus negócios. O *software* neste sistema está ficando desatualizado, e a gerência sênior deseja transferir o suporte para a versão hospedada do *software* para a Accenture Consultants e, assim, poder se voltar para seu core business. A Caterpillar nunca exigiu que seus revendedores usassem o DBS, mas o sistema se tornou um padrão de fato para fazer negócios com a empresa. A maioria dos 50 revendedores Cat na América do Norte usa alguma versão do DBS, assim como cerca de metade dos cerca de 200 revendedores Cat no restante do mundo. Antes que a Caterpillar entregue o produto à Accenture, quais fatores e questões ela deve considerar? Quais perguntas deve fazer? Que tipo de perguntas seus revendedores devem fazer?

Melhor tomada de decisão: uso de *software* de planilha para orçamento de capital de um novo sistema CAD

Habilidades de *software*: Fórmulas e gráficos de planilha
Habilidades de negócios: Orçamento de capital

14.10 Este projeto oferece uma oportunidade de uso de *software* de planilha para usar os modelos de orçamento de capital discutidos neste capítulo. O intuito é analisar o retorno de um investimento para um novo sistema de projeto auxiliado por computador (CAD).

Sua empresa gostaria de investir em um sistema CAD que exija a compra de *hardware*, *software* e tecnologia de rede, bem como gastos com instalação, treinamento e suporte. Você acredita que o novo sistema reduzirá a quantidade de mão de obra necessária para gerar projetos e especificações de projeto, aumentando assim o fluxo de caixa anual de sua empresa.

- Usando os dados fornecidos nestas tabelas, crie uma planilha que calcule custos e benefícios do investimento ao longo de um período de cinco anos e analise o investimento usando os quatro modelos de orçamento de capital.
- O investimento vale a pena? Por quê?

Melhor tomada de decisão: usando ferramentas da *web* para comprar e financiar uma casa

Habilidades de *software*: *Software* que funciona na internet
Habilidades de negócios: Planejamento financeiro

14.11 Este projeto desenvolverá suas habilidades usando *software* baseado na *web* para procurar uma casa e calcular o financiamento hipotecário do imóvel.

Você gostaria de comprar uma casa em Fort Collins, Colorado. Idealmente, deve ser uma casa unifamiliar com pelo menos três quartos e um banheiro, que custa entre US$ 350 mil e US$ 450 mil e pode ser financiada com uma hipoteca de taxa fixa de 30 anos. Você pode pagar uma entrada de 20% do valor do imóvel. Antes de comprar uma casa, você gostaria de descobrir quais casas estão disponíveis na sua faixa de preço, encontrar uma hipoteca e determinar o valor do seu pagamento mensal. Use o *site* Realtor.com para ajudá-lo com as seguintes tarefas:

- Localizar casas em Fort Collins, Colorado, que atendam às suas especificações.
- Achar uma hipoteca de 80% do preço de tabela da casa. Comparar as taxas de pelo menos três *sites*.
- Depois de escolher uma hipoteca, calcular os custos para fechar o negócio e o pagamento mensal.

Quando terminar, avalie todo o processo. Por exemplo, avalie a facilidade de uso do *site* e sua capacidade de encontrar informações sobre casas e hipotecas, a precisão das informações encontradas e a variedade de opções de casas e hipotecas.

Projeto de colaboração e trabalho em equipe
Identificando problemas de implementação

14.12 Forme um grupo com três ou quatro colegas. Faça uma descrição dos problemas de implementação que você pode esperar encontrar em um dos sistemas descritos nas Sessões Interativas ou nos casos de encerramento de capítulo deste livro. Escreva uma análise dos passos que você tomaria para resolver ou prevenir esses problemas. Se possível, use o Google Docs e o Google Drive ou Google Sites para debater, organizar e desenvolver uma apresentação de suas descobertas para a turma.

Sistema de modernização do auxílio-desemprego da Pensilvânia: negócios inacabados

ESTUDO DE CASO

O Departamento de Trabalho e Indústria da Pensilvânia (DLI) é responsável pela administração e operação do programa estadual de auxílio-desemprego, que fornece rendimento temporário para repor os salários perdidos dos trabalhadores qualificados. O DLI emprega mais de 5 mil pessoas e tem aproximadamente 200 escritórios em todo o estado para atender os 6,4 milhões de trabalhadores e quase 300 mil empregadores da Pensilvânia. Os pedidos de indenização por desemprego (UC) são geralmente apresentados *on-line* ou por telefone ou enviados por correio para um centro de serviço UC.

O DLI tinha um sistema legado em *mainframe* para processar benefícios de desemprego com mais de 40 anos. No entanto, o sistema tornou-se cada vez mais caro para manter e difícil de modificar, com funcionalidade limitada para controlar casos e integrar novas ferramentas e tecnologias a fim de aumentar a produtividade.

Em junho de 2006, o DLI concedeu à IBM um contrato de preço fixo total de US$ 109,9 milhões para o Sistema de Modernização de Auxílio-Desemprego (UCMS, do inglês *Unemployment Compensation Modernization System*), que substituiria o antiquado sistema de *mainframe*.

O contrato inicial com a IBM exigia tecnologia e processos de negócios mais modernos e eficientes para (1) manter registros salariais, (2) processar impostos do empregador e (3) processamento de solicitações, pagamento e recursos, e o prazo da conclusão era fevereiro de 2010. A IBM ganhou o contrato para o UCMS após um processo de licitação de três anos, alegando ser o único fornecedor com o tipo de banco de dados proprietário capaz de suportar um sistema de computador totalmente integrado.

No entanto, o projeto sofreu atrasos e problemas de custos, chegando ao valor aproximado de US$ 180 milhões, com grande parte do sistema nunca concluído quando o contrato expirou em setembro de 2013. Naquela época, o projeto estava 45 meses atrasado e US$ 60 milhões acima do orçamento. Os contribuintes da Pensilvânia pagaram à IBM quase US$ 170 milhões pelo que deveria ser um sistema abrangente, integrado e moderno que este produto nunca foi. O contrato da IBM não foi renovado. Em março de 2017, a Pensilvânia processou a IBM por quebra de contrato, representação fraudulenta e negligente e cobrança dos contribuintes por serviços não fornecidos. A IBM alegou que as reivindicações da Pensilvânia não tinham mérito e que iria lutar contra o processo. Um porta-voz da empresa colocou parte da culpa pelos problemas do projeto no estado, dizendo que havia responsabilidade de ambos os lados pelo desempenho do sistema e pela prestação de serviços. Como tudo isso pôde acontecer?

A Fase 1 do UCMS (registros salariais) foi implementada em maio de 2008. A Fase 2, que incluía a parte do sistema de impostos do empregador, foi lançada em março de 2011, mas exigiu trabalho adicional, levando anos para ser corrigida. A Fase 3, para processamento de solicitações de benefícios, pagamento e apelações, continuou a ficar para trás com problemas e, por fim, acabou não sendo lançada.

Em 2012, o DLI contratou o Instituto de Engenharia de *Software* Carnegie Mellon para realizar uma avaliação independente do UCMS. O estudo foi concluído em julho de 2013 e recomendou a continuação do trabalho para correção dos problemas restantes da Fase 2, mas que o trabalho na Fase 3 fosse interrompido. Muitos dos problemas identificados na Fase 3 não puderam ser resolvidos.

O estudo do Carnegie Mellon encontrou muitas falhas no processo de desenvolvimento do sistema. A IBM tinha ampla experiência em sistemas e conhecimento tecnológico, mas sua proposta subestimou o escopo e a complexidade do projeto. O DLI carecia de pessoal e experiência suficientes para supervisão e gestão eficazes do contrato e do projeto. Não houve delegação formal de funções e responsabilidades para gerenciar o projeto. Ninguém no DLI foi responsabilizado. O DLI dependia essencialmente do contratante para se autogerenciar.

O UCMS foi considerado um projeto de *software* de grande escala por causa da sua complexidade, ao grande número de requisitos de informação e regras de negócio e ao seu custo. A solicitação que o DLI fez de propostas de fornecedores para o UCMS tinha ambiguidade na comunicação de todos esses requisitos e também negligenciou a definição e descrição de medidas e métricas de desempenho quantitativas e qualitativas para o sistema proposto.

Um sistema intensivo de *software* de grande escala como o UCMS exige uma estratégia de testes rigorosa e disciplinada, mas isso não foi implementado. A IBM decidiu usar usuários da DLI para ajudar a desenvolver scripts de teste. Eles forneceram a experiência de negócios, mas a IBM, por sua vez, acabou por não usar especialistas em testes de TI. Os testes de aceitação pelo usuário foram iniciados antes da conclusão dos testes do sistema para a Fase 2 e a Fase 3. Testes rigorosos acabaram chegando tarde demais ao projeto. O DLI não especificou um mínimo de métricas para o desempenho do sistema UCMS para que não houvesse critérios identificáveis e evidências para determinar se as versões de aplicativos da Fase 2 e da Fase 3 eram estáveis.

A equipe da DLI aprovou a representação da IBM dos requisitos do sistema de negócios sem entender completamente o que estavam aprovando. O programa de desenvolvimento e teste de *software* da IBM para este projeto carecia de rigor. Isso resultou em um número maior de defeitos de *software* do que as normas do setor, o código de *software* excessivamente complexo (o que torna o teste muito difícil) e a descoberta tardia da ausência de requisitos de negócios.

A grande maioria dos defeitos de *software* eram graves, e 50% não foram descobertos até o teste de aceitação do usuário, muito tardiamente no ciclo de desenvolvimento do sistema. Sem testes minuciosos e completos ao longo do processo de desenvolvimento, não há como saber quantos dos defeitos totais existentes no *software* serão descobertos à medida que o sistema é usado. O Carnegie Mellon também descobriu que a IBM não havia realizado um teste de estresse para determinar os limites de desempenho do sistema UCMS.

O plano de desenvolvimento de *software* da IBM deveria usar padrões e práticas do setor e da empresa, mas não havia disciplina contínua para executar esses padrões e práticas durante o projeto. O DLI aceitou a Fase 2 prematuramente para produção, em março de 2011, com defeitos conhecidos afetando o desempenho do sistema – entre eles, defeitos de *software*, problemas de conversão de dados não resolvidos e problemas com operações de processamento em lote.

Um projeto de tamanha complexidade e magnitude requer um alto grau de continuidade no conhecimento ao longo do ciclo de desenvolvimento do sistema, mas isso nunca foi alcançado. Durante a determinação dos requisitos, o DLI não tinha especialistas suficientes no assunto do usuário para participar de sessões conjuntas de desenvolvimento de aplicações (JAD; veja o Capítulo 13) com membros técnicos da equipe do projeto. Trinta e seis subcontratados da JAD foram removidos prematuramente do projeto, deixando a IBM com um entendimento incompleto dos requisitos de negócios de processamento de pedidos de desemprego. A equipe de projeto e teste do sistema não foi incluída no processo JAD, contrariando as boas práticas de negócios. Incluí-los era essencial para garantir que os requisitos de negócios de UC fossem definidos com detalhes suficientes para serem testáveis. A equipe do DLI frequentemente aprovava documentos de requisitos JAD e documentos de Projeto Detalhado do Sistema sob pressão, com o objetivo de cumprir os prazos curtos de aprovação.

A gestão ineficaz de projetos e as mudanças constantes na força de trabalho da empresa contratada impediram a transferência de conhecimento essencial para todo o projeto, uma "perda de memória do projeto". Desde o início do UCMS, 638 contratados e funcionários diferentes trabalharam no projeto. A maioria da força de trabalho passou menos de um ano no projeto e 75%, menos de 2 anos. Todas essas descontinuidades e rotatividade de funcionários provavelmente contribuíram para os atrasos no cronograma e a incapacidade da IBM de fornecer uma imagem precisa do estado do projeto.

O trabalho no sistema UC da Pensilvânia continuou sem a IBM. Em 2013, a Assembleia da Pensilvânia aprovou a Lei 34, que criou um Fundo de Melhoria da Infraestrutura de Serviços (SIIF) como uma fonte de financiamento suplementar temporária para melhorar os serviços e sistemas de UC. Um total de US$ 178,4 milhões foram autorizados e gastos durante os anos de 2013 a 2016. Mesmo assim, o projeto continuava a apresentar problemas. Eugene A. DePasquale, o auditor geral da Pensilvânia, iniciou uma auditoria em janeiro de 2017 para determinar como os US$ 178 milhões em fundos do SIIF foram gastos. Os auditores descobriram que a DLI não usava métodos contábeis adequados para registrar despesas específicas do SIIF. O DLI combinava fundos administrativos de auxílio-desemprego de todas as fontes, incluindo fundos federais para administração de auxílio-desemprego e juros sobre dinheiro de imposto desse auxílio, bem como despesas do SIIF.

Mesmo assim, notaram-se melhorias e eficiências de 2013 a 2016 nos serviços prestados aos requerentes de UC e na infraestrutura do sistema. Por exemplo, a porcentagem de primeiros pagamentos pagos prontamente aumentou de 81,6% para 93,4%. No entanto, o DLI não conseguiu mostrar exatamente como os gastos do SIIF contribuíram para esses resultados.

Quando o financiamento do SIIF não foi reautorizado e o financiamento suplementar terminou, em dezembro de 2016, o DLI foi forçado a cortar US$ 57,5 milhões de seu orçamento administrativo de UC para 2017. Isso resultou no fechamento imediato de três dos oito centros de serviço de UC do estado em dezembro de 2016 e na eliminação de 521 cargos. O nível de atendimento diminuiu significativamente: os interessados não conseguiam falar pelos telefones e havia atrasos no processamento de reclamações.

Apesar dos contratempos anteriores, o DLI está determinado a concluir a modernização de seu sistema de entrega de benefícios de auxílio-desemprego. Em junho de 2017, o DLI assinou um contrato de US$ 35 milhões com a empresa Geographic Solutions, da Flórida, para criar um sistema que aprimore o atendimento ao cliente, melhore a qualidade, seja operacionalmente mais eficiente e sustentável no futuro. A Geographic Solutions é especializada em projetar, desenvolver e manter sistemas baseados na *web* para os setores de desenvolvimento de força de trabalho e seguro-desemprego e desenvolveu mais de 80 sistemas de força de trabalho para estados e agências locais nos Estados Unidos. A previsão de início dos trabalhos da Geographic Solutions era em 1º de agosto de 2017, com previsão de conclusão de 18 a 24 meses.

Em 2015, o DLI contratou a CSG Government Solutions, empresa com sede em Chicago, por US$ 6,1 milhões para auxiliar no planejamento e monitoramento do projeto. A CSG é especializada em planejar, gerenciar e apoiar projetos complexos que modernizam a tecnologia da informação e os processos de negócios de grandes programas governamentais. A empresa analisou os sistemas e fluxos de trabalho existentes, desenvolveu a estratégia do projeto e o roteiro tecnológico e reuniu os requisitos técnicos e de negócios para elaborar uma RFP (solicitação de proposta). A CSG também estabeleceu um Escritório de Gerenciamento de Projetos de serviço completo para monitorar o progresso do projeto e está fornecendo supervisão técnica, experiência no assunto de UC, controle de requisitos e suporte a testes em toda a modernização do sistema. Assim que o novo sistema tenha sido totalmente implementado, estima-se que a economia de custos com a modernização dos benefícios varie de 5 a 10 por cento dos custos administrativos totais de UC.

O contrato de 2017 do DLI com a Geographic Solutions especificou que o novo sistema de entrega de benefícios deveria entrar em operação até 30 de abril de 2018. Na primavera de 2020, o antigo sistema ainda estava em vigor e continuava incapaz de lidar com os milhões de trabalhadores da Pensilvânia que solicitavam benefícios durante a paralisação provocada pela pandemia de covid-19. Paul Toomey, presidente da Geographic Solutions, disse que o contrato com o DLI era uma estimativa inicial baseada em sistemas semelhantes em outros estados, mas depois de analisar o sistema eles encontraram mais de mil mudanças necessárias na programação. Toomey acrescentou que não houve aumento de custo adicional e que o projeto permaneceu dentro do orçamento e com o cronograma para conclusão em outubro de 2020.

Fontes: Aaron Martin, "Aging PA Unemployment System Overwhelmed by covid-19 Crush of Claims," WPXI.com, 4 de maio de 2020; "UC Management System," uc.pa.gov, acessado em 10 de maio de 2020; www.geographicsolutions.com, acessado em 10 de maio de 2020; www.csgdelivers.com, acessado em 3 de maio de 2020; Jan Murphy, "Take Two: Labor & Industry Tries Again to Modernize Jobless Benefits Computer System," *Penn Live*, 23 de junho de 2017; Commonwealth of Pennsylvania Department of the Auditor General, "Performance Audit Report: Pennsylvania Department of Labor and Industry Service and Infrastructure Improvement Fund (SIIF)," abril de 2017; e Constance Bennett, Nanette Brown, Julie Cohen, Dr. Betsy Clark, Jeff Davenport, Eric Ferguson, John Gross, Michael H. McLendon e Gregory Such, "Independent Assessment of the Commonwealth of Pennsylvania Unemployment Compensation Modernization System Program (UCMS)," Carnegie Mellon University *Software* Engineering Institute, julho de 2013.

PERGUNTAS DO ESTUDO DE CASO

14.13 Avalie a importância do projeto UCMS (Sistema de Modernização do Auxílio-Desemprego) para o estado da Pensilvânia.

14.14 Por que a modernização do seguro-desemprego foi um projeto arriscado na Pensilvânia? Identifique os principais fatores de risco.

14.15 Classifique e descreva os problemas encontrados pelos projetos de UCMS. Que fatores gerenciais, organizacionais e tecnológicos foram responsáveis por esses problemas?

14.16 O que poderia ter sido feito para mitigar os riscos desses projetos?

Referências do Capítulo 14

Ariel Avgar, Prasanna Tambe e Lorin M. Hitt. "Built to Learn: How Work Practices Affect Employee Learning During Healthcare Information Technology Implementation." *MIS Quarterly* 42, Nº 2 (junho de 2018).

Berente, Nicholas, Kalle Lyytinen, Youngjin Yoo e Chris Maurer. "Institutional Logics and Pluralistic Responses to Enterprise System Implementation: A Qualitative Meta- Analysis." *MIS Quarterly* 43 Nº 3 (setembro de 2019).

Bloch, Michael, Sen Blumberg e Jurgen Laartz. "Delivering Large-Scale IT Projects on Time, on Budget, and on Value." *McKinsey Quarterly* (outubro de 2012).

Brock, Jon, Tamim Saleh e Sesh Iyer. "Large-Scale IT Projects: From Nightmare to Value Creation." Boston Consulting Group (20 de maio de 2015).

Browning, Tyson, R. e Ranga V. Ramasesh. "Reducing Unwelcome Surprises in Project Management." *MIT Sloan Management Review* (primavera de 2015).

Chandrasekaran, Sriram, Sauri Gudlavalleti e Sanjay Kaniyar. "Achieving Success in Large Complex Software Projects." *McKinsey Quarterly*(julho de 2014).

Clement, Andrew e Peter Van den Besselaar. "A Retrospective Look at PD Projects." *Communications of the ACM* 36, Nº 4 (junho de 1993).

Davies, Andrew, Mark Dodgson, David M. Gann e Samuel C. MacAulay. "Five Rules for Managing Large Complex Projects." *MIT Sloan Management Review* (outono de 2017).

Dubravka Cecez-Kecmanovic, Karlheinz Kautz e Rebecca Abrahall. "Reframing Success and Failure of Information Systems: A Performative Perspective." *MIS Quarterly* 38, Nº 2 (junho de 2014).

Florentine, Sharon. "More Than Half of IT Projects Are Still Failing." *CIO* (11 de maio de 2016).

Flyvbjerg, Bent e Alexander Budzier. "Why Your IT Project May Be Riskier Than You Think." *Harvard Business Review* (setembro de 2011).

Hu, Paul Jen-Hwa, Han-fen Hu e Xiao Fang. "Examining the Mediating Roles of Cognitive Load and Performance Outcomes in User Satisfaction with a Website: A Field Quasi- Experiment." *MIS Quarterly* 41, Nº 3 (setembro de 2017).

Jeffrey, Mark e Ingmar Leliveld. "Best Practices in IT Portfolio Management." *MIT Sloan Management Review* 45, Nº 3 (primavera de 2004).

Jenkin, Tracy A., Yolande E. Chan e Rajiv Sabherwal. "Mutual Understanding in Information Systems Development: Changes Within and Across Projects." *MIS Quarterly* 43, Nº 2 (junho de 2019).

Karhade, Prasanna, Michael J. Shaw e Ramanath Subramanyam. "Patterns in Information Systems Portfolio Prioritization: Evidence from Decision Tree Induction." *MIS Quarterly* 39, Nº 2 (junho de 2015).

Keen, Peter W. "Information Systems and Organizational Change."*Communications of the ACM* 24 (janeiro de 1981).

Keil, Mark, H. Jeff Smith, Charalambos L. Iacovou e Ronald L. Thompson. "The Pitfalls of Project Status Reporting." *MIT Sloan Management Review* 55, Nº 3 (primavera de 2014).

Kim, Hee Woo e Atreyi Kankanhalli. "Investigating User Resistance to Information Systems Implementation: A Status Quo Bias Perspective." *MIS Quarterly* 33, Nº 3 (setembro de 2009).

Kloppenborg, Timothy J. e Debbie Tesch. "How Executive Sponsors Influence Project Success." *MIT Sloan Management Review* (primavera de 2015).

Kolb, D. A. e A. L. Frohman. "An Organization Development Approach to Consulting." *Sloan Management Review* 12 (outono de 1970).

Lapointe, Liette e Suzanne Rivard. "A Multilevel Model of Resistance to Information Technology Implementation." *MIS Quarterly* 29, Nº 3 (setembro de 2005).

Laudon, Kenneth C. "CIOs Beware: Very Large Scale Systems." Center for Research on Information Systems, New York University Stern School of Business, documento de trabalho (1989).

Laufer, Alexander, Edward J. Hoffman, Jeffrey S. Russell e W. Scott Cameron. "What Successful Project Managers Do." *MIT Sloan Management Review* (primavera de 2015).

Lee, Jong Seok, Mark Keil e Vijay Kasi. "The Effect of an Initial Budget and Schedule Goal on Software Project Escalation." *Journal of Management Information Systems* 29, Nº 1 (verão de 2012).

Maruping, Likoebe M., ViswanathVenkatesh, James Y. L. Thong e Xiaojun Zhang. "A Risk Mitigation Framework for Information Technology Projects: A Cultural Contingency Perspective." *Journal of Management Information Systems* 36, Nº 1 (2019).

McFarlan, F. Warren. "Portfolio Approach to Information Systems." *Harvard Business Review* (September–October 1981).

Miller, T. Christian, Megan Rose, and Robert Faturechi. "Trump Says the U.S. Is Ready for War. Not All His Troops Are So Sure." *New York Times* (January 17, 2020).

Moeini, Mohammad, and Suzanne Rivard. "Responding–or Not– to Information Technology Project Risks: An Integrative Model." *MIS Quarterly* 43, No. 2 (June 2019).

Mumford, Enid, and Mary Weir. *Computer Systems in Work Design: The ETHICS Method.* New York: John Wiley (1979). Polites, Greta L., and Elena Karahanna. "Shackled to the Status Quo: The Inhibiting Effects of Incumbent System Habit, Switching Costs, and Inertia on New System Acceptance." *MIS Quarterly* 36, No. 1 (March 2012). Project Management Institute. *A Guide to the Project Management Body of Knowledge* (6th ed.). Newtown Square, PA: Project Management Institute (2017).

Ramasubbu, Narayan, Anandhi Bharadwaj, and Giri Kumar Tayi. "Software Process Diversity: Conceptualization, Measurement, and Analysis of Impact on Project Performance." *MIS Quarterly* 39, No. 4 (December 2015).

Rivard, Suzanne, and Liette Lapointe. "Information Technology Implementers' Responses to User Resistance: Nature and Effects." *MIS Quarterly* 36, No. 3 (September 2012).

Ryan, Sherry D., David A. Harrison, and Lawrence L. Schkade. "Information Technology Investment Decisions: When Do Cost and Benefits in the Social Subsystem Matter?" *Journal of Management Information Systems* 19, No. 2 (Fall 2002).

Schwalbe, Kathy. *Information Technology Project Management* (9th ed.). Cengage (2019). Shellenbarger, Sue. "Do You Rresist New Tech at the Office?" *Wall Street Journal* (June 10, 2019).

Sykes, Tracy Ann, and Viswanath Venkatesh. "Explaining Post- Implementation Employee System Use and Job Performance: Impacts of the Content and Source of Social Network Ties." *MIS Quarterly* 41, No. 3 (September 2017).

Tornatsky, Louis G., J. D. Eveland, M. G. Boylan, W. A. Hetzner, E. C. Johnson, D. Roitman, and J. Schneider. *The Process of Technological Innovation: Reviewing the Literature.* Washington, DC: National Science Foundation (1983).

Weinnschenk, Carl. "How Project Management Software Increases IT Efficiency." *IT Business Edge* (January 18, 2018).

Yin, Robert K. "Life Histories of Innovations: How New Practices Become Routinized." *Public Administration Review* (January– February 1981).

CAPÍTULO

15 Gerenciamento de sistemas globais

OBJETIVOS DE ESTUDO

Ao concluir este capítulo, você será capaz de responder às seguintes perguntas:

15.1 Quais são os principais fatores impulsionando a internacionalização dos negócios?

15.2 Quais são as estratégias alternativas para o desenvolvimento de negócios globais?

15.3 Quais são os desafios colocados pelos sistemas globais de informação e as soluções de gestão para esses desafios?

15.4 Quais são os problemas e as alternativas técnicas a serem considerados no desenvolvimento de sistemas de informação internacionais?

15.5 Como os sistemas de informação gerenciais ajudarão minha carreira?

CASOS DO CAPÍTULO

Novos sistemas ajudam a Eli Lilly a se tornar uma empresa global

Repensando as cadeias de suprimentos globais

Nacionalismo digital

E-commerce na China: oportunidades e obstáculos

Novos sistemas ajudam a Eli Lilly a se tornar uma empresa global

A Eli Lilly and Company é uma das líderes mundiais na fabricação de produtos farmacêuticos, comercializando esses produtos e os de saúde animal em 120 países. Com sede em Indianápolis, Indiana, a Lilly tem 34 mil funcionários nos Estados Unidos e em 73 outros países, receita (em 2019) de US$ 22,3 bilhões e instalações de fabricação e de pesquisa e desenvolvimento (P&D) em 8 países.

Na condição de empresa global remota, a Lilly tinha dezenas de sistemas de informação locais e regionais diferentes customizados para dar suporte aos processos de negócios locais, mas eles eram muito difíceis de coordenar. Imagine as redundâncias e ineficiências de dados quando 40 controladores locais diferentes executavam o processo de encerramento financeiro no final do mês em 40 sistemas diferentes com diferentes padrões de dados!

Para gerenciar a empresa como uma organização global e reduzir custos, a Lilly mudou para um modelo de serviços compartilhados em que os processos comuns são centralizados em nível regional ou totalmente terceirizados. A empresa estabeleceu quatro centros regionais de serviços compartilhados: em Indiana, na Irlanda, no México e na Malásia. O modelo de serviço compartilhado ajuda a eliminar redundâncias e reduzir custos, afastando os processos de negócios das unidades locais e regionalizando-os nos centros de serviços compartilhados.

Os sistemas usados pela empresa precisavam ser aposentados e substituídos por uma plataforma de TI comum - neste caso, um único sistema ERP para toda a empresa. A partir de 2010, a Lilly começou a distribuir uma única instância global do SAP para todos os seus locais. Hoje, praticamente todos os negócios globais da Lilly são executados no SAP ERP e em 17 outras soluções de *software* SAP, incluindo sistemas para governança, gerenciamento de risco e conformidade (GRC).

De especial importância foi a adoção, em 2013, por parte da Lilly, do SAP GRC Process Control para automação de processos. Anteriormente, o grupo de controle financeiro da empresa tentava gerenciar a estrutura de controle regionalmente. Para isso, usava planilhas individuais que identificavam controles para diferentes locais. A matriz de controle mestre da empresa era uma grande pasta de trabalho que incorporava dados de planilhas individuais com codificação de cores para gerenciar as alterações no arquivo. Era frustrante e demorado identificar quais controles estavam em vigor a qualquer momento em toda a organização global da Lilly.

© Rawpixel/123RF

O SAP GRC Process Controls é uma ferramenta que fornece organizações com uma visão contínua de suas principais atividades de conformidade em todos os processos de negócios, como conformidade com Sarbanes-Oxley (SOX), segregação de funções (SoD) e controles operacionais para gestão do negócio. (A SOX controla a precisão e a segurança dos dados informados nas demonstrações financeiras, e a SoD designa mais de um indivíduo para realizar uma única tarefa, com o objetivo de evitar fraudes e erros.) O SAP GRC Process Control serve como um repositório central para armazenar dados de uma matriz de controle global para toda a empresa. Também melhora o gerenciamento desses controles com monitoramento automatizado. A ferramenta GRC Process Control pode emitir alertas quando os controles precisam ser testados, armazenar a documentação de teste e a aprovação, criar e delegar planos de correção e manter uma trilha de auditoria de alterações nos controles. Ao padronizar e simplificar a execução de seus controles de processo e regras de negócios em toda a empresa, a Eli Lilly tornou-se ainda mais eficiente e eficaz como empresa global.

Fontes: "Eli Lilly and Company Continues Its Global Standardization and Automation Initiative with a Rollout of SAP Process Control", e "SAP Process Control", sap.com, acessado em 15 de maio de 2020; www.lilly.com, acessado em 15 de maio de 2020; e Dave Hannon, "Lilly Brings Process Consistency to a Diversified Global Organization," *SAP Insider Profiles*, 1º de abril de 2011.

Os esforços da Lilly para criar sistemas de relatórios globais e um modelo regional de serviços compartilhados ressaltam algumas das questões que as organizações verdadeiramente globais precisam considerar, se quiserem operar em todo o mundo. Como muitas grandes multinacionais, a Eli Lilly tem várias unidades operacionais em muitos países diferentes. Essas unidades tinham seus próprios sistemas, processos de negócios e padrões de relatórios. Por conta disso, a Eli Lilly não conseguia coordenar com eficácia as operações globais ou gerenciar seus controles de relatórios financeiros em vários países e regiões. A administração não era capaz de ver como a Lilly estava atendendo aos padrões de governança, risco e conformidade

O diagrama de abertura do capítulo chama a atenção para pontos importantes levantados por este caso e este capítulo. Para resolver seus desafios globais de gerenciamento e de negócios, a Eli Lilly mudou para um modelo de serviços compartilhados, além de padronizar e simplificar seus processos de negócios em nível global. A empresa implementou uma única instância do *software* SAP ERP em todo o mundo. A Lilly também implementou o SAP GRC Process Control, com o objetivo de criar uma estrutura global para governança, gerenciamento de risco e conformidade (GRC). Os sistemas globais da Eli Lilly fornecem à empresa informações de toda a organização sobre as suas operações e o desempenho financeiro, de modo que a empresa possa ser mais facilmente gerenciada e coordenada de uma perspectiva global.

Aqui temos algumas questões sobre as quais refletir: Como a tecnologia da informação melhorou as operações e a tomada de decisões gerenciais na Eli Lilly? Como os novos sistemas de ERP e o Process Control ajudaram a Lilly a se tornar uma organização mais global?

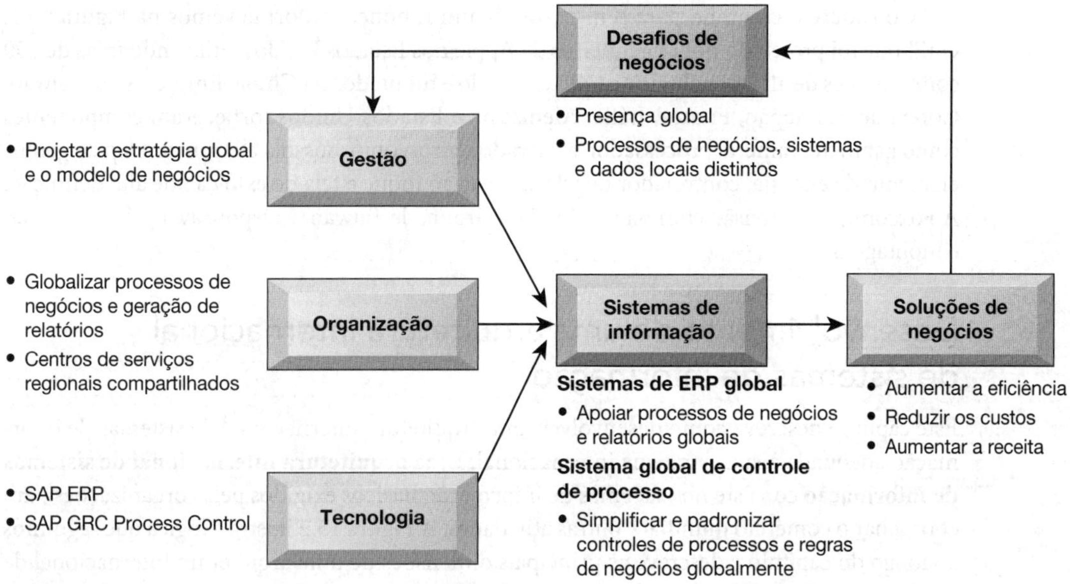

15.1 Quais são os principais fatores impulsionando a internacionalização dos negócios?

Nos capítulos anteriores, descrevemos o surgimento de um sistema econômico global e uma ordem mundial global orientados por redes e sistemas de informação avançados. A nova ordem mundial está varrendo muitas corporações, indústrias e economias nacionais controladas por políticos domésticos. As empresas locais estão sendo substituídas por ágeis corporações em rede que transcendem as fronteiras nacionais. O crescimento do comércio internacional alterou radicalmente as economias domésticas em todo o mundo.

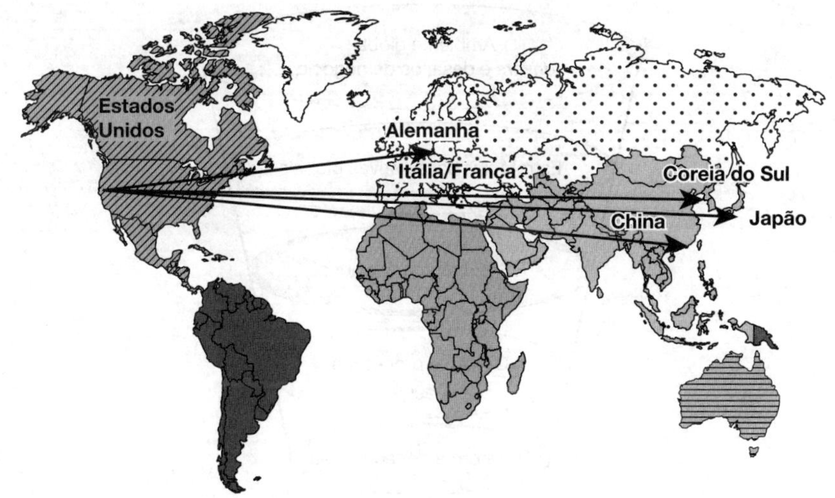

FIGURA 15.1 Cadeia de suprimento global do iPhone da Apple.

A Apple projeta o iPhone nos Estados Unidos e conta tanto com fornecedores nacionais para as demais peças, quanto de países como Alemanha, Itália, França, Japão e Coreia do Sul. Grande parte da montagem final ocorre na China.

Considere o caminho para o mercado de um iPhone, conforme vemos na Figura 15.1. O iPhone foi projetado por engenheiros da Apple nos Estados Unidos, utilizando mais de 200 componentes de alta tecnologia de todo o mundo e montados na China. Empresas em Taiwan, Coreia do Sul, Japão, França, Itália, Alemanha e Estados Unidos forneceram componentes como gabinete, câmera, processador, acelerador, giroscópio, bússola eletrônica, *chip* de gerenciamento de energia, controlador de tela sensível ao toque e tela de exibição de alta definição. A Foxconn, uma divisão chinesa do Hon Hai Group, de Taiwan, é responsável pela fabricação e montagem.

Desenvolvimento de uma arquitetura internacional de sistemas de informação

Este capítulo descreve como desenvolver uma arquitetura internacional de sistemas de informação adequada à sua estratégia internacional. Uma **arquitetura internacional de sistemas de informação** consiste nos sistemas de informação básicos exigidos pelas organizações para coordenar o comércio mundial e outras atividades. A Figura 15.2 ilustra a lógica que seguimos ao longo do capítulo e descreve as principais dimensões de uma arquitetura internacional de sistemas de informação.

A estratégia básica a ser seguida ao desenvolver um sistema internacional é entender o ambiente global em que sua empresa está operando. Isso significa compreender as forças gerais do mercado, ou *drivers* de negócios, que estão impulsionando seu setor para a concorrência global. Um ***driver* de negócios** é uma força no ambiente à qual as empresas devem responder e que influencia a direção do negócio. Da mesma forma, examine cuidadosamente os inibidores ou fatores negativos que criam *desafios de gestão* – fatores que podem atrapalhar o desenvolvimento de um negócio global. Depois de examinar o ambiente global, você precisará considerar uma estratégia corporativa para competir nesse ambiente. Como sua empresa reagirá? Você pode ignorar o mercado global e se concentrar apenas na concorrência doméstica,

FIGURA 15.2 Arquitetura internacional de sistemas de informação.
As principais dimensões para o desenvolvimento de uma arquitetura internacional de sistemas de informação são o ambiente global, as estratégias corporativas globais, a estrutura da organização, os processos de gestão e negócios e a plataforma tecnológica.

vender para o mundo a partir de uma base doméstica ou organizar a produção e a distribuição em todo o mundo. Há muitas opções intermediárias.

Depois de desenvolver uma estratégia, é hora de considerar como estruturar sua organização para que ela possa segui-la. Como você realizará uma divisão do trabalho em um ambiente global? Onde estarão localizadas as funções de produção, administração, contabilidade, *marketing* e recursos humanos? Quem irá lidar com a função dos sistemas?

Em seguida, você deve considerar as questões de gestão ao implementar sua estratégia e iniciar o desenvolvimento da organização. A chave aqui será o projeto dos processos de negócios. Como você pode descobrir e gerenciar os requisitos do usuário? Como você pode induzir mudanças nas unidades locais para se adequarem aos requisitos internacionais? Como você pode fazer a reengenharia em escala global e como coordenar o desenvolvimento de sistemas?

A última questão a considerar é a plataforma tecnológica. Apesar de a mudança da tecnologia ser um fator-chave que conduz aos mercados globais, você precisa ter estratégia e estrutura corporativa antes de escolher racionalmente a tecnologia certa.

Depois de concluir o processo de raciocínio, você estará no caminho certo para um portfólio de sistemas de informação internacional adequado, capaz de atingir seus objetivos corporativos. Vamos começar olhando para o ambiente global geral.

O ambiente global: *drivers* e desafios de negócios

A Tabela 15.1 lista os *drivers* de negócios no ambiente global que estão levando todas as indústrias em direção aos mercados e à concorrência globais.

Os *drivers* de negócios globais podem ser divididos em dois grupos: fatores culturais gerais e fatores de negócios específicos. Fatores culturais gerais facilmente reconhecidos impulsionaram a internacionalização desde a Segunda Guerra Mundial. As tecnologias de informação, comunicação e transporte criaram uma *aldeia global* em que a comunicação (por telefone, televisão, rádio ou rede de computadores) ao redor do mundo não é mais difícil do que a comunicação entre sua vizinhança. O custo de movimentação de bens e serviços de e para locais geograficamente dispersos caiu drasticamente.

O desenvolvimento das comunicações globais criou uma aldeia global em um segundo sentido: uma **cultura global** criada pela televisão, pela internet e por outras mídias compartilhadas globalmente, como os filmes, agora permite que diferentes culturas e pessoas desenvolvam expectativas comuns sobre o certo e o errado, o desejável e o indesejável, o heroico e o covarde.

Um último fator a ser considerado é o crescimento de uma base de conhecimento global. Ao final da Segunda Guerra Mundial, conhecimento, educação, ciência e habilidades industriais estavam altamente concentrados na América do Norte, na Europa Ocidental e no Japão, com o resto do mundo eufemisticamente chamado de Terceiro Mundo. Isso não é mais

TABELA 15.1 O ambiente global: *drivers* e desafios de negócios

FATORES CULTURAIS GERAIS	FATORES DE NEGÓCIOS ESPECÍFICOS
Tecnologias globais de comunicação e transporte	Mercados globais
Desenvolvimento da cultura global	Produção e operações globais
Surgimento de normas sociais globais	Coordenação global
Estabilidade política	Força de trabalho global
Base de conhecimento global	Economias de escala globais

verdade. América Latina, China, sul da Ásia e Europa Oriental desenvolveram poderosos centros educacionais, industriais e científicos, resultando em uma base de conhecimento muito mais democrática e amplamente dispersa.

Esses fatores culturais gerais que levam à internacionalização resultam em fatores específicos de globalização de negócios que afetam a maioria dos setores. O crescimento de tecnologias de comunicação poderosas e o surgimento de culturas mundiais lançam as bases para *mercados globais* – ou seja, consumidores globais interessados em produtos similares cuja aprovação cultural foi obtida. Coca-Cola, tênis estadunidenses de diferentes marcas (fabricados na Coreia, mas projetados em Los Angeles) e programação da Cable News Network (CNN) agora podem ser vendidos na América Latina, na África e na Ásia.

Respondendo a essa demanda, a produção e as operações globais surgiram com uma coordenação *on-line* precisa entre instalações de produção e a sede central separadas por milhares de quilômetros de distância. Na Maersk, uma grande empresa de transporte global com sede em Copenhague, na Dinamarca, os gerentes de transporte da cidade e de outros locais podem acompanhar *on-line* o carregamento de navios em Roterdã, verificar carga de lastro e rastrear pacotes para locais específicos do navio em plena atividade. Tudo isso é possibilitado por meio de uma conexão de satélite internacional.

Os novos mercados globais e a pressão em direção a produção e operação globais exigiram capacidades totalmente novas para a coordenação global. Produção, contabilidade, *marketing* e vendas, recursos humanos e desenvolvimento de sistemas (todas as principais funções de negócios) podem ser coordenados em escala global.

A Frito-Lay, por exemplo, consegue desenvolver um sistema de automação da força de vendas de *marketing* nos Estados Unidos e, depois disso, experimentar as mesmas técnicas e tecnologias na Espanha. Micromarketing – um tipo de *marketing* para unidades geográficas e sociais muito pequenas – não significa apenas *marketing* para vizinhanças nos Estados Unidos, mas para bairros em todo o mundo! *Marketing* baseado na internet significa *marketing* para indivíduos e redes sociais ao redor do mundo. Esses novos níveis de coordenação global permitem, pela primeira vez na história, a localização da atividade empresarial de acordo com a vantagem comparativa. O *design* deve se inserir onde é mais bem realizado, assim como *marketing*, produção e finanças.

Finalmente, mercados globais, produção e administração criam condições para economias de escala globais poderosas e sustentadas. A produção impulsionada pela demanda global pode ser concentrada onde será melhor realizada, os recursos fixos podem ser alocados em séries de produção maiores e as séries de produção em fábricas maiores podem ser programadas com mais eficiência e estimativas precisas. Fatores de produção de baixo custo podem ser explorados onde quer que surjam. O resultado é uma poderosa vantagem estratégica para as empresas que conseguem se organizar em nível global. Esses *drivers* de negócios gerais e específicos ampliaram muito os negócios e o comércio mundiais, embora a pandemia de covid-19 tenha chamado a atenção para a dependência das cadeias de suprimentos globais em que o fornecimento está concentrado em um único país ou fornecedor. (Veja a Sessão Interativa sobre Gestão.)

Nem todos os setores são igualmente afetados por essas tendências. Claramente, a manufatura foi muito mais afetada do que os serviços que ainda tendem a ser domésticos e altamente ineficientes. No entanto, o localismo dos serviços está se desfazendo quando o assunto envolve telecomunicações, entretenimento, transporte, finanças, direito e negócios em geral. Claramente, as empresas que conseguem entender a internacionalização de seu próprio setor e responder adequadamente a isso estão posicionadas para colher ganhos substanciais de produtividade.

SESSÃO INTERATIVA GESTÃO

Repensando as cadeias de suprimentos globais

Nos últimos anos, a teoria de gestão da cadeia de suprimentos enfatizou a otimização de custos criando cadeias de suprimentos globais e confiando em um ou dois fornecedores-chave para determinado produto ou componente, mesmo que estejam localizados em um país distante. As cadeias de suprimentos tornaram-se cada vez mais globais, e essa globalização tornou possível para fabricantes de equipamentos originais (OEMs) e fornecedores de nível 1 na cadeia de suprimentos automotiva, por exemplo, atingir metas de custo agressivas, mantendo baixo o preço de veículos novos. Custos de transporte mais baixos, barreiras comerciais em queda, o crescimento da subcontratação e o uso da internet como ferramenta de comunicação global de baixo custo permitiram que muitas empresas migrassem para um modelo global de *sourcing*. Mas essa sabedoria predominante agora está sendo desafiada.

A pandemia de covid-19, um imprevisto "cisne negro" de magnitude sem precedentes, fechou grande parte da economia mundial, interrompendo as cadeias de suprimentos em todo o mundo. Nos últimos anos, a China tornou-se um importante fornecedor mundial para as indústrias farmacêutica, eletrônica, metalúrgica e automobilística, bem como de uma vasta gama de produtos de consumo e industriais, incluindo aventais cirúrgicos, máscaras e outros equipamentos de proteção individual. Quando o país fechou suas fábricas e interrompeu viagens domésticas e internacionais para impedir a propagação do vírus, empresas de outros países também tiveram que fechar ou atrasar a produção e as entregas. Como o coronavírus fechou as fronteiras em todo o mundo, a China supostamente atendeu apenas à sua demanda interna de máscaras em detrimento dos países que importam máscaras chinesas, como os Estados Unidos. As cadeias de suprimentos também foram interrompidas à medida que países individuais encerraram a produção, o transporte e as vendas no varejo para bloquear a propagação de infecções por coronavírus.

A subcontratação tornou-se mais comum, impulsionada pela maior sofisticação dos componentes, pelos processos de fabricação que exigem especialistas e pelo desejo, por parte dos produtores, de ter uma capacidade mais flexível, que pode ser acionada ou desligada sob demanda. O resultado são cadeias de suprimentos com camadas mais profundas. Os fornecedores recorrem a seus próprios fornecedores, que, por sua vez, recorrem às suas próprias redes de fornecedores em vários estágios de redes de produção. Está se tornando mais comum ter quatro ou mais níveis de fornecedores. Este nível de complexidade torna muito difícil para as empresas terem visibilidade de quem são, de fato, todos os seus fornecedores. Sem esse conhecimento, muitas empresas são pegas de surpresa quando ocorrem grandes interrupções.

Na última década, houve outros eventos "cisne negro", incluindo a guerra comercial EUA-China e o terremoto e o tsunami no leste do Japão em 2011. Algumas empresas reagiram estabelecendo fontes alternativas para suas cadeias de suprimentos. Mas muitos se recusaram a mudar, acreditando que seria quase impossível substituir os principais fornecedores chineses. Ninguém percebeu o que aconteceria quando a segunda maior economia do mundo sofresse uma interrupção completa. A pandemia de covid-19 deve ser um alerta.

O que as empresas podem fazer agora para mitigar os riscos para a cadeia de suprimentos? Em primeiro lugar, elas devem eliminar sua dependência de um único fornecedor, região ou país. Devem desenvolver fontes alternativas de abastecimento e aumentar seus estoques de segurança. Esses movimentos aumentarão os custos, mas também tornarão as cadeias de suprimentos mais resilientes. No entanto, a disponibilidade de suprimentos pode depender dos recursos exclusivos de um fornecedor ou da localização de recursos específicos. Se uma empresa puder localizar e trabalhar facilmente com um fornecedor alternativo, pode ser capaz de sobreviver com menos estoque de segurança. As empresas com processos de fabricação complexos que precisam de certificação precisarão de mais estoque. Por exemplo, a Novo Nordisk, que fabrica metade do suprimento mundial de insulina em suas instalações em Kalundborg, na Dinamarca, mantém uma reserva de cinco anos, porque a insulina é um medicamento essencial para o diabetes.

Em segundo lugar, as empresas devem considerar mais regionalização da produção e até localização de fornecedores, se viável. Quando a Toyota foi pioneira na manufatura enxuta no Japão na década de 1970, seus fornecedores estavam localizados nas proximidades. A Toyota continua a praticar a localização mais do que muitos de seus concorrentes. Mais de 350 fornecedores da fábrica da Toyota em Georgetown, Kentucky, estão localizados nos Estados Unidos, com mais de 100 no próprio estado do Kentucky. A Coca-Cola estava bem posicionada para resistir a interrupções na cadeia de suprimentos causadas pela pandemia porque sua produção é localizada. As bebidas vendidas nos Estados Unidos são produzidas lá. As vendidas na Alemanha são feitas na Alemanha. As bebidas vendidas no Quênia são fabricadas no Quênia. Infelizmente, muitas empresas optaram por adotar métodos de manufatura enxuta e *just-in-time* que abrangem redes globais, com foco no preço e não na diversidade de fornecedores. A pandemia de coronavírus expôs a vulnerabilidade dessa abordagem.

Em terceiro lugar, as empresas devem considerar a redução do número de produtos que fabricam. A Kimberly-Clark, que fabrica papel higiênico Cottonelle, fraldas

Huggies e outros itens domésticos, viu um aumento nas vendas no primeiro trimestre de 2020, à medida que os consumidores compravam mais itens básicos para armazenar enquanto ficavam em casa. A empresa decidiu limitar o número de produtos que fabrica. Ao fazer uma gama menor de produtos, poderia aliviar a pressão sobre as fábricas que tiveram de aumentar a produção para atender a esse novo nível de demanda.

Todas essas medidas exigem uma nova mentalidade que reconhece que parte do lucro terá de ser sacrificada em troca da segurança do abastecimento e que as cadeias de suprimentos devem ser concebidas com maior consciência dos riscos.

Fontes: Micah Maidenberg, "Fewer Products, Localized Production- Companies Seek Supply-Chain Solutions", *Wall Street Journal*, 26 de abril de 2020; Willy Shih, "Is It Time to Rethink Global Supply Chains?" *MIT Sloan Management Review*, 19 de março de 2020; "Battered and Bruised, Supply Chains Shift to Recover-and-Survive Mode," *Bloomberg*, 29 de abril de 2020; e Rakesh Sharma, "Automotive Procurement: Time to Rethink Supplier Consolidation?" *Supply Chain Brain*, 15 de maio de 2020.

PERGUNTAS DO ESTUDO DE CASO

1. Que fatores contribuíram para o crescimento das cadeias de suprimentos globais?
2. Quais são as vantagens e desvantagens das cadeias de suprimentos globais?
3. Quais medidas as empresas podem tomar a fim de mitigar o risco para as cadeias de suprimentos?
4. As empresas devem continuar a manter cadeias de suprimentos globais? Justifique sua resposta.

Desafios de negócios

Embora sejam significativas as possibilidades da globalização para o sucesso dos negócios, forças fundamentais estão operando para inibir uma economia global e causar problemas para os negócios internacionais. A Tabela 15.2 lista os desafios mais comuns e poderosos para o desenvolvimento de sistemas globais.

No nível cultural, o **particularismo**, fazendo julgamentos e agindo com base em características estreitas ou pessoais, em todas as suas formas (religiosa, nacionalista, étnica, regionalismo, posição geopolítica), rejeita o próprio conceito de uma cultura global compartilhada e a penetração de mercados domésticos por bens e serviços estrangeiros. As diferenças entre as culturas produzem diferenças nas expectativas sociais, na política e, em última análise, nas regras legais. Em certos países, como os Estados Unidos, os consumidores esperam que os produtos de marca nacional sejam fabricados no país. Eles acabam desapontados ao saber que muito do que pensavam ser produzido no país é, na verdade, fabricado no exterior.

Diferentes culturas produzem regimes políticos diferentes. Entre os diversos países do mundo há diferentes leis que regem o movimento de informações, a privacidade das informações de seus cidadãos, as origens de *software* e *hardware* em sistemas e as telecomunicações de rádio e satélite. Mesmo o horário comercial e os termos do comércio variam muito entre as culturas políticas. Esses diferentes regimes legais complicam a atuação dos negócios globais e devem ser considerados no desenvolvimento de sistemas globais.

TABELA 15.2 Desafios e obstáculos aos sistemas de negócios globais

GLOBAL	ESPECÍFICO
Particularismo cultural: regionalismo, nacionalismo, diferenças linguísticas	Padrões: diferente intercâmbio eletrônico de dados (EDI, do inglês *Electronic Data Interchange*) e padrões de *e-mail* e de telecomunicações
Expectativas sociais: expectativas da marca, horas de trabalho	Confiabilidade: redes telefônicas não confiáveis de forma uniforme
Leis políticas: leis transfronteiriças de dados e de privacidade, regulamentos comerciais	Velocidade: diferentes velocidades de transferência de dados, muitas mais lentas que nos Estados Unidos
	Pessoal: falta de consultores qualificados

Por exemplo, os países europeus têm leis diferentes dos Estados Unidos sobre o fluxo de dados e a privacidade. **Fluxo de dados transfronteiriço** é definido como o movimento de informação através das fronteiras internacionais em qualquer formato. Em 1998, a União Europeia adotou uma Diretiva de Proteção de Dados que ampliou e padronizou a proteção de privacidade nos países do bloco, permitindo a transferência de dados pessoais para sistemas localizados nos Estados Unidos e em outras nações onde esses sistemas atendessem aos padrões de privacidade europeus. O Regulamento Geral de Proteção de Dados (GDPR), que entrou em vigor em maio de 2018, fornece proteção adicional de privacidade para cidadãos europeus e se aplica a todos os dados produzidos por cidadãos da União Europeia, independentemente de a empresa que coleta os dados em questão estar localizada ou não na região, bem como todas as pessoas cujos dados estão armazenados na União Europeia, sejam ou não cidadãos europeus. (Reveja a discussão sobre o GDPR no Capítulo 4.)

Diferenças culturais e políticas afetam profundamente os processos de negócios e as aplicações da tecnologia da informação nas organizações. Uma série de barreiras específicas surgem das diferenças culturais gerais, desde a confiabilidade desigual de redes telefônicas até a escassez de consultores qualificados.

Leis e tradições nacionais criaram práticas contábeis díspares em vários países, o que afeta a forma como os lucros e as perdas são analisados. As empresas alemãs geralmente não reconhecem o lucro de um empreendimento até que o projeto esteja completamente concluído e elas tenham sido pagas. Por outro lado, as empresas britânicas começam a divulgar os lucros antes da conclusão de um projeto, quando estão razoavelmente certas de que receberão o dinheiro.

Essas práticas contábeis estão intimamente interligadas com as normas legais, a filosofia de negócios e o código tributário de cada país. As empresas britânicas, estadunidenses e holandesas compartilham uma perspectiva predominantemente anglo-saxônica que separa os cálculos de impostos dos relatórios aos acionistas, com o intuito de mostrar a rapidez com que os lucros estão crescendo. As práticas contábeis da Europa continental são menos orientadas para impressionar os investidores, concentrando-se em demonstrar o cumprimento de regras rígidas e minimizar as obrigações fiscais. Essas práticas contábeis divergentes dificultam que grandes empresas internacionais com unidades em diferentes países avaliem o desempenho que estão tendo.

O idioma continua a ser uma barreira significativa. Embora o inglês tenha se tornado um tipo de idioma padrão de negócios, essa observação vale mais nos níveis superiores das empresas e não nos escalões médios e inferiores. O *software* pode ter que ser desenvolvido com interfaces de idioma local antes que um novo sistema de informação possa ser implementado com sucesso.

As flutuações de câmbio podem causar estragos nos modelos de planejamento e nas projeções. Um produto que parece lucrativo no México ou no Japão pode, na verdade, produzir uma perda por conta de mudanças nas taxas de câmbio.

Esses fatores inibidores devem ser levados em consideração quando você estiver projetando e construindo sistemas internacionais para a sua empresa. As empresas que tentam implementar sistemas que abrangem as fronteiras nacionais geralmente subestimam o tempo, as despesas e as dificuldades logísticas de fazer com que mercadorias e informações fluam livremente entre diferentes países.

Tecnologia de ponta

Alguém poderia pensar, dadas as oportunidades para obter vantagens competitivas como delineadas anteriormente e o interesse em aplicações futuras, que a maioria das empresas internacionais desenvolveu racionalmente maravilhosas arquiteturas de sistemas internacionais. Nada poderia estar mais longe da verdade. A maioria das empresas tem sistemas internacionais obtidos a partir de fragmentos herdados do passado distante, muitas vezes baseados em conceitos desatualizados de processamento de informações, com relatórios de divisões estrangeiras independentes para matrizes corporativas, entrada manual de dados de um sistema legado para outro e pouco controle e comunicação realizados *on-line*. As corporações nessa situação enfrentam cada vez mais desafios poderosos e competitivos no mercado de empresas que projetaram de forma racional sistemas verdadeiramente internacionais. E outras empresas desenvolveram recentemente plataformas tecnológicas para sistemas internacionais, mas não têm para onde ir porque carecem de estratégia global.

Como se vê, há dificuldades significativas no desenvolvimento de arquiteturas internacionais. As dificuldades envolvem planejar um sistema adequado à estratégia global da empresa, estruturar a organização de sistemas e as unidades de negócios, resolver problemas de implementação e escolher a plataforma técnica adequada. Vamos examinar esses problemas com mais detalhes.

15.2 Quais são as estratégias alternativas para o desenvolvimento de negócios globais?

Três questões organizacionais desafiam as corporações que buscam uma posição global: escolher uma estratégia, organizar o negócio e organizar a área de gestão de sistemas. As duas primeiras estão intimamente ligadas, por isso as examinaremos em conjunto.

Estratégias globais e organização empresarial

Quatro principais estratégias globais formam a base para a estrutura organizacional das empresas globais. São elas: exportador doméstico, multinacional, franqueador e transnacional. Para cada uma dessas estratégias há uma estrutura organizacional de negócios específica (veja a Tabela 15.3). Para simplificar, descrevemos três tipos de estrutura organizacional ou governança: centralizada (no país de origem), descentralizada (para unidades estrangeiras locais) e coordenada (todas as unidades participam em igualdade de condições). Outros tipos de padrões de governança podem ser observados em empresas específicas (por exemplo, domínio autoritário de uma unidade, uma confederação de iguais, uma estrutura federalizada equilibrando o poder entre unidades estratégicas e assim por diante).

A estratégia de **exportador doméstico** é caracterizada pela forte centralização das atividades corporativas no país de origem. Quase todas as empresas internacionais começam assim, e algumas passam para outras formas. Produção, finanças/contabilidade, vendas/*marketing*, recursos humanos e gestão estratégica estão organizados de modo a otimizar os recursos no país de origem. Algumas vezes, as vendas internacionais estão espalhadas, utilizando acordos entre agentes locais ou subsidiárias, mas o mercado internacional continua totalmente dependente da matriz para as questões de *marketing* e estratégia. A Caterpillar Corporation e outros produtores de bens de capital pesado estão nessa categoria.

TABELA 15.3 Estratégia e estrutura de negócios globais

FUNÇÃO DE NEGÓCIOS	EXPORTADOR DOMÉSTICO	MULTINACIONAL	FRANQUEADOR	TRANSNACIONAL
Produção	Centralizado	Disperso	Coordenado	Coordenado
Finanças e contabilidade	Centralizado	Centralizado	Centralizado	Coordenado
Vendas e *marketing*	Combinado	Disperso	Coordenado	Coordenado
Recursos humanos	Centralizado	Centralizado	Coordenado	Coordenado
Gestão estratégica	Centralizado	Centralizado	Centralizado	Coordenado

A estratégia **multinacional** concentra a gerência e o controle financeiro fora de uma matriz e descentraliza as operações de produção, vendas e *marketing* para unidades em outros países. Os produtos e serviços à venda em diferentes países são adaptados para atenderem às condições locais de mercado. A organização se torna uma confederação dispersa de instalações de *marketing* e produção em diferentes países. Encaixam-se nessa categoria muitas empresas de serviços financeiros, bem como outros produtores - a exemplo da General Motors e da Intel Corporation

Franqueadores são uma mistura interessante do antigo e do novo. Por um lado, o produto é criado, projetado, financiado e inicialmente produzido no país de origem, mas, por razões específicas do próprio produto, confiam as futuras produções, o *marketing* e os recursos humanos a pessoal estrangeiro. Franquias no setor alimentício, como McDonald's e KFC, pertencem a essa categoria. O McDonald's criou um novo tipo de cadeia de *fast-food* nos Estados Unidos e continua a buscar nesse país a inspiração para novos produtos, gerência estratégica e financiamento. No entanto, como o produto deve ser produzido localmente - e é perecível -, são necessárias ampla coordenação e dispersão da produção, comercialização local e recrutamento local de pessoal.

Geralmente, franquias estrangeiras são clones das unidades do país da matriz, mas uma produção mundial totalmente coordenada que poderia otimizar fatores de produção não é possível. Por exemplo, as batatas e a carne bovina geralmente não podem ser compradas onde são mais baratas nos mercados mundiais, mas devem ser produzidas até uma distância razoável da área de consumo.

As transnacionais são empresas apátridas e administradas globalmente de fato. Empresas transnacionais não possuem uma única matriz, mas muitas matrizes regionais e, às vezes, mundiais. Em uma estratégia **transnacional**, quase todas as atividades agregadoras de valor são gerenciadas sob uma perspectiva global, sem referências a fronteiras nacionais, otimizando as fontes de oferta e demanda onde quer que apareçam e aproveitando as vantagens competitivas locais. As empresas transnacionais têm o planeta, não o país de origem, como seu quadro de referência de gestão. A governança dessas empresas tem sido comparada a uma estrutura federal na qual há um núcleo de gerenciamento forte e central de tomada de decisões, mas uma considerável dispersão de poder e força financeira em todas as divisões globais. Poucas empresas alcançaram verdadeiramente o *status* de transnacionais.

A tecnologia da informação e as melhorias nas telecomunicações ao redor do mundo estão dando às empresas internacionais mais flexibilidade para moldar suas estratégias globais. O protecionismo e a necessidade de atender melhor os mercados locais incentivam as empresas a espalhar suas instalações de produção e, ao menos, se tornarem multinacionais. Ao mesmo tempo, o esforço para alcançar economias de escala e tirar proveito de vantagens locais de curto prazo faz com que as transnacionais adotem uma perspectiva de gestão global e tentem obter uma concentração de poder e autoridade. Assim, existem forças de descentralização e dispersão, bem como forças de centralização e coordenação global.

Sistemas globais para se adequar à estratégia

A tecnologia da informação e as melhorias nas telecomunicações globais estão dando às empresas internacionais mais flexibilidade para delinear suas estratégias globais. A configuração, a gestão e o desenvolvimento de sistemas tendem a seguir a estratégia global escolhida. A Figura 15.3 mostra os arranjos mais comuns. Por sistemas entendemos a gama completa de atividades envolvidas na construção e na operação de sistemas de informação: concepção e alinhamento com o plano estratégico de negócios, desenvolvimento de sistemas e operação e manutenção contínuas. Por uma questão de simplicidade, consideramos quatro tipos de configuração: *sistemas centralizados*, aqueles em que o desenvolvimento e a operação de sistemas ocorrem totalmente na matriz; *sistemas duplicados*, aqueles em que o desenvolvimento ocorre

CONFIGURAÇÃO DO SISTEMA	Estratégia			
	Exportador doméstico	Multinacional	Franqueador	Transnacional
Centralizado	X			
Duplicado			X	
Descentralizado	x	X	x	
Em rede		x		X

FIGURA 15.3 Estratégia global e configurações de sistemas.

Os Xs grandes mostram os padrões dominantes, e os pequenos mostram os padrões emergentes. Por exemplo, os exportadores domésticos dependem predominantemente de sistemas centralizados, mas existe pouco de desenvolvimento de sistemas descentralizados nas regiões de comercialização locais.

na matriz, mas as operações são distribuídas pelas unidades autônomas em locais estrangeiros; *sistemas descentralizados*, aqueles em que cada unidade estrangeira projeta suas próprias soluções e sistemas exclusivos; e *sistemas em rede*, aqueles em que o desenvolvimento e as operações ocorrem de forma integrada e coordenada em todas as unidades.

Como podemos observar na Figura 15.3, os exportadores domésticos tendem a utilizar sistemas fortemente centralizados, nos quais uma única equipe desenvolve aplicações em todo o mundo. As multinacionais oferecem um contraste direto e marcante: nesse caso, as unidades estrangeiras desenvolvem suas próprias soluções de sistemas com base nas necessidades locais com poucas ou nenhuma aplicação em comum com a matriz (as exceções são relatórios financeiros e algumas aplicações de telecomunicações). Os franqueadores têm a mais simples dentre as estruturas de sistemas: assim como os produtos que vendem, eles desenvolvem um único sistema geralmente na matriz e o replicam em todo o mundo. Cada unidade, não importa onde esteja localizada, tem aplicações idênticas. Por último, a forma mais ambiciosa de desenvolvimento de sistemas é encontrada em empresas transnacionais: sistemas em rede são aqueles em que existe um ambiente global sólido e singular para desenvolvimento e operação de sistemas. Isso geralmente pressupõe um *backbone* de telecomunicações poderoso, uma cultura de desenvolvimento de aplicações compartilhadas e uma cultura de gestão compartilhada que atravessa barreiras culturais. A estrutura de sistemas em rede é a mais visível nos serviços financeiros, onde a homogeneidade do produto – dinheiro e instrumentos monetários – parece superar as barreiras culturais.

Reorganização do negócio

De que maneira uma empresa deve se organizar para fazer negócios em escala internacional? Para desenvolver uma empresa global e uma estrutura de suporte a sistemas de informação, a organização precisa seguir estes princípios:

1. Organizar atividades de agregação de valor ao longo de linhas de vantagem comparativa. Por exemplo, as funções de *marketing*/vendas devem estar localizadas onde possam ser mais bem desempenhadas por menor custo, máximo impacto e com confiabilidade; o mesmo se aplica às áreas de produção (com salvaguardas para a resiliência da cadeia de suprimentos), finanças, recursos humanos e sistemas de informação.
2. Desenvolver e operar unidades de sistemas em cada nível de atividade corporativa: regionais, nacionais e internacionais. Para atender às necessidades locais, deve haver *unidades de sistemas do país anfitrião* de magnitude considerável. Unidades de sistemas regionais devem lidar

com o desenvolvimento de telecomunicações e sistemas além das fronteiras nacionais que ocorrem nas principais regiões geográficas (europeia, asiática, americana). *Unidades de sistemas transnacionais* devem ser estabelecidas para criar as ligações entre as principais áreas regionais e coordenar o desenvolvimento e operação de telecomunicações internacionais e desenvolvimento de sistemas (Roche, 1992).

3. Estabelecer, na sede mundial, um único escritório responsável pelo desenvolvimento de sistemas internacionais – uma posição global de CIO (Executivo-Chefe de Informações).

Muitas empresas de sucesso já criaram estruturas de sistemas organizacionais segundo esses princípios. O sucesso dessas empresas depende não apenas da organização adequada das atividades, mas também de um ingrediente-chave: uma equipe de gerenciamento que possa entender os riscos e benefícios dos sistemas internacionais e traçar estratégias para superá-los. Voltaremos a esses tópicos de gestão a seguir.

15.3 Quais são os desafios colocados pelos sistemas globais de informação e as soluções de gestão para esses desafios?

A Tabela 15.4 lista os principais problemas de gestão colocados pelo desenvolvimento de sistemas internacionais. É interessante notar que esses problemas são as principais dificuldades que os gerentes enfrentam também no desenvolvimento de sistemas domésticos comuns. Mas, nesse caso, trata-se de exemplos extremamente complicados no ambiente internacional.

Cenário típico: desorganização em escala global

Vamos examinar um cenário comum. Uma tradicional multinacional de bens de consumo sediada nos Estados Unidos e operando na Europa gostaria de expandir para os mercados asiáticos e sabe que deve desenvolver uma estratégia transnacional e uma estrutura de sistemas de informação de apoio. Como a maioria das multinacionais, espalhou a produção e a comercialização para centros regionais e nacionais, mantendo uma sede mundial e a gestão estratégica nos Estados Unidos. Historicamente, permitiu que cada uma das divisões subsidiárias estrangeiras desenvolvesse seus próprios sistemas. O único sistema coordenado centralmente é o de controles financeiros e de emissão de relatórios. O grupo de sistemas centrais nos Estados Unidos se concentra apenas nas funções domésticas e na produção.

O resultado é uma miscelânea de *hardware*, *software* e telecomunicações. Os sistemas de *e-mail* entre a Europa e os Estados Unidos são incompatíveis. Cada instalação de produção usa um sistema de planejamento de recursos de manufatura diferente (ou uma versão diferente do mesmo sistema ERP) e sistemas de *marketing*, vendas e recursos humanos diferentes. As plataformas de *hardware* e banco de dados são muito distintas. As comunicações entre os diversos locais são precárias, dado o alto custo das comunicações entre nações europeias.

O que você recomenda aos líderes da alta administração desta empresa que agora quer buscar uma estratégia transnacional e desenvolver uma arquitetura de sistemas de informação para dar suporte a um ambiente de sistemas globais altamente coordenado? Considere os problemas desse cenário reexaminando a Tabela 15.4. As divisões estrangeiras resistirão aos esforços para concordar com os requisitos comuns dos usuários; eles nunca pensaram muito além das necessidades de suas próprias unidades. Os grupos de sistemas locais nos Estados Unidos, que foram ampliados recentemente e orientados a se concentrar nas necessidades locais, não aceitarão facilmente a orientação de alguém que recomende uma estratégia transnacional. Será difícil convencer os gerentes em qualquer lugar do mundo de que devem mudar

TABELA 15.4 Desafios de gestão no desenvolvimento de sistemas globais

Concordar com os requisitos comuns do usuário
Introduzir mudanças nos processos de negócios
Coordenar o desenvolvimento de aplicativos
Coordenar os lançamentos de *software*
Incentivar os usuários locais a dar suporte aos sistemas globais

seus procedimentos de negócios para se alinharem com outras unidades, especialmente se isso puder interferir no desempenho local.

Afinal, os gerentes locais são remunerados por cumprir os objetivos locais de sua divisão ou fábrica. Por fim, será difícil coordenar o desenvolvimento de projetos em todo o mundo na ausência de uma rede de telecomunicações capacitada e, portanto, difícil incentivar os usuários locais a adotar os sistemas desenvolvidos.

Estratégia de sistemas globais

A Figura 15.4 apresenta as principais dimensões de uma solução. Em primeiro lugar, considere que nem todos os sistemas devem ser coordenados em bases transnacionais; apenas alguns sistemas centrais realmente valem a pena ser compartilhados do ponto de vista de custo e viabilidade. Os **sistemas centrais** apoiam funções que são absolutamente críticas para a organização. Outros sistemas devem ser parcialmente coordenados porque compartilham elementos-chave, mas não precisam ser totalmente comuns além das fronteiras nacionais. Para esses sistemas, uma boa medida de variedade local é possível e desejável. Um grupo final de sistemas é periférico, verdadeiramente territorial e necessário para atender apenas aos requisitos locais.

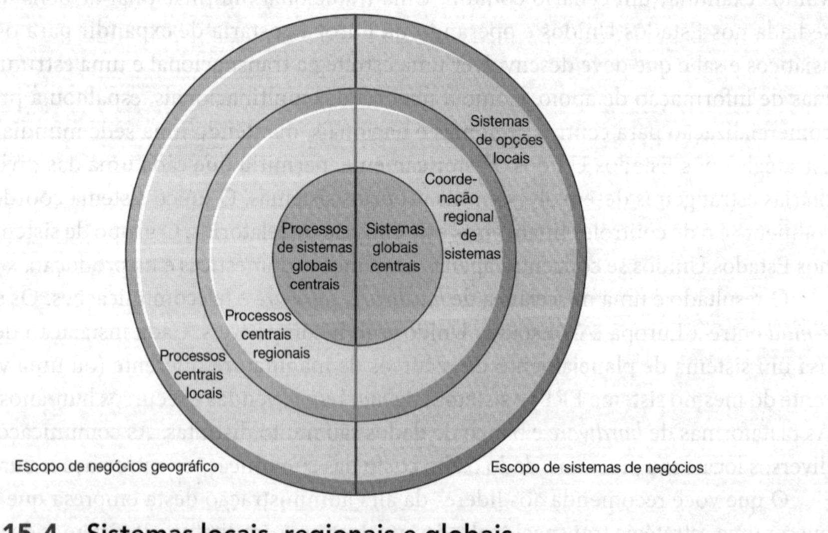

FIGURA 15.4 Sistemas locais, regionais e globais.

Os custos de agência e de coordenação aumentam à medida que a empresa passa de sistemas de opções locais para sistemas regionais e globais. No entanto, os custos de transação de participação em mercados globais provavelmente diminuem à medida que as empresas desenvolvem sistemas globais. Uma estratégia sensata é reduzir os custos de agência desenvolvendo apenas alguns sistemas globais centrais para as operações internacionais, deixando outros sistemas nas mãos de unidades regionais e locais.

Fonte: De *Managing Information Technology in Multinational Corporations*, de Edward M. Roche, © 1992. Adaptado com permissão da Prentice Hall, Inc., Upper Saddle River, NJ.

Definir os principais processos de negócios

Como você identifica os sistemas principais? O primeiro passo é definir uma pequena lista de processos de negócios principais críticos. Os processos de negócios são definidos e descritos no Capítulo 2, que você deve revisar. Resumidamente, os processos de negócios são conjuntos de tarefas logicamente relacionadas para produzir resultados de negócios específicos – como enviar pedidos corretos aos clientes ou entregar produtos inovadores ao mercado. Cada processo de negócios normalmente envolve muitas áreas funcionais, tarefas de comunicação e de coordenação de informação e conhecimento.

A maneira de identificar esses processos de negócios principais é realizando uma análise. Como os pedidos dos clientes são recebidos? O que acontece com eles quando são atendidos? Quem atende os pedidos e como eles são enviados aos clientes? E os fornecedores, eles têm acesso aos sistemas de planejamento de recursos de manufatura para que o fornecimento seja automático? Você deve ser capaz de identificar e definir prioridades em uma pequena lista de 10 processos de negócios que são absolutamente críticos para a empresa. Em seguida, é possível identificar centros de excelência para esses processos? O atendimento de pedidos do cliente é superior nos Estados Unidos? O controle do processo de fabricação é superior na Alemanha e os recursos humanos são superiores na Ásia? Você deve ser capaz de identificar algumas áreas da empresa, para algumas linhas de negócios, onde uma divisão ou unidade se destaca no desempenho de uma ou várias funções de negócios.

Quando você entende os processos de negócios de uma empresa, torna-se capaz de ordená-los. Pode então decidir quais processos devem ser considerados aplicações principais, coordenados centralmente, projetados e implementados em todo o mundo, e quais devem ser regionais e locais. Ao mesmo tempo, ao identificar os processos de negócios críticos, os realmente importantes, você percorreu um longo caminho para definir uma visão de futuro cuja adoção deveria ser o seu propósito.

Identificar os sistemas principais para coordenar de modo central

Ao identificar os processos de negócios principais críticos, você começa a ver oportunidades para sistemas transnacionais. O segundo passo estratégico é conquistar os sistemas principais e defini-los como transnacionais. Os custos financeiros e políticos da definição e da implementação de sistemas transnacionais são extremamente elevados. Portanto, mantenha a lista tão enxuta quanto possível, deixando a experiência ser o guia e errando por contenção. Ao dividir um pequeno grupo de sistemas como absolutamente crítico, você divide a oposição a uma estratégia transnacional. Ao mesmo tempo, é capaz de apaziguar aqueles que se opõem à coordenação mundial central implícita nos sistemas transnacionais, permitindo que o desenvolvimento de sistemas periféricos progrida ininterruptamente, com exceção de alguns requisitos técnicos de plataforma.

Escolher uma abordagem: incremental, *grand design*, evolucionária

Um terceiro passo é escolher uma abordagem. Evite abordagens fragmentadas, pois certamente falharão por falta de visibilidade, oposição de todos os que têm a perder com o desenvolvimento transnacional e falta de poder para convencer a gerência sênior de que os sistemas transnacionais valem a pena. Da mesma forma, evite abordagens do tipo *grand design* que tentam fazer tudo de uma vez. Elas também tendem a falhar por causa da incapacidade de concentrar recursos. Nada é feito corretamente, e a oposição à mudança organizacional é fortalecida desnecessariamente, porque o esforço requer recursos extraordinários. Uma abordagem alternativa é desenvolver aplicações transnacionais de forma incremental a partir das aplicações existentes, com uma visão precisa e clara das capacidades transnacionais que a organização deve ter em cinco anos. Isso às vezes é chamado de "estratégia de salame" ou uma fatia de cada vez.

Clareza quanto aos benefícios

O que está em jogo para a empresa? Uma das piores situações, que deve ser evitada, é desenvolver sistemas globais apenas "porque sim". Desde o início, é crucial que a gerência sênior da matriz e os gerentes das divisões estrangeiras compreendam claramente os benefícios que virão para a empresa, bem como para as unidades individuais. Embora cada sistema ofereça benefícios exclusivos para um orçamento específico, a contribuição geral dos sistemas globais está em quatro áreas:

Sistemas globais – sistemas verdadeiramente integrados, distribuídos e transnacionais – contribuem para gestão e coordenação superiores. Devem incluir a habilidade de mudar de fornecedores a qualquer momento ou de uma região para outra em uma crise; a de transferir a produção em resposta a desastres naturais e causados pelo homem; e a de usar o excesso de capacidade em uma região para atender a demanda frenética em outra.

Uma segunda grande contribuição é a grande melhoria na produção, na operação e em fornecimento e distribuição. Imagine uma cadeia de valor global com fornecedores globais e uma rede de distribuição global. Pela primeira vez, os a gerência sênior é capaz de localizar atividades de agregação de valor em regiões onde são realizadas de forma mais econômica e confiável (com mais ênfase agora na resiliência da cadeia de suprimentos).

Em terceiro lugar, sistemas globais significam clientes globais e *marketing* global. Custos fixos em todo o mundo podem ser amortizados por uma base de clientes muito maior. Isso desencadeará novas economias de escala nas instalações de produção.

Por último, sistemas globais significam a habilidade de otimizar o uso de fundos corporativos sobre uma base de capital muito maior. Isso significa, por exemplo, que o capital em uma região superavitária pode ser movimentado eficientemente para expandir a produção de regiões carentes de capital; que o dinheiro pode ser administrado de forma mais eficaz dentro da empresa e colocado em uso de forma mais eficaz.

Solução da gestão: implementação

Agora podemos reconsiderar como lidar com os problemas mais incômodos enfrentados pelos gerentes ao desenvolver as arquiteturas globais de sistemas de informação que foram descritas na Tabela 15.4.

Concordância sobre os requisitos comuns do usuário

Estabelecer uma pequena lista dos principais processos de negócios e dos principais sistemas de suporte dará início a um processo de comparação racional entre as várias divisões da empresa, desenvolverá uma linguagem comum para discutir o negócio e, naturalmente, levará a uma compreensão dos elementos comuns (bem como das qualidades únicas que devem permanecer locais).

Apresentação de mudanças nos processos de negócios

Seu sucesso como agente de mudança dependerá de sua legitimidade, de sua autoridade e de sua capacidade de envolver os usuários no processo de mudança do projeto. A **legitimidade** é definida como o grau em que sua autoridade é aceita por motivos de competência, visão ou outras qualidades. A seleção de uma estratégia de mudança viável, que definimos como evolucionária, mas com visão, deve ajudá-lo a convencer os outros de que a mudança é viável e desejável. Envolver as pessoas na mudança, assegurando-lhes que é do melhor interesse da empresa e de suas unidades locais, é uma tática fundamental.

Coordenação do desenvolvimento de aplicações

A escolha da estratégia de mudança é fundamental para este problema. Em nível global, há muita complexidade para tentar uma grande estratégia de mudança de projeto. É muito mais fácil coordenar a mudança dando pequenos passos incrementais em direção a uma visão maior.

Imagine um plano de ação de cinco anos em vez de um plano de ação de dois anos, e reduza ao mínimo o conjunto de sistemas transnacionais para diminuir os custos de coordenação.

Coordenação dos lançamentos de *software*

As empresas podem instituir procedimentos para garantir que todas as unidades operacionais adotem novas atualizações de *software* ao mesmo tempo, para que o *software* de todas seja compatível.

Incentivo aos usuários locais para dar suporte aos sistemas globais

A chave para este problema é envolver os usuários na criação do projeto sem renunciar ao controle sobre o desenvolvimento por conta de interesses retrógrados. A tática geral para lidar com unidades locais resistentes em uma empresa transnacional é a **cooptação** – que pode ser definida como o movimento de trazer a oposição para o processo de projetar e implementar a solução sem abrir mão do controle sobre a direção e a natureza da mudança. Tanto quanto possível, deve-se evitar apelar à força bruta. No mínimo, no entanto, as unidades locais devem concordar com uma pequena lista de sistemas transnacionais, e pode ser necessário um pouco de truculência para solidificar a ideia de que algum tipo de sistema transnacional é realmente necessário.

Como a cooptação deve prosseguir? Várias alternativas são possíveis. Uma delas é conceder a cada unidade do país a oportunidade de desenvolver uma aplicação transnacional primeiro em seu território de origem e depois em todo o mundo. Dessa maneira, cada grupo de sistemas de um país importante recebe uma parte da ação no desenvolvimento de um sistema transnacional, e as unidades locais sentem-se parte do esforço transnacional. Do lado negativo, isso pressupõe que a capacidade de desenvolver sistemas de alta qualidade seja amplamente distribuída e que uma equipe alemã, por exemplo, possa implementar sistemas com sucesso na França e na Itália. Nem sempre é o que acontece.

Uma segunda tática é desenvolver novos centros transnacionais de excelência, ou um único centro de excelência. Pode haver vários centros ao redor do mundo que se concentram em processos de negócios específicos. Esses centros precisam muito das unidades nacionais locais, são baseados em equipes multinacionais e devem se reportar à administração mundial. Os centros de excelência realizam a identificação e a especificação inicial dos processos de negócios, definem os requisitos de informação, realizam a análise de negócios e sistemas, além de todo o projeto e os testes. A implementação, no entanto, e os testes-piloto acontecem em outras partes do planeta. Recrutar uma ampla gama de grupos locais para centros de excelência transnacionais ajuda a transmitir a mensagem de que todos os grupos importantes estão envolvidos no projeto e exercerão influência.

Mesmo com a estrutura organizacional adequada e as escolhas acertadas da gestão, ainda é possível tropeçar em questões de tecnologia. Escolhas de plataformas, redes, *hardware* e *software* são o elemento final no desenvolvimento de arquiteturas de sistemas de informação transnacionais.

15.4 Quais são os problemas e as alternativas técnicas a serem considerados no desenvolvimento de sistemas de informação internacionais?

Uma vez que as empresas tenham definido um modelo de negócios global e uma estratégia de sistemas, elas devem selecionar padrões de *hardware*, *software* e rede junto com os principais aplicativos do sistema para dar suporte aos processos de negócios globais. *Hardware*, *software* e rede apresentam desafios técnicos especiais em um cenário internacional.

Um grande desafio é encontrar alguma maneira de padronizar uma plataforma de computação global quando há tamanha variação de unidade operacional para unidade operacional e de país para país. Outro grande desafio é encontrar aplicativos de *software* específicos que sejam fáceis de usar e que realmente aumentem a produtividade das equipes de trabalho internacionais. A aceitação universal da internet em todo o mundo reduziu bastante os problemas de rede. Mas a mera presença da internet não garante que as informações fluam sem problemas em toda a organização global, pois nem todas as unidades de negócios usam os mesmos aplicativos – e a qualidade do serviço de internet pode ser altamente variável (assim como no serviço telefônico). Por exemplo, as unidades de negócios alemãs podem usar uma ferramenta de colaboração de código aberto para compartilhar documentos e se comunicar, o que é incompatível com as equipes da matriz estadunidense, que usam soluções da Microsoft. Superar esses desafios requer integração e conectividade global de sistemas.

Plataformas de computação e integração de sistemas

O desenvolvimento de uma arquitetura de sistemas de informação transnacional baseada no conceito de sistemas centrais levanta questões sobre como os novos sistemas centrais se encaixarão no conjunto existente de aplicações desenvolvido em todo o mundo por diferentes divisões e pessoas e para diferentes tipos de *hardware* de computação. O objetivo é desenvolver sistemas globais, distribuídos e integrados para apoiar os processos de negócios digitais que abrangem as fronteiras nacionais. Resumidamente, esses são os mesmos problemas enfrentados por qualquer grande iniciativa de desenvolvimento de sistemas domésticos. No entanto, os problemas se ampliam em um ambiente internacional. Imagine o desafio de integrar sistemas baseados em Windows, Linux, Unix, ou sistemas operacionais proprietários executados em IBM, Oracle, HP e outros *hardwares*, em muitas unidades operacionais diferentes em muitos países diferentes! Além disso, fazer com que todos os locais usem os mesmos *hardware* e sistema operacional não garante a integração. Alguma autoridade central da empresa deve estabelecer padrões de dados, bem como outros padrões técnicos que os locais devem cumprir. Por exemplo, termos técnicos de contabilidade, como início e fim do ano fiscal, devem ser padronizados (reveja a discussão anterior sobre os desafios culturais para desenvolver negócios globais), bem como as interfaces aceitáveis entre sistemas, velocidades de comunicação e arquiteturas e *softwares* de rede.

Conectividade

Sistemas globais integrados de fato devem ter conectividade – a capacidade de conectar os sistemas e as pessoas de uma empresa global em uma única rede integrada, assim como o sistema telefônico, mas capaz de transmitir voz, dados e imagens. A internet forneceu uma base extremamente poderosa para oferecer conectividade entre as unidades dispersas de empresas globais. No entanto, muitas questões permanecem. A internet pública não garante nenhum nível de serviço (mesmo nos Estados Unidos). Poucas corporações globais confiam na segurança da internet pública e geralmente usam redes privadas para comunicar dados confidenciais, e redes privadas virtuais (VPNs) da internet para comunicações que exigem menos segurança. Nem todos os países oferecem suporte a serviços básicos de internet que exigem a obtenção de circuitos confiáveis, a coordenação entre diferentes operadoras e a autoridade regional de telecomunicações, além da obtenção de acordos padrão para o nível de serviço de telecomunicações fornecido. A Tabela 15.5 lista os principais desafios colocados pelas redes internacionais.

Enquanto redes privadas têm níveis de serviço garantidos e melhor segurança do que a internet, esta é a base principal para redes corporativas globais quando níveis mais baixos de segurança e serviço são aceitáveis. As empresas podem criar intranets globais para comunicação interna, ou extranets para troca de informações mais rapidamente com parceiros de

TABELA 15.5 Desafios de redes internacionais

Qualidade do serviço
Segurança
Custos e tarifas
Gerenciamento de rede
Atrasos na instalação
Baixa qualidade do serviço internacional
Restrições regulatórias
Capacidade de rede

negócios em suas cadeias de suprimentos. Elas podem usar a internet pública para criar redes globais usando VPNs de provedores de serviços de internet, que fornecem muitos recursos de uma rede privada usando a internet pública (veja o Capítulo 7). No entanto, as VPNs podem não fornecer o mesmo nível de resposta rápida e previsível que as redes privadas, especialmente durante as horas do dia em que o tráfego fica muito congestionado, e podem não ser capazes de suportar um grande número de usuários remotos.

O acesso ao serviço de internet é limitado em muitos países em desenvolvimento (veja a Figura 15.5). A infraestrutura de internet disponível nos países menos desenvolvidos, muitas vezes, não tem capacidade de largura de banda e não é confiável, em parte por conta de problemas na rede elétrica. O poder de compra da maioria das pessoas nos países em desenvolvimento torna o acesso aos serviços de internet muito caro em moedas locais, embora dispositivos móveis baratos e planos de dados de baixo custo estejam se tornando cada vez mais disponíveis.

Além disso, muitos países monitoram as transmissões. Os governos da China, Irã, Turquia e Arábia Saudita monitoram o tráfego da internet e bloqueiam o acesso a *sites* considerados moral ou politicamente ofensivos. Além disso, estados-nação em todo o mundo têm afirmado sua autoridade sobre o uso da internet e reivindicado várias formas de soberania digital (veja a Sessão Interativa sobre Organizações).

Por outro lado, a taxa de crescimento de usuários da internet tem sido mais rápida na Ásia, na África e no Oriente Médio do que na América do Norte e na Europa. Portanto, no futuro, a conectividade com a Internet será muito mais amplamente disponível e confiável em regiões menos desenvolvidas do mundo, e desempenhará papel significativo na integração dessas economias com a economia mundial.

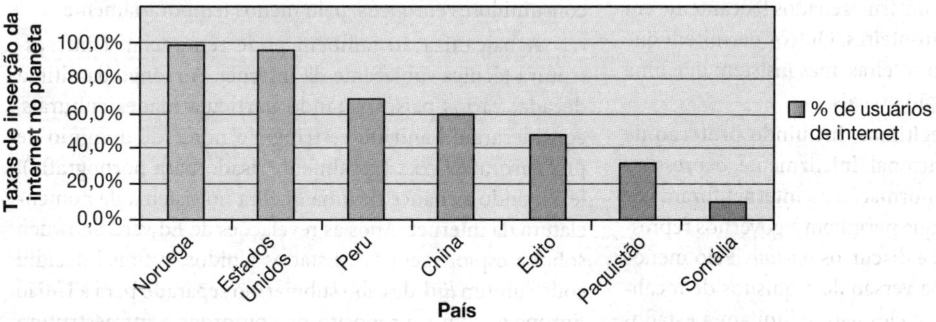

FIGURA 15.5 Usuários da internet em países selecionados.
A porcentagem da população total que usa a internet nos países em desenvolvimento é muito menor do que nos Estados Unidos e na Europa, mas está crescendo rapidamente.

Fonte: Com base em dados de Internetworldstats.com, 2019 e autores.

SESSÃO INTERATIVA **ORGANIZAÇÕES**

Nacionalismo digital

A internet começou como uma rede de redes concebida para fomentar a troca livre e aberta de informações em qualquer lugar do mundo. Tem sido um dos principais impulsionadores da globalização, incorporando uma esfera pública além do controle de governos soberanos. Hoje, isso não é mais o caso. Em todo o mundo, os estados-nação vêm afirmando sua autoridade sobre o uso da internet e reivindicando várias formas de soberania digital. A internet agora está sujeita a *firewalls*, desligamentos e leis de localização de dados que mudaram fundamentalmente seu caráter como infraestrutura global unificada.

Governos autoritários há muito procuram controlar a internet, sendo a China um dos primeiros. Seu Great Firewall, que restringe o que as pessoas podem ler e fazer *on-line* (veja o caso de encerramento do capítulo), serviu como modelo para promover a "soberania digital" chinesa. Os esforços da China demonstraram a outros regimes autoritários que a internet pode, efetivamente, ser controlada.

Diversos países estão tentando seguir o exemplo chinês. Para controlar o contato com o mundo exterior e suprimir o conteúdo dissidente, o Irã criou uma assim chamada "rede *halal*", e a Coreia do Norte montou sua rede Kwangmyong. Em 2019, Vladimir Putin assinou uma "lei soberana da internet" para estabelecer a autossuficiente Runet. O projeto também inclui um "*kill switch*" para desligar a rede global para usuários russos. De acordo com o *New York Times*, pelo menos um quarto dos países do mundo desligaram temporariamente a internet nos últimos quatro anos.

Nos últimos anos, o nacionalismo digital também assumiu a forma de leis de localização de dados (ou protecionismo de dados) em países como Vietnã, Índia, Argentina, Venezuela e Nigéria. Alguns países exigem que os dados de seus cidadãos (ou certos tipos de dados, como informações médicas ou financeiras) sejam armazenados fisicamente em servidores dentro de suas fronteiras. Outros permitem que esses dados saiam de suas fronteiras, mas insistem que uma cópia permaneça à disposição no país.

Essas leis têm usos legítimos, incluindo proteção de privacidade e segurança nacional. Infelizmente, expressões de discurso de ódio e desinformação na internet foram cooptadas para justificar leis que permitem a governos repressivos monitorar atividades e discursos *on-line*. Pelo menos 45 países têm agora alguma versão de requisitos de localização de dados em vigor – e eles não se limitam a estados autoritários. Austrália, Canadá, Nova Zelândia, Coreia do Sul e Suíça estão entre os países que passaram a restringir os fluxos de dados transfronteiriços.

A Rússia agora exige que uma cópia dos dados de seus cidadãos seja armazenada no país, que ainda baniu o LinkedIn por desafiar as regras e multou o Facebook e o Twitter em US$ 63 mil cada por não cumprirem a lei nacional de dados.

O Regulamento Geral de Proteção de Dados da União Europeia (GDPR – veja o Capítulo 4) não trata especificamente da localização, mas impõe restrições rigorosas que dificultam a movimentação de dados entre fronteiras pelas empresas. Há um sentimento crescente entre os países da União Europeia para fortalecer ainda mais as proteções de dados e para que a regulamentação de privacidade exija que os dados europeus sejam armazenados fisicamente no continente. Dados produzidos na Europa devem ser processados na Europa.

Muitas dessas leis são ostensivamente direcionadas a multinacionais ocidentais, mas as empresas de maior porte geralmente são mais capazes de atender a esses requisitos do que as menores, que não possuem recursos necessários. Os países em desenvolvimento, muitas vezes na vanguarda do nacionalismo digital, também podem enfrentar problemas. A Índia e as Filipinas, por exemplo, têm um grande número de empresas de terceirização que dependem de uma rede global unificada de informações. Os esforços desses países para estabelecer bloqueios nessa rede podem voltar para assombrá-los.

O grande risco é que o nacionalismo digital acabe por balcanizar a internet, dividindo-a em uma colcha de retalhos de feudos incompatíveis e irreconciliáveis. Esse cenário, às vezes chamado de *Splinternet*, já está afetando o conteúdo e os serviços baseados na internet. A população da China não tem acesso a Wikipedia, Facebook e a grande parte do Google. Quando a GDPR da União Europeia entrou em vigor, muitas empresas de mídia estadunidenses estavam prontas para parar de oferecer seu conteúdo aos consumidores europeus, pelo menos temporariamente.

A balcanização também pode remodelar a infraestrutura técnica subjacente da internet. Ao longo da última década, vários países, citando particularidades culturais, consideraram banir ou restringir o nome de domínio de primeiro nível .xxx (geralmente usado para pornografia), levantando a chance de uma quebra no sistema de nomenclatura da internet. Após as revelações de Edward Snowden sobre a espionagem dos Estados Unidos, o Brasil decidiu construir um *link* de cabo submarino separado para a União Europeia, com o propósito de contornar a infraestrutura de internet existente. Na Engineering Task Force, um importante comitê de padrões da internet, representantes que queriam manter um *backdoor* para agências governamentais entraram em conflito com aqueles que pressionavam por uma criptografia mais robusta.

O que pode ser feito para conter o nacionalismo digital? Especialistas recomendam encontrar maneiras de restaurar um sentido de inclusão e jogo limpo entre os usuários da internet e lembrá-los dos princípios originais de universalidade e inclusão que tornaram a rede tão eficaz em primeiro lugar. Outra recomendação é desenvolver abordagens baseadas em "zonas" para administrar a internet, por meio das quais blocos interconectados de nações-membros se comprometeriam a defender princípios liberais como livre comércio, privacidade e liberdade de expressão. Essa abordagem não produziria uma única rede global, mas essa "coalizão dos dispostos" pode ser a melhor maneira de combater a crescente fragmentação da internet e manter a rede relativamente aberta e livre.

Fontes: Vincent Manancourt, "Europe's Data Grab," *Politico*, 19 de fevereiro de 2020; Akash Kapur, "The Rising Threat of Digital Nationalism," *Wall Street Journal*, 1º de novembro de 2019; Fang Kecheng, "Is Cyber-Nationalism on the Rise in China?" *Echo Wall*, 25 de setembro de 2019

PERGUNTAS DO ESTUDO DE CASO

1. O que é nacionalismo digital? Dê dois exemplos.
2. Quais problemas o nacionalismo digital representa para a realização de negócios globalmente?

Localização de *software*

O desenvolvimento dos sistemas centrais apresenta desafios únicos para *software* de aplicação: como os sistemas antigos irão interagir com os novos? Interfaces inteiramente novas devem ser desenvolvidas e testadas se os sistemas antigos forem mantidos em áreas locais (o que é comum). O desenvolvimento dessas interfaces pode ser caro e complicado. Se um novo *software* precisar ser criado, outro desafio será desenvolver um *software* que possa ser usado de forma realista por várias unidades de negócios de diferentes países, uma vez que estas estão acostumadas com seus processos de negócios e definições de dados exclusivos.

Além de integrar o novo com o antigo, há problemas de projeto de interface humana e funcionalidade de sistemas. Por exemplo, para ser realmente útil no aumento da produtividade de uma força de trabalho global, as interfaces de *software* devem ser facilmente compreendidas e rapidamente controladas. Quando os sistemas internacionais envolvem apenas trabalhadores do conhecimento, o inglês pode ser o padrão internacional assumido. Mas à medida que os sistemas internacionais são inseridos mais profundamente nos grupos administrativos, um idioma comum pode não ser assumido e as interfaces humanas devem ser criadas para acomodar diferentes línguas e até convenções. Todo o processo de conversão de *software* para operar em um segundo idioma é chamado de **localização de *software***. A maioria da população mundial acessa a internet usando um dispositivo móvel, portanto, os aplicativos devem ser criados para plataformas móveis, telas pequenas e baixa largura de banda. Uma vez que muitos usuários de internet móvel não podem ler ou escrever, interfaces especiais usando vídeo e áudio precisam ser criadas para atender a esse grupo.

Quais são os aplicativos de *software* mais importantes? Muitos sistemas internacionais se concentram em transações básicas e sistemas de relatórios gerenciais. Cada vez mais, as empresas estão se voltando para sistemas de gestão da cadeia de suprimentos e planejamento de recursos empresariais para padronizar seus processos de negócios globalmente e para criar cadeias de suprimentos e forças de trabalho coordenadas. No entanto, esses sistemas multifuncionais nem sempre são compatíveis com diferenças de idiomas, heranças culturais e processos de negócios em outros países. Unidades da empresa em países que não dispõem de recursos técnicos sofisticados também podem encontrar problemas ao tentar administrar as complexidades técnicas das aplicações corporativas.

Sistemas de Intercâmbio Eletrônico de Dados (EDI) e de gestão da cadeia de suprimentos são utilizados de forma ampla por empresas de manufatura e distribuição, com o objetivo de se conectar a fornecedores por todo o planeta. Sistemas colaborativos e de redes sociais corporativas, *e-mail* e videoconferência são ferramentas mundiais especialmente importantes para empresas baseadas em conhecimento e dados, como as de publicidade, de pesquisa em medicina e engenharia, gráficas e editoras.

15.5 Como os sistemas de informação gerenciais ajudarão minha carreira?

Veja como o Capítulo 15 e este livro podem ajudá-lo a encontrar um emprego como trainee de vendas e *marketing* de nível básico para uma empresa global de serviços de dados.

A empresa

A Global Online Stats é fornecedora líder global de dados quantitativos, estatísticas e produtos de pesquisa de mercado. A empresa tem uma vaga aberta para trainee de vendas e *marketing* de nível básico. A organização tem mais de 500 funcionários e sedes em Boston, Londres e Paris. Fornece ferramentas e serviços para acesso a um banco de dados quantitativo *on-line* voltado para empresas de todos os portes, incluindo consultorias, agências de mídia e departamentos de *marketing* em grandes corporações de diversos setores e países.

Descrição do cargo

O ocupante do cargo trabalha em estreita colaboração com o Diretor Administrativo e o Chefe Global de Vendas para desenvolver e manter *leads* de vendas e novas contas. As responsabilidades do trabalho incluem:

- Desenvolver novas contas com *leads* gerados por clientes existentes e relacionamentos com a mídia e associações do setor, bem como por meio de *cold calling*, *e-mail* e prospecção *on-line*.
- Desenvolver relacionamentos de contas para transformar clientes esporádicos em contas comerciais de longo prazo.
- Desenvolver oportunidades de vendas para diversas categorias de produtos e linhas de negócios.
- Encontrar e agendar compromissos com novos clientes em potencial.
- Atualizar perfis de consumidores e de clientes.

Requisitos do emprego

- Graduação
- Sólidas habilidades de comunicação verbal e escrita
- Conhecimento do Microsoft Office
- Experiência em estágio de vendas ou *marketing* ou em *cold calling* desejável
- Personalidade de vendas extrovertida, competitiva e proativa

Perguntas para a entrevista

1. Já trabalhou com dados quantitativos em seu curso universitário ou em um emprego anterior? O que você realizou com os dados?
2. Você já trabalhou com bancos de dados *on-line* ou *software* de banco de dados? O que exatamente você fez com esses bancos de dados? Você já fez algum curso de banco de dados?
3. Qual é o seu nível de conhecimento das ferramentas do Microsoft Office (Word, Excel, PowerPoint, Access)?
4. Qual é a sua experiência em vendas?
5. Tem algum nível de proficiência em idiomas estrangeiros?
6. Que desafios você anteciparia ao tentar vender nossos produtos e serviços para organizações fora dos Estados Unidos?

Dicas do autor

1. Revise as Seções 15.1, 15.3 e 15.4 deste capítulo, o Capítulo 6, sobre gestão de dados, e a discussão do Capítulo 12 sobre inteligência e analítica de negócios.
2. Use a *web* para saber mais sobre a empresa, seus produtos, serviços e cientes, além do modo como a empresa opera. Pense no que a empresa precisa fazer para expandir as vendas em todo o mundo.
3. Pergunte exatamente como você usaria o Microsoft Office neste emprego.
4. Pergunte sobre o treinamento que você receberia para usar os produtos de dados da empresa.

RESUMO

15.1 Quais são os principais fatores impulsionando a internacionalização dos negócios?

O crescimento das comunicações e dos transportes internacionais acessíveis criou uma cultura mundial com expectativas ou normas estáveis. A estabilidade política e uma base de conhecimento global crescente e amplamente compartilhada também contribuem para a cultura mundial. Esses fatores gerais criam as condições para os mercados globais, a produção global, a coordenação, a distribuição e as economias globais de escala.

15.2 Quais são as estratégias alternativas para o desenvolvimento de negócios globais?

Existem quatro estratégias internacionais básicas: exportador doméstico, multinacional, franqueador e transnacional. Em uma estratégia transnacional, todos os fatores de produção são coordenados em escala global. No entanto, a escolha da estratégia acontece em função do tipo de negócio e do produto.

Existe uma conexão entre a estratégia da empresa e o projeto de sistemas de informação. As empresas transnacionais devem desenvolver configurações de sistemas em rede e permitir uma descentralização considerável do desenvolvimento e das operações. Os franqueadores quase sempre duplicam os sistemas em muitos países e usam controles financeiros centralizados. As multinacionais normalmente contam com a independência descentralizada entre unidades estrangeiras e movimentos em direção ao desenvolvimento de redes. Os exportadores domésticos normalmente são centralizados em sedes domésticas, e algumas operações descentralizadas são permitidas.

15.3 Quais são os desafios colocados pelos sistemas globais de informação e as soluções de gestão para esses desafios?

Os sistemas globais de informação apresentam desafios porque a diversidade cultural, política e idiomática amplia as diferenças na cultura organizacional e nos processos de negócios e incentiva a proliferação de sistemas de informação locais díspares cuja integração é difícil. Normalmente, os sistemas internacionais evoluem sem um plano consciente. A solução é definir um pequeno subconjunto de processos de negócios principais e focar no desenvolvimento de sistemas para dar suporte a esses processos. Do ponto de vista tático, os gerentes terão de cooptar unidades estrangeiras amplamente dispersas para participar do desenvolvimento e da operação desses sistemas, tendo o cuidado de manter o controle geral.

15.4 Quais são os problemas e as alternativas técnicas a serem considerados no desenvolvimento de sistemas de informação internacionais?

A implementação de um sistema global requer uma estratégia que considere tanto o projeto de negócios quanto as plataformas de tecnologia. Os principais problemas de *hardware* e de telecomunicações são integração de sistemas e conectividade. As opções de integração devem se dar com uma arquitetura proprietária ou com tecnologia de sistemas abertos. É extremamente difícil desenvolver e operar redes globais. As empresas podem criar suas próprias redes globais ou podem desenvolver redes globais baseadas na internet (intranets ou redes privadas virtuais). Os principais problemas de *software* dizem respeito ao desenvolvimento de interfaces para sistemas existentes e à seleção de aplicações que podem trabalhar com vários *frameworks* culturais, linguísticos e organizacionais.

Palavras-chave

Arquitetura internacional de sistemas de informação, 562
Cooptação, 575
Cultura global, 563
Driver de negócios, 562
Exportador doméstico, 568
Fluxo de dados transfronteiriço, 567
Franqueadores, 569
Legitimidade, 574
Localização de software, 579
Multinacional, 569
Particularismo, 566
Sistemas centrais, 572
Transnacional, 569

Questões para revisão

15.1 Quais são os principais fatores impulsionando a internacionalização dos negócios?

- Liste e descreva as cinco principais dimensões para o desenvolvimento de uma arquitetura internacional de sistemas de informação.
- Descreva os cinco fatores culturais gerais que levam ao crescimento dos negócios globais e os quatro fatores de negócios específicos. Descreva a interconexão entre esses fatores.
- Liste e descreva os principais desafios para o desenvolvimento de sistemas globais.
- Explique por que algumas empresas não planejaram o desenvolvimento de sistemas internacionais.

15.2 Quais são as estratégias alternativas para o desenvolvimento de negócios globais?

- Descreva as quatro principais estratégias para negócios globais e estrutura organizacional.
- Descreva as quatro diferentes configurações de sistemas que podem ser usadas para apoiar diferentes estratégias globais.

15.3 Quais são os desafios colocados pelos sistemas globais de informação e as soluções de gestão para esses desafios?

- Liste e descreva os principais problemas de gestão no desenvolvimento de sistemas internacionais.
- Identifique e descreva três princípios para seguir ao organizar a empresa para negócios globais.
- Identifique e descreva três etapas de uma estratégia de gestão para o desenvolvimento e a implementação de sistemas globais.
- Defina o que é cooptação e explique como ela pode ser usada no desenvolvimento de sistemas globais.

15.4 Quais são os problemas e as alternativas técnicas a serem considerados no desenvolvimento de sistemas de informação internacionais?

- Descreva os principais problemas técnicos enfrentados pelos sistemas globais.
- Identifique algumas tecnologias que ajudarão as empresas a desenvolver sistemas globais.

Para discutir

15.5 Se você fosse um gerente em uma empresa que opera em muitos países, quais critérios usaria para determinar se uma aplicação deve ser desenvolvida como global ou local?

15.6 Descrever maneiras como a internet pode ser usada em sistemas internacionais de informação

Projetos práticos em SIG

Os projetos nesta seção oferecem experiência prática na realização de pesquisas de mercado internacional, análise de problemas de sistemas internacionais para um negócio em expansão e desenvolvimento de um banco de dados de anúncios de emprego e uma página da *web* para uma empresa internacional

Problemas de decisão de gestão

15.7 A United Parcel Service (UPS) vem expandindo seus serviços de entrega e logística de pacotes na China, atendendo tanto empresas multinacionais quanto empresas locais. Os motoristas da empresa naquele país precisam usar os sistemas e as ferramentas da UPS, como o dispositivo portátil de aquisição de informações de entrega, para registrar os dados de entrega de pacotes. A UPS quer tornar seu WorldShip e outros serviços de controle de encomenda acessíveis a clientes chineses e multinacionais via *web*. Quais são alguns problemas de sistemas internacionais que a UPS deve considerar para operar com sucesso na China?

15.8 Sua empresa fabrica e vende raquetes de tênis e gostaria de começar a vender fora dos Estados Unidos. Você está encarregado de desenvolver uma estratégia global na *web*, e os primeiros países que está pensando em ter como objetivo são Brasil, China, Alemanha, Itália e Japão. Usando as estatísticas do CIA World Factbook e outras fontes *on-line*, qual desses países você teria em vista primeiro? Que critérios você usou? Que outras considerações você deve abordar em sua estratégia da *web*? Quais recursos você colocaria em seu *site* para atrair compradores dos países que você escolheu?

Alcançando a excelência operacional: desenvolvimento de banco de dados e uma página da *web* de empregos para uma empresa de consultoria internacional

Habilidades de *software*: *Design* de banco de dados e páginas *web*
Habilidades de negócio: Anúncios de vagas internas de recursos humanos

15.9 Empresas com muitas sedes no exterior precisam de uma maneira de informar os funcionários sobre as vagas de emprego disponíveis nesses locais. Neste projeto, você usará um *software* para criar um banco de dados para anunciar vagas internas e uma página da *web* para exibir essas informações.

A KTP Consulting opera em vários locais ao redor do mundo. A empresa é especializada em concepção, desenvolvimento, e implementação de sistemas corporativos para organizações de médio e grande porte. A KTP oferece a seus funcionários oportunidades de viajar, morar e trabalhar em vários locais nos Estados Unidos, Europa e Ásia. O departamento de recursos humanos da empresa possui um banco de dados simples que permite que seus funcionários acompanhem as vagas de emprego. Quando um funcionário está interessado em se mudar, entra em contato com o departamento de recursos humanos para obter uma lista de vagas de emprego da KTP. A KTP também publica suas oportunidades de emprego no *site* da empresa.

Que tipo de dados deve ser incluído no banco de vagas de emprego da KTP? Quais informações não devem ser incluídas neste banco de dados? Com base em suas respostas a essas perguntas, crie um banco de dados de vagas de emprego para a KTP. Preencha o banco de dados com pelo menos 20 registros. Você também deve criar uma página da *web* simples que incorpore dados de vagas de emprego de seu banco de dados recém-criado. Envie uma cópia do banco de dados e da página da *web* da KTP para o seu professor.

Melhor tomada de decisão: realização de pesquisas internacionais de *marketing* e preços

Habilidades de *software*: *Software* que funciona via internet
Habilidades de negócios: Precificação e *marketing* internacionais

15.10 Neste projeto, você usará a *web* para pesquisar distribuidores no exterior e regulamentos alfandegários e usará *software* baseado na internet para calcular preços em moedas estrangeiras.

Você é responsável pelo *marketing* de um fabricante de móveis dos Estados Unidos que decidiu entrar no mercado internacional. Você deseja testar o mercado entrando em contato com um varejista europeu de móveis de escritório para oferecer uma cadeira específica cujo preço de venda deve ser de US$ 195. Usando a *web*, localize as informações necessárias para entrar em contato com esta empresa e saber quantos euros você receberia pela cadeira no mercado atual. Além disso, considere o uso de um *site* conversor de moeda universal, que determina o valor de uma moeda expressa em outras moedas. Obtenha as informações necessárias para entrar em contato com a empresa e o preço de sua cadeira na moeda local. Em seguida, localize e obtenha informações alfandegárias e de restrições legais sobre os produtos que irá exportar dos Estados Unidos e importar para o país do varejista escolhido. Por fim, localize uma empresa que o representará como despachante aduaneiro e colete informações sobre os custos de envio.

Projeto de colaboração e trabalho em equipe

Como identificar tecnologias para estratégias de negócios globais

15.11 Com um grupo de alunos, identifique uma área de tecnologia da informação e explore como essa tecnologia pode ser útil para apoiar estratégias de negócios globais. Por exemplo, você pode escolher *e-mail*, *smartphones*, redes privadas virtuais, sistemas empresariais, colaboração *software* ou *web*. Será necessário identificar um cenário de negócios para discutir a tecnologia. Você pode escolher uma franquia de autopeças ou uma franquia de roupas, como a Express, como exemplos de negócios. Quais aplicações você tornaria globais, quais processos de negócios principais você escolheria e como a tecnologia seria útil? Se possível, use o Google Docs e o Google Drive ou Google Sites para debater, organizar e desenvolver uma apresentação de suas descobertas para a turma.

E-commerce na China: oportunidades e obstáculos

ESTUDO DE CASO

Qual é o maior e mais rápido crescimento no mercado de comércio eletrônico do mundo? O da China, com mais de 850 milhões de usuários de internet representando mais de 50% das vendas globais de comércio eletrônico no varejo. As vendas chinesas de comércio eletrônico em 2019 se aproximaram de US$ 2 trilhões, representando 36,6% de todas as vendas no varejo do país. O volume de vendas *on-line* na China já supera o dos Estados Unidos.

O comércio eletrônico chinês é muito móvel: mais de 85% das vendas de *e-commerce* na China foram realizadas via dispositivos móveis. Pelo menos 80% dos gastos com anúncios digitais na China são em dispositivos móveis: *sites* de varejistas e plataformas de comércio eletrônico devem ser otimizados para dispositivos móveis. O pagamento de vendas *on-line* e em lojas por meio de serviços de telefonia móvel, como o WeChat, está tomando conta do país. Havia 577,4 milhões de usuários chineses de pagamentos móveis em 2019. A China também se tornou o maior mercado de pagamentos móveis do mundo.

O WeChat, da Tencent, com mais de 1,1 bilhão de usuários ativos, é a plataforma móvel dominante no país. Varejistas e marcas descobriram que capturar a atenção do consumidor normalmente requer operar dentro do ambiente na plataforma WeChat, em vez de desenvolver um aplicativo móvel direto ao consumidor. Empresas como Estee Lauder, Coach e Gap executam seus programas de fidelidade no aplicativo WeChat e realizam a gestão de relacionamento com o cliente (CRM) também na própria plataforma. A Max Factor desenvolveu um novo sistema de CRM social dentro da plataforma WeChat. A empresa criou um banco de dados de clientes detalhado com 36 categorias usando dados *on-line* e *offline*. A Max Factor agora usa dados em tempo real para enviar mensagens personalizadas com base em diferentes estágios do ciclo de vida do cliente, tudo por meio da plataforma WeChat.

Os cartões de crédito nunca se tornaram amplamente utilizados na China. Até recentemente, os gastos discricionários não eram realmente possíveis para muitos chineses – há ainda uma longa aversão cultural à dívida. Além disso, o governo dificultou o estabelecimento de empresas como Visa e Mastercard no país.

O comércio eletrônico deu aos consumidores digitais da China acesso a produtos do exterior, e uma parcela notável desses clientes parece estar se beneficiando. Compradores transfronteiriços parecem preferir itens que são muito caros ou muito escassos no mercado interno.

As categorias mais populares de bens comprados via internet pelos chineses incluem vestuário, alimentos e bebidas, produtos domésticos, eletrônicos de consumo, eletrodomésticos e produtos de cuidados pessoais. Alimentos, luxo e produtos esportivos e de bem-estar são categorias-chave para o crescimento futuro. Os compradores *on-line* chineses tendem a ser jovens, urbanos e de alta escolaridade. São muito mais orientados para o consumo do que as gerações mais velhas, que foram moldadas como poupadoras por diferentes circunstâncias políticas e econômicas. Os compradores mais jovens estão mais dispostos a gastar.

As mídias sociais são um canal importante para iniciar as compras *on-line*. Cerca de 50% dos consumidores chineses usam as mídias sociais para descobrir novos produtos e 25% compram diretamente por meio de um canal social. Varejistas e marcas precisam desenvolver e participar de comunidades e se envolver com clientes em plataformas sociais.

Até certo ponto, o comércio eletrônico está substituindo as compras em mercados físicos na China, representando 42% do crescimento do consumo privado até 2020, de acordo com Boston Consulting e AliResearch. Por esse motivo, grandes redes, como Walmart e Carrefour, fecharam várias lojas na China.

Parece que há muitas oportunidades para empresas globais que desejam vender no mercado de comércio eletrônico chinês. Mas não é exatamente assim. A China pode ter o mercado de comércio eletrônico maior e de mais rápido crescimento do mundo, mas também é um dos mais difíceis para as empresas estrangeiras penetrarem. O *e-commerce* de lá está lotado e é hipercompetitivo, e o país não está totalmente aberto para negócios *on-line*.

Primeiro, há o que é chamado de Grande *Firewall* da China – uma combinação de legislação e tecnologias para regular a internet internamente no país. A China bloqueia acesso a *sites* estrangeiros selecionados (como Google, Snapchat, Facebook, Twitter e New York Times) e pode diminuir o tráfego de internet transfronteiriço. O país limita o acesso a fontes de informação estrangeiras, bloqueia ferramentas estrangeiras da internet, como pesquisa do Google e aplicativos móveis, e exige que as empresas estrangeiras se adaptem às regulamentações domésticas. Uma lei de segurança cibernética que entrou em vigor em junho de 2017 exige verificações de segurança em empresas estrangeiras e obriga as empresas a armazenar dados importantes na China. Por exemplo, a Apple trabalha com uma empresa chinesa local para armazenar dados chineses de seu serviço iCloud em um *data center* no sudoeste do país.

O Grande *Firewall* também impactou a economia da internet interna da China, sustentando empresas domésticas e reduzindo o apelo de produtos de empresas estrangeiras de internet. O Grande *Firewall* promove o protecionismo comercial que permitiu à China desenvolver seus próprios gigantes da internet: Tencent, Alibaba e Baidu. A Tencent é uma das maiores empresas de internet e tecnologia do mundo, bem como sua maior e mais valiosa empresa de jogos e mídia social. Também possui a maioria dos serviços de música da China. O Alibaba Group Holding é um conglomerado multinacional de comércio eletrônico, varejo, internet, IA e tecnologia que fornece serviços de vendas consumidor a consumidor, empresa a consumidor e empresa a empresa, por meio de portais da *web*, bem como serviços de pagamento eletrônico, mecanismos de busca de compras e serviços de computação em nuvem centrados em dados

A China tem sua própria versão de muitos negócios de comércio eletrônico estrangeiros populares, como Weibo (Twitter), Youku Tudou (YouTube), WeChat (Facebook) e Trip.com (Orbitz e outros). O Alibaba superou o eBay, e o Uber teve que vender suas operações chinesas para um rival local. A internet por trás do Grande *Firewall* pode ser considerada um "universo paralelo" à internet que existe fora. De acordo com um relatório sobre liberdade na internet publicado pela Freedom House, um grupo pró-democracia dos Estados Unidos, a China ficou em último lugar entre os países do mundo com relação à abertura da internet.

Há custos para entrar no mercado chinês. Os depósitos iniciais podem variar de US$ 8 mil a US$ 25 mil, taxas de serviço anuais de US$ 5 mil a US$ 10 mil, e comissões sobre a receita de vendas em torno de 5%. Outros custos podem incluir a necessidade de usar agências aprovadas na produção de vitrines e fornecimento de informações de vendas, bem como disponibilidade de estoque garantida e localização de inventário. As taxas de agência por si só podem chegar a muitos milhares de dólares. Os requisitos técnicos dos filtros de internet chineses podem dificultar a operação e forçar as empresas a encontrar alternativas para os serviços de que as empresas de tecnologia dependem fora da China.

É possível trabalhar com empresas que permitem aos consumidores chineses comprar de marcas internacionais, sem que a marca tenha que ter presença chinesa. Por exemplo, a Xiaoshongshu apresenta um aplicativo móvel que permite que os clientes selecionem produtos dos principais mercados estrangeiros e paguem à empresa por eles. A Xiaoshongshu então fornece esses produtos para o cliente.

Alguns outros pontos a considerar: embora a China regule fortemente a internet, a maioria dos chineses não está tão interessada em contornar os filtros do governo para acessar *sites* estrangeiros como Google ou Facebook. A China tem uma série de *sites* domésticos para preencher esse vazio. Mesmo quando *sites* estrangeiros não são bloqueados, os concorrentes chineses geralmente prevalecem, porque tantas pessoas estão usando seus produtos que estes se tornam indispensáveis. Aplicativos de chamadas e mensagens pela internet, como Skype e WhatsApp, são acessíveis na China, mas geralmente não substituem os produtos chineses no mercado doméstico. Na China, o aplicativo WeChat, da Tencent, é muito mais popular que Skype, WhatsApp e Slack.

Assim que surge uma nova tecnologia ou modelo de negócio, os chineses podem adaptá-lo rapidamente ao mercado local. Marcas líderes de *smartphones*, como Oppo e Vivo – respectivamente, a segunda e terceira marcas de *smartphones* da China por participação de mercado em 2019 – atraem jovens e residentes em cidades menores e menos ricas. Seus telefones se parecem com iPhones e têm muitos dos mesmos recursos, mas custam menos da metade do preço de um iPhone. Enquanto Oppo e Vivo dobraram sua participação no mercado chinês, a Apple caiu para a quarta posição.

Para acompanhar a crescente demanda de áreas urbanas e rurais menores, os varejistas *on-line* estão expandindo a infraestrutura e os serviços logísticos. Por exemplo, Cainiao, o braço de logística da Alibaba, possui 180 mil estações de entrega para o envio de produtos e expandiu seus centros de distribuição de alimentos frescos em toda a China. A logística continua sendo um grande desafio, pois os players chineses de comércio eletrônico tentam alcançar mais clientes em regiões geográficas mais amplas. O sistema de logística da China está longe de ser eficiente, com espaço de armazenamento e rotas de caminhões insuficientes em todo o país. O ramo de entrega de encomendas do país vem crescendo quase 47% ao ano, mas isso não é rápido o suficiente para acompanhar a demanda. A escassez de fornecedores de logística de alta qualidade na China, muitas vezes, sobrecarrega as empresas de comércio eletrônico com entregas atrasadas, encomendas danificadas e perdidas, processos lentos de coleta na entrega (COD), procedimentos de devolução ruins e nenhum serviço especial, como instalação ou capacidade de experimentar as compras. Essas ineficiências aumentam consideravelmente os custos operacionais do comércio eletrônico e corroem as margens de lucro.

Fontes: "China Smartphone Market Share: by Quarter," *Counterpoint Research*, 15 de fevereiro de 2020; Man-Chung Cheung, "China E-commerce 2019," *eMarketer*, 27 de junho de 2019 e "China Mobile Payment Users 2019," *eMarketer*, 24 de outubro de 2019; Nele Sharp, "Why Retailers Should Focus on China for Global Commerce Growth," *Digital Commerce 360*, 10 de abril de, 2019; Lambert Bu, Jacob Wang, Kevin Wei Wang, e Daniel Zipser, "China Digital Consumer Trends, 2019," *McKinsey Digital*, setembro de 2019; Xinhua, "How Can China Deliver 50 Billion Packages Every Year?" 17 de setembro de 2019; Paul Mozur e Carolyn Zhang, "In China, Silicon Valley Giants Confront New Walls," *New York Times*, 22 de julho de 2017; "E-commerce in China–the Future Is Already Here," Pricewaterhouse Coopers, 2017; Alan Lau e Min Su, "China's E-commerce Soft Spot: Logistics," *McKinsey Quarterly*, abril de 2016.

PERGUNTAS DO ESTUDO DE CASO

15.12 Descreva os obstáculos políticos, culturais e organizacionais para empresas estrangeiras que desejam fazer negócios *on-line* na China.

15.13 Como esses fatores impedem as empresas da criação de negócios de comércio eletrônico na China?

15.14 O que sua empresa precisaria fazer para criar uma presença de comércio eletrônico de sucesso na China? Explique.

Referências do Capítulo 15

Accenture. "Technology Not Widely Used in Global Companies' Emerging Market Supply Chains, Study Says." (16 de setembro de 2014).

Burtch, Gordon, Anindya Ghose e Sunil Watta. "Cultural Differences and Geography as Determinants of Online Prosocial Lending." *MIS Quarterly* 38, Nº 3 (setembro de 2014).

Chakravorti, Bhaskar, Ajay Bhalla e Ravi Shankar Chaturved. "The 4 Dimensions of Digital Trust, Charted Across 42 Countries." *Harvard Business Review* (19 de fevereiro de 2018).

Deans, Candace P., e Michael J. Kane. *International Dimensions of Information Systems and Technology*. Boston, MA: PWS-Kent (1992).

Dewhurst, Martin, Jonathan Harris e Suzanne Heywood. "The Global Company's Challenge." *McKinsey Quarterly* (junho de 2012).

Hansen, Suzy. "Finding the Truth Online Is Hard Enough: Censors Make It a Labyrinth." *New York Times Magazine* (13 de novembro de 2019).

Hochberg, Fred P. "The iPhone Isn't Made in China–It's Made Everywhere." *Wall Street Journal* (31 de janeiro de 2020).

Ives, Blake e Sirkka Jarvenpaa. "Applications of Global Information Technology: Key Issues for Management." *MIS Quarterly* 15, Nº 1 (março de 1991).

Ives, Blake, S. L. Jarvenpaa e R. O. Mason. "Global Business Drivers: Aligning Information Technology to Global Business Strategy." *IBM Systems Journal* 32, Nº 1 (1993).

King, William R. e Vikram Sethi. "An Empirical Analysis of the Organization of Transnational Information Systems." *Journal of Management Information Systems* 15, Nº 4 (primavea de 1999).

Kirsch, Laurie J. "Deploying Common Systems Globally: The Dynamic of Control." *Information Systems Research* 15, Nº 4 (dezembro de 2004).

Meyer, Erin. "When Culture Doesn't Translate." *Harvard Business Review* (outubro de 2015).

Mouchawar, Ronaldo. "Souq.com's CEO on Building an E-Commerce Powerhouse in the Middle East." *Harvard Business Review* (setembro-outubro de 2017).

Naím, Moises e Philip Bennett. "The Anti-Information Age." *The Atlantic* (16 de fevereiro de 2016).

Roche, Edward M. *Managing Information Technology in Multinational Corporations*. New York: Macmillan (1992).

Shih, Willy. "Is It Time to Rethink Globalized Supply Chains?" *MIT Sloan Management Review* (19 de março de 2020).

Su, Ning. "Cultural Sensemaking in Offshore Information Technology Service Suppliers: A Cultural Frame Perspective." *MIS Quarterly* 39 Nº 4 (dezembro de 2015).

Tractinsky, Noam e Sirkka L. Jarvenpaa. "Information Systems Design Decisions in a Global Versus Domestic Context." *MIS Quarterly* 19 Nº 4 (dezembro de 1995).

INTEGRAÇÃO DOS NEGÓCIOS COM TECNOLOGIA

Ao concluir os projetos deste livro, os alunos serão capazes de demonstrar conhecimento de negócios, proficiência em *software* aplicativo e habilidades de internet. Esses projetos podem ser usados por instrutores como ferramentas de avaliação de aprendizagem e por alunos como demonstrações de habilidades de negócios, *software* e de resolução de problemas para futuros empregadores. Aqui estão algumas das habilidades e competências que os alunos que usarem este livro serão capazes de demonstrar:

Habilidades com aplicativos empresariais: uso de habilidades de negócios e de *software* em aplicativos empresariais do mundo real. Demonstra conhecimento de negócios e proficiência em planilhas, banco de dados e ferramentas de criação de páginas da *web*/*blogs*.

Habilidades de internet: capacidade de usar ferramentas da internet para acessar informações, realizar pesquisas ou fazer cálculos e análises *on-line*.

Habilidades de análise, de redação e de apresentação: capacidade de pesquisar um tópico específico, analisar um problema, pensar criativamente, sugerir uma solução e preparar uma apresentação escrita ou oral clara da solução, trabalhando individualmente ou em grupo.

Habilidades de aplicativos empresariais

HABILIDADES DE NEGÓCIOS	HABILIDADES DE *SOFTWARE*	CAPÍTULO
Finanças e contabilidade		
Análise de demonstrações financeiras	Gráficos de planilhas	Capítulo 2*
	Fórmulas de planilhas	Capítulo 10
	Download e formatação de planilhas	
Hardware e *software* de determinação de preços	Fórmulas de planilhas	Capítulo5
Decisão de aluguel *versus* de compra de tecnologia	Fórmulas de planilhas	Capítulo 5
Análise do Custo Total de Propriedade (TCO)		
Análise de serviços e custos de telecomunicações	Fórmulas de planilhas	Capítulo 7
Avaliação de risco	Gráficos e fórmulas de planilhas	Capítulo 8
Planejamento de aposentadoria	Fórmulas e funções lógicas de planilhas	Capítulo 11
Orçamento de capital	Fórmulas de planilhas	Capítulo 14
		Capítulo 14*
Recursos humanos		
Treinamento de funcionário e monitoramento de habilidades	Projeto do banco de dados	Capítulo 13
	Consulta e relatórios de base de dados	
Banco de dados e página *web* de anúncio de vagas de emprego	Projeto do banco de dados	Capítulo 15
	Projeto e criação de página *web*	
Fabricação e produção		
Análise de desempenho e de preços dos fornecedores	Funções de data de planilhas	Capítulo 2
	Funções de banco de dados	
	Filtragem de dados	
Gestão de estoque	Importando dados para um banco de dados	Capítulo 6
	Consulta e relatórios de banco de dados	
Análise de sensibilidade de custo de listas dos materiais	Tabelas de dados de planilhas	Capítulo 12*
	Fórmulas de planilha	

Vendas e *Marketing*

Análise de tendências de vendas	Consulta e relatórios de base de dados	Capítulo 1
Sistemas de reservas do cliente	Consulta e relatórios de base de dados	Capítulo 3
Melhoria de decisões de *marketing*	Tabelas dinâmicas de planilhas	Capítulo 12
Perfis de clientes	Projeto do banco de dados Consulta e relatórios de base de dados	Capítulo 6*
Análise de atendimento ao cliente	Projeto do banco de dados Consulta e relatórios de base de dados	Capítulo 9
Análise de leads de venda e de clientes	Projeto do banco de dados Consulta e relatórios de base de dados	Capítulo 13
Criação e projeto de *blogs*	Ferramenta de criação de *blogs*	Capítulo 4

Habilidades de internet

Usar ferramentas de *software on-line* para busca de emprego e desenvolvimento de carreira	Capítulo 1
Usar *software* de mapeamento interativo *on-line* para planejar rotas de transporte eficientes	Capítulo 2
Pesquisar informações sobre produtos e avaliar *sites* para vendas de automóveis	Capítulo 3
Analisar a proteção da privacidade do navegador da *web*	Capítulo 4
Pesquisar custos de viagem usando *sites* de viagens *on-line*	Capítulo 5
Pesquisar bancos de dados *on-line* para produtos e serviços	Capítulo 6
Usar mecanismos de pesquisa da *web* para pesquisa de negócios	Capítulo 7
Pesquisar e avaliar serviços de terceirização de negócios	Capítulo 8
Pesquisar e avaliar serviços de gestão da cadeia de suprimentos	Capítulo 9
Avaliar serviços de hospedagem de comércio eletrônico	Capítulo 10
Usar bots de compras para comparar preços, recursos e disponibilidade de produtos	Capítulo 11
Usar ferramentas de *software on-line* para planejamento de aposentadoria	Capítulo 12
Analisar requisitos de projeto e informação do *site*	Capítulo 13
Pesquisar preços imobiliários	Capítulo 14
Pesquisar mercados internacionais e determinação de preços	Capítulo 15

Habilidades de análise, de redação e de apresentação

PROBLEMA DE NEGÓCIOS	CAPÍTULO
Análise de gestão de um negócio	Capítulo 1
Análise da cadeia de valor e das forças competitivas Formulação da estratégia de negócios	Capítulo 3
Formular uma política de privacidade corporativa	Capítulo 4
Análise de produtividade de funcionários	Capítulo 7
Plano de recuperação de desastres	Capítulo 8
Localização e avaliação de fornecedores	Capítulo 9
Desenvolver uma estratégia de comércio eletrônico	Capítulo 10
Identificar oportunidades de gestão do conhecimento	Capítulo 11
Identificar mercados internacionais	Capítulo 15

GLOSSÁRIO

abordagem em fases Introduz o novo sistema em etapas, seja por funções ou por unidades organizacionais.

abusos digitais Prática de atos envolvendo um computador que podem não ser ilegais, mas são considerados antiéticos.

acordo de nível de serviço (SLA) Contrato formal entre os clientes e seus prestadores de serviços que define as responsabilidades específicas do prestador de serviços e o nível de serviço esperado pelo cliente.

adesão Modelo de consentimento informado que permite proibir uma organização de coletar qualquer informação pessoal, a menos que o indivíduo tome medidas específicas para aprovar a coleta e o uso de informações.

agente de mudança No contexto da implementação, o indivíduo atua como catalisador durante o processo de mudança para garantir uma adaptação organizacional bem-sucedida a um novo sistema ou inovação.

agentes inteligentes Programas de *software* com base de conhecimento embutida ou aprendida que realizam tarefas específicas para um usuário individual, processo de negócios ou *software* aplicativo

algoritmos genéticos Métodos de resolução de problemas que promovem a evolução de soluções para problemas específicos usando o modelo de organismos vivos adaptando-se ao seu ambiente.

alta administração Pessoas que ocupam a hierarquia mais alta em uma organização que são responsáveis por tomar decisões de longo prazo.

análise de carteira (portfólio) Análise da carteira (portfólio) de aplicações potenciais dentro de uma empresa para determinar os riscos e benefícios e selecionar entre alternativas para sistemas de informação.

análise de impacto organizacional Estudo de como um sistema proposto afetará a estrutura organizacional, atitudes, tomada de decisão e operações.

análise de localização Capacidade de obter percepções a partir do componente de localização (geográfica) dos dados, incluindo dados de localização oriundos de telefones celulares, resultantes de sensores ou de dispositivos de digitalização e dados de mapas.

análise de sensibilidade Modelos que fazem perguntas "e se" repetidamente para determinar o impacto das mudanças em um ou mais fatores nos resultados.

análise de sentimento Pesquisa de comentários de texto em uma mensagem de *e-mail*, *blog*, conversa de mídia social ou formulário de pesquisa para detectar opiniões favoráveis e desfavoráveis sobre assuntos específicos.

análise de sistemas Análise de um problema que uma empresa tenta resolver com um sistema de informação.

análise preditiva Uso de técnicas de mineração de dados, dados históricos e suposições sobre condições futuras para prever resultados de eventos, como a probabilidade de um cliente responder a uma oferta ou comprar um produto específico.

analistas de sistemas Especialistas que traduzem problemas e requisitos de negócios em requisitos e sistemas de informação, atuando como elo entre o departamento de sistemas de informação e o resto da organização.

Android Sistema operacional móvel desenvolvido pela Android, Inc. (adquirida pelo Google) e posteriormente pela Open Handset Alliance como uma plataforma de dispositivo móvel flexível e atualizável.

aplicações integradas Sistemas que podem coordenar atividades, decisões e conhecimento em muitas funções, níveis e unidades de negócios diferentes em uma empresa. Inclua sistemas integrados, sistemas de gestão da cadeia de suprimentos e sistemas de gestão do conhecimento.

app móvel Aplicativo habilitado para internet com funcionalidade específica para dispositivos móveis que é acessado por meio do navegador da *web* de um dispositivo móvel.

app nativo Aplicativo autônomo projetado para ser executado em uma plataforma e dispositivo específico e é instalado diretamente no dispositivo móvel

apps São pequenos programas de *software* que rodam na internet ou em computador, celular ou *tablet* e que geralmente são disponibilizados pela internet.

aprendizado automático *Software* que pode identificar padrões em bancos de dados muito grandes sem programação explícita, embora com treinamento fornecido por seres humanos significativo.

aprendizado não supervisionado Algoritmo de aprendizado de máquina treinado para usar informações que não são classificadas nem rotuladas antecipadamente e para encontrar padrões nessas informações sem orientação humana explícita.

aprendizado organizacional Criação de novos procedimentos operacionais padrão e processos de negócios que reflitam a experiência das organizações.

aprendizado profundo Usar várias camadas de redes neurais para revelar os padrões subjacentes nos dados e, em alguns casos limitados, identificam padrões sem treinamento fornecido por agentes humanos.

aprendizagem supervisionada Algoritmo de aprendizagem automática treinado que fornece exemplos específicos de entradas e saídas desejadas classificadas antecipadamente por humanos.

armazenamento definido por *software* (SDS) *Software* para gerenciar provisionamento e gerenciamento de armazenamento de dados independente do *hardware* subjacente.

arquitetura cliente/servidor multicamadas (N camadas) Rede cliente/servidor em que o trabalho de toda a rede é equilibrado em vários níveis diferentes de servidores.

arquitetura internacional de sistemas de informação Sistemas básicos de informação exigidos pelas organizações para coordenar o comércio mundial e outras atividades.

arquitetura orientada a serviços (SOA) Arquitetura de *software* de uma empresa desenvolvida em uma coleção de programas de *software* que se comunicam entre si para executar tarefas atribuídas para criar um aplicativo de *software* funcional

arquivo Grupo de registros do mesmo tipo.

ataque de negação de serviço (DoS) Sobrecarregar um servidor de rede ou servidor *web* com milhares de falsas comunicações ou requisições de serviço, a fim de inutilizar a rede.

ataque distribuído de negação de serviço (DDoS) Inúmeros computadores que sobrecarregam a rede a partir de diferentes pontos.

ataque por SQL injection Ataques contra um *site* que tira proveito de vulnerabilidades em aplicativos SQL mal codificados (um aplicativo de *software* de banco de dados padrão e comum) para introduzir código de programa malicioso nos sistemas e redes de uma empresa.

atividades de apoio Atividades que tornam possível a entrega das atividades principais de uma empresa. Consiste na infraestrutura, recursos humanos, tecnologia e compras da organização.

atividades primárias Atividades mais diretamente relacionadas à produção e distribuição dos produtos ou serviços de uma empresa.

ativos complementares Ativos adicionais necessários para derivar valor de um investimento primário.

atributo Pedaço de informação que descreve uma entidade particular.

auditoria de qualidade de dados Pesquisa e/ou amostra de arquivos para determinar a precisão e integridade dos dados em um sistema de informação.

auditoria de sistemas de informação Identifica todos os controles que regem os sistemas de informação individuais e avalia sua eficácia.

auditoria pós-implementação Processo de revisão formal conduzido após um sistema ter sido colocado em produção para determinar quão bem o sistema atingiu seus objetivos originais.

autenticação biométrica Tecnologia para autenticar usuários do sistema que compara as características exclusivas de uma pessoa, como impressões digitais, rosto ou imagem da retina, com um perfil de conjunto armazenado dessas características.

autenticação Capacidade de cada parte em uma transação para determinar a identidade da outra parte.

autenticação de dois fatores Validar a identidade do usuário com dois meios de identificação, um dos quais normalmente é um *token* físico e o outro normalmente são dados.

automação da força de vendas (SFA) *Software* para automatizar as tarefas comerciais de vendas, incluindo gestão de leads, compartilhamento de informações, gestão de pedidos, análise de previsão de vendas e avaliação de desempenho de funcionários.

automação Usar o computador para acelerar o desempenho de tarefas existentes.

avaliação de risco Determinar a frequência potencial da ocorrência de um problema e o dano potencial se o problema ocorrer. Usada para determinar o custo/benefício de um controle.

banco de dados distribuído Banco de dados armazenado em vários locais físicos.

banda larga Tecnologia de transmissão de alta velocidade. Também designa um único meio de comunicação que pode transmitir vários canais de dados simultaneamente.

base de conhecimento Modelo de conhecimento humano que é usado por sistemas especialistas.

base de dados Coleção de dados organizados para atender a muitos aplicativos ao mesmo tempo, armazenando e gerenciando dados para que pareçam estar em um único local.

benchmarking Definir padrões rígidos para produtos, serviços ou atividades e medir o desempenho organizacional em relação a esses padrões.

benefícios intangíveis Benefícios que não são facilmente quantificáveis; incluem atendimento ao cliente mais eficiente ou tomada de decisão aprimorada.

benefícios tangíveis Benefícios que podem ser quantificados e atribuídos um valor monetário; incluem custos operacionais mais baixos e fluxos de caixa aumentados.

bens digitais Bens que podem ser fornecidos por meio de uma rede digital.

big data Conjuntos de dados com volumes tão grandes que estão além da capacidade de um DBMS normal de capturar, armazenar e analisar. Os dados são frequentemente não estruturados ou semiestruturados.

bit Dígito binário que representa a menor unidade de dados em um sistema de computador. Só pode ter um de dois estados, representando 0 ou 1.

blockchain Sistema de contabilidade distribuído que armazena registros permanentes e invioláveis de transações, e os compartilha entre uma rede distribuída de computadores.

blog Termo popular para "weblog", designando um *site* informal, porém estruturado, onde os indivíduos podem publicar histórias, opiniões e *links* para outros *sites* de interesse.

blogosfera Totalidade de *sites* relacionados a *blogs*.

Bluetooth Padrão para redes de área pessoal sem fio que podem transmitir até 722 Kbps em uma área de 10 metros.

bolsa privada Outro termo usado para designar uma rede setorial privada.

bot de compras *Software* com vários níveis de inteligência integrada para ajudar os compradores de comércio eletrônico a localizar e avaliar produtos ou serviços que desejam comprar.

botnet Grupo de computadores infectados com *malware* de bot sem o conhecimento dos usuários, permitindo que um *hacker* use os recursos acumulados dos computadores para lançar ataques distribuídos de negação de serviço, campanhas de *phishing* ou *spam*.

bugs Defeitos no código do programa de *software*.

busca semântica Tecnologia de busca capaz de compreender a linguagem e o comportamento humano.

BYOD Significa "traga seu próprio dispositivo" e refere-se a funcionários que usam seus próprios dispositivos de computação no local de trabalho.

byte Sequência de *bits*, geralmente oito, usada para armazenar um número ou caractere em um sistema de computador.

cadeia de suprimentos Rede de organizações e processos de negócios para selecionar matérias-primas, transformá-las em produtos intermediários e acabados e distribuir os produtos acabados aos clientes.

campo Agrupamento de caracteres em uma palavra, um grupo de palavras ou um número completo (como o nome ou a idade de uma pessoa).

campo chave Campo em um registro que identifica exclusivamente instâncias desse registro para que ele possa ser recuperado, atualizado ou classificado.

capacitação em computadores Conhecimento sobre tecnologia da informação, com foco na compreensão de como funcionam as tecnologias baseadas em computador.

capacitação em sistemas de informação Compreensão ampla de sistemas de informação que inclui conhecimento comportamental sobre organizações e indivíduos que usam sistemas de informação, bem como conhecimento técnico sobre computadores.

capital organizacional e de gestão Investimentos em organização e gestão, como novos processos de negócios, comportamento gerencial, cultura organizacional ou treinamento.

caso de negócios Proposta à administração buscando aprovação para um investimento, descrevendo seus custos, benefícios e valor comercial.

cavalo de Troia Programa de *software* que parece legítimo, mas contém uma segunda função oculta que pode causar danos.

certificado digital Anexo a uma mensagem eletrônica para verificar a identidade do remetente e fornecer ao destinatário os meios para codificar uma resposta.

chat Conversas ao vivo e interativas em uma rede pública.

chatbots Agente de *software* projetados para simular uma conversa com um ou mais usuários humanos por meio de meios textuais ou auditivos.

chave estrangeira Campo em uma tabela de banco de dados que permite que os usuários encontrem informações relacionadas em outra tabela de banco de dados.

chave primária Identificador exclusivo para todas as informações em qualquer linha de uma tabela de banco de dados.

Chrome OS Sistema operacional de computador leve do Google para usuários que fazem a maior parte de sua computação na internet; é executado em computadores que variam de netbooks a computadores *desktop*.

cibervandalismo Interrupção, desfiguração ou destruição intencionais de um *site* ou sistema de informações corporativas.

ciclo de vida dos sistemas Metodologia tradicional para desenvolver um sistema de informação que divide o processo de desenvolvimento de sistemas em etapas formais que devem ser concluídas sequencialmente com uma divisão muito formal de trabalho entre usuários finais e especialistas em sistemas de informação.

cliente Ponto de entrada do usuário para a função necessária na computação cliente/servidor. Normalmente um computador *desktop*, estação de trabalho ou *laptop*.

colaboração Trabalho com outras pessoas para alcançar objetivos compartilhados e explícitos.

com outras máquinas ou enviar dados. Também conhecida como Internet Industrial.

combinam eficiência técnica com sensibilidade às necessidades organizacionais e humanas.

comércio eletrônico (*e-commerce*) Processo de compra e venda de bens e serviços eletronicamente envolvendo transações usando a internet, redes e outras tecnologias digitais.

comércio eletrônico empresa-consumidor (B2C) Comércio eletrônico de produtos e serviços no varejo diretamente a compradores individuais.

comércio eletrônico empresa-empresa (B2B) Venda eletrônica de bens e serviços entre empresas.

comércio móvel (*m-commerce*) Uso de dispositivos sem fio, como *smartphones* ou *tablets*, para realizar transações de comércio eletrônico B2C e B2B pela internet.

competência essencial Atividade em que uma empresa se destaca como líder de classe internacional.

computação cliente/servidor Modelo de computação que divide o processamento entre clientes e servidores em uma rede, atribuindo funções à máquina mais capaz de realizar a função.

computação de borda Método de otimização de sistemas de computação em nuvem por meio do processamento de parte dos dados em um conjunto de servidores vinculados na borda da rede, próximo à fonte dos dados.

computação em memória Tecnologia para análise e processamento muito rápidos de grandes quantidades de dados armazenando os dados na memória principal do computador em vez de no armazenamento secundário.

computação em nuvem Modelo computacional no qual a capacidade de processamento, armazenamento, *software* e outros serviços são obtidos de um agrupamento de recursos virtualizados por meio de uma rede, geralmente a internet.

computação quântica Uso de princípios da física quântica para representar dados e realizar operações sobre os dados, com a capacidade de estar em muitos estados diferentes ao mesmo tempo e realizar muitos cálculos diferentes simultaneamente.

computação sob demanda Empresas descarregam a demanda de pico de poder de computação para centros de processamento de dados remotos de grande escala, investindo apenas o suficiente para lidar com cargas de processamento médias e pagando apenas pelo poder de computação adicional que o mercado exige. Também chamado de computação de utilidade.

computação verde (TI verde) Refere-se a práticas e tecnologias voltadas a concepção, fabricação, utilização e descarte de computadores, servidores e dispositivos associados, como monitores, impressoras, dispositivos de armazenamento e sistemas de rede e comunicação, visando minimizar impactos sobre o meio ambiente.

computador Wintel Qualquer computador que use microprocessadores Intel (ou processadores compatíveis) e um sistema operacional Windows.

comunicação de campo próximo (NFC) Padrão de conectividade sem fio de curto alcance que usa campos de rádio eletromagnéticos para permitir que dois dispositivos compatíveis troquem dados quando colocados a poucos centímetros um do outro.

comunicações unificadas Integram canais distintos de comunicação por voz, comunicação de dados, mensagens instantâneas, *e-mails* e conferência eletrônica em uma experiência única na qual o usuário pode perfeitamente alternar entre modos diferentes de comunicação.

comunidades de prática (COPs) Redes sociais informais de profissionais e funcionários dentro e fora da empresa que têm atividades e interesses relacionados ao trabalho semelhantes.

comutação de pacote Tecnologia que divide as mensagens em pequenos pacotes fixos de dados e os encaminha da maneira mais econômica por meio de qualquer canal de comunicação disponível.

conexões de internet a cabo Conexões de internet que usam linhas coaxiais a cabo digitais para prover acesso de alta velocidade à internet a residências e empresas.

conhecimento Conceitos, experiências e percepções que fornecem uma estrutura para criar, avaliar e usar informações.

conhecimento estruturado Conhecimento na forma de documentos e relatórios estruturados.

conhecimento explícito Conhecimento que foi documentado.

conhecimento tácito Conhecimento e experiência dos membros da organização que não foram formalmente documentados.

consentimento informado Consentimento dado com conhecimento de todos os fatos necessários para tomar uma decisão racional.

consulta Requisição de dados de um banco de dados.

consumerização de TI Nova tecnologia da informação originada no mercado consumidor que se espalha para as organizações empresariais.

consumidor a consumidor (C2C) Consumidores que vendem bens e serviços eletronicamente a outros consumidores.

contraimplementação Estratégia deliberada para impedir a implementação de um sistema de informação ou uma inovação em uma organização.

controles de aplicações Controles específicos exclusivos para cada aplicação informatizado que garantem que apenas os dados autorizados sejam processados de forma completa e precisa por essa aplicação.

controles gerais Ambiente de controle geral que controla projeto, segurança e uso de programas de computadores, além da segurança de arquivos de dados em toda a infraestrutura de TI da empresa.

controles Todos os métodos, as políticas e os procedimentos organizacionais que garantem a segurança dos ativos da organização, a precisão e a confiabilidade de seus registros contábeis e a adesão operacional aos padrões administrativos

conversão Processo de passagem do sistema antigo para o novo.

cookies Arquivos de textos minúsculos depositados no disco rígido de um computador quando um usuário visita determinados *sites*. Usados para identificar o visitante e rastrear os acessos ao *site*.

cooptação Movimento de trazer a oposição para o processo de projetar e implementar a solução sem abrir mão do controle sobre a direção e a natureza da mudança.

costumização em massa Capacidade de oferecer produtos ou serviços personalizados usando recursos de produção em massa.

criador de mercado Modelo de negócios de comércio eletrônico no qual as empresas fornecem um ambiente digital *on-line* em que compradores e vendedores podem se encontrar, pesquisar produtos e realizar transações.

crime virtual Prática de atos ilegais usando um computador ou realizados contra um sistema de computadores.

criptografia Codificação e embaralhamento de mensagens para evitar que sejam lidas ou acessadas sem autorização.

criptografia de chave pública Usa duas chaves: uma compartilhada (ou pública) e uma privada.

CRM analítico Aplicativos de gerenciamento de relacionamento com o cliente que lidam com a análise de dados do cliente para fornecer informações para melhorar o desempenho do negócio.

CRM operacional Aplicações voltadas ao consumidor, como ferramentas para automação da força de vendas, apoio ao atendimento e ao call center e automação do *marketing*.

CRM social Ferramentas que permitem que uma empresa conecte as conversas e relacionamentos com os clientes existentes em *sites* de redes sociais aos processos de CRM.

cross-selling **(venda cruzada)** *Marketing* de produtos complementares aos clientes.

crowdsourcing Usar grandes audiências da internet para aconselhamento, *feedback* do mercado, novas ideias e soluções para problemas de negócios. Relacionado com a teoria da "sabedoria das massas".

cultura Conjunto de suposições fundamentais sobre quais produtos a organização deve produzir, como e onde deve produzi-los e para quem devem ser produzidos.

cultura global Desenvolvimento de expectativas comuns, artefatos compartilhados e normas sociais entre diferentes culturas e povos.

cursos *on-line* abertos e massivos (MOOC) Curso *on-line* disponibilizado via *web* para um número muito grande de participantes.

custo total de propriedade (TCO) Designa o custo total de propriedade de recursos de tecnologia, incluindo custos iniciais de compra, o custo de atualizações de *hardware* e *software*, manutenção, suporte técnico e treinamento.

customização Em comércio eletrônico, alterar o produto ou o serviço fornecido com base nas preferências do usuário ou em seu comportamento passado.

custos de busca Tempo e o dinheiro gastos na localização de um produto adequado e na determinação do melhor preço para esse produto.

custos de entrada no mercado Custo que os comerciantes devem pagar para levar seus produtos ao mercado.

custos de menu Custos dos comerciantes para alterar os preços.

custos de mudança Despesa em que um cliente ou empresa incorre em perda de tempo e gasto de recursos ao mudar de um fornecedor ou sistema para um fornecedor ou sistema concorrente.

custos de transação Custos incorridos quando uma empresa compra no mercado o que ela mesma não pode fabricar.

dados Fluxos de fatos brutos que representam eventos que ocorrem nas organizações ou no ambiente físico antes de serem organizados e dispostos de uma forma que as pessoas possam entender e usar.

dark web Pequena porção da *deep web* que foi intencionalmente escondida dos mecanismos de busca para preservar o anonimato.

***data cleansing* (limpeza de dados)** Atividades para detectar e corrigir dados em um banco de dados ou arquivo que estejam incorretos, incompletos, formatados incorretamente ou redundantes. Também conhecida como data *scrubbing*.

data lake Repositório de dados brutos não estruturados ou dados estruturados que, em sua maioria, ainda não foram analisados.

data mart Pequeno *data warehouse* contendo apenas uma parte dos dados da organização para uma função ou população de usuários especificada.

data warehouse Banco de dados, com ferramentas de relatórios e consultas, que armazena dados atuais e históricos extraídos de diversos sistemas operacionais e consolidados para relatórios e análises gerenciais.

DBMS relacional Tipo de modelo de banco de dados lógico que trata os dados como se estivessem armazenados em tabelas bidimensionais. Pode relacionar dados armazenados em uma tabela com dados em outra, desde que as duas tabelas compartilhem um elemento de dados comum.

decisões estruturadas Decisões que são repetitivas e rotineiras e têm um procedimento definido para tratá-las.

decisões não estruturadas Decisões não rotineiras nas quais o tomador de decisão deve fornecer julgamento, avaliação e percepções sobre a definição do problema; não existe um procedimento acordado para tomar tais decisões.

decisões semiestruturadas Decisões em que apenas parte do problema tem uma resposta clara fornecida por um procedimento aceito.

definição de dados Recurso de DBMS que especifica a estrutura e o conteúdo do banco de dados.

densidade de informação Quantidade total e a qualidade das informações disponíveis para todos os participantes do mercado, consumidores e comerciantes. **requisitos de informação** Declaração detalhada das necessidades de informação que um novo sistema deve satisfazer; identifica quem precisa do qual

departamento de sistemas de informação Unidade organizacional formal que é responsável pela função dos sistemas de informação na organização.

dependência de dados de programa Estreita relação entre os dados armazenados em arquivos e os programas de *software* que atualizam e mantêm esses arquivos. Qualquer alteração na organização ou formato dos dados requer uma alteração em todos os programas associados a esses arquivos.

desenvolvimento ágil Entrega rápida de *software* de trabalho que divide um grande projeto em uma série de pequenos subprojetos que são concluídos em curtos períodos de tempo usando iteração e *feedback* contínuo.

desenvolvimento com pouco uso de código Abordagem de desenvolvimento de *software* que permite a criação de *software* funcional com codificação manual mínima.

desenvolvimento de sistemas As atividades envolvidas na produção de uma solução de sistemas de informação para um problema ou oportunidade organizacional.

desenvolvimento orientado a objetos Abordagem de desenvolvimento de sistemas que usa o **objeto** como a unidade básica da análise e do projeto de sistemas. O sistema é modelado como um conjunto de objetos e segundo os relacionamentos entre eles.

Desenvolvimento Rápido de Aplicações (RAD) Processo de desenvolvimento de sistemas em um período de tempo muito curto usando prototipagem, ferramentas de *software* de última geração e trabalho em equipe próximo entre usuários e especialistas em sistemas.

desenvolvimento sem código Plataforma para criar aplicativos sem escrever nenhum código de programa.

desintermediação Remoção de organizações ou camadas de processos de negócios responsáveis por certas etapas intermediárias em uma cadeia de valor.

detecção de relações não óbvias (NORA) Tecnologia que pode encontrar conexões ocultas obscuras entre pessoas ou outras entidades analisando informações de muitas fontes diferentes para correlacionar relacionamentos.

determinação de perfil Uso de computadores para combinar dados de várias fontes e criar dossiês digitais de informações detalhadas sobre indivíduos.

determinação dinâmica de preços Precificação de itens com base em interações em tempo real entre compradores e vendedores que determinam o valor de um item em um determinado momento.

devido processo Processo no qual as leis são bem conhecidas e compreendidas e há a capacidade de apelar às autoridades superiores para garantir que as leis sejam aplicadas corretamente.

DevOps Estratégia organizacional para criar uma cultura e ambiente para promover práticas de desenvolvimento rápidas e ágeis, enfatizando a estreita colaboração entre os desenvolvedores de *software* e a equipe operacional de TI.

diagrama de entidade Metodologia para documentar bancos de dados que ilustra o relacionamento entre várias entidades no banco de dados.

diagrama de estrutura Documentação do sistema mostrando cada nível do projeto, a relação entre os níveis e o lugar geral na estrutura do projeto; pode documentar um programa, um sistema ou parte de um programa.

diagrama de fluxo de dados (DFD) Ferramenta primária para análise estruturada que ilustra graficamente o processo de componentes de um sistema e o fluxo de dados entre eles.

dicionário de dados Ferramenta automatizada ou manual para armazenar e organizar informações sobre os dados mantidos em um banco de dados.

diferenciação do produto Estratégia competitiva para criar fidelidade à marca desenvolvendo produtos e serviços novos e exclusivos que não são facilmente duplicados pelos concorrentes.

direito autoral Concessão estatutária que protege os criadores de propriedade intelectual contra a cópia por terceiros para qualquer finalidade por um período mínimo de 70 anos.

direitos de informação Direitos que indivíduos e organizações têm em relação às informações que lhes dizem respeito.

diretor de conhecimento (CKO) Executivo sênior responsável pelo programa de gestão do conhecimento da organização.

discriminação de preços Vender os mesmos bens, ou quase os mesmos bens, a diferentes grupos-alvo a preços diferentes.

documentação Descrições de como um sistema de informação funciona do ponto de vista técnico ou do usuário final.

***drill down* (detalhamento)** Capacidade de passar de dados de resumo para níveis cada vez mais baixos de detalhes.

drive-by download *Malwares* juntamente com um arquivo baixado solicitado por um usuário, intencionalmente ou não.

***driver* de negócios** Força no ambiente à qual as empresas devem responder e que influencia a direção do negócio.

e útil ao ser humano.

economia de rede Modelo de sistemas estratégicos ao nível da indústria baseado no conceito de uma rede onde a adição de outro

ecossistema de negócios Redes fracamente acopladas, mas interdependentes, de fornecedores, distribuidores, empresas de terceirização, empresas de serviços de transporte e fabricantes de tecnologia.

efeito chicote Distorção de informações sobre a demanda de um produto à medida que passa de uma entidade para outra ao longo da cadeia de suprimentos.

e-government Aplicação da internet e das tecnologias de rede para digitalizar o relacionamento das agências governamentais e do setor público com cidadãos, empresas e outros ramos do governo.

e-mail Troca de mensagens de computador para computador.

E-marketplace Um único mercado digital baseado na tecnologia da internet que liga muitos compradores a muitos vendedores.

empresa digital Organização em que quase todos os processos de negócios e relacionamentos significativos com clientes, fornecedores e funcionários são habilitados digitalmente e os principais ativos corporativos são gerenciados por meios digitais.

empresa virtual Organização que usa redes para conectar pessoas, ativos e ideias para criar e distribuir produtos e serviços sem se limitar aos limites organizacionais tradicionais ou à localização física.

Endereço de Protocolo da Internet (IP) Endereço numérico de quatro partes que indica uma localização exclusiva do computador na internet.

engenharia social Induzir as pessoas a revelar suas senhas fingindo ser usuários legítimos ou membros de uma empresa que precisam de informações.

entidade Pessoa, lugar, coisa ou evento sobre o qual as informações devem ser mantidas.

entrada Captura ou coleta dados brutos de dentro da organização ou de seu ambiente externo.

equipes Grupos formais cujos membros colaboram para atingir objetivos específicos.

ergonomia Interação de pessoas e máquinas no ambiente de trabalho, incluindo a concepção de empregos, problemas de saúde e a interface do usuário final dos sistemas de informação.

escalabilidade Capacidade que um computador, produto ou sistema tem de expandir-se para atender um número maior de usuários sem sofrer pane.

escolha O terceiro estágio de tomada de decisão de Simon, quando o indivíduo seleciona entre as várias alternativas de solução.

escopo Define qual trabalho está ou não incluído em um projeto.

especificações de processo Descrevem a transformação que ocorre no nível mais baixo do fluxograma de dados,

estratégia "*just-in-time*" Sistema de agendamento para minimizar o estoque, fazendo com que os componentes cheguem exatamente no momento em que são necessários e os produtos acabados sejam enviados assim que saem da linha de montagem.

estratégia de *cutover* direto Abordagem de conversão arriscada em que o novo sistema substitui completamente o antigo em um dia determinado.

estratégia de estudo-piloto Estratégia para introduzir o novo sistema em uma área limitada da organização até que seja comprovado que está totalmente funcional; só então pode ocorrer a conversão para o novo sistema em toda a organização.

estratégia em paralelo Abordagem de conversão segura e conservadora em que tanto o sistema antigo quanto o seu potencial substituto são executados juntos durante algum tempo, até que todos estejam seguros de que o novo funciona corretamente.

estruturadas Refere-se às técnicas elaboradas passo a passo, sendo cada um dos passos fundamentado no anterior.

estudo de viabilidade Como parte do processo de análise de sistemas, a forma de determinar se a solução é alcançável, dados os recursos e restrições da organização.

ética Princípios de certo e errado que podem ser usados por indivíduos agindo como agentes morais livres para fazer escolhas para guiar seu comportamento.

exclusão digital Grandes disparidades no acesso a computadores e à internet entre diferentes grupos sociais e diferentes locais.

executivo-chefe de dados (CDO, *chief data officer*) Responsável pela governança corporativa e pela utilização das informações para maximizar o valor que a organização pode obter de seus dados.

executivo-chefe de privacidade (CPO) Responsável por garantir que a empresa cumpra as leis de privacidade de dados existentes.

Executivo-chefe de segurança (CSO) Lidera uma função de segurança formal para a organização e é responsável por fazer cumprir a política de segurança da empresa.

executivo-chefe de TI (CIO) Gerente sênior responsável pela função de sistemas de informação na empresa.

exportação doméstica Formato de organização de negócios caracterizado pela forte centralização das atividades corporativas no país de origem.

Extensible Markup Language (XML) Linguagem de uso geral que descreve a estrutura de um documento e pode realizar apresentação, comunicação e armazenamento de dados, permitindo que os dados sejam manipulados pelo computador

extrair os dados de que precisam sem ter que criar arquivos separados ou definições de dados em seus programas de computador.

extranet Intranet privada acessível a pessoas de fora autorizadas.

feedback Saída que é devolvida aos membros apropriados da organização para ajudá-los a avaliar ou corrigir a entrada.

ferramentas de controle formal Técnica de gerenciamento de projetos que ajuda a monitorar o progresso em direção à conclusão de uma tarefa e ao cumprimento de metas.

ferramentas de integração externa Técnicas de gestão de projetos que vinculam o trabalho da equipe de implementação aos usuários em todos os níveis organizacionais.

ferramentas de integração interna Técnica de gerenciamento de projetos que garante que a equipe de implementação funcione como uma unidade coesa.

ferramentas de planejamento formal Técnica de gerenciamento de projetos que estrutura e sequencia as tarefas, orçando tempo, dinheiro e recursos técnicos necessários para concluir as tarefas.

FinTech Empresas e serviços iniciantes inovadores de tecnologia financeira.

firewall *Hardware* e *software* colocados entre a rede interna de uma organização e uma rede externa para evitar que pessoas de fora

fluxo de dados transfronteiriço Movimento de informação através das fronteiras internacionais em qualquer formato.

franqueador Formato de organização de negócios em que o produto é criado, projetado, financiado e inicialmente produzido no país de origem, mas, por razões específicas do próprio produto, confiam as futuras produções, o *marketing* e os recursos humanos a pessoal estrangeiro.

fraude do clique Uso fraudulento de cliques em um anúncio *on-line* em publicidade por clique para gerar uma cobrança indevida por clique.

funções empresariais Tarefas especializadas executadas em uma organização empresarial, incluindo manufatura e produção, vendas e *marketing*, finanças e contabilidade e recursos humanos.

gêmeos do mal (*evil twins*) Redes sem fio que fingem ser legítimas para atrair os participantes a fazer *login* e revelar senhas ou números de cartão de crédito.

gerência de projetos Aplicação de conhecimento, habilidades, ferramentas e técnicas de modo a alcançar alvos específicos dentro de determinado orçamento e com restrições de tempo.

gerenciamento de dispositivos móveis (MDM) S oftware que monitora, gerencia e protege dispositivos móveis implantados em vários provedores de serviços móveis e vários sistemas operacionais móveis usados na organização.

gerentes de sistemas de informação Líderes dos vários especialistas do departamento de sistemas de informação.

gestão da experiência do cliente Gestão de todas as interações entre um cliente e uma empresa ao longo de toda a sua relação comercial.

gestão da qualidade total (TQM) Conceito que torna o controle de qualidade uma responsabilidade a ser compartilhada por todas as pessoas de uma organização.

gestão de desempenho empresarial (BPM) Tentativas de traduzir sistematicamente as estratégias de uma empresa (por exemplo, diferenciação, produtor de baixo custo, crescimento de participação de mercado e escopo de operação) em metas operacionais.

gestão de identidade Processos de negócios e ferramentas de *software* para identificar os usuários válidos de um sistema e controlar seu acesso aos recursos do sistema.

gestão de mudanças Gerenciar o impacto da mudança organizacional associada a uma inovação, como um novo sistema de informação.

gestão de portfólio de projetos Ajuda as organizações a avaliar e gerenciar portfólios de projetos e dependências entre eles.

gestão de processos de negócios (BPM) Abordagem de negócios que visa melhorar e gerenciar continuamente os processos de negócios.

gestão de relacionamento com o cliente (CRM) Disciplina de negócios e tecnologia que usa sistemas de informação para coordenar todos os processos de negócios que envolvem as interações da empresa com seus clientes em vendas, *marketing* e serviços.

gestão de relacionamento com o funcionário (ERM) *Software* que lida com assuntos de funcionários, como estabelecimento de objetivos, gestão do desempenho do funcionário, remuneração baseada no desempenho e treinamento.

gestão do conhecimento Conjunto de processos desenvolvidos em uma organização para criar, reunir, armazenar, manter e disseminar o conhecimento da empresa.

gestão do relacionamento com parceiros (PRM) Automação dos relacionamentos da empresa com seus parceiros de vendas usando dados de clientes e ferramentas analíticas para melhorar a coordenação e as vendas dos clientes.

gestão intermediária Pessoal no meio da hierarquia organizacional responsável pela execução dos planos e objetivos da alta administração.

gestão operacional Pessoas que monitoram as atividades do dia a dia da organização.

governança de dados Políticas e processos para gerenciar a disponibilidade, usabilidade, integridade e segurança dos dados da empresa.

Governança de TI Estratégia e políticas para uso da tecnologia da informação dentro de uma organização, especificando os direitos de decisão e responsabilidades para garantir que a tecnologia da informação apoie as estratégias e objetivos da organização.

gráfico de Gantt Representa visualmente o tempo, a duração e os requisitos de recursos das tarefas do projeto.

gráfico PERT Diagrama de rede que descreve as tarefas do projeto e suas interrelações.

grafo social Mapa de todas as relações sociais *on-line* significativas, comparável a uma rede social que descreve as relações *offline*.

guerra cibernética Atividade patrocinada pelo Estado e projetada para mutilar e derrotar outro Estado ou nação por meio da invasão em seus computadores ou redes.

hacker Pessoa que obtém acesso não autorizado a uma rede de computadores para fins lucrativos, danos criminosos ou prazer pessoal.

Hadoop Estrutura de *software* de código aberto que permite o processamento paralelo distribuído de grandes quantidades de dados em muitos computadores baratos.

***hardware* do computador** Equipamento físico usado para atividades de entrada, processamento e saída em um sistema de informação.

hertz Medida de frequência de impulsos elétricos por segundo, com 1 Hertz equivalente a 1 ciclo por segundo.

HIPAA Lei que define regras para segurança médica, privacidade e gerenciamento de registros de saúde.

HTML5 Próxima evolução do HTML, que possibilita incorporar imagens, vídeo e áudio diretamente em um documento sem *software* adicional.

hubs Dispositivos simples que conectam componentes de rede, enviando um pacote de dados para todos os outros dispositivos conectados.

Hypertext Markup Language (HTML) Linguagem de descrição de página para criar páginas da *web*.

Hypertext Transfer Protocol (HTTP) Padrão de comunicação usado para transferir páginas na *web*. Define como as mensagens são formatadas e transmitidas.

identificação por radiofrequência (RFID) Tecnologia que usa pequenas etiquetas com microchips embutidos contendo dados sobre um item e sua localização para transmitir sinais de rádio de curta distância para leitores RFID especiais que então passam os dados para um computador para processamento.

imperativo categórico de Immanuel Kant Princípio que afirma que se uma ação não é correta para todos, não é correta para ninguém.

Implementação Atuação conjunta de todas as atividades da empresa com o objetivo de adotar e gerenciar uma inovação, tal como um novo sistema de informação.

impressão 3D Usa máquinas para fabricar objetos sólidos, camada por camada, a partir de especificações em um arquivo digital. Também conhecida como manufatura aditiva.

inconsistência de dados Presença de valores diferentes para o mesmo atributo quando os mesmos dados são armazenados em vários locais.

indicadores-chave de desempenho Medidas propostas pela alta administração para entender o desempenho da empresa em dimensões especificadas.

informação assimétrica Situação em que o poder de barganha relativo de duas partes em uma transação é determinado por uma parte na transação que possui mais informações essenciais à transação do que a outra parte.

informação Dados que foram moldados em uma forma que é significativa informação, e quando, onde e como a informação é necessária.

infraestrutura como serviço (IaaS) Infraestrutura de computação fornecida e gerenciada como um serviço de computação em nuvem, geralmente pela internet.

infraestrutura de chave pública (PKI) Sistema para criação de chaves públicas e privadas utilizando uma autoridade certificadora (CA) e certificados digitais para autenticação.

infraestrutura de tecnologia da informação (TI) *Hardware* de computador, *software*, dados, tecnologia de armazenamento e redes que fornecem um portfólio de recursos de TI compartilhados para a organização.

insumos diretos Bens usados em um processo de produção.

insumos indiretos Bens não utilizados diretamente no processo de produção, como material de escritório.

integridade referencial Regras para garantir que os relacionamentos entre as tabelas permaneçam consistentes.

inteligência artificial (IA) Esforço para desenvolver sistemas baseados em computador que possam pensar e se comportar como humanos.

inteligência de negócios Aplicativos e tecnologias para ajudar os usuários a tomar melhores decisões de negócios.

inteligência operacional Analítica de negócios que fornece informações sobre dados, eventos de *streaming* e operações de negócios.

inteligência Primeiro dos quatro estágios de tomada de decisão de Simon, quando o indivíduo coleta informações para identificar problemas que ocorrem na organização.

intercâmbio eletrônico de dados (EDI) Troca direta de computador para computador entre duas organizações de transações comerciais padrão, como pedidos, instruções de remessa ou pagamentos.

intercâmbio Mercado líquido de terceiros que é principalmente orientado a transações e que conecta muitos compradores e fornecedores para compras à vista.

interface de usuário Parte do sistema de informação por meio da qual o usuário final interage com o sistema; tipo de *hardware* e a série de comandos e respostas na tela necessários para um usuário trabalhar com o sistema.

interface do usuário final Parte de um sistema de informação através da qual o usuário final interage com o sistema, como telas e comandos *on-line*.

Internet das Coisas Rede universal na qual cada objeto ou máquina tem uma identidade única e é capaz de usar a internet para vincular-se

internet Rede global de redes usando padrões universais para conectar milhões de redes diferentes.

Internet2 Rede de pesquisa com novos protocolos e velocidades de transmissão que fornecem uma infraestrutura para suportar aplicativos de internet de alta largura de banda.

intranet Rede interna baseada na tecnologia e padrões da Internet e da *World Wide Web*.

invadam redes privadas.

investimento, gerenciamento de materiais, planejamento de produção, planta manutenção e recursos humanos que permitem que os dados sejam usados por várias funções e processos de negócios.

iOS Sistema operacional para iPad, iPhone e iPod Touch da Apple.

IPv6 Novo sistema de endereçamento IP usando endereços IP de 128 *bits*. Significa Internet Protocol versão 6.

iterativo Processo de repetir várias e várias vezes as etapas para desenvolver um sistema.

Java Linguagem de programação que pode fornecer apenas a funcionalidade de *software* necessária para uma tarefa específica, como um pequeno miniaplicativo baixado de uma rede; pode ser executado em qualquer computador e sistema operacional.

keylogger *Spyware* que registra cada pressionar de tecla feito em um computador; serve para roubar informações pessoais ou senhas ou para lançar ataques na internet.

lacuna de comunicação usuário-designer Diferença de antecedentes, interesses e prioridades que impedem a comunicação e a solução de problemas entre usuários finais e especialistas em sistemas de informação.

largura de banda Capacidade de um canal de comunicação medida pela diferença entre as frequências mais altas e mais baixas que podem ser transmitidas por esse canal.

legitimidade Grau em que sua autoridade é aceita por motivos de competência, visão ou outras qualidades.

Lei de Moore Afirmação de que o número de componentes em um *chip* dobra a cada ano.

Lei dos Direitos Autorais do Milênio Digital (DMCA) Ajusta as leis de direitos autorais à Era da Internet, tornando ilegal fazer, distribuir ou usar dispositivos que burlem as proteções baseadas em tecnologia de materiais protegidos por direitos autorais.

Lei Gramm-Leach-Bliley Exige que as instituições financeiras garantam a segurança e confidencialidade dos dados dos clientes.

Lei Sarbanes-Oxley Lei aprovada em 2002 que impõe às empresas e seus administradores a responsabilidade de proteger os investidores, salvaguardando a exatidão e integridade das informações financeiras utilizadas internamente e divulgadas externamente.

lesão por esforço repetitivo (LER) Doença ocupacional que ocorre quando grupos musculares são forçados através de ações repetitivas com cargas de alto impacto ou milhares de repetições com cargas de baixo impacto.

linguagem de manipulação de dados Linguagem associada a um sistema de gerenciamento de banco de dados que usuários finais e programadores usam para manipular dados no banco de dados.

Linguagem estruturada de consulta (SQL) Linguagem padrão de manipulação de dados para sistemas de gestão de banco de dados relacional.

linha digital de assinante (DSL) Grupo de tecnologias que fornecem transmissão de alta capacidade sobre linhas telefônicas de cobre existentes.

linhas T Linhas de dados de nível de serviço garantido de alta velocidade alugadas de provedores de comunicações, como linhas T-1 (com capacidade de transmissão de 1.544 Mbps).

Linux Sistema operacional confiável e com *design* compacto que é um desdobramento do UNIX e que pode ser executado em muitas plataformas de *hardware* diferentes e está disponível gratuitamente ou a um custo muito baixo. Usado como alternativa ao UNIX.

local no dispositivo.

localização de *software* Processo de conversão de *software* para operar em um segundo idioma.

localizador uniforme de recursos (URL) Endereço de um recurso específico na internet.

loja virtual (*e-tailer*) Lojas de varejo *on-line*, da gigante Amazon a pequenas lojas locais, que possuem *sites* onde são vendidos produtos de varejo.

mainframe Maior categoria de computador, usada para processamento de negócios importantes.

malware Programas de *software* maliciosos, como vírus de computador, *worms* e cavalos de Troia.

manutenção Mudanças em *hardware*, *software*, documentação ou procedimentos de um sistema em produção para corrigir erros, atender a novos requisitos ou melhorar a eficiência do processamento.

marcas registradas Marcas, símbolos e imagens usados para distinguir os produtos no mercado.

***marketing* de "cauda longa"** Refere-se à capacidade das empresas de comercializar bens de forma lucrativa para públicos *on-line* muito pequenos, em grande parte devido aos custos mais baixos de atingir segmentos de mercado muito pequenos (pessoas que se enquadram nas extremidades longas de uma curva de Bell).

***marketing* de mecanismos de busca** Uso de mecanismos de busca para entregar em seus resultados *links* patrocinados, pelos quais os anunciantes pagaram.

marketplace Estende-se para além das fronteiras tradicionais e deixa de se limitar a um ponto específico no tempo e no espaço.

mashups Aplicativos de *software* compostos que dependem de redes de alta velocidade, padrões de comunicação universal e código-fonte aberto.

mecanismo de inferência Estratégia utilizada para pesquisar a base de regras em um sistema especialista; pode ser encadeamento para frente ou para trás.

mecanismos de busca Ferramenta para localizar *sites* ou informações específicas na internet.

mensagem instantânea Serviço de bate-papo que permite que os participantes criem seus próprios canais de bate-papo privados para que uma pessoa possa ser alertada sempre que alguém em sua lista privada estiver online para iniciar uma sessão de bate-papo com esse indivíduo em particular.

método *balanced scorecard* Estrutura para operacionalizar o plano estratégico de uma empresa, concentrando-se em resultados mensuráveis financeiros, processos de negócios, clientes e aprendizado, e crescimento do desempenho da empresa.

microblog *Blogging* com posts muito curtos, como o uso do Twitter.

mineração de dados Análise de grandes conjuntos de dados para encontrar padrões e regras que podem ser usadas para orientar a tomada de decisões e prever o comportamento futuro.

mineração de textos Descoberta de padrões e relacionamentos de grandes conjuntos de dados não estruturados.

mineração na *web* Descoberta e análise de padrões e informações úteis da *World Wide Web*.

minicomputador Computador de médio porte usado em sistemas para universidades, fábricas ou laboratórios de pesquisa.

modelo clássico de gestão Descrição tradicional de gestão que se concentra em suas funções formais de planejamento, organização, coordenação, decisão e controle.

modelo de corrente de valor Modelo que destaca as atividades primárias ou de apoio que agregam uma margem de valor aos produtos ou serviços de uma empresa onde os sistemas de informação podem ser melhor aplicados para obter uma vantagem competitiva.

modelo de forças competitivas Modelo usado para descrever a interação de influências externas, especificamente ameaças e oportunidades, que afetam a estratégia de uma organização e a capacidade de competir.

modelo de negócios Uma abstração do que é uma empresa e como a empresa entrega um produto ou serviço, mostrando como a empresa cria riqueza.

modelo de pontuação (*scoring*) Método rápido para decidir entre sistemas alternativos com base em um sistema de classificações para objetivos selecionados.

modelo de receita de afiliado Um modelo de receita de comércio eletrônico no qual os *sites* são pagos como "afiliados" por direcionarem seus visitantes a outros *sites* em troca de uma taxa de indicação.

modelo de receita de assinatura *Site* que ofereça conteúdo ou serviços cobra uma taxa regular de assinatura para acesso integral ou parcial ao que oferece.

modelo de receita de taxa por transação Modelo de receita de comércio eletrônico *on-line* em que a empresa recebe uma taxa para habilitar ou executar transações.

modelo de receita de vendas Venda de bens, informações ou serviços aos clientes como a principal fonte de receita de uma empresa.

modelo de receita Descrição de como uma empresa obterá receita, gerará lucros e produzirá um retorno sobre o investimento.

modelo de receita *free/fremium* Modelo de receita de comércio eletrônico no qual uma empresa oferece serviços básicos ou conteúdo gratuitamente enquanto cobra um prêmio por recursos avançados ou de alto valor.

modelo de receita publicitária *Site* que gera receita atraindo um grande público.

modelo *pull* Cadeia de suprimentos orientada por pedidos ou compras reais de clientes, de modo que os membros da cadeia de suprimentos produzam e entreguem apenas o que os clientes pediram.

modelo *push* Cadeia de suprimentos orientada por cronogramas mestres de produção com base em previsões ou melhores estimativas de demanda por produtos, e os produtos são "empurrados" para os clientes.

modelos comportamentais Descrições de gerenciamento baseadas em observações de cientistas comportamentais sobre o que os gerentes realmente fazem em seus trabalhos.

modem Dispositivo para traduzir os sinais digitais de um computador em formato analógico para transmissão em redes analógicas ou para traduzir sinais analógicos de volta em formato digital para recepção por um computador.

mudança de paradigma Reconceituação radical da natureza do negócio e da natureza da organização.

multinacional Forma de organização empresarial que concentra a gestão financeira e o controle a partir de uma base central, ao mesmo tempo em que descentraliza a produção, as vendas e o *marketing*.

múltiplas perspectivas.

multitoque Interface que apresenta o uso de um ou mais gestos com o dedo para manipular listas ou objetos em uma tela sem usar mouse ou teclado.

nanotecnologia Tecnologia que cria estruturas e processos baseados na manipulação de átomos e moléculas individuais.

navegador Ferramenta de *software* fácil de usar para acessar a *World Wide Web* e a Internet.

negócio social (*social business*) Uso de plataformas de redes sociais, incluindo Facebook, Twitter e ferramentas sociais corporativas internas, para engajar seus funcionários, clientes e fornecedores.

negócios eletrônicos (*e-business*) Uso da Internet e da tecnologia digital para executar todos os processos de negócios da empresa. inclui comércio eletrônico e atividades de gestão interna da empresa e de coordenação com fornecedores e outros parceiros de negócios.

nome do domínio Nome semelhante ao inglês que corresponde ao endereço de protocolo de Internet (IP) numérico de 32 *bits* exclusivo para cada computador conectado à internet.

normalização Processo de criação de estruturas de dados pequenas a partir de grupos complexos de dados durante a concepção do banco de dados relacional.

nuvem híbrida Modelo de computação em que as empresas usam sua própria infraestrutura de TI e também serviços públicos de computação em nuvem.

nuvem privada Rede proprietária ou um data center que une servidores, armazenamento, redes, dados e aplicativos como um conjunto de serviços virtualizados que são compartilhados por usuários dentro de uma empresa.

nuvem pública Nuvem mantida por um provedor de serviços externo, acessada pela internet e disponível ao público em geral.

objeto Bloco de construção de *software* que combina os dados e os procedimentos que atuam nos dados.

orçamento de capital Processo de análise e seleção de várias propostas para despesas de capital.

organização Estrutura social formal e estável que retira recursos do ambiente e os processa para produzir resultados.

otimização de mecanismos de busca (SEO) Processo de alteração do conteúdo, *layout* e formato de um *site* para aumentar a classificação do *site* nos mecanismos de busca populares e gerar mais visitantes.

***outsourcing* (terceirização)** Prática de contratar operações de centros de computação, redes de telecomunicações ou desenvolvimento de aplicativos para fornecedores externos.

pacote de *software* Conjunto de programas pré-escritos, pré-codificados e comercialmente disponíveis que elimina a necessidade de escrever programas de *software* para determinadas funções.

padrões de tecnologia Especificações que estabelecem a compatibilidade dos produtos e a capacidade de comunicação em rede.

painel de controle digital Exibe todos os principais indicadores de desempenho de uma empresa, como gráficos e tabelas, em uma única tela, para fornecer uma visão geral de uma página de todas as medidas críticas necessárias para tomar as principais decisões executivas.

papéis decisórios Classificação de Mintzberg para papéis gerenciais em que os gerentes iniciam atividades, lidam com problemas, alocam recursos e negociam no caso de conflitos.

papéis gerenciais Atividades esperadas que os gerentes devem realizar em uma organização.

papéis informativos Classificação de Mintzberg para papéis gerenciais em que os gerentes atuam como os centros nervosos de suas organizações, recebendo e divulgando informações críticas.

papéis interpessoais Classificação de Mintzberg para papéis gerenciais em que os gerentes atuam como figuras de proa e líderes para a organização.

participante implica custos marginais zero, mas pode criar ganhos marginais muito maiores.

particularismo Fazer julgamentos e agir com base em características estreitas ou pessoais, em todas as suas formas (religiosa, nacionalista, étnica, regionalismo, posição geopolítica).

patch Pequenos pedaços de *software* para reparar as falhas do *software* sem perturbar o bom funcionamento do *software*.

patente Documento legal que concede ao proprietário o monopólio exclusivo das ideias por trás de uma invenção por 20 anos; projetado para garantir que os inventores de novas máquinas ou métodos sejam recompensados por seu trabalho enquanto fazem uso generalizado de suas invenções.

perícia forense computacional Procedimento científico de coleta, exame, autenticação, preservação e análise de dados mantidos em, ou recuperados por, meios de armazenamento digital, de modo que as informações possam ser usadas como prova em juízo.

personalização Habilidade de vendedores direcionar mensagens de *marketing* a indivíduos específicos, ajustando-as segundo o nome, os interesses, o histórico de compras da pessoa.

pesquisa preditiva Parte de um algoritmo de pesquisa que prevê o que uma consulta de usuário está procurando à medida que é inserida com base em pesquisas populares.

pharming Técnica de *phishing* que redireciona os usuários para uma página da *web* falsa, mesmo quando um indivíduo insere o endereço correto da página da *web*.

phishing Forma de *spoofing* que envolve montar *sites* falsos ou enviar mensagens de *e-mail* parecidas com as enviadas por empresas legítimas, a fim de pedir aos usuários dados pessoais confidenciais.

planejamento de demanda Determinar quanto produto uma empresa precisa fabricar para satisfazer todas as demandas de seus clientes.

planejamento de recuperação de desastres Planejamento para a restauração dos serviços de computação e comunicações após a interrupção.

plano de continuidade de negócios Planejamento que se concentra em como a empresa pode restaurar suas operações após um desastre.

plano de sistemas de informação Roteiro indicando a direção do desenvolvimento de sistemas: a lógica, a situação atual, a estratégia de gestão, o plano de implementação e o orçamento.

plano de teste Elaborado pela equipe de desenvolvimento em conjunto com os usuários; inclui todos os preparativos para a série de testes a serem realizados no sistema.

plataforma analítica Sistema *hardware-software* pré-configurado que é projetado especificamente para análise de alta velocidade de grandes conjuntos de dados.

plataforma como serviço (PaaS) Categoria de serviços de computação em nuvem que fornece uma plataforma para que os clientes desenvolvam, executem e gerenciem aplicativos sem precisar construir e manter a infraestrutura normalmente associada ao desenvolvimento de um aplicativo.

plataforma Empresas que fornecem sistemas de informação, tecnologias e serviços que milhares de outras empresas em diferentes setores usam para aprimorar suas próprias capacidades.

podcasting Publicação de transmissões de áudio pela internet para que os usuários assinantes possam baixar arquivos de áudio em seus computadores pessoais ou reprodutores de música portáteis.

política de segurança Declaração que estabelece hierarquia aos riscos de informação e identifica metas de segurança aceitáveis, assim como os mecanismos para atingi-las.

política de uso aceitável (AUP – Acceptable Use Policy) Define os usos aceitáveis dos recursos de informação e do equipamento de informática da empresa, incluindo computadores de mesa e *laptops*, dispositivos sem fio, telefones e internet, e especifica as conformidades para a não conformidade.

ponto a ponto Arquitetura de rede que dá poder igual a todos os computadores na rede; usado principalmente em pequenas redes.

ponto de acesso Localização geográfica específica na qual um ponto de acesso fornece serviço de rede Wi-Fi pública.

ponto de contato Método de interação da empresa com um cliente, como telefone, *e-mail*, balcão de atendimento ao cliente, correio convencional ou ponto de venda.

portal Interface da *web* para apresentar conteúdo personalizado integrado de várias fontes. Também se refere a um serviço de *site* que fornece um ponto inicial de entrada na *web*.

porto seguro Política de autorregulação privada e um mecanismo de imposição que atende aos objetivos dos órgãos reguladores governamentais e da legislação, mas não envolve regulamentação ou fiscalização do governo.

Práticas de Informações Justas (FIP) Conjunto de princípios originalmente estabelecido em 1973 que rege a coleta e o uso de informações sobre indivíduos e forma a base da maioria das leis de privacidade dos Estados Unidos e da Europa.

práticas recomendadas Soluções ou métodos de resolução de problemas mais bem-sucedidos que foram desenvolvidos por uma organização ou setor específico.

princípio de aversão ao risco Princípio de que se deve tomar a ação que produz o menor dano ou incorre no menor custo.

princípio utilitário Princípio que assume que se pode colocar valores em ordem de utilidade e entender as consequências de vários cursos de ação.

privacidade O direito dos indivíduos de não serem incomodados, de ficarem livres da vigilância ou interferência de outros indivíduos ou organizações, inclusive o Estado.

processador com múltiplos núcleos (multicore) Circuito integrado em que dois ou mais núcleos de processamento foram anexados visando a um melhor desempenho, menor consumo de energia e processamento simultâneo mais eficiente de múltiplas tarefas.

processamento analítico *on-line* (OLAP) Capacidade de manipular e analisar grandes volumes de dados de

processamento Conversão, manipulação e análise de entrada bruta em uma forma que seja mais significativa para os seres humanos.

processamento de linguagem natural (PLN) Técnica de IA para permitir que um computador entenda e analise a linguagem natural em oposição à linguagem formatada para ser entendida por computadores.

processamento de transações *on-line* Processamento de transações em que as transações são imediatamente processadas pelo computador.

processos de negócio Maneiras únicas pelas quais as organizações coordenam e organizam atividades de trabalho, informações e conhecimento para produzir um produto ou serviço.

produção Estágio após a instalação do novo sistema e a conclusão da conversão; durante esse período, o sistema é revisado por usuários e especialistas técnicos para determinar em que medida atingiu seus objetivos originais.

programação Processo de traduzir as especificações do sistema preparadas durante o estágio de projeto em código de programa.

programadores Especialistas técnicos altamente treinados que escrevem instruções de *software* de computador.

programas de detecção de padrões *Software* que pode reconhecer padrões em dados.

projeto auxiliado por computador (CAD) Sistema de informação que automatiza a criação e revisão de projetos utilizando *softwares* gráficos sofisticados.

projeto conjunto de aplicações (JAD) Processo para acelerar a geração de requisitos de informação fazendo com que usuários finais e especialistas em sistemas de informação trabalhem juntos em sessões intensivas de *design* interativo.

projeto de sistemas Detalha como um sistema atenderá aos requisitos de informação conforme determinado pela análise de sistemas.

projeto Segundo estágio de tomada de decisão de Simon, quando o indivíduo concebe possíveis soluções alternativas para um problema.

projeto Série planejada de atividades relacionadas para alcançar um objetivo empresarial específico.

projeto sociotécnico Projeto para produzir sistemas de informação que

projeto *web* responsivo Capacidade de um *site* de alterar automaticamente a resolução da tela e o tamanho da imagem à medida que o usuário alterna para dispositivos de tamanhos diferentes, como *laptop*, *tablet* ou *smartphone*. Elimina a necessidade de projeto e trabalho de desenvolvimento separado para cada novo dispositivo.

propriedade intelectual Propriedade intangível criada por pessoas físicas ou jurídicas que está sujeita a proteções de segredo comercial, direitos autorais e leis de patentes.

protocolo Conjunto de regras e procedimentos que governam a transmissão entre os componentes de uma rede.

Protocolo de Controle de Transmissão/Protocolo de Internet (TCP/IP) Modelo dominante para obter conectividade entre diferentes redes. Fornece um método universalmente aceito para dividir mensagens digitais em pacotes, roteá-los para os endereços apropriados e, em seguida, reagrupá-los em mensagens coerentes.

Protocolo de Transferência de Arquivo (FTP) Ferramenta para recuperar e transferir arquivos de um computador remoto.

prototipagem Processo de desenvolvimento de um sistema experimental de forma rápida e barata para demonstração e avaliação para que os usuários possam determinar melhor os requisitos de informação.

protótipo Versão de trabalho preliminar de um sistema de informação para fins de demonstração e avaliação.

provedor de serviços de internet (ISP) Organização comercial com conexão permanente com a rede que vende conexões temporárias a assinantes.

provedor de serviços de segurança gerenciados (MSSP) Empresa que presta serviços de gestão de segurança para clientes assinantes.

provedores de comunidade virtual Modelo de *sites* profissionais que criam um ambiente *on-line* digital no qual usuários com interesses semelhantes podem realizar transações (comprar e vender mercadorias); compartilhar interesses, fotos e vídeos; comunicar-se com pessoas afins; receber informações relacionadas a seus interesses; e até mesmo realizar fantasias adotando personalidades *on-line* chamadas avatares.

publicidade nativa Colocação de anúncios em *feeds* de notícias de redes sociais ou em conteúdo editorial tradicional, como um artigo de jornal.

racionalização de procedimentos Racionalização dos procedimentos operacionais padrão, eliminando gargalos óbvios, para que a automação torne os procedimentos operacionais mais eficientes.

ransomware *Malware* que extorque dinheiro dos usuários controlando seus computadores ou exibindo mensagens pop-up irritantes.

realidade aumentada (AR) Uma tecnologia para melhorar a visualização. Fornece uma visão ao vivo direta ou indireta de um ambiente físico do mundo real cujos elementos são aumentados por imagens virtuais geradas por computador.

rede bluetooth (PAN) Rede de computadores usada para comunicação entre dispositivos digitais próximos a uma pessoa.

rede de área local (LAN) Rede de telecomunicações que requer seus próprios canais dedicados e que abrange uma distância limitada, geralmente um prédio ou vários prédios próximos.

rede de longa distância (WAN) Rede de telecomunicações que abrange uma grande distância geográfica. Pode consistir em uma variedade de tecnologias de cabo, satélite e micro-ondas.

rede de valor Rede orientada para o cliente de empresas independentes que usam a tecnologia da informação para coordenar suas cadeias de valor para produzir coletivamente um produto ou serviço para um mercado.

rede definida por *software* (SDN) Usar um programa de controle central separado dos dispositivos de rede para gerenciar o fluxo de dados em uma rede.

rede metropolitana (MAN) Rede que abrange uma área metropolitana, geralmente uma cidade e seus principais subúrbios. Seu alcance geográfico fica entre o de uma WAN e o de uma LAN.

rede neural Algoritmos vagamente baseados nos padrões de processamento do cérebro biológico que podem ser treinados para classificar objetos em categorias conhecidas com base em entradas de dados.

rede privada virtual (VPN) Conexão segura entre dois pontos na internet para transmitir dados corporativos. Fornece uma alternativa de baixo custo para uma rede privada.

rede Vincula dois ou mais computadores para compartilhar dados ou recursos, como uma impressora.

redes 3G Redes celulares baseadas em tecnologia de comutação de pacotes com velocidades que variam de 144 Kbps para usuários móveis a mais de 2 Mbps para usuários estacionários, permitindo que os usuários transmitam alguns vídeos, gráficos e outras mídias avançadas além de voz.

redes 4G Tecnologia de comunicação sem fio recente capaz de velocidades de até 100 Mbps.

Redes 5G A mais recente evolução da tecnologia sem fio, suporta a transmissão de grandes quantidades de dados na faixa de gigabits, com menos atrasos de transmissão e a capacidade de conectar muito mais dispositivos (como sensores e dispositivos inteligentes) de uma só vez.

redes de sensores sem fio (WSN) Redes de dispositivos sem fio interconectados e introduzidos no ambiente físico para fornecer medições de vários pontos em grandes espaços.

redes setoriais privadas Redes habilitadas para a *web* que ligam sistemas de várias empresas em uma indústria para a coordenação de processos de negócios transorganizacionais.

redesenho do processo de negócios Tipo de mudança organizacional em que os processos de negócios são analisados, simplificados e redesenhados.

redundância de dados Presença de dados duplicados em vários arquivos de dados.

registro Grupo de campos relacionados.

regra da ladeira escorregadia Princípio ético que afirma que, se uma ação não puder ser realizada repetidamente, então não deve ser realizada nunca.

regra de ouro Colocar-se no lugar dos outros como objeto de uma decisão.

regra ética "não existe almoço grátis" Presunção de que todos os objetos tangíveis e intangíveis são de propriedade de outra pessoa, a menos que haja uma declaração específica em contrário, e que o criador deseja uma compensação por esse trabalho.

Regulamento Geral de Proteção de Dados (GDPR) Legislação em vigor a partir de 25 de maio de 2018 que atualiza e unifica as leis de privacidade de dados em toda a União Europeia, com foco em tornar as empresas mais transparentes e expandir os direitos de privacidade dos titulares de dados.

resiliência digital Como manter e aumentar a resiliência de uma organização e seus processos de negócios em um ambiente digital onipresente; portanto, não diz respeito apenas à resiliência da função de TI

responsabilidade Aceitação dos custos, dos deveres e das obrigações potenciais pelas decisões tomadas.

responsabilidade Existência de um corpo de leis que permite que os indivíduos que sofreram danos causados por outros atores, sistemas ou organizações obtenham uma reparação.

responsabilidade Os mecanismos de avaliação da responsabilidade pelas decisões e ações tomadas.

retirada Modelo de consentimento informado que permite a coleta de informações pessoais até que o consumidor determine, especificamente, que esses dados não devem ser coletados.

riqueza Medição da profundidade e detalhes das informações que uma empresa pode fornecer ao cliente, bem como as informações que a empresa coleta sobre o cliente.

robótica Uso de máquinas que podem substituir os movimentos humanos, bem como de sistemas de computador para seu controle e processamento de informações.

roteador Processador de comunicações especializado que encaminha pacotes de dados de uma rede para outra rede.

rotinas Regras, procedimentos e práticas precisas que foram desenvolvidas para lidar com situações esperadas.

roubo de identidade Roubo de informações pessoais importantes, como cartão de crédito ou CPF, para obter mercadorias e serviços em nome da vítima ou obter credenciais falsas.

RSS Tecnologia que usa *software* agregador para extrair conteúdo de *sites* e alimentá-lo automaticamente para os computadores dos assinantes.

sabedoria das massas Crença de que um grande número de pessoas pode tomar decisões mais acertadas sobre uma ampla gama de serviços ou produtos do que uma única pessoa ou mesmo um pequeno grupo de especialistas.

sabedoria Experiência coletiva e individual de aplicação do conhecimento para a solução de problemas.

saída Distribuição das informações processadas para as pessoas que as usarão ou para as atividades para as quais serão usadas.

Secure Hypertext Transfer Protocol (S-HTTP) Protocolo usado para criptografar dados que fluem pela internet; limitado a mensagens individuais.

Secure Sockets Layer (SSL) Permite que computadores cliente e servidor gerenciem atividades de criptografia e descriptografia à medida que se comunicam entre si durante uma sessão segura da *web*.

segmentação comportamental Rastreamento dos fluxos de cliques (histórico de comportamento de cliques) de indivíduos em vários *sites* com o objetivo de entender seus interesses e intenções, e expô-los a anúncios que são exclusivamente adequados aos seus interesses.

segredo comercial Qualquer trabalho ou produto intelectual utilizado para fins comerciais que possa ser classificado como pertencente a esse negócio, desde que não seja baseado em informações de domínio público.

segurança Políticas, procedimentos e medidas técnicas usadas para impedir acesso não autorizado, alteração, roubo ou danos físicos a sistemas de informação.

Seis Sigma Medida específica de qualidade, representando 3,4 defeitos por milhão de oportunidades; usado para designar um conjunto de metodologias e técnicas para melhorar a qualidade e reduzir custos.

senha Palavra secreta ou sequência de caracteres para autenticar usuários para que eles possam acessar um recurso como um sistema de computador.

serviço de hospedagem na *web* Empresa com grandes servidores *web* para manter os *sites* dos assinantes pagantes.

serviços baseados em localização Serviços de mapas GPS disponíveis em *smartphones*.

serviços da *web* Conjunto de padrões universais usando tecnologia da Internet para integrar diferentes aplicativos de diferentes fontes sem codificação personalizada demorada. Usados para vincular sistemas de diferentes organizações ou para vincular sistemas distintos dentro da mesma organização.

serviços de geoinformação Informações sobre lugares e coisas locais com base na posição GPS do usuário.

serviços de geopublicidade Envio de anúncios para usuários com base em suas localizações de GPS.

serviços geossociais Rede social baseada na localização GPS dos usuários.

servidor Computador especificamente otimizado para fornecer *software* e outros recursos a outros computadores em uma rede.

servidor de aplicativo *Software* que lida com todas as operações de aplicativos entre computadores baseados em navegador e aplicativos de negócios ou bancos de dados de *back-end* de uma empresa.

servidor de banco de dados Computador em ambiente cliente/servidor responsável por executar um DBMS para processar instruções SQL e executar tarefas de gerenciamento de banco de dados.

servidor *web* *Software* que gerencia as solicitações de páginas da *web* no computador onde estão armazenadas e que entrega a página ao computador do usuário.

síndrome de tela de computador (STC) Condição de fadiga ocular relacionada ao uso da tela do computador; os sintomas incluem dores de cabeça, visão turva e olhos secos e irritados.

síndrome do túnel do carpo (STC) Tipo de LER em que a pressão no nervo mediano através da estrutura óssea do túnel do carpo do punho produz dor.

sistema de detecção de intrusão Ferramentas para monitorar os pontos mais vulneráveis em uma rede para detectar e impedir invasores não autorizados.

sistema de gestão de banco de dados (DBMS) *Software* especial para criar e manter um banco de dados e permitir a aplicações de negócios individuais

sistema de gestão de banco de dados não relacional Sistema de gestão de banco de dados para trabalhar com grandes quantidades de dados estruturados e não estruturados que seriam difíceis de analisar com um modelo relacional.

sistema de gestão do aprendizado (LMS) oferece ferramentas para gestão, disponibilização, controle e avaliação de vários tipos de treinamento e aprendizado dos funcionários.

sistema de informação Componentes inter-relacionados trabalhando juntos para coletar, processar, armazenar e disseminar informações para apoiar a tomada de decisões, coordenação, controle, análise e visualização em uma organização.

sistema de informações geográficas (GIS) Sistema com *software* que pode analisar e exibir dados usando mapas digitalizados para aprimorar o planejamento e a tomada de decisões.

Sistema de Nomes de Domínio (DNS) Sistema hierárquico de servidores que mantém um banco de dados que permite a conversão de nomes de domínio em seus endereços IP numéricos.

sistema eficiente de resposta ao cliente Sistema que associa o comportamento do consumidor diretamente às cadeias de distribuição, produção e suprimentos.

sistema legado Sistema que existe há muito tempo e que continua sendo usado para evitar o alto custo de substituição ou redesenho.

sistema operacional de rede (NOS) *Software* especial que roteia e gerencia as comunicações na rede e coordena os recursos da rede.

sistema operacional *Software* que gerencia os recursos e atividades do computador.

sistemas de apoio à decisão (SAD) Sistemas de informação no nível de gestão da organização que combinam dados e modelos analíticos sofisticados ou ferramentas de análise de dados para apoiar a tomada de decisão semiestruturada e não estruturada.

sistemas de apoio executivo (ESS) Sistemas de informação no nível estratégico da organização projetados para lidar com a tomada de decisão não estruturada por meio de gráficos e comunicações avançados.

sistemas de computador tolerantes a falhas Sistemas que contêm *hardware*, *software* e componentes de fonte de alimentação extras que podem fazer *backup* de um sistema e mantê-lo em execução para evitar falhas do sistema.

sistemas de execução da cadeia de suprimentos Sistemas que gerenciam o fluxo de produtos pelos centros de distribuição e depósitos para garantir que sejam entregues nos locais certos, da maneira mais eficiente possível.

sistemas de gestão da cadeia de suprimentos Sistemas de informação que automatizam o fluxo de informações entre uma empresa e seus fornecedores para otimizar o planejamento, fornecimento, fabricação e entrega de produtos e serviços.

sistemas de gestão de ativos digitais Classificar, armazenar e distribuir objetos digitais, como fotografias, imagens gráficas, vídeo e conteúdo de áudio.

sistemas de gestão de relacionamento com o cliente Sistemas de informação que rastreiam todas as maneiras pelas quais uma empresa interage com seus clientes e analisam essas interações para otimizar receita, lucratividade, satisfação e retenção de clientes.

sistemas de gestão do conhecimento em toda a Sistemas de uso geral em toda a empresa para coletar, armazenar, distribuir e aplicar conteúdo e conhecimento digitais.

sistemas de gestão do conhecimento Sistemas que apoiam a criação, captura, armazenamento e disseminação de expertise e conhecimento da empresa.

sistemas de informações gerenciais (MIS) O estudo dos sistemas de informação com foco em seu uso em negócios e gestão.

sistemas de informações gerenciais (SIG) Categoria específica de sistema de informação que fornece relatórios sobre o desempenho organizacional para ajudar a gerência intermediária a monitorar e controlar o negócio.

sistemas de micropagamento Pagamento de uma quantia muito pequena de dinheiro, geralmente menos de US$ 10.

sistemas de planejamento da cadeia de suprimentos Sistemas que permitem a uma empresa gerar previsões de demanda para um produto e desenvolver planos de fornecimento e fabricação para esse produto.

sistemas de processamento de transações (TPS) Sistemas informatizados que realizam e registram as transações de rotina diária necessárias à condução dos negócios; atendem ao nível operacional da organização.

sistemas de realidade virtual *Software* e *hardware* de gráficos interativos que criam simulações geradas por computador que fornecem sensações que emulam atividades do mundo real.

sistemas de trabalhadores do conhecimento Sistemas de informação que auxiliam os trabalhadores do conhecimento na criação e integração de novos conhecimentos na organização.

sistemas de visão computacional Sistemas que tentam emular o sistema visual humano para visualizar e extrair informações de imagens do mundo real.

sistemas especialistas Programa de computador com uso intensivo de conhecimento que captura a experiência de um ser humano em domínios limitados de conhecimento.

sistemas integrados de gestão (ECM) Ajuda às organizações para gerenciar o conhecimento estruturado e semiestruturado, fornecendo repositórios corporativos de documentos, relatórios, apresentações e práticas recomendadas e recursos para coletar e organizar *e-mails* e objetos gráficos.

sistemas integrados Sistemas de informação integrados em toda a empresa que coordenam os principais processos internos da empresa.

sistemas interorganizacionais Sistemas de informação que automatizam o fluxo de informações através das fronteiras organizacionais e ligam uma empresa a seus clientes, distribuidores ou fornecedores.

sistemas principais Sistemas que apoiam as funções que são absolutamente críticas para a organização.

sistemas unificados de gestão de ameaças (UTM) Ferramenta abrangente de gerenciamento de segurança que combina várias ferramentas de segurança, incluindo *firewalls*, redes virtuais privadas, sistemas de detecção de intrusão e filtragem de conteúdo da *web* e *software* antispam.

***site* móvel** Versão de um *site* normal, com uma redução do conteúdo e da navegação para facilitar o acesso e pesquisa em uma pequena tela do celular.

site Todas as páginas da *World Wide Web* mantidas por uma organização ou um indivíduo.

***sites* de redes sociais** Comunidade *on-line* para expandir os negócios dos usuários ou contatos sociais fazendo conexões por meio de seus negócios mútuos ou conexões pessoais.

smart card Cartão plástico do tamanho de um cartão de crédito que armazena informações digitais e que pode ser usado para pagamentos eletrônicos em vez de dinheiro.

smartphone Telefone sem fio com recursos de voz, texto e internet.

sniffer (farejador) Tipo de programa espião que monitora as informações transmitidas por uma rede.

social shopping Uso de *sites* com páginas da *web* criadas pelo usuário para compartilhar conhecimento sobre itens de interesse de outros compradores.

software antimalware *Software* projetado para detectar e, muitas vezes, eliminar *malware* de um sistema de informação.

***software* como serviço (SaaS)** Serviços para entregar e fornecer acesso a *software* remotamente como um serviço baseado na *web*.

***software* de código aberto** *Software* que fornece acesso gratuito ao seu código de programa, permitindo que os usuários modifiquem o código do programa para fazer melhorias ou corrigir erros.

***software* de computador** Instruções detalhadas e pré-programadas que controlam e coordenam o trabalho dos componentes de *hardware* do computador em um sistema de informação.

***software* integrado** Conjunto de módulos integrados para aplicações como vendas e distribuição, contabilidade financeira, gestão de

solicitação de proposta (RFP) Lista detalhada de perguntas enviadas aos fornecedores de *software* ou outros serviços para determinar até que ponto o produto do fornecedor pode atender aos requisitos específicos da organização.

spam *E-mail* comercial não solicitado.

spoofing Enganar ou enganar sistemas de computador ou outros usuários de computador ocultando sua identidade ou falsificando a identidade de outro usuário na internet.

spyware Tecnologia que auxilia na coleta de informações sobre uma pessoa ou organização sem o seu conhecimento.

streaming Método de publicação de arquivos de música e vídeo que transmite um fluxo contínuo de conteúdo para o dispositivo de um usuário sem armazenamento

switch Dispositivo para conectar componentes de rede que tem mais inteligência do que um hub e pode filtrar e encaminhar dados para um destino especificado.

tabela dinâmica Ferramenta de planilha para reorganizar e resumir duas ou mais dimensões de dados em um formato tabular.

tablet Computador de mão móvel maior que um telefone celular e operado principalmente por meio de toque em uma tela plana.

taxa de cancelamento (*churn rate*) Medida do número de pessoas que param de usar ou adquirir os produtos ou serviços de uma empresa. Usado como indicador do crescimento ou declínio da base de clientes da empresa.

taxonomia Método de classificar as coisas de acordo com um sistema predeterminado.

técnicas inteligentes Tecnologias que auxiliam os tomadores de decisão humanos capturando conhecimento individual e coletivo, descobrindo padrões e comportamentos em grandes quantidades de dados e gerando soluções para problemas que são muito grandes e complexos para os seres humanos resolverem sozinhos.

tecnologia da informação (TI) Todo o *hardware* e *software* que uma empresa precisa usar para atingir seus objetivos de negócios.

tecnologia de gerenciamento de dados *Software* que rege a organização dos dados em mídias de armazenamento físico.

tecnologia de redes e telecomunicações Dispositivos físicos e *software* que conectam vários componentes de *hardware* de computador e transferem dados de um local físico para outro.

tecnologias disruptivas Tecnologias com impacto disruptivo em indústrias e negócios, tornando obsoletos produtos, serviços e modelos de negócios existentes.

telepresença Telepresença é uma tecnologia que permite que uma pessoa dê a impressão de estar presente em um local diferente de sua verdadeira localização física.

Telnet Ferramenta de rede que permite que alguém faça *login* em um sistema de computador enquanto trabalha em outro.

tempo de inatividade Períodos em que um sistema de informação não está operante.

teoria da agência Teoria econômica que vê a empresa como um nexo de contratos entre indivíduos com seus próprios interesses que devem ser supervisionados e administrados.

teoria do custo de transação Teoria econômica afirmando que as empresas crescem porque podem realizar transações de mercado internamente de forma mais barata do que com empresas externas no mercado.

terceirização *offshore* Terceirização de trabalho de desenvolvimento de sistemas ou manutenção de sistemas existentes para fornecedores externos em outro país.

teste de aceitação Fornece a certificação final de que o sistema está pronto para ser usado em um ambiente de produção.

teste de unidade Processo de testar cada programa separadamente no sistema. Às vezes chamado de teste de programa.

teste do sistema Testa o funcionamento do sistema de informação como um todo para determinar se os módulos discretos funcionarão juntos conforme planejado.

teste Processo exaustivo e completo que determina se o sistema produz os resultados desejados sob condições conhecidas.

token Dispositivo físico, parecido com um cartão de identificação, projetado para provar a identidade de um usuário exclusivo.

trabalhadores de conhecimento Pessoas como engenheiros ou arquitetos que projetam produtos ou serviços e criam conhecimento para a organização.

trabalhadores de dados Pessoas como secretárias ou guarda-livros que processam a papelada da organização.

trabalhadores de produção ou de serviços Pessoas que realmente fornecem os produtos ou serviços da organização.

transnacional Forma verdadeiramente global de organização empresarial sem sede nacional; atividades de valor agregado são gerenciadas a partir de uma perspectiva global sem referência às fronteiras nacionais, otimizando fontes de oferta e demanda e vantagem competitiva local.

transparência de custos A capacidade dos consumidores de descobrir os custos reais que os comerciantes pagam pelos produtos.

transparência de preços Facilidade com que os consumidores podem descobrir a variedade de preços em um mercado.

tupla Linha ou registro em um banco de dados relacional.

Unix Sistema operacional para todos os tipos de computadores, que é independente de máquina e suporta processamento multiusuário, multitarefa e rede. Usado em estações de trabalho e servidores high-end.

usuários finais Representantes de departamentos fora do grupo de sistemas de informação para os quais as aplicações são desenvolvidas.

valor do cliente ao longo do tempo (CLTV) Diferença entre as receitas produzidas por um cliente específico e as despesas para adquirir e atender esse cliente menos o custo de *marketing* promocional ao longo da vida do relacionamento com o cliente, expresso em dólares de hoje.

virtualização Apresentar um conjunto de recursos computacionais de forma que todos eles possam ser acessados independentemente de sua configuração física ou localização geográfica.

vírus de computador Programa de *software* desonesto que se anexa a outros programas de *software* ou arquivos de dados para ser executado, geralmente causando mau funcionamento de *hardware* e *software*.

visão sociotécnica Ver os sistemas como compostos de elementos técnicos e sociais.

visualização de dados Tecnologia para ajudar os usuários a ver padrões e relacionamentos em grandes quantidades de dados, apresentando os dados em forma gráfica.

Voz sobre IP (VoIP) Facilidades o controle da entrega de informações de voz usando o Internet Protocol (IP).

vulnerabilidades de dia zero Vulnerabilidades de segurança em *software*, desconhecidas do criador, que os *hackers* podem explorar antes que o fornecedor tome conhecimento do problema.

war driving Ação em que um espião dirige um carro entre edifícios ou estaciona do lado de fora e tenta interceptar o tráfego por redes sem fio.

***web* beacons** Objetos minúsculos incorporados de forma invisível em mensagens de *e-mail* e páginas da *web* que são projetados para monitorar o comportamento do usuário que visita um *site* ou envia *e-mail*.

***web* visual** Refere-se a *sites* visuais de *links* na *web*, como o Pinterest, onde imagens substituem documentos de texto e onde os usuários pesquisam imagens e características visuais.

Wi-fi Significa "fidelidade sem fio" e refere-se à família 802.11 de padrões de rede sem fio.

wiki *Site* colaborativo em que os visitantes podem adicionar, excluir ou modificar conteúdo, incluindo o trabalho de autores anteriores.

WiMax Termo popular para o padrão IEEE 802.16 para redes sem fio em um alcance de até 50 quilômetros com uma taxa de transferência de dados de até 75 Mbps. Significa *Worldwide Interoperability for Microwave Access*.

Windows 11 Sistema operacional cliente Microsoft Windows mais recente.

Windows Família Microsoft de sistemas operacionais para servidores de rede e computadores clientes.

World Wide Web Sistema com padrões universalmente aceitos para armazenar, recuperar, formatar e exibir informações em um ambiente de rede.

worms Programas de *software* independentes que se propagam para interromper a operação de redes de computadores ou destruir dados e outros programas.

ÍNDICE

Índice de nomes

Índice de organizações

G

H

I

J

K

L

M

N

O

Índice de assuntos

Q

R

T

U

V